土地評価大全

税理士
風岡範哉

中央経済社

はじめに

　相続税及び贈与税を計算するために土地の評価を行うのであるが，その1つひとつの評価方法（補正項目）について，「その評価方法の根拠は何か？」と尋ねられたら答えることができるであろうか。特に税理士事務所の初級職員においては，それらを深く考えずに，市販の解説書に載っているからという理由で評価実務を行っているケースが見受けられる。

　書店には土地の評価を扱った書籍が所狭しと並んでいる。しかし，土地の評価方法やQ&Aについて解説書の内容をよく見ると，国税庁の見解"公的見解"と著者の見解"私的見解"が，根拠の明示なく入り混じってしまっている。
　税理士及び税理士事務所職員が実務を行う際，その評価方法の根拠が国税庁の"公的見解"なのか，その本の著者独自の解釈"私的見解"なのかは区分しなければならない。
　なぜなら，公的見解であれば後の税務調査で否認されることはないであろうが，その著者の私的見解であれば何の拘束力も持たないからである。解説書に載っていた評価方法を適用し，後に税務調査で誤りを指摘されて追徴課税を受ける，ということにもなりかねない。

　一方，路線価方式や倍率方式といった土地の評価は減算方式であるため，公的に認められた減価要因はもれなく適用しなければならない。これを知らずに過大な評価を行うことは評価過誤となってしまう。
　いずれにおいても，相続税・贈与税において求める土地の評価額は「時価」であり，これら公的見解の評価方法を考慮しつつ，時価を超過することなく，また時価未満でもなく，まさに適正な評価を行わなければならない。
　そのため，本書においては，取扱いの根拠を明示の上，公的見解を整理することを目的としている。公的見解としては，国税庁の取扱いである財産評価基本通達，国税庁質疑応答事例，資産評価企画官情報，タックスアンサー，国税庁情報，各国税局の研修資料など，その他裁判例及び裁決例を対象としている。
　最も確かな根拠となるのは裁判例・裁決例であるが，係争の対象となった土地と実際に評価する土地の一般的条件，地域的条件，個別的条件が完全に一致しなければ前提が異なるとして評価対象地に当てはまらないことがある。
　実務上，実質的な拘束力を持つ根拠となりうるのは，財産評価基本通達，現在公表されている国税庁質疑応答事例・資産評価企画官情報・タックスアンサー等であろう。
　また，本書では各国税局の研修資料や過去の税務通達・国税庁情報・事務連絡等，さらには税務官公庁の職員が私的に執筆している『財産評価基本通達逐条解説（大蔵財務協会）』，『土地評価の

はじめに

実務（大蔵財務協会）』、『図解　財産評価（大蔵財務協会）』、国税庁質疑応答事例の前身となっている『実務相談録　資産税編（六法出版）』も掲載している。

　これらは、現行実務において拘束力を持つ根拠となりうるものではないため、その評価方法を採用する際には十分な検討が必要となるが、現在においても実務で行われている評価方法の趣旨や創設された経緯を理解する上で参考となり、実務の拠り所となるため掲載した。土地は個別性の強いものであるため、公的見解によってもすべての評価方法を網羅することは難しい。そのような場合には、評価規定の趣旨に立ち返り、個別の土地の状況に応じて、適正な評価方法を取捨選択する必要がある。

　日々多くの情報が錯綜する世の中にあって、本書が土地評価にかかわる実務家にとって情報の整理として役立てて頂けたら幸いである。

　なお、本書では非公開裁決も含めた裁判例・裁決情報を掲載しているが、今日その情報が収集できるのもTAINS（税理士情報ネットワークシステム）税法データベース編集室の方々のご尽力であることはいうまでもない。この場を借りて御礼申し上げたい。

　また、本書の校正においては不動産鑑定士・田中泰男氏（ひかわの杜かんてい）にご協力頂いた。

　最後に、本書の刊行の機会を与えてくださった株式会社中央経済社の山本継氏、編集にご尽力いただいた牲川健志氏に御礼申し上げたい。

2024年9月

税理士　**風岡　範哉**

目　次

はじめに・3
凡　例・10

序章　適正かつ公平な課税の基盤整備　　　11

1章　総　則　　　15

- 1 評価の原則・15
- 2 共有財産・43
- 3 不動産のうちたな卸資産に該当するものの評価・43
- 4 評価方法の定めのない財産の評価・45
- 5 国外財産の評価・47
- 6 通達の定めにより難い場合の評価・50
- 7 土地の評価上の区分・94
- 8 評価単位・121
- 9 地　積・161

2章　宅地の評価　　　166

- 1 評価の方式・166
- 2 路線価方式・170
- 3 地区区分・183
- 4 特定路線価・187
- 5 奥行価格補正・206
- 6 側方路線影響加算・211
- 7 二方路線影響加算・229
- 8 三方または四方路線影響加算・232

目　次

- ⑨ 不整形地の評価・*236*
- ⑩ 地積規模の大きな宅地の評価・*263*
- ⑪ 無道路地の評価・*307*
- ⑫ 間口が狭小な宅地等の評価・*327*
- ⑬ がけ地等を有する宅地の評価・*334*
- ⑭ 土砂災害特別警戒区域内にある宅地の評価・*340*
- ⑮ 容積率の異なる２以上の地域にわたる宅地の評価・*346*
- ⑯ 倍率方式・*356*
- ⑰ 大規模工場用地の評価・*377*
- ⑱ 余剰容積率の移転がある場合の宅地の評価・*387*
- ⑲ 私道の用に供されている宅地の評価・*390*
- ⑳ 土地区画整理事業施行中の宅地の評価・*410*
- ㉑ 造成中の宅地の評価・*426*
- ㉒ 農業用施設用地の評価・*427*
- ㉓ セットバックを必要とする宅地の評価・*432*
- ㉔ 都市計画道路予定地の区域内にある宅地の評価・*442*
- ㉕ 文化財建造物である家屋の敷地の用に供されている宅地の評価・*447*
- ㉖ マンション用地の評価・*459*

3章　通達に定めのない評価項目　*508*

- ① 売買契約途中の土地の評価・*508*
- ② 赤道が存する宅地の評価・*515*
- ③ 河川を隔てて道路がある場合の宅地の評価・*524*
- ④ 庭内神しの敷地の評価・*527*
- ⑤ 土壌汚染地の評価・*536*
- ⑥ 埋蔵文化財包蔵地の評価・*544*
- ⑦ 産業廃棄物が存する土地の評価・*548*
- ⑧ 利用価値が著しく低下している宅地の評価・*551*
- ⑨ 特殊な状況下にある宅地の評価・*574*

4章 土地の上に存する権利　578

- 1　土地の上に存する権利の評価上の区分・578
- 2　借地権及び借地権の目的となっている宅地の評価・597
- 3　相当地代通達・616
- 4　使用貸借・682
- 5　定期借地権及び定期借地権の目的となっている宅地の評価・707
- 6　地上権及び地上権の目的となっている宅地の評価・731
- 7　区分地上権及びその目的となっている宅地の評価・732
- 8　区分地上権に準ずる地役権及びその目的となっている宅地の評価・739
- 9　土地の上に存する権利が競合する場合の評価・747
- 10　貸家建付地の評価・753
- 11　区分地上権等の目的となっている貸家建付地の評価・774
- 12　貸家建付借地権等の評価・777
- 13　転貸借地権の評価・779
- 14　借家人の有する宅地等に対する権利の評価・780

5章 農地及び農地の上に存する権利　782

- 1　農地の分類・782
- 2　純農地の範囲と評価・796
- 3　中間農地の範囲と評価・797
- 4　市街地周辺農地の範囲と評価・798
- 5　市街地農地の範囲と評価・799
- 6　生産緑地の評価・829
- 7　耕作権及び貸し付けられている農地の評価・852
- 8　区分地上権及びその目的となっている農地の評価・883
- 9　区分地上権に準ずる地役権及びその目的となっている農地の評価・884

目次

6章　山林及び山林の上に存する権利　*886*

- 1　評価の方式・*886*
- 2　純山林及び中間山林の評価・*887*
- 3　市街地山林の評価・*890*
- 4　保安林等の評価・*898*
- 5　特別緑地保全地区内にある山林の評価・*905*
- 6　賃借権及び貸し付けられている山林の評価・*917*
- 7　区分地上権及びその目的となっている山林の評価・*920*
- 8　区分地上権に準ずる地役権及びその目的となっている山林の評価・*920*
- 9　分収林契約に基づいて貸し付けられている山林の評価・*921*

7章　原野及び原野の上に存する権利　*924*

- 1　評価の方式・*924*
- 2　純原野及び中間原野の評価・*925*
- 3　市街地原野の評価・*926*
- 4　賃借権及び貸し付けられている原野の評価・*927*
- 5　区分地上権及びその目的となっている原野の評価・*928*
- 6　区分地上権に準ずる地役権及びその目的となっている原野の評価・*928*
- 7　牧場及び牧場の上に存する権利の評価・*929*
- 8　池沼及び池沼の上に存する権利の評価・*929*
- 9　鉱泉地の評価・*930*

8章　雑種地及び雑種地の上に存する権利　*935*

- 1　雑種地の評価・*935*
- 2　賃借権及び貸し付けられている雑種地の評価・*957*
- 3　区分地上権及びその目的となっている雑種地の評価・*1000*
- 4　区分地上権に準ずる地役権及びその目的となっている雑種地の評価・*1001*
- 5　ゴルフ場の用に供されている土地の評価・*1002*

6 遊園地等の用に供されている土地の評価・*1007*
7 占用権及び占用権の目的となっている土地の評価・*1008*

凡例

- TAINS……税理士情報ネットワークシステム
- 『財産評価基本通達逐条解説』……松田貴司編『財産評価基本通達逐条解説（令和5年版）』大蔵財務協会（2023）
- 『土地評価の実務』……吉瀬唯史編『土地評価の実務（令和4年版）』大蔵財務協会（2022）
- 『図解　財産評価』……八重樫司編『図解　財産評価（令和5年版）』大蔵財務協会（2023）
- 『実務相談録』……白崎浅吉・船田健二・小林栢弘編著『実務相談録（資産税編）』六法出版（加除式）

※　判決では納税者のことを「原告」，課税庁のことを「被告」（新行政事件訴訟法の平成17年改正以前は税務署長であり，改正後は国）と呼ぶことがある。また，裁決では納税者のことを「審査請求人」，課税庁のことを「処分行政庁」と呼ぶことがある。

※　本文中の○印は非公開情報を示す。

※　本書の「実務上のポイント」に当たる部分は，執筆者の個人的見解を示すものである。

※　本書は令和6年5月31日現在の情報を基に作成している。

[法令略語]

相法	相続税法
地法	地方税法
措置法	租税特別措置法
建基法	建築基準法
地価法	地価公示法
登記事務準則	不動産登記事務取扱手続準則
土砂災害防止法	土砂災害警戒区域等における土砂災害防止対策の推進に関する法律
都計法	都市計画法
歴史まちづくり法	地域における歴史的風致の維持及び向上に関する法律
評価通達	財産評価基本通達
使用貸借通達	使用貸借に係る土地についての相続税及び贈与税の取扱いについて
相当地代通達	相当の地代を支払っている場合等の借地権等についての相続税及び贈与税の取扱いについて

序章

適正かつ公平な課税の基盤整備

　我が国における国税の基本的な制度は，昭和22（1947）年に，納付すべき税額が行政庁の処分によって確定する賦課課税制度から，納税者の申告によって確定する申告納税制度に改められた。
　この申告納税制度は，納税者が自ら法令の定めるところに従って課税標準や税額を確定することを原則としており，申告書を提出する義務があると認められる者が申告書を提出しなかった場合または申告書の提出があった場合において，その申告が不適当と認められるときに限って，税務調査に基づく税務署長の更正または決定により課税標準及び税額が確定される制度である。

1　通達，事務運営指針，指示

　この申告納税制度の下で適正かつ公平な課税を実現していくためには，税務行政の運営にあたり，国税庁における法令の解釈や適用の指針を明確かつ統一的に示していくことが重要となっている。
　そこで，国税庁では，税務職員が法令の適用を適正・公平かつ統一的に行っていくため，法令解釈通達（一般的，基本的な先例，準則となるもので，税法の解釈・取扱いを定めたもの）において，統一的な法令の解釈や適用の指針を可能な限り示している[1]。
　また，国の税務行政を取り巻く環境は，納税者数の増大や経済取引の一層の複雑化・広域化に加え，高度情報化，経済活動の国際化の急速な進展等により，大きく変化し，厳しさを増してきている。
　このような中で，税務行政の基盤である申告納税制度がその本来の趣旨に沿って引き続き機能していくためには，納税者による適正な申告，納税のための基盤や環境の一層の整備，適正かつ効率的な事務運営の一層の推進等がますます重要とされている。

---

[1]　中央省庁等改革基本法（平成10年法律第103号）において，「徴税における中立性及び公正性の確保を図るため，税制の簡素化を進め，通達への依存を縮減するとともに，必要な通達は国民に分かりやすい形で公表すること」とされ，国税庁では，平成10（1998）年にそれまでの通達を，その性質に応じて「法令解釈通達」，「事務運営指針」または「指示」に再整理した上で，法令解釈通達については公表することとし，その他の通達についても納税者一般に周知する必要があるものについては公表することとしている。

2　情報，事務連絡等

　国税庁本庁では，法令解釈通達以外に，複雑化かつ多様化する経済取引に関する課税上の取扱いをできる限り適正かつ公平なものとするため，税務職員向けの執務参考のための資料として「情報」，「事務連絡」等を作成し，各国税局及び税務署に示している[2]。

　情報，事務連絡等については，税務署等において，法令の解釈・適用の拠り所として使用され，一部は出版物に引用されている。税務調査の結果においても，これらに基づかない納税者の申告が誤りと指摘されている事案もみられる。

3　法令解釈や適用指針が示されていない項目について

　法令解釈通達において統一的な法令の解釈や適用の指針が示されていないものについて，税務職員の執務の参考とするために国税局が独自に作成した職員研修用の資料等の文書や，納税者への情報提供のために税務職員が執筆等した出版物において，法令の解釈や適用の指針と解される内容が記載されているものがみられる。

　職員研修用の資料として，例えば国税庁「資産税関係質疑応答事例集」，東京国税局「資産税審理研修資料」，同「誤りやすい事例集」，大阪国税局「誤りやすい事例」，同「資産税関係質疑応答事例集」など，出版物として『土地評価の実務』，『財産評価基本通達逐条解説』などがある。

4　質疑応答事例

　法令解釈通達に示されていない新たな取引形態等が出現した場合や，法令解釈通達に示された法令の解釈や適用の指針が具体的な問題にどのように適用されるかが明らかでない場合については，納税者においてどのような解釈・適用を行えば適正な申告となるかが明らかでないまま，申告，納税を行わなければならない状況となる。

　このような状況に対応するため，国税庁においては，具体的な事案に則した取扱いとして課税実務上有用なものについては，「質疑応答」として国税局及び税務署に示している。

　また，納税者等への情報提供資料等として，税の質問に対する一般的な回答（タックスアンサー）をホームページ上で公表している。

---

[2] 例えば，国税庁資産評価企画官情報「『財産評価基本通達の一部改正について』通達のあらましについて（情報）」，国税庁「『庭内神し』の敷地等に係る相続税法第12条第1項第2号の相続税の非課税規定の取扱いの変更について」，国税庁「財産評価基本通達24（私道の用に供されている宅地の評価）における『歩道状空地』の用に供されている宅地の取扱いについて」，国税庁事務連絡「路線価等に基づく評価額が「時価」を上回った場合の対応等について」など

5 文書回答事例

　国税庁においては，実際の取引や事実関係に対する税務上の取扱いについて納税者等から事前に照会があった場合，一定の要件の下に文書により回答するとともに，その内容を公表している。この制度は，納税者利便の一層の向上，同様の取引を行う他の納税者等にも税務上の取扱いについての予測可能性を与えることなどを目的として，平成13年9月に導入された。

6 裁判例，裁決例

　裁判例は，具体的事件において裁判所が示した法律的判断である。過去の裁判における判決や決定は，現在の裁判に対して拘束力を持つものであり先例として重要な役割を持っている。
　また，先例や他の申告の参考となるもの等，納税者が申告を行う上で有用な国税不服審判所の裁決内容については，納税者の秘密保持に配意しながら公表されている。

7 小　括

　納税者が申告を行う際に必要と考えられる事項については，必ずしも法令の解釈や適用の指針が示されていない状況がみられるが，法令の解釈や適用の指針を通達や事務運営指針，情報，質疑応答事例などで明定することにより，納税者の適正な申告の一層の確保につながるものと考えられている。
　なお，近年では，法令や通達に規定のない事項について，申告当時に税務当局の職員が執筆した公刊物や公表されている裁判事例，裁決事例を通じて，課税処分の根拠となっている取扱いを一般の納税者も知り得たのであれば，その取扱いに従ってなされた更正処分は相当であり，過少申告加算税の賦課を不当とする事由にも当たらないとされた事例もある（最高裁令和5年3月6日判決〔TAINS・Z888-2481〕参照）。

[図表序－1] 法令の解釈・適用に係る文書等の分類

区分	文書の種類	内　容　等	文書等の例	公表状況	備　考
法規	法令等	課税要件等を規定したもので，法規として国民を拘束	・法律 ・政令 ・施行規則 ・告示　等	官報掲載	
判決等	判　決	裁判所の言渡しで，原告と行政庁を拘束	・判決書	公表	判例として職員や納税者等が実務上参照

序章　適正かつ公平な課税の基盤整備

	裁　決		審査請求に対する国税不服審判所の判断で，審査請求人と行政庁を拘束	・裁決書	一部を公表	先例として職員や納税者等が実務上参照
国税庁の内部文書	通　達	法令解釈通達	一般的，基本的な先例，準則となるもので，税法の解釈・取扱いを定めたもの（例規）	・基本通達 ・個別通達	公表	
		事務運営指針	一般的，基本的な先例，準則となるもので，運営指針・事務処理の手順を定めたもの（例規）	・事務実施要領 ・事務提要　等	一部を公表	
		指示	事務運営指針以外のもの	・財産評価基準書　等	一部を公表	
	通達以外の文書		上級庁から下級庁に対する指示・命令としての性格を有しない文書	・質疑応答事例 ・資料 ・通知 ・情報 ・回答 ・事務連絡　等	一部を公表	職員の執務参考資料等
			国税局が独自に作成したもの	・研修資料 ・事例集	未公表	職員の執務参考資料等
国税庁の公表文書	国税庁がホームページ上で公開している情報		特定の納税者からの事前照会に対する文書回答	・文書回答事例	公表	納税者等への情報提供資料等
			よくある税の質問に対する一般的な回答を調べることができる	・タックスアンサー	公表	納税者等への情報提供資料等
出版物	職員が執筆，編集または監修した出版物		現職の国税庁本庁，国税局等の職員が執筆等を行ったもの（国税庁では，個人の資格で執筆等を行っているとしている。）	・通達逐条解説 ・図解〇〇法 ・問答集 ・国税速報　等	市販	納税者等への情報提供資料等
	税理士等が執筆，編集または監修した出版物		税理士，大学教授等が執筆等を行ったもの	・租税法 ・基礎から身につく財産評価　等	市販	納税者等への情報提供資料等

（参考）　総務庁行政監察局「税務行政監察結果報告書（平成12年11月）」〔TAINS・税務行政監察結果報告書H121100-3-00〕

1章

総　則

1　評価の原則

相続税法第22条《評価の原則》
　この章で特別の定めのあるものを除くほか，相続，遺贈又は贈与により取得した財産の価額は，当該財産の取得の時における時価により，当該財産の価額から控除すべき債務の金額は，その時の現況による。

財産評価基本通達1《評価の原則》
1　財産の評価については，次による。
　(1)　評価単位
　　　財産の価額は，第2章以下に定める評価単位ごとに評価する。
　(2)　時価の意義
　　　財産の価額は，時価によるものとし，時価とは，課税時期（相続，遺贈若しくは贈与により財産を取得した日若しくは相続税法の規定により相続，遺贈若しくは贈与により取得したものとみなされた財産のその取得の日をいう。）において，それぞれの財産の現況に応じ，不特定多数の当事者間で自由な取引が行われる場合に通常成立すると認められる価額をいい，その価額は，この通達の定めによって評価した価額による。
　(3)　財産の評価
　　　財産の評価に当たっては，その財産の価額に影響を及ぼすべきすべての事情を考慮する。

(1)　相続税法の定め

①　相続税法の定め

　相続税や贈与税（以下，あわせて「相続税等」ということがある。）は，相続，遺贈（死因贈与を含む。）または贈与による財産の取得を課税原因とし，その取得した財産の価額を課税標準（課税価格）としている。そのため，必然的に，財産の価額をどのようにして評価するかが問題となる。
　この財産の評価については，相続税法において，「相続，遺贈又は贈与により取得した財産の価

1章　総　則

額は，当該財産の取得の時における時価により，当該財産の価額から控除すべき債務の金額は，その時の現況による」と定められている。

②　「取得の時」とは

　財産の価額は「取得の時」における時価によるものとされているが，ここでいう「取得の時」とは，相続，遺贈または贈与により財産を取得した時点である。具体的には，被相続人や遺贈者の死亡の日または贈与の日をいう。そして，この取得の時を「課税時期」という。

③　「時価」とは

　「時価」とは，適正な市場価格のことをいう。その適正な市場価格とは，一般の自由市場において，通常の経済常識を有する売手と買手とが，十分に市場の事情に通じ，しかもなんらの制約も受けない場合において成立するとみられる価額，すなわち，いわゆる正常価格である[3]。

　裁判例においては，時価とは「不特定多数の当事者間の自由な取引において通常成立すると認められる取引の価額」，すなわち「客観的な交換価値」を意味すると解されている[4]。それは，「不特定多数の当事者間」であることから主観的な要素は排除され，「自由な取引が行われる場合に通常成立すると認められる価額」であることから，隣地買収等の買い進みや債務返済等のための売り急ぎがなかったものとした場合における価額となる[5]。

④　財産の評価

　時価は，財産の現況に応じて評価される価額であり，評価にあたっては，その財産に影響を及ぼすべきすべての事情が考慮される。

　したがって，例えば，土地の価格形成要因のうち，(a)人口動態や情報化の進展，生活様式の変化などの社会的要因，(b)金融，財政，物価，賃金，雇用，税制などの経済的要因，(c)都市計画，諸種の公的規制などの行政的要因などの一般的要因は，路線価等の土地評価基準に当然織り込まれるべき要因であり，具体的な評定の過程においてはこれらを適正に反映させたものとなっている[6]。

　また，権利の態様等に応じた分類や個々の土地の位置，地積，形状，接面街路の状況等の個別的要因についても，あらかじめ類型化できるものについては，財産評価基本通達（以下「評価通達」または「評基通」という）において具体的な評価方法や各種の画地調整率[7]として定められている。

3　実務相談録
4　東京地裁平成4年3月11日判決〔税務訴訟資料188号639頁〕，東京地裁平成9年1月23日判決〔税務訴訟資料222号94頁〕など
5　財産評価基本通達逐条解説（令和5年版）6～7頁
6　土地評価の実務（令和4年版）13頁
7　奥行価格補正や側方路線影響加算，不整形地補正といったような路線価を加算，減算する各種補正を「画地補正」，「各種補正」，「画地調整」，「格差補正」等という。また，それら補正の調整率を，「画地補正率」，「各種補正率」，「画地調整率」，「格差補正率」等という。

なお，ここでは客観的な事情が考慮されることから，所有者等の主観的な要因や所有者等の意思，行為等によって変更することのできるような事情については考慮されない。

⑤ 地価公示における「正常な価格」との関係

相続税法は，相続によって取得した財産の価額は，取得の時における時価によるとしている。そして，その「時価」とは，客観的な交換価値，すなわち不特定多数の独立当事者間の自由な取引において通常成立すると認められる価額をいうものと解される。

また，地価公示法は，適正な地価の形成に寄与することを目的として，標準地を選定し，その正常な価格を公示するものとし（地価法1），「正常な価格」とは，土地について，自由な取引が行われるとした場合におけるその取引において通常成立すると認められる価格をいうと規定しており（同法2②），相続税法第22条の「時価」と地価公示法の「正常な価格」とは，本来は同一の価格を指向する概念ということができる。

なお，その地価公示の価格は，不動産鑑定評価基準等に基づく評価手法により判定されるものであり，不動産鑑定評価基準（国土交通省）において「正常価格」の意義は以下のとおり述べられている。不動産の価格には正常価格，限定価格，特定価格，特殊価格の4つがあり，正常価格は，市場参加者が制約されたり，売り急ぎ，買い進み等をもたらす特別な動機のないものをいう。

参考　不動産鑑定評価基準

(1) 正常価格

　不動産の鑑定評価によって求める価格は，基本的には正常価格である。正常価格とは，市場性を有する不動産について，現実の社会経済情勢の下で合理的と考えられる条件を満たす市場で形成されるであろう市場価値を表示する適正な価格をいう。

　この場合において，現実の社会経済情勢の下で合理的と考えられる条件を満たす市場とは，以下の条件を満たす市場をいう。

（イ）市場参加者が自由意思に基づいて市場に参加し，参入，退出が自由であること。なお，ここでいう市場参加者は，自己の利益を最大化するため次のような要件を満たすとともに，慎重かつ賢明に予測し，行動するものとする。

　① 売り急ぎ，買い進み等をもたらす特別な動機のないこと。
　② 対象不動産及び対象不動産が属する市場について取引を成立させるために必要となる通常の知識や情報を得ていること。
　③ 取引を成立させるために通常必要と認められる労力，費用を費やしていること。
　④ 対象不動産の最有効使用を前提とした価値判断を行うこと。
　⑤ 買主が通常の資金調達能力を有していること。

（ロ）取引形態が，市場参加者が制約されたり，売り急ぎ，買い進み等を誘引したりするような特別なものではないこと。

（ハ）対象不動産が相当の期間市場に公開されていること。

(2) 限定価格

　限定価格とは，市場性を有する不動産について，不動産と取得する他の不動産との併合又は不動産

の一部を取得する際の分割等に基づき正常価格と同一の市場概念の下において形成されるであろう市場価値と乖離することにより，市場が相対的に限定される場合における取得部分の当該市場限定に基づく市場価値を適正に表示する価格をいう。

限定価格を求める場合を例示すれば，次のとおりである。
① 借地権者が底地の併合を目的とする売買に関連する場合
② 隣接不動産の併合を目的とする売買に関連する場合
③ 経済合理性に反する不動産の分割を前提とする売買に関連する場合

(3) 特定価格

特定価格とは，市場性を有する不動産について，法令等による社会的要請を背景とする鑑定評価目的の下で，正常価格の前提となる諸条件を満たさないことにより正常価格と同一の市場概念の下において形成されるであろう市場価値と乖離することとなる場合における不動産の経済価値を適正に表示する価格をいう。

特定価格を求める場合を例示すれば，次のとおりである。
① 証券化対象不動産に係る鑑定評価目的の下で，投資家に示すための投資採算価値を表す価格を求める場合
② 民事再生法に基づく鑑定評価目的の下で，早期売却を前提とした価格を求める場合
③ 会社更生法又は民事再生法に基づく鑑定評価目的の下で，事業の継続を前提とした価格を求める場合

(4) 特殊価格

特殊価格とは，文化財等の一般的に市場性を有しない不動産について，その利用現況等を前提とした不動産の経済価値を適正に表示する価格をいう。

特殊価格を求める場合を例示すれば，文化財の指定を受けた建造物，宗教建築物又は現況による管理を継続する公共公益施設の用に供されている不動産について，その保存等に主眼をおいた鑑定評価を行う場合である。

> **実務上のポイント**
>
> 時価（客観的な交換価値）とは，合理的と考えられる条件を満たす市場取引で形成される適正な価格をいい，(イ) 売り急ぎ，買い進み等をもたらす特別な動機がない，(ロ) 当事者が市場について取引を成立させるために必要となる通常の知識や情報を得ている，(ハ) 取引を成立させるために通常必要と認められる労力，費用を費やしている，(ニ) 対象不動産の最有効使用を前提とした価値判断を行っている，(ホ) 買主が通常の資金調達能力を有しているなどの条件にあるものである。
>
> したがって，例えばその財産を親族から低額で譲り受けた場合や債務の返済，納税のために売り急ぎがあった場合などは適正な時価とは認められないことになる。

(2) 財産評価基本通達の定め

① 財産評価基本通達の意義

相続税や贈与税において土地及び土地の上に存する権利（以下，あわせて「土地等」ということがある。）の価額は，時価により評価することとされている。

ただし，納税者が相続税等の申告にあたり，適正な時価を把握することは必ずしも容易ではない。

相続税や贈与税の課税の対象となる財産の範囲は極めて広く，その各種の財産について，適正な市場価格を求めることは，実際問題としてかなり困難なことである。

そこで，国税庁では，相続税等の申告の便宜及び課税の公平を図る観点から，財産の評価方法に関する取扱いの全国的な統一を図るため，相続税法に定めがあるもののほか，評価の基本原則や具体的な評価方法を税務通達として定めている。これを「財産評価基本通達」という。

また，各国税局では，国税庁において定められた評価方法に基づいて，土地等の評価額の基準となる路線価や評価倍率を定めて公開している。その評価額の基準となるものをまとめたものが「財産評価基準書」である。

② 財産評価基本通達の概要

財産評価基本通達において，「財産の価額は，時価によるものとし，時価とは，課税時期において，それぞれの財産の現況に応じ，不特定多数の当事者間で自由な取引が行われる場合に通常成立すると認められる価額をいい，その価額は，この通達の定めによって評価した価額による。」と定められている。

この「通達の定めによって評価した価額」における評価方法としては，土地においては，路線価方式と倍率方式がある。

路線価方式は，路線価が定められている地域の評価方法である。路線価とは，路線（道路）に面する標準的な宅地の1㎡当たりの価額のことで，千円単位で表示されている。路線価方式における土地の価額は，路線価をその土地の形状等に応じた奥行価格補正率などの各種補正率で補正した後に，その土地の面積を乗じて計算する。

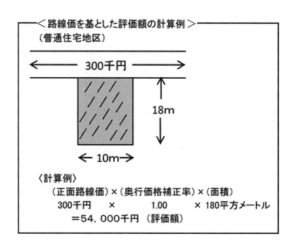

また，倍率方式は，路線価が定められていない地域の評価方法である。倍率方式における土地の価額は，その土地の固定資産税評価額に一定の倍率を乗じて計算する。

路線価図及び評価倍率表は，国税庁ホームページで閲覧できる。

なお，財産評価基本通達に定める評価項目や補正項目については**図表1－1**のものがある。

[図表1－1] 財産評価基本通達に定める評価項目

（　）内は通達番号

1	評価の原則（1）		33	大規模工場用地の路線価及び倍率（22-3）
2	共有財産（2）		34	余剰容積率の移転がある場合の宅地の評価（23）
3	区分所有財産（3）			
4	たな卸資産の評価（4-2）		35	余剰容積率を移転している宅地又は余剰容積率の移転を受けている宅地（23-2）
5	邦貨換算（4-3）			
6	基準年利率（4-4）		36	私道の用に供されている宅地の評価（24）
7	評価方法の定めのない財産の評価（5）		37	土地区画整理事業施行中の宅地の評価（24-2）
8	国外財産の評価（5-2）			
9	この通達の定めにより難い場合の評価（6）		38	造成中の宅地の評価（24-3）
10	土地の評価上の区分（7）		39	農業用施設用地の評価（24-5）
11	評価単位（7-2）		40	セットバックを必要とする宅地の評価（24-6）
12	地積（8）			
13	土地の上に存する権利の評価上の区分（9）		41	都市計画道路予定地の区域内にある宅地の評価（24-7）
14	路線価方式（13）			
15	路線価（14）		42	文化財建造物である家屋の敷地の用に供されている宅地の評価（24-8）
16	地区（14-2）			
17	特定路線価（14-3）		43	貸宅地の評価（25）
18	奥行価格補正（15）		44	倍率方式により評価する宅地の自用地としての価額（25-2）
19	側方路線影響加算（16）			
20	二方路線影響加算（17）		45	土地の上に存する権利が競合する場合の宅地の評価（25-3）
21	三方又は四方路線影響加算（18）			
22	不整形地の評価（20）		46	貸家建付地の評価（26）
23	地積規模の大きな宅地の評価（20-2）		47	区分地上権等の目的となっている貸家建付地の評価（26-2）
24	無道路地の評価（20-3）			
25	間口が狭小な宅地等の評価（20-4）		48	借地権の評価（27）
26	がけ地等を有する宅地の評価（20-5）		49	定期借地権等の評価（27-2）
27	土砂災害特別警戒区域内にある宅地の評価（20-6）		50	区分地上権の評価（27-4）
			51	区分地上権に準ずる地役権の評価（27-5）
28	容積率の異なる2以上の地域にわたる宅地の評価（20-7）		52	土地の上に存する権利が競合する場合の借地権等の評価（27-6）
			53	貸家建付借地権等の評価（28）
29	倍率方式（21）		54	転貸借地権の評価（29）
30	倍率方式による評価（21-2）		55	転借権の評価（30）
31	大規模工場用地の評価（22）		56	借家人の有する宅地等に対する権利の評価（31）
32	大規模工場用地（22-2）		57	農地の分類（34）

58	純農地の範囲（36）	87	貸し付けられている原野の評価（59）
59	中間農地の範囲（36-2）	88	土地の上に存する権利が競合する場合の原野の評価（59-2）
60	市街地周辺農地の範囲（36-3）	89	原野の賃借権の評価（60）
61	市街地農地の範囲（36-4）	90	牧場及び牧場の上に存する権利の評価（61）
62	純農地の評価（37）	91	池沼及び池沼の上に存する権利の評価（62）
63	中間農地の評価（38）	92	鉱泉地の評価（69）
64	市街地周辺農地の評価（39）	93	住宅，別荘等の鉱泉地の評価（75）
65	市街地農地の評価（40）	94	温泉権が設定されている鉱泉地の評価（77）
66	生産緑地の評価（40-3）	95	温泉権の評価（78）
67	貸し付けられている農地の評価（41）	96	引湯権の設定されている鉱泉地及び温泉権の評価（79）
68	土地の上に存する権利が競合する場合の農地の評価（41-2）	97	引湯権の評価（80）
69	耕作権の評価（42）	98	雑種地の評価（82）
70	存続期間の定めのない永小作権の評価（43）	99	ゴルフ場の用に供されている土地の評価（83）
71	区分地上権の評価（43-2）	100	遊園地等の用に供されている土地の評価（83-2）
72	区分地上権に準ずる地役権の評価（43-3）	101	文化財建造物である構築物の敷地の用に供されている土地の評価（83-3）
73	土地の上に存する権利が競合する場合の耕作権又は永小作権の評価（43-4）	102	鉄軌道用地の評価（84）
74	純山林の評価（47）	103	貸し付けられている雑種地の評価（86）
75	中間山林の評価（48）	104	土地の上に存する権利が競合する場合の雑種地の評価（86-2）
76	市街地山林の評価（49）	105	賃借権の評価（87）
77	保安林等の評価（50）	106	土地の上に存する権利が競合する場合の賃借権又は地上権の評価（87-4）
78	特別緑地保全地区内にある山林の評価（50-2）	107	占用権の評価（87-5）
79	貸し付けられている山林の評価（51）	108	占用権の目的となっている土地の評価（87-6）
80	土地の上に存する権利が競合する場合の山林の評価（51-2）	109	占用の許可に基づき所有する家屋を貸家とした場合の占用権の評価（87-7）
81	分収林契約に基づいて貸し付けられている山林の評価（52）		
82	残存期間の不確定な地上権の評価（53）		
83	純原野の評価（58）		
84	中間原野の評価（58-2）		
85	市街地原野の評価（58-3）		
86	緑地保全地区内にある原野の評価（58-5）		

1章 総則

(3) 財産評価基本通達改正の経緯

　財産評価基本通達は，昭和39年4月に制定されたものであるが，それまでの相続税法における財産評価は，主として旧富裕税の「富裕税財産評価事務取扱通達」を準用していた。

　しかし，そこでは毎年の評価水準についての通達などが数多く併存し，総合的に運営されていたため，これらの諸規定を整理統合し，新たに相続税及び贈与税の立場から，財産評価の基本的取扱いを確立することとなった[8]。

　昭和39年にちょうど固定資産税の評価方法が税制調査会，固定資産評価制度調査会，固定資産評価審議会等で取り上げられており，「固定資産評価制度調査会答申（昭和36年3月）」を受けて，これまでの「固定資産評価基準」が全面的に改訂された。固定資産税のみならず，相続税や贈与税，登録免許税，不動産取得税等もこの改訂評価基準によるべきとされたことから，相続税及び贈与税の評価基準もこの固定資産評価基準を基礎として「相続税財産評価に関する基本通達」に改正されている。不動産鑑定評価に関する法律も昭和39年に施行されており，この時期に不動産評価の基礎が確立されたといえる。

　平成3年には，個人及び法人を対象とした地価税[9]が導入され，当該通達を適用することから，「財産評価基本通達」に名称が変わり，評価基準も大幅に見直しがされた。

　財産評価基本通達は，その後も社会経済情勢等の変化に応じて，順次改正され，現在に至っている。平成3年以降，近年の主な改正項目は以下のとおりである。

① 平成3年の主な改正項目

　平成3年12月に，土地取引や土地利用の実態に適合した適正な評価が行えるよう，その全体的な見直しを行うとともに，地価税における土地等の評価にも対応できるように新たな評価方法が定められた。

- ビル街地区の新設など地区区分の見直しによる新設，分離，廃止（評価通達14-2）
- 奥行価格補正率などの各種補正率の見直し，改正（評価通達15ほか）
- 大規模工場用地の評価方法の新設（評価通達22ほか）
- 余剰容積率の移転がある場合の宅地の評価方法の新設（評価通達23）
- 区分地上権の評価方法の新設（評価通達27-4）
- 市街地周辺農地の評価方法の改正（評価通達39）
- 生産緑地の評価方法の新設（評価通達40-3）
- ゴルフ場，遊園地等の用に供されている土地の評価方法の改正（評価通達83，83-2）
- 占用権の評価方法の新設（評価通達87-5）

---

[8] 財産評価基本通達逐条解説（令和5年版）448～449頁
[9] 地価税は，土地及び借地権等を有する個人及び法人に土地の価額を課税標準として課される税である。現在は，平成10（1998）年以後当分の間課税しないこととして課税の停止がされている（措置法71）。

② 平成6年の主な改正項目

- 広大地の評価方法の新設（評価通達24-4）

また，平成6年2月には，借地借家法の規定に基づいて設定される定期借地権等の評価方法を定めるなどの改正が行われた。

③ 平成10年の主な改正項目

平成10年8月には，一般定期借地権の目的となっている宅地について，財産評価基本通達の適用除外の評価方法を定める改正が行われた。

④ 平成11年の主な改正項目

- 土地の評価単位の見直し，新設，改正，廃止（評価通達7，72）
- 不整形地の評価方法の見直し，明確化，改正（評価通達20）
- 無道路地の評価方法の見直し，明確化，改正（評価通達20-3）
- がけ地等を有する宅地の評価方法の見直し，改正（評価通達20-5）
- 容積率の異なる2以上の地域にわたる宅地の評価方法の新設（評価通達20-7）
- 私道の評価方法の見直し，改正（評価通達24）
- 貸家建付地等の評価方法の見直し，明確化，改正（評価通達26）

⑤ 平成12年の主な改正項目

- 特定路線価（路線価の設定されていない道路のみに接している宅地の評価方法）の新設（評価通達14-3）
- 農業用施設用地の評価方法の新設（評価通達24-5）
- 鉱泉地の評価方法の改正（評価通達69）

⑥ 平成14年の主な改正項目

- 土地区画整理事業施行中の宅地の評価方法の見直し（評価通達24-2）
- セットバックを必要とする宅地の評価方法の新設（評価通達24-6）
- 都市計画道路予定地の区域内にある宅地の評価方法の新設（評価通達24，7）

⑦ 平成16年の主な改正項目

- 広大地の評価方法の見直し，明確化，改正（評価通達24-4，49-2）
- 文化財建造物及びその敷地の評価方法の新設（評価通達24-8，83-3）
- 緑地保全地区内の山林等の評価方法の新設（評価通達50-2，123-2）
- 市街地山林の評価方法の見直し，明確化，改正（評価通達49）

1章　総　則

⑧　平成17年の主な改正項目
- 貸宅地割合が定められている貸宅地（底地）の評価方法の新設（評価通達25）

⑨　平成18年の主な改正項目
- 奥行価格補正率等の画地調整率の改正（評価通達付表1～6）

⑩　平成29年の主な改正項目
- 広大地の評価方法の廃止に伴い，地積規模の大きな宅地の評価の新設（評価通達20-2）
- 奥行価格補正率の画地調整率の改正（評価通達付表1）

⑪　平成30年の主な改正項目
- 土砂災害特別警戒区域内にある宅地の評価方法の新設（評価通達20-6）

⑫　令和2年の主な改正項目
- 特定生産緑地の創設に伴う生産緑地の評価の新設（評価通達40-3）

⑬　令和5年の主な改正項目
- 居住用の区分所有財産の評価方法の新設

（参考）土地評価の実務

①　土地評価の流れ

　　土地の評価にあたっては，机上調査，役所調査，現地調査（踏査）を行って評価額を算出する。客観的で適正な土地評価は，形式的，機械的に行えるものではなく，地域の自然的要因，社会的要因，経済的要因，行政的要因等，また，その土地に関する個別的要因等の諸要因を的確に調査し，十分に整理・分析された総合的な判断を行うことが必要である。

1 評価の原則

(STEP 1) 机上調査
まず，評価する土地（評価対象地）の情報を机上で収集する。
具体的には，固定資産税の課税明細書を参考に住宅地図や路線価図，公図，登記事項証明書など，主にパソコンや書物で入手できる情報を集める。

(STEP 2) 役所調査
次に，土地が所在する市区町村の役所（市役所や町役場）へ行く。
都市計画図や道路台帳，建築計画概要書などの公的な情報・資料を収集する。

(STEP 3) 現地調査
机上調査や役所調査で集めた情報に基づいて現地を確認する。
現地調査では，評価対象地の現況を確認し，必要に応じて，土地の間口や奥行，接面する道路幅員を測るなどして評価増減の項目を調査する。

(STEP 4) 評価明細書の作成
上記の資料に基づいて土地の評価を行い，相続税申告書に添付する評価明細書の作成を行う。

実務上のポイント

役所調査や現地調査は，すべての土地について実施すべきではあるが，事務負担や遠隔地等の観点から困難な場合は，インターネットを活用して適正な評価が行えるよう実施する必要がある。
なお，状況に応じて（STEP 2）役所調査と（STEP 3）現地調査は前後する。

② 机上調査

土地の評価にあたっては，まず固定資産税の課税明細書や登記簿謄本（登記事務電子化後は「登記事項証明書」という）により土地の概要を把握する。

1章 総　則

(a) 固定資産税の課税明細書

固定資産税の課税明細書には，土地の所在地番・地目・地積，家屋の所在地・用途・床面積をはじめ，価格や課税標準などが記載されている。未登記の家屋でも固定資産税の課税対象になっていれば記載されている。

[図表1－2] 課税明細書

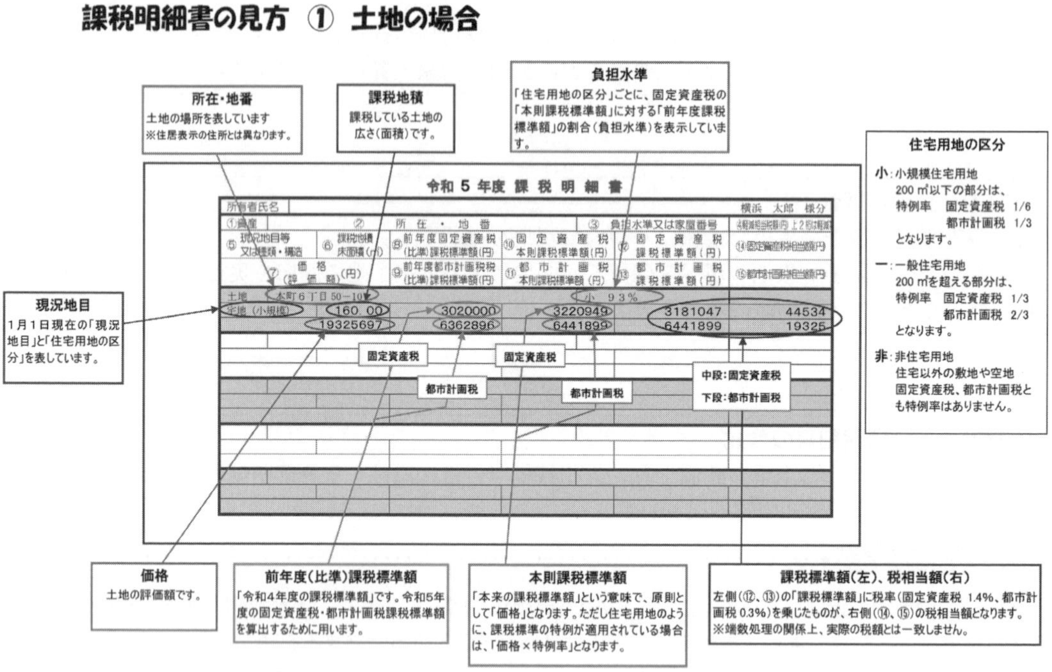

課税明細書の見方　①　土地の場合

(出典)　横浜市ホームページ（https://www.city.yokohama.lg.jp）

(b) 名寄帳

各市町村（特別区は都税事務所）に所在する土地・家屋を所有者ごとにまとめた一覧表を名寄帳（固定資産課税台帳）という。

固定資産税の課税明細書と同様，土地の所在地番・地目・地積，家屋の所在地・用途・床面積，価格や課税標準などが記載されているが，課税明細書には記載されていない固定資産税が非課税となっている私道や保安林についても記載がされているのが一般的である。

土地を共有している場合や，先代名義の土地の名義変更をしていなかった場合には課税明細書が手許にないケースが多いため，相続人においてその課税明細書の存在を把握していないことも多い。その点は名寄帳で把握することができる。

なお，名寄帳は，市町村等の単位で作成されるものであり，市町村等ごとに閲覧請求する必要がある。

名寄帳と同様の書類に「評価証明書」や「公課証明書」がある。評価証明書は，固定資産の価格

を証明するものであり，相続や贈与の所有権移転登記の際に登録免許税の算定のために使用される。また公課証明書は，固定資産税の税額を証明するものであり，不動産売買の際に固定資産税を按分するためなどに使用される。

(c) 不動産登記簿謄本（登記事項証明書）

不動産登記簿は，土地・建物に関する所在・地積，所有者の住所・氏名，その物件の所有持分や権利関係等が記載されているもので，登記簿謄本とはその写しのことをいう。

登記簿謄本（電子化後は登記事項証明書）は「表題部」，「甲区」，「乙区」から構成されている。

「表題部」には，土地の所在地番，地目，地積，登記の日付などが記載されている。

「甲区」には，土地の所有者に関する事項が記載されている。

「乙区」には，所有権以外に関する事項（抵当権や賃借権，地上権といった権利）が記載されている。

また，登記簿謄本には，現在の状況のみが記載された「現在事項証明書」と過去の履歴も含めて記載されている「全部事項証明書」，すでに閉鎖された内容が記載された「閉鎖事項証明書」がある。

登記簿謄本は，日本全国の土地建物の情報が最寄りの法務局で誰でも取得できるが，インターネットの登記情報提供サービス（https://www1.touki.or.jp/）からも取得することができる。

これにより，土地の所在地番，登記地目，登記地積，所有者，共有の場合は共有割合を確認する。

［図表1-3］登記簿謄本

表題部　　（土地の表示）		調製　平成■年■月■日	不動産番号 ■■■■■
地図番号	余白	筆界特定　余白	
所　在	■■市■■丁目		余白
①　地　番	②　地　目	③　地　積　㎡	原因及びその日付〔登記の日付〕
■■番■	山林	1　2　：　　　　　：	■■番■から〔昭和■年■月■日〕
余白	余白	余白	昭和63年法務省令第37号附則第2条第2項の規定により移記　平成■年■月■日

権　利　部　（甲区）　　（所有権に関する事項）			
順位番号	登　記　の　目　的	受付年月日・受付番号	権利者その他の事項
1	所有権移転	昭和■年■月■日第■■号	原因　昭和■年■月■日売買　所有者　■■市■■丁目■番■号　順位2番の登記を移記
	余白	余白	昭和63年法務省令第37号附則第2条第2項の規定により移記　平成■年■月■日

＊　下線のあるものは抹消事項であることを示す。

(d) 住宅地図

住宅地図で土地の位置を把握する。なお，固定資産税の課税明細書に記載されている土地の「所

1章 総 則

在地番」と住民票の住所や郵便物が届く，いわゆる「住居表示」は異なる。したがって，所在地番に対応する土地の位置を把握するため，所在地番と住居表示の両方が表示されている市販の地図（いわゆるブルーマップ）を用いて土地の所在地を確認する。

(e) 路線価図

各国税局が発刊している財産評価基準書により評価対象地の路線価を確認する。国税庁のホームページ（https://www.rosenka.nta.go.jp）で確認するのが一般的である。路線価は毎年7月に公表されている。

[図表1－4] 路線価図

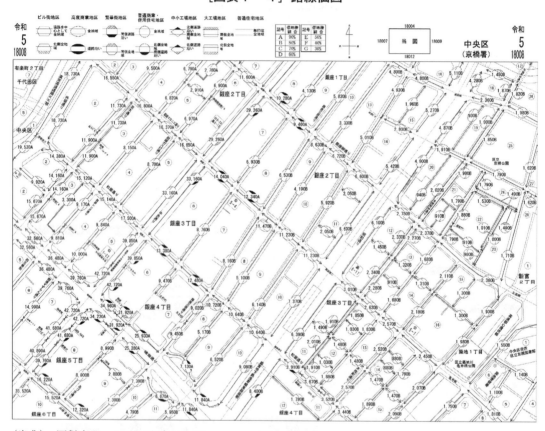

(出典) 国税庁ホームページ（https://www.rosenka.nta.go.jp）

(f) 地図（公図）

公図とは，法務局に備え付けられている図面のことをいう。その図面（広義の公図）には2種類があり，不動産登記法第14条に定める一定の精度を有するものを「地図」といい，その地図が備え付けられるまでのものを「地図に準ずる図面（狭義の公図）」という。

1 評価の原則

　地図に準ずる図面は，明治時代の地租改正に伴い作成されたものであり，形状や面積など現況と必ずしも一致しないケースが少なくない。ただし，実務上，公図のほかに土地の位置や形状を示す公的な資料がない地域では，公図（地図に準ずる図面）を用いて土地評価を行うのが一般的である。
　公図により，評価対象地の位置や形状，道路との接面状況などを確認することができる。

［図表1－5］公図

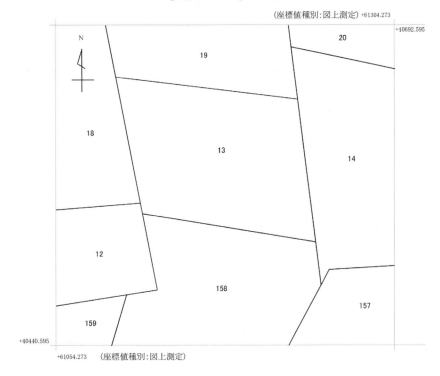

（出典）盛岡地方法務局ホームページ（https://houmukyoku.moj.go.jp/morioka/content/000133360.pdf）

1章　総　則

(g)　測量図

　測量図は，土地家屋調査士が隣地との境界を調査して作成する図面である。土地の面積や形状，境界のポイント，辺長，求積の方法などが記載されている。

　測量図には大きく分けて2種類あり，土地の境界を隣地所有者と現地立会いの上で確定した「確定測量図」と，隣地との境界確定は行わず，土地面積，形状などの現況を測量した「現況測量図」（俗に現況測量図や実測図，求積図，参考図などという）である。

　また，地積測量図は，登記所に備え付けられている図面であり，一筆ないし数筆の土地の地積（面積）を法的に確定したものをいう。地積測量図には，地積及びその求積方法のほか，筆界点の座標値や筆界点間の距離，方位，縮尺，該当地の地番及び隣接地の地番などが記載されている。

［図表1－6］地積測量図

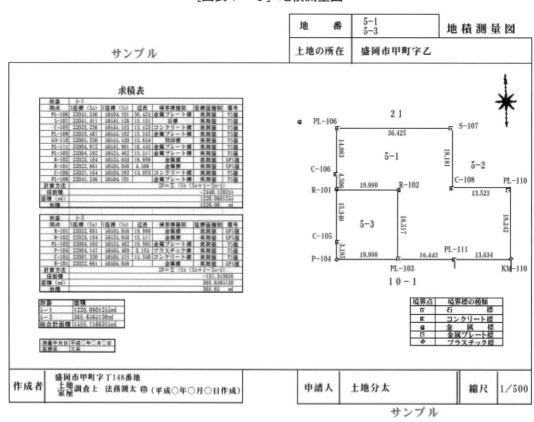

（出典）盛岡地方法務局ホームページ（https://houmukyoku.moj.go.jp/morioka/content/000133359.jpg）

(h) 建物図面

　建物図面は，建物の位置を表示した図面（建物図面）と建物の各階ごとの形状を表示した図面（各階平面図）である。多くは建物図面と各階平面図が一緒になっている。

　建物図面は，ある家屋番号の建物がどこに建っているのかといった家屋の位置関係を確認するだけでなく，例えば，1つの筆の上に2つの建物が建っているときなど，評価単位を分ける際の参考資料となる。

［図表1-7］建物図面

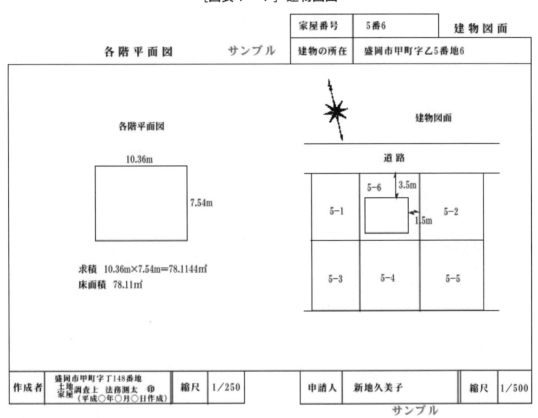

（出典）盛岡地方法務局ホームページ（https://houmukyoku.moj.go.jp/morioka/content/000133358.jpg）

③　役所調査

　現地調査の実施に先立って，その土地を管轄する市区町村の役所において，都市計画法や建築基準法などの土地利用に関する法律に基づく土地の利用規制の状況を把握する。

　そこで，土地を評価するために必要な以下の図面や資料を収集する。

1章 総則

(a) 都市計画図

評価対象地が市街化区域か市街化調整区域か，また，土地の建ぺい率や容積率，都市計画道路の予定の有無，生産緑地指定の有無は，「都市計画図」において確認できる。その都市計画図は，市区町村の都市計画課に備え付けられており，**図表1－8**のように用途地域が色分けされた図面である。自治体によってはインターネットで確認することもできる。

実務においては，主に都市計画道路予定地の評価，容積率の異なる2以上の地域にわたる宅地の評価，地積規模の大きな宅地の評価に使用する。

[図表1－8] 都市計画図

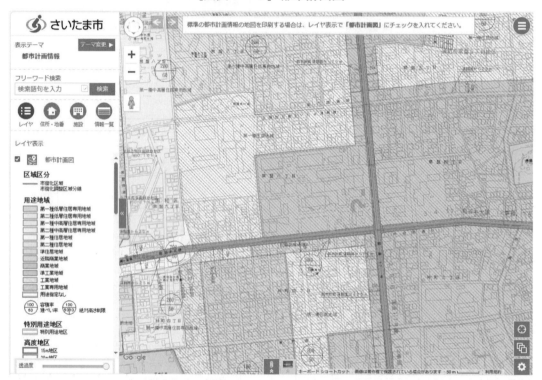

（出典） さいたま市都市計画 （https://www.sonicweb-asp.jp/saitama/map?theme=th_33&layers=th_33,dm#layers=)

(b) 道路の種別

評価対象地の接面する道が，建築基準法上の道路か否か，さらには，建築基準法42条1項道路であるか，2項道路であるかといった種別は，その土地を管轄する市区町村の建築指導課において確認することができる。

建築指導課においては，**図表1－9**のように建築基準法の道路種別が色分けされた地図がある。自治体によってはインターネットで確認することもできる。

実務においては，主にセットバックを必要とする宅地の評価や無道路地の判定に使用する。

[図表1－9] 道路の種別

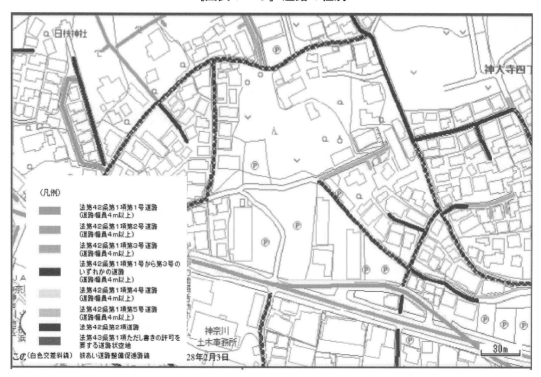

（出典）　横浜市行政地図情報提供システム（https://wwwm.city.yokohama.lg.jp/yokohama/Portal）

1章 総　則

(c) 道路台帳

　道路台帳は，道路の図面である（道路法28）。道路の位置や形状，幅員が記載された図面で，道路の境界点とその点間距離が記載されているものもある。

　道路台帳は，「道路台帳平面図」，「道路台帳現況平面図」ともいい，市区町村の道路管理課において確認できる。自治体によってはインターネットで確認することもできる。

　道路台帳における道路幅員は，道路管理者が認定した幅の寸法が部分的に表示されている。県の管理する国道や県道にあっては県，市区町村の管理する市道や区道であれば市区町村で確認することができる。

　なお，私道については市区町村が管理していないことから認定幅員の表示はない。

　実務においては，主にセットバックを必要とする宅地の評価に使用する。

[図表1－10] 道路台帳

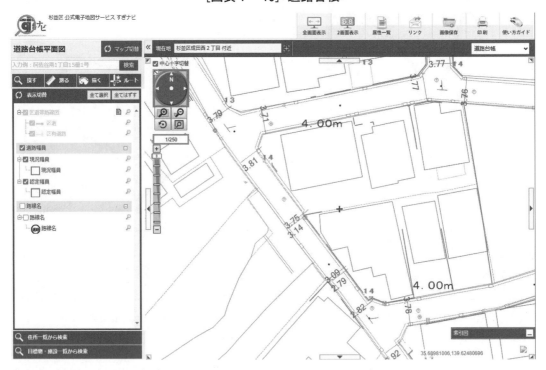

（出典）　杉並区（すぎナビ）（https://www2.wagmap.jp/suginami/Portal）

1 評価の原則

(d) 建築計画概要書

　建築計画概要書とは，建築物を建てる際の建築確認申請の際に，建築主が市区町村に提出する書類である。建築主・代理者・設計者・工事監理者・工事施工者の氏名及び住所，敷地面積，床面積，構造，高さ，階数等の建築物の概要，案内図，配置図が記されている。

　この建築計画概要書は，都道府県や建築主事[10]のいる市区町村の建築指導課で閲覧することができる。これは，住宅などの建築物を購入したり，賃借するときには，その建築物が建築確認や中間検査，完了検査が行われたものであるかどうかの情報を得る必要があるため，誰でも閲覧できるが，書類の保存期間は各自治体によってまちまちとなっている。

　この制度は昭和46（1971）年から始まっており，当時の建築計画概要書は**図表１－11**のような様式で，平成11（1999）年改正により**図表１－12**のように変わっている。

　実務において，建築計画概要書は，対象地の面積や接面する道路の状況を知るための参考資料と

［図表１－11］　建築計画概要書（平成11年改正前）

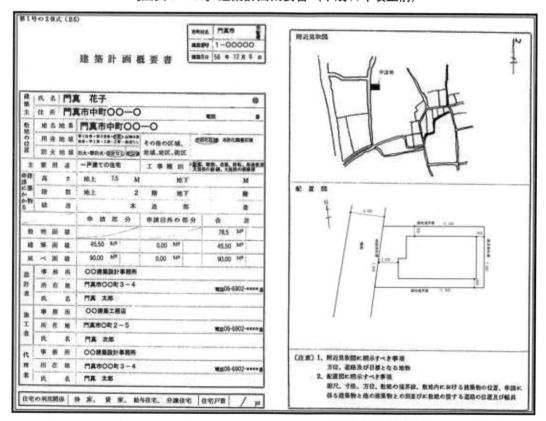

（出典）　門真市役所（https://www.city.kadoma.osaka.jp/index.html）

10　建築主事とは，建築確認や建築工事完了検査などを行う地方公共団体の職員のことをいう。建築主事は，都道府県及び人口25万人以上の政令指定都市，建築主事の設置について都道府県知事と協議の調った市区町村などに置かれている。

1章 総則

[図表1－12] 建築計画概要書（平成11年改正後）

（出典）門真市役所（https://www.city.kadoma.osaka.jp/index.html）

して利用できる。その建物がどのような接道状況を前提として建てられているのかを確認する。また、どのような敷地の形状を前提として建てられているのか、評価単位を判断する上でも使用できる。

(e) **公示価格・基準地価格**

「公示価格（地価公示）」は、地価公示法に基づいて、国土交通省土地鑑定委員会が、毎年1月1日時点における標準地の正常な価格を公示しているものである。一般的な土地取引の指標や公共事業用地の取得価格算定の規準とされ、適正な価格の形成に寄与することを目的としている。

また、「基準地価格（都道府県地価調査）」は、土地利用計画法に基づいて都道府県知事が毎年7月1日における標準価格を判定し公表しているものである。都道府県での土地取引規制に際しての価格審査や地方公共団体等による買収価格の算定の規準とすること等を目的としている。

評価対象地の近隣の公示価格や基準地価格は、国土交通省の土地総合情報システム（https://www.land.mlit.go.jp/webland/）「不動産取引価格情報検索」で調べることができる。

[図表1－13] 公示価格及び基準地価格

（出典）　国土交通省「不動産取引価格情報検索」（https://www.land.mlit.go.jp/webland/）

1章　総　則

　公示価格や基準地価格から，その地域の時価相場や標準的な地積，標準的な土地の利用状況がわかる。

[図表１－14] 地価公示及び都道府県地価調査

国土交通省地価公示

詳細情報

標準地番号	新宿-1
所在及び地番	東京都新宿区大久保１丁目２１９番４
住居表示	大久保１－１４－７
調査基準日	令和5年1月1日
価格(円/m²)	641,000(円/m²)
地積(m²)	230(m²)
形状（間口：実行き）	(1.0:2.0)
利用区分、構造	建物などの敷地、RC（鉄筋コンクリート造）3F
利用現況	住宅
周辺の土地の利用現況	一般住宅、アパート等が混在する住宅地域
前面道路の状況	西　2.4m　区道
その他の接面道路	
給排水等状況	ガス　・　水道　・　下水
交通施設、距離	新大久保、400m
用途区分、高度地区、防火・準防火	第一種住居地域、準防火地域
森林法、公園法、自然環境等	
建ぺい率(%),容積率(%)	60(%) 300(%)
都市計画区域区分	市街化区域

（出典）　国土交通省ホームページ（https://www.land.mlit.go.jp/landPrice/AriaServlet?MOD=2&TYP=0）

(f) 固定資産税路線価

　固定資産税路線価は，固定資産税の土地評価のための路線価であり，街路に沿接する標準的な土地の１m²当たりの価格を表示したものである。

　市町村（特別区においては都税事務所）の固定資産税課で確認することができるが，一般財団法人資産評価システム研究センターの全国地価マップ（https://www.chikamap.jp/chikamap/Portal）でも確認することができる。

　固定資産税の路線価が設定されている地域は，相続税の路線価が設定されている地域と必ずしも一致せず，相続税の倍率地域であっても固定資産税の路線価は定められていることがある。

　また，専ら特定の者の通行の用に供されている私道（例えば行き止まりの道路）には一般的に路線価は付されていないが，固定資産税の路線価は付されていることが多い。

　実務においては，主に市街化調整区域の雑種地の評価や倍率地域の市街地農地等の評価において宅地比準価格を算出したい場合に使用することができる。

［図表１－15］固定資産税路線価

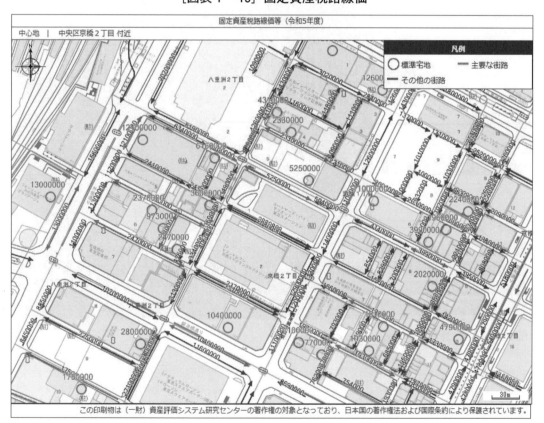

（出典）　全国地価マップ（https://www.chikamap.jp/chikamap/Portal）

1章　総　則

(g)　農地ナビの活用

　農業委員会の農地台帳には，農地であること，面積，その農地が貸し借りされていることなどの情報が記載されている。

　農地法の改正により農地台帳が法定化されたことに伴い，平成27（2015）年4月1日から農地の地目や面積，貸し借りなどの情報が閲覧できるようになった。市区町村及び農業委員会が整備している農地台帳及び農地に関する地図については，全国農業委員会ネットワーク機構（一般社団法人全国農業会議所）のeMAFF農地ナビ（https://map.maff.go.jp）で確認することができる。

　実務においては，主に農地の農用地区域の区分や農地法の適用の有無，農地の賃貸借の有無の確認に使用する。

［図表1－16］農地ナビ

（出典）　eMAFF農地ナビ（https://map.maff.go.jp）

(h) 森林簿

　森林簿は，森林の所在や所有者，面積，樹種（スギやヒノキなど），樹齢，天然林または人工林の区分，道路からの距離（小出し距離），保安林等の制限の有無など，森林に関する情報が記載された台帳のことである。

　森林簿は一般に都道府県が整備するものであるが，都道府県や市区町村で確認することができる。

　なお，立木の評価にあたっては，樹種や樹齢，天然林か人工林か，道路からの距離，保安林等の制限の有無を森林簿により確認する。

[図表1－17] 森林簿

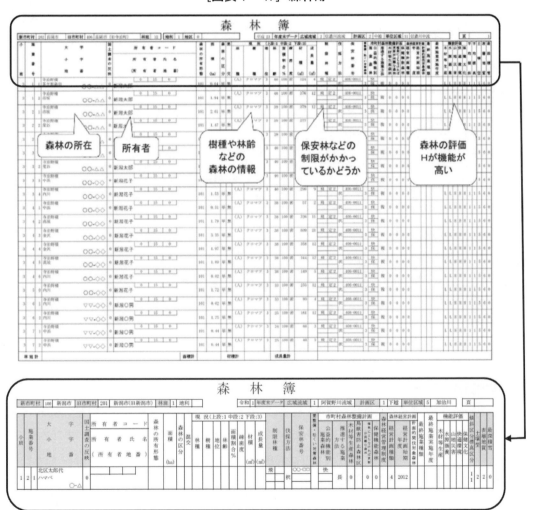

（出典）村上市ホームページ（https://www.city.murakami.lg.jp/uploaded/attachment/18577.pdf）

1章　総　則

(i)　土砂災害警戒区域等マップ

土砂災害警戒区域等マップにより，土砂災害防止法に基づき指定された区域が閲覧できる。これは，土地の所在する市町村において土砂災害ハザードマップ等で確認することができ，自治体によってはインターネットで確認することもできる。

実務においては，土砂災害特別警戒区域内にある宅地の評価で使用する。

[図表1－18]　土砂災害警戒区域等マップ

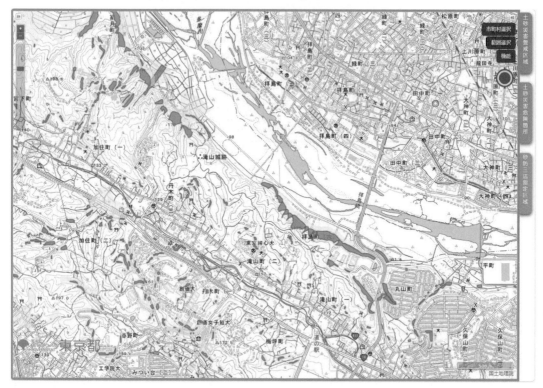

（出典）　東京都ホームページ（https://www2.sabomap.jp/tokyo/）

④　現地調査（踏査）

机上調査及び役所調査で収集した情報・資料に基づいて，具体的な地価事情を把握するために現地調査（踏査）を実施する。現地調査にあたっては，地図や路線価図等を携行して，また必要に応じて，1．カメラ，2．メジャー，レーザー距離計（ピッキョリ），ウォーキングメジャー，3．三角スケール，4．騒音計などを使用する。

現地調査では，評価対象地が現にどのような利用がなされているのか，評価対象地の間口や奥行を計測して公図や測量図と一致しているかを確認したり，間口が接道義務を満たしているかを確認する。地図上では道路に接していても，現地に行くと著しい高低差があって道路と接していなかったり，水路が介在していたりすることもある。また，評価対象地が接面している道路の幅員を測り，セットバックの要否やすでに敷地のうち道路に提供されている部分があるか否かを確認する。

2 共有財産

> **財産評価基本通達2**
> 　共有財産の持分の価額は，その財産の価額をその共有者の持分に応じてあん分した価額によって評価する。

　本項では，財産が共有されている場合の評価方法を定めている。財産が共有されている場合は，その財産の価額を持分に応じてあん分して評価する。

　したがって，まずはその共有地全体の価額を評価し，その価額に共有持分の割合を乗じて，各人の持分の価額を算出することになる。

Q 共有地の評価

■質　問
　共有地の各共有者の持分の価額はどのように評価するのでしょうか。

■回　答
　評価しようとする土地が共有となっている場合には，その共有地全体の価額に共有持分の割合を乗じて，各人の持分の価額を算出します。
　したがって，例えば共有地全体の価額が1億円の宅地を甲が4分の3，乙が4分の1の割合で共有している場合には，甲の持分の価額は7,500万円（1億円×3/4），乙の持分の価額は2,500万円（1億円×1/4）となります。

（参考）国税庁質疑応答事例「共有地の評価」

3 不動産のうちたな卸資産に該当するものの評価

> **財産評価基本通達4-2《不動産のうちたな卸資産に該当するものの評価》**
> 　土地，家屋その他の不動産のうちたな卸資産に該当するものの価額は，地価税の課税価格計算の基礎となる土地等の価額を評価する場合を除き，評価通達132《評価単位》及び同133《たな卸商品等の評価》の定めに準じて評価する。
>
> **財産評価基本通達132《評価単位》**
> 　たな卸商品等（商品，原材料，半製品，仕掛品，製品，生産品その他これらに準ずる動産をいう。）の価額は，次項の(1)から(4)までの区分に従い，かつ，それぞれの区分に掲げる動産のうち種類及び品

1章　総　則

質等がおおむね同一のものごとに評価する。

> **財産評価基本通達133《たな卸商品等の評価》**
> 　たな卸商品等の評価は，原則として，次に掲げる区分に従い，それぞれ次に掲げるところによる。
> 　ただし，個々の価額を算定し難いたな卸商品等の評価は，所得税法施行令第99条《たな卸資産の評価の方法》又は法人税法施行令第28条《たな卸資産の評価の方法》に定める方法のうちその企業が所得の金額の計算上選定している方法によることができる。
> (1)　商品の価額は，その商品の販売業者が課税時期において販売する場合の価額から，その価額のうちに含まれる販売業者に帰属すべき適正利潤の額，課税時期後販売までにその販売業者が負担すると認められる経費（以下「予定経費」という。）の額及びその販売業者がその商品につき納付すべき消費税額（地方消費税額を含む。）を控除した金額によって評価する。
> (2)　原材料の価額は，その原材料を使用する製造業者が課税時期においてこれを購入する場合の仕入価額に，その原材料の引取り等に要する運賃その他の経費の額を加算した金額によって評価する。
> (3)　半製品及び仕掛品の価額は，製造業者がその半製品又は仕掛品の原材料を課税時期において購入する場合における仕入価額に，その原材料の引取り，加工等に要する運賃，加工費その他の経費の額を加算した金額によって評価する。
> (4)　製品及び生産品の価額は，製造業者又は生産業者が課税時期においてこれを販売する場合における販売価額から，その販売価額のうちに含まれる適正利潤の額，予定経費の額及びその製造業者がその製品につき納付すべき消費税額を控除した金額によって評価する。

(1)　たな卸資産に該当するものの評価の趣旨

　本項では，相続税及び贈与税における不動産業者等の所有する販売目的の不動産の評価方法を定めている。

　不動産業者等が所有するたな卸資産としての不動産は，元々販売を目的とする資産であり，販売価格等が明らかとなっている。このような性格を有する土地等については，相続という偶発的な事象により，かつ，被相続人の全財産を包括的に承継取得する相続の性格やそれゆえに納税者の申告等の便宜を考慮して定めている路線価等に基づいて評価を行うのではなく，それぞれの取引により明らかである販売価額等に基づいて評価する方が実態に即している[11]。

　また，相続税等においては，流動資産であるたな卸資産たる土地等と，その土地等を売却した代金である現金預貯金等やその土地等を借入れにより取得した場合の借入金等の財産との評価上の権衡を図る必要がある[12]。

(2)　たな卸資産に該当するものの評価の取扱い

　そこで，土地，家屋その他の不動産のうち，たな卸資産に該当するものの価額は，たな卸商品等

11　財産評価基本通達逐条解説（令和5年版）15～16頁
12　実務相談録

4 評価方法の定めのない財産の評価

の定めに準じて評価する。

　すなわち，たな卸商品等のうち，商品の価額は，その商品の販売業者が課税時期において販売する場合の価額から，その価額のうちに含まれる販売業者に帰属すべき適正利潤の額，課税時期後販売までにその販売業者が負担すると認められる経費の額及びその販売業者がその商品につき納付すべき消費税額（地方消費税額を含む。）を控除した金額によって評価するものとされる。

　したがって，相続税及び贈与税の課税対象となる土地等が不動産業者等が所有するたな卸資産に該当する場合には，たな卸資産である動産の評価方法に準じて，販売業者が課税時期においてその土地等を販売するとした場合の価額から，その価額のうちに含まれる販売業者が負担すると認められる経費の額等を控除した金額によって評価する。

Q 事業用財産の評価の単位

■質　問
　不動産の販売，あっせんを営んでいた父が死亡したので，その事業を引き継ぎ営業しています。事業用の財産には，たな卸資産としての土地，家屋，固定資産としての土地，家屋，什器，備品，車両，債権として未収金，貸付金，その他現金などがありますが，これらの財産は，事業用財産として一括評価し，事業を営んでいない場合に比べて評価上なんらかの斟酌はされないものでしょうか。

■回　答
　相続税の課税上財産の評価は，財産ごとに，かつ，財産評価基本通達に定める評価単位ごとに，個別に評価することとされています。
　したがって，事業用財産を一括して評価するようなことはしません。また，事業用財産についての評価上の斟酌は，今のところ取扱いでは設けられていません。すなわち，土地，建物，什器，備品，車両などの財産の種類ごとに，それぞれの財産を個別に評価します。
　ただし，ご質問の場合における土地，建物のうち，たな卸資産に該当するものについては，財産評価基本通達4-2に準じて評価します。

(参考) 実務相談録

※　別途，平成31年1月1日から令和10年12月31日までの10年間，個人の事業用資産についての相続税の納税猶予及び免除の特例（個人版事業承継税制）がある。

4　評価方法の定めのない財産の評価

財産評価基本通達5《評価方法の定めのない財産の評価》
　この通達に評価方法の定めのない財産の価額は，この通達に定める評価方法に準じて評価する。

(1) 評価方法が定められている財産の種類

　相続税，贈与税の課税価格の計算のための財産の評価方法を，すべての財産について定めることは難しいが，その評価方法については，相続税法において定めているものと，財産評価基本通達において定めているものがある。

　相続税法においては，①地上権及び永小作権（相法23），②給付事由が発生している定期金に関する権利（同24），③定期金給付事由が発生していない定期金に関する権利（同24），④生命保険契約に関する権利（同24），⑤立木についての評価方法（同26）を定めている。

　また，財産評価基本通達においては，**図表 1 − 19**に掲げるものについて評価方法を定めている。

[図表 1 − 19] 評価通達に定められている財産

1	宅地及び宅地の上に存する権利	22	鉱業権及び租鉱権
2	農地及び農地の上に存する権利	23	採石権
3	山林及び山林の上に存する権利	24	電話加入権
4	原野及び原野の上に存する権利	25	漁業権
5	牧場及び牧場の上に存する権利	26	営業権
6	池沼及び池沼の上に存する権利	27	株式及び出資
7	鉱泉地及び鉱泉地の上に存する権利	28	公社債
8	雑種地及び雑種地の上に存する権利	29	定期金に関する権利
9	家屋及び家屋の上に存する権利	30	信託受益権
10	構築物	31	預貯金
11	果樹等	32	貸付金債権
12	立竹林	33	無尽又は頼母子に関する権利
13	一般動産	34	未収天然果実
14	たな卸商品等	35	未収法定果実
15	牛馬等	36	訴訟中の権利
16	書画骨とう品	37	ゴルフ会員権
17	船舶	38	抵当証券
18	特許権及びその実施権	39	不動産投資信託証券
19	実用新案権，意匠権及びそれらの実施権	40	受益証券発行信託証券等
20	商標権及びその使用権	41	生命保険契約に関する権利
21	著作権，出版権及び著作隣接権		

(2) 評価方法の定めのない財産の評価

相続税法や財産評価基本通達において評価方法の定めのない財産の価額は、相続税法や財産評価基本通達において定められている財産の評価方法に準じて評価する。

5 国外財産の評価

> **財産評価基本通達5-2《国外財産の評価》**
> 国外にある財産の価額についても、この通達に定める評価方法により評価することに留意する。
> なお、この通達の定めによって評価することができない財産については、この通達に定める評価方法に準じて、又は売買実例価額、精通者意見価格等を参酌して評価するものとする。
> (注) この通達の定めによって評価することができない財産については、課税上弊害がない限り、その財産の取得価額を基にその財産が所在する地域若しくは国におけるその財産と同一種類の財産の一般的な価格動向に基づき時点修正して求めた価額又は課税時期後にその財産を譲渡した場合における譲渡価額を基に課税時期現在の価額として算出した価額により評価することができる。
>
> **財産評価基本通達4-3《邦貨換算》**
> 外貨建てによる財産及び国外にある財産の邦貨換算は、原則として、納税義務者の取引金融機関（外貨預金等、取引金融機関が特定されている場合は、その取引金融機関）が公表する課税時期における最終の為替相場（邦貨換算を行なう場合の外国為替の売買相場のうち、いわゆる対顧客直物電信買相場又はこれに準ずる相場をいう。また、課税時期に当該相場がない場合には、課税時期前の当該相場のうち、課税時期に最も近い日の当該相場とする。）による。
> なお、先物外国為替契約（課税時期において選択権を行使していない選択権付為替予約を除く。）を締結していることによりその財産についての為替相場が確定している場合には、当該先物外国為替契約により確定している為替相場による。
> (注) 外貨建てによる債務を邦貨換算する場合には、この項の「対顧客直物電信買相場」を「対顧客直物電信売相場」と読み替えて適用することに留意する。

(1) 国外財産の評価の取扱い

本項では、国外にある財産の評価方法を定めている。国外にある財産の価額についても、財産評価基本通達に定める評価方法により評価する。

なお、この通達の定めによって評価することができない財産については、この通達に定める評価方法に準じて、または売買実例価額、精通者意見価格等を参酌して評価を行う。

ただし、課税上弊害がない限り、その財産の取得価額を基にその財産が所在する地域若しくは国におけるその財産と同一種類の財産の一般的な価格動向に基づき時点修正して求めた価額により評価することができる。

また，課税時期後にその財産を譲渡した場合には，その譲渡価額を基に課税時期現在の価額として算出した価額により評価することができる。

(2) 国外財産の評価の取扱いの趣旨

この取扱いは，国外財産については，評価に際して参考となる資料の入手が困難な場合が多いと考えられるところ，一般的に取得価額等は取得時におけるその財産の時価を表しているとみることができること，及びその売買に関する資料を通常，納税義務者等が保管していると考えられることから，納税義務者等の便宜に配慮したものである[13]。

したがって，例えばその財産を親族から低額で譲り受けた場合，債務の返済等のために売り急ぎがあった場合など，その価額が，その時の適正な時価であると認められない場合には，その価額を基に評価することは課税上弊害があると認められる。

また，その国外財産の取得価額または譲渡価額で時点修正するための合理的な価額変動率が存しない場合についても，その評価方法を適用する前提を欠いていることから，取得価額や譲渡価額を基に評価することはできない。

Q 国外不動産の評価

■質　問

被相続人は，米国ハワイ州ホノルル所在のコンドミニアムを所有していましたが，このコンドミニアムの評価はどのようにするのでしょうか。

■回　答

1　土地について

国外に所在する土地については，原則として，売買実例価額，地価公示価格及び鑑定評価額等を参酌して評価します。

なお，課税上弊害がない限り，取得価額又は譲渡価額に，時点修正するための合理的な価額変動率を乗じて評価することができます。この場合の合理的な価額変動率は，公表されている諸外国における不動産に関する統計指標等を参考に求めることができます。

2　家屋について

国外に所在する家屋については，原則として，売買実例価額，鑑定評価額等を参酌して評価します。

なお，その国の固定資産税評価額が財産評価基本通達89に規定する固定資産税評価額と類似している場合には，その金額によって評価して差し支えありません。

3　邦貨換算について

国外にある不動産の邦貨換算は，原則として，納税義務者の取引金融機関が公表する課税時期における最終の為替相場，いわゆる対顧客直物電信買相場（TTB）により換算します。

---

[13] 財産評価基本通達逐条解説（令和5年版）27頁

> （参考）
> 　米国ハワイ州各市郡を始め，各国の地方税当局のウェブサイトにおいて，固定資産税の課税状況を把握することが可能な場合があります。以下，ホノルル市に所在するコンドミニアムの場合の固定資産税の課税情報の閲覧方法等を紹介します。
> イ　米国ハワイ州ホノルル市ウェブサイト【https://www.qpublic.net/hi/honolulu/】
> 　固定資産番号（Percel number又はTMK）又は所在地（地番と通り名）から検索することができ，地図及び日本でいう公図的な地図も誰でも無料で取得することが可能です。
> 　なお，ホノルル市の場合，不動産の所在地，所有者，直近の固定資産税課税状況面積のみならず，売買（取得）状況，過去10年間分の滞納等の有無，部屋数等も把握することが可能です（ただし，前年以前の固定資産税評価額はわからないので留意が必要です。）。
> ロ　各国地方税当局等ウェブサイト
> （1）韓国不動産公示価格【https://www.realtyprice.kr/notice/main/mainBody.htm】
> 　日本の地価公示価格制度と類似の制度であり，標準住宅地価格のほか，共同住宅（アパート等）価格も閲覧可能です。価格時点は，毎年1月1日です。
> （2）ハワイ州ハワイ郡固定資産評価額【http://www.hawaiipropertytax.com/】
> 　ホノルル市と同様，固定資産番号や所在地等から検索することができ，地図及び公図は誰でも無料で取得することが可能です。
> （3）ハワイ州マウイ郡固定資産評価額【http://www.mauipropertytax.com/】
> 　ホノルル市及びハワイ郡と同様です。
>
> （参考）東京国税局「資産税審理研修資料（平成24年7月）」〔TAINS・資産税審理研修資料H240700〕

(3) 国外財産の換算レート

　相続した財産や贈与された財産が国外財産である場合，その国の通貨によって評価される場合には円に邦貨換算する必要がある。

　金融機関の公表する顧客相場（金融機関が外国為替市場で一般企業や個人などの顧客と取引を行う際の為替相場のこと）は，外国為替取引の大部分を占める銀行間市場における為替相場を基として各種相場の値が決められている。各金融機関は，独自に顧客相場を決めるものであるが，現実に対ドル相場ではおおむね同水準にあることから，統一的な指標を持つものであるといえる。

　そして，銀行等が一般顧客に対して示す相場は，対顧客直物電信売買相場であり，このうち，顧客が外貨を円に交換する場合の外国為替レートが「対顧客直物電信買相場（TTB）」である。

　そこで，国外にある不動産の邦貨換算は，原則として，納税義務者の取引金融機関が公表する課税時期における最終の為替相場，いわゆる「対顧客直物電信買相場（TTB）」により換算する。

　なお，課税時期が取引金融機関の休日等に当たり，その金融機関の為替相場が公表されていない場合には，課税時期前の当該相場のうち，課税時期に最も近い日の為替レートによることとしている[14]。

1章　総　則

> **Q** 外貨（現金）の評価

■質　問

　被相続人が所有していた5,300米ドルを相続しました。課税時期の取引金融機関の対顧客直物電信買相場（TTB）は115円でした。5,300米ドルをこのTTBで換算すると、609,500円となりますが、外国通貨買相場（Cash Buying）は、113円なので、これにより換算すると、598,900円となります。
　相続した財産が海外不動産などではなく、外貨ですから、外貨を円に交換するときの相場である外国通貨買相場を適用して邦貨換算してよろしいですか。

■回　答

　現金の外貨についても、納税義務者の取引金融機関が公表する対顧客直物電信買相場又はこれに準ずる相場により評価します。

（解説）

　金融機関の公表する為替レートには、対顧客直物電信売相場（TTS）、対顧客直物電信買相場（TTB）、外国通貨売相場（Cash Selling）、外国通貨買相場（Cash Buying）、一覧払い買相場（At Sight Buying）等がありますが、外貨建てによる財産の邦貨換算は、財産評価基本通達においては、対顧客直物電信買相場（TTB）又はこれに準ずる相場によるとしています。
　対顧客直物電信買相場（TTB）は、外貨預金の支払いやトラベラーズ・チェックの買取りや電信送金された外貨を円に交換する場合に適用される為替相場です。通常、金融機関が外貨の現金を円に交換する場合には、対顧客直物電信買相場から金融機関が現金を保有するコスト等を差し引いたところの外国通貨買相場が適用されることになりますが、財産評価に当たっては、統一的に金融機関が外貨を買って円で支払う場合の対顧客直物電信買相場により換算することになります。

（参考）国税庁質疑応答事例「外貨（現金）の評価」

6　通達の定めにより難い場合の評価

> **財産評価基本通達6《この通達の定めにより難い場合の評価》**
> 　この通達の定めによって評価することが著しく不適当と認められる財産の価額は、国税庁長官の指示を受けて評価する。

14　上場株式の評価においては、課税時期に最終価格がない場合、課税時期の前日以前の最終価格または翌日以後の最終価格のうち、課税時期に最も近い日の最終価格（その最終価格が2ある場合には、その平均額）としていることに注意する。

6　通達の定めにより難い場合の評価

(1) 評価通達で定める評価方法により難い場合の評価

① 通達の意義とその例外

　相続税や贈与税における財産の価額は，その取得の時における「時価」によって評価する（相法22）。そして，時価とは，課税時期において，それぞれの財産の現況に応じ，不特定多数の当事者間で自由な取引が行われる場合に通常成立すると認められる価額，すなわち客観的交換価値によることとされている。

　ただし，実務上，財産の時価を客観的かつ適正に把握することは必ずしも容易なことではなく，また，納税者ごとに財産の評価の方法が異なることは公平の観点から好ましくない。そこで，財産の客観的な交換価値が必ずしも一義的に確定されるものではないことから，財産評価の多様性，納税者間の公平，納税者の便宜，徴税費用の節減等の見地からみて，相続税法及び評価通達に定める同一基準，同一方法で評価することが合理的であると考えられている。

　なお，財産の評価にあたっては，個別的妥当性を得るために，その財産の価額に影響を及ぼすべきすべての事情を考慮することとされていることから，財産評価基本通達に定める評価方法によることが著しく不適当と認められる場合が生じうる[15]。そこで財産評価基本通達の総則第6項（以下「総則6項」という）では，そのような場合に個々の財産の態様に応じた適正な時価評価が行えるよう定めている。

② 「著しく不適当」とは

　上記のとおり，通達の定めによって評価することが「著しく不適当」と認められる財産の価額は，所轄税務署長が国税局長を通じ，国税庁長官の指示を受けて個別に評価することとしている。

　ただし，どのような場合が著しく不適当に当たるのかは通達上明らかではない。

　これまで総則6項の適用の有無が争点となった裁判例では，この「著しく不適当」であるか否かの判断は，財産評価基本通達に定める評価方法によらないことが正当と認められる「特別の事情」の有無による旨が示されている。

　裁判例・裁決例においては，第一に，納税者が租税回避行為を行った場合に，通達を形式的，画一的に適用して財産を評価することで相続税の課税価格に著しい差を生じ，納税者間の実質的な租税負担の公平という観点からして看過し難い事態を招来することとなる場合には，他の評価方法によることが相当と認められる特別の事情に該当するとされている。いわゆる「租税回避型」である。

　第二に，路線価方式や倍率方式といった形式的，画一的な評価基準により算定される評価額が客観的時価を上回る場合には，評価通達により算定される評価額をもって法が予定する時価と見ることはできないものとなり，通達の定めによって評価することが著しく不適当と認められる場合に該当するとされている。いわゆる「評価乖離型」である。

15　財産評価基本通達逐条解説（令和5年版）28～29頁

(2) 納税者の租税回避に対する総則6項適用

① 租税回避事例

　第一に，納税者の行った租税回避行為に対する総則6項の適用である（課税庁からの総則6項適用）。

　相続税や贈与税における土地の評価は，路線価や固定資産税評価額に基づいて算定されている。これらの評価水準は，かつては実勢時価の半分からそれ以下の水準を推移してきた。しだいに終戦後の高度成長期（昭和30～40年代）やバブル経済の地価高騰期（昭和50～60年代）には，実勢時価と路線価の差は大きく乖離するようになった。

　そこで，例えば，（イ）通達による評価が1億円であるが，実勢価額10億円で取引されている不動産を10億円の借入金によって購入する，（ロ）相続時に通達に基づき1億円として評価し，債務10億円を控除する，（ハ）その後相続人が実勢時価で売却して借入金を返済する。このような方法によることで，相続時には債務超過9億円の分だけ課税価格を圧縮することになる。

　そのように通達による評価額と実勢価額との差額を利用して相続税の負担の軽減を図る行為により，納税者間の実質的な租税負担の公平という観点からして看過し難い事態を招くことになる場合には，通達によらず別の評価方法によることが相当と解されている。ここでは財産を取得価額10億円により評価することで債務超過額が発生しないこととなる。

　これらの行為について，総則6項の適用が行われた事例として，以下の(a)から(c)がある。

(a) 東京地裁平成4年3月11日判決

　東京地裁平成4年3月11日判決〔税務訴訟資料188号639頁〕[16]の概要は，以下のとおりである。

（イ）昭和62年10月9日，被相続人は，東京都のマンション11戸（以下「本件マンション」という）を7億5,850万円で購入した。

（ロ）原告（相続人）は，入院中の被相続人の代理人として，本件マンションを購入する旨の売買契約を売主（不動産分譲業者A社）と，購入した本件マンションを賃料月額166万4,000円で賃貸する旨の賃貸借契約をA社と，本件マンションの購入資金等として8億円を借り入れる旨の金銭消費貸借契約を貸金業者B社との間で，それぞれ締結した。

（ハ）本件マンション購入のための借入れは，元金返済を3年間据え置いた上でこれを17年間で分割返済し，利率は年7.2％（月額利息約480万円）とするものである。

（ニ）本件マンションの賃貸借契約は，借主が他に転賃貸することをあらかじめ承諾し，賃貸期間を2年，A社の賃料支払義務を昭和62年12月まで免除するというものである。

（ホ）被相続人は，かねてから不動産等の資産運用に関心を持っており，昭和60年頃には銀行からの長期の借入金で自己所有の貸家をマンションに建て替える等したこともあり，相続税対策に

---

[16] 第一審東京地裁平成4年3月11日判決〔税務訴訟資料188号639頁〕，控訴審東京高裁平成5年1月26日判決〔税務訴訟資料194号75頁〕，最高裁平成5年10月28日判決〔税務訴訟資料199号670頁〕

ついても，借入金により不動産を購入すること等によって相続税の負担を軽減させるという節税方法について関心を示していた。
(ヘ) 被相続人は，死亡前，昭和62年9月9日から入院するに至っていた。
(ト) 同年12月19日，被相続人は95歳で死亡した。
(チ) 原告は，昭和63年1月30日及び2月3日に，A社との間で本件マンションの売却に関する一般媒介契約を締結し，同年4月上旬から7月下旬にかけて，同社の媒介によって総額7億7,400万円で他に売却し，借入金の大部分はこの売却金によって返済された。
(リ) 原告は，相続税の申告について，通達の定めに基づき本件マンションの価額を1億3,170万7,319円として課税価格に算入し，借入金8億円を相続債務として課税価格から控除して当初申告を行った。

このような一連の経緯に対し，判決が示す「特別の事情」は以下のとおりである。
本件マンションの価額を通達に基づいて1億3,170万7,319円と評価し，その購入資金である借入金8億円をそのまま相続債務として計上すると，右借入金は本件マンションの価額から控除しきれないことから，その差額が他の積極財産の価額から控除されることとなり，その結果として，本件マンションの価額を取得価額で評価した場合と比べると6億2,679万2,681円だけ課税価格が圧縮されることとなる。
そのように現実の交換価格によってその価額を評価した場合に比べて相続税の課税価格に著しい差を生じ，実質的な租税負担の公平という観点からして看過し難い事態を招来することとなる場合には，通達によらないことが相当と認められる特別の事情がある場合に該当し，相続不動産を市場における現実の交換価格（7億5,850万円）によって評価することが許されるとするのが相当と判示されている。

(b) 東京地裁平成4年7月29日判決

東京地裁平成4年7月29日判決〔税務訴訟資料192号180頁〕[17]の概要は，以下のとおりである。
(イ) 被相続人は，入院中の昭和62年2月24日，原告（相続人）を代理人として，18億2,000万円を銀行から借り入れ，7物件の各土地（以下「本件土地」という）を代金16億6,100万円で買い入れた。
(ロ) 被相続人は，昭和56年頃から病臥し，同57年10月に脳動脈硬化性痴呆症で入院した後退院することなく昭和62年7月16日に86歳で死亡した。
(ハ) 昭和63年6月14日，原告は，本件土地全部を18億円で他に売却し，その売却代金を借入金の返済に充当した。

---

17 第一審東京地裁平成4年7月29日判決〔税務訴訟資料192号180頁〕，控訴審東京高裁平成5年3月15日判決〔税務訴訟資料194号743頁〕

1章　総　則

（ニ）本件土地の通達による評価額は1億2,102万2,498円である。

　このような一連の経緯に対し，判決が示す「特別の事情」は以下のとおりである。
　本件土地の価額を通達に基づき1億2,102万2,498円と評価してこれを相続財産に計上し，その購入資金である借入金18億2,000万円をそのまま相続債務として計上すると，右借入金のうち本件土地の価額から控除しきれない余剰債務16億9,897万7,502円が他の積極財産の価額から控除されることとなり，その結果として，本件土地の価額を客観的な市場価格である16億6,100万円と評価した場合に比べて15億4,000万円近くもの金額分だけ課税価格が圧縮されることとなる。
　これを税額についていえば，本件土地の通達に定める方法によって評価すると相続税の総額は5,004万200円となるのに対して，本件土地を右の客観的な市場価格で評価した場合の相続税の総額は8億1,595万8,800円となり，7億円以上もの多額の相続税の負担が軽減されることとなる。
　そのような事態は，他に多額の財産を保有していないため，右のような方法を採った場合にも結果として他の相続財産の課税価格の大幅な圧縮による相続税負担の軽減という効果を享受する余地のない納税者との間での実質的な租税負担の公平という観点からして看過し難いものといわなければならず，また，租税制度全体を通じて税負担の累進性を補完するとともに富の再分配機能を通じて経済的平等を実現するという相続税法の立法趣旨からして著しく不相当なものというべきである。
　そこで，被相続人が死亡する約5か月前の昭和62年2月に16億6,100万円で買い受け，原告らが翌昭和63年6月に18億円で他に売却した本件土地の相続開始時における客観的な市場価格は，少なくとも被相続人の取得価額を下回ることはなかったものと考えられ，その客観的な市場価格によって本件土地を評価するのが相当と判示されている。

(c)　東京地裁平成5年2月16日判決

　東京地裁平成5年2月16日判決〔税務訴訟資料194号375頁〕においての経緯は，以下のとおりである[18]。
（イ）被相続人は，昭和61年4月頃から，**図表1－20**の物件を含む多数の不動産（以下「本件評価係争物件」という）を頻繁に購入するようになり，特に昭和61年8月19日の入院以降その購入件数が増加し，これに伴って銀行からの資金の借入れも頻繁に行われるようになった。
（ロ）不動産取引業者であるAの発案によって「相続財産対策のための事業計画」が策定され，被相続人が死亡した場合の相続税節減のための種々の対策が考えられていた。
（ハ）原告らは，右のような方策の一環として，かねて被相続人と取引のあったB銀行に支援を要請し，B銀行では，これに応じて「相続対策プロジェクト」を結成した。
（ニ）被相続人は，昭和62年1月29日に入院した。

18　第一審東京地裁平成5年2月16日判決〔税務訴訟資料194号375頁〕，控訴審東京高裁平成5年12月21日判決〔税務訴訟資料199号1302頁〕

(ホ) 被相続人は，昭和62年2月14日に88歳で死亡した。
(ヘ) **図表1-20**の物件は，相続開始直後にその多くが売却され，銀行からの右借入金は逐次そのほとんどが完済された。

このような一連の経緯に対し，判決が示す「特別の事情」は以下のとおりである。

本件評価係争物件の価額を通達に基づき12億7,398万8,935円と評価して相続財産に計上し，その購入資金である借入金の未返済元金合計48億9,981万6,170円をそのまま相続債務として計上すると，右借入金は同物件の価額から控除しきれないことから，その差額が他の積極財産の価額から控除されることとなる。その結果，通達により本件評価係争物件を評価すると課税価格で約44億円，相続税額で約33億円も低額になる。

このような事態は，他に多額の財産を保有していないため，右のような方法によって相続税負担の軽減という効果を享受する余地のない他の納税者との間での実質的な租税負担の公平を著しく害し，富の再分配機能を通じて経済的平等を実現するという相続税の目的に反するものであるため，本件評価係争物件については，その相続財産としての評価を通達によらないことが相当と認められる特別の事情がある場合に該当し，相続不動産を市場における客観的な交換価格によって評価するのが相当と判示されている。

[図表1-20] 相続税評価額と取得価額との対照表

取得物件	契約日	取得価額 千円（①）	通達に基づく評価額 千円（②）	②／①
A土地建物	S61.4.25	計　165,000※	計　64,112	38.85%
B宅地・畑・山林	S61.7.30	700,000	158,744	22.67%
C土地建物	S61.8.2	計　510,000※	計　105,025	20.59%
D宅地	S61.8.18	150,000	49,135	32.75%
Eマンション9物件	S61.8.21	計　305,900※	計　145,401	47.53%
Fマンション10物件	S61.8.21	計　228,700※	計　126,166	55.16%
G宅地・雑種地	S61.8.21	605,760	57,764	9.53%
H田（現況宅地）	S61.9.3	397,120	84,635	21.31%
I土地建物	S61.9.25	計　2,780,120※	計　482,984	17.37%
合　計		5,842,600	1,273,988	21.80%

※　取得価額を路線価評価等の価額の比により按分
（出典）　判決文の表を基に筆者作成

② 法改正による対応

このような事例に対応するため，昭和63（1988）年租税特別措置法改正により，昭和63年12月31

日以後に相続または遺贈により取得した財産のうち相続開始前3年以内に取得等をした土地等については、取得価額で評価することになった（**図表1－21**）。

これにより、例えば①通達による評価が1億円であるのに対して実勢価額10億円で取引されている不動産を取得価額の10億円で評価することによって、資産が10億円、債務が10億円となり、相続時に債務超過が発生しないこととなった。

[図表1－21] 租税特別措置法第69条の4（相続開始前3年以内に取得等をした土地等又は建物等についての相続税の課税価格の計算の特例）

改正前	昭和63年改正	平成8年改正
（新設）	個人が相続若しくは遺贈により取得した財産又は個人が贈与（贈与者の死亡により効力を生ずる贈与を除く。以下第70条の6までにおいて同じ。）により取得した財産で相続税法第19条の規定の適用を受けるもののうちに、当該相続又は同条の相続の開始前3年以内にこれらの相続又は遺贈に係る被相続人が取得又は新築（以下この条において「取得等」という。）をした土地等又は建物等（略）がある場合には、当該個人が取得等をした当該土地等又は建物等については、同法第11条の2に規定する相続税の課税価格に算入すべき価額又は同法第19条の規定により当該相続税の課税価格に加算される贈与により取得した財産の価額は、同法第22条の規定にかかわらず、当該土地等又は建物等に係る取得価額として政令で定めるものの金額とする。 2　前項に規定する土地等とは、土地又は土地の上に存する権利（略）をいい、同項に規定する建物等とは、建物及びその附属設備又は構築物（略）をいう。	（廃止）

ところが、その後、後述のとおりいわゆるバブルの崩壊により地価が急落し、今度は取得価額に基づいた相続税評価額が時価を上回るという事態が生じた。

大阪地裁平成7年10月17日判決〔税務訴訟資料214号141頁〕[19]は、租税特別措置法第69条の4（以下「本件特例」という）を適用した相続税の更正処分を違法とした事例である。

本件の概要は以下のとおりである。
（イ）原告は、平成3年8月に死亡した被相続人の相続人であり、相続によって複数の土地（本件土地。いずれも現況宅地）を取得した。
（ロ）被相続人は、本件土地を平成2年3月から同年9月までの間（いずれも相続開始前3年以内）に合計21億8,032万3,998円で取得している（取得価額に算入される造成費を含めると22億4,862万3,998円となる。）。

---

[19] 第一審大阪地裁平成7年10月17日判決〔税務訴訟資料214号141頁〕、控訴審大阪高裁平成10年4月14日判決〔税務訴訟資料231号545頁〕、最高裁平成11年6月11日判決〔税務訴訟資料243号270頁〕

6 通達の定めにより難い場合の評価

(ハ) 相続開始時における本件土地の路線価等による評価額は合計 9 億619万2,243円である。
(ニ) 原告は，被相続人が相続開始前 3 年以内に取得した土地を，本件特例に従い取得価額22億4,862万3,998円で評価し，相続税の申告をした。
(ホ) その後，原告は，本件土地の価額を不動産鑑定評価額 9 億5,820万円によるべきであるとして更正の請求を行った。

　被告税務署長は，本件土地の課税価格算定については措置法が適用される以上，その範囲内でなされた本件課税処分は適法であると主張した。
　これに対し原告は，本件土地を相続時の時価によって評価すべきであり，本件土地の時価合計は原告が更正の請求において主張した 9 億5,820万円であるから，本件各処分のうち，原告が更正の請求において主張する課税価格及び納付すべき税額を超える部分は取消されるべきであると主張した。
　判決は，当該不動産の実勢価格が取得時に比べ相続開始時において下落している場合には，本件特例を適用し，取得価額をもって課税価格とするならば，相続開始時の資産価値を基準とする限り，不動産の相続については，他の資産により同額の資産価値の財産を相続した場合に比べて税負担が過大となり，本件特例によって課税の実質的公平を図ろうとしたこととは逆の意味での課税の不公平が生ずることがあり，さらに地価の下落が急激かつ著しい場合には，相続により取得した不動産の価値以上のものを相続税として負担しなければならないという極めて不合理な事態さえ起こりうると指摘している。
　そして，本件特例をこのような著しく不公平，不合理な結果が生じるような事案にまで無制限に適用することについては憲法違反（財産権の侵害）の疑いが極めて強いといわなければならないが，仮にこのような考え方が容れられないとしても，少なくとも本件特例を適用することにより，著しく不合理な結果を来すことが明らかであるというような特別の事情がある場合にまでこれを適用することは，右法律の予定していないところというべきであって，これを適用することはできないといわざるを得ないとした。
　本件土地においては，その実勢価格は，その取得時に比べて相続時にはいずれも半分以下，合計では約57パーセント減と著しく下落しており，また，本件土地のみを相続によって取得した場合を考えると，本件特例を適用した場合の原告の納付すべき税額は13億1,863万4,700円となるが，これは本件土地の相続時の実勢価格をも上回るものであり，現実にも本件相続によって原告が相続した純資産価額（相続時を基準とする）は約11億3,000万円であるのに対し，本件土地について本件特例を適用した場合の原告の納付すべき税額は約14億3,170万円にも上り，相続によって取得した全資産をもってしても相続税額に足りないという結果となる。
　このような事態が著しく不合理なものであることは明白であり，本件土地の相続については本件特例を適用することができないというべきであるから，地裁においては，本件土地の課税価格の算定にあたっては，原則に返って相続税法第22条に従いその時価によるべきことになるが，右時価の

1章 総則

評価の方法は，特段の事情がない限り，財産評価基本通達の定めに従うべきものと判示された。

そして，本件特例は，その適用件数が年々減少し，平成7（1995）年においては大幅に減少するなどその存在意義が次第に失われてきたとみられるようになり，これを反映して平成8（1996）年度改正により廃止されている。

ただし，廃止にあたって，平成3（1991）年1月1日から平成7（1995）年12月31日までの間に相続により取得した土地には，その者の各種の税額控除の額を控除する前の相続税の金額は，本件特例の適用を受けた土地等について，その特例の適用がないものとした場合における課税価格に相当する金額に100分の70の割合を乗じて算出した税額と，この本件特例を適用した場合の相続税額とのいずれか少ない金額とする経過措置が設けられた。

そのため，本事案においてもこの経過措置が適用され，高裁判決において，本件土地の価額は8億96万9,217円，納付すべき税額は6億7,385万2,900円となっている（図表1－22）。

[図表1－22] 経過措置を適用した場合の税額等

（単位：千円）

区 分		本件特例を適用した場合の計算	本件経過措置を適用した場合の計算
取得財産の価額	1	4,215,873	4,215,873
1のうち特例土地等の取得価額	2	2,248,623	
1のうち特例土地等の相続開始時価額	3		800,969
債務及び葬式費用の金額	4	1,805,571	1,805,571
課税価格相当額	5	2,410,302 ア	962,647 イ
遺産に係る基礎控除	6	64,000	
計算の基礎となる金額 （1,000円未満切捨て）	7	2,346,302 ア （5ア－6）	962,647 イ
相続税の総額	8	1,431,810 ア	673,852 イ （7イ×70％）
納付すべき相続税額	9	1,431,810 ア （8ア×100％）	673,852 イ （8イ×100％）

③ 再び起こるタワマン節税

いわゆるバブル崩壊後の地価下落は平成10（1998）年頃には下げ止まり，横ばいを続ける。そのような中で，平成18（2006）年頃に都市の再開発への投資やタワーマンションの需要過熱で地価が少し上昇に転じる。いわゆるミニバブル現象である。

タワーマンションは，平成9（1997）年の建築基準法の改正により日照権や容積率などの規制が緩和され，首都圏を中心に多く建設されるようになる。

そのタワーマンションの敷地の評価は，その敷地全体を区分所有者の敷地権で割るため，1戸当たりの土地の評価額が小さくなる。売買価格が1億円であるマンションに対して，路線価方式によ

る評価額が半分以下，ケースによっては10分の1近くになるものもある。いわゆるタワマン節税である[20]。

そこで，再び相続直前に購入した土地と総則6項の問題が発生する。

(a) 平成23年7月1日裁決

平成23年7月1日裁決〔TAINS・F0-3-326〕の概要は，以下のとおりである。

(イ) 被相続人は，平成19年8月4日，マンション（以下「本件マンション」という）を売買金額2億9,300万円で購入した。

(ロ) 被相続人は，平成19年7月4日に入院し，その後退院することなく平成19年〇月〇日に死亡した。

(ハ) 平成19年11月13日，審査請求人（相続人）は，本件マンションにつき，相続を原因とする所有権移転登記を経由した。

(ニ) 平成20年2月2日，審査請求人と不動産業者との間で，本件マンション売却のための一般媒介契約が締結された（被相続人死亡の約4か月後に一般媒介契約を締結したことになる。）。

(ホ) 審査請求人は，本件マンションをなかなか売却できず，平成20年7月23日に代金2億8,500万円で売却する旨の売買契約が締結された。

(ヘ) 本件マンションを通達に基づいて評価すると，土地41,181,124円，建物16,837,100円の合計58,018,224円となる。

(ト) 被相続人名義で本件マンションを購入してから審査請求人が譲渡するまでの間，被相続人が本件マンションを訪れたことはなく，審査請求人が，たまに窓を開け，水を流しにいく程度で，本件マンションを利用した事実は一切ない。

このような一連の経緯に対し，裁決が示す「特別の事情」は以下のとおりである。

本件マンションを通達に基づいて評価することは，相続開始日前後の短期間に一時的に財産の所有形態がマンションであるにすぎない財産について実際の価値とは大きく乖離して過少に評価することとなり，納税者間の実質的な租税負担の平等を害することとなるから，通達によらないことが正当として是認されるような特別の事情に該当する。

そして，(i)被相続人の本件マンション取得時（平成19年8月）と相続開始時が近接していること，(ii)被相続人の本件マンションの取得時の金額が2億9,300万円であること，(iii)審査請求人から本件マンションを取得した者がさらに売却を依頼した時点（平成20年7月及び同年8月）の媒介価額は3億1,500万円であること，(iv)本件マンションの近傍における基準地の価格は，相続開始日の前後においてほぼ横ばいであること等を参酌すると，相続開始時における本件マンションの時価は，取

---

20 論点となる不動産は，タワーマンションだけでなく，区分所有の商業施設やホテルにおいて同様の問題がある。商業施設やホテルなどの不動産を複数人で所有することにより，路線価方式による評価額がかなり低いものとなり実勢時価との乖離が生じる。本書においては，総称して「タワマン節税」と呼ぶ。

1章　総　則

得価額とほぼ同等と考えられるから，本件マンションは2億9,300万円と評価するのが相当と判断されている。

(b) 東京地裁令和元年8月27日判決

東京地裁令和元年8月27日判決〔税務訴訟資料269号順号13304〕の概要は，以下のとおりである[21]。

(イ) 被相続人は，平成21年1月30日，J社から本件甲不動産を総額8億3,700万円で購入した。

(ロ) 被相続人は，同日付けでK銀行から6億3,000万円を借り入れ，同銀行がその際に作成した貸出稟議書の採上理由欄には「相続対策のため不動産購入を計画。購入資金につき，借入れの依頼があったもの。」との記載がある。

(ハ) 被相続人は，平成21年12月25日，M社から本件乙不動産を総額5億5,000万円で購入した。

(ニ) 被相続人は，同月21日に訴外Eから4,700万円を借り入れ，同月25日にK銀行から3億7,800万円を借り入れた。同銀行がその際に作成した貸出稟議書の採上理由欄には「相続対策のため本年1月に630百万円の富裕層ローンを実行し不動産購入。前回と同じく相続税対策を目的として第2期の収益物件購入を計画。購入資金につき，借入の依頼があったもの。」との記載がある。

(ホ) 被相続人は，平成24年6月○日に94歳で死亡した。

(ヘ) 原告は，平成25年3月7日に，買主Hに対して本件乙不動産を総額5億1,500万円で売却した。

(ト) 通達に基づいた本件甲不動産の評価額は2億4万1,474円，本件乙土地の評価額は1億3,366万4,767円である。

(チ) 被告税務署長がした各更正処分等における本件甲不動産の価額は，N社の平成27年4月22日付け不動産鑑定評価額7億5,400万円であり，本件乙不動産の価額は，O社の同日付け不動産鑑定評価額5億1,900万円である。

このような一連の経緯に対し，判決が示す「特別の事情」は以下のとおりである。

本件各不動産を除く財産の価額は6億9,787万4,456円であり，上記の各借入れに係る残債務（合計9億6,312万5,600円）を除く債務及び葬式費用の額は3,394万1,511円にとどまることから，本件各借入れ及び本件各不動産の購入がなければ，課税価格は6億円を超えるものであったにもかかわらず，本件各借入れ及び本件各不動産の購入がされたことにより，課税価格は2,826万1,000円にとどまるものとされ，基礎控除により，本件相続に係る相続税は課されないこととなる。

そこで，通達の定める評価方法を形式的にすべての納税者に係るすべての財産の価額の評価において用いるという形式的な平等を貫くと，本件各不動産の購入及び本件各借入れに相当する行為を

---

[21] 第一審東京地裁令和元年8月27日判決〔税務訴訟資料269号順号13304〕，控訴審東京高裁令和2年6月24日判決〔TAINS・Z888-2346〕，最高裁令和4年4月19日判決〔TAINS・Z888-2406〕

行わなかった他の納税者との間で，かえって租税負担の実質的な公平を著しく害することが明らかというべきであり，評価通達の定める評価方法以外の評価方法によって評価することが許されるというべきである。全証拠によっても各不動産鑑定評価の適正さに疑いを差し挟む点が特段見当たらないことに照らせば，本件各不動産の相続税法第22条に規定する時価は，それぞれ不動産鑑定評価額であるとするのが相当と判示されている。

(c) 東京地裁令和2年11月12日判決

東京地裁令和2年11月12日判決〔TAINS・Z888-2362〕の概要は，以下のとおりである。

(イ) 被相続人は，平成25年7月25日，共同住宅（賃貸マンション。以下「本件不動産」という）をL社から15億円で購入する旨の売買契約を締結した。

(ロ) 被相続人は，平成25年8月20日，C銀行から15億円を借り入れた。なお，本件借入れの最終弁済期日は平成52年8月20日，借入期間は27年間である。

(ハ) 被相続人及び原告（相続人）は，C銀行担当者らとの間でかねてより相続税対策について相談を重ね，本件不動産の購入等による相続税の圧縮効果等を検討していたところ，被相続人が肺がんにり患したことが発覚した後に不動産の購入を急ぎ，その翌月に本件不動産を購入したものである。

(ニ) 被相続人は，平成〇年〇月〇日，89歳で死亡した。

(ホ) 相続人は，本件不動産の価額につき，通達の定めに基づいて4億7,761万1,109円と評価し，借入金15億円を債務として計上して相続税の申告をした。

(ヘ) 処分行政庁は，本件不動産は通達の定めによって評価することが著しく不適当と認められるとして，本件不動産の価額を一般財団法人日本不動産研究所に所属する不動産鑑定士による鑑定評価額10億4,000万円として課税処分を行った。

このような一連の経緯に対し，判決が示す「特別の事情」は以下のとおりである。

本件不動産につき通達に基づく評価額は4億7,761万1,109円であるところ，不動産鑑定士が不動産鑑定評価基準に基づいて算定した価額10億4,000万円（以下「本件鑑定評価額」という）と比較すると，その2分の1にも達しておらず，金額としても5億円以上の著しい乖離が生じている。また，本件相続開始の約2か月前である平成25年7月25日に，被相続人自身が本件不動産を購入した際の売買価額は，本件鑑定評価額を上回る15億円であって，通達による評価額と売買価額との間にはさらに著しい乖離が発生している。

そこで，本件不動産について通達により評価することによって，かえって租税負担の実質的な公平を著しく害することが明らかであるから，特別の事情があるというべきであり，本件鑑定評価額は，本件不動産の客観的な交換価値を示すものとして合理性を有するものであるから，本件不動産の時価を本件鑑定評価額であると認めるのが相当と判示している。

1章　総　則

> **実務上のポイント**
>
> 　財産評価基本通達によることが実質的な租税負担の公平を損なうものであるか否かは，いくつかのポイントを基に判断がなされる。通達による評価額と実勢価額の乖離は当然に大きなものとなっていることから，問題は，購入から相続開始までの期間や不動産購入の動機といった経済行為としての合理性である。
>
> 　従来の事例では，相続開始の直前に，複数の不動産を短期間に集中して駆け込み購入し，相続直後に売却するなどのスキームが特徴的であったが，近年の事例においては，不動産の購入から相続開始までの期間が1年であっても，賃貸物件であっても総則6項の適用がされることがあり，その期間が2か月であっても空室であっても適用されないときもある。
>
> 　そして，相続税対策の意図がないとか，不動産の購入目的が収益性の確保や不動産賃貸業の維持にあったとしても総則6項が適用されないというものではない。

(3)　地価の下落に対する総則6項適用の可否

①　地価の下落と逆転現象

　第二に，評価通達による評価額が時価を上回る逆転現象に対する総則6項の適用である（納税者有利の総則6項適用）。

　土地の実勢価額は，いわゆるバブルの崩壊により平成元～2年頃をピークに下落傾向にシフトした。しかし，路線価については，1年間を通じて適用されることから，実勢時価の急激な変動に対応できないという面がある。路線価は1年間の地価変動を考慮して公示価格水準の80％程度に定められているが，理論上，年間下落率が20％を超える場合には，通達に基づく評価額が実勢時価を上回る逆転現象が生じることになる。

　そのように路線価により算定された評価額が客観的時価を上回る場合には，相続税法が予定する時価と見ることはできないものというべきであり，評価通達の一律適用という公平の原則よりも，個別的評価の合理性を尊重すべきものと解されている。

　そして，地価の大幅な下落その他路線価等に反映されない事情が存することにより路線価等を基として評価通達の定めに従って評価することが適当でない場合には，個別に課税時期における地価を路線価の時点修正や不動産鑑定評価その他の合理的な方法により算定する。

②　平成4年国税庁事務連絡

　平成4 (1992) 年には，国税庁において「路線価に基づく評価額が時価を上回った場合の対応等について」と題する事務連絡が行われている。

　そこでは，納税者から路線価等に基づく評価額を下回る価額で申告や更正の請求があった場合には，その申告額等が相続税法上の「時価」として適切であるか否かについて適正な判断を行うこととされ，当該土地周辺の地価動向を把握し，例えば，当該土地が売却され，その売買価額を根拠として申告等がなされた場合には，他の売買事例との比較（場所的修正，時点修正等を行う。）から当該土地の売買が適正な価格での取引といえるものかどうかを判断し，あるいは精通者（不動産鑑

定士等）への意見聴取を行うなどして，当該土地の課税時期における「時価」の把握に努めることとされている。

平成4年4月○日
国税庁

路線価等に基づく評価額が「時価」を上回った場合の対応等について（事務連絡）

　先般，国土庁から公表された平成4年の地価公示価格によると地価下落の著しい地域も見受けられることから，年の途中で路線価等に基づく土地の評価額がその土地の「時価」（仲値レベルの価額）を上回った場合の対応として，下記に十分留意の上適切に対応するよう職員に周知徹底願いたい。

記

　土地の評価については，納税者の便宜及び課税の公平の観点から，なるべく簡易かつ的確に土地の評価額を算定することができるよう，その基準となる路線価等の土地評価基準を予め定めているところであり，実務的にも，路線価等に基づいて申告等が行われている。しかしながら，相続税法上，相続若しくは遺贈又は贈与により取得した財産の価額は，その財産を取得した時（課税時期）における「時価」によることとされているところであるから，相続税の申告に当たっては，絶対的に路線価等に基づいて申告をしなければならないというものではなく，路線価等に基づく評価額を下回る価額で申告された場合には，個々の事案について個別的に，課税時期における相続税法上の「時価」の解釈として，その申告が適切かどうかを判断すべきものである。
　そこで，路線価等に基づく評価額が，その土地の課税時期の「時価」を上回るおそれのある事案がある場合には，次により対処することとする。
　なお，平成4年分の路線価等の土地評価基準の作成に当たっては，例えば，地価動向がマイナスになっている地域については，下落分を織り込んで路線価等を評定するなど，地価動向を適切に反映した評価を行い，適正な評価を行っていることについて，国民の理解と信頼が得られるように努めることとしているのであるから留意する。
1．路線価等に基づく評価額が，その土地の課税時期の「時価」を上回ることについて，申告や更正の請求の相談などがあった場合には，相手方の申出に耳を傾ける等，路線価等に基づく評価額での申告等でなければ受け付けないなどということのないように留意すること。
　（注）　申告期において，土地の路線価等に基づく評価額がその土地の課税時期の「時価」を上回っていることがわからず，路線価等に基づいた評価額により申告を行い，事後的にそのような事実が判明した場合には「更正の請求」の対象となり得ることに留意する。
2．路線価等に基づく評価額を下回る価額で申告や更正の請求があった場合には，その申告額等が相続税法上の「時価」として適切であるか否かについて適正な判断を行うこと。
　　具体的には，①各種地価動向調査等による評定基準日以後の当該土地周辺の地価動向を把握し，②例えば，当該土地が売却され，その売買価額を根拠として申告等がなされた場合には，他の売買事例との比較（場所的修正，時点修正等を行う。）から当該土地の売買が適正な価格での取引といえるものかどうかを判断し，あるいは③精通者（不動産鑑定士等）への意見聴取を行うなどして，当

1章　総則

　　該土地の課税時期における「時価」の把握を行うことになる。
3．2の判断に当たっては，次の点に留意すること。
　(1)　路線価等に基づく評価額が，その土地の課税時期の「時価」を上回った場合に対応する必要があるのであって，例えばその土地の課税時期の「時価」が，路線価を決定する際の評価割合のアローアンス（平成3年分30%）の範囲内に留まっている場合（すなわち，その土地の課税時期の「時価」が路線価を決定した際の仲値を下回っていても，なお路線価を下回るものではない場合）には，その路線価等に基づく評価額によるものであること。
　(2)　あくまでも課税時期（相続等の開始時期）の時価として判断するものであること。
　(3)　売買実例の参しゃくに当たっては，あくまでも「仲値」によること（売り進みや買い進みによる部分を排除した売買価額を参しゃくすること）。

（出典）『税理士界』第1051号（1992年）383頁

③　路線価の時点修正

(a)　時点修正方式とは

　路線価の時点修正方式とは，以下の算式のとおり，路線価に近隣公示地の当年の価格と翌年の価格の変動から課税時期における時点修正を行って得られた価額を修正単価とし，その修正単価を路線価方式に代入する方法である。

（算式）

$$修正単価 = 当年の路線価 \div 0.8 - （当年の公示価格 - 翌年の公示価格） \times \frac{当年1月1日から課税時期までの経過日数}{365日}$$

　路線価の評価時点以降において地価が大幅に下落し，路線価を基に評価した価額が，その土地の課税時期の時価を上回ることになるなどの特別の事情がある場合には，通達の定める路線価方式について一定の修正を施す必要性があるものと解されている。
　なお，路線価は時価の8割水準とされていることから，修正単価を求めるにあたっては，評価対象地が面する路線価を0.8で割り戻すこととされている。

(b)　時点修正方式が採用された事例

　時点修正方式が採用された事例として，東京高裁平成11年8月30日判決〔税務訴訟資料244号400頁〕がある[22]。
　本件は，平成4年12月21日に開始した相続による土地の評価に関して，通達を適用して求めた価額が高額に過ぎることとなるため，通達によることなく評価をすべき場合に該当し，相続開始日に

22　第一審東京地裁平成9年9月30日判決〔税務訴訟資料228号829頁〕，控訴審東京高裁平成11年8月30日判決〔税務訴訟資料244号400頁〕

6 通達の定めにより難い場合の評価

おける客観的交換価値としての時価を求めるために時点修正によるものとされた事案である。

本件土地の近隣公示地の平成4年と平成5年の公示価格は**図表1-23**のとおりである。

本件土地の評価について、被告（税務署長）は、本件土地の面する平成4年度の路線価を0.8で除して得られた価格を平成4年1月1日時点の価格とし、同日から相続開始日である同年12月21日までの時点修正を施す方式により単価を求め（以下「修正単価」という）、右修正単価を路線価方式における路線価に代入して、本件土地の価格を求めた。

なお、時点修正率は、近隣公示価格の同年1m^2当たり103万円と平成5年公示価格1m^2当たり74万5,000円の地価下落率0.277より0.723と算出している。

判決においても、路線価方式に基づいて算定された本件土地の評価額が客観的時価を上回っている可能性がある場合、その原因としては、平成4年1月1日時点に比べて、同年12月21日時点までの下落率が、公示価格を基準とした約2割の減価率を超えたことによることが考えられ、そうだとすれば、同年1月1日時点の単価を求め、それを時点修正して同年12月21日時点の修正単価を算定した上で、路線価方式における路線価に右修正単価を代入するという被告の評価方式の基本的考え方自体は合理性を有するものと判示されている。

また、被告は、路線価を0.8で割り戻して修正単価を求めているのに対し、原告は、割戻しをせずに、修正路線価を求めているが、いずれの評価方式も路線価方式の修正であって、本件土地自体の客観的時価を評定するものではないから、原告評価額が被告評価額を下回ることは、被告評価額が客観的時価を超えることを論証するものではないと述べられている。

[図表1-23] 近隣公示地の前年比の平均下落率

近隣公示地	平成4年公示価格	平成5年公示価格	前年比
公示地A	1,010,000	765,000	75.74%
公示地B	1,030,000	745,000	72.33%
公示地C	1,170,000	850,000	72.65%
公示地D	1,130,000	850,000	75.22%
公示地E	1,690,000	1,210,000	71.60%
公示地F	1,120,000	820,000	73.21%
公示地G	1,270,000	937,000	73.78%

(c) **時点修正方式が採用されなかった事例**

一方、時点修正方式が採用されなかった事例として、東京高裁平成10年7月29日判決〔税務訴訟資料237号928頁〕がある[23]。

---

[23] 第一審東京地裁平成10年2月24日判決〔税務訴訟資料230号692頁〕、控訴審東京高裁平成10年7月29日判決〔税務訴訟資料237号928頁〕

1章　総　則

　本件は，平成4年12月9日に開始した相続による土地の評価に関して，路線価を基にした評価額が課税時期の時価を超えるものということができず，通達による評価を修正すべき特別の事情はないものとされた事案である。

　本件土地が面する各路線に付された平成4年分及び平成5年分の路線価は，**図表1－24**のとおりである。

　原告は，平成5年分の路線価が平成4年分の路線価よりも下落しているため，平成4年分の路線価につき時点修正をして求めた路線価を基に土地の時価を求めるべきであると主張した。

　これに対し，判決は，各路線価の価格時点から課税時期までの地価の下落率が**図表1－24**のとおりであるとしても，路線価そのものが相続税法にいう時価の価格水準を示すものでなく，各路線価を基にして評価した本件土地の価額が相続開始時点の時価を超えるものとまではいうことができず，他に本件において被告がした評価を修正すべき特別の事情のあることを認めるに足りる証拠はないと判示している。

[図表1－24] 路線価の当年と翌年の比較

	正面路線価	側方路線価（北側）	側方路線価（南側）	裏面路線価
平成4年分	834万円	571万円	642万円	542万円
平成5年分	650万円	462万円	505万円	399万円
前年比	77.9%	80.9%	78.6%	73.6%

▶実務上のポイント

　「実勢時価に比べて路線価が高すぎる。」，「路線価では売れない。」──バブル崩壊後の地価下落時によく聞かれた言葉である。しかし，評価実務においては単に路線価の水準が高すぎるという理由では，路線価が違法な評価と立証することはできない。

　例えば，周辺の公示価格や基準地価格が年間で20％超の下落をしていることや，路線価を下回る不動産鑑定士の鑑定評価額があるなど逆転評価を裏付ける根拠資料を示す必要がある。

　前述の2つの高裁判決の違いは，時点修正方式が採用された事例は近隣の公示価格が20％を超える下落があったことに対し，時点修正方式が採用されなかった事例は路線価そのものの下落が争点となっていることである。

　そこでは，路線価そのものが相続税法にいう時価ではないことから，単に翌年の路線価が大きく下落しているとか，路線価による評価額では売買されないなどという理由だけでは時価を超えている立証をしたことにならない。時点修正方式を適用するためには，近隣の公示価格が年間2割を超える下落があるなど，他の証拠により，路線価を基にした評価が課税時期における時価を超える特別の事情があることを立証しなければならないことになる。

④　地価の大幅な下落に対する対応

　次に掲げる事案については，原則として，総則6項の協議の対象とせずに，下記により評価を行

う[24]。

(イ) 地価の大幅な下落その他路線価等に反映されない事情が存することから，路線価等を基として評価通達の定めに従って評価することが適当でないと認められる土地等に係る事案

このような事案については，下記の「路線価等によらない評価額に基づく相続税等事案の課税処理について」により処理をする。

(ロ) 上記（イ）のほか，個別の法令解釈通達で評価方法が規定されているもの，または判例等により先例として示されているもので，これに準拠して処理することができる事案

平成14年6月28日
国税庁長官

「財産評価基本通達第5項《評価方法の定めのない財産の評価》及び第6項《この通達の定めにより難い場合の評価》の運用について」の一部改正について（事務運営指針）

別紙

路線価等によらない評価額に基づく相続税等事案の課税処理について

1　地価の大幅な下落その他路線価等に反映されない事情が存することにより路線価等を基として評価通達の定めに従って評価することが適当でないと認められる場合には，個別に課税時期における地価を鑑定評価その他の合理的な方法により算定することとする。

　なお，地価の大幅な下落等があった場合の簡便な地価の算定方法として，次の方法によることも合理的な方法の一つとして考えられる。

　　　課税時期における地価＝路線価等÷0.8×（1－時点修正率）
　　　時点修正率：地価の年間下落率×1月から課税時期までの月数÷12
　　　地価の年間下落率：路線価や公示価格等の下落率による。

2　路線価等によらない価額で土地等を評価して申告又は更正の請求があった場合には，納税者の主張を十分に聴取し，その適否を判断することとし，必要に応じて鑑定評価を依頼し，適正に処理する。

---

(4)　不動産鑑定評価の有用性

①　税務における鑑定評価の意義

評価通達に定められた評価方法以外の他の合理的な評価方法として不動産鑑定がある。

不動産鑑定は，専門家たる不動産鑑定士の意見表明であり，個別性の強い不動産の適正な価格を，法の根拠の下で表明し得る唯一のものであり，通達の定めによって評価することが著しく不適当と

---

[24] 国税庁「財産評価基本通達第5項《評価方法の定めのない財産の評価》及び第6項《この通達の定めにより難い場合の評価》の運用について」の一部改正について（事務運営指針）」（平成14年6月28日）〔TAINS・H140628課評1-13〕

認められる場合には不動産鑑定評価書による申告が認められる。

一方，不動産鑑定においては，なお鑑定士の主観的な判断及び資料の選択過程が介在することが免れないものであり，それが公正妥当な不動産鑑定理論に従うとしても，鑑定人が異なれば，異なる評価額が出てくる可能性があると指摘されている。

そのため，納税者が提出した不動産鑑定評価書が，課税庁において採用されないこともありうる。

② 鑑定評価と税務争訟

例えば，納税者は，通達に基づいて算出した評価額を下回る鑑定評価があることから，通達による評価が時価を超えていることを主張する。一方の課税庁は，通達に基づいて算出した評価額を上回る別の鑑定評価の存在により，納税者による鑑定評価の不合理性を指摘し，通達による評価が適正であることを主張する[25]。

そのようなケースにおいては，納税者は，納税者鑑定によって，通達による評価方法及び課税庁鑑定の不合理性を立証しなければならない。

なお，訴訟に至ると，裁判官は，その鑑定評価に拘束されるものではなく，他の証拠資料とあわせて自由にその採否を決定する。鑑定結果を判断の資料とし，(a)鑑定評価書を採用する，(b)排斥する，(c)両当事者双方の鑑定評価書を採用する，(d)裁判所が鑑定を依頼する，(e)裁判官が鑑定結果を部分的に採用して独自に結論を導くことができる。

実際に鑑定評価の採否が争われた事例においては，以下のものがある。

（イ）納税者鑑定を採用したもの
（ロ）納税者鑑定を排斥し，課税庁鑑定を採用したもの
（ハ）納税者鑑定及び課税庁鑑定を排斥し，裁判所（審判所）が鑑定を依頼したもの
（ニ）納税者鑑定と課税庁鑑定の双方を採用したもの
（ホ）裁判所（審判所）が鑑定を修正して結論を求めたもの
（ヘ）裁判所（審判所）が独自に結論を導いたもの

また，鑑定評価が採用されなかった事例として，（ト）納税者鑑定を排斥し，通達に基づく評価方法を適正としたものがある。

③ 納税者鑑定を採用した事例

福岡高裁平成19年2月2日判決〔税務訴訟資料257号順号10627〕は，奥行の著しく長大な宅地の評価について，財産評価基本通達によるべきでない特別の事情があるとして，納税者の鑑定評価が採用された事例である[26]。

---

[25] 納税者が通達による評価が時価を超えていると判断した場合，例えば，土地の評価を不動産鑑定評価に基づいて申告または更正の請求を行う。課税庁もそれに合理性があると判断すればそのまま容認となる。しかし，課税庁がその不動産鑑定による申告または更正の請求に合理性がないと判断した場合，不動産鑑定評価書は否認ということとなり，審査請求や訴訟に至る。

6 通達の定めにより難い場合の評価

本件土地は，(a)北側で県道に約35m，西側で市道に約175m接する長大な形状をしており，(b)行政的条件として，用途地域が県道から50mの範囲内は近隣商業地域，50mを超える地域は第一種中高層住居専用地域であり，建ぺい率などの地価形成要因が異なっている。

本件土地を路線価方式によって評価すると6億6,185万8,000円であり，評価通達に定める奥行価格補正率は，奥行距離が100mを超えると普通住宅地区や普通商業・併用住宅地区で0.80，中小工場地区で0.90となるなど一律の減価率となっている。

そこで，納税者は，(i)奥行距離が100mを大幅に超える長大な土地につき路線価方式によることは無理があること，(ii)近隣商業地域に存する県道を正面路線価とすることで全体を近隣商業地域として評価することになってしまうことなどから，本件土地の評価を鑑定評価額3億93万2,063円によるべきであると主張し，課税庁は通達に定める路線価方式によって評価すべきであると主張した。

本件の裁決においては，本件土地の価額を路線価方式により算定することは，路線価方式により評価することができる宅地の範囲を超えており合理的であるとは認められないとされ，審判所において依頼した鑑定評価に基づいて4億4,576万1,000円によることが相当と判断された。

次に，地裁において，原告（納税者）は，依頼した鑑定評価額3億93万2,063円による評価を引き続き主張し，被告税務署長は，主位的に路線価方式の合理性を，予備的に裁決で採用された鑑定評価額4億4,576万1,000円によるべきであることを主張した。

地裁判決が両鑑定について検討した結果，納税者鑑定は，土地上に建物が存在することを無視して更地として評価していること，現に病院用地として利用されていることを全く考慮せずに最有効使用を店舗付共同住宅としていることから，本件土地の鑑定評価としては不合理なものであるといわざるを得ない反面，課税庁の主張する審判所鑑定については，本件土地を過大に評価したと認めるに足りる証拠はないとした。

一方，高裁判決は，地裁判決と異なり，審判所鑑定は，価格形成要因の分析・把握において本件土地の用途地域が異なることを看過したものであること等から採用できないと判断し，納税者鑑定には，その鑑定評価の手法及び過程に特に不合理な点は認められないとしてこれを採用し，原判決を変更するものとした。

④ 裁判所が鑑定を依頼した事例

東京高裁平成13年12月6日判決〔税務訴訟資料251号順号9031〕は，建築基準法の接道義務を充たしていない宅地の評価について，通達によるべきでない特別の事情があるとして，裁判所が鑑定を依頼した事例である[27]。

土地の上に建築物を建築する場合，建築基準法が認定する道路に一定の間口で接している必要が

26　第一審鹿児島地裁平成18年6月7日判決〔税務訴訟資料256号順号10420〕，控訴審福岡高裁平成19年2月2日判決〔税務訴訟資料257号順号10627〕
27　第一審東京地裁平成12年2月16日判決〔税務訴訟資料246号679頁〕，控訴審東京高裁平成13年12月6日判決〔税務訴訟資料251号順号9031〕

1章 総則

あるが（いわゆる接道義務），平成11（1999）年改正前の財産評価基本通達においては，その接道義務を充たしているか否かにかかわらず，間口4m未満は一律0.90（普通住宅地区）の減価とされていた[28]。本件土地を路線価方式により評価すると4億9,867万8,622円となる。

本件土地は，間口約2.1m，奥行約17mの路地状部分を有する袋地状の画地である。東京都建築安全条例によれば，接道義務を充足するためには間口が3m以上必要であるため，現状ではその地上に建物を新築することができない土地であった。

そこで，原告は，本件土地の評価額を鑑定評価額2億9,400万円によるべきであると主張し，被告税務署長は，評価通達の定める路線価方式は合理性を有していると主張した。

まず，地裁判決においては，被告が主張する路線価方式は，本件土地の客観的時価を算定する方法として特に不合理であるとはいえないから，これによって算定した本件土地の価額は客観的時価であると判示された。

これに対し，高裁判決では，本件土地は，路地状敷地であること，再建築が不可能なこと，規模が大きいことから鑑定（以下「当審鑑定」という）を依頼した。判決は，当審鑑定（鑑定評価額は4億1,300万円）が，これら一般的基準にはなじみにくい特性を含む本件土地の評価にあたり，その個別的要因，特殊性を十分考慮して，土地価格比準表等に基づく個別格差率だけでなく，路地状敷地の取引事例分析，土地残余法による効用格差分析に基づく検討も加えており，適正な鑑定方法と評価することができることから，当審鑑定に基づき評価するのが相当と判示している。

⑤ 国税不服審判所が鑑定を依頼した事例

平成9年12月11日裁決〔TAINS・F0-3-001〕は，借地権付分譲マンションの底地の評価について，通達によるべきでない特別の事情があるとして，審判所が鑑定を依頼した事例である。

本件宅地の上には，借地権付分譲マンションが建築されており，（イ）60年間の借地権が設定されていること，（ロ）借地権者が84名いること，（ハ）借地権の譲渡，転貸ができるとされていることから，底地の価額が，地代徴収権に加えて将来借地権を併合して完全所有権となる潜在的価値に着目して価格形成されると認め難い場合に該当し，その価額を借地権価額控除方式のみによって評価することは相当でないとされている。

本件宅地を評価通達により評価すると7億2,494万4,665円である。

そこで，納税者が鑑定を依頼し，鑑定評価額は収益還元法を重視して2億円と算出された。

裁決においては，審判所が本件宅地の評価額を検証するために取引事例比較法による検証を試みたが，第三者間における底地の取引事例を確認することができず，本件宅地の価額を検証することができなかったため，鑑定評価を依頼した。

その鑑定によれば，割合方式（更地価額に底地割合を乗じ，底地価額を求める方法をいう）によ

---

[28] 改正後は，無道路地に準じて評価することとされている（国税庁質疑応答事例「接道義務を満たしていない宅地の評価」）。

る価格7億5,000万円及び収益還元方式による価格5,190万円を基に、本件宅地の価額を6,000万円と評価しており、割合方式による価格と収益還元方式による価格の双方を調整の上で評価した審判所の鑑定評価額は相当と認められるので、同鑑定評価に基づくのが相当と判断されている。

⑥ 納税者鑑定と課税庁鑑定の双方を採用した事例

東京地裁平成15年2月26日判決〔税務訴訟資料253号順号9292〕は、バブル崩壊後の地価下落が見られる宅地の評価について、通達によるべきでない特別の事情があるとして、納税者の鑑定と課税庁の鑑定を平均した事例である。

本件は地価下落期の平成6年6月27日相続開始の事案である。本件土地を路線価方式により評価すると3億6,361万7,100円となる。

本件土地は、商業地区にあり、近隣に所在する公示価格から算出した年間下落率が32.9%（平成6年1月1日が470万円、平成7年1月1日が315万円）となっていた。

そこで、その年間下落率が、路線価の評価上の安全性として考慮されている公示価格水準の20%の割合を超えるものであるため、通達によらないことが正当として是認され得るような特別な事情が存するとして、個別的評価を行うものとされている。

原告納税者の鑑定は、公示価格による規準価格を考慮せず、収益還元法を重視して鑑定評価額を2億6,233万4,100円と算出している。

一方、被告税務署長の鑑定は、取引事例比較法による比準価格（1m²当たり262万円）と公示価格との規準（1m²当たり313万円）により更地価格（1m²当たり262万円）を求め、次に、個別的要因の比較を行って、本件土地の鑑定評価額を3億50万円と算出している。

判決は、本件土地の価格算定に際しては、取引事例比較法による比準価格は無視できないものの、これが収益還元法による収益価格を上回る規範性を有しているとは認め難く、双方を同等に用いるべきものであり、適切に算定された比準価格と収益価格を単純平均して求めるのが相当であると判示している。

そして、本件土地の収益価格は、原告側の鑑定で1m²当たり212万1,000円、被告側の鑑定で同192万8,000円と若干の差異があるものの、いずれの算定過程にも不合理であると認めるに足りる事実を見いだすことはできないから、原告側の鑑定のとおり212万1,000円を下回るものではないとした。

また、本件土地の比準価格は、原告側の鑑定で1m²当たり259万2,000円、被告側の鑑定で同262万円とほとんど差異がなく、いずれの算定過程にも不合理であると認めるに足りる事実を見いだすことはできないから、被告側の鑑定のとおり262万円を下回るものではないとした。

このように算出した収益価格及び比準価格を用いて、本件土地を算定すると、その価額は以下のとおりとなる。

（イ）1m²当たりの価格

(212万1,000円〔収益価格〕＋262万円〔比準価格〕)÷2 ＝ 237万500円

1章　総　則

(ロ)　更地価格

　　237万500円×120.00m² （地積）＝ 2億8,446万円

⑦　国税不服審判所が独自に結論を導いた事例

　平成9年2月6日裁決〔裁決事例集53巻400頁〕は，バブル崩壊後の地価下落が見られる宅地の評価について，通達によるべきでない特別の事情があるとして，国税不服審判所が独自に時価を算出した事例である。

　本件は地価下落期の平成5年4月12日相続開始の事案である。

　審査請求人は，相続財産のうちA土地及びB土地については，地価の異常下落の状況下にあって，鑑定評価額が通達に基づく評価額を下回ることから，A土地を鑑定評価額2億2,680万円，B土地を同3億5,440万円により評価すべきと主張した。

　これに対し，原処分庁は，A土地の価額は通達に基づき算定した2億9,226万2,698円，B土地の価額は原処分庁が依頼した不動産鑑定評価額に貸家建付地の減額を行った4億2,383万8,160円と算定して更正処分を行っている。

　裁決において，両鑑定について検討した結果は以下のとおりである。

(イ)原告鑑定について

　A土地については，地積が大であるとして，有効宅地化率を90%とし，さらに，土地の細分化費用として14%強の減価をしているが，造成計画書や収支内訳書等もないことから，その細分化費用の妥当性を判断することができないこと，取引事例比較法の適用にあたって採用した各事例地の比準価格の算定及び公示地の規準価格の算定において，セットバックの補正がされていないことや選択した取引事例には不適切なものもありその標準化補正等に問題が認められること。

　B土地については，取引事例比較法の適用により算定した標準画地としての価格から建付減価を行い，さらに借家権割合を控除しているがその根拠が不明であり，また，西側接面道路から20mを超える部分の容積率が300%（20m以内は400%）とされていることの補正を要すると認められるが，この補正がされていないといった問題点が認められること。

(ロ)被告鑑定について

　原処分庁は，近隣の売買実例地に時点修正をした価額と，その売買実例地に付された平成5年分の路線価とを対比した割合を求め，A土地及びB土地の相続税評価額が時価を下回っていることの検証をしているが，この方法では，時価を算定したということはできずA土地及びB土地の時価が通達による評価額を下回らないことを証明したということにはならないこと，原処分庁から提出された不動産鑑定評価書の写しは，その鑑定を行った不動産鑑定士の氏名が明らかにされていないことから，これを証拠資料として採用することはできないこと。

(ハ)審判所による時価の算定

　そこで，審判所においては，以下のとおり，A土地及びB土地の近隣の売買実例及び公示価格を基に土地価格比準表の地域格差及び個別格差の補正率を適用して価額を算定することとされた。

6 通達の定めにより難い場合の評価

別表1

	標準的画地価格	個別要因格差率			地積	土地の価額
A土地	円/m² 649,406	97.34/100 街路条件　＋3 交通接近　±0 環境条件　±0 画地条件　－5.5 相乗積		1.03 1.00 1.00 0.945 0.9734	m² 710.23	万円 44,895
B土地	844,464	95.8/100 街路条件　±0 交通接近　－3.5 環境条件　±0 画地条件　＋4.5 行政的条件　－5 相乗積		1.00 0.965 1.00 1.045 0.95 0.958	674.00	54,526

（注）　土地の価額は万円未満切捨

A　A土地について

（A）取引事例比較法に基づく比準価格（1m²当たり70万2,390円）と公示地を規準とした規準価格との平均値（1m²当たり59万6,423円）により，標準的な画地の価格を1m²当たり64万9,406円と算定した。

（B）その標準的画地とA土地とを比較した個別的要因の格差率は，**別表1**のとおりであり，当該格差率を上記の標準的画地価格に乗じて約4億4,895万円とした。

なお，A土地のうち被相続人の持分100分の81を乗じて算定した価額は，約3億6,364万9,500円である。

B　B土地について

（A）取引事例比較法に基づく比準価格（1m²当たり80万7,169円）と公示地を規準とした規準価格（1m²当たり88万1,759円）との平均値をもって，1m²当たり84万4,464円と算定した。

（B）その標準的画地とB土地とを比較した個別的要因の格差率等は，**別表1**のとおりであり，当該格差率を上記の標準的画地価格に乗じて約5億4,526万円とした。

なお，B土地は貸家建付地であることから，その自用地であるものとした場合における価額から借家人の有する権利に相当する割合を控除して算定した価額は約4億3,075万円である。

以上のとおり，A土地が約3億6,364万9,500円，B土地が約4億3,075万円と認められるところ，更正処分における価額は，A土地が2億9,226万2,698円，B土地が4億2,383万8,160円で，いずれも当審判所が算定した価額を下回ることから，課税処分に違法は認められないと判断されている。

1章　総　則

⑧　納税者鑑定を排斥し，通達に基づく評価方法を適正としたもの

バブル崩壊後の地価の下落がみられる宅地の評価について，通達によるべきでない特別の事情の有無が争われた事例として東京地裁平成11年8月10日判決〔税務訴訟資料244号291頁〕がある[29]。

本件の被相続人は，平成5年7月23日に死亡している。

評価の争いとなっている本件宅地の面する路線に付された平成5年分の路線価は1m^2当たり377万円であり，これを基に一画地として評価すると自用地（更地）としての評価額は，3億1,004万4,800円となる。

そこで原告は，平成4年，5年においては，地価の急落に路線価が追いつかず，実勢価格が，路線価を下回るという逆転現象が発生しており，本件宅地の相続開始時の正常価格を2億4,800万円（1m^2当たり301万6,000円。以下「本件鑑定評価額」という）とする不動産鑑定評価書（以下「原告鑑定書」という）によって評価すべきであると主張した。

これに対し被告税務署長は，（イ）本件宅地と直線距離で100m程度の近隣に所在し，かつ，同一用途地域内にある都道府県地価調査の基準地（以下「中央5-26」という）は，本件宅地の価額を検討する上では最も適した基準地であり，その標準価格を基に本件宅地の価格を算定すると3億3,029万7,057円となること，（ロ）被告が依頼した不動産鑑定評価書（以下「被告鑑定書」という）によれば，本件宅地の価格を総額3億1,900万円（1m^2当たり388万円）と評価しているところ，右鑑定の方法，取引事例等の資料の選択は合理性を有することから，本件宅地の通達に基づく評価額は，相続開始日における時価を上回っていないことは明らかであると主張した。

判決においては，路線価方式によって算定された評価額が時価とみるべき合理的な範囲内にあれば，相続税法22条違反の問題は生じないと解するのが相当であり，したがって，路線価方式によって算定された評価額が客観的交換価値を超えているといえるためには，路線価方式により算定した宅地の評価額を下回る不動産鑑定評価が存在し，その鑑定が一応公正妥当な鑑定理論に従っているというのみでは足りず，同一の宅地についての他の不動産鑑定評価があればそれとの比較において，また，周辺における公示価格や基準地の標準価格の状況，近隣における取引事例等の諸事情に照らして，路線価方式により評価した評価額が客観的な交換価値を上回ることが明らかであると認められることを要するものと述べられている。

そして，本件においては，被告鑑定書による価格3億1,900万円は鑑定評価の方法，過程に不合理な点はないというべきであり，中央5-26の標準価格を基に算定した価格が3億3,029万7,057円となることをも考慮すれば，路線価によって算出された価格3億1,004万4,800円は時価とみるべき合理的な範囲内にあるものと認められる一方，原告鑑定書には合理性を欠く点があり，そのことが本件宅地の鑑定価格を実勢価格より低くしている可能性が多分にあり，原告鑑定書を根拠に，相続開始当時の時価が2億4,800万円であるとする原告の主張は，直ちには採用できないと判示されている。

---

[29]　第一審東京地裁平成11年8月10日判決〔税務訴訟資料244号291頁〕，控訴審東京高裁平成12年9月12日判決〔税務訴訟資料248号711頁〕，最高裁平成13年3月8日判決〔税務訴訟資料250号順号8853〕

6 通達の定めにより難い場合の評価

（参考）不動産鑑定評価額の仕組み

① 鑑定評価書の仕組み

鑑定評価額の決定までの流れは，次の**図表１－25**のとおりである[30]。

［図表１－25］鑑定評価額決定までの流れ

```
(a)比準価格（取引事例比較法）┐
(b)収益価格（収益還元法）　　├─調整─→(d)標準価格 ─個別的要因の補正→ (g)鑑定評価額
(c)積算価格（原価法）　　　　┘              ↑                              ↑
(e)公示価格を規準とした価格 ──均衡──────────┘                              │
(f)開発法による価格 ─────────────────────────────────────────────────────┘
```

* 対象不動産が，近隣地域の標準的な土地の面積に比べて大きい場合には，開発法による価格を比較考量する。

(a) 比準価格

比準価格とは，鑑定評価の手法の１つである取引事例比較法により求めた価格をいう。

取引事例比較法とは，類似の取引事例の取引価格について，事情補正（売り急ぎなどの特殊事情のある場合，正常な事情の下に補正すること），時点修正（価格時点の価格に修止すること）等を行った後に，標準化補正（事例地の存する地域における標準的な宅地の価格に補正すること）及び地域格差の補正（事例地と対象不動産の存する地域が異なる場合に地域相互間の比較・補正をすること）を行うことにより価格を求める手法である。

(b) 収益価格

収益価格とは，鑑定評価の手法の１つである収益還元法により求めた価格をいう。

収益還元法とは，価格と賃料には元本と果実との間に認められる相関関係が存在するという考え方に基づき，賃料から価格を求める手法である。すなわち，対象不動産から将来得られると予想される賃料収入等の総収益から経費等の総費用を控除して求めた純収益を，還元利回りによって還元して価格を求める手法である。

---

[30] 東京国税局「資産税審理研修資料（平成23年８月）」〔TAINS・評価事例708250〕

1章　総　則

(c)　積算価格

積算価格とは，鑑定評価の手法の1つである原価法により求めた価格をいう。

原価法とは，対象不動産と同じ不動産を価格時点において再び調達した場合のコストである再調達原価を基に価格を求める手法である。再調達原価は，素地の取得原価に造成工事費等を加算して求める。

この手法は，新しく開発造成された団地や埋立地など，素地の取得原価がわかる土地には適用が可能である。しかし，造成されてから年数が経過して熟成した既成市街地等には，素地の取得原価が把握できないため適用できない。

(d)　標準価格

標準価格とは，対象不動産が存する近隣地域における標準的な宅地の価格をいう。

この場合の「標準的な宅地」とは，「近隣地域の状況」に示されるような街路条件，交通接近条件，環境条件及び行政的条件等を備えている地域において，標準的な状態にある宅地をいう。標準価格は，比準価格，収益価格，積算価格を関連付け，公示価格を規準とした価格との均衡を勘案して求める。

なお，取引事例比較法，収益還元法，原価法の各手法から算出された3つの価格及び開発法による価格は，適正な鑑定評価額を求めるための試算的な価格であるため「試算価格」と呼ばれている。

(e)　公示価格を規準とした価格（公示規準価格）

公示価格を規準とした価格とは，地価公示法第11条により，対象不動産と類似する公示地の公示価格と比較して求めた価格をいう。

(f)　開発法による価格

開発法による価格とは，対象不動産を開発する場合に，一体利用をすることが合理的と認められるときは，価格時点において，最有効使用の建物が建築されることを想定して，販売総額から通常の建物建築費相当額及び発注者が直接負担すべき通常の付帯費用を控除して得た価格をいう。また，分割利用をすることが合理的と認められるときは，価格時点において，区割りして，標準的な宅地とすることを想定し，販売総額から通常の造成費相当額及び発注者が直接負担すべき通常の付帯費用を控除して得た価格をいう。

(g)　鑑定評価額

鑑定評価額は，上記(d)の標準価格を基に，その地域における標準的な宅地との個別的要因の比較を行って求める。対象不動産が，その地域における標準的な宅地である場合，標準価格と鑑定評価額は一致する。

6 通達の定めにより難い場合の評価

② 鑑定評価書の検討の進め方

東京国税局では，鑑定評価書の検討の進め方として以下の手順がとられている。

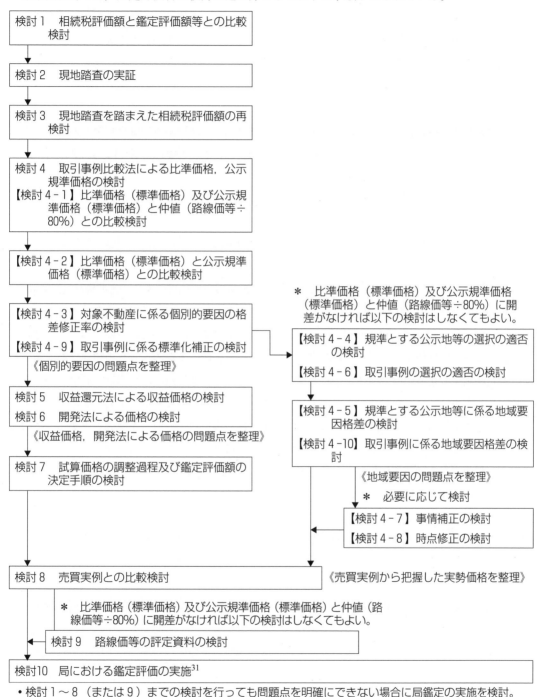

・検討1～8（または9）までの検討を行っても問題点を明確にできない場合に局鑑定の実施を検討。

---

31 これは，課税庁内部の資料である。

1章　総　則

③　検討の方法及び手順の概要

(a)　個別的要因，地域要因の把握と適正な相続税評価額の算定（検討1，検討2，検討3）

　不動産の評価における最も重要なことは，現地及びその周辺の状況を的確に把握することである。したがって，鑑定評価の内容を検討するためには，現地及びその周辺の状況を確認し，鑑定評価書に記載されている現地及びその周辺の現状把握に誤りがないかを把握し，その状況を織り込んだ相続税評価額を適正に算定し，鑑定評価額との比較を行うことが第一段階の作業となる。

(b)　比準価格（標準価格）及び公示規準価格（標準価格）と路線価等の価格水準との比較（相続税評価額と鑑定評価額等の比較表（以下「比較表」という。⑤参照）Ⅱ-1，Ⅱ-2）（【検討4-1】，【検討4-2】）

　鑑定評価書の検討の目的は，相続税評価額との開差の原因を把握し，鑑定評価のどこに問題があるのかを抽出することである。

　その意味で，最初に比準価格（標準価格）及び公示規準価格（標準価格）が路線価等を80％で割り戻した金額と均衡しているかを確認する。

　標準価格は，近隣地域の標準的使用における標準的画地規模の価格のため，比準価格（標準価格）及び公示規準価格（標準価格）は，路線価等評定の基になる価格と同水準の価格ということになる（評価事務ではこの価格を「仲値」という）。実際には，路線価等においてはその年の1月1日時点，鑑定評価においては依頼者の指示した時点（価格時点）で評価するため，時点の相違はあるが，まず，鑑定評価書の比準価格（標準価格）及び公示規準価格（標準価格）が路線価等評定の基になる仲値と開差が生じているかどうかを確認することが検討を進める上で非常に重要となる。

　つまり，比準価格（標準価格）及び公示規準価格（標準価格）が仲値（路線価等÷80％）と均衡していれば，その鑑定評価書では，路線価等は適正な価格水準ということになる。

　なお，仲値（路線価等÷80％）と均衡が取れていない場合には，「(f)　取引事例の検討」を行うことにより問題点を把握することになる。

　比準価格（標準価格）・公示規準価格（標準価格）　≒仲値（路線価等÷80％）
　　　　　　　　　　　　　　　　　　　　　　　　　　　　均衡しているか？

(c)　対象不動産の個別的要因及び取引事例に係る標準化補正の検討（比較表Ⅱ-3）（【検討4-3】，【検討4-9】）

　(b)で比準価格（標準価格）及び公示規準価格（標準価格）が仲値（路線価等÷80％）と均衡しているにもかかわらず，比準価格（対象土地ベース）と相続税評価額に開差が発生している場合には，相続税評価額との開差の原因は，対象不動産の個別的要因の格差査定を過大に行っていることが考えられる。したがって，(i)比準価格を試算するための取引事例に係る標準化補正との比較，(ii)評価通達に定める画地調整率との比較，(iii)「土地価格比準表」[32]の格差率との比較により，何の項目につ

—78—

いて過大な格差査定を行っているかを確認する。

(d) 収益価格及び開発法による価格の検討（比較表Ⅱ-4）（検討5，検討6）

収益価格及び開発法による価格を試算している場合には，これらの試算価格の問題点の把握を行うことになる。

収益価格及び開発法による価格は，実際の取引事例を基に価格を試算する比準価格に比べ，想定の要素が多く，鑑定士の判断いかんで実勢から乖離した価格になりやすいため，収益価格及び開発法による価格の検討については，標準的な建築費，賃料等がいくらかを把握する必要がある。

(e) 試算価格の調整過程と鑑定評価の決定手順の検討

(i) 試算価格の調整過程（比較表Ⅱ-4）（検討7）

鑑定評価額は1つの試算価格のみで決定せず，他の試算価格との比較検討，公示規準価格との均衡確保が求められることから，比準価格のほか，収益価格や開発法による価格を試算することになる。そして，これらの試算価格を，鑑定士の専門的判断，経験則に基づき比較検討した上で，最終的な鑑定評価額を決定するが，比準価格と収益価格の単純平均額，あるいは区画を分割して分譲するのが最も有効な使用方法であるという理由だけで十分な比較検討を行わないまま開発法による価格のみで鑑定評価額を決定するなどにより，相続税評価額との開差が発生する例も多く見受けられる。

このようなことから，鑑定評価額の決定段階で，どの試算価格を重視しているかを把握する必要がある。例えば，比準価格，収益価格，開発法による価格を試算しても，鑑定評価額は開発法による価格のみで決定している場合には，開発法による価格を重点的に検討することが効率的であり，また，収益価格及び開発法による価格は参考程度にとどめている場合には，比準価格を重点的に検討することが効率的である。

(ii) 公示規準価格との均衡確保の有無（比較表Ⅱ-2）【検討4-2】

鑑定評価額の決定手順の検討において，公示規準価格との均衡確保を行っているかどうかの確認も重要である。

稀に公示規準価格を考慮しないで鑑定評価額を決定している鑑定評価書があるが，公示価格等を規準とすることは，法令（地価法8）でも規定されている重要な手順であるため，公示規準価格との均衡確保を行っていない場合には注意が必要となる。

---

32 土地価格比準表は，平成6（1994）年に国土庁（現国土交通省）が発遣した通達で，不動産の鑑定理論に精通していない都道府県職員でも適正な土地評価を行い，国土利用計画法に規定する規制区域内の土地取引の許可等を適正に執行できることを目的としたものである。不動産鑑定士が鑑定評価を行うにあたっても利用されている。

1章　総　則

(f)　**取引事例の検討**（【検討4-4】～【検討4-8】,【検討4-10】）

(b)で比準価格（標準価格）または公示規準価格（標準価格）と仲値（路線価等÷80％）との均衡がとれていない場合に，鑑定評価書に記載されている取引事例についての検討を行う。

ここでは，(i)取引事例地の属する地域間の格差の比較（矛盾がないか。），(ii)取引事例地に接面する路線価等の格差の比較，(iii)周辺の公示地等との比較を行う。

(g)　**売買実例との比較検討**（検討8）

(e)(i)の試算価格の調整過程で，収益価格や開発法による価格を重視すること等により，相続税評価額との乖離が発生している場合には，売買実例を確認することが効果的となる。鑑定評価書が専門的事項や経験則に基づく鑑定士の判断であったとしても，実際の取引の実情からみると時価を的確に捉えていないケースがある。

また，鑑定評価書の採用した取引事例が不適切なものかどうかの判断も，売買実例の検討を行うことにより確認することができる。

(h)　**路線価等の評定資料の検討**（検討9）

鑑定評価書で査定している取引事例に係る地域要因の格差の問題点を明確にするため，路線価等の評定資料（標準地に係る鑑定評価額，精通者意見価格等）が参考になる。

路線価等の評定にあたっては，地価動向を的確に把握するため，鑑定評価額や精通者意見価格を収集している地点が数多くあり，必要に応じて，それらの資料を確認することで，鑑定評価の問題点を把握することができる。

(i)　**局における鑑定評価の実施等**（検討10）[33]

以上の検討を行っても，問題点が明確に抽出できない場合には，他の鑑定評価書と比較することも有効である。また，鑑定評価額による申告等事案の処理支援として，東京国税局において鑑定評価を実施しているため，その必要性について検討を行うこととされている。

④　**鑑定評価書チェックシート**

※　記載にあたっては，該当する項目（□）に✓を付ける。

---

[33] 前掲注31

6 通達の定めにより難い場合の評価

チェックポイント	注意	問題なし
《検討1　相続税評価額と鑑定評価額等との比較検討》		
1　相続税評価額と鑑定評価額等に開差があるか。 ☞　開差がある場合には，「相続税評価額と鑑定評価額等の比較表」（以下「比較表」という。）を作成し，両者の開差が，どの段階でどの程度生じているかを抽出する。 ☞　比較表Ⅰ-2	□はい	□いいえ
2　評価通達に定める評価単位と鑑定評価の評価単位は一致しているか。 ☞　評価通達では評価単位を複数でとらえている土地であっても，鑑定評価書では1評価単位でとらえている場合があるので注意する。双方で異なる場合には総額で検討する。	□いいえ	□はい
3　相続税評価額の算定の際，評価通達上のしんしゃくを正しく適用しているか。	□いいえ	□はい
《検討2　現地調査の実施》		
【検討2-1】対象不動産の周辺の状況の確認		
1　鑑定評価書に記載されている対象不動産の周辺の状況（商業地，住宅地等），都市計画上の用途地域，建ぺい率，容積率，街路状況，環境などが現地の状況と一致しているか。	□いいえ	□はい
2　鑑定評価書に記載されている近隣地域の標準的な土地の使用状況（標準的画地規模，標準的使用）が現地の状況と一致しているか。	□いいえ	□はい
【検討2-2】対象不動産の状況の確認		
1　鑑定評価書に記載されている対象不動産の個別的要因の各項目が現地の状況と一致しているか。 ☞　前面道路の幅員，減価要因の有無等の確認を実施するとともに，写真撮影（撮影方向を住宅地図に明示）を実施する。なお，個別的要因（例えば，「無道路地」等）で，市区町村担当課で確認できるものについては必ず確認する。	□いいえ	□はい
2　対象不動産が売却されているか。 ☞　対象不動産が売却されている場合もあるため，登記事項証明書で確認をする。	□はい	□いいえ
3　対象不動産が造成されているか。 ☞　造成費の実額（単価）が判明することから，開発法を適用している場合の有力な検証手段となる。	□はい	□いいえ
《検討3　現地踏査を踏まえた相続税評価額の再検討》		
1　現地踏査により新たに把握した個別的要因について，評価通達に基づきしんしゃくできる事項があるか。	□はい	□いいえ
2　相続税評価額の算定の際，傾斜度に応じた宅地造成費を適用しているか。	□いいえ	□はい

1章　総　則

チェックポイント	注意	問題なし
《検討4　取引事例比較法による比準価格，公示規準価格の検討》 【検討4-1】比準価格（標準価格）及び公示規準価格（標準価格）と仲値（路線価等÷80％）との比較検討 1　取引事例比較法による比準価格（以下「比準価格」という。）で近隣地域の標準的使用における標準的画地規模の価格（以下「標準価格」という。）と仲値（路線価等÷80％）に開差があるか。 　☞　比較表Ⅱ-1 2　公示価格等を規準とした価格（以下「公示規準価格」という。）と仲値（路線価等÷80％）に開差があるか。 　☞　比較表Ⅱ-2 　☞　標準価格と仲値に開差がなければ，【検討4-4】～【検討4-8】及び【検討4-10】の検討をしなくてもよい。	□はい □はい	□いいえ □いいえ
【検討4-2】比準価格（標準価格）と公示規準価格（標準価格）との比較検討 1　標準価格の決定に当たって，近隣地域内等の公示規準価格との均衡確保の検討を行っているか。 　☞　公示地の所在する地域の正常価格を求める場合には，必ず公示規準価格を求めて，試算価格との均衡確保の検討を行わなければならないが（地価公示法8），近隣地域等から遠隔にある公示地等又は用地地域の異なる公示地等により公示規準価格を求めている場合がある。なお，公示地等から導かれる公示規準価格は，比準価格と並んで重要なものである。 　☞　広大地，雑種地，農地，山林等については，稀に公示規準価格との均衡確保の検討を行っていない場合も認められるので注意が必要である。	□いいえ	□はい
【検討4-3】対象不動産に係る個別的要因の格差修正率の検討 1　対象地の個別的要因の格差修正率は適切か。 　☞　格差修正率が15％程度を超えるもの又は65％程度を下回るものは，標準的画地と比較して個別性の強い土地といえるが，この修正率の合理的な算定根拠を示さずに査定している場合には，評価通達に定める画地調整率及び土地価格比準表により検討する。 2　同様の個別的要因を重ねて査定しているか。 　☞　広大地補正と市場減価補正等及び不整形地補正と市場減価補正等は同じレベルのものであり重ねて査定することはできない。 3　個別的要因の格差（画地規模，画地条件（道路との接面状況，形状等））は標準化補正と比較して整合性はとれているか。 　☞　比較表Ⅱ-3 　☞　個別的要因の格差修正率と取引事例地の標準化補正の補正率に整合性がとれていない場合がある。	□いいえ □はい □いいえ	□はい □いいえ □はい

[6] 通達の定めにより難い場合の評価

チェックポイント	注意	問題なし
【検討4-4】規準とする公示地等の選択の適否の検討		
1　近隣地域から公示地等を選択しているか。	□いいえ	□はい
☞　近隣地域等に公示地等が存するにもかかわらず，遠方の公示地等を採用している場合がある。なお，遠方の公示地等を採用せざるを得ない場合としては，公示地等の数が少ない宅地見込地，市街化調整区域内の山林等が考えられる。		
2　都市計画法上の用途地域及び容積率等の行政的条件は，対象不動産と同一又は類似しているか。	□いいえ	□はい
【検討4-5】規準とする公示地等に係る地域要因格差の検討		
1　地域要因の格差補正の査定は適正か。	□いいえ	□はい
☞　地域要因格差が150％程度を超えるもの又は65％程度を下回るものは，類似地域に存する公示地等に該当するかどうか検証を要する（【検討4-6】参照）。		
【検討4-6】取引事例の選択の適否の検討		
1　近隣地域等から取引事例を選択しているか。	□いいえ	□はい
☞　近隣地域等に取引事例が存するにもかかわらず，遠方の取引事例を採用している場合には，売買実例を確認して取引事例の選択の適否を検討する（検討8参照）。		
2　土地の評価に当たり複合不動産（土地及び建物）の取引事例を採用している場合に，土地及び建物の価額の総額から適正に建物価額の控除を行って土地価額を算定しているか。	□いいえ	□はい
☞　複合不動産の価額から控除すべき建物価額を過大評価して土地価額を過小に算定している場合がある。		
3　都市計画法上の用途地域及び容積率等の行政的条件は，対象不動産と同一又は類似しているか。	□いいえ	□はい
☞　地域の特性（標準的使用）又は価格水準が類似する地域の取引事例であるか確認する。		
4　対象地と取引事例地の画地規模等は類似しているか。	□いいえ	□はい
☞　例えば，マンション用地等の大規模画地の評価に際して小規模な更地等の取引事例を採用することは適切でない。		
5　著しく個別格差（画地規模，画地条件（道路との接面状況，形状等））の大きい事例を選択しているか。	□はい	□いいえ
☞　取引事例に係る標準化補正の補正率の査定は，補正率の低い方（類似性が高い方）が客観的である。		
6　取引時点が古く，適切な時点修正をすることができないような取引事例を選択しているか。	□はい	□いいえ
【検討4-7】事情補正の検討		
1　事情補正は適正に行われているか。	□いいえ	□はい

1章　総　則

チェックポイント	注意	問題なし
☞　土地取引に特殊な事情があっても，その内容は不明なことが多いから事情補正を行う必要があると認められる取引事例は極力採用しない傾向にある。 ☞　事情補正が適切な使われ方（例：取引価格を低くするために，事情補正の必要がないにもかかわらず行っているなど。）をしていないか注意する必要がある。		
【検討 4-8】時点修正の検討 1　近隣地域等に所在する公示地等の価格変動率と比較して時点修正率は適切に査定されているか。 ☞　近隣地域等に所在する公示地等によらないで，遠方又は用途地域の異なる公示地等の価格変動率を採用している場合がある。	□いいえ	□はい
【検討 4-9】取引事例に係る標準化補正の検討 1　標準化補正（間口，奥行，形状等）は適正か。 ☞　取引事例地の標準的画地のとり方等について，住宅地図，近隣地域等の公示地等を参考にする。	□いいえ	□はい
2　対象地に係る個別的要因の格差修正率と取引事例地の標準化補正の補正率に整合性はあるか。 ☞　対象地の個別的要因の格差修正率又は取引事例地の標準化補正を故意に歪め，対象地の比準価格を低額に算定する場合があることから，評価通達に定める画地調整率及び土地価格比準表を参考に検証する。	□いいえ	□はい
3　取引事例相互間の標準化補正に整合性はあるか。	□いいえ	□はい
【検討 4-10】取引事例に係る地域要因格差の検討 1　地域要因格差の査定は適正か。 ☞　地域要因格差の修正率が150％程度を超えるもの又は65％程度を下回るものは，類似地域に存する取引事例に該当するかどうか検証を要するが，具体的には相続税路線価の格差割合，固定資産税路線価の格差割合，土地価格比準表を参考にする（地域要因格差が70％～130％程度の範囲内の取引事例を採用するのが一般的である。）。	□いいえ	□はい
2　取引事例相互間の地域要因格差に整合性はあるか。	□いいえ	□はい
《検討5　収益還元法による収益価格の検討》 （想定建物） 1　想定する建物の敷地面積，延床面積が対象地の面積，形状，基準容積率等及び周辺の状況からみて適切か。	□いいえ	□はい
（収益項目） 2　賃貸用住宅等の賃貸を想定している場合，その賃料は，近隣の賃料と比較して適切に算定されているか。	□いいえ	□はい

チェックポイント	注意	問題なし
（還元利回り） 3　還元利回りの査定における割引率，純収益の変動率は，地価公示と比較して，適切に算定しているか。 　☞　割引率，純収益の変動率は，地域・用途等により異なるものであるが，最近の地価公示で用いられている割引率（地価公示では基本利率）は，住宅地・商業地とも５％程度，純収益の変動率に関しても0.5％程度である。通常，還元利回りは，純収益の変動率を考慮して，割引率から純収益の変動率を控除して求める。	□いいえ	□はい
（費用項目） 4　賃貸住宅用等の賃貸を想定している場合，それに係る経費項目は適切に算定されているか。 　☞　総経費率は総収益の25％前後が一般的である（経費内訳は次のとおり。）。 　　・修繕費：再調達原価の1.0％程度又は総収益の５～７％程度 　　・維持管理費：年間賃料の３～５％程度 　　・公租公課：実額又は見積り 　　・損害保険料：再調達原価の0.1％程度 　　・貸倒れ準備費：敷金等で担保されているので原則として計上しない 　　・空室等損失相当額：総収益の５％程度又は月額賃料の１／２～１か月分程度 　　・減価償却費：原則として計上しないことに留意（償却前純収益を使用）	□いいえ	□はい
5　賃貸用住宅等の建築を想定している場合，その再調達原価（建築工事費）は，類似の建築事例や各種統計資料から推定した金額に比して適切に算定されているか。 　☞　標準的な建築工事費は，国土交通省の建築統計年報によると，平成21年で鉄骨169.5千円/m²，SRC（鉄骨鉄筋コンクリート）265.2千円/m²であり，これに設計監理料として建築工事費の３～５％程度が加算されるのが一般的である。	□いいえ	□はい
《検討6　開発法による価格の検討》 　※　開発法は対象不動産の面積が近隣地域の標準的な土地の面積に比べて大きい場合等（鑑定士の判断による。）に適用する。 1　最有効使用の判定（区画分譲用地なのか又はマンション用地なのか。）は適切か。 　☞　過去数年間の住宅地図は，近隣地域の開発状況が明らかになることから，最有効使用の判定に当たり有力な検証材料となる。 　☞　開発法による鑑定評価が必要であるかどうか（評価対象地が標準的な土地の面積に比べて大きいといえるか。）も検討する。	□いいえ	□はい

1章　総　則

チェックポイント	注意	問題なし
（有効面積の算定） 2　開発行為を行うとした場合の潰れ地は，市区町村等の開発指導要綱に定められた必要最小限のものとしているか（課税時期の開発指導要綱を市区町村に確認すること。）。 （例）• 必要以上の道路幅員又は道路延長距離にしている。 　　　• 小規模開発なのに公園，集会場等の公共施設を設置している。 　　　• 都市計画公園等の指定を受けていると一体開発できない場合もある。 　　　• 前面道路の位置関係等から区画分譲又はマンション開発を行うことができない場合もある。	□いいえ	□はい
3　開発想定図は合理的なものと認められるか。 　☞　区画を異常な形状にするなど，無理な開発計画を策定している場合がある。	□いいえ	□はい
（分譲単価） 4　区画分譲を想定している場合，その宅地の１m²当たりの平均分譲単価は適切か。 　☞　区画の分譲単価の査定に当たって，取引事例比較法，収益還元法を適用している場合には，比準価格及び収益価格のチェックポイントも参考にすること。 　　　また，近隣地域等の公示価格等及び周辺の分譲地の広告等も検証の際の参考になる。	□いいえ	□はい
5　マンション分譲を想定している場合，１m²当たりの平均販売単価は適切か。 　☞　周辺のマンションの広告等が検証の際の参考となる。	□いいえ	□はい
（費用項目） 6　建築工事費は，類似事例や精通者等意見から推定した金額に比して過大となっているか。 　☞　標準的な建築工事費は，国土交通省の建築統計年報によると，平成21年で鉄骨169.5千円/m²，SRC（鉄骨鉄筋コンクリート）265.2千円/m²。それに設計監理料として建築工事費の３～５％程度が加算されるのが一般的である。	□はい	□いいえ
7　造成工事費は，類似事例や精通者意見等から推定した金額に比して過大となっているか。 　☞　造成工事費については，業者からとった見積書等を添付している場合もあるが，造成単価が高額となっている場合や不必要な造成工事に係る費用を含めている場合（調整池等）もあるので注意が必要である。	□はい	□いいえ
8　投下資本収益率の査定，販売費及び一般管理費の計上は適切か。 　☞　一般に投下資本収益率は，区画分譲の場合は10％程度，マンション分譲の場合は12％程度，開発の危険率の高いものは15％程	□いいえ	□はい

6 通達の定めにより難い場合の評価

チェックポイント	注意	問題なし
度となっている。なお，危険率の高いものとは，造成・建築期間が長期におよび，造成工事費がかさむ，開発の難易度，区画分譲・マンション販売にリスクを伴う場合等をいう。 ☞ 区画分譲に係る販売費及び一般管理費は，分譲総額の8〜10%程度，マンション販売に係る販売費及び一般管理費は，販売総額の10%程度が一般的である。		
9 宅地造成工事は類似の工事期間に比して長いか。 ☞ 宅地造成工事は，1,000m²規模でおよそ9か月位が一般的である。	□はい	□いいえ
《検討7 試算価格の調整過程及び鑑定評価額の決定手順の検討》		
1 一つの試算価格に偏って鑑定評価額を決定しているか。 ☞ 比較表Ⅱ-4 ☞ 住宅地域の場合，収益性よりも居住の快適性，利便性が重視されることから，重視される価格は，収益価格よりも比準価格や公示規準価格である。 ☞ 広大地について，比準価格を算定しないで，開発法による価格だけで鑑定評価額を決定しているものもあるが，これは鑑定基準に沿ったものとはいえないので，画地規模の大きな取引事例から時価の検証を行い，比準価格を試算する必要がある。	□はい	□いいえ
2 各試算価格の間に開差が生じている場合，開差が生じた理由の解明に努めているか。 ☞ 単純に試算価格の平均値により鑑定評価額を決定している場合等は合理的と認められない。	□いいえ	□はい
(公示規準価格との均衡確保) ※ 鑑定評価額の決定の段階で，公示規準価格との均衡確保を行っている場合には，この項でチェックする（【検討4-2】と同一内容）。		
3 鑑定評価額の決定に当たって，公示規準価格との均衡確保の検討を行っているか。	□いいえ	□はい
《検討8 売買実例との比較検討》		
1 売買実例との検証の結果，取引事例の選択，地域要因の把握は適正か。	□いいえ	□はい
2 売買実例による検証の結果，試算価格の調整に問題があるか。	□はい	□いいえ
3 取引実例のうち，署で収集した売買実例と一致するものがあるか。 ☞ 一致するものがあれば，取引事例に係る標準化補正の適否についても具体的に判断することができる。	□はい	□いいえ

1章　総則

チェックポイント	注意	問題なし
《検討9　路線価等の評定資料の検討》 1　路線価等を評定する場合の標準地の鑑定評価額，精通者意見価格等からみて，地域要因の格差等の把握は適正と認められるか。 　☞　標準価格と仲値に開差がある場合など，必要に応じて評価専門官へ標準地の位置，鑑定評価額又は精通者意見価格等を確認する。	□いいえ	□はい
《検討10　局における鑑定評価の実施》[34] 1　局の鑑定評価を要望するに当たり，検討1から検討8（標準価格と仲値（路線価等÷80％）に開差がある場合は検討9を含む。）を的確に行っているか。	□いいえ	□はい

（出典）　東京国税局「資産税審理研修資料（平成23年8月作成）」〔TAINS・評価事例708250〕

34　前掲注31

6 通達の定めにより難い場合の評価

⑤ 相続税評価額と鑑定評価額等の比較表

Ⅰ 対象不動産の状況等
1 評価対象不動産の概要

所在地 (住居表示)		地積	公簿: 　　　　m²	課税時期:
			実例: 　　　　m²	価格時点:

2 相続税評価額と鑑定評価額との比較

	①鑑定評価額	②相続税評価額	開差割合((①-②)/②)	開差額(①-②)	検討の要否
総額	円	円	%	円	
単価(m²)	円	円	%	円	

3 評価対象不動産の路線価等

路線価方式	正面路線価	倍率方式	固定資産税評価額*	倍率	倍率を乗じた価格
	円/m²		円/m²	倍	円/m²

* 固定資産税路線価ベースの評価額を記入。

Ⅱ 検討
1 比準価格(標準価格)と仲値との比較

③比準価格 (標準価格)*	④路線価等 (Ⅰ-3)	⑤仲値(標準価格ベース)(④÷80%)	開差割合 ((③-⑤)/⑤)	開差額(③-⑤)	検討の要否
円/m²	円/m²	円/m²	%	円/m²	

* 標準価格を求めていない場合には記入不要。なお,標準価格を求めていない場合で,区画分譲を想定した開発法を適用している場合には,分譲価格を求める際の比準価格(標準価格)の内容を記入する。

2 公示規準価格(標準価格)と仲値との比較

公示地等番号	⑥公示規準価格 (標準価格)*	④路線価等 (Ⅰ-3)	⑤仲値(標準価格ベース)(④÷80%)	開差割合 ((⑥-⑤)/⑤)	開差額(⑥-⑤)	検討の要否
	円/m²	円/m²	円/m²	%	円/m²	
	円/m²	円/m²	円/m²	%	円/m²	

* 標準価格を求めていない場合には,公示規準価格について,個別的要因の格差修正率を乗じる前の価格を記入する。

3 対象不動産に係る個別的要因の格差修正率と評価通達の画地補正率との比較

鑑定評価	相続税評価*	検討の要否

* 「相続税評価」については,評価通達の画地調整率の増減価率を%で記入する(側方路線価等の考慮は不要)。

4 試算価格等(対象土地ベース)の比較

	⑦試算価格	①鑑定評価額	⑤仲値(対象土地ベース)(②単価÷80%)	鑑定評価額との開差割合((⑦-①)/①)	仲値との開差割合((⑦-⑤)/⑤)	検討の要否
イ 比準価格	円/m²	【検討内容等】*		%	%	
ロ 収益価格	円/m²			%	%	
ハ 開発法による価格	円/m²			%	%	
ニ 公示規準価格	円/m²	円/m²		%	%	

* 鑑定評価書に記載されている鑑定評価額の決定に当たっての検討内容等を簡記する。

1章 総則

○ 相続税評価額と鑑定評価額等の比較表　　記　載　例　　整理番号 18-0001
Ⅰ 対象不動産の状況等
1 評価対象不動産の概要

所在地 （住居表示）	○○県○○市○○○○丁目○番○○ （○○○○丁目○－○○）	地積	公簿：	208.50 m²	課税時期：H○○.○.○
			実例：	210.00 m²	価格時点：H○○.○.○

2 相続税評価額と鑑定評価額との比較

	①鑑定評価額	②相続税評価額	開差割合((①-②)/②)	開差額（①-②）	検討の要否
総額	54,000,000 円	61,792,5000 円	△12.6 %	△7,792,500 円	
単価（m²）	257,000 円	294,250 円	△12.7 %	△37,250 円	

3 評価対象不動産の路線価等

路線価方式	正面路線価 280,000 円/m²	倍率方式	固定資産税評価額＊ 円/m²	倍率 倍	倍率を乗じた価格 円/m²

＊ 固定資産税路線価ベースの評価額を記入。

Ⅱ 検討
1 比準価格（標準価格）と仲値との比較

③比準価格 （標準価格）＊	④路線価等 （Ⅰ-3）	⑤仲値（標準価格ベース）（④÷80%）	開差割合 ((③-⑤)/⑤)	開差額（③-⑤）	検討の要否
270,000 円/m²	280,000 円/m²	350,000 円/m²	△22.9 %	△80,000 円/m²	

＊ 標準価格を求めていない場合には記入不要。なお、標準価格を求めていない場合で、区画分譲を想定した開発法を適用している場合には、分譲価格を求める際の比準価格（標準価格）の内容を記入する。

2 公示規準価格（標準価格）と仲値との比較

公示地等番号	⑥公示規準価格 （標準価格）＊	④路線価等 （Ⅰ-3）	⑤仲値（標準価格ベース）（④÷80%）	開差割合 ((⑥-⑤)/⑤)	開差額（⑥-⑤）	検討の要否
公○-3	258,000 円/m²	280,000 円/m²	350,000 円/m²	△26.3 %	△92,000 円/m²	
	円/m²	円/m²	円/m²	%	円/m²	

＊ 標準価格を求めていない場合には、公示規準価格について、個別的要因の格差修正率を乗じる前の価格を記入する。

3 対象不動産に係る個別的要因の格差修正率と評価通達の画地補正率との比較

鑑定評価		相続税評価＊		検討の要否
二方路	3	二方	5	
不整形	△5	不整形	△2	
		奥行	△1	
	△2		2	

＊ 「相続税評価」については、評価通達の画地調整率の増減価率を%で記入する（側方路線価等の考慮は不要）。

4 試算価格等（対象土地ベース）の比較

		⑦試算価格	①鑑定評価額	⑤仲値（対象土地ベース）（②単価÷80%）	鑑定評価額との開差割合((⑦-①)/①)	仲値との開差割合((⑦-⑤)/⑤)	検討の要否
イ	比準価格	265,000 円/m²	【検討内容等】＊ 収益価格を重視し、比準価格を参酌。		3.1 %	△28.0 %	
ロ	収益価格	256,000 円/m²		367,813	△0.4 %	△30.4 %	
ハ	開発法による価格	円/m²			%	%	
ニ	公示規準価格	円/m²	257,000 円/m²	円/m²	%	%	

＊ 鑑定評価書に記載されている鑑定評価額の決定に当たっての検討内容等を簡記する。

（出典） 東京国税局「資産税審理研修資料（平成23年8月作成）」〔TAINS・評価事例708250〕

(5) 「特別の事情」の判断基準

① 総則6項の四要件
　財産評価基本通達によらないことが正当と是認される「特別の事情」の有無の判断にあたっては，次の(a)から(d)に掲げる点などに着目しつつ，様々な事実関係を総合考慮することに留意する[35]。
　(a) 評価通達に定められた評価方法を形式的に適用することの合理性が欠如していること（評価通達による評価の合理性の欠如）
　(b) 評価通達に定められた評価方法のほかに，他の合理的な評価方法が存在すること（合理的な評価方法の存在）
　(c) 評価通達に定められた評価方法による評価額と他の合理的な評価方法による評価額との間に著しい乖離が存在すること（著しい価額の乖離の存在）
　(d) 上記(c)の著しい乖離が生じたことにつき納税者側の行為が介在していること（納税者の行為の存在）

　(a)は，評価通達に定められた評価方法を形式的に適用することの合理性が欠如していることである。評価通達は，納税者間の公平，納税者の便宜，徴税費用の節減という見地から画一的な評価方法により評価を行うことは合理性を有するものとされているが，路線価方式により算定される評価額が客観的時価を上回る場合には，路線価方式により算定される評価額をもって法が予定する時価と見ることはできないものというべきであり，かかる場合には，評価通達の一律適用という公平の原則よりも，個別的評価の合理性を尊重すべきと解されている（東京地裁平成9年9月30日判決〔訟月47巻6号1636頁〕）。同時に，例えば，相続開始直前に不動産を取得し，相続税の申告の直後に売却するなど，相続等の前後を通じてその性質を見ると，当該不動産がいわば一種の商品のような形で一時的に被相続人または相続人に所有権があるに過ぎないと認められる場合に，評価通達を形式的に適用したのでは，相続財産の価額が不当に減少し，相続税負担の実質的公平を損なうことは明らかと解されている（東京地裁平成4年3月11日判決〔税務訴訟資料188号639頁〕）。つまり，各事案を個別的に検討し一般的合理性が欠如している場合に「特別の事情」が存在し，総則6項の適用が可能となる。

　(b)は，評価通達に定められた評価方法のほかに，他の合理的な評価方法が存在することである。不動産の場合，例えば，不動産鑑定評価や，取引の経緯から客観的に明らかになっている不動産市場における実際の交換価値の存在などが，これに該当する。

　(c)は，評価通達に定められた評価方法による評価額と他の合理的な評価方法による評価額との間に著しい乖離が存在することである。総則6項の適用は，相続財産等の内容及び事情が個々に異なることから，「○倍以上」あるいは「○○円以上」といった形式的な基準を設けることは困難であり，

---
[35] 東京国税局「資産税審理研修資料（平成28年7月）」〔TAINS・評価事例708302〕，山田重將「財産評価基本通達の定めによらない財産の評価について―裁判例における「特別の事情」の検討を中心に―」『税大論叢（第80号）』2015年

1章　総　則

　また，形式基準を設けることにより，それを奇貨として租税回避行為を誘発させることも想定されることから，一般的射程のある該当要件を示してはおらず，個々の事例ごとに判断している。

　(d)は，納税者側の行為が介在していることである。不動産の場合，例えば，相続開始直前に借入金または自己資金により不動産を取得し，相続税申告後に売却することなどが，納税者の行為に該当する。

　ただし，純粋に当該価額にかかる評価方法そのものが争点となる場合においては，納税者の行為の存在は含まれない。

②　総則6項の適用チェックポイント

　財産評価の検討にあたり，評価通達にその財産の評価方法にかかる定めがないもので評価することが困難なもの，またはその財産を評価通達の定めによって評価するものにおける6項判定チェックシートは**図表1−26**のとおりである。

6 通達の定めにより難い場合の評価

[図表1－26] 6項判定チェックシート

(1) 「この通達の定めによって評価することが著しく不適当である」かどうか		
①評価通達に定められた評価方法を形式的に適用することの合理性が欠如しているか。		
②評価通達に定められた評価方法以外に，他の合理的な評価方法が存在するか		
③評価通達に定められた評価方法による評価額と他の合理的な評価方法による評価額との間に著しい乖離が存在するか		
評価通達に定められた評価方法による評価額と(6)の評価方法による評価額との乖離額（率）	(B－A)　　　　円	(B－A)/B
④上記のほか，第6項を適用すべき特別の事情があるか		
(2) 地価の大幅な下落その他路線価等に反映されない事情が存することから，路線価等を基として評価通達の定めに従って評価することが適当ではないと認められる土地等に係る事案		
(3) 「個別の法令解釈通達で評価方法が明らかにされているもの」で，これに準拠して処理可能な事案		準拠する通達等
(4) 「判例等により先例として示されているもの」で，これに準拠して処理可能な事案		準拠する通達等
(5) (2)ないし(4)にいずれかに該当するが，評価方法等について特に検討を要すると認められる特別の事情がある事案		検討を要する特別の事情
(6) 当該財産に最も適合する評価方法　　　　　　　具体的内容等		
当該評価方法による評価額（B）		円
(7) 「相続税法第64条（同族会社等の行為又は計算の否認等）」等の法令の適用の余地について検討を行ったか 　　（検討を行った場合の法令等）		

(1) 「この通達の定めによって評価することが著しく不適当である」かどうか
- 該当か非該当かを記載する。
- 第6項に該当するかどうかは，チェックシートの①ないし③などを総合的に勘案して判断するので，①ないし③のすべてについて判定する必要があることに留意する。

(2)～(5)
- 該当か非該当かを記載する。
- (3)又は(4)に該当する場合には，右の欄に準拠するものを記載する。
- (5)に該当する場合には，右の欄に特に検討を要すると判断した具体的な理由を記載する。

(6) 当該財産に最も適合する評価方法
- 左の欄には，評価通達の定めに代えて当該財産に最も適合すると考えられる評価方法を記載する。
- 右の欄には，当該財産の性質等に照らして左の欄の評価方法により評価することが相当であると判断した具体的な理由を記載する。

(7) 評価通達第6項の適用の検討のほか，他の法令の適用によるべきか否かの検討を行った場合は該当と記載し，法令等を記載する。

(参考) 東京国税局「全管特別国税調査官（資産税担当）及資産課税部門統括国税調査官等会議資料（令和3年8月5日）」〔TAINS・特別国税調査官会議（資産税）東京局R030805〕

1章　総　則

7　土地の評価上の区分

> **財産評価基本通達7（土地の評価上の区分）**
> 　土地の価額は，次に掲げる地目の別に評価する。
> (1)　宅地
> (2)　田
> (3)　畑
> (4)　山林
> (5)　原野
> (6)　牧場
> (7)　池沼
> (8)　削除
> (9)　鉱泉地
> (10)　雑種地
> 　ただし，一体として利用されている一団の土地が2以上の地目からなる場合には，その一団の土地は，そのうちの主たる地目からなるものとして，その一団の土地ごとに評価するものとする。
> 　なお，市街化調整区域以外の都市計画区域で市街地的形態を形成する地域において，40《市街地農地の評価》の本文の定めにより評価する市街地農地（40-3《生産緑地の評価》に定める生産緑地を除く。），49《市街地山林の評価》の本文の定めにより評価する市街地山林，58-3《市街地原野の評価》の本文の定めにより評価する市街地原野又は82《雑種地の評価》の本文の定めにより評価する宅地と状況が類似する雑種地のいずれか2以上の地目の土地が隣接しており，その形状，地積の大小，位置等からみてこれらを一団として評価することが合理的と認められる場合には，その一団の土地ごとに評価するものとする。
> 　地目は，登記上の地目によることなく，課税時期の現況によって判定する。
> (注)　地目の判定は，不動産登記事務取扱手続準則（平成17年2月25日付民二第456号法務省民事局長通達）第68条及び第69条に準じて行う。ただし，「(4)山林」には，同準則第68条の「(20)保安林」を含み，また「(10)雑種地」には，同準則第68条の「(12)墓地」から「(23)雑種地」まで（「(20)保安林」を除く。）に掲げるものを含む。

(1)　評価上の区分

　評価単位に関して2つの規定が設けられている。「土地の評価上の区分」（評価通達7）と「評価単位」（評価通達7-2）である。

　評価通達7においては，土地の価額は，原則として，(1)宅地，(2)田，(3)畑，(4)山林，(5)原野，(6)牧場，(7)池沼，(8)鉱泉地，(9)雑種地という地目の別に評価するということが定められている。

　そして，評価通達7-2においては，同じ地目の中でも，宅地は利用の単位，畑は耕作の単位など，さらに細分化されることが定められている。

① 地目の判定

本項では，土地の評価上の区分について定めている。

地目の判定は，不動産登記事務取扱手続準則に準じて行う。不動産登記事務取扱手続準則に定める地目の定義は**図表１－27**のとおりである（登記事務準則68）。

ただし，評価通達においては，「山林」に⒇保安林を含み，また「雑種地」に⑿墓地から㉓雑種地まで（⒇保安林を除く。）に掲げるものを含む。

なお，土地の地目は，登記簿上の地目によるのではなく課税時期の現況によって判定する。

[図表１－27] 地目の定義

(1)	田	農耕地で用水を利用して耕作する土地
(2)	畑	農耕地で用水を利用しないで耕作する土地
(3)	宅地	建物の敷地及びその維持若しくは効用を果すために必要な土地
(4)	学校用地	校舎，附属施設の敷地及び運動場
(5)	鉄道用地	鉄道の駅舎，附属施設及び路線の敷地
(6)	塩田	海水を引き入れて塩を採取する土地
(7)	鉱泉地	鉱泉（温泉を含む。）の湧出口及びその維持に必要な土地
(8)	池沼	かんがい用水でない水の貯留池
(9)	山林	耕作の方法によらないで竹木の生育する土地
(10)	牧場	家畜を放牧する土地
(11)	原野	耕作の方法によらないで雑草，かん木類の生育する土地
(12)	墓地	人の遺体又は遺骨を埋葬する土地
(13)	境内地	境内に属する土地であって，宗教法人法３条２号及び３号に掲げる土地（宗教法人の所有に属しないものを含む。）
(14)	運河用地	運河法12条１項１号又は２号に掲げる土地
(15)	水道用地	専ら給水の目的で敷設する水道の水源地，貯水池，ろ水場又は水道線路に要する土地
(16)	用悪水路	かんがい用又は悪水はいせつ用の水路
(17)	ため池	耕地かんがい用の用水貯留池
(18)	堤	防水のために築造した堤防
(19)	井溝	田畝又は村落の間にある通水路
(20)	保安林	森林法に基づき農林水産大臣が保安林として指定した土地
(21)	公衆用道路	一般交通の用に供する道路（道路法による道路であるかどうかを問わない。）
(22)	公園	公衆の遊楽のために供する土地
(23)	雑種地	以上のいずれにも該当しない土地

1章 総　則

②　地目の認定

土地の地目は，次に掲げるところによって定めるものとする（登記事務準則69）。

(1)　牧草栽培地は，畑とする。

(2)　海産物を乾燥する場所の区域内に永久的設備と認められる建物がある場合には，その敷地の区域に属する部分だけを宅地とする。

(3)　耕作地の区域内にある農具小屋等の敷地は，その建物が永久的設備と認められるものに限り，宅地とする。

(4)　牧畜のために使用する建物の敷地，牧草栽培地及び林地等で牧場地域内にあるものは，すべて牧場とする。

(5)　水力発電のための水路または排水路は，雑種地とする。

(6)　遊園地，運動場，ゴルフ場または飛行場において，建物の利用を主とする建物敷地以外の部分が建物に附随する庭園に過ぎないと認められる場合には，その全部を一団として宅地とする。

(7)　遊園地，運動場，ゴルフ場または飛行場において，一部に建物がある場合でも，建物敷地以外の土地の利用を主とし，建物はその附随的なものに過ぎないと認められるときは，その全部を一団として雑種地とする。ただし，道路，溝，堀その他により建物敷地として判然区分することができる状況にあるものは，これを区分して宅地としても差し支えない。

(8)　競馬場内の土地については，事務所，観覧席及びきゅう舎等永久的設備と認められる建物の敷地及びその附属する土地は宅地とし，馬場は雑種地とし，その他の土地は現況に応じてその地目を定める。

(9)　テニスコートまたはプールについては，宅地に接続するものは宅地とし，その他は雑種地とする。

(10)　ガスタンク敷地または石油タンク敷地は，宅地とする。

(11)　工場または営業場に接続する物干場またはさらし場は，宅地とする。

(12)　火葬場については，その構内に建物の設備があるときは構内全部を宅地とし，建物の設備のないときは雑種地とする。

(13)　高圧線の下の土地で他の目的に使用することができない区域は，雑種地とする。

(14)　鉄塔敷地または変電所敷地は，雑種地とする。

(15)　坑口またはやぐら敷地は，雑種地とする。

(16)　製錬所の煙道敷地は，雑種地とする。

(17)　陶器かまどの設けられた土地については，永久的設備と認められる雨覆いがあるときは宅地とし，その設備がないときは雑種地とする。

(18)　木場（木ぼり）の区域内の土地は，建物がない限り，雑種地とする。

> **Q 地目の判定**
>
> ■質　問
> 土地の地目はどのような基準で判定するのでしょうか。
>
> ■回　答
> 土地の地目は全て課税時期の現況によって判定します。
> 地目の定義については財産評価基本通達に定義がされておらず，区分は不動産登記事務取扱手続準則（平成17年2月25日付民二第456号法務省民事局長通達）第68条及び第69条に準じて判定します。
> なお，同準則に定める地目の定め方の概要は次のとおりです。
> (1) 宅地　建物の敷地及びその維持若しくは効用を果たすために必要な土地
> (2) 田　農耕地で用水を利用して耕作する土地
> (3) 畑　農耕地で用水を利用しないで耕作する土地
> (4) 山林　耕作の方法によらないで竹木の生育する土地
> (5) 原野　耕作の方法によらないで雑草，かん木類の生育する土地
> (6) 牧場　家畜を放牧する土地
> (7) 池沼　かんがい用水でない水の貯留池
> (8) 鉱泉地　鉱泉（温泉を含む。）の湧出口及びその維持に必要な土地
> (9) 雑種地　以上のいずれにも該当しない土地
> (注)　駐車場（宅地に該当するものを除きます。），ゴルフ場，遊園地，運動場，鉄軌道等の用地は雑種地となります。
>
> （参考）国税庁質疑応答事例「土地の地目の判定」

実務上のポイント

実務上頻度の高いものが宅地，田，畑，山林，雑種地である。農地は用水を利用するのが田，利用しないのが畑，木が生えていれば山林，雑草程度であれば原野に当たる。駐車場や公園，運動場，資材置場，河川敷は雑種地となる。

また，2以上の地目が一体として利用されている場合は，主たる地目からなる1単位として評価されることになる。

このような財産評価における地目の考え方は，上記不動産登記事務取扱準則に基づいている。

(2) 宅地及び農地の定義

① 宅地とは

不動産登記事務取扱手続準則は，宅地について「建物の敷地及びその維持若しくは効用を果たすために必要な土地」と定めている。

したがって，相続税等の財産評価における地目判定上の宅地は，単に建物の敷地のみをいうのではなく，建物の敷地の維持もしくは効用を果たすために必要な土地も含まれる。

1章　総　則

　そして，ここにいう「維持若しくは効用を果たすために必要な土地」とは，建物の風致または風水防に要する樹木の生育地及び建物に付随する庭園または通路等のように，それ自体単独では効用を果たせず，建物の敷地に接続し，建物もしくはその敷地に便益を与え，またはその効用に必要な土地をいう（平成17年5月31日裁決〔TAINS・F0-3-298〕）。
　また，「維持若しくは効用を果たすために必要な土地」に当たるか否かは，その土地の利用目的及び土地全体の現況に応じて判断する。

> **Q　宅地の判定**
>
> **■質　問**
> 　登記簿の地目は宅地ですが，現に建物が建っていない場合でも，宅地と判定してよいでしょうか。
>
> **■回　答**
> 　宅地は，建物の敷地及びその維持もしくは効用を果たすために必要な土地をいいます。
> 　その判定にあたっては，その利用目的をも考慮し，部分的に僅少の差異の存するときでも，土地全体としての状況を観察して判定するものです。
> 　したがって，現に建物がない土地でも，その現況及び利用目的によって宅地と判定できます。
>
> （参考）実務相談録

②　農地とは

　農地とは，耕作の目的に供される土地をいい（農地法2①），耕作とは，土地に労費を加え肥培管理を行って作物を栽培することをいう。
　耕作の目的に供される土地とは，現に耕作されている土地はもちろん，現在耕作されていなくても耕作しようとすればいつでも耕作できるような，客観的に見て現状耕作の目的に供されると認められる土地（休耕地，不耕作地）を含む。
　したがって，数年間耕作しないで放置されている土地であっても，耕作しようとすればいつでも耕作できるような状況にあれば農地となるが，長期間放置されていたため雑草等が生育し，容易に農地に復元し得ないような状況にある場合は，原野または雑種地と判定される。
　なお，農地の転用には農地法の許可が必要となるケースがあるが，農地法上の農地転用の許可を受けることなく，現況が例えば雑種地となっている場合，現状で転用するための許可要件を充足することが可能である場合においては，その現況地目によって評価することとされている（静岡地裁昭和63年7月1日判決〔税務訴訟資料165号4頁〕）。

> **Q 農地の判定**

■質問
　登記簿の地目は農地（田又は畑）ですが，現況が次のような場合には地目はどのように判定するのでしょうか。
(1)　数年前から耕作しないで放置している土地
(2)　砂利を入れて青空駐車場として利用している土地

■回答
　土地の地目は，登記簿上の地目によるのではなく課税時期の現況によって判定します。
　農地とは耕作の目的に供される土地をいい（農地法2①），耕作とは土地に労費を加え肥培管理を行って作物を栽培することをいいます。
　また，耕作の目的に供される土地とは，現に耕作されている土地のほか，現在は耕作されていなくても耕作しようとすればいつでも耕作できるような，すなわち，客観的に見てその現状が耕作の目的に供されるものと認められる土地（休耕地，不耕作地）も含むものとされています（平成12年6月1日12構改B第404号農林水産事務次官依命通知）。
　したがって，(1)の耕作していない土地が上記のような状態に該当すれば農地と判定しますが，長期間放置されていたため，雑草等が生育し，容易に農地に復元し得ないような状況にある場合には原野又は雑種地と判定することになります。
　また，(2)の土地のように駐車場の用に供している土地は，雑種地と判定することになります。

（参考）国税庁質疑応答事例「土地の地目の判定－農地」

　採草放牧地は，農地法の適用を受けることとなるが，財産評価基本通達においては，課税時期の現況により判定することとなる（通常は原野または牧場となる）。

> **Q 採草放牧地の判定**

■質問
　採草放牧地の地目はどのように判定するのでしょうか。

■回答
　採草放牧地とは，農地以外の土地で，主として耕作又は養畜の事業のための採草又は家畜の放牧の目的に供されるものをいいます（農地法2①）が，これは，農地法上の土地の区分であって，不動産登記法上の土地の区分ではありません。
　財産評価基本通達7のいずれの地目（通常，原野又は牧場）に該当するかは，課税時期の現況により判定することとなります。

（参考）国税庁質疑応答事例「採草放牧地の地目」

1章 総則

> **実務上のポイント**
>
> 現況が更地（畑や雑種地）であっても，以前建物が建っていたため登記上は宅地であるなど登記地目が現況と異なることはよくあることである。地目の判断にあたっては，必ず現地を確認する必要がある。

③ 宅地か農地か

農地の判定にあたっては現況主義による。したがって，登記簿上の地目が田・畑等であっても農地に該当しないものがある一方，宅地であっても農地に該当するものがある。

また，宅地の一部に農耕地がある場合，宅地の休閑地利用等のための家庭菜園である場合は農地に該当しないものとされている。

Q 納税猶予の対象となる農地

■質 問

農地は現況主義によって判断すると聞いたのですが，登記簿上の地目が宅地であっても農地に該当するものがありますか。

■回 答

農地の判定に当たっては現況主義によることとされています。したがって，登記簿上の地目が田・畑等であっても農地に該当しないものがある一方で，宅地であっても農地に該当するものがあります。ただし，宅地の休閑地利用等のための家庭菜園のようなものは農地に該当しません。

（参考）国税庁質疑応答事例「納税猶予の対象となる農地(2)」

宅地の一部に固定資産税の課税地目（以下「課税地目」という）が農地となっているものがある場合，その土地を農地とすべきか，宅地とすべきかが争われた事例に次の(a)～(c)がある。

(a) 課税地目が畑である土地を宅地として評価した事例

平成15年6月20日裁決〔TAINS・F0-3-131〕は，居住用建物に隣接する土地について，宅地とすべきか，畑とすべきかが争われた事例である。

図表1-28の③⑤⑥部分は宅地であり，④部分（138.32m^2）は，課税地目が畑であるが，農具小屋が建てられているほか，庭石が置かれ，庭木が植えられていた。

なお，評価対象地は市街化調整区域に所在している。

本件④部分について，審査請求人は，相続開始日における利用状況からみて畑として評価すべきと主張し，原処分庁は，**図表1-28**の③④⑤及び⑥の部分（合計面積1,482.02m^2）は，相続開始日における現況が宅地と認められると主張した。

裁決は，本件④部分には農具小屋が建てられており，原処分庁の税務調査が行われた当時，農具

[図表１－28] 本件土地に係る原処分庁が認定した宅地評価部分

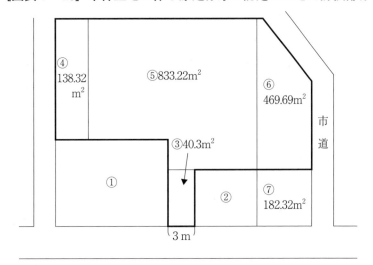

小屋のほかに，庭石が置かれ，庭木が植えられるなどしており，居住用建物の敷地の一部となっていたと認めるのが相当であると判断している。

(b) 課税地目が山林である土地を宅地として評価した事例

また，登記地目及び課税地目が山林である土地が宅地として評価された事例として平成23年１月18日裁決〔TAINS・F0-3-272〕がある。

本件においては，別荘敷地（宅地）に介在する樹木が繁茂する部分について，山林として評価すべきか，宅地の一部として評価すべきかが争われた。

評価の対象となった本件土地は，相続開始日において，登記地目及び課税地目がいずれも山林であった。

本件土地は，倍率地域に所在し，北側道路に約３ｍ接し，その道路からの奥行距離は約12m，公簿地積35m²のほぼ長方形の土地であり，道路に接している北側を除く他の三方は被相続人の所有する別荘敷地である宅地（3,817.57m²）に囲まれており，その別荘敷地と併せて周辺にフェンスが設置されていた。

本件土地の評価単位について，原処分庁は，これに隣接する被相続人の所有する別荘用の敷地である宅地と区別がつかない状態で一体として利用されているから，別荘用地と同様に宅地として評価すべきであると主張した。

これに対し，審査請求人は，本件土地は，自然の樹木が生い茂る山林で，登記上の地目も山林であり，宅地への転用が見込めないことから近隣の純山林の価額に比準して評価すべきであると主張した。

裁決は，本件土地は，被相続人の別荘敷地である宅地に隣接し，その別荘敷地と併せて周辺にフェンスが設置されていたことからすれば，被相続人の別荘敷地と物理的な区分がなく一体として利用

1章　総　則

されていたと認めるのが相当であるから，本件土地は，建物の維持もしくは効用を果たすために必要な土地である被相続人の別荘敷地と一体として評価するのが相当と判断している。

(c)　農地として宅地と別評価した事例

平成19年6月4日裁決〔TAINS・F0-3-316〕は，評価対象地が宅地か畑かが争われた事例である。評価の対象となったA土地（自宅敷地）及びB土地（畑。以下，あわせて「本件各土地」という）の概要は以下のとおりである。

（イ）本件A土地（1,610.52m^2）は，南東側で幅員約2.4mの公衆用道路（以下「本件市道」という）を包むように接している逆凹型の土地で，本件市道に路地状部分で約16m，行き止まり部分で約2.4m接している。本件市道に路線価は付されていない。

（ロ）本件B土地（567m^2）は，南東側で幅員約5mの県道に約17.5m，北東側で本件市道に約32.5m接面するほぼく形の土地である。

（ハ）平成15年度の固定資産評価証明書には，本件A土地は，現況地目及び登記地目が宅地である旨，本件B土地は，現況地目及び登記地目は畑である旨の記載がある。

（ニ）本件B土地は，相続開始日以後，地目変更により畑から宅地に変更されている。

（ホ）本件の相続開始日は，平成15年〇月〇日である。

本件各土地の評価単位について，審査請求人は，本件B土地については，平成11年9月30日までは耕作が行われ，そこで栽培した農作物を出荷していたものの，その後は，農業の用に供された土地ではなく，単なる家庭菜園として被相続人の自宅敷地であった本件A土地と一体で利用されていたものであるから，一団の土地として評価されるべきであると主張した。

これに対し原処分庁は，本件B土地は，相続開始日において，それぞれが1画地の農地として利用されていたものと認められ，宅地である本件A土地とは区分して評価すべきであると主張した。

裁決は，本件A土地については，被相続人の自宅敷地であったことに対し，本件B土地については，登記上の地目のみならず固定資産税評価における現況地目の判定においても畑とされていること，相続開始日以降には，相続人により農地法上の転用届出書が提出されて登記地目の変更が行われていることからすると，相続開始日において農地法上の農地に該当することに加え，相続開始日において現に農作物の栽培が行われていたことから，これらを総合的に判断すると農地と認定するのが相当であり，宅地である本件A土地と一体として利用されている一団の土地と認めることはできないと判断している。

> 実務上のポイント

(a)の事例は，課税地目が畑であったが，農具小屋や庭石，植木が存するなど隣接する宅地の一部となっているものと認定され，(b)の事例も課税地目が山林であったが，隣接する宅地と物理的な区分がなく一体として利用されていたと認めるのが相当であるため宅地と認定されている。

一方で，(c)の事例においては，課税地目が畑であり，相続開始日以降に農地法上の転用届出書が提出されて登記地目の変更が行われていること，相続開始日において現に農作物の栽培が行われていたことから

総合的に判断して農地と認定されている。
　このように宅地か農地かの判定は，農耕地の位置や形状，地積，耕作状況，農地法の適否など個々の状況によって異なってくる。

(3) 地目の異なる土地が一体利用されている場合

① 地目別評価の例外

　土地の価額は，宅地，田，畑，山林，原野，牧場，池沼，鉱泉地及び雑種地の地目別に評価することとされている（評価通達7本文）。
　ただし，2以上の地目が一体として利用されている一団の土地については，それぞれ地目ごとに区分して評価することになると，一体利用されていることによる効用が評価額に反映されないことになる（東京地裁平成26年1月24日判決〔税務訴訟資料264号順号12395〕参照）。そのため，2以上の地目からなる一団の土地が一体として利用されている場合には，そのうちの主たる地目からなる1単位として評価することとされている（評価通達7ただし書き）。
　これは，不動産登記事務取扱手続準則第69条の(6)及び(7)の考え方に基づいている[36]。

② 地目の異なる土地が一体として利用されている場合の評価

　例えば，ゴルフ練習場は，クラブハウス（建物）の敷地は宅地，芝生部分は雑種地に分けられるが，それぞれ地目ごとに区分して評価することになると，一体利用されていることによる効用が評価額に反映されないことになる。そこで，一団の土地がゴルフ練習場として一体利用されている場合，その一部に建物があっても建物敷地以外の目的による土地（雑種地）の利用を主としていることから，その全体が雑種地からなるものとして雑種地の評価方法に準じて評価する。

> **Q** 地目の異なる土地が一体として利用されている場合の評価
>
> ■質　問
> 　建物の敷地となっている宅地と，その他の雑種地からなる次の図のようなゴルフ練習場があります。このような土地を評価する場合には，地目ごとに区分し評価するのでしょうか。

---

[36] そこでは，遊園地，運動場，ゴルフ場または飛行場において，建物の利用を主とする建物敷地以外の部分が建物に附随する庭園に過ぎないと認められる場合には，その全部を一団として宅地とし，建物敷地以外の土地の利用を主として建物はその附随的なものに過ぎないと認められるときは，その全部を一団として雑種地とする。

1章　総則

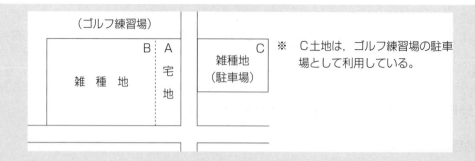

■回　答

　土地の価額は，原則として地目の別に評価しますが，2以上の地目からなる一団の土地が一体として利用されている場合には，その一団の土地はそのうちの主たる地目からなるものとして，その一団の土地ごとに評価します。

　したがって，図のように，A土地及びB土地の一団の土地がゴルフ練習場として一体利用されている場合には，その一部に建物があっても建物敷地以外の目的による土地（雑種地）の利用を主としていると認められることから，その全体が雑種地からなるものとして雑種地の評価方法に準じて評価することになります。

　なお，駐車場の用に供されているC土地は，不特定多数の者の通行の用に供されている道路によりA土地及びB土地とは物理的に分離されていますから，これらの土地とは区分して評価します。

（解説）

　土地の価額は，原則として，宅地，田，畑，山林等の地目の別に評価します。

　これは，課税時期における現況による地目の異なるごとに，価格形成要因が異なると考えられるためです。

　しかし，地目別評価の原則に従うと，大規模な工場用地，ゴルフ練習場用地のように一体として利用されている一団の土地のうちに2以上の地目がある場合にも，その一団の土地をそれぞれ地目ごとに区分して評価することとなりますが，これでは一体として利用されていることによる効用が評価額に反映されないため，実態に即するよう評価を行うこととしています。

（参考）国税庁質疑応答事例「地目の異なる土地が一体として利用されている場合の評価」

③　隣地を賃借して一体利用している場合

　所有する土地に隣接する土地を賃借し，所有する土地と一体として利用している場合には，原則として，所有する土地と賃借権の設定されている土地を一団の土地（1画地の宅地）として評価する。

　ただし，その賃借権の賃貸借期間が短いなどその賃借権の価額を評価しない場合には，所有する土地のみを1画地の宅地として評価する。

7 土地の評価上の区分

Q 地目の異なる土地が一体として利用されている場合(2)

■質　問

　甲は，次の図のように自己の所有するA土地に隣接するB土地を乙から賃借し，資材置場として利用しています。
　この場合の甲の所有するA土地の価額は，どのように評価するのでしょうか。

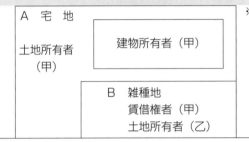

※　B土地に設定された賃借権の内容は，資材置場として一時的に使用することを目的とするもので，契約期間は1年間で地代の授受はあるが権利金の授受はない。

■回　答

　所有する土地に隣接する土地を賃借して所有する土地と一体として利用している場合には，原則として，所有する土地と賃借権の設定されている土地を一団の土地（1画地の宅地）として評価した価額を基礎として所有する土地と賃借権の価額を計算することになりますが，その賃借権の賃貸借期間が短いことによりその賃借権の価額を評価しない場合には，所有する土地のみを1画地の宅地として評価します。
　したがって，図の場合には，甲の所有するA土地のみを1画地の宅地として評価します。
　これは，一時的，臨時的な賃借権については，その経済的価値が極めて小さいものと考えられることから，その価額は評価せず，またその一方，賃借権の目的となっている雑種地の価額は，自用地価額で評価するためです。

（参考）国税庁質疑応答事例「宅地の評価単位―地目の異なる土地が一体として利用されている場合(2)」

実務上のポイント

　地目の異なる土地が一体として利用されているケースは多い。
　例えば，ゴルフ練習場のクラブハウス（宅地）と練習場（雑種地）や中古車展示場の店舗（宅地）と展示場（雑種地）においては，雑種地の利用が主たる目的であることから全体が雑種地からなるものとして評価が行われる。
　一方，自動車教習場の校舎（宅地）と運転コース（雑種地）やパチンコ店（宅地）とその駐車場（雑種地）においては，建物の利用が主たる目的であることから全体が宅地からなるものとして評価が行われる。
　いずれにおいても一体で評価することになるため，主たる目的が宅地であっても雑種地であっても評価単位は同じとなるが，土地が貸し付けられている場合に，宅地であれば借地権（比較的控除割合が高い）の控除を行うことに対し，雑種地であれば賃借権（控除割合が小さい）の控除を行う点で評価額が大きく異なってくる。

1章　総　則

④　自宅と駐車場の評価単位

次に，例えば自宅敷地の一部を駐車場としているケースなど，建物の敷地と駐車場の評価単位については留意が必要である。

その駐車場が自家用自動車のための駐車場であれば，建物の敷地及びその維持もしくは効用を果たすために必要な土地として「宅地」として一体評価を行う。一方，その駐車場が月極駐車場である場合には「雑種地」となることから，宅地と雑種地とで別の評価単位となる。

Q　建物の敷地と駐車場の評価単位

■質　問

被相続人甲は，下図のA及びBの土地を所有していたところ，相続開始日における利用状況と相続の取得者は，下記のとおりでした。

この場合の評価単位はどのように判定するのでしょうか。

- A土地は，甲の自宅の敷地として利用されていました。
- B土地は，月極駐車場として第三者に貸し付けられていました。
- A土地及びB土地の固定資産税の課税上の地目は，いずれも宅地でした。
- A土地及びB土地は，いずれも相続人乙が相続により取得しました。

■回　答

A及びB土地それぞれを1画地として評価します。

（解説）

評価通達7（土地の評価上の区分）は，「土地の価額は，次に掲げる地目の別に評価する。ただし，一体として利用されている一団の土地が2以上の地目からなる場合には，その一団の土地は，そのうちの主たる地目からなるものとして，その一団の土地ごとに評価するものとする。」とし，「(1)宅地」から「(10)雑種地」まで，10の地目を掲げています。

また，同通達は，「地目は，課税時期の現況によって判定する。」と定めています。

本事例では，A土地及びB土地の固定資産税の課税上の地目はいずれも宅地であるものの，相続開始日におけるB土地は，月極駐車場として利用されていたため，その現況から判定すると地目は「雑種地」となり，A土地及びB土地の地目は異なることとなります。

そして，甲の居住用（A土地）と第三者への貸付駐車場（B土地）として利用されていたこれらの各土地に，利用の一体性は認められないことになります（評価通達7のただし書の適用はない。）。

したがって，A土地及びB土地は，それぞれを1画地として評価するのが相当となります。

(参考) 東京国税局「資産税審理研修資料（令和2年8月）」〔TAINS・評価事例708317〕

【誤りやすい事例】地目の異なる宅地が隣接している場合の一体評価

誤った取扱い	正しい取扱い
自宅敷地の一部を青空駐車場として貸し付けている場合，いずれも自用地に該当することから，自宅及び青空駐車場の各敷地を一体で評価した。 ｜　宅地　｜　雑種地　｜	土地の価額は，地目の別に評価する。自宅の敷地と青空駐車場の敷地は，宅地と雑種地とで地目が異なるため，別々に評価する。

(参考)　大阪国税局「誤りやすい事例（財産評価関係平成30年分）」〔TAINS・評価事例大阪局300000〕

(4) 地目の異なる土地を一団として評価する場合

① 地目別評価の例外

　市街地的形態を形成する地域においては，市街地農地，市街地山林，市街地原野または宅地と状況が類似する雑種地（以下，あわせて「市街地農地等」という）については，その現況が宅地でなくても，近隣の宅地の価額の影響を強く受けることから，原則として，これらの土地が宅地であるとした場合の価額から宅地造成費を控除して評価する。いわゆる宅地比準方式である。

　そこで，市街地農地等のいずれか2以上の地目が隣接しており，その形状，地積の大小，位置等からみてこれらを一団として評価することが合理的と認められる場合には，その一団の土地ごとに評価する（評価通達7なお書き）。これらの土地を宅地転用したものと想定した際に一団の土地として評価することが合理的と認められる場合には，その評価方法の同一性に着目して，1つの評価単位とするということである[37]。

37　平成29年6月1日裁決〔TAINS・F0-3-552〕参照。

1章 総　則

Q　地目の異なる土地を一団として評価する場合

■質　問

　市街化調整区域以外の都市計画区域で市街地的形態を形成する地域において，市街地農地，市街地山林，市街地原野及び宅地と状況が類似する雑種地のいずれか2以上の地目が隣接している場合で，全体を一団として評価することが合理的と認められる場合とは，具体的にはどのような場合ですか。

■回　答

　以下の事例①～④のような場合に，農地，山林及び雑種地の全体を一団として評価することが合理的と認められます。

　なお，事例⑤のような場合はそれぞれを地目の別に評価します。

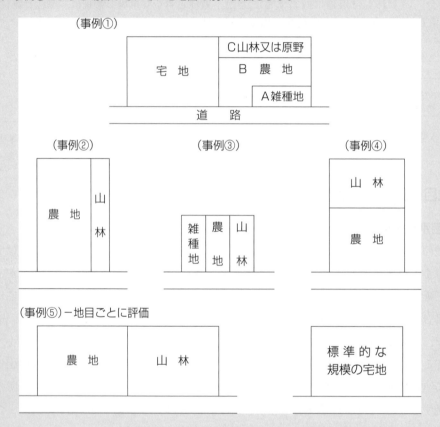

（解説）

　宅地化が進展している地域のうちに介在する市街地農地等及び宅地と状況が類似する雑種地が隣接しており，その規模，形状，位置関係等から一団の土地として価格形成がなされるものもあります。

　また，これらの土地は，近隣の宅地の価額の影響を強く受けるため，原則としていわゆる宅地比準方式により評価することとしており，基本的な評価方法はいずれも同一であることから，地目の別に評価する土地の評価単位の例外として，その形状，地積の大小，位置等からみて一団として評価することが合理的と認められる場合には，その一団の土地ごとに評価します。

（事例①）の場合，標準的な宅地規模を考えた場合にはＡ土地は地積が小さく，形状を考えた場合には，Ｂ土地は単独で評価するのではなくＡ土地と合わせて評価するのが妥当と認められます。

　また，位置を考えた場合には，Ｃ土地は道路に面していない土地となり，単独で評価するのは妥当でないと認められることから，Ａ，Ｂ及びＣ土地全体を一団の土地として評価することが合理的であると認められます。

　（事例②）の場合，山林のみで評価することとすると，形状が間口狭小，奥行長大な土地となり，また，山林部分のみを宅地として利用する場合には，周辺の標準的な宅地と比較した場合に宅地の効用を十分に果たし得ない土地となってしまいます。同様に（事例③）では，各地目の地積が小さいこと，（事例④）では山林部分が道路に面していないことから，やはり宅地の効用を果たすことができない土地となります。

　これらのような場合には，土地取引の実情からみても隣接の地目を含めて一団の土地を構成しているものとみるのが妥当であることから，全体を一団の土地として評価します。

　しかし，（事例⑤）のように農地と山林をそれぞれ別としても，その形状，地積の大小，位置等からみても宅地の効用を果たすと認められる場合には，一団としては評価しません。

　（参考）国税庁質疑応答事例「土地の評価単位－地目の異なる土地を一団として評価する場合」

【誤りやすい事例】一団の土地が２以上の地目からなる場合

誤った取扱い	正しい取扱い
市街化区域に所在する下図のＡ雑種地，Ｂ農地及びＣ原野を宅地転用するとした場合，その全体をもって開発するのが相当であると考えられるものの，土地の価額は地目の別に評価することとされていることから，それぞれを評価単位として評価した。 　Ｃ原野（70m²） 　Ｂ農地（80m²） 　Ａ雑種地（50m²）	宅地比準により評価する土地は，現況の利用状況を基本とした評価ではなく，宅地転用を想定して評価することとされている。 　そうすると，Ａ雑種地は単独で評価するのではなく，Ｂ農地とあわせて評価するのが妥当であり，また，位置を考えた場合には，Ｃ原野は道路に面していない土地であり単独で評価するのは相当ではない。 　したがって，形状，地積，位置等からみて全体を一団の土地として評価することが合理的であると認められる。

（参考）　大阪国税局「誤りやすい事例（財産評価関係平成30年分）」〔TAINS・評価事例大阪局300000〕

Q 市街地農地等の評価単位

■質　問

　宅地に比準して評価する市街地農地等，及び宅地と状況が類似する雑種地について一団の土地として評価する場合とは，具体的にはどのような場合をいうのでしょうか。

1章 総則

■回答
(事例1) 市街地農地等

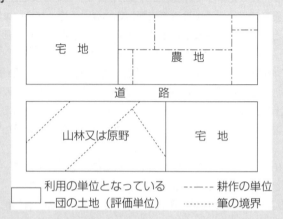

　市街地農地，市街地山林及び市街地原野（以下「市街地農地等」といいます。）の価額は，付近の宅地の価格形成要因の影響を受けるため，宅地比準方式により評価することとしています。
　図のような市街地農地等について，1枚又は1筆ごとに評価することとすると，宅地の効用を果たさない規模や形状で評価することとなり，隣接宅地と同じような規模及び形状であるにもかかわらず，価額が異なることとなるため，利用の単位となっている一団の土地を評価単位とします。
　なお，農地については，市街地農地のほか，市街地周辺農地及び生産緑地についてもそれぞれごとに「利用の単位となっている一団の農地」を判定します。

(事例2) 市街地的形態を形成している地域における宅地と状況が類似する雑種地

　宅地と状況が類似する雑種地は，宅地の価格形成要因の影響を受けるため，宅地比準方式により評価することとしていますが，A，B及びCそれぞれを利用の単位となっている一団ごとに評価した場合に，宅地の効用を果たさない規模や形状で評価することになります。
　このため，それぞれの利用単位となっている雑種地の形状，地積の大小，位置等からみて全体を一団の雑種地として評価することが合理的な場合には，全体を一の評価単位とします。

（参考）国税庁質疑応答事例「土地の評価単位―市街地農地等」

② 争訟事例

　市街地農地等のいずれか2以上の地目が隣接しており，その形状，地積の大小，位置等からみてこれらを一団として評価することが合理的と認められる場合には，その一団の土地ごとに評価する。

そこで、一団として評価することが合理的か否かが論点となる。以下の事例は、地目の異なる隣接する土地について、一体評価がされた事例と、別の評価単位とされた事例である。

(a) 異なる地目が一体評価された事例

畑と雑種地について、「なお書き」の適用により一体評価がされた事例として、平成19年11月5日裁決〔裁決事例集74巻357頁〕がある。

本件の評価対象地であるJ土地の概要は以下のとおりである。

（イ）市街化区域内、かつ、倍率地域内に所在する。

（ロ）J土地は、**図表1-29**のとおり、J1～J4土地に区分され、J1土地（地積135m^2）は畑、J2土地（同232m^2）は駐車場、J3土地（同185m^2）及びJ4土地（同177m^2）は、第三者への貸地としてそれぞれ利用されている。

J1土地とJ2土地の評価単位について、原処分庁は、J1土地は畑として利用され、J2土地は駐

[図表1-29] J土地参考図

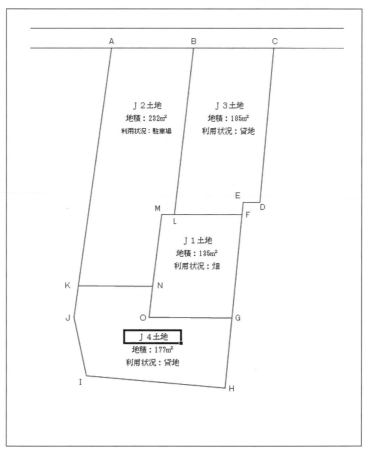

1章　総　則

車場として利用されていることから，評価通達7のなお書きを適用し，J1土地とJ2土地を一団として評価するのが合理的であると主張した。

これに対し，審査請求人は，J2土地は駐車場として貸し付けているのに対し，J1土地は，自用の耕作地として利用するため分割しているものであり，J1土地とJ2土地を一団の土地として評価している原処分庁の評価方法は，誤りであると主張した。

裁決は，J1土地は畑として利用されているものの，道路に面していない土地であることから，宅地としての利用を前提にすると単独で利用するのは合理的ではないものと認められ，このような場合には，宅地としての有効利用を基準とし，隣接する宅地と状況が類似する雑種地であるJ2土地とともに一体利用することを前提として評価するのが相当であると判断している。

(b)　異なる地目が別の評価単位とされた事例

次の(i)から(iv)は，納税者が，地目の異なる複数の土地を1つの評価単位として評価を行ったところ，課税庁が，それらの土地は地目の別に評価するのが相当であるとした事例である。

(i)　平成24年1月27日裁決〔TAINS・F0-3-338〕

本件は，隣接する生産緑地（A土地），市街地農地（B土地），雑種地（C土地。以下，あわせて「本件各土地」という。位置関係は，**図表1－30**のとおり。）について，別々の評価単位とするのが相当とされた事例である。

本件各土地の概要は以下のとおりである。

（イ）本件A土地は，畑として利用されており，生産緑地に指定されている。地積は1,071.64m^{2}であり，その北側において建築基準法に規定する道路（以下「2項道路」という）に面している。

（ロ）本件B土地は，畑として利用されている。地積は714m^{2}であり，その北側において2項道路に面している。

（ハ）本件C土地は，月極駐車場として利用されている。地積が462m^{2}で，その北側は2項道路に面し，西側は県道に面している。

本件各土地の評価単位について，審査請求人は，本件各土地は，宅地並みに評価する市街地農地及び宅地と状況が類似する雑種地であり，その形状，地積の大小，位置等からみて一団の土地として評価することが合理的であると主張した。

これに対し原処分庁は，評価通達7のなお書きにおいて，生産緑地は一団の土地ごとに評価する土地から除かれているため，本件A土地及び本件B土地を一体として評価することは認められず，本件B土地及び本件C土地においてもそれぞれ独立して宅地としての利用が可能な規模，形状，位置関係等にあり，これらの各土地が必ずしも一団の土地として価格形成がなされるものとは認められないから，原則どおり，評価単位は地目別とすべきであると主張した。

裁決は，以下の理由により，本件各土地はそれぞれを別々の評価単位とするのが相当であると判

7 土地の評価上の区分

[図表１−30] 本件各土地の概略図

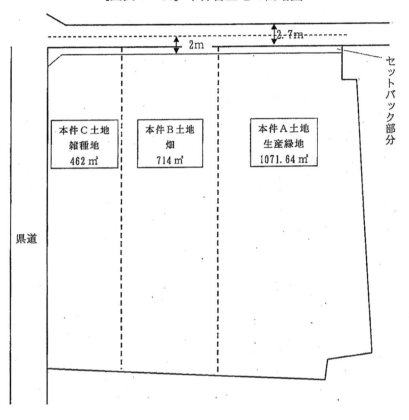

断している。
- （イ）本件Ａ土地は生産緑地であるから，評価通達７なお書きの適用はなく，これを本件Ｂ土地及び本件Ｃ土地と一体評価することはできない。
- （ロ）本件Ｂ土地及び本件Ｃ土地は，その形状，地積の大小，位置関係等について検討するに，いずれも長方形の土地で，それぞれ単独で宅地開発することが可能な広さを有していること，いずれも北側において幅員2.7ｍの２項道路に接しており，セットバックが必要となるものの，本件Ｂ土地については，開発道路を設けることにより宅地開発することが可能であり，本件Ｃ土地については，開発道路を設けることなく複数の宅地に区画割が可能であることからすれば，一体として評価することが合理的であるとは認められない。

(ii) **東京地裁平成26年１月24日判決**〔税務訴訟資料264号順号12395〕

本件は，**図表１−31**における本件１土地から本件７土地までの各土地（以下「本件各土地」という）について，別々の評価単位とするのが相当とされた事例である。

本件各土地の概要は以下のとおりである。
- （イ）本件３土地，本件５土地及び本件６土地は北側で県道に，本件２土地及び本件４土地は南側

1章 総則

[図表1-31] 本件各土地の図面

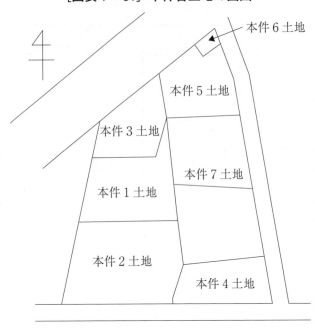

で市道に，本件4土地，本件5土地，本件6土地及び本件7土地は東側で市道にそれぞれ接している。

(ロ) 本件各土地は，都市計画法に規定する市街化区域内にあり，第一種住居地域に指定された地域内に所在している。その容積率は200％，建ぺい率は60％と定められている。

(ハ) 本件1土地（689.94m^2）の現況は山林であった。

(ニ) 本件2土地（961.71m^2）の現況は宅地であり，被相続人，その妻及び子（原告）の自宅の敷地であった。

(ホ) 本件3土地（334.98m^2）の現況は宅地であり，被相続人が所有して第三者に賃貸していた貸店舗の敷地であった。

(ヘ) 本件4土地（302.46m^2）の現況は畑であり，生産緑地であった。

(ト) 本件5土地（529.96m^2）の現況は宅地であり，被相続人が所有して上記本件3土地の第三者とは別の第三者に賃貸していた貸事務所の敷地であった。

(チ) 本件6土地（42.00m^2）の現況は雑種地であり，上記本件3土地及び本件5土地の各第三者とは別の第三者の賃借権の目的となっている駐車場として使用されていた。

(リ) 本件7土地（1,191.37m^2）の現況は畑であり，生産緑地であった。

(ヌ) 遺産分割協議によって，本件1土地から本件6土地までの各土地を妻が取得し，本件7土地を子である原告が取得している。

本件各土地の評価単位について，原告は，本件1土地から本件6土地までの各土地の地目は別で

あっても，いずれも普通住宅地区内に所在し，地積，形状，接面街路との位置関係等からみて，標準的な宅地の地積に比して著しく地積が広大で公共公益的施設用地の負担が必要と認められる一団の土地といえるから，広大地として評価されるべきであると主張した。

　これに対し，被告税務署長は，現況地目が宅地である本件２土地，本件３土地及び本件５土地の各土地，現況地目が山林である本件１土地，現況地目が畑である本件４土地ならびに現況地目が雑種地である本件６土地をそれぞれ別個に評価して算定すべきであると主張した。

　判決は，以下の理由により，本件１土地及び本件６土地について，その間に位置する宅地である本件３土地及び本件５土地をも含めて一団の土地とすることは相当ではないと判示している。

(イ) 本件２土地は被相続人らの自宅の敷地として，本件３土地は貸店舗の敷地として，本件５土地は貸事務所の敷地として，本件６土地は駐車場としてそれぞれ利用されていたことからすれば，これらが一体として利用されていたとは認められないから，評価通達７のただし書きにいう一団の土地に当たるものとして１つの評価単位とみることはできない。

(ロ) 本件１土地については評価通達７のなお書きにいう市街地山林に，本件６土地については宅地と状況が類似する雑種地にそれぞれ該当し得るが，本件１土地と本件６土地とは隣接していないから，これらについて評価通達７にいう一団の土地に当たるものとして１つの評価単位とみることはできない。

(ハ) 評価通達７のなお書きは，市街地農地（生産緑地を除く。），市街地山林，市街地原野または宅地と状況が類似する雑種地の評価方法（宅地比準方式）の同一性に着目した定めであるから，これらとは評価方法の異なる宅地が隣接している場合をも含めて一団の土地として評価することは，評価通達７のなお書きの予定しないところというほかない。

(iii) **平成28年８月23日裁決〔TAINS・F0-3-491〕**

　本件は，隣接する畑（本件１土地）と駐車場（本件２土地。以下，あわせて「本件各土地」という）について，別々の評価単位とするのが相当とされた事案である。

　本件各土地の概要は以下のとおりである。

(イ) 本件１土地の利用状況及び現況地目は畑であり，北側及び西側で市道に接面し，北側の市道から見た奥行距離は約29.75m，西側の市道から見た奥行距離は約19.00m，地積が563m^{2}のほぼ長方形の土地である。

(ロ) 本件２土地は月極駐車場（雑種地）として利用されており，北側が市道に約16.25m接面し，当該市道から見た奥行距離は約29.75m，地積が489m^{2}のほぼ長方形の土地である。

　本件各土地の評価単位について，審査請求人は，本件各土地を個別に開発する場合には，①本件１土地は，近隣ではほとんど行われていない路地状開発を余儀なくされること，②本件２土地は，間口に比べて奥行が長く単独での開発が困難であり，合理的な戸建住宅開発が不可能であること，③本件各土地は，第一種低層住居専用地域内にあり，３階建以上の家屋を建築できないため，ゆと

1章　総　則

りある面積及び形状で分譲する要請が高く，一団の土地として開発することが不可欠であって，実際に売買する場合にも個別に売却することはあり得ないことから一団の土地として評価すべきであると主張した。

　これに対し原処分庁は，本件各土地は，①現況地目は相続開始時において畑と雑種地であること，②それぞれの地積は近隣に所在する標準的な宅地の地積以上であること，③共に北側で道路に面していることからすれば，本件各土地を合わせて一団の土地として評価することが合理的とは認められないと主張した。

　裁決は，本件1土地及び本件2土地のいずれの土地についても，予定建築物等の敷地面積の最低限度である100m²及び本件各土地の近隣に存する公示地の地積を大きく上回っており，それぞれの形状や接道状況等を踏まえると，周辺の標準的な宅地と比較した場合に，本件1土地及び本件2土地は，個々にみても宅地の効用を十分に果たすと認めることができるというべきであり，このような場合には，原則どおり，地目の別に評価することが評価通達7の文言及び趣旨にかなうものというべきであるから，本件各土地は，一団として評価することが合理的と認められる場合には該当しないと判断している。

[図表1－32] 本件各土地の概略図

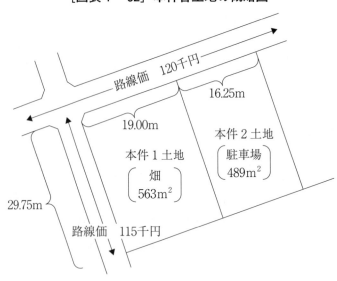

(iv)　平成29年6月1日裁決〔TAINS・F0-3-552〕

　本件は，隣接する畑（本件1土地）と駐車場（本件2土地。以下，あわせて「本件各土地」という）について，別々の評価単位とするのが相当とされた事案である。

　本件各土地の概要は以下のとおりである。

（イ）本件1土地は，南側で道路に約20.66m接面し，奥行約17m，地積352.73m²のおおむね正方形の土地である。

（ロ）本件2土地は，南側で道路に4.2m接面し，奥行約41m，地積590.58m²の旗竿状の土地である。
本件2土地の路地状部分の幅員は4.2m，奥行約18m，地積約88m²であり，南側の道路から見て路地状部分の先に地積約501m²のおおむね長方形の部分を有している。

　審査請求人は，本件2土地は周辺地域における標準的な宅地の地積に比して著しく地積が広大であり，2区画以上の宅地利用が想定されるべきであるが，単独で2区画以上の宅地として利用することができない土地であることなどから，地目の別に評価すべきではないと主張した。
　これに対し，原処分庁は，本件各土地は，それぞれ宅地としての効用を果たすものと認められ，別個に価額形成がなされるものといえることから，本件各土地を一団の土地として評価することの合理性はないと主張した。
　裁決は，本件各土地は，いずれの土地も，接道義務を満たし，予定される建築物の敷地面積の最低限度を大きく上回っており，また，本件2土地は旗竿状の形状をした土地であるものの，一定の建築物が建築可能であることから，それぞれを1つの評価単位としても，いずれも宅地としての効用を果たさない形状，地積の大小，位置等とはならず，本件各土地は，評価通達7のなお書きに定める一団の土地として評価することが合理的であると認められる場合には該当しないと判断している。

[図表1-33] 本件各土地の概要図

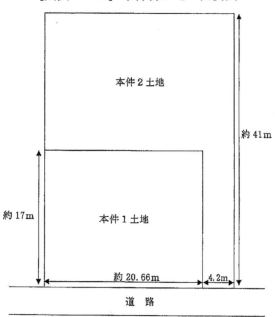

③　市街地農地等と宅地が隣接している場合の取扱い

「地目の異なる土地を一団として評価する場合」（なお書き）においては，市街地農地，市街地山

1章 総 則

林，市街地原野または宅地と状況が類似する雑種地について，その形状，地積の大小，位置等からみてこれらを一団として評価することが合理的と認められる場合には一体として評価することとされている。

ただし，ここでは宅地が含まれていないことに留意が必要である。

宅地が異なる取扱いとなっている理由は，なお書きの適用が，市街地農地，市街地山林，市街地原野または宅地と状況が類似する雑種地の評価方法の同一性に着目した定めであるため，これらとは評価方法の異なる宅地が隣接している場合をも含めて一団の土地として評価することは予定していないものと解されている（東京地裁平成26年1月24日判決〔税務訴訟資料264号順号12395〕）。

実務上のポイント

隣接する市街地農地，市街地山林，市街地原野または宅地と状況が類似する雑種地を一体とすべきか別々の評価単位とすべきか判断に迷うケースが多くある。

一体とすべきケースは，例えば，道路に面していない土地ができてしまったり，各自治体が定める予定建築物の敷地面積の最低限度を下回るなど，宅地としての利用を前提にすると単独とするのは合理的ではないと認められる場合である。このような場合には，宅地としての有効利用ができるか否かを基準とし，隣接する土地とともに一体利用することを前提として評価することとなる。

一方，別々の評価単位とすべきケースは，例えば，道路付けがあって地目ごとにみても単独で宅地に区画割が可能な土地であったり，予定建築物の敷地面積の最低限度を上回るなど，それぞれが独立して宅地としての利用が可能な規模，形状，位置関係にあり，これらの土地が必ずしも一団の土地として価格形成がなされるものとは認められない場合である。

このようなポイントにより，一体として評価すべきか，別々の評価単位とすべきかの判断を行うこととなる。

なお，評価通達上は，宅地と市街地農地等が隣接している場合においては，仮に不合理な規模，形状，位置関係にあったとしても，別個の評価単位となることに留意したい。

（参考）評価の単位を分ける方法

評価の単位は，必ずしも1筆の土地からなるとは限らず，2筆以上の土地からなる場合もあり，また1筆の土地が2以上の土地として分けられることもある。

土地の評価にあたっては公図を使用するのが一般的であり，公図の1筆を2以上の評価単位に分ける場合には，現地でメジャー等で簡易測定して，それを公図に三角スケールなどで計測して落とし込む。

例えば，公図上1筆の土地が（**図表1-34**），現況では**図表1-35**のように宅地（自宅）と雑種地（月極駐車場）として利用されているケースである。

土地の総地積は750m^2。市街化区域に存在している。

このような場合，以下の手順により宅地部分と雑種地部分の地積を算出する。

① 現地にて月極駐車場部分の奥行が何mで間口が何mであるのかを簡易的に測る（**図表1-**

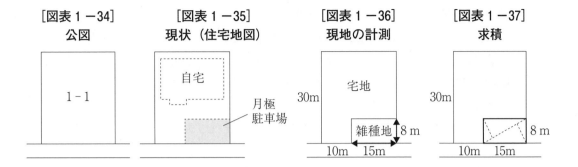

　36）。

② 現地で測ったものを図面に落とし込む。

③ 宅地と雑種地の面積を求積する（**図表1－37**）。

　　雑種地部分：間口15m×奥行8m＝120m²

　　宅地部分：750m²－120m²＝630m²

　なお，求積方法は，三斜求積法[38]で行うことができるが（**図表1－37**），近年ではパソコンのソフトにより計測することもできる[39]。

　また，例えば，**図表1－38**のように1筆の宅地上に2以上の貸家が建っているケースがある。

　これら2つの土地の評価単位を判断する場合，まず，現地において居住者の実際の出入り口の利用状況，フェンスや塀，高低差の状況など，両者が明確に区分されているかどうかを確認する。

　そして，貸家Aの敷地と貸家Bの敷地の評価単位を分ける必要があるため，現地においてその境を計測する（**図表1－39**）。

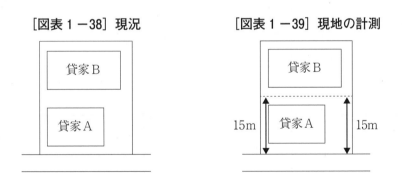

38　三斜求積法とは，土地を三角形に区切って，それぞれの三角形の面積を足し合わせる三斜面積計算をいう。現代の測量においては，測量で求めた境界点の座標から，方程式により算出する座標面積計算が主流となっている。

39　近年ではパソコンで図面を読み取り，ソフトを用いて1画地の土地を作図するケースがある。その際には，縮尺に注意をしなければならない。図面をスキャンしたり，プリントアウトするときに，縮尺が変わってしまうことがないように必ず原本と照らし合わせながら作業を行う必要がある。

　また，現地や図面上で間口や奥行を計測する際には，間口が1m異なるだけで，土地の評価額，さらには税額が何千万円と異なるケースもあるため，正確を期すよう十分な注意が必要である。

1章 総則

（イ）　貸家Bの通路が明確に区分されている場合

　土地上の貸家Bの居住者が使う通路の部分が明確に区分されている場合，貸家Bの敷地については，その通路部分も含めたところで不整形地（路地状敷地）として評価を行う[40]。この場合，評価単位は**図表1－40**のe-f-g-h-i-j-k-e，間口はe-fとなり，地積もe-f-g-h-i-j-k-eの面積となる。

　また，貸家Aの敷地の評価単位は**図表1－40**のa-b-c-d-a，間口はa-bとなり，地積もa-b-c-d-aの面積となる。

（ロ）　貸家Bの通路が明確に区分されていない場合

　一方，貸家Bの居住者が使う通路が明確に区分されていない場合，原則として，接道義務を満たす最小の幅員の通路が設置されている土地（路地状敷地）として評価する。

　この場合，貸家Bの敷地の評価単位は**図表1－41**のe-f-g-h-i-j-k-e，間口はe-f，地積はe-f-g-h-i-j-k-eとして評価するが，課税地積[41]はg-h-i-j-k-gの面積となる。

　また，貸家Aの敷地の評価単位は**図表1－41**のa-b-c-d-a，間口はa-b，地積はa-b-c-d-aの面積となる。この場合には，当該通路部分の面積は貸家Aの敷地には算入せず，また，無道路地としての補正は行わない。

[図表1－40] 通路が区分されているケース　　[図表1－41] 通路が区分されていないケース

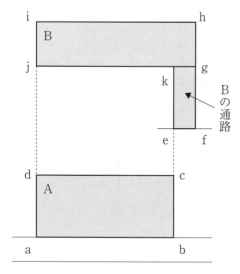
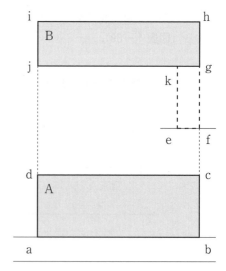

40　国税庁質疑応答事例『自用地と自用地以外の宅地が連接している場合』参照。
41　ここでは，評価の対象となっている土地の全体地積を「評価地積」といい，その評価地積のうち，相続税や贈与税の課税対象となる部分を「課税地積」という。

[図表1－42] 両者の相違点

	図表1－40のB土地	図表1－41のB土地
評価単位	e－f－g－h－i－j－k－e	同左
間口	e－f	同左
地積	e－f－g－h－i－j－k－e	$\dfrac{g-h-i-j-k-g}{e-f-g-h-i-j-k-e}$

8 評価単位

> **財産評価基本通達7-2 《評価単位》**
> 　土地の価額は，次に掲げる評価単位ごとに評価することとし，土地の上に存する権利についても同様とする。
> (1) 宅地
> 　宅地は，1画地の宅地（利用の単位となっている1区画の宅地をいう。）を評価単位とする。
> (注) 贈与，遺産分割等による宅地の分割が親族間等で行われた場合において，例えば，分割後の画地が宅地として通常の用途に供することができないなど，その分割が著しく不合理であると認められるときは，その分割前の画地を「1画地の宅地」とする。
> (2) 田及び畑
> 　田及び畑（以下「農地」という。）は，1枚の農地（耕作の単位となっている1区画の農地をいう。）を評価単位とする。
> 　ただし，36-3《市街地周辺農地の範囲》に定める市街地周辺農地，40《市街地農地の評価》の本文の定めにより評価する市街地農地及び40-3《生産緑地の評価》に定める生産緑地は，それぞれを利用の単位となっている一団の農地を評価単位とする。この場合において，(1)の（注）に定める場合に該当するときは，その（注）を準用する。
> (3) 山林
> 　山林は，1筆（地方税法（昭和25年法律第226号）第341条《固定資産税に関する用語の意義》第10号に規定する土地課税台帳又は同条第11号に規定する土地補充課税台帳に登録された1筆をいう。）の山林を評価単位とする。
> 　ただし，49《市街地山林の評価》の本文の定めにより評価する市街地山林は，利用の単位となっている一団の山林を評価単位とする。この場合において，(1)の（注）に定める場合に該当するときは，その（注）を準用する。
> (4) 原野
> 　原野は，1筆の原野を評価単位とする。
> 　ただし，58-3《市街地原野の評価》の本文の定めにより評価する市街地原野は，利用の単位となっている一団の原野を評価単位とする。この場合において，(1)の（注）に定める場合に該当するときは，その（注）を準用する。
> (5) 牧場及び池沼
> 　牧場及び池沼は，原野に準ずる評価単位とする。

1章 総　則

> (6) 鉱泉地
> 　鉱泉地は，原則として，1筆の鉱泉地を評価単位とする。
> (7) 雑種地
> 　雑種地は，利用の単位となっている一団の雑種地（同一の目的に供されている雑種地をいう。）を評価単位とする。
> 　ただし，市街化調整区域以外の都市計画区域で市街地的形態を形成する地域において，82《雑種地の評価》の本文の定めにより評価する宅地と状況が類似する雑種地が2以上の評価単位により一団となっており，その形状，地積の大小，位置等からみてこれらを一団として評価することが合理的と認められる場合には，その一団の雑種地ごとに評価する。この場合において，(1)の（注）に定める場合に該当するときは，その（注）を準用する。
> （注）
> 　1　「1画地の宅地」は，必ずしも1筆の宅地からなるとは限らず，2筆以上の宅地からなる場合もあり，1筆の宅地が2画地以上の宅地として利用されている場合もあることに留意する。
> 　2　「1枚の農地」は，必ずしも1筆の農地からなるとは限らず，2筆以上の農地からなる場合もあり，また，1筆の農地が2枚以上の農地として利用されている場合もあることに留意する。
> 　3　いずれの用にも供されていない一団の雑種地については，その全体を「利用の単位となっている一団の雑種地」とすることに留意する。

(1)　評価単位の取扱い

①　評価単位

　本項では，土地の価額を評価する場合の評価単位について定めている。
　土地の価額は，次に掲げる評価単位ごとに評価する。

(a)　宅　地

　宅地は，「1画地の宅地」を評価単位とする。1画地の宅地とは，利用の単位となっている1区画の宅地をいう。
　なお，1画地の宅地は，必ずしも1筆の宅地からなるとは限らず，2筆以上の宅地からなる場合もあり，1筆の宅地が2画地以上の宅地として利用されている場合もあることに留意する。

(b)　田及び畑

　田及び畑（以下，あわせて「農地」という）は，「1枚の農地」を評価単位とする。1枚の農地とは，耕作の単位となっている1区画の農地をいう。
　ただし，市街地周辺農地，市街地農地及び生産緑地は，それぞれ利用の単位となっている「一団の農地」を評価単位とする。
　なお，1枚の農地は，必ずしも1筆の農地からなるとは限らず，2筆以上の農地からなる場合もあり，また，1筆の農地が2枚以上の農地として利用されている場合もあることに留意する。

(c) 山　林

山林は，「1筆の山林」を評価単位とする。1筆の山林とは，地方税法第341条《固定資産税に関する用語の意義》第10号に規定する土地課税台帳または同条第11号に規定する土地補充課税台帳に登録された1筆をいう[42]。

ただし，市街地山林は，利用の単位となっている「一団の山林」を評価単位とする。

(d) 原　野

原野は，「1筆の原野」を評価単位とする。

ただし，市街地原野は，利用の単位となっている「一団の原野」を評価単位とする。

(e) 牧場及び池沼

牧場及び池沼は，原野に準ずる評価単位とする。

(f) 鉱泉地

鉱泉地は，原則として，「1筆の鉱泉地」を評価単位とする。

(g) 雑種地

雑種地は，利用の単位となっている「一団の雑種地」を評価単位とする。一団の雑種地とは，同一の目的に供されている雑種地をいう。

ただし，市街化調整区域以外の都市計画区域で市街地的形態を形成する地域において，宅地と状況が類似する雑種地が2以上の評価単位により一団となっており，その形状，地積の大小，位置等からみてこれらを一団として評価することが合理的と認められる場合には，その一団の雑種地ごとに評価する。

なお，いずれの用にも供されていない一団の雑種地については，その全体を「利用の単位となっている一団の雑種地」とすることに留意する。

(h) 不合理分割

上記(a)から(g)において，贈与，遺産分割等による宅地の分割が親族間等で行われた場合において，例えば，分割後の画地が宅地として通常の用途に供することができないなど，その分割が著しく不合理であると認められるときは，その分割前の画地を「1画地の宅地」とする。

---

[42] 土地課税台帳とは，登記簿に登記されている土地について，登記事項，所有権，当該土地の基準年度の価格または比準価格等を登録した帳簿をいう（地法341①十）。
　土地補充課税台帳とは，登記簿に登記されていない土地でこの法律の規定によって固定資産税を課することができるものの所有者，その所在，地番，地目，地積及び基準年度の価格または比準価格等を登録した帳簿をいう（地法341①十一）。

② 筆単位によらない理由

　宅地は，その価額が一般的には同程度と認められる地域にあるものであっても，個々に見た場合には，間口の広狭，奥行の深浅，形状の良否，道路関係の差異などの諸要因によって，その経済的な価値にはかなりの開差がみられる。

（イ）その利用の形態は，1筆の土地が必ずしも1つのものとして利用されているとは限らず，1筆の土地を2以上に区分して別々のものとして利用したり，あるいは2筆以上の土地を合わせて1つの目的に利用したりしている。

（ロ）宅地の分合筆などがその宅地の実際の利用単位と関係なく任意に行えることから，1筆を単位として評価するとした場合には，単に，分合筆などの手続を行っているかどうかによって評価額に差異を生ずることになる。

（ハ）相続税における評価は，その土地の時価，すなわち客観的交換価値を尺度としているところ，土地の取引は通常一利用単位ごとに行われ，その取引価格は一利用単位を基に形成されていることから一利用単位，すなわち一画地ごとに土地の時価を評価することが相当である[43]。

　このように，宅地は登記簿に登録された各筆の範囲と現実の利用形態とが必ずしも一致していないし，その利用の仕方によってはその宅地全体の経済的価値に差異を生じるので，宅地の評価にあたっては，その計算を実際に利用の単位となっている一区画の部分ごとに行うこととされている。

　したがって，例えば，1筆の土地を2以上に区分して，それぞれ別個に利用しているものについては，その各利用形態の異なる部分ごとに分けて評価する。同様に，接続する2筆以上の宅地を合わせて一括利用しているときは，その全体を1画地として評価する。

　そして，この取扱いは借地権などの宅地の上に存する権利の評価の場合でも同様である。

【具体例】
　2筆の土地上に居住用家屋が建っている場合，甲，乙を合わせて1画地として評価する。

---

[43] 平成3年11月30日裁決〔裁決事例集42巻199頁〕

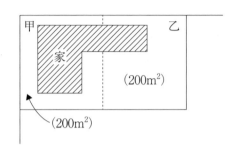

(2) 1画地の判定

① 「利用の単位」とは

前述のとおり、宅地の価額は、1筆単位で評価するのではなく1画地の宅地（利用の単位となっている1区画の宅地をいう）ごとに評価する。

1画地の宅地とは、一般的には、その宅地または借地権を取得した者（権利者）が、その土地を使用収益、処分をすることができる利用単位ないし処分単位だからである。その土地を自用地（自用地とは、他人の権利の目的となっていない土地で、いわゆる更地をいう）として使用している限り、他から制約を受けることがないので、それを1利用単位つまり1画地として評価することとなる（平成10年6月23日裁決〔裁決事例集55巻479頁〕）。

② 判定基準

この場合における「1画地の宅地」の判定は、原則として、①宅地の所有者による自由な使用収益を制約する他者の権利（原則として使用貸借による使用借権を除く。）の存在の有無により区分し、②他者の権利が存在する場合には、その権利の種類及び権利者の異なるごとに区分するので、具体的には、例えば次のように判定する[44]。

（イ）所有する宅地を自ら使用している場合には、居住の用か事業の用かにかかわらず、その全体を1画地の宅地とする。

（ロ）所有する宅地の一部について普通借地権または定期借地権等を設定させ、他の部分を自己が使用している場合には、それぞれの部分を1画地の宅地とする。一部を貸家の敷地、他の部分を自己が使用している場合にも同様とする。

（ハ）所有する宅地の一部について普通借地権または定期借地権等を設定させ、他の部分を貸家の敷地の用に供している場合には、それぞれの部分を1画地の宅地とする。

---

[44] 国税庁質疑応答事例「宅地の評価単位」、国税庁タックスアンサー「No.4603 宅地の評価単位」

1章 総　則

(ニ) 普通借地権または定期借地権等の目的となっている宅地を評価する場合において，貸付先が複数であるときには，同一人に貸し付けられている部分ごとに1画地の宅地とする。

(ホ) 貸家建付地を評価する場合において，貸家が数棟あるときには，原則として，各棟の敷地ごとに1画地の宅地とする。

(ヘ) 2以上の者から隣接している土地を借りて，これを一体として利用している場合には，その借主の普通借地権または定期借地権等の評価にあたっては，その全体を1画地として評価する。この場合，貸主側の貸宅地の評価にあたっては，各貸主の所有する部分ごとに区分して，それぞれを1画地の宅地として評価する。

(ト) 共同ビルの敷地の用に供されている宅地は，その全体を1画地の宅地として評価する。

(チ) 所有する宅地の一部を自らが使用し，他の部分を使用貸借により貸し付けている場合には，その全体を1画地の宅地として評価する。また，自己の所有する宅地に隣接する宅地を使用貸借により借り受け，自己の所有する宅地と一体として利用している場合であっても，所有する土地のみを1画地の宅地として評価する。

③　自用地
(a) 原　則

所有する宅地を自ら使用している場合には，居住の用か事業の用かにかかわらず，その全体を自用地として1画地の宅地とする。

Q　自用地

■質　問

甲は，その所有する宅地を次の図のように居宅と自己の経営する店舗の敷地として使用しています。この場合の宅地の評価単位はどのように判定するのでしょうか。

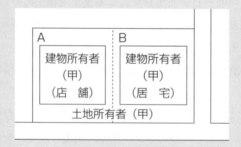

■回　答

所有する宅地を自ら使用している場合には，居住の用か事業の用かにかかわらず，その全体を1画地の宅地として評価します。

したがって，図のように，所有する宅地をいずれも自用建物の敷地の用に供している場合には，その全体を1画地の宅地として評価します。

|8| 評価単位

(解説)
　自用の宅地であれば，他人の権利（借地権，賃借権，借家権等）による制約がないので，その全体を一体として利用することが可能です。
　したがって，自用の宅地は，その全体を利用の単位として評価することになります。

(参考) 国税庁質疑応答事例「宅地の評価単位―自用地」

(b) 例　外

　ただし，自ら使用している場合であっても，土地の位置及び利用されている路線からみて，全体を1画地とすることが合理的でない場合には必ずしも1画地と判定されないことに注意が必要である。

　平成16年1月8日裁決〔TAINS・F0-3-132〕においては，居住用建物の敷地と使用貸借地が地続きとなっている場合の土地の評価単位が争われた。

　本件各土地の概要は以下のとおりである。

(イ) 本件の評価対象地である本件各土地は，路線価地域に所在する。

(ロ) **図表1-43**のとおり，それぞれA土地及びB土地は使用貸借，C土地はプレハブの敷地，D土地は共同住宅の敷地，E土地は被相続人の居住用，F及びG土地は貸駐車場として利用されていた。

(ハ) A土地とB土地は地続きで，10.59mで接している。

(ニ) E土地とB土地は地続きで，1.6mで接している。

(ホ) B土地は，西側で路線価が設定されていない幅員1.2mの通路に接している。

　本件のA土地，B土地及びE土地の評価単位について，審査請求人は，いずれも自用地であるこ

[図表1-43] 本件各土地の状況

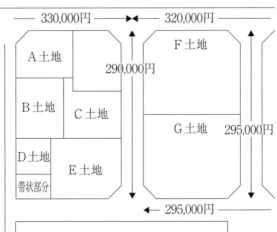

1章 総 則

とから,その全体を1画地として評価すべきと主張した。

これに対し,処分行政庁は,A土地及びB土地は一体として評価するものの,E土地はB土地と接する度合いが低いことから,A土地及びB土地ならびにE土地全体を1画地として評価することは相当でないと主張した。

裁決は,B土地とE土地の接している距離が1.6mと度合いが低く,B土地とE土地の位置及び利用されている路線からみて,E土地を含めてこれらの土地全体で一団の画地を形成していると解するのは合理的ではなく,A及びB土地については1画地の評価単位とし,E土地は単独で1画地の評価単位とするのが相当と判断している。

> 実務上のポイント

国税庁質疑応答事例においては,自用地と自用地が地続きの場合は,借地権などの他人の権利による制約がないのでその全体を利用の単位として評価することとしている。

一方,裁決事例においては,自用地と自用地が地続きであっても,接続している距離が短く,位置及び利用されている路線からみて全体で一団の画地を形成しているといえない場合には別評価単位と判断されている。

したがって,例えば,**図表1−44**のような宅地について,自用地と自用地であるから全体を1画地として評価すべきか否か判断に迷うこととなる。ここでは,両土地の接している度合いが1.6mであると別の評価単位となるのか,5m,10mであれば一体評価となるのかといった明確な基準は示されていない。個別のケースに応じて,宅地の位置,形状,地積,道路付けの状況などを総合的に勘案して評価単位を判断することとなる。

[図表1−44] 2つの自用地からなる土地

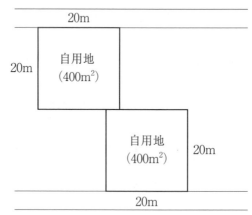

(c) フェンスや高低差の影響

1画地の判定にあたっては,接道の状況,建物や駐車場の位置,居住者の実際の出入り口の利用状況,フェンスや塀,高低差といった外観,借地権や賃借権といった権利関係,建築基準法における建ぺい率や容積率などを総合的に斟酌してこれを行う。

地続きの宅地の一部に著しい高低差のある部分が存する場合，例えば平成25年5月20日裁決〔TAINS・F0-3-433〕において，その高低差により分断された各部分をそれぞれ単独では利用することができないような特段の事情が認められる場合を除き，分断された各部分を別の評価単位とするのが相当であるとされている（本件では，他の土地よりも約4m高い位置にあることなどから別の評価単位とされている）。

　一方，地続きの宅地の一部にフェンスや塀があるという事情は評価単位に大きな影響を与えない。平成15年3月25日裁決〔TAINS・F0-3-679〕においては，宅地を賃貸している場合における利用の単位は，原則として，一の賃貸借契約により賃貸の用に供されている宅地ごとに判定することが相当であり，フェンスで区分された駐車場についても，賃借人による現実の利用状況のいかんにかかわらず，全体を1画地と判断するのが相当であるとされている。

　また，隣接する月極駐車場がフェンス及びブロックで区分されている場合において，本件は不特定多数の者の通行の用に供される道路や河川等で物理的に分離されているものではなく，同一の利用目的に供されているのであるから全体を1つの評価単位とするのが相当とされている（平成21年12月14日裁決〔TAINS・F0-3-388〕）。

④　自用地と自用地以外の宅地が連接している場合

　所有する宅地の一部について普通借地権または定期借地権等を設定させ，他の部分を自己が使用している場合には，それぞれの部分を1画地の宅地とする。

　一部を貸家の敷地，他の部分を自己が使用している場合も同様である。

Q　自用地と自用地以外の宅地が連接している場合

■質　問

　次の図のように利用している宅地の評価単位はどのように判定するのでしょうか。

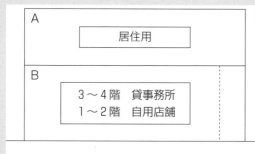

（注）　A土地，B土地とも同一の者が所有し，A土地は自用家屋の敷地として，B土地は左のように利用している1棟の建物の敷地として利用している。

■回　答

　A土地は所有者が自ら使用する他者の権利が存しない土地ですが，B土地は所有者が自ら使用する一方で他人の権利（借家権）も存する土地です。A，B両土地は利用の単位が異なっているといえる

1章 総則

ため，別個の評価単位となります。

なお，これらの土地は次のように評価することになります。

① A土地

A土地については，通路部分が明確に区分されている場合には，その通路部分も含めたところで不整形地として評価します。

通路部分が明確に区分されていない場合には，原則として，接道義務を満たす最小の幅員の通路が設置されている土地（不整形地）として評価しますが，この場合には，当該通路部分の面積はA土地には算入しません。また，無道路地としての補正は行わないことに留意が必要です。

② B土地

B土地については，B土地を一体として評価した価額を，原則として，建物の自用部分と貸付部分との床面積の比により按分し，それぞれ自用部分の価額と貸付部分について貸家建付地としての評価をした価額を算出し，その合計金額をもって評価額とします。

（参考）国税庁質疑応答事例「宅地の評価単位―自用地と自用地以外の宅地が連接している場合」

⑤ 使用貸借

所有する宅地の一部を自らが使用し，他の部分を使用貸借により貸し付けている場合には，その全体を自用地として1画地の宅地として評価する。

また，自己の所有する宅地に隣接する宅地を使用貸借により借り受け，自己の所有する宅地と一体として利用している場合であっても，所有する土地のみを1画地の宅地として評価する。

Q 使用貸借

■質 問

使用貸借により貸し付けられている次の図のような宅地の価額を評価する場合の評価単位は，どのように判定するのでしょうか。

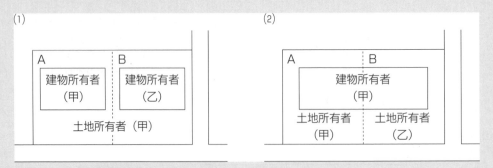

■回 答

所有する宅地の一部を自ら使用し，他の部分を使用貸借により貸し付けている場合には，その全体を1画地の宅地として評価します。

また，自己の所有する宅地に隣接する宅地を使用貸借により借り受け，自己の所有する宅地と一体として利用している場合であっても，所有する土地のみを1画地の宅地として評価します。

したがって，上の図の(1)については，A，B土地全体を1画地の宅地として評価し，(2)については，A土地，B土地それぞれを1画地の宅地として評価します。

なお，使用貸借に係る使用借権の価額は，零として取り扱い，使用貸借により貸し付けている宅地の価額は自用地価額で評価することに留意が必要です。

(解説)

使用借権は，対価を伴わずに貸主，借主間の人的つながりのみを基盤とするもので借主の権利は極めて弱いことから，宅地の評価に当たってはこのような使用借権の価額を控除すべきではありません。

したがって，(1)のように，所有する宅地の一部を自己が使用し，他の部分を使用貸借により貸し付けている場合には，全体を自用の土地として1画地の宅地として評価します。

また，(2)のように，使用貸借で借り受けた宅地を自己の所有する宅地と一体として利用している場合であっても，甲の権利は極めて弱いことから，A土地，B土地それぞれを1画地の宅地として評価します。

なお，B土地は乙の自用の土地として評価します。

(参考) 国税庁質疑応答事例「宅地の評価単位―使用貸借」

⑥ 貸宅地

普通借地権または定期借地権等の目的となっている宅地を評価する場合において，貸付先が複数であるときには，同一人に貸し付けられている部分ごとに1画地の宅地とする。

Q 貸宅地

■質 問

次の図のように，2以上の者に貸し付けられている宅地の価額を評価する場合の評価単位は，どのように判定するのでしょうか。

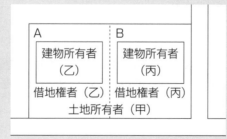

■回 答

2以上の者に貸し付けられている宅地の価額は，同一人に貸し付けられている1区画の宅地ごとに評価します。

1章　総　則

　　したがって，A土地，B土地それぞれを1画地の宅地として評価します。

(解説)
　A，B土地には，ともに他人の権利（借地権）が存し，いずれも貸宅地として利用していますが，異なる者の権利の対象となっている（借地権者が異なる）ことから，利用の単位が異なると認められるため，別個に評価します。

(参考) 国税庁質疑応答事例「宅地の評価単位―貸宅地」

⑦　貸家建付地
(a)　貸家建付地の評価単位
　貸家建付地を評価する場合において，貸家が数棟あるときには，原則として，各棟の敷地ごとに1画地の宅地とする。

Q　貸家建付地

■質　問
　甲は，次の図のように，所有する宅地を貸家の敷地として使用しています。このような宅地の評価単位はどのように判定するのでしょうか。

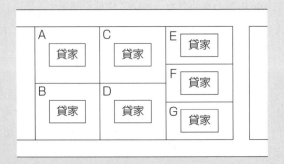

・貸家をそれぞれ別の人に貸している。

■回　答
　所有する宅地を貸家の敷地の用に供している場合には，それぞれを1画地の宅地として評価します。
　したがって，図のような宅地については，A土地からG土地それぞれを1画地の宅地として評価します。

(参考) 実務相談録

　平成18年10月10日裁決〔TAINS・F0-3-152〕は，2棟の貸家の敷地の評価単位が争われた事案

である。

審査請求人が被相続人から相続により取得した本件土地の概要は，以下のとおりである。

（イ）本件土地は，北側道路に20.87m面し，奥行距離20.00m，地積417.40m²の長方形の貸家建付地である。

（ロ）本件土地は，貸家（長屋）2棟の敷地であり，北側部分には，貸間が2軒ある床面積80.97m²の貸家，南側部分には，貸間が3軒ある床面積118.98m²の貸家（北側貸家とあわせて「本件各貸家」という）がある（**図表1－45**）。

（ハ）本件各貸家の敷地を互いに区分する柵等はない。

本件土地の評価単位について，原処分庁は，全体を1画地として評価するのが相当であると主張し，審査請求人は，各貸家の敷地ごとに評価単位を分けるべきであると主張した。

裁決は，まず，財産評価基本通達は，宅地の評価について土地の上に存する権利関係に着目して評価単位を分けるという考え方に立っており，貸家建付地については，原則，貸家の棟ごとに分けて評価すると述べている。

そして，本件土地については，相続開始日における本件各貸家の入居状況は，北側貸家に1軒，南側貸家に2軒，それぞれ別世帯が入居しているが，本件相続から1か月後には，すべての貸間に

[図表1－45] 貸家の配置図

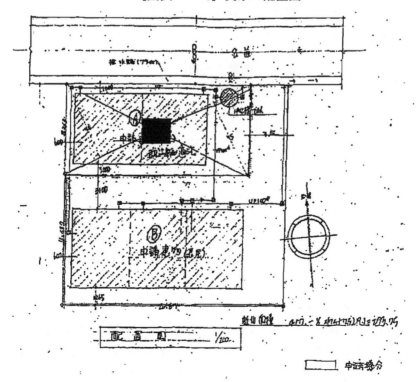

1章　総則

入居者がいることが認められ，この事実からすると，本件各貸家は，棟ごとに別の者が借家権を有しており，本件土地についての権利関係は本件各貸家の敷地ごとに分かれているものと認めることができるから，当該敷地ごとに評価単位を分けて評価すべきであると判断している。

【誤りやすい事例】連棟式の二戸一の家屋の敷地の評価単位

誤った取扱い	正しい取扱い
貸家（連棟式の二戸一の家屋）2棟の敷地を貸付先（計4戸）に評価した。 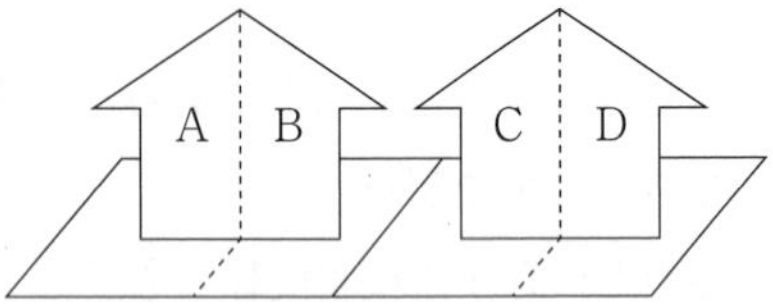	貸家建付地を評価する場合，同一の敷地内に貸家が数棟あるときには，原則として，各棟の敷地ごとに1画地の宅地として評価する。

(参考)　大阪国税局「誤りやすい事例（財産評価関係平成30年分）」〔TAINS・評価事例大阪局300000〕

(b)　複数の貸家を一括して賃貸している場合

　上記の取扱いは，貸家が，戸建ての場合であっても，マンション・アパートの場合であっても同様である。貸家が数棟あるときには，各棟の敷地ごとに1画地の宅地とする。

　さて，**図表1－46**のように共同住宅を2棟所有しているケースにおいて，土地所有者甲が，建物2棟をX社へ賃貸し，X社が複数の借家人（入居者）へそれぞれ転貸していたらどうなるであろうか。いわゆるサブリースである。

[図表1－46]

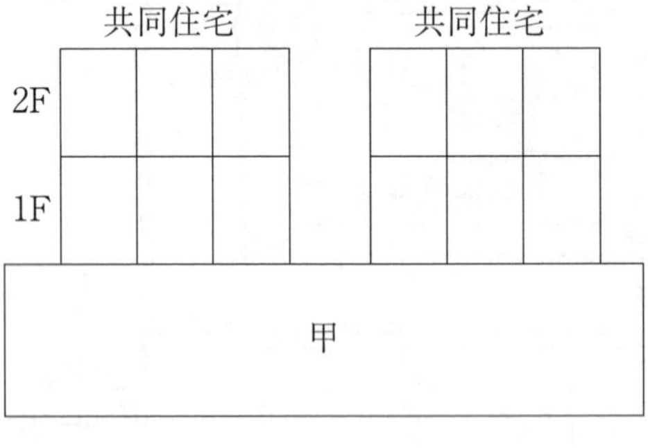

　そこで，5棟の共同住宅をサブリースにより貸し付けている場合の評価単位が争われたのが平成26年4月25日裁決〔TAINS・F0-3-401〕である。

　評価対象となる本件土地の概要は以下のとおりである。

（イ）本件土地の上には，**図表1－47**のとおり，北側道路に面して西側に本件A共同住宅，北側道路に面して中央に本件B共同住宅，本件A共同住宅の南側に本件C共同住宅，本件B共同住宅の南側に本件D共同住宅，北側道路と東側道路に面して本件E共同住宅があった（以下，これ

8 評価単位

[図表1-47] 宅地内の状況

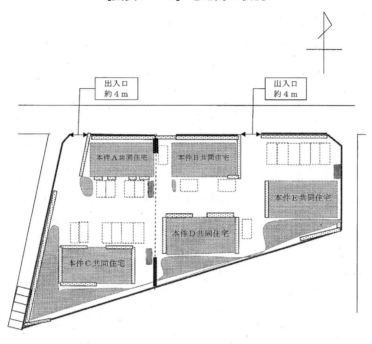

注1： ━━━ は、フェンスの設置部分を示す。
注2： ▭▭▭ は、植木が植えられている部分を示す。
注3： ▱ は、芝生を示す。
注4： ▯ は、駐車場を示す。
注5： ▮ は、駐輪場を示す。
注6： ▰▰▰ は、ブロック塀を示す。
注7： ------ は、本件甲宅地（█████████所在の宅地）と本件乙宅地のうち同番█所在の宅地との境界を示す。
注8： ▯▯▯▯ は、階段を示す。

らを「本件各共同住宅」という）。
(ロ) 本件土地のうち，本件A共同住宅及び本件C共同住宅の敷地（以下，あわせて「本件甲土地」という）を相続人甲が，本件B共同住宅，本件D共同住宅，本件E共同住宅の敷地（以下，あわせて「本件乙土地」という）を相続人乙が取得した。
(ハ) 相続税の期限内申告においては，本件甲土地（1,107.23m²）及び本件乙土地（1,180.47m²）について，いずれも広大地補正率（旧評価通達24-4）が適用されている。
(ニ) 本件各共同住宅は，いずれも平成4年6月19日に新築されたものである。
(ホ) 本件各共同住宅は，相続開始日において，建物等一括賃貸借契約（以下「本件契約」といい，本件契約に係る契約書を「本件契約書」という）により，被相続人からX社に対して賃貸され

1章　総　則

ていた。
(ヘ) 本件各共同住宅の間にはフェンス等は設けられていないが，本件A共同住宅と本件B共同住宅の間には高さが10cm程度のブロック塀が，本件C共同住宅と本件D共同住宅の間には高さが最大で40cm程度のブロック塀が，それぞれ設けられていた。
(ト) 本件各共同住宅は，1棟ごとに登記されており，相互に連結した箇所はなかった。

次に，本件契約の内容については以下のとおりである。
(イ) 本件契約は，X社が各共同住宅を被相続人より一括で借り受け，これを第三者（入居者）に転貸し，X社が入居者及び本件各共同住宅の各管理を行うものとする。
(ロ) X社が被相続人に対して支払う月額賃料は，1,450,840円（注：住戸番号ごとに定められた月額賃料を棟ごとに合計して小計額を算出し，当該小計額を合計した額である。）とする。
(ハ) 本件契約の解除をする場合，本件各共同住宅のすべてについて賃貸借契約を解除しなければならない旨の定めはなく，賃料の額も住戸ごとの賃料の合計額であり，本件各共同住宅を一括して定められたものではない。契約期間中に本件契約を解除する場合，本件各共同住宅のうち解除する棟についてのみ，契約を解除することが可能であった。

本件土地の評価単位について，審査請求人は，被相続人がX社に対して同時期に各共同住宅を5棟一括で賃貸する建物一括賃貸借契約を締結しており，相続人甲が本件甲土地，相続人乙が本件乙土地を取得していることから，それぞれを2画地により評価すべきと主張した。
これに対し原処分庁は，本件各共同住宅の敷地ごとに5区画に区分し，それぞれ1画地の宅地として評価すべきと主張した。
裁決は，本件土地上に存するX社の敷地利用権の及ぶ範囲は，本件各共同住宅の敷地ごとに及んでいるものと認めるのが相当であり，本件各共同住宅の各敷地部分をそれぞれ1画地の宅地として，図表1-48のとおり5区画に区分するのが相当と判断している[45]。
なお，裁決においては，契約書の以下の点が判断のポイントとなっている。
(イ) 本件契約は，本件契約書1通により，X社が，被相続人から5棟一括で借り受けたものである。
(ロ) しかしながら，本件契約における月額賃料の額は，住戸番号ごとに定められた月額賃料を棟ごとに合計して小計額を算出し，当該小計額を合計して算出した額である。
(ハ) また，契約の解除にあたり，本件各共同住宅のすべてについて一括して賃貸借契約を解除しなければならない旨の定めはなく，賃料の額も本件各共同住宅を一括して定められたものでは

45　今回の事案は，契約における月額賃料が棟ごとに定められていたり，契約の解除にあたっては一括して解除しなければならない旨の定めがなかったことにより，棟ごとの別々の評価単位と認定されているが，契約における月額賃料が5棟まとめての額であったり，契約の解除にあたっては一括して解除しなければならない旨の定めがあった場合には一体として評価する余地も残されていると考えられる。

[図表1-48] 審判所が認定した評価単位

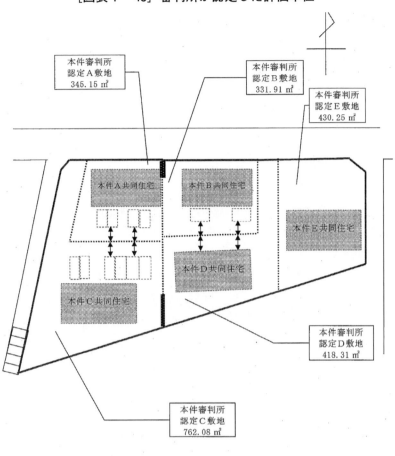

注1：▅▅▅ は、本件各宅地の範囲を示す。
注2：☐ は、駐車場を示す。
注3：▨▨▨ は、ブロック塀を示す。
注4：‥‥‥ は、当審判所が認定した本件各共同住宅の各敷地の境界を示す。
注5：↕ は、上の矢印間の距離と下の矢印間の距離とが同距離であることを示す。
注6：▥▥ は、階段を示す。

ないから，一部の棟についてのみ契約を解除することが可能である。
(ニ) そして，X社が被相続人より一括で借り受ける旨の賃貸借契約を締結することとなったのは，本件各共同住宅の完成時期がすべて同時期であったために，被相続人より一括で借り受ける旨の賃貸借契約を締結し，同契約が更新等を経て本件契約の締結に至ったためである経緯からすると，本件契約の当事者である被相続人及びX社が，本件契約の締結時において，本件各共同住宅5棟を一括してでなければ絶対に契約を締結しないという意思を有していたとも考え難い。
(ホ) 以上を総合すると，本件契約は，本件契約書1通により本件各共同住宅5棟を一括して賃貸

1章 総則

借契約が締結されたものではあるが，実態は，本件各共同住宅の棟ごとに締結された賃貸借契約書を1通の契約書としたにすぎないと認められる。

⑧ 貸宅地と貸家建付地

所有する宅地の一部について普通借地権または定期借地権等を設定させ，他の部分を貸家の敷地の用に供している場合には，それぞれの部分を1画地の宅地とする。

Q 貸宅地と貸家建付地

■質 問

甲は，次の図のように，所有する宅地の一部を乙に貸し付け，他の部分は貸家の敷地として使用しています。このような宅地の評価単位はどのように判定するのでしょうか。

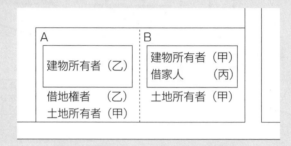

■回 答

所有する宅地の一部分を他人に貸し付け，他の部分を貸家の敷地の用に供している場合には，それぞれを1画地の宅地として評価します。

したがって，図のような宅地については，A土地，B土地それぞれを1画地の宅地として評価します。

（解説）

A土地には借地権が，B土地には借家権という他人の権利が存し，また，権利を有する者（借地権者，借家権者）が異なることから，利用の単位はそれぞれ異なると認められるため，別個に評価します。

（参考）国税庁質疑応答事例「宅地の評価単位―貸宅地と貸家建付地」

Q 同一人が建物を利用している貸宅地と貸家建付地

■質 問

下図のような関係にある貸宅地と貸家建付地とは、一利用単位として評価することになるのでしょうか。

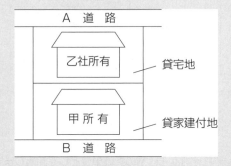

- 貸宅地および貸家建付地の地主は甲であり、貸宅地および貸家の賃借人は乙社です。
- いずれの建物も同一事業の用に供しています。ただし、建物はそれぞれ独立しており、所有者が異なります。

■回 答

貸宅地と貸家建付地とは、それぞれ利用の形態が異なるため、それぞれ貸宅地と貸家建付地として評価します。

(参考) 実務相談録

所有する宅地において、自用地、貸宅地及び貸家建付地として使用されている場合も、それぞれを1画地として評価する。

Q 宅地の評価単位

■質 問

被相続人甲は、下図のような宅地を所有していたが、この場合の評価単位はどのように判定するのでしょうか。
- A土地は、被相続人甲の居宅として利用していました。
- B土地は、乙(親族関係にない)と土地賃貸借契約を締結し、乙が建物を所有し居住していました。
- C土地は、被相続人甲がアパートを建築し、借家人イからリに貸し付けていました。

1章 総　則

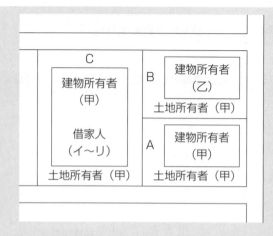

■回　答
　A土地，B土地及びC土地それぞれを1画地の評価単位として評価します。

（解説）
　宅地は，1画地の宅地ごとに評価します。
　「1画地の宅地」とは，利用の単位となっている1区画の宅地のことで，必ずしも1筆（土地課税台帳又は土地補充課税台帳に登録された1筆をいう。）の宅地からなるとは限らず，2筆以上の宅地からなる場合もあり，また，1筆の宅地が2画地以上の宅地からなる場合もあります。
　この場合における「1画地の宅地」の判定は，原則として，①宅地の所有者による自由な使用収益を制約する他者の権利（原則として使用貸借による使用借権を除く。）の存在の有無により区分し，②他者の権利が存在する場合には，その権利の種類及び権利者の異なるごとに区分するので，本問の場合，次のように判定します。
(1)　A土地
　被相続人甲が所有する宅地を自ら居宅として使用し，他人の権利による制約がないことから，A土地を1画地の宅地として評価します。
(2)　B土地
　被相続人甲が所有する宅地の一部について，乙に対して借地権を設定させ，他人の権利が存することから，B土地を1画地の宅地（底地）として評価します。
(3)　C土地
　被相続人甲が所有する宅地の一部について貸家の敷地の用に供し，借家権という他人の権利が存することから，C土地を1画地の宅地（貸家建付地）として評価します。

（参考）東京国税局「資産税審理研修資料（平成24年7月）」〔TAINS・資産税審理研修資料H240700〕

⑨　借地権
　2以上の者から隣接している土地を借りて，これを一体として利用している場合には，その借主の普通借地権または定期借地権等の評価にあたっては，その全体を1画地として評価する。

この場合，貸主側の貸宅地の評価にあたっては，各貸主の所有する部分ごとに区分して，それぞれを１画地の宅地として評価する。

> **Q 借地権**
>
> ■質問
> 甲は，次の図のように隣接している土地を乙，丙から借地して，これを一体として利用しています。この場合の借地権の評価単位はどのように判定するのでしょうか。
>
>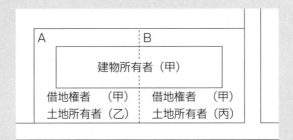
>
> ■回答
> ２以上の者から隣接している土地を借りてこれを一体として利用している場合の借地権の価額は，借地権の目的となっているＡ土地及びＢ土地を合わせて１画地の宅地として評価します。
> なお，乙及び丙の貸宅地を評価する場合には，それぞれの所有する土地ごとに１画地の宅地として評価します。
>
> （参考）国税庁質疑応答事例「宅地の評価単位―借地権」

⑩ 自用地と借地権

所有する宅地と隣地を借り受けて一体として利用している場合は，全体を１画地として評価し，各々の権利の価額はそれぞれの宅地の地積の割合に応じてあん分して評価する。

> **Q 自用地と借地権**
>
> ■質問
> 甲は，次の図のように所有するＡ土地に隣接しているＢ土地を借地して，Ａ，Ｂ土地上に建物を所有しています。この場合の宅地及び借地権の価額は，どのように評価するのでしょうか。

1章 総　則

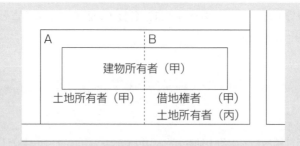

■回　答

　甲の所有する土地及び借地権の価額は，A，B土地全体を1画地として評価した価額を基に，次の算式によって評価します。

（算式）

$$A土地の価額 = \begin{pmatrix} A，B土地全体を \\ 1画地の宅地とし \\ て評価した価額 \end{pmatrix} \times \frac{A土地の地積}{A，B土地の地積の合計}$$

$$B借地権の価額 = \begin{pmatrix} A，B土地全体を \\ 1画地の宅地とし \\ て評価した価額 \end{pmatrix} \times \frac{B土地の地積}{A，B土地の地積の合計} \times 借地権割合$$

　なお，丙の貸宅地を評価する場合には，B土地を1画地の宅地として評価します。

（解説）

　甲は，A土地に所有権，B土地に借地権という異なる権利を有していますが，同一の者が権利を有し一体として利用していることから，全体を1画地として評価し，各々の権利の価額はそれぞれの宅地の地積の割合に応じてあん分した価額を基に評価します。

（参考）国税庁質疑応答事例「宅地の評価単位―自用地と借地権」

【誤りやすい事例】隣接する借地と一体利用していた土地を相続した場合

誤った取扱い	正しい取扱い
旗竿状のA宅地を相続により取得した。 　このA宅地と道路との間のB宅地は，数年前に被相続人が第三者から賃借しており，A宅地と併せて被相続人が営む店舗の敷地として利用しているが，A宅地とB宅地（借地権）とをそれぞれ1区画であるとして評価した。	所有する宅地に隣接している他人の土地を賃貸借により借り受けし，その両方の土地上に自己所有の建物を建築している場合は，その自用地及び借地部分の全体を1画地として評価することになる。 　A宅地は自用地，B宅地は借地権と異なる権利であるが，同一の者が権利を有し一体として利用していることから，全体を1画地として評価し，それぞれの権利の価額はそれぞれの宅地の地積の割合に応じてあん分した価額を基に評価する。

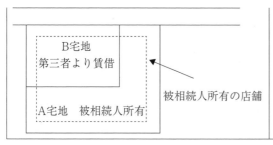

（注） 隣接地の貸借が使用貸借である場合は，借り受けている土地に客観的な交換価値がある権利を有しないことから，それぞれが1画地となる。

（参考） 大阪国税局「誤りやすい事例（財産評価関係平成30年分）」〔TAINS・評価事例大阪局300000〕

⑪ 共同ビルの敷地

共同ビルの敷地の用に供されている宅地は，その全体を1画地の宅地として評価する。

Q 共同ビルの敷地

■質 問

甲，乙，丙及び丁は次の図のような土地の上に共同ビルを建築しています。

この場合のA，B，C及びD土地の価額はどのように評価するのでしょうか。

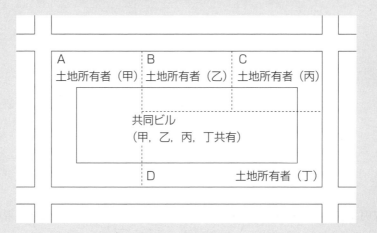

■回 答

A，B，C及びD土地全体を1画地の宅地として評価した価額に，各土地の価額の比を乗じた金額により評価します。

この場合，価額の比は次の算式によって計算して差し支えありません。

（算式）

$$価額の比 = \frac{各土地ごとに財産評価基本通達により評価した価額}{各土地ごとに財産評価基本通達により評価した価額の合計額}$$

ただし，1画地の宅地として評価した価額に基づき，各土地の地積の割合により価額を算出しても差し支えありません。

1章　総　則

> （解説）
> 　共同ビルの敷地のように個々の宅地が他の筆の宅地と一体となって利用されているのであれば，他の筆の宅地をも併せた，利用の単位となっている1画地の宅地の価額を評価した上で，個々の宅地を評価するのが合理的です。
>
> （参考）国税庁質疑応答事例「宅地の評価単位―共同ビルの敷地」

　また，下図のような貸家建付地について，相続対象となる土地は，共同ビルの敷地内にあり，別人所有の土地と一体で利用されている。この場合，共同ビルの敷地の一部となっている相続対象の土地のみを1つの画地として貸家建付地として評価するのではなく，別人所有の土地を含めた当該土地全体を評価し，当該価額に各土地の価額の比を乗じた金額により評価する。

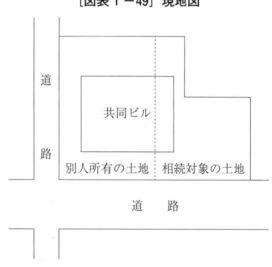

［図表1－49］現地図

　平成20年7月7日裁決〔TAINS・F0-3-231〕は，被相続人を含む複数の地権者により持分登記された建物の敷地及び更地駐車場として利用されている土地の評価が争われた事例である。
　本件土地の概要は以下のとおりである。
（イ）本件土地1は，一団の宅地12,215.86m^{2}を構成する宅地の一部（**図表1－50　各土地の位置関係の⑩の部分**）であり，その地積は758.52m^{2}である。
（ロ）本件土地1の所在する一団の宅地（A区画）と，道路を隔ててその北西側に面している一団の宅地14,093.01m^2（B区画）は，その地権者が共同で土地利用を図ることを目的とした共同利用義務街区に指定されている。
（ハ）相続開始時においては，被相続人を含む地権者が建築して訴外甲に一括して賃貸している建物の敷地及び更地駐車場として利用されている（駐車場の地積は，3,785.91m^2）。

(ニ) 被相続人と訴外甲は，建物ならびにこれに付随する駐車場について，平成12年7月29日付で建物賃貸借契約書を取り交わしている。

審査請求人は，甲に賃貸している建物の敷地及びその来店者のための駐車場（更地駐車場）として利用されているので，貸家建付地（建物敷地）と貸宅地（駐車場部分）に区分して評価するのが相当と主張した。

これに対し原処分庁は，土地1の評価額は，A区画を1画地の宅地として評価した価額に，各土地の個別の評価額の合計額に占める土地1の価額の割合を乗じて算出すべきと主張した。

裁決は，当該敷地全体を1画地の宅地として評価し，この評価額に評価対象である土地を単独で評価した価額が，当該建物の敷地を構成する各土地をそれぞれ単独で評価した価額の合計額に占める割合を乗じて評価することが合理的であると認められることから，土地1の評価は，A区画を1画地の宅地として評価した価額に，A区画内の各土地をそれぞれ単独で評価した価額の合計額に占める土地1の評価額の割合を乗じて，貸家建付地としての評価額を算定するのが相当と判断している。

（算式）

$$土地全体を1画地として評価した価額 \times \frac{本件土地の評価額}{各土地ごとに評価した価額の合計額}$$

［図表1－50］各土地の位置関係

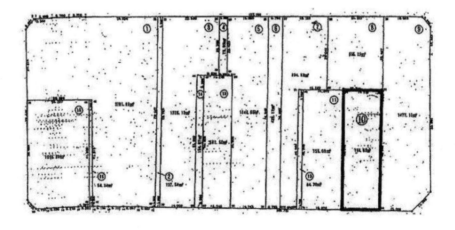

| Q | 土地の境界と建物の境界を同一にする共同ビルの敷地 |

■質問

A，B，C及びDの4名の土地の上に，それぞれが使用する土地の境界と建物境界を全く同一とする4階建ての共同ビル（区分所有建物）があります。

次の図のD土地は，次のいずれの方法により評価すべきでしょうか。

1章　総則

① 利用単位を1つとする土地として，20万円を正面路線価とする角地の宅地として評価する。
② 独立の利用単位として，10万円の路線に面する土地として，A，B，Cに関係なく評価する。

■回答
　A，B，C及びDがそれぞれの土地の上に区分された建物を所有しているとすれば，Dの土地は，20万円の路線の影響は受けていないと考えられるため，②の方法により，Dの部分の土地を1画地の土地として一の利用単位として評価することになります。
　しかし，その建物が一体となって建築され，区分所有する建物と所有する土地とが明確に同一でない場合には，一の建物の敷地となるため，20万円を正面路線価として評価することになります。

(参考) 実務相談録

⑫　空閑地の評価単位

　利用されずに空閑地（未利用地）となっている宅地については，同一所有者に属する部分ごとに，原則としてそれぞれ1利用とする。

Q　空閑地（未利用地）の評価単位

■質問
　利用されずに空閑地（未利用地）となっている宅地について，「利用の単位となっている一区画の宅地」はどのように判定するのでしょうか。

■回答
　同一所有者に属する部分ごとに，原則としてそれぞれ1利用とします。
　ただし，次に掲げる土地区画整理完了後の土地のように，その空閑地がいくつかの標準的な利用が可能な土地である場合には，その標準的な利用を想定して評価することとなります。

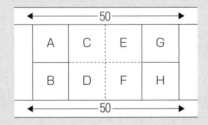

—146—

上図において、A、B、G及びHは各人がそれぞれ土地利用をし、C、D、E及びFは、空閑地です。この場合、原則的には、それらを一体として1利用としますが、C、D、E及びFがそれぞれ独立して標準的な利用が可能である場合には、各別に1利用単位として評価することが合理的であると考えられます。

(参考)実務相談録

実務上のポイント

　宅地の評価単位の基本的な考え方は、3点である。
　第一に、その宅地を自ら使用しているか貸し付けられているかにより分ける。所有する宅地の一部を賃貸し、他の部分を自己が使用している場合には、それぞれを別の評価単位とする。
　第二に、所有する土地を自ら使用している場合は、居住の用か事業の用かにかかわらず、その全体を1画地の宅地として評価する。
　第三に、賃貸している宅地が2以上の者に貸し付けられている場合には、その貸付先によってそれぞれを1画地の宅地とする。
　ただし、あくまでも相続税及び贈与税における財産評価は、その土地の時価、すなわち客観的交換価値を求めることが前提となっている。評価単位も通常行われる取引単位ごとに考える必要があり、例えば、自用地と自用地が地続きの場合はその全体が1画地となるが、ケースによっては例外もありうることに注意が必要である。

(3) 隣地を所有する相続人が取得した場合

　相続により取得した土地の価額は、周囲の土地と一体利用されている場合や不合理分割、共同ビル敷地については、例外として相続財産以外の土地をあわせて1画地の宅地として評価するが、これに当たらない場合は、原則、相続により取得した宅地ごとに評価する。

Q 隣地を所有する相続人が取得した場合

■質　問
　下図のとおり、B土地を所有する相続人乙が、被相続人甲が所有するA土地を相続により取得しました。
　A土地及びB土地はいずれも未利用地です。
　この場合の評価単位はどのように判定するのでしょうか。

1章 総 則

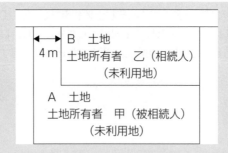

■回 答
相続財産であるＡ土地のみを評価します。

（解説）
　相続により取得した土地の価額は，原則として，地目の別に評価し，宅地については，利用の単位となっている１区画の宅地（１画地の宅地）を評価単位とします。なお，遺産分割等によって宅地の分割が行われた場合には，原則として分割後の画地を１画地の宅地として評価します。
　例外として，不合理分割や共同ビル敷地については，相続財産以外の土地を併せて，１画地の宅地として評価することとしていますが，Ａ土地はそのいずれにも該当しないため，原則どおり，相続により取得した宅地ごとに評価します。

（参考）東京国税局「資産税審理研修資料（平成26年7月）」〔TAINS・評価事例708291〕

【誤りやすい事例】隣接地を所有する相続人が取得した宅地の評価単位

誤った取扱い	正しい取扱い
Ａ宅地は被相続人が所有し，Ｂ宅地はＡ宅地を相続した相続人が所有していた場合に，宅地は利用の単位となっている１区画の宅地を評価単位とすることとされていることから，Ａ宅地とＢ宅地を一体として評価した。 　　Ｂ宅地 　　相続人所有 　Ａ宅地　被相続人所有	相続等により取得したＡ宅地に隣接して相続人所有のＢ宅地がある場合，相続人はそれらの宅地を一体として使用することができるとしても，Ａ宅地を単独で「１区画の宅地」として評価する。

（参考）　大阪国税局「誤りやすい事例（財産評価関係平成30年分）」〔TAINS・評価事例大阪局300000〕

(4) 共有地の評価単位

① 単独所有地と共有地

単独所有地と共有地が隣接している場合の評価単位である。

評価単位の判定は，土地の利用状況や権利関係等の事情を考慮し，土地の自由な使用収益を制約する他者の権利があるか否かにより区分し，他者の権利がある場合には，その種類及び権利者の異なるごとに区分して行うこととされている。

そこで，土地を一人で所有（単独所有）している場合は，その所有者は何ら制約なく土地を利用できるのに対し，土地を複数人で共有している場合には，土地の使用，収益，処分に共有者の同意が必要となる。

したがって，土地の使用収益を制約する共有という事情を評価単位の判定に反映させる必要がある。

② 具体例

図表1－51は，被相続人甲の単独所有地と共有地が隣接するケースである。

次に，**図表1－52**は，被相続人の単独所有地を遺産分割により相続人の共有となるケースである。

ここでは，単独所有地は，所有者が何ら制約なく利用できる土地であるのに対し，共有地は，その処分等に共有者の同意が必要であるなど，単独所有の場合と比較して使用，収益及び処分等について制約があることから，原則として，A土地とB土地を別々の評価単位とするのが相当と解されている（平成22年7月22日裁決〔裁決事例集80巻137頁〕）。

[図表1－51] 単独所有と共有1

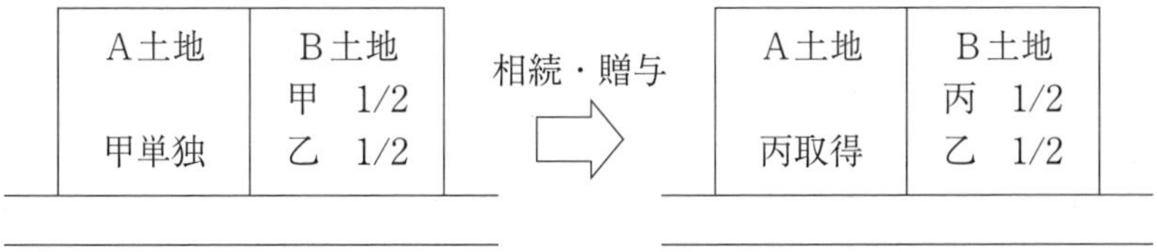

[図表1－52] 単独所有と共有2

1章　総則

③　争訟事例

以下の事例は，隣接する単独所有地と共有地について，別の評価単位とされた事例と一体の評価単位とされた事例である。

(a)　別の評価単位とされた事例

平成21年8月26日裁決〔TAINS・F0-3-300〕は，図表1-53の本件A土地及び本件B土地（以下，あわせて「本件各土地」という）について，遺産分割により，一方は単独所有地，一方は共有地となった事例である。

本件A土地は，相続人甲が1,000分の167，相続人乙が1,000分の833の持分により共有取得し，B土地は一方の相続人が単独取得した。

裁決は，本件B土地は取得者にとって単独所有の自用地として何ら制限なく利用できる土地であるのに対し，本件A土地は共有財産であり，共有物の変更や処分は共有者の同意が必要であるなど単独所有の場合と比較して使用，収益及び処分について制約がある土地と認められることから，遺産分割後のそれぞれを1画地の宅地として評価することが相当と判断している。

[図表1-53] 位置関係図

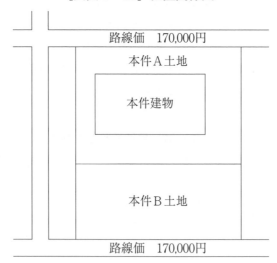

(b)　一体の評価単位とされた事例

ただし，共有地であっても，例えば，単独所有地と共有地とが一括して建物等の敷地として貸し付けられているなど，遺産分割の前後を通じて単独所有地と同一の用途に供される蓋然性が高いと認められる状況にある場合，遺産分割後に当該共有地だけを独立して別途の利用に供することは通常できないことから，各宅地の使用等に関し，共有地であることによる法律上の制約等は実質的には認められず，単独所有地と区分して評価するのは相当でないと解されている。

例えば，平成24年12月13日裁決〔裁決事例集89巻289頁〕は，単独所有地と共有地が混在してい

る土地の評価単位が争われた事例である。

　評価対象地である本件Ｃ１土地ないし本件Ｃ５土地（以下，あわせて「本件Ｃ土地」という），本件Ｃ６土地，本件Ｃ７土地の概要は以下のとおりである。

（イ）本件各土地の位置関係等は，**図表１－54**のとおりである。

（ロ）本件Ｃ１土地（宅地）及び本件Ｃ５土地（畑）が単独所有地であり，本件Ｃ２土地ないし本件Ｃ４土地（雑種地）は共有地であった。

（ハ）本件相続に係る遺産分割により，本件Ｃ土地に係る被相続人の所有権または共有持分権のすべてを１人の相続人Ｊが取得したため，引き続き本件Ｃ１土地及び本件Ｃ５土地が単独所有地となり，これらを除く土地が共有地となった。

（ニ）本件Ｃ６土地は，相続人ほか１名が共有により所有していた土地であり，本件Ｃ７土地は訴外同族法人（以下「本件会社」という）が単独で所有していた土地である。

（ホ）本件Ｃ土地及び本件Ｃ６土地は，本件会社に賃貸されている。

（ヘ）本件会社は，本件Ｃ土地，本件Ｃ６土地及び本件Ｃ７土地上に，立体駐車場の設備を設置し，これを月極駐車場として賃貸の用に供している。

（ト）本件会社は，本件Ｃ土地及び本件Ｃ６土地の所有者に対し，賃料として各土地の固定資産税の1.5倍に相当する金額を支払っている。

　本件Ｃ土地の評価単位について，審査請求人は，そのすべてが本件会社の立体駐車場の敷地として貸し付けられていること，また，本件Ｃ土地のすべての筆に被相続人の持分があることなどから，

[図表１－54] 本件Ｃ土地の位置関係

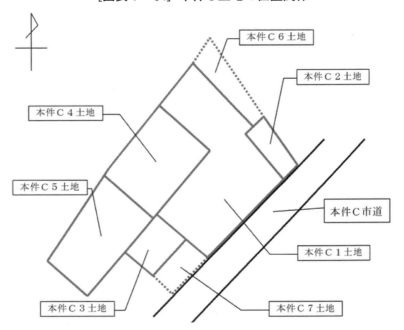

1章 総則

全体を一団の雑種地として評価すべきと主張した。

これに対し原処分庁は，本件相続に係る遺産分割後における本件Ｃ土地については，共有者の有無及びその共有持分の割合がそれぞれ異なるから，本件Ｃ１土地ないし本件Ｃ５土地の５区画に区分して，それぞれを一団の雑種地として評価すべきと主張した。

裁決は，利用状況，権利関係等諸般の事情を考慮すれば，相続開始日において，本件Ｃ土地は，その一部が共有地であっても，現に一体として賃貸の用に供され，本件相続に係る遺産分割後も同一の用途に供される蓋然性が高いと認められる状況にあったから，本件Ｃ土地については，その一部が共有地であることによる使用等の制約が実質的にないものと認められ，本件Ｃ土地は，全体を１つの評価単位として評価するのが相当と判断している。

> **実務上のポイント**
>
> 単独所有地と共有地が隣接している場合，単独所有地と共有地を一体として評価すべきか，別々に評価すべきかという点については，単独所有地は所有者が何ら制約なく利用できる土地であるのに対して，共有地は使用・収益及び処分に共有者の同意が必要といった制約があるため別の評価単位となる。
>
> 一方，単独所有地と共有地が一体として店舗やマンションといった建物の敷地として利用されているような場合において，遺産分割の前後を通じて同一の用途に供される蓋然性が高いと認められる場合には一体で評価することとなる。

(5) 不合理分割

① 不合理分割とは

評価単位は，原則として，遺産分割後の画地を１画地の宅地として評価する。

これは，相続税の計算において，いわゆる法定相続分課税方式による遺産取得者課税を採用していることに加え，民法が遺産の分割は相続開始の時にさかのぼってその効力を生じる旨規定していることなどから[46]，土地の時価の算定にあたり，遺産分割等による宅地の分割後の所有者単位で評価することが相当であると解されている（平成21年８月26日裁決〔TAINS・F0-3-300〕）。

ただし，贈与，遺産分割等による宅地の分割が親族間等で行われた場合において，例えば，分割後の画地が宅地として通常の用途に供することができないなど，その分割が著しく不合理であると認められるときは，その分割前の画地を「１画地の宅地」とする（評価通達７-２注書き）。

遺産の分割，贈与等により宅地を分割して取得した場合の評価単位の判定を掲げると次のとおりである[47]。

---

[46] 民法第909条《遺産の分割の効力》
　遺産の分割は，相続開始の時にさかのぼってその効力を生ずる。ただし，第三者の権利を害することはできない。
[47] 大林敏治・小坂博俊編『財産評価のすべて（平成９年改訂新版）』大蔵財務協会（1997年）21〜23頁

8 評価単位

＜相続による分割の例＞

各土地をそれぞれ2以上の者が取得することとなった場合

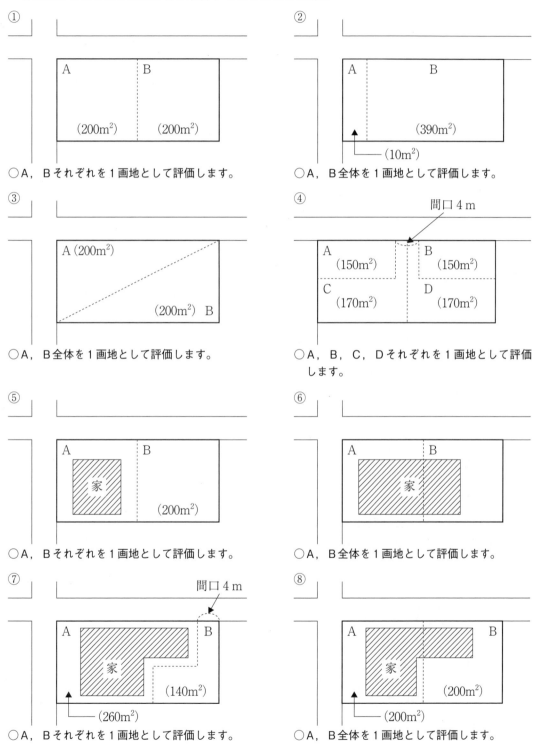

1章 総　則

＜贈与による例＞

　B土地を贈与した場合

①
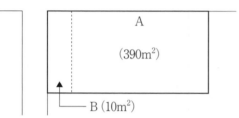
○A，B全体を1画地として評価します。

②

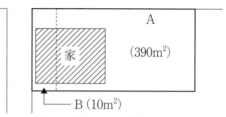
○A，B全体を1画地として評価します。

③
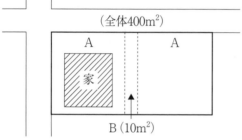
○A，B全体を1画地として評価します。

④
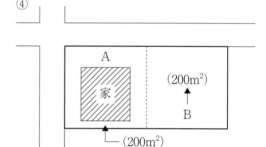
○Bを1画地として評価します。

⑤
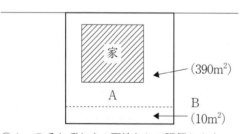
○A，Bそれぞれを1画地として評価します。

⑥
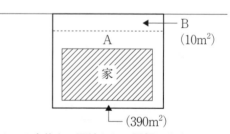
○A，B全体を1画地として評価します。

⑦
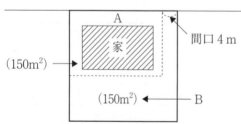
○Bを1画地として評価します。

8 評価単位

Q 不合理分割(1)

■質 問

次の図のように宅地のうちA部分は甲が，B部分は乙が相続した場合の宅地の評価単位は，それぞれどのようになりますか。

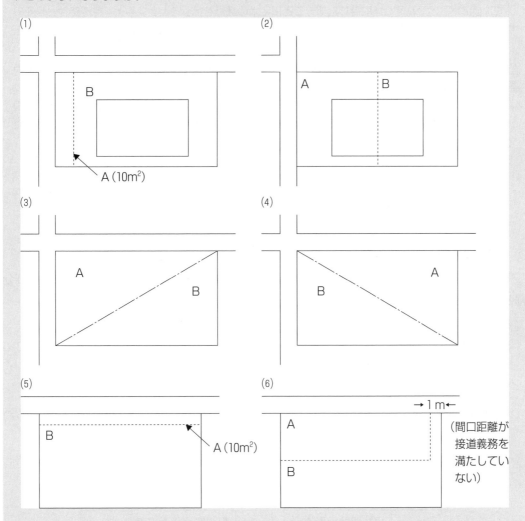

■回 答

(1)については現実の利用状況を無視した分割であり，(2)は無道路地を，(3)は無道路地及び不整形地を，(4)は不整形地を，(5)は奥行短小な土地と無道路地を，(6)は接道義務を満たさないような間口が狭小な土地を創出する分割であり，分割時のみならず将来においても有効な土地利用が図られず通常の用途に供することができない，著しく不合理な分割と認められるため，全体を1画地の宅地としてその価額を評価した上で，個々の宅地を評価することとするのが相当です。具体的には，原則としてA，B宅地全体を1画地の宅地として評価した価額に，各土地の価額の比を乗じた価額により評価します。

1章 総 則

(解説)
　贈与，遺産分割等による宅地の分割が親族間等で行われ，その分割が著しく不合理であると認められる場合における宅地の価額は，所有者単位で評価するのではなくその分割前の画地を「1画地の宅地」として評価します。
　例えば，遺産分割により設例のように現実の利用状況を無視した不合理な分割が行われた場合において，仮に甲，乙それぞれが取得した部分ごとに宅地の評価を行うこととすると，無道路地としての補正や奥行が短小であることによる補正を行うことになるなど，実態に則した評価がなされないことになります。
　そのため，著しく不合理な分割が行われた場合は，実態に則した評価が行えるよう，その分割前の画地を「1画地の宅地」として評価することとしています。
　「その分割が著しく不合理であると認められる場合」とは，無道路地，帯状地又は著しく狭あいな画地を創出するなど分割後の画地では現在及び将来においても有効な土地利用が図られないと認められる分割をした場合が考えられます。
　なお，この取扱いは同族会社間等でこのような不合理分割が行われた場合にも適用されます。

(参考) 国税庁質疑応答事例「宅地の評価単位―不合理分割(1)」

② 不合理分割とされた事例

　平成22年7月22日裁決〔裁決事例集80巻137頁〕は，相続により取得した土地の一部を不合理分割と認定した事例である。
　本件土地の概要は以下のとおりである。
(イ) 被相続人は，**図表1-55**の各土地（A土地，B土地，（C1土地とC2土地をあわせて）C土地，D土地をいい，これらをあわせて「本件各土地」という）を所有し，自ら畑として耕作していた。
(ロ) 本件各土地のうち，本件C1土地及び本件D土地の一部の土地は，被相続人及び相続人らの共有であり，その余の各土地は，被相続人の単独所有であった。
(ハ) 本件相続にかかる遺産分割協議により，相続人E・Fらは本件各土地を以下のとおり取得した。

	相続開始前所有者	相続開始後所有者
A土地	被相続人単独	E単独
B土地	被相続人単独	E・F共有
C1土地	被相続人・E・F共有	E・F共有
C2土地	被相続人単独	F単独
D土地	被相続人・E・F共有	E・F共有

(ニ) B土地は，相続開始後にA土地の一部と併せて分筆され，三方をA土地，一方を他人の所有

地に接する道路に接していない約10m四方の正方形状の土地である。
(ホ) C1土地は、相続開始後にD土地の一部の土地から分筆され、間口距離約3mで道路に接しているものの、奥行距離が約35mと長大な帯状地である。

本件B土地及び本件C1土地の評価単位について、審査請求人は、本件各土地は物理的な区分がなく、その全体を継続して農地として使用していたものであるから全体を1つの評価単位として評価すべきと主張した。

これに対し、原処分庁は、本件A土地、本件B土地、本件C2土地及び本件C1・D土地のそれ

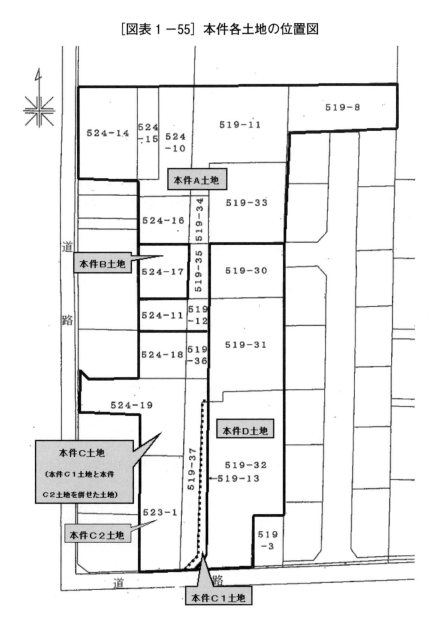

［図表1－55］本件各土地の位置図

1章 総　則

それ4つの評価単位となるが，本件B土地及び本件C1土地は不合理分割に該当することから，A・B土地，C2土地，C1・D土地の3つの評価単位に分けて評価すべきと主張している。

裁決においても，遺産分割に至る事情を考慮すれば，分割後の画地は5つとなるが，不合理分割の是正をした結果，原処分のとおりA・B土地，C2土地，C1・D土地の3つとなると判断している。

③　贈与と不合理分割

被相続人の生前に土地の不合理な分割により贈与がなされていた場合，相続税の計算にあたっては，分割前の画地を1画地の宅地とし，それぞれの価額比で按分して個々の宅地を評価することになる。

なお，贈与税の申告における土地の評価額も，原則として，分割前の土地全体を評価した価額に贈与土地の価額の比を乗じて算出することに留意する。

Q　不合理分割(2)

■質　問

乙は，亡父甲から次の図のような宅地のうち，A土地を生前の贈与により取得していました。

今回，甲の相続開始により，乙はB土地を相続により取得することとなりましたが，この場合のB土地はどのように評価するのでしょうか。

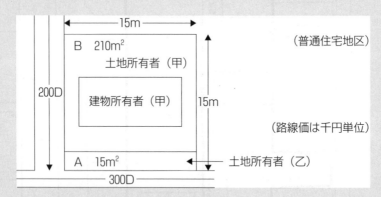

■回　答

A土地は単独では通常の宅地として利用できない宅地であり，生前の贈与における土地の分割は不合理なものと認められます。

したがって，分割前の画地（A，B土地全体）を「1画地の宅地」とし，その価額を評価した上で個々の宅地を評価するのが相当ですから，原則として，A，B土地全体を1画地の宅地として評価した価額に，A，B土地を別個に評価した価額の合計額に占めるB土地の価額の比を乗じて評価します。

（計算例）

A，B土地全体を1画地として評価した価額

$$
\begin{array}{cccccc}
\text{正面路線価} & \text{奥行価格}\\\text{補正率} & \text{側方路線価} & \text{奥行価格}\\\text{補正率} & \text{側方路線影}\\\text{響加算率} & \text{地積}\\
(300,000円 \times & 1.00 & +\ 200,000円 \times & 1.00 & \times\ 0.03\ ) & \times\ 225m^2 = 68,850,000円
\end{array}
$$

Aを単独で評価した価額

$$
\begin{array}{cccccc}
\text{正面路線価} & \text{奥行価格}\\\text{補正率} & \text{側方路線価} & \text{奥行価格}\\\text{補正率} & \text{側方路線影}\\\text{響加算率} & \text{地積}\\
(300,000円 \times & 0.90 & +\ 200,000円 \times & 1.00 & \times\ 0.03\ ) & \times\ 15m^2 = 4,140,000円
\end{array}
$$

Bを単独で評価した価額

$$
\begin{array}{ccc}
\text{正面路線価} & \text{奥行価格}\\\text{補正率} & \text{地積}\\
200,000円 \times & 1.00 & \times\ 210m^2 = 42,000,000円
\end{array}
$$

Bの評価額

$$
68,850,000円 \times \frac{\overset{(\text{価額の比})}{42,000,000円}}{4,140,000円 + 42,000,000円} = 62,672,301円
$$

なお、贈与税の申告におけるA土地の評価額も、原則として、A、B土地全体を評価した価額にA土地の価額の比を乗じて算出することに留意が必要です。

（参考）国税庁質疑応答事例「宅地の評価単位―不合理分割(2)」

平成16年7月7日裁決〔TAINS・F0-3-100〕は、贈与により受けた土地が不合理分割とされた事例である。

評価対象地である宅地の概要は以下のとおりである。

（イ）審査請求人は、弟より4筆合計355.09m²の土地（以下「本件宅地」という）の持分100分の50の贈与を受けた。

（ロ）本件宅地と隣接する3筆合計119.11m²（以下「本件関連宅地」といい、本件宅地とあわせて「本件宅地等」という）は、その全体を一体として利用されており、本件関連宅地の一方のみが路線に接している。

本件宅地の評価単位について、原処分庁は、贈与により分割された本件宅地と本件関連宅地は、本件宅地が道路に接しておらず、分割後の各画地が宅地として通常の用途に供することができず、その分割が著しく不合理であると認められることから、本件宅地等の全体を評価単位とすべきと主張している。

裁決も、本件の場合、受贈者と贈与者は民法第725条に規定する親族（6親等内の血族、配偶者、3親等内の姻族）の関係にあること及び本件宅地と本件関連宅地については、本件宅地が無道路地となり、分割後の宅地と本件関連宅地がそれぞれ独立した1つの宅地として通常の用途に供することができないことから、その分割が著しく不合理であると認められるので、本件宅地等の全体を1画地の宅地として評価することが相当と判断されている。

1章 総則

【誤りやすい事例】1区画の土地を相続人が分割して取得した場合

誤った取扱い	正しい取扱い
遺産分割により相続人間で宅地の分割が行われたが，分割前の土地全体を1画地の宅地として評価した。	贈与，遺産分割等によって，宅地の分割が行われた場合には，原則として分割後の画地を1画地の宅地として評価することから，相続人A及び相続人Bが取得した宅地をそれぞれ1画地として評価する。 ただし，その分割が著しく不合理であると認められるときは，所有者単位で評価するのではなく，その分割前の宅地を1画地の宅地として評価する。 （不合理分割の例） 無道路地や著しく狭あいな画地を創出するなど，分割後の画地では分割時及び将来においても有効な土地利用が図れず，通常の用途に利用することができない場合，その分割は著しく不合理であると認められる。

（参考） 大阪国税局「誤りやすい事例（財産評価関係平成30年分）」〔TAINS・評価事例大阪局300000〕

④ 不合理分割とならない場合

分割後の画地がたとえ不整形地となる場合であっても，その地域における標準的な宅地面積を有しており，そのような分割をしたことに妥当性がある場合には，分割後の宅地を1画地として評価することができる[48]。

また，不合理分割は，贈与や遺産分割等による宅地の分割が著しく不合理であると認められるものをいい，例えば，**図表1－56**のように宅地と雑種地など地目が異なることによる評価単位の区分は不合理分割に該当しない。

---

48 実務相談録

[図表1-56] 地目別評価

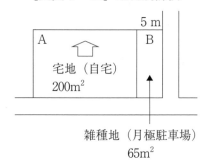

9 地積

> 財産評価基本通達8《地積》
> 地積は，課税時期における実際の面積による。

(1) 地積の取扱い

① 土地の地積とは

本項では，土地の価額を決定する場合の地積について定めている。

土地の面積には様々なものがあり，例えば，測量地積，登記簿上の地積（公簿地積），固定資産税の台帳地積（課税地積），公図の面積，住宅地図の面積，航空地図の面積などがあるが，ここでは，「実際の面積」によることとされている。

Q 土地の地目と地積の取扱い

■質問

父から，数年前に原野を宅地に造成した土地を住宅用としてもらうことになっています。

その土地は，登記簿上はまだもとの原野となっており，登記簿の面積は300m²ですが，面積を実測したところ450m²ありました。

原野についての贈与税の課税価格を計算するための評価方法は，登記簿どおりの地目や地積で評価することとしてよいでしょうか。

■回答

土地について相続税や贈与税が課税される場合には，地目は課税時期の現況により，地積は実際の地積によることとされています。

したがって，登記簿に記載されている地目や地積が，現況の地目，実際の地積と異なる場合には，

1章 総　則

登記簿上の地目や地積によることなく，課税時期の現況の地目，実際の地積によって評価することになります。

(参考) 実務相談録

② 実測の要否

　固定資産課税台帳に登録されている地積は，原則として，登記簿地積とされている。その登記簿の地積は，地積測量図に基づいているが，地積測量図がない場合は，登記所または市区町村（固定資産税課）に備え付けられている地図（いわゆる公図）による。

　公図の多くは，明治時代の地租改正に伴い作成されたもので，現況と異なる場合が少なくない。土地の固定資産税の台帳地積（課税地積）が実際の面積と異なっているケースも多く見受けられる。そのような台帳地積よりも実際面積が多い場合を俗に「縄延び」といい，台帳地積よりも実際面積が少ない場合を「縄縮み」という。

　明治時代の地租改正の際に縄を使って測量を行っており，土地の面積は租税徴収の資料ともなっていたことから，地積を過少に測量し税負担を免れようとした結果といわれているのが前者の縄延びであり，当時租税が多くても地積が多いことにより小作料収入が多い方がよいことから，地積を過大に測量した結果といわれているのが後者の縄縮みである。

　このように台帳地積と実際地積とが異なるものについては，実際地積によることとするのが基本的な考え方である。

　ただし，すべての土地について，実測を要求しているのではなく，特に縄延びの多い山林等について，立木に関する実地調査の実施，航空写真による地積の測定，その地域における平均的な縄延割合の適用等の方法によって，実際地積を把握することとし，それらの方法によってもその把握ができないもので，台帳地積によることが他の土地との評価の均衡を著しく失すると認められるものについては，実測を行うこととなる。

Q 「実際の地積」によることの意義

■質　問

　土地の地積は，「実際の地積」によることとなっていますが，全ての土地について，実測することを要求しているのでしょうか。

■回　答

　土地の地積を「実際の地積」によることとしているのは，台帳地積と実際地積とが異なるものについて，実際地積によることとする基本的な考え方を打ち出したものです。

　したがって，全ての土地について，実測を要求しているのではありません。

　実務上の取扱いとしては，特に縄延の多い山林等について，立木に関する実地調査の実施，航空写

真による地積の測定，その地域における平均的な縄延割合の適用等の方法によって，実際地積を把握することとし，それらの方法によってもその把握ができないもので，台帳地積によることが他の土地との評価の均衡を著しく失すると認められるものについては，実測を行うこととなります。

（参考）国税庁質疑応答事例「「実際の地積」によることの意義」

実務上のポイント

1筆の土地を2以上に分筆する際，平成17（2005）年不動産登記法改正からは分筆残地も測量が求められるようになったが，それ以前は，分筆する土地のみ測量がされていた。

そこで，例えば，公簿地積が900m^{2}であるが実際の面積が1,000m^{2}であるという縄延びの土地があるとする。これを200m^{2}ずつ4回分筆すると，最終的に残った分筆残地については公簿地積100m^{2}に対して実際面積が200m^{2}と2倍の誤差が生じることになる。

	① 実際面積	② 分筆面積（測量の上分筆）	③ 公簿面積（残地計算）（分筆前公簿面積－②）	④ 1－③÷①（％）誤差
分筆0回	1,000m^2	－	900m^2（元々の公簿面積）	10%
分筆1回	800m^2	200m^2	700m^2	13%
分筆2回	600m^2	200m^2	500m^2	17%
分筆3回	400m^2	200m^2	300m^2	25%
分筆4回	200m^2	200m^2	100m^2	50%

③ 山林の地積

山林の地積には，水平面積と傾斜面積があるが，水平面積を地積とする。

[図表1－57] 水平面積と傾斜面積

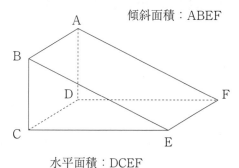

傾斜面積：ABEF

水平面積：DCEF

1章　総　則

> **Q** 山林の地積
>
> ■質　問
> 山林の地積は，水平面積又は傾斜面積のいずれによるのでしょうか。
>
> ■回　答
> 立木は地表より垂線的に生育するものであり，また植樹本数は一般的には傾斜面積の多少に影響されるものではないので水平面積をその山林の地積とします。
>
> （参考）国税庁質疑応答事例「山林の地積」

(2) 測量図の種類

　測量図には大別して2つの種類がある。確定測量図とそれ以外の測量図である。

　確定測量図は，土地の境界を隣地所有者と現地立会いの上で確定した図面をいう。土地の分筆や売買の際に用いられている。

　確定測量図以外の測量図は，隣地との境界確定は行わず，土地面積，形状などの現況を測量した図面をいう（俗に現況測量図や実測図，求積図，参考図といった名称のものがある。）。

　なお，地積測量図とは，土地の登記（表題登記，地積変更・更正登記，分筆登記）の際に土地家屋調査士が作成し，登記所へ提出する書面をいう。

　相続税及び贈与税において確定測量図以外の測量図が採用されるか否かについては，平成23年6月6日裁決〔熊裁（諸）平22第13号〕では，隣接地所有者の立会いがなされていないものであっても，評価対象地は各隣接地所有者との間で事実上争いのないものと認められることからその実測図の地積を実際の面積としている。

　また，平成23年9月5日裁決〔福裁（諸）平23第3号〕においても，審判所の検分の結果，参考図における測点の位置が土地の計上とほぼ一致したことから，参考図の地積を実際の面積としている。

> **実務上のポイント**
> 　実測を行っていない土地の地積としては，公簿地積または課税地積しか採用できるものがない。しかし，あくまでも評価地積は「実際の地積」である。例えば一次相続のときに測量図を添付して申告しているにもかかわらず，二次相続のときに測量図の確認が漏れるケースや相続税申告後に売却する際に測量した結果，縄延びが発覚したケースなどでは修正申告の可能性が出るため留意したい。

(3) 地籍調査により登記地積が変更された場合の取扱い

　土地について，国土調査法に基づく地籍調査が行われると登記（公簿）地積が修正されることがある。国土調査法に基づく地籍調査とは，主として市区町村が主体となって，一筆ごとの土地の所有者，地番，地目を調査し，境界の位置と面積を測量する調査である。

　固定資産税の課税地積は，原則として登記地積に基づいているが，国土調査法に基づく地籍調査により登記地積が修正されると，登記地積が課税地積よりも大きくなるケースがある。このような場合，固定資産税を課税するにあたっては，国土調査が市内全域に実施されるまでの間，旧来の登記地積を課税地積として評価が行われている（固定資産評価基準第1章第1節《地積の認定》）。

　一方，相続税または贈与税においては，課税時期が地籍調査後で課税地積修正前である場合，旧来の登記地積によるのではなく，修正後の登記地積によることになる（昭和62年1月21日裁決〔裁決事例集33巻139頁〕）。

> **参考　固定資産評価基準**
> 第1章第1節　二　地積の認定
> 　国土調査法による地籍調査を行っている市町村において当該市町村の一部の地域について地籍調査後の地積が登記簿に登記されている場合には，地籍調査後の地積が登記簿に登記されている土地（以下「地籍調査後登記土地」という。）で当該市町村における他の土地との評価の均衡上当該地積によることが特に不適当であると認められるものについては，地籍調査前の当該土地の登記簿に登記されていた地積によるものとする。
> 　この場合において，地籍調査後登記土地について分筆が行われた場合における当該土地の地積は，分筆前の当該土地に係る地籍調査前の地積を地籍調査後の分筆に係る土地の地積の割合によりあん分して求めるものとし，地籍調査後登記土地について合筆が行われている場合における当該土地の地積は，合筆前の土地の地籍調査前の地積を合算して求めるものとする。

2章 宅地の評価

1 評価の方式

> **財産評価基本通達11《評価の方式》**
> 宅地の評価は,原則として,次に掲げる区分に従い,路線価方式または倍率方式によって行う。
> (1) 市街地的形態を形成する地域にある宅地　路線価方式
> (2) (1)以外の宅地　倍率方式

(1) 路線価方式と倍率方式

　宅地の評価は,原則として,市街地的形態を形成する地域にある宅地については「路線価方式」,それ以外の地域にある宅地については「倍率方式」によって行う。

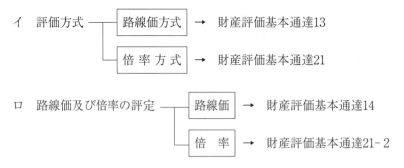

(2) 路線価方式

　路線価方式は,市街地的形態を形成する地域にあって,路線価の定められている宅地の評価に用いられる。
　次の算式のとおり,その土地の面する路線に付された路線価を基に,その土地の形状等に応じて財産評価基本通達15《奥行価格補正》から同20-7《容積率の異なる2以上の地域にわたる宅地の評価》に定める各種補正をした後に,その土地の面積を乗じて計算を行う。

（算式）

　　路線価×その土地に適用される各種補正率×地積＝評価額

(3) 倍率方式

　倍率方式は，路線価が定められていない地域，つまり，主として郊外の宅地や農村にある農地の評価に用いられる。

　土地の価額は，その土地の固定資産税評価額に「財産評価基準書」に定められている一定の倍率を乗じて評価する。

（算式）

　　固定資産税評価額×倍率＝評価額

　なお，必ずしも都市計画法上の市街化区域＝路線価地域ではなく，市街化区域で倍率地域もある。

【誤りやすい項目】路線価の付される地域

誤った認識	正しい答え
市街化区域は路線価方式であり（路線価が付されている），市街化調整区域は倍率方式である（路線価は付されていない）。	路線価が付されるのは，市街地的形態を形成している地域であり，都市計画法上の市街化区域全部に付されているとは限らない（市街化区域になって間もない地域など）。

（参考）　東京国税局「誤りやすい事例集（改訂版）」〔TAINS・相続事例001880〕

(4) 各種の画地補正

　路線価方式や倍率方式によって求められた価額について，評価通達22《大規模工場用地の評価》から同24-8《文化財建造物である家屋の敷地の用に供されている宅地の評価》までに定められている補正を行う。

　なお，倍率方式における固定資産税評価額は，総務省の評価基準に沿って，奥行価格補正や不整形地補正といった画地計算法を行って算出されているため路線価方式と異なり調整計算は行わない。ただし，倍率方式による場合であっても，例えば，土地区画整理事業施行中の宅地の評価（評価通達24-2），セットバックを必要とする宅地の評価（同24-6），都市計画道路予定地の区域内にある宅地の評価（同24-7）などを行う必要があるため留意したい。

2章　宅地の評価

[図表2－1] 通達による評価規定の構造

《総則・通則》
評価の原則（1）／この通達の定めにより難い場合の評価（6）／土地の評価上の区分（7）／評価単位（7-2）／地積（8）

《路線価方式》
地区（14-2）／特定路線価（14-3）／奥行価格補正（15）／側方路線影響加算（16）／二方路線影響加算（17）／三方又は四方路線影響加算（18）／不整形地の評価（20）／地積規模の大きな宅地の評価（20-2）／無道路地の評価（20-3）／間口が狭小な宅地等の評価（20-4）／がけ地等を有する宅地の評価（20-5）／土砂災害特別警戒区域にある宅地の評価（20-6）／容積率の異なる2以上の地域にわたる宅地の評価（20-7）

《倍率方式》
倍率方式（21）

大規模工場用地の評価（22～22-3）／余剰容積率の移転がある場合の宅地の評価（23, 23-2）／私道の用に供されている宅地の評価（24）／土地区画整理事業施行中の宅地の評価（24-2）／造成中の宅地の評価（24-3）／農業用施設用地の評価（24-5）／セットバックを必要とする宅地の評価（24-6）／都市計画道路予定地の区域内にある宅地の評価（24-7）／文化財建造物である家屋の敷地の用に供されている宅地の評価（24-8）

【国税庁タックスアンサー】利用価値の著しく低下している宅地の評価
【国税庁情報】土壌汚染地の評価／庭内神しの敷地の評価
【裁判例・裁決例】売買契約途中の土地の評価／埋蔵文化財，産業廃棄物のある宅地の評価／赤道のある宅地の評価

相続税評価額

▶ 実務上のポイント ◀ ・・・

　宅地の評価にあたっては，まず，その宅地が路線価方式によって評価する地域であるか，倍率方式によって評価する地域であるかを判定しなければならない。
　そのためには，税務署に備え付けられている「財産評価基準書」の路線価図または倍率表によりいずれの方式により評価する地域であるかを明らかにする（国税庁のホームページ（https://www.nta.go.jp/index.htm）から確認することができる）。路線価が付されていれば路線価方式である。

1 評価の方式

　なお，評価対象地が路線価地域と倍率地域の境にあり，どちらを適用すべきか判断に迷うケースがある。例えば，**図表2－2**の路線価図にあるA土地及びB土地は，路線価方式によるのであろうか，倍率方式によるのであろうか。

　これは都市計画図をみてみると，南側の路線価地域は市街化区域で，北側の倍率地域は市街化調整区域であることがわかる（**図表2－3**）。

　市街化区域においては建物を建築できるのに対し，市街化調整区域においては建物を建築することができない。そのような違いがあることから，路線価地域と倍率地域の線引きは市街化区域と市街化調整区域の線引きであることが窺える。

　したがって，A土地は路線価方式により評価を行い，B土地は倍率方式によって評価を行う。

[図表2－2]

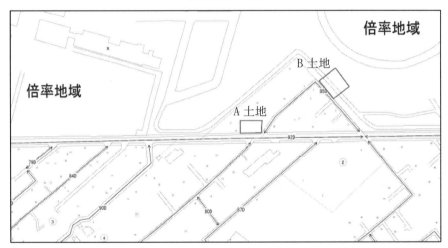

[図表2－3]

2 路線価方式

> **財産評価基本通達13《路線価方式》**
> 　路線価方式とは，その宅地の面する路線に付された路線価を基とし，15《奥行価格補正》から20-7《容積率の異なる2以上の地域にわたる宅地の評価》までの定めにより計算した金額によって評価する方式をいう。
>
> **財産評価基本通達14《路線価》**
> 　前項の「路線価」は，宅地の価額がおおむね同一と認められる一連の宅地が面している路線（不特定多数の者の通行の用に供されている道路をいう。）ごとに設定する。
> 　路線価は，路線に接する宅地で次に掲げるすべての事項に該当するものについて，売買実例価額，公示価格（地価公示法（昭和44年法律第49号）第6条《標準地の価格等の公示》の規定により公示された標準地の価格をいう。），不動産鑑定士等による鑑定評価額（不動産鑑定士又は不動産鑑定士補が国税局長の委嘱により鑑定評価した価額をいう。以下同じ。），精通者意見価格等を基として国税局長がその路線ごとに評定した1平方メートル当たりの価額とする。
> 　(1)　その路線のほぼ中央部にあること。
> 　(2)　その一連の宅地に共通している地勢にあること。
> 　(3)　その路線だけに接していること。
> 　(4)　その路線に面している宅地の標準的な間口距離及び奥行距離を有するく形又は正方形のものであること。
> (注)　(4)の「標準的な間口距離及び奥行距離」には，それぞれ付表1「奥行価格補正率表」に定める補正率（以下「奥行価格補正率」という。）及び付表6「間口狭小補正率表」に定める補正率（以下「間口狭小補正率」という。）がいずれも1.00であり，かつ，付表7「奥行長大補正率表」に定める補正率（以下「奥行長大補正率」という。）の適用を要しないものが該当する。

(1) 路線価方式とは

　路線価方式とは，路線価が定められている地域の評価方法である。その宅地の面する路線に付された路線価を基とし，一定の画地調整（加算または減算）を行って評価する。

　その路線価は，その路線に接している宅地のうち標準的な画地の1m^{2}当たりの標準価額であるため，実際に評価する宅地において状況，形状等が標準的な要件と異なる場合には，画地調整を行う必要がある。

2 路線価方式

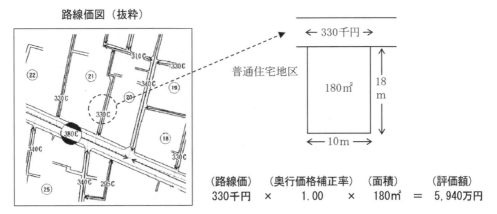

(出典) 国税庁「相続税の申告のしかた（令和3年分用）」

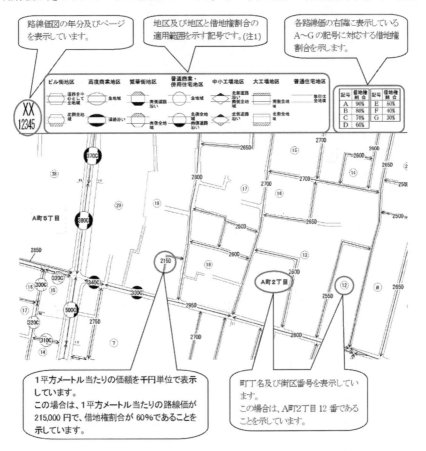

2章 宅地の評価

> 相続税又は贈与税の申告に際し，路線価の設定されていない道路のみに接している宅地の評価をするために，特定路線価の設定の申出が必要となる場合があります。
> 詳しくは，「［手続名］特定路線価設定申出書」をご覧ください。

（出典）　国税庁ホームページ

タックスアンサーNo.4604　路線価方式による宅地の評価

【概要】

　路線価（その道路に面している標準的な宅地の1平方メートル当たりの千円単位の価額）が付された地域の宅地を評価する場合には，評価する宅地の面する路線の路線価を基として，次のように評価します。

1．路線価が付された地域の宅地を評価する場合

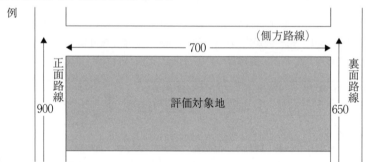

(1) 正面路線価の奥行価格補正
　　900千円（正面路線価）×奥行価格補正率＝イ
(2) 側方路線影響加算額の計算
　　700千円（側方路線価）×奥行価格補正率×側方路線影響加算率＝ロ
(3) 二方路線影響加算額の計算
　　650千円（裏面路線価）×奥行価格補正率×二方路線影響加算率＝ハ
(4) 評価対象地の1平方メートル当たりの価額
　　イ＋ロ＋ハ＝ニ
(5) 評価対象地の評価額
　　ニ　×　面積

(注1)　正面路線は，原則として，その宅地の接する路線価に奥行価格補正率を乗じて計算した金額の高い方の路線とします。
　　　また，地区の異なる2以上の路線に接する宅地の正面路線は，それぞれの路線価に各路線の地区に適用される奥行価格補正率を乗じて計算した金額を基に判定します。
　　　なお，路線価に奥行価格補正率を乗じて計算した金額が同額となる場合には，原則として，路線に接する距離の長い方の路線を正面路線とします。
(注2)　奥行価格補正率，側方路線影響加算率，二方路線影響加算率は，路線価図に示された地区等

に応じた率が定められています。奥行価格補正率等の調整率表は国税庁ホームページに掲載されています。

なお，地区の異なる2以上の路線に接する宅地を評価する場合には，正面路線の地区に応じた率を適用して評価します。

2．側方路線（または裏面路線）に宅地の一部が接している場合

側方路線（または裏面路線）に宅地の一部が接している場合の側方路線影響加算額（または二方路線影響加算額）は，次のように調整します。

例1

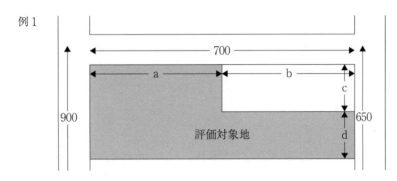

(1) 側方路線影響加算額の計算

700千円×奥行価格補正率×側方路線影響加算率×$\dfrac{a}{a+b}$

(2) 二方路線影響加算額の計算

650千円×奥行価格補正率×二方路線影響加算率×$\dfrac{d}{c+d}$

例2

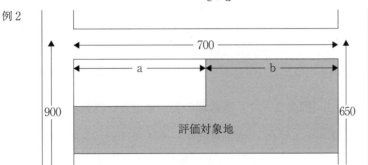

(1) 側方路線影響加算額の計算

700千円×奥行価格補正率×二方路線影響加算率×$\dfrac{b}{a+b}$

（注）評価対象地が側方路線に接する場合であっても，現実に角地としての効用を有しない場合には，側方路線影響加算率に代えて二方路線影響加算率を適用します。

(2) 二方路線影響加算額の計算

650千円×奥行価格補正率×二方路線影響加算率

(2) 路線価とは

① 路線価の要件

「路線価」は，売買実例価額，公示価格，不動産鑑定士等による鑑定評価額，精通者意見価格等を基として，国税局長がその路線ごとに評定した1m²当たりの価額である。宅地の価額がおおむね同一と認められる一連の宅地が面している路線ごとに，次に掲げるすべての事項に該当するものについて設定されている。

(イ) その路線のほぼ中央部にあること
(ロ) その一連の宅地に共通している地勢にあること
(ハ) その路線だけに接していること
(ニ) その路線に面している宅地の標準的な間口距離及び奥行距離を有するく形または正方形のものであること

なお，(ニ)の「標準的な間口距離及び奥行距離」には，それぞれ奥行価格補正率及び間口狭小補正率がいずれも1.00であり，かつ，奥行長大補正率の適用を要しないものが該当する。

また，ここでいう「路線」とは，不特定多数の者の通行の用に供されている道路をいう。

② 路線価の表示単位と端数計算

路線価図に表示されている路線価は，1,000円を単位として表示されている。価額が10万円未満のものは，千円刻みとなっており，端数計算は千円未満四捨五入である。

価額が10万円以上30万円未満のものは，5千円刻みとなっている。端数計算は，3千円未満切捨て，8千円未満は5千円とし，8千円以上切上げとしている。

価額が30万円以上のものは，1万円刻みとなっている。端数計算は1万円未満四捨五入である。

[図表2−4] 路線価の表示単位及び端数計算

金　額	表示単位等	端数計算
10万円未満	千円単位で千円刻み	千円未満四捨五入
10万円以上30万円未満	千円単位で5千円刻み	3千円未満切捨て，8千円未満は5千円とし，8千円以上切上げ
30万円以上	千円単位で1万円刻み	1万円未満四捨五入

(出典）東京国税局「評価事務の概要（平成25年）」

③ 路線価の評価水準

路線価の価額は，地価公示価格を基準として評定するとの考え方に立って，評価時点を地価公示

2 路線価方式

価格の評価時点と同様１月１日とし，評価割合を地価公示価格の80％水準としている[49]。

それは，相続税及び贈与税の課税にあたって路線価が１年間適用されることから，その間の地価変動にも耐え得るように評価上の安全等を考慮して取り入れられている（平成７年１月31日裁決〔裁決事例集49巻408頁〕）。

なお，路線価の評価水準は，平成３（1991）年分までは前年の７月１日時点を評価時点として地価公示価格水準の70％程度を目途に定めていたが，土地評価の適正化・均衡化の社会的要請に対し，平成４（1992）年分の路線価の評定から次のように定められた。

（イ）路線価の評価時点を前年の７月１日時点からその年の１月１日時点に変更する。

（ロ）地価公示価格水準の70％程度を目途に定めていた割合を80％に引き上げる。

（ハ）土地評価の一層の評価精度の向上を図るため，標準地の増設，路線価地域の拡大等を行う。

（ニ）現在の土地取引等の実態に合った適正な評価が行えるように，その全体的な見直しを行うとともに，地価税における土地等の評価にも対応できるよう改正する。

参考 政府税制調査会「平成４年度の税制改正に関する答申」（抜粋）

二　平成４年度税制改正の具体的方向

　１　国　税

　（1）相続税の負担調整

　　①　相続税の負担調整の基本的考え方

　　　イ　昨年10月の「土地税制のあり方についての基本答申」（以下「基本答申」という。）において，当調査会は，土地税制改革の一環として，相続税に関し，次のような指摘を行ったところである。

　　　　（イ）土地の相続税評価の評価時点については，できるだけ直近に近づける考え方から地価公示価格の評定日である当年の１月１日に合わせていく必要がある。

　　　　（ロ）土地の相続税評価については，現在，地価公示価格水準の70％（評価割合）を目途として行われているが，こうしたことが結果として金融資産等他の資産に比べ土地の有利性を高め，かえって相続税課税上の歪みや節税を目的とする不要不急の土地需要を招来させている。この問題に応えるためには土地の評価割合をある程度引き上げていく必要がある。

　　　　（ハ）以上の考え方で土地の相続税評価の適正化を図る場合には実質的な相続税負担の増加を伴うこととなるので，課税最低限の引上げや税率の区分の幅の拡大等による負担軽減を行う必要がある。

　　　ロ　このような指摘を踏まえ，国税庁は，土地の相続税評価に関し，地価公示価格を基準として評定するとの考え方に立って，平成４年分の評価から，④評価時点をこれまでの前年７月１日から地価公示価格の評価時点である当年１月１日に変更するとともに，⑩評価割合を地価公示価格水準の80％程度に引き上げることによりその適正化を図ることとし，その旨，当調査会に報告がなされた。

49　政府税制調査会「平成４年度の税制改正に関する答申」（平成３年12月）

2章　宅地の評価

　　　ハ　そもそも相続税は，個人が相続により取得するあらゆる財産に対して負担を求める税であり，相続財産間の税負担のバランスを確保することが重要である。平成4年から実施される土地の相続税評価の適正化は，このような観点を踏まえ，金融資産に比べ土地が有利になるという相続税課税上の歪みを是正し，土地の資産としての有利性を縮減することにその眼目があるものであり，相続税の増収を意図するものではない。このため，土地税制改革の一環として土地評価の適正化が行われる結果，全体として相続税負担が増加することのないよう，基本答申で指摘したように，相続税の負担の調整を行うことが必要になるものと考えられる。
　　ニ　相続税の負担調整を具体的に検討するに当たっては，次の基本方針によることとすべきである。
　　　（イ）土地の相続税評価の適正化は相続税の増収を目的とするものではないことから，これに伴う増収の範囲内で「税収中立性」を原則として負担調整を行うべきである。
　　　（ロ）負担調整の方法については，特定の者にのみ恩典が及ぶという形ではなく，負担調整の効果が汎くいきわたるよう，昨年の基本答申で述べたように，課税最低限の引上げ及び税率区分の幅の拡大を基本として対応すべきである。
　　　（ハ）この場合，基本答申でも指摘したように，健全な個人資産の形成と国民生活の安定に配慮しつつ，相続税の基本的役割である資産の再配分機能に留意して対応することが必要である。
　　ホ　なお，今回，相続税改正を行う機会に，抜本改革後の地価上昇による相続税の負担増をも考慮して，相続税の実質的な負担軽減につき検討すべきではないかとの考え方もあるが，これについては，先般の抜本改革で相続税負担のあり方につき大幅な見直しが行われたばかりであること，今回の相続税改正は専ら土地税制改革の一環としての土地評価の適正化に伴う負担調整の観点から行われるものであること等からみて，時期尚早であり適当でないと考える。

④　路線価が公表されるまで

　各国税局において，路線価及び評価倍率が公表されるまでの手順は，おおよそ以下のとおりである。

2 路線価方式

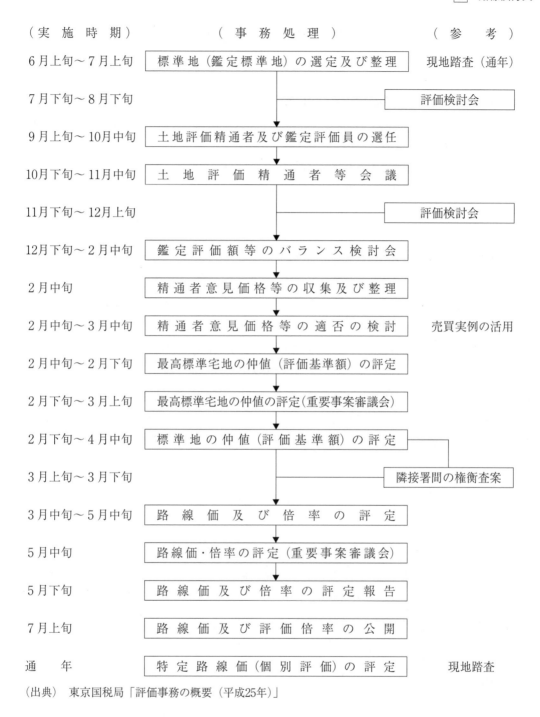

(出典) 東京国税局「評価事務の概要(平成25年)」

⑤ 地価動向調査による路線価の補正
(a) 令和2年分の路線価等の補正について
　令和2年分の路線価については，令和2年7月に路線価が公開された際，その後，国土交通省が発表する都道府県地価調査（7月1日時点の地価を例年9月頃に公開）の状況などにより，広範な

2章　宅地の評価

地域で大幅な地価下落が確認された場合などには，納税者の申告の便宜を図る方法を幅広く検討する旨が公表された。

(b) **令和2年1～6月分の路線価等について**

そして，令和2年1月から6月分の路線価等について，国税庁においても地価動向調査を行い，路線価等の補正を行う必要性について随時検討された。

その結果，令和2年1月から6月までの期間においては，相続等により取得した土地等の路線価等が時価を上回る（大幅な地価下落）状況は確認できなかったため，路線価等の補正は行われていない。

(c) **令和2年7～9月分の路線価等について**

令和2年7月から9月分の路線価等について，国税庁において国土交通省が発表した令和2年第3四半期「地価LOOKレポート」などを参考にするとともに，外部専門家に委託して地価動向調査を行った。

その結果，令和2年1月以降7～9月までの間に，「大阪市中央区心斎橋筋2丁目，同区宗右衛門町及び同区道頓堀1丁目」において，土地等の路線価が時価を上回る（大幅な地価下落）状況が確認されたため，これらの地域については，路線価の補正を行うこととされた。

この場合，令和2年7～9月に相続，遺贈または贈与により，これらの地域において土地等を取得した場合には，路線価に「地価変動補正率」を乗じた価額に基づき評価額を算出する。

(算　式)

　　令和2年7～9月分の路線価＝路線価（令和2年1月1日時点の価額）×地価変動補正率※

　　※　地価変動補正率
　　令和2年7～9月分の地価変動補正率は以下のとおりである。

都道府県	市区町村名	町丁名	地価変動補正率
大阪府	大阪市中央区	心斎橋筋2丁目	0.96
		宗右衛門町	0.96
		道頓堀1丁目	0.96

(計算例)

　　令和2年分路線価……………1,000,000円
　　7～9月分の地価変動補正率………0.96※

　　　路線価　　　　　地価変動補正率　　地価変動補正率適用後の路線価
　　1,000,000円　×　　　0.96※　　＝　　　960,000円

　　※　計算のための仮の数値。
　　(注)「地価変動補正率適用後の路線価」を基として，奥行価格補正率などの画地調整率を乗ずる。

(d) 令和2年10～12月分の路線価等について

　令和2年10月から12月分の路線価等について，国税庁において国土交通省が発表した令和2年第4四半期「地価LOOKレポート」及び令和3年地価公示を参考にするとともに，外部専門家に委託して地価動向調査を行った。

　その結果，令和2年1月以降10月から12月までの間に，大阪市中央区の一部地域において，土地等の時価が路線価を下回る（大幅な地価下落）状況が確認されたため，これらの地域については，路線価の補正を行うこととされた。

　この場合，令和2年10～12月に相続，遺贈または贈与により，これらの地域において土地等を取得した場合には，路線価に「地価変動補正率」を乗じた価額に基づき評価額を算出する。

（算式）
　令和2年10～12月分の路線価＝路線価（令和2年1月1日時点の価額）×地価変動補正率※

※地価変動補正率
　令和2年10～12月分の地価変動補正率は以下のとおりである。
　以下の地域において，令和2年10月から12月に相続等により土地等を取得した場合には，令和2年分の路線価に下記の「地価変動補正率（10～12月）」を乗じた価額に基づき評価額を算出する。

都道府県名	市区町村名	町丁名	地価変動補正率（10～12月）
大阪府	大阪市中央区	心斎橋筋1丁目	0.98
		心斎橋筋2丁目	0.91
		千日前1丁目	0.92
		千日前2丁目	0.93
		宗右衛門町	0.91
		道頓堀1丁目	0.90
		道頓堀2丁目	0.95
		難波1丁目	0.92
		難波3丁目	0.93
		難波千日前	0.93
		日本橋1丁目	0.96
		日本橋2丁目	0.96
		南船場3丁目	0.97

　なお，令和2年分の贈与税の申告・納付期限は令和3年3月15日（月）であったが，令和2年10月から12月までの路線価の補正に係る公表の日は同年4月23日であった。そのため，上記の地域において，令和2年10月から12月に贈与により土地等を取得した場合には，「個別の期限延長」により，令和2年10月から12月までの路線価の補正に係る公表の日（令和3年4月23日）から2か月間，贈

2章　宅地の評価

与税の申告・納付期限を延長できることとされた[※]。

(※) 愛知県名古屋市中区錦3丁目は、「地価変動補正率」の対象地域ではないが、「個別の期限延長」により、令和2年10月から12月までの路線価の補正に係る公表の日（令和3年4月23日）から2か月間、贈与税の申告・納付期限を延長できる。

(計算例)

令和2年分路線価‥‥‥‥‥‥‥1,000,000円

10～12月分の地価変動補正率 ‥‥‥‥0.90※

路線価		地価変動補正率		地価変動補正率適用後の路線価
1,000,000円	×	0.90※	=	900,000円

※　計算のための仮の数値。
(注)　「地価変動補正率適用後の路線価」を基として、奥行価格補正率などの画地調整率を乗ずる。

(e)　令和3年分の路線価等の補正について

令和3年分の路線価等の補正について、国税庁において国土交通省が発表した令和3年都道府県地価調査を参考にするとともに、外部専門家に委託して地価動向調査を行った。

その結果、令和3年1月から12月までの間に、路線価等が時価を上回る（大幅に地価が下落した）地域は確認できなかったため、1月から12月までの相続等に適用する路線価等の補正は行わない。

⑤　路線価方式の一般的合理性

路線価の価額は、売買実例価額や客観的な時価と認められる公示価格、精通者意見価格等を基に評定することとされており、不動産鑑定評価理論に照らしても、価額の評定方法として不合理とはいえず、また、相続の対象となった宅地の価額の評価に際しては、路線価に対して、奥行価格補正、側方路線影響加算等の補正を行うこととされており、各補正率についても不合理な点はなく、宅地の客観的時価の算定方法としての一般的合理性を有すると解されている（東京地裁平成11年12月17日判決〔税務訴訟資料245号930頁〕）。

また、路線価方式が標準的な宅地の1単位当たりの価額を不動産鑑定的手法を用いて評定し、これを当該路線に面する他の宅地にも適用するとともに、通常その価格形成に影響すると考えられる定型的な要因についてあらかじめ定められた補正（加算）率によって修正するものであり、いわば、簡易な不動産鑑定と定型的補正とを組み合わせた方式と評価されている（名古屋地裁平成16年8月30日判決〔税務訴訟資料254号順号9728〕）。

(3)　路線価の判定

①　路線価が付される道路とは

路線価は、宅地の価額がおおむね同一と認められる一連の宅地が面している路線ごとに設定する。その路線とは、不特定多数の者の通行の用に供されている道路をいう。

「不特定多数の者の通行の用に供されている道路」とは、例えば、国税庁質疑応答事例において

次のイからハのようなものが該当するとされている。
　イ　公道から公道へ通り抜けできる私道
　ロ　行き止まりの私道であるが，その私道を通行して不特定多数の者が地域等の集会所，地域センター及び公園などの公共施設や商店街等に出入りしている場合などにおけるその私道
　ハ　私道の一部に公共バスの転回場や停留所が設けられており，不特定多数の者が利用している場合などのその私道

　また，東京国税局「評価事務の概要（平成25年）」においては，次のイ，ロのように説明されている。
　イ　通り抜け道路のように何ら制約を設けず広く一般公衆の通行の用に供されている道路
　ロ　行き止まり道路のうちで現実の利用状況が極めて公共性の高いもの

実務上のポイント

　行き止まりの私道に路線価が付されているケースがある。1つは，その私道を通行して不特定多数の者が公共施設や商店街等に出入りしている場合である（ケース①）。**図表2－5**においては，その先に神社がある。
　また，もう1つは，かつては行き止まり道路にも路線価が付されていたことから，**図表2－6**のように特定の者の通行の用に供されている私道において路線価が残っている場合である（ケース②）。
　そこで，まずは，その私道自体の評価をどのように行うのかという点である。
　私道の評価は，不特定多数の者の通行の用に供されているものはゼロ評価であり，特定の者の通行の用に供されているものは3割評価である。路線価は不特定多数の者の通行の用に供されている私道に付されるものであり，不特定多数の者の通行の用に供されている私道はゼロ評価であるため，ケース①のような私道はゼロ評価と考えることができる。
　一方，ケース②のような私道は，特定の者の通行の用に供されている私道であるため本来は路線価が付されるものではないが，特定路線価が見えている状態とする見解がある。そうであるとすれば3割評価である。
　次に，その行き止まり私道に側方で接する宅地について，側方路線影響加算を行うべき否かという点である。
　側方路線がケース①のような私道であれば，側方路線影響加算を行う必要がある。一方でケース②のような私道であれば，特定路線価の取扱いに準じて側方路線影響加算を行う必要がないということになる。

[図表2－5]　ケース①　　　　　　　　　[図表2－6]　ケース②

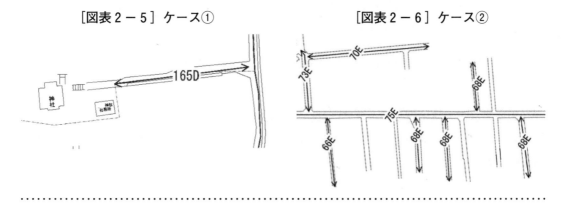

② 2以上の路線価が付されている宅地の評価

1つの路線に2以上の路線価が付されている場合には，それぞれの路線価に接する距離により加重平均して正面路線価を計算し，その正面路線価を基に画地調整等を行って評価する。

> **Q** 正面路線に2以上の路線価が付されている場合の宅地の評価
>
> ■質　問
>
> 次の図のように，正面路線に2以上の路線価が付されている宅地の価額は，どのように評価するのですか。
>
>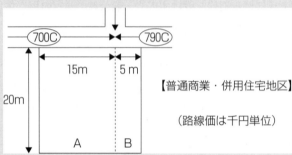
>
> ■回　答
>
> 上の図のように一の路線に2以上の路線価が付されている場合には，それぞれの路線価に接する距離により加重平均して正面路線価を計算し，その正面路線価を基に画地調整等を行い評価します。
>
> （計算例）
>
> 路線価の加重平均
>
> $$\frac{700{,}000円 \times 15m \times 790{,}000円 \times 5m}{15m + 5m} = 722{,}500円 \text{（正面路線価）}$$
>
> 宅地の評価額
>
> | 正面路線価 | | 奥行価格補正率 | | 地積 | | 宅地の評価額 |
> |---|---|---|---|---|---|---|
> | 722,500円 | × | 1.00 | × | 400m² | = | 289,000,000円 |
>
> なお，設問のように路線価が異なる部分ごと（A，B）に合理的に分けることができる場合には，異なる部分に分けて評価して差し支えありません。
> この場合，B部分のみに係る間口狭小補正及び奥行長大補正は行いません。
>
> （参考）国税庁質疑応答事例「正面路線に2以上の路線価が付されている場合の宅地の評価」

③ 高架下などで路線価が付されていない場合の取扱い

鉄道や道路の高架下部分において，路線価が付されていない場合には，系統連続性のある路線の路線価の平均額によることが考えられる。

Q 鉄道高架下部分に路線価が付されていない場合の取扱い

■質 問

次のように，鉄道高架下部分に路線価が付されていない場合がありますが，個々に特定路線価の敷設が必要でしょうか。

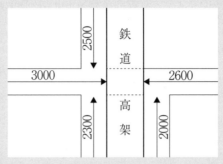

■回 答

系統連続性のある路線の路線価の平均額によって差し支えありません。
したがって，ご質問の場合には，次のとおりとなります。

$$\text{鉄道高架下部分の路線価} = \frac{3,000 + 2,600}{2} = 2,800 \text{千円}$$

（参考）実務相談録

3 地区区分

財産評価基本通達14-2《地区》
路線価方式により評価する地域（以下「路線価地域」という。）については，宅地の利用状況がおおむね同一と認められる一定の地域ごとに，国税局長が次に掲げる地区を定めるものとする。
(1) ビル街地区
(2) 高度商業地区
(3) 繁華街地区
(4) 普通商業・併用住宅地区
(5) 普通住宅地区
(6) 中小工場地区
(7) 大工場地区

2章　宅地の評価

(1) 地区区分

① 地区区分の取扱い

　路線価方式においては，その宅地の沿接する路線に設定されている路線価を基とし，その宅地が路線に接している状況や形状等に応じて，(1)奥行価格補正率，(2)側方路線影響加算率，(3)二方路線影響加算率，(4)不整形地補正率，(5)規模格差補正率，(6)間口狭小補正率，(7)奥行長大補正率，(8)がけ地補正率，(9)特別警戒区域補正率等の画地調整を行って評価する。

　この画地調整率については，宅地の利用状況によって価格形成に影響する度合いが異なることから，路線価地域について，宅地の利用状況がおおむね同一と認められる一定の地域ごとに，(1)ビル街地区，(2)高度商業地区，(3)繁華街地区，(4)普通商業・併用住宅地区，(5)普通住宅地区，(6)中小工場地区，(7)大工場地区の7つが定められている。

② 地区区分の定義

　地区区分の基準は，おおむね次のとおりである。

地　　区	基　　準
ビル街地区	大都市（政令指定都市規模）における商業地域内で容積率の高い地区にあって，超高層（主として15階建以上）の大型オフィスビル，店舗等が街区を形成し，かつ敷地規模が大きい（3,000平方メートル程度以上）地区 　具体的には，都市計画で定める容積率が1,000パーセント以上であり，かつ前面道路の幅員が15メートル以上の地区をいう。指定容積率が1,000パーセント未満である場合でも，都市の高度利用を図るべき地域として地区計画における地区計画整備方針により容積率の最高又は最低限度が定められることによっておおむね容積率1,000パーセント程度以上の建築物の建築が可能，かつそのような建築物が連たんしている地区はビル街区に該当する。
高度商業地区	大都市の都心若しくは副都心又は地方中核都市の都心等における商業地域内で容積率の高い地区（都市計画で定める容積率が600パーセント以上(注)である地区）にあって，中高層（主として6階建以上）の百貨店，専門店舗等が連たんする高度小売商業地区若しくは事務所等が連たんする高度業務地区又は店舗と事務所が混在する複合商業地区
繁華街地区	大都市又は地方中核都市において各種小売店舗が連たんする著名な商業地又は飲食店舗等が多い歓楽街など，人通りが多く繁華性の高い中心的な商業地区をいい，主として都市計画で定める容積率が高く中高層の比較的小規模の建物が連たんしている地区
普通商業地区	商業地域（主として都市計画で定める容積率が600パーセント未満の地域）若しくは近隣商業地域内にあって，又は第一種，第二種及び準住居地域若しくは準工業地域内の幹線道路（国県道等）沿いにあって，中低層（主として5階建以下）の店舗，事務所等が連たんする商業地区で，ビル街地区，高度商業地区又は繁華街地区と比較して資本投下量が少ない地区

地区	
併用住宅地区	商業地区の周辺部（主として近隣商業地域内）又は第一種，第二種及び準住居地域若しくは準工業地域内の幹線道路（国県道等）沿いにあって，戸建て住宅が混在する小規模の店舗，事務所等の低層利用の建物を中心にマンション等の中層の建物も混在する地区
普通住宅地区	主として第一種及び第二種低層住居専用地域，第一種及び第二種中高層住居専用地域，第一種，第二種及び準住居地域又は準工業地域内にあって，主として居住用建物が連続している地区
中小工場地区	主として準工業地域，工業地域又は工業専用地域内にあって，敷地規模が9,000平方メートル程度までの工場，倉庫，流通センター，研究開発施設等が集中している地区
大工場地区	主として準工業地域，工業地域又は工業専用地域内にあって，敷地規模がおおむね9,000平方メートルを超える工場，倉庫，流通センター，研究開発施設等が集中（3画地以上）している地区又は単独で3万平方メートル以上の敷地規模のある画地によって形成されている地区（ただし，用途地域が定められていない地区であっても，工業団地，流通業務団地等においては，1画地の平均規模が9,000平方メートル以上の団地は大工場地区に該当する。）

(注) 建築基準法第52条第2項等の規定により都市計画で定める容積率と異なる容積率となるときは，当該規定により計算した後の容積率が600％以上である地区に限る。
(出典) 国税庁「資産税事務提要」〔TAINS・資産税事務提要H280600〕

(2) 地区区分の表示

① 地区区分の表示

地区区分は，路線価図において**図表2－7**のような記号により表示されている。

[図表2－7]

地 区	表示方法
ビル街地区	12,500C
高度商業地区	6,200C
繁華街地区	4,800C
普通商業・併用住宅地区	900C
普通住宅地区	400D
中小工場地区	300D
大工場地区	70D

2章　宅地の評価

② 道路沿いにある宅地の地区区分の表示

地区区分を道路沿いの宅地に限定する場合等の表示方法は，普通商業・併用住宅地区について示せば，**図表2－8**に掲げるとおりである。なお，他の地区区分についても同様である。

[図表2－8]

表示方法	地　区
 ⬯(900C)⬯	道路を中心として北側と南側の全地域をさす。
 ⬯(900C)⬯（斜線）	道路を中心として斜線のない南側全地域をさす。北側にはこの地区区分を適用しない。
 ⬯(900C)⬯（黒塗り）	道路沿いのみの地域をさす。2軒目，3軒目にはこの地区区分を適用しない。
 ⬯(900C)⬯（上半黒塗り）	道路を中心として北側（黒塗り側）の道路沿いと南側（反対側）全地域をさす。
 ⬯(900C)⬯（上黒下斜線）	道路を中心として北側（黒塗り側）の道路沿いのみの地域をさす。南側にはこの地区区分を適用しない。

例えば，**図表2－9**の土地が接している北側の道路に付けられた地区区分は「普通商業・併用住宅地区」となっているが，南側の土地には適用しない（斜線）とされている。

したがって，適用する路線価は「82千円/m²」であるが，評価対象地の地区区分は，南側路線の「普通住宅地区」となる。

[図表2－9]

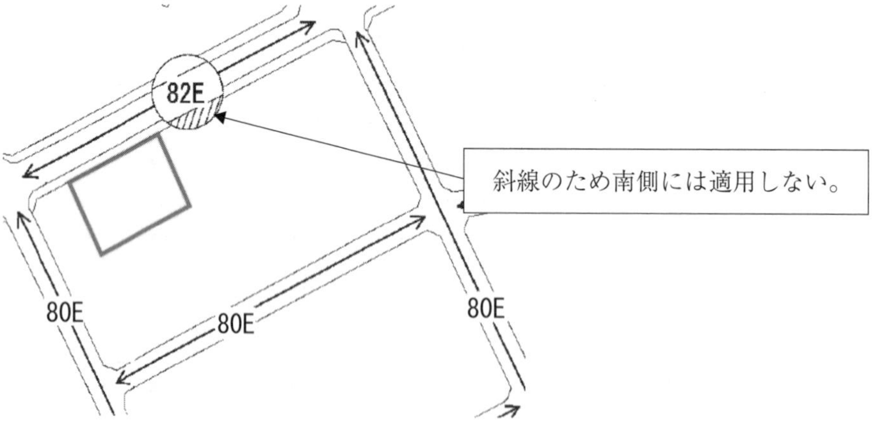

斜線のため南側には適用しない。

また，**図表2－10**の土地が接している南側の道路に付けられた地区区分は「普通商業・併用住宅地区」となっている。ただし，地区区分は黒塗りになっていることから道路沿いの土地のみ適用され，道路沿いではない土地には適用されない。

したがって，評価対象地の地区区分は，北側もしくは東側路線の「普通住宅地区」となる。なお，

—186—

[図表2-10]

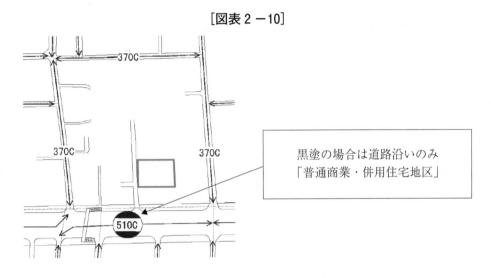

路線価は「510千円/m²」に基づいて評価する。

> 実務上のポイント

　地区区分に応じて、奥行価格補正率や不整形地補正率など各種の補正率が異なるため、表示の見間違いがないように留意する。
　例えば、**図表2-11**は、路線価図の上部に例示されている高度商業地区の表示である。また、**図表2-12**は路線価図に示された普通商業・併用住宅地区である。円と楕円で似たような表示であるため、普通商業・併用住宅を高度商業地区と見誤るケースが多い。

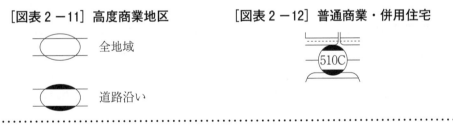

4 特定路線価

> **財産評価基本通達14-3（特定路線価）**
> 　路線価地域内において、相続税、贈与税又は地価税の課税上、路線価の設定されていない道路のみに接している宅地を評価する必要がある場合には、当該道路を路線とみなして当該宅地を評価するための路線価（以下「特定路線価」という。）を納税義務者からの申出等に基づき設定することができる。
> 　特定路線価は、その特定路線価を設定しようとする道路に接続する路線及び当該道路の付近の路線に設定されている路線価を基に、当該道路の状況、前項に定める地区の別等を考慮して税務署長が評定した1平方メートル当たりの価額とする。

2章　宅地の評価

(1) 路線価の付されていない道路に接する宅地の評価

　本項では，路線価の設定されていない道路にのみ接している宅地を評価する必要がある場合における特定路線価の設定等について定めている。

　路線価の設定されていない道路のみに接している宅地については，路地状敷地（旗状地）として評価する方法とその道路に特定路線価を設定して評価する方法がある[50]。

① 路地状敷地として評価する方法

　路線価の設定されていない道路のみに接している宅地は，その道路に接続する路線（接続路線）の路線価を基に，その接続路線と評価対象地である土地との位置関係等に基づき同通達に定める画地調整を行って評価する方法が考えられる。いわゆる路地状敷地（旗状地）としての評価である。

実務上のポイント

　路地状敷地として評価する方法とは，接続路線から接道義務を満たす想定通路を評価対象地とあわせて評価し，奥行価格補正や間口狭小補正，不整形地補正などの画地補正を行った上で算出された 1 m^2 当たりの価額に評価対象地の地積を乗じて計算する方法である（ここでは，評価対象地自体は建築基準法上の道路に面しているため無道路地補正は行わない）。

　なお，その際に想定通路の取り方はいくつかの方法が考えられる。想定通路の面積を最小限とするのであれば接道義務を考慮した(1)である。ただし，他人の敷地を通るため現実的なものではなく，(2)または(3)のような想定通路も考えられる。いずれの方法も間違いとはいえないが，評価額に違いが出てくる。

50　特定路線価の規定が平成12（2000）年に新設される以前は，仮路線価という方法があった。
　　仮路線価とは，東京国税局「個別事情のある財産の評価等の具体的取扱いについて（昭和55年個別通達）」2の(2)の定めにより，路線価の付されていない私道に路線価に相当する価額を設定することである。
　　仮路線価は，その私道と状況が類似する付近の路線価を基として，道路の幅員，舗装の状況，道路の勾配などの物理的状況，上下水道，都市ガスの付設の有無などの経済的状況及び建築制限などの行政上の法規制の状況等を比較検討して税務署長により評定されていた。

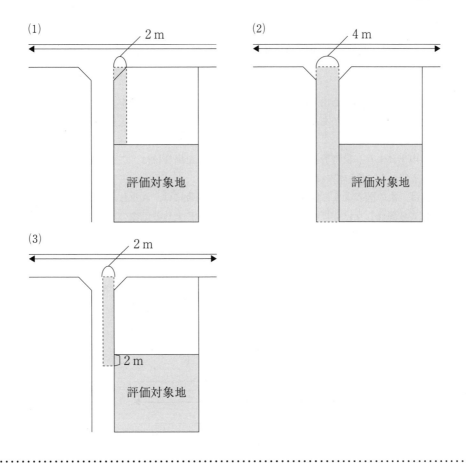

② 特定路線価の設定

　路線価地域内において，路線価の設定されていない道路のみに接している宅地を評価する必要がある場合には，税務署長は，当該道路を路線とみなして当該宅地を評価するための路線価（以下「特定路線価」という）を納税義務者からの申出等に基づき設定することができる。

　特定路線価は，その特定路線価を設定しようとする道路（以下「評価路線」という）に接続する路線（以下「接続路線」という）及び当該道路の付近の路線に設定されている路線価を基に，当該道路の状況，地区の別等を考慮して評定する。

　なお，特定路線価を設定した場合には，その土地の価額は特定路線価により評価しなければならない。

2章　宅地の評価

タックスアンサーNo.4621　私道に沿接する宅地の評価

【概要】

　相続税や贈与税の申告のために，路線価地域内において，路線価の設定されていない道路のみに接している宅地を評価する必要があるときには，税務署長に対して特定路線価の設定の申出をすることができます。

　この設定の申出により，税務署長が特定路線価を設定した場合には，この特定路線価を路線価とみなして，その道路のみに接している宅地を評価します。

　なお，例えば，次の図のように特定路線価を設定した場合には，A，B，CおよびD土地の価額は特定路線価により評価しなければなりませんが，E土地やF土地の価額の評価に当たっては，この特定路線価に基づく側方路線影響加算を行う必要はありません。

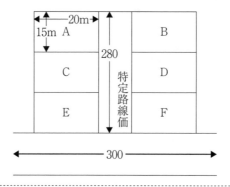

　この特定路線価の設定の申出は，納税者が「特定路線価設定申出書」に必要事項を記載の上，必要書類を添付して，納税地を所轄する税務署長に提出する。

4 特定路線価

	整理簿
	※

平成
令和___年分　特定路線価設定申出書

※印欄は記入しないでください。

_____税務署長

令和__年__月__日　　申出者　住所(所在地)〒_____
　　　　　　　　　　　　（納税義務者）

　　　　　　　　　　　　　　氏名(名称)_____

　　　　　　　　　　　　　　職業(業種)_____電話番号_____

相続税等の申告のため、路線価の設定されていない道路のみに接している土地等を評価する必要があるので、特定路線価の設定について、次のとおり申し出ます。

1　特定路線価の設定を必要とする理由	☐　相続税申告のため（相続開始日____年__月__日） 　　被相続人　住所_____ 　　　　　　　氏名_____ 　　　　　　　職業_____ ☐　贈与税申告のため（受贈日____年__月__日）
2　評価する土地等及び特定路線価を設定する道路の所在地、状況等	「別紙　特定路線価により評価する土地等及び特定路線価を設定する道路の所在地、状況等の明細書」のとおり
3　添付資料	(1)　物件案内図（住宅地図の写し） (2)　地形図（公図、実測図の写し） (3)　写真　　撮影日____年__月__日 (4)　その他　[　　　　　　　　　　　　　]
4　連絡先	〒 住　所_____ 氏　名_____ 職　業_____電話番号_____
5　送付先	☐　申出者に送付 ☐　連絡先に送付

＊　☐欄には、該当するものにレ点を付してください。

(資9-29-A4統一)

2章　宅地の評価

別紙　特定路線価により評価する土地等及び特定路線価を設定する道路の所在地、状況等の明細書

土地等の所在地 （住居表示）	[　　　　　　　　　]	[　　　　　　　　　]
土地等の利用者名、利用状況及び地積	（利用者名） （利用状況）　　　　㎡	（利用者名） （利用状況）　　　　㎡
道路の所在地		
道路の幅員及び奥行	（幅員）　　m　（奥行）　　m	（幅員）　　m　（奥行）　　m
舗装の状況	□舗装済　・　□未舗装	□舗装済　・　□未舗装
道路の連続性	□通抜け可能 　（□車の進入可能・□不可能） □行止まり 　（□車の進入可能・□不可能）	□通抜け可能 　（□車の進入可能・□不可能） □行止まり 　（□車の進入可能・□不可能）
道路のこう配	度	度
上　水　道	□有 □無（□引込み可能・□不可能）	□有 □無（□引込み可能・□不可能）
下　水　道	□有 □無（□引込み可能・□不可能）	□有 □無（□引込み可能・□不可能）
都　市　ガ　ス	□有 □無（□引込み可能・□不可能）	□有 □無（□引込み可能・□不可能）
用途地域等の制限	（　　　　　　）地域 建蔽率（　　　）％ 容積率（　　　）％	（　　　　　　）地域 建蔽率（　　　）％ 容積率（　　　）％
その他（参考事項）		

（資9－30－A4統一）

記載方法等

　この申出書は、課税の対象となる路線価地域内に存する土地等について、その土地等に接している道路に路線価が設定されていないため、路線価を基に評価することができない場合に、その土地等を評価するための路線価（特定路線価）の設定を申し出るときに使用します。

1　この申出書は、相続税、贈与税の申告のため、路線価の設定されていない道路のみに接している土地等を評価することが必要な場合に提出してください。
2　この申出書は、原則として、納税地を所轄する税務署に提出してください。
3　「特定路線価により評価する土地等」、「特定路線価を設定する道路」及び「特定路線価を設定する道路に接続する路線価の設定されている路線」の状況等がわかる資料（物件案内図、地形図、写真等）を添付してください。

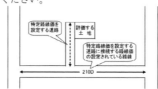

4　「特定路線価により評価する土地等」及び「特定路線価を設定する道路」の所在地、状況等については、「別紙　特定路線価により評価する土地等及び特定路線価を設定する道路の所在地、状況等の明細書」に記載してください。
　(1)　「土地等の所在地（住居表示）」欄には、「特定路線価により評価する土地等」の所在地を画地ごとに記載してください。
　(2)　「土地等の利用者名、利用状況及び地積」欄には、その土地等の利用者名、利用状況及び地積を記載してください。土地等の利用状況については、「宅地（自用地）」、「宅地（貸地）」などと記載してください。
　(3)　「道路の所在地」欄は、「特定路線価を設定する道路」の所在地の地番を記載してください。
　(4)　「道路の幅員及び奥行」欄には、「特定路線価を設定する道路」の幅員及び「特定路線価を設定する道路に接続する路線価の設定されている路線」からその土地等の最も奥までの奥行距離を記載してください。
　(5)　「舗装の状況」欄は、該当するものにレ点を付してください。
　(6)　「道路の連続性」欄は、該当するものにレ点を付してください。
　(7)　「道路のこう配」欄には、傾斜度を記載してください。
　(8)　「上水道」、「下水道」、「都市ガス」欄は、該当するものにレ点を付してください。各欄の「引込み可能」とは、「特定路線価を設定する道路」に上下水道、都市ガスが敷設されている場合及び「特定路線価を設定する道路」にはないが、引込距離約50m程度のもので、容易に引込み可能な場合をいいます。
　(9)　「用途地域等の制限」欄には、その土地等の存する地域の都市計画法による用途地域（例えば、第1種低層住居専用地域等）、建蔽率及び容積率を記載してください。
　(10)　「その他（参考事項）」欄には、上記以外に土地の価格に影響を及ぼすと認められる事項がある場合に記載してください。
　(注)　この申出書を提出した場合でも、路線価を基に課税の対象となる土地等を評価することができるときには、特定路線価を設定しないことになりますので留意してください。

　なお，平成25（2013）年に各国税局のホームページで「特定路線価設定申出書の提出チェックシート」が公開されている。
　ここでは，特定路線価の設定は，①路線価地域にあること，②路線価の設定されていない道路にのみ接していること，③評価する土地の利用者以外の人も利用する道路であること，④建築基準法上の道路であることの要件を満たすことが要件とされている。

2章　宅地の評価

特定路線価設定申出書の提出チェックシート

　　　　　　　　　　　　　　　　　　　　　　　　フリガナ
　　　　　　　　　　　　　　　　　　　　　　申出者氏名：

「特定路線価設定申出書」を提出する場合には、次の事項のチェックをお願いします（原則として、「はい」が全て☑となった方のみ提出できます。）。

| 1　特定路線価の設定を必要とする年分の路線価は公開されていますか。 | いいえ→ | 路線価の公開前に提出された場合には、路線価が公開された後の回答になります。 |

□ はい
↓

| 2　特定路線価の設定を必要とする理由は、相続税又は贈与税の申告のためのものですか。 | いいえ→ | 相続税又は贈与税の申告以外の目的のためには、特定路線価を設定できません。 |

□ はい
↓

| 3　評価する土地等は、「路線価方式」により評価する地域（路線価地域）内にありますか。
※ 財産評価基準書（路線価図・評価倍率表）で確認できます。 | いいえ→ | 「倍率方式」により評価する地域内にある土地等は、固定資産税評価額に所定の倍率を乗じて評価します。 |

□ はい
↓

| 4　評価する土地等は、路線価の設定されていない道路のみに接している土地等ですか。 | いいえ→ | 原則として、既存の路線価を基に画地調整等を行って評価します。
　例えば、下図の場合、評価対象地が路線価の設定されている道路に接しているので、その路線価を基に評価します。
　なお、評価方法など不明な点につきましては、相続税又は贈与税の納税地を管轄する税務署にご相談ください。
　相談の結果、「特定路線価設定申出書」を提出していただく場合もあります。
※　税務署での面接による相談は事前の予約が必要です。 |

□ はい
↓

| 5　特定路線価を設定したい道路は、評価する土地等の利用者以外の人も利用する道路ですか。 | いいえ→ | |

□ はい
↓

| 6　特定路線価を設定したい道路は、建物の建築が可能な道路ですか。
※ 都県又は市町村の部署（建築指導課等）で確認できます。 | いいえ→ | |

□ はい

★　特定路線価は、原則として「建築基準法上の道路等」に設定しています。
　　「建築基準法上の道路等」とは、
　　①　「建築基準法第42条第1項第1号～第5号又は第2項」に規定する道路
　　②　「建築基準法第43条第2項第1号又は第2号（平成30年9月25日改正前の建築基準法第43条第1項ただし書を含む。）」の適用を受けたことのある敷地に面する道をいいます。

↓

以下のいずれかの税務署に「特定路線価設定申出書」を提出してください。
・特定路線価の評定を担当する税務署（詳細は裏面をご覧ください。）
・納税地を所轄する税務署（納税地は、相続税の場合は被相続人の住所地、贈与税の場合は受贈者の住所地となります。）
・評価する土地等の所在地を所轄する税務署

(注)1　このチェックシートは、「特定路線価設定申出書」と併せて提出してください。
　　2　財産評価基準書（路線価図・評価倍率表）は国税庁ホームページ【www.rosenka.nta.go.jp】で確認できます。
　　3　通常、回答までに1か月程度の期間を要します。

4　特定路線価

特定路線価の評定を担当する税務署一覧

評定を担当する税務署		管　轄　区　域
千葉県	〒260-8577 千葉市中央区祐光1丁目1番1号 **千葉東税務署　評価専門官** 　　電話　043-225-6811（代表）	いすみ市、市原市、勝浦市、鴨川市、木更津市、君津市、袖ケ浦市、館山市、千葉市、習志野市、富津市、船橋市、南房総市、茂原市、八千代市、安房郡、夷隅郡、長生郡
	〒272-8573 市川市北方1丁目11番10号 **市川税務署　評価専門官** 　　電話　047-335-4101（代表）	旭市、我孫子市、市川市、印西市、浦安市、大網白里市、柏市、香取市、鎌ケ谷市、佐倉市、山武市、白井市、匝瑳市、銚子市、東金市、富里市、流山市、成田市、野田市、松戸市、八街市、四街道市、印旛郡、香取郡、山武郡
東京都	〒102-8311 千代田区九段南1丁目1番15号 九段第2合同庁舎　1階・2階 **麹町税務署　評価専門官** 　　電話　03-3221-6011（代表）	大田区、品川区、渋谷区、杉並区、世田谷区、中央区、千代田区、港区、目黒区、大島町、八丈町、青ケ島村、小笠原村、神津島村、利島村、新島村、御蔵島村、三宅村
	〒160-8530 新宿区四谷三栄町7番7号 **四谷税務署　評価専門官** 　　電話　03-3359-4451（代表）	板橋区、新宿区、豊島区、中野区、練馬区
	〒116-8588 荒川区西日暮里6丁目7番2号 **荒川税務署　評価専門官** 　　電話　03-3893-0151（代表）	足立区、荒川区、江戸川区、葛飾区、北区、江東区、墨田区、台東区、文京区
	〒192-8565 八王子市明神町4丁目21番3号 **八王子税務署　評価専門官** 　　電話　042-697-6221（代表）	昭島市、あきる野市、稲城市、青梅市、清瀬市、国立市、小金井市、国分寺市、小平市、狛江市、立川市、多摩市、調布市、西東京市、八王子市、羽村市、東久留米市、東村山市、東大和市、日野市、府中市、福生市、町田市、三鷹市、武蔵野市、武蔵村山市、西多摩郡
神奈川県	〒231-8550 横浜市中区新港1丁目6番1号 よこはま新港合同庁舎2階・3階 **横浜中税務署　評価専門官** 　　電話　045-651-1321（代表）	川崎市、横浜市
	〒251-8566 藤沢市朝日町1番地の11 **藤沢税務署　評価専門官** 　　電話　0466-22-2141（代表）	厚木市、綾瀬市、伊勢原市、海老名市、小田原市、鎌倉市、相模原市、座間市、逗子市、茅ケ崎市、秦野市、平塚市、藤沢市、三浦市、南足柄市、大和市、横須賀市、愛甲郡、足柄上郡、足柄下郡、高座郡、中郡、三浦郡
山梨県	〒400-8584 甲府市丸の内1丁目1番18号 甲府合同庁舎 **甲府税務署　評価専門官** 　　電話　055-254-6105（代表）	山梨県全域

（出典）　国税庁ホームページ（https://www.nta.go.jp/about/organization/tokyo/topics/kobetsu/pdf/tokutei01.pdf）

2章　宅地の評価

③　具体的な評価方法

例えば，**図表2－13**のケースである。

（イ）被相続人・甲は，A土地及びB私道（私道の持分は6分の1）を所有している。

（ロ）甲は，A土地上に居住用家屋を建てて自ら使用している。

（ハ）B私道は，隣地所有者の通行の用に供され，建築基準法上の道路として位置指定道路の認定を受けている。

（ニ）B私道に路線価は付されていない。

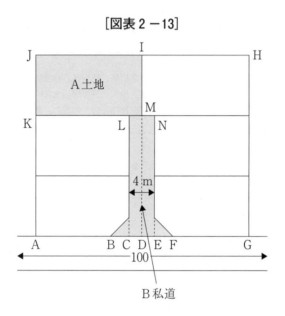

［図表2－13］

このようなA土地の評価については，B私道に特定路線価を設定するか，または，特定路線価を設定せずに付近の路線価を基に路地状敷地として評価するかにより異なってくる。

(a)　特定路線価を設定する場合

B私道に特定路線価を設定する場合，A土地の評価単位はI－J－K－L－M－Iとなり，間口はL－Mとなる（この際，間口は接道義務を満たす必要があり，仮に接道義務を満たさない場合は，無道路地に準じて評価を行う。）。

(b)　路地状敷地として評価する場合

B私道に特定路線価を設定せず，路地状敷地として評価する場合，A土地の評価単位はI－J－K－L－C－D－M－Iとなり，間口は接道義務を満たすことを前提としたC－Dとなる（評価対象地のみを切り抜いたものが**図表2－14**である）。

間口や奥行，不整形地などの補正は，評価の対象となっている土地の全体（I－J－K－L－C－D－M－I）に基づいて行い，土地の1m²当たりの単価を算出し，これにI－J－K－L－M

—196—

－Ⅰの地積（課税地積）を乗じて相続税評価額を算出する。

この場合の評価地積及び課税地積は以下の算式のとおりとなる[51]。

（算式）

$$\frac{課税地積}{評価地積} = \frac{I-J-K-L-M-Iの地積}{I-J-K-L-C-D-M-Iの地積}$$

［図表2－14］　A土地の評価の形状

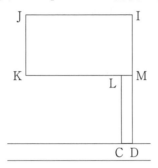

実務上のポイント

路線価の付されていない道路にのみ接している土地の評価において，税務署長に特定路線価を申請すべきか，路地状敷地として評価すべきかは常に判断に迷う点である。「特定路線価設定申出書の提出チェックシート」において，建築基準法上の道路でなければ特定路線価は付さない旨が示されているのは1つの判断基準となっている。

一般的に，特定路線価は（道路の幅員，環境条件にもよるが）通常，接続路線の1～2割減額されることが多いのに対し，路地状敷地として評価を行うと不整形地補正などで2～3割の減額がなされる。

路地状敷地として評価する場合に接続路線から遠く離れていることで不合理と認定されることが懸念される。

(c) 設定された特定路線価が適正とされた事例

平成24年11月13日裁決〔裁決事例集89巻333頁〕は，特定路線価の設定された市道に面する土地の評価が争われた事例である。

本件1土地，本件2土地，本件3土地及び本件4土地（以下，これらをあわせて「本件各土地」という）上には，それぞれ建物が所在しており，各建物は共同住宅として貸付けの用に供されていた。

本件各土地及び本件位置指定道路等の形状・接道状況等は，以下のとおりである。

（イ）本件5A土地は，本件5B土地を経て市道に接続しており，公衆用道路として使用されてい

51　ここでは評価の対象となっている土地の全体地積を「評価地積」といい，その評価地積のうち，相続税や贈与税の課税対象となる部分を「課税地積」という。

2章　宅地の評価

　　　る私道である。
(ロ)　本件5A土地及び本件5B土地は，建築基準法に規定する位置指定道路（以下，あわせて「本件位置指定道路」といい，本件5C土地とあわせて「本件位置指定道路等」という）に指定されている。
(ハ)　本件市道に付された路線価は，195,000円/m^{2}である。
(ニ)　平成21年4月26日，審査請求人は，本件各土地及び本件位置指定道路等（以下，これらをあわせて「本件不動産」という）を売買代金121,000,000円で譲渡した。
(ホ)　平成21年8月12日，審査請求人は，税務署長に対し，本件5A土地について特定路線価の設定を求める申出をした。
(ヘ)　平成21年9月9日付，税務署長は，本件5A土地を路線とみなし，平成20年分の特定路線価を1m^{2}当たり170,000円（以下「本件特定路線価」という）と設定して審査請求人宛に回答した。
(ト)　審査請求人は，本件各土地の価額を不動産鑑定士による鑑定評価額とするなどして，相続税の申告をした。
(チ)　平成23年7月29日，納税者の申告に係る本件各土地及び本件位置指定道路等の鑑定評価額が時価よりも低いとして，①本件各土地については特定路線価により，②位置指定道路等については，市道の路線価により算定した価額による課税処分が行われる。

　本件各土地の評価について，審査請求人は，市道における路線価を正面路線価として画地調整を行って算定する方法により評価すべきであり，仮に，特定路線価を設定すべきであるとしても，本件特定路線価は，位置指定道路に付された固定資産税路線価124,000円に比し，かなり割高であるから，路線価と固定資産税路線価の一般的な格差水準からみて，140,000円程度が妥当であると主張した。
　原処分庁は，本件5A土地を路線とみなして設定された本件特定路線価を正面路線価として評価するのが相当であると主張した。
　裁決は，本件特定路線価の評定において不合理とみられる特段の事情は見当たらないことから，本件各土地の価額は，本件特定路線価を正面路線価として算定するのが相当であると判断している。

4 特定路線価

[図表2－15]

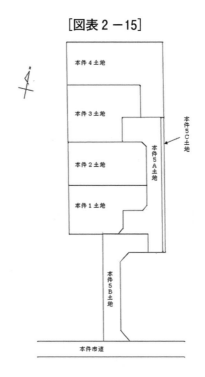

(2) 路地状敷地による評価に疑義がある場合

　納税義務者が路地状敷地による評価方法で計算した申告について，その評価方法が合理的ではなく，評価額に疑義があると認められる場合，納税地を所轄する税務署の署長は，特定路線価を設定し，設定された特定路線価に基づいて評価することができる。

Q 特定路線価の設定がない評価額に疑義がある場合

■質　問

　納税地を所轄する税務署の署長は，次図のA土地について，納税義務者から特定路線価の設定の申出がないまま，適宜の方法でその価額を計算した申告がありましたが，その評価方法が合理的ではなく，評価額に疑義がある場合，どのように対応するのでしょうか。

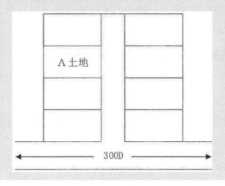

2章　宅地の評価

> ■回　答
>   納税地を所轄する税務署の署長は，Ａ土地の所在する地域の特定路線価の評定を行う税務署の署長に対して特定路線価の設定を依頼します。
>
> （解説）
>   評価通達14-3は，路線価地域内において，相続税等の課税上，路線価の設定されていない道路のみに接している宅地（以下「特定宅地」という。）を評価する必要がある場合には，当該道路を路線（不特定多数の者の通行の用に供されている道路（評価通達14《路線価》））とみなして当該宅地を評価するための路線価（特定路線価）を納税義務者からの申出等に基づき設定することができる旨定めています。
>   また，上記「納税義務者からの申出等」は「納税地を所轄する税務署の署長からの依頼」を含むことから，資産税事務提要は，当該依頼について，納税義務者からの申出の場合と区別した手続及び様式を定めています。
>   以上のことから，路線価の設定されていない道路の状況（道路の種類，幅員，延長距離，舗装の有無など）及び当該道路と当該道路に接続する路線の状況の格差，特定宅地の位置等からみて，申告の価額（路線価（本事例の場合300千円）を基として評価した価額など）が不合理な場合で，特定路線価に基づき評価する必要があると認められる場合には，納税地を所轄する税務署の署長は，特定宅地の所在する地域の特定路線価の評定を行う税務署の署長に対して特定路線価の設定を依頼し，設定された特定路線価に基づいてＡ土地を評価することができます。
>
> （参考）東京国税局「資産税審理研修資料（令和3年8月）」〔TAINS・評価事例708318〕

(3) 特定路線価の評定

① 税務署長による特定路線価の評定

　納税地の所轄税務署長は，路線価の設定されていない道路について特定路線価の設定が必要であると認められる場合には，必要に応じて，当該土地等の特定路線価評定担当署の署長に特定路線価の設定を依頼する。

　特定路線価評定担当署の署長は，その特定路線価の設定にあたって，特定路線価を設定しようとする道路と状況が類似する付近の路線の路線価を基準として，道路の状況その他宅地の価格に影響を及ぼす項目の状況等を総合的に勘案し，次の（イ）または（ロ）の方法によって評定する[52]。

（イ）固定資産税路線価の格差による評定方法

　特定路線価を設定する道路の存する地域の財産評価額と固定資産税評価額の均衡化の状況等から，特定路線価を設定する道路に固定資産税路線価が設定されているときには，原則として，当該特定路線価を設定する道路と当該道路に接続する道路の固定資産税路線価の格差により評定する[53]。

---

[52] 国税庁「資産税事務提要」〔TAINS・資産税事務提要H280600〕

（ロ）（イ）以外の評定方法

　特定路線価を設定する道路に固定資産税路線価が設定されていないなど上記（イ）の評定方法により難いときには，原則として現地踏査を実施し，特定路線価を設定しようとする道路と状況が類似する付近の路線の路線価を基準として，道路の状況その他宅地の価格に影響を及ぼす項目の状況等を総合的に勘案して評定する。

② 特定路線価の回答

　通常，1か月程度で特定路線価の回答が行われる。

53　東京国税局においては，特定路線価の評定にあたり，特定路線価を設定する道路に固定資産税路線価が設定されているときには，その特定路線価を設定する道路とその道路に接続する道路の固定資産税路線価との格差により評定する方法（以下「原則的評価方法」という。）を徹底し，効率的な事務処理を行うこととされている（東京国税局「全管特別国税調査官（資産税担当）及び資産課税部門統括国税調査官等会議資料」〔TAINS・特別国税調査官会議（資産税）東京局R030805〕）。

2章　宅地の評価

[図表2-16] 特定路線価の回答書

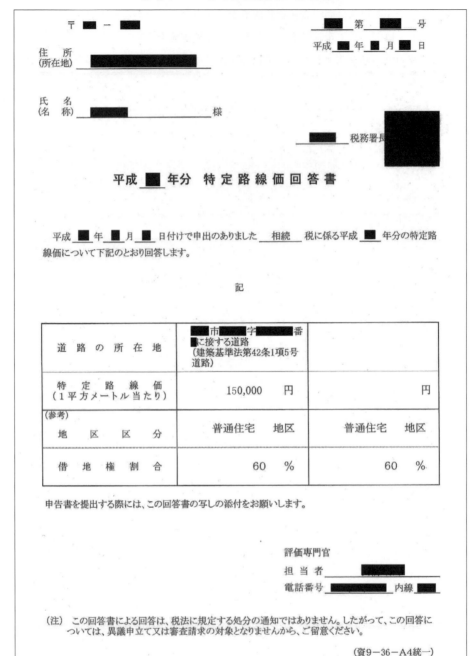

③ 設定された特定路線価の適否

納税義務者によって特定路線価の申請がなされた場合，税務署長は，接続路線及び付近の路線価を基に，当該道路の状況，地区の別等を考慮して特定路線価を設定する。

この税務署長による特定路線価の設定は，税法に規定する処分通知でないことから異議申立て及び審査請求の対象とならないとされている。

ただし，その評定において不合理と認められる特段の事情がある場合には，付された特定路線価は誤りとなりうる。

平成18年10月10日裁決〔TAINS・F0-3-152〕は，税務署長により設定された特定路線価の適否が争われた事例であり，設定された特定路線価が59,000円であるのに対して，納税者の主張する55,000円が採用されている。

本件の概要は以下のとおりである。

（イ）基準となる路線（以下「基準路線」という）の路線価は，63,000円である。
（ロ）基準路線は完全舗装されているのに対し，評価路線は未舗装である。
（ハ）基準路線は，一方は幹線道路と接続しており，反対の一方も他の路線と接続しているのに対し，評価路線は，一方は当該幹線道路と接続しているが，反対側は行き止まりである。
（ニ）評価路線の幅員については，西側道路から入って約30メートルは約4メートルであるが，その奥は4メートル未満である。
（ホ）下水道については，基準路線は公共下水道への接続があるが，評価路線は公共下水道への接続はなく，排水区域で処理区域外に存している。
（ヘ）都市ガスについては，基準路線は既設の管から50メートル以内にあり，容易に引込みが可能であると認められるのに対して，評価路線は，既設の管から50メートルを超えており，容易には引込みができないと認められる。

裁決は，基準路線と評価路線との格差を比較し，舗装の状況，道路の系統・連続性，幅員，下水道・都市ガスの状況等を総合的に考慮すると，納税者の主張する価額が特定路線価として相当であると判断している（基準路線と評価路線との格差は**図表2－17**のとおり）。

［図表2－17］特定路線価を設定する道路と比準する路線との格差

価格形成要因		基準とする路線		本件評価路線					
				審査請求人の主張		原処分庁の主張		裁決の認定	
道路条件	舗装状況	完全舗装	0.0	未舗装	−4.0	未舗装	−4.0	未舗装	−4.0
	幅員	4.0m	−2.0	4.0m未満	−5.0	4.0m	−2.0	4.0m未満	−5.0
	系統・連続性	普通	0.0	劣る	−2.0	劣る	−2.0	劣る	−2.0
環境条件	下水道	公共下水道	2.0	排水区域	0.0			排水区域	0.0
	都市ガス	引込可能	0.0	引込不能	−1.0	−	−	引込不能	−1.0
基準路線に対する格差率		100.0		88.0		93.9		88.0	
路線価（14年分）		63,000円	100.0	55,000円	87.3	59,000円	93.7	55,000円	87.3

2章　宅地の評価

> **実務上のポイント**
>
> 　設定された特定路線価に不服があっても納税者は異議を申し出ることができないとされている。ただし，あくまでも相続税評価額は相続税法第22条における時価であるため，その特定路線価に基づいて評価された金額が時価を超える場合には特定路線価は変更せざるを得ないこととなる。
>
> 　　| 特定路線価 |　×　画地調整　×　地積　＝　| 相続税評価額 |
>
> 　したがって，納税者においても，特定路線価の申出にあたっては，道路の幅員や舗装の状況，こう配，上下水道・ガスの有無，通り抜けの可否等の条件を確認しておく必要がある。

(4) 特定路線価と側方路線影響加算

　路線価の設定されていない道路に特定路線価が設定された場合，その特定路線価は特定宅地の評価に用いるものであるため，この特定路線価が接面する別の宅地について側方路線影響加算は行わない。

Q　側方路線影響加算等の計算――特定路線価を設定した場合

■質　問

　次の図のＡ，Ｂ，Ｃ及びＤ土地を評価するために特定路線価が設定された場合に，Ｅ及びＦ土地の評価に当たって，特定路線価に基づく側方路線影響加算を行うべきでしょうか。

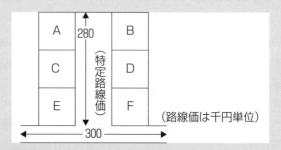

■回　答

　Ｅ及びＦ土地の価額の評価に当たっては，特定路線価に基づく側方路線影響加算は行いません。

（解説）

　相続税や贈与税の申告のために，路線価地域において路線価の設定されていない道路のみに接している土地を評価する必要があるときには，納税義務者からの申出等に基づき特定路線価を設定することができることとしています。

　事例の場合において特定路線価は，Ａ，Ｂ，Ｃ及びＤ土地の価額の評価に用いるものであるから，Ｅ及びＦ土地の価額の評価に当たっては，この特定路線価に基づく側方路線影響加算は行いません。

　また，次の図のような場合も同様に，Ｊ土地の価額の評価に当たっては，Ｇ，Ｈ及びＩ土地の価額

を評価するために設定した特定路線価に基づく二方路線影響加算は行いません。

なお，特定路線価に基づいて評価する場合においても，財産評価基本通達15《奥行価格補正》から20-7《容積率の異なる2以上の地域にわたる宅地の評価》までの定め（同通達16《側方路線影響加算》から18《三方又は四方路線影響加算》までの定めを除きます。）により評価します。

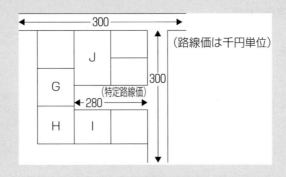

(参考) 国税庁質疑応答事例「側方路線影響加算等の計算―特定路線価を設定した場合」

【誤りやすい項目】特定路線価を設定した場合の側方路線影響加算について

誤った認識	正しい答え
路線価が正面と側方にあることとなるので，側方路線影響加算を行うことになる。	評価対象地の側方道路に，特定路線価が設定された場合，設定されることにより角地となっても，側方路線影響加算の計算は行わない（財産評価上の角地でない。）。

(参考) 東京国税局「誤りやすい事例集（改訂版）」〔TAINS・相続事例001873〕

【誤りやすい事例】特定路線価の側方路線影響加算

誤った取扱い	正しい取扱い
A及びCの宅地の評価上，特定路線価を側方路線価として側方路線影響加算の適用をした。 路線価300 A｜特定路線価250｜C B｜｜D	特定路線価は，路線価の設定されていない道路にのみ接している宅地を評価するためのものであることから，路線価設定道路と特定路線価設定道路の両方に接する宅地の評価に当たっては，特定路線価を側方路線価として側方路線影響加算はしない。

(参考) 大阪国税局「誤りやすい事例（財産評価関係平成30年分）」〔TAINS・評価事例大阪局300000〕

2章　宅地の評価

5　奥行価格補正

財産評価基本通達15《奥行価格補正》
　一方のみが路線に接する宅地の価額は，路線価にその宅地の奥行距離に応じて奥行価格補正率を乗じて求めた価額にその宅地の地積を乗じて計算した価額によって評価する。

付表1　奥行価格補正率表

地区区分 奥行距離 （メートル）	ビル街地区	高度商業地区	繁華街地区	普通商業・併用住宅地区	普通住宅地区	中小工場地区	大工場地区
4未満	0.80	0.90	0.90	0.90	0.90	0.85	0.85
4以上　6未満	0.80	0.92	0.92	0.92	0.92	0.90	0.90
6〃　　8〃	0.84	0.94	0.95	0.95	0.95	0.93	0.93
8〃　　10〃	0.88	0.96	0.97	0.97	0.97	0.95	0.95
10〃　　12〃	0.90	0.98	0.99	0.99		0.96	0.96
12〃　　14〃	0.91	0.99			1.00	0.97	0.97
14〃　　16〃	0.92		1.00			0.98	0.98
16〃　　20〃	0.93			1.00		0.99	0.99
20〃　　24〃	0.94						
24〃　　28〃	0.95				0.97	1.00	1.00
28〃　　32〃	0.96	1.00	0.98		0.95		
32〃　　36〃	0.97		0.96	0.97	0.93		
36〃　　40〃	0.98		0.94	0.95	0.92		
40〃　　44〃	0.99		0.92	0.93	0.91		
44〃　　48〃			0.90	0.91	0.90		
48〃　　52〃		0.99	0.88	0.89	0.89		
52〃　　56〃		0.98	0.87	0.88	0.88		
56〃　　60〃		0.97	0.86	0.87	0.87		1.00
60〃　　64〃		0.96	0.85	0.86	0.86	0.99	
64〃　　68〃	1.00	0.95	0.84	0.85	0.85	0.98	
68〃　　72〃		0.94	0.83	0.84	0.84	0.97	
72〃　　76〃		0.93	0.82	0.83		0.96	
76〃　　80〃		0.92	0.81	0.82	0.83		
80〃　　84〃		0.90		0.81	0.82	0.93	

84〃	88〃		0.88					
88〃	92〃		0.86	0.80	0.80	0.81	0.90	
92〃	96〃	0.99	0.84					
96〃	100〃	0.97	0.82					
	100〃	0.95	0.80			0.80		

※ 奥行価格補正率表は，平成19年と平成30年に改正が行われている。

(1) 取扱い

① 奥行価格補正

本項では，宅地の奥行に応ずる補正による評価額の計算方法を定めている。

一方のみが路線に接する宅地の価額は，路線価にその宅地の奥行距離に応じた奥行価格補正率を乗じて評価する。

これは，宅地の価額が，路線からの距離が長い場合は低くなり，路線からの距離が短い部分は高くなり，また，路線からの距離が短い部分だけしかもたない画地の宅地の価額は，低くなるという考えに基づいている。

なお，奥行価格補正率は，奥行の深さが一定以上のものについて，商業地区，住宅地区などの地区別に定められているため，その宅地の存在する地区区分及び奥行の深さに該当するものを用いる。

② 奥行とは

土地の奥行とは，原則として正面路線に対して垂直的な奥行距離をいう。

ただし，奥行距離が一様でないものは，以下の算式のとおり地積を間口で除した平均的な奥行距離による（評価通達20(2)）。

（算式）

　　　奥行距離＝地積÷間口

［図表2－18］普通住宅地区における奥行価格補正率

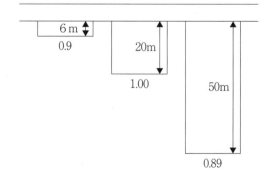

2章　宅地の評価

評価額の計算式を示せば次のとおりである。

[設例1]　普通商業・併用住宅地区における下図のような整形地で路線価30万円の場合の計算例

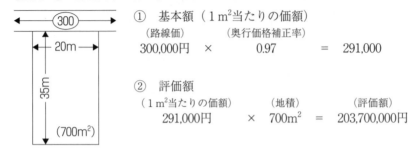

① 基本額（1m²当たりの価額）
（路線価）　　　（奥行価格補正率）
300,000円　×　　0.97　　＝　291,000

② 評価額
（1m²当たりの価額）　　（地積）　　（評価額）
291,000円　×　700m²　＝　203,700,000円

(2) 奥行価格補正の適用

① 宅地が2以上の地区にまたがる場合の評価

　宅地が2以上の地区にまたがる場合には，原則として，その宅地の面積により，いずれか1つの地区を判定し，判定した地区にかかる画地調整率を用いて評価する。

Q　宅地が2以上の地区にまたがる場合の画地調整

■質　問
　奥行価格補正は，地区区分によってその補正率が異なる。
　そこで，次の図のように，宅地が2以上の異なる地区にまたがる場合の画地調整はどのように行うのでしょうか。

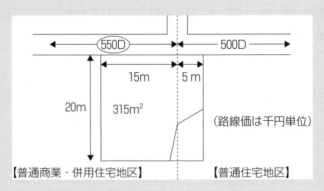

■回　答
　宅地が2以上の地区にまたがる場合には，原則として，その宅地の面積により，いずれか一の地区を判定し，判定した地区にかかる画地調整率を用いて評価します。
　事例の場合には普通商業・併用住宅地区の画地調整率を用いて次のように評価することになります。

整形地とした場合の1m²当たりの価額

$$\frac{\overset{\text{（加重平均による）路線価}}{550,000\text{円}\times15\text{m}+500,000\text{円}\times5\text{m}}}{20\text{m}}\times\overset{\text{奥行距離15.75mにかかる普通商業・併用住宅地区の奥行価格補正率}}{1.00}=537,500\text{円}(1)$$

（注） 上図のように奥行距離が一定でない宅地の奥行距離は，地積を間口距離で除して求めます（この場合の奥行距離は，想定整形地の奥行距離を限度とします。）。

315m²÷20m＝15.75m＜20m

不整形地補正率を乗じて全体の価額を算出します。

$$\underset{\substack{\text{整形地とした場合の}\\1\text{m}^2\text{当たりの価額}}}{537,500\text{円}^{(1)}}\times315\text{m}^2\times\underset{\substack{\text{不整形地}\\\text{補正率}}}{0.97}=164,233,125\text{円}$$

（不整形地補正率 0.97（普通商業・併用住宅地区の補正率）

・かげ地割合＝$\dfrac{\overset{\text{想定整形地の地積}}{400\text{m}^2}-\overset{\text{不整形地の地積}}{315\text{m}^2}}{400\text{m}^2}≒21.3\%$ ・地積区分 A ）

・ただし，それぞれの地区の画地調整率を用いて，例えば，次のように合理的な方法により評価することができる場合には，その方法によって差し支えありません。

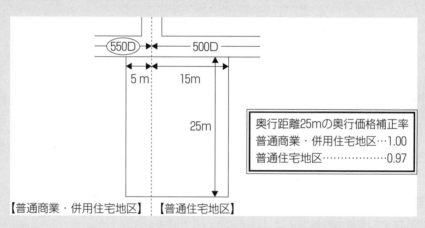

普通商業・併用住宅地区の路線価　普通商業・併用住宅地区の奥行価格補正率　　地積　　普通住宅地区の路線価　普通住宅地区の奥行価格補正率　地積
550,000円 × 1.00 ×125m²＋500,000円× 0.97 ×375m²
＝250,625,000円

（注） 上記の場合，普通商業・併用住宅地区に属する部分の宅地については，普通住宅地区に属する部分の宅地と合わせて判断するため，間口狭小補正及び奥行長大補正は行わないこととなります。なお，地積規模の大きな宅地の評価については，考慮していません。

（参考）国税庁質疑応答事例「宅地が2以上の地区にまたがる場合の画地調整」

② 奥行が短小な画地の評価

奥行が短小な画地の評価方法は，以下のとおりとなる。

Q 奥行が短小な画地の評価

■質　問
路線価地域内の宅地である奥行が短小な画地の評価はどのようにして行いますか。

■回　答
　奥行が短小な画地（不整形地，無道路地を除きます。）を評価する場合には，評価上若干の斟酌をすることになっています。
　普通商業・併用住宅地区において，路線価20万円の路線（街路）に接する下図のような画地の価額は，次のとおりとなります。

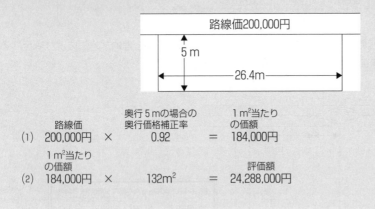

(参考) 実務相談録

③ 屈折路に外接する宅地の評価

屈折路に外接する宅地の評価方法は，以下のとおりとなる。

Q 屈折路に外接する宅地の評価

■質　問
次の図のように屈折部の外側に位置する宅地はどのように評価するのでしょうか。

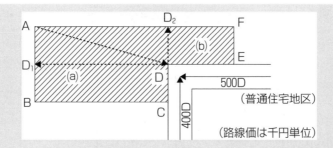

■回 答

　A－B－C－Dを結ぶ土地(a)，A－D－E－Fを結ぶ土地(b)に区分します。そして，(a)部分については，正面路線価を400千円，奥行をD－D_1として計算し，(b)部分については，正面路線価を500千円，奥行をD－D_2として計算し，その(a)部分の価額と(b)部分の価額との合計額により評価します。

(参考) 実務相談録

(3) 奥行価格補正によることが不相当となる場合

　奥行価格補正率は，奥行距離が100メートル以上となると一律となる。

　そこで，間口に比べて奥行が著しく長く，かつ，奥行距離が100mを超えるような土地においては，評価通達に定める補正率により評価を行うことが不合理となる場合がある。

　鹿児島地裁平成18年6月7日判決〔TAINS・Z888－1216〕においては，道路に間口が約35mで接面し，奥行が約175m接面する南北に長大な形状をしている土地について，奥行が100mを大幅に超える特異な形状をしていることから，評価通達の定める「奥行価格補正率表」では適正な奥行価格補正を行うのは困難として，課税庁が依頼した不動産鑑定評価額が採用されている。

6　側方路線影響加算

財産評価基本通達16《側方路線影響加算》

　正面と側方に路線がある宅地（以下「角地」という。）の価額は，次の(1)及び(2)に掲げる価額の合計額にその宅地の地積を乗じて計算した価額によって評価する。

(1) 正面路線（原則として，前項の定めにより計算した1平方メートル当たりの価額の高い方の路線をいう。以下同じ。）の路線価に基づき計算した価額

(2) 側方路線（正面路線以外の路線をいう。）の路線価を正面路線の路線価とみなし，その路線価に基づき計算した価額に付表2「側方路線影響加算率表」に定める加算率を乗じて計算した価額

2章　宅地の評価

[付表2] 側方路線影響加算率表

地区区分	加算率	
	角地の場合	準角地の場合
ビル街地区	0.07	0.03
高度商業地区 繁華街地区	0.10	0.05
普通商業・併用住宅地区	0.08	0.04
普通住宅地区 中小工場地区	0.03	0.02
大工場地区	0.02	0.01

※　側方路線影響加算率表は，平成19年に改正が行われている。

（注）　準角地とは，次図のように一系統の路線の屈折部の内側に位置するものをいう。

(1)　取扱い

①　側方路線の影響

本項では，正面と側方に路線がある宅地の評価方法を定めている。

角地は，正面と側方に異なる2系統の路線があるため，利用間口が大きくなって，出入の便がよくなるほか，採光，通風にも有利になるため，側方路線の影響を受け，正面路線だけに接する画地（その一方だけが街路に接している画地）よりも価格が高くなる。

角地における正面路線が側方路線に影響されて，その価額の高くなる度合いを計表化したのが，「側方路線影響加算率」である。

このような，角地であるがゆえの有利さのうち，通風・採光に好都合という点は，宅地をどのように利用する場合であっても必ずプラスの要素となるが，出入りの便がよくなって，異なる系統の路線における人の流れを容易に吸収できるという点は，繁華街のような商業地では大きな寄与を受けるが，閑静を必要とする住宅地では，必ずしも，プラスの要素となるものではない。

したがって，側方路線影響加算率も，その宅地がどのような地区に存在しているかによって，異なることとなっている。

② 側方路線影響加算

正面と側方に路線がある宅地の価額は，次の（イ）及び（ロ）に掲げる価額の合計額にその宅地の地積を乗じて計算した価額によって評価する。

（イ）正面路線の路線価に基づき計算した価額
（ロ）側方路線の路線価を正面路線の路線価とみなし，その路線価に基づき計算した価額に側方路線影響加算率を乗じて計算した価額

③ 角地と準角地

準角地とは，**図表2－20**のように一系統の路線の屈折部の内側に位置するものをいう。

準角地は，角地が異なる二系統の路線（街路）の交差する地点に存在するのとは異なり，一系統の路線の屈折部の内側に位置するものであるため，通風・採光の有利さも，人の出入りの便利さも，角地の場合に比べて半減する。

したがって，側方路線影響加算率は，角地の場合の半分として定められている。

[図表2－19] 角地　　　　[図表2－20] 準角地

(2) 正面路線の判定

① 正面路線と側方路線の区分

正面路線と側方路線の区分は，その宅地の接する路線価に奥行価格補正率を乗じて計算した金額の高い方の路線を正面とし，低い方を側方路線とする。

なお，路線価に奥行価格補正率を乗じて計算した金額が同額となる場合には，原則として，路線に接する距離（間口距離）の長い方の路線を正面路線とする。

> **Q** 正面路線の判定(1)
>
> ■質　問
> 　次の図のように2の路線に面している宅地の価額を評価する場合には，a，bどちらの路線を正面路線として評価するのでしょうか。

2章　宅地の評価

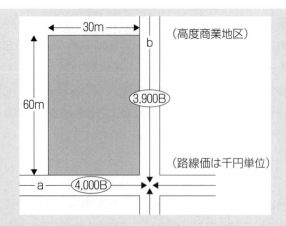

■回　答

　原則として，その宅地の接する各路線の路線価に奥行価格補正率を乗じて計算した金額の高い方の路線を正面路線とします。

　したがって，図の場合には，bの路線を正面路線として評価します。

a路線　　路線価　　　　奥行価格補正率
　　　4,000,000円　×　　0.96　　＝　3,840,000円

b路線　　路線価　　　　奥行価格補正率
　　　3,900,000円　×　　1.00　　＝　3,900,000円

　なお，地区の異なる2以上の路線に接する宅地の場合には，正面路線は，それぞれの路線の路線価に各路線の地区に適用される奥行価格補正率を乗じて計算した金額を基に判定します。

　この場合，路線価に奥行価格補正率を乗じて計算した金額が同額となる場合には，原則として，路線に接する距離の長い方の路線を正面路線とすることとなります。

（参考）国税庁質疑応答事例「正面路線の判定(1)」

　なお，1つの路線に2以上の路線価が付されている場合には，路線に接する距離により加重平均した価額に奥行価格補正率を乗じて計算した金額の高い方の路線となる。

Q　正面路線の判定(2)

■質　問

　次のような不整形地・甲は，いずれの路線が正面路線となるのでしょうか。

—214—

6 側方路線影響加算

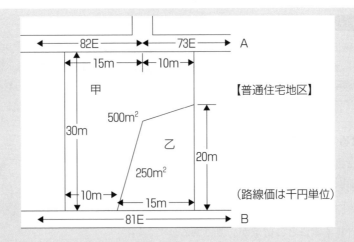

■回 答

　正面路線は，原則として，その宅地の接する路線の路線価（一路線に2以上の路線価が付されている場合には，路線に接する距離により加重平均した価額）に奥行価格補正率を乗じて計算した金額の高い方の路線となります。

　この場合における奥行価格補正率を適用する際の奥行距離は，不整形地の場合には，その不整形地に係る想定整形地の奥行距離を限度として，不整形地の面積を間口距離で除して得た数値とします。

　したがって，事例の場合には，A路線からみた場合の奥行距離は20m（500÷25m＝20m＜30m），B路線からみた場合の奥行距離は30m（500÷10m＝50m＞30m）となります。

　これらのことから，事例の場合には，次のとおりA路線を正面路線と判定することになります。

(計算例)

A路線　　$\dfrac{82{,}000円\times15m+73{,}000円\times10m}{25m}$（加重平均による）路線価　×　奥行価格補正率 1.00　＝　78,400円

B路線
・甲，乙を合わせた全体の整形地の奥行価格補正後の価額

　　正面路線価　　奥行距離30mにかかる奥行価格補正率　　甲＋乙の地積
　　81,000円　×　0.95　×　750m² ＝ 57,712,500円

・乙の部分の奥行価格補正後の価額

　　正面路線価　　奥行距離16.7mにかかる奥行価格補正率　　乙の地積
　　81,000円　×　1.00　×　250m² ＝ 20,250,000円

（注）乙の奥行距離……地積を間口距離で除して求める

　　乙の地積　　　乙の間口距離　　　乙の奥行距離　　　乙の想定整形地の奥行
　　250m²　÷　15m　＝　16.7m　　　（＜20m）

・宅地甲の奥行価格補正後の1m²当たりの価額

　　甲，乙を合わせた価額　　乙の部分の価額　　甲の地積
　　（57,712,500円　－　20,250,000円）　÷　500m² ＝ 74,925円

（参考）国税庁質疑応答事例「正面路線の判定(2)」

2章 宅地の評価

> **実務上のポイント**
>
> 側方（二方）路線に著しい高低差があるような場合，影響加算を行うべきかどうかの検討が必要である。側方（二方）路線に著しい高低差がある場合には，影響加算を行わない方法，または，側方路線価影響加算をした上で10%減額（利用価値の著しく低下している宅地）する方法の2つが考えられることに留意する。

② 地区の異なる2以上の路線に接する宅地の評価

2以上の路線に接する宅地において，その路線の地区がそれぞれ異なる場合，適用すべき奥行価格補正率は，正面路線の地区の奥行価格補正率となる。

このとき，側方路線影響加算額についても正面路線の地区の奥行価格補正率及び側方路線影響加算率を適用して計算することに留意が必要である。

また，借地権の価額を評価する場合において，接する各路線の借地権割合が異なるときには，正面路線の借地権割合を適用して評価する。

Q 地区の異なる2以上の路線に接する宅地の評価

■質 問

次の図のように，地区の異なる2の路線に接する宅地の価額は，高度商業地区，普通商業・併用住宅地区のいずれの地区の奥行価格補正率を適用して評価するのでしょうか。

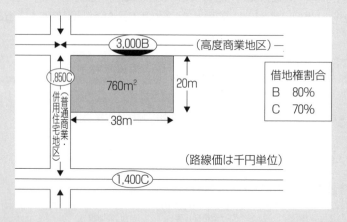

■回 答

正面路線の地区である高度商業地区の奥行価格補正率を適用して評価します。

また，側方路線影響加算額についても正面路線の地区，すなわち高度商業地区の奥行価格補正率及び側方路線影響加算率を適用して計算します。

（計算例）

正面路線価　　高度商業地区の　　　　　　　　　高度商業地区の　　高度商業地区の側
　　　　　　　奥行価格補正率　　　側方路線価　　奥行価格補正率　　方路線影響加算率
(3,000,000円 ×　　1.00　　+ 1,850,000円 ×　　1.00　　×　　0.10)

　　　　　　　　　　　　　　　　　　　　　　　　　地積
　　　　　　　　　　　　　　　　　　　　　　× 760m² ＝ 2,420,600,000円

なお，借地権の価額を評価する場合において，接する各路線の借地権割合が異なるときには，原則として，正面路線の借地権割合を適用して評価します。

したがって，図の場合の借地権割合は80％となります。

(参考) 国税庁質疑応答事例「地区の異なる2以上の路線に接する宅地の評価」

③ 2つの路線が直線に近い形で交差している場合の側方路線影響加算

2つの路線が直線に近い形で交差している場合においては，一方路線として評価すべきであろうか，側方路線として評価すべきであろうか。

平成11年6月11日裁決〔TAINS・F0-4-003〕は，2つの路線が166度の角度で交差する土地において，一方路線として正面路線の加重平均を行うべきか，側方影響加算を行うべきかが争われた事例である（**図表2－21**）。

本件土地の概要は以下のとおりである。

（イ）本件土地（1,983.47m²）は，2つの路線が166度の角度で交差している。

（ロ）A路線は，両側に歩道及び中央分離帯の設置された片側二車線の幅員27mの国道であり，B路線は，中央分離帯のない幅員9m程度の舗装された里道である。

（ハ）本件宅地の地区区分は，A路線は中小工場地区であり，B路線は普通住宅地区である。

本件土地について，審査請求人は，角地として効用が認められないから，1つの路線に面するものとして，正面路線価の算定を加重平均により行うべきと主張した。

これに対し原処分庁は，2つの路線に接していることから側方路線影響加算を行うべきと主張した。

［図表2－21］

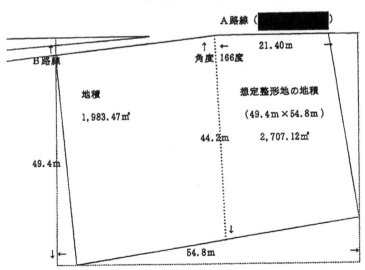

2章　宅地の評価

　裁決は，本件宅地におけるＢ路線において，直線に近いことからＡ路線と同一の路線であるか，２つの路線であるかについては，評価通達では角度等は定められていないが，路線価は，宅地の価額がおおむね同一と認められる一連の宅地が面している路線ごとに設定されるものであることからすれば，Ａ路線は国道でＢ路線は里道でありその路線の状況が明らかに異なること及びＡ路線価はＢ路線価の２倍以上であることから判断すると，Ａ路線とＢ路線とはそれぞれ別個の路線と解するのが相当であり，側方路線影響加算を行うものとされている。

(3)　側方路線影響加算率の調整

①　加算率の調整

　評価する宅地の一部分のみが側方路線に接している場合には，側方路線に直接面している距離によりその影響度合いが異なるため，側方路線影響加算額を調整の上，評価することが実情に即している。

　その場合の調整は，側方路線に接する部分がその宅地に係る想定整形地の間口距離より短い場合には，側方路線に接する部分がその宅地に係る想定整形地の間口距離に占める割合により加算額を調整する。

Ｑ　側方路線に宅地の一部が接している場合の評価

■質　問

　次の図のように，評価する宅地の一部分のみが側方路線に接している場合には，その宅地の全体について，側方路線影響加算の計算を行うのでしょうか。

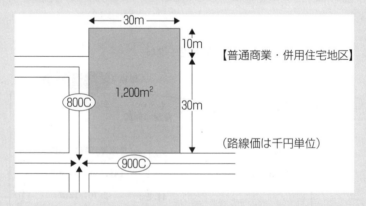

■回　答

　図の場合において，側方路線の影響を直接受けているのは，その側方路線に直接面している30メートルに対応する部分であることから，次のとおり，側方路線影響加算額を調整の上，評価します。

(計算例)

正面路線価を基とした価額

　　正面路線価　　奥行価格補正率
　　900,000円　×　0.93　＝　837,000円 ……………………………………… ①

側方路線影響加算額

　　側方路線価　　奥行価格補正率　　側方路線影響加算率
　　800,000円　×　1.00　×　0.08　×　$\frac{30m}{10m+30m}$ ＝ 48,000円

　　…………………………………………………………………………………… ②

評価額

　　　　　①　　　　　②　　　　地積
　　(837,000円＋48,000円)×1,200m² ＝1,062,000,000円

　なお，評価する宅地が正面路線に部分的に接しない場合には，正面路線に接する距離による調整計算は行いません。

（注）　地積規模の大きな宅地の評価については，考慮していません。

（参考）国税庁質疑応答事例「側方路線に宅地の一部が接している場合の評価」

【誤りやすい項目】側方路線に宅地の一部が接している場合の評価について

誤った認識	正しい答え
側方路線に宅地が一部しか接していなくても，側方路線影響加算の計算に影響しない（特別の調整はしない。）。	その宅地の側方の距離における側方路線に接している距離の割合を側方路線影響加算率に乗じて算出する（接している部分のみを影響加算の対象とする。）。

※　不整形地の側方影響加算額の計算も同様である。
（参考）　東京国税局「誤りやすい事例集（改訂版）」〔TAINS・相続事例001872〕

② 争訟事例

　(a)　平成19年5月23日裁決

　平成19年5月23日裁決〔TAINS・F0-3-210〕は，三方路線に接する土地の評価が争われた事例である。

　本件土地は，北西側で幅員約6mの市道，北東側で幅員約8mの市道，南側で幅員8mの市道に接面する台形状の宅地であり，本件土地と各市道との位置関係は，**図表2－22**のとおりである。

　本件土地の側方路線影響加算の調整については当事者において争われていないが，裁決は，本件土地の側方路線影響加算額は，①本件土地の北西側の側方路線1については，間口距離（約47m）に占める本件土地北西側市道側の間口距離（約39m）の割合による接道あん分により側方路線影響加算額を調整することが相当であり，②本件土地の南側の側方路線については，間口距離（約60m）に占める本件土地南側市道側の間口距離（約49m）の割合による接道あん分により側方路線

2章　宅地の評価

[図表2-22]

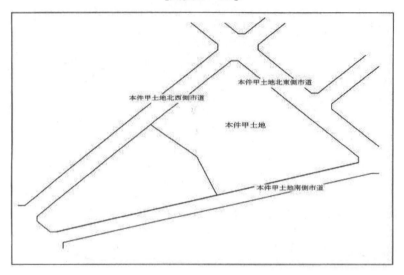

[図表2-23] 本件の側方路線影響加算率

	原処分庁の主張	審判所の認定
側方路線影響加算率1	0.05	0.05×39m/47m
側方路線影響加算率2	0.05	0.05×49m/60m
本件土地の相続税評価額	3億2,256万375円	3億1,781万1,025円

影響加算額を調整することが相当であると判断している。

(b) 平成18年10月10日裁決

　また，平成18年10月10日裁決〔TAINS・F0-3-153〕は，二方路線に接する土地の評価が争われた事例である。

　本件土地は，二方の路線に接し，北側路線に18.29m，南側路線に16.91m面している。平均的な奥行距離44.24m，地積809.33m²のほぼ長方形の宅地である（**図表2-24**）。

　本件土地の二方路線影響加算にあたって，審査請求人は，二方路線影響加算率を調整すべきであると主張し，原処分庁は，二方路線影響加算率を調整する必要はないと主張した。

　裁決は，正面の間口距離と裏面の間口距離とに差異がある場合には整形な土地に比して裏面路線価の及ぼす影響が全く同じであるということはできないし，二方路線影響加算率を，裏面道路に対する間口距離を正面道路に対する間口距離で除した割合で減ずることは，評価通達の解釈として一般にも認められていることから，本件土地の評価について，二方路線影響加算率表の加算率を，裏面道路に面する間口距離16.91mを正面道路に面する間口距離18.29mで除した割合で減ずるべきであると判断している。

—220—

6 側方路線影響加算

[図表2-24]

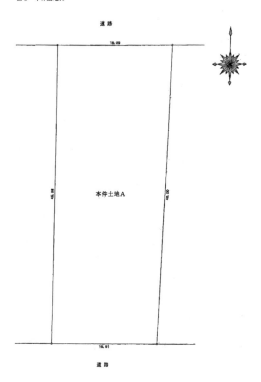

図1 本件土地A

[図表2-25] 本件の二方路線影響加算率

	原処分庁の主張	審判所の判断
二方路線影響加算率	0.03	0.03×16.91m/18.29m
本件土地の評価額	3,300万5,691円	3,293万8,517円

実務上のポイント

　側方（裏面）路線に接する部分が想定整形地の間口距離より短い場合には，側方（二方）影響加算率の接道（間口）あん分を行う。この方法は，通達に規定はないが，質疑応答事例や裁決事例で採用されているため適用漏れとならないように注意が必要である。

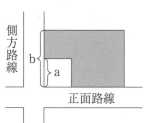

間口部分（b）＜想定整形地の間口（a）のとき，側方（裏面）路線影響加算率 $\frac{a}{b}$ の接道（間口）あん分を行う。

(4) 角地の効用を有しない宅地の評価

2つの路線に接する宅地が現実に角地としての効用を有しない場合には、その加算率について、側方路線影響加算率に代えて二方路線影響加算率を適用する。

Q 2の路線に接する宅地の評価

■質 問

次の図のように2の路線に接する宅地Bの価額を評価する場合にも、角地に該当するものとして側方路線影響加算率を適用して評価するのでしょうか。

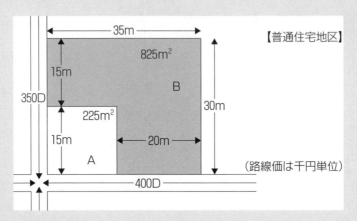

■回 答

図のAの部分の面積が大きく、現実に角地としての効用を有しない場合には、側方路線影響加算率に代えて二方路線影響加算率を適用して評価します。

図の場合には、具体的には次のように評価します。

1　A、Bを合わせた全体の整形地の奥行価格補正後の価額からA部分の奥行価格補正後の価額を差し引き、宅地Bの奥行価格補正後の1㎡当たりの価額を算出します。

① A、Bを合わせた全体の整形地の奥行価格補正後の価額

正面路線価	奥行距離30mに応ずる奥行価格補正率	A＋Bの地積		
400,000円	×	0.95	× 1,050㎡	＝ 399,000,000円(1)

② Aの部分の奥行価格補正後の価額

正面路線価	奥行距離15mに応ずる奥行価格補正率	Aの地積		
400,000円	×	1.00	× 225㎡	＝ 90,000,000円(2)

③ 宅地Bの奥行価格補正後の1㎡当たりの価額

A、Bを合わせた価額	Aの部分の価額	Bの地積	
(399,000,000円(1) － 90,000,000円(2))	÷	825㎡	＝ 374,545円(3)

2　宅地Bの奥行価格補正後の1m²当たりの価額に，側方路線影響加算（この場合は二方路線影響加算率を適用）及び不整形地補正を行い評価額を算出します。

① 側方路線影響加算額の算出

側方路線価　　　奥行距離35mに応ず　　二方路線
350,000円　×　る奥行価格補正率　×　影響加算率　× 15m/(15m+15m) ＝ 3,255円(4)
　　　　　　　　　0.93　　　　　　　　0.02

② 側方路線影響加算後の価額

374,545円(3) ＋ 3,255円(4) ＝ 377,800円(5)

③ 不整形地補正後の宅地Bの価額

　　　　　　　　Bの地積　　　不整形地補正率
377,800円(5) × 825m² × 0.98 ＝ 305,451,300円

　　不整形地補正率　0.98
　　かげ地割合　　(1,050m²－825m²)/1,050m² ≒ 21.4%
　　地積区分　　　C

（注）
1　側方路線影響加算額は次の計算方法により算出しても差し支えありません。
① 側方路線価を基にした宅地Bの1m²当たりの奥行価格補正後の価額

　　(350,000円×0.93×1,050m² － 350,000円×1.00×225m²) ÷ 825m² ＝ 318,818円(6)
　　A，Bを合わせた奥行価格補正後の価額　　Aの奥行価格補正後の価額

② 側方路線影響加算額

側方路線価を基にした　　二方路線影響
Bの1m²当たりの価額　　加算率
318,818円(6)　　　×　　0.02　　× 15m/(15m+15m) ＝ 3,188円

2　地積規模の大きな宅地の評価については，考慮していません。

（参考）国税庁質疑応答事例「2の路線に接する宅地の評価」

Q　側方路線影響加算又は二方路線影響加算の方法―三方路線に面する場合

■質　問

　次の図のように，現実に角地としての効用を有しない場合で，三方路線に面しているB宅地の価額を評価する場合の側方路線影響加算又は二方路線影響加算はどのように計算するのでしょうか。

2章　宅地の評価

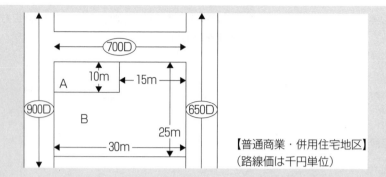

【普通商業・併用住宅地区】
（路線価は千円単位）

■回　答

　側方路線に接する場合であっても現実に角地としての効用を有しない場合には，側方路線影響加算率に代えて二方路線影響加算率を適用します。

　これは，側方路線に接することの影響を加算するものですが，角地としての効用を有しないことから加算率の値としては側方路線影響加算率ではなく二方路線影響加算率を使用するという趣旨です。

　したがって，この場合の側方路線影響加算及び二方路線影響加算は次のとおりになります。

側方路線影響加算額の計算方法

$$側方路線価 \times 奥行価格補正率 \times 二方路線影響加算率 \times \frac{15m}{15m+15m}$$

二方路線影響加算額の計算方法

$$裏面路線価 \times 奥行価格補正率 \times 二方路線影響加算率$$

（計算例）

(1) 正面路線価を基にしたBの1m²当たりの奥行価格補正後の価額を求めます。

$$(\underset{正面路線価}{900,000円} \times \underset{補正率}{\underset{奥行30mの}{1.00}} \times 750m^2 - \underset{正面路線価}{900,000円} \times \underset{補正率}{\underset{奥行15mの}{1.00}} \times 150m^2) \div 600m^2$$

　　　A，Bを一体とした価額　　　　　　　　　Aの価額

$$= \underset{Bの1m^2当たりの奥行価格補正後の価額}{900,000円_{(A)}}$$

(2) 側方路線影響加算額の計算方法

$$\underset{側方路線価}{700,000円} \times \underset{補正率}{\underset{奥行距離25mの}{1.00}} \times \underset{影響加算率}{\underset{二方路線}{0.05}} \times \frac{15m}{15m+15m} = 17,500円_{(B)}$$

(3) 二方路線影響加算額の計算方法

$$\underset{裏面路線価}{650,000円} \times \underset{1.00_{(注1)}}{奥行距離24mの補正率} \times \underset{0.05}{二方路線影響加算率} = 32,500円_{(C)}$$

6 側方路線影響加算

(4) B土地の価格

正面路線価を基にした
Bの1m²当たりの奥行
価格補正後の価格　　　側方路線　　　二方路線影響
　　　　　　　　　　影響加算額　　　加算額
　900,000円(A)　＋　17,500円(B)　＋　32,500円(C)　＝　950,000円

　　　　　　　　　　　　　　　　不整形地補正率
950,000円　×　600m²　×　0.97　＝　552,900,000円

（・かげ地割合　$\dfrac{750m^2-600m^2}{750m^2}$　＝　20%　・地積区分　A）

(注1) 奥行距離は，面積（600m²）を間口距離（25m）で除して求めています。

(注2) 側方路線影響加算額は次の計算方法により算出しても差し支えありません。

　① 側方路線価を基にしたBの1m²当たりの奥行価格補正後の価額を求めます。

　　　側方路線価　　奥行距離25mの補正率　　　　　　　側方路線価　　　　（※）
　　（700,000円　×　1.00　×　750m²　－　700,000円　×　1.00　×　150m²）
　　　　　　　　A，Bを一体とした価額　　　　　　　　　　Aの価額

　　÷　600m²　＝　　　　700,000円
　　　Bの地積　　側方路線価を基にしたBの1m²当たりの価額

　② 側方路線影響加算額

　　　側方路線価を基にした　　　二方路線
　　　Bの1m²当たりの価額　　　影響加算率
　　　　700,000円　　　　×　　0.05　　×　$\dfrac{15m}{15m+15m}$　＝　17,500円

　　※ A土地の奥行距離10mにかかる奥行価格補正率は0.99であるが，0.99とするとAとBを合わせた整形地の奥行価格補正後の単価より，側方路線に接する部分が欠落している不整形地Bの奥行価格補正後の単価が高くなり不合理なので，このように前面宅地の奥行が短いため奥行価格補正率が1.00未満となる場合においては，奥行価格補正率を1.00とします。
　　　ただし，AとBを合わせて評価する場合において奥行距離が短いため奥行価格補正率が1.00未満の数値となる場合には，Aの奥行価格補正率もその数値とします。

(注3) 二方路線影響加算額は，次の計算方法により算出しても差し支えありません。

　① 裏面路線価を基にしたBの1m²当たりの奥行価格補正後の価額を求めます。

　　　裏面路線価　奥行距離15mの補正率　　　裏面路線価　奥行30mの補正率
　　（650,000円×　1.00　×150m²＋650,000円×　1.00　×450m²）
　　　　　　　　　　　　　　　　　　　　　　　　　　　÷600m²＝650,000円

　② 二方路線影響加算額

　　　裏面路線価を基にした　　二方路線影響
　　　Bの1m²当たりの価額　　　加算率
　　　　650,000円　　　　×　　0.05　　＝　32,500円

(注4) 地積規模の大きな宅地の評価については考慮していません。

(参考) 国税庁質疑応答事例「側方路線影響加算又は二方路線影響加算の方法―三方路線に面する場合」

2章　宅地の評価

【誤りやすい項目】二方路線影響加算か側方路線影響加算かの判定について

誤った認識	正しい答え
正面路線に接していない側方路線であっても側方影響加算率を適用する。	評価する宅地の立地条件，利用状況などにより個別に評価すべきであるが側方路線としての影響の度合いが低い場合には二方路線影響加算率を適用することとなる。

(参考)　東京国税局「誤りやすい事例集（改訂版）」〔TAINS・相続事例001871〕

(5) 路線価の高い路線の影響を受ける度合いが著しく少ない宅地の評価

① 路線価の高い路線の影響を受ける度合いが著しく少ない宅地の評価

正面路線は，原則として，路線価に奥行価格補正率を乗じて計算した金額の最も高い路線をいう。

ただし，正面路線の影響を受ける度合いが著しく低い立地条件にある宅地については，その宅地が影響を受ける度合いが最も高いと認められる路線を正面路線として差し支えない。

Q 路線価の高い路線の影響を受ける度合いが著しく少ない場合の評価

■質　問

次の図のように路線価の高い方の路線の影響を受ける度合いが著しく少ない場合であっても，その路線価の高い路線を正面路線として評価しなければならないのでしょうか。

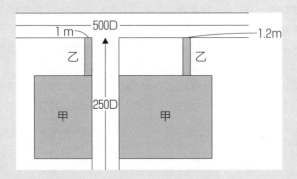

■回　答

正面路線とは，原則として，路線価に奥行価格補正率を乗じて計算した金額の最も高い路線をいいます。

しかし，図のように間口が狭小で接道義務を満たさないなど正面路線の影響を受ける度合いが著しく低い立地条件にある宅地については，その宅地が影響を受ける度合いが最も高いと認められる路線を正面路線として差し支えありません。

なお，上記のような帯状部分を有する土地は，帯状部分（乙）とその他の部分（甲）に分けて評価した価額の合計額により評価し，不整形地としての評価は行いません。

6 側方路線影響加算

(参考) 国税庁質疑応答事例「路線価の高い路線の影響を受ける度合いが著しく少ない場合の評価」

② 争訟事例

争訟事例においても，路線価の最も高い路線について，それを正面とすることが評価対象地の最有効利用につながるとはいえない事由があり，右路線が評価対象地の価額に与える影響が著しく低いものと認められるとすれば，これを正面路線としないこととするのが相当とされている。

(a) 影響を受ける度合いが著しく低いとされた事例

静岡地裁平成5年5月14日判決〔税務訴訟資料195号298頁〕は，二方に接する路線の正面路線価が争われ，路線価が高い方の影響を受ける度合いが著しく低い場合に該当するとされた事例である。

(イ) 本件土地は，土地区画整理事業施行中の仮換地であり，所在状況は**図表2−26**のとおりである。

(ロ) 本件土地は，課税時期において，未だ一体的な利用がされていなかったものの，近い将来それを一画地として駅前共同ビルの敷地として利用する計画が具体的に定まっており，かつ，本件土地を構成する各仮換地の地形や所在位置，右計画の進捗状況，各地権者の意識その他の事

[図表2−26]

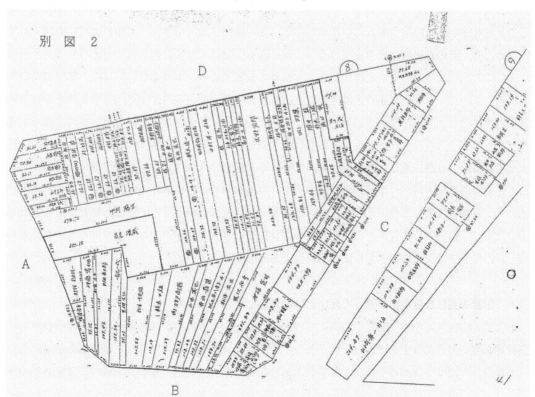

2章　宅地の評価

情に鑑みて、その実現が確定的であると認められることができるから、全体の面積6709.24m^{2}を一画地の宅地と認定するものとされている。

(ハ) 本件土地は、普通商業地区に属し、**図表2－26記載**のA、B、C、D路線の四方の路線に囲まれている。その間口距離は、A路線、B路線、C路線、D路線の順にそれぞれ58.02m、36.19m、11.81m、98.16mであり、また各路線の路線価は、それぞれ15万円、10万円、30万円、14万円であった。

各　　線	A路線	B路線	C路線	D路線
路線価	150,000円	100,000円	300,000円	140,000円
奥行価格逓減率（当時）	0.65	0.65	0.65	0.72
1m^{2}当たりの価額	97,500円	65,000円	195,000円	100,800円

原告は、C路線は間口の状況により、右路線の敷地全体の評価に与える影響が著しく低いことからD路線を正面路線とすべき旨主張した。

これに対し被告税務署長は、路線価が最も高いC路線は商店街を形成する中心の通りであることなどからこれを正面路線とすべきと主張した。

判決は、1．C路線に接している間口部分は11m余りであり、右距離は本件土地が路線に接している総延長距離に占める割合にして5.8％にすぎないこと、2．本件土地の総面積が6709.24m^{2}であることと対比しても狭隘であるというべきこと、3．本件土地は全体として梯形に近い形状をしているところ、そのC路線に面する間口は、これを梯形と見立てた場合の斜辺の一方の底辺寄り付近において突出した小四辺形の先端に相当する部分に位置する上、本件土地の外縁の一部が右間口付近に迫っていて、右間口をその正面進入口とはなし難い状況であること、4．土地上のビルはその建設計画の当初から、D路線（14万円/m^2）を正面路線として利用することが予定されており、現実にもそのように建設されたことが認められ、○駅とAないしDの各路線の位置関係ならびに本件土地のA路線、B路線及びD路線との各間口距離等を総合すると、C路線を本件土地の正面とすることがその最有効利用につながるものといえない事由があり、その本件土地の敷地全体の価額の評価に与える影響は著しく低いものと認められることから、C路線をもって正面路線とすることは正当ではなく、むしろD路線をその正面とした場合にその最有効利用が図られるものと考えられるので、D路線をその正面路線とすることが相当であると判示している。

(b) **影響を受ける度合いが著しく低いとはいえないとされた事例**

一方、平成14年2月25日裁決〔TAINS・F0-3-054〕は、二方に接する路線の正面路線価が争われ、路線価が高い方の影響を受ける度合いが著しく低い場合に該当しないとされた事例である。

本件農地の面するA路線（市道、幅員約3m）及びB路線（国道、幅員約24m）に設定された平

成10年分の路線価は，それぞれ１平方メートル当たり56,000円及び140,000円である。

また，Ａ路線との間には，幅員1.64mの農業用水路（国有地）があり，Ａ農地はＡ路線に直接面していない。Ｂ農地はＢ路線に直接面している。

審査請求人はＢ路線の影響を受ける度合いが著しく低いと認められることから正面路線価はＡ路線である旨主張し，原処分庁は，正面路線価はＢ路線であると主張した。

裁決は，評価単位をＡ農地とＢ農地を一体とした上で，１．本件各農地は，Ｂ路線の間口が11.5mであることから，Ｂ路線の影響を受ける度合いが著しく低いというほど狭小であるとは認められないこと，２．本件農地を宅地開発する場合には，原則として，幅員６ｍ以上の道路に接続していなければならないところ，Ａ路線の幅員は約３ｍであるのに対し，Ｂ路線の幅員は約24ｍであることからすると，Ｂ路線をその接続道路として宅地開発することが，本件農地の最有効使用となると認められることから，本件農地の価額は，Ｂ路線を正面路線として評価することが相当であると認められると判断している。

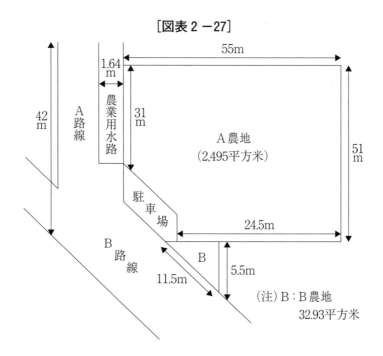

［図表２−27］

7 二方路線影響加算

> **財産評価基本通達17《二方路線影響加算》**
> 　正面と裏面に路線がある宅地の価額は，次の(1)及び(2)に掲げる価額の合計額にその宅地の地積を乗じて計算した価額によって評価する。
> (1) 正面路線の路線価に基づき計算した価額

(2) 裏面路線（正面路線以外の路線をいう。）の路線価を正面路線の路線価とみなし，その路線価に基づき計算した価額に付表3「二方路線影響加算率表」に定める加算率を乗じて計算した価額

付表3　二方路線影響加算率表

地区区分	加算率
ビル街地区	0.03
高度商業地区 繁華街地区	0.07
普通商業・併用住宅地区	0.05
普通住宅地区 中小工場地区 大工場地区	0.02

※　二方路線影響加算率表は，平成19年に改正が行われている。

(1) 取扱い

正面と裏面に路線がある宅地の価額は，次の①及び②に掲げる価額の合計額にその宅地の地積を乗じて計算した価額によって評価する。

① 正面路線の路線価に基づき計算した価額

② 裏面路線の路線価を正面路線の路線価とみなし，その路線価に基づき計算した価額に二方路線影響加算率を乗じて計算した価額

(2) 正面路線の判定

正面路線と裏面路線の区別は，路線価の高い方が正面路線となり，低い方が裏面路線となる。この関係は，側方路線がある場合の正面路線と側方路線との関係と同じである。

正面と裏面とで路線に接する画地（二方路線地）は，正面だけで路線に接する画地よりも，採光，通風及び人の出入りが有利であるため，二方路線地の価額は，その有利さだけ高くなる。「二方路線影響加算率」は，二方路線地において，正面路線価が裏面路線の影響を受けて高くなる度合いを計表化したものである。

(計算例)

普通商業・併用住宅地区において，正面路線価10万円，裏面路線価8万円の各路線（街路）に接する右図のような二方路線地の価格は，次のとおりとなる。

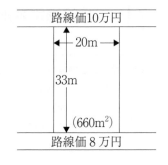

イ　正面路線の基本価額

$$\begin{pmatrix}正面\\路線価\end{pmatrix} \begin{pmatrix}奥行33\mathrm{m}の場合の\\奥行価格補正率\end{pmatrix} \begin{pmatrix}基本\\価額\end{pmatrix}$$
　100,000円 ×　　　　0.97　　　　＝　97,000円

ロ　裏面路線の二方路線影響加算額

$$\begin{pmatrix}裏面\\路線価\end{pmatrix} \begin{pmatrix}奥行33\mathrm{m}の場合の\\奥行価格補正率\end{pmatrix} \begin{pmatrix}二方路線影\\響加算率\end{pmatrix} \begin{pmatrix}二方路線影\\響加算額\end{pmatrix}$$
　80,000円 ×　　　　0.97　　　×　　0.05　＝　3,880円

ハ　評価額

　　　　イ　　　ロ　　　　　　　　　（評価額）
　（97,000円＋3,880円）　×　660m² ＝　66,580,800円

(3)　二方路線影響加算率の調整

　二方路線影響加算は，側方路線影響加算と同様，評価する宅地の一部分のみが裏面路線に接している場合には，裏面路線に直接面している距離によりその影響度合いが異なる。

　したがって，そのようなケースにおいては，裏面路線影響加算額を調整の上，評価する。

Q　二方路線影響加算の方法

■質　問

　次の図のような不整形地の二方路線影響加算はどのような計算をするのでしょうか。

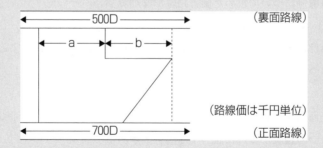

■回　答

　上記のように，裏面路線に接する部分がその宅地に係る想定整形地の間口距離より短い場合には，裏面路線に接する部分がその宅地に係る想定整形地の間口距離に占める割合により加算額を調整します。

$$\text{二方路線影響加算額} = \underset{\text{(裏面路線価)}}{500{,}000\text{円}} \times \text{奥行価格補正率} \times \text{二方路線影響加算率} \times \frac{a}{a+b}$$

(参考)国税庁質疑応答事例「二方路線影響加算の方法」

8 三方または四方路線影響加算

> **財産評価基本通達18《三方又は四方路線影響加算》**
> 三方又は四方に路線がある宅地の価額は，16《側方路線影響加算》及び前項に定める方法を併用して計算したその宅地の価額にその宅地の地積を乗じて計算した価額によって評価する。

(1) 三方が道路に面している宅地の評価

三方路線地(三方で路線に接する画地)の価額は，次の①，②および③により，それぞれ計算した金額の合計額に，その三方路線地の地積を掛けて求めた金額によって評価する。
① その三方路線地の正面路線価について，奥行価格補正率を適用して求めた金額
② 側方路線価について，側方路線影響加算をして求めた側方路線影響加算額
③ もう1つの路線が
　イ　裏面路線である場合
　　その裏面路線価について，二方路線影響加算をして求めた二方路線影響加算額
　ロ　側方路線である場合
　　その側方路線価について求めた側方路線影響加算額

これらの場合における正面路線，側方路線および裏面路線の区分は，次による。
(イ) 正面路線　3つの路線のうち，路線価に奥行価格補正率を乗じて計算した金額の最も高い路線が該当する。
(ロ) 側方路線　正面路線に対して，その側方に位置する路線が該当する。1つの路線がこれに該当する場合と2つの路線がこれに該当する場合とがある。
(ハ) 裏面路線　正面路線に対して，その裏側に位置する路線が該当する。側方路線が2つある場合には，裏面路線はないこととなる。

(計算例)
　A　裏面路線がある場合

8 三方または四方路線影響加算

普通商業・併用住宅地区において、正面路線価10万円、側方路線価8万円、裏面路線価7万円の各路線（街路）に接する下図のような三方路線地の価額は、次のとおりとなる。

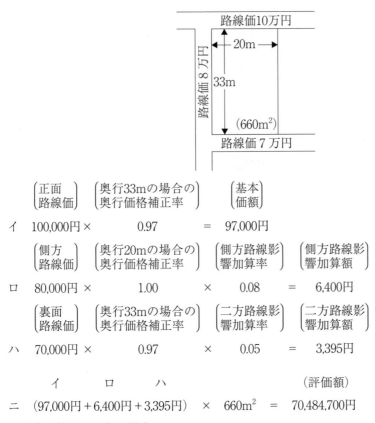

イ $\begin{pmatrix}正面\\路線価\end{pmatrix}$ $\begin{pmatrix}奥行33mの場合の\\奥行価格補正率\end{pmatrix}$ $\begin{pmatrix}基本\\価額\end{pmatrix}$

イ　100,000円 × 0.97 ＝ 97,000円

ロ $\begin{pmatrix}側方\\路線価\end{pmatrix}$ $\begin{pmatrix}奥行20mの場合の\\奥行価格補正率\end{pmatrix}$ $\begin{pmatrix}側方路線影\\響加算率\end{pmatrix}$ $\begin{pmatrix}側方路線影\\響加算額\end{pmatrix}$

ロ　80,000円 × 1.00 × 0.08 ＝ 6,400円

ハ $\begin{pmatrix}裏面\\路線価\end{pmatrix}$ $\begin{pmatrix}奥行33mの場合の\\奥行価格補正率\end{pmatrix}$ $\begin{pmatrix}二方路線影\\響加算率\end{pmatrix}$ $\begin{pmatrix}二方路線影\\響加算額\end{pmatrix}$

ハ　70,000円 × 0.97 × 0.05 ＝ 3,395円

　　　　イ　　　　ロ　　　　ハ　　　　　　　　　（評価額）

ニ　(97,000円＋6,400円＋3,395円) × 660m² ＝ 70,484,700円

B　側方路線が2つある場合

普通商業・併用住宅地区において、正面路線価10万円、側方路線価8万円及び7万円の各路線（街路）に接する下図のような三方路線地の価額は、次のとおりとなる。

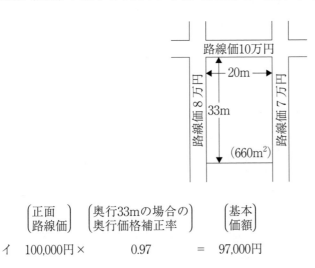

イ $\begin{pmatrix}正面\\路線価\end{pmatrix}$ $\begin{pmatrix}奥行33mの場合の\\奥行価格補正率\end{pmatrix}$ $\begin{pmatrix}基本\\価額\end{pmatrix}$

イ　100,000円 × 0.97 ＝ 97,000円

2章　宅地の評価

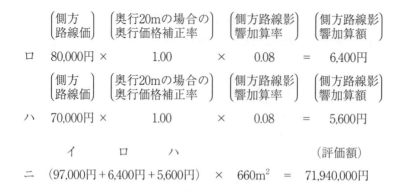

ロ　80,000円 × 1.00 × 0.08 ＝ 6,400円

$\begin{pmatrix}側方\\路線価\end{pmatrix}$ $\begin{pmatrix}奥行20mの場合の\\奥行価格補正率\end{pmatrix}$ $\begin{pmatrix}側方路線影\\響加算率\end{pmatrix}$ $\begin{pmatrix}側方路線影\\響加算額\end{pmatrix}$

ハ　70,000円 × 1.00 × 0.08 ＝ 5,600円

　　　　　イ　　　　　ロ　　　　ハ　　　　　　　　　　（評価額）
ニ　（97,000円＋6,400円＋5,600円）× 660m² ＝ 71,940,000円

(2) 四方が道路に面している宅地の評価

　四方路線地（四方を路線で取り囲まれた画地）は，次の①，②および③により，それぞれ計算した金額の合計額に，その四方路線地の地積を掛けて求めた金額によって評価する。
① その四方路線地の正面路線価について，奥行価格補正率を適用して求めた金額
② 2つある側方路線価について，それぞれ側方路線影響加算をして求めた側方路線影響加算額
③ 裏面路線価について，二方路線影響加算をして求めた二方路線影響加算額

　これらの場合における正面路線，側方路線及び裏面路線の区分は，次による。
（イ）正面路線　4つの路線のうち，路線価に奥行価格補正率を乗じて計算した金額の最も高い路線が該当する。
（ロ）側方路線　正面路線に対して，その側方に位置する2つの路線が該当する。
（ハ）裏面路線　正面路線に対して，その裏側に位置する路線が該当する。

Q　四方が路線に接する宅地の評価

■質　問
　次の図のように正面と側方と裏面の4つの路線に接する宅地の価額はどのように評価するのでしょうか。

（図：四方路線に接する宅地　750B（上），800B（左），850B（右），900B（下），2,000m²，40m×50m，路線価は千円単位）

—234—

8 三方または四方路線影響加算

■回　答

　四方が路線に接する宅地の価額は，正面と側方が路線に接する宅地の評価方法と正面と裏面が路線に接する宅地の評価方法を併用して計算した価額に地積を乗じた金額によって評価します。

$$\begin{aligned}
&\underset{\text{正面路線価}}{(900,000円} \times \underset{\substack{\text{奥行価格}\\\text{補正率}}}{0.93} + \underset{\text{側方路線価}}{800,000円} \times \underset{\substack{\text{奥行価格}\\\text{補正率}}}{0.89} \times \underset{\substack{\text{側方路線}\\\text{影響加算率}}}{0.08} + \underset{\text{側方路線価}}{850,000円} \\
&\times \underset{\substack{\text{奥行価格}\\\text{補正率}}}{0.89} \times \underset{\substack{\text{側方路線}\\\text{影響加算率}}}{0.08} + \underset{\text{裏面路線価}}{750,000円} \times \underset{\substack{\text{奥行価格}\\\text{補正率}}}{0.93} \times \underset{\substack{\text{二方路線}\\\text{影響加算率}}}{0.05}) \times 2,000\text{m}^2 \\
&= 1,978,710,000円
\end{aligned}$$

（注）　地積規模の大きな宅地の評価については考慮していません。

（参考）国税庁質疑応答事例「三方又は四方が路線に接する宅地の評価」

　一路線に面する宅地から，四路線に面する宅地までの計算方法は，「土地及び土地の上に存する権利の評価明細書」において**図表2－28**のようになっている。

[図表2－28]

		（1m²当たりの価額）	
1　一路線に面する宅地 　　（正面路線価）　　　　　（奥行価格補正率） 　　　　円　×		円	A
2　二路線に面する宅地 　　（A）　　　　［側方・裏面 路線価］（奥行価格補正率）［側方・二方 路線影響加算率］ 　　　　円　+　（　　　　円　×　　．　　　×　0．　　　）		円	B
3　三路線に面する宅地 　　（B）　　　　［側方・裏面 路線価］（奥行価格補正率）［側方・二方 路線影響加算率］ 　　　　円　+　（　　　　円　×　　．　　　×　0．　　　）		円	C
4　四路線に面する宅地 　　（C）　　　　［側方・裏面 路線価］（奥行価格補正率）［側方・二方 路線影響加算率］ 　　　　円　+　（　　　　円　×　　．　　　×　0．　　　）		円	D

(3) 多数の路線に接する宅地の評価

　多数の路線に接する宅地の価額は，各路線が正面路線に対し側方路線としての効用を果たすのか，裏面路線としての効用を果たすのかを個々に検討し，それぞれの路線価にその適用すべき側方路線影響加算率または二方路線影響加算率を乗じた金額を基に評価する。

2章　宅地の評価

> **Q　多数の路線に接する宅地の評価**
>
> ■質　問
> 次の図のように多数の路線に接する宅地の価額はどのように評価するのでしょうか。
>
>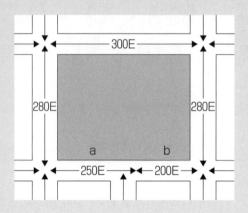
>
> ■回　答
> 　多数の路線に接する宅地の価額は，各路線が正面路線に対し側方路線としての効用を果たすのか，裏面路線としての効用を果たすのかを個々に検討し，それぞれの路線価にその適用すべき側方路線影響加算率又は二方路線影響加算率を乗じた金額を基に評価します。
> 　また，図のように裏面路線等に2以上の路線価が付されている場合には，a及びbの路線価を宅地が接する距離により加重平均した価額を基に二方路線影響加算等を行います。
>
> （参考）国税庁質疑応答事例「多数の路線に接する宅地の評価」

9　不整形地の評価

> **財産評価基本通達20《不整形地の評価》**
> 　不整形地（三角地を含む。以下同じ。）の価額は，次の(1)から(4)までのいずれかの方法により15《奥行価格補正》から18《三方又は四方路線影響加算》までの定めによって計算した価額に，その不整形の程度，位置及び地積の大小に応じ，付表4「地積区分表」に掲げる地区区分及び地積区分に応じた付表5「不整形地補正率表」に定める補正率（以下「不整形地補正率」という。）を乗じて計算した価額により評価する。

(1) 次図のように不整形地を区分して求めた整形地を基として計算する方法

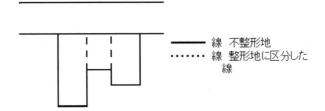

—— 線　不整形地
······ 線　整形地に区分した線

(2) 次図のように不整形地の地積を間口距離で除して算出した計算上の奥行距離を基として求めた整形地により計算する方法

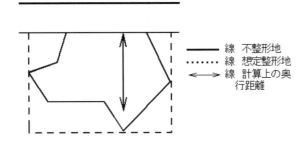

—— 線　不整形地
······ 線　想定整形地
←→ 線　計算上の奥行距離

（注）ただし，計算上の奥行距離は，不整形地の全域を囲む，正面路線に面するく形又は正方形の土地（以下「想定整形地」という。）の奥行距離を限度とする。

(3) 次図のように不整形地に近似する整形地（以下「近似整形地」という。）を求め，その設定した近似整形地を基として計算する方法

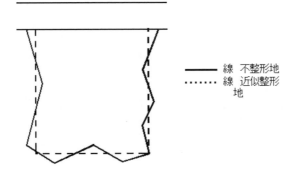

—— 線　不整形地
······ 線　近似整形地

（注）近似整形地は，近似整形地からはみ出す不整形地の部分の地積と近似整形地に含まれる不整形地以外の部分の地積がおおむね等しく，かつ，その合計地積ができるだけ小さくなるように求める（(4)において同じ。）。

(4) 次図のように近似整形地（①）を求め，隣接する整形地（②）と合わせて全体の整形地の価額の計算をしてから，隣接する整形地（②）の価額を差し引いた価額を基として計算する方法

2章 宅地の評価

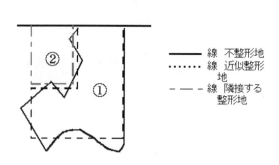

凡例:
― 線　不整形地
……… 線　近似整形地
――― 線　隣接する整形地

付表4　地積区分表

地区区分 \ 地積区分	A	B	C
高度商業地区	1,000m²未満	1,000m²以上 1,500m²未満	1,500m²以上
繁華街地区	450m²未満	450m²以上 700m²未満	700m²以上
普通商業・併用住宅地区	650m²未満	650m²以上 1,000m²未満	1,000m²以上
普通住宅地区	500m²未満	500m²以上 750m²未満	750m²以上
中小工場地区	3,500m²未満	3,500m²以上 5,000m²未満	5,000m²以上

付表5　不整形地補正率表

地区区分	高度商業地区、繁華街地区、普通商業・併用住宅地区、中小工場地区			普通住宅地区		
地積区分 \ かげ地割合	A	B	C	A	B	C
10%以上	0.99	0.99	1.00	0.98	0.99	0.99
15% 〃	0.98	0.99	0.99	0.96	0.98	0.99
20% 〃	0.97	0.98	0.99	0.94	0.97	0.98
25% 〃	0.96	0.98	0.99	0.92	0.95	0.97
30% 〃	0.94	0.97	0.98	0.90	0.93	0.96
35% 〃	0.92	0.95	0.98	0.88	0.91	0.94
40% 〃	0.90	0.93	0.97	0.85	0.88	0.92
45% 〃	0.87	0.91	0.95	0.82	0.85	0.90
50% 〃	0.84	0.89	0.93	0.79	0.82	0.87
55% 〃	0.80	0.87	0.90	0.75	0.78	0.83
60% 〃	0.76	0.84	0.86	0.70	0.73	0.78
65% 〃	0.70	0.75	0.80	0.60	0.65	0.70

※　不整形地補正率表は，平成19年に改正が行われている。

> （注）
> 1　不整形地の地区区分に応ずる地積区分は，付表4「地積区分表」による。
> 2　かげ地割合は次の算式により計算した割合による。
> $$「かげ地割合」＝\frac{想定整形地の地積－不整形地の地積}{想定整形地の地積}$$
> 3　間口狭小補正率の適用がある場合においては，この表により求めた不整形地補正率に間口狭小補正率を乗じて得た数値を不整形地補正率とする。ただし，その最小値はこの表に定める不整形地補正率の最小値（0.60）とする。
> 　　また，奥行長大補正率の適用がある場合においては，選択により，不整形地補正率を適用せず，間口狭小補正率に奥行長大補正率を乗じて得た数値によって差し支えない。
> 4　大工場地区にある不整形地については，原則として不整形地補正を行わないが，地積がおおむね9,000平方メートル程度までのものについては，付表4「地積区分表」及びこの表に掲げる中小工場地区の区分により不整形地としての補正を行って差し支えない。

(1) 取扱い

本項では，不整形地の評価方法を定めている。

不整形地は，その利用価値が，画地の全部が宅地としての機能を十分に発揮できないため，整形地に比べてその価額が低くなることから，標準的な整形地としての価額である路線価を不整形の程度に応じて補正した上で，その価額を評価することになる。

そこで，不整形地の価額は，次の①から④までのいずれかの方法によって計算した価額に，その不整形の程度，位置及び地積の大小に応じ，不整形地補正率を乗じて計算した価額により評価する。

① 区分した整形地を基として評価する方法
② 計算上の奥行距離を基として評価する方法
③ 近似整形地を基として計算する方法
④ 差引計算により計算する方法

実務上のポイント

第一に，土地の形状に応じて4つの方法により奥行価格補正率に関する「土地及び土地の上に存する権利の評価明細書」の「A」の価額を算出する（不整形地補正率適用前の価額）。

1　一路線に面する宅地	（1m²当たりの価額）	
（正面路線価）　　（奥行価格補正率） 　　　円　×	円	A

「計算上の奥行距離を基として評価する方法」は，通常の奥行価格補正率の適用である。

そして，必要に応じて「近似整形地を基として計算する方法」，「区分した整形地を基として評価する方法」，「差引計算により計算する方法」を行い，いずれか低い1m²当たりの価額を採用する。

第二に，不整形の程度，位置及び地積の大小に応じ，不整形地補正率表に定める不整形地補正率を乗じて，

2章　宅地の評価

「土地及び土地の上に存する権利の評価明細書」における「F」の価額を算出する。

5－2　不整形地 　　（AからDまでのうち該当するもの）　不整形地補正率※ 　　　　　　　　　円　×　　　　　　　0. ※不整形地補正率の計算 　（想定整形地の間口距離）（想定整形地の奥行距離）（想定整形地の地積） 　　　　　　　m×　　　　　　　m＝　　　　　　　m² 　（想定整形地の地積）（不整形地の地積）（想定整形地の地積） 　（　　　　　m²－　　　　　m²）÷　　　　　　m² 　（かげ地割合） 　＝　　　　　％ 　（不整形地補正率表の補正率）（間口狭小補正率）　　（小数点以下2 　　　　　0.　　　　　　　　　×　．　　　　＝　0._____① 　位未満切捨て） 　（奥行長大補正率）　　　　　（間口狭小補正率） 　　　　　　　　　×　．　　　　＝　0._____② 　［不整形地補正率 　　①，②のいずれか低い 　　率，0.6を下限とする。］ 　　　0._____	（1m²当たりの価額） 円 F

....

(2)　不整形地補正率適用前の価額

　不整形地の価額は，まず，次の①から④までのいずれかの方法により奥行価格補正，側方路線影響加算，二方路線影響加算，三方または四方路線影響加算の定めによって，不整形地補正率適用前の価額を求める。

①　区分した整形地を基として評価する方法

　区分した整形地を基として評価する方法とは，次図のように，不整形地を区分して求めた整形地を基に不整形地補正率適用前の1m²当たりの価額を計算するものである。

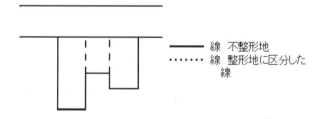

―240―

9 不整形地の評価

Q 区分した整形地を基として評価する場合

■質問

次の図のような不整形地はどのように評価するのでしょうか。

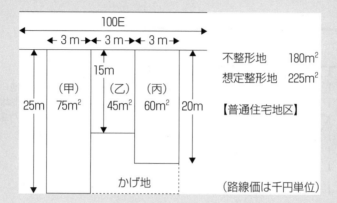

不整形地　180m²
想定整形地　225m²

【普通住宅地区】

（路線価は千円単位）

■回答

不整形地を区分して求めた整形地を基として計算した価額の合計額に，不整形地補正率を乗じて評価します。

（計算例）

1　不整形地を整形地に区分して個々に奥行価格補正を行った価額の合計額

甲土地　路線価 100,000円 × 奥行距離25mの場合の奥行価格補正率 0.97 × 地積 75m² ＝ 7,275,000円

乙土地　路線価 100,000円 × 奥行距離15mの場合の奥行価格補正率 1.00 × 地積 45m² ＝ 4,500,000円

丙土地　路線価 100,000円 × 奥行距離20mの場合の奥行価格補正率 1.00 × 地積 60m² ＝ 6,000,000円

甲土地 7,275,000円 ＋ 乙土地 4,500,000円 ＋ 丙土地 6,000,000円 ＝ 17,775,000円

2　不整形地補正率

不整形地補正率　0.94（普通住宅地区　地積区分A　かげ地割合20％）

$$\begin{cases} かげ地割合 = \dfrac{想定整形地の地積 225m² - 不整形地の地積 180m²}{225m²} = 20\% \\ 想定整形地の地積 \quad 9m \times 25m = 225m² \end{cases}$$

3　評価額

甲＋乙＋丙 17,775,000円 × 不整形地補正率 0.94 ＝ 16,708,500円

（参考）国税庁質疑応答事例「不整形地の評価—区分した整形地を基として評価する場合」

2章　宅地の評価

② 計算上の奥行距離を基として評価する方法

計算上の奥行距離を基として評価する方法とは，次図のように，不整形地の地積を間口距離で除して算出した計算上の奥行距離を基に不整形地補正率適用前の1m²当たりの価額を計算するものである。

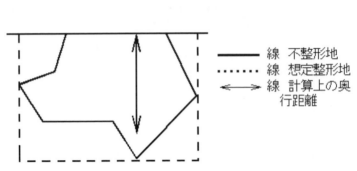

（注）ただし，計算上の奥行距離は，不整形地の全域を囲む，正面路線に面するく形または正方形の土地（以下「想定整形地」という。）の奥行距離を限度とする。

Q 計算上の奥行距離を基として評価する場合

■質　問
次の図のような不整形地はどのように評価するのでしょうか。

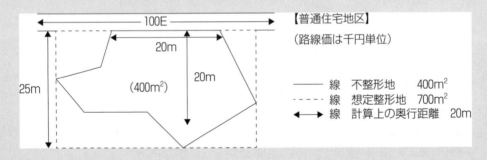

■回　答
不整形地の地積を間口距離で除して算出した計算上の奥行距離を基として求めた整形地としての価額に，不整形地補正率を乗じて評価します。

（計算例）
1　不整形地の計算上の奥行距離による奥行価格補正

　　地積　　　間口距離　　　計算上の奥行距離　　想定整形地の奥行距離
　400m² ÷ 　20m 　＝　　　20m　　　　　　（＜25m）

　　路線価　　　奥行距離20mの場合　　1平方メートル
　　　　　　　　の奥行価格補正率　　　当たりの価額
　100,000円 × 　　1.00　　＝　　100,000円

2 不整形地補正率

不整形地補正率0.85（普通住宅地区　地積区分Ａ　かげ地割合42.86%）

$$\left(かげ地割合 = \frac{\underset{700㎡}{想定整形地の地積} - \underset{400㎡}{不整形地の地積}}{\underset{700㎡}{想定整形地の地積}} ≒ 42.86\%\right)$$

3 評価額

$$\underset{100,000円}{\underset{メートル当たりの価額}{整形地とした場合の１平方}} × \underset{400㎡}{地積} × \underset{0.85}{不整形地補正率} = 34,000,000円$$

（参考）国税庁質疑応答事例「不整形地の評価―計算上の奥行距離を基として評価する場合」

③ 近似整形地を基として計算する方法

近似整形地を基として計算する方法とは，次図のように近似整形地を求め，不整形地補正率適用前の１㎡当たりの価額を計算するものである。

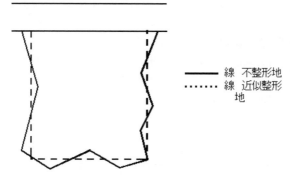

（注）近似整形地は，近似整形地からはみ出す不整形地の部分の地積と近似整形地に含まれる不整形地以外の部分の地積がおおむね等しく，かつ，その合計地積ができるだけ小さくなるように求める（④において同じ。）。

Q 近似整形地を基として評価する場合

■質 問

次の図のような不整形地はどのように評価するのでしょうか。

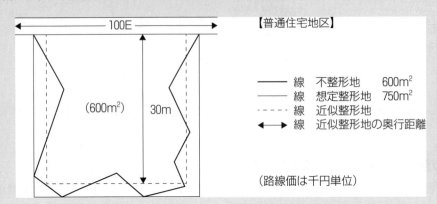

■回 答

不整形地に近似する整形地を求め，その近似整形地を基として求めた価額に不整形地補正率を乗じて評価します。

なお，ここでの注意事項は，以下のとおりです。

1　近似整形地は，近似整形地からはみ出す不整形地の部分の地積と近似整形地に含まれる不整形地以外の部分の地積がおおむね等しく，かつ，その合計地積ができるだけ小さくなるように求めます。

2　近似整形地の屈折角は90度とします。

3　近似整形地と想定整形地の地積は必ずしも同一ではありません。

(計算例)

1　近似整形地の奥行価格補正後の1平方メートル当たりの価額（不整形地の奥行価格補正後の1平方メートル当たりの価額）

　　路線価　　　奥行距離30mの場合の奥行価格補正率
　　100,000円　×　0.95　＝　95,000円

2　不整形地補正率

不整形地補正率0.97（普通住宅地区　地積区分B　かげ地割合20％）

$$\text{かげ地割合} = \frac{750\text{m}^2 - 600\text{m}^2}{750\text{m}^2} = 20\%$$
（想定整形地の地積 − 不整形地の地積 ／ 想定整形地の地積）

3　評価額

　　近似整形地の単価　　不整形地の地積　　不整形地補正率
　　95,000円　×　600m²　×　0.97　＝　55,290,000円

(注) 地積規模の大きな宅地の評価は考慮していません。

(参考) 国税庁質疑応答事例「不整形地の評価—近似整形地を基として評価する場合」

④ 差引計算により計算する方法

差引計算により計算する方法とは，次図のように近似整形地（①）を求め，隣接する整形地（②）と合わせて全体の整形地の価額の計算をしてから，隣接する整形地（②）の価額を差し引いた価額を基として不整形地補正率適用前の1m²当たりの価額を計算するものである。

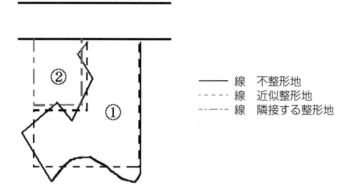

Q 差引き計算により評価する場合

■質問
次の図のような不整形地はどのように評価するのでしょうか。

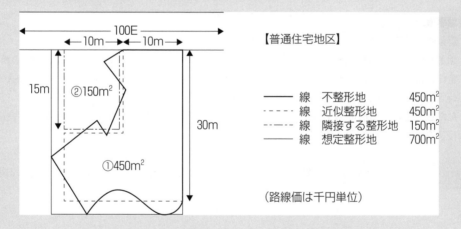

■回答
近似整形地（①）を求め，隣接する整形地（②）と合わせて全体の整形地の価額の計算をしてから隣接する整形地（②）の価額を差し引いた価額を基として計算した価額に，不整形地補正率を乗じて評価します。

2章　宅地の評価

（計算例）

1　近似整形地（①）と隣接する整形地（②）を合わせた全体の整形地の奥行価格補正後の価額

　　路線価　　　　　奥行距離30mの場合の奥行価格補正率　　①＋②の地積
　　100,000円　×　　0.95　　×　　600m²　＝　57,000,000円

2　隣接する整形地（②）の奥行価格補正後の価額

　　路線価　　　　　奥行距離15mの場合の奥行価格補正率　　②の地積
　　100,000円　×　　1.00　　×　　150m²　＝　15,000,000円

3　1の価額から2の価額を控除して求めた近似整形地（①）の奥行価格補正後の価額

　　①＋②　　　　　②　　　　　近似整形地（①）の価額
　　57,000,000円　－　15,000,000円　＝　42,000,000円

4　近似整形地の奥行価格補正後の1平方メートル当たりの価額（不整形地の奥行価格補正後の1平方メートル当たりの価額）

　　近似整形地（①）の評価額　　①の地積
　　42,000,000円　÷　450m²　＝　93,333円

5　不整形地補正率

　　不整形地補正率0.88（普通住宅地区　地積区分A　かげ地割合35.71%）

$$\text{かげ地割合} = \frac{\underset{\text{想定整形地の地積}}{700\text{m}^2} - \underset{\text{不整形地の地積}}{450\text{m}^2}}{\underset{\text{想定整形地の地積}}{700\text{m}^2}} \fallingdotseq 35.71\%$$

6　評価額

　　近似整形地の単価　　不整形地の地積　　不整形地補正率
　　93,333円　×　450m²　×　0.88　＝　36,959,868円

（注意事項）

1　近似整形地を設定する場合，その屈折角は90度とします。
2　想定整形地の地積は，近似整形地の地積と隣接する整形地の地積との合計と必ずしも一致しません。
3　全体の整形地の価額から差し引く隣接する整形地の価額の計算に当たって，奥行距離が短いため奥行価格補正率が1.00未満となる場合においては，当該奥行価格補正率は1.00とします。
　　ただし，全体の整形地の奥行距離が短いため奥行価格補正率が1.00未満の数値となる場合には，隣接する整形地の奥行価格補正率もその数値とします。

（参考）国税庁質疑応答事例「不整形地の評価—差引き計算により評価する場合」

(3)　不整形地補正率の算定

①　不整形地補正率の算定

　次に，不整形地補正率適用前の価額に，その不整形の程度，位置及び地積の大小に応じ，不整形地補正率表に定める不整形地補正率を乗じて評価する。

9 不整形地の評価

（設　例）不整形地補正率の求め方　その１

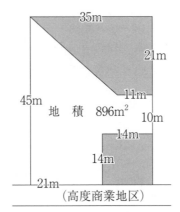

○想定整形地の地積　　45m×35m＝1,575m²

○かげ地割合　　$\dfrac{1,575m^2 - 896m^2}{1,575m^2} = \dfrac{679m^2}{1,575m^2} ≒ 43.11\%$

●不整形地補正率　　0.90

　　　　↑──（地積区分　　A（高度商業地区）
　　　　　　　かげ地割合　43.11％　　　　　　）

（設　例）不整形地補正率の求め方　その２

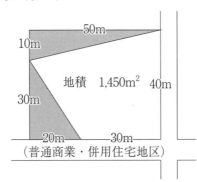

○想定整形地の地積　　50m×40m＝2,000m²

○かげ地割合　　$\dfrac{2,000m^2 - 1,450m^2}{2,000m^2} = \dfrac{550m^2}{2,000m^2} ≒ 27.5\%$

●不整形地補正率　　0.99

　　　　↑──（地積区分　　C（普通商業・併用住宅地区）
　　　　　　　かげ地割合　27.5％　　　　　　　　　　　）

（設　例）不整形地補正率の求め方　その３

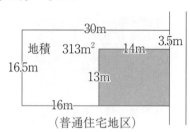
（普通住宅地区）

○想定整形地の地積　　16.5m×30m＝495m²

○かげ地割合　　$\frac{495m² - 313m²}{495m²} = \frac{182m²}{495m²} ≒ 36.77\%$

●不整形地補正率　　0.79

① 不整形地補正率を適用して評価する方法

（地積区分　　A（普通住宅地区）　　かげ地割合　36.77％）

（不整形地補正率）（間口狭小補正率）
　　0.88　　　×　　　0.90　　　＝0.79（小数点第２位未満切捨て）

② 間口狭小補正率と奥行長大補正率を適用して評価する方法
（間口狭小補正率）（奥行長大補正率）
　　0.90　　　×　　　0.90　　　＝0.81

③ ①と②のいずれか低い方
　　0.79　　　＜　　　0.81　　　→0.79

（設　例）不整形地補正率の求め方　その４

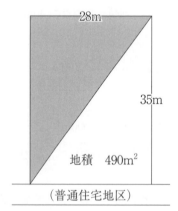
（普通住宅地区）

○想定整形地の地積　　28m×35m＝980m²

○かげ地割合　　$\frac{980m² - 490m²}{980m²} = \frac{490m²}{980m²} ≒ 50\%$

●不整形地補正率　　0.79

（地積区分　　A（普通住宅地区）　　かげ地割合　50％）

（参考）　実務相談録

② 不整形地補正の合理性

　この評価方法は，評価対象地の画地全域を囲む，正面路線に面するく形または正方形の土地の地積を算出し，想定整形地の地積と評価対象地の地積の差が想定整形地の地積に占める割合（かげ地割合）を算出し，これを評価の対象となる不整形地の地区及び地積に応じた不整形地補正率表に当てはめて，不整形地補正率を算出するものであり合理性を有すると解されている（東京地裁12年2月16日判決〔税務訴訟資料246号679頁〕）。

　なお，数値の決定要素がかげ地の面積割合のみであり，かげ地部分がその土地全体のどの部位に位置しているかが全く考慮されない点については，かげ地部分の位置が減価割合に与える影響を類型化することが容易であるとも認められないから，この評価方法が不合理であるとはいえないとされている（東京地裁平成12年2月16日判決〔税務訴訟資料246号679頁〕）。

　また，不整形地補正は，画地の形状が悪いことによって画地の全部が宅地としての機能を十分に発揮できないための補正であるから，画地の形状が完全な正方形または矩形でないとしても，画地の面積がおおむね適正規模もしくはそれ以上の広さがあり，かつ，不整形の程度が小さい場合など，宅地としての利用にあたり特に支障がないものについてまで，不整形地補正を行う必要はないことになる[54]。

(4) 不整形地の奥行距離の求め方

① 奥行距離の求め方

　奥行距離は，原則として正面路線に対し垂直的な奥行距離による。

　ただし，奥行距離が一様でないものは，平均的な奥行距離による。

　平均的な奥行距離とは，不整形地に係る想定整形地の奥行距離を限度として，その不整形地の面積を間口距離で除して得た数値をいう。

（算式）
　　平均的な奥行距離＝地積÷間口

　一般に不整形地について，その奥行距離を図示すれば次のようになる。

---

[54] 財産評価基本通達逐条解説（令和5年版）93頁

2章　宅地の評価

[図表2－29] 不整形地の奥行距離

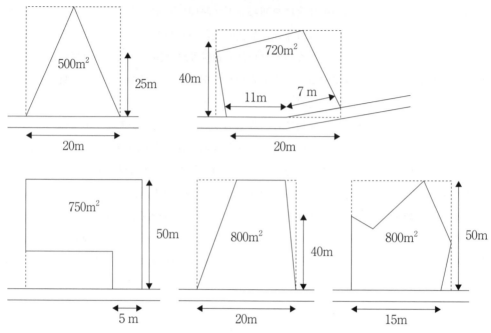

（出典）　国税庁質疑応答事例「不整形地の奥行距離の求め方」

Q　不整形地における奥行距離の計算

■質　問

次の図のような画地の奥行距離は，どのように計算すればよいでしょうか。

9 不整形地の評価

■回　答

　奥行距離は，原則として正面路線に対し垂線的な奥行距離によります。
　第1図および第2図については，Aが奥行距離となり，第3図については，第4図の斜線部分の土地と併せた1画地としてCを奥行距離としての評価額から，斜線部分の土地の評価額を控除した価額を基に評価します（差引計算法）。

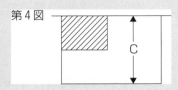

（参考）実務相談録

② 屈折路に接面する宅地の奥行距離

　屈折路に外接する宅地の奥行距離についても，正面路線に対し垂直的な奥行距離，または平均的な奥行距離（不整形地に係る想定整形地の奥行距離を限度として，その不整形地の面積を間口距離で除して得た数値）による。

Q　屈折路に外接する宅地の奥行距離

■質　問

　次の図のような不整形地の奥行距離はどのようにして求めるのでしょうか。

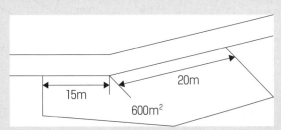

■回　答

　奥行距離が一様でないものは平均的な奥行距離によります。
　具体的には，不整形地にかかる想定整形地の奥行距離を限度として，その不整形地の面積をその間口距離で除して得た数値とします。
　上の図のような不整形地にかかる想定整形地は次のとおりとなります。
　したがって，この不整形地の奥行距離は17.1m（600m^2÷35m＝17.1＜20）となります。

2章　宅地の評価

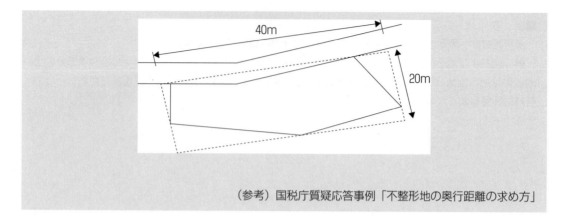

（参考）国税庁質疑応答事例「不整形地の奥行距離の求め方」

屈折路に内接する宅地の奥行距離も同様である。

Q　屈折路に内接する宅地の奥行距離

■質　問

次の図のような不整形地の奥行距離は，どのように求めるのでしょうか。

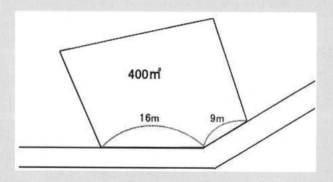

■回　答

奥行距離が一様でないものは，平均的な奥行距離によります。

具体的には，不整形地に係る想定整形地の奥行距離を限度として，その不整形地の面積を間口距離で除して得た数値とします。

問のような不整形地に係る想定整形地は次のようになります。

したがって，この不整形地の奥行距離は，16m（400m²÷25m＝16m＜20m）となります。

―252―

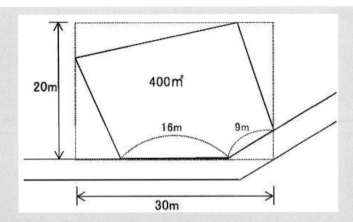

(注) 屈折路に面している宅地の間口距離は，想定整形地の間口に相当する距離と屈折路に実際に面している距離とのいずれか短い距離を間口距離とします。
　　上図の場合，想定整形地の間口に相当する距離が30mであり，実際に面している距離が25mであるため，この宅地の間口距離は，25m（16m＋9m＜30m）となります。

（参考）東京国税局「資産税審理研修資料（平成24年7月）」〔TAINS・評価事例708272〕

(5) 想定整形地の取り方

① 想定整形地の取り方

　不整形地の想定整形地は，いずれかの路線からの垂線によって，または路線に接する両端を結ぶ直線によって，評価しようとする宅地の全域を囲む形または正方形のうち最も面積の小さいものを想定整形地とする。

　正面路線と評価対象地の位置関係や形状によっては，想定整形地が複数ある場合も生じうるところ，評価通達20の趣旨からすれば，その想定方法自体が不合理なものでない限り，その想定されたもののうち，最も小さい面積のものを想定整形地として上記評価を行うのが合理的であると解されている（平成24年10月10日裁決〔裁決事例集89巻344頁〕）。

② 具体例

　次の①～③に掲げる具体例のうち，Aの例が相当，Bの例が不相当となる。

2章　宅地の評価

①-A (○)
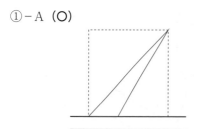

①-B (×)
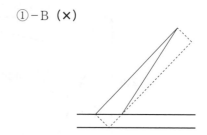

②-A (○)
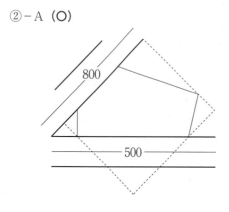

②-B (×)
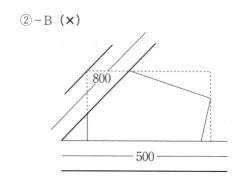

③-A (○)
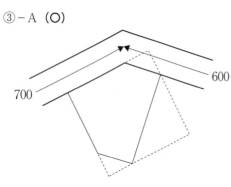

③-B (×)
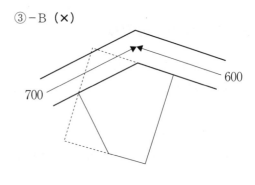

(参考) 実務相談録

③ 屈折路に面する宅地の想定整形地

　屈折路に面する不整形地に係る想定整形地は，いずれかの路線からの垂線によって，または路線に接する両端を結ぶ直線によって，評価しようとする宅地の全域を囲むく形または正方形のうち最も面積の小さいものを想定整形地とする。

9 不整形地の評価

> **Q** 屈折路に面する不整形地の想定整形地のとり方

■質　問

屈折路に面する不整形地の場合，想定整形地はどのようにとるのでしょうか。

■回　答

屈折路に面する不整形地に係る想定整形地は，いずれかの路線からの垂線によって又は路線に接する両端を結ぶ直線によって，評価しようとする宅地の全域を囲むく形又は正方形のうち最も面積の小さいものを想定整形地とします。

次の場合には，AからCまでのく形のうち最も面積の小さいもの，すなわちAが想定整形地となります。

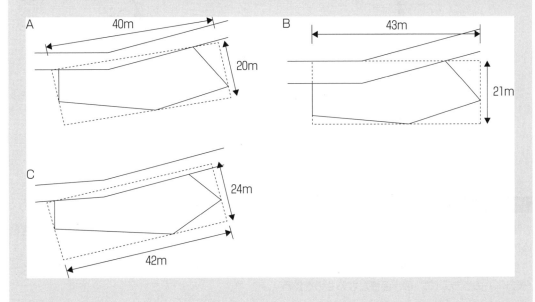

（参考）国税庁質疑応答事例「屈折路に面する不整形地の想定整形地のとり方」

④　争訟事例

平成24年10月10日裁決〔裁決事例集89巻344頁〕は，想定整形地の取り方が争点となった事例である。

評価対象地（本件D土地）は，西側で公道 f 号線に約5.8m，南側で e 線に約3.2m接面する，地積6.37m²の三角形の土地である。

原処分庁は，評価対象地の路線に接する両端を結ぶ直線によって，土地の全域を囲む**図表２－30**のとおりのく形を想定整形地とし，不整形地補正率を0.84とした。

これに対し審査請求人は，西側の路線（公道 f 線）からの垂線によって土地を囲む形を想定整

2章　宅地の評価

形地とし，不整形地補正率を0.70とした。

　裁決は，想定整形地とは，評価対象地の画地全域を囲む，正面路線に面する最小面積のく形となっているものをいうことからすると，審査請求人の主張する想定整形地の取り方に不合理な点は認められないが，他方，原処分庁の主張する方法による想定整形地は，正面路線に面したく形ではないことから，財産評価基本通達20に定める想定整形地そのものには当たらず，審査請求人が主張する方法によるべきであると判断している。

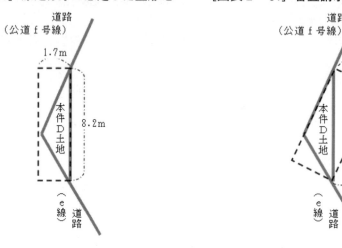

［図表2－30］原処分庁の想定した整形地　　［図表2－31］審査請求人の想定した整形地

実務上のポイント

　想定整形地の作成にあたってはパターンが複数考えられることが多く，その取り方により補正率が異なるため重要な点である。

　想定整形地は，（イ）評価対象地の路線に接する両端を結ぶ直線からの垂線によって土地全体を囲むく形（長方形）のうち，（ロ）最小面積となるものをいう。

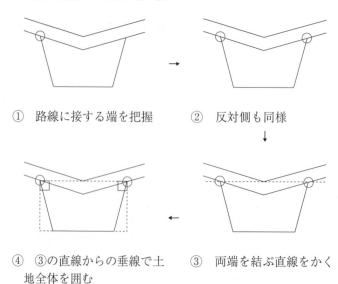

① 路線に接する端を把握　　② 反対側も同様

④ ③の直線からの垂線で土地全体を囲む　　③ 両端を結ぶ直線をかく

なお，右図のように最少面積となるようにとる必要はない。

正しい取扱い

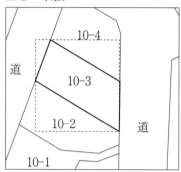

誤った取扱い

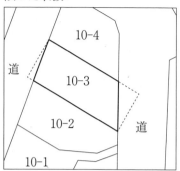

(6) 側方路線影響加算の調整

不整形地であることにより，側方路線に接する部分が，側方路線からみたその宅地の想定整形地の間口距離より短い場合には，側方路線に接する部分の側方路線からみたその宅地の想定整形地の間口距離に占める割合により加算額を調整する。

Q 側方路線影響加算の調整(1)

■質　問

次の図のような不整形地の評価額は，具体的にはどのようにして計算するのでしょうか。

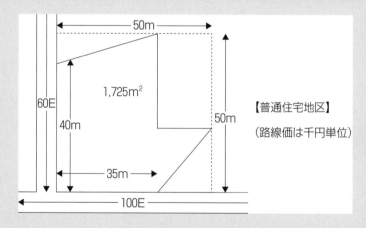

■回　答

不整形地の地積を間口距離で除して算出した計算上の奥行距離を基とし，側方路線影響加算，不整形地補正を行い評価します。

—257—

2章　宅地の評価

（計算例）

(1) 正面路線に対応する奥行距離………49.3m

地積　　　　間口距離　　　計算上の奥行距離　　　想定整形地の奥行距離
1,725m² ÷ 35m ＝ 49.3m ＜ 50m

正面路線価　　奥行距離49.3mに係る　　奥行価格補
　　　　　　　奥行価格補正率　　　　　正後の価額
100,000円 × 0.89 ＝ 89,000円 ①

(2) 側方路線影響加算を行う場合の奥行距離………43.2m

地積　　　　間口距離　　　計算上の奥行距離　　　想定整形地の奥行距離
1,725m² ÷ 40m ＝ 43.2m ＜ 50m

(3) 側方路線影響加算額の計算

　　　　　　　奥行距離43.2m
　　　　　　　に係る奥行価格　側方路線　　　　　　　　　　　側方路線影
側方路線価　　補正率　　　　　影響加算率　　　　　　　　　　響加算額
60,000円 × 0.91 × 0.03 × $\frac{40m}{10m+40m}$ ＝ 1,310円 ②

(4) 側方路線影響加算後の価額

89,000円① ＋ 1,310円② ＝ 90,310円③

(5) ③に地積を乗じた後不整形地補正を行い評価額を算出します。

　　　　　　　　地積　　　　不整形地補正率
90,310円③ × 1,725m² × 0.96 ＝ 149,553,360円

（不整形地補正率…0.96

・かげ地割合 ＝ $\frac{2,500m^2 - 1,725m^2}{2,500m^2}$ ＝ 31%　・地積区分　C）

(注) 地積規模の大きな宅地の評価は考慮していません。

（参考）国税庁質疑応答事例「側方路線影響加算の計算例―不整形地の場合」

Q 側方路線影響加算の調整(2)

■質　問

次のような不整形地の側方路線影響加算額はどのように計算するのでしょうか。

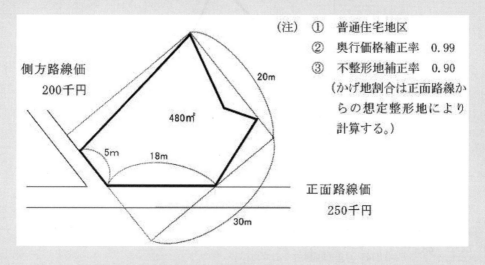

(注)　① 普通住宅地区
　　　② 奥行価格補正率　0.99
　　　③ 不整形地補正率　0.90
　　　（かげ地割合は正面路線からの想定整形地により計算する。）

■回　答

側方路線に接する部分が、側方路線からみたその宅地の想定整形地の間口距離より短い場合には、側方路線に接する部分の側方路線からみたその宅地の想定整形地の間口距離に占める割合により加算額を調整します。

問において、側方路線からみたその宅地の想定整形地（間口距離20m）のうち、側方路線の影響を直接受けているのは、その側方路線に直接面している5ｍに対応する部分であることから、次のとおり側方路線影響加算額を調整して計算します。

なお、正面路線については、このような計算は行わないことに留意します。

（計算例）

1　正面路線価を基とした価額

　　正面路線価　　　奥行価格補正率
　　250,000円　×　　0.97　　＝　242,500円

2　側方路線影響加算額の計算

　　側方路線価　　　奥行価格補正率　　　側方路線影響加算率
　　200,000円　×　　0.95　　×　　0.03　　×　5ｍ/20ｍ
　＝　1,425円

3　評価額

　　　　　　　　　　　　　不整形地補正率
　（242,500円＋1,425円）×　0.90　×　480㎡
　＝105,375,600円

2章　宅地の評価

(参考)
正面路線からみた宅地の想定整形地を図示すると以下のとおりとなります。

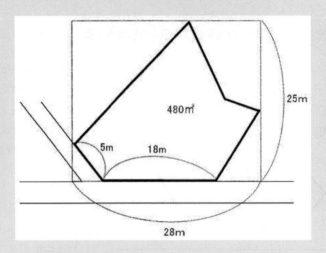

奥行距離：25m（480m²÷18m≒26.6m＞25m）

$\left(\dfrac{700m^2-480m^2}{700m^2}=0.314\right)$…かげ地割合：31.4%

(参考) 東京国税局「資産税審理研修資料（平成24年7月）」〔TAINS・評価事例708273〕

(7) 不整形地としての評価を行わない場合

不整形地は，その不整形の程度，位置及び地積の大小に応じ，不整形地補正を行って評価する。ただし，例えば帯状部分を有する土地について，形式的に不整形地補正を行うとかげ地割合が過大となり，帯状部分以外の部分を単独で評価した価額より低い不合理な評価額となる場合においては不整形地としての評価は行わない。

Q　不整形地としての評価を行わない場合(1)

■質　問
次の図のような帯状部分を有する宅地はどのように評価するのでしょうか。

9 不整形地の評価

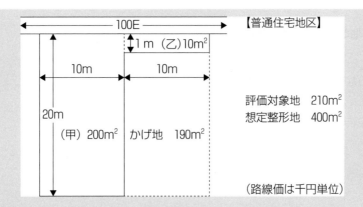

■回答

帯状部分（乙）とその他部分（甲）に分けて評価した価額の合計額により評価し，不整形地としての評価は行いません。

(計算例)

1 甲土地の評価額

　　路線価　　　　奥行価格補正率　　地積
　100,000円 × 1.00 × 200m² ＝ 20,000,000円

2 乙土地の評価額

　　路線価　　　　奥行価格補正率　　地積
　100,000円 × 0.90 × 10m² ＝ 900,000円

3 評価額

　　甲土地の評価額　　　乙土地の評価額
　　20,000,000円 ＋ 900,000円 ＝ 20,900,000円

(参考)

評価対象地を不整形地として評価するとした場合

　　(甲＋乙)土地の評価額　　不整形地補正率　　　　　　　　　　　甲土地のみの評価額
　　20,900,000円 × 0.82 ＝ 17,138,000円 ＜ 20,000,000円

不整形地補正率0.82（普通住宅地区　地積区分A　かげ地割合47.5%）

$$\text{かげ地割合} = \frac{\text{想定整形地の地積}400m^2 - \text{不整形地の地積}210m^2}{\text{想定整形地の地積}400m^2} = 47.5\%$$

このように，帯状部分を有する土地について，形式的に不整形地補正を行うとかげ地割合が過大となり，帯状部分以外の部分を単独で評価した価額（20,000千円）より低い不合理な評価額となるため，不整形地としての評価は行いません。

（参考）国税庁質疑応答事例「不整形地の評価―不整形地としての評価を行わない場合(1)」

Q 不整形地としての評価を行わない場合(2)

■質　問
次の図のような帯状部分を有する宅地はどのように評価するのでしょうか。

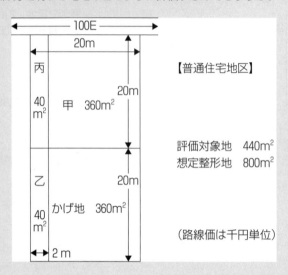

■回　答
帯状部分（乙）とその他部分（甲・丙）に分けて評価した価額の合計額により評価し，不整形地としての評価は行いません。

（計算例）
1　甲，丙土地を合わせて評価した価額

　　路線価　　　奥行価格補正率　　　地積　　　　（甲＋丙）土地の評価額
　　100,000円　×　　1.00　　×　400m²　＝　　40,000,000円

2　乙土地の評価額
　(1)　乙，丙土地を合わせた土地の奥行価格補正後の価額

　　路線価　　　奥行価格補正率　　　地積
　　100,000円　×　　0.91　　×　80m²　＝　7,280,000円

　(2)　丙土地の奥行価格補正後の価額

　　路線価　　　奥行価格補正率　　　地積
　　100,000円　×　　1.00　　×　40m²　＝　4,000,000円

　(3)　(1)の価額から(2)の価額を差し引いて求めた乙土地の奥行価格補正後の価額

　　(1)の価額　　　(2)の価額　　　乙土地の奥行価格補正後の価額
　　7,280,000円　－　4,000,000円　＝　　3,280,000円

　(4)　乙土地の評価額

　　奥行価格補正後の価額　　　間口狭小補正率　　　奥行長大補正率　　　乙土地の評価額
　　　3,280,000円　　×　　0.90　　×　　0.90　　＝　2,656,800円

3　評価額

　　（甲＋丙）土地の評価額　　　乙土地の評価額
　　　40,000,000円　＋　2,656,800円　＝　42,656,800円

(参考)
評価対象地を不整形地として評価するとした場合

1　甲土地の奥行価格補正後の価額

　　路線価　　　　奥行価格補正率　　地積
　　100,000円　×　1.00　　　×　360m²　＝　36,000,000円

2　乙・丙土地の奥行価格補正後の価額

　　路線価　　　　奥行価格補正率　　地積
　　100,000円　×　0.91　　　×　80m²　＝　7,280,000円

3　不整形地補正率

　不整形地補正率0.82（普通住宅地区　地積区分Ａ　かげ地割合45％）

$$\text{かげ地割合} = \frac{\text{想定整形地の地積}\ 800m^2 - \text{不整形地の地積}\ 440m^2}{\text{想定整形地の地積}\ 800m^2} = 45\%$$

4　評価額

　　(甲＋乙・丙)土地　　　不整形地補正率　　　　　　　　　(甲＋丙)土地
　　43,280,000円　　×　　0.82　　＝　35,489,600円　＜　40,000,000円

このように，帯状部分を有する土地について，形式的に不整形地補正を行うとかげ地割合が過大となり，帯状部分以外の部分を単独で評価した価額（40,000千円）より低い不合理な評価額となるため，不整形地としての評価は行いません。

(参考) 国税庁質疑応答事例「不整形地の評価―不整形地としての評価を行わない場合(2)」

> **実務上のポイント**
>
> 　帯状部分を有する土地について，不整形地としての評価を行うべきか否かの判断は，帯状部分とその他部分を一体として不整形地補正を行うとかげ地割合が過大となり，帯状部分とその他部分に分けて評価した場合よりも低い評価額となるケースである。

10　地積規模の大きな宅地の評価

財産評価基本通達20-2　《地積規模の大きな宅地の評価》

　地積規模の大きな宅地（三大都市圏においては500m²以上の地積の宅地，それ以外の地域においては1,000m²以上の地積の宅地をいい，次の(1)から(3)までのいずれかに該当するものを除く。以下本項において「地積規模の大きな宅地」という。）で14-2《地区》の定めにより普通商業・併用住宅地区及び普通住宅地区として定められた地域に所在するものの価額は，15《奥行価格補正》から前項までの定めにより計算した価額に，その宅地の地積の規模に応じ，次の算式により求めた規模格差補正率を乗

2章　宅地の評価

じて計算した価額によって評価する。（平29課評2-46外追加）
(1) 市街化調整区域（都市計画法第34条第10号又は第11号の規定に基づき宅地分譲に係る同法第4条《定義》第12項に規定する開発行為を行うことができる区域を除く。）に所在する宅地
(2) 都市計画法第8条《地域地区》第1項第1号に規定する工業専用地域に所在する宅地
(3) 容積率（建築基準法（昭和25年法律第201号）第52条《容積率》第1項に規定する建築物の延べ面積の敷地面積に対する割合をいう。）が10分の40（東京都の特別区（地方自治法（昭和22年法律第67号）第281条《特別区》第1項に規定する特別区をいう。）においては10分の30）以上の地域に所在する宅地

（算式）

$$規模格差補正率 = \frac{Ⓐ \times Ⓑ + Ⓒ}{地積規模の大きな宅地の地積（Ⓐ）} \times 0.8$$

上の算式中の「Ⓑ」及び「Ⓒ」は，地積規模の大きな宅地が所在する地域に応じ，それぞれ次に掲げる表のとおりとする。

イ　三大都市圏に所在する宅地

地区区分	普通商業・併用住宅地区，普通住宅地区	普通商業・併用住宅地区，普通住宅地区
記号	Ⓑ	Ⓒ
地積		
500m²以上 1,000m²未満	0.95	25
1,000m²以上 3,000m²未満	0.90	75
3,000m²以上 5,000m²未満	0.85	225
5,000m²以上	0.80	475

ロ　三大都市圏以外の地域に所在する宅地

地区区分	普通商業・併用住宅地区，普通住宅地区	普通商業・併用住宅地区，普通住宅地区
記号	Ⓑ	Ⓒ
地積		
1,000m²以上 3,000m²未満	0.90	100
3,000m²以上 5,000m²未満	0.85	250
5,000m²以上	0.80	500

> (注)
> 1 上記算式により計算した規模格差補正率は，小数点以下第2位未満を切り捨てる。
> 2 「三大都市圏」とは，次の地域をいう。
> イ 首都圏整備法（昭和31年法律第83号）第2条《定義》第3項に規定する既成市街地又は同条第4項に規定する近郊整備地帯
> ロ 近畿圏整備法（昭和38年法律第129号）第2条《定義》第3項に規定する既成都市区域又は同条第4項に規定する近郊整備区域
> ハ 中部圏開発整備法（昭和41年法律第102号）第2条《定義》第3項に規定する都市整備区域

(1) 取扱い

① 趣 旨

本項では，地積規模の大きな宅地の評価方法を定めている。

地積規模の大きな宅地においては，これを戸建住宅用地として分割分譲する場合に，地積に依拠する以下の(a)から(c)の減価が発生することが考えられる[55]。

(a) 地積規模の大きな宅地を戸建住宅用地として分割分譲する場合，一定の場合を除き，道路，公園等の公共公益的施設用地の負担を要する（**図表2－32**）。

(b) 地積規模の大きな宅地を戸建住宅用地として分割分譲する場合，住宅として利用するために必要な上下水道等の供給処理施設の工事費用の負担を要するとともに，開設した道路等の公共公益的施設用地の整備費用等の負担を要する。

(c) 地積規模の大きな宅地を戸建住宅用地として分割分譲する場合，開発分譲業者は，開発利益を確保する必要があり，また，開発する面積が大きくなるにつれ販売区画数が多くなることから，完売までに長期間を要したり，売れ残りが生じるというリスクを負う。

そこで，路線価地域に所在する土地については，地積規模の大きな宅地で地区区分が普通商業・併用住宅地区及び普通住宅地区に所在するものは，路線価に，奥行価格補正率や不整形地補正率などの各種画地補正率のほか，その宅地の地積の規模に応じて規模格差補正率を乗じて評価することとしている。

(算式)

評価額 ＝ 路線価 × 奥行価格補正率 × 不整形地補正率などの各種画地補正率 × 規模格差補正率 × 地積（m²）

---

[55] 財産評価基本通達逐条解説（令和5年版）112～113頁

2章　宅地の評価

[図表2－32]　公共公益的施設用地の負担

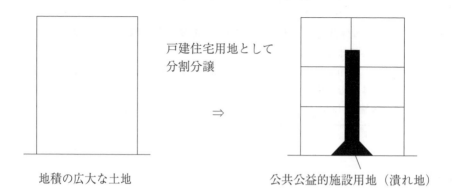

② 評価の方式

　地積規模の大きな宅地を戸建住宅用地として分割分譲する場合に発生する減価は，当初は地積の増加に正比例的に増加するものの，一定の地積規模を超えると，その増加幅は緩やかとなる傾向にある。そこで，「規模格差補正率」はこの傾向を適正に反映したものとなっている[56]。

　また，その減価の割合は，地積区分ごとに異なるため，その宅地に係る「規模格差補正率」は，本来的には，その宅地を(a)500m²未満の部分，(b)500m²以上1,000m²未満の部分，(c)1,000m²以上1,500m²までの部分に分割し，それぞれの部分に対応する減価の割合を乗じて合算したものに基づき計算することとなる。

　しかしながら，このような計算方法によると，地積の規模が特に大きくなった場合には「規模格差補正率」の計算過程が複雑なものとなってしまうため，簡便に補正率を計算できるようにしている。例えば，三大都市圏に所在する1,500m²の宅地の場合，全体の面積を基に1,000m²以上3,000m²未満の減価率0.90（Ⓑの数）を乗じた上で75（Ⓒの数）を加算する方法により，その宅地の規模格差補正率を計算できるようになっている[57]。

> **Q**　一般的な宅地の計算例
>
> ■質　問
> 　次の図のような宅地（地積750，三大都市圏に所在）の価額はどのように評価するのでしょうか。

56　財産評価基本通達逐条解説（令和5年版）111頁
57　財産評価基本通達逐条解説（令和5年版）111～112頁参照。

10 地積規模の大きな宅地の評価

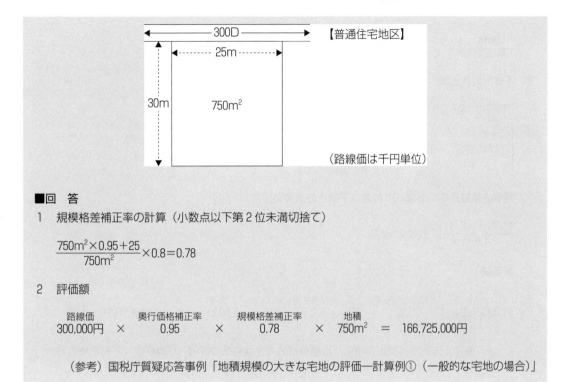

■回　答
1　規模格差補正率の計算（小数点以下第2位未満切捨て）

$$\frac{750\text{m}^2 \times 0.95 + 25}{750\text{m}^2} \times 0.8 = 0.78$$

2　評価額

　　路線価　　　奥行価格補正率　　規模格差補正率　　地積
　300,000円　×　　0.95　　×　　0.78　　×　750m² ＝ 166,725,000円

（参考）国税庁質疑応答事例「地積規模の大きな宅地の評価―計算例①（一般的な宅地の場合）」

　地積規模の大きな宅地が不整形地であったり，間口狭小，奥行長大な土地である場合には，規模格差補正率と各種の補正率を併用する。

Q 不整形地の場合

■質　問
　次の図のような宅地（地積1,600m²，三大都市圏に所在）の価額はどのように評価するのでしょうか。

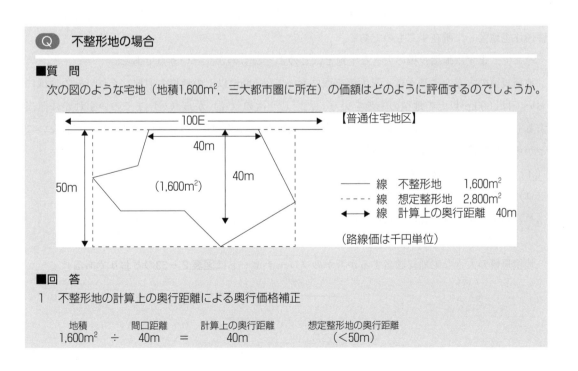

■回　答
1　不整形地の計算上の奥行距離による奥行価格補正

　　地積　　　間口距離　　　計算上の奥行距離　　想定整形地の奥行距離
　1,600m²　÷　40m　＝　40m　　　　（＜50m）

―267―

2章　宅地の評価

$$\underset{\text{路線価}}{100,000円} \times \underset{\substack{\text{奥行距離40mの場合} \\ \text{の奥行価格補正率}}}{0.91} = \underset{\substack{1 m^2 \text{当たり} \\ \text{の価額}}}{91,000円}$$

2　不整形地補正率

不整形地補正率0.92（普通住宅地区　地積区分C　かげ地割合42.86%）

$$\left(\text{かげ地割合} = \frac{\underset{\text{想定整形地の地積}}{2,800m^2} - \underset{\text{不整形地の地積}}{1,600m^2}}{\underset{\text{想定整形地の地積}}{2,800m^2}} ≒ 42.86\% \right)$$

3　規模格差補正率の計算（小数点以下第2位未満切捨て）

$$\frac{1,600m^2 \times 0.90 + 75}{1,600m^2} \times 0.8 = 0.75$$

4　評価額

$$\underset{}{91,000円} \times \underset{\text{不整形地補正率}}{0.92} \times \underset{\text{規模格差補正率}}{0.75} \times \underset{\text{地積}}{1,600m^2} = 100,464,000円$$

（参考）国税庁質疑応答事例「地積規模の大きな宅地の評価―計算例⑥（不整形地の場合）」

(2)　地積規模の大きな宅地とは

①　地積規模の大きな宅地の要件

　本項が適用されるのは，評価対象地が「地積規模の大きな宅地」で，「普通商業・併用住宅及び普通住宅地区」に所在するものである。

　そこで，まずは地積規模の大きな宅地とはどのようなものか，という点である。

　地積規模の大きな宅地とは，三大都市圏においては500m²以上の地積の宅地，それ以外の地域においては1,000m²以上の地積の宅地をいう。ただし，次の（イ）から（ハ）までのいずれかに該当するものについては，法的規制やその標準的な利用方法に照らすと当該評価の趣旨にそぐわないことから地積規模の大きな宅地から除かれる。

（イ）市街化調整区域に所在する宅地
（ロ）都市計画法に規定する工業専用地域に所在する宅地
（ハ）容積率が10分の40（東京都特別区においては10分の30）以上の地域に所在する宅地

　地積規模の大きな宅地に該当するか否かのフローチャートは**図表2－33**のとおりである。

10 地積規模の大きな宅地の評価

[図表2－33]「地積規模の大きな宅地の評価」の適用対象の判定のためのフローチャート

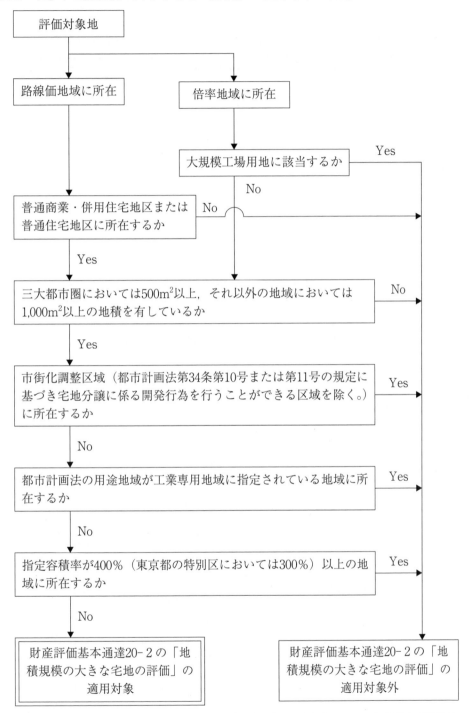

（参考） 東京国税局「資産税審理研修資料（平成30年7月）」〔TAINS・資産税審理研修資料H300700〕

2章 宅地の評価

また，国税庁ホームページにおいて，**図表２－34**のチェックリストが示されている。

［図表２－34］「地積規模の大きな宅地の評価」の適用要件チェックシート

（平成30年１月１日以降用）「地積規模の大きな宅地の評価」の適用要件チェックシート（１面）

（はじめにお読みください。）

1 このチェックシートは、財産評価基本通達20-2に定める「地積規模の大きな宅地」に該当するかを確認する際にご使用ください（宅地等の評価額を計算するに当たっては、「土地及び土地の上に存する権利の評価明細書」をご使用ください。）。
2 評価の対象となる宅地等が、<u>路線価地域にある場合はＡ表</u>を、<u>倍率地域にある場合はＡ表及びＢ表</u>をご使用ください。
3 <u>「確認結果」欄の全てが「はい」の場合</u>にのみ、「地積規模の大きな宅地の評価」を適用して評価することになります。
4 「地積規模の大きな宅地の評価」を適用して申告する場合、このチェックシートを「<u>土地及び土地の上に存する権利の評価明細書</u>」に添付してご提出ください。

宅地等の所在地番			地積	㎡
所有者	住所（所在地）		評価方式	路線価 ・ 倍率
	氏名（法人名）			（Ａ表で判定）（Ａ表及びＢ表で判定）
被相続人	氏名		相続開始日又は受贈日	

【Ａ表】

項目	確認内容（適用要件）	確認結果	
面積	○ 評価の対象となる宅地等（※２）は、次に掲げる面積を有していますか。 ① 三大都市圏（注１）に所在する宅地については、<u>500㎡以上</u> ② 上記以外の地域に所在する宅地については、<u>1,000㎡以上</u>	はい	いいえ
地区区分	○ 評価の対象となる宅地等は、路線価図上、次に掲げる地区のいずれかに所在しますか。 ① 普通住宅地区 ② 普通商業・併用住宅地区 ＊ 評価の対象となる宅地等が倍率地域にある場合、普通住宅地区内に所在するものとしますので、確認結果は「はい」を選択してください。	はい	いいえ
都市計画（※１）	○ 評価の対象となる宅地等は、市街化調整区域（注２）<u>以外</u>の地域に所在しますか。 ＊ 評価の対象となる宅地等が都市計画法第34条第10号又は第11号の規定に基づき宅地分譲に係る開発行為（注３）ができる区域にある場合、確認結果は「はい」を選択してください。	はい	いいえ
	○ 評価の対象となる宅地等は、都市計画の用途地域（注４）が「工業専用地域」（注５）に指定されている地域<u>以外</u>の地域に所在しますか。 ＊ 評価の対象となる宅地等が用途地域の定められていない地域にある場合、「工業専用地域」に指定されている地域以外の地域に所在するものとなりますので、確認結果は「はい」を選択してください。	はい	いいえ
容積率（※１）	○ 評価の対象となる宅地等は、次に掲げる容積率（注６）の地域に所在しますか。 ① 東京都の特別区（注７）に所在する宅地については、<u>300％未満</u> ② 上記以外の地域に所在する宅地については、<u>400％未満</u>	はい	いいえ

【Ｂ表】

項目	確認内容（適用要件）	確認結果	
大規模工場用地	○ 評価の対象となる宅地等は、「大規模工場用地」（注８）に<u>該当しない土地</u>ですか。 ＊ 該当しない場合は「はい」を、該当する場合は「いいえ」を選択してください。	はい	いいえ

※１ 都市計画の用途地域や容積率等については、評価の対象となる宅地等の所在する市（区）町村のホームページ又は窓口でご確認ください。
2 市街地農地、市街地周辺農地、市街地山林及び市街地原野についても、それらが宅地であるとした場合に上記の確認内容（適用要件）を満たせば、「地積規模の大きな宅地の評価」の適用があります（宅地への転用が見込めないと認められるものを除きます。）。
3 注書については、２面を参照してください。

10 地積規模の大きな宅地の評価

（平成30年１月１日以降用）「地積規模の大きな宅地の評価」の適用要件チェックシート（２面）

(注) 1 三大都市圏とは、次に掲げる区域等をいいます（具体的な市町村は下記の（表）をご参照ください。）。
　　① 首都圏整備法第２条第３項に規定する既成市街地又は同条第４項に規定する近郊整備地帯
　　② 近畿圏整備法第２条第３項に規定する既成都市区域又は同条第４項に規定する近郊整備区域
　　③ 中部圏開発整備法第２条第３項に規定する都市整備区域
　2 市街化調整区域とは、都市計画法第７条第３項に規定する市街化調整区域をいいます。
　3 開発行為とは、都市計画法第４条第12項に規定する開発行為をいいます。
　4 用途地域とは、都市計画法第８条第１項第１号に規定する用途地域をいいます。
　5 工業専用地域とは、都市計画法第８条第１項第１号に規定する工業専用地域をいいます。
　6 容積率は、建築基準法第52条第１項の規定に基づく容積率（指定容積率）により判断します。
　7 東京都の特別区とは、地方自治法第281条第１項に規定する特別区をいいます。
　8 大規模工場用地とは、一団の工場用地の地積が５万㎡以上のものをいいます。

（表）　三大都市圏（平成28年４月１日現在）

圏名	都府県名		都市名
首都圏	東京都	全域	特別区、武蔵野市、八王子市、立川市、三鷹市、青梅市、府中市、昭島市、調布市、町田市、小金井市、小平市、日野市、東村山市、国分寺市、国立市、福生市、狛江市、東大和市、清瀬市、東久留米市、武蔵村山市、多摩市、稲城市、羽村市、あきる野市、西東京市、瑞穂町、日の出町
	埼玉県	全域	さいたま市、川越市、川口市、行田市、所沢市、加須市、東松山市、春日部市、狭山市、羽生市、鴻巣市、上尾市、草加市、越谷市、蕨市、戸田市、入間市、朝霞市、志木市、和光市、新座市、桶川市、久喜市、北本市、八潮市、富士見市、三郷市、蓮田市、坂戸市、幸手市、鶴ケ島市、日高市、吉川市、ふじみ野市、白岡市、伊奈町、三芳町、毛呂山町、越生町、滑川町、嵐山町、川島町、吉見町、鳩山町、宮代町、杉戸町、松伏町
		一部	熊谷市、飯能市
	千葉県	全域	千葉市、市川市、船橋市、松戸市、野田市、佐倉市、習志野市、柏市、流山市、八千代市、我孫子市、鎌ケ谷市、浦安市、四街道市、印西市、白井市、富里市、酒々井町、栄町
		一部	木更津市、成田市、市原市、君津市、富津市、袖ケ浦市
	神奈川県	全域	横浜市、川崎市、横須賀市、平塚市、鎌倉市、藤沢市、小田原市、茅ヶ崎市、逗子市、三浦市、秦野市、厚木市、大和市、伊勢原市、海老名市、座間市、南足柄市、綾瀬市、葉山町、寒川町、大磯町、二宮町、中井町、大井町、松田町、開成町、愛川町
		一部	相模原市
	茨城県	全域	龍ケ崎市、取手市、牛久市、守谷市、坂東市、つくばみらい市、五霞町、境町、利根町
		一部	常総市
近畿圏	京都府	全域	亀岡市、向日市、八幡市、京田辺市、木津川市、久御山町、井手町、精華町
		一部	京都市、宇治市、城陽市、長岡京市、南丹市、大山崎町
	大阪府	全域	大阪市、堺市、豊中市、吹田市、泉大津市、守口市、富田林市、寝屋川市、松原市、門真市、摂津市、高石市、藤井寺市、大阪狭山市、忠岡町、田尻町
		一部	岸和田市、池田市、高槻市、貝塚市、枚方市、茨木市、八尾市、泉佐野市、河内長野市、大東市、和泉市、箕面市、柏原市、羽曳野市、東大阪市、泉南市、四條畷市、交野市、阪南市、島本町、豊能町、能勢町、熊取町、岬町、太子町、河南町、千早赤阪村
	兵庫県	全域	尼崎市、伊丹市
		一部	神戸市、西宮市、芦屋市、宝塚市、川西市、三田市、猪名川町
	奈良県	全域	大和高田市、安堵町、川西町、三宅町、田原本町、上牧町、王寺町、広陵町、河合町、大淀町
		一部	奈良市、大和郡山市、天理市、橿原市、桜井市、五條市、御所市、生駒市、香芝市、葛城市、宇陀市、平群町、三郷町、斑鳩町、高取町、明日香村、吉野町、下市町
中部圏	愛知県	全域	名古屋市、一宮市、瀬戸市、半田市、春日井市、津島市、碧南市、刈谷市、安城市、西尾市、犬山市、常滑市、江南市、小牧市、稲沢市、東海市、大府市、知多市、知立市、尾張旭市、高浜市、岩倉市、豊明市、日進市、愛西市、清須市、北名古屋市、弥富市、みよし市、あま市、長久手市、東郷町、豊山町、大口町、扶桑町、大治町、蟹江町、阿久比町、東浦町、南知多町、美浜町、武豊町、幸田町、飛島村
		一部	岡崎市、豊田市
	三重県	全域	四日市市、桑名市、木曽岬町、東員町、朝日町、川越町
		一部	いなべ市

(注)　「一部」の欄に表示されている市町村は、その行政区域の一部が区域指定されているものです。評価対象となる宅地等が指定された区域内に所在するか否かは、当該宅地等の所在する市町村又は府県の窓口でご確認ください。

（出典）　国税庁ホームページ（https://www.nta.go.jp/publication/pamph/sozoku/pdf/chiseki_check.pdf）

2章　宅地の評価

> **実務上のポイント**
>
> 　三大都市圏の範囲については，地積規模の大きな宅地と農地等の納税猶予制度と固定資産税においてそれぞれ異なるため注意が必要である。農地等の納税猶予制度で用いられている「三大都市圏特定市」は，「租税特別措置法（相続税法の特例関係）の取扱いについて」70の4-2に基づいた平成3年1月1日時点の都市をいい，固定資産税で用いられている市街地農地において宅地並み評価・宅地並み課税が行われる「三大都市圏特定市」は，国土交通省「特定市街化区域内農地対象市（三大都市圏特定市）一覧」の都市をいう。

② 面積基準
(a) 地積規模の判定

　地積規模の大きな宅地とは，原則として，三大都市圏においては500m²以上の地積の宅地，三大都市圏以外の地域においては1,000m²以上の地積の宅地をいう。

　なお，三大都市圏とは，次の地域をいう。

（イ）首都圏整備法第2条第3項に規定する既成市街地または同条第4項に規定する近郊整備地帯

（ロ）近畿圏整備法第2条第3項に規定する既成都市区域または同条第4項に規定する近郊整備区域

（ハ）中部圏開発整備法第2条第3項に規定する都市整備区域

　具体的な市区町村については，「地積規模の大きな宅地の評価の適用要件チェックシート（2面）」を参照されたい。

Q　地積規模の判定

■質　問

　地積規模の要件（三大都市圏においては500m²以上の地積の宅地，それ以外の地域においては1,000m²以上の地積の宅地であること）を満たすかどうかは，どのように判定するのでしょうか。

■回　答

　地積規模の要件は，利用の単位となっている1画地の宅地（評価単位）ごとに判定します。

　なお，贈与，遺産分割等によって宅地の分割が行われた場合には，原則として，分割後の画地を1画地の宅地とします。

（注）贈与，遺産分割等による宅地の分割が親族間等で行われた場合において，例えば，分割後の画地が宅地として通常の用途に供することができないなど，その分割が著しく不合理であると認められるときは，その分割前の画地を「1画地の宅地」とします。

（参考）国税庁質疑応答事例「地積規模の大きな宅地の評価―地積規模の判定」

10 地積規模の大きな宅地の評価

【誤りやすい事例】面積基準

誤った取扱い	正しい取扱い
三大都市圏以外の地域にあるA宅地（700m²）について，市街化区域内に所在し，かつ，500m²以上であることから，地積規模の大きな宅地に該当するとして評価した。 ※面積基準以外の要件は満たしている。	地積規模の大きな宅地の評価の適用対象となる面積は，「三大都市圏では500m²，それ以外の地域では1,000m²以上の宅地」である。 　A宅地は市街化区域内に所在する宅地であるが，三大都市圏内以外の地域に所在することから，地積規模の大きな宅地の評価の適用はない。

（参考）　大阪国税局「誤りやすい事例（財産評価関係平成30年分）」〔TAINS・評価事例大阪局300000〕

【誤りやすい事例】3棟の貸家の敷地の評価

誤った取扱い	正しい取扱い
地積が1,200m²ある土地が3棟の貸家の敷地（各棟の敷地それぞれ400m²）となっている場合，その土地全体としては開発許可面積基準（500m²）を満たすので，地積規模の大きな宅地の評価の適用対象とした。 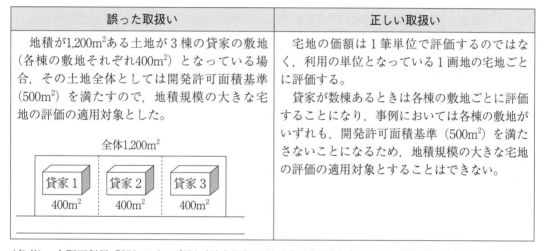	宅地の価額は1筆単位で評価するのではなく，利用の単位となっている1画地の宅地ごとに評価する。 　貸家が数棟あるときは各棟の敷地ごとに評価することになり，事例においては各棟の敷地がいずれも，開発許可面積基準（500m²）を満たさないことになるため，地積規模の大きな宅地の評価の適用対象とすることはできない。

（参考）　大阪国税局「誤りやすい事例（財産評価関係平成30年分）」〔TAINS・評価事例大阪局300000〕

(b)　共有地の場合

　地積規模の判定について，土地を共有により所有している場合には，土地全体の面積により判定を行う。

> **Q　共有地の場合の地積規模の判定**
>
> ■質　問
> 　複数の者に共有されている宅地の場合，地積規模の要件を満たすかどうかは，共有者の持分に応じてあん分した後の地積により判定するのでしょうか。
>
> ■回　答
> 　複数の者に共有されている宅地については，共有者の持分に応じてあん分する前の共有地全体の地

2章　宅地の評価

積により地積規模を判定します。
《例》
　次の図のようなAとBに持分2分の1ずつで共有されている三大都市圏に所在する地積800m²の宅地については、AとBの持分に応じてあん分した地積はそれぞれ400m²ずつとなりますが、持分に応じてあん分する前の共有地全体の地積は800m²であることから、三大都市圏における500m²以上という地積規模の要件を満たす宅地に該当します。

（参考）国税庁質疑応答事例「地積規模の大きな宅地の評価―共有地の場合の地積規模の判定」

　遺産分割協議により複数の相続人の共有とした場合においても、土地全体の面積により判定を行う。

Q　遺産分割協議により共有とした土地

■質　問
　遺産分割協議により複数の相続人の共有とした土地について、地積規模の大きな宅地の判定の基準となる面積は、その土地全体の面積又はその土地の面積に共有持分割合を乗じたもののいずれによるべきでしょうか。

■回　答
　土地全体が一の評価単位となる場合には、土地全体の面積により地積規模の大きな宅地の判定を行います。
　土地の価額は、評価単位ごとに評価することとされ、共有財産の持分の価額は、その財産の価額をその共有者の持分に応じて按分した価額によって評価することとされていることから（評価通達2）、共有の土地の場合は、まず、評価単位ごとに評価し、その価額を按分して各人の持分の価額を評価することとなります。
　したがって、複数の相続人の共有とした土地について、その土地全体が一の評価単位となる場合には、土地全体の面積により地積規模の大きな宅地の判定を行います。
　なお、遺産分割協議により土地を分筆し、各相続人の単独所有とした土地は、分筆後の土地ごとに評価単位を判定し、その評価単位ごとに地積規模の大きな宅地を判定することとなります。

（参考）大阪国税局「資産税関係質疑応答事例集（平成23年6月24日）」〔TAINS・課税第一情報大阪（資産税質疑応答）H230624〕

③ 市街化調整区域に存する場合
(a) 市街化調整区域に存する場合

都市計画区域における市街化調整区域は,「市街化を抑制すべき区域」であり,原則として宅地開発を行うことができず,戸建住宅用地としての分割分譲に伴う減価が発生する余地がないことから,原則として,地積規模の大きな宅地に該当しない。

ただし,市街化調整区域に所在する宅地であっても,例えば,都市計画法の規定により都道府県知事等が開発行為を許可することができる区域やいわゆる条例指定区域内(都計法34十一)においては,開発行為を行うことができる場合があることから,戸建住宅用地として分割分譲が法的に可能である区域については,規模格差補正率の適用をすることができるケースもある。

下記質疑応答事例は旧広大地の評価における取扱いであるが,現行も同様である。

Q 市街化調整区域内における広大地の評価の可否

■質問
市街化調整区域内の宅地について,広大地の評価を行うことはできるのでしょうか。

■回答
市街化調整区域は市街化を抑制すべき区域で,原則として,周辺地域住民の日常生活用品の店舗や農林漁業用の一定の建築物などの建築の用に供する目的など,一定のもの以外は開発行為を行うことができない区域です。

そのため,市街化調整区域内の宅地は,通常,広大地の評価を行うことはできません。

しかし,都市計画法の規定により開発行為を許可することができることとされた区域内の土地等(例えば,都市計画法第34条第11号の規定に基づき都道府県等が条例で定めた区域内の宅地)で,都道府県等の条例の内容により戸建分譲を目的とした開発行為を行うことができる場合には,市街化調整区域内の宅地であっても広大地の評価における他の要件を満たせば広大地の評価を行うことができます。

(参考)国税庁質疑応答事例「市街化調整区域内における広大地の評価の可否」

【誤りやすい事例】市街化調整区域内の宅地

誤った取扱い	正しい取扱い
市街化調整区域内の全ての宅地については,宅地開発を行うことができない地域であることから,地積規模の大きな宅地の評価を適用しないで評価した。	市街化調整区域内に所在する宅地であっても,都市計画法第34条第10号又は第11号の規定に基づき宅地分譲に係る開発行為を行うことができる区域内に所在する場合は,その他の要件を満たせば地積規模の大きな宅地の評価の適用対象となる。

(参考) 大阪国税局「誤りやすい事例(財産評価関係平成30年分)」〔TAINS・評価事例大阪局300000〕

2章　宅地の評価

> **実務上のポイント**
>
> 　市街化調整区域における都市計画法第34条第10号または第11号建物の建築可能性の可否については，市街化調整区域内の雑種地の評価と同様である。

(b) 非線引き区域にある場合

　都市計画区域において，市街化区域及び市街化調整区域といった区域区分が定められていない地域を「非線引き区域」という（かつては「未線引き区域」とも呼ばれていたが，平成12（2000）年の都市計画法の改正により，この呼称は廃止されている。）。

　非線引き区域においては，原則として，建築基準法等の要件を満たせば一般住宅の建築は可能となる。そのため，市町村は計画的な市街地を形成するために用途地域を定めることができる。用途地域が定められている地域においては，建ぺい率や容積率，高さなど予定建築物の用途がこれに適合している必要がある。

　用途地域が定められていない地域においては，基本的には建築制限はないが，予定建築物の種類や構造，床面積によっては建築条件が定められていることがあるため，所在する市区町村での確認が必要となる。

　いずれにおいても，戸建住宅用地としての分割分譲が法的に可能（都道府県知事等の許可が必要）であることから，その他の要件を満たせば地積規模の大きな宅地の評価の適用対象となる。

【誤りやすい事例】非線引き都市計画区域内の宅地

誤った取扱い	正しい取扱い
非線引き都市計画区域内の宅地については，地積規模の大きな宅地の評価を適用しないで評価した。	非線引き都市計画区域に所在する宅地については，戸建住宅用地としての分割分譲が法的に可能（都道府県知事等の許可が必要）であることから，その他の要件を満たせば地積規模の大きな宅地の評価の適用対象となる。

（参考）　大阪国税局「誤りやすい事例（財産評価関係平成30年分）」〔TAINS・評価事例大阪局300000〕

④　工業専用地域に所在する宅地の除外

　都市計画法における工業専用地域は，工業の利便を増進する地域（都計法9⑫）であり，原則として工業系の用途となじまない用途の建築物の建築が禁止され，住宅の建築はできないこととされている。

　そこで，工業専用地域に所在する宅地については，地積規模が大きいものであっても，戸建住宅用地としての分割分譲に伴う減価が発生する余地がないため，地積規模の大きな宅地に該当しない。

　なお，評価対象地が2以上の用途地域にわたる場合には，建築基準法上，その過半数の属する用

10 地積規模の大きな宅地の評価

途地域の制限が適用されることから，その宅地の過半の属する用途地域に所在するものとする。

Q 工業専用地域とそれ以外の用途地域にわたる場合の用途地域の判定

■質　問

　評価対象となる宅地が工業専用地域とそれ以外の用途地域にわたる場合には，その宅地の所在する用途地域はどのように判定するのでしょうか。

■回　答

　評価対象となる宅地が工業専用地域とそれ以外の用途地域にわたる場合には，その宅地の全部がその宅地の過半の属する用途地域に所在するものと判定します。

　したがって，例えば評価対象となる宅地が工業専用地域とそれ以外の地域にわたる場合において，その宅地の過半が工業専用地域に属しているときには，その宅地全体に工業専用地域に係る用途地域の制限が適用されるため，その宅地は工業専用地域に所在する宅地と判定します。よって，この場合には，評価対象となる宅地は「地積規模の大きな宅地の評価」の適用対象となりません。

（参考）国税庁質疑応答事例「地積規模の大きな宅地の評価―工業専用地域とそれ以外の用途地域にわたる場合の用途地域の判定」

Q 用途地域が工業専用地域とそれ以外の地域にわたる場合

■質　問

　次の図のような宅地（地積4,000m²，三大都市圏以外の地域に所在）の価額はどのように評価するのでしょうか。

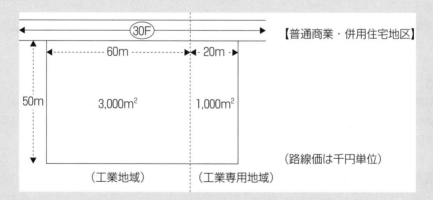

■回　答

1　用途地域の判定

　評価対象となる宅地が2以上の用途地域にわたる場合には，その宅地の全部がその宅地の過半の属する用途地域に所在するものと判定します。

2章　宅地の評価

　上図の宅地については，敷地の過半（3,000m²）が工業地域に属していることから，その宅地の全部が工業地域内に所在するものと判定します。
　したがって，上図の宅地は，その全部が「地積規模の大きな宅地の評価」の適用対象となります。

2　規模格差補正率の計算（小数点以下第2位未満切捨て）

$$\frac{4{,}000\text{m}^2 \times 0.85 + 250}{4{,}000\text{m}^2} \times 0.8 = 0.73$$

3　評価額

路線価	奥行価格補正率	規模格差補正率	地積	
30,000円 ×	0.89 ×	0.73 ×	4,000m² =	77,964,000円

（参考）国税庁質疑応答事例「地積規模の大きな宅地の評価―計算例②（用途地域が工業専用地域とそれ以外の地域にわたる場合）」

⑤　容積率の要件

　指定容積率が400%（東京都特別区においては300%）以上の地域に所在する宅地については，マンション敷地等として一体的に利用されることが標準的であり，戸建住宅用地として分割分譲が行われる蓋然性が乏しいと考えられることから，地積規模の大きな宅地に該当しない[58]。
　なお，容積率には，指定容積率（建基法52①）と基準容積率（建基法52②）があるが，地積規模の大きな宅地の評価に係る容積率は，指定容積率により判定する。

Q　指定容積率の異なる2以上の地域にわたる場合の容積率の判定

■質　問
　評価対象となる宅地が指定容積率の異なる2以上の地域にわたる場合には，その宅地の容積率はどのように判定するのでしょうか。

■回　答
　評価対象となる宅地が指定容積率（建基法52①）の異なる2以上の地域にわたる場合には，各地域の指定容積率に，その宅地の当該地域内にある各部分の面積の敷地面積に対する割合を乗じて得たものの合計により容積率を判定します。

《例》
　次の図のような宅地（地積1,400m²，三大都市圏以外の地域に所在）の指定容積率は，

$$\frac{400\% \times 875\text{m}^2 + 300\% \times 525\text{m}^2}{1{,}400\text{m}^2} = 362.5\%$$

となります。

58　財産評価基本通達逐条解説（令和5年版）109頁

[10] 地積規模の大きな宅地の評価

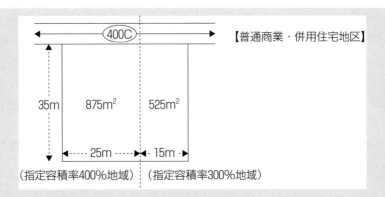

（参考）国税庁質疑応答事例「地積規模の大きな宅地の評価―指定容積率の異なる2以上の地域にわたる場合の容積率の判定」

Q 指定容積率の異なる2以上の地域にわたる場合

■質　問

次の図のような宅地（地積1,400m^2、三大都市圏以外の地域に所在）の価額はどのように評価するか。

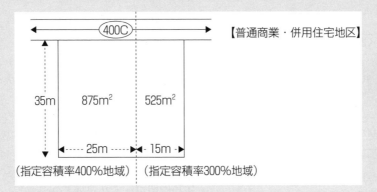

■回　答

1　容積率の判定

評価対象となる宅地が指定容積率の異なる2以上の地域にわたる場合には、各地域の指定容積率に、その宅地の当該地域内にある各部分の面積の敷地面積に対する割合を乗じて得たものの合計により容積率を判定します。

したがって、上図の宅地の指定容積率は、

$$\frac{400\% \times 875\text{m}^2 + 300\% \times 525\text{m}^2}{1,400\text{m}^2} = 362.5\%$$

となり、容積率が400％未満となるため、その宅地の全部が「地積規模の大きな宅地の評価」の適用対象となります。

2　規模格差補正率（小数点以下第2位未満切捨て）

2章　宅地の評価

$$\frac{1,400\text{m}^2 \times 0.90 + 100}{1,400\text{m}^2} \times 0.8 = 0.77$$

3　評価額

路線価	奥行価格補正率	規模格差補正率	地積	
400,000円 ×	0.97 ×	0.77 ×	1,400m² =	418,264,000円

（参考）国税庁質疑応答事例「地積規模の大きな宅地の評価―計算例③（指定容積率の異なる2以上の地域にわたる場合）」

【誤りやすい事例】容積率の異なる2以上の地域にわたる宅地

誤った取扱い	正しい取扱い
評価対象となる宅地が指定容積率300％の地域と400％の地域にわたるが，面積の過半が400％の地域に所在するため，地積規模の大きな宅地の評価を適用しないで評価した。 ※三大都市圏（東京都の特別区以外）に所在する宅地 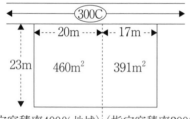 （指定容積率400％地域）（指定容積率300％地域） ◎指定容積率（建基法52①） 　都市計画で用途地域とともに地域的に決定される容積率 ◎基準容積率（建基法52②） 　前面道路の幅員が12m未満の場合に個別的に決定される容積率	評価対象となる宅地が指定容積率の異なる2以上の地域にわたる場合には，各地域の指定容積率に，その宅地の当該地域内にある各部分の面積の敷地面積に対する割合を乗じて得たものの合計により容積率を判定する。 　この宅地の容積率は $$\frac{400\% \times 460\text{m}^2 + 300\% \times 391\text{m}^2}{851\text{m}^2} = 354.1\%$$ となるから，容積率が400％未満の宅地となり，適用要件を満たせば地積規模の大きな宅地の評価の適用対象となる。 　また，地積規模の大きな宅地の評価の適用対象となる地積規模を満たす宅地かどうかは，指定容積率が400％以上の地域に所在する宅地の部分も含めた利用の単位となっている1画地全体の面積により判定する。 　この場合，指定容積率400％未満の部分の面積は500m²未満（391m²）であるが，指定容積率400％以上の部分も含めた全体の面積でみると500m²以上（851m²）であるから，地積規模（三大都市圏500m²以上）を満たすことになる。

（参考）　大阪国税局「誤りやすい事例（財産評価関係平成30年分）」〔TAINS・評価事例大阪局300000〕

Q　基準容積率が指定容積率を下回る場合の容積率の判定

■質　問

評価対象となる宅地は，指定容積率が400％以上の地域に所在しますが，前面道路の幅員に基づく容

積率（基準容積率）は400％未満となります。
　このような場合には容積率の要件を満たすこととなりますか。

■回　答
　「地積規模の大きな宅地の評価」の適用に係る容積率は，指定容積率（建基法52①）により判定します。
　したがって，指定容積率が400％以上（東京都の特別区においては300％以上）である場合には，前面道路の幅員に基づく容積率（基準容積率（建基法52②））が400％未満（東京都の特別区においては300％未満）であったとしても，容積率の要件を満たしません。

（参考）国税庁質疑応答事例「地積規模の大きな宅地の評価―基準容積率が指定容積率を下回る場合の容積率の判定」

(3) 地区区分の要件

　地積規模の大きな宅地の評価の適用対象となる宅地は，路線価地域に所在するものについては，地積規模の大きな宅地のうち，「普通商業・併用住宅地区」及び「普通住宅地区」に所在するものとなる。

　普通商業・併用住宅及び普通住宅地区を適用対象としているのは，これらの地区に所在する宅地は，指定容積率が400％（東京都特別区においては300％）以上の地域に所在するものを除けば，戸建住宅用地として利用されることが標準的であると考えられるため，戸建住宅用地として分割分譲する場合に発生する減価を考慮して評価する必要があることによる[59]。

[図表２－35] 地区区分と用途地域の関係

地区区分＼用途地域	第一種低層住居専用地域	第二種低層住居専用地域	第一種中高層住居専用地域	第二種中高層住居専用地域	第一種住居地域	第二種住居地域	準住居地域	田園住居地域	近隣商業地域	商業地域	準工業地域	工業地域	工業専用地域
ビル街区	×	×	×	×	×	×	×	×	×	×	×	×	×
高度商業地区	×	×	×	×	×	×	×	×	×	×	×	×	×
繁華街地区	×	×	×	×	×	×	×	×	×	×	×	×	×
普通商業・併用住宅地区	○	○	○	○	○	○	○	○	○	○	○	×	×

59　財産評価基本通達逐条解説（令和５年版）110頁

2章 宅地の評価

普通住宅地区	○	○	○	○	○	○	○	○	○	○	○	○	×
中小工場地区	×	×	×	×	×	×	×	×	×	×	×	×	×
大工場地区	×	×	×	×	×	×	×	×	×	×	×	×	×

　なお，評価対象地の正面路線が2以上の地区にわたる場合には，地区について都市計画法の用途地域を判断要素の1つとして設定していることから，建築基準法における用途地域の判定の考え方を踏まえ，その宅地の過半の属する地域による。

Q 正面路線が2以上の地区にわたる場合の地区の判定

■質　問

　評価対象となる宅地の接する正面路線が普通住宅地区などの地区のうち2以上の地区にわたる場合には，その宅地の所在する地区はどのように判定するのでしょうか。

■回　答

　評価対象となる宅地の接する正面路線が2以上の地区にわたる場合には，その宅地の過半の属する地区をもって，その宅地の全部が所在する地区と判定します。

（参考）国税庁質疑応答事例「地積規模の大きな宅地の評価―正面路線が2以上の地区にわたる場合の地区の判定」

Q 正面路線が2以上の地区にわたる場合

■質　問

　次の図のような宅地（地積1,500m^2，三大都市圏以外の地域に所在）の価額はどのように評価するのでしょうか。

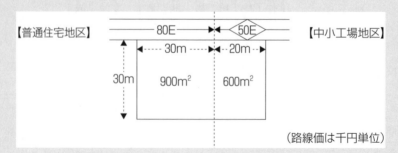

（路線価は千円単位）

■回　答

1　地区の判定

　評価対象となる宅地の接する正面路線が2以上の地区にわたる場合には，その宅地の過半の属する

地区をもって，その宅地の全部が所在する地区と判定します。

　上図の宅地の場合，普通住宅地区に属する部分の地積（900m²）が中小工場地区に属する部分の地積（600m²）よりも大きいことから，その宅地の全部が普通住宅地区に属するものと判定します。

　したがって，上図の宅地は，その全部が「地積規模の大きな宅地の評価」の適用対象となります。

2　規模格差補正率の計算（小数点以下第2位未満切捨て）

$$\frac{1,500\text{m}^2 \times 0.90 + 100}{1,500\text{m}^2} \times 0.8 = 0.77$$

3　評価額

路線価		普通住宅地区の奥行価格補正率		規模格差補正率		地積		
68,000円	×	0.95	×	0.77	×	1,500m²	=	74,613,000円

※1　路線価の加重平均の計算

$$\frac{80,000円 \times 30\text{m} + 50,000円 \times 20\text{m}}{50\text{m}} = 68,000円$$

2　原則として，判定した地区に係る画地調整率を用います。

（参考）国税庁質疑応答事例「地積規模の大きな宅地の評価―計算例④（正面路線が2以上の地区にわたる場合）」

【誤りやすい事例】正面路線が2以上の地区にわたる場合

誤った取扱い	正しい取扱い
三大都市圏内に所在する正面路線が普通住宅地区（600m²）及び中小工場地区（750m²）の2路線にわたる宅地について，普通住宅地区の部分についてのみ地積規模の大きな宅地の評価を適用して評価した。 ※地区以外の要件は満たしている。 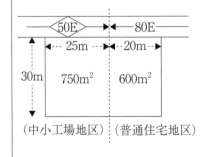	宅地の正面路線が2以上の地区にわたる場合には，その宅地の過半の属する地区をもって，その宅地の全部が所在する地区とする。 　評価対象となる宅地は，中小工場地区に属する部分の面積（750m²）の方が，普通住宅地区（600m²）より大きいことから，その全部が中小工場地区に所在するものと判定されるため，地積規模の大きな宅地の評価の適用対象とはならない。当該宅地を評価する場合には，中小工場地区の画地補正率を用いることになる。 　なお，普通住宅地区に属する部分（600m²）のみで地積規模の大きな宅地の評価の適用条件を満たす場合であっても，当該部分のみに地積規模の大きな宅地の評価を適用することはできない。

（参考）　大阪国税局「誤りやすい事例（財産評価関係平成30年分）」〔TAINS・評価事例大阪局300000〕

【誤りやすい事例】正面路線の判定

誤った取扱い	正しい取扱い
普通住宅地区及び中小工場地区の異なる地区の２路線に接する宅地について，中小工場地区に所在するものとして，地積規模の大きな宅地の評価を適用しないで評価した。 ※三大都市圏に所在する宅地	地区の異なる２以上の路線に接する宅地の所在する地区の判定は，正面路線の地区による。 　正面路線は原則として評価対象となる宅地の接するそれぞれの路線の路線価に各路線の地区に適用される奥行価格補正率を乗じて計算した金額の高い方の路線となる。 　この場合，正面路線が普通住宅地区と判定されることから，その他の要件を満たせば地積規模の大きな宅地の評価の適用対象となる。

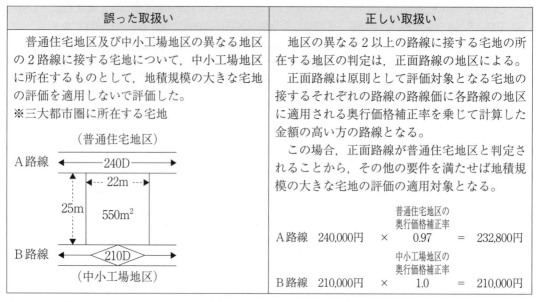

A路線　240,000円　×　普通住宅地区の奥行価格補正率 0.97　＝　232,800円

B路線　210,000円　×　中小工場地区の奥行価格補正率 1.0　＝　210,000円

（参考）　大阪国税局「誤りやすい事例（財産評価関係平成30年分）」〔TAINS・評価事例大阪局300000〕

(4) 倍率地域に所在する場合

　地積規模の大きな宅地の評価の対象となる宅地について，倍率地域に所在する場合は，次に掲げる（イ）の価額と（ロ）の価額のいずれか低い価額により評価する。
（イ）その宅地の固定資産税評価額に倍率を乗じて計算した価額（倍率方式）
（ロ）その宅地が標準的な間口距離及び奥行距離を有する宅地であるとした場合の１m²当たりの価額に，普通住宅地区の奥行価格補正率や不整形地補正率などの各種画地補正率のほか，規模格差補正率を乗じて求めた価額に，その宅地の地積を乗じて計算した価額（宅地比準方式）

Q 倍率地域に所在する場合の評価方法

■質　問
倍率地域に所在する「地積規模の大きな宅地」はどのように評価するのでしょうか。

■回　答
倍率地域に所在する「地積規模の大きな宅地」については，次のうちいずれか低い方の価額により評価します。
① 倍率方式により評価した価額
② その宅地が標準的な間口距離及び奥行距離を有する宅地であるとした場合の１m²当たりの価額を路線価とし，かつ，その宅地が普通住宅地区に所在するものとして「地積規模の大きな宅地の評価」に準じて計算した価額

(注) 「その宅地が標準的な間口距離及び奥行距離を有する宅地であるとした場合の1m²当たりの価額」は、付近にある標準的な画地規模を有する宅地の価額との均衡を考慮して算定する必要があります。具体的には、評価対象となる宅地の近傍の固定資産税評価に係る標準宅地の1m²当たりの価額を基に計算することが考えられますが、当該標準宅地が固定資産税評価に係る各種補正の適用を受ける場合には、その適用がないものとしたときの1m²当たりの価額に基づき計算します。

(参考) 国税庁質疑応答事例「地積規模の大きな宅地の評価―倍率地域に所在する場合の評価方法」

Q 倍率地域に所在する宅地の場合

■質 問

次の図のような倍率地域に所在する宅地（地積3,000m²、三大都市圏以外の地域に所在）の価額はどのように評価するのでしょうか。

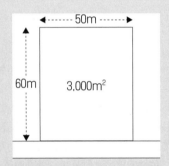

① 宅地の固定資産税評価額：105,000,000円
② 近傍の固定資産税評価に係る標準宅地の1m²当たりの価額：50,000円
③ 倍率：1.1倍

■回 答

1 標準的な1m²当たりの価額の計算

     倍率
50,000円 × 1.1 = 55,000円

2 規模格差補正率（小数点以下第2位未満切捨て）

$$\frac{3,000m^2 \times 0.85 + 250}{3,000m^2} \times 0.8 = 0.74$$

3 評価額

    普通住宅地区の
    奥行価格補正率 規模格差補正率 地積
55,000円 × 0.86 × 0.74 × 3,000m² = 105,006,000円
            （＜105,000,000円×1.1＝115,500,000円）

2章　宅地の評価

※1　倍率地域に所在する宅地は，普通住宅地区に所在するものとして計算します。
　2　その宅地の固定資産税評価額に倍率を乗じて計算した価額が「地積規模の大きな宅地の評価」（財産評価基本通達20-2）に準じて計算した価額を上回る場合には，「地積規模の大きな宅地の評価」に準じて計算した価額により評価します。

（参考）国税庁質疑応答事例「地積規模の大きな宅地の評価―計算例⑤（倍率地域に所在する宅地の場合）」

(5) 市街地農地等

　地積規模の大きな宅地の評価の対象となる市街地農地等（市街地農地，市街地周辺農地，市街地山林及び市街地原野）については，その農地等が宅地であるとした場合の1m^2当たりの価額を求める際，地積規模の大きな宅地の評価の定めを適用して評価する。

Q　市街地農地等の場合

■質　問
　市街地農地等については「地積規模の大きな宅地の評価」の適用対象となるのでしょうか。

■回　答
　市街地農地等について，「地積規模の大きな宅地の評価」の適用要件を満たす場合には，その適用対象となります（市街地周辺農地，市街地山林及び市街地原野についても同様です。）。
　ただし，路線価地域にあっては，宅地の場合と同様に，普通商業・併用住宅地区及び普通住宅地区に所在するものに限られます。
　なお，市街地農地等であっても，①宅地へ転用するには多額の造成費を要するため，経済合理性の観点から宅地への転用が見込めない場合や，②急傾斜地などのように宅地への造成が物理的に不可能であるため宅地への転用が見込めない場合については，戸建住宅用地としての分割分譲が想定されませんので，「地積規模の大きな宅地の評価」の適用対象となりません。

（参考）国税庁質疑応答事例「地積規模の大きな宅地の評価―市街地農地等」

Q　市街地農地の場合

■質　問
　次の図のような市街地農地（地積1,500m^2，地目：畑，三大都市圏に所在）の価額はどのように評価するのでしょうか。

10 　地積規模の大きな宅地の評価

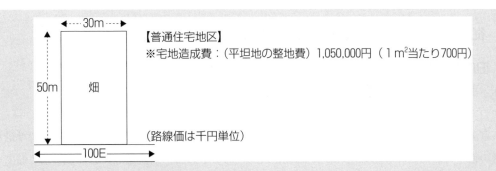

■回　答
1　奥行価格補正後の価額

　　（路線価）　　　（奥行価格補正率）
　　100,000円　×　　0.89　　＝　89,000円

2　規模格差補正率（小数点以下第2位未満切捨て）

$$\frac{1,500m^2 \times 0.90 + 75}{1,500m^2} \times 0.8 = 0.76$$

3　宅地であるとした場合の価額

　　　　　　　　（規模格差補正率）
　　89,000円　×　　0.76　　×　1,500m² ＝ 101,460,000円

4　市街地農地の評価額

　　101,460,000円÷1,500m²＝67,640円
　　（67,640円－700円）×1,500m²＝100,410,000円

（参考）国税庁質疑応答事例「地積規模の大きな宅地の評価―計算例⑦（市街地農地の場合）」

なお，宅地比準方式による場合は，宅地造成費の控除を行うことに留意する。

【誤りやすい事例】市街地農地

誤った取扱い	正しい取扱い
地積規模の大きな宅地の評価の適用がある市街地農地について，地積規模の大きな宅地の評価を適用した後，宅地造成費相当額を控除しないものとした。	地積規模の大きな宅地の評価の適用がある市街地農地，市街地周辺農地，市街地山林及び市街地原野を評価する場合には，地積規模の大きな宅地の評価を適用した後，個々の農地等の状況に応じた宅地造成費相当額を別途控除して評価する。

（参考）　大阪国税局「誤りやすい事例（財産評価関係平成30年分）」〔TAINS・評価事例大阪局300000〕

(6) 従来の広大地通達と地積規模の大きな宅地の創設経緯

① 旧広大地通達の変遷

(a) 平成6年の広大地通達新設前

かつて，地積に依拠する減価は，奥行価格補正率による画地調整で行われていた。

東京国税局においては，昭和55（1980）年6月2日局長通達により，その地域における標準的な宅地の面積のおおむね5倍以上でかつ$1000m^2$以上であるもので，当該地域における宅地としての通常の用途に供することができないと認められる場合は，利用価値の低下を認める部分につき10％を減額して評価するものとされていた。

(b) 平成6年改正

平成6（1994）年に地積の大きな宅地の評価の前身である広大地の評価（旧評価通達24-4）が新設された。

その広大地の評価では，その地域における標準的な宅地の地積に比して著しく地積が広大な宅地で都市計画法に規定する開発行為を行うとした場合に公共公益的施設用地の負担が必要と認められるもの（高度利用が可能な地域にあるもの，または大規模工場用地（評価通達22-2）に定める大規模工場用地に該当するものを除く。）の価額は，原則として，奥行価格補正率に代えて，有効宅地化率を算定し，画地調整を行うこととされた。

参考 旧評価通達24-4〈1994年〉

その地域における標準的な宅地の地積に比して著しく地積が広大な宅地で都市計画法第4条《定義》に規定する開発行為を行うとした場合に公共公益的施設用地の負担が必要と認められるもの（高度利用が可能な地域にあるもの又は22-2《大規模工場用地》に定める大規模工場用地に該当するものを除く。以下「広大地」という。）の価額は，原則として，次に掲げる区分に従い，それぞれ次により計算した金額によって評価する。

(1) その広大地が路線価地域に所在する場合

次の算式により計算した数値を15《奥行価格補正》に定める補正率として，15から20《不整形地，無道路地，間口が狭小な宅地等，がけ地等の評価》までの定めによって計算した金額

$$\frac{広大地の地積 - 公共公益的施設用地となる部分の地積}{広大地の地積}$$

(2) その広大地が倍率地域に所在する場合

その広大地が標準的な間口距離及び奥行距離を有する宅地であるとした場合の1平方メートル当たりの価額を14《路線価》に定める路線価とし，かつ，その広大地が14-2《地区》に定める普通住宅地区に所在するものとして，上記(1)に準じて計算した金額

(注) 1 上記(1)の算式により計算した数値は，小数点以下第二位未満を四捨五入して求める。

2 上記(1)または(2)により計算した価額が，その広大地を11《評価の方式》から21-2《倍率方式

による評価》までの定めにより評価した価額を上回る場合には，その広大地の価額は11から21-2までの定めによって評価することに留意する。

ただし，この広大地の評価方法では，公共公益的施設用地となる部分の地積の算定にあたり，実務上開発想定図等を作成する必要があった。その作成には専門的な知識が必要なことから，有効宅地化率の算定に苦慮する事例が多く，この評価方法によらず，不動産鑑定評価に基づいて申告または更正の請求をする事例が目立つようになってきた。

(c) 平成16年改正

そこで，平成16（2004）年改正において，その地域における標準的な宅地の地積に比して著しく地積が広大な宅地で，都市計画法に規定する開発行為を行うとした場合に公共公益的施設用地の負担が必要と認められるものについては，その広大地の面する路線の路線価に，評価通達15《奥行価格補正》から評価通達20-5《容積率の異なる2以上の地域にわたる宅地の評価》までの定めに代えて，広大地補正率を乗じて評価することとされた。

> **参考** 旧評価通達24-4〈2004年〉
> その地域における標準的な宅地の地積に比して著しく地積が広大な宅地で都市計画法第4条《定義》第12項に規定する開発行為（以下本項において「開発行為」という。）を行うとした場合に公共公益的施設用地の負担が必要と認められるもの（22-2《大規模工場用地》に定める大規模工場用地に該当するもの及び中高層の集合住宅等の敷地用地に適しているもの（略）を除く。以下「広大地」という。）の価額は，原則として，次に掲げる区分に従い，それぞれ次により計算した金額によって評価する。
> (1) その広大地が路線価地域に所在する場合
> 　その広大地の面する路線の路線価に，15《奥行価格補正》から20-5《容積率の異なる2以上の地域にわたる宅地の評価》までの定めに代わるものとして次の算式により求めた広大地補正率を乗じて計算した価額にその広大地の地積を乗じて計算した金額
>
> $$広大地補正率 = 0.6 - 0.05 \times \frac{広大地の地積}{1,000 \text{m}^2}$$
>
> (2) その広大地が倍率地域に所在する場合
> 　その広大地が標準的な間口距離及び奥行距離を有する宅地であるとした場合の1平方メートル当たりの価額を14《路線価》に定める路線価として，上記(1)に準じて計算した金額
> (注) 1　本項本文に定める「公共公益的施設用地」とは，都市計画法第4条《定義》第14項に規定する道路，公園等の公共施設の用に供される土地及び都市計画法施行令（昭和44年政令第158号）第27条に掲げる教育施設，医療施設等の公益的施設の用に供される土地（その他これらに準ずる施設で，開発行為の許可を受けるために必要とされる施設の用に供される土地を含む。）をいうものとする。
> 　　2　本項(1)の「その広大地の面する路線の路線価」は，その路線が2以上ある場合には，原則として，その広大地が面する路線の路線価のうち最も高いものとする。

2章　宅地の評価

> 3　本項によって評価する広大地は，5,000m²以下の地積のものとする。したがって，広大地補正率は0.35が下限となることに留意する。
> 4　本項(1)又は(2)により計算した価額が，その広大地を11《評価の方式》から21-2《倍率方式による評価》まで及び24-6《セットバックを必要とする宅地の評価》の定めにより評価した価額を上回る場合には，その広大地の価額は11から21-2まで及び24-6の定めによって評価することに留意する。

　なお，従来と同様，大規模工場用地に該当するもの（評価通達22-2）及び中高層の集合住宅等の敷地用地に適しているもの（その宅地について，経済的に最も合理的であると認められる開発行為が中高層の集合住宅等を建築することを目的とするものであると認められるものをいう。）については，広大地には該当しないこととされている。

　すなわち，当該補正を行う広大地の要件について，(i)地域における標準的な宅地の地積に比して著しく広大であること，(ii)開発行為を行う場合に公共公益的施設用地（潰れ地）の負担が必要であること，(iii)経済的に最も合理的と認められる開発行為がマンション等を建設することを目的とするものでないことについては改正前後において変更がない。

(d)　平成16年情報及び平成17年情報

　平成16（2004）年に評価方式の改正はなされたが，従来どおり広大地に該当するか否かの判定は困難であったため，考え方の統一性を図るために同年に国税庁資産評価企画官情報「「財産評価基本通達の一部改正について」通達のあらましについて（情報）」，平成17（2005）年に国税庁資産評価企画官情報「広大地の判定に当たり留意すべき事項（情報）」が発遣された。

　そこでは，以下のような，広大地に該当する条件が例示されている。

【広大地に該当する条件の例示】
- 普通住宅地区等に所在する土地で，各自治体が定める開発許可を要する面積基準以上のもの
  （注）　ミニ開発分譲が多い地域に存する土地については，開発許可を要する面積基準（例えば，三大都市圏500m²）に満たない場合であっても，広大地に該当する場合がある。

【広大地に該当しない条件の例示】
- すでに開発を了しているマンション・ビル等の敷地用地
- 現に宅地として有効活用されている建築物等の敷地（例えば，大規模店舗，ファミリーレストラン等）
- 原則として容積率300％以上の地域に所在する土地
- 公共公益的施設用地の負担がほとんど生じないと認められる土地
  （例）　道路に面しており，間口が広く，奥行がそれほどではない土地

(e) 平成22年質疑応答事例

平成22（2010）年には，上記の国税庁資産評価企画官情報の内容が以下の11項目の質疑応答事例として整理され，国税庁のホームページに公開された。

1　広大地の評価における「その地域」の判断
2　広大地の評価における「著しく地積が広大」であるかどうかの判断
3　広大地の評価における公共公益的施設用地の負担の要否
4　広大地の評価における「中高層の集合住宅等の敷地用地に適しているもの」の判断
5　広大地の評価における「中高層の集合住宅等」の範囲
6　広大地の評価の判断事例
7　市街化調整区域内における広大地の評価の可否
8　広大地の評価の計算例（その1）
9　広大地の評価の計算例（その2）
10　都市計画道路予定地の区域内にある広大地の評価
11　区分地上権に準ずる地役権の目的となっている広大地の評価

課税時期が平成29（2017）年12月31日以前の場合の広大地に関する国税庁質疑応答事例は，以下のとおりである。

参考

Q1　広大地の評価における「その地域」の判断

【照会要旨】
　広大地の評価において，「その地域における標準的な宅地の地積に比して…」と定めている「その地域」とは，具体的にどの範囲をいうのでしょうか。
　また，「標準的な宅地の地積」はどのように判断するのでしょうか。

【回答要旨】
　広大地とは，「その地域における標準的な宅地の地積に比して著しく地積が広大な宅地で開発行為を行うとした場合に公共公益的施設用地の負担が必要と認められるもの」をいいます。
　この場合の「その地域」とは，原則として，評価対象地周辺の
　①　河川や山などの自然的状況
　②　土地の利用状況の連続性や地域の一体性を分断する道路，鉄道及び公園などの状況
　③　行政区域

2章　宅地の評価

④　都市計画法による土地利用の規制等の公法上の規制など，土地利用上の利便性や利用形態に影響を及ぼすもの

などを総合勘案し，利用状況，環境等が概ね同一と認められる，住宅，商業，工業など特定の用途に供されることを中心としたひとまとまりの地域を指すものをいいます。

また，「標準的な宅地の地積」は，評価対象地の付近で状況の類似する地価公示の標準地又は都道府県地価調査の基準地の地積，評価対象地の付近の標準的使用に基づく宅地の平均的な地積などを総合勘案して判断します。

なお，標準的使用とは，「その地域」で一般的な宅地の使用方法をいいます。

Q2　広大地の評価における「著しく地積が広大」であるかどうかの判断

【照会要旨】

広大地の評価において，評価対象地の地積が「著しく地積が広大」であるかどうかはどのように判断するのでしょうか。

【回答要旨】

評価対象地が都市計画法施行令第19条第1項及び第2項の規定に基づき各自治体の定める開発許可を要する面積基準（以下「開発許可面積基準」といいます。）以上であれば，原則として，その地域の標準的な宅地に比して著しく地積が広大であると判断することができます。

なお，評価対象地の地積が開発許可面積基準以上であっても，その地域の標準的な宅地の地積と同規模である場合は，広大地に該当しません。

[面積基準]

イ　市街化区域，非線引き都市計画区域及び準都市計画区域（ロに該当するものを除く。）…都市計画法施行令第19条第1項及び第2項に定める面積（※）

※（イ）市街化区域

　　　　三大都市圏……………………………………500m^2

　　　　それ以外の地域………………………………1,000m^2

　　（ロ）非線引き都市計画区域及び準都市計画区域……3,000m^2

ロ　非線引き都市計画区域及び準都市計画区域のうち，用途地域が定められている区域…市街化区域に準じた面積

(注)　1　都道府県等の条例により，開発許可面積基準を別に定めている場合はその面積によります。

　　　2　三大都市圏とは，次の地域をいいます。

　　　　①　首都圏整備法第2条第3項に規定する既成市街地又は同条第4項に規定する近郊整備地帯

　　　　②　近畿圏整備法第2条第3項に規定する既成都市区域又は同条第4項に規定する近郊整備区域

　　　　③　中部圏開発整備法第2条第3項に規定する都市整備区域

　　　3　「非線引き都市計画区域」とは，市街化区域と市街化調整区域の区域区分が行われていない都市計画区域をいいます。

　　　4　「準都市計画区域」とは，都市計画区域に準じた規制が行われ，開発許可制度を適用し，用途地域，特定用途制限地域，風致地区などを定めることができる都市計画区域外の区域をいいます。

Q3　広大地の評価における公共公益的施設用地の負担の要否

【照会要旨】

広大地の評価において、「開発行為を行うとした場合に公共公益的施設用地の負担が必要と認められるもの」とは、どのようなものをいうのでしょうか。

【回答要旨】

広大地の評価は、戸建住宅分譲用地として開発した場合に相当規模の公共公益的施設用地の負担が生じる宅地を前提としていることから、「公共公益的施設用地の負担が必要と認められるもの」とは、経済的に最も合理的に戸建住宅の分譲を行った場合にその開発区域内に道路の開設が必要なものをいいます。

したがって、例えば、次のような場合は、開発行為を行うとした場合に公共公益的施設用地の負担がほとんど生じないと認められるため、広大地には該当しないことになります。

(1) 公共公益的施設用地の負担が、ごみ集積所などの小規模な施設の開設のみの場合
(2) セットバック部分のみを必要とする場合
(3) 間口が広く、奥行が標準的な場合

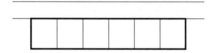

(4) 道路が二方、三方又は四方にあり、道路の開設が必要ない場合

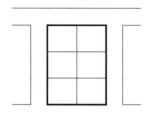

(5) 開発指導等により道路敷きとして一部宅地を提供しなければならないが、道路の開設は必要ない場合

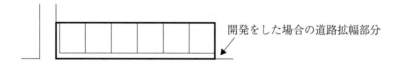

開発をした場合の道路拡幅部分

　セットバックを必要とする土地ではありませんが、開発行為を行う場合に道路敷きを提供しなければならない土地部分については、開発区域内の道路開設に当たらないことから、広大地に該当しません。

(6) 路地状開発を行うことが合理的と認められる場合
　（路地状開発とは、路地状部分を有する宅地を組み合わせ、戸建住宅分譲用地として開発することをいいます。）

2章 宅地の評価

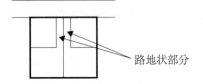
路地状部分

なお,「路地状開発を行うことが合理的と認められる」かどうかは次の事項などを総合的に勘案して判断します。
① 路地状部分を有する画地を設けることによって,評価対象地の存する地域における「標準的な宅地の地積」に分割できること
② その開発が都市計画法,建築基準法,都道府県等の条例等の法令に反しないこと
③ 容積率及び建ぺい率の計算上有利であること
④ 評価対象地の存する地域において路地状開発による戸建住宅の分譲が一般的に行われていること

(注) 上記の(3)～(6)の区画割をする際の1区画当たりの地積は,評価対象地の存する地域の標準的使用に基づく「標準的な宅地の地積」になります。

Q4 広大地の評価における「中高層の集合住宅等の敷地用地に適しているもの」の判断

【照会要旨】
広大地の評価において,「中高層の集合住宅等の敷地用地に適しているもの」とは具体的にどのようなものをいうのでしょうか。

【回答要旨】
評価対象地が,「中高層の集合住宅等の敷地用地に適しているもの」(中高層の集合住宅等の敷地用地として使用するのが最有効使用と認められるもの)かどうかの判断については,その宅地の存する地域の標準的使用の状況を参考とすることになります。
しかし,戸建住宅と中高層の集合住宅等が混在する地域(主に都市計画により指定された容積率(指定容積率)が200％以下の地域)にある場合には,最有効使用の判定が困難な場合もあることから,例えば,次のように「中高層の集合住宅等の敷地用地に適しているもの」に該当すると判断できる場合を除いて,「中高層の集合住宅等の敷地用地に適しているもの」には該当しないこととして差し支えありません。
① その地域における用途地域・建ぺい率・容積率や地方公共団体の開発規制等が厳しくなく,交通,教育,医療等の公的施設や商業地への接近性(社会的・経済的・行政的見地)から判断して中高層の集合住宅等の敷地用地に適していると認められる場合
② その地域に現に中高層の集合住宅等が建てられており,また,現在も建築工事中のものが多数ある場合,つまり,中高層の集合住宅等の敷地としての利用に地域が移行しつつある状態で,しかもその移行の程度が相当進んでいる場合

一方,指定容積率が300％以上の地域内にある場合には,戸建住宅の敷地用地として利用するよりも中高層の集合住宅等の敷地用地として利用する方が最有効使用と判断される場合が多いことから,原則として「中高層の集合住宅等の敷地用地に適しているもの」に該当することになります。
地域によっては,指定容積率が300％以上でありながら,戸建住宅が多く存在する地域もありますが,このような地域は指定容積率を十分に活用しておらず,①将来的にその戸建住宅を取り壊したとすれば,中高層の集合住宅等が建築されるものと認められる地域か,あるいは,②例えば道路の幅員(参考)

10 地積規模の大きな宅地の評価

などの何らかの事情により指定容積率を活用することができない地域であると考えられます。したがって、②のような例外的な場合を除き、評価対象地が存する地域の指定容積率が300％以上である場合には、「中高層の集合住宅等の敷地用地に適しているもの」と判断することになります。

(参考)
　指定容積率のほか、前面道路（前面道路が２以上あるときは、その幅員の最大のもの）の幅員が12m未満である建築物の容積率は、当該前面道路の幅員のメートルの数値に下表の数値を乗じたもの以下でなければならないとされています（建築基準法第52条第２項）。

建築物のある地域	前面道路の幅員のメートル数値に乗ずべき数値
第１種・第２種低層住居専用地域	4/10
第１種・第２種中高層住居専用地域 第１種・第２種住居地域、準居住地域 （高層住居誘導地区内の建築物であってその住宅の用途に供する部分の床面積の合計がその延べ面積の３分の２以上であるものを除く）	4/10（特定行政庁が都道府県都市計画審議会の議を経て指定する区域内の建築物にあっては6/10）
その他の地域	6/10（特定行政庁が都道府県都市計画審議会の議を経て指定する区域内の建築物にあっては4/10又は8/10のうち特定行政庁が都道府県都市計画審議会の議を経て定めるもの）

Q５　広大地の評価における「中高層の集合住宅等」の範囲
【照会要旨】
　広大地の評価において、「中高層の集合住宅等の敷地用地に適しているもの」が広大地の対象から除かれていますが、中高層の集合住宅等とはどのようなものをいうのでしょうか。
【回答要旨】
　「中高層」には、原則として「地上階数３以上」のものが該当します。
　また、「集合住宅等」には、分譲マンションのほか、賃貸マンション等も含まれます。

Q６　広大地の評価の判断事例
【照会要旨】
　戸建住宅が連たんする住宅街に存するファミリーレストランの敷地は広大地に該当するのでしょうか。
【回答要旨】
　ファミリーレストラン等の敷地の地積が、その地域の標準的な戸建住宅としての宅地の地積に比して著しく広大である場合には、広大地の評価における他の要件を満たせば、広大地に該当することになります。
　なお、いわゆる郊外路線商業地域（都市の郊外の幹線道路（国道、都道府県道等）沿いにおいて、店舗、営業所等が連たんしているような地域）に存する、その地域の標準的な宅地の地積と同規模のファミリーレストラン等の敷地については、著しく広大とはいえないため広大地に該当しないことになります。

2章　宅地の評価

Q7　市街化調整区域内における広大地の評価の可否

【照会要旨】
　市街化調整区域内の宅地について，広大地の評価を行うことはできるのでしょうか。

【回答要旨】
　市街化調整区域は市街化を抑制すべき区域で，原則として，周辺地域住民の日常生活用品の店舗や農林漁業用の一定の建築物などの建築の用に供する目的など，一定のもの以外は開発行為を行うことができない区域です。そのため，市街化調整区域内の宅地は，通常，広大地の評価を行うことはできません。
　しかし，都市計画法の規定により開発行為を許可することができることとされた区域内の土地等（例えば，都市計画法第34条第11号の規定に基づき都道府県等が条例で定めた区域内の宅地）で，都道府県等の条例の内容により戸建分譲を目的とした開発行為を行うことができる場合には，市街化調整区域内の宅地であっても広大地の評価における他の要件を満たせば広大地の評価を行うことができます。

Q8　広大地の評価の計算例（その1）

【照会要旨】
　次の図のような宅地（地積2,145m²）の価額はどのように評価するのでしょうか。（中高層の集合住宅等の敷地用地に適しているものでないなどの広大地の評価における他の要件は満たしています。）

【普通住宅地区】

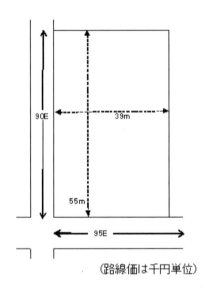

（路線価は千円単位）

【回答要旨】
（計算）
　正面路線価　95千円

$$95千円 \times \left(0.6 - \underset{(広大地補正率)}{0.05} \times \frac{2,145m^2}{1,000m^2} \right) \times 2,145m^2$$

$= 95千円 \times 0.49275 \times 2,145m^2$

$= 100,410,131円$

（注）1　通常の宅地の正面路線価は、路線価に奥行価格補正率を乗じた後の価額で判定しますが、広大地の正面路線価は、面している路線のうち最も高い路線価で判定します。
　　　2　広大地補正率は端数処理をしません。

Q9　広大地の評価の計算例（その2）

【照会要旨】
　次の図のような市街地山林（地積2,800m²）の価額はどのように評価するのでしょうか。（中高層の集合住宅等の敷地用地に適しているものでないなどの広大地の評価における他の要件は満たしています。）

【普通住宅地区】

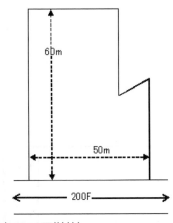

（路線価は千円単位）

【回答要旨】

（計算）

正面路線価　200千円

$$200千円 \times \left(0.6 - \underset{\text{(広大地補正率)}}{0.05} \times \frac{2,800m^2}{1,000m^2}\right) \times 2,800m^2$$

$= 200千円 \times 0.46 \times 2,800m^2$

$= 257,600,000円$

（注）1　不整形地補正率などの各種補正率は適用しません。
　　　　なお、広大地補正率を適用して計算した価額が、その広大地を財産評価基本通達11（評価の方式）から21-2（倍率方式による評価）まで及び24-6（セットバックを必要とする宅地の評価）の定めにより評価した価額を上回る場合には、その広大地の価額は11から21-2まで及び24-6の定めによって評価します。
　　　2　市街地山林等を広大地として評価する場合には、広大地補正率の中に宅地造成費等を考慮してあることから、宅地造成費を控除しないで評価します。

Q10 都市計画道路予定地の区域内にある広大地の評価

【照会要旨】
　都市計画道路予定地の区域内にある宅地が広大地に該当する場合には，どのように評価するのでしょうか。(中高層の集合住宅等の敷地用地に適しているものでないなどの広大地の評価における他の要件は満たしています。)

【回答要旨】
　広大地補正率により評価した後，都市計画道路予定地の区域内にある宅地としての補正率を乗じて計算した価額により評価します。

Q11 区分地上権に準ずる地役権の目的となっている広大地の評価

【照会要旨】
　次の図のような特別高圧架空電線の架設を目的とする地役権（家屋等の建築不可の制限あり）が設定されている宅地（地積1,200m²）の価額はどのように評価するのでしょうか。(中高層の集合住宅等の敷地用地に適しているものでないなどの広大地の評価における他の要件は満たしています。)
(普通住宅地区)

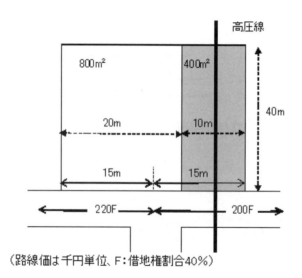

① 網掛け部分（承役地）は，地役権の設定により家屋等の建築はできない。
② 評価対象地は，200千円及び220千円の路線価が付された路線にそれぞれ15mずつ接している。
③ 評価対象地の総地積は1,200m²，網掛け部分（承役地）の地積は400m²である。
④ 評価対象地の全体を一画地とした場合，広大地の要件を満たしている。

【回答要旨】
　地役権が設定されている宅地の価額は，承役地である部分を含めた全体を一画地の宅地として評価した価額から，区分地上権に準ずる地役権の価額（区分地上権に準ずる地役権の目的となっている承役地である部分を一画地として，その自用地価額に区分地上権に準ずる地役権の設定契約の内容に応じた土地利用制限率を基とした割合を乗じて計算した金額）を控除して評価します。
　ところで，承役地である部分を含めた全体の宅地が広大地に該当する場合には，「全体を一画地の宅地として評価した価額」及び「区分地上権に準ずる地役権の目的となっている承役地である部分の自

用地としての価額」は，いずれも全体を一画地の宅地として算出した広大地補正率を正面路線価に乗じた金額により評価します。

また，区分地上権に準ずる地役権の価額は，その承役地である宅地についての建築制限の内容により，その自用地としての価額に次の割合を乗じた金額により評価することができます。

(1) 家屋の建築が全くできない場合……………………50％と承役地に適用される借地権割合とのいずれか高い割合
(2) 家屋の構造，用途等に制限を受ける場合…………30％

図の場合において，区分地上権に準ずる地役権の割合を50％とすると，次のように評価します。

(計算)

1　宅地全体を一画地として評価した価額（自用地価額）

$$\frac{220千円 \times 15m + 200千円 \times 15m}{30m} \times 0.54 \times 1,200m^2 = 136,080千円$$

（加重平均による正面路線価）　（広大地補正率※）　（地積）　（自用地価額）

※広大地補正率 = 0.6 − 0.05 × 1,200 ÷ 1,000 = 0.54

2　区分地上権に準ずる地役権の価額

正面路線価　　広大地補正率※1　　地積　　区分地上権に準ずる地役権の割合※2　　区分地上権に準ずる地役権の価額
200千円　×　0.54　×　400m²　×　50％　＝　21,600千円

※1　画地全体の地積に係る広大地補正率を適用
※2　50％と借地権割合40％のいずれか高い割合

3　区分地上権に準ずる地役権の目的となっている宅地の価額

自用地価額　　区分地上権に準ずる地役権の価額
136,080千円　−　21,600千円　＝　114,480千円

(f) 平成29年度税制改正大綱

なお，この広大地の評価は，個別の土地の形状等とは関係なく面積に応じて比例的に減額するものであるため，社会経済情勢の変化に伴い，広大地の形状によっては，それを加味して決まる取引価額と相続税評価額が乖離する場合が生じていた。

また，従来より広大地に該当するか否かの判断に苦慮するなどの問題が生じていた。

このような状況の下，平成29（2017）年度税制改正大綱において，相続税等の財産評価の適正化を図るため，相続税法の時価主義の下，実態を踏まえて，広大地の評価について，現行の面積に比例的に減額する評価方法から，各土地の個性に応じて形状・面積に基づき評価する方法に見直すとともに，適用要件を明確化する旨明記された。

(g) 平成30年改正

そのような背景を経て，平成30（2018）年に「地積規模の大きな宅地の評価」が新設され，その適用要件については，地区区分や都市計画法の区域区分等を基にすることにより明確化が図られることとなった。

2章　宅地の評価

なお,「地積規模の大きな宅地の評価」の創設の趣旨については,国税庁資産評価企画官情報において,以下のとおり説明されている。

平成29年10月3日
資産評価企画官情報

「財産評価基本通達の一部改正について」通達等のあらましについて（情報）

1　地積規模の大きな宅地の評価

> 平成29年度税制改正の大綱（平成28年12月22日閣議決定）において,相続税等の財産評価の適正化を図るため,相続税法の時価主義の下,実態を踏まえて,広大地の評価について,現行の面積に比例的に減額する評価方法から,各土地の個性に応じて形状・面積に基づき評価する方法に見直すとともに,適用要件を明確化することとされた。
> このことを踏まえ,「地積規模の大きな宅地の評価」を新設し,その適用要件については,地区区分や都市計画法の区域区分等を基にすることにより明確化を図った。
> なお,これに伴い「広大地の評価」を廃止した。

1　従来の取扱い
(1)　従来の取扱いの概要
　従来,その地域における標準的な宅地の地積に比して著しく地積が広大な宅地で都市計画法第4条第12項に規定する開発行為（以下「開発行為」という。）を行うとした場合に公共公益的施設用地の負担が必要と認められるもの（以下「広大地」という。）の価額は,道路や公園等のいわゆる「潰れ地」が生じることから,原則として,正面路線価に広大地補正率及び地積を乗じて評価することとしていた（旧評価通達24-4）。
　なお,広大地の評価の適用要件及び評価方法は次のとおりとしていた。

【広大地の評価の適用要件】
① その地域における標準的な宅地の地積に比して著しく地積が広大な宅地であること
② 開発行為を行うとした場合に公共公益的施設用地（道路,公園等）の負担が必要（潰れ地が生じる）と認められるものであること
③ 大規模工場用地に該当するものではないこと及び中高層の集合住宅等の敷地用地に適しているもの（その宅地について,経済的に最も合理的であると認められる開発行為が中高層の集合住宅等を建築することを目的とするものであると認められるもの）ではないこと

【評価方法（算式）】
広大地の評価額　＝　正面路線価　×　広大地補正率（注）　×　地積

（注）　広大地補正率　＝　$0.6 - 0.05 \times \dfrac{地積}{1,000\text{m}^2}$

　※　広大地補正率は0.35を下限とする。

(2)　従来の広大地の評価に係る広大地補正率と各種補正率の適用関係
　従来の広大地の評価に係る広大地補正率は,土地の個別的要因に基づいて最も経済的・合理的な使

用の観点から算定された鑑定評価額を基に統計学の手法を用いて設定しており、土地の個別的要因に係る補正が全て考慮されたものとなっていることから、土地の形状、道路との位置関係等に基づく個別的要因に係る補正、すなわち評価通達15《奥行価格補正》から20《不整形地の評価》まで及び20-3《無道路地の評価》から20-6《容積率の異なる2以上の地域にわたる宅地の評価》までの定めを適用せず、正面路線価、広大地補正率及び地積の3要素を用いて評価することとしていた。

また、鑑定評価における開発法では、広大地にセットバック部分がある場合、セットバック部分を潰れ地として有効宅地化率を計算していることから、広大地補正率にはセットバック部分のしんしゃくは織り込み済みであるため、広大地補正率を適用する土地については、評価通達24-6《セットバックを必要とする宅地の評価》の定めは適用しないこととしていた。

(3) 広大な市街地農地等の評価について

市街地農地等（市街地農地、市街地周辺農地、市街地山林及び市街地原野をいう。以下同じ。）が宅地であるとした場合において、旧評価通達24-4に定める広大地に該当するときは、旧評価通達40-2《広大な市街地農地等の評価》、49-2《広大な市街地山林の評価》及び58-4《広大な市街地原野の評価》の定めにより、旧評価通達24-4の定めに準じて評価することとしていた。

なお、市街地農地等を広大地として評価する場合には、広大地補正率の中で農地等（農地、山林及び原野をいう。以下同じ。）を宅地に転用するための宅地造成費相当額を考慮していることから、宅地造成費相当額を控除せずに評価することとしていた。

2　通達改正の趣旨

従来の広大地の評価に係る広大地補正率は、個別の土地の形状等とは関係なく面積に応じて比例的に減額するものであるため、社会経済情勢の変化に伴い、広大地の形状によっては、それを加味して決まる取引価額と相続税評価額が乖離する場合が生じていた。

また、従来の広大地の評価の適用要件は、上記1(1)のとおり「定性的（相対的）」なものであったことから、広大地に該当するか否かの判断に苦慮するなどの問題が生じていた。

このような状況の下、平成29年度税制改正の大綱（平成28年12月22日閣議決定）において、相続税等の財産評価の適正化を図るため、相続税法の時価主義の下、実態を踏まえて、広大地の評価について、現行の面積に比例的に減額する評価方法から、各土地の個性に応じて形状・面積に基づき評価する方法に見直すとともに、適用要件を明確化する旨明記された。このことを踏まえ、「地積規模の大きな宅地の評価」を新設し、その適用要件については、地区区分や都市計画法の区域区分等を基にすることにより「定量的（絶対的）」なものとし、明確化を図った。

なお、これに伴い「広大地の評価」を廃止した。

> (参考) 平成29年度税制改正の大綱（抄）
> 二　資産課税
> 　6　その他
> 　　(6) 相続税等の財産評価の適正化
> 　　　　相続税法の時価主義の下、実態を踏まえて、次の見直しを行う。
> 　　　①、②　（省略）
> 　　　③　広大地の評価について、現行の面積に比例的に減額する評価方法から、各土地の個性に応じて形状・面積に基づき評価する方法に見直すとともに、適用要件を明確化する。
> 　　　④　（省略）

2章 宅地の評価

3 通達改正の概要等
(1) 「地積規模の大きな宅地の評価」の概要
　イ 「地積規模の大きな宅地の評価」の趣旨
　　　「地積規模の大きな宅地の評価」では，新たに「規模格差補正率」を設け，「地積規模の大きな宅地」を戸建住宅用地として分割分譲する場合に発生する減価のうち，主に地積に依拠する次の①から③の減価を反映させることとした。
　　① 戸建住宅用地としての分割分譲に伴う潰れ地の負担による減価（注）
　　　　地積規模の大きな宅地を戸建住宅用地として分割分譲する場合には，一定の場合を除き，道路，公園等の公共公益的施設用地の負担を要することとなる。この負担により，戸建住宅用地として有効に利用できる部分の面積が減少することになるため，このようないわゆる「潰れ地」部分の負担が減価要因となる。
　　　（注） この潰れ地の負担による減価は，主に地積に依拠する一方，奥行距離にも依拠することから，当該減価の一部は普通商業・併用住宅地区及び普通住宅地区の奥行価格補正率に反映させた。具体的には，改正前の数値では潰れ地の負担による減価を反映しきれていない奥行距離に係る奥行価格補正率の数値について，当該減価を適正に反映させるために見直すこととした。
　　② 戸建住宅用地としての分割分譲に伴う工事・整備費用等の負担による減価
　　　　地積規模の大きな宅地を戸建住宅用地として分割分譲する場合には，住宅として利用するために必要な上下水道等の供給処理施設の工事費用の負担を要するとともに，開設した道路等の公共公益的施設の整備費用等の負担が必要となる。
　　　　また，開発分譲地の販売・広告費等の負担を要する。開発分譲業者は，これらの費用負担を考慮して宅地の仕入れ値（購入価格）を決定することになるため，これらの工事・整備費用等の負担が減価要因となる。
　　③ 開発分譲業者の事業収益・事業リスク等の負担による減価
　　　　地積規模の大きな宅地を戸建住宅用地として分割分譲する場合には，開発分譲業者は，開発利益を確保する必要がある。
　　　　また，開発する面積が大きくなるにつれ販売区画数が多くなることから，開発分譲業者は，完売までに長期間を要したり，売れ残りが生じるというリスクを負う。
　　　　さらに，開発分譲業者は，通常，開発費用を借入金で賄うことから，開発の準備・工事期間を通じた借入金の金利の負担を要する。
　　　　開発分譲業者は，これらを踏まえて宅地の仕入れ値（購入価格）を決定するため，これらが減価要因となる。
　ロ 「地積規模の大きな宅地」の意義
　　　上記イのとおり，「地積規模の大きな宅地の評価」は，戸建住宅用地として分割分譲する場合に発生する減価を反映させることを趣旨とするものであることから，戸建住宅用地としての分割分譲が法的に可能であり，かつ，戸建住宅用地として利用されるのが標準的である地域に所在する宅地が対象となる。したがって，三大都市圏では500m^{2}以上の地積の宅地，それ以外の地域では1,000m^{2}以上の地積の宅地であって，次の①から④に該当するもの以外のものを「地積規模の大きな宅地」とした（注1，2）。
　　　次の①から④に該当するものを「地積規模の大きな宅地」から除くこととしているのは，法的規制やその標準的な利用方法に照らすと「地積規模の大きな宅地の評価」の趣旨にそぐわないこ

とを理由とするものである。

　なお,「地積規模の大きな宅地の評価」では,社会経済情勢の変化等を踏まえ,原則として,開発行為に係る要件を設けないこととした。

(注1)　「三大都市圏」とは,次の地域をいう。
　　　イ　首都圏整備法第2条第3項に規定する既成市街地又は同条第4項に規定する近郊整備地帯
　　　ロ　近畿圏整備法第2条第3項に規定する既成都市区域又は同条第4項に規定する近郊整備区域
　　　ハ　中部圏開発整備法第2条第3項に規定する都市整備区域

(注2)　三大都市圏では500m²以上,それ以外の地域では1,000m²以上という地積規模は,専門機関の実態調査等の結果に基づき設定した。したがって,三大都市圏では500m²未満,それ以外の地域では1,000m²未満の地積の宅地については,「地積規模の大きな宅地の評価」の適用はないことに留意する。

① 市街化調整区域(都市計画法第34条第10号又は第11号の規定に基づき宅地分譲に係る開発行為を行うことができる区域を除く。)に所在する宅地

　市街化調整区域は,「市街化を抑制すべき区域」(都市計画法7③)であり,原則として宅地開発を行うことができない地域である(都市計画法29,33,34)。このことからすると,市街化調整区域内に所在する宅地については,戸建住宅用地としての分割分譲に伴う減価が発生する余地がないことから,原則として,「地積規模の大きな宅地」に該当しないものとした。

　しかしながら,市街化調整区域であっても,都市計画法第34条第10号の規定により,同法第12条の4第1項第1号に規定する地区計画の区域(地区整備計画が定められている区域に限る。)内又は集落地域整備法第5条第1項の規定による集落地区計画の区域(集落地区整備計画が定められている区域に限る。)内においては,当該地区計画又は集落地区計画に適合する開発行為を行うことができることとされている。また,都市計画法第34条第11号の規定により,いわゆる条例指定区域内においても,同様に開発行為を行うことができることとされている。

　これらのことを踏まえると,市街化調整区域であっても,都市計画法第34条第10号又は第11号の規定に基づき宅地分譲に係る開発行為を行うことができる区域については,戸建住宅用地としての分割分譲が法的に可能であることから,これらの区域内に所在する宅地について,地積規模を満たす場合には「地積規模の大きな宅地」に該当するものとした(注)。

　　(注)　都市計画法第34条第10号又は第11号の規定に基づき開発許可の対象とされる建築物の用途等は,地区計画,集落地区計画又は条例により定められるため,それぞれの地域によってその内容が異なることになる。したがって,地区計画又は集落地区計画の区域(地区整備計画又は集落地区整備計画が定められている区域に限る。)内,及び条例指定区域内に所在する宅地であっても,例えば,一定規模以上の店舗等の開発は認められるが,宅地分譲に係る開発は認められていないような場合には,「地積規模の大きな宅地の評価」の適用対象とならないことに留意する必要がある。

② 都市計画法の用途地域が工業専用地域に指定されている地域に所在する宅地

　工業専用地域は,工業の利便を増進する地域(都市計画法9⑫)であり,同地域内においては,原則として,工業系の用途となじまない用途の建築物の建築が禁止され,住宅の建築はできないこととされている(建築基準法48⑫,別表第二)。

　このことを踏まえると,工業専用地域に所在する宅地については,地積規模が大きいものであっても,基本的に戸建住宅用地としての分割分譲に伴う減価が発生する余地がないことから,「地積規模の大きな宅地」に該当しないものとした(注)。

2章　宅地の評価

(注)　評価対象となる宅地が2以上の用途地域にわたる場合には，建築基準法上，2以上の用途地域にわたる建築物の敷地については，その全部についてその過半の属する用途地域の制限が適用されることを踏まえ，当該宅地の全部が当該宅地の過半の属する用途地域に所在するものとする。

③　指定容積率が400％（東京都の特別区内においては300％）以上の地域に所在する宅地

　指定容積率（注1）が400％（東京都の特別区内においては300％）以上の地域に所在する宅地については，マンション敷地等として一体的に利用されることが標準的であり，戸建住宅用地として分割分譲が行われる蓋然性が乏しいと考えられることから，「地積規模の大きな宅地」に該当しないものとした（注2）。

(注1)　指定容積率とは，建築基準法第52条第1項に規定する建築物の延べ面積の敷地面積に対する割合をいう。

　　　なお，評価対象となる宅地が指定容積率の異なる2以上の地域にわたる場合には，建築基準法の考え方に基づき，各地域の指定容積率に，その宅地の当該地域内にある各部分の面積の敷地面積に対する割合を乗じて得たものの合計により容積率を判定する。

(注2)　専門機関の実態調査等の結果に基づき，指定容積率を基準とすることとした。

④　倍率地域に所在する評価通達22-2《大規模工場用地》に定める大規模工場用地

　大規模工場用地に該当する場合には，別途，評価通達22《大規模工場用地の評価》から22-3《大規模工場用地の路線価及び倍率》までに定めるところにより，大規模な土地であることを前提として評価することとしており，また，大規模工場用地は，大規模な工場用地として利用されることが標準的であると考えられる。

　このことを踏まえると，戸建住宅用地としての分割分譲が行われる蓋然性が乏しいと考えられることから，大規模工場用地については，「地積規模の大きな宅地」に該当しないものとした。

　なお，大規模工場用地は，路線価地域においては，評価通達14-2《地区》に定める大工場地区に所在するものに限られるところ，路線価地域の場合，下記ハ（イ）のとおり，「地積規模の大きな宅地の評価」は，普通商業・併用住宅地区及び普通住宅地区に所在する宅地が適用対象となることから，路線価地域に所在する大規模工場用地は，「地積規模の大きな宅地の評価」の適用対象から除かれることになる。

ハ　「地積規模の大きな宅地の評価」の適用対象

（イ）　路線価地域の場合

　　路線価地域においては，上記ロの「地積規模の大きな宅地」であって，評価通達14-2《地区》に定める普通商業・併用住宅地区及び普通住宅地区に所在するものを，「地積規模の大きな宅地の評価」の適用対象とした。

　　普通商業・併用住宅地区及び普通住宅地区に所在する「地積規模の大きな宅地」を適用対象としているのは，これらの地区に所在する宅地は，指定容積率が400％（東京都の特別区内においては300％）以上の地域に所在するものを除けば，戸建住宅用地として利用されることが標準的であると考えられるため，戸建住宅用地として分割分譲する場合に発生する減価を考慮して評価する必要があることを理由とするものである（注1，2）。

(注1)　ビル街地区は，大規模な商業用地として利用されることを前提とした地区であり，当該地区内の宅地については，戸建住宅用地として分割分譲されることは想定されず，それに伴う減価が発生する余地がないことから，「地積規模の大きな宅地の評価」の適用対象とならない。

　　　　　　　高度商業地区及び繁華街地区は，主として商業用地として利用されることを前提とした，通常繁華性の高い地区である。これらの地区内の宅地については，中高層の建物の敷地として利用されるのが標準的であり，戸建住宅用地としての分割分譲が行われる蓋然性が乏しいことから，「地積規模の大きな宅地の評価」の適用対象とならない。
　　　　　　　中小工場地区は，主として中小規模の工場用地として利用されることを前提とした地区であり，当該地区内の宅地は，中小規模の工場用地として利用されることが標準的であることから，「地積規模の大きな宅地の評価」の適用対象とならない。
　　　　　　　大工場地区は，大規模な工場用地として利用されることを前提とした地区である。当該地区内の土地は，大規模な工場用地として利用されることが標準的であり，戸建住宅用地としての分割分譲が行われる蓋然性が乏しいことから，「地積規模の大きな宅地の評価」の適用対象とならない。
　　　　（注2）　評価対象となる宅地の正面路線が2以上の地区にわたる場合には，地区について都市計画法の用途地域を判断要素の一つとして設定していることから，建築基準法における用途地域の判定の考え方を踏まえ，当該宅地の過半の属する地区をもって，当該宅地の全部が所在する地区とする。
　　（ロ）　倍率地域の場合
　　　　　倍率地域においては，上記ロの「地積規模の大きな宅地」に該当すれば，「地積規模の大きな宅地の評価」の適用対象となる。
　ニ　「地積規模の大きな宅地の評価」に係る具体的評価方法等
　　（イ）　路線価地域の場合
　　　　　普通商業・併用住宅地区及び普通住宅地区に所在する「地積規模の大きな宅地」については，正面路線価を基に，その形状・奥行距離に応じて評価通達15《奥行価格補正》から20《不整形地の評価》までの定めにより計算した価額に，その宅地の地積に応じた「規模格差補正率」を乗じて計算した価額によって評価する。
　　　　　これを具体的な算式で表すと，次のとおりである。

　　　　【算式】
　　　　地積規模の大きな宅地（一方のみが路線に接するもの）の相続税評価額
　　　　　＝正面路線価×奥行価格補正率×地積×不整形地補正率など×規模格差補正率の各種画地補正率

　　（ロ）　倍率地域の場合
　　　　　倍率地域に所在する「地積規模の大きな宅地」については，評価通達21-2《倍率方式による評価》本文の定めにより評価した価額が，その宅地が標準的な間口距離及び奥行距離を有する宅地であるとした場合の1平方メートル当たりの価額（注）を評価通達14《路線価》に定める路線価とし，かつ，その宅地が評価通達14-2《地区》に定める普通住宅地区に所在するものとして「地積規模の大きな宅地の評価」（評価通達20-2）の定めに準じて計算した価額を上回る場合には，当該「地積規模の大きな宅地」については，「地積規模の大きな宅地の評価」（評価通達20-2）の定めに準じて計算した価額により評価する。
　　　（注）「その宅地が標準的な間口距離及び奥行距離を有する宅地であるとした場合の1平方メートル当たりの価額」は，付近にある標準的な画地規模を有する宅地の価額との均衡を考慮して算定する必要がある。具体的には，評価対象となる宅地の近傍の固定資産税評価に係

る標準宅地の1平方メートル当たりの価額を基に計算することが考えられるが、当該標準宅地が固定資産税評価に係る各種補正の適用を受ける場合には、その適用がないものとしたときの1平方メートル当たりの価額に基づき計算することに留意する。
ホ 「地積規模の大きな宅地の評価」に係る規模格差補正率と各種補正率の適用関係
　　従来の広大地の評価に係る広大地補正率では、上記1(2)のとおり、土地の個別的要因に係る補正が全て考慮されているが、「地積規模の大きな宅地の評価」に係る規模格差補正率は、上記イのとおり、地積規模の大きな宅地を戸建住宅用地として分割分譲する場合に発生する減価のうち、主に地積に依拠するものを反映しているものであり、それ以外の土地の個別的要因に係る補正については考慮していない。
　　したがって、地積規模の大きな宅地を戸建住宅用地として分割分譲する場合に発生する減価のうち、主に地積に依拠するもの以外の土地の形状、道路との位置関係等に基づく個別的要因に係る補正については、別途、評価通達15《奥行価格補正》から20《不整形地の評価》まで及び20-3《無道路地の評価》から20-6《容積率の異なる2以上の地域にわたる宅地の評価》までの定めを適用して評価上考慮することとなる。また、セットバック部分がある場合には、別途、評価通達24-6《セットバックを必要とする宅地の評価》の定めを適用して評価することとなる。

② 旧広大地補正との相違点

(a) 減価補正の対象となるものとならないもの

地積規模の大きな宅地の評価においては、旧広大地補正において適用することができないとされていた、(イ)すでに開発を了しているマンション・ビル等の敷地用地、(ロ)現に宅地として有効活用されている建築物等の敷地、(ハ)原則として容積率300％以上の地域に所在する土地、(ニ)公共公益的施設用地の負担がほとんど生じないと認められる土地においても適用対象となる。

Q　羊羹切りが可能な宅地の場合

■質　問

下図のように、いわゆる「羊羹切り」が可能な宅地の場合であっても、「地積規模の大きな宅地の評価」の適用対象となるのでしょうか。

三大都市圏内
地積　900m²
普通住宅地区
※他の地積規模の大きな宅地の評価の適用要件は満たしています。

■回　答

適用要件に該当すれば「地積規模の大きな宅地の評価」の適用対象となります。

11　無道路地の評価

　改正前の財産評価基本通達24-4（以下「旧広大地通達」という。）の定めについては，都市計画法第4条《定義》第12項に規定する開発行為を行うとした場合に，公共公益的施設用地の負担が必要と認められない対象地は，適用対象でなかったため，本事例のようないわゆる「羊羹切り」が可能な宅地については，旧広大地通達の適用は認められませんでした。
　しかし，改正後の財産評価基本通達20-2《地積規模の大きな宅地の評価》には，上記の開発行為に係る要件がないため，いわゆる羊羹切りが可能な宅地であっても，同通達に定める要件を満たせば「地積規模の大きな宅地の評価」の適用対象となります。
　なお，旧広大地通達の適用が認められなかった路地状開発が最有効利用である宅地やマンション適地又は現に有効利用がなされている宅地であっても，財産評価基本通達20-2に定める適用要件を満たせば「地積規模の大きな宅地の評価」の適用対象となります。

（参考）東京国税局「資産税審理研修資料（平成30年7月）」〔TAINS・資産税審理研修資料H300700〕

(b)　規模格差補正とその他の画地補正との併用の可否

　従来，広大地の評価においては，評価通達15《奥行価格補正》から評価通達20-5《容積率の異なる2以上の地域にわたる宅地の評価》までの定めに代えて，広大地補正を適用することとされていたため，下記の画地補正を併用して適用することができなかった。規模格差補正においては，次の画地補正を重複して行うことができる。

(i)　奥行価格補正（評価通達15）
(ii)　側方路線影響加算（評価通達16）
(iii)　二方路線影響加算（評価通達17）
(iv)　三方路線影響加算または四方加算影響加算（評価通達18）
(v)　不整形地の評価（評価通達20）
(vi)　無道路地の評価（評価通達20-3）
(vii)　間口が狭小な宅地の評価（評価通達20-4）
(viii)　がけ地等を有する宅地の評価（評価通達20-5）
(ix)　容積率の異なる2以上の地域にわたる宅地の評価（評価通達20-7）
(x)　セットバックを必要とする宅地の評価（評価通達24-6）
(xi)　都市計画道路予定地の区域内にある宅地の評価（評価通達24-7）

11　無道路地の評価

財産評価基本通達20-3《無道路地の評価》
　無道路地の価額は，実際に利用している路線の路線価に基づき20《不整形地の評価》又は前項の定めによって計算した価額からその価額の100分の40の範囲内において相当と認める金額を控除した価額によって評価する。

2章　宅地の評価

　　この場合において，100分の40の範囲内において相当と認める金額は，無道路地について建築基準法その他の法令において規定されている建築物を建築するために必要な道路に接すべき最小限の間口距離の要件（以下「接道義務」という。）に基づき最小限度の通路を開設する場合のその通路に相当する部分の価額（路線価に地積を乗じた価額）とする。
（注）
　1　無道路地とは，道路に接しない宅地（接道義務を満たしていない宅地を含む。）をいう。
　2　20《不整形地の評価》の定めにより，付表5「不整形地補正率表」の（注）3の計算をするに当たっては，無道路地が接道義務に基づく最小限度の間口距離を有するものとして間口狭小補正率を適用する。

(1) 無道路地とは

　本項では，無道路地の評価方法を定めている。

　無道路地とは，道路に接しない宅地をいう。現実には，他の宅地の一部を通路として道路と連絡しているが，原則として建築物を建てることができず，道路に面した通常の画地に比べるとその利用価値が低くなるのが一般的である。

　したがって，無道路地は，道路に面した画地の価額である路線価を補正した上でその価額を評価することとなる（以下「無道路地補正」という）。

(2) 無道路地の評価

① 評価の方式

　無道路地の価額は，実際に利用している路線の路線価に基づき不整形地として補正した後の価額からその価額の100分の40の範囲内において相当と認める金額を控除した価額によって評価する。

　ここでは，**図表2－36**のように実際に利用している路線に接する宅地と無道路地とによって作られる想定整形地に基づいて求めた不整形地補正率と間口狭小補正率との連乗による数値または間口狭小補正率と奥行長大補正率との連乗による数値が不整形地補正率となる。

　なお，控除額の具体的な算定方法については，（イ）他の同種の土地の売買実例と比較してその

［図表2－36］想定整形地　　　［図表2－37］かげ地　　　［図表2－38］通路開設部分

価額を算定する方法，（ロ）その近傍の整形地との格差を経験的に修得した達観的な数値で修正する方法，（ハ）費用性の観点から接道義務を充足するために必要な隣地（不足土地）の買収を想定する方法などが考えられるところであるが[60]，評価通達においては，（ハ）のいわゆる不足土地控除方式が採用されており，無道路地に接道義務[61]に基づき最小限度の通路を設ける場合の通路開設費用相当額を控除することとしている。

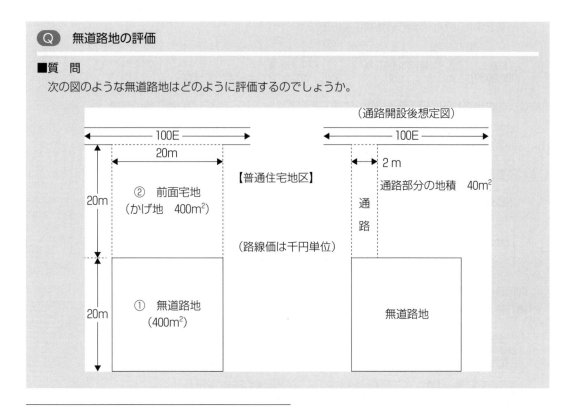

---

60 東京地裁平成12年2月16日判決〔税務訴訟資料246号679頁〕
61 接道義務に基づく間口については，建築基準法において原則として2m以上とされており，地方公共団体によって必要な制限が条例で付加されている。例えば，東京都や横浜市，京都市の場合は以下のとおりである。

① 東京都の場合（東京都建築安全条例3）

敷地の路地状部分の長さ	幅員
20m以下のもの	2m
20mを超えるもの	3m

② 横浜市の場合（横浜市建築安全条例4）

路地状部分の長さ	路地状部分の幅員
15m以下のもの	2m以上
15mを超え25m以下のもの	3m以上
25mを超えるもの	4m以上

③ 京都市の場合（京都市建築基準条例5）

路地状部分の長さ	路地状部分の幅員
20m以内のもの	2m
20mを超え35m以内のもの	$2 + \dfrac{路地状部分の長さ-20}{15}$ m
35mを超えるもの	4m

2章　宅地の評価

■回 答

次のとおり評価します。

1　無道路地（①）の奥行価格補正後の価額

(1)　無道路地（①）と前面宅地（②）を合わせた土地の奥行価格補正後の価額

$$\underset{路線価}{100,000円} \times \underset{\substack{奥行距離40mの場合\\の奥行価格補正率}}{0.91} \times \underset{\substack{①+②の\\地積の合計}}{800m^2} = 72,800,000円$$

(2)　前面宅地（②）の奥行価格補正後の価額

$$\underset{路線価}{100,000円} \times \underset{\substack{奥行距離20mの場合\\の奥行価格補正率}}{1.00} \times \underset{\substack{前面宅地\\（②）の地積}}{400m^2} = 40,000,000円$$

(3)　(1)の価額から(2)の価額を控除して求めた無道路地（①）の奥行価格補正後の価額

$$\underset{①+②の価額}{72,800,000円} - \underset{②の価額}{40,000,000円} = \underset{①の奥行価格補正後の価額}{32,800,000円_{(A)}}$$

2　不整形地補正（又は間口狭小・奥行長大補正）

不整形地補正率0.79（普通住宅地区　地積区分A　かげ地割合50％）

$$\left(かげ地割合 = \frac{\underset{想定整形地の地積}{800m^2} - \underset{無道路地の地積}{400m^2}}{\underset{想定整形地の地積}{800m^2}} = 50\% \right)$$

間口狭小補正率0.90（間口距離2m）

奥行長大補正率0.90（間口距離2m・奥行距離40m）

$$\underset{\substack{不整形地\\補正率}}{0.79} \times \underset{\substack{間口狭小\\補正率}}{0.90} = \underset{\substack{小数点第2位\\未満切捨て}}{0.71} < \underset{\substack{間口狭小\\補正率}}{0.90} \times \underset{\substack{奥行長大\\補正率}}{0.90} = 0.81$$

$$\underset{奥行価格補正後の価額}{32,800,000円_{(A)}} \times \underset{不整形地補正率}{0.71} = \underset{不整形地補正後の①の価額}{23,288,000円_{(B)}}$$

3　通路部分の価額

$$\underset{路線価}{100,000円} \times \underset{通路部分の地積}{40m^2} = \underline{4,000,000円_{(C)}} < \underset{限度額}{23,288,000円_{(B)} \times 0.4}$$

4　評価額

$$\underset{不整形地補正後の①の価額}{23,288,000円_{(B)}} - \underset{通路部分の価額}{4,000,000円_{(C)}} = \underset{無道路地①の評価額}{19,288,000円}$$

（参考）国税庁質疑応答事例「無道路地の評価」

②　「100分の40の範囲内において相当と認める金額」とは

無道路地としての補正は，その土地の価額の100分の40の範囲内において相当と認める金額を控

除して評価する。

この場合において，100分の40の範囲内において相当と認める金額は，無道路地について建築基準法その他の法令において規定されている建築物を建築するために必要な道路に接すべき最小限の間口距離の要件（接道義務）に基づき最小限度の通路を開設する場合のその通路に相当する部分の価額である[62]。

評価明細書の該当部分を示すと以下のとおりである。

割合計算を行う理由は，不足土地部分は全体に比べてどの程度の影響度か，ということである。つまり，1,000m²のうち10m²であれば影響度は少ないと考えられている。

なお，この通路部分の価額については，実際に利用している路線の路線価に，通路に相当する部分の地積を乗じるのみとし，奥行価格補正等の画地調整は行わない。

実務上のポイント

例えば，**図表2－39**のような道路に接面していない評価対象地がある。

まず，接道義務を充足するための通路を想定する。いわゆる想定通路である。

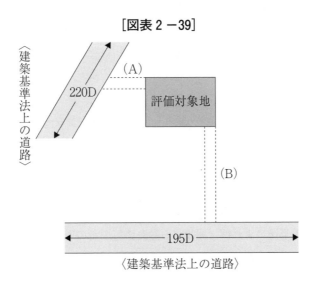

[図表2－39]

---

62 「その他の法令」には都市計画法に基づく開発指導要綱等も含まれることから，評価対象地（無道路地）の通路開設に際して開発指導要綱に従う必要があって例えば幅員を6m以上にしなければならないような場合には幅員を6mとして考え，すみ切り部分が必要となればすみ切り部分も不足土地の地積に含めることとなる。

想定通路の間口は，建築基準法等において定められている条件による。
　周辺状況によっては想定通路がいくつもパターンが考えられるところであるが，原則として，最小限度の通路を開設することを想定しているため，**図表2-39**では（A）ということになる。
　その想定通路を含めた不整地として，**図表2-40**のうち間口をB-C，想定整形地をA-D-E-F-Aとして評価する。

[図表2-40]

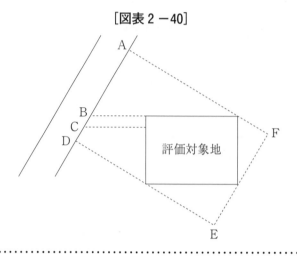

③　想定通路の算定

　想定通路については，通路開設費用を「最小限度の通路を開設する場合」としていることから，原則として，利用路線と評価対象地を結ぶ最も短い距離をとる[63]。
　ただし，裁決事例においては，道路との最短距離上に第三者の家屋が存在したり，擁壁が存在していることにより，これらを含めて通路を開設するのは現実的でないことから，これらを回避して通路開設費用を算定するのが相当とするものがある。

(a)　平成18年5月8日裁決

　平成18年5月8日裁決〔裁決事例集71巻533頁〕において争点となった評価対象地の概要は以下のとおりである。
（イ）農地で不整形な無道路地である。
（ロ）南側は北側より1.0m高く，南北の長さは43.0mである。
（ハ）実際に利用している路線は里道を通じて西側にある道路である。
（ニ）原処分庁の想定整形図によれば，開設する通路に第三者の家屋が存する。
（ホ）北側を除く三方には墓が存する。

63　平成18年5月8日裁決〔裁決事例集71巻533頁〕

審査請求人は，利用路線については，車両が通行できない私道に路線価を設定すべきではないから最寄りの公道を利用路線とすべきとし，無道路地補正については，通路部分の地積は202.50m^2（67.5m×3.0m），通路開設費用相当額は21,262,500円（105,000円/m^2×202.50m^2）となるが，100分の40を限度額として9,112,320円であると主張した。

これに対し原処分庁は，実際に利用している私道が利用路線となり，車両通行の可否及び公道・私道の別が判断基準とされていないから審査請求人の主張には理由がなく，無道路地補正については，通路部分の地積は44.00m^2（（22.5m＋21.5m）÷2×2.0m），通路開設費用相当額は3,960,000円（90,000円/m^2×44.00m^2）であると主張した。

裁決は，利用路線については，公道私道の区別及び車両の通行の可否は路線価の判定要素となっていないこと及び里道を通じて本件土地の西側にある道路を利用しているため当該道路が利用路線となるとした。

そして，評価対象地と利用路線との間に第三者の家屋が存する場合は当該家屋を含めて通路を開設するのは現実的ではないところ，第三者の家屋を含まずに通路を開設する場合の想定整形図は**図表2－41**のとおりであり，想定整形地の間口距離は59.9m，奥行距離は41.8m，接続道路の地積は66.82m^{2}であるとして，通路開設費用相当額は6,013,800円（90,000円/m^2×66.82m^2）になると判断している。

[図表2－41] **本件土地の想定通路**

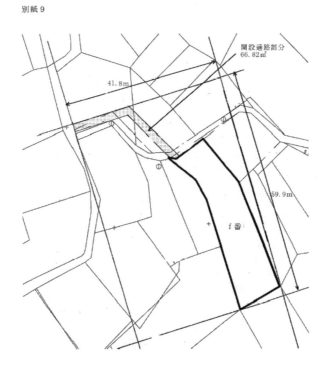

(b) 平成18年6月30日裁決

平成18年6月30日裁決〔TAINS・F0-3-184〕において争点となった土地3（**図表2－42**）の概要は以下のとおりである。

(イ) 北側で接する他人所有の土地（以下「北側土地」という）の一部を公道へ出るための通路として利用している。

(ロ) 西側で接する土地（以下「西側土地」という）には、高さ約2mないし約3.2mの擁壁が存在する。

(ハ) 北側土地の通行の用に供している部分は、コンクリート舗装がされているが建物等の堅固な構築物は存在しない。

　審査請求人は、無道路地である土地3は、囲繞地通行権が内蔵されているといっても建築基準法に規定する接道義務を満たす通路の確保及びその通路を路線価に基づく価額で取得することができる保証がない土地であるから、このような不確定要素を考慮していない通路開設方式による評価額は、相続税法第22条の時価を適正に表示するものではなく、不動産鑑定評価によるべきであると主張した。

　これに対し原処分庁は、無道路地はその所有権の属性として囲繞地通行権を内蔵しており、そこに通路が開設され袋地となったことを想定して、その通路開設費用相当額を控除することが最も現実的なものであることからすれば、土地3を評価通達20-2の定めにより評価するのは相当であると主張した。

　裁決は、土地3について通達により難い特別な事情は認められず、通達に定める評価方法は合理的と解されていることからすれば、通達に基づき評価するのが相当であるとした。

[図表2－42] **本件土地の想定通路**

そして，囲繞地通行権により通行する場所及び方法について，西側土地もしくは北側土地をそれぞれ通行する場所と想定した場合，西側土地には擁壁が存在し擁壁の撤去費用等が見込まれるが，北側土地は特に堅固な構築物も存在しないため，通路を北側土地に開設した場合は，西側土地に開設した場合に比べると損害が少ないと認められ，また，北側土地を実際の通路として利用していることからすれば，囲繞地通行権により通行する場所は北側土地とするのが相当であり，その通路の地積は18.34m^2となると判断している。

(c) 平成19年5月16日裁決

平成19年5月16日裁決〔TAINS・F0-3-234〕において争点となった土地5の概要は以下のとおりである（**図表2-43**）。

（イ）原野であり無道路地である。
（ロ）周辺にある既存道路は，北西側道路と北東側道路の2つである。
（ハ）北西側道路から1.2mほど低位にあるが，北東側道路とは，高低差がない。
（ニ）北東側通路の距離は，河川の橋梁部分を含めて46.5m，北西側通路の距離は，既存道路の延長距離5.5m及び開設する通路距離16.8mを合わせた22.3mであり，これらの通路の地積は北東側通路が93.0m^2，北西側通路が44.6m^2である。
（ホ）原処分庁は，北西側通路を開設した場合に，第三者所有の建物の柱が障害になるとして，北西側道路を5.5m延長し，そこに通路を接道する方法を採用している。

審査請求人は，土地5に係る通路は河川を挟んだ北東側にある幅員4mの道路に接続する通路を使用するのが合理的であると主張した。

[図表2-43]

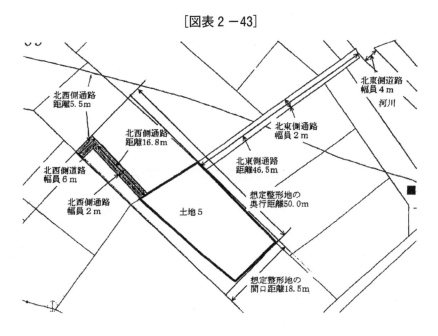

2章　宅地の評価

これに対し原処分庁は，審査請求人が主張する北東側通路ではその距離が約46.5mあり，河川の橋梁工事等を考慮すると膨大な費用を要することになる一方，北西側通路の距離は25m程度であることから，北西側通路を採用することが経済合理性の観点からも適正であると主張した。

裁決は，接道義務に基づき最小限度の通路を開設する場合を考慮すると，既存道路までの距離及び面積ともに北西側通路が少ないこと及びその設置に係る費用を考慮しても北西側通路の方が少ないと見込まれることから，北西側通路を必要最小限の通路と認めるのが相当と判断している。

④　不足土地控除方式の合理性

道路を開設し，袋地となったことを想定して，その道路開設費用相当額を控除する方式の趣旨は，民法第210条《公道に至るための他の土地の通行権》第1項の規定により，無道路地の所有者は公道に至るため無道路地を囲む他の土地の通行権を有してはいるものの，民法第211条第1項の規定により，その通行の場所及び方法は，他の土地の通行権を有する者のために必要であり，かつ，他の土地のために損害が最も少ないものを選ばなければならないと制限されており，通行の対象となる他の土地に同条第2項の規定による通路を開設したり，公道に至るための土地を取得するなどによって，公道への通行を可能とするのが現実的であることから，路地状部分を有する区画となったことを想定してその通路開設費用相当額を控除することが最も現実的であること等を考慮したところにあると解されている（平成23年12月6日裁決〔裁決事例集85巻347頁〕）。

> **参考　民法**
> （公道に至るための他の土地の通行権）
> 第210条　他の土地に囲まれて公道に通じない土地の所有者は，公道に至るため，その土地を囲んでいる他の土地を通行することができる。
> 2　池沼，河川，水路若しくは海を通らなければ公道に至ることができないとき，又は崖があって土地と公道とに著しい高低差があるときも，前項と同様とする。
> 第211条　前条の場合には，通行の場所及び方法は，同条の規定による通行権を有する者のために必要であり，かつ，他の土地のために損害が最も少ないものを選ばなければならない。
> 2　前条の規定による通行権を有する者は，必要があるときは，通路を開設することができる。

(3)　法定外通路に接面する場合の道路拡幅地積の算定

評価対象地が，道路法または建築基準法に規定する道路ではない法定外通路（接道義務を満たしておらず，建物の建築をする場合には，条例が定める幅員を必要とする。）に接している場合がある。

この場合の道路拡幅地積を求める上での幅員については，接面する法定外道路が評価対象地の評価に何ら影響を及ぼすものではないことから，想定通路の地積に法定外道路の幅員は含めず，接道義務に定める幅員となることに留意する[64]。

例えば、**図表２－44**のように、評価対象地が道路法または建築基準法に規定する道路ではない長さ12m、幅員1.8mの道路（法定外通路）に接しており、これを通路として公道と連絡しているケースである。

この場合、評価対象地に建物を建築しようとする場合には、法定外通路の払下げを受け自己所有地とした後、幅員２m以上の通路を開設し、本件土地が公道に直接接するようにしなければならない。

したがって、その法定外通路の存在は、本件土地の評価に何ら影響を及ぼすものではないことから、道路拡幅地積は24m²（12m×２m）となる。

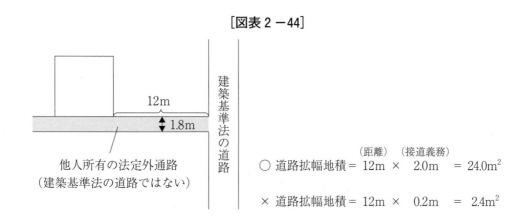

[図表２－44]

実務上のポイント

実務上、無道路地補正における想定通路部分の地積の算定は誤りやすいことから注意が必要である。

特に、法定外通路（建築基準法上の道路ではない通路）に接している場合、その幅員が1.8mのとき、接道義務2.0mを満たすためにはあと0.2mがあればよいという考え方があるがこれは誤りである。この法定外通路は、建築基準法上の道路ではないことから、1.8mあるとしても評価上意味のないものである。接道義務を満たすためには幅員2.0mの通路を確保しなければならないのであるから幅員は2.0mとしなければならない。

また、想定通路については、一般に道路へ接続する最小限度の通路とされているが、その間に第三者の家屋が存する場合、これを迂回して通路開設費用を算定するという納税者有利の裁決事例があることが注目される。

なお、路線価が付される「路線」は「不特定多数の者の通行の用に供されている道路」であり、建築基準法上の道路か否か、公道であるか私道であるか、車両が通行できるか否かも問われない。

したがって、建築基準法上の道路ではないものについても路線価が設定されるケースがある。

例えば、**図表２－45**の土地は、南側の路線に160,000円の路線価が付されている。一方、建築基準法上は無道路地ということになり、図中の「不足土地部分」を買収しなければ建築物を建てることはできない。

この場合、財産評価基本通達においては160,000円の正面路線価を用いて整形地として評価することにな

64　平成17年10月28日裁決〔TAINS・F0-3-136〕参照。

るが，無道路地であることが反映されていないため過大評価となることが考えられる。

この問題を解決するためには，（イ）制度的にそもそも路線価が付される路線を建築基準法上の道路に限定するというように取扱いを変更するか[65]，（ロ）南側の路線価を適用せずに東側の路線価を適用して無道路地補正を行うといった対応が求められることになる。

[図表2-45] 法定外通路に付された路線価

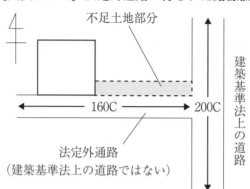

(4) 無道路地の判定

① 評価対象地と路線との間に自用地がある場合

評価対象地と路線との間に自用地がある場合，道路に面する自用地の裏側に接する貸宅地については，道路に面していないものの，自用地の一部を通路として利用することが可能であるため，無道路地に当たらないこととなる。

【誤りやすい事例】評価対象地と路線との間に自用地がある場合

誤った取扱い	正しい取扱い
道路に面する自用地の裏側に接する貸宅地について，無道路地として評価した。 自用地 貸宅地	左記貸宅地は道路に面していないものの，自用地の一部を通路として利用することが可能であるため，無道路地に当たらない。 なお，建築基準法等に規定する接道制限（義務）に基づく間口距離を有する不整形地として評価する。

（参考）　大阪国税局「誤りやすい事例（財産評価関係平成30年分）」〔TAINS・評価事例大阪局300000〕

65　特定路線価を申請できる道路は，建築基準法上の道路に限られ，通常の路線価は建築基準法上の道路であるか否かは問われないという矛盾がある。

② 旧建築基準法第43条ただし書きの取扱い

建築基準法における接道義務の例外として，建築基準法第43条のただし書きという論点がある。従来，建築基準法第43条のただし書きで定められていたことから，「但し書き道路」と呼ばれていたが，平成30（2018）年の建築基準法改正により，この条項は同法第43条第2項第2号として新設されている。

建築物の敷地は，建築基準法上の道路に2m以上の間口で接していなければならないが，その敷地の周囲に広い空地を有する場合で，特定行政庁[66]が交通上，安全上，防火上，衛生上支障がないと認めたものについては建築をすることができる（建基法43②二）。

つまり，評価対象地が建築基準法上の道路に接面していなくても，その敷地の周囲に空地があって同法第43条第2項第2号の許可が受けられるものについては無道路地に該当しないことになる。

> **参考　建築基準法**
> （敷地等と道路との関係）
> 第43条　建築物の敷地は，道路に2m以上接しなければならない。
> 一　自動車のみの交通の用に供する道路
> 二　地区計画の区域（地区整備計画が定められている区域のうち都市計画法第12条の11の規定により建築物その他の工作物の敷地として併せて利用すべき区域として定められている区域に限る。）内の道路
> 2　前項の規定は，次の各号のいずれかに該当する建築物については，適用しない。
> 一　その敷地が幅員4m以上の道に2m以上接する建築物のうち，利用者が少数であるものとしてその用途及び規模に関し国土交通省令で定める基準に適合するもので，特定行政庁が交通上，安全上，防火上及び衛生上支障がないと認めるもの
> 二　その敷地の周囲に広い空地を有する建築物その他の国土交通省令で定める基準に適合する建築物で，特定行政庁が交通上，安全上，防火上及び衛生上支障がないと認めて建築審査会の同意を得て許可したもの

実務上のポイント

ここでいう空地は，広場や公園，道路状の形状をした通路などが該当する。実際に，建築基準法第43条の建築許可が下りるかどうかは，その都度個別に，市区町村に建築の申請をしてみてはじめてわかるものであり，評価実務においてそれが同法第43条第2項第2号に当たるか否かの判断は困難なものとなる。市区町村によっては，過去にその空地にただし書きの許可が下りたかどうかの履歴が残っているケースもあるため，役所でその点を確認する必要がある。

66　特定行政庁とは，建築主事を置く市町村ではその市町村の長をいい，建築主事がいない区域では都道府県知事をいう（建基法2①三十五）。建築主事とは，建物を建築する前に行う建築確認や，建物が完成した後の完了検査，違反建築物に対する是正命令などを行う都道府県または市町村の職員のことである。

(5) 接道義務を満たしていない宅地の評価

道路に接していても，その接する間口距離が接道義務を満たしていない宅地については，建物の建築に著しい制限を受けるなどの点で，無道路地と同様にその利用価値が低くなることから，無道路地と同様に評価する。

この場合の無道路地としての控除額は接道義務に基づいて最小限度の通路に拡幅する場合の，その拡幅する部分に相当する価額（正面路線価に通路拡幅部分の地積を乗じた価額）とされている。

Q 接道義務を満たしていない宅地の評価

■質　問

次の図のように，間口距離が短く接道義務を満たしていない宅地はどのように評価するのでしょうか。

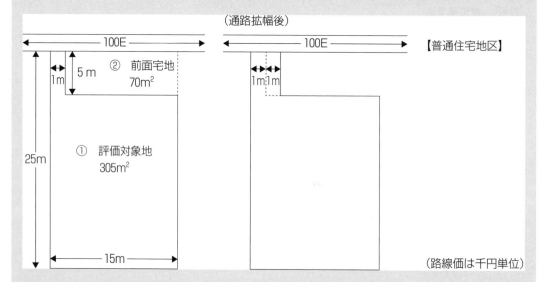

■回　答

通路部分を拡幅しなければ，建物の建築に対して著しい制限のある宅地なので，無道路地に準じた評価を行います。

なお，無道路地として評価する際に控除する通路に相当する部分の価額は，通路拡幅のための費用相当額（正面路線価に通路拡幅地積を乗じた価額）とします。

（計算例）

1　評価対象地（①）の奥行価格補正後の価額

（1）評価対象地（①）と前面宅地（②）を合わせた土地の奥行価格補正後の価額

路線価　　　奥行距離25mの場合　　①+②の地積
100,000円　×　の奥行価格補正率　×　375m²　＝　36,375,000円
　　　　　　　　　0.97

(2) 前面宅地（②）の奥行価格補正後の価額

　　　路線価　　　　奥行距離5mの場合　　　前面宅地（②）の地積
　　　　　　　　　　の奥行価格補正率
　　100,000円　×　　1.00（注）　　×　　70m²　　＝　7,000,000円

（注） 奥行距離が5mの場合の奥行価格補正率は「0.92」ですが、「0.92」とすると前記(1)の評価対象地（①）と前面宅地（②）を合わせた整形地の奥行価格補正後の単価より、道路に接する部分が欠落している不整形地の奥行価格補正後の単価が高くなり不合理なので、このように前面宅地の奥行距離が短いため奥行価格補正率が1.00未満となる場合においては、当該奥行価格補正率は1.00とします。

　　ただし、前記(1)の評価対象地（①）と前面宅地（②）を合わせて評価する場合において奥行距離が短いため奥行価格補正率が1.00未満の数値となる場合には、前面宅地の奥行価格補正率もその数値とします。

(3) (1)の価額から(2)の価額を控除して求めた評価対象地（①）の奥行価格補正後の価額

　　①＋②の価額　　　②の価額　　　①の奥行価格補正後の価額
　　36,375,000円　－　7,000,000円　＝　29,375,000円(A)

2　不整形地補正（又は間口狭小・奥行長大補正）後の価額

不整形地補正率0.96（普通住宅地区　地積区分A　かげ地割合18.67%）

$$\left(かげ地割合 = \frac{\underset{想定整形地の地積}{375m^2} - \underset{評価対象地の地積}{305m^2}}{\underset{想定整形地の地積}{375m^2}} \fallingdotseq 18.67\% \right)$$

間口狭小補正率0.90（通路拡幅後の間口距離2mに対するもの）

奥行長大補正率0.90（通路拡幅後の間口距離2m・奥行距離25mに対するもの）

　不整形地　間口狭小　　小数点第2位　　間口狭小　　奥行長大
　補正率　　補正率　　　未満切り捨て　　補正率　　　補正率
　0.96　×　0.90　＝　　0.86　＞　0.90　×　0.90　＝　0.81

　奥行価格補正後の価額　　間口狭小・奥行長大補正率
　　29,375,000円(A)　×　　0.81　＝　23,793,750円(B)

3　通路拡幅部分の価額

　　路線価　　通路部分の地積　　　　　　　　　　　限度額
　100,000円　×　5m²　＝　500,000円(C)　＜　23,793,750円(B)　×　0.4

4　評価額

　奥行長大等補正後の①の価額　通路拡幅部分の価額　　評価対象地①の評価額
　　23,793,750円(B)　－　　500,000円(C)　＝　23,293,750円

（参考）国税庁質疑応答事例「接道義務を満たしていない宅地の評価」

2章　宅地の評価

> **参考** 道路の知識

(1) 建築基準法上の道路

　建築物は，敷地が道路に接していなければ建築することができない。その道路については，建築基準法において次のとおり，定義がされている。
　ここでは，建築基準法第42条第1項において，幅員4m以上のものを道路と規定し，建築基準法第42条第2項では，4m未満の道について一定の条件のもとに道路とみなすと規定されている。

① 建築基準法第42条第1項

> 「道路」とは，次の各号のいずれかに該当する幅員4m（特定行政庁がその地方の気候若しくは風土の特殊性又は土地の状況により必要と認めて都道府県都市計画審議会の議を経て指定する区域内においては，6m。）以上のもの（地下におけるものを除く。）をいう。

　建築基準法第42条第1項においては，幅員4m以上のものを道路と規定している。
　なお，条文中カッコ内に記載されている区域（以下「6m区域」という）とは，豪雪地域等を想定しており，特定行政庁が都道府県都市計画審議会の議を経て指定する。

(a) 建築基準法第42条第1項第1号

> 道路法による道路

　高速自動車国道，一般国道，都道及び市町村道のいわゆる公道で，4m以上のものをいう。
　なお，道路法は，道路網の整備を図るため，道路に関して，路線の指定及び認定，管理，構造，保全，費用の負担区分等に関する事項を定め，もって交通の発達に寄与し，公共の福祉を増進することを目的とし制定されている。
　道路法における「道路」とは，一般交通の用に供する道で「高速自動車国道」，「一般国道」，「都道府県道」「市町村道」をいい，道路と一体となってその効用を全うする施設または工作物（トンネル，橋，渡船施設，道路用エレベーター等），道路の附属物（道路上の並木，道路標識等）で当該道路に附属して設けられているものを含むものと定義されている。

(b) 建築基準法第42条第1項第2号

> 都市計画法，土地区画整理法，旧住宅地造成事業に関する法律，都市再開発法，新都市基盤整備法，

> 大都市地域における住宅及び住宅地の供給の促進に関する特別措置法又は密集市街地整備法による道路

　都市計画法の開発許可等の許認可等を受けて築造された道路で，幅員4m以上のものをいう。
　工事完了後に市町村に移管され公道となり，建築基準法第42条第1項第1号の道路に該当するものもある。

(c) 建築基準法第42条第1項第3号

> 建築基準法第3章の規定が適用されるに至った際現に存在する道

　建築基準法第3章の規定が適用された昭和25（1950）年11月23日時点に，現に存在していた道で，幅員4m以上のもの。

(d) 建築基準法第42条第1項第4号

> 　道路法，都市計画法，土地区画整理法，都市再開発法，新都市基盤整備法，大都市地域における住宅及び住宅地の供給の促進に関する特別措置法又は密集市街地整備法による新設又は変更の事業計画のある道路で，二年以内にその事業が執行される予定のものとして特定行政庁が指定したもの

　道路法その他の法律により新設または変更の事業計画がある道路で，2年以内にその事業は執行されるものとして，特定行政庁が指定した幅員4m以上のものをいう。

(e) 建築基準法第42条第1項第5号

> 　土地を建築物の敷地として利用するため，道路法，都市計画法，土地区画整理法，都市再開発法，新都市基盤整備法，大都市地域における住宅及び住宅地の供給の促進に関する特別措置法又は密集市街地整備法によらないで築造する政令で定める基準に適合する道で，これを築造しようとする者が特定行政庁からその位置の指定を受けたもの

　建物を建築する際に築造する幅員4m以上の道で，道を築造する者が，特定行政庁から位置指定を受けたものをいう。いわゆる「位置指定道路」である。

② 建築基準法第42条第2項

> 　建築基準法第3章の規定が適用されるに至った際現に建築物が立ち並んでいる幅員4m未満の道で，特定行政庁の指定したものは，前項の規定にかかわらず，同項の道路とみなし，その中心線からの水平距離2m（前項の規定により指定された区域内においては，3m（特定行政庁が周囲の状況により避難及び通行の安全上支障がないと認める場合は，2m）。以下この項及び次項において同じ。）の線

をその道路の境界線とみなす。ただし、当該道がその中心線からの水平距離2m未満でがけ地、川、線路敷地その他これらに類するものに沿う場合においては、当該がけ地等の道の側の境界線及びその境界線から道の側に水平距離4mの線をその道路の境界線とみなす。

建築基準法第3章の規定が適用された昭和25年11月23日時点において、建築物が建ち並んでいる幅員4m未満の道で特定行政庁が指定したものをいう。いわゆる「2項道路」である。

この道路に面している敷地は、その道路の中心線から左右に2m（「6m区域」においては3m）ずつ後退した線が道路の境界線とみなされる。

ただし、中心線から2m（「6m区域」においては3m）未満でがけ地や河川等に沿う場合は、がけ地等の境界線から道の側に4m（「6m区域」においては6m）の線が道路の境界線とみなされる。

中心線から水平距離2m（6m区域内においては、3m（特定行政庁が周囲の状況により避難及び通行の安全上支障がないと認める場合は、2m）。）の線をその道路の境界線とみなす場合	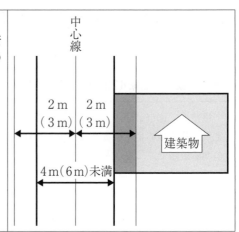
中心線からの水平距離2m未満でがけ地、川、線路敷地その他これらに類するものに沿う場合においては、当該がけ地等の道の側の境界線及びその境界線から道の側に水平距離4mの線をその道路の境界線とみなす場合	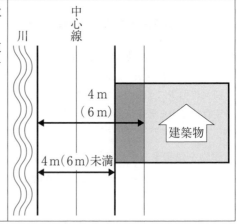

③ 建築基準法第42条第3項

特定行政庁は、土地の状況によりやむを得ない場合においては、前項の規定にかかわらず、同項に規定する中心線からの水平距離については2m未満1.35m以上の範囲内において、同項に規定するがけ

地等の境界線からの水平距離については4m未満2.7m以上の範囲内において，別にその水平距離を指定することができる。

前項の規定にかかわらず，特定行政庁が，その道路の中心線から1.35m以上2m未満の範囲内で，また，がけ地や河川等に沿う場合は，がけ地等の境界線から道の側に2.7m以上4m未満の範囲内で道路の境界線を指定することができる。

④　建築基準法第42条第4項

第一項の区域内の幅員6m未満の道（第一号又は第二号に該当する道にあっては，幅員4m以上のものに限る。）で，特定行政庁が次の各号の一に該当すると認めて指定したものは，同項の規定にかかわらず，同項の道路とみなす。
一　周囲の状況により避難及び通行の安全上支障がないと認められる道
二　地区計画等に定められた道の配置及び規模又はその区域に即して築造される道
三　第一項の区域が指定された際現に道路とされていた道

建築基準法第42条第1項の「6m区域」内の道について，幅員が6m未満の道であっても（建築基準法第42条第1項第1号または第2号については，幅員4m以上のものに限る。），特定行政庁が各号に該当すると認めて指定した場合には，建築基準法第42条第1項の道路とみなす。

⑤　建築基準法第42条第5項

前項第三号に該当すると認めて特定行政庁が指定した幅員4m未満の道については，第二項の規定にかかわらず，第一項の区域が指定された際道路の境界線とみなされていた線をその道路の境界線とみなす。

建築基準法第42条第4項第3号に該当するとして，特定行政庁が指定した幅員4m未満の道については，建築基準法第42条第2項の規定にかかわらず，同法第1項の「6m区域」が指定された際に道路の境界線とみなされていた線を道路の境界線とする。

つまり，その道路の中心線から左右に2mずつ後退した線を道路の境界線とみなすことはしないということである。

⑥　建築基準法第42条第6項

特定行政庁は，第二項の規定により幅員1.8m未満の道を指定する場合又は第三項の規定により別に水平距離を指定する場合においては，あらかじめ，建築審査会の同意を得なければならない。

建築基準法第42条第2項の規定で幅員1.8m未満の道を指定する場合や，建築基準法第42条第3

2章　宅地の評価

項の規定によりその道路の中心線から1.35m以上2m未満の範囲内で，また，がけ地や河川等に沿う場合において，がけ地等の境界線から道の側に2.7m以上4m未満の範囲内で道路の境界線を指定するときには，建築審査会の同意を得なければならない。

⑦　建築基準法第43条

> 建築物の敷地は，道路に2m以上接しなければならない。

建築物を建築する場合には，建築基準法上の道路に間口が2m以上で接しなければならない。いわゆる接道義務である。

その場合の間口（幅員）は**図表2－46**の「W」であり，路地状部分の長さに応じて，その土地の所在する自治体の条例等で定められている。

[図表2－46]　路地状部分の幅員

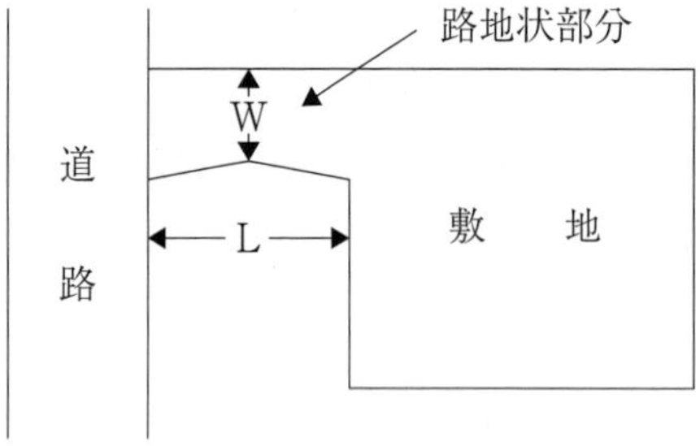

L≦15mのとき2m≦W
15m＜L≦25mのとき3m≦W
25m＜Lのとき4m≦W
（注）Wは路地状部分のうち最も狭い部分の幅員

(2)　赤道（あかみち）

赤道（あかみち）は，公図上には存在するが，地番の記載がない道路である（あった）敷地をいい，登記簿上では無籍地とされ，道路法の適用がない国有地である。

なお，この呼び名は公図上着色された赤色に由来している。

使われなくなった赤道については，赤道であることを知らずに田畑や宅地の一部とされているものもある。このような，道路として機能していない赤道については，平成17（2005）年4月1日に一括で用途廃止された上で管理が財務省（各地方財務局）へ引き継がれており，民間で払下げを受けることができる。

一方，現に機能を有している赤道については市町村が管理（所有）している。

(3)　青道（あおみち）

青道（あおみち）は，公図上には存在するが，地番の記載がない河川または水路である（あった）敷地をいい，登記簿上では無籍地とされ，道路法の適用がない国有地である。

なお，この呼び名は公図上着色された青色に由来している。

赤道と同様に機能していない青道については，平成17（2005）年４月１日に一括で用途廃止された上で管理が財務省（各地方財務局）へ引き継がれており，民間で払下げを受けることができる。

一方，現に機能を有している青道については市町村が管理（所有）している。

12 間口が狭小な宅地等の評価

財産評価基本通達20-4 《間口が狭小な宅地等の評価》

次に掲げる宅地（不整形地及び無道路地を除く。）の価額は，15《奥行価格補正》から18《三方又は四方路線影響加算》までの定めにより計算した１平方メートル当たりの価額にそれぞれ次に掲げる補正率表に定める補正率を乗じて求めた価額にこれらの宅地の地積を乗じて計算した価額によって評価する。この場合において，地積が大きいもの等にあっては，近傍の宅地の価額との均衡を考慮し，それぞれの補正率表に定める補正率を適宜修正することができる。

なお，20-2《地積規模の大きな宅地の評価》の定めの適用がある場合には，本項本文の定めにより評価した価額に，20-2に定める規模格差補正率を乗じて計算した価額によって評価する。

(1) 間口が狭小な宅地　付表６「間口狭小補正率表」
(2) 奥行が長大な宅地　付表７「奥行長大補正率表」

[付表６] 間口狭小補正率表

地区区分 間口距離 (メートル)	ビル街地区	高度商業地区	繁華街地区	普通商業・併用住宅地区	普通住宅地区	中小工場地区	大工場地区
４未満	-	0.85	0.90	0.90	0.90	0.80	0.80
４以上６未満	-	0.94		0.97	0.94	0.85	0.85
６〃　８〃	-	0.97			0.97	0.90	0.90
８〃　10〃	0.95					0.95	0.95
10〃　16〃	0.97		1.00	1.00			0.97
16〃　22〃	0.98	1.00			1.00	1.00	0.98
22〃　28〃	0.99						0.99
28〃	1.00						1.00

[付表7] 奥行長大補正率表

奥行距離 / 間口距離	ビル街地区	高度商業地区 繁華街地区 普通商業・併用住宅地区	普通住宅地区	中小工場地区	大工場地区
2以上3未満		1.00	0.98	1.00	
3 〃 4 〃		0.99	0.96	0.99	
4 〃 5 〃		0.98	0.94	0.98	
5 〃 6 〃	1.00	0.96	0.92	0.96	1.00
6 〃 7 〃		0.94		0.94	
7 〃 8 〃		0.92	0.90	0.92	
8 〃		0.90		0.90	

(1) 間口が狭小な宅地の評価

本項では、間口が狭小な宅地及び奥行が長大な宅地の評価方法を定めている。

① 間口の狭小な宅地

宅地の価値は、通風、採光、出入の便などによって左右されるが、それは、宅地の路線に接する部分、すなわち間口の広狭に影響される度合いが大きい。

そこで、路線価は、標準的な間口距離を有する宅地を前提として定められているが、間口の狭小な宅地については、宅地としての利用効率の低下が認められることから、その利用効率の低下の程度に応じた減額調整を行う必要がある。

② 間口狭小補正率の一般的合理性

このような宅地の利用効率低下の度合いは、1画地の地積が通常、小規模である繁華街等においては、比較的狭い間口距離でも影響しなくなり、1画地の地積が通常、大規模であるビル街地区や大工場地区では、比較的広い間口距離でも影響を受けることになる。このようなことから間口狭小補正率は、地区別に定められている。

これは、課税の公平・簡素化の観点から、右のような間口の狭小による利用効率の低下を画地の評価に定率化して反映させたものであって、これらの規定に特に不合理な点は認められないと解されている（東京地裁平成12年2月16日判決〔税務訴訟資料246号679頁〕）。

なお、その減額の幅は間口距離4m未満について一律となっているが、そのように間口距離4m未満の土地を一律に評価していることについては、土地の地積、形状、奥行距離等によって間口の狭小であることによる利用効率の低下の程度が相当に異なり、一定の基準を設けることが困難であること、接道義務を充足しないことの減価は、無道路地の評価（評価通達20-2）によって別途に

斟酌されていることから、間口4m未満の土地を一律に評価することとする間口狭小補正の規定によって評価したとしても、不合理とはいえないと解されている（東京地裁平成12年2月16日判決〔税務訴訟資料246号679頁〕）。

(2) 奥行が長大な画地の評価

路線価は、間口と奥行との関係が均衡のとれた画地における価格として付されている。

一方、間口と奥行との関係が不均衡な画地は利用効率が低下する。このため、奥行と間口との均衡がとれていない画地を評価する場合には、路線価に奥行価格補正率を乗じて求めた金額について、さらに奥行長大補正率を乗じて、その画地の1m²当たりの価額を計算することになる。すなわち、奥行長大補正率は、間口に対する奥行の割合が大きくなるにつれて、価格の低下する割合を計数化したものである。

間口と奥行との関係が不均衡であるかどうかは、高度商業地区、繁華街地区、普通商業・併用住宅地区、中小工場地区では奥行距離が間口距離の3倍以上であるものを、普通住宅地区では2倍以上であるものをいい、その他のものについては補正しないことになっている。

また、画地の地積が大きい場合には、近傍の宅地の価額との均衡を考慮して、奥行長大補正率を適宜修正して適用することになっているが、これは、たとえ奥行と間口との関係が不均衡であるとしても、地積が大きい場合には、宅地としての利用効率はそれほど低下しないと考えられていることによる。

Q 間口が狭い宅地の評価

■質問
次の図のように路線に接する間口が狭い宅地はどのように評価するのでしょうか。

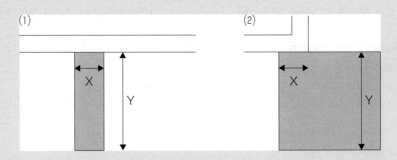

■回答
路線価に奥行価格補正率及び間口狭小補正率を乗じ、さらに奥行が長大な宅地については、奥行長大補正率を乗じた価額によって評価します。

なお、間口が狭小な宅地とは、次の表に掲げる間口距離を有する宅地をいい、奥行が長大な宅地とは奥行距離を間口距離で除して得た数値が次の表に掲げるものをいいます。

2章 宅地の評価

地区区分	間口が狭小な宅地 間口距離	奥行が長大な宅地 奥行距離÷間口距離
ビ ル 街 地 区	28m未満	—
高 度 商 業 地 区	8m未満	3以上
繁 華 街 地 区	4m未満	3以上
普通商業・併用住宅地区	6m未満	3以上
普 通 住 宅 地 区	8m未満	2以上
中 小 工 場 地 区	10m未満	3以上
大 工 場 地 区	28m未満	—

（参考）国税庁質疑応答事例「間口が狭い宅地の評価」

　袋地の突きあたりにある宅地については，その宅地の接する路線の路線価に，奥行価格補正率を適用し，さらに間口狭小補正率，奥行長大補正率及び宅地の地積を乗じて評価額の計算をする。

Q　袋地や間口の狭小な画地の評価

■質　問
　路線価地域内の袋小路の突きあたりにある宅地で，道路に接する部分が狭小なものや間口が狭小な画地の評価はどのようにして行いますか。

■回　答
　行き止まり道路である袋小路の突きあたりにある整形の画地で，路線に接する部分が狭小なもの（袋地といいます。）や，通常の路線に接する整形の画地で間口の狭小なものは，次のように評価します。

(1)　その画地の接する路線の路線価に，奥行価格補正率を適用し，さらに間口狭小補正率を乗じて，その画地の価額を計算します。
(2)　(1)により求めた価額に，その画地の地積を乗じて，その画地の価額を計算します。

（計算例）
　A　袋地の場合
　　普通住宅地において，路線価50万円の路線（道路）に接する右図のような袋地の価額は，次のようになります。

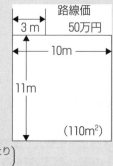

—330—

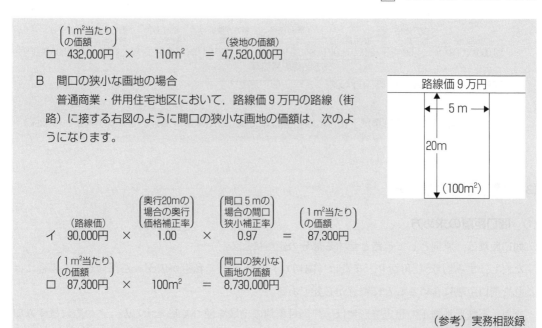

$$\square \quad \underset{\left(\substack{1\text{m}^2当たり\\の価額}\right)}{432{,}000円} \times 110\text{m}^2 = \underset{(袋地の価額)}{47{,}520{,}000円}$$

B 間口の狭小な画地の場合

普通商業・併用住宅地区において，路線価9万円の路線（街路）に接する右図のように間口の狭小な画地の価額は，次のようになります。

$$イ \quad \underset{(路線価)}{90{,}000円} \times \underset{\left(\substack{奥行20\text{m}の\\場合の奥行\\価格補正率}\right)}{1.00} \times \underset{\left(\substack{間口5\text{m}の\\場合の間口\\狭小補正率}\right)}{0.97} = \underset{\left(\substack{1\text{m}^2当たり\\の価額}\right)}{87{,}300円}$$

$$\square \quad \underset{\left(\substack{1\text{m}^2当たり\\の価額}\right)}{87{,}300円} \times 100\text{m}^2 = \underset{\left(\substack{間口の狭小な\\画地の価額}\right)}{8{,}730{,}000円}$$

（参考）実務相談録

　角地にある間口が狭小な宅地については，側方路線影響加算または二方路線影響加算をして計算した1m²当たりの価額に，間口狭小補正率，奥行長大補正率及び宅地の地積を乗じて評価額の計算をする。

Q　側方路線影響加算または二方路線影響加算と間口狭小補正との関係

■質　問

次の図のような間口が狭小である宅地の評価額はどのように計算するのでしょうか。

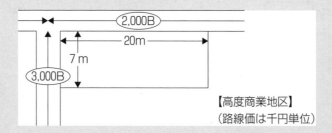

■回　答

　正面路線に面する間口が狭小である宅地が，側方路線等（正面路線以外の路線をいう。）にも接する場合には，側方路線影響加算又は二方路線影響加算をして計算した1m²当たりの価額に，間口狭小補正率，奥行長大補正率及び宅地の地積を乗じて評価額の計算をします。

　したがって，事例の場合の評価額は次のとおりとなります。

2章　宅地の評価

$$\underbrace{(3,000,000円 \times 1.00}_{\substack{正面路線価 \\ }} \underset{\substack{奥行価格\\補正率}}{} + \underbrace{2,000,000円 \times 0.94 \times 0.10}_{側方路線影響加算}) \times \underset{\substack{間口狭小\\補正率}}{0.97} \times \underset{\substack{奥行長大\\補正率}}{1.00} = 3,092,360円$$

$$3,092,360円 \times 140m^2 = 432,930,400円$$

（参考）国税庁質疑応答事例「側方路線影響加算又は二方路線影響加算と間口狭小補正との関係」

(3) 間口距離の求め方

① 間口距離の求め方

間口距離は，原則として道路と接する部分の距離による。

ただし，すみ切り（「角切り」または「隅切り」という）[67]で私道が広がった部分がある場合には，これを間口距離に含めることに留意が必要である。

なお，不整形地補正の想定整形地は，評価対象地の全域を囲むく形とするが，この際にはすみ切りを含めて想定整形地を取ることはない。

Q　間口距離の求め方

■質　問

次の図のような形状の宅地の間口距離はいずれによるのでしょうか。

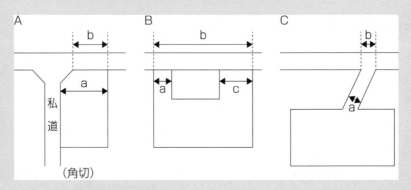

■回　答

間口距離は，原則として道路と接する部分の距離によります。

したがって，Aの場合はa，Bの場合はa＋cによります。Cの場合はbによりますが，aによっても差し支えありません。

67　すみ切りは，二辺が道路に接する角地を敷地として利用する場合に，角の一部分を空地にすることをいう。すみ切りが必要な場合及びその形状は，市町村の条例または指導により定められている。その形状は，二本の道路に接する敷地の角を頂点とし，そこからそれぞれの道路沿いに2m離れた地点を結んだ直線を底辺とする二等辺三角形とされていることが多い。

また，Aの場合で私道部分を評価する際には，すみ切りで広がった部分は間口距離に含めません。

(参考) 国税庁質疑応答事例「間口距離の求め方」

② 屈折路に面する間口距離の求め方

屈折路に面する不整形地の間口距離は，その不整形地に係る想定整形地の間口に相当する距離と，屈折路に実際に面している距離とのいずれか短い距離による。

Q 屈折路に面する間口距離の求め方

■質　問
宅地が屈折路に面している場合の間口距離はどのようにして求めるのでしょうか。

■回　答
屈折路に面する不整形地の間口距離は，その不整形地に係る想定整形地の間口に相当する距離と，屈折路に実際に面している距離とのいずれか短い距離となります。
このことから，Aの場合にはa（＜「b＋c」）が，Bの場合には「b＋c」（＜a）がそれぞれ間口距離となります。

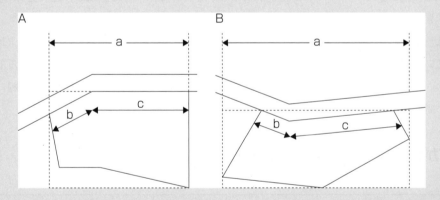

なお，屈折路に面する不整形地に係る想定整形地は，いずれかの路線からの垂線によって又は路線に接する両端を結ぶ直線によって，評価しようとする宅地の全域を囲む形又は正方形のうち最も面積の小さいものとします。

(参考) 国税庁質疑応答事例「屈折路に面する宅地の間口距離の求め方」

2章 宅地の評価

　平成8年11月18日裁決〔TAINS・F0-4-002〕は，平成4年分及び平成5年分の地価税における評価において，間口距離の算定方法が争われた事例である。

- 本件土地は，A路線とB路線，C路線の三方に接している。
- A路線とB路線との交差する東側角地の部分は，南北14.45mの長さにすみ切りされている。

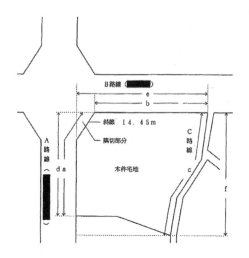

距離
a　43.30m
b　48.89m
c　47.95m
d　39.35m
e　58.89m
f　45.50m

　本件土地の間口距離について，審査請求人はa，b，cとすべきと主張し，原処分庁はd，e，fとすべきと主張している。

　裁決は，すみ切りのある土地の間口については，すみ切りがない整形地とした場合の土地の道路に面している部分の直線距離とし，不整形地の場合の間口については，道路に面している部分からの垂直の直線距離とすることが合理的と認められることから，A路線，B路線及びC路線に係る本件宅地の間口距離は，図のd，e及びfとするのが相当と判断している。

13　がけ地等を有する宅地の評価

> **財産評価基本通達20-5 《がけ地等を有する宅地の評価》**
> 　がけ地等で通常の用途に供することができないと認められる部分を有する宅地（次項の定めにより評価するものを除く。）の価額は，その宅地のうちに存するがけ地等ががけ地等でないとした場合の価額に，その宅地の総地積に対するがけ地部分等通常の用途に供することができないと認められる部分の地積の割合に応じて付表8「がけ地補正率表」に定める補正率を乗じて計算した価額によって評価する。

[付表8] がけ地補正率表

がけ地の方位 がけ地地積 総地積	南	東	西	北
0.10以上	0.96	0.95	0.94	0.93
0.20 〃	0.92	0.91	0.90	0.88
0.30 〃	0.88	0.87	0.86	0.83
0.40 〃	0.85	0.84	0.82	0.78
0.50 〃	0.82	0.81	0.78	0.73
0.60 〃	0.79	0.77	0.74	0.68
0.70 〃	0.76	0.74	0.70	0.63
0.80 〃	0.73	0.70	0.66	0.58
0.90 〃	0.70	0.65	0.60	0.53

(注) がけ地の方位については，次により判定する。
1 がけ地の方位は，斜面の向きによる。
2 2方位以上のがけ地がある場合は，次の算式により計算した割合をがけ地補正率とする。

$$\frac{\left(\begin{array}{c}\text{総地積に対するがけ}\\ \text{地部分の全地積の割}\\ \text{合に応ずるA方位の}\\ \text{がけ地補正率}\end{array}\right) \times \left(\begin{array}{c}\text{A方位の}\\ \text{がけ地の}\\ \text{地積}\end{array}\right) + \left(\begin{array}{c}\text{総地積に対するがけ}\\ \text{地部分の全地積の割}\\ \text{合に応ずるB方位の}\\ \text{がけ地補正率}\end{array}\right) \times \left(\begin{array}{c}\text{B方位の}\\ \text{がけ地の}\\ \text{地積}\end{array}\right) + \cdots}{\text{がけ地部分の全地積}}$$

3 この表に定められた方位に該当しない「東南斜面」などについては，がけ地の方位の東と南に応ずるがけ地補正率を平均して求めることとして差し支えない。

(1) がけ地を有する宅地とは

本項では，がけ地等を有する宅地の評価方法について定めている。

がけ地を有する宅地とは，平坦部分とがけ地部分が一体となっている宅地をいう。例えば，ヒナ段式に造成された住宅団地に見られるような，擁壁部分を有する宅地である。

このような宅地のがけ部分は，採光，通風等による平たん宅地部分への効用増に寄与すると認められるものの，通常の用途に供することができないため，全体を通常の用途に供することができる宅地に比し減価があると考えられている。

そこで，宅地の一部にがけ地など，通常の用途に供することができないものと認められる部分がある画地にあっては，それ相応の価額となるよう評価する必要がある。

2章　宅地の評価

[図表2-47] ヒナ段式に造成された宅地

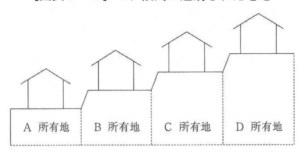

（出典）『土地評価の実務（令和4年版）』196頁

> **Q** がけ地補正率を適用するがけ地等を有する宅地
>
> ■質問
> 　がけ地補正率を適用して評価するがけ地等を有する宅地とは，どのような宅地をいうのでしょうか。
>
> ■回答
> 　がけ地等を有する宅地とは，平たん部分とがけ地部分等が一体となっている宅地であり，例えば，ヒナ段式に造成された住宅団地に見られるような，擁壁部分（人工擁壁と自然擁壁とを問わない。）を有する宅地をいいます。
> 　このような宅地のがけ部分等は，採光，通風等による平たん宅地部分への効用増に寄与すると認められるものの通常の用途に供することができないため，全体を通常の用途に供することができる宅地に比し減価があると認められますので，がけ地補正率表によるがけ地補正を行います。
> 　このように，がけ地補正率が適用されるがけ地等を有する宅地とは，平たん部分とがけ地部分等が一体となっている宅地をいい，平たん部分である宅地とそれ以外の部分（山林，雑種地等）を別の評価単位として評価すべき場合はこれに該当しません。
>
> （参考）国税庁質疑応答事例「がけ地補正率を適用するがけ地等を有する宅地」

(2)　がけ地等を有する宅地の評価

　がけ地等で通常の用途に供することができないと認められる部分を有する宅地の価額は，その宅地のうちに存するがけ地等ががけ地等でないとした場合の価額に，その宅地の総地積に対するがけ地部分等通常の用途に供することができないと認められる部分の地積の割合に応じたがけ地補正を行って評価する。

13 がけ地等を有する宅地の評価

Q がけ地等を有する宅地の評価

■質 問

がけ地等を有する宅地については，どのように評価するのでしょうか。

■回 答

がけ地等で通常の用途に供することができないと認められる部分を有する宅地（財産評価基本通達20-6《土砂災害特別警戒区域内にある宅地の評価》の定めにより評価するものを除きます。）の価額は，その宅地のうちに存するがけ地等の部分ががけ地等でないとした場合の価額に，がけ地補正率を乗じて計算した価額によって評価します。

（設例）

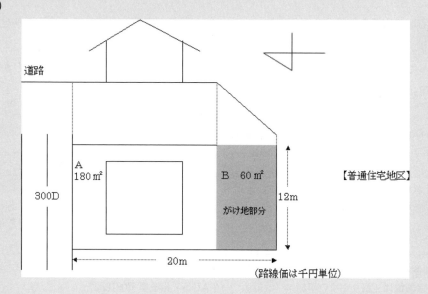

（計算例）

総地積に対するがけ地部分の割合

$$\frac{がけ地の地積（B）}{総地積（A+B）}=\frac{60m^2}{180m^2+60m^2}=0.25$$

評価額

路線価		奥行価格補正率		がけ地割合0.25の場合の南方位のがけ地補正率		地積		
300,000円	×	1.00	×	0.92	×	240m²	=	66,240,000円

（注）がけ地の方位は斜面の向きによる。

（参考）国税庁質疑応答事例「がけ地等を有する宅地の評価」

(3) がけ地補正率と宅地造成費との関係

　がけ地補正率が適用されるがけ地を有する宅地とは，平たん部分とがけ地部分が一体となっている宅地をいい，平たん部分である宅地とそれ以外の部分（山林，雑種地等）を別の評価単位として評価すべき場合，その宅地以外の部分はここでいうがけ地を有する宅地に該当しない。そのような宅地以外の部分については宅地造成費を控除する。

　なお，がけ地補正率が適用されるがけ地を有する宅地においては，その宅地全体を通常の用途に供することができないと認められる減価があるものの，日照の確保，採光，通風，眺望及び隣棟間隔の保持等による平たん部分の効用増も認められることから，宅地全体の価額に減価を認めるものである。

　一方，宅地造成費を控除する評価方法は，もっぱら通常の宅地と比較しての減価のみを考慮するものであり，上記の日照の確保等の効用増を考慮したものではない。

　したがって，がけ地補正と宅地造成費の控除とは判断基準を異にするものであることから，両者の重複適用はすることができない。

【誤りやすい項目】がけ地補正と宅地造成費控除を併用することの可否

誤った認識	正しい答え
それぞれの要件に該当すれば重複して適用可能。	がけ地補正は，がけ部分がないとした場合の利用状況との比較による斟酌補正であり，宅地造成費は通常の宅地との比較における造成費相当の斟酌であり，併用不可。

※両者の斟酌の意味をつかむこと。
（参考）東京国税局「誤りやすい事例集（改訂版）」〔TAINS・相続事例001882〕

(4) 方位とがけ地補正率

　がけ地補正率は，東西南北の方位によって異なる。
　また，東西南北の中間を向いているがけ地は，それぞれの方位のがけ地補正率を平均して求める。

Q 南東を向いている場合

■質　問
　次の図のように南東を向いているがけ地部分を有する宅地のがけ地補正率はどのようにして求めるのでしょうか。

13 がけ地等を有する宅地の評価

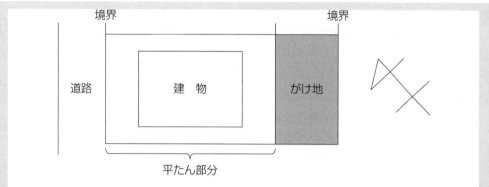

(総地積400m², がけ地の全地積100m², がけ地割合0.25, 土砂災害特別警戒区域内となる部分はない)

■回 答

「がけ地補正率表」に定められた方位の中間を向いているがけ地は, それぞれの方位のがけ地補正率を平均して求めます。

(計算例)

$$\frac{\underset{0.92}{\text{がけ地割合0.25の場合の南方位のがけ地補正率}} + \underset{0.91}{\text{がけ地割合0.25の場合の東方位のがけ地補正率}}}{2} = 0.91 \text{(小数点第2位未満切り捨て)}$$

なお,「北北西」のような場合には,「北」のみの方位によることとしても差し支えありません。

(参考) 国税庁質疑応答事例「がけ地等を有する宅地の評価—南東を向いている場合」

Q 2方向にがけ地部分を有する場合

■質 問

次の図のように2方向にがけ地部分を有する宅地のがけ地補正率はどのようにして求めるのでしょうか。

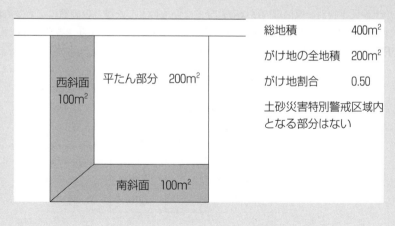

総地積　　　　　400m²
がけ地の全地積　200m²
がけ地割合　　　0.50
土砂災害特別警戒区域内
となる部分はない

2章　宅地の評価

■回　答
　2方向以上にがけ地を有する宅地のがけ地補正率は，評価対象地の総地積に対するがけ地部分の全地積の割合に応ずる各方位別のがけ地補正率を求め，それぞれのがけ地補正率を方位別のがけ地の地積で加重平均して求めます。

（計算例）
1　総地積に対するがけ地部分の割合

$$\frac{\underset{100\text{m}^2}{西方位のがけ地の地積} + \underset{100\text{m}^2}{南方位のがけ地の地積}}{\underset{400\text{m}^2}{評価対象地の総地積}} = 0.50$$

2　方位別のがけ地補正率
　　がけ地割合0.50の場合の西方位のがけ地補正率　0.78
　　がけ地割合0.50の場合の南方位のがけ地補正率　0.82

3　加重平均によるがけ地補正率

$$\frac{\underset{0.78}{\substack{西方位・がけ地割合\\0.50のがけ地補正率}} \times \underset{100\text{m}^2}{\substack{西方位のがけ\\地の地積}} + \underset{0.82}{\substack{南方位・がけ地割合\\0.50のがけ地補正率}} \times \underset{100\text{m}^2}{\substack{南方位のがけ\\地の地積}}}{\underset{200\text{m}^2}{がけ地部分の全地積}} = 0.80$$

（参考）国税庁質疑応答事例「がけ地等を有する宅地の評価—2方向にがけ地部分を有する場合」

14　土砂災害特別警戒区域内にある宅地の評価

財産評価基本通達20-6　《土砂災害特別警戒区域内にある宅地の評価》
　土砂災害特別警戒区域内（土砂災害警戒区域等における土砂災害防止対策の推進に関する法律（平成12年法律第57号）第9条《土砂災害特別警戒区域》第1項に規定する土砂災害特別警戒区域の区域内をいう。以下同じ。）となる部分を有する宅地の価額は，その宅地のうちの土砂災害特別警戒区域内となる部分が土砂災害特別警戒区域内となる部分でないものとした場合の価額に，その宅地の総地積に対する土砂災害特別警戒区域内となる部分の地積の割合に応じて付表9「特別警戒区域補正率表」に定める補正率を乗じて計算した価額によって評価する。

付表9　特別警戒区域補正率表

特別警戒区域の地積／総地積	補正率
0.10以上	0.90
0.40　〃	0.80
0.70　〃	0.70

— 340 —

> （注） がけ地補正率の適用がある場合においては、この表により求めた補正率にがけ地補正率を乗じて得た数値を特別警戒区域補正率とする。ただし、その最小値は0.50とする。

(1) 土砂災害特別警戒区域内にある宅地の評価

① 土砂災害警戒区域と土砂災害特別警戒区域

　本項では、土砂災害特別区域内にある宅地の評価方法を定めている。

　都道府県知事は、急傾斜地の崩壊等が発生した場合に住民等の生命または身体に危害が生ずるおそれがあると認められる区域で一定のものを土砂災害警戒区域として指定することができる（土砂災害防止法7）。

　また、この警戒区域のうち、急傾斜地の崩壊等が発生した場合に建築物に損壊が生じ住民等の生命または身体に著しい危害が生ずるおそれがあると認められる区域で一定のものを土砂災害特別警戒区域として指定することができる（土砂災害防止法9）。

　そして、特別警戒区域内にある宅地については、建築物の構造規制が課せられ、宅地としての通常の用途に供するとした場合に利用の制限があると認められることから、一定の減価が生ずるものと考えられる。

② 評価方法

　そこで、土砂災害特別警戒区域の区域内にある宅地の価額は、その宅地の総地積に対する土砂災害特別警戒区域内となる部分の地積の割合に応じた特別警戒区域補正率を乗じて評価する。

(2) 土砂災害特別警戒区域内にある宅地の創設経緯

　「土砂災害特別警戒区域内にある宅地の評価」は平成30（2018）年に新設されている。その趣旨については、国税庁『「財産評価基本通達の一部改正について」通達のあらましについて（情報）』において、以下のとおり説明されている。

平成30年12月13日
資産評価企画官情報

「財産評価基本通達の一部改正について」通達のあらましについて（情報）

土砂災害特別警戒区域内にある宅地の評価

> 近年、土砂災害特別警戒区域の指定件数が増加していることを踏まえ、土砂災害特別警戒区域内にある宅地の評価に当たり、その宅地に占める土砂災害特別警戒区域内となる部分の地積の割合に応じて一定の減額補正を行うこととした。

2章　宅地の評価

(評価通達20-6＝新設，13，20-5，20-7，付表9＝改正)

1　通達制定の趣旨

　土砂災害防止法では，都道府県知事は，急傾斜地の崩壊等が発生した場合に，住民等の生命又は身体に危害が生ずるおそれがあると認められる区域で一定のものを土砂災害警戒区域（以下「警戒区域」という。）として指定することができ，この警戒区域のうち，急傾斜地の崩壊等が発生した場合に，建築物に損壊が生じ住民等の生命又は身体に著しい危害が生ずるおそれがあると認められる区域で一定のものを土砂災害特別警戒区域（以下「特別警戒区域」という。）として指定することができる（土砂災害防止法第7条，第9条）。

　このうち，特別警戒区域内にある宅地については，建築物の構造規制（土砂災害防止法第24条，第25条）が課せられ，宅地としての通常の用途に供するとした場合に利用の制限があると認められることから，特別警戒区域内に存しない宅地の価額に比して，一定の減価が生ずるものと考えられる。

　そして，近年，特別警戒区域の指定件数が増加しており，また，土砂災害警戒区域等における土砂災害防止対策の推進に関する法律（以下「土砂災害防止法」という。）第4条《基礎調査》に基づく特別警戒区域の指定等に係る基礎調査が平成31年度を目途に完了することが見込まれていることから，今後，更なる指定件数の増加が想定される。

　このような状況を踏まえ，今般，特別警戒区域内にある宅地の評価方法を定めることとした。

2　通達改正の概要等

(1)　「土砂災害特別警戒区域内にある宅地の評価」の適用対象

　「土砂災害特別警戒区域内にある宅地の評価」の適用対象となる宅地は，課税時期において，土砂災害防止法の規定により指定された特別警戒区域内にある宅地である（注）。したがって，従前，特別警戒区域内にあったが，土砂災害の防止に関する工事の実施等により，特別警戒区域の指定の事由がなくなったと認められ，課税時期前に特別警戒区域の指定が解除された場合には，「土砂災害特別警戒区域内にある宅地の評価」の適用対象とはならない。

(注)　特別警戒区域の指定及び解除は，公示によってその効力を生ずることとされている（土砂災害防止法第9条第6項，第9項）ことから，当該公示の有無により特別警戒区域の指定及び解除を判断することとなる。

　なお，警戒区域については，市町村地域防災計画による警戒避難体制の整備，土砂災害ハザードマップによる周知など，市町村長等に義務は課せられているが，特別警戒区域に指定されない限り，宅地としての利用は法的に制限されない。さらに，警戒区域に指定されることにより，当該区域について一定の土砂災害発生の危険性の存在が公表されるが，一般に，警戒区域内にある宅地は，背後にがけ地が控える場合や谷・渓流の近くに存する場合など，区域指定以前から当該危険性の存在は認識されている場合が多く，また，土砂災害発生の危険性は警戒区域内外にわたり比較的広範囲に及んでいることから，土地価格の水準に既に織り込まれているとも考えられる。

　したがって，警戒区域内にあるとしても，特別警戒区域内に存しない宅地については，「土砂災害特別警戒区域内にある宅地の評価」の適用対象としていない。

(2)　「土砂災害特別警戒区域内にある宅地の評価」の評価方法

　特別警戒区域内にある宅地における建築物の構造規制に伴う減価としては，①構造強化等に係る対策費用の負担による減価及び②建築物の敷地として利用できないことによる減価が考えられる。ただ

14 土砂災害特別警戒区域内にある宅地の評価

し，経済合理性の観点からは，多額の対策費用を要する場合には，その費用を投じてまで建築物の敷地として利用することは通常考えられず，駐車場等として利用すると考えられることから，当該規制に伴う減価は，②の減価が下限値となる。これに加えて，①の減価については，汎用性のある対策費用の負担による減価の見積もりが困難であることや評価の簡便性を考慮すると，②の減価を反映した評価方法とすることが相当である。

そこで，特別警戒区域内となる部分を有する宅地の価額については，その宅地のうちの特別警戒区域内となる部分が特別警戒区域内となる部分でないものとした場合の価額に，その宅地の総地積に対する特別警戒区域内となる部分の地積の割合に応じて，次の「特別警戒区域補正率表」に定める補正率を乗じて計算した価額によって評価することとした。

なお，特別警戒区域は，基本的には地勢が傾斜する地域に指定されることから，特別警戒区域内にある宅地にはがけ地を含む場合もあると考えられるところ，評価通達20-5《がけ地等を有する宅地の評価》における付表8に定めるがけ地補正率の適用がある場合においては，次の「特別警戒区域補正率表」により求めた補正率にがけ地補正率を乗じて得た数値を特別警戒区域補正率とすることとし，その最小値は0.50とした。

○ 特別警戒区域補正率表

特別警戒区域の地積 総　地　積	補正率
0.10以上	0.90
0.40 〃	0.80
0.70 〃	0.70

(3) 倍率地域に所在する特別警戒区域内にある宅地

倍率方式により評価する地域（以下「倍率地域」という。）に所在する宅地の価額は，その宅地の固定資産税評価額に倍率を乗じて評価することとしている（評価通達21-2）。

特別警戒区域内の宅地の固定資産税評価額の算定については，特別警戒区域の指定による土地の利用制限等が土地の価格に影響を与える場合には，当該影響を適正に反映させることとされており，特別警戒区域に指定されたことに伴う宅地としての利用制限等により生ずる減価は，既に固定資産税評価額において考慮されていると考えられる。

したがって，倍率地域に所在する特別警戒区域内にある宅地については，「土砂災害特別警戒区域内にある宅地の評価」の適用対象としていない。

(4) 市街地農地等への適用関係

市街地農地，市街地周辺農地，市街地山林及び市街地原野（以下，これらを併せて「市街地農地等」という。）については，評価通達39《市街地周辺農地の評価》，40《市街地農地の評価》，49《市街地山林の評価》及び58-3《市街地原野の評価》の定めにおいて，その農地等が宅地であるとした場合を前提として評価（宅地比準方式により評価）することとしているところ，市街地農地等が特別警戒区域内にある場合，その農地等を宅地に転用するときには，宅地としての利用が制限され，これによる減価が生ずることになる。

したがって，市街地農地等が特別警戒区域内にある場合には，「土砂災害特別警戒区域内にある宅地

2章　宅地の評価

の評価」の適用対象となる。

　また，雑種地の価額は，近傍にある状況が類似する土地に比準した価額により評価する（評価通達82）ところ，評価対象となる雑種地の状況が宅地に類似する場合には宅地に比較して評価することとなり，農地等に類似する場合には農地等に比して評価することとなる。このとき，市街化区域内の農地等の価額は宅地比準方式により評価することとしていることから，市街化区域内の雑種地についても，宅地比準方式により評価することとなる。

　このような宅地に状況が類似する雑種地又は市街地農地等に類似する雑種地が特別警戒区域内にある場合，その雑種地を宅地として使用するときには，その利用が制限され，これによる減価が生ずることになる。

　したがって，宅地に状況が類似する雑種地又は市街地農地等に類似する雑種地が特別警戒区域内にある場合には，「土砂災害特別警戒区域内にある宅地の評価」の適用対象となる。

(5)　具体的な計算例

　「土砂災害特別警戒区域内にある宅地の評価」の具体的な計算例を示せば，次のとおりである。

（設例１）特別警戒区域内にある宅地の場合

① 総地積：400m^2

② 特別警戒区域内となる部分の地積：100m^2

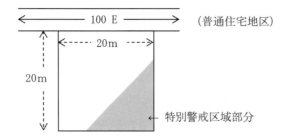

【計算】

１　総地積に対する特別警戒区域内となる部分の地積の割合

$$\frac{100\text{m}^2}{400\text{m}^2} = 0.25$$

２　評価額

　　（路線価）　（奥行価格補正率）（特別警戒区域補正率）（地積）
　　100,000円　×　1.00　×　0.90　×　400m^2　＝　36,000,000円

（設例２）特別警戒区域内にある宅地でがけ地等を有する場合

① 総地積400m^2

② 特別警戒区域内となる部分の地積：300m^2

③ がけ地（南方位）の地積：200m^2

14 土砂災害特別警戒区域内にある宅地の評価

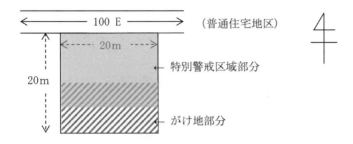

【計算】
1 総地積に対する特別警戒区域となる部分の地積の割合

$$\frac{300\text{m}^2}{400\text{m}^2} = 0.75$$

2 総地積に対するがけ地部分の地積の割合

$$\frac{200\text{m}^2}{400\text{m}^2} = 0.5$$

3 特別警戒区域補正率

(特別警戒区域補正率表の補正率) × (南方位のがけ地補正率) = (特別警戒区域補正率)
　　0.70　　　×　　0.82　　＝　　0.57(※)　（小数点以下2位未満を切捨て）

※ 0.50未満の場合は，0.50となる。

4 評価額

(路線価)　　(奥行価格補正率)　(特別警戒区域補正率)　(地積)
100,000円 × 1.00 × 0.57 × 400m² ＝ 22,800,000円

(6) 適用時期

平成31年1月1日以後に相続，遺贈又は贈与により取得した財産の評価に適用することとした。

実務上のポイント

土砂災害特別警戒区域内にある宅地の評価の適用対象となる宅地は，課税時期において，土砂災害防止法の規定により指定された特別警戒区域内にある宅地である。

特別警戒区域の指定の有無については，土地の所在する市町村による土砂災害ハザードマップ等で確認することができる。

なお，警戒区域にあるとしても，特別警戒区域内に存しない宅地については，当該減価の適用対象とならないことに注意が必要である。

---

(3) 倍率地域に所在する特別警戒区域内にある宅地の評価

倍率地域に所在する宅地の価額は，その宅地の固定資産税評価額に倍率を乗じて評価する。特別警戒区域内の宅地の固定資産税評価額の算定においては，特別警戒区域の指定による土地の利用制限等が土地の価額に影響を与える場合には，その影響を適正に反映させることとされているため，特別警戒区域に指定されたことに伴う宅地としての利用制限等による減価は，すでに固定資産税評

価額において考慮されていると考えられる。

したがって，倍率地域に所在する特別警戒区域内にある宅地については，本項の適用はない。

15 容積率の異なる2以上の地域にわたる宅地の評価

> **財産評価基本通達20-7** 《容積率の異なる2以上の地域にわたる宅地の評価》
>   容積率（建築基準法第52条に規定する建築物の延べ面積の敷地面積に対する割合をいう。以下同じ。）の異なる2以上の地域にわたる宅地の価額は，15《奥行価格補正》から前項までの定めにより評価した価額から，その価額に次の算式により計算した割合を乗じて計算した金額を控除した価額によって評価する。この場合において適用する「容積率が価額に及ぼす影響度」は，14-2《地区》に定める地区に応じて下表のとおりとする。
>
> $$\left(1-\frac{容積率の異なる部分の各部分に適用される容積率にその各部分の地積を乗じて計算した数値の合計}{正面路線に接する部分の容積率 \times 宅地の総地積}\right) \times 容積率が価額に及ぼす影響度$$
>
> ○ 容積率が価額に及ぼす影響度
>
> | 地区区分 | 影響度 |
> |---|---|
> | 高度商業地区，繁華街地区 | 0.8 |
> | 普通商業・併用住宅地区 | 0.5 |
> | 普通住宅地区 | 0.1 |
>
> （注）
> 1 上記算式により計算した割合は，小数点以下第3位未満を四捨五入して求める。
> 2 正面路線に接する部分の容積率が他の部分の容積率よりも低い宅地のように，この算式により計算した割合が負数となるときは適用しない。
> 3 2以上の路線に接する宅地について正面路線の路線価に奥行価格補正率を乗じて計算した価額からその価額に上記算式により計算した割合を乗じて計算した金額を控除した価額が，正面路線以外の路線の路線価に奥行価格補正率を乗じて計算した価額を下回る場合におけるその宅地の価額は，それらのうち最も高い価額となる路線を正面路線とみなして15《奥行価格補正》から前項までの定めにより計算した価額によって評価する。なお，15《奥行価格補正》から前項までの定めの適用については，正面路線とみなした路線の14-2《地区》に定める地区区分によることに留意する。

(1) 建ぺい率と容積率

建築基準法は，建築物を建築する際に，敷地面積に対する建築面積の広さの制限と敷地面積に対する延床面積の割合を定めている。建ぺい率と容積率である。

① 建ぺい率

「建ぺい率」は，敷地面積に対して真上から見た建築面積の割合のことをいう（建基法53）。建築物の日照，採光，通風を十分に確保し，また，延焼を防ぐために設けられている。

例えば，建ぺい率80％の地域においては，土地の地積が100m²である場合，原則として80m²までの範囲にしか建物を建てることができない（**図表2－48**）。

なお，例えば角地であれば建ぺい率が10％（建基法53③二），防火地域の耐火建築物であれば同じく10％（同法53③一）加算されるなどの制限の緩和がある。

[図表2－48] 建ぺい率

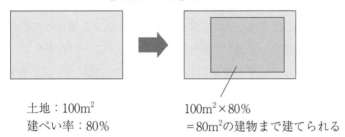

土地：100m²
建ぺい率：80％

100m²×80％
＝80m²の建物まで建てられる

② 容積率

次に「容積率」である。容積率は，下記の算式のとおり，敷地面積に対する建築物の延べ面積の割合のことをいう（建基法52）。道路，公園，上下水道等の公共施設と建築物の規模との均衡を図り，その地域全体の環境を守るために設けられている。

（算式）

$$容積率＝\frac{建築物の延べ床面積}{敷地面積}$$

例えば，容積率200％の地域においては，土地の面積の200％（2倍）まで建物を建てることができる（**図表2－49**）。建築物の延べ面積の敷地面積に対する割合であるため，容積率がより多い方が大きな建物を建てることができ，土地の価値は高くなる。

[図表2－49] 容積率

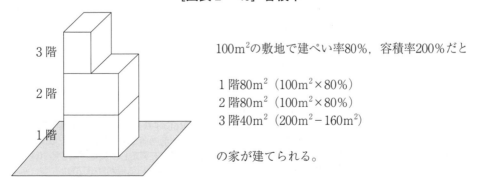

100m²の敷地で建ぺい率80％，容積率200％だと

1階80m²（100m²×80％）
2階80m²（100m²×80％）
3階40m²（200m²－160m²）

の家が建てられる。

2章　宅地の評価

(2) 容積率の異なる2以上の地域にわたる宅地の評価

① 趣　旨

　そこで，本項では，容積率の異なる2以上の地域にわたる宅地の評価方法を定めている。

　通常，容積率は，一定の地域ごとに面的な広がりをもって指定されていることから，路線価は，各地域の容積率を反映した価額となっている。一般的に，1街区のうち表道路に面する地域と裏道路に面する地域とで容積率が異なる場合には，路線価も異なるものとなる。

　しかし，1画地の宅地が表道路に面する地域と裏道路に面する地域とで異なる容積率である場合，表道路に面する地域の容積率を反映して決定されている正面路線価を基とし，奥行価格補正などの画地調整を行って評価しただけでは，その宅地が，表道路に面する地域の容積率と異なる容積率の部分を有しているという個別的な要因が評価額に反映されないことになる[68]。

　そのため，容積率の異なる2以上の地域にわたる1画地の宅地について，容積率の相違（格差）による個別事情（影響度）を減額調整する評価方法が定められている[69]。

② 容積率の異なる2以上の地域にわたる宅地の評価

　容積率の異なる2以上の地域にわたる1画地の宅地については，奥行価格補正（評価通達15）から土砂災害特別警戒区域内にある宅地の評価（評価通達20-6）までの定めにより評価した価額から，その価額に次の算式により計算した割合を乗じて計算した金額を控除した価額によって評価する。

（算式）

$$\left\{1-\frac{\text{容積率の異なる部分の各部分に適用される容積率にその各部分の地積を乗じて計算した数値の合計}}{\text{正面路線に接する部分の容積率} \times \text{宅地の総地積}}\right\} \times \text{容積率が価額に及ぼす影響度}$$

（小数点以下第3位未満四捨五入）

③ 「容積率が価額に及ぼす影響度」の意義

　容積率の格差が宅地の価格に影響をもたらす要因の主たるものは，容積率の最有効利用による収益力の違いであることから，減額率については，実態を踏まえ，相当程度の画地規模と高度利用が必要で，影響を考慮する必要性が高い商業系地区と，画地規模が小さく適用例も限られ，影響を考慮する必要性の薄い住宅地区とに区分して，「容積率が価額に及ぼす影響度」を考慮することとし

68　建築基準法においては，敷地に2以上の容積率の指定がある場合，（イ）建築物の敷地が，容積率の異なる2以上の地域にわたる場合には，各地域に属する敷地の各部分の面積の比により加重平均して容積率を査定し，（ロ）建築物の敷地が，容積率が異なる2以上の地域にわたる場合で，かつ，前面道路幅員が12メートル未満の場合には，各地域に属する敷地の各部分について最大の道路幅員による容積率の限度を算定し，加重平均する（建基法52⑦）。

69　東京国税局「資産税審理研修資料（平成28年7月）」〔TAINS・資産税審理研修資料H280700〕

ている。

　また，同じ商業系地区でも，（イ）高度商業地区，繁華街地区と（ロ）普通商業・併用住宅地区とではその地域性が明らかに異なると認められていることから，適用する「容積率が価額に及ぼす影響度」を区分している[70]。

　なお，ビル街地区においては，街区単位で容積率が定められており，その差を考慮する必要がないため，ビル街地区の影響度は定められていない[71]。

（設　例）
　　財産評価基本通達15から20までの定めにより評価した価額……100億円
　　正面路線に接する部分（面積＝2,000m²）の容積率　…………80/10
　　他の部分（面積＝1,000m²）の容積率　…………………………60/10

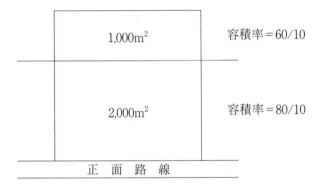

　イ　控除割合

$$\left(1 - \frac{\frac{80}{10} \times 2,000\text{m}^2 + \frac{60}{10} \times 1,000\text{m}^2}{\frac{80}{10} \times 3,000\text{m}^2}\right) \times \begin{pmatrix}\text{高度商}\\\text{業地区}\end{pmatrix} 0.8 \fallingdotseq 0.067$$

　ロ　評価額

　　100億円－100億円×0.067＝93億3,000万円

(3) 指定容積率と基準容積率

　容積率には，①都市計画で指定された「指定容積率」と②道路の幅員による「基準容積率」の2種類がある。

70　財産評価基本通達逐条解説（令和5年版）158頁
71　土地評価の実務（令和4年版）207頁

2章　宅地の評価

① 指定容積率

　指定容積率（建基法52①）は，用途地域別に50％〜1300％の範囲で定められており，都市計画図で確認することができる。

　基準容積率（建基法52②）は，前面道路の幅員により制限された容積率である。前面道路の幅員が12m未満である建築物の容積率は，その前面道路の幅員に**図表2－50**の数値を乗じたものが容積率となる。

[図表2－50] 指定容積率

用途地域等	指定容積率
第1種・第2種低層住居専用地域	5/10, 6/10, 8/10, 10/10, 15/10, 20/10
第1種・第2種中高層住居専用地域 第1種・第2種住居地域 準住居地域 近隣商業地域 準工業地域 （建基法52①五，六に掲げる建築物を除く。）	10/10, 15/10, 20/10, 30/10, 40/10, 50/10
商業地域（建基法52①六に掲げる建築物を除く。）	20/10, 30/10, 40/10, 50/10, 60/10, 70/10, 80/10, 90/10, 100/10, 110/10, 120/10, 130/10
工業地域（建基法52①六に掲げる建築物を除く。） 工業専用地域	10/10, 15/10, 20/10, 30/10, 40/10
高層住居誘導地区内の建築物（建基法52①六に掲げる建築物を除く。）であって，その住宅の用途に供する部分の床面積の合計がその延べ面積の3分の2以上であるもの（当該高層住居誘導地区に関する都市計画において建築物の敷地面積の最低限度が定められたときは，その敷地面積が当該最低限度以上のものに限る。建基法56①二ハ及び別表第3の4の項において同じ。）	当該建築物がある第1種・第2種住居地域，準住居地域，近隣商業地域，準工場地域に関する都市計画において定められた数値から，その1.5倍以下で当該建築物の住宅の用途に供する部分の床面積の合計のその延べ面積に対する割合に応じて政令で定める方法により算出した数値までの範囲内
特定用途誘導地区内の建築物であって，その全部または一部を当該特定誘導地区に関する都市計画において定められた誘導すべき用途に供するもの	当該特定用途誘導地区に関する都市計画において定められた数値
用途地域の指定のない区域	5/10, 8/10, 10/10, 20/10, 30/10, 40/10のうち，特定行政庁が土地利用の状況等を考慮し当該区域を区分して都道府県都市計画審議会の議を経て定めるもの

　指定容積率は，上記の表のように用途地域ごとに都市計画によって定められている。

15 容積率の異なる2以上の地域にわたる宅地の評価

例えば,第1種中高層住居専用地域で,道路幅員が6mの場合,6m×4/10＝24/10(240％)となる。

なお,前面道路の幅員が4m未満でいわゆる2項道路の場合は,道路幅員を4mとみなす。

実際の建築の際に適用される容積率は,指定容積率と基準容積率のうちいずれか小さい方となる。例えば指定容積率が300％であっても基準容積率が240％であれば,その土地において適用される容積率は240％である。

そして,評価通達における容積率も指定容積率と基準容積率とのいずれか小さい方によることとされている。

② 基準容積率

基準容積率は,次の区分に応じ,それぞれ次による。

イ 前面道路の幅員が12m未満の場合は,その道路幅員のメートルの数値に,以下の区分に従い,定める数値を乗じたもの以下とする。

[図表2-51]

建築物のある地域	前面道路の幅員のメートル数値に乗ずべき数値
第1・第2種低層住居専用地域	4/10
第1種・第2種中高層住居専用地域 第1種・第2種住居地域,準住居地域	4/10(特定行政庁が指定する区域では6/10)
その他の地域	6/10 (特定行政庁が指定する区域では4/10または8/10)

ロ 前面道路が2以上あるときは,最大幅員のメートル数値による。

> **Q** 容積率の異なる2以上の地域にわたる宅地の評価(1)
>
> ■質 問
> 容積率の異なる2以上の地域にわたる宅地の評価に当たり,減額割合の計算を行う場合に適用する容積率は,指定容積率と基準容積率とのいずれによるのでしょうか。
>
> ■回 答
> 指定容積率と基準容積率とのいずれか小さい方の容積率によります。
>
> (解説)
> 建築基準法は,道路,公園,上下水道等の公共施設と建築物の規模との均衡を図り,その地域全体の環境を守るために,建築物の延べ面積の敷地面積に対する割合の最高限度を定めており,この割合を「容積率」といいます。
> 容積率には,都市計画にあわせて指定されるもの(指定容積率)と建築基準法独自のもの(基準容

2章　宅地の評価

積率）とがあり，実際に適用される容積率は，これらのうちいずれか小さい方です。財産評価基本通達20-7において適用する容積率もいずれか小さい方であり，この場合の基準容積率は，建築基準法第52条第2項の規定によるものをいいます。

（注）　この取扱いは，減額調整方法としての統一基準を定めたものであることから，減額割合の計算上は，容積率の制限を緩和する特例を定めた建築基準法に規定する基準容積率（①特定道路との関係による容積率の制限の緩和，②都市計画道路がある場合の特例，③壁面線の指定がある場合の特例，④一定の条件を備えた建築物の場合の特例）は関係ありません。

（参考）国税庁質疑応答事例「容積率の異なる2以上の地域にわたる宅地の評価(1)」

> **実務上のポイント**
>
> 「容積率の異なる2以上の地域にわたる宅地の評価」における容積率は，「指定容積率」と「基準容積率」のいずれか小さい方とされている。
> なお，前面道路が2項道路（建築基準法第42条第2項に規定される道路）である場合は，例えば，幅員が3mの宅地（第一種住居地域に所在する）の基準容積率については，2項道路は幅員が4mとみなされるため，「120％（＝幅員3m×4/10）」ではなく，160％（＝幅員4m×4/10）となることに留意する。

(4)　評価減がされないケース

評価対象地において，用途地域が2以上の地域にわたっていたとしても，以下の①～③のような場合においては本項の減価がないケースがある。

①　用途地域は異なるが，容積率が同じ

用途地域が異なる場合であっても容積率が同じケースがある。

図表2-52の土地は，前面道路側は近隣商業地域，裏側は第1種住居地域であるが，容積率はともに300％である。このような場合においては，両方とも容積率が同じであるため評価減はないこととなる。

15 容積率の異なる2以上の地域にわたる宅地の評価

[図表 2 −52] 容積率 2 以上の宅地①

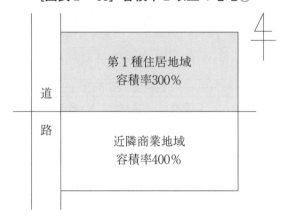

② 用途地域の境が道路と垂直である

　2つの用途地域にわたっているが，用途地域の境が評価対象地を垂直に通っているケースがある。

　図表 2 −53の土地は，南側が近隣商業地域で容積率400％，北側が第 1 種住居専用地域で容積率は300％となっている。このような場合においては，路線価は双方の事情を考慮して設定されていると考えられることから評価減はないこととなる。

[図表 2 −53] 容積率 2 以上の宅地②

③ 正面路線価側の方が容積率が低い

　2つの用途地域にわたっている場合であっても，1画地の宅地のうちに正面路線に接する部分の容積率が他の部分の容積率よりも低い場合など，控除割合がマイナスになる場合等はこの評価方法は適用しない。

　図表 2 −54の土地は，正面路線側は第 1 種住居地域で容積率300％となっているが，裏側の地域は商業地域で容積率400％となっている（裏側の地域の方が容積率が高い。）。このような場合，正面路線価は容積率300％を前提に設定されていると考えられることから評価減はないこととなる。

—353—

2章　宅地の評価

[図表2-54] 容積率2以上の宅地③

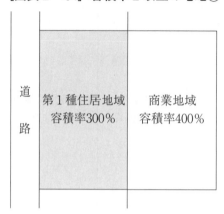

Q 容積率の異なる2以上の地域にわたる宅地の評価(2)

■質　問
容積率の異なる2以上の地域にわたる宅地の評価をする場合の留意事項は何でしょうか。

■回　答
容積率の異なる2以上の地域にわたる宅地の評価についての留意事項は以下のとおりです。

1　1画地の宅地の正面路線に接する部分の容積率が2以上であるが，その正面路線に接する部分の容積率と異なる容積率の部分がない場合には，財産評価基本通達20-7による容積率の格差による減額調整を行いません。

2　その宅地の正面路線に接する部分の容積率が2以上である場合で，その正面路線に接する部分の容積率と異なる容積率の部分がある場合には，異なる容積率の部分との違いによる減額調整を行います。

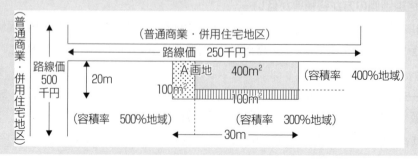

(注) この場合の調整計算に当たっては，容積率500％地域は容積率400％地域と一体であるものとして取り扱い，容積率400％地域と容積率300％地域との格差の調整計算とします。

容積率の格差に基づく減額率

$$\left(1-\frac{400\%\times500m^2+300\%\times100m^2}{400\%\times600m^2}\right)\times0.5=0.021\;(小数点3位未満は四捨五入)$$

減額調整後の価額

正面路線価　奥行価格補正率　　　正面路線価　奥行価格補正率　減額率
250,000円　×　1.00　－　(250,000円×　1.00　×0.021)＝244,750円

3　1画地の宅地が2以上の路線に面する場合において，正面路線の路線価に奥行価格補正率を乗じて求めた価額について容積率の格差による減額調整を行った価額が，正面路線以外の各路線の路線価に奥行価格補正率を乗じて求めた価額のいずれかを下回る場合には，容積率の格差による減額調整を適用せず，正面路線以外の路線の路線価について，それぞれ奥行価格補正率を乗じて計算した価額のうち最も高い価額となる路線を当該画地の正面路線とみなして，財産評価基本通達15《奥行価格補正》から20-6《土砂災害特別警戒区域内にある宅地の評価》までの定めにより計算した価額によって評価します。

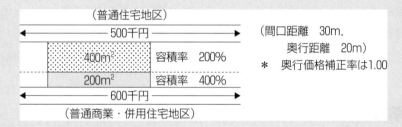

▽　容積率の格差に基づく減額率

$$\left(1-\frac{400\%\times200m^2+200\%\times400m^2}{400\%\times600m^2}\right)\times0.5=0.167$$

(1) 正面路線の路線価に奥行価格補正率を乗じて求めた価額に容積率の格差による減額調整を行った価額

600,000円×1.00－(600,000円×1.00×0.167)＝499,800円

(2) 裏面路線の路線価に奥行価格補正率を乗じて求めた価額

500,000円×1.00＝500,000円

(3) (1)＜(2)となるので，容積率の格差による減額調整の適用はなく，裏面路線を正面路線とみなして，当該画地の評価額を求めます。

なお，この場合，宅地の価額は最も高い効用を有する路線から影響を強く受けることから，正面路線とみなされた路線（裏面路線）の路線価の地区区分に応じた補正率を適用することに留意してください。

(注) 財産評価基本通達20-2の「地積規模の大きな宅地の評価」については，考慮しないこととして計算しています。

(参考) 国税庁質疑応答事例「容積率の異なる2以上の地域にわたる宅地の評価(2)」

2章　宅地の評価

(5) 正面路線が逆転するケース

　上記の質疑応答事例のとおり，正面路線価に奥行価格補正と容積率の格差による減額調整を行った価額が，正面路線価以外の各路線価に奥行価格補正を行った価額のいずれかを下回る場合には，容積率の格差による減額調整を適用せず，正面路線以外の路線の路線価について，それぞれ奥行価格補正率を乗じて計算した価額のうち最も高い価額となる路線を当該画地の正面路線とみなして評価する。

　これは，個別事情を考慮する目的で設けられた，単に容積率という価格形成の一要因のみに着目して簡易な調整方法により求めた価額と，土地の価額に影響を与える道路幅員，容積率等の種々の価格形成要因を考慮して決定されている裏面路線の路線価とを比較した場合に，簡易な調整方法により求めた価額が裏面路線の路線価を下回る状況になる場合にまでも，この減額調整措置によることは不適切であることによる[72]。

　（算式）
　(1)　正面路線価に奥行価格補正率を乗じた価額に容積率による減額調整を行った価額
　(2)　裏面路線価に奥行価格補正率を乗じて求めた価額
　(3)　(1)<(2)となる場合，容積率による減額調整の適用はなく，裏面路線を正面路線とみなす。

16　倍率方式

財産評価基本通達21《倍率方式》
　倍率方式とは，固定資産税評価額（地方税法第381条《固定資産課税台帳の登録事項》の規定により土地課税台帳若しくは土地補充課税台帳（同条第8項の規定により土地補充課税台帳とみなされるものを含む。）に登録された基準年度の価格又は比準価格をいう。以下この章において同じ。）に国税局長が一定の地域ごとにその地域の実情に即するように定める倍率を乗じて計算した金額によって評価する方式をいう。

財産評価基本通達21-2《倍率方式による評価》
　倍率方式により評価する宅地の価額は，その宅地の固定資産税評価額に地価事情の類似する地域ごとに，その地域にある宅地の売買実例価額，公示価格，不動産鑑定士等による鑑定評価額，精通者意見価格等を基として国税局長の定める倍率を乗じて計算した金額によって評価する。ただし，倍率方式により評価する地域（以下「倍率地域」という。）に所在する20-2《地積規模の大きな宅地の評価》に定める地積規模の大きな宅地（22-2《大規模工場用地》に定める大規模工場用地を除く。）の価額については，本項本文の定めにより評価した価額が，その宅地が標準的な間口距離及び奥行距離を有する宅地であるとした場合の1平方メートル当たりの価額を14《路線価》に定める路線価とし，かつ，

72　実務相談録

> その宅地が14-2《地区》に定める普通住宅地区に所在するものとして20-2の定めに準じて計算した価額を上回る場合には、20-2の定めに準じて計算した価額により評価する。

(1) 倍率方式

① 倍率方式とは

倍率方式とは、路線価が定められていない地域の評価方法であり、固定資産税評価額に倍率を乗じて評価する。

その倍率は、路線価と同様、国税局長が一定の地域ごとにその地域の実情に即するように宅地の売買実例価額や精通者意見価格などを基として毎年定められるものであり、財産評価基準書（国税庁ホームページhttps://www.nta.go.jp/index.htm）に掲載されている[73]。

[図表2-55]

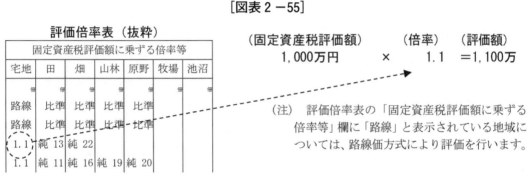

（出典）国税庁「相続税の申告のしかた（令和3年分用）」

② 固定資産税評価額とは

この固定資産税評価額とは、以下の価格をいう。

(a) 土地登記簿に登記されている土地について、土地課税台帳に登録されている基準年度の価格または比準価格（地法381①）

(b) 土地登記簿に登記されていない土地について、土地補充課税台帳に登録されている基準年度の価格または比準価格（同法381②）

(c) 仮換地、仮使用地、保留地または換地などについて、土地補充課税台帳とみなされたものに、登録されている基準年度の価格または比準価格（同法381⑧）

固定資産税評価額は、市町村等における課税通知書や名寄帳、評価証明書により確認することができる。

---

[73] 宅地の評価倍率は、固定資産税評価額は公示価格水準の7割、相続税評価額は公示価格水準の8割で評定されているため、$1.1\left(\frac{8}{7}≒1.1\right)$であることが多い。地域によっては1.0や1.2のところもある。

2章　宅地の評価

　なお，宅地についての固定資産税は，昭和39（1964）年以降，課税標準に税負担調整のための特例措置が講じられており，税額計算の基となる課税標準は，基準年度の価格よりも低くなっているものがあるが，倍率方式で乗じられる金額たる固定資産税評価額は，基準年度の「価格」を指し，基準年度の価格に上記負担調整措置が講じられた後の金額である「課税標準」ではないことに留意する。

【誤りやすい項目】倍率地域の固定資産税評価額

誤った認識	正しい答え
3年に一度の評価替えの年に，評価替え前の評価額を使っている。	4月以降発表の評価替え後の評価額を使う。

※固定資産評価証明書の課税年分と相続税の課税時期を確認すること。
（参考）　東京国税局「誤りやすい事例集（改訂版）」〔TAINS・相続事例001876〕

③　評価倍率の評定

　倍率については，地価事情の類似する地域ごとに，おおむね次のようにして国税局長が定める。
　まず，地価事情の類似する区域ごとに標準地を設け，その地域にある宅地の売買実例価額，公示価格，不動産鑑定士等による鑑定評価額や精通者の意見価格等を基に正常価格を評定する。
　この正常価格を基とし，課税上の基準とするものであるという面からの安全性を織り込み，かつ，隣接地域間におけるバランス保持という面からの検討を行って価額を求め，この価額を，その標準地の固定資産税評価額で割って得られる値を基として，倍率を評定する[74]。

④　倍率表の一般的合理性

　国税局長が定める倍率（評価倍率）は，評価倍率表の中で，市町村内の町または大字[75]ごとに定められている。
　このように市町村内の町または大字ごとに倍率が定められているのは，地域の単位が行政区画としてまとまった地域であり，ことに大字は，歴史的にみても道路，河川，水路，山の尾根，谷，崖，湖沼等で区画されている場合が多く，このため土地の地目ごとの利用形態はもちろんのこと，地勢，土性，土層，水利，農林産物の搬出の便等の状況も比較的似通っており，土地の価額も類似していると考えられるとともに，納税者にとっても風土，慣習，行政上の地域区分等から評価上の単位として最もなじみやすく，かつ，課税行政における経済性，技術面等をも含めて総合的に判断した場合，この方法が合理性を有することによるものと考えられるからである（千葉地裁平成7年4月24日判決〔税務訴訟資料209号155頁〕）。

74　財産評価基本通達逐条解説（令和5年版）165頁
75　「字」は市区町村内の区画であり，「大字」は江戸時代の村を継承した範囲・地名のこと。明治時代に行われた市制及び町村制の施行時に従前の村名・町名を残したものである。

また，仮にこのような大字の単位の原則に広範な例外を認め，より狭い範囲の地域を単位とすれば，評価倍率を定めるための事務量，経費等の膨大な負担増加を招くだけでなく，評価倍率を算定する根拠となる売買実例が少なくなり，結果として評価自体の正確性を損なうおそれもあり，課税の不安定，ひいては納税者の不利益という好ましからざる事態に立ち至るおそれがある（同判決）。
　よって，大字単位に評価倍率を定める方法が著しく合理性を欠くとか，他に全国的にも通用しうる簡易かつ適正な方法を採りうるといった特段の事情が存しない限り，大字を地域の単位とする右方法は，合理的な評価方法と解されている。

⑤　倍率地域の個別事情の斟酌

　固定資産税の基となる固定資産評価基準は，各筆の宅地について画地調整を行うこととされている。そのため，各宅地に付された固定資産税評価額は，不整形地等であることを斟酌して定められているので，原則として画地調整等の斟酌は行わない。

> **Q　倍率地域の不整形地等の個別事情の斟酌**
>
> ■質　問
> 　倍率方式により評価する宅地について，評価すべき宅地が不整形地，間口が狭小な宅地，無道路地等である場合には，路線価方式に準じてこれらの事情を斟酌して評価するのですか。
>
> ■回　答
> 　固定資産税評価額は，不整形地等であることを斟酌して定められていますので，原則として斟酌は行われません。
>
> （参考）実務相談録

　なお，財産評価基本通達と固定資産評価基準に定める土地の個別事情についての斟酌は，**図表2－56**のとおりである（表中の○印は規定があるもの，×印は規定がないものを表す）。

[図表2－56] 画地補正の比較

	個 別 的 要 因	財産評価基本通達	固定資産評価基準
1	間口・奥行・形状	○	○
2	無道路地	○	○
3	がけ地等を有する土地	○	○
4	容積率の異なる2以上の地域にまたがる土地	○	×
5	大規模工場用地	○	○
6	余剰容積率の移転	○	×
7	私道の用に供されている土地	○	×
8	土地区画整理事業施行中の土地（仮換地の指定あり）	○	×
9	土地区画整理事業施行中の土地（仮換地の指定なし）	×	×
10	造成中の土地	○	×
11	地積（広大な土地）	○	×
12	地積（狭小地）	×	×
13	セットバックを必要とする土地	○	×
14	都市計画施設予定地の区域内にある土地	○	×
15	文化財建造物の敷地の用に供されている土地	○	×
16	接面道路との関係（幅員・構造等の状態）	×	×
17	日照・通風・乾湿（方位）	×	×
18	騒音・振動等のある土地	×	×
19	上下水道・ガス等の供給施設の状態	×	×
20	高圧線下地	×	×
21	地下阻害物・地上阻害物	×	×
22	横断歩道橋	×	×
23	下水処理場等の嫌悪施設，忌み地などの接近の程度	×	×
24	埋蔵文化財及び地下埋蔵物の有無並びにその状態	×	×
25	土壌汚染の有無及びその状態	×	×
26	特定道路までの距離による容積率緩和のある土地	×	×
27	壁面線の指定による容積率の緩和のある土地	×	×
28	違法建築物の敷地	×	×

※ 財産評価基本通達は令和5年6月8日改正，固定資産評価基準は令和2年11月6日告示によるものである。
※ 「×」の中にも，財産評価基本通達においては，別途国税庁情報や個別通達により補正が行われている

ものがある。また，固定資産評価においては，別途市町村長の所要の補正が行われているものがある。

(2) 固定資産税と相続税の評価単位の相違

① 固定資産税の評価上の画地と１画地の判定が異なる場合

相続税及び贈与税における倍率方式の評価単位は１画地である。

これに対し，固定資産税の土地課税台帳または土地補充課税台帳に登録されている単位は１筆である。

そこで，１筆の宅地が貸地と自用地とに分けて利用されていたり，数筆の宅地が一括して同一人の自用地として利用されているような場合には，１画地と１筆とは一致しないことになる。

このような場合には，固定資産税評価額を次のようにして，その画地に相応したものに置き換える必要がある[76]。

（イ）１画地が数筆の宅地からなっている場合

１画地が数筆の宅地からなっている場合，その１画地が数筆の宅地からなっていると仮定した場合の固定資産税評価額に相当する額を，その１画地を形成する各筆の状況を勘案して算出する。

なお，この場合，実務上，単に各筆の固定資産税評価額を合計する方法がとられることもある。

（ロ）１筆の宅地が複数の画地として利用されている場合

１筆の宅地が複数の画地として利用されている場合，その１筆に付された固定資産税評価額を基として，それぞれの画地に付されるべき固定資産税評価額に相当する額を算出する。

なお，この場合，実務上，その１筆の固定資産税評価額を各画地の地積比によってあん分する方法がとられることもある。

> **Q** 固定資産税の評価上の画地と１画地の判定が異なる場合
>
> ■質 問
> 　以下の場合，固定資産税評価額にそのまま倍率を乗じて評価することとしてよいのでしょうか。
> 　①　２筆の宅地について，１利用として使用している場合
> 　②　１筆の宅地について，２利用として使用している場合
>
> ■回 答
> 　①及び②ともに１利用単位ごとに評価する必要があるため，固定資産税評価額を１利用単位ごとに評価し直しをして倍率を乗じて評価すべきものです。
> 　しかし，固定資産税評価額の評価し直しをしないで，倍率を乗じて評価して申告した場合にも，そ

---

[76] 財産評価基本通達逐条解説（令和５年版）163頁

の申告は認められるものと考えられます。

(参考) 実務相談録

② 年の途中での地目変更がされた場合の評価単位

　固定資産税の地目が賦課期日（その年の1月1日）の地目となっているのに対して、相続税及び贈与税の地目は課税時期における現況地目による。

　そこで、固定資産税の賦課期日から相続・贈与の課税時期までの間に地目が変更となった場合、課税時期における現況地目により判断する必要がある。

　例えば、畑と宅地が隣接する2筆の土地のうち、当該畑が宅地に地目変更されることにより、相続開始時においては、宅地として一利用単位となることがある。

　したがって、倍率方式による土地の評価において、数筆の土地によって形成されている一画地の土地の各筆の固定資産税評価額のうち、その一画地の土地の現況に対応しないものがある場合には、当該固定資産税評価額を適正に評価した上で倍率を適用して評価することが合理的であると解されている（平成3年11月30日裁決〔裁決事例集42巻199頁〕）。

(3) 固定資産税評価額の修正

① 実際の面積が台帳地積と異なる場合

　固定資産課税台帳に登録されている地積は、原則として、登記簿地積とされているため、実際の面積と異なる場合がある。

　このような土地を倍率方式により評価する場合には、土地の実際の面積に対応する固定資産税評価額を仮に求め、その金額に倍率を乗じて評価する必要がある。

Q　実際の面積が台帳地積と異なる場合の取扱い

■質　問
　固定資産課税台帳に登録されている地積が、実際の面積と異なる土地を倍率方式で評価する場合には、具体的にはどのように計算するのでしょうか。

■回　答
　土地の価額は、課税時期における実際の面積に基づいて評価します。
　ところで、固定資産課税台帳に登録されている地積は、原則として、登記簿地積とされていますから、実際の面積と異なる場合があります。
　このような土地を倍率方式により評価する場合には、土地の実際の面積に対応する固定資産税評価額を仮に求め、その金額に倍率を乗じて計算した価額で評価する必要があります。
　この場合、仮に求める固定資産税評価額は、特に支障のない限り次の算式で計算して差し支えあり

ません。

$$その土地の固定資産税評価額 \times \frac{実際の面積}{固定資産課税台帳に登録されている地積}$$

(参考) 国税庁質疑応答事例「倍率方式によって評価する土地の実際の面積が台帳地積と異なる場合の取扱い」

なお、いわゆる縄延割合が特に大きいものなど、台帳地積による固定資産税評価額を、上記の算式で実際地積相当額にそのまま延ばすことが実情に即応しない場合における仮の固定資産税評価額は、その土地の実際の状況に類似する近傍の土地の固定資産税評価額に比準し、その土地の実際地積が台帳地積であるとした場合に付されるべき固定資産税評価額によって求めるべきケースも考えられる（実務相談録）。

② 宅地が一部私道として利用されている場合の評価

固定資産課税台帳に登録されている地積の一部が、不特定多数の者の通行の用に供されている場合がある。

このような不特定多数の者の通行の用に供されている道路（公衆用道路）部分は評価しないこととされていることから、課税地積から私道部分の地積を控除して評価を行う。

この場合、求める固定資産税評価額は、次の算式で計算される。

（算式）

$$その土地の固定資産税評価額 \times \frac{道路提供部分を除いた実際の面積}{固定資産課税台帳に登録されている地積}$$

平成16年3月31日裁決〔裁決事例集67巻491頁〕においては、評価対象地の一部が、市道の道路敷となっていることが認められる場合、本件土地の相続税評価額に道路部分以外の部分の面積の割合を乗じて算出するのが相当であるとされている。

なお、本件においては、当該道路敷部分の面積は、道路台帳平面図及び道水路等境界明示図から算出されている。

(4) 固定資産税評価額が付されていない土地の評価

倍率方式により評価する土地について、課税時期において、固定資産税評価額が付されていない場合及び地目の変更等により現況に応じた固定資産税評価額が付されていない場合には、その土地の現況に応じ、状況が類似する付近の土地の固定資産税評価額を基とし、付近の土地とその土地との位置、形状等の条件差を考慮して、その土地の固定資産税評価額に相当する額を算出し、その額に評価倍率を乗じて評価する。

2章　宅地の評価

> **Q　固定資産税評価額が付されていない土地の評価**
>
> ■質　問
>
> 　倍率方式により評価する土地について，課税時期の直前に払下げがあったこと等により固定資産税評価額が付されていない場合には，どのように評価するのでしょうか。
>
> 　また，課税時期直前に地目変更等があり現況に応じた固定資産税評価額が付されていない場合には，どのように評価するのでしょうか。
>
> ■回　答
>
> 　倍率方式により評価する土地について，課税時期において，固定資産税評価額が付されていない場合及び地目の変更等により現況に応じた固定資産税評価額が付されていない場合には，その土地の現況に応じ，状況が類似する付近の土地の固定資産税評価額を基とし，付近の土地とその土地との位置，形状等の条件差を考慮して，その土地の固定資産税評価額に相当する額を算出し，その額に評価倍率を乗じて評価します。
>
> 　ただし，相続税等の申告書の提出期限までに，その土地に新たに固定資産税評価額が付された場合には，その付された価額を基として評価します。
>
> （参考）国税庁質疑応答事例「固定資産税評価額が付されていない土地の評価」

(5)　固定資産税評価額が誤りとなる場合の相続税への影響

①　固定資産税評価額が誤りである場合の相続税への影響

　倍率方式においては，固定資産税評価額に基づいて土地の評価が行われているが，市町村の決定している固定資産税評価額が必ずしも適正とは限らない。相続人が相続税の申告にあたって採用した固定資産税評価額に誤りがあった場合，結果として相続税が過納付となることがある。

　最高裁平成21年10月2日判決〔TAINS・Z999-8385〕[77]は，原告納税者が市長の誤った固定資産税評価額を根拠として相続税の評価をした結果，相続税の過納付を余儀なくされたとして，市長に損害賠償を求めた事例である。

　そこでは，評価庁である市長には，本件土地の画地計算において必要ながけ地補正及び道路より低い位置にある画地の補正を行わず，本件土地の固定資産税評価額を過大に決定したという過失があるとして原告に対する損害賠償が認められている。

　本件土地の概要は以下のとおりである。

（イ）鎌倉市に所在し，現況地目は宅地である。

（ロ）地積は1,274.92m^{2}である。

---

[77]　第一審横浜地裁平成18年5月7日判決〔TAINS・Z999-8383〕，控訴審東京高裁平成19年9月26日判決〔TAINS・Z999-8384〕，最高裁平成21年10月2日判決〔TAINS・Z999-8385〕

(ハ) 都市計画の区域区分は市街化調整区域であり倍率地域に存する。

(ニ) 総面積のうち21.08％はがけ地であり，いずれも傾斜15度を上回っている。

(ホ) 本件土地の接する道路は傾斜となっており，高低差は最大で約4.68m，最小で約2.62mである。

(ヘ) 被告（市長）は，本件土地の奥行を49.40mと認定した上で，奥行補正率を0.90とし，平成3年度の固定資産税評価額を4,383万1,749円と決定した。

(ト) 平成3年5月10日に死亡した被相続人の相続税申告に際し，本件土地の相続税評価額は上記の固定資産税評価額4,383万1,749円に倍率5.9を乗じた2億5,860万7,319円とされている。

(チ) 平成15年，原告は，固定資産税評価額が時価に比してあまりに高額であるとして固定資産税の審査申出を行った。その結果，本件土地にがけ地補正率0.90，道路より低い画地の補正率0.85，奥行補正率0.90を適用して計算すると補正率の積は0.688となり，平成3年度における適切な固定資産税評価額は3,350万6,937円であったとされた。

(リ) 平成15年，原告は，税務署に対し，平成3年度における本件土地の相続税評価額は固定資産税評価額3,350万6,937円に倍率5.9を乗じた1億9,769万928円であったとして相続税の更正の請求を行ったが，税務署は，更正期間を過ぎているとしてそれを認めなかった。

そこで，原告は，市長は平成3年度の固定資産税評価を決定するにあたり，本来であれば3,350万6,937円とすべきところ，4,383万1,749円と過大な決定をした過失があると主張し，評価庁は，固定資産税と相続税の申告とは直接の因果関係を有するものではないと主張した。

判決は，本件土地においては，がけ地補正及び道路より低い位置にある画地の補正を行う必要があり，被告市長は，本件土地について必要な調査を怠った結果，評価基準及び事務取扱要領に規定された補正を適用するという職務上通常尽くすべき注意義務を漫然と怠った過失が認められ，その過失に基づく被告市長の固定資産税評価額の決定には，国家賠償法上の違法性が認められると判示している。

また，固定資産税と相続税の因果関係については，地方税法と相続税法という別個の法律によって評価方法が定められ，評価権者自体も異なるものであるとしても，被告市長としては，固定資産について誤った評価を行えば，その後に行われる相続税の課税価格に影響を及ぼし，原告が適正な相続税額を納付することができないことは，十分に予見し，または予見することが可能であったといえるから，市長の過失と原告が被った相続税の過納付の損害との間には，相当因果関係が認められるものとされている。

② 固定資産税の時価

(a) 評価基準制度の採用

そこで，相続税・贈与税の評価と相当の因果関係がある固定資産税の評価について確認しておきたい。

固定資産税の土地・家屋の評価は，地方税法において，賦課期日における「価格」で土地課税台

帳等や家屋課税台帳等に登録されたものと定められており（地法349①），その「価格」とは，「適正な時価」をいうと定められている（同法341五）。

また「適正な時価」とは，正常な条件の下に成立する当該土地の取引価格，すなわち，客観的な交換価値をいうものと解されている[78]。

ただし，固定資産税は，課税対象となる全国1億筆以上の不動産を短期間に一斉に評価し，課税を行わなければならない。そのため，限りある人的資源を活用しても，これらについて，反復，継続的にそれぞれ一定の時間的制約の中で課税の基礎となるべき価格の評価を実施することが困難である。そこで，その評価方法を総務大臣の定める固定資産評価基準（以下「評価基準」という）によることとし，もって，大量の固定資産について反復，継続的に実施される評価について，各市町村の評価の均衡を確保するとともに，評価に関与する者の個人差に基づく評価の不均衡を解消することとされている。

なお，地方税法が総務大臣の評価基準に委任したものは「適正な時価」の算定方法であるから，評価基準による評価が客観的時価を上回る場合には，その限度において，固定資産税評価額は違法なものとなると解されている。

この取扱いは，相続税法における財産評価基本通達による運用（税法上時価により評価を行うものの，課税事務の負担軽減及び納税者間の公平等から国税庁による評価基準制度を採用し，当該画一的な評価基準によることが相当でない特別の事情がある場合には評価基準によらない評価を行う。）と同様である。

(b) 固定資産税評価の逆転現象

固定資産税の評価が時価を上回る逆転現象が着目されるようになったのは，平成6年度評価替えの時である。

公示価格や都道府県基準地価格，相続税評価額，固定資産税評価額といった公的評価を一元化するため，まず相続税の評価水準が平成4（1992）年から公示価格の80％水準に引き上げられた[79]。評価水準を8割としているのは，路線価は市街地的形態を形成する地域にある宅地について画一的評価を行うための基となる価額であって，評価の安全性を考慮して，時価を上回ることのないよう配慮されているものである。

そこで，相続税評価の基となる路線価は1年間適用されるものであるため，理論上，実勢時価の年間下落率が20％を超える場合には，相続税評価額が時価を上回る逆転現象が生じることとされた。

次いで固定資産税において，固定資産税は3年に一度評価が見直されていることから[80]，平成6

---

[78] 東京地裁平成8年9月11日判決〔判例時報1578号25頁〕など
[79] 政府税制調査会「平成4年度の税制改正に関する答申」（平成3年12月）
[80] 固定資産税については，3年に一度の基準年度に固定資産評価員が評価し，市長が評価額を決定する。基準年度に決定した評価額は，原則として3年間据え置かれるが，この基準年度以外でも土地の区画・形質の変更や地目の変更などがあれば改めて評価される。

(1994)年度評価替えから自治省（現総務省）の通達により公示価格の70％水準に引き上げられた[81]。いわゆる7割通達である。7割通達が発出されたのは，土地基本法第16条の規定の趣旨を踏まえ，相続税評価との均衡にも配慮しつつ，速やかに，地価公示価格の一定割合を目標にその均衡化・適正化を推進すること等が決められたことが背景にある。ここでも，理論上，実勢時価の年間下落率が30％を超える場合には，固定資産税評価額が時価を上回る逆転現象が生じることとなった。

(c) 評価水準の引上げとバブル崩壊後の地価の影響

　平成6年度の評価替えにおいては，評価時点として平成6年1月1日が賦課期日とされているが，大量に存在する固定資産につき市町村長がすべての評価事務を短期間に行うことは困難であるから，評価事務に要する相当な期間をさかのぼった価格調査の基準日が平成4年7月1日とされていた[82]。

　そこで，価格調査基準日と賦課期日との間に1年半のタイムラグがあることから，地価の急激な下落に対応できないという問題があった。例えば，平成4年7月1日に地価の下落を考慮して登録価格を70とする。しかし，平成5年の1年間で市場価額が32％の下落をしてしまうと，平成6年1月1日における時価は68となり，登録価格70は2だけ違法ということになる。

　平成6年度評価替えにおける固定資産税評価額を不服とする納税者の審査申出は，平成元(1989)年頃からの地価の急落（いわゆるバブルの崩壊）に加え，課税標準である評価額を自治省の事務次官通達で引き上げたことの租税法律主義違反を問うものも加わり，2万件を超えるという事態が生じた。

(d) 登録価格が違法とされた事例

　固定資産税評価額は，市町村（特別区は都税事務所。以下，あわせて「評価庁」という）によって決定されるが，その評価額に不服がある固定資産税の納税義務者は，市町村及び都税事務所に設置されている固定資産評価審査委員会に審査を申し出ることができる。納税者は，固定資産評価審査委員会に審査の申出を行った後，審査委員会の決定について取消しの訴えを提起するという方式によってのみ争うことができる。

　そこで，固定資産税の納税義務者が，平成6年度の登録価格が時価を超える違法なものであるとして審査申出を行った事例が東京地裁平成8年9月11日判決〔判例時報1578号25頁〕である。

　審査の申出が行われた本件土地の平成6年度登録価格が12億5,588万7,640円であることに対し，原告はその評価を6億6,318万7,171円によるべきであると主張した。

　被告固定資産評価審査委員会は，評価対象地の固定資産税評価額の基準となる標準宅地について，

---

[81] 自治事務次官依命通達「固定資産評価基準の取扱いについての依命通達の一部改正について」平成4年1月22日付及び自治省税務局長通達「土地及び家屋に係る平成6年度（基準年度）の評価の運営について」平成4年5月22日付

[82] 平成9年評価替え以降は，価格調査基準日が賦課期日の前年1月1日とされ，また7月1日までの時点修正が可能とされている（評価基準第1章第12節）。つまり，令和3年度評価替えの場合は，価格調査基準日は令和2年1月1日となるが，令和2年7月1日までの半年間の地価を反映させた時点修正が行われる。

価格調査の基準日である平成4年7月1日時点の不動産鑑定評価額1㎡当たり1,490万円を基に,平成5年1月1日までの6か月の地価動向を勘案して12.1％減の時点修正を行い,その7割程度の価格である1㎡当たり910万円をその適正な時価としている。その結果,当該標準宅地の評価額に基づいて評価対象地を10億9,890万1,690円と算定した。

判決では,平成5年1月1日から平成6年1月1日の標準宅地の近隣公示価格28地点における下落率が平均30.23％であること,その標準宅地の価格算定の基礎とされた公示価格の下落率が32.35％であることから,標準宅地の客観的時価は32％下落したものと認められ,標準宅地の価格変動が3割を超えることからすると,本件土地が標準宅地の価格を評価の基礎としたことは違法というべきであると判示している。

そして,平成6年1月1日における標準宅地の1㎡当たりの価格は890万6,028円であったと推認することができ,標準宅地の適正な時価890万6,028円を基として本件土地の価格を算定すると10億7,447万9,380円となると述べられている。

一方で,標準宅地の近隣の公示価格の平成5年1月1日から平成6年1月1日の下落率が25.78％である事例(大阪地裁平成9年5月14日判決〔判例タイムズ960号106頁〕)や28.0％である事例(神戸地裁平成11年3月29日判決〔判例地方自治194号76頁〕)などにおいては,下落率が30％を超えておらず登録価格に違法はないものとされている。

[図表2－57] 各時点における標準宅地の価格

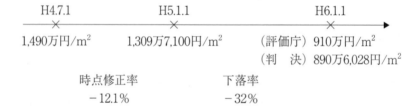

実務上のポイント

ここでは,相続税と同様,単に固定資産税評価額が高額に過ぎるという理由だけでは時価を超えている立証をしたことにならない。近隣の公示価格が年間3割を超える下落があるなど,他の証拠により,固定資産税評価額が課税時期における時価を超える特別の事情があることを立証しなければならないことになる。

③ 固定資産評価基準の論点

(a) 固定資産評価基準による評価方法

さて,前述のとおり,平成6(1994)年度以降は地価の下落に伴う逆転評価が争われることとなったのであるが,それにあわせて,固定資産税の評価にはその算定方法が適正かという論点がある。

固定資産評価基準における宅地の評価は,各筆の評点数を付設し,評点数に評点一点当たりの価

額を乗じて求める。

　各筆の評点数は，主として市街地的形態を形成する地域における宅地については「市街地宅地評価法」によって，その他の地域における宅地については「その他の宅地評価法」によって付設する（評価基準第1章第3節）。市街地宅地評価法は，いわゆる路線価方式であるが，評価手続の流れは，（イ）から（ハ）のとおりである（**図表2－58**）。

（イ）地区区分と標準宅地の選定

　まず，宅地の存する地域を商業地区，住宅地区，工業地区，観光地区などに区分し，各地区について，状況が類似する地区ごとに主要な街路を選定する。その主要な街路に沿接する宅地のうちから奥行，間口，形状等の状況が標準的と認められるものを標準宅地と選定する。

（ロ）路線価の付設

　次に，標準宅地について，売買実例等から正常な条件の下での適正な時価を評定する。その適正な時価に基づいて標準宅地が沿接する主要な街路について路線価を付設する。

　その主要な街路の路線価を基礎とし，主要な街路に沿接する標準宅地とその他の街路に沿接する宅地との間における宅地利用上の便等の相違を総合的に考慮して，その他の街路について路線価を付設する。

[図表2－58] 宅地の評価手続の概要

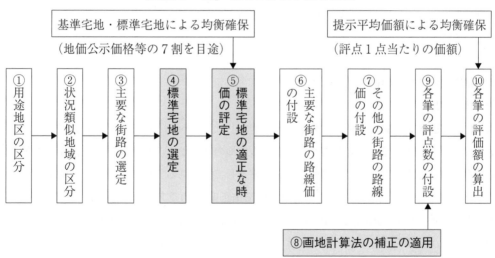

（出典）　財団法人資産評価システム研究センター「土地評価」『平成17年度固定資産税関係資料集』
　　　　をもとに筆者作成

2章　宅地の評価

(ハ) 各筆の評価

　各筆の宅地の評点数は，その沿接する路線価を基礎とし，奥行のある土地，正面と側面あるいは裏面等に路線がある土地，不整形地，無道路地もしくは間口が狭小な宅地などの状況に従って所定の補正を加えて算出する（画地計算法）。

(b)　固定資産税評価の論点

　このような手順によって求められた価格が固定資産評価台帳に登録され，固定資産税の課税標準となる。

　そこで，(イ) 評価の方式が評価基準に従ったものであるかどうか（基準適合性），(ロ) 評価基準が一般的に合理性を有するかどうか（基準の一般的合理性），(ハ) 評価基準による価格が賦課期日における適正な時価であるか（標準宅地の価額の適正さ）などが問われることになる。

　具体的には，評価庁によって行われた標準宅地の選定は適正か，標準宅地の評価は適正か，標準宅地から評価対象地における画地計算法は適正か，という点である。

　そして，標準宅地の選定や標準宅地の評価，画地補正率の適用が適正に行われていないと認められる場合においては，固定資産税評価額の決定は法に反するものと解されている。

　なお，標準宅地の選定や評価，画地計算法の適用が誤っていたからといって，直ちに最終的な固定資産税評価額が時価を上回るものではないが，統一的な評価基準による評価によって各市町村全体の評価の均衡を図り，評価に関与する者の個人差に基づく評価の不均衡を解消しようとする地方税法及び固定資産評価基準の趣旨に照らすと，固定資産税評価額の評定が評価基準に適合しない場合には，仮に賦課期日における客観的時価以下であったとしても，その決定は法に反するものと解されている[83]。

(c)　標準宅地の選定の適否

(i)　標準宅地の選定

　第一に前掲**図表2-58**のうち「④標準宅地の選定」は適正か，という点である。

　宅地の評価は，各地域の主要な街路に沿接する宅地のうちから奥行，間口，形状等が標準的なものを標準宅地として選定し，その標準宅地を基礎として行われる。標準宅地は，主要な街路に沿接する宅地のうちから，画地計算法でいう奥行価格補正率が1.0であり，他の各種加算率，補正率の適用がない宅地及び不動産鑑定評価においても各種の補正率の適用のない宅地をいう。

　例えば，状況が類似する地域の中で，その地域における標準を超える宅地を選んでいるとすれば，そこに設定された路線価は高いものとなり，次いで周辺街路の路線価，さらには各筆（評価対象地）の評価額も高くなる。

　したがって，標準宅地の選定が誤っているとした場合，それをベースとした評価対象地の固定資

---

[83]　東京地裁平成13年2月27日判決〔判例地方自治215号54頁〕

産税評価額も誤っていることになる。

(ⅱ) 標準宅地の選定が違法とされた事例
【東京地裁平成14年3月7日判決】

東京地裁平成14年3月7日判決〔判例時報1811号63頁〕は，市街地的形態を形成する地域に存する宅地の評価について，標準宅地の選定の適否が争われた事例である。

評価庁は，本件土地の登記及び現況地目はいずれも宅地であり，主として市街地的形態を形成する地域における宅地に該当するから，市街地宅地評価法により評価することとした。そして，本件土地の付近は，高度商業地区の外延部または地域の拠点として，鉄道駅の周辺等に位置し，一般的な商業施設や事務所等が連たんしている地区，高度商業地区に比べ資本投下量が少なく商業密度も低いが，低層併用住宅地区より商業密度が高い地区に該当するから，普通商業地区とし，その状況が類似した地域ごとに区分して本件土地の所在する地域の標準宅地を港区赤坂○丁目○番に所在する土地としている。

これに対し原告は，当該標準宅地は角地であって補正の適用のない中間画地ではなく，本件各土地の前面道路はみすじ通りと呼ばれる商店街であり，中間画地が標準的であって，当該標準宅地は中間画地とは大きく条件が異なっていることから，当該標準宅地を標準宅地に選定したことは，補正の適用のない中間画地を原則として選定するとの基準を大きく逸脱していると主張した。

判決は，その周辺地域においては角地が標準的とは認め難く，むしろ中間画地が標準となる地域であると認めるのが相当であり，角地を標準宅地に選定したことは，評価基準に反するものといわざるを得ないと判示している。

【東京地裁平成8年9月30日判決】

東京地裁平成8年9月30日判決〔判例タイムズ957号187頁〕においては，標準山林の選定が争われている。

山林の評価では，状況類似地区ごとに，位置，地形，土層，林産物の搬出の便等の状況からみて比較的多数所在する山林のうちから標準山林を選定する。

本件において評価庁は，標準山林を各状況類似地区に1つずつ選定せず，原則として同一価格帯を代表する1つの状況類似地区に1か所の標準山林を選定し，右標準山林から同一価格帯の各状況類似地区内の山林に比準する方法を採用した。

これに対し原告は，評価基準は，標準山林を山林の生産力条件が上等に当たるものを選定することとしているところ，本件の標準山林は，標高差が160m，幅約40～60mの細長い土地であるから標準山林としての適格性がなく，土層を除き，位置や林産物の搬出要素では上級ではなく中級に属するから，標準山林として選定するのは妥当ではないと主張した。

判決では，評価基準は，山林の価格形成要因のうち地勢，土層等の自然的条件，林産物に係る運搬経費等の経済的条件について状況類似地区の区分で考慮しつつ，後者について山林の比準表も併

2章　宅地の評価

用する建前を採っているものと認められるから，各状況類似地区内において山林の比準表による比準を適正に行うためには，各状況類似地区ごとに標準山林を選定することが要請されるものというべきである。その方法において評価基準の要求する手続を履践していないものというほかないと述べられている。

　したがって，評価庁によってその地域の中で標準的ではない宅地が選定されている場合には，固定資産税評価額の評定が評価基準に適合していないものとなり，それを基礎とした評価対象地の固定資産税評価額も違法ということになる。

(iii) 標準宅地の選定が適正とされた事例

　一方，横浜地裁平成12年9月27日判決〔判例地方自治210号29頁〕は，評価庁における標準宅地の選定が適正なものとされた事例である。

　評価庁は，状況類似地域の中で，奥行，間口，形状等が当該地区において標準的なものと認められる標準宅地として，横須賀市船越町〇丁目〇番付近の土地を選定した。

　これに対し原告は，標準宅地は状況類似地域の中から最も標準的な宅地を選定すべきであり，本件の場合，車両通行ができない土地を選定すべきであるのに車両通行が至便で，南向きの緩やかな傾斜地を標準宅地として選定しており，違法であると主張した。

　判決は，確かに，本件の標準宅地は，幅員2.5mの，舗装され，小型車駐車可で，駐車場設置可能な市町村道に接し，原告所有の土地とは異なることが認められるが，同一の状況類似地域の中においてもある程度の条件の相違が存在すること自体許容されており，標準宅地と評価対象地の条件が相違しても，両地に沿接する街路の路線価を算定する際の加減事由として相違点を適正に斟酌することによっても合理的な価格を算出することは十分可能であるし，さらに，四輪車などの車両の通行ができない土地は数的には少数であり，また県道の南側は北側と比べて人家の数がやや少ないことから，そもそも評価対象地と条件において同一の土地を標準宅地として選定すること自体が容易ではないと述べている。

(c) 標準宅地の評価の適否
(i) 標準宅地の評価

　第二に前掲**図表2－58**のうち「⑤標準宅地の適正な時価の評定」は適正か，という点である。

　標準宅地が選定されると，標準宅地の時価が評定される。標準宅地の時価は，不動産鑑定士による鑑定評価額等に基づいて評価され，その7割を目途に固定資産税路線価が付設される。

　そこで，仮に標準宅地の評価に誤りがあるとすれば，その周辺の地域の評価水準は高くなり，それをベースとした評価対象地の固定資産税評価額も誤っていることになる。

(ⅱ) 標準宅地の評価が違法とされた事例
【横浜地裁平成12年9月27日判決】
　横浜地裁平成12年9月27日判決〔判例地方自治210号29頁〕は，市街地の宅地の評価にあたり，標準宅地の評価の適否が争われた事例である。
　本件宅地の評価にあたっては，標準宅地の補完として「その他標準宅地」が選定されている（神奈川県企画部市町村課長通知）。本件の標準宅地の不動産鑑定を行った鑑定士は，価格形成要因を分析した上，本件その他の標準宅地の価格を1m^2当たり15万9,000円と評価した。
　ところが，当該鑑定士は，「最寄商店街への接近性」を750mとすべきところを200mとする誤りがあったことを本訴係属後に気付き，改めてその点を訂正した上で評価計算をやり直すと，1m^2当たりの価格は14万9,000円となった。被告固定資産評価審査委員会においては，固定資産税が7割の評価水準にあることから許容範囲があるとして是正されていなかった。
　そこで，判決においては，標準宅地の鑑定評価にあたって，不動産鑑定士は標準宅地の最寄り商店街への接近距離を誤って鑑定評価している場合，その誤りを是正しなかった審査委員会の審査決定は採用することができないと述べられている。
　つまり，評価庁によって標準宅地の評価が適正になされていないような場合には，固定資産税評価額の評定が評価基準に適合していないものとなり，それを基礎とした評価対象地の固定資産税評価額も違法ということになる。

(ⅲ) 標準宅地の評価が適正とされた事例
【名古屋地裁平成13年5月23日判決】
　名古屋地裁平成13年5月23日判決〔判例タイムズ1120号152頁〕は，市街地の宅地の評価にあたり，標準宅地の評価の適否が争われた事例である。
　評価庁は，普通住宅地区をさらに状況の類似した地域ごとに3つの状況類似地区に区分し，その区分した地域ごとに主要な街路を1つ選定した。本件各土地の所在する標準宅地としては，名古屋市昭和区雪見町に所在する土地を選定した。
　本件の標準宅地については，価格調査の基準日である平成4年7月1日時点の不動産鑑定評価価格1m^2当たり43万7,000円を基に，時点修正通知に基づき，平成5年1月1日までの6か月の地価動向を勘案して，10％減の時点修正を行い，その7割程度の価格である1m^2当たり27万5,000円（1,000円未満切捨て）をもってその適正な時価とした。
　これに対し原告は，本件の標準宅地の鑑定評価書は，取引事例比較法で採用された取引事例の数（三事例）が少ない上，採用された取引事例はすべて公示価格よりも高い価格，すなわち買い進み事例に偏っており，統計的手法に照らして精度がなく，信用性がないと主張した。
　判決は，(イ)採用された三事例は，本件標準宅地に近接した地域における取引事例を20程度収集し，それらを比較検討した上で，比準価格を決定するのに信用性の高いものが採用されていること，(ロ)少なくとも現行の不動産鑑定評価基準においては統計的手法によって鑑定評価を検定す

2章　宅地の評価

ることは予定されていないこと，(ハ)本件の鑑定が収益還元法の間接法を採用していることに対し，原告は収益還元法の直接法の優位性を主張するが，個々の鑑定において，収益還元法の直接法を採用できないことも当然ありうるのであるから，そのような場合に他の方法によって鑑定が行われたとしても，鑑定自体の信用性が失われるものではないことなどから，本件標準宅地の鑑定が特段不合理であるとは認められないものと判示している。

【長野地裁平成16年3月19日判決】

　長野地裁平成16年3月19日判決〔TAINS・Z999-8098〕においても市街地の宅地の評価にあたり，標準宅地の評価の適否が争われた。

　評価庁は，標準宅地の評価を社団法人長野県不動産鑑定士協会に委託し，同会所属の不動産鑑定士が鑑定評価を行い，本件標準宅地の鑑定評価額を1m^{2}当たり1万6,500円とした。評価庁は，本件鑑定に基づき，本件土地についての価格を決定し土地家屋課税台帳に登録した。

　これに対し原告は，近隣の公示価格等が3年間で10.8％下落しているのに対し，本件の標準宅地は3年間で1.9％上昇していることなどから不動産鑑定評価（1,330万円）は不当であり，その評価を原告鑑定評価（1,290万円）によるべきであると主張した事例である。

　判決は，事実認定の結果，原告鑑定には信用性に疑問を差し挟む余地がある一方で，標準宅地における不動産鑑定評価書は誤りがあるとは認められず，本件標準宅地の価格は適正であるから，登録価格も適正な時価を超えるものではないと判示している。

(d)　画地計算法の適否

(i)　画地計算法における補正率の適否

　第三に前掲図表2－58のうち「⑧画地計算法の補正の適用」は適正か，という点である。

　標準宅地に適正な時価が評定されると，それに基づいて主要な街路及びその他の街路に路線価が付設される。その路線価を基礎として，各筆の評価が行われるのであるが，路線価は標準的な宅地の価額を表しているため，各画地の奥行，間口，街路との状況に従って所定の補正を加えることになる。いわゆる画地計算法である[84]。

　そこでは，さらに2つの論点があり，画地計算法の適用が評価基準に従ったものであるかどうかという点（基準適合性）と，そもそも評価基準の定めが一般的に合理性を有するかという点（基準の一般的合理性）である。

　固定資産評価基準の一般的合理性については，その評価手法が鑑定評価理論と矛盾するものではなく，客観的時価への接近方法としても合理性を有するものということができ，また画地計算法についても，宅地を評価する基準・方法として合理性を欠くというべきような事情も見当たらないも

---

[84]　固定資産税における画地計算の種類には，①奥行価格補正，②側方路線影響加算，③二方路線影響加算，④不整形地補正，⑤無道路地補正，⑥間口狭小補正，⑦奥行長大補正，⑧がけ地補正などがある。その他，評価基準を補完するために，各自治体において事務取扱要領の中で独自の補正項目が定められている。

のであり「適正な時価」への接近方法として合理的であって，法の委任の趣旨に従ったものであると解されているが，評価庁によって画地補正率が適正に適用されていない場合や，土地に評価基準が想定していない個別事情があるなど減価が適正に反映されていない場合には，評価対象地の固定資産税評価額が違法なものということになり，不動産鑑定など他の合理的な評価方法により評価を行うこととなる。

(ⅱ) **登録価格が適正でないとされた事例**
【神戸地裁平成11年3月29日判決】
神戸地裁平成11年3月29日判決〔判例地方自治194号76頁〕においては，市街地の宅地の評価が争われているが，市町村，固定資産評価審査委員会，裁判所との間で**図表2－59**のとおり画地補正率に相違が生じている。

本件土地の形状はおおむね**図表2－60**のとおりであり，東側で街路に面している。当初の評価庁

[図表2－59] 各補正率の相違

	評価庁	固定資産評価審査委員会	裁判所
奥行価格補正率	0.97	0.85	0.88
奥行長大補正率	－	0.95	－
不整形地補正率	0.95	－	0.95
道路についての補正率	－	0.90	0.90
評価額	2億3,818万3,864円	1億8,783万2,796円	2億4万8,748円

[図表2－60] 本件土地の形状

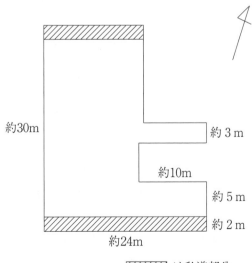

による固定資産税評価額は，間口約10m，奥行約24mとして，奥行価格補正率0.97を，また，不整形地であるとして不整形地補正率0.95をそれぞれ適用し，2億3,818万3,864円と決定されていた。

被告（固定資産評価審査委員会）においては，路線よりおおむね画地の中線の位置によって評価図上で測定した深さを43mとして奥行価格補正率0.85，奥行距離を間口距離で除した数値が7以上8未満であるとして奥行長大補正率0.95を適用し，不整形地補正率は適用せず，また，本件土地の一部が公共の用に供する道路であることについて0.90の補正率を適用するのが妥当であるとして，評価額を1億8,783万2,796円と決定している。

これに対し原告は，被告は不整形地補正率を適用せず，奥行長大補正率を適用しているが，不整形地補正率を適用しなかった理由が明らかでない上，本件土地の形状からすると，不整形地補正率を適用するのが合理的であると主張した。

判決は，被告が算定した評価額1億8,783万2,796円は，裁判所が算定した評価額（2億4万8,748円）を上回るものではないため適法であるとしているが，当初の固定資産税評価額は裁判所が認定した評価額を超えていることとなる。

【大阪高裁平成13年2月2日判決】

大阪高裁平成13年2月2日判決〔判例タイムズ1081号181頁〕は，原告が不動産鑑定評価を用いて固定資産税評価額の違法性を主張した事例である。

評価対象地の平成6年度固定資産税評価額が1,007万円であることに対し，原告鑑定は，本件土地の形状が間口1.9m，奥行18.3mという極端に細長い不整地形を呈し，建築基準法上も建物を建てることができないことから，標準宅地と比較して路地状敷地（0.75），幅狭小（0.7）及び建築不能地（0.5）としての各減価を重畳的に施し（減価率73.75％），本件土地の価額を400万円（1m^2当たり7万5,600円）と評価している（**図表2－61**）。

これに対し判決は，原告鑑定は，形状不整形と建築不能とに分け，さらに前者を路地状敷地としての減価と有効宅地部分の減価とに分けた上，これらすべてを乗じて減価率73.75％を導いているが，各減価要因を重畳的に算定している点で相当でなく，また，建築不能地による減価率を50％としているのも高きに失するというべきであると述べている。

そして，本件では，路地部分の価値率（0.75）と有効宅地部分（約38m^2）の価値率（0.7）にそれぞれの面積を乗じた合計価値（37.85）を総面積（約53m^2）で割った28.5％をもって形状不整形によ

[図表2－61] 各評価額

	評価庁	原告鑑定	判決
不整形地補正		0.525	0.715
建築不能による減価補正		0.50	0.65
評価額	1,007万円	400万円	760万円

る減価率とし，建築基準法上の建築不能による減価率については35％とみて，両者を総合して減価率50％と査定するのが相当であり，客観的な交換価値は760万円（1m²当たり14万4,000円）であると認定されている。

(iii) 評価基準の一般的合理性

ただし，近年，評価基準制度においては，評価基準の一般的合理性が問われるケースがある。例えば，代表的なものとして相続税における東京高裁平成13年12月6日判決〔税務訴訟資料251号順号9031〕があり，建築基準法のいわゆる接道義務を充足していない土地において，著しく間口が狭いことから建築不可となる宅地について，鑑定評価により評価基準の不合理性が指摘されている。

そのほか，不整形地やがけ地，無道路地，セットバックを必要とする土地，接面街路との関係，広大地，騒音・振動等のある土地，高圧線下地，地下・地上阻害物，忌み地，土壌汚染の有無，地下埋設物の有無，利用価値の著しく低下している宅地など個別の事情によっては画一的な固定資産評価基準に基づく補正が適正とはいえない場合が考えられる。

そのような評価基準が予定していない減価要因があることにより，財産の適正な評価を行うことができない場合においては，不動産鑑定など他の合理的な評価方法により評価を行うこととなる。

実務上のポイント

相続税・贈与税の倍率方式においては，固定資産税評価額に評価倍率を乗じる方式であることから，機械的な評価になりがちである。

ただし，固定資産税の実務の中では，評価庁により算出された固定資産税評価額の誤りが指摘されるケースが少なくない。固定資産税評価額が過大であればこれを使った相続税評価額も過納付となる。判例では市区町村に損害賠償が求められているが，評価の誤りを見過ごしたとして税理士に損害賠償が求められないように注意したい。

17 大規模工場用地の評価

> **財産評価基本通達22《大規模工場用地の評価》**
> 大規模工場用地の評価は，次に掲げる区分に従い，それぞれ次に掲げるところによる。ただし，その地積が20万平方メートル以上のものの価額は，次により計算した価額の100分の95に相当する価額によって評価する。
> (1) 路線価地域に所在する大規模工場用地の価額は，正面路線の路線価にその大規模工場用地の地積を乗じて計算した価額によって評価する。
> (2) 倍率地域に所在する大規模工場用地の価額は，その大規模工場用地の固定資産税評価額に倍率を乗じて計算した金額によって評価する。

2章　宅地の評価

> **財産評価基本通達22-2《大規模工場用地》**
> 　前項の「大規模工場用地」とは，一団の工場用地の地積が5万平方メートル以上のものをいう。ただし，路線価地域においては，14-2《地区》の定めにより大工場地区として定められた地域に所在するものに限る。
> (注)　「一団の工場用地」とは，工場，研究開発施設等の敷地の用に供されている宅地及びこれらの宅地に隣接する駐車場，福利厚生施設等の用に供されている一団の土地をいう。なお，その土地が，不特定多数の者の通行の用に供されている道路，河川等により物理的に分離されている場合には，その分離されている一団の工場用地ごとに評価することに留意する。
>
> **財産評価基本通達22-3《大規模工場用地の路線価及び倍率》**
> 　22《大規模工場用地の評価》の「路線価」及び「倍率」は，その大規模工場用地がその路線（倍率を定める場合は，その大規模工場用地の価格に及ぼす影響が最も高いと認められる路線）だけに接していて地積がおおむね5万平方メートルのく形又は正方形の宅地として，売買実例価額，公示価格，不動産鑑定士等による鑑定評価額，精通者意見価格等を基に国税局長が定める。

(1)　大規模工場用地の評価

①　趣　旨

　都市計画において工業専用地域，工業地域等に指定されている地域にある規模の大きな工場用地の価額は，その地積が極めて大きいことや都市計画法上の利用規制があることから，近接する地域の商業地または住宅地の宅地に比べて個別性の強いものであるといえる。

　また，地積が極めて大きく，その形状は千差万別であることから，評価通達13《路線価方式》から20-7《容積率の異なる2以上の地域にわたる宅地の評価》の路線価方式による評価額の計算は容易でない。

　このようなことから，大規模工場用地については，通常の宅地とは異なる評価方法を定めている[85]。

②　大規模工場用地とは

　「大規模工場用地」とは，工場，研究開発施設等の敷地の用に供されている宅地及びこれらの宅地に隣接する駐車場，福利厚生施設等の用に供されている一団の土地または土地の上に存する権利で，その一団の工場用地の地積が5万m²以上のものをいう。

　ただし，路線価地域においては，大工場地区として定められた地域に所在するものに限る。これは，その地域について建築することのできる建物の用途に制限が加えられていること及び画地規模の大きな土地により形成される地域であることから，大工場地区における土地の価額はそのような大規模な工場用地を標準として形成されると考えられることによるものである[86]。

85　財産評価基本通達逐条解説（令和5年版）167頁

③　大規模工場用地の評価

　大規模工場用地の評価は，路線価地域または倍率地域の区分に従い，それぞれ次に掲げるところによる。

（イ）路線価地域に所在する大規模工場用地の価額は，正面路線の路線価にその大規模工場用地の地積を乗じて計算した価額によって評価する。

（ロ）倍率地域に所在する大規模工場用地の価額は，その大規模工場用地の固定資産税評価額に倍率を乗じて計算した金額によって評価する。

　なお，その地積が20万m^2以上のものの価額は，算出した価額の100分の95に相当する価額によって評価する。

　これは，ある一定規模以上の広大な敷地が必要とされる大規模工場用地であっても，1．一般的に総額と単価の関係で総額が大きくなれば単価は低くなるといわれていること，2．購入資金が多額に上るためその購入者が限定されること，3．大規模工場用地を市場性のある画地規模に分割するとした場合には5％程度のいわゆる道路用の潰れ地が発生することなどを考慮したものである[87]。

　したがって，その土地の規模の区分により，それぞれ次のとおりとなる。

（i）地積が20万m^2以上のもの

　　正面路線価に地積を乗じた価額の100分の95に相当する価額で評価する。

（ii）地積が5万m^2以上20万m^2未満のもの

　　正面路線価に地積を乗じて評価する。

（iii）地積が5万m^2未満のもの

　　正面路線価を基として側方路線影響加算等の画地調整を行って評価する。

(2)　大工場地区にある工場用地以外の土地の評価

　大規模工場用地は，一団の工場用地の地積が5万m^2以上のものをいうが，大工場地区にある工場用地以外の宅地や雑種地についても5万m^2以上の大規模なものは，大規模工場用地と代替関係にあることから，大規模工場用地と同様に評価する。

> **Q　大工場地区にある工場用地以外の土地の評価**
>
> ■質　問
>
> 　大工場地区にある5万m^2の工場用地は，財産評価基本通達22の定めにより評価することとされていますが，工場用地以外の5万m^2以上の土地（例えば，製品置場や空閑地）が単独で所在する場合には，どのように評価するのですか。

86　財産評価基本通達逐条解説（令和5年版）169頁
87　財産評価基本通達逐条解説（令和5年版）168頁

2章　宅地の評価

■回　答
　大工場地区にある工場用地以外の土地で5万m²以上のものの価額は，大規模工場用地と同様に評価します。
　したがって，その土地の規模の区分により，それぞれ次のように評価します。
① 地積が20万m²以上のもの
　正面路線価に地積を乗じた価額に95％を乗じた価額で評価します。
② 地積が5万m²以上20万m²未満の場合
　正面路線価に地積を乗じて評価します。
③ 地積が5万m²未満の場合
　正面路線価を基として側方路線影響加算等の画地調整を行って評価します。

(参考）実務相談録

(3) 一団の判定

　一団の工場用地とは，工場，研究開発施設等の敷地の用に供されている宅地及びこれらの宅地に隣接する駐車場，福利厚生施設等の用に供されている一団の土地をいう。
　ただし，その土地が，不特定多数の者の通行の用に供されている道路，河川等により物理的に分離されている場合には，その分離されている一団の工場用地ごとに評価する。
　工場用地のために設けられた軌道や道路により分離されている場合は，これらの土地も含めて「一団の工場用地」と判定する。

Q 一団の工場用地の判定(1)

■質　問
　大規模工場用地の評価の単位となっている「一団の工場用地」はどのように判定しますか。

■回　答
　工場用地が不特定多数の者の通行の用に供されている道路や水路により物理的に分離されている場合には，その物理的に分離されている部分ごとに一団の工場用地として評価します。
　したがって，次の場合には，A土地とB，C土地とは不特定多数の者の通行の用に供されている道路により物理的に分離されているので，それぞれを一団の工場用地として評価します。
　なお，B，C土地は工場構内道路も含め全体を一団の工場用地として評価します。

17 大規模工場用地の評価

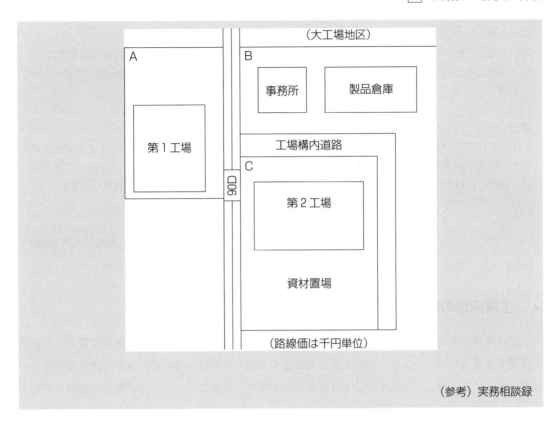

（参考）実務相談録

　また，「一団の工場用地」は，原則として，所有者ごとに判定するため，複数の所有者から借地して工場用地の敷地として利用している場合は，土地所有者の評価単位と借地権者の評価単位が異なる場合がある[88]。

Q 大規模工場用地に該当するか否かの判定

■質　問

　大規模工場用地とは，一団の工場用地の地積が 5 万m²以上のものをいうこととされていますが，例えば次のような場合には，大規模工場用地に該当するか否かの判定は，どのように行いますか。

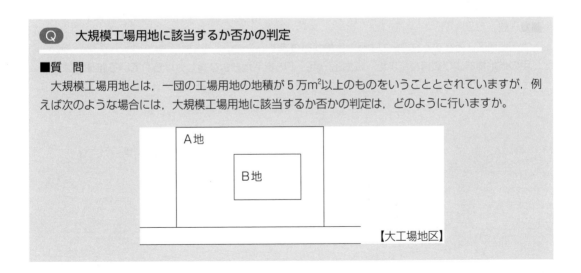

---

[88] 財産評価基本通達逐条解説（令和 5 年版）169頁

—381—

2章　宅地の評価

① A地とB地の所有者が異なり，それぞれが工場を設置している場合
② A地とB地の所有者は同一人ですが，B地は他人が賃借して工場を設置して使用している場合
③ B地とA地の所有者は同一人ですが，その者がB地に工場を建てその工場を他に貸し付けている場合

■回　答
　上記のいずれの場合も，評価単位は異にしますが，A地とB地が1つの工場用地として機能的に不可分の関係にあると認められる場合には，工場用地としての価格形成の特殊性や独立処分の可能性などに鑑み，これらの土地全体の面積によって，大規模工場用地に該当するか否かを判定します。
　また，20万m²以上に該当するか否かの判定も同様です。

（参考）実務相談録

(4) 工場用地の貸借

　大工場地区に所在する土地を賃借している借地人側の評価にあたって，借地権及び賃借権の価額を評価する場合には，全体を一団の工場用地として評価した価額を借地権部分または賃借権部分の地積によってあん分し，宅地については借地権の価額を，雑種地については賃借権の価額を評価する。
　また，大工場地区に所在する土地を賃貸している貸主の貸宅地及び貸し付けられている雑種地の価額は，それぞれ所有者ごとに1画地の宅地または一団の雑種地として評価する。

Q　大規模工場用地の評価方法

■質　問
　大工場地区に所在する次の図のような土地があります。
　甲の借地権および賃借権，また，貸主乙，丙，丁の貸宅地および貸し付けられている雑種地はどのように評価しますか。

17 大規模工場用地の評価

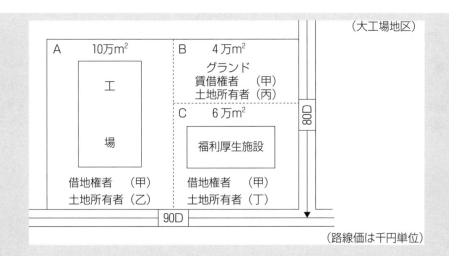

（大工場地区）

（路線価は千円単位）

■回　答

　甲の借地権および賃借権の価額を評価する場合には，全体を一団の工場用地として評価します。その価額を借地権部分または賃借権部分の面積によってあん分し，それぞれの価額を基にして各権利の価額を評価します。

　また，貸主乙，丙および丁の貸宅地および貸し付けられている雑種地の価額は，それぞれ所有者ごとに1画地または一団の雑種地として評価します。

　なお，それぞれの借地権等の価額は次のように評価します。

　甲の借地権の評価額＝90千円×0.95×A，C部分の合計地積×借地権割合
　甲の賃借権の評価額＝90千円×0.95×B部分の地積×賃借権割合
　乙の貸宅地の評価額＝90千円×A土地の地積×（1－借地権割合）
　丙の貸し付けられている雑種地の評価額＝80千円×B土地の地積×（1－賃借権割合）
　丁の貸宅地の評価額＝90千円×C土地の地積×（1－借地権割合）

（参考）実務相談録

　ただし，専属下請業者が敷地の一部を賃借している場合などのように，その部分のみを分離して評価することが不合理であると認められる場合には，それらの敷地を含めて一団の工場用地として評価することになる[89]。

89　財産評価基本通達逐条解説（令和5年版）169頁

2章　宅地の評価

Q 工場敷地の一部を専属下請業者に貸し付けている場合の評価

■質　問

　甲は，次の図のように，工場用地の一部を専属下請業者である乙に貸し付けていますが，権利金，地代の授受がなく，また，所轄税務署長に「土地の無償返還に関する届出書」を提出しています。
　この場合の評価単位は，どのように判定しますか。

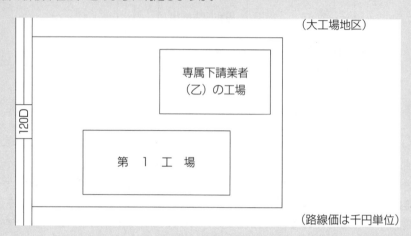

■回　答

　工場用地の一部について専属下請業者に貸し付けている部分がある場合であっても，全体を一団の工場用地として評価します。
　この場合において，専属下請業者に対する貸付けについて，権利金，地代の授受がなく，かつ，「土地の無償返還の届出書」が提出されている場合には，その使用貸借に係る宅地の価額は，その宅地の自用地価額で評価します。

（参考）実務相談録

Q 一団の工場用地の判定(2)

■質　問

　甲社は，次の図のように所有する工場用地に隣接する鉄道高架下の土地を賃借して一体として利用しています。この場合には，A，B土地および賃借権を一団の工場用地として評価するのでしょうか。

17 大規模工場用地の評価

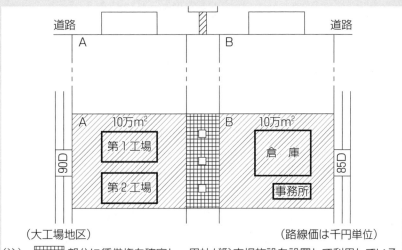

(注) ▦▦▦ 部分に賃借権を確定し,甲社が駐車場施設を設置して利用している。

■回 答

　所有する土地に隣接する土地を賃借して,これらの土地を一体として利用している場合には,その土地および賃借権は一団の工場用地として評価します。

　したがって,図の場合のA,B土地および賃借権の価額は,A,B土地および賃借権全体を一団の工場用地として,正面路線価に地積を乗じた金額にさらに95％を乗じた価額を基に評価します。

(参考) 実務相談録

Q 一団の工場用地の判定(3)

■質 問

　甲社は,次の図のように鉄道会社に使用の許可を受け,その所有する工場用地の間にある鉄軌道用地に橋りょうを設置しています。この場合にはA,B土地全体を一団の工場用地として評価するのでしょうか。

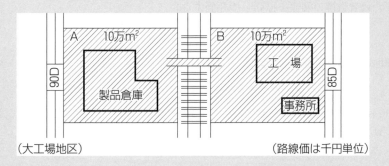

■回 答

　図のように鉄軌道用地により物理的に区分されている工場用地を機能的に使用するため橋りょう等

―385―

2章　宅地の評価

> を設置している場合であっても，それぞれの土地ごとに評価します。
> 　したがって，図の場合には，A土地，B土地それぞれを一団の工場用地として評価します。
>
> 　　　　　　　　　　　　　　　　　　　　　　　　　　　（参考）実務相談録

(5) 路線価地域に所在する大規模工場用地の評価

　路線価地域に所在する大規模工場用地の価額は，正面路線の路線価にその大規模工場用地の地積を乗じて評価する。

　したがって，路線価地域にある大規模工場用地は，2以上の路線に接しているものであっても通常の路線価方式による評価と異なり，側方路線影響加算等の画地調整は行わず，また地形がく形または正方形でない場合であっても，原則として不整形地補正等の斟酌は行わないこととなる。

　これは，①大規模工場用地は，一般的に間口距離が長いため側方や裏面に道路があることがその価額の総額に与える影響は極めて小さいものと考えられること，②画地規模が極めて大きいことからその土地の形状がく形または正方形以外であったとしても，その形状が全体の価額に与える影響が極めて僅少であると考えられること，さらには，③納税者の申告の便宜にも配慮したものである[90]。

(6) 倍率地域に所在する大規模工場用地の評価

　倍率地域に所在する大規模工場用地の価額は，大規模工場用地の固定資産税評価額の合計額にその大規模工場用地について国税局長が定めた倍率を乗じて評価する。

　さらに，その大規模工場用地の地積が20万m²以上の場合には，固定資産税評価額に倍率を乗じた金額の100分の95に相当する価額で評価する。

　また，大規模工場用地として貸し付けられている宅地でその地積が5万m²未満のものについては，その宅地の固定資産税評価額に大規模工場用地について定められた倍率を乗じて計算した価額から借地権または賃借権の価額を控除して評価する。

> **Q　倍率地域にある工場用地の評価**
>
> ■質　問
> 　倍率地域にある大規模工場用地に該当しない（5万m²未満の）工場用地はどのように評価したらよいのでしょうか。

---

[90] 財産評価基本通達逐条解説（令和5年版）168頁

■回 答
　課税時期における現況地目の別に，それぞれの地目について定められた倍率を乗じて評価します。

（参考）実務相談録

18　余剰容積率の移転がある場合の宅地の評価

財産評価基本通達23《余剰容積率の移転がある場合の宅地の評価》
　余剰容積率を移転している宅地又は余剰容積率の移転を受けている宅地の評価は，次に掲げる区分に従い，それぞれ次に掲げるところによる。
(1)　余剰容積率を移転している宅地の価額は，原則として，11《評価の方式》から21-2《倍率方式による評価》までの定めにより評価したその宅地の価額を基に，設定されている権利の内容，建築物の建築制限の内容等を勘案して評価する。ただし，次の算式により計算した金額によって評価することができるものとする。

$$A \times \left(1 - \frac{B}{C}\right)$$

　　上の算式中の「A」，「B」及び「C」は，それぞれ次による。
「A」＝余剰容積率を移転している宅地について，11《評価の方式》から21-2《倍率方式による評価》までの定めにより評価した価額
「B」＝区分地上権の設定等に当たり収受した対価の額
「C」＝区分地上権の設定等の直前における余剰容積率を移転している宅地の通常の取引価額に相当する金額
(2)　余剰容積率の移転を受けている宅地の価額は，原則として，11《評価の方式》から21-2《倍率方式による評価》までの定めにより評価したその宅地の価額を基に，容積率の制限を超える延べ面積の建築物を建築するために設定している権利の内容，建築物の建築状況等を勘案して評価する。ただし，次の算式により計算した金額によって評価することができるものとする。

$$D \times \left(1 - \frac{E}{F}\right)$$

　　上の算式中の「D」，「E」及び「F」は，それぞれ次による。
「D」＝余剰容積率の移転を受けている宅地について，11《評価の方式》から21-2《倍率方式による評価》までの定めにより評価した価額
「E」＝区分地上権の設定等に当たり支払った対価の額
「F」＝区分地上権の設定等の直前における余剰容積率の移転を受けている宅地の通常の取引価額に相当する金額
(注)　余剰容積率を有する宅地に設定された区分地上権等は，独立した財産として評価しないこととし，余剰容積率の移転を受けている宅地の価額に含めて評価するものとする。

2章　宅地の評価

> **財産評価基本通達23-2**　《余剰容積率を移転している宅地又は余剰容積率の移転を受けている宅地》
> 　前項の「余剰容積率を移転している宅地」又は「余剰容積率の移転を受けている宅地」とは，それぞれ次のものをいう。
> (1)　「余剰容積率を移転している宅地」とは，容積率の制限に満たない延べ面積の建築物が存する宅地（以下「余剰容積率を有する宅地」という。）で，その宅地以外の宅地に容積率の制限を超える延べ面積の建築物を建築することを目的とし，区分地上権，地役権，賃借権等の建築物の建築に関する制限が存する宅地をいう。
> (2)　「余剰容積率の移転を受けている宅地」とは，余剰容積率を有する宅地に区分地上権，地役権，賃借権の設定を行う等の方法により建築物の建築に関する制限をすることによって容積率の制限を超える延べ面積の建築物を建築している宅地をいう。

(1)　余剰容積率の移転とは

　近年の大都市の中心部のように土地の高度利用が図られている地域においては，隣接する宅地間で，容積率に満たない建物が存する土地のその未利用となっている容積率を他方の宅地に移転することができる。そのような土地の容積率の未消化部分を「余剰容積率」といい，その余りを他の土地に移転することを「余剰容積率の移転」という。

　つまり，建物の敷地の利用されていない容積率（余剰容積率）を他の敷地に移転してより高層のビルの建築を可能とすることによって，土地の有効・高度利用を図ることができる。

　容積率の移転があった場合には，移転を受けた側には，通常の容積率を超える容積率の建物を建築できることとなり，移転した側には，通常の容積率の建物を建築できないこととなる。土地の上空を一定範囲で区切ってそれを使用することのできる権利であるため，経済的価値があり取引の対象とすることから，空中権取引，未利用容積空間の売買とも呼ばれている。

　容積率の移転は，①隣接する宅地間で行われる極めて限定的な取引であること，②移転契約の内容は，区分地上権，地役権もしくは賃借権の設定によるもの，または余剰容積利用権の売買によるものなど一様でないことなどから[91]，これを独立の権利として，例えば，借地権割合のような自用地価額に対する一定割合を定めて評価することにはなじまないものである。

　そこで，このような容積率を移転している宅地または移転を受けている宅地の価額は，個々の移転事例ごとに，設定されている権利の内容，建築物の建築制限の内容等を勘案して評価する。

　この場合において，通常，不動産鑑定評価に基づいた対価の授受が行われていることから，実務上は，これらの宅地の評価額に容積率の移転に伴い授受された対価の額が移転直前におけるこれらの宅地の通常の取引価額に占める割合を乗じて計算した金額を加算または減算する方法により評価する[92]。

91　余剰容積率の移転の方法として確立したものとしてはないが，例えば，①敷地の定義を利用するもの，②特定街区制度を利用するもの（都計法8①四，9⑲），③一団地の総合的設計制度を利用するもの（建基法86①），④連担建築物設計制度を利用するもの（建基法86②）等がある（財産評価基本通達逐条解説（令和5年版）177～179頁）。

(2) 余剰容積率の移転がある場合の宅地の評価

① 余剰容積率を移転している宅地の評価

　余剰容積率を移転している宅地とは、容積率の制限に満たない延べ面積の建築物が存する宅地（以下「余剰容積率を有する宅地」という）で、他方の宅地に容積率の制限を超える延べ面積の建築物を建築することを目的とし、区分地上権、地役権、賃借権等の建築物の建築に関する制限が存する宅地をいう。

　余剰容積率を移転している宅地の価額は、原則として、評価通達11《評価の方式》から21-2《倍率方式による評価》までの定めにより評価した価額を基に、設定されている権利の内容、建築物の建築制限の内容等を勘案して評価する。

　ただし、次の算式により計算した金額によって評価することができるものとする。

（算式）

$$A \times \left(1 - \frac{B}{C}\right)$$

　A：余剰容積率を移転している宅地について、余剰容積率の移転がないとした場合の評価額
　B：区分地上権の設定等にあたり収受した対価の額
　C：区分地上権の設定等の直前における余剰容積率を移転している宅地の通常の取引価額に相当する金額

② 余剰容積率の移転を受けている宅地の価額

　一方、余剰容積率の移転を受けている宅地とは、余剰容積率を有する宅地に区分地上権、地役権、賃借権の設定を行う等の方法により建築物の建築に関する制限をすることによって容積率の制限を超える延べ面積の建築物を建築している宅地をいう。

　余剰容積率の移転を受けている宅地の価額は、原則として、評価通達11《評価の方式》から21-2《倍率方式による評価》までの定めにより評価した価額を基に、容積率の制限を超える延べ面積の建築物を建築するために設定している権利の内容、建築物の建築状況等を勘案して評価する。

　ただし、次の算式により計算した金額によって評価することができるものとする。

（算式）

$$D \times \left(1 + \frac{E}{F}\right)$$

　D：余剰容積率の移転を受けている宅地について、余剰容積率の移転がないとした場合の価額

92　財産評価基本通達逐条解説（令和5年版）174～175頁

E：区分地上権の設定等にあたり支払った対価の額

F：区分地上権の設定等の直前における余剰容積率の移転を受けている宅地の通常の取引価額に相当する金額

19 私道の用に供されている宅地の評価

> **財産評価基本通達24《私道の用に供されている宅地の評価》**
> 私道の用に供されている宅地の価額は、11《評価の方式》から21-2《倍率方式による評価》までの定めにより計算した価額の100分の30に相当する価額によって評価する。この場合において、その私道が不特定多数の者の通行の用に供されているときは、その私道の価額は評価しない。

(1) 取扱い

本項では、私道の用に供されている宅地の評価方法を定めている。

財産評価基本通達における私道には、(イ)不特定多数の者の通行の用に供されている私道と(ロ)専ら特定の者の通行の用に供する私道がある。

その私道が不特定多数の者の通行の用に供されている場合には、その私道の価額は評価しない。

一方、その私道が専ら特定の者の通行の用に供されている場合には、財産評価基本通達11《評価の方式》から同21-2《倍率方式による評価》までの定めにより計算した価額の100分の30に相当する価額によって評価する。

(2) 不特定多数の者の通行の用に供されている私道の評価

「不特定多数の者の通行の用に供されている道路」とは、例えば、国税庁質疑応答事例において次の(イ)から(ハ)のようなものが該当するとされている。

(イ) 公道から公道へ通り抜けできる私道

(ロ) 行き止まりの私道であるが、その私道を通行して不特定多数の者が地域等の集会所、地域センター及び公園などの公共施設や商店街等に出入りしている場合などにおけるその私道

(ハ) 私道の一部に公共バスの転回場や停留所が設けられており、不特定多数の者が利用している場合などのその私道

また、東京国税局「評価事務の概要（平成25年）」においては、次の(イ)、(ロ)のように説明されている。

(イ) 通り抜け道路のように何ら制約を設けず広く一般公衆の通行の用に供されている道路

(ロ) 行き止まり道路のうちで現実の利用状況が極めて公共性の高いもの

そのような不特定多数の者の通行の用に供されている私道については、次の(イ)から(ハ)の

19 私道の用に供されている宅地の評価

ような一定の利用制限があり,また,(ニ)のような取引実態にあることから,その価額を評価しないこととしている[93]。
(イ) 道路としての用法に応じて利用されることになり,第三者が通行することを容認しなければならないこと
(ロ) 道路内建築の制限により,通行を妨害する行為が禁止されること
(ハ) 私道の廃止または変更が制限されること
(ニ) このような私道を含む宅地の売買実例等からみても私道の減価を100％としている事例が多いこと

Q 不特定多数の者の通行の用に供されている私道

■質 問
1 私道が不特定多数の者の通行の用に供されているときは,その私道の価額は評価しないこととなっていますが,具体的にはどのようなものをいうのでしょうか。
2 幅員2メートル程度で通り抜けのできる私道は財産評価基本通達24に定める不特定多数の者の通行の用に供されている私道に該当しますか。

■回 答
1 「不特定多数の者の通行の用に供されている」例を具体的に挙げると,次のようなものがあります。
　イ　公道から公道へ通り抜けできる私道
　ロ　行き止まりの私道であるが,その私道を通行して不特定多数の者が地域等の集会所,地域センター及び公園などの公共施設や商店街等に出入りしている場合などにおけるその私道
　ハ　私道の一部に公共バスの転回場や停留所が設けられており,不特定多数の者が利用している場合などのその私道
2 不特定多数の者の通行の用に供されている私道とは,上記のようにある程度の公共性が認められるものであることが必要ですが,道路の幅員の大小によって区別するものではありません。

(参考)国税庁質疑応答事例「不特定多数の者の通行の用に供されている私道」

Q 不特定多数の者の通行の用と認められる私道の区分

■質 問
私道が不特定多数の者の通行の用に供されているときは,その私道の価額は評価されないこととされていますが,この場合の「不特定多数の者」とはどの程度をいうのでしょうか。
例えば,通り抜けの私道の用か,または,その利用者の数が何人程度のものと定められているので

---

[93] 公道と同様に不特定多数の者の通行の用に供されていることから公共性が強くなり,私有物としての利用が大きく制限され,私道を廃止して宅地となる可能性は極めて低くなるからである(平成24年11月13日裁決〔裁決事例集89巻333頁〕)。

しょうか。

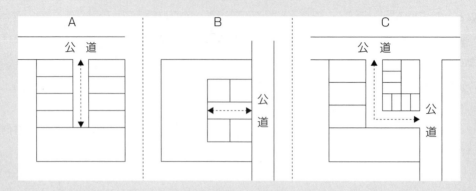

■回　答

　不特定多数の者の通行の用に供している通路とは，通り抜けの道路で，ある程度の公共性が認められるものでなければなりません。

　A及びBのように一応特定した第三者が通行の用に供するものは私道として，通常の土地の価額の100分の30に相当する価額で評価することとされていますが，Cの場合は私道ですがその価額は零として評価することになります。

（参考）実務相談録

(3) 特定の者の通行の用に供されている私道

① 特定の者の通行の用に供されている私道の評価

　特定の者の通行の用に供されている私道とは，例えば，袋小路のように専ら特定の者の通行の用に供する私道をいう。

　専ら特定の者の通行の用に供される行き止まり私道については，ある程度の制約はあるが，私有物としての使用，収益，処分は可能であること，特にそのような私道に沿接する土地が同一人の所有に帰属することとなると，私道はその敷地内に包含され宅地になる可能性があり，相応の財産的価値があることから（平成24年11月13日裁決〔裁決事例集89巻333頁〕），路線価方式または倍率方式のいずれかによって評価した価額の30％相当額によって評価する。

　路線価地域に存する特定の者の通行の用に供されている私道の価額は，原則として，正面路線価を基として次の算式のとおりとなる。

（算式）

　　私道の価額＝正面路線価×奥行価格補正率×間口狭小補正率×奥行長大補正率×0.3×地積

　ただし，この評価方法では，私道に接する路線と私道との格差が私道の間口距離及び奥行距離に基づいた補正計算でしか調整することができないことから，両者の地区区分，上下水道やガスの整

19 私道の用に供されている宅地の評価

備状況などに著しい相違がある場合には補正することができない。このように財産評価基本通達24に基づいて，路線価を基に評価することが適当でないと認められる場合，税務当局では，時価を超えた価額で評価されることのないよう，私道に接する路線と私道との格差を総合的に検討し個別に評価することとしている[94]。

そこで，その行き止まり私道に特定路線価を設定した場合は，設定された特定路線価を基に評価しても差し支えないものとされている。

(算式)

　特定路線価×0.3

国税庁タックスアンサー「No.4622　私道の評価」

私道の価額は，原則として，正面路線価を基として次の算式によって評価しますが，その私道に設定された特定路線価を基に評価（特定路線価×0.3）しても差し支えありません。

(算式)
　正面路線価×奥行価格補正率×間口狭小補正率×奥行長大補正率×0.3×地積＝私道の価額

【誤りやすい事例】特定路線価が付されている私道

誤った取扱い	正しい取扱い
私道に，特定路線価が設定されている場合において，当該私道そのものについて，特定路線価に奥行価格補正率，間口狭小補正率，奥行長大補正率及び0.3を乗じた金額により評価した。	下記のいずれか，低い金額で評価する。 ① 当該私道に面している路線の路線価を基として，奥行価格補正率等を乗じて計算した金額の30％に相当する価額 ② 特定路線価に30％を乗じた金額に相当する価額

(参考)　大阪国税局「誤りやすい事例（財産評価関係平成30年分）」〔TAINS・評価事例大阪局300000〕

② 30％で評価する理由

特定の者の通行の用に供されている私道について100分の30によって評価されているのは，不動産鑑定評価基準の理論を基礎に，不動産鑑定士等の実践面における活動の成果を十分取り入れて旧国土庁が作成している「土地価格比準表」において，私道の利用状況が共用私道（特定の者に共同で通行の用に供される私道）か準公道的私道（不特定多数の者の通行の用に供される私道）かに応じ，前者の減価率を50％から80％まで（価値率50％から20％まで）とし，後者の減価率を80％以上

---

[94] 総務庁行政監察局「税務行政監察結果報告書平成12年11月」〔TAINS・税務行政監察結果報告書H121100-3-12〕参照。

2章　宅地の評価

（価値率20％以内）としていることからして，評価通達24は合理的であると解されている（平成24年11月13日裁決〔裁決事例集89巻333頁〕）。

Q　私道の評価（30％評価の場合）

■質　問
次の図に示す私道の評価額は，零としてよろしいでしょうか。

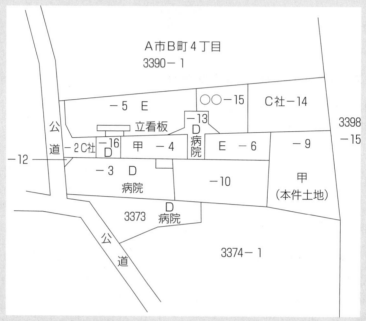

土地の利用状況等は次のとおりです。
① 本件私道は，上図のとおり，本件土地のほか，甲以外の者が所有するＢ町4丁目3390番2，同番6，同番12，同番13および同番16の土地が一体となって一個の道路として通行の用に供されている。
　また，本件私道の幅員は約3.5mないし約5.5m，公道からの奥行が約43mであり，その突き当たりに甲の所有する居宅が存するため通り抜けのできないものである。
② 本件私道は，甲のほかその私道を囲むＢ町4丁目3390番5，同番10，5番11，同番14および同番15の各土地の所有者によってそれぞれ所有されている。
③ 本件私道は，昭和60年度から固定資産税が非課税とされている。
④ Ｄ病院の利用者等が本件私道を利用している状況が認められなかった。
⑤ 本件私道の所有者の一人であるＥが有料駐車場としている敷地内に本件私道に面して立看板が設けられており，そこには，「この私道は私有地です。地主および地主関係者以外の進入駐車は厳禁致します。地主」と表示されている。
⑥ Ｄ病院の職員や利用者等は公道に面した玄関側を利用しており，本件私道を利用することはほとんどなかった。
⑦ ○○県においては，固定資産税の取扱いの改正により，一定の幅員があり2以上の家屋等の用に供されている私道であれば，特別に門扉等を設け，一般大衆の利用を制限しているものを除き，固

定資産税を非課税としている。
　本件土地は，この取扱いによって非課税とされたものである。

■回　答
　一般に私道とは，個人がその所有権に基づいて設置し一般の交通の用に開放している道路をいうものと解されていますが，そのうちいわゆる通り抜けができない道路のように，専らその道路に面する敷地の利用者のための通行の用に供されているものは，相続税法第2条《相続税の課税財産の範囲》の規定により課税対象財産となります。
　このような私道は，その私道またはそれに面する土地が同一人の所有に帰属することとなった場合には，その用途を変更してその隣接する敷地に包含され，道路でなくなる可能性を有しており，私有物として所有者の意思に基づき処分の可能性を留保しているところから課税対象財産とされています。
　しかし，その使用収益にある程度の制約を受けているという事情を考慮して，相続税の課税価格の計算上，財産評価基本通達24の定めにより，その評価に当たってはその私道に面する土地の利用状況等に応じて計算した価額の100分の30に相当する金額によって評価することとしています。
　本件私道は，専ら甲等本件私道に面している宅地の居住者の通行の用に供されており，不特定多数の者の通行の用に供されているものではないことが認められるので，相続税の課税価格の計算上，本件土地の価額を零円として評価すべきものであるとは認められません。
　なお，本件土地の固定資産税が非課税とされているから相続税の課税価格の計算上もその評価額を零円とすべきであるかどうかですが，固定資産税と相続税とではその課税主体，課税の趣旨および目的が異なりますから，固定資産税が非課税であることをもって，当然に相続税においても本件土地を零円として評価しなければならないとする合理的な理由はありません。
　したがって，本件私道は不特定多数の者の通行の用に供されていなかったと認められますから，本件土地の価額は，自用地の評価額の30％にあたる金額で評価するのが相当でしょう。

(参考) 実務相談録

③　30％評価が相当とされた事例

　以下の事例は，行き止まりの私道について，納税者が零円として評価すべきなどと主張したものであるが，いずれも30％評価が相当と判断されている。

(a)　平成20年6月4日裁決

　平成20年6月4日裁決〔TAINS・F0-3-211〕は，行き止まりの私道の評価が争われた事例である。
　本件私道（**図表2－62**のB部分）は，間口距離約2m，奥行距離約13m，面積28.79m^2，その東側のみが道路に面するいわゆる袋路状の土地である。
　本件私道は，昭和49年6月に位置の指定を受けた建築基準法第42条《道路の定義》第1項第5号に規定する道路（位置指定道路）となっている。
　本件私道について，審査請求人は，私権の行使が制限されており売却価格も零円であることから相続税においても課税対象となるものではないと主張し，原処分庁は，本件私道は，専ら私道に面

する土地の利用者のための通行の用に供されている道路であり，かつ，通り抜けのできない道路であるから，その宅地としての価額の100分の30に相当する価額によって評価すべきであると主張した。

裁決は，本件私道は，行き止まりの私道の一部であるところ，本件相続開始日におけるその利用状況は，専ら本件私道に隣接する数軒の居住者のみの通行の用に供され，植木等の私的所有物も置かれていたものと認められることから，不特定多数の者の通行の用に供されている私道であるとは認められないと判断している。

[図表2－62]

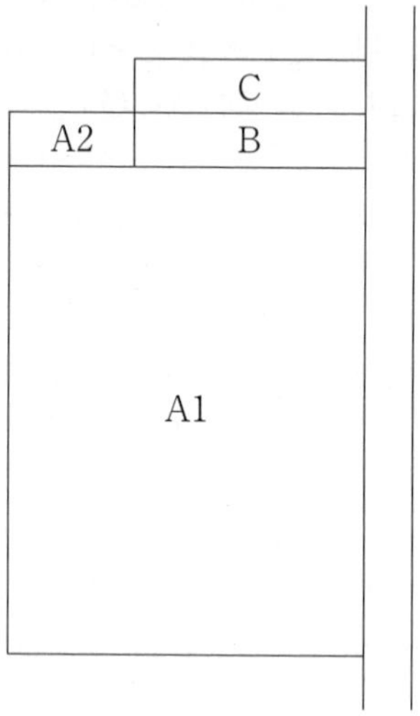

```
            ┌──┬──┐
            │  │ C│
         ┌──┼──┤  │
         │A2│ B│  │
         ├──┴──┤  │
         │      │  │
         │      │  │
         │  A1  │  │
         │      │  │
         │      │  │
         │      │  │
         └──────┘  │
```

(b) 平成23年6月7日裁決

平成23年6月7日裁決〔裁決事例集83巻935頁〕における本件私道（**図表2－63**）は，地積が234.76m²，登記簿上の地目は公衆用道路，北西側で市道に間口約5mで接する行き止まりの土地であり，位置指定道路に指定されている。

審査請求人は，本件私道は，沿接地の関係者及び不特定多数の者によって通行の用に供されているから不動産鑑定評価額に基づき零円であると主張し，原処分庁は，本件私道は私有物として処分可能性がないとはいえず，登記簿上の地目が公衆道路であることをもってその処分が妨げられるわけではないと主張した。

裁決は，本件私道は，不特定多数の者の通行の用に供されていないことから，評価通達24の定めに基づき100分の30により評価するのが相当であると判断している。

19 私道の用に供されている宅地の評価

[図表2－63]

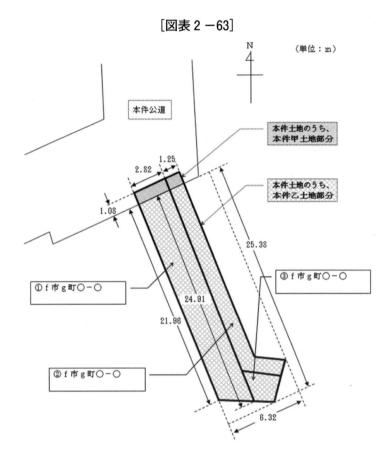

(c) 東京地裁平成26年10月15日判決

東京地裁平成26年10月15日判決〔税務訴訟資料264号順号12544〕における本件私道の位置，形状及びその周辺土地との接面状況等は**図表2－64**のとおりである。

(イ) 本件私道は，その東側が公道に間口約7m接面し，当該公道からの奥行距離が約42m，幅員が約4mの土地であり，面積は177.21m^2（実測）である。

(ロ) 本件私道のうち，東側公道から35mまでの部分は，位置指定道路である。

(ハ) 本件隣接私道は，被相続人の姉が所有している行き止まりの私道である。

(ニ) 本件私道は，いずれも宅地に接しているところ，その宅地上には，共同住宅であるF建物からH建物までが存している。

(ホ) 本件私道及び本件隣接私道の南側には，高さ約1.5mのコンクリート塀が設置されており，本件私道及び本件隣接私道の南側に隣接する土地から出入りすることはできない。

(ヘ) 本件私道及び本件隣接私道には，公園，集会所，地域センターなどの公共的な施設等は沿接していない。

本件私道の評価について，原告は，宅地化の可能性，資産価値が相当低く，公道的性格が強いこ

2章　宅地の評価

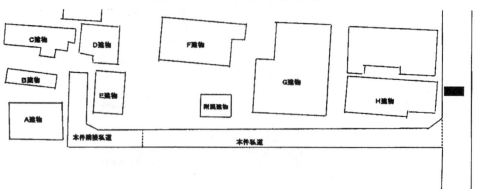

［図表2－64］本件私道の位置

とから，評価通達の定めによらないことが正当として認められる特別の事情があり不動産鑑定評価額（150万円）により評価すべきと主張した。

これに対し被告税務署長は，不特定多数の者の通行の用に供される道路ではなく，評価通達の定めによらないことが正当と認められるような特別の事情は認められないから，本件私道の価額は路線価を基に計算した価額（1,600万6,135円）とすべきと主張した。

判決は，本件私道はいわゆる行き止まり道路の一部であるところ，その利用者は，本件私道及び本件隣接私道に接する宅地上に存するA建物からH建物までを出入りする者に限られ，しかも，これらの建物を出入りする者は，そこに居住する者またはその関係者等に限られるものと認められることから，本件私道は，位置指定道路を含むものではあるが，その現実の状況に照らすと，不特定多数の者の通行の用に供されているものではなく，財産評価基本通達の前段の定めに基づいて100分の30により評価されるべきものであると判示している。

(d)　さいたま地裁平成17年11月30日判決

さいたま地裁平成17年11月30日判決〔税務訴訟資料255号順号10215〕においても，行き止まり私道の評価が争われている。

図表2－65のA土地は，1．建築基準法上の道路ではなく，2．並行する公道と併せて道路として一体利用されている未舗装の行き止まり道路であり，3．その利用者は，被相続人が所有する貸家に居住する1世帯（J宅地），被相続人が所有する貸宅地の上に存する家屋に居住する1世帯（I宅地）及び道路奥の家屋に居住する2世帯（C宅地，D宅地）の計4世帯ならびにその関係者である。

そこで原告は，A土地の使用を奥の土地上の家屋の居住者に限っているものではなく，現実に第三者も通行していることから，本件土地を処分したり，廃止・変更することは不可能であり，そもそも，A土地については，固定資産税・都市計画税について，公道に準ずる部分として考えられていることから課税地目が「公衆用道路」とされ，非課税とされているため，相続税の課税価格の計算上評価はないと主張した。

これに対し判決は，A土地は，奥のC宅地，D宅地につき建築基準法の接道義務に違反する結果

19 私道の用に供されている宅地の評価

[図表2－65]

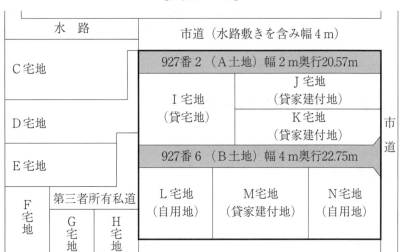

を生じない限り，いつでも道路でなくなる可能性があるし（C宅地，D宅地の所有者がA土地について私法上の通行権を有していると認められる場合には別途の問題を生ずるが，それはA土地の評価に直接関係するものではない。），また，そのようなA土地は，私有物として所有者の意思に基づく処分の可能性がないとはいえないことからA土地を100分の30として評価すべきと判示している。

また，B土地は，1．建築基準法第42条第1項第5号の位置指定道路であり，2．砂利敷きの行き止まり道路で，3．その利用者は，原告の1世帯（L宅地），被相続人が所有する貸家に居住する2世帯（K宅地，M宅地），被相続人が所有する貸宅地の上に存する家屋に居住する1世帯（I宅地）及び道路奥の家屋に居住する5世帯（D宅地，E宅地，F宅地，G宅地，H宅地）の計9世帯ならびにその関係者である。

判決は，B土地は，建築基準法等により私道の変更や廃止には一定の制限が課されるものであるが，公道へ出るために本件B土地の利用を必要とするD宅地，E宅地，F宅地，G宅地，H宅地の関係者が公道への通行権を確保するために共同または単独で本件B土地を有償で購入すること等が考えられないではないから，本件B土地は私有物としての処分の可能性がないとはいえないことから，B土地を100分の30として評価すべきと判示している。

> 実務上のポイント

つまり，通り抜け道路のように不特定多数の者の通行の用に供されている私道は，①当第三者が通行することを容認しなければならず，②私道内建築の制限により，通行を妨害する行為が禁止され（建基法44），③私道の廃止または変更が制限されること等の制限があり（建基法45），取引実態からみても，かかる場合には私道の減価を100％としている事例が多いことなどから，私道の価額を評価しないこととされている。

一方，行き止まり道路のように特定の者の通行の用に供されている私道は，その使用収益にある程度の制約はあるものの，所有者の意思に基づく処分の可能性や宅地への転用可能性が残されていることなどか

—399—

ら，30％相当額によって評価することとされている。

　なお，通り抜け道路においても所有者の意思に基づく処分の可能性や宅地への転用可能性が残されているものもあれば，行き止まり道路においても通り抜け道路と同様の制限がある点については疑問の残るところである。

④　位置指定道路であることの減価要因の有無

　位置指定道路（建基法42①五）は，特定行政庁から道路としての指定を受けた私道である。建築物の敷地は，道路に2m以上接しなければならないが，この位置指定道路は，建築基準法上の道路であるため接道要件を満たすこととなる。

　一方，位置指定道路は，道路交通法第2条《定義》第1項第1号に規定する一般交通の用に供するその他の場所に該当し道路として同法の適用を受け，道路法第4条《私権の制限》の規定に準じて，一般の交通を阻害するような方法では私権を行使することができなくなる。

　なお，位置指定道路は，道路交通法の適用を受け，道路法の制限により私権を行使することができなくなるものの，所有権の移転，抵当権の設定もしくは移転は妨げられない。また，私道であることから，建築基準法第45条《私道の変更又は廃止の制限》の規定にもあるように，その変更または廃止の可能性も認められるところである。

　そこで，所有する私道が位置指定道路である場合，私権を行使することに制約があるものの，あくまで私人の所有に属するものであることからその維持管理は位置指定道路の目的に反しない限り所有者に任されており，また，その処分権は所有者に属し，抵当権の設定等も可能であることからすれば財産的価値があると解するのが相当であり，その利用状況は不特定多数の者の通行の用に供されているとは認められないと解されている（平成20年6月4日裁決〔TAINS・F0-3-211〕）。

　また，仮に位置指定道路を売買する場合には，地目を公衆用道路から宅地へ変更するための登記費用や，位置指定道路を廃止するための諸手続と諸費用，隣接地の所有者から位置指定道路の廃止について同意を得るための損失補償費用が発生するが，売買を前提とした場合に負担が見込まれる廃止費用等を評価額から個別に減額することは定められていない（平成23年6月7日裁決〔裁決事例集83巻935頁〕）。

> **実務上のポイント**

　私道は，1筆となっていて隣地の所有者と共有で持ち合うケースが一般的であるが，中には筆が分かれて持ち合うケースがある。

　例えば，**図表2－66**のように短冊状に筆が分かれている私道である。

　このような私道の評価単位について，所有地（B-C-F-G-B）のみを評価単位とすべきか，他人所有の筆もあわせて私道全体（A-B-C-D-E-F-G-H-A）を評価単位とすべきかは明文の規定がないが，他人所有の筆も含めて，現実に私道として利用されている部分を評価の単位とし，地積で按分して評価額を算出するのが合理的と考えられる。

　評価単位は所有地のみで評価するという考え方もあるが，そうなると**図表2－67**のように格子状に持ち

合っているケースで，所有地（C-D-E-G-C）を評価するなどという場合に評価方法が複雑（結局，他人所有の土地も含めて評価すること）となる。

なお，固定資産税においては特定の者の通行の用に供されている私道について非課税とされていることが多く，固定資産税の課税明細書にも記載がされていないことが多いが，相続税・贈与税においては上記のとおり3割評価となるため確認が漏れないようにする必要がある。

[図表2－66] 短冊状の私道

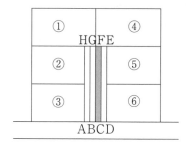

[図表2－67] 格子状の私道

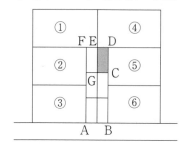

⑤ 10％評価が相当とされた事例

なお，平成8年6月26日裁決〔TAINS・F0-3-330〕においては，その私道の沿接する建物の一部が飲食店及び展示場であり，この利用者が自由に通行していることから公道に準ずるような状況にあると認められること，両側の宅地は他人の所有地で，本件私道が宅地転用される可能性がほとんどないことから10％の割合で評価するのが相当とされている。

相続財産である土地（地積716.09m^2）のうち，宅地部分（地積601.87m^2。持分1万分の4024）は3階建ての区分所有マンション（以下「本件マンション」という）の敷地であり，私道部分（地積114.22m^2。持分1万分の4024。以下「本件私道」という）は通り抜けのできない位置指定道路である。

本件マンションの1階の一部には，飲食店の店舗があり，2階の一部はその飲食店に併設された展示場として使用されている。

審査請求人は，本件私道の評価について，同人が依頼した不動産鑑定評価書のとおり更地価額の10％で評価すべきと主張した。

これに対し原処分庁は，評価通達の定めに基づいて更地価額の60％（当時。平成11年から30％に改正されている。）の割合で評価すべきと主張した。

裁決においては，本件私道は，本件マンションの居住者だけでなく，本件マンションにおいて開業している飲食店及び展示場の一般の利用者が自由に通行していることからすれば，公道と同様に不特定多数の者の通行の用に供されているとまではいえないものの，それに準ずるような状況にあると認められること，本件私道の両側の宅地は他人の所有地であって，本件私道が宅地に転用される可能性はほとんどないと認められることなどから，更地価額の10％の割合で評価するのが相当と判断されている。

2章　宅地の評価

> **実務上のポイント**
>
> 　特定の者の通行の用に供されている私道（行き止まり私道）については，3割評価を疑問視する意見が強い。評価の根拠とされる将来沿接する宅地へ包含される可能性や所有権の処分及び抵当権の設定は，現実には難しいからである。
> 　しかし，裁決事例においては，私権の行使のできない位置指定道路においても価値率3割は妥当なものと判断されている。
> 　なお，国税庁質疑応答事例のとおり，その私道を通行して地域の集会所，地域センター，公園などの公共施設に出入りしている場合には不特定多数の者の通行の用に供されている私道とみなされる余地があり，また，行き止まり私道に沿接する建物の一部が飲食店や展示場であり，私道の周辺を所有していない場合に10％評価が行われた裁決事例も注目される。

⑥　貸宅地内の私道の評価

　貸宅地や貸家建付地と一体となって効用をなすものと認められる私道については，私道としての評価をして，さらに下記のとおりの貸宅地または貸家建付地としての評価をする[95]。

　借地権の目的となっている宅地（貸宅地）の価額は，次の算式で求めた金額により評価する。

（算式）

　　自用地としての価額－自用地としての価額×借地権割合

　また，貸家の敷地の用に供されている宅地（貸家建付地）は，次の算式で求めた金額により評価する。

（算式）

　　貸家建付地の価額＝自用地としての価額－自用地としての価額×借地権割合
　　　　　　　　　　　×借家権割合×賃貸割合

Q　貸宅地内の私道の評価

■質　問

　下図のA，C，EとB，D，Fのすべてが貸宅地である場合の私道の評価は，どのように行うか。

95　土地評価の実務（令和5年版）241頁

■回　答

　設問の場合，貸宅地と一体となって効用をなすものと認められることから，私道としての評価をして，さらに貸宅地としての評価をすることとなります。

　なお，貸宅地の中にある私道は次の算式によって貸宅地の評価額の100分の30に相当する金額によって評価します。

（算式）
　　（自用地の価額×0.3）×（1－借地権割合）＝評価額

(参考)　実務相談録

⑦　分筆譲渡後の私道の評価

　過去に所有していた宅地を分割分譲した際，開発道路として私道（公共公益的施設用地）を設けたが，その私道部分のみを譲渡せずにそのまま所有していることがある。いわゆる分譲残地である。

　そのような私道用地については，1．その私道の利用者等にその私道用地を有償で譲渡する見込みがないこと，2．その私道用地を利用されることにより金品（賃貸料）を取得していないこと，または，その見込みがないことなどの条件に該当する場合には，有償譲渡が見込まれないので，公衆用道路に準じ，評価しないものとして取り扱われることが考えられる。

Q　分筆譲渡後の私道の評価

■質　問

　私道敷に面する土地をすべて他人に譲渡したが，私道の用に供されている土地（いわゆる袋小路の道路敷）を譲渡しなかった場合，その私道の用に供されている土地は次のいずれの方法により評価するのでしょうか。

A案　特定路線価に地積を乗じて算出した価額の100分の30に相当する価額により評価する。
B案　道路敷に面する土地を全部他人に譲渡したのであるから，それらの土地の取得者は，民法第210条によりその通行権を有し，その道路敷には他人の権利が付着していることになるため，貸宅地と共に道路敷を賃貸する場合に準じて，A案の価額に貸宅地の評価割合（100％－借地権割合）を乗じた価額により評価する。
C案　一般に宅地造成を行い，その宅地を分譲する場合，私道含みの地積で譲渡する場合と，私道敷を含めず宅地の地積のみで譲渡する場合とがあるが，後者の場合であってもその私道敷が近く市町村等により買収されるなどの特別の事情がない限り，道路敷は，いわゆる潰れ地となり，その価格を宅地の価格に含めて譲渡するのが通例であること，及び，道路敷だけが残っていても他の用途に供することができないことなどの事情から，本件のような道路敷は評価しない。

■回　答

　本件の私道用地については，①その私道の利用者等にその私道用地を有償で譲渡する見込みがないこと，②その私道用地を利用されることにより金品（賃貸料）を取得していないこと，または，その

2章　宅地の評価

見込みがないことなどの条件に該当する場合には，有償譲渡が見込まれないので，公衆用道路に準じ，評価しないものとして取り扱われることが考えられます。

(参考) 実務相談録

(4) 専用利用されている私道の評価

① 専用利用されている路地状敷地の評価

専用利用されている路地状敷地については，私道として評価することはせず，隣接する宅地とともに1画地の宅地として評価する。

> **Q　専用利用されている路地状敷地の評価**
>
> ■質問
> 専用利用している路地状敷地についてはどのように評価するのでしょうか。
>
> ■回答
> 次の図のAの部分のように，宅地Bへの通路として専用利用している路地状敷地については，私道として評価することはせず，隣接する宅地Bとともに1画地の宅地として評価します。
>
>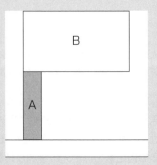
>
> (参考) 国税庁質疑応答事例「専用利用されている路地状敷地の評価」

② 争訟事例

東京地裁平成25年8月30日判決〔税務訴訟資料263号順号12283〕は，通路部分が私道か宅地かが争われた事例である。

本件各土地の概要は以下のとおりである。

(イ) 被相続人は，**図表2－68**の本件A土地，本件B1土地，本件B2土地，本件南側通路を所有していた。

(ロ) 本件A土地は被相続人の自宅の敷地であり，本件南側通路を通じて南側道路に接している。

19 私道の用に供されている宅地の評価

本件南側通路は，間口約3メートル，奥行18.5メートルであり，本件A土地への人及び自動車の進入路として利用されている。
(ハ) 本件A土地の北側は通路状となっており北側道路に接している。その通路状部分は，間口約3.4メートルであるが，塀や花壇により，人が通行できるものの自動車が進入することはできない状況にある。
(ニ) 本件B1土地及び本件B2土地は月極駐車場として使用されており，いずれも南側道路に接している。
(ホ) 月極駐車場の利用者のうち，本件南側通路に面した区画を利用している者は，駐車の際，本件南側通路を使用している。

　本件南側通路について，原告は，本件B土地の駐車場利用者が駐車するための通路としても利用されており，本件B1土地，本件B2土地及び本件南側通路を一団の雑種地として広大地（旧評価通達24-4）として評価すべきと主張した。
　これに対し，被告税務署長は，本件南側通路は本件A土地への進入路という関係にあり，本件A土地と本件南側通路を自宅敷地として1個の単位で評価すべきと主張した。
　判決は，本件南側通路は，被相続人が自宅の敷地に自動車で進入するために不可欠の通路であり，「建物の敷地及びその維持若しくは効用を果たすために必要な土地」であると認められ，駐車場を利用している者のすべてが南側通路を利用する状況にはないことも考慮すると，本件A土地と本件

[図表2-68] 本件各土地の位置図

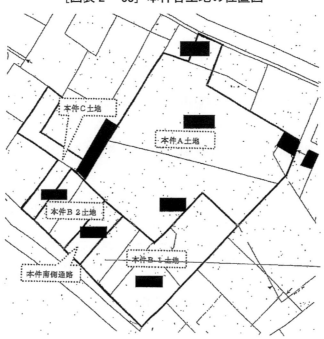

2章　宅地の評価

南側通路は1個の評価単位とすべきであると判示している。

実務上のポイント

私道評価の判定についてまとめると、以下のフローチャートとなる。

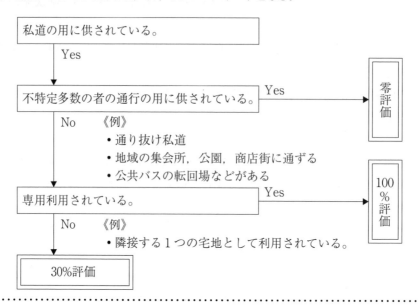

(5) 倍率地域にある私道の評価

倍率地域に存する特定の者の通行の用に供されている私道は、固定資産税評価額が私道であることを考慮して付されている場合には、その宅地が私道でないものとした場合の固定資産税評価額に倍率を乗じて評価した価額の30％相当額で評価する。

> **Q　倍率地域にある私道の用に供されている宅地の評価**
>
> ■質　問
> 倍率地域にある私道の用に供されている宅地はどのように評価するのでしょうか。
>
> ■回　答
> 　専ら特定の者の通行の用に供されている宅地（私道）の価額は、その宅地が私道でないものとして評価した価額の30％相当額で評価します。
> 　この場合、私道の固定資産税評価額が私道であることを考慮して付されている場合には、その宅地が私道でないものとした場合の固定資産税評価額に倍率を乗じて評価した価額の30％相当額で評価します。
> 　なお、その私道が不特定多数の者の通行の用に供されているときは、その私道の価額は評価しません。
>
> （参考）実務相談録

(6) 私道か宅地か

① 公開空地のある宅地の評価

いわゆる総合設計制度により容積率の割増しを受けて建物を建築する場合，建築基準法において，敷地内に一定の空地を設け，日常一般に公開することが許可の基準となっている。このような，いわゆる公開空地として利用されている宅地については，建物の敷地（宅地）として評価する。

> **Q 公開空地のある宅地の評価**
>
> ■質　問
> 　いわゆる総合設計制度により容積率の割増しを受け建物を建築する場合には，敷地内に一定の空地を設け，日常一般に公開することが許可の基準となっています。このようないわゆる公開空地として利用されている宅地については，どのように評価するのでしょうか。
>
> ■回　答
> 　建築基準法第59条の２のいわゆる総合設計制度では，建物の敷地内に日常一般に公開する一定の空地を有するなどの基準に適合して許可を受けることにより，容積率や建物の高さに係る規制の緩和を受けることができます。この制度によって設けられたいわゆる公開空地は，建物を建てるために必要な敷地を構成するものです。
> 　したがって，公開空地として利用されている宅地については，建物の敷地として評価します。
>
> （参考）国税庁質疑応答事例「公開空地のある宅地の評価」

② 歩道状空地の用に供されている宅地の評価

都市計画法所定の開発行為の許可を受けるため，地方公共団体の指導要綱等を踏まえた行政指導によって設置された部分を「歩道状空地」という。その歩道状空地の用に供されている宅地については，例えば，(a)都市計画法所定の開発行為の許可を受けるために，地方公共団体の指導要綱等を踏まえた行政指導によって整備され，(b)道路に沿って，歩道としてインターロッキングなどの舗装が施されたものであり，(c)居住者等以外の第三者による自由な通行の用に供されているものは，私道（評価通達24）に基づき評価する。

> **Q 歩道状空地の用に供されている宅地の評価**
>
> ■質　問
> 　都市計画法所定の開発行為の許可を受けるため，地方公共団体の指導要綱等を踏まえた行政指導によって設置された，次のような「歩道状空地」の用に供されている宅地については，どのように評価するのでしょうか。

2章　宅地の評価

　なお、この「歩道状空地」はインターロッキング舗装が施されたもので、居住者等以外の第三者による自由な通行の用に供されています。

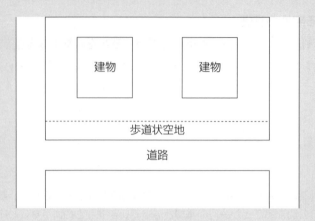

■回　答
　「歩道状空地」の用に供されている宅地が、法令上の制約の有無のみならず、その宅地の位置関係、形状等や道路としての利用状況、これらを踏まえた道路以外の用途への転用の難易等に照らし、客観的交換価値に低下が認められる場合には、その宅地を財産評価基本通達24に基づき評価します。
　具体的には、①都市計画法所定の開発行為の許可を受けるために、地方公共団体の指導要綱等を踏まえた行政指導によって整備され、②道路に沿って、歩道としてインターロッキングなどの舗装が施されたものであり、③居住者等以外の第三者による自由な通行の用に供されている上図の「歩道状空地」は、財産評価基本通達24に基づき評価することとなります。
　上図の「歩道状空地」が、不特定多数の者の通行の用に供されている場合には、その価額は評価しません。

（参考）国税庁質疑応答事例「歩道状空地の用に供されている宅地の評価」

　なお、この取扱いは平成29（2017）年に新設されている。従来このような歩道状空地は宅地として評価されてきたが、平成29（2017）年の最高裁判決において、共同住宅の建築のための開発行為が被相続人による選択の結果であるとしても、このことから直ちに本件各歩道状空地について減額して評価をする必要がないということはできないとされたことを受け、下記の情報が公表されている。

19 私道の用に供されている宅地の評価

平成29年7月
国税庁

財産評価基本通達24《私道の用に供されている宅地の評価》における
「歩道状空地」の用に供されている宅地の取扱いについて（お知らせ）

1　従来の取扱い
　財産評価基本通達（以下「評価通達」といいます。）24《私道の用に供されている宅地の評価》に定める「私道」については，道路としての利用状況や，所有者が自己の意思によって自由に使用，収益をすることに制約が存すること等の事実関係に照らして判断しているところです。
　また，上記事実関係に照らして判断した結果，「歩道状空地」の用に供されている宅地については，建物の敷地の一部として，評価通達24を適用せずに評価していた事例がありました。

2　最高裁判決を踏まえた「歩道状空地」の用に供されている宅地の取扱い
（1）最高裁判決の判示事項
　　最高裁判所平成29年2月28日判決（以下「最高裁判決」といいます。）において，「私道の用に供されている宅地につき客観的交換価値が低下するものとして減額されるべき場合を，建築基準法等の法令によって建築制限や私道の変更等の制限などの制約が課されている場合に限定する理由はなく，そのような宅地の相続税に係る財産の評価における減額の要否及び程度は，私道としての利用に関する建築基準法等の法令上の制約の有無のみならず，当該宅地の位置関係，形状等や道路としての利用状況，これらを踏まえた道路以外の用途への転用の難易等に照らし，当該宅地の客観的交換価値に低下が認められるか否か，また，その低下がどの程度かを考慮して決定する必要があるというべきである。
　　これを本件についてみると，本件各歩道状空地は，車道に沿って幅員2mの歩道としてインターロッキング舗装が施されたもので，いずれも相応の面積がある上に，本件各共同住宅の居住者等以外の第三者による自由な通行の用に供されていることがうかがわれる。また，本件各歩道状空地は，いずれも本件各共同住宅を建築する際，都市計画法所定の開発行為の許可を受けるために，市の指導要綱等を踏まえた行政指導によって私道の用に供されるに至ったものであり，本件各共同住宅が存する限りにおいて，上告人らが道路以外の用途へ転用することが容易であるとは認め難い。そして，これらの事情に照らせば，本件各共同住宅の建築のための開発行為が被相続人による選択の結果であるとしても，このことから直ちに本件各歩道状空地について減額して評価をする必要がないということはできない。」と判示されました。
（2）「歩道状空地」の用に供されている宅地の取扱い
　　上記(1)の最高裁判決の判示事項を踏まえ，①都市計画法所定の開発行為の許可を受けるために，地方公共団体の指導要綱等を踏まえた行政指導によって整備され，②道路に沿って，歩道としてインターロッキングなどの舗装が施されたものであり，③居住者等以外の第三者による自由な通行の用に供されている「歩道状空地」については，評価通達24に基づき評価することとします。

3　相続税等の更正の請求
　上記2の取扱いは，過去に遡って適用されますので，これにより，過去の相続税又は贈与税（以下「相続税等」といいます。）の申告の内容に異動が生じ，相続税等が納めすぎになる場合には，国税通則法

の規定に基づき所轄の税務署に更正の請求をすることにより，当該納めすぎとなっている相続税等の還付を受けることができます。

なお，法定申告期限等から既に5年（贈与税の場合は6年）を経過している相続税等については，法令上，減額できないこととされていますのでご注意ください。

20 土地区画整理事業施行中の宅地の評価

> **財産評価基本通達24-2 《土地区画整理事業施行中の宅地の評価》**
>
> 　土地区画整理事業（土地区画整理法（昭和29年法律第119号）第2条《定義》第1項又は第2項に規定する土地区画整理事業をいう。）の施行地区内にある宅地について同法第98条《仮換地の指定》の規定に基づき仮換地が指定されている場合におけるその宅地の価額は，11《評価の方式》から21-2《倍率方式による評価》まで及び前項の定めにより計算したその仮換地の価額に相当する価額によって評価する。
>
> 　ただし，その仮換地の造成工事が施工中で，当該工事が完了するまでの期間が1年を超えると見込まれる場合の仮換地の価額に相当する価額は，その仮換地について造成工事が完了したものとして，本文の定めにより評価した価額の100分の95に相当する金額によって評価する。
>
> （注）　仮換地が指定されている場合であっても，次の事項のいずれにも該当するときには，従前の宅地の価額により評価する。
>
> 　1　土地区画整理法第99条《仮換地の指定の効果》第2項の規定により，仮換地について使用又は収益を開始する日を別に定めるとされているため，当該仮換地について使用又は収益を開始することができないこと。
>
> 　2　仮換地の造成工事が行われていないこと。

(1) 土地区画整理事業とは

① 土地区画整理事業

　土地区画整理事業とは，都市計画区域内の土地について，公共施設の整備改善及び宅地の利用の増進を図るため，土地区画整理法に従って行われる土地の区画形質の変更及び公共施設の新設または変更に関する事業をいう（土地区画整理法2①）。

　事業の施行者は，通常，土地区画整理組合や都道府県または市区町村となるが，国土交通大臣や公団，個人の場合もある。

② 土地区画整理事業の流れ

土地区画整理事業の流れは，施行者が誰かによって異なるが，おおよそ**図表2－69**のような流れとなる。

[図表2－69] 土地区画整理事業の流れ

①地域住民と計画案の検討	
↓	
②都市計画決定	土地区画整理事業の施工区域を都市計画決定
↓	
③施工規程・定款，事業計画の決定	施行者が準拠すべき規則や設計概要・施工期間・資金計画を決定する
↓	
④土地区画整理審議会・総会の設置	施工地区内の地権者の代表を委員として選出。換地計画，仮換地指定等を議決する
↓	
⑤仮換地の指定	将来換地とされる土地の位置，範囲を指定する
↓	
⑥建物移転補償，工事	仮換地の指定を受け，建物移転を実施する
↓	
⑦換地処分	従前の宅地上の権利が換地に移行する
↓	
⑧土地・建物の登記	施行者が土地，建物の登記を実施する
↓	
⑨清算金の徴収・交付	換地について，各地権者間の不均衡是正のため金銭で清算を行う
↓	
⑩事業の完了	

2章 宅地の評価

[図表2-70] 区画整理事業のイメージ

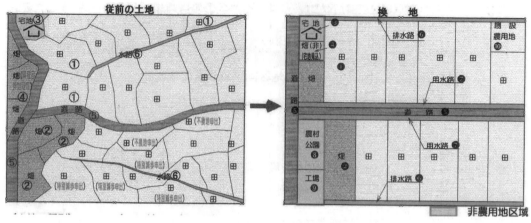

(出所) 宮城県ホームページ (https://www.pref.miyagi.jp/soshiki/nosonsei/kanchi-toha.html)

③ 仮換地の指定

　土地区画整理事業の施行者は、換地処分を行う前において、土地の区画形質の変更などに係る工事のため、必要がある場合、仮換地の指定をする（土地区画整理法98①）。

　仮換地が指定された場合、従前の宅地について使用収益することができる者は、仮換地の指定の効力発生日より仮換地について使用収益をすることができるが、その反面、従前の宅地については、使用収益ができなくなる（同法99①）。

　なお、施行者は、その仮換地に使用または収益の障害となる物件が存するときその他特別の事情があるときは、使用または収益を開始することができる日を別に定めることができる（同法99②）。

　権利関係はすべて従前の宅地に存することとされている（同法104）ことから、仮換地の指定がなされ、その土地の上に建物が建築されて使用収益されているような場合であっても、換地処分の公告があるまでは処分権は従前の宅地に残ることとなる。

　このようなことから、土地の評価についても換地処分があるまでは従前の宅地について行うべきとの考え方もあるが、造成工事等の進行に伴い、従前の宅地の確認ができなくなる場合も少なくなく、従前の宅地について評価を行うことは物理的に不可能となる。

　一方、仮換地の指定は、換地計画において定められた事項ないし法で定める換地計画の決定基準を考慮して行われ、また、仮換地指定地にそのまま換地される蓋然性も高いのが実情である。これらの事情を考慮すれば、仮換地の指定が行われた後であれば、仮換地指定地の現況に従って評価した価額に、清算金の額、換地処分の蓋然性の程度、換地処分までの期間等の諸事情を総合勘案し、必要があると認められる場合には補正を行い、評価額を算定するのが相当である[96]。

96　財産評価基本通達逐条解説（令和5年版）183頁

20 土地区画整理事業施行中の宅地の評価

[図表 2 －71] 仮換地案内図（重ね図）

従前地と仮換地を重ね合わせた図である。

2章　宅地の評価

[図表2－72] 仮換地指定通知

仮換地が指定されると，仮換地指定通知が送付される。従前地と仮換地の位置や地積が記載されている。

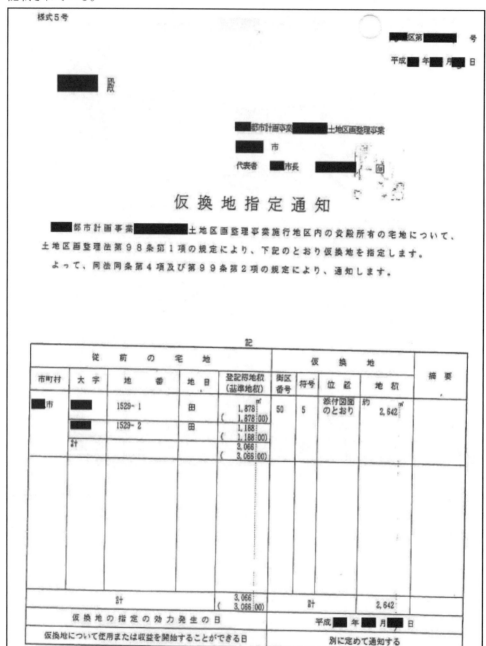

[図表 2 －73] 使用収益開始日の通知

使用収益の開始の日が別に定められている場合，別途，仮換地の使用収益開始日の通知がなされる。

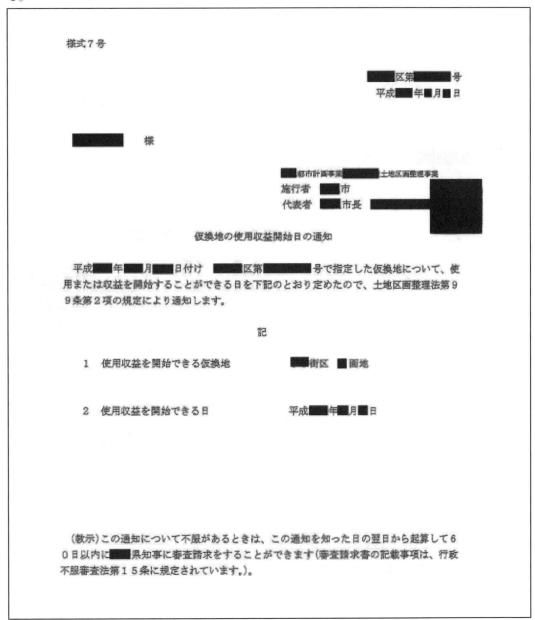

④ 換地処分

土地区画整理事業の施行者は，施行地区内の宅地について，換地処分を行うため換地計画を定め（土地区画整理法86①），換地計画において定められた関係事項を関係権利者に通知して換地処分を行う（同法103）。

2章 宅地の評価

　換地処分の公告があった後は、換地は、その公告のあった日の翌日から従前地とみなされ、換地計画において従前地に存すると定められた所有権、賃借権等は当然に換地の上に移行することになる（同法104）。つまり、従前地に借地権が発生していれば、換地にも借地権が認識される。

[図表2－74] 換地処分通知

換地処分がなされると、換地処分通知が送付される。従前地と換地の位置や地積が記載されている。

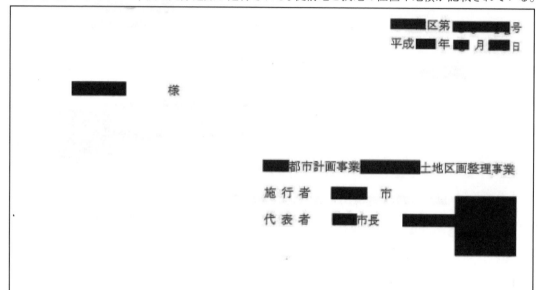

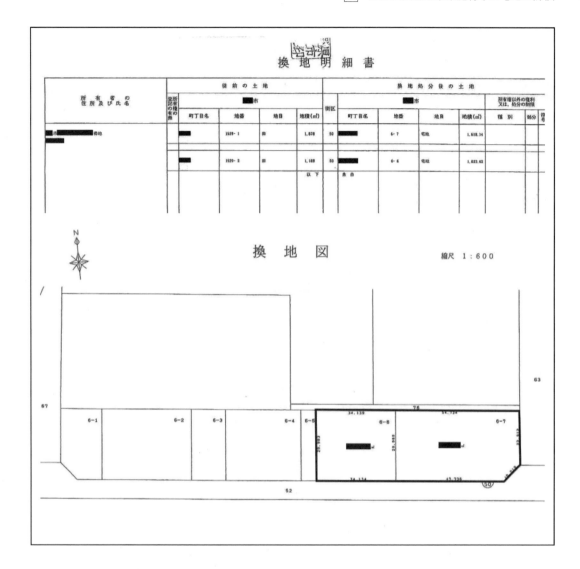

(2) 土地区画整理事業施行中の宅地の評価

① 取扱い

土地区画整理事業の施行地区内にある宅地について、仮換地が指定されている場合におけるその宅地の価額は、その仮換地の価額によって評価する。

ただし、その仮換地の造成工事が施工中で、当該工事が完了するまでの期間が1年を超えると見込まれる場合の仮換地の価額に相当する価額は、その仮換地について造成工事が完了したものとして評価した価額の100分の95に相当する金額によって評価する（評価通達24-2ただし書き）。

なお、仮換地が指定されている場合であっても、次の事項のいずれにも該当するときには、従前の宅地の価額により評価する（評価通達24-2注書き）。

1. 仮換地について使用または収益を開始する日を別に定めるとされているため、当該仮換地に

2章　宅地の評価

ついて使用または収益を開始することができないこと
2．仮換地の造成工事が行われていないこと

実務上のポイント

土地区画整理事業施行中の宅地の評価について，フローチャートにまとめると以下のとおりである。

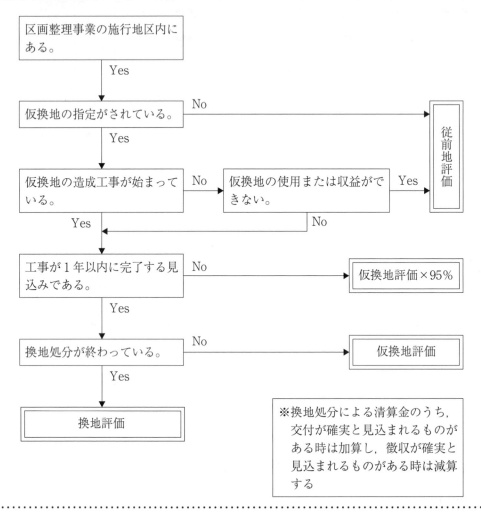

Q　土地区画整理事業施行中の宅地の評価

■質問

土地区画整理事業の施行地区内にある土地について，仮換地の指定を受けています。この場合の土地の価額は，どのように評価するのでしょうか。

20 土地区画整理事業施行中の宅地の評価

■回　答
　土地区画整理事業の施行地区内にある宅地について，土地区画整理法第98条《仮換地の指定》の規定に基づき仮換地が指定されている場合には，その宅地の価額は，仮換地の価額に相当する価額によって評価します。
　ただし，その仮換地の造成工事が施行中で，当該工事が完了するまでの期間が１年を超えると見込まれる場合の仮換地の価額に相当する価額は，その仮換地について造成工事が完了したものとして，路線価方式又は倍率方式によって評価した価額の100分の95に相当する価額によって評価します。
　この場合において，換地処分により徴収又は交付されることとなる清算金のうち，課税時期において確実と見込まれるものがあるときには，その金額を評価上考慮して，徴収されるものは仮換地の価額から減算し，交付されるものは加算して評価します。
　なお，仮換地が指定されている場合であっても，次の事項のいずれにも該当するときには，従前の宅地の価額により評価します。
１　仮換地について使用又は収益を開始する日を別に定めるとされているため，当該仮換地について使用又は収益を開始することができないこと
２　仮換地の造成工事が行われていないこと

（参考）国税庁質疑応答事例「土地区画整理事業施行中の宅地の評価」

② 仮換地が指定されている場合

　土地区画整理事業の施行地区内にある宅地について，仮換地が指定されている場合においては，仮換地の価額によって評価する。
　それは，（イ）仮換地の指定があった場合の法律関係は，その指定を受けた者はその所有する従前の宅地を使用収益することができず，その代わりに仮換地を，従前の宅地と同じ内容で使用収益ができること，（ロ）従前の土地は，仮換地指定直後であればともかく，区画整理事業が進捗すると，その形骸をとどめないような場合も生じ，従前の宅地を評価することが物理的にも困難となること，（ハ）仮換地指定を受けた宅地を譲渡する場合，法律上は従前の宅地の譲渡であるとしても，当該譲渡を受けた者は，仮換地についてのみ使用または収益をすることができるものであり，しかも，換地処分により取得するのは仮換地であるから，当該譲渡に係る取引価額は仮換地の現況を基に決定されるものと考えられることから，仮換地の指定があった後の宅地についての客観的な交換価値を仮換地の価額によるものと解されている（平成10年５月28日裁決〔裁決事例集55巻511頁〕，平成13年６月29日裁決〔TAINS・F0-3-076〕）。

③ 仮換地の指定後，工事完成までに１年を超えると見込まれる場合（ただし書き）

　ただし，仮換地の指定が行われている場合であっても，仮換地の造成工事が施工中で未了の場合には，宅地としての効用は果たし得ない。
　そこで，造成工事が完了するまでの期間が１年を超えると見込まれる場合には，造成工事が完了したものとして評価した価額から５％の評価減を行って評価する。

2章　宅地の評価

　これは，仮換地を使用または収益できる日までに相当の期間がある場合（土地区画整理法99②）には，いずれ仮換地の使用または収益の開始及び最終的な換地処分が予定されているとはいえ，宅地としての効用は現実には果たし得ないのであるから，その利用上の制限を考慮すべきであるものと解されている（平成12年10月31日裁決〔裁決事例集60巻509頁〕）。

④　仮換地の指定があるが使用収益を開始することができない場合（注書き）

　仮換地が指定されても，使用収益の日が定められず，造成工事等の着工時期も未定のまま，事実上，従前の宅地を使用している場合がある。

　このような地域の土地については，（イ）仮換地が指定されても，従前の宅地をそのまま使用していること，（ロ）道路状況が仮換地指定の前後で変更がなく，従前の道路に路線価を付すことにより，従前の宅地の価額を評価することが可能であること，（ハ）仮換地に指定された土地の現況に応じて，清算金の額，換地処分までの期間等の諸事情を総合勘案して仮換地の価額に相当する価額を算定することが困難であることから，あえて仮換地の価額に相当する価額で評価する必要はなく，従前の道路に基づいて路線価等を評定し，これに基づき従前の宅地の価額を評価することが相当と考えられる[97]。

　そこで，仮換地が指定されている場合であっても，使用収益開始の日を別に定めるとされていることにより，仮換地について使用または収益を開始することができず，かつ，仮換地の造成工事が行われていない場合には，従前の宅地の価額により評価する。

　なお，仮換地の指定後においても，造成工事が未着工で従前の宅地を利用している場合には，利用上の制約について考慮する必要はないものと考えられることから，ただし書きの95％評価の取扱いはできないものとなる[98]。

⑤　土地区画整理事業区域内において仮換地の指定がない場合

　土地区画整理事業施行区域内において未だ仮換地の指定がない場合については通達に定めがないが，路線価の基礎となる標準地が土地区画整理事業施行区域に含まれていることから，標準地ごとの個別事情もすでに勘案されているとして，路線価方式による評価が相当であるとされている（前橋地裁平成12年7月5日判決〔税務訴訟資料248号3頁〕）。

⑥　清算金の取扱い

　土地区画整理事業施行地区内の宅地について，交付を受けまたは徴収されることとなる清算金は，その宅地の評価上，どう関係してくるであろうか。

　土地区画整理事業の最終段階では，換地処分の公告が行われ，仮換地と従前の宅地との関係は，

97　財産評価基本通達逐条解説（令和5年版）184頁
98　財産評価基本通達逐条解説（令和5年版）184頁

換地と従前の宅地との関係として，本換地に移ることになる。そこで，換地は，従前の宅地とその位置，地積，環境などが照応するように定められることになっているが，実際上，それが完全に照応することは不可能であるため，その過不足が，清算金によって清算されることになる。したがって，換地処分の公告に伴い，清算金を徴収される者と，清算金の交付を受ける者とが生じてくる。

この清算金は，換地処分の公告によって確定するが，確定後の清算金は，債権または債務であるから，土地の評価に影響を及ぼすものである。

問題となるのは，換地処分の公告前に課税時期が到来する場合である。換地処分の公告が行われる場合には，それ以前に換地計画が定められる。その換地計画は，換地設計のほかに，各筆の各権利別清算金の明細についても取り決められ，関係者の縦覧に供された上で，知事の許可を経て決定し，公告されるという手順が踏まれる。したがって，換地処分の公告が行われる直前には，仮換地について使用収益ができる者は，本換地が確定することによって，清算金が交付されるのか，徴収されるのか，その額はいくらか，ということが明確になっていることが多い。

そこで，換地処分により徴収または交付されることとなる清算金のうち課税時期において確実と見込まれるものがある場合には，徴収されることとなる清算金の額は，仮換地の評価額から控除し，交付されることになる清算金は仮換地の評価額に加算する[99]。

⑦　土地区画整理事業に係る農地の取扱い

区画整理中の土地で当該事業施行中のため農業の用に供することができない土地について，当該事業を施行する直前において農地である場合には，農地に該当する。

土地区画整理事業における換地は，原則として従前の土地の利用状況に照応して行うことが建前となっているので，土地区画整理事業が完了したからといって直ちにその施行地区内の土地がすべて宅地になるわけではないことから，農地法第2条第1項に規定する農地に該当するか否かは，その土地の現況に応じて判断することとなる。

Q　土地区画整理事業に係る土地

■質　問
　土地区画整理事業の完了した地域に所在する土地は，たとえ作物を栽培している場合であっても，農地法第2条第1項に規定する農地には該当しないものと考えてよいでしょうか。

■回　答
　土地区画整理事業の施行地区は，宅地のほか農地も含まれる場合があり，また，土地区画整理事業における換地は，原則として従前の土地の利用状況に照応して行うことが建前となっているので，土地区画整理事業が完了したからといって直ちにその施行地区内の土地がすべて宅地になるわけではな

---

[99] 財産評価基本通達逐条解説（令和5年版）185頁

いことから，農地法第2条第1項に規定する農地に該当するか否かは，その土地の現況に応じて判断することとなります。

なお，区画整理中の土地で当該事業施行中のため農業の用に供することができない土地について，当該事業を施行する直前において農地である場合には，農地に該当します。

（参考）国税庁「資産税関係質疑応答事例について（情報）」〔TAINS・相続事例707036〕

(3) 個別評価の申出

① 個別評価申出書

土地区画整理事業施行区域内など，路線価図等に「個別評価」と表示されている地域においては，宅地の評価に適用する路線価が表示されていない。

そこで，税務署長に路線価設定の個別評価の申出をすることになる。この個別評価の申出は，「個別評価申出書」に必要事項を記載の上，必要書類を添付して，納税地を所轄する税務署長に提出する。

20 土地区画整理事業施行中の宅地の評価

（記 載 例）

~~平成~~
令和 △ 年分　　個別評価申出書

> 土地区画整理事業施行区域内など、路線価図等に「個別評価」と表示されている地域内の土地等を評価するため、その土地等の評価を申し出るときに使用します。

○○　税務署長

> 課税年分を記入します。

令和○年○月○日

> 個別評価評定担当署を記載してください。

〒○○○-○○○○
申　出　者　住所（所在地）　○○市○○５丁目６番７号
（納税義務者）
　　　　　　氏名（名称）　　国税　三郎
　　　　　　職業（業種）不動産貸付業　電話番号 ○○○-○○○○

> 納税義務者からの申出に限ります。

相続税等の申告のため、財産評価基準書に「個別評価」と表示されている土地等を評価する必要があるので、次のとおり申し出ます。

1	個別評価を必要とする理由	☑ 相続税申告のため 　相続開始年月日　R△年６月20日 　被相続人　住所　○○市○○５丁目６番７号 　　　　　　氏名　　国税　太郎 　　　　　　職業　不動産貸付業 ☐ 贈与税申告のため 　受贈年月日　　　　年　　月　　日
2	個別評価する土地等の所在地、状況等	「別紙１　個別評価により評価する土地等の所在地、状況等の明細書」のとおり
3	添付資料	「別紙２　個別評価申出書添付資料一覧表」のとおり
4	連絡先	〒○○○-○○○○ 住　所　○○市○○町１２３番地 氏　名　埼玉　京子 職　業　税理士　　電話番号 ○○○-○○○○
5	送付先	☐ 申出者に送付 ☑ 連絡先に送付

> 回答書の送付先をいずれか指定してください。
> （注）いずれの場合も、申出者名で回答書が作成されますので、ご了承ください。

※ ☐欄には、該当するものにレ点を付してください。

◎ 別紙「個別評価評定担当署一覧」をご覧いただき、該当する個別評価評定担当署に提出（持参又は郵送）してください。
◎ 申出書の様式は、国税庁ホームページの関東信越国税局コーナーからダウンロードできます。
　https://www.nta.go.jp/about/organization/kantoshinetsu/index.htm

(2.11)

（出典）　関東信越国税局ホームページ（https://www.nta.go.jp/kantoshinetsu/index.htm）

2章　宅地の評価

> この明細書の記載に当たっては、「仮換地指定通知書」等をご確認ください。

別紙1　個別評価により評価する土地等の所在地、状況等の明細書

土地等の所在地〔住居表示〕	○○市○○5丁目 123番地11 〔○○5丁目3番4号〕	〔　　　　　　　　〕
土地等の利用者名、利用状況及び地積	（利用者名）　国税　三郎 （利用状況）　宅地（自用地） （地　積）　　　198.0 ㎡	（利用者名） （利用状況） （地　積）　　　　　㎡
仮換地の指定の有無及び指定日	㊲　・　無 R△年 5月 10日	有　・　無 年　月　日
（仮換地の指定がある場合）仮換地の所在地	○○土地区画整理事業 31街区5画地	
仮換地の使用収益開始の有無	有　・　㊺ （使用収益の開始日） 年　月　日	有　・　無 （使用収益の開始日） 年　月　日
〔仮換地の使用収益が開始されている場合〕利用者名、利用状況及び地積	（利用者名） （利用状況） （地　積）　　　　　㎡	（利用者名） （利用状況） （地　積）　　　　　㎡
〔仮換地の使用収益が開始されていない場合〕工事が開始されていない理由及び使用収益開始予定日	（理由） 工事が行われていない。 （使用収益開始予定日）　未定 年　月　日	（理由） （使用収益開始予定日） 年　月　日
仮換地の造成工事	工事完了・工事中・㊺着手	工事完了・工事中・未着手
清算金の有無等	有・㊺　　　　　円	有・無　　　　　円
減　歩　率	18.3 ％	％
その他（参考事項）		

吹き出し：
- 従前地の面積を記載してください。
- 課税時期現在の仮換地の造成工事の状況を記載してください。

（2.11）

（出典）関東信越国税局ホームページ（https://www.nta.go.jp/kantoshinetsu/index.htm）

20 土地区画整理事業施行中の宅地の評価

> 資料が添付できない場合には、〔　〕欄に理由等、参考事項を記載してください。
> 　別紙2

個別評価申出書添付資料一覧表

資料の名称	添付の有無	
物件案内図 〔地図等の案内図を添付してください。〕	☑あり　□一部あり　□なし	〔　　　　　　　　　　〕
仮換地指定通知書 〔仮換地の指定が既に行われている場合は、所有者に通知されます。〕	□あり　□一部あり　☑なし	〔仮換地指定通知書紛失のため、仮換地証明書を添付。〕
仮換地位置図 〔仮換地指定通知書と共に送付されます。〕	☑あり　□一部あり　□なし	〔　　　　　　　　　　〕
仮換地の公図又は実測図 〔仮換地位置図がある場合は不要です。〕	□あり　□一部あり　☑なし	〔仮換地位置図を添付。〕
従前地位置図 〔従前地の公図がある場合は不要です。〕	□あり　□一部あり　☑なし	〔従前地の公図を添付。〕
従前地の公図又は実測図 〔法務局で入手できます。〕	☑あり　□一部あり　□なし	〔　　　　　　　　　　〕
重ね図	☑あり　□一部あり　□なし	〔　　　　　　　　　　〕
仮換地の使用収益開始の日の通知書	□あり　□一部あり　☑なし	〔使用収益開始時期未定。〕
評価対象土地が倍率地域に存する場合　固定資産税評価証明書	□あり　□一部あり　☑なし	〔評価対象土地が路線価地域に存するため。〕
評価対象土地が倍率地域に存する場合　（評価対象土地が宅地以外の場合）近傍宅地の1㎡当たりの固定資産税評価額の表示	□あり　□一部あり　☑なし	〔評価対象土地が路線価地域に存するため。〕
その他参考資料	〔写真（令和〇年〇月〇日撮影）〕	

> 従前地及び仮換地の写真の添付にご協力ください。
> なお、写真は、評価対象土地の面する道路の状況が分かるように撮影してください。

（2.11）

（出典）関東信越国税局ホームページ（https://www.nta.go.jp/kantoshinetsu/index.htm）

21 造成中の宅地の評価

> **財産評価基本通達24-3《造成中の宅地の評価》**
> 　造成中の宅地の価額は，その土地の造成工事着手直前の地目により評価した課税時期における価額に，その宅地の造成に係る費用現価（課税時期までに投下した費用の額を課税時期の価額に引き直した額の合計額をいう。以下同じ。）の100分の80に相当する金額を加算した金額によって評価する。

(1) 取扱い

　本項では，造成中の宅地の評価方法を定めている。

　農地に土盛りをしたり，山林を切り崩したり，池沼を埋め立てたりして宅地を造成する場合がある。その造成中に課税時期が到来した場合の宅地の価額は，その土地の造成工事着手直前の地目により評価した課税時期における価額に，その宅地の造成に係る費用現価の100分の80に相当する金額を加算した金額によって評価する。

　なお，費用現価とは，課税時期までに投下した費用の額を課税時期の価額に引き直した額の合計額をいう。

(2) 農地の場合

　その土地が仮に農地であった場合，課税時期において，その造成中の宅地が農地であったとした場合の評価額を求める。

　次に，その造成中の宅地について，造成工事着手時から，課税時期までの間に支出したその宅地の造成のための費用（例えば，埋立て費，土盛り費，土止め費，地ならし費など）の額を調べ，その支出した費用の額をそれぞれ課税時期現在の価額（費用現価）に引き直す。

　そして，上記で求めた，造成工事着手直前の地目の土地の課税時期現在の評価額と，造成工事に関する費用現価の額の80％相当額とを合計する。

　ここで，費用現価の80％相当額によることとしているのは，この場合の評価の基となっている造成工事着手直前の地目の土地の評価額について加えられた課税のための評価であるという見地からの安全性の配慮と同じく，費用現価についても安全性の配慮を加えるものである[100]。

100　財産評価基本通達逐条解説（令和5年版）187頁

Q 造成中の宅地の評価

■質 問

　課税時期において，評価する土地が宅地造成工事中である場合には，どのように評価するのでしょうか。

■回 答

　造成中の宅地の価額は，その土地の造成工事着手直前の地目により評価した課税時期における価額とその宅地の造成に要した費用現価の80％相当額との合計額によって評価します。

　この場合の費用現価とは，課税時期までに投下した造成費用（例えば，埋立て費，土盛り費，土止め費，地ならし費等）の額を課税時期の価額に引き直した額の合計額をいいます。

（参考）国税庁質疑応答事例「造成中の宅地の評価」

22　農業用施設用地の評価

財産評価基本通達24-5《農業用施設用地の評価》

　農業振興地域の整備に関する法律（昭和44年法律第58号）第8条第2項第1号に規定する農用地区域（以下「農用地区域」という。）内又は市街化調整区域内に存する農業用施設（農業振興地域の整備に関する法律第3条第3号及び第4号に規定する施設をいう。）の用に供されている宅地（以下本項において「農業用施設用地」という。）の価額は，その宅地が農地であるとした場合の1平方メートル当たりの価額に，その農地を課税時期において当該農業用施設の用に供されている宅地とする場合に通常必要と認められる1平方メートル当たりの造成費に相当する金額として，整地，土盛り又は土止めに要する費用の額がおおむね同一と認められる地域ごとに国税局長の定める金額を加算した金額に，その宅地の地積を乗じて計算した金額によって評価する。

　ただし，その農業用施設用地の位置，都市計画法の規定による建築物の建築に関する制限の内容等により，その付近にある宅地（農業用施設用地を除く。）の価額に類似する価額で取引されると認められることから，上記の方法によって評価することが不適当であると認められる農業用施設用地（農用地区域内に存するものを除く。）については，その付近にある宅地（農業用施設用地を除く。）の価額に比準して評価することとする。

（注）

1　その宅地が農地であるとした場合の1平方メートル当たりの価額は，その付近にある農地について37《純農地の評価》又は38《中間農地の評価》に定める方式によって評価した1平方メートル当たりの価額を基として評価するものとする。

2　農用地区域内又は市街化調整区域内に存する農業用施設の用に供されている雑種地の価額については，本項の定めに準じて評価することに留意する。

(1) 取扱い

本項では，農業振興法に規定する農用地区域内又は市街化調整区域内（以下「農用地区域内等」という）に存する農業用施設用地の評価方法について定めている。

農業用施設とは，畜舎，蚕室，温室，農産物集出荷施設，農機具収納施設など，耕作または養畜の業務のために必要な農業用施設をいう。

農業振興法に規定する農用地区域内等に存する農業用施設用地の現況地目は宅地となるが，農地と同じく住宅，店舗，工場等の通常の建物の敷地の用に供することについて都市計画法等の公法上の制限を受けているため，原則として，その用途は農業用に限定されている。

また，平成12（2000）年度より，農用地区域内等に存する農業用施設用地の固定資産税評価額は，従来の標準宅地に比準した価額から，原則として，付近の農地の価額に造成費に相当する金額を加算した金額とされたことから，相続税等において倍率方式によって評価する場合に，従来どおり固定資産税評価額に宅地の倍率を乗じて求める方法では，農地の価格水準の固定資産税評価額に宅地の倍率を乗じて評価することになり，合理性に欠けることとなった。

そこで，農用地区域内等に存する農業用施設用地は，一般の宅地とは別の評価方法を採用することとし，原則として，付近の農地の価額を基としてその農業用施設用地が農地であるとした場合の価額を求め，その農地を当該農業用施設用地に造成するとした場合において通常必要と認められる造成費に相当する金額を加算した金額によって評価することとした。

[図表2－75] 農業振興地域と都市計画区域の関係

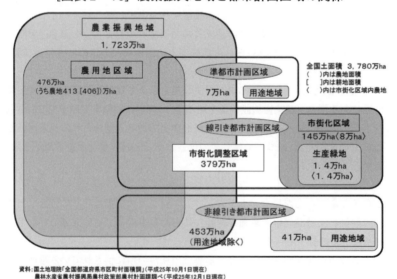

（出典） 農林水産省ホームページ「農業振興地域制度，農地転用許可制度等について」

22 農業用施設用地の評価

　ここで，造成費に相当する金額を加算することとしたのは，農業用施設用地については，農地から当該農業用施設用地に転用するために要した造成費相当分の資本投下がなされており，その農業用施設用地の取引を想定した場合には，その取引価額は，付近の農地価格の水準にその造成費相当分を加味した価格水準となるからである。この造成費については，整地，土盛りまたは土止めに要する費用の額がおおむね同一と認められる地域ごとに国税局長が定めることとしており，財産評価基準書に記載されている[101]。

　なお，農業用施設が建物に該当せず，その用地が雑種地に該当する場合についても，宅地である農業用施設用地の評価方法に準じて評価する。

Q 農業用施設用地の評価

■質　問
　財産評価基本通達24-5に定める農業用施設用地の価額は，どのように評価するのですか。

■回　答
　農業振興地域の整備に関する法律第8条第2項第1号に規定する農用地区域内又は市街化調整区域内に存する農業用施設用地の価額は，その宅地が農地であるとした場合の1平方メートル当たりの価額に，その農地を課税時期において当該農業用施設の用に供されている宅地とする場合に通常必要と認められる1平方メートル当たりの造成費に相当する金額として，整地，土盛り又は土止めに要する費用の額がおおむね同一と認められる地域ごとに国税局長の定める金額を加算した金額に，その宅地の地積を乗じて計算した金額によって評価します。

　ただし，農業用施設用地であっても，いわゆる条例指定区域内（都市計画法第34条第11号の規定に基づき都道府県等が条例で定めた区域）に存するため用途変更に制限のない農業用施設用地など，その位置，都市計画法の規定による建物の建築制限の内容等により，その地域における農業用施設用地以外の宅地の価格水準で取引されると見込まれるものについては，その付近にある宅地（農業用施設用地を除く。）の価額に比準して評価します。

$$\text{農業用施設用地の価額} = \left(\text{農地であるとした場合の1m}^2\text{当たりの価額} + \text{1m}^2\text{当たりの造成費相当額}\right) \times \text{地積}$$

（注）「農業用施設用地」とは，農業用施設（畜舎，蚕室，温室，農産物集出荷施設，農機具収納施設など，農業振興地域の整備に関する法律第3条第3号及び第4号に規定する施設をいいます。）の用に供されている宅地をいいます。

（参考）国税庁質疑応答事例「農業用施設用地の評価」

---

[101] 財産評価基本通達逐条解説（令和5年版）188～189頁

(2) 農用地区域内等にある農業用施設用地の評価

① 通常の評価

農業用施設用地の価額は，その宅地が農地であるとした場合の1m²当たりの価額に，その農地を課税時期において当該農業用施設の用に供されている宅地とする場合に通常必要と認められる1m²当たりの宅地造成費を加算した金額に，その宅地の地積を乗じて計算した金額で評価する。

（具体例）

農地価額　100円（1m²当たり）

地積　500m²

農地の倍率　50倍

造成費　1,000円（1m²当たり）

- 農業用施設用地の1m²当たりの評価額

  100円×50倍＋1,000円＝6,000円

- 農業用施設用地の評価

  6,000円×500m²＝3,000,000円

② 付近の宅地に比準して評価する場合（ただし書き）

ただし，住宅，店舗または工場等の建物の敷地の用に供することについて都市計画法等による制限がない場合や，その地域における農業用施設用地以外の通常の宅地価格の水準で取引されるようなものについては，農地の価額を基としてその価額を求めることは不適当であると考えられることから，①の方法によって評価することが不適当であると認められる農業用施設用地については，その付近にある宅地の価額に比準して評価することとする。

（具体例）

宅地価額　20,000円（1m²当たり）

地積　500m²

宅地の倍率　1.1倍

- 付近の宅地の価額に比準して求めた1m²当たりの評価額

  20,000円×1.1倍＝22,000円

- 農業用施設用地の評価

  22,000円×500m²＝11,000,000円

(3) 農用地区域内等以外にある場合

　農用地区域内等以外の地域に存する土地，すなわち，都市計画区域内の市街化調整区域外の土地（農用地区域内を除く。）及び都市計画区域外の土地（農用地区域内を除く。）は，その地目に従い，通常の宅地または雑種地の評価方法により評価する。

　なぜなら，これらの土地は，開発行為，建築物の建築等の土地利用に関して，農用地区域内等のような制限がないので，これらの地域に存する農業用施設の用に供されている土地の価額の水準はその付近に存する通常の宅地や雑種地と同程度の価格水準になっていると考えられるからである[102]。

Q 農用地区域内等以外の地域に存する農業用施設用地の評価

■質　問
　農用地区域内等以外の地域に存する農業用施設の用に供されている土地については，どのように評価するのですか。

■回　答
　その農業用施設の用に供されている土地の地目に従い，通常の宅地又は雑種地の評価方法により評価します。

（解説）
1　農業振興地域の整備に関する法律第8条第2項第1号に規定する農用地区域内又は市街化調整区域内（以下「農用地区域内等」といいます。）に存する農業用施設の用に供されている土地については，開発行為や建築物の建築等の土地の利用が制限されており，その用途が農業用に限定されていることから，その土地が農地であるとした場合の価額に，その農地を当該農業用施設の用に供されている土地とする場合に通常必要と認められる造成費相当額を加算した金額によって評価することとしています。
2　一方，農用地区域内等以外の地域に存する土地，すなわち，都市計画区域内の市街化調整区域外の土地（農用地区域内を除きます。）及び都市計画区域外の土地（農用地区域内を除きます。）は，開発行為，建築物の建築等の土地利用に関して農用地区域内等のような制限がないので，これらの地域に存する農業用施設の用に供されている土地の価額の水準はその付近に存する通常の宅地や雑種地と同程度の価格水準になっていると考えられます。したがって，これらの地域に存する農業用施設の用に供されている土地については，その地目に従い，通常の宅地又は雑種地の評価方法により評価することになります。
（注）「農業用施設」とは，畜舎，蚕室，温室，農産物集出荷施設，農機具収納施設など，農業振興地域の整備に関する法律第3条第3号及び第4号に規定する施設をいいます。
（参考）国税庁質疑応答事例「農用地区域内等以外の地域に存する農業用施設の用に供されている土地の評価」

---

[102] 財産評価基本通達逐条解説（令和5年版）190頁

2章　宅地の評価

> **実務上のポイント**
>
> 　市街化調整区域において，ビニールハウスや農機具収納施設として使用されている土地は多い。固定資産税は宅地としての評価が行われており，固定資産税評価額＞相続税評価額となることが多いため留意する。
> 　評価の区分をフローチャートにまとめると以下のとおりである。

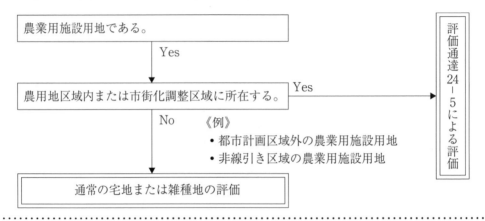

23　セットバックを必要とする宅地の評価

> **財産評価基本通達24-6《セットバックを必要とする宅地の評価》**
> 　建築基準法第42条《道路の定義》第2項に規定する道路に面しており，将来，建物の建替え時等に同法の規定に基づき道路敷きとして提供しなければならない部分を有する宅地の価額は，その宅地について道路敷きとして提供する必要がないものとした場合の価額から，その価額に次の算式により計算した割合を乗じて計算した金額を控除した価額によって評価する。
>
> （算式）
>
> $$\frac{将来，建物の建替え時等に道路敷きとして提供しなければならない部分の地積}{宅地の総地積} \times 0.7$$

(1)　セットバックとは

①　建築基準法第42条第2項道路

　本項では，セットバックを必要とする宅地の評価方法を定めている。
　建築基準法が昭和25（1950）年に制定されて以降，新たに建物を建築するためには，幅員4m以上の道路に接道しなければならないことになっている。4mは，採光や通風などの建築物の環境を確保したり，救急車や消防車などの緊急車両が通るために必要な幅である。
　したがって，現在の道路幅員が4m未満の道路に面する宅地は，将来建物の建替え，増築，改築，

23 セットバックを必要とする宅地の評価

大規模の修繕及び大規模の模様替えを行う場合には，その道路の中心線から左右に2mずつ後退した線が道路と宅地の境界線とみなされ，その後退した部分を道路敷きとして提供しなければならない。この道路敷きを提供するための敷地後退部分を「セットバック」という。

例えば，**図表2－76**は，現状の道路幅員が3mである建築基準法第42条第2項道路であり，将来，道路の中心線から2mとなるように両側の敷地とも0.5mのセットバックが必要となる。

なお，道路の反対側が河川やがけ地などで道路が拡張できない場合は，対岸から4mを確保しなければならない（**図表2－77**）。

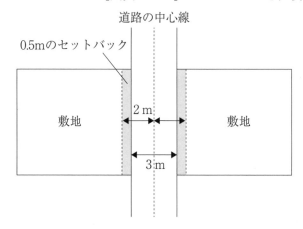

［図表2－76］セットバックを必要とする宅地

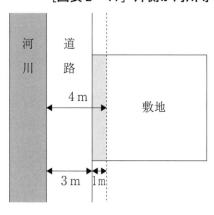

［図表2－77］片側が河川等の場合

② セットバックの具体例

セットバックを必要とする道路の状況として，以下の4つのパターンが考えられる。

(a) 両側ともにセットバックしていない

図表2－78のうち土地Aは，反対側の土地とともにセットバックをしていない。このような場合

には，双方とも道路の中心線から2m分後退するのが原則となる。

したがって，実務上，以下の算式によりセットバック後退距離を求める。

(算式)　(4m－現況幅員)÷2

土地Aにおいては，道路の幅員は3.0mであるため，後退距離は0.5m $\left(=\dfrac{4.0\text{m}-3.0\text{m}}{2}\right)$ となる。

(b)　両側ともにセットバック済み

図表2－78のうち土地Bは，両側ともにセットバックがなされている。このような場合には，道路の幅員も4mとなっており，セットバックの減価はない。

(c)　反対側のみセットバックしている

図表2－78のうち土地Cは，反対側の土地はセットバック済みであるのに対し，評価対象地においてはセットバックがなされていない。このような場合には，以下の算式によりセットバック後退距離を求める。

(算式)　(4m－現況幅員)

土地Cにおいては，道路の幅員は3.5mであるため，後退距離は0.5m（＝4.0m－3.5m）となる。

[図表2－78]　セットバックの要否

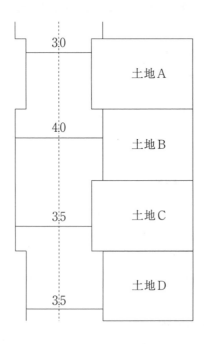

(d) 評価対象地のみセットバック済み

図表 2 −78のうち土地Dは，反対側の土地はセットバックがなされていないが，評価対象地はセットバックがなされている。このような場合には，道路の幅員は3.5mであるが，評価対象地においてセットバックの減価は行わない。

(2) 道路幅員の測定

① 道路幅員とは

道路幅員とは，道路の幅のことをいう。車道や歩道だけでなく，中央帯や路肩，植樹帯も含まれる。

なお，道路幅員には道路法上の幅員と建築基準法上の幅員がある。

道路法上の道路幅員は，公道を管理するために道路管理者がその範囲を認定しているものをいい，道路台帳に示されている。担当課は道路管理課などとなる。

建築基準法上の道路幅員は，建築物を建築するために接道すべき道路をいい，幅員が4メートルに満たない場合はセットバックを必要とする。担当課は建築指導課などとなる。

道路の現況幅員については，現地で計測するのが一般的であるが，その道路が公道である場合には，役所に備えてある道路台帳においても確認することができる。

基本的には，道路法上の道路＝建築基準法上の道路である（建基法42①一）が，道路法上の道路幅員と建築基準法上の道路幅員は必ずしも一致しないことに留意する必要がある。

② 道路幅員の測り方

敷地に面している道路幅員が平面である場合は，道路との境界線から水平距離で幅員を計測する。

しかし，道路幅員が平面になっていないケースもある。

例えば，道路の端に側溝がある道路では，側溝も道路幅員に含めて計測する。道路幅員は，原則として，道路の両端にある側溝や縁石の外側から外側までの距離である（**図表 2 −79**）。敷地（民有地）と側溝の境界線と，道路反対側の敷地（民有地）と側溝の境界線を基準として，水平距離を測定する。

[図表 2 −79]

（イ）L字溝がある場合

L字型をしている側溝をL字構という（図表2-80）。

一般的に，L字溝は道路幅員に含まれる。

（ロ）U字構がある場合

U字型をしている側溝をU字構という。

蓋付きのU字溝も道路幅員に含まれることが一般的である（図表2-81）。

また，蓋のないU字溝も道路幅員に含まれるが，自治体によっては道路幅員に含まないこともあるため，市区町村の道路の管理課において，どこまでが道路として認定されているのかを確認する必要がある（図表2-82）。

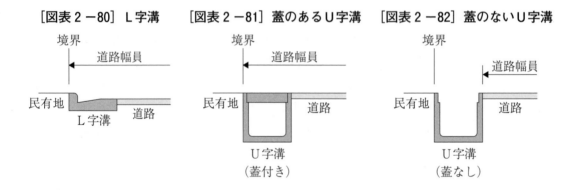

道路に歩道がある場合は，歩道を含めて道路幅員を計測する。

評価実務においては，所有地（民有地）と道路（官有地）の境界（官民境界）や所有地と隣地との境界に標識（杭やプレート）があることにより境界線が明らかになっていれば，その標識と標識の間の距離を測る。標識がない場合は，公図や測量図などの図面と照らし合わせながら，道路の両端に設置された側溝または縁石などの外側から外側までを測る。

[図表2-84] 杭の例

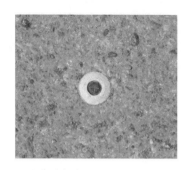

> **実務上のポイント**
>
> 　財産評価において確認するのは，どのくらいセットバックをする必要があるのか，という点であることから建築基準法上の幅員を確認する。
> 　なお，道路の中心線は現地においても示されておらず，実際には評価対象地にセットバックが必要かどうかわかりにくいことがある。例えば，左の写真はセットバックが済んでおり，右の写真のブロック部分はセットバックが済んでいないものである。道路台帳や周辺の状況を確認しながらその要否を判定する必要がある。

(3) セットバックを必要とする宅地の評価

① セットバックの減価

　評価対象地の接面する道路が4m未満の道路（建基法42②）であり，将来，建物の建替え等の際に道路敷きとして提供しなければならない部分を有する宅地は，現在の利用には特に支障はない場合であっても，その宅地の価額は，セットバックを要しない土地の価額に比較して減価することになる。

　このような減価要因を有する土地の価額は，将来道路敷きとして提供する部分の地積に対する価額の70％相当額を控除して評価する。

2章　宅地の評価

【誤りやすい項目】セットバックを必要とする宅地の評価について

誤った認識	正しい答え
セットバック部分の地積は評価対象地から除いて計算する。	セットバックを必要とする宅地については、そのセットバック部分について70％相当額を控除して評価する。

※　建物建築の際、前面道路幅員を4m（または6m）確保するようにしなければならない。
(参考)　東京国税局「誤りやすい事例集（改訂版）」〔TAINS・相続事例001874〕

② セットバックが必要な都市計画道路予定地の区域内にある宅地の評価

　セットバック対象部分と、都市計画道路予定地部分が重複する場合の宅地の評価においては、それぞれの減価補正をあわせて適用することができる。

Q　セットバックが必要な都市計画道路予定地の区域内にある宅地の評価

■質　問
　次の図のように、1　セットバック対象部分と、2　都市計画道路予定地部分が重複する場合の宅地の評価において、評価通達24-6（セットバックを必要とする宅地の評価）と評価通達24-7（都市計画道路予定地内にある宅地の評価）を重複して適用することはできるのでしょうか。

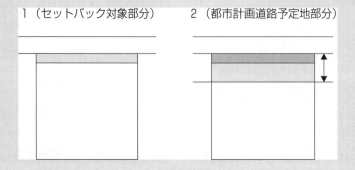

■回　答
　重複して適用することができます。
　評価通達24-6に定めるセットバックを必要とする宅地として評価した価額に、評価通達24-7に定める都市計画道路予定地の区域内にある宅地の評価に適用する補正率を乗じて計算した金額によって評価します。

（解説）
　セットバックを必要とする宅地に対する斟酌の根拠は、将来、建物の建替え時等に道路敷きとして宅地の一部分を提供しなければならないという制約を受けることであり、都市計画道路予定地の区域内にある部分を有する宅地に対する斟酌の根拠は、将来、建物を建築する際に、原則として、当該区域内では一定の構造で、低層の建物の建築しか許可されないという制約を受けることであるので、両

者の制約の内容は前者が後者を包含しており，重複適用は相当でないとも考えられます。

しかし，評価通達24-7（都市計画道路予定地内にある宅地の評価）の斟酌は，ある特定部分の減額を考慮しているものではなく，評価対象地全体に対する一定割合の減額であり，セットバックによる斟酌とは別のものであるから重複適用は差し支えありません。

（参考）東京国税局「資産税審理研修資料（平成24年7月）」〔TAINS・資産税審理研修資料H240700〕

(4) セットバックが終了した部分の評価

① セットバックが終了した部分の評価

セットバックが終了している部分において，土地の分筆が行われていないケースがある。そのように土地が分筆されておらず，すでに道路として利用されている部分については，所有権を有していても，その部分には建物等を建築することができないことから，私道として評価する。

したがって，当該道路部分が，特定の者の通行の用に供されている場合には私道でないものとして計算した価額の30％に相当する価額によって評価し，不特定多数の者の通行の用に供されている場合には評価しない。

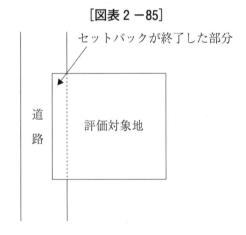

［図表2-85］

② セットバックを必要とする宅地とセットバックが終了している宅地

図表2-86は，現在4メートル未満の道路（建基法42②）に接面しており，将来，建物の建替え時等にはセットバックをしなければならないケースである。

このような土地においては，A-B-C-D-E-F-Aを1画地の宅地として評価し，間口はA-Bとなる。

そして，セットバックを必要とする部分（A-B-C-F-A）について30％の評価（70％減）を行う。

一方，過去にセットバックが行われ，評価対象地の一部がすでに道路として利用されている場合は，道路として利用されている部分について，私道として切り離して評価を行うこととなる。

2章　宅地の評価

[図表2-86] セットバックを必要とする宅地

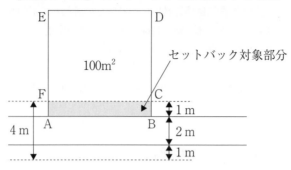

　図表2-87の評価対象地（A土地）については，過去にセットバックが行われている。そのため現況は一部（**図表2-87**のA-B-C-F-A部分）が道路として利用されているが，公図上は，まだ分筆されていないことから宅地部分も道路部分もあわせて1筆の土地となっている（**図表2-88**）。
　この場合，宅地部分と道路部分を別々に評価するのであるが，宅地の評価単位はF-C-D-E-Fとなり，間口はF-Cとなる。
　私道の評価単位は，A-B-C-F-Aとなり，不特定多数の者の通行の用に供されている私道であればゼロ評価，特定の者の通行の用に供されている私道であれば3割として評価がなされる。
　図表2-86の土地と**図表2-87**の土地の相違点は**図表2-89**のとおりである。
　評価上の間口は，セットバックを必要とする宅地においてはA-B（**図表2-86**）であるが，セットバック済みである宅地はF-C（**図表2-87**）となる。
　評価上の地積は，セットバックを必要とする宅地においてはA-B-C-D-E-F-A（**図表2-86**）の地積となる。セットバック済み評価上の宅地はF-C-D-E-F（**図表2-87**）の地積となり，A-B-

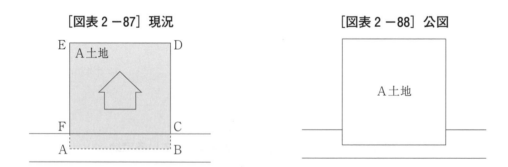

[図表2-89] 相違点

	セットバックを必要とする宅地	セットバック済みである宅地
評価単位 （評価地積）	A-B-C-D-E-F-A （うちA-B-C-F-A部分は30％評価）	F-C-D-E-F （別途A-B-C-F-Aは私道として評価）
間口，奥行	A-B，A-F-E	F-C，F-E

—440—

C-F-Aに対する地積は私道として別の評価単位となるため留意が必要である。

> **実務上のポイント**
>
> セットバックをすでに済ませており，所有する土地の一部が道路敷地となっている場合には，その道路提供部分は私道としての評価を行う。
> ただし，その道路敷地となっている部分について，公図上分筆されていないケースがある。そのような場合，固定資産税の評価において，1筆の土地を宅地部分と道路提供部分とに分け，道路提供部分を非課税としているケースもあれば，宅地の一部として課税地積に含まれているケースもある。いずれにおいても相続税及び贈与税の評価にあたっては，現況に即して私道として評価を行う必要がある。

(5) 市街地農地等の場合

評価対象地が宅地比準方式により評価することとなる市街地農地等の場合には，宅地の価額を基に評価する。

そこで，農地を宅地として使用する場合には，セットバックすることが建築条件となることから，宅地比準方式により評価することとなる市街地農地等にもこの考え方を準用する。

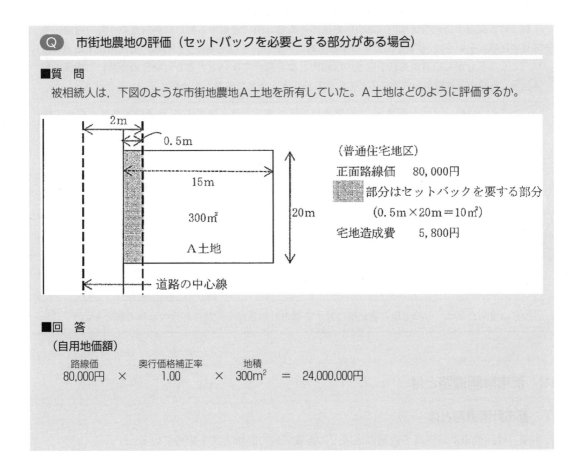

2章 宅地の評価

（セットバック部分の減額）

$$24,000,000円 \underset{自用地価額}{} \times \underset{\substack{セットバックを\\要する部分}}{\frac{10m^2}{300m^2}} \times \underset{控除割合}{0.7} = 560,000円$$

$$24,000,000円 \underset{自用地価額}{} - 560,000円 \underset{\substack{セットバック\\部分の減額}}{} = 23,440,000円（1m^2当たりの価額78,133円）$$

（宅地造成費相当額の控除）

$$(\underset{\substack{その農地が宅地であるとした\\場合の1m^2当たりの価額\\(78,133円)}}{} - \underset{\substack{1m^2当たりの\\造成費の金額\\5,800円}}{}) \times \underset{\substack{地積\\300m^2}}{} = 21,699,900円$$

（参考）東京国税局「資産税審理研修資料（平成26年7月）」〔TAINS・資産税審理研修資料H260700〕

24 都市計画道路予定地の区域内にある宅地の評価

財産評価基本通達24-7 《都市計画道路予定地の区域内にある宅地の評価》

都市計画道路予定地の区域内（都市計画法第4条第6項に規定する都市計画施設のうちの道路の予定地の区域内をいう。）となる部分を有する宅地の価額は，その宅地のうちの都市計画道路予定地の区域内となる部分が都市計画道路予定地の区域内となる部分でないものとした場合の価額に，次表の地区区分，容積率，地積割合の別に応じて定める補正率を乗じて計算した価額によって評価する。

地積割合 \ 容積率 \ 地域区分	ビル街地区，高度商業地区		繁華街地区，普通商業・併用住宅地区				普通住宅地区，中小工場地区，大工場地区		
	700%未満	700%以上	300%未満	300%以上400%未満	400%以上500%未満	500%以上	200%未満	200%以上300%未満	300%以上
30%未満	0.88	0.85	0.97	0.94	0.91	0.88	0.99	0.97	0.94
30%以上60%未満	0.76	0.70	0.94	0.88	0.82	0.76	0.98	0.94	0.88
60%以上	0.60	0.50	0.90	0.80	0.70	0.60	0.97	0.90	0.80

（注）地積割合とは，その宅地の総地積に対する都市計画道路予定地の部分の地積の割合をいう。

(1) 都市計画道路とは

① 都市計画道路とは

本項では，都市計画道路予定地の区域内にある宅地の評価方法を定めている。

24 都市計画道路予定地の区域内にある宅地の評価

　都市計画道路は，安心で安全な市民生活と機能的な都市活動を確保するため，都市施設として都市計画法に基づいて計画される道路のことをいう。

　都市計画道路予定地に指定されると，いずれは道路用地として時価で買収がなされるが，それまでの間にその予定地内に建築物を建築しようとするときには，原則として都道府県知事の許可を受けなければならない（都計法53）。

　なお，その建築物が，次に挙げる要件に該当し，かつ，容易に移転し，または除却することができるものは原則として許可される。
（イ）階数が2以下，かつ，地階を有しないこと
（ロ）主要構造部が，木造，鉄骨造，コンクリートブロック造その他これらに類する構造であること

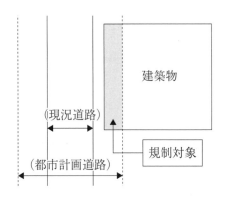

② 都市計画道路の事業段階

　都市計画道路には「計画決定」と「事業決定」，「整備済み」の3つの段階がある。

　「計画決定」とは，事業に着手する時期などがまだ具体的に決まっていないもの，「事業決定」とは，事業の着手が決まったもの，「整備済み」とは，すでに都市計画道路の工事を終了したものである。

　建物の新築や増築が許可されるのは「計画決定」のときに限られる。事業の着手が決まった「事業決定」の段階では，土地収用や立ち退き交渉，実際の道路の築造工事に取り掛かるため，災害時の応急措置的な建築などを除き，新たに建物を建築することはできなくなる。

　実務上のポイント

　都市計画道路は，「計画決定」がなされたとはいえ，次の段階の「事業決定」にすぐ進むとは限らない。何十年も「計画決定」のままというケースも多くあり，評価対象地における都市計画道路の段階がどの段階であるのかを市区町村の都市計画課にて確認する必要がある。

　なお，すでに都市計画道路が整備済みである場合には，評価減ができないことに注意する。

(2) 都市計画道路予定地の区域内にある宅地の評価

都市計画道路予定地の区域内となる部分を有する宅地の価額は，その宅地に都市計画道路予定地の区域内となる部分がないものとした場合の価額に，地区区分，容積率，地積割合の別に応じて定める補正率を乗じて評価する。

(3) 容積率の異なる2以上の地域にわたる宅地と都市計画道路予定地

容積率の異なる2以上の地域にわたる宅地の一部が都市計画道路予定地の区域内となっている場合の「容積率」は，都市計画道路予定地に係る部分の容積率ではなく，各容積率を加重平均して求められる容積率（建基法52⑦）により判断する。

これは，都市計画道路予定地の区域内にある宅地は，地域の都市利用が高層化されているなど立体的利用が進んでいる地域に存するものほど都市計画事業により土地の効用を阻害される割合は大きくなり，また，評価対象地に占める都市計画道路予定地の面積の割合が大きくなるほど土地価格に及ぼす影響は大きくなるという実態を踏まえ，宅地全体の容積率に対する補正率（斟酌率）を定めているからである。したがって，評価通達24-7に定める補正率表を適用する場合の基となる容積率は，実際の都市計画道路予定地に係る容積率によるよりも，宅地全体の容積率，すなわち各容積率を加重平均して求められる容積率によるのが合理的と考えられる[103]。

> **Q** 容積率の異なる2以上の地域にわたる宅地の一部が都市計画道路予定地の区域内となる宅地の評価
>
> ■質 問
> 次の図のように，容積率の異なる2以上の地域にわたる宅地の一部が都市計画道路予定地の区域内となっている場合，財産評価基本通達24-7《都市計画道路予定地の区域内にある宅地の評価》に定める補正率表の適用に当たり，「容積率」は，①都市計画道路予定地に係る部分の容積率によるべきでしょうか，それとも②各容積率を加重平均して求められる容積率（建基法52⑦）によるべきでしょうか。

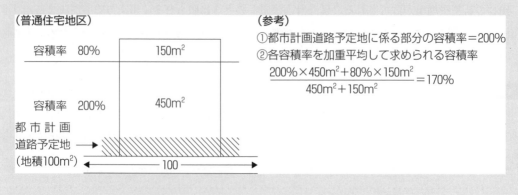

---

[103] 財産評価基本通達逐条解説（令和5年版）200頁

■回　答

②各容積率を加重平均して求められる容積率によります。

（解説）

　都市計画道路予定地の区域内にある宅地は，地域の土地利用が高層化されているなど立体的利用が進んでいる地域に存するものほど都市計画事業により土地の効用を阻害される割合は大きくなり，また，評価対象地に占める都市計画道路予定地の面積の割合が大きくなるほど土地価格に及ぼす影響は大きくなるという実態を踏まえ，宅地全体の容積率に対する補正率（しんしゃく率）を定めています。したがって，財産評価基本通達24-7に定める補正率表を適用する場合の基となる容積率は，実際の都市計画道路予定地に係る容積率によるよりも，宅地全体の容積率，すなわち各容積率を加重平均して求められる容積率によるのが合理的と考えられます。

（参考）国税庁質疑応答事例「容積率の異なる2以上の地域にわたる宅地の一部が都市計画道路予定地の区域内となる宅地の評価」

(4) 倍率地域にある場合の評価

　都市計画道路予定地の区域内にある宅地の評価は，地区区分，容積率，地積割合の別に応じて補正率を乗じて評価する。

　ただし，倍率地域においては地区区分が定められていない。

　そこで，評価対象地が倍率地域にある場合は，「普通住宅地区」内にあるものとした場合の容積率，地積割合の別に定めた補正率を適用して差し支えない。

　なお，都市計画道路予定地であることを考慮して固定資産税評価額が定められ，また，評価倍率が評定されている場合には適用しないことに留意する[104]。

(5) 宅地比準方式により評価する市街地農地等

　評価対象地が宅地比準方式により評価することになる市街地農地等の場合には，宅地の価額を基に評価することになり，農地を宅地として使用する場合には，都市計画道路予定地の制約が課されることになる。

　したがって，宅地比準方式により市街地農地等を評価する場合にもこの考え方を準用する[105]。

(6) 道路以外の都市計画施設の予定地について

　都市計画法で定める都市施設には，道路，都市高速鉄道等といった交通施設のほか，公園，緑地，広場等といった公共空地がある（都計法11）。

104　財産評価基本通達逐条解説（令和5年版）199頁
105　財産評価基本通達逐条解説（令和5年版）199頁

2章　宅地の評価

　そのような道路以外の他の都市計画施設の予定地の場合も，都市計画施設の中の交通施設，公共用地の予定地のうち，計画決定の公告後，長期間にわたって事業決定の認可等がされない場合には，都市計画道路予定地の取扱いを準用することができる[106]。

> **参考　都市計画法**
> （都市施設）
> 第11条　都市計画区域については，都市計画に，次に掲げる施設を定めることができる。この場合において，特に必要があるときは，当該都市計画区域外においても，これらの施設を定めることができる。
> 一　道路，都市高速鉄道，駐車場，自動車ターミナルその他の交通施設
> 二　公園，緑地，広場，墓園その他の公共空地
> 三　水道，電気供給施設，ガス供給施設，下水道，汚物処理場，ごみ焼却場その他の供給施設又は処理施設
> 四　河川，運河その他の水路
> 五　学校，図書館，研究施設その他の教育文化施設
> 六　病院，保育所その他の医療施設又は社会福祉施設
> 七　市場，と畜場又は火葬場
> 八　一団地の住宅施設（一団地における50戸以上の集団住宅及びこれらに附帯する通路その他の施設をいう。）
> 九　一団地の官公庁施設
> 十　一団地の都市安全確保拠点施設（溢水，湛水，津波，高潮その他の自然現象による災害が発生した場合における居住者等（居住者，来訪者又は滞在者をいう。）の安全を確保するための拠点となる一団地の特定公益的施設（避難場所の提供，生活関連物資の配布，保健医療サービスの提供その他の当該災害が発生した場合における居住者等の安全を確保するために必要な機能を有する集会施設，購買施設，医療施設その他の施設をいう。）及び公共施設をいう。）
> 十一　流通業務団地
> 十二　一団地の津波防災拠点市街地形成施設（津波防災地域づくりに関する法律第2条第15項に規定する一団地の津波防災拠点市街地形成施設をいう。）
> 十三　一団地の復興再生拠点市街地形成施設（福島復興再生特別措置法第32条第1項に規定する一団地の復興再生拠点市街地形成施設をいう。）
> 十四　一団地の復興拠点市街地形成施設（大規模災害からの復興に関する法律第2条第8号に規定する一団地の復興拠点市街地形成施設をいう。）
> 十五　その他政令で定める施設

実務上のポイント

都市計画公園・緑地や都市高速鉄道などの都市施設の有無は，都市計画図において確認する。

---

[106] 財産評価基本通達逐条解説（令和5年版）199頁

25 文化財建造物である家屋の敷地の用に供されている宅地の評価

財産評価基本通達24-8《文化財建造物である家屋の敷地の用に供されている宅地の評価》

　文化財保護法（昭和25年法律第214号）第27条第1項に規定する重要文化財に指定された建造物，同法第58条第1項に規定する登録有形文化財である建造物及び文化財保護法施行令（昭和50年政令第267号）第4条第3項第1号に規定する伝統的建造物（以下本項，83-3《文化財建造物である構築物の敷地の用に供されている土地の評価》，89-2《文化財建造物である家屋の評価》及び97-2《文化財建造物である構築物の評価》において，これらを「文化財建造物」という。）である家屋の敷地の用に供されている宅地の価額は，それが文化財建造物である家屋の敷地でないものとした場合の価額から，その価額に次表の文化財建造物の種類に応じて定める割合を乗じて計算した金額を控除した金額によって評価する。

　なお，文化財建造物である家屋の敷地の用に供されている宅地（21《倍率方式》に定める倍率方式により評価すべきものに限る。）に固定資産税評価額が付されていない場合には，文化財建造物である家屋の敷地でないものとした場合の価額は，その宅地と状況が類似する付近の宅地の固定資産税評価額を基とし，付近の宅地とその宅地との位置，形状等の条件差を考慮して，その宅地の固定資産税評価額に相当する額を算出し，その額に倍率を乗じて計算した金額とする。

[図表2-90]

文化財建造物の種類	控除割合
重要文化財	0.7
登録有形文化財	0.3
伝統的建造物	0.3

（注）　文化財建造物である家屋の敷地とともに，その文化財建造物である家屋と一体をなして価値を形成している土地がある場合には，その土地の価額は，本項の定めを適用して評価することに留意する。したがって，例えば，その文化財建造物である家屋と一体をなして価値を形成している山林がある場合には，この通達の定めにより評価した山林の価額から，その価額に本項の文化財建造物の種類に応じて定める割合を乗じて計算した金額を控除した金額によって評価する。

財産評価基本通達89-2《文化財建造物である家屋の評価》

　文化財建造物である家屋の価額は，それが文化財建造物でないものとした場合の価額から，その価額に24-8《文化財建造物である家屋の敷地の用に供されている宅地の評価》に定める割合を乗じて計算した金額を控除した金額によって評価する。

　なお，文化財建造物でないものとした場合の価額は，次に掲げる場合の区分に応じ，それぞれ次に掲げる金額によるものとする。

(1)　文化財建造物である家屋に固定資産税評価額が付されている場合
　　その文化財建造物の固定資産税評価額を基として前項の定めにより評価した金額
(2)　文化財建造物である家屋に固定資産税評価額が付されていない場合

その文化財建造物の再建築価額（課税時期においてその財産を新たに建築又は設備するために要する費用の額の合計額をいう。以下同じ。）から，経過年数に応ずる減価の額を控除した価額の100分の70に相当する金額
（注）「経過年数に応ずる減価の額」は，再建築価額から当該価額に0.1を乗じて計算した金額を控除した価額に，その文化財建造物の残存年数（建築の時から朽廃の時までの期間に相当する年数）のうちに占める経過年数（建築の時から課税時期までの期間に相当する年数（その期間に1年未満の端数があるときは，その端数は1年とする。））の割合を乗じて計算することに留意する。

財産評価基本通達89-3《文化財建造物である構築物の敷地の用に供されている土地の評価》
　文化財建造物である構築物の敷地の用に供されている土地の価額は，82《雑種地の評価》の定めにより評価した価額から，その価額に24-8《文化財建造物である家屋の敷地の用に供されている宅地の評価》に定める割合を乗じて計算した金額を控除した金額によって評価する。
　なお，文化財建造物である構築物の敷地とともに，その文化財建造物である構築物と一体をなして価値を形成している土地がある場合には，その土地の価額は，24-8の（注）に準じて評価する。

(1)　文化財建造物である家屋の敷地の評価

①　取扱い

　本項では，文化財保護法に規定する重要文化財に指定された建造物，登録有形文化財である建造物及び伝統的建造物（以下，これらを「文化財建造物」という）の敷地の用に供されている宅地の評価方法を定めている。

　文化財建造物については，文化財保護法により保護がされており法的規制を受ける。このような文化財建造物及びその敷地については，一般の売買事例はほとんどないことから，それを基に路線価等を定めることは困難である。

　そこで，文化財建造物の敷地の用に供されている宅地の価額は，それが文化財建造物である家屋の敷地でないものとした場合の価額から，その文化財の種類に応じた法的規制の程度または利用上の制約等に応じた下記の割合を乗じて計算した金額を控除した金額によって評価する。

文化財建造物の種類	控除割合
重要文化財	0.7
登録有形文化財	0.3
伝統的建造物	0.3

②　倍率地域において固定資産税評価額が付されていない場合の取扱い

　倍率地域において文化財建造物の敷地に固定資産税評価額が付されていない場合には，文化財建造物である家屋の敷地でないものとした場合の価額は，その宅地と状況が類似する付近の宅地の固

定資産税評価額を基とし，付近の宅地とその宅地との位置，形状等の条件差を考慮して，その宅地の固定資産税評価額に相当する額を算出し，その額に倍率を乗じて計算した金額とする。

③ 評価通達24-8新設の経緯

従来，個人所有の文化財建造物について評価方法を定めていたのは，重要文化財に指定されている民家で所有者の居住の用に供されているもののみであり，それ以外の文化財建造物等については，評価方法を定めていなかった。

そこで，平成16（2004）年に評価通達24-8が新設された。本項の趣旨については，以下のとおり国税庁情報に記載されている。

平成16年6月29日
資産評価企画官情報

「財産評価基本通達の一部改正について」通達のあらましについて（情報）

文化財建造物及びその敷地の評価

> 文化財建造物及びその敷地の価額は，それが文化財建造物及びその敷地でないものとした場合の価額から，その価額に文化財建造物の種類に応じて定める割合（重要文化財0.7，登録有形文化財0.3，伝統的建造物0.3）を乗じて計算した金額を控除した金額により評価することとした。
>
> （評価通達24-8，83-3，89-2，97-2＝新設）

1 通達制定の趣旨

個人所有文化財である建造物には，重要文化財，登録有形文化財及び伝統的建造物群保存地区内にある伝統的建造物等があるが，これらのうち，評価方法を定めていたのは，重要文化財に指定されている民家（これと一体をなしてその価値を形成している土地を含む。）で所有者の居住の用に供されているもの（「重要文化財に指定されている民家で所有者の居住の用に供されているものの評価について」昭和60年5月18日付直評8外1課共同，以下「重文民家通達」という。）のみであり，それ以外の文化財建造物等については，評価方法を定めていなかった。

文化財建造物の指定件数は，年々増加する傾向にあり，今後，文化財建造物等が課税対象となる場合が増加すると予想されることから，その評価方法を明らかにすることとした。

なお，重要文化財に指定されている民家（建造物）等の評価方法を改正して評価通達の中に盛り込んだことに伴い，重文民家通達を廃止した。

2 通達の概要

文化財建造物については，文化財保護法による法的規制を受けるとともに保護がなされている。このような文化財建造物及びその敷地については，一般の売買実例はほとんどないことから，それを基に路線価等を定め，あるいは家屋の価額の算定方法を示すことは困難である。したがって，文化財建造物及びその敷地については，それが文化財でないものとして評価した場合の価額から，その文化財

の種類に応じた法的規制の程度又は利用上の制約等に応じて一定の評価減を行うという方法により評価することとした。

(1) 重要文化財建造物の評価方法

　重要文化財とは、土木構造物及びその他工作物のうち、①意匠的に優秀なもの、②技術的に優秀なもの、③歴史的価値の高いもの、④学術的価値の高いもの、⑤流派的又は地方的特色において顕著なもののうちの一に該当し、かつ、各時代又は類型の典型となるものをいうこととされている（文化財保護法27①）。また、重要文化財に指定されている建造物（以下「重要文化財建造物」という。）は、平成16年3月現在で2,250件（3,844棟）あり、そのうち個人で所有しているものは、同月現在で233件（513棟）ある。

　重要文化財建造物及びその敷地は、①その所有者に所有権はあるものの、②文化財保護法による強い規制等のために現状どおりの利用しかできず、また、③将来的にも限定的な利用しか望めない（重要文化財建造物は、強い規制を受ける反面、手厚い保護の対象とされており、その建造物が滅失して指定を取り消されることはほとんどない。）といった特質を有している。これらの重要文化財建造物に係る特質は、評価通達24-6《セットバックを必要する宅地の評価》に定めるセットバック部分の宅地と比較した場合、①所有権はあるものの、②現状どおりの利用しかできず、また、③その上の建築物が老朽化しているため、近い将来に建替えの対象となる可能性が高く、その場合には建物敷地ではなく道路としての利用しか望めない等、セットバック部分の宅地と類似していると認められることなどから、重要文化財建造物及びその敷地については、減価割合0.7を適用して評価することとした。

　なお、文化財保護法上、建造物についての定義についての明文規定はないが、旧文部省告示（昭和50年11月20日文部省告示第153号「国宝及び重要文化財指定基準」）では、建造物について「建築物（社寺、城郭、住宅、公共施設等）及びその他の工作物（橋梁、石塔、鳥居等）の各時代建造物遺構及び…」としていることから、評価通達においても、文化財建造物である家屋の評価（評価通達89-2）及び文化財建造物である構築物の評価（評価通達97-2）の定めをおくこととした。

　また、文化財保護法上、建造物と一体をなしてその価値を形成している土地についても有形文化財に含まれることとされていることから（文化財保護法2①一）、「家屋（構築物）と一体をなして価値を形成している土地」についても、通達の適用対象として評価することとした（以下(2)及び(3)において同じ。）。

(2) 登録有形文化財の評価方法

　平成8年の文化財保護法の改正により「文化財登録制度」が創設された。登録有形文化財とは、原則として築後50年を経過している建造物（住宅、事務所、社寺に限らず、橋、水門、トンネル、煙突等も含まれる。）で、①国土の歴史的景観に寄与しているもの、②造形の規範となっているもの、③再現することが容易でないもののうちの一に該当し、文化財保護法第56条の2第1項による登録をしたものをいうこととされている。また、登録有形文化財は、平成16年3月現在で3,727件ある。

　登録有形文化財について現状変更を行う場合には、原則として、文化庁長官にその旨を届け出なければならないこととされているが、建物内部、道路から見えない範囲及び道路から見える範囲の4分の1以下である場合には、その旨を届け出る必要はないこととされている（文化財保護法56の2の7、登録有形文化財に係る登録手続及び届出書等に関する規則15）。このような登録有形文化財に係る制限は、評価通達27-5(2)に定める「家屋の構造、用途等に制限を受ける場合」と類似していることなどから、登録有形文化財及びその敷地については、これと同じ減価割合0.3を適用して評価することとした。

(3) 伝統的建造物群保存地区内の伝統的建造物の評価方法

　昭和50年の文化財保護法の改正により「伝統的建造物群保存地区制度」が創設され，周囲の環境と一体をなして歴史的風致を形成している伝統的な建造物群で価値の高いものが，この指定を受けている。その中から特に重要なものが「重要伝統的建造物群保存地区」として国によって選定されることになるが，平成16年3月現在で57市町村64地区が「伝統的建造物群保存地区」に指定され，そのうち62地区が「重要伝統的建造物群保存地区」に選定されている。

　伝統的建造物群保存地区内に点在し，歴史的風致を形成するために必要なものが「伝統的建造物」である。この伝統的建造物を改修する場合には，市町村長の許可を受けなければならないが，主として外観上（位置，形態，意匠）の変更がその対象となっており，建物内部のように道路から通常望見できない部分は必要ないこととされている。これは，伝統的建造物群の特性（時代的重層性，様式的多様性）が維持されればよいという趣旨に基づくものであり，重要文化財のように指定状態に復元することを目的とするものではないからである。伝統的建造物の内部も価値があるものは少なくないと考えられるが，伝統的建造物群保存地区の制度においては，住民の生活や営業等との両立を図るために規制の対象とはされていない。このような伝統的建造物に係る制限は，上記(2)の登録有形文化財と同様に評価通達27-5(2)に定める「家屋の構造，用途等に制限を受ける場合」と類似していることなどから，伝統的建造物及びその敷地については，これと同じ減価割合0.3を適用して評価することとした。

（注）　面的（伝統的建造物群保存地区）に指定された場合の地価への影響

　　伝統的建造物群保存地区に指定されると，町並みを保存する規制が生じることになるが，その規制による地価への影響は，その地域の行政的条件（用途制限，高さ制限等の都市計画法や建築基準法における制限）や環境条件（住宅地域では快適性，商業地域では収益性）等の「地域条件」として斟酌されるべきものであり，その斟酌の程度は，指定された地区の用途（住居系，商業系等）によって異なることになる。

　　この「町並みを保存する規制」は，都市計画上の規制とあまり差異がないことから，さほど斟酌する必要がない地域がある。また，伝統的建造物群保存地区に指定されることにより，住環境がよくなる，集客力が増すということで，地価のプラス要因となる地域もあると考えられる。

　　以上のとおり，伝統的建造物群保存地区に指定されることは，面的な土地評価を考えた場合，地価のプラス要因にもマイナス要因にも働くことになり，評価方法として一律の割合を定めることは適当ではなく，路線価等の評定において反映されることになる。

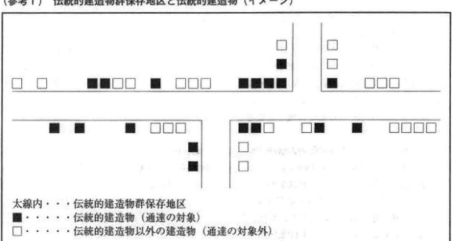

（参考1）　伝統的建造物群保存地区と伝統的建造物（イメージ）

太線内・・・伝統的建造物群保存地区
■・・・・・伝統的建造物（通達の対象）
□・・・・・伝統的建造物以外の建造物（通達の対象外）

3 国宝，重要有形民俗文化財及び地方公共団体指定の文化財建造物の評価についての考え方

　国宝，重要有形民俗文化財及び地方公共団体指定の文化財建造物の評価方法は，国宝建造物については，個人所有のものはなく，また，重要有形民俗文化財については，個人所有者が確認されているのは1件であり，国宝及び重要有形民俗文化財を評価する場合は極めて少ないと考えられることから，評価通達において評価方法を定めることはしなかった。また，地方公共団体指定の文化財建造物については，条例の内容は千差万別にわたると考えられるので，地方公共団体指定の文化財建造物について，一律の減価割合を定めることは困難であることから，評価通達において評価方法を定めることはしなかった。

　したがって，これらの文化財建造物及びその敷地を評価する必要が生じた場合は，文化財保護法や条例に定められている利用規制の程度等に応じて，個別に評価することになる。

25 文化財建造物である家屋の敷地の用に供されている宅地の評価

(参考2)

文化財の体系図

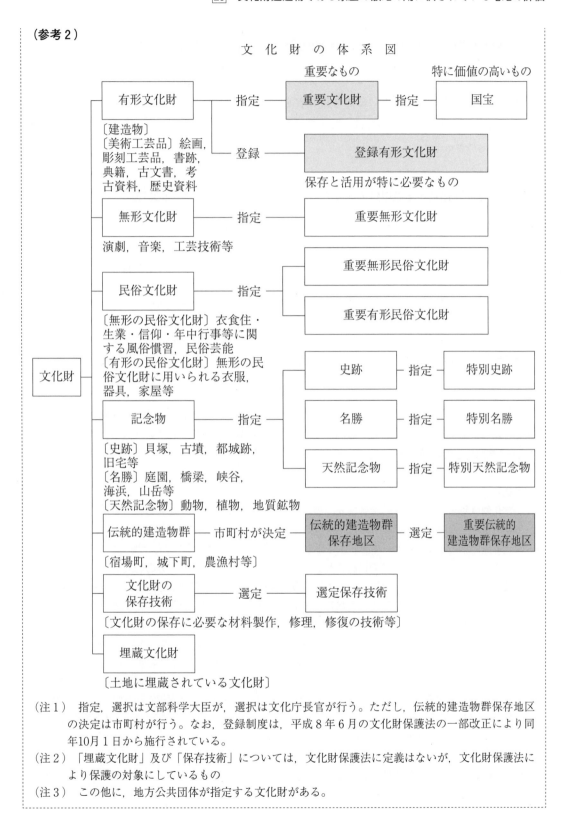

(注1) 指定，選択は文部科学大臣が，選択は文化庁長官が行う。ただし，伝統的建造物群保存地区の決定は市町村が行う。なお，登録制度は，平成8年6月の文化財保護法の一部改正により同年10月1日から施行されている。
(注2) 「埋蔵文化財」及び「保存技術」については，文化財保護法に定義はないが，文化財保護法により保護の対象にしているもの
(注3) この他に，地方公共団体が指定する文化財がある。

(2) 文化財建造物とそれ以外の建物の敷地の用に供されている宅地の評価

　同一敷地内に文化財保護法による登録を受けている建造物と同法による登録を受けていない建造物とがある場合，登録を受けている建造物の敷地については30％の割合を控除して評価するが，登録を受けていない建造物については，改変等の制限規制はないことから，評価通達24-8を適用することはできない。

Q　文化財建造物とそれ以外の建物の敷地の用に供されている宅地の評価

■質　問

　同一敷地内に主屋，長屋，土蔵，離れ座敷など合計11棟の家屋及び日本庭園等があります。これらの家屋等のうち，文化財保護法による登録を受けているのは主屋のみであり，それ以外の付属建物等は同法による登録を受けていません。

　また，市教育委員会によると，同法による登録を受けていない付属建物等については，改変等の制限規制はないとのことです。

　この場合，全体の敷地について評価通達24-8《文化財建造物である家屋の敷地の用に供されている宅地の評価》により評価することができますでしょうか。

■回　答

　文化財保護法による登録を受けている家屋（登録有形文化財）の敷地については，評価通達24-8の定めにより，30％の割合を控除して評価しますが，それ以外の付属建物等の敷地については，評価通達24-8を適用して評価することはできません。

（解説）
1　文化財保護法2条1項1号括弧書きに規定する「これらのものと一体をなしてその価値を形成している土地」及び評価通達24-8の（注）に定める「文化財建造物である家屋の敷地とともに，その文化財建造物である家屋と一体をなして価値を形成している土地」における土地とは，神社等の境内，記念館等の庭園設備，学校等の校庭などその建造物と一体となった不可分の施設がこれに当たるものと考えられることから，当該一団の土地のうち登録有形文化財の登録を受けている家屋の敷地部分を除く土地の評価については，登録有形文化財と一体・不可分の施設の存する土地には該当しないため，評価通達24-8に定める30％の割合を控除して評価することはできない。
2　本件では，合計11棟の家屋が一画地の土地の上に存している。そのうち，主屋の敷地については，文化財保護法による登録を受けている家屋の敷地であることから，評価通達24-8の定めによる評価減をすることができるが，それ以外の付属建物等の敷地については，①その付属建物等が文化財保護法による登録を受けていないこと，②その付属建物等の改変等に制限規制がないこと，③登録有形文化財である主屋と一体・不可分の施設の存する土地には当たらないことから，評価通達24-8の定めによる評価減をすることはできない。

（参考）大阪国税局「資産税関係質疑応答事例集」〔TAINS・課税第一情報大阪（資産税質疑応答）H230624〕

(3) 登録有形文化財として登録申請中の場合

　課税時期において，所有する家屋について文化財登録の申請中であった場合，登録有形文化財として登録される前である場合には，文化財建造物である敷地として評価することはできない。

Q　登録有形文化財として登録申請中の家屋及びその敷地の評価

■質　問
　被相続人は，自己所有のA家屋について，文化財登録制度に基づく申請をしていましたが，文化審議会が文部科学大臣に答申する前に死亡しました。
　その後，相続税の申告期限までに，その家屋は，登録有形文化財として登録されました。
　この場合，その家屋及び敷地について，評価通達24-8及び89-2を適用し，文化財建造物及びその敷地として評価してもよいでしょうか。

■回　答
　A家屋及びその敷地について，文化財建造物である家屋及びその敷地であるとして評価することはできません。

（解説）
　相続による財産取得の時期は相続開始の時とされ，その取得した財産の価額はその取得の時における時価によることとされていることからすると，その評価時点も相続開始時と解される（相法22，相基通1の31の4共-8）。
　また，登録有形文化財である家屋及びその敷地については，登録有形文化財でないとした場合の評価額から，その価額に30%を乗じた金額を控除した金額によって評価することとされている（評価通達24-8，89-2）。
　A家屋は，相続開始時において登録有形文化財としての登録申請中であったものの，その時点において登録有形文化財の登録をした旨の官報での告示等がない以上，その登録の効力が生じておらず，法的規制を受けるものではないことから，評価通達24-8及び89-2を適用することはできない。

（参考）
　登録有形文化財とは，重要文化財以外の有形文化財のうち，その文化財としての価値に鑑み保存及び活用のための措置が特に必要とされるもので，文部科学大臣が文化財登録原簿に登録したものをいい，当該登録をしようとするときは，あらかじめ，関係地方公共団体の意見を聴くものとされ，更に，文化審議会に諮問しなければならないこととされている（文化財保護法57,153）。
　また，当該登録をしたときは，速やかに，その旨を官報で告示するとともに，その所有者に通知することとされている（文化財保護法58①）。
　そして，登録は，その官報の告示があった日から効力を生ずることとされているものの，所有者に対しては，上記通知が所有者に到達した時から効力を生ずるとされている（文化財保護法58②）。

（参考）大阪国税局「資産税関係質疑応答事例集（平成23年6月24日）」〔TAINS・課税第一情報大阪（資産税質疑応答）H230624〕

(4) 歴史的風致形成建造物の敷地の評価

① 歴史的風致形成建造物の敷地の評価

　地域における歴史的風致の維持及び向上に関する法律（以下「歴史まちづくり法」という）に基づき歴史的風致形成建造物に指定された建造物である家屋及びその敷地の用に供されている宅地については、評価通達において評価方法の定めがない。

　ただし、その法的規制または利用制限が評価通達24-8及び89-2に定める登録有形文化財である家屋及びその敷地の用に供されている宅地と同程度であることから、その評価方法に準じて、それが歴史的風致形成建造物である家屋及びその敷地の用に供されている宅地でないものとした場合の価額から、その価額に100分の30を乗じて計算した価額を控除した金額によって評価する[107]。

② 歴史まちづくり法とは

　歴史まちづくり法は、我が国及び地域にとって貴重な資産である歴史的風致について、その維持及び向上を図るためのまちづくりを推進する地域の取組みを国が積極的に支援することにより、個性豊かな地域社会の実現を図り、都市の健全な発展及び文化の向上に寄与することを目的として、平成20（2008）年5月に公布された。地域における歴史的風致の維持及び向上に関する基本的な方針を国が策定し、当該方針に基づく歴史的風致維持向上計画を市町村が作成するものである。

　市町村長は、国による歴史的風致維持向上計画に基づく歴史的風致の維持及び向上のためにその保全を図る必要があると認められるものを、歴史的風致形成建造物として指定することができる。この歴史的風致形成建造物の指定を受けた建造物については、原則として増築、改築、移転または除却をしようとする者は、着手する日の30日前までに市町村長に届け出なければならないこととされている。

　歴史的なまちなみを保全等する法制度としては、これまでも、古都における歴史的風土の保存に関する特別措置法によるもの、文化財保護法によるもの、都市計画法に基づく風致地区等の地域地区や地区計画制度及び景観法によるものがあったが、これらは文化財の保護や土地利用規制などに主眼が置かれており、歴史的な建造物の復原や、文化財の周辺環境の整備等には必ずしも十分に対応できていたわけではなかった。歴史まちづくり法は、歴史的な建造物の滅失など地域における歴史的風致が失われつつある現状を踏まえ、歴史的風致を維持及び向上しようとする市町村の取組みを国として総合的に支援するためのものである。

---

[107] 東京国税局「資産税審理研修資料（平成29年7月）」〔TAINS・資産税審理研修資料H290700〕

25 文化財建造物である家屋の敷地の用に供されている宅地の評価

Q 歴史的風致形成建造物である家屋及びその敷地の評価

■質　問
　地域における歴史的風致の維持及び向上に関する法律（以下，「歴史まちづくり法」といいます。）に基づき歴史的風致形成建造物に指定された建造物である家屋及びその敷地の用に供されている宅地は，どのように評価するのですか。

■回　答
　市町村長は，認定歴史的風致維持向上計画に記載された重点区域（以下「認定重点区域」といいます。）内の歴史上価値の高い重要無形文化財又は重要無形民俗文化財の用に供されることによりそれらの価値の形成に寄与している建造物その他の地域の歴史的な建造物であって，現に認定重点区域における歴史的風致を形成しており，かつ，その歴史的風致の維持及び向上のためにその保全を図る必要があると認められるもの（これと一体となって歴史的風致を形成している土地又は物件を含みます。）を，歴史的風致形成建造物として指定することができることとされています（歴史まちづくり法12）。
　この歴史的風致形成建造物の指定を受けた建造物については，原則として増築，改築，移転又は除却（以下「増築等」といいます。）をしようとする者は，増築等に着手する日の三十日前までに市町村長に届け出なければならないこととされている（歴史まちづくり法15）など，財産評価基本通達24-8《文化財建造物である家屋の敷地の用に供されている宅地の評価》及び89-2《文化財建造物である家屋の評価》に定める登録有形文化財と同程度の法的規制，利用制限を受けることとなります。
　このことから，歴史まちづくり法に基づき歴史的風致形成建造物に指定された家屋及びその敷地の用に供されている宅地については，財産評価基本通達5《評価方法の定めのない財産の評価》の定めに基づき，同通達24-8及び89-2に定める登録有形文化財である家屋及びその敷地の用に供されている宅地の評価方法に準じて，それが歴史的風致形成建造物である家屋及びその敷地の用に供されている宅地でないものとした場合の価額からその価額に100分の30を乗じて計算した価額を控除した金額によって評価します。

（参考）国税庁質疑応答事例「歴史的風致形成建造物である家屋及びその敷地の評価」

(5) 景観重要建造物の敷地の評価

① 景観重要建造物である家屋及びその敷地の評価

　景観法に基づき景観重要建造物に指定された建造物である家屋及びその敷地の用に供されている宅地については，評価通達に評価方法の定めがない。
　ただし，その法的規制または利用制限が評価通達24-8及び89-2に定める伝統的建造物である家屋及びその敷地の用に供されている宅地と同程度であることから評価通達5《評価方法の定めのない財産の評価》の定めに基づき，文化財建造物である家屋の敷地の用に供されている宅地の評価（評価通達24-8）及び（文化財建造物である家屋の評価に定める伝統的建造物である家屋及びその敷地の用に供されている宅地の評価方法（評価通達89-2）に準じて，それが景観重要建造物であ

2章　宅地の評価

る家屋及びその敷地の用に供されている宅地でないものとした場合の価額から，その価額に100分の30を乗じて計算した価額を控除した金額によって評価する[108]。

② 景観法とは

　景観法は，都市，農山漁村等における良好な景観の形成を促進し，美しく風格のある国土の形成，潤いのある豊かな生活環境の創造及び個性的で活力のある地域社会の実現を図るため，景観に関する国民共通の基本理念や，国，地方公共団体，事業者，住民それぞれの責務を定めるとともに，行為規制や公共施設の特例，支援の仕組み等を定めた法律として，平成16（2004）年6月に成立し，公布された。

　景観に関する法制度としては，これまでも，都市計画法に基づく美観地区，風致地区及び伝統的建造物群保存地区といった地域地区や地区計画制度，古都における歴史的風土の保存に関する特別措置法等による個別の制度はあったが，「景観」そのものの整備・保全を目的とする我が国で初めての総合的な法律である。

　景観行政団体の長は，景観計画に定められた景観重要建造物の指定の方針に即し，地域の自然，歴史，文化等からみて，建造物の外観が景観上の特徴を有し，景観計画区域内の良好な景観の形成に重要なものであるなど，一定の基準に該当する建造物を，景観重要建造物として指定することができる（景観法19）。この景観重要建造物の指定を受けた建造物については，原則として，景観行政団体の長の許可を受けなければ，増築，改築，移転もしくは除却，外観を変更することとなる修繕もしくは模様替または色彩の変更をしてはならないこととされている（景観法22）。

Q 景観重要建造物である家屋及びその敷地の評価

■質　問
　景観法に基づき景観重要建造物に指定された建造物である家屋及びその敷地の用に供されている宅地は，どのように評価するのですか。

■回　答
　景観行政団体の長は，景観計画に定められた景観重要建造物の指定の方針に即し，地域の自然，歴史，文化等からみて，その外観が景観上の特徴を有し，景観計画区域内の良好な景観の形成に重要なものであるなど，一定の基準に該当する建造物（これと一体となって良好な景観を形成している土地その他の物件を含みます。）を，景観重要建造物として指定することができることとされています（景観法19）。

　この景観重要建造物の指定を受けた建造物については，原則として，景観行政団体の長の許可を受けなければ，増築，改築，移転若しくは除却，外観を変更することとなる修繕若しくは模様替又は色彩の変更をしてはならないこととされている（景観法22）など，財産評価基本通達24-8（文化財建造

---

[108] 東京国税局「資産税審理研修資料（平成29年7月）」〔TAINS・資産税審理研修資料H290700〕

物である家屋の敷地の用に供されている宅地の評価）及び89-2（文化財建造物である家屋の評価）に定める伝統的建造物と同程度の法的規制，利用制限を受けることとなります。

　このことから，景観法に基づき景観重要建造物に指定された家屋及びその敷地の用に供されている宅地については，財産評価基本通達5（評価方法の定めのない財産の評価）の定めに基づき，同通達24-8及び89-2に定める伝統的建造物である家屋及びその敷地の用に供されている宅地の評価方法に準じて，それが景観重要建造物である家屋及びその敷地の用に供されている宅地でないものとした場合の価額から，その価額に100分の30を乗じて計算した価額を控除した金額によって評価します。

（参考）国税庁質疑応答事例「景観重要建造物である家屋及びその敷地の評価」

26　マンション用地の評価

(1)　マンションの評価方法

　マンションは，敷地権としての土地の価額と区分所有する建物の価額の合計額により評価する。

　具体的には，敷地権（土地）の価額についてはマンションの敷地全体の価額にその区分所有する建物に係る敷地権の割合を乗じて評価する。区分所有する建物の価額については固定資産税評価額により評価を行う。

①　敷地権（土地）の価額

　マンションの敷地の用に供されている宅地等で，多数の者により共有されている宅地の価額は，その敷地全体を評価した価額にその共有者の共有持分の割合を乗じた金額で評価する。

2章　宅地の評価

タックスアンサーNo.4602　土地家屋の評価

【登記事項証明書の例】

表　題　部　（一棟の建物の表示）	調整	余白		所在図番号	余白
所　　　　在	●●●一丁目　１２３４番地			余白	
建物の名称	●●●マンション			余白	
①　構　　造	②　床　面　積　m²			原因及びその日付〔登記の日付〕	

〜〜〜〜〜〜〜〜〜〜〜〜〜〜〜〜〜〜〜〜〜〜〜〜〜〜〜〜〜〜

表　題　部　（敷地権の目的である土地の表示）					
①土地の符号	②　所　在　及　び　地　番	③　地　目	④　地　積　m²		登　記　の　日　付
1	●●●一丁目　１２３４番	宅地	３５００	００	平成○年○月○日

〜〜〜〜〜〜〜〜〜〜〜〜〜〜〜〜〜〜〜〜〜〜〜〜〜〜〜〜〜〜

表　題　部　（敷地権の表示）			
①土地の符号	②敷地権の種類	③　敷　地　権　の　割　合	原因及びその日付〔登記の日付〕
1	所有権	１０５０００００分の６３００	平成○年○月○日敷地権〔平成○年○月○日〕

＜事実関係＞
1　正面路線価：500千円／m²
2　利用状況：被相続人が居住していたもの（自用地）
3　面積（地積）：3,500.00m²
4　敷地権の割合：1,050,000分の6,300

＜計算方法＞
1　マンションの敷地全体の価額を計算します。
　　500千円×3,500.00m²＝1,750,000千円
2　敷地全体の価額に敷地権の割合を乗じて敷地利用権の価額を計算します。
　　1,750,000千円×1,050,000分の6,300＝10,500千円

②　区分所有権（家屋部分）の価額

区分所有する家屋の評価は，固定資産税評価額に1.0を乗じて計算する。

26 マンション用地の評価

> タックスアンサーNo.4602　土地家屋の評価
>
> 【課税明細書の例】
>
> 令和○年度　課税明細書
> 本年度課税された、1月1日現在あなたが所有している固定資産(土地・家屋)の明細をお知らせします。
>
> | 土地の所在 | 登記地目 現況地目 非課税地目 | 登記地積 現況地積 非課税地積 | 価　格 固定本... 都計本... |
> |---|---|---|---|
> | ●●●一丁目 1234番 宅地 | 宅地 宅地 | 3,500.00 3,500.00 | |
>
> | 家屋の所在 | 家屋番号 | 種類・用途 建築年次 | 構造 屋根 | 登記床面積 現況床面積 | 価　格 | 固定資産税標準額 都市課税標準額 |
> |---|---|---|---|---|---|---|
> | ●●●一丁目　1234番地 | 1234-301 | 居宅 平○年 | 鉄筋コン造 陸屋根 | 60.00 72.00 | 4,000,000 | 4,000,000 4,000,000 |
>
> ＜計算方法＞
> 固定資産税評価額に1.0を乗じて計算します。
> 4,000,000円×1.0＝4,000,000円

(2) 居住用の区分所有財産の評価

① 居住用の区分所有財産の評価

　従来，マンションの敷地の評価は，前述のとおり，敷地利用権（土地）と区分所有権（建物）の価額により行われてきた。

　令和6年1月1日以後に相続，遺贈または贈与により取得した「居住用の区分所有財産」（いわゆる分譲マンション）の価額については，「居住用の区分所有財産の評価について」（以下「本通達」という）により評価することと改正された。

> 　　　　　　　　　　　　　　　　　　　　　　　　　　　　　　令和5年9月28日
> 　　　　　　　　　　　　　　　　　　　　　　　　　　　　　　国税庁長官
>
> 　　　　　　　　　居住用の区分所有財産の評価について（法令解釈通達）
>
> 　標題のことについては，昭和39年4月25日付直資56，直審（資）17「財産評価基本通達」（法令解釈通達）によるほか，下記のとおり定めたから，令和6年1月1日以後に相続，遺贈又は贈与により取得した財産の評価については，これにより取り扱われたい。
>
> （趣旨）
> 　近年の区分所有財産の取引実態等を踏まえ，居住用の区分所有財産の評価方法を定めたものである。
>
> 　　　　　　　　　　　　　　　　　　　　記

2章　宅地の評価

（用語の意義）
1　この通達において，次に掲げる用語の意義は，それぞれ次に定めるところによる。
(1)　評価基本通達　昭和39年4月25日付直資56，直審（資）17「財産評価基本通達」（法令解釈通達）をいう。
(2)　自用地としての価額　評価基本通達25《貸宅地の評価》(1)に定める「自用地としての価額」をいい，評価基本通達11《評価の方式》から22-3《大規模工場用地の路線価及び倍率》まで，24《私道の用に供されている宅地の評価》，24-2《土地区画整理事業施行中の宅地の評価》及び24-6《セットバックを必要とする宅地の評価》から24-8《文化財建造物である家屋の敷地の用に供されている宅地の評価》までの定めにより評価したその宅地の価額をいう。
(3)　自用家屋としての価額　評価基本通達89《家屋の評価》，89-2《文化財建造物である家屋の評価》又は92《附属設備等の評価》の定めにより評価したその家屋の価額をいう。
(4)　区分所有法　建物の区分所有等に関する法律（昭和37年法律第69号）をいう。
(5)　不動産登記法　不動産登記法（平成16年法律第123号）をいう。
(6)　不動産登記規則　不動産登記規則（平成17年法務省令第18号）をいう。
(7)　一棟の区分所有建物　区分所有者（区分所有法第2条《定義》第2項に規定する区分所有者をいう。以下同じ。）が存する家屋（地階を除く階数が2以下のもの及び居住の用に供する専有部分（同条第3項に規定する専有部分をいう。以下同じ。）一室の数が3以下であってその全てを当該区分所有者又はその親族の居住の用に供するものを除く。）で，居住の用に供する専有部分のあるものをいう。
(8)　一室の区分所有権等　一棟の区分所有建物に存する居住の用に供する専有部分一室に係る区分所有権（区分所有法第2条第1項に規定する区分所有権をいい，当該専有部分に係る同条第4項に規定する共用部分の共有持分を含む。以下同じ。）及び敷地利用権（同条第6項に規定する敷地利用権をいう。以下同じ。）をいう。
（注）　一室の区分所有権等には，評価基本通達第6章《動産》第2節《たな卸商品等》に定めるたな卸商品等に該当するものは含まない。
(9)　一室の区分所有権等に係る敷地利用権の面積　次に掲げる場合の区分に応じ，それぞれ次に定める面積をいう。
　イ　一棟の区分所有建物に係る敷地利用権が，不動産登記法第44条《建物の表示に関する登記の登記事項》第1項第9号に規定する敷地権である場合
　　　一室の区分所有権等が存する一棟の区分所有建物の敷地（区分所有法第2条第5項に規定する建物の敷地をいう。以下同じ。）の面積に，当該一室の区分所有権等に係る敷地権の割合を乗じた面積（小数点以下第3位を切り上げる。）
　ロ　上記イ以外の場合
　　　一室の区分所有権等が存する一棟の区分所有建物の敷地の面積に，当該一室の区分所有権等に係る敷地の共有持分の割合を乗じた面積（小数点以下第3位を切り上げる。）
(10)　一室の区分所有権等に係る専有部分の面積　当該一室の区分所有権等に係る専有部分の不動産登記規則第115条《建物の床面積》に規定する建物の床面積をいう。
(11)　評価乖離率　次の算式により求めた値をいう。

（算式）
評価乖離率＝A＋B＋C＋D＋3.220

上記算式中の「A」,「B」,「C」及び「D」は,それぞれ次による。
　「A」＝当該一棟の区分所有建物の築年数×△0.033
　「B」＝当該一棟の区分所有建物の総階数指数×0.239（小数点以下第4位を切り捨てる。）
　「C」＝当該一室の区分所有権等に係る専有部分の所在階×0.018
　「D」＝当該一室の区分所有権等に係る敷地持分狭小度×△1.195（小数点以下第4位を切り上げる。）
　（注）1　「築年数」は,当該一棟の区分所有建物の建築の時から課税時期までの期間とし,当該期間に1年未満の端数があるときは,その端数は1年とする。
　　　　2　「総階数指数」は,当該一棟の区分所有建物の総階数を33で除した値（小数点以下第4位を切り捨て,1を超える場合は1とする。）とする。この場合において,総階数には地階を含まない。
　　　　3　当該一室の区分所有権等に係る専有部分が当該一棟の区分所有建物の複数階にまたがる場合には,階数が低い方の階を「当該一室の区分所有権等に係る専有部分の所在階」とする。
　　　　4　当該一室の区分所有権等に係る専有部分が地階である場合には,「当該一室の区分所有権等に係る専有部分の所在階」は,零階とし,Cの値は零とする。
　　　　5　「当該一室の区分所有権等に係る敷地持分狭小度」は,当該一室の区分所有権等に係る敷地利用権の面積を当該一室の区分所有権等に係る専有部分の面積で除した値（小数点以下第4位を切り上げる。）とする。
⑿　評価水準　1を評価乖離率で除した値とする。

（一室の区分所有権等に係る敷地利用権の価額）
2　次に掲げる場合のいずれかに該当するときの一室の区分所有権等に係る敷地利用権の価額は,「自用地としての価額」に,次の算式による区分所有補正率を乗じて計算した価額を当該「自用地としての価額」とみなして評価基本通達（評価基本通達25並びに同項により評価する場合における評価基本通達27《借地権の評価》及び27-2《定期借地権等の評価》を除く。）を適用して計算した価額によって評価する。ただし,評価乖離率が零又は負数のものについては,評価しない。

（算式）
⑴　評価水準が1を超える場合
　　区分所有補正率＝評価乖離率
⑵　評価水準が0.6未満の場合
　　区分所有補正率＝評価乖離率×0.6

（注）1　区分所有者が次のいずれも単独で所有している場合には,「区分所有補正率」は1を下限とする。
　　イ　一棟の区分所有建物に存する全ての専有部分
　　ロ　一棟の区分所有建物の敷地
　　2　評価乖離率を求める算式及び上記⑵の値（0.6）については,適時見直しを行うものとする。

（一室の区分所有権等に係る区分所有権の価額）
3　一室の区分所有権等に係る区分所有権の価額は,「自用家屋としての価額」に,上記2に掲げる算

式((注)1を除く。)による区分所有補正率を乗じて計算した価額を当該「自用家屋としての価額」とみなして評価基本通達を適用して計算した価額によって評価する。ただし、評価乖離率が零又は負数のものについては、評価しない。

② 評価の方式

(a) 居住用の区分所有財産の評価方法

改正後は、従来の評価に「区分所有補正率」を乗じて計算する。これにより、実勢価額と本通達による評価の乖離を小さくするというものである。

居住用の区分所有財産の価額は、次の算式のとおりである。

(算式)

　　価額＝区分所有権の価額（イ）＋敷地利用権の価額（ロ）

　　イ　従来の区分所有権の価額※×区分所有補正率

　　　　※　家屋の固定資産税評価額×1.0

　　ロ　従来の敷地利用権の価額※×区分所有補正率

　　　　※　路線価を基とした1m^{2}当たりの価額×地積×敷地権の割合

なお、「居住用の区分所有財産」とは、一棟の区分所有建物に存する居住の用に供する専有部分一室に係る区分所有権（家屋部分）及び敷地利用権（土地部分）をいう。

また、「居住の用に供する専有部分」とは、一室の専有部分について、構造上、主として居住の用途に供することができるものをいい、原則として、登記簿上の種類に「居宅」を含むものがこれに該当する。

居住用の区分所有財産が貸家および貸家建付地である場合のその貸家及び貸家建付地の評価ならびに小規模宅地等の特例の適用については、この算式により計算した価額（上記イ及びロの価額）を基に行うこととなる。

借地権付分譲マンションまたは定期借地権付分譲マンションのように、敷地利用権（土地部分）が借地権または定期借地権である場合のその借地権または定期借地権の評価についても、この算式により計算した価額（上記ロの価額）を基に行う。

(b) 本通達の適用がないもの

ただし、下記に掲げるものについては、本通達を適用せずに評価する。

(1) 構造上、主として居住の用途に供することができるもの以外のもの（事業用のテナント物件など）

(2) 区分建物の登記がされていないもの（一棟所有の賃貸マンションなど）

(3) 地階（登記簿上「地下」と記載されているものをいう。以下同じ。）を除く総階数が2以下

のもの（総階数2以下の低層の集合住宅など）

(4) 一棟の区分所有建物に存する居住の用に供する専有部分一室の数が3以下であって，そのすべてを区分所有者またはその親族の居住の用に供するもの（いわゆる二世帯住宅など）

(5) たな卸商品等に該当するもの

また，借地権付分譲マンションまたは定期借地権付分譲マンションの敷地の用に供されている「貸宅地（底地）」の評価をする場合にも，本通達の適用はない。

(c) 区分所有補正率

区分所有補正率は，「1 評価乖離率」，「2 評価水準」，「3 区分所有補正率」の順に，以下のとおり計算する。

1 評価乖離率

$$\text{評価乖離率} = A + B + C + D + 3.220$$

A……一棟の区分所有建物の築年数（注1）×△0.033

（注1） 建築の時から課税時期までの期間（1年未満の端数は1年）

B……一棟の区分所有建物の総階数指数（注2）×0.239（小数点以下第4位切捨て）

（注2） 総階数（地階を含まない。）を33で除した値（小数点以下第4位切捨て，1を超える場合は1）

C……一室の区分所有権等に係る専有部分の所在階（注3）×0.018

（注3） 専有部分がその一棟の区分所有建物の複数階にまたがる場合（いわゆるメゾネットタイプの場合）には，階数が低い方の階

なお，専有部分の所在階が地階である場合には，零階とし，Cの値は零

D……一室の区分所有権等に係る敷地持分狭小度×△1.195（小数点以下第4位切上げ）

$$\text{敷地持分狭小度（小数点以下第4位切上げ）} = \text{敷地利用権の面積（注4）} \div \text{専有部分の面積（床面積）}$$

（注4） 敷地利用権の面積は，次の区分に応じた面積（小数点以下第3位切上げ）

(1) 一棟の区分所有建物に係る敷地利用権が敷地権である場合

一棟の区分所有建物の敷地の面積×敷地権の割合

(2) 上記(1)以外の場合

一棟の区分所有建物の敷地の面積×敷地の共有持分の割合

（注） 評価乖離率が零または負数の場合には，区分所有権及び敷地利用権の価額は評価しない（評価額を零とする。敷地利用権については，下記3（注）の場合を除く。）。

2章 宅地の評価

2 評価水準

> 評価水準（評価乖離率の逆数）＝ 1 ÷ 評価乖離率

3 区分所有補正率

評価乖離率と評価水準を次の表に当てはめて，区分所有補正率を計算する。

なお，区分所有補正率は，「居住用の区分所有財産の評価に係る区分所有補正率の計算明細書」により簡便に計算することができる。

区　分	区分所有補正率
評価水準＜0.6	評価乖離率×0.6
0.6≦評価水準≦1	補正はない（本通達適用前の評価方法により評価する。）。
1＜評価水準	評価乖離率

（注）区分所有者が一棟の区分所有建物に存するすべての専有部分及び一棟の区分所有建物の敷地のいずれも単独で所有している場合には，敷地利用権に係る区分所有補正率は1を下限とする（区分所有権に係る区分所有補正率には下限はない。）。

26 マンション用地の評価

居住用の区分所有財産の評価に係る区分所有補正率の計算明細書

（令和六年一月一日以降用）

（住居表示）所在地番	（　　　　　　　　　　　　　　　　　　　　　　）
家屋番号	

区分所有補正率の計算

A	① 築年数（注1）　　　年			①×△0.033	
B	② 総階数（注2）　　　階	③ 総階数指数（②÷33）（小数点以下第4位切捨て、1を超える場合は1）		③×0.239（小数点以下第4位切捨て）	
C	④ 所在階（注3）　　　階			④×0.018	
D	⑤ 専有部分の面積　　㎡	⑥ 敷地の面積　　㎡	⑦ 敷地権の割合（共有持分の割合）		
	⑧ 敷地利用権の面積（⑥×⑦）（小数点以下第3位切上げ）　　㎡	⑨ 敷地持分狭小度（⑧÷⑤）（小数点以下第4位切上げ）		⑨×△1.195（小数点以下第4位切上げ）	
	⑩ 評価乖離率（A＋B＋C＋D＋3.220）				
	⑪ 評価水準（1÷⑩）				
	⑫ 区分所有補正率（注4・5）				

備考	

（注1）「① 築年数」は、建築の時から課税時期までの期間とし、1年未満の端数があるときは1年として計算します。
（注2）「② 総階数」に、地階（地下階）は含みません。
（注3）「④ 所在階」について、一室の区分所有権等に係る専有部分が複数階にまたがる場合は階数が低い方の階とし、一室の区分所有権等に係る専有部分が地階（地下階）である場合は0とします。
（注4）「⑫ 区分所有補正率」は、次の区分に応じたものになります（補正なしの場合は、「⑫ 区分所有補正率」欄に「補正なし」と記載します。）。

区　　　　　分	区分所有補正率※
評　価　水　準　＜　0.6	⑩ × 0.6
0.6 ≦ 評　価　水　準 ≦ 1	補正なし
1 ＜ 評　価　水　準	⑩

　※　区分所有者が一棟の区分所有建物に存する全ての専有部分及び一棟の区分所有建物の敷地のいずれも単独で所有（以下「全戸所有」といいます。）している場合には、敷地利用権に係る区分所有補正率は1を下限とします。この場合、「備考」欄に「敷地利用権に係る区分所有補正率は1」と記載します。
　　　ただし、全戸所有している場合であっても、区分所有権に係る区分所有補正率には下限はありません。
（注5）　評価乖離率が0又は負数の場合は、区分所有権及び敷地利用権の価額を評価しないこととしていますので、「⑫ 区分所有補正率」欄に「評価しない」と記載します（全戸所有している場合には、評価乖離率が0又は負数の場合であっても、敷地利用権に係る区分所有補正率は1となります。）。

（資4-25-4-A4統一）

2章　宅地の評価

タックスアンサーNo.4667　居住用の区分所有財産の評価

居住用の区分所有財産（自用の場合）の評価額の計算例

　居住用の区分所有財産（自用の場合）の評価額は，以下のとおり計算します。

本通達適用前の区分所有権（家屋部分）の価額
【課税明細書（固定資産税）の例】

令和〇年度　課税明細書
本年度課税された、1月1日現在あなたが所有している固定資産（土地・家屋）の明細をお知らせします。

土地の所在	登記地目 現況地目 非課税地目	登記地積 ㎡ 現況地積 ㎡ 非課税地積	価　格 固定本則 都計本則
●●●一丁目 1234番 宅地	宅地 宅地	3,500.00 3,500.00	

家屋の所在	家屋番号	種類・用途 建築年次	構　造 屋　根	登記床面積 現況床面積	価　格	固定資産税標準額 都市課税標準額
●●●一丁目　1234番地	1234-301	居宅 平〇年	鉄筋コン造 陸屋根	60.00 72.00	4,000,000	4,000,000 4,000,000

＜計算方法＞
　固定資産税評価額に1.0を乗じて計算します。
　　4,000,000円×1.0＝4,000,000円（本通達適用前の区分所有権の価額）

本通達適用前の敷地利用権（土地部分）の価額
【登記事項証明書の例】

表　題　部　（一棟の建物の表示）	調整	余白	所在図番号	余白
所　　　在	●●●一丁目　1234番地		余白	
建物の名称	●●●マンション		余白	
①　構　　　造	②　床　面　積　㎡		原因及びその日付〔登記の日付〕	

表　題　部　（敷地権の目的である土地の表示）				
①土地の符号	②　所　在　及　び　地　番	③　地目	④　地　積　㎡	登　記　の　日　付
1	●●●一丁目　1234番	宅地	3500：00	平成〇年〇月〇日

表　題　部　（敷地権の表示）			
①土地の符号	②敷地権の種類	③　敷　地　権　の　割　合	原因及びその日付〔登記の日付〕
1	所有権	1050000分の6300	平成〇年〇月〇日敷地権 〔平成〇年〇月〇日〕

<事実関係>
1 正面路線価：500千円/m²
2 面積（地積）：3,500.00m²
3 敷地権の割合：1,050,000分の6,300

<計算方法>
1 敷地全体の価額を計算します。
　　500千円×3,500.00m² ＝1,750,000千円
2 敷地全体の価額に敷地権の割合を乗じて本通達適用前の敷地利用権の価額を計算します。
　　1,750,000千円×1,050,000分の6,300＝10,500千円（本通達適用前の敷地利用権の価額）

居住用の区分所有財産（自用の場合）の評価額
【登記事項証明書の例】

表　題　部　（一棟の建物の表示）	調整	余白	所在図番号	余白
所　　　在	●●●一丁目　１２３４番地		余白	
建物の名称	●●●マンション		余白	

①　構　　　造	②　床　面　積　m²		原因及びその日付〔登記の日付〕
鉄筋コンクリート造陸屋根地下１階付11階建 ❸	１階	１１００ : ０７	〔平成○年○月○日〕
	２階	１１００ : ０７	
	３階	１１００ : ０７	
	(中略)		
	１１階	１１００ : ０７	
	地下１階	６５ : ９２	

表　題　部　（敷地権の目的である土地の表示）				
①土地の符号	②　所　在　及　び　地　番	③　地目	④　地積　m²	登　記　の　日　付
1	●●●一丁目　１２３４番	宅地	❻ ３５００ : ００	平成○年○月○日

表　題　部　（専有部分の建物の表示）			不動産番号	１２３４５６７８９０１２３
家屋番号	●●●一丁目　１２３４番の３０１		余白	
建物の名称	３０１		余白	

①　種類	②　構　造	③　床　面　積　m²	原因及びその日付〔登記の日付〕
居宅 ❶	鉄筋コンクリート造１階建	❹ ３階部分　６０ : ００ ❺	平成○年○月○日新築 ❷ 〔平成○年○月○日〕

表　題　部　（敷地権の表示）			
①土地の符号	②敷地権の種類	③　敷　地　権　の　割　合	原因及びその日付〔登記の日付〕
1	所有権	❼ １０５００００分の６３００	平成○年○月○日敷地権〔平成○年○月○日〕

2章 宅地の評価

<登記事項証明書の内容等>
1 種類：居宅（❶）
2 築年数：27年（築年数は，❷の建築の時（平成〇年〇月〇日）から課税時期までの期間をいいます。ここでは計算の便宜上，築年数を27年と仮定して計算しています。）（❷）
3 総階数：11階（❸）
4 所在階：3階（❹）
5 専有部分の面積：60.00m²（❺）
6 敷地の面積：3,500.00m²（❻）
7 敷地権の割合：1,050,000分の6,300（❼）
8 敷地利用権の面積（注）：21.00m²
　（注）　敷地利用権の面積は，次により計算します。
　　　　（敷地の面積❻）　（敷地権の割合❼）
　　　　　3,500.00m² × 1,050,000分の6,300 ＝ 21.00m²

<居住用の区分所有財産の評価額の計算>
1 評価乖離率
　評価乖離率 ＝ A ＋ B ＋ C ＋ D ＋ 3.220 ＝ 2.043

> ＜A～Dの計算＞
> (1)　Aの計算
> 　　A ＝ 27年 × △0.033 ＝ △0.891
> (2)　Bの計算
> 　　総階数指数 ＝ 11階 ÷ 33 ＝ 0.333
> 　　B ＝ 0.333 × 0.239 ＝ 0.079
> (3)　Cの計算
> 　　C ＝ 3階 × 0.018 ＝ 0.054
> (4)　Dの計算
> 　　敷地持分狭小度 ＝ 21.00m² ÷ 60.00m² ＝ 0.350
> 　　D ＝ 0.350 × △1.195 ＝ △0.419

2 評価水準
　評価水準 ＝ 1 ÷ 2.043 ＝ 0.4894762604…
3 区分所有補正率
　評価水準（0.4894762604…）＜0.6
　区分所有補正率 ＝ 評価乖離率 × 0.6 ＝ 2.043 × 0.6 ＝ 1.2258

【区分所有権の価額】
(本通達適用前の区分所有権の価額)　(区分所有補正率)　(区分所有権の価額)
　　　　4,000,000円　　　　×　　　1.2258　＝　4,903,200円

【敷地利用権の価額】
(本通達適用前の敷地利用権の価額)　(区分所有補正率)　(敷地利用権の価額)
　　　　10,500,000円　　　×　　　1.2258　＝　12,870,900円

26 マンション用地の評価

> **実務上のポイント**

　つまり，本通達による評価額の評価水準が，実勢時価の60％以上であれば補正をせず，60％未満のものは60％の評価水準まで引き上げるということである。
　なお，令和6年より居住用の区分所有マンションの評価方法は改正となったが，実勢時価と通達評価額の差が全く埋まったわけではなく，また，商業ビルやホテル，一棟のマンションの敷地においては引き続き乖離がみられることになる。

③　本通達の趣旨

　令和5年9月28日に「居住用の区分所有財産の評価について（法令解釈通達）」の発遣に伴い，同年10月には以下のとおり趣旨が説明されている。

令和5年10月11日
資産評価企画官情報

「居住用の区分所有財産の評価について」（法令解釈通達）
の趣旨について（情報）

1　（用語の意義）
《説明》
1　基本的な考え方
　相続税又は贈与税は，原則として，相続若しくは遺贈により取得した全ての財産の価額の合計額をもって，又はその年中において贈与により取得した全ての財産の価額の合計額をもって課税価格を計算することとされており（相法11の2，21の2），これらの財産の価額について，相続税法は，「この章で特別の定めのあるものを除くほか，相続，遺贈又は贈与により取得した財産の価額は，当該財産の取得の時における時価による」（時価主義）旨を規定している（相法22）。そして，この「時価」とは，「課税時期において，それぞれの財産の現況に応じ，不特定多数の当事者間で自由な取引が行われる場合に通常成立すると認められる価額」（客観的な交換価値）をいい，その価額は，「この通達（評価通達）の定めによって評価した価額による」こととしており（評基通1），評価通達により内部的な取扱いを統一するとともに，これを公開することにより，課税の適正・公平を図るとともに，納税者の申告・納税の便にも供されている。
　このように，評価の原則が時価主義をとり，客観的な交換価値を示す価額を求めようとしている以上，財産の評価は自由な取引が行われる市場で通常成立すると認められる売買実例価額によることが最も望ましいが，課税の対象となる財産は，必ずしも売買実例価額の把握が可能な財産に限られないことから，評価通達においては，実務上可能な方法で，しかもなるべく容易かつ的確に時価を算定するという観点から，財産の種類の異なるごとに，それぞれの財産の本質に応じた評価の方法を採用している。
　不動産の評価においても，このような考え方に基づき，土地については，近傍の土地の売買実例価額や標準地についての公示価格，不動産鑑定士等による鑑定評価額及び精通者意見価格等を基として評価する「路線価方式」や「倍率方式」によって評価することとしている。他方，家屋については，再建築価格を基準として評価される「固定資産税評価額」に倍率を乗じて評価することとしている（固

定資産税評価額に乗ずる倍率は評価通達別表1で「1.0」と定めている。)。家屋について，再建築価格を基準とする評価としているのは，売買実例価額は，個別的な事情による偏差があるほか，家屋の取引が一般的に宅地とともに行われている現状からして，そのうち家屋の部分を分離することが困難である等の事情を踏まえたものである。

しかしながら，居住用の区分所有財産(いわゆる分譲マンション)については，近年，不特定多数の当事者により市場において活発に売買が行われるとともに，従来に比して類似の分譲マンションの取引事例を多数把握することが容易になっている。また，相続税評価額と売買実例価額とが大きく乖離するケースもあり，平成30年中(注1)に取引された全国の分譲マンションの相続税評価額(注2)と売買実例価額との乖離について取引実態等を確認したところ，平均で2.34倍の乖離が把握され，かつ，約65％の事例で2倍以上乖離していることが把握された(以下，当該分譲マンションに係る取引実態等と一戸建て不動産の相続税評価額と売買実例価額との乖離に関する取引実態等を併せて，単に「取引実態等」という。)。

(注1) 足元のマンション市場は，建築資材価格の高騰等による影響を排除しきれない現状にあり，そうした現状において，コロナ禍等より前の時期として平成30年分の譲渡所得の申告により把握された取引事例に基づいている。

(注2) ここでは，平成30年分の譲渡所得の申告により把握された取引事例に係る分譲マンションの相続税評価額に相当する額をいう。具体的には，それぞれの分譲マンションに係る土地部分の固定資産税評価額に近傍の標準地の路線価と固定資産税評価額との差に応ずる倍率及び敷地権の割合を乗じた額と家屋部分の固定資産税評価額との合計額により計算している。

また，不動産の相続税評価額と市場価格とに大きな乖離がある事例について，評価通達6《この通達の定めにより難い場合の評価》の適用が争われた最高裁令和4年4月19日判決以降，当該乖離に対する批判の高まりや，取引の手控えによる市場への影響を懸念する向きも見られたことから，課税の公平を図りつつ，納税者の予見可能性を確保する観点からも，類似の取引事例が多い分譲マンションについては，いわゆるタワーマンションなどの一部のものに限らず，広く一般的に評価方法を見直す必要性が認められた(注3)。

(注3) 令和5年度与党税制改正大綱(令和4年12月16日決定)において，「マンションについては，市場での売買価格と通達に基づく相続税評価額とが大きく乖離しているケースが見られる。現状を放置すれば，マンションの相続税評価額が個別に判断されることもあり，納税者の予見可能性を確保する必要もある。このため，相続税におけるマンションの評価方法については，相続税法の時価主義の下，市場価格との乖離の実態を踏まえ，適正化を検討する。」とされた。

2 新たな評価方法の概要

分譲マンションにおける相続税評価額と市場価格(売買実例価額)との乖離の要因として，まず，家屋の相続税評価額は，再建築価格に基づく固定資産税評価額により評価しているが，市場価格(売買実例価額)は，再建築価格に加えて建物総階数及び分譲マンション一室の所在階も考慮されているほか，固定資産税評価額への築年数の反映が大きすぎる(経年による減価が実態より大きい)と，相続税評価額が市場価格(売買実例価額)に比べて低くなるケースがあると考えられた。

また，土地(敷地利用権)の相続税評価額は，土地(敷地)の面積を敷地権の割合(共有持分の割合)に応じてあん分した面積に，1m²当たりの単価(路線価等)を乗じて評価しているが，当該面積は，一般的に高層マンションほどより細分化されて狭小となるため，当該面積が狭小なケースは，立地条件が良好な場所でも，その立地条件が敷地利用権の価額に反映されづらくなり，相続税評価額が市場

価格（売買実例価額）に比べて低くなることが考えられた。

　そこで，相続税評価額が市場価格（売買実例価額）と乖離する要因と考えられた，①築年数，②総階数指数，③所在階及び④敷地持分狭小度の４つの指数を説明変数（注１）とし，相続税評価額と市場価格（売買実例価額）との乖離率を目的変数として，分譲マンションの取引実態等に係る取引事例について重回帰分析（注２）を行ったところ，決定係数（注３）：0.587（自由度調整済決定係数：0.586）となる有意な結果が得られた。

（注１）　各説明変数の意義等については，下記３(5)を参照。
（注２）　「重回帰分析」とは，２以上の要因（説明変数）が結果（目的変数）に与える影響度合いを分析する統計手法とされる。以下に示す算式の４つの指数に係る係数及び切片の値は，次の重回帰分析の結果求められたものである。

回帰統計			係数	t-値	P-値	最小値	最大値	平均値	標準偏差
決定係数	0.5870	切片	3.220	65.60	0.001未満				
自由度調整済決定係数	0.5864	築年数	△0.033	△34.11	0.001未満	1	57	19	11.36
		総階数指数	0.239	3.50	0.001未満	0.061	1	0.409	0.256
観測数	2478	所在階	0.018	8.53	0.001未満	1	51	8	7.37
		敷地持分狭小度	△1.195	△18.55	0.001未満	0.01	0.99	0.4	0.192

相関係数	乖離率	築年数	総階数指数	所在階	敷地持分狭小度
乖離率	1				
築年数	△0.635	1			
総階数指数	0.567	△0.404	1		
所在階	0.496	△0.310	0.747	1	
敷地持分狭小度	△0.523	0.240	△0.578	△0.417	1

（注３）　「決定係数」とは，推定された回帰式の当てはまりの良さの度合いを示す指標とされる。

　この結果を踏まえ，次の理由から，以下に示す算式により求めた評価乖離率を基に相続税評価額を補正する方法を採用することとした。

①　分譲マンションは流通性・市場性が高く，類似する物件の売買実例価額を多数把握することが可能であり，かつ，価格形成要因が比較的明確であることからすれば，それら要因を指数化して売買実例価額に基づき統計的に予測した市場価格を考慮して相続税評価額を補正する方法が妥当であり，相続税評価額と市場価格との乖離を補正する方法として直截的であって，執行可能性も高いこと

②　相続税評価額と市場価格（売買実例価額）との乖離の要因としては，上記４つの指数のほかにもあり得るかもしれないが，申告納税制度の下で納税者の負担を考慮すると，これらの４つの指数は，納税者自身で容易に把握可能なものであることに加え，特に影響度の大きい要因であること

（算式）

評価乖離率＝Ａ＋Ｂ＋Ｃ＋Ｄ＋3.220

上記算式中の「Ａ」，「Ｂ」，「Ｃ」及び「Ｄ」は，それぞれ次による。

　「Ａ」＝当該一棟の区分所有建物の築年数×△0.033
　「Ｂ」＝当該一棟の区分所有建物の総階数指数×0.239（小数点以下第４位を切り捨てる。）
　「Ｃ」＝当該一室の区分所有権等に係る専有部分の所在階×0.018
　「Ｄ」＝当該一室の区分所有権等に係る敷地持分狭小度×△1.195（小数点以下第４位を切り上げる。）

　（（注）は省略）

2章　宅地の評価

　また，評価乖離率に基づく相続税評価額の補正に当たっては，次の理由から，上記算式により算出された評価乖離率の逆数である評価水準が0.6未満となる場合には，評価乖離率に0.6を乗じた値を区分所有補正率として，評価水準が1を超える場合には，評価乖離率を区分所有補正率として，それぞれ相続税評価額に乗ずることで補正することとした。

① 　上記1のとおり，相続税又は贈与税については，相続若しくは遺贈により取得又はその年中に贈与により取得した全ての財産の価額の合計額をもって課税価格を計算することとされているところ，相続税評価額と市場価格（売買実例価額）との乖離に関して，同じ不動産である分譲マンションと一戸建てとの選択におけるバイアスを排除する観点から，一戸建てにおける乖離（取引実態等の結果は平均1.66倍）も考慮する必要がある。したがって，一戸建ての相続税評価額が市場価格（売買実例価額）の6割程度の評価水準となっていることを踏まえ，それを下回る評価水準の分譲マンションが一戸建てと比べて著しく有利となると不公平感が生じかねないため，分譲マンションにおいても少なくとも市場価格の6割水準となるようにしてその均衡を図る必要があること

② 　路線価等に基づく評価においても，土地の価額には相当の値幅があることや，路線価等が1年間適用されるため，評価時点であるその年の1月1日以後の1年間の地価変動にも耐え得るものであることが必要であること等の評価上の安全性を配慮し，地価公示価格と同水準の価格の80％程度を目途に，路線価等を定めていること（算式）

　なお，上記については，令和5年度与党税制改正大綱（令和4年12月16日決定）において，マンションの評価方法の適正化を検討する旨の記載（上記1（注3）参照）がされたことを受け，「マンションに係る財産評価基本通達に関する有識者会議」を令和5年1月から6月にかけて計3回開催し，分譲マンションの新たな評価方法等について有識者から意見を聴取しながら，その客観性及び妥当性について検討を行った。

3　用語の意義等

　本項は，本通達で使用する用語の意義を定めているが，その主な用語の意義等は，次のとおりである。

(1) 　一棟の区分所有建物

　「一棟の区分所有建物」とは，区分所有者（区分所有法第2条《定義》第2項に規定する区分所有者をいう。以下同じ。）が存する家屋（地階を除く階数が2以下のもの及び居住の用に供する専有部分（同条第3項に規定する専有部分をいう。以下同じ。）一室の数が3以下であってその全てを当該区分所有者又はその親族の居住の用に供するものを除く。）で，居住の用に供する専有部分のあるものをいうこととしており，当該「一棟の区分所有建物」には，「地階を除く階数が2以下のもの」（注1）及び「居住の用に供する専有部分一室の数が3以下であってその全てを当該区分所有者又はその親族の居住の用に供するもの」（注2，3，4）を含まないこととしている。

(注1)　「地階」とは，「地下階」をいい，登記簿上の「地下」の記載により判断される。

(注2)　「専有部分一室の数が3以下」とは，一棟の家屋に存する（居住の用に供する）専有部分の数が3以下の場合（例えば，3階建てで各階が区分所有されている場合など）をいい，一の専有部分に存する部屋そのものの数をいうのではないから留意する。

(注3)　「区分所有者又はその親族の居住の用に供するもの」とは，区分所有者が，当該区分所有者又はその親族（以下「区分所有者等」という。）の居住の用に供する目的で所有しているものをいい，居住の用以外の用又は当該区分所有者等以外の者の利用を目的とすることが明らかな場合（これまで一度も区分所有者等の居住の用に供されていなかった場合（居住の用に供されていなかったことについて合理的な理由がある場合を除く。）など）を除き，これに該当するものとし

て差し支えない。
(注4) 「親族」とは，民法第725条《親族の範囲》各号に掲げる者をいう。

　これは，上記2のとおり，本通達が分譲マンションの流通性・市場性の高さに鑑み，その価格形成要因に着目して，売買実例価額に基づく評価方法を採用したものであるから，その対象となる不動産はその流通性・市場性や価格形成要因の点で分譲マンションに類似するものに限定されるべきところ，同じ区分所有財産であっても低層の集合住宅や二世帯住宅は市場も異なり，売買実例に乏しいことから，対象外としているものである。
　また，事業用のテナント物件や一棟所有の賃貸マンションなどについても，その流通性・市場性や価格形成要因の点で居住用の物件とは大きく異なることから対象外とし，居住の用に供する区分所有財産を対象としたものである。したがって，当該「居住の用」（すなわち，本通達における「居住の用に供する専有部分」）とは，一室の専有部分について，構造上，主として居住の用途に供することができるものをいい，原則として，登記簿上の種類に「居宅」を含むものがこれに該当する。なお，構造上，主として居住の用途に供することができるものであれば，課税時期において，現に事務所として使用している場合であっても，「居住の用」に供するものに該当することとなる。
　また，本通達における「一棟の区分所有建物」とは，区分所有者が存する家屋をいい，当該区分所有者とは，区分所有法第1条《建物の区分所有》に規定する建物の部分を目的とする所有権（区分所有権）を有する者をいうこととしている。区分所有権は，一般に，不動産登記法第2条《定義》第22号に規定する区分建物の登記がされることによって外部にその意思が表示されて成立するとともに，その取引がなされることから，本通達における「一棟の区分所有建物」とは，当該区分建物の登記がされたものをいうこととしている。したがって，区分建物の登記をすることが可能な家屋であっても，課税時期において区分建物の登記がされていないものは，本通達における「一棟の区分所有建物」には該当しない。

(2) 一室の区分所有権等
　「一室の区分所有権等」とは，一棟の区分所有建物に存する居住の用に供する専有部分一室に係る区分所有権（区分所有法第2条第1項に規定する区分所有権をいい，当該専有部分に係る同条第4項に規定する共用部分の共有持分を含む。以下同じ。）及び敷地利用権（同条第6項に規定する敷地利用権をいう。以下同じ。）をいう。
　なお，この一室の区分所有権等のうち，たな卸商品等に該当するものについては，他の土地，家屋と同様に，不動産ではあるものの，その実質がまさにたな卸商品等であることに照らし，評価通達133《たな卸商品等の評価》により評価することを明らかにしている。
　また，分譲マンションについては，区分所有法において「区分所有者は，その有する専有部分とその専有部分に係る敷地利用権とを分離して処分することができない」（区分所有法22①）と規定され，土地と家屋の価格は一体として値決めされて取引されており，それぞれの売買実例価額を正確に把握することは困難であるほか，上記2により算出された評価乖離率（又は区分所有補正率）は一体として値決めされた売買実例価額との乖離に基づくものであり，これを土地と家屋に合理的に分けることは困難である。
　したがって，本通達においては，一室の区分所有権等に係る敷地利用権及び区分所有権のそれぞれの評価額に同一の補正率（区分所有補正率）を乗じて評価することとしており，また，貸家建付地又は貸家の評価や土地等にのみ適用される「小規模宅地等についての相続税の課税価格の計算の特例」（以下「小規模宅地等の特例」という。）などを踏まえ，それぞれ別々に評価額を算出することとしている。

(参考）不動産の鑑定評価においては，複合不動産価格（建物及びその敷地（区分所有建物及びその敷地）の価格）の土地と建物の内訳価格の算定に当たっては，複合不動産における積算価格割合に基づいて建物に帰属する額を配分する方法（割合法）が用いられることがある。他方，相続税評価額は，上記１のとおり，土地については，近傍の土地の売買実例価額や標準地についての公示価格，不動産鑑定士等による鑑定評価額及び精通者意見価格等を基として評価するもので，基本的には取引事例比較法が適用されていると考えることができるほか，家屋については，再建築価格を基準として評価される固定資産税評価額を基として評価するもので，基本的には原価法が適用されていると考えることができ，不動産の鑑定評価で用いられる積算価格と基本的な考え方は同じである。本通達は，本通達適用前の分譲マンションの評価額（敷地利用権と区分所有権の評価額の合計額）に，売買実例価額を基とした補正率（区分所有補正率）を乗ずることで，分譲マンションの時価を指向するものである一方で，敷地利用権と区分所有権の評価額それぞれに同一の補正率（区分所有補正率）を乗じているのであるが，これは，不動産の鑑定評価における複合不動産の割合法による内訳価格の算定と同様に，本通達適用前の評価額の比（すなわち，積算価格の比）で本通達適用後の分譲マンションの価額をあん分するものであるともいえる。したがって，本通達では，敷地利用権の価額と区分所有権の価額をそれぞれ算出しているのであるが，時価としての妥当性を有するものであると考えられる。

(3) 一室の区分所有権等に係る敷地利用権の面積

「一室の区分所有権等に係る敷地利用権の面積」とは，一棟の区分所有建物に係る敷地利用権が，不動産登記法第44条《建物の表示に関する登記の登記事項》第１項第９号に規定する敷地権（以下「敷地権」という。）である場合は，その一室の区分所有権等が存する一棟の区分所有建物の敷地の面積に，当該一室の区分所有権等に係る敷地権の割合を乗じた面積とすることとしている。なお，この一室の区分所有権等が存する一棟の区分所有建物の敷地の面積は，原則として，利用の単位となっている１区画の宅地の地積によることとなる（注１）。

(注１) ただし，例えば，分譲マンションに係る登記簿上の敷地の面積のうちに，私道の用に供されている宅地（評基通24）があった場合，評価上，当該私道の用に供されている宅地は別の評価単位となるが，当該私道の用に供されている宅地の面積については，居住用の区分所有財産について，上記２のとおり，上記２に掲げる算式により求めた評価乖離率に基づき評価することとした理由の一つが，申告納税制度の下で納税者の負担を考慮したものであるから，同様の趣旨により，納税者自身で容易に把握可能な登記簿上の敷地の面積によることとしても差し支えない。他方で，例えば，分譲マンションの敷地とは離れた場所にある規約敷地については，「一室の区分所有権等に係る敷地利用権の面積」には含まれない。

また，上記の場合以外の場合は，一室の区分所有権等が存する一棟の区分所有建物の敷地の面積に，当該一室の区分所有権等に係る敷地の共有持分の割合（注２）を乗じた面積として計算することとなる。

(注２) 一室の区分所有権等に係る敷地利用権が賃借権又は地上権である場合は，当該賃借権又は地上権の準共有持分の割合を乗ずる。

(4) 一室の区分所有権等に係る専有部分の面積

「一室の区分所有権等に係る専有部分の面積」とは，一室の区分所有権等に係る専有部分の不動産登記規則第115条《建物の床面積》に規定する建物の床面積をいう。当該建物の床面積は，「区分建物にあっては，壁その他の区画の内側線」で囲まれた部分の水平投影面積（いわゆる内法面積）によることとされており，登記簿上表示される床面積によることとなる。

したがって，共用部分の床面積は含まれないことから，固定資産税の課税における床面積とは異な

ることに留意する。
(5) 評価乖離率
　評価乖離率を求める算式は，上記2のとおりであるが，主な算式中の指数については，次のとおりである。
　　イ　築年数
　　　「築年数」は，一棟の区分所有建物の建築の時から課税時期までの期間とし，当該期間に1年未満の端数があるときは，その端数は1年とする。
　　ロ　総階数指数
　　　「総階数指数」は，一棟の区分所有建物の総階数を33で除した値（注）（小数点以下第4位を切り捨て，1を超える場合は1とする。）とし，この場合において，総階数には地階を含まないこととする。この「地階」については，上記(1)の地階と同義である。
　　（注）建物総階数については，高さが概ね100m（1階を3mとした場合，約33階）を超える建築物には，緊急離着陸場等の設置指導等がなされることがあるが，それを超えて高くなることによる追加的な規制は一般的にはないほか，評価乖離率に与える影響が一定の階数で頭打ちになると仮定して分析を行ったところ，良好な結果が得られたことから「総階数÷33（1を超える場合は1とする。）」を総階数指数としている。
　　ハ　所在階
　　　「所在階」は，一室の区分所有権等に係る専有部分の所在階のことであり，当該専有部分が一棟の区分所有建物の複数階にまたがる場合（いわゆるメゾネットタイプの場合）には，階数が低い方の階を所在階とし，当該専有部分が地階である場合は，零階とする。
　　　なお，一室の区分所有権等に係る専有部分が，1階と地階にまたがる場合についても，階数が低い方の階（地階）を所在階とするから，算式中の「C」は零となることに留意する。
　　ニ　敷地持分狭小度
　　　「敷地持分狭小度」は，一室の区分所有権等に係る敷地利用権の面積（上記(3)）を当該一室の区分所有権等に係る専有部分の面積（上記(4)）で除した値（小数点以下第4位を切り上げる。）をいう。

2　（一室の区分所有権等に係る敷地利用権の価額）

《説明》
　前項の《説明》3(2)のとおり，本通達においては，一室の区分所有権等に係る敷地利用権及び区分所有権のそれぞれの評価額に同一の補正率（区分所有補正率）を乗じて評価することとしつつ，本項及び次項において，貸家建付地又は貸家の評価や小規模宅地等の特例などを踏まえ，それぞれ別々に評価額を算出することとしている。
　本項では，そのうち，一室の区分所有権等に係る敷地利用権の価額の評価方法について定めており，当該敷地利用権の価額は，評価通達25《貸宅地の評価》(1)に定める「自用地としての価額」に，次の区分の場合に応じて，次の区分所有補正率を乗じた価額を当該「自用地としての価額」とみなして評価通達を適用して計算した価額によって評価することを明らかにしている。

> (1) 評価水準が1を超える場合
> 　　区分所有補正率＝評価乖離率
> (2) 評価水準が0.6未満の場合
> 　　区分所有補正率＝評価乖離率×0.6

　そのため，例えば，貸家建付地に該当する一室の区分所有権等に係る敷地利用権の評価をするに当

たっては，当該みなされた「自用地としての価額」を基に，評価通達26《貸家建付地の評価》を適用して評価することとなる。他方で，例えば，借地権付分譲マンションの貸宅地（底地）の評価においては，その借地権の目的となっている土地の上に存する家屋が分譲マンションであってもなくても，土地所有者から見ればその利用の制約の程度は変わらないと考えられることから，評価通達25並びに同項により評価する場合における評価通達27《借地権の評価》及び27-2《定期借地権等の評価》における「自用地としての価額」については，本通達の適用がないことを明らかにしている。

なお，本通達及び評価通達の定める評価方法によって評価することが著しく不適当と認められる場合には，評価通達6が適用されることから，その結果として，本通達を適用した価額よりも高い価額により評価することもある一方で，マンションの市場価格の大幅な下落その他本通達の定める評価方法に反映されない事情が存することにより，本通達の定める評価方法によって評価することが適当でないと認められる場合には，個別に課税時期における時価を鑑定評価その他合理的な方法により算定し，一室の区分所有権等に係る敷地利用権の価額とすることができる。この点は，他の財産の評価におけるこれまでの扱いと違いはない。

また，本通達では，前項の《説明》2のとおり，予測した市場価格の6割水準までの補正をすることとしているから，1を評価乖離率で除した値（評価乖離率の逆数）である評価水準を基に，上記の区分により評価することとしている。すなわち，評価水準が0.6未満の場合は，自用地としての価額に評価乖離率に0.6を乗じた値を区分所有補正率として乗ずることとし，評価水準が0.6以上1以下の場合は，補正を行わず，評価水準が1を超える場合は，自用地としての価額に評価乖離率を区分所有補正率として乗ずることとなる。したがって，この評価水準が1を超える場合とは，補正前の評価額（自用地としての価額）が予測した市場価格を超える場合のことであり，この場合の区分所有補正率は1未満となるから，評価額（自用地としての価額）を減額させる計算となる。

おって，前項の評価乖離率を求める算式において，理論的には，評価乖離率が零や負数になることが考えられるが，仮にこのような場合には，一室の区分所有権等に係る敷地利用権の価額を評価しないこととして取り扱う。ただし，このようなケースはほとんどないものと考えられるが，仮にこのようなケースにおいても，評価通達6の適用が否定される訳ではないことに留意する。

さらに，区分所有者が，「一棟の区分所有建物に存する全ての専有部分」及び「一棟の区分所有建物の敷地」（全ての専有部分に係る敷地利用権）のいずれも単独で所有している場合についても，区分建物の登記がされた一棟の区分所有建物であることから，当該一棟の区分所有建物の各戸（各専有部分一室）について本通達に基づく評価をする必要がある。ただし，この場合における当該区分所有者が所有する敷地（敷地利用権）については，区分所有財産ではあるものの，一の宅地を所有している場合と同等の経済的価値を有すると考えられる面もあることから，本項の（注）1において，その敷地（敷地利用権）の評価に当たっては，区分所有補正率は「1」を下限（評価乖離率が零又は負数の場合も区分所有補正率は「1」）として，自用地としての価額に乗ずることとしている。

ところで，前項の評価乖離率を求める算式及び評価水準に係る0.6の値については，本通達が，売買実例価額に基づき統計的に予測した市場価格を考慮して評価額を補正するものである以上，将来のマンションの市場の変化を踏まえたものとする必要があるから，本項の（注）2において，適時見直しを行うことを留意的に明らかにしている。

この見直しは，3年に1度行われる固定資産税評価の見直し時期に併せて行うことが合理的であり，改めて実際の取引事例についての相続税評価額と売買実例価額との乖離状況等を踏まえ，その要否を含めて行うこととなる。

なお，取引相場のない株式を評価通達185《純資産価額》により評価する場合においても，本通達が

26 マンション用地の評価

適用されることに留意する。

3 （一室の区分所有権等に係る区分所有権の価額）
《説明》
　前項と同様に，一室の区分所有権等に係る区分所有権の価額は，評価通達89《家屋の評価》，89-2《文化財建造物である家屋の評価》又は92《附属設備等の評価》の定めにより評価したその家屋の価額（自用家屋としての価額）に，前項の区分所有補正率を乗じて計算した価額を「自用家屋としての価額」とみなして評価することとしている。そのため，前項と同様に，例えば，貸家に該当する一室の区分所有権等に係る区分所有権の評価をするに当たっては，当該みなされた「自用家屋としての価額」を基に，評価通達93《貸家の評価》を適用して評価することとなる。
　なお，本通達及び評価通達の定める評価方法によって評価することが著しく不適当と認められる場合に，評価通達6が適用される点については，前項と同様である。
　また，前項と異なり，本項の一室の区分所有権等に係る区分所有権の価額については，区分所有者が，「一棟の区分所有建物に存する全ての専有部分」及び「一棟の区分所有建物の敷地」のいずれも単独で所有している場合であっても，区分所有補正率は「1」を下限としないことに留意する。
　おって，本通達1の評価乖離率を求める算式において，理論的には，評価乖離率が零や負数になることが考えられるが，仮にこのような場合には，一室の区分所有権等に係る区分所有権の価額を評価しないこととして取り扱う。ただし，このようなケースはほとんどないものと考えられるが，仮にこのようなケースにおいても，評価通達6の適用が否定される訳ではないことに留意する。

④　Q&A
　令和6年5月には，以下のとおり，資産評価企画官情報として居住用の区分所有財産の評価に関するQ&Aが公表されている。

令和6年5月14日
資産評価企画官情報

「居住用の区分所有財産の評価に関するQ&A」について（情報）

省略用語	
このQ&Aにおいて使用した次の省略用語の意義は，それぞれ次に掲げるとおりである。	
本通達	令和5年9月28日付課評2-74ほか1課共同「居住用の区分所有財産の評価について」（法令解釈通達）
評価基本通達	昭和39年4月25日付直資56，直審（資）17「財産評価基本通達」（法令解釈通達）
区分所有法	建物の区分所有等に関する法律（昭和37年法律第69号）
区分所有者	区分所有法第2条《定義》第2項に規定する区分所有者
専有部分	区分所有法第2条第3項に規定する専有部分
区分所有権	区分所有法第2条第1項に規定する区分所有権（専有部分に係る同条第

2章　宅地の評価

	4項に規定する共用部分の共有持分を含む。）
敷地利用権	区分所有法第2条第6項に規定する敷地利用権
自用地としての価額	評価基本通達25《貸宅地の評価》(1)に定める「自用地としての価額」をいい，評価基本通達11《評価の方式》から22-3《大規模工場用地の路線価及び倍率》まで，24《私道の用に供されている宅地の評価》，24-2《土地区画整理事業施行中の宅地の評価》及び24-6《セットバックを必要とする宅地の評価》から24-8《文化財建造物である家屋の敷地の用に供されている宅地の評価》までの定めにより評価したその宅地の価額
自用家屋としての価額	評価基本通達89《家屋の評価》，89-2《文化財建造物である家屋の評価》又は92《附属設備等の評価》の定めにより評価したその家屋の価額

※　このQ&Aは，令和6年5月1日現在の法令，通達に基づいて作成しています。

問1　新しい居住用の区分所有財産（いわゆる分譲マンション）の評価方法の概要について教えてください。

（答）

　本通達において，区分所有者が存する家屋（一定のもの（問4参照）を除きます。）で，居住の用に供する専有部分のあるもの（以下「一棟の区分所有建物」といいます。）に存する居住の用に供する専有部分一室に係る区分所有権及び敷地利用権（以下「一室の区分所有権等」（居住用の区分所有財産）といいます。）については，その一室の区分所有権等に係る敷地利用権（土地部分）の「自用地としての価額」及び区分所有権（家屋部分）の「自用家屋としての価額」のそれぞれに「区分所有補正率」（問2参照）を乗じて計算した価額を，その「自用地としての価額」及びその「自用家屋としての価額」とみなして評価基本通達を適用して計算した価額によって評価することとしています。

　したがって，本通達適用後の「一室の区分所有権等に係る敷地利用権」の「自用地としての価額」又は「一室の区分所有権等に係る区分所有権」の「自用家屋としての価額」は，次の算式のとおり計算することとなります。

　ただし，評価水準（問2参照）が0.6以上1以下の場合は，区分所有補正率を乗じて計算せず，評価することに注意してください。

（算式）
① 一室の区分所有権等に係る敷地利用権の「自用地としての価額」
　本通達適用前の自用地としての価額（路線価方式又は倍率方式）× 区分所有補正率
② 一室の区分所有権等に係る区分所有権の「自用家屋としての価額」
　本通達適用前の自用家屋としての価額（固定資産税評価額×1.0）× 区分所有補正率

（注1）　自用の場合は，上記の算式により計算した自用地としての価額及び自用家屋としての価額の合計額が，一室の区分所有権等の相続税評価額となります。なお，貸付用（貸家建付地及び貸家）の場合は，問7を参照してください。

（注2）　本通達は，令和6年1月1日以後に相続，遺贈又は贈与（以下「相続等」といいます。）により取得した財産の評価について適用されるところ，相続等により取得した財産が取引相場のない株式の場合であっても，その株式を令和6年1月1日以後に取得した場合は，その取引相場

26 マンション用地の評価

のない株式の評価を純資産価額方式によって評価する場合における1株当たりの純資産価額（相続税評価額によって計算した金額）の計算上，評価会社が所有する一室の区分所有権等に係る敷地利用権及び区分所有権については，本通達が適用されます。

　ただし，取引相場のない株式を純資産価額方式によって評価する場合における1株当たりの純資産価額（相続税評価額によって計算した金額）の計算において，評価会社が課税時期前3年以内に取得等した一室の区分所有権等に係る敷地利用権及び区分所有権の価額については，評価基本通達185《純資産価額》括弧書により，「課税時期における通常の取引価額に相当する金額」によって評価されます。

2章　宅地の評価

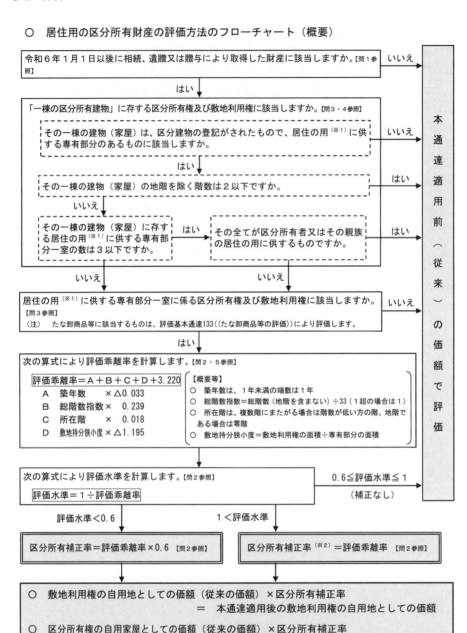

問2　「区分所有補正率」の計算方法について教えてください。

(答)

「区分所有補正率」は，「評価乖離率」，「評価水準」，「区分所有補正率」の順に，以下のとおり計算します。

—482—

1　評価乖離率

「評価乖離率」は，次の算式により計算します。

---(算式)---

評価乖離率＝A＋B＋C＋D＋3.220

「A」＝一棟の区分所有建物の築年数×△0.033

「B」＝一棟の区分所有建物の総階数指数×0.239（小数点以下第4位を切捨て）

「C」＝一室の区分所有権等に係る専有部分の所在階×0.018

「D」＝一室の区分所有権等に係る敷地持分狭小度×△1.195（小数点以下第4位を切上げ）

（注）　上記各指数（築年数等）の意義等については，問5を参照してください。

2　評価水準

「評価水準」は，次の算式（評価乖離率の逆数）により計算します。

---(算式)---

評価水準＝1÷評価乖離率

3　区分所有補正率

「区分所有補正率」は，評価水準の区分に応じて，次のとおりとなります。

区　分	区分所有補正率
評価水準＜0.6	評価乖離率×0.6
0.6≦評価水準≦1	補正なし
1＜評価水準	評価乖離率

（注1）　評価乖離率が零又は負数の場合には，一室の区分所有権等に係る敷地利用権及び区分所有権の価額は評価しない（評価額を零とする。）こととしています（（注2）の場合を除きます。）。

（注2）　区分所有者が「一棟の区分所有建物に存する全ての専有部分」及び「一棟の区分所有建物の敷地」（全ての専有部分に係る敷地利用権）のいずれも単独で所有している場合には，一室の区分所有権等に係る「敷地利用権」の価額の評価における区分所有補正率は「1」を下限とします（問6参照）。

問3　新しい居住用の区分所有財産の評価方法が適用される不動産について教えてください。

（答）

　本通達が適用される「一室の区分所有権等」とは，一棟の区分所有建物に存する居住の用に供する専有部分一室に係る区分所有権及び敷地利用権をいい，この「一棟の区分所有建物」とは，区分所有者が存する家屋（一定のもの（問4参照）を除きます。）で，居住の用に供する専有部分のあるものをいいます。そして，この「区分所有者」とは，区分所有法第1条《建物の区分所有》に規定する建物の部分を目的とする所有権（区分所有権）を有する者をいうこととしているところ，この区分所有権は，一般に，不動産登記法（平成16年法律第123号）第2条《定義》第22号に規定する区分建物の登記がされることによって外部にその意思が表示されて成立するとともに，その取引がなされることを踏まえ，「一棟の区分所有建物」は，同号に規定する区分建物の登記がされたものに限られることとしています。

したがって、区分建物の登記をすることが可能な家屋であっても、課税時期において区分建物の登記がされていないもの（例えば、一棟所有の賃貸マンションなど）は、本通達の適用対象とはなりません。

また、「居住の用に供する専有部分」における「居住の用」とは、一室の専有部分について（注）、構造上、主として居住の用途に供することができるものをいい、原則として、登記簿上の建物の種類に「居宅」を含むものがこれに該当します。したがって、例えば、事業用のテナント物件などは、本通達の適用対象とはなりません。

なお、構造上、主として居住の用途に供することができるものであれば、課税時期において、現に事務所として使用している場合であっても、「居住の用」に供するものに該当することとなります。

さらに、評価基本通達第6章《動産》第2節《たな卸商品等》に定めるたな卸商品等に該当するものも、本通達の適用対象とはならず、評価基本通達133《たな卸商品等の評価》により評価することとなります。

(注) 一棟の区分所有建物のうちの一部について、例えば、登記簿上の建物の種類が「共同住宅」とされているものがありますが、これは一般に、その一部が数個に独立して区画され、数世帯がそれぞれ独立して生活できる構造のものであるため、登記簿上の建物の種類に「居宅」を含むものと異なり、その流通性・市場性や価格形成要因の点で一棟所有の賃貸マンションに類似するものと考えられます。したがって、原則として、登記簿上の建物の種類が「共同住宅」とされているものについては、本通達の「居住の用に供する『専有部分一室』」に該当しないものとして差し支えありません。

問4　「一棟の区分所有建物」から除かれる「地階を除く階数が2以下のもの」等について教えてください。

（答）

本通達では、「一棟の区分所有建物」から、①地階を除く階数が2以下のもの及び②居住の用に供する専有部分一室（問3参照）の数が3以下であってその全てを区分所有者又はその親族（注）（以下「区分所有者等」といいます。）の居住の用に供するものを除くこととしており、これらのものは、本通達の適用対象とはなりません。

(注)「親族」とは、民法（明治29年法律第89号）第725条《親族の範囲》各号に掲げる者（次に掲げる者）をいいます。
- 六親等内の血族
- 配偶者
- 三親等内の姻族

1　地階を除く階数が2以下のもの

「地階を除く階数が2以下のもの」とは、地階（注）を除く2階建て以下の区分所有建物のことであり、2階建て以下の低層マンションなどが該当します。

(注)「地階」とは、「地下階」をいい、登記簿上の「地下」の記載により判断されます。

2　居住の用に供する専有部分一室の数が3以下であってその全てを区分所有者等の居住の用に供するもの

「居住の用に供する専有部分一室の数が3以下」とは、例えば、3階建ての区分所有建物について各階が1戸（室）ごと区分所有されている場合に、その各階が居住の用に供する専有部分であった

ときには、これに該当します。また、例えば、5階建ての区分所有建物について各階が1戸（室）ごと区分所有され、そのうち4階と5階のみが居住の用に供する専有部分で、それ以外は事業用のテナント物件であった場合も、居住の用に供する専有部分一室の数は3以下となりますので、これに該当します。

　そして、「その全てを区分所有者又はその親族の居住の用に供するもの」とは、具体的には、区分所有者が、その区分所有者等の居住の用に供する目的で所有しているものをいい、居住の用以外の用又はその区分所有者等以外の者の利用を目的とすることが明らかな場合（これまで一度も区分所有者等の居住の用に供されていなかった場合（居住の用に供されていなかったことについて合理的な理由がある場合を除きます。）など）を除き、これに該当するものとして差し支えないこととしています。

　これは、本通達の適用対象となる不動産は、その流通性・市場性や価格形成要因の点で分譲マンションに類似するものに限定されるべきところ、これと異なるものとしていわゆる二世帯住宅を除く趣旨ですから、評価対象となる不動産がこの二世帯住宅に該当するものであるかどうかは、課税時期において、区分所有建物に存する居住の用に供する専有部分一室の全て（の戸（室））を被相続人（若しくは贈与者）又はその親族がそれらの者の居住の用に供する目的で所有していたかどうかで判断することが相当です。

　したがって、例えば、被相続人が被相続人及びその子の居住の用に供する目的で、一室の区分所有権等を2戸（室）所有し、それぞれ居住の用に供していたものの、その子は仕事のため、一時的に居住の用に供することができず、課税時期において貸付けの用に供しているような場合には、その2戸（室）全ての専有部分が「区分所有者又はその親族の居住の用に供するもの」に該当するものとして差し支えありません。

【「居住の用に供する専有部分一室の数が3以下であってその全てを区分所有者又はその親族の居住の用に供するもの」の例（甲（被相続人）所有の一室の区分所有権等を評価する場合）】

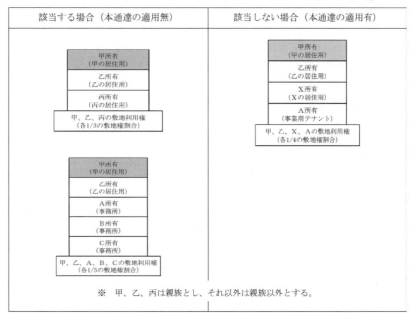

2章　宅地の評価

問5　評価乖離率を求める算式における各指数（築年数等）について教えてください。

（答）
　評価乖離率を求める算式（問2参照）における各指数（築年数等）の意義等については、以下のとおりです。

1　築年数（A）
　「築年数」は、一棟の区分所有建物の建築の時から課税時期までの期間とし、その期間に1年未満の端数があるときは、その端数は1年とします。
（例）
- 建築（新築）の時：令和2年10月5日
- 課税時期：令和6年2月2日
- 築年数　　：4年

2　総階数指数（B）
　「総階数指数」は、一棟の区分所有建物の総階数を33で除した値（小数点以下第4位を切り捨て、1を超える場合は1とします。）となり、この総階数には地階（注）を含みません。
（注）「地階」とは、「地下階」をいい、登記簿上の「地下」の記載により判断されます。以下3において同じです。
（例1）
- 総階数：40階
- 総階数指数：1　（40÷33＝1.212（小数点以下第4位切捨て）＞1）

（例2）
- 総階数：25階
- 総階数指数：0.757　（25÷33＝0.757（小数点以下第4位切捨て）＜1）

3　所在階（C）
　「所在階」は、一室の区分所有権等に係る専有部分が所在する階をいいます。
　なお、その専有部分が一棟の区分所有建物の複数階にまたがる場合（いわゆるメゾネットタイプの場合）には、階数が低い方の階を所在階とします。
　また、その専有部分が地階である場合は零階としますので、評価乖離率を求める算式におけるCの値は零となります。

4　敷地持分狭小度（D）
　「敷地持分狭小度」は、次の算式により計算します。

（算式）
敷地持分狭小度（小数点以下第4位切上げ）＝一室の区分所有権等に係る敷地利用権の面積÷一室の区分所有権等に係る専有部分の面積（注）

　このうち、「一室の区分所有権等に係る敷地利用権の面積」は、次に掲げる場合の区分に応じて、それぞれ次に掲げる算式により計算した面積となります。
（注）「一室の区分所有権等に係る専有部分の面積」は、一室の区分所有権等に係る専有部分の不動産登記規則（平成17年法務省令第18号）第115条《建物の床面積》に規定する建物の床面積をい

い，登記簿上表示される床面積によります。したがって，共用部分の床面積は含まれないことから，固定資産税の課税における床面積とは異なることに注意してください。

(1) 一棟の区分所有建物に係る敷地利用権が敷地権である場合

┌─（算式）─────────────────────────────────┐
│ 一室の区分所有権等に　　　　一棟の区分所有建物　　　　　　　　　　│
│ 係る敷地利用権の面積　　＝　　の敷地の面積(注1)　×　敷地権の割合　　│
│ （小数点以下第3位切上げ）　　　　　　　　　　　　　　　　　　　　│
└─────────────────────────────────────┘

(2) 上記(1)以外の場合

┌─（算式）─────────────────────────────────┐
│ 一室の区分所有権等に　　　　一棟の区分所有建物　　　　　　　　　　　│
│ 係る敷地利用権の面積　　＝　　の敷地の面積(注1)　×　敷地の共有持分の割合(注2,3)│
│ （小数点以下第3位切上げ）　　　　　　　　　　　　　　　　　　　　│
└─────────────────────────────────────┘

(注1) 一棟の区分所有建物の敷地の面積は，原則として，利用の単位となっている1区画の宅地（評価単位）の地積によることとなります。ただし，例えば，分譲マンションに係る登記簿上の敷地の面積のうちに，私道の用に供されている宅地（歩道上空地などを含みます。）があった場合でも，その宅地の面積を含んだ登記簿上の敷地の面積によることとしても差し支えありません。他方で，例えば，分譲マンションの敷地とは離れた場所にある規約敷地については，この一棟の区分所有建物の敷地の面積には含まれません。

(注2) 一室の区分所有権等に係る敷地利用権が賃借権又は地上権である場合は，その賃借権又は地上権の準共有持分の割合を乗じます。

(注3) 一棟の区分所有建物に係る敷地利用権が敷地権である場合以外の場合において，区分所有者がその一棟の区分所有建物に存する複数戸（室）の専有部分をそれぞれ所有しているときにおける敷地の共有持分の割合は，土地の登記簿上，その複数戸（室）の専有部分全てに対応する敷地の共有持分の合計の割合が表示されますが，一室の区分所有権等に係る敷地利用権の面積の計算に当たっては，専有部分一室に対応する敷地の共有持分の割合（それぞれの専有部分に対応する敷地の共有持分の割合）を乗ずることとなります（問11参照）。

他方で，例えば，一棟の区分所有建物に存する一戸（室）の専有部分を夫婦が共有している場合におけるその敷地の共有持分の割合は，土地の登記簿上，その一室の専有部分に対応する敷地の共有持分の割合に夫（又は妻）の専有部分の共有持分の割合を乗じた割合が表示されますが，一室の区分所有権等に係る敷地利用権の面積の計算に当たっては，その専有部分一室に対応する敷地の共有持分の割合（夫婦の敷地の共有持分の合計の割合）を乗ずることとなります（問12参照）。

(例：一棟の区分所有建物に係る敷地利用権が敷地権である場合)
- 敷地の面積：2,000㎡
- 敷地権の割合：10,562分の62
- 敷地利用権の面積：11.75㎡（2,000㎡×62／10,562＝11.75㎡（小数点以下第3位切上げ））
- 専有部分の面積：58.45㎡
- 敷地持分狭小度： 0.202 （11.75㎡÷58.45㎡＝0.202（小数点以下第4位切上げ））

2章　宅地の評価

> 問6　一棟の区分所有建物に存する各戸（室）の全てを所有している場合の評価方法について教えてください。

（答）
　一棟の区分所有建物に存する各戸（室）の全てを所有している場合，すなわち，区分所有者が「一棟の区分所有建物に存する全ての専有部分」及び「一棟の区分所有建物の敷地」（全ての専有部分に係る敷地利用権）のいずれも単独で所有している場合であっても，区分建物の登記がされた一棟の区分所有建物ですので，その一棟の区分所有建物に存する一室の区分所有権等に係る敷地利用権及び区分所有権については，そのそれぞれについて，本通達を適用して評価する必要があります。
　ただし，この場合における一室の区分所有権等に係る敷地利用権（土地部分）については，区分所有財産ではあるものの，一の宅地を所有している場合と同等の経済的価値を有すると考えられる面もあることから，その敷地利用権の評価に当たっては，区分所有補正率は「1」を下限（評価乖離率が零又は負数の場合も区分所有補正率は「1」）として，自用地としての価額に乗ずることとなります（注）。
（注）　一室の区分所有権等に係る区分所有権（家屋部分）は，区分所有補正率の下限を「1」とすることはありません。

> 問7　居住用の区分所有財産を貸し付けている場合における「貸家建付地」及び「貸家」の評価方法について教えてください。

（答）
　一室の区分所有権等に係る専有部分を貸し付けている場合における当該一室の区分所有権等に係る敷地利用権及び区分所有権の価額については，次のとおり評価します。

1　貸家建付地の評価
　　一室の区分所有権等に係る敷地利用権の「自用地としての価額」に「区分所有補正率」を乗じて，みなされた「自用地としての価額」を計算した後，その価額を基に評価基本通達26《貸家建付地の評価》を適用して，その敷地利用権の価額を評価します。

　　（例）
　　　　（1m²当たりの価額）　　　（地積）　　　（敷地全体の自用地としての価額）
　　　　　　300,000円　　　×　　2,000m²　　＝　　　600,000,000円
　　（敷地全体の自用地としての価額）　（敷地権の割合）　（自用地としての価額）
　　　　　600,000,000円　　　×　　60／8,000　　＝　　4,500,000円
　　　（自用地としての価額）　（区分所有補正率）　（みなされた自用地としての価額）
　　　　　4,500,000円　　×　　1.6278　　＝　　7,325,100円
　　（みなされた自用地としての価額）　　　（借地権割合）（借家権割合）（賃貸割合）　（評価額）
　　　　7,325,100円　－　7,325,100円×　0.6　×　0.3　×　100％　＝6,006,582円

2　貸家の評価
　　一室の区分所有権等に係る区分所有権の「自用家屋としての価額」に「区分所有補正率」を乗じて，みなされた「自用家屋としての価額」を計算した後，その価額を基に評価基本通達93《貸家の評価》を適用して，その区分所有権の価額を評価します。

(例)

(固定資産税評価額)		(倍率)		(自用家屋としての価額)
5,000,000円	×	1.0	=	5,000,000円

(自用家屋としての価額)		(区分所有補正率)		(みなされた自用家屋としての価額)
5,000,000円	×	0.6278	=	8,139,000円

(みなされた自用家屋としての価額)　　　　　　　(借家権割合)　(賃貸割合)　(評価額)
　　　8,139,000円　－　8,139,000円×　0.3　×　100%　＝5,697,300円

問8　一棟の区分所有建物に係る敷地利用権が借地権である場合の底地（貸宅地）の評価方法について教えてください。

(答)

　一棟の区分所有建物に係る敷地利用権が借地権である場合の底地（貸宅地）の価額の評価については，本通達の適用はありませんので，原則として，本通達の適用前と変わらず，（本通達の適用がない）自用地としての価額から（本通達の適用がない）自用地としての価額に借地権割合を乗じて計算した金額（借地権の価額）を控除して計算します（評価基本通達25）。

　他方で，一室の区分所有権等に係る敷地利用権が借地権である場合のその敷地利用権（借地権）の価額の評価については，本通達を適用して計算した（みなされた）自用地としての価額に借地権割合を乗じて計算します（評価基本通達27）。

問9　本通達の適用がある場合に，評価基本通達6項の適用はありますか。

(答)

　評価基本通達6《この通達の定めにより難い場合の評価》は，評価基本通達の定めによって評価することが著しく不適当と認められる場合には，個々の財産の態様に応じた適正な時価評価が行えるよう定めており，これは，本通達を適用した場合であっても同様に適用があるため，一室の区分所有権等に係る敷地利用権及び区分所有権の価額について，評価基本通達6の定めにより，本通達を適用した価額よりも高い価額により評価することもあります。

　また，これまでも，地価の大幅な下落その他路線価等に反映されない事情が存することにより路線価等を基として評価基本通達の定めによって評価することが適当でないと認められる場合には，個別に課税時期における地価を鑑定評価その他の合理的な方法により算定することがあり，これと同様に，マンションの市場価格の大幅な下落その他本通達の定める評価方法に反映されない事情が存することにより，一室の区分所有権等に係る敷地利用権及び区分所有権の価額について，本通達及び評価基本通達の定める評価方法によって評価することが適当でないと認められる場合にも，個別に課税時期における時価を鑑定評価その他合理的な方法により算定することができます。

2章　宅地の評価

問10　具体的な評価方法について教えてください。
【具体例1：敷地利用権が敷地権である場合（登記簿上，敷地権の表示がある場合）】

（答）

【具体例】
建物の種類：居宅
築年数：10年
総階数：38階
所在階：8階
専有部分の面積：63.52m²
敷地の面積：2,500.60m²
敷地権の割合：1,930,000分の6,600

1　一室の区分所有権等に係る敷地利用権の評価
(1)　居住用の区分所有財産の評価に係る区分所有補正率の計算明細書

区分所有補正率の計算					
A	① 築年数（注1） 10 年			①×△0.033　△0.330	一日以降用
B	② 総階数（注2） 38 階	③ 総階数指数（②÷33）（小数点以下第4位切捨て，1を超える場合は1） 1.000		③×0.239（小数点以下第4位切捨て） 0.239	
C	④ 所在階（注3） 8 階			④×0.018　0.144	
D	⑤ 専有部分の面積 63.52 ㎡	⑥ 敷地の面積 2,500.60 ㎡	⑦ 敷地権の割合（共有持分の割合） 6,600／1,930,000		
	⑧ 敷地利用権の面積（⑥×⑦）（小数点以下第3位切上げ） 8.56 ㎡	⑨ 敷地持分狭小度（⑧÷⑤）（小数点以下第4位切上げ） 0.135		⑨×△1.195（小数点以下第4位切上げ）△0.162	
⑩ 評価乖離率（A＋B＋C＋D＋3.220）				3.111	
⑪ 評 価 水 準（ 1 ÷ ⑩ ）				0.3214400514	
⑫ 区 分 所 有 補 正 率（注4・5）				1.8666	

(2)　土地及び土地の上に存する権利の評価明細書（第1表）

自用地の評価額	10 私 道（AからKまでのうち該当するもの） 円 ×（ 1 － 0. ）円 × 0.3			（1㎡当たりの価額）円	L
	自用地1平方メートル当たりの価額（AからLまでのうちの該当記号）（ F ） 1,300,000 円	地 積 2,500.60 ㎡		総 額（自用地1㎡当たりの価額）×（地 積） 3,250,780,000 円	M

(3)　土地及び土地の上に存する権利の評価明細書（第2表）

— 490 —

26 マンション用地の評価

区分所有財産に係る評価額	敷地利用権の評価	(自用地の評価額) 3,250,780,000 円 ×	(敷地利用権(敷地権)の割合) 6,600 / 1,930,000	(自用地の評価額) 11,116,656 円	R
	居住用の区分所有財産の場合	(自用地の評価額) 11,116,656 円 ×	(区分所有補正率) 1.8666	(自用地の評価額) 20,750,350 円	S

利用区分	算 式	総 額	記号
貸宅地	(自用地の評価額) (借地権割合)	円	T

2 一室の区分所有権等に係る区分所有権の評価
　　(固定資産税評価額)　　(倍率)　　(自用家屋としての価額)
　　10,300,000円　　×　　1.0　　＝　　10,300,000円
　　(自用家屋としての価額)　(区分所有補正率)　　(評価額)
　　10,300,000円　　×　　1.8666　　＝　　19,225,980円

問11　具体的な評価方法について教えてください。
【具体例2：敷地利用権が敷地権でない場合（登記簿上，敷地権の表示がない場合）①】

(答)

【具体例】
建物の種類：居宅
築年数：25年
総階数：5階
所在階：2階
専有部分の面積：82.55m²
敷地の面積：480.35m²
敷地の共有持分の割合：1/20（※）
（土地の登記簿上の共有持分の割合：1/10）

※　この例では，区分所有者が，一棟の区分所有建物のうち2階の専有部分一室のほか，5階にも専有部分一室を所有しており，土地の登記簿上，それらの専有部分全てに対応する敷地の共有持分の割合が1/10と表示されているが，各専有部分に対応する敷地の共有持分の割合はそれぞれ1/20である。
なお，この例では，2階の専有部分一室の区分所有権等に係る敷地利用権及び区分所有権の価額のみを評価する。

1　一室の区分所有権等に係る敷地利用権の評価
(1)　居住用の区分所有財産の評価に係る区分所有補正率の計算明細書

2章　宅地の評価

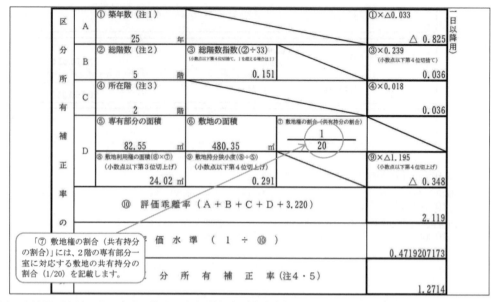

(2) 土地及び土地の上に存する権利の評価明細書（第1表）

(3) 土地及び土地の上に存する権利の評価明細書（第2表）

2　一室の区分所有権等に係る区分所有権の評価

　（固定資産税評価額）　　（倍率）　　（自用家屋としての価額）
　　4,800,000円　　　×　　1.0　　＝　　4,800,000円

　（自用家屋としての価額）（区分所有補正率）　　（評価額）
　　4,800,000円　　　×　　1.2714　　＝　　6,102,720円

問12 具体的な評価方法について教えてください。
【具体例3：敷地利用権が敷地権でない場合（登記簿上，敷地権の表示がない場合）②】

（答）

【具体例】
建物の種類：居宅
築年数：40年
総階数：5階
所在階：1階
専有部分の面積：82.55m^2
敷地の面積：480.35m^2
敷地の共有持分の割合：1/20（※）
（土地の登記簿上の共有持分の割合：3/80）

※ この例では，夫婦が一棟の区分所有建物のうち1階の専有部分一室を夫3/4・妻1/4の割合で共有しており，土地の登記簿上，夫の敷地の共有持分の割合として，その専有部分一室に対応する敷地の共有持分の割合1/20に，夫の専有部分の共有持分の割合3/4を乗じた割合である3/80が表示されている。
なお，この例では，夫の共有持分のみを評価する。

1 一室の区分所有権等に係る敷地利用権の評価
 (1) 居住用の区分所有財産の評価に係る区分所有補正率の計算明細書

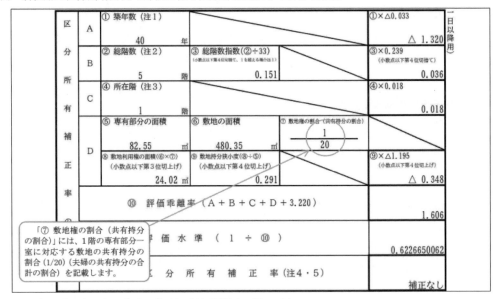

 (2) 土地及び土地の上に存する権利の評価明細書（第1表）

(3) 土地及び土地の上に存する権利の評価明細書（第2表）

(4) 夫の共有持分の計算
4,803,500円 × 3/4 ＝ 3,602,625円

2　一室の区分所有権等に係る区分所有権の評価
　　（固定資産税評価額）　　（倍率）　　（自用家屋としての価額）
　　　4,800,000円　　　×　　1.0　　＝　　4,800,000円
　○夫の共有持分の計算
　　　4,800,000円　　　×　　3/4　　＝　　3,600,000円

⑤　創設の経緯

　マンションの相続税評価額については，時価（市場売買価格）との大きな乖離が生じているケースが多く確認され，いわゆるタワマン節税が問題とされてきた。

(a)　令和5年度税制改正大綱

　そこで，令和5年度与党税制改正大綱では「相続税におけるマンションの評価方法については，相続税法の時価主義の下，市場価格との乖離の実態を踏まえ，適正化を検討する。」旨が記載された。

> **参考**　令和5年度税制改正大綱（抜粋）
> 5．円滑・適正な納税のための環境整備
> 　(5) マンションの相続税評価について
> 　マンションについては，市場での売買価格と通達に基づく相続税評価額とが大きく乖離しているケースが見られる。現状を放置すれば，マンションの相続税評価額が個別に判断されることもあり，納税者の予見可能性を確保する必要もある。このため，相続税におけるマンションの評価方法については，相続税法の時価主義の下，市場価格との乖離の実態を踏まえ，適正化を検討する。

(b)　国防庁有識者会議

　国税庁では，マンションの相続税評価額と市場価格との乖離の実態を踏まえた上で適正化を検討するため，令和5年1月より有識者会議を開催した。

有識者会議1回目の会議資料は、以下のとおりである。

第1回 マンションに係る財産評価基本通達に関する有識者会議
議事要旨

日時：令和5年1月30日（月）15:00～16:00
場所：国税庁　第一会議室

　冒頭、座長及び座長代理について協議を行い、座長に前川委員が、座長代理に吉田委員が就任した。
　事務局から、配付資料に基づき説明を行い、その後、要旨以下のとおりご意見をいただいた。

〇　価格乖離の問題は、タワーマンションだけではなくマンション全体にいえるのではないか。そうすると、時価主義の観点からは、見直しの範囲を一部のタワーマンションに限定すべきではない。

〇　評価方法を見直した結果、評価額が時価を超えることとならないようにする配慮が必要。

〇　時価と相続税評価額との価格乖離の要因分析を行うに当たり、統計的手法による分析が有用ではないか。

〇　市場への影響にも配慮すべき（販売時において、マンションと一戸建ての選択におけるバイアスがかからないように、一戸建てとのバランスにも配慮し、急激な評価増にならないようにすべき。）。

〇　足元、マンション市場は新型コロナウィルス感染症の影響により建築資材の価格が高騰していることから、いわゆるコロナ前の時期における実態も把握する必要がある。

（以上）

現行のマンションの相続税評価の方法

> マンション（一室）の相続税評価額（自用の場合）
> 　＝　区分所有建物の価額（①）＋敷地（敷地権）の価額（②）

① 区分所有建物の価額
　＝　建物の固定資産税評価額（注1）　×　1.0

② 敷地（敷地権）の価額
　＝　敷地全体の価額（注2）　×　共有持分（敷地権割合）

（注1）「建物の固定資産税評価額」は、1棟の建物全体の評価額を専有面積の割合によって按分して各戸の評価額を算定
（注2）「敷地全体の価額」は、路線価方式又は倍率方式により評価

不動産価格指数の推移

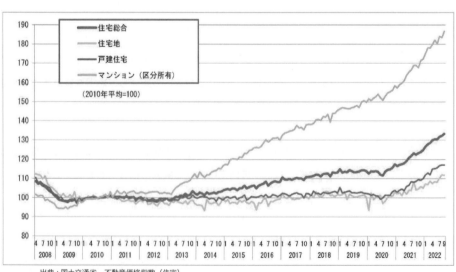

出典：国土交通省　不動産価格指数（住宅）

26 マンション用地の評価

市場価格と相続税評価額の乖離の事例

	所在地	総階数	所在階数	築年数	専有面積	市場価格	相続税評価額	乖離率
①	東京都	43階	23階	9年	67.17㎡	11,900万円	3,720万円	3.20倍
②	福岡県	9階	9階	22年	78.20㎡	3,500万円	1,483万円	2.36倍
③	広島県	10階	8階	6年	71.59㎡	2,240万円	954万円	2.34倍

最高裁判決における財産評価基本通達6項の適用事例

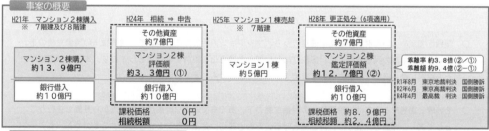

財産評価基本通達6項
（この通達の定めにより難い場合の評価）
6 この通達の定めによって評価することが著しく不適当と認められる財産の価額は、国税庁長官の指示を受けて評価する

最高裁判決（令和4年4月19日）の要旨

① 課税庁が、特定の者の相続財産の価額についてのみ評価通達の定める方法により評価した価額を上回る価額によるものとすることは、たとえ当該価額が客観的な交換価値としての時価を上回らないとしても、合理的な理由がない限り、平等原則に違反するものとして違法
② 相続税の課税価格に算入される財産の価額について、評価通達の定める方法による画一的な評価を行うことが実質的な租税負担の公平に反するというべき事情がある場合には、当該財産の価額を上記通達の定める方法により評価した価額を上回る価額によるものとすることは相続税法上の一般原則としての平等原則に違反しない。
③ 本件の(1)、(2)などの事情の下においては、本件各不動産の価額を評価通達を上回る価額にすることは、平等原則に違反しない。
　(1) 本件各不動産（マンション2棟）の購入・借入れが行われなければ本件相続に係る課税価格の合計額は6億円を超えるものであったにもかかわらず、これが行われたことにより、基礎控除の結果、相続税の総額が0円になる。
　(2) 被相続人及び相続人は、本件各不動産の購入・借入れが近い将来発生することが予想される被相続人からの相続において相続人の相続税の負担を減じ又は免れさせるものであることを知り、かつ、これを期待して、あえて本件購入・借入れを企画して実行した。

近年の評価通達6項の適用件数一覧

年分 (事務年度)	H24	H25	H26	H27	H28	H29	H30	R1	R2	R3	計
件数	0	1	0	2	0	4	0	1	1	0	9

- ➢ 時価とは客観的な交換価値をいうと解されているが、評価通達に沿って評価するのが原則であり、それが「著しく不適当」な場合に限り、評価通達以外の方法で評価することになる。
- ➢ 実際、評価通達6項の適用件数は年間数件程度と非常に限られており、最高裁判決でも、評価通達によらない評価とすることは合理的な理由がない限り平等原則に反するとされた。
- ➢ このため、マンションの市場価格と相続税評価額の乖離は、予見可能性の観点からも評価方法の見直しにより是正することが適当。

議論の射程・基本的考え方と今後の検討事項について

○ 国税庁で定めている財産評価基本通達のうち、マンションの評価方法について、相続税法の時価主義の下、市場価格との乖離の実態を踏まえ、国税庁においてその適正化を検討することとしており、本会合は国税庁がその検討に際し必要な事項について有識者から意見聴取することを目的とする。

○ その際、国税庁としては、相続税法の時価主義の下、あくまで適正な時価評価の観点から見直しを行うこととしており、今回の見直しは、評価額と時価の乖離を適切に是正することを目的とするものであって、一部の租税回避行為の防止のみを目的として行うものではない。

○ 本会合において検討すべき事項としては、相続税評価額と市場価格との乖離の実態把握及び要因分析の方法の検討、そして、これらの検討を踏まえた乖離の是正方法及び乖離の是正に当たって留意すべき事項等が考えられる。

さらに、有識者会議2回目及び3回目の会議資料は、以下のとおりである。

第2回 マンションに係る財産評価基本通達に関する有識者会議
議事要旨

日時：令和5年6月1日（木）11：00 ～ 12：00
場所：ＷＥＢ開催

　冒頭、座長について協議を行い、座長に吉田委員が就任した。
　事務局から、委員の異動について説明を行った（一般社団法人不動産協会の税制委員長交代に伴い、本有識者会議の委員についても星野氏から宇杉氏に交代。）。
　事務局から、配付資料に基づき説明を行い、その後、要旨以下のとおりご意見をいただいた。

〇　マンション市場価格が急落した場合の対応を行う場合も、マンションだけを特別扱いする理由はなく、他の財産に係る従来からの取扱いと同様の対応を行う旨を明確にしていくべき。また、そうした対応は納税者に分かりやすいＦＡＱ等の形で明示していくべき。

〇　売買実例に基づき統計的手法を用いて評価していく場合には、流通性や価格形成要因等の点で分譲マンションとの類似性が認められるかに着目して、その具体的な適用対象の範囲・類型について定義していくべき。

〇　市場売買価格に基づき評価する場合でも、足元のマンション市場は建築資材価格の高騰等による影響を排除しきれない現状にあり、そうした現状においては、コロナ禍以前の市場売買価格に基づき評価方法を定めることが妥当ではないか。

〇　乖離の要因として考えられる数値を説明変数とした重回帰分析の結果に特段の問題点は認められないことから、この分析結果を用いて補正方法を検討していくべき。
　　ただし、時価と相続税評価額との乖離の程度はマンション市場の状況により変化するため、今回の評価方法見直し後においても、見直し方法のアップデートをしていく必要があるのではないか。

（以上）

相続税評価額と市場価格の乖離の実態

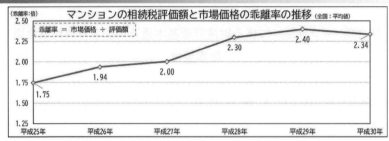

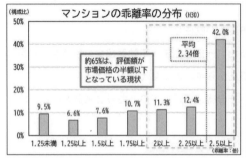

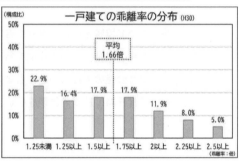

（注）計数はいずれも国税庁において実施したサンプル調査（平成25年～30年中に行われた取引について、不動産移転登記情報と所得税の確定申告データを突合）による。

マンションの相続税評価の方法と乖離の要因

○ 現行のマンションの評価方法
　相続等で取得した財産の時価（マンション（一室）の評価額）は、不動産鑑定価格や売却価格が通常不明であることから、次の①と②の合計額としている（通達）。

① 建物（区分所有建物）の価額 　＝ 建物の固定資産税評価額×1.0		② 敷地（敷地利用権）の価額 　＝ 敷地全体の面積×共有持分×平米単価（路線価等）

○ 評価額が市場価格と乖離する主な要因として想定されること

➢ 建物の評価額は、1棟全体の再建築価格に基づく評価額を専有面積の割合で按分して算定されている。他方、市場価格はそれに加えて建物の総階数、マンション一室の所在階も考慮されているほか、評価額への築年数の反映が不十分だと、評価額が市場価格に比べて低くなるケースがあるのではないか（建物の効用の反映は十分か）。

➢ マンション一室を所有するための敷地利用権は、共有持分で按分した面積に平米単価を乗じて評価されるが、この面積は一般的に高層マンションほどより細分化され狭小となるため、このように敷地持分が狭小なケースは立地条件の良好な場所でも、評価額が市場価格に比べて低くなるのではないか（立地条件の反映は十分か）。

乖離を是正するための評価方法の検討

1．標準戸から比準して評価する方法
・不動産鑑定に基づいて評定した標準戸（標準的なマンション）から比準して評価額を算出する方法。
⇒ 不動産鑑定を実施することで規範性は有するものの、相当数の標準戸の選定が必要となる上、マンション価格には土地の地価公示・地価調査制度のような価格指標がなく全ての標準戸に鑑定が必要となるなどコストが大きい。また、同一地域内にも価格帯が多様なマンションの混在が想定される中、標準戸から個々のマンションに比準する基準の設定も難しい。

2．統計的手法を用いて評価する方法
取引事例に基づき統計的手法（回帰分析）を用いて評価する方法として次の2つが考えられる。

(1) 現行の相続税評価額を前提とせず、価格形成要因（説明変数）から直接的にマンションの市場価格を予測して評価する方法。
⇒ 多数の取引事例から得られた傾向に基づく統計的手法を用いることで客観性・合理性を有するが、相続税評価額において既に考慮されている要素（例えば再建築費）も含め価格形成要因を広く考慮する必要があり納税者の負担となるほか、他の資産（例えば一戸建て）の評価方法と著しく異なる評価方法となりバランスを欠く。

(2) 現行の相続税評価額を前提とした上で、市場価格との乖離要因（説明変数）から乖離率を予測し、その乖離率を現行の相続税評価額に乗じて評価する方法。
⇒ 乖離要因を説明変数とすることから、相続税評価額と市場価格の乖離を補正する方法として直截的であり、乖離要因に基づき補正すれば足りるため執行可能性も高い。

統計的手法（重回帰分析）による検証

相続税評価額が市場価格と乖離する要因として考えられる築年数、総階数（総階数指数）、所在階、敷地持分狭小度の4つの指数を説明変数とし、乖離率を目的変数として重回帰分析を行ったところ、次のとおり有意な結果が得られた。

回帰統計	
決定係数	0.5870
自由度調整済決定係数	0.5864
観測数	2478

	係数	t-値	最小値	最大値	平均値	標準偏差
切片	3.220	65.60				
築年数	△0.033	△34.11	1	57	19	11.36
総階数指数	0.239	3.50	0.061	1	0.403	0.256
所在階	0.018	8.53	1	51	8	7.37
敷地持分狭小度	△1.195	△18.54	0.01	0.99	0.4	0.192

相関係数					
	乖離率	築年数	総階数指数	所在階	敷地持分狭小度
乖離率	1				
築年数	△0.635	1			
総階数指数	0.567	△0.404	1		
所在階	0.496	△0.310	0.747	1	
敷地持分狭小度	△0.523	0.240	△0.578	△0.417	1

用語の説明
決定係数：1に近いほど説明変数が目的変数をうまく説明できていることを表す。
自由度調整済決定係数：決定係数は説明変数の個数を増やすと上昇する特性があるため、決定係数に説明変数の個数が増えたことによる影響を考慮したもの。
総階数指数：建物の総階数が乖離率に与える影響は青天井ではなく、一定の階数で頭打ちになると仮定し分析を行ったところ、良好な結果が得られたことから、「総階数÷33（1を超える場合は1とする。）」（33階で頭打ち）を総階数指数とした。
敷地持分狭小度：敷地利用権の面積（持分相当分）÷その建物の専有面積
t-値：t-値の絶対値は、それぞれの説明変数が目的変数に与える影響度の強さを表す。
相関係数：縦軸項目と横軸項目の相関を表しておりその絶対値が1に近いほど相関が強いことを表す。

統計処理手順
① 調査母集団は、平成30年中の全都道府県の中古マンションの取引。
② 不動産移転登記情報と、所得税の確定申告書のうちマンションの譲渡所得の申告があるもののデータを突合。
③ 異常値として明確な約500件（桁誤り、マンション敷地面積としてあり得ない数値のもの、譲渡価額200万円以下のものなど）をあらかじめ除外したもの（2,478件）をサンプルとして使用。

敷地持分の面積と乖離の関係

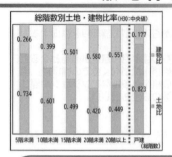
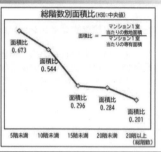
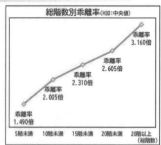

- マンション一室当たりの敷地利用権の評価は、基本的には敷地の総面積を、その一室の専有面積に応じて按分した（細分化）面積に基づいて評価するため、専有面積に比べて敷地利用権の面積が狭いと、立地条件の優劣が当該マンション一室の評価に十分に反映されていない可能性がある。
- 一戸建てに比して、マンションは全体の評価額に占める敷地（土地）部分の評価額のウェイトが低く、その傾向は総階数がより高層となるにつれ顕著。
- 面積ベース（専有面積に対する敷地利用権の面積の割合）で見ると、さらにその傾向は顕著。
- その一方、乖離率は高層となるにつれ増加。
- ⇒ マンションは、より高層（より高い容積率）となるにつれ、同程度の専有面積のマンション一室でも、その一室に当たる敷地利用権の面積が狭くなる結果、路線価（※）の水準に表されている立地条件が、評価額に反映されづらくなり、市場価格との乖離要因の一つとなっていると考えられる。
- （※）路線価は、各地域における容積率を考慮して評定されているものの、標準的な使用を前提としてるため、高層マンション（高度利用）の敷地としての水準からは乖離していることになる。

見直しの方向性

- 市場価格と財産評価基本通達による評価額との乖離について、統計的分析に基づいて必要な補正を行う方向で検討してはどうか。

- 上記の補正に当たっては、補正の程度について一戸建てとのバランスについても考慮するのが妥当ではないか。

- マンション評価の見直し後において、マンションの市場価格が急落した場合の対応については、他の財産におけるこれまでの取扱いも踏まえた検討が必要ではないか。

第3回 マンションに係る財産評価基本通達に関する有識者会議 議事要旨

日時：令和5年6月22日（木）11:00～12:00
場所：ＷＥＢ開催

事務局から、配付資料に基づき説明を行い、その後、要旨以下のとおりご意見を頂いた。

○　「時価」とは「客観的な交換価値」をいうものと解されている以上、財産の評価方法は互いに独立した当事者間で自由な取引が行われる市場で通常成立すると認められる売買実例価額によることが最も適当といえる。
　　分譲マンションは流通性・市場性が高く、類似する物件の売買実例価額を多数把握することが可能であり、かつ価格形成要因が比較的に明確であることからすれば、それら要因を指数化して売買実例価額に基づき統計的に予測した市場価格を考慮して評価額を補正する方式が妥当といえる。

○　マンションの価格形成要因として重要なものの一つに、ロケーション（立地条件）がある。敷地利用権（規模）が狭小だと、ロケーションが考慮されている路線価が相続税評価額に反映されにくくなる点に着目して、その狭小度を指数化した上で統計的手法により補正する方式は、ロケーションを評価額に反映させる方法として合理的といえる。

○　敷地利用権の評価に用いる路線価等は売買実例価額に基づいて評定されてはいるものの、標準的な使用における更地の価格であり、高度利用されている高層マンションの敷地価格水準から乖離する場合があるため、分譲マンションの売買実例価額に基づいた補正は建物部分だけでなく、敷地部分についても行う必要がある。

○　評価額を補正する場合にも、理論的には土地と建物を分けてそれぞれについて補正する方法と、まとめて一体として補正する方法とがあり得るが、分譲マンションについては土地と建物の価格は一体で値決めされて取り引きされており、それぞれの売買実例価額を正確に把握することは困難であることや、重回帰式により算出される乖離率を土地と建物と

2章　宅地の評価

に合理的に按分することも困難であることを考慮すると、土地と建物の双方を一体として捉えて補正することが合理的ではないか。

○　評価額と市場価格の乖離の要因としては4指数（築年数、総階数、所在階及び敷地持分狭小度）の他にもあり得るかもしれないが、申告納税制度の下で納税者の負担を考慮すると、納税者自身で容易に把握できる情報を使用する指数である必要がある。この点、これら4指数は定量的に捉えることができ、納税者自身が容易に把握可能なものであることに加え、特に影響度が大きい要因でもあることから、これら4指数により乖離を補正することが妥当ではないか。

○　納税者の申告上の利便性を考えると、国税庁ホームページ等において、4指数の基となる計数を入力すると補正率や評価額が自動計算されるツールが提供されるとよいのではないか。

○　分譲マンションの流通性・市場性の高さに鑑み、その価格形成要因に着目して、売買実例価額に基づく評価額の補正の仕組みを導入するのであれば、その対象となる不動産は流通性や価格形成要因の点で分譲マンションに類似するものに限定すべき。その点、二世帯住宅や低層の集合住宅、事業用のテナント物件などは市場も異なり売買実例に乏しいことからすれば、対象外とすることが妥当ではないか。
　他方で、一棟全体について全戸を区分所有しているようなケースでは、一戸一戸を切り売りすることができる点で一戸単位で取引される分譲マンションと同様の高い流通性が認められるので、見直しの対象とすべきではないか。

○　一戸建てにおける乖離も考慮して、市場価格の60％を最低評価水準とすることは、分譲マンションと一戸建てとの選択におけるバイアスを排除しつつ、評価額の急激な引上げを回避する観点を考慮したものといえるのではないか。

○　コロナ禍等より前の時期として平成30年分の売買実例価額を用いることは、足元のマンション市場は、建築資材価格の高騰等による影響を排除しきれない現状にあることにも鑑みたものといえるのではないか。

○　今後のマンション市況の変化には適切に対応していく必要があるので、新しい評価方法が適用された後においても、重回帰式の数値等については定期的に実態調査を行い、適切に見直しを行うべきではないか。

（以上）

相続税評価額と市場価格の乖離の実態

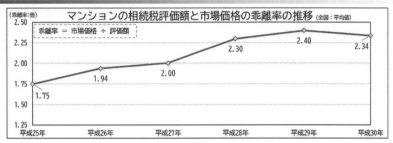

マンションの相続税評価額と市場価格の乖離率の推移（全国：平均値）

乖離率 ＝ 市場価格 ÷ 評価額

平成25年 1.75／平成26年 1.94／平成27年 2.00／平成28年 2.30／平成29年 2.40／平成30年 2.34

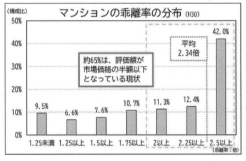

マンションの乖離率の分布（H30）　平均 2.34倍
約65%は、評価額が市場価格の半額以下となっている現状
1.25未満 9.5%／1.25以上 6.6%／1.5以上 7.6%／1.75以上 10.7%／2以上 11.3%／2.25以上 12.4%／2.5以上 42.0%

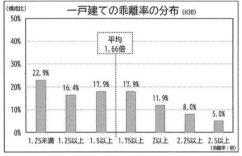

一戸建ての乖離率の分布（H30）　平均 1.66倍
1.25未満 22.9%／1.25以上 16.4%／1.5以上 17.9%／1.75以上 17.9%／2以上 11.9%／2.25以上 8.0%／2.5以上 5.0%

（注）計数はいずれも国税庁において実施したサンプル調査（平成25年～30年中に行われた取引について、不動産移転登記情報と所得税の確定申告データを突合）による。

マンションの相続税評価の方法と乖離の要因分析

○　現行のマンションの評価方法
　　相続等で取得した財産の時価（マンション（一室）の評価額）は、不動産鑑定価格や売却価格が通常不明であることから、次の①と②の合計額としている（通達）。

① 建物（区分所有建物）の価額
　＝ 建物の固定資産税評価額×1.0

② 敷地（敷地利用権）の価額
　＝ 敷地全体の面積×共有持分×平米単価（路線価等）

○　評価額が市場価格と乖離する主な要因
➢ 建物の評価額は、再建築価格をベースに算定されている。他方、市場価格はそれに加えて建物の総階数、マンション一室の所在階も考慮されているほか、評価額への築年数の反映が不十分だと、評価額が市場価格に比べて低くなるケースがある（建物の効用の反映が不十分）。
➢ マンション一室を所有するための敷地利用権は、共有持分で按分した面積に平米単価を乗じて評価されるが、この面積は一般的に高層マンションほどより細分化され狭小となるため、このように敷地持分が狭小なケースは立地条件の良好な場所でも、評価額が市場価格に比べて低くなる（立地条件の反映が不十分）。

⬇

　相続税評価額が市場価格と乖離する要因となっている築年数、総階数（総階数指数）、所在階、敷地持分狭小度の４つの指数に基づいて、評価額を補正する方向で通達の整備を行う。
　具体的には、これら４指数に基づき統計的手法により乖離率を予測し、その結果、評価額が市場価格理論値の60％（一戸建ての評価の現状を踏まえたもの）に達しない場合は60％に達するまで評価額を補正する。

評価方法の見直しのイメージ

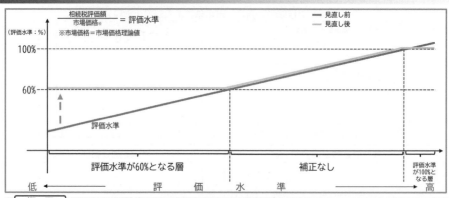

概要
① 一戸建ての物件とのバランスも考慮して、相続税評価額が市場価格理論値の60%未満となっているもの（乖離率1.67倍を超えるもの）について、市場価格理論値の60%（乖離率1.67倍）になるよう評価額を補正する。
② 評価水準60%～100%は補正しない（現行の相続税評価額×1.0）
③ 評価水準100%超のものは100%となるよう評価を減額する。

(注1) 令和6年1月1日以後の相続等又は贈与により取得した財産に適用する。
(注2) 上記の評価方法の適用後も、最低評価水準と重回帰式については、固定資産税の評価の見直し時期に併せて、当該時期の直前における一戸建て及びマンション一室の取引事例の取引価格に基づいて見直すものとする。
　　　また当該時期以外の時期においても、マンションに係る不動産価格指数等に照らし見直しの要否を検討するものとする。

相続税評価の見直し案（要旨）

1．区分所有に係る財産の各部分（建物部分及び敷地利用権部分。ただし、構造上、居住の用途に供することができるものに限る。以下「マンション一室」という。）の価額は、次の算式により計算した価額によって評価することとする。

$\underline{\text{現行の相続税評価額 × 当該マンション一室の評価乖離率}}$ × 最低評価水準０．６（定数）
　　　　（＝重回帰式による理論的な市場価格）

(注1) 「マンション一室」には、総階数2階以下の物件に係る各部分及び区分所有されている居住用部分が3以下であって、かつ、その全てが親族の居住用である物件（いわゆる二世帯住宅等）に係る各部分は含まない。
(注2) 評価乖離率が０．６分の１以下（約1.67以下）となるマンション一室は現行の相続税評価額×1.0とする。
(注3) 評価乖離率が１．０未満となるマンション一室の評価額は次による。
　　　現行の相続税評価額×当該マンション一室の評価乖離率
(注4) 不動産鑑定評価書等に照らし評価額が通常の取引価額を上回ると認められる場合には、当該価額により評価する。
(注5) 令和6年1月1日以後の相続等又は贈与により取得した財産に適用する。

2．上記の「評価乖離率」は、「①×△0.033＋②×0.239＋③×0.018＋④×△1.195＋3.220」により計算したものとする。
①：当該マンション一室に係る建物の築年数
②：当該マンション一室に係る建物の「総階数指数」として、「総階数÷33（1.0を超える場合は1.0）」
③：当該マンション一室の所在階
④：当該マンション一室の「敷地持分狭小度」として、「当該マンション一室に係る敷地利用権の面積÷当該マンション一室に係る専有面積」により計算した値
【参考】上記の算式は、次の（1）の目的変数と（2）の説明変数に基づく重回帰式である。
　　（1）目的変数　平成30年分のマンション一室の取引事例における取引価格÷当該マンション一室の相続税評価額
　　（2）説明変数　2．に掲げる算式における①、②、③、④

3．上記の評価方法の適用後も、最低評価水準と重回帰式については、固定資産税の評価の見直し時期に併せて、当該時期の直前における一戸建て及びマンション一室の取引事例の取引価格に基づいて見直すものとする。
　　　また、当該時期以外の時期においても、マンションに係る不動産価格指数等に照らし見直しの要否を検討するものとする。
　　　加えて、マンション市場価格の大幅な下落その他見直し後の評価方法に反映されない事情が存することにより、当該評価方法に従って評価することが適当でないと認められる場合は、個別に課税時期における時価を鑑定評価その他合理的な方法により算定する旨を明確化する（他の財産の評価における財産評価基本通達6項に基づくこれまでの実務上の取扱いを適用。）

(c) パブリックコメントの実施

　全3回の有識者会議を経て，令和5（2023）年7月に「『居住用の区分所有財産の評価について』の法令解釈通達（案）に対する意見公募手続の実施について」と題するパブリックコメントが実施された。令和5年にこのような経緯を経て，令和6年に「居住用の区分所有財産の評価について」とする通達が公表されることになった。

(3) マンション敷地内に公衆化している施設がある場合

　公団等の分譲マンションの敷地のうちに公衆化している道路，公園等の施設の用に供されている宅地が多数含まれていて，建物の専有面積に対する共有部分に応ずる敷地面積が広大となるため，通常の評価方法に従って評価することが著しく不適当であると認められる場合には，その公衆化している道路等の施設の用に供されている宅地部分の面積を除いて評価して差し支えない。

Q　マンション用地の評価

■質　問

　公団等のマンション敷地の評価をするに当たり，マンション敷地内に道路，公園等の公衆化している施設の用に供されている宅地が多く含まれている場合について，どのように評価するのでしょうか。

■回　答

　通常，公団等の分譲マンションの敷地に供されている宅地で，その宅地が多数の者により共有されている場合には，その敷地全体を評価した価額にその所有者の持分割合を乗じて評価することとされていますが，その公団等の分譲マンション敷地のうちに公衆化している道路，公園等の施設の用に供されている宅地が多数含まれていて，建物の専有面積に対する共有部分に応ずる敷地面積が広大となるため，通常の評価方法にしたがって評価することが著しく不適当であると認められる場合には，その公衆化している道路等の施設の用に供されている宅地部分の面積を除いて評価して差し支えありません。

（解説）

　多数の者により共有されているマンション敷地の評価は，その敷地全体の評価額にその所有者の持分割合を乗じて評価しますが，公団等の分譲マンションは，特色として，マンション敷地の規模が大きいことに加えて，団地内の道路，公園，集会場等の公衆化している敷地部分の面積も大きいことから，共有部分に応ずる敷地面積が大きくなり，結果として，評価通達にしたがって評価した場合には不合理な結果になることも想定されます。

　そこで，公団等の分譲マンション等の敷地内に公園，道路等の公衆化している施設の用に供されている宅地が多く含まれていて，建物の専有面積に対する共有部分に応ずる敷地面積が広大となるため，通常の評価方法によることが著しく不適当であると認められる場合には，その公衆化している道路等の施設の用に供されている宅地部分を除いて評価して差し支えありません。

　　　（参考）国税庁「資産税関係質疑応答事例集（平成13年3月）」〔TAINS・評価事例708210〕，
　　　　　　東京国税局「資産税審理研修資料（平成16年12月）」〔TAINS・評価事例708037〕

3章

通達に定めのない評価項目

1　売買契約途中の土地の評価

(1)　売買契約途中の土地の評価

①　取扱い

　土地を売却するために売買契約を締結した後，引渡し前に相続の開始があった場合，相続税の課税価格に算入される金額は，その土地の相続税評価額かまたはその売却代金かという点である。

　そこで，売買契約途中の土地において相続が開始した場合には，次によるものとして取り扱うこととされている[109]。

（イ）売主に相続が開始した場合には，相続または遺贈により取得した財産は，その売買契約に基づく土地の譲渡の対価のうち相続開始時における未収金とする。

（ロ）買主に相続が開始した場合には，相続または遺贈により取得した財産は，その売買契約に係る土地の引渡請求権とし，その財産取得者の負担すべき債務は，相続開始時における未払金となる。

②　売買契約途中の売主死亡の場合

　売主に相続が開始した場合には，土地の所有権がまだ売主である被相続人に残っていたとしても，もはやその実質は売買代金債権を確保するための機能を有するにすぎないものである。したがって，相続税の課税財産となるのは売買残代金であり，その土地の所有権は独立して相続税の課税財産を構成しない。

---

[109] 土地評価の実務（令和4年版）383～385頁

1 売買契約途中の土地の評価

Q 売買契約締結後に相続があった土地の相続税の課税価格について

■質 問

私の父は，その所有する土地（時価 1 億円，相続税評価額 8 千万円）を第三者に 1 億円で売却しました。その状況は次のとおりです。
① 売買契約締結の日　平成 6 年12月 1 日
② 土地の引渡し日　平成 7 年 2 月 1 日
③ 代金の収入状況
　　平成 6 年12月 1 日に 4 千万円
　　引渡し日に残額 6 千万円

ところで，父は，平成 7 年 1 月10日に死亡いたしました。この土地の売買についての相続税および所得税の申告の方法としては次の方法のうちのいずれかを選択することが認められると思いますが，この点につきご教示ください。

なお，所基通36-12のただし書きは承知いたしております。

（第一法）

すでに収入した現金 4 千万円を相続財産とし，同額を前受金として債務控除する。譲渡所得は相続人の所得として所得税の申告をする。

なお，土地は相続税評価額 6 千万円で相続財産として相続税の申告をする。

（第二法）

1 億円を収入金額として被相続人の譲渡所得につき所得税の準確定申告を行う。売却代金のうち，未収入額 6 千万円は相続財産として相続税の申告を行う。

なお，準確定申告による所得税額は相続税の申告を行う場合，債務控除する。

■回 答

ご質問の場合，売買代金の既収分である4,000万円の現金と未収金6,000万円の合計 1 億円が相続税の課税価格に算入されることとなります。

このことは，その売買契約に係る土地の譲渡所得を，いわゆる契約ベースで被相続人の所得として申告するか，または引渡ベースで相続人の所得として申告するかとは，直接には関係がありません。

もっともその土地の譲渡所得を契約ベースにより，被相続人の所得として申告した場合には，その譲渡所得に係る所得税相当額は，相続税の課税価格の計算上，当然債務控除の対象とされますが，その土地の譲渡所得を引渡ベースで相続人の所得として申告する場合には，その譲渡所得に係る所得税は相続人に課されるものですから，相続税の課税価格から債務控除として控除することはできません。

この土地の売主，または買主について，売買契約後，売買の目的となった土地の引渡し前に相続開始があった場合の取扱いを示すと，次のとおりです。

土地の売買契約の締結後その土地の売主から買主への引渡しの日（その土地が売買について農地法第 3 条第 1 項もしくは第 5 条第 1 項本文の規定による許可または同項第 3 号の規定による届出を要する農地または採草放牧地である場合には，その許可の日またはその届出の効力の生じた日後にその土地の所有権が売主から買主へ移転したと認められる場合を除き，その許可の日または届出の効力の生じた日）前にその売主または買主に相続が開始した場合には，その売買契約に関し売主または買主たる被相続人から相続または遺贈により取得した財産およびその財産取得者の負担すべき債務は，その土地の所有権が売主から買主に移転しているかどうかを問わず，それぞれ次によるものとして取り扱

> われます。
> (イ) 売主に相続が開始した場合には，相続または遺贈により取得した財産は，その売買契約に基づく土地の譲渡の対価のうち相続開始時における未収入金です。
> (ロ) 買主に相続が開始した場合には，相続または遺贈により取得した財産は，その売買契約に係る土地の引渡請求権とし，その財産取得者の負担すべき債務は，相続開始時における未払金です。
>
> (参考）実務相談録

【誤りやすい事例】売買契約中の土地がある場合

誤った取扱い	正しい取扱い
被相続人が所有する不動産について，売買契約を締結し手付金を受け取っていたが，引渡し前に相続が開始した。 　不動産が引渡し前であったことから，不動産については相続税評価額を課税価格に算入し，受領した手付金相当額については手付金返還債務として債務控除した。	売買契約中の不動産については，残代金請求権に相当する価額を相続税の課税価格に算入する。 　また，受領した手付金相当額については債務控除することはできない。 　なお，当該不動産の譲渡所得を相続人が申告する場合には，租税特別措置法第39条の規定の適用を受けることができる。

(参考）　大阪国税局「誤りやすい事例（相続税関係平成27年分用）」〔TAINS・相続事例大阪局270000〕

③　売買契約途中の買主死亡の場合

　買主に相続が開始した場合には，相続税の課税財産となるのは所有権移転請求権（債権）であり，その価額は，売買された土地の価額に準じて考えることができる。

　なお，土地の所有権移転請求権の価額は，原則としてその売買契約に基づく土地の譲渡の対価の額によるものとするが，その売買契約の日から相続開始の日までの期間が通常の売買の例に比較して長期間であるなどその対価の額が当該相続開始の日におけるその土地の時価として適当でない場合には，別途適切な売買実例などを参酌して評価した価額による。

　また，買主に相続が開始した場合において，その土地を相続財産とする申告があった場合には，それが認められる。この場合，その売買契約に係る土地の所有権移転請求権は相続財産としないほか，その土地の価額は，評価通達により評価した価額による[110]。

④　売買契約締結前

　売買契約の交渉中となっていた土地について贈与または相続が行われた場合であっても，売買契約が締結されていないものについては，土地について贈与・相続が行われたものとし，その価額は相続税評価額とする。

110　土地評価の実務（令和4年版）383頁

1 売買契約途中の土地の評価

> **Q** 売買契約にかかる原野の評価
>
> ■質 問
> 　父はA不動産会社から甲地を売るよう交渉を受けていましたが，契約がまとまらないうちに死亡しました。父の死亡後，その土地は，結局，A不動産会社に売ることになりました。この場合，相続税を計算するときの甲地の評価については，いわゆる相続税評価額によらず売買価額によって評価されるのではないかといわれていますが，はたして本当でしょうか。
>
> ■回 答
> 　売買契約の交渉中またはその交渉がおおむね完了した段階で，その交渉の対象となっていた土地について贈与または相続が行われた場合であっても，売買契約が締結されていないものについては，土地について贈与・相続が行われたものとし，その土地の課税価格に算入する価額は，相続税財産評価基準にもとづき評価した価額によるものとされています。
> 　したがって，その原野については所有権がまだA不動産会社に移転していませんから，相続人はその原野を相続し，相続人がその原野をA不動産会社に譲渡したことになります。
>
> （参考）実務相談録

(2) 売買契約の締結後に土地の贈与があった場合

売買契約の締結後に土地の贈与があった場合も，相続税の取扱いと同様である。

> **Q** 売買契約の締結後に土地の贈与があった場合
>
> ■質 問
> 　父甲はAに貸している土地（200坪）をAに売ることとし，売買契約を行いました。その代金で子乙の居宅を建築してくれる予定でしたが，贈与税の負担が大変なので，その土地を乙に贈与することとし，その売買代金（2,000万円）を乙がAから受け取り，乙の居宅の建築資金にしました。
> 　贈与税の申告は，土地（評価額1,300万円）の贈与を受けたものとして行ったところ，税務署から修正申告をするようにいわれています。これは，どのような理由によるものでしょうか。
>
> ■回 答
> 　父甲とAとの売買契約が締結されていた場合に，その売買契約を破棄することなく，甲から乙にその土地を贈与するということはあり得ないことであり，あったとしても，乙とAとの間に売買契約がなく，当初の売買契約どおりの条件でその土地の売買が乙とAとの間で行われたものであれば，乙は，実質的に甲から売買代金請求権の贈与を受けたものと認められます。
> 　したがって，贈与税の申告は，甲から2,000万円もらったものとして申告する必要があります。
>
> （参考）実務相談録

3章 通達に定めのない評価項目

(3) 従来の取扱い

かつては、売買契約途中の土地について、相続開始時において、その土地の所有権がその売買契約当事者のいずれに帰属するかを判定し、土地が課税財産である場合には、その評価は路線価等による評価額とされてきた。

すなわち、売主に相続が開始した場合には、所有権が移転していないことから課税財産を土地とし、相続開始時に受領していた金員を前受金（債務）とする申告、また、買主に相続が開始した場合には、すでに契約を締結していることから土地を課税財産とし、相続開始時における未払代金を未払債務（債務）とする申告が見受けられた。

そして、高度成長期（昭和30～40年代）やバブル経済の地価高騰期（昭和50～60年代）において、評価上の安全性を考慮した路線価等による土地の評価額とその売買実勢価額との間に著しい開差が生じることとなり、課税財産を路線価とするか、実勢価額とするかで課税価格及び税額が大きく異なることとなった。

① 売買契約途中に売主が死亡した事例

そこで、最高裁昭和61年12月5日判決〔税務訴訟資料154号781頁〕は、被相続人が生前に土地の売買契約を締結し、引渡しを行う前に相続が発生した場合の土地の評価が争われた事例である[111]。

本件で争点となっている土地は、路線価方式により評価すると2,018万8,438円であるのに対し、相続開始前4か月前に締結された売買価額は4,539万7,000円であった。

本件売買契約の経緯は以下のとおりである。

（イ）昭和47年7月7日、被相続人は所有する土地を4,539万7,000円で売却する旨の売買契約を締結した。
（ロ）同日、被相続人に手付金600万円が支払われた。
（ハ）昭和47年9月30日に内金1,000万円が支払われた。
（ニ）昭和47年11月25日、被相続人が死亡した。
（ホ）昭和47年12月15日に残金2,939万7,000円が相続人に支払われ、買主へ土地の引渡しがなされる。
（ヘ）相続開始時における通達による評価額は、2,018万8,438円である。

相続税申告にあたって、原告（納税者）は、相続開始時において土地の所有権はいまだ買主に移転しておらず、相続により土地を取得したものであるとし、財産を土地（2,018万8,438円）、手付金及び内金を預り金（1,600万円）として債務控除した。

これに対し被告（税務署長）は、本件売買契約の特約条項からすると、買主は中間金を支払うこ

---

111 第一審東京地裁昭和53年9月27日判決〔税務訴訟資料102号551頁〕、控訴審東京高裁昭和56年1月28日判決〔税務訴訟資料116号51頁〕、最高裁昭和61年12月5日判決〔税務訴訟資料154号781頁〕

とにより土地を使用収益するためその引渡しを受けることが合意されていたものであり，相続開始時において未収金2,939万7,000円（手付金及び内金とあわせて4,539万7,000円）が相続財産に属すると主張した。

第一審東京地裁昭和53年9月27日判決〔税務訴訟資料102号551頁〕においては，土地の所有権は，相続開始の時点までにはいまだ何人にも移転しておらず，被相続人の遺産として相続人に承継されたものとして更正処分は取り消され，相続財産は「土地」，評価は「通達による評価額」であると認定された。

ところが，控訴審東京高裁昭和56年1月28日判決〔税務訴訟資料116号51頁〕においては，相続開始当時に本件土地の所有権が買主側に移転していたとはいえないが，土地の評価額が取引価額によって具体的に明らかになっており，しかも，被相続人もしくは相続人が相続に近接した時期に取引代金を全額取得しているような場合において，その取引価額が客観的にも相当であると認められ，それが通達による相続税評価額との間に著しい格差を生じているときには，取引価額をもってすることが正当として是認し得る「特別の事情」があるとし，相続財産は「土地」，評価は「取引価額」と認定された。

そして，最高裁昭和61年12月5日判決〔税務訴訟資料154号781頁〕は，たとえ本件土地の所有権が売主に残っているとしても，もはやその実質は売買代金債権を確保するための機能を有するにすぎないものであり，相続人の相続した本件土地の所有権は，独立して相続税の課税財産を構成しないというべきであって，本件において相続税の課税財産となるのは，債権であると解するのが相当であるとして，相続財産を「売買残代金債権」，評価を「取引価額」としている。

したがって，売買契約締結後に売主に相続があった場合に相続により取得した財産は，土地の所有権が売主から買主に移転しているかどうかを問わず，売買契約に基づく未収金として取り扱われることとなった。

② 売買契約途中に買主が死亡した事例

また，最高裁昭和61年12月5日判決〔税務訴訟資料154号787頁〕は，被相続人が生前に農地の売買契約を締結し，当該農地の引渡しを受ける前に相続が発生した事例である[112]。

本件で争点となっている土地は，路線価方式により評価すると299万1,360円であるのに対し，相続開始前に締結された売買価額は1,916万4,000円であった。

本件売買契約の経緯は以下のとおりである。

（イ）昭和49年1月30日，被相続人は本件土地を1,916万4,000円で買い受ける契約を締結し，手付金200万円を支払った。

（ロ）昭和49年2月28日，被相続人が死亡した。

---

112 第一審東京地裁昭和53年9月27日判決〔税務訴訟資料102号551頁〕，控訴審東京高裁昭和56年1月28日判決〔税務訴訟資料116号51頁〕，最高裁昭和61年12月5日判決〔税務訴訟資料154号781頁〕

(ハ) 昭和49年3月16日，相続人は残金1,716万4,000円を支払った。
(ニ) 昭和49年3月18日，相続人は売主から本件土地につき所有権移転請求権仮登記を取得した。
(ホ) 昭和49年4月11日，相続人は，本件土地の所有権を取得するため，市農業委員会に対し農地法第3条の定めによる許可申請を行い，同年5月8日に許可が通知された。
(ヘ) 相続開始時における通達による評価額は，299万1,360円である。

　相続税申告にあたって，原告（納税者）は，相続財産として本件土地の通達による評価額299万1,360円を計上し，本件土地の買受残代金1,716万4,000円及び仲介手数料48万7,470円の合計1,765万1,470円を相続債務として控除した。
　これに対し被告（税務署長）は，本件土地は被相続人の相続財産ではなく，また未払金債務は相続債務ではなく，前渡金（手付金200万円）のみが相続税額の計算の基礎に算入されるべき課税財産であると主張した。
　第一審名古屋地裁昭和55年3月24日判決〔税務訴訟資料110号666頁〕において，農地の所有権移転を目的とする法律行為については，当事者において農地法第3条所定の許可を受けない限り，農地所有権移転の効力を生じないのであるから，相続開始前に被相続人が農地の買受契約を締結していたとしても，その生存中に当該農地の所有権移転について右許可を受けていない限り，当該農地は被相続人の所有とはならず，したがって，相続税の課税の対象となる財産とはなり得ないものというべきであるとした。
　ただし，農地法第3条所定の許可を得ていない段階においても，農地の売買契約自体はもとより契約として有効であり，売買契約の成立と同時に，買主は売主に対し，債権的請求権としての所有権移転請求権，所有権移転登記手続請求権，所有権移転許可申請協力請求権を取得し，一方，右契約の成立と同時に代金支払義務を負担するに至るものと解するのが相当であることから，本件において，原告は被相続人の死亡により，その遺産相続人として売買契約上の権利義務（ただし，代金については未払分）を当然に承継したものとされた。
　そして，原告が取得した債権的請求権としての前記所有権移転請求権，所有権移転登記請求権，所有権移転許可申請協力請求権の価額については，何ら特別の定めがないので，右各請求権の価額は相続開始時における時価によることとなるのであるが，右時価は，当該土地の取得価額が通常の取引価額に比して著しく高額であるとか，もしくは低額であるとかの特段の事情がない限り，右取得価額に一致するものと解するのが相当であることから，前記所有権移転許可申請協力請求権等の価額は右1,965万1,470円と評価され，右価額を原告が取得した財産の価額に計上し，買受残代金1,716万4,000円及び仲介手数料48万7,470円の合計1,765万1,470円を相続債務とすべきであると判示されている。

2 赤道が存する宅地の評価

(1) 赤道が存する宅地の評価

　赤道はその所有権が国に帰属するものであるが，居宅の敷地として赤道を含めて一体利用されているようなケースにおいては，赤道を含めたところで一画地として評価し，赤道の払下費用相当額を控除して評価する。
　当該払下費用相当額は，原則として相続人等が払下げ申請を行った場合に支払うこととなる金額とするが，その金額が判明しない場合には，次の算式により算定した金額を控除しても差し支えない。

（算式）

$$\begin{array}{c}1\,m^2当たりの\\当該宅地の相続\\税評価額\end{array} \times （1-借地権割合） \times 需給修正率（0.5） \times \begin{array}{c}当該宅地に\\存する赤道\\の面積\end{array}$$

　なお，赤道を挟んだ双方の土地が独立して利用され，また，赤道の払下げができる状況等にない場合には，双方の土地をそれぞれ別個の評価単位として評価する。

Q　赤道が存する宅地の評価

■質　問
　下記のように相続財産である宅地の中央部に赤道（丙土地・国有地）が存する場合，当該宅地はどのように評価すべきでしょうか。
　なお，甲土地，乙土地及び丙土地は，一体として自宅の敷地の用に供されています。

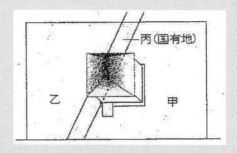

■回　答
　赤道はその所有権が国に帰属するものですが，居宅の敷地として赤道を含めて一体利用していると認められることから，赤道を含めたところで一画地として評価し，赤道の払下費用相当額を控除して評価します。

なお，当該払下費用相当額は，原則として相続人等が払下げ申請を行った場合に支払うこととなる金額としますが，その金額が判明しない場合には，次の算式により算定した金額を控除しても差し支えありません。

$$\begin{matrix}1\text{m}^2\text{当たりの} \\ \text{当該宅地の相続} \\ \text{税評価額}\end{matrix} \times (1-\text{借地権割合}) \times \text{需給修正率}（0.5） \times \begin{matrix}\text{当該宅地に} \\ \text{存する赤道} \\ \text{の面積}\end{matrix}$$

（解説）

設例の場合，宅地の中央部に赤道と呼ばれる法定外公共用財産が存しており，同財産の所有者は国であるが，居宅の敷地として赤道を含めて一体利用していることから，相続税の評価に当たっては一体として評価するのが相当と認められる。

このような土地の売却等に当たっては，本件宅地の所有者が，実際に赤道に係る国の所有権を消滅させるために赤道の払下げを受ける場合もあるが，赤道が存するままの状態でその土地を譲渡した場合には，その赤道が存しないとした場合における価額より低い価額でしか譲渡できないことが通常であると認められる。

そこで，赤道が存する宅地の価額は，その宅地を自用地として一体評価した価額から，完全な所有権とするための費用を控除した価額，すなわち，赤道の払下げに要する金額に相当する額を控除した価額によって評価するのが相当と考えられる。

このような考え方は，あたかも無道路地について，通路開設費用相当額を控除するのと同様であり，合理的な手法であると認められる。

ところで，赤道の払下げに当たっては，①都道府県知事又は市町村長に対し，赤道部分の用途廃止申請をし，②用途廃止後に当該赤道が普通財産として財務省（財務局又は財務事務所）の所管となったものを，同省に対し払下げの申請をして払下げを受けることとされており，これに要する払下価格は，具体的には，実際に払下げの申請を行わないと判明しないものである。

しかし，当該払下価格は，一般的に国有財産評価基準に従って算定することとされており，これによれば，評価対象土地（赤道）の計算方法は，下記の算式により数量単位当たりの評定価格を求め，これに評価対象土地の面積を乗じて求めることとされている。

$$\begin{matrix}\text{数量単位当たり} \\ \text{の評定価格}\end{matrix} = \begin{matrix}\text{取引事例価格を} \\ \text{基とした価格}\end{matrix} \times (1-\text{借地権割合}) \times \text{需給修正率}（0.5）$$

そして，上記算式における「取引事例価格」とは，評価対象地を含めて一体利用することが適当と認められる画地における取引事例価格（当該一体土地の売却価額）をいうが，当該価格が調査確認されていないときには，当該一体利用地についての財産評価基本通達に基づく価額を用いることとされており，「借地権割合」についても財産評価基本通達に基づく割合によることとされている。

また，需給修正率については，私道，高圧線下地又は崖地以外の場合は一律0.5とされている。

これらのことからすれば，一体評価した宅地の評価額から控除すべき赤道の払下げに要する金額については，次の算式により求めた金額として差し支えないものと考えられる。

$$\begin{matrix}1\text{m}^2\text{当たりの当該} \\ \text{宅地の評価額}\end{matrix} \times (1-\text{借地権割合}) \times \text{需給修正率}（0.5） \times \begin{matrix}\text{当該宅地に} \\ \text{存する赤道} \\ \text{の面積}\end{matrix}$$

なお，上記取扱いは，赤道を含めて土地を一体利用しているという現況を考慮してのものであり，

2 赤道が存する宅地の評価

赤道を挟んだ双方の土地が独立して利用され，また，赤道の払下げができる状況等になければ，原則どおり，双方の土地をそれぞれ別個の評価単位として評価することに留意する。

（参考）東京国税局「資産税審理研修資料（平成20年8月）」〔TAINS・評価事例708135〕

(2) 青地が存する農地の評価

農地においても，所有する農地と農地の間に青地（旧水路，青道ともいう）が介在するケースがある。

この青地が介在する農地の評価単位が争われた事例が東京地裁平成30年11月30日判決〔税務訴訟資料268号順号13216〕である。

評価の対象となった本件各土地の概要は，以下のとおりである。

（イ）**図表3－1**の順号4，5及び7の各土地（畑）は農地として利用され，順号6の土地（宅地）は道路沿いの未利用地であった。

（ロ）順号4及び5は，それぞれ生産緑地である。

（ハ）順号4及び5の間には，市が所有する水路，いわゆる青地27.89m²が介在していた。

（ニ）青地を含む順号4及び5の合計地積は3,683.95m²である。

［図表3－1］本件各土地の図面

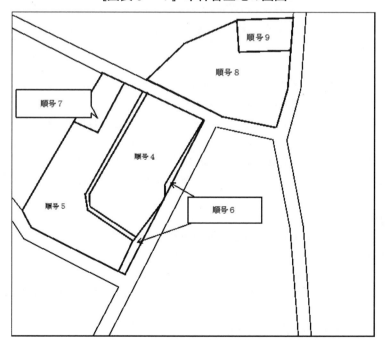

3章　通達に定めのない評価項目

　順号4及び5の各土地の評価単位について，被告税務署長は，青地により分断されていることから，それぞれ区分して評価することとなると主張した。

　一方，原告は，水路はすべて埋め立てられており，従前から畑の一部として利用され，相続開始日現在においても分断されずに，すべてが麦畑として耕作されていたことから，当該各土地の利用の単位は区分されないと主張した。

　本件の審査請求である平成28年12月7日裁決〔国税不服審判所ホームページ〕は，①当該青地はすべて埋め立てられており水路としての機能を失っていたこと，②順号4及び5の各土地は青地部分を含めて一体の畑として耕作されていたこと，③市は順号4及び5の各土地ならびに青地部分の土地を一体として生産緑地地区に定める都市計画を決定していたことからすると，順号4及び5の各土地は1つの評価単位として取り扱うのが相当であると判断している。

　なお，評価方法については，納税者は全体を一団の土地として広大地通達を適用して評価し，その価額を評価単位によりあん分して評価額を計算しているが，裁決においては，まず各土地全体の評価額を算出し，その後，その評価額から青地部分の土地の価額（払下費用相当額）を控除して評価するのが相当とされている。

参考　用語の説明

（イ）法定外公共物

　広く一般の用に供している道路，河川，ため池等の「公共物」のうち，道路法，河川法，下水道法等の特別法によって管理の方法が定められているものを「法定公共物」という。

　これに対し，「公共物」のうち特別法が適用または準用されないものを「法定外公共物」といい，その代表的なものとして「里道」（認定外道路，赤道等とも呼ばれる。）や「水路」（普通河川，青道等とも呼ばれる。）がある。

（ロ）赤道，青道

　赤道とは，公図上には存在するが，地番の記載がない道路である（あった）敷地をいう。登記簿上では無籍地とされ，道路法の適用がないが，国有地である。

　この呼称は，公図上赤く着色された色に由来するが，地域によっては里道，畦畔などとも呼ばれている。

　なお，青道という公図上には存在するが，地番の記載がない河川または水路である（あった）敷地がある。赤道と同様，登記簿上では無籍地とされ，国有地である。この呼び名は，公図上着色された色に由来する。

（ハ）国有財産払下げ

　国有地は，利用に際して国と賃貸借契約，使用承諾書等の法律的な手続が必要であり，払下げを受けるには，道路についての用途廃止等の所定の手続を経なければならない。

　使われなくなった赤道（里道）もあり，赤道であることを知らずに田畑や宅地の一部とされてしまっているものもある。道路として機能していない里道については平成17（2005）年4月1日に一括で用途廃止された上で管理が財務省（各地方財務局）へ引き継がれた。このような赤道は払下げを受けることができ，国（財務省。以前は国土交通省）に届出をすることになる。

[2] 赤道が存する宅地の評価

(参考) 関東財務局ホームページ より
身近にある国有地(里道・水路・畦畔・脱落地等)

| Q　国有地があるかどうか調べるには、どうしたらよいですか　？ |

　もしかしたら、あなたの所有地内に旧里道・水路や畦畔等の国有地があるかもしれません。これらの国有地は、登記所に保管されている地図（公図）に表示されていますが、現況が廃滅している場合は、個人の方では気づかないでいるケースが多いようです。
　住宅の新築及び建て替えや土地の売買にあたり、所有地内等に国有地がありますと思わぬ障害となることもありますので、管轄する登記所で国有地があるかどうか調べてみてはいかがでしょうか。

①　登記所で地図（公図）を閲覧

〇　登記所とは、法務局及び法務局の支局・出張所のことをいいますが、あらかじめ調べようとする土地を管轄する登記所が何処か、最寄りの法務局等に照会して確認しておきましょう。

〇　調べたい土地の地番は、いわゆる住居表示（〇〇市〇町〇丁目〇番〇号）と一致しないことが多いので、あらかじめ登記簿上の地番を登記済証（権利書）等で確認しておきましょう。

〇　管轄登記所で地図（公図）を閲覧する場合は、土地登記簿謄本の交付や閲覧申請と同じく、地図（公図）の閲覧申請書を提出する必要がありますし、手数料も必要になります。閲覧申請書は登記所にありますので、不明な点は登記所で聞いてください。

〇　登記所に備付けの地図（公図）と言われているものは、明治時代に作成された和紙の「字限図」（じげんず・あざかぎりず）を転写し、マイラー化（特殊フイルム）したものを指しますが、これには道路・水路・畦畔等の色付けがされていませんので、申請の際は、旧公図、和紙の「字限図」あるいは旧土地台帳付属図面を見たいと申し出てください。

②　地図（公図）の見方

　一般的な「公図」及び和紙の「字限図」をみますと、地域によって違いはありますが、概ね次のとおり表示されております。

3章 通達に定めのない評価項目

地図 (公図)

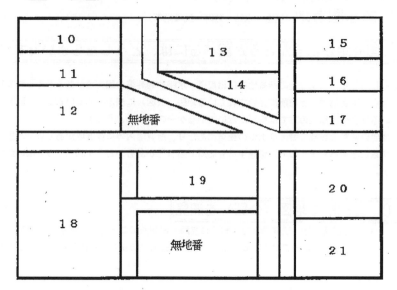

地図 (字限図)

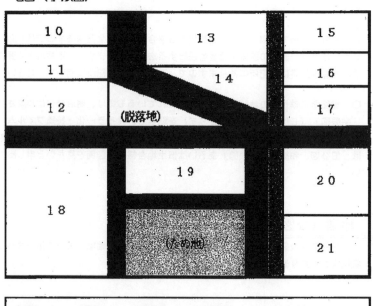

○ 黒い実線で囲まれた中に地番が付されている部分は、その地番の土地登記簿に記載された所有者の土地です。

○　赤い色で塗られた細長い地番が付されていない部分は、道路であることを示しています。一般的には、「里道」、「認定（法定）外道路」、「赤線」、「赤道」（あかみち）とも呼ばれています。

○　青い色で塗られた細長い地番が付されていない部分は、普通河川であることを示しています。一般的には、「認定（法定）外水路」、「青線」（あおせん）、「青溝」とも呼ばれています。

○　ため池の回りに薄墨色で塗られ地番が付されていない部分は、ため池の堤防敷地を示しています。一般的には、「堤塘敷」とも呼ばれています。
　　このほか、水路に沿って薄墨色で塗られ地番が付されていないものを「土揚敷」と呼んでいます。

○　里道・水路・堤塘敷・土揚敷を総称して法定外公共物と言っています。
　　これらの法定外公共物は、平成12年4月1日に施行された「地方分権一括法」により、

・現に機能を有している里道・水路等の法定外公共物は、平成17年3月末までに、市町村（東京都特別区にあっては各区）へ譲与（無償譲渡）
・機能を喪失したものについては、平成17年4月以降、国（財務局）において直接管理を行うこととされました。

　　これにより、現在、機能を有する法定外公共物は市町村が管理（所有）しており、又、機能を喪失した里道・水路等（旧法定外公共物）は国（財務局）において管理・売払いをしています。

　　　　　　　※　一部市町村においては、取り扱いが異なりますので、詳細については各市町村に照会してください。

○　黒い実線で囲まれ緑色の地番が付されていない部分は、財務省所管の国有地で、「畦畔」、「二線引畦畔」、「国有畦畔」と呼ばれています。この「畦畔」については、財務局・財務事務所・出張所において管理・売払等をしております。
　　なお、畦畔にも民有のものもあります。例えば、片方の線が朱色で引かれたり、線が点線とか破線のものは「民有畦畔」と言われています。

○　黒い実線で囲まれ地番が付されていない部分は「脱落地」（だつらくち）と呼ばれております。この「脱落地」のほとんどは財務省所管の国有地となりますので、財務局・財務事務所・出張所に直接照会してください。

3章　通達に定めのない評価項目

| Q ? | 旧法定外公共物（里道・水路等）の購入等手続きのながれは |

　機能を喪失した「里道・水路等」の境界確定・購入手続きは財務局・財務事務所・出張所が窓口となります。

　その手続きについては、次のとおりです。

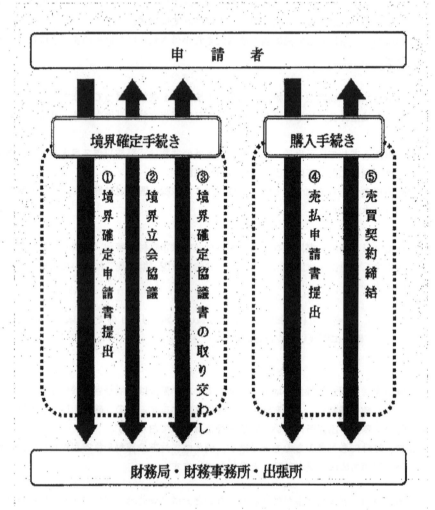

《境界確定手続き》
(1)　事前に、現に公共の用に供されているかどうかを市町村に照会及び確認をして下さい。

(2) 申請者は、旧法定外公共物の隣接土地所有者となります。なお、申請にあたっては、実際の境界確定に関する業務を代行する実務取扱者（土地家屋調査士・測量士等）を置くことができます。

(3) 境界確定を行う土地の範囲は、原則として旧法定外公共物に隣接する土地すべてとなります。

(4) 立会協議の日程調整は申請者に行っていただきます。なお、一定の条件を満たしている場合には、国の立会を省略することもできます。

(5) 境界協議書へ添付する実測図は、土地家屋調査士・測量士等の作製したものが必要となります。

　　※詳細については、財務局・財務事務所・出張所までお問い合わせください。

《購入手続き》
(1) 購入にあたっては、申請者から財産を管轄する財務局・財務事務所・出張所に「売払申請書」を提出して頂く必要があります。
　「売払申請書」には、①住民票（法人の場合は商業・法人登記簿抄本及び印鑑証明書）、②利用計画書、③関係図面（位置図、現況図、実測図等）、④既往使用料債務確認書（財産を使用されている場合）、⑤その他必要と認める書類を添付して頂く必要があります。

(2) 売払申請書受理後の処理期間につきましては、個々の財産によって多少異なりますが、申請書を受理してから評価資料の収集や評価作業等を行うことになりますので、売払価格をご連絡できるまで一定期間を要します。お急ぎの事情がある場合は、担当者にその旨お伝えください。

(3) 売払価格につきましては、周辺の取引事例や地価公示などを考慮し算定します。

(4) 売買契約の締結に必要な費用としては、売買代金のほかに、契約書に貼付する収入印紙代・既往使用料相当額（財産を使用している場合）があります。
　これら諸費用については、売買契約締結の通知の際に、あわせて連絡させていただきます。

　また、このほか所有権移転登記等にかかる登記費用も買受人の負担となります。

　　※　国有畦畔の購入手続きも同様となります。

(出典) 東京国税局「資産税審理研修資料（平成20年8月）」〔TAINS・評価事例708135〕

3章　通達に定めのない評価項目

③ 河川を隔てて道路がある場合の宅地の評価

(1) 水路がある場合の取扱い

　評価対象地と道路との間に水路が介在している場合がある。水路はあくまでも水路であって道路ではないが，水路としての形態があるか否か，建築基準法上道路として扱われているか否かにより土地の評価に影響を与えることになる。

① 現況道路となっている公図上の水路に接する場合

　公図上は水路であるが，現況水路としての形態がなく暗渠となっており，道路として利用されているものがある（**図表3-2**）。いわゆるつぶれ水路である。

　このつぶれ水路については，不特定多数の者が通行する限りにおいて道路として扱う自治体も多く，敷地への出入り（人の通行）については，通常，水路占用の許可を得ることなく自由に利用されている。

　そこで，このようなつぶれ水路は，公道と一体的に整備されており，かつ，水路としての占用許可を要しない場合には，原則として，道路と一体的に扱われ，建築基準法上の道路に接面しているものとして評価を行う（**図表3-3**）。

［図表3-2］ 水路が暗渠である

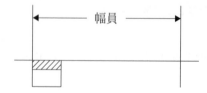

［図表3-3］ 水路が暗渠の場合

③ 水路としての形態がある場合

　水路としての形態のあるものについては，水路を除く公道のみの幅員が4m以上であれば，その幅員をもって建築基準法第42条第1項の道路として取り扱われる。そして，国，県，市その他これに準ずる公的機関が管理する河川，運河または水路その他これらに類するもの（以下「河川等」という）に，幅員2m以上の橋等を設けることにより，建築基準法第42条に規定する道路に接続される敷地については，接道規定を満たしているものとして取り扱われる。

　ただし，当該橋等の部分に係る河川等の管理者による占用許可を得ている，または管理者との占用等について支障がない旨の協議が終了しているものに限る。

　つまり，水路の形態がある場合は，水路占用の許可を得て幅員2m以上の橋をかけることにより建築基準法上の道路に接面する場合には接道しているものとして取り扱われる。

[図表3－4]　水路としての形態がある

占用許可等を
得ている橋等（幅員2m以上）

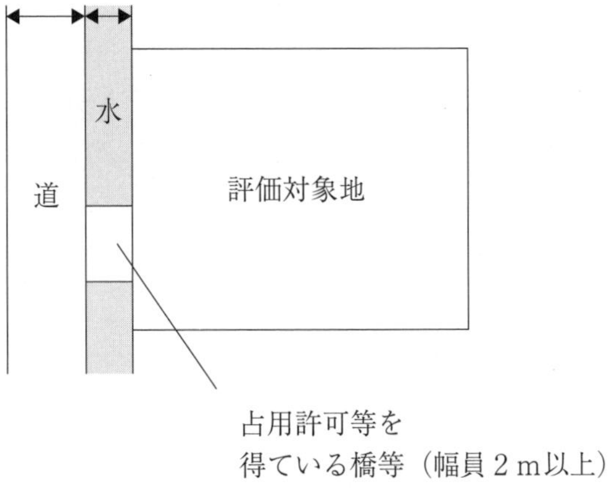

[図表3－5]　水路がある場合

(2)　河川を隔てて道路がある宅地の評価

　道路との間に河川または水路があり橋が架設している場合には，橋の部分を含め不整形地としての斟酌を行う。

　なお，橋が架設されていない場合には，上記の評価を行った後に通路に相当する部分の価額を控除するが，その価額は接道義務を満たす最低限の幅の橋の架設費用相当額（不整形地補正した後の価額の40％相当額を限度とする。）とする。

—525—

3章 通達に定めのない評価項目

Q 河川を隔てて道路がある宅地の評価

■質 問

次の図のように，河川に橋を設置して道路に接している宅地は，どのように評価するのでしょうか。

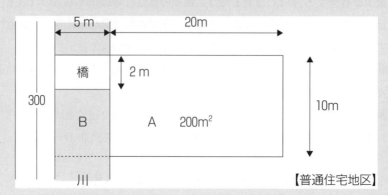

■回 答

A，B及び橋を一体として評価した価額からB及び橋の価額を差し引き，その後B及び橋をかげ地として不整形地補正等を行います。

(1) A，B及び橋を一体として評価した価額

正面路線価　　奥行価格補正率　　地積
300千円　×　（25m）　×　250m² ＝ 72,750千円
　　　　　　　0.97

(2) B及び橋の奥行価格補正後の価額

正面路線価　　奥行価格補正率　　地積
300千円　×　（5m）　×　50m² ＝ 15,000千円
　　　　　　1.00（注）

（注） 奥行距離が5mの場合の奥行価格補正率は0.92ですが，0.92とするとA，B及び橋を一体として評価した単価よりA部分の単価が高くなり不合理なので補正率を1.00とします。
　　　ただし，A，B及び橋を合わせて評価する場合において，奥行距離が短いため奥行価格補正率が1.00未満の数値となる場合は，B及び橋の奥行価格補正率もその数値とします。

(3) (1)－(2)

72,750千円－15,000千円＝57,750千円

(4) 橋とBをかげ地として不整形地補正

不整形地補正率＝0.94（不整形地補正率）×0.90（間口狭小補正率）
　　　　　　　＝0.84
（かげ地割合＝50/250＝20％・地積区分A）

(5) 橋の幅員をAの間口として間口狭小，奥行長大を適用

0.90（間口狭小補正率）×0.90（奥行長大補正率）＝0.81

―526―

(6) Aの評価額

　　57,750千円×0.81＝46,777,500円

　なお，橋が架設されていない場合には，上記の評価を行った後に通路に相当する部分の価額を控除しますが，その価額は接道義務を満たす最低限の幅の橋の架設費用相当額（不整形地補正した後の価額の40％相当額を限度とする。）とします。

　　　　（参考）国税庁「資産税関係質疑応答事例集（平成13年3月）」〔TAINS・評価事例708208〕

4　庭内神しの敷地の評価

(1)　庭内神しの敷地の評価

①　取扱い

　「庭内神し」とは，一般に，屋敷内にある神の社や祠等といったご神体を祀り日常礼拝の用に供しているものをいい，ご神体とは不動尊，地蔵尊，道祖神，庚申塔，稲荷等で特定の者または地域住民等の信仰の対象とされているものをいう。

　その「庭内神し」の敷地については，1．「庭内神し」の設備とその敷地，附属設備との位置関係やその設備の敷地への定着性その他それらの現況等といった外形や，2．その設備及びその附属設備等の建立の経緯・目的，3．現在の礼拝の態様等も踏まえた上でのその設備及び附属設備等の機能の面から，その設備と社会通念上一体の物として日常礼拝の対象とされているといってよい程度に密接不可分の関係にある相当範囲の敷地や附属設備である場合には，その敷地及び附属設備は，その設備と一体の物として相続税の非課税財産として取り扱う。

②　国税庁情報

　従来，庭内神しの「設備」自体については相続税法第12条第1項第2号の相続税の非課税規定の適用対象とされていたが，庭内神しの「敷地」については，庭内神しの設備とその敷地とは別個のものであり，非課税規定の適用対象とはならないものとして取り扱われてきた。

> **参考**　相続税の非課税財産
> 　相続税法第12条　次に掲げる財産の価額は，相続税の課税価格に算入しない。
> 二　墓所，霊びょう及び祭具並びにこれらに準ずるもの
> 三　宗教，慈善，学術その他公益を目的とする事業を行う者で政令で定めるものが相続又は遺贈により取得した財産で当該公益を目的とする事業の用に供することが確実なもの

そこで，東京地裁平成24年6月21日判決〔TAINS・Z888-1664〕において，庭内神しの敷地について，その設備と同様に相続税法第12条第1項第2号の相続税の非課税規定の適用対象となるか否かが争われた。

本件で争点となった本件敷地は，南側に石造りの鳥居，東側に稲荷の祠（神棚及び9体の稲荷が収められており，賽銭箱や燭台等も配置されている。），西側に弁財天の祠（弁財天が2体祀られ，燭台や鉢等も配置されている。）がそれぞれコンクリートの土台の上に設置され，鳥居からこれらの各祠までは石造りの参道が敷設され，本件敷地のほぼ全体に砂利が敷き詰められている。

上記の稲荷の祠及び弁財天の祠（本件各祠）は，庭内神し（屋敷内にある神の社や祠などをいい，一般にご神体を祀り礼拝の用に供されている建物等をいう。ご神体に類するものは，不動尊，地蔵尊，道祖神，庚申塔，稲荷等の特定の者または地域住民等の信仰の対象とされている物である。）に該当する。

そこで原告は，本件庭内神しの敷地は，霊びょうや霊びょうに準ずるものということができ，非課税財産に該当すると主張した。

これに対し被告税務署長は，庭内神しについては，日常礼拝の対象となっているのは，ご神体及びそれを祀る建物としての庭内神し「そのもの」であって，その敷地は含まないから，庭内神しの「敷地」については，非課税財産に該当しないと主張した。

判決は，以下のような本件各祠及び本件敷地の外形及び機能に鑑みると，本件敷地は，本件各祠と社会通念上一体の物として日常礼拝の対象とされているといってよい程度に密接不可分の関係にある相当範囲の敷地ということができるため，非課税財産に該当するということができると判示している。

1. 本件各祠は相当以前の100年程度前に本件敷地に建立されたものであり，○○家で代々祀られており，○○家以外の者が参拝することはないこと
2. ○○家では，納税者の妻が，初午の日に本件敷地にのぼりを立てて，本件各祠につき祭事を行っていること
3. 本件敷地は，本件各祠がコンクリート打ちの土台により固着されてその敷地となっていること
4. 本件各祠やその附属設備は，建立以来，本件敷地から移設されたこともなく，その建立の経緯をみても，本件敷地を非課税財産とする目的でこれらの設備の建立がされたものではないこと

上記のとおり，庭内神しとその敷地が社会通念上一体の物として日常礼拝の対象とされているといえる程度に密接不可分の関係にある場合には非課税財産に該当すると判断されたのを受け，取扱いを変更する旨の国税庁情報及び質疑応答事例が公表されている。

4 庭内神しの敷地の評価

平成24年7月
国税庁

「庭内神し」の敷地等に係る相続税法第12条第1項第2号の相続税の
非課税規定の取扱いの変更について

○ 「庭内神し」の敷地については、「庭内神し」とその敷地とは別個のものであり、相続税法第12条第1項第2号の相続税の非課税規定の適用対象とはならないものと取り扱ってきました。しかし、①「庭内神し」の設備とその敷地、附属設備との位置関係やその設備の敷地への定着性その他それらの現況等といった外形や、②その設備及びその附属設備等の建立の経緯・目的、③現在の礼拝の態様等も踏まえた上でのその設備及び附属設備等の機能の面から、その設備と社会通念上一体の物として日常礼拝の対象とされているといってよい程度に密接不可分の関係にある相当範囲の敷地や附属設備である場合には、その敷地及び附属設備は、その設備と一体の物として相続税法第12条第1項第2号の相続税の非課税規定の適用対象となるものとして取り扱うことに改めました。
(注) 「庭内神し」とは、一般に、屋敷内にある神の社や祠等といったご神体を祀り日常礼拝の用に供しているものをいい、ご神体とは不動尊、地蔵尊、道祖神、庚申塔、稲荷等で特定の者又は地域住民等の信仰の対象とされているものをいいます。

○ この変更後の取扱いは、既に相続税の申告をされた方であっても、相続した土地の中に変更後の取扱いの対象となるものがある場合には適用があります。
(注) 法定申告期限等から既に5年を経過している年分の相続税については、法令上、減額できないこととされていますのでご注意ください。

(出典) 国税庁ホームページ

(2) これまでの経緯

① 昭和56年～平成16年の取扱い

　不動尊を祭る家屋の敷地の評価方法について、昭和56（1981）年6月作成の東京国税局資産税関係質疑応答事例集「不動尊を祭る家屋の敷地の評価」においては、不動尊等の敷地は、現在及びその近い将来においても、その土地の明渡し要求はもちろん地代の請求もできないものの、形式的には土地の所有権を持っていることから、私道の評価に準じて、その土地の自用地としての価額の60％相当額（当時の私道の斟酌割合は40％）で評価することとしていた[113]。

② 平成16年以降の取扱い

　平成16（2004）年12月作成の東京国税局資産税審理研修資料においては、以下の取扱いが示されている。

113　東京国税局「資産税審理研修資料（平成16年12月）」〔TAINS・評価事例708038〕

3章　通達に定めのない評価項目

不動尊等の敷地は，おおむね次の(a)から(d)に区分する。

(a) **不動尊等をその敷地の所有者が所有，管理しており，一般の者が自由に参拝することが不可能であり，もっぱらその敷地の所有者の親族等の信仰の対象とされている場合**

例えば，不動尊等が個人の住宅敷地内に存在しており，一般の者が参拝するには，その敷地の所有者等の了解を得なければならないなど，自由に参拝することができない場合である。

このような不動尊等は，たとえ敷地の所有者等が先祖代々から祭っているものであっても，敷地の所有者等の意向により，不動尊等を移設等することが可能であるほか，当該土地が第三者に譲渡された場合には，その第三者はその不動尊等を取り壊すことができる。

したがって，このような不動尊等の敷地については，評価上の減価要因があると解することは相当でないことから，個人の敷地と一体で通常の宅地として評価する。

(b) **不動尊等が古くから個人の敷地内にあるものの，その管理は地域の住民等が行っており，誰でもその敷地に自由に出入りでき，地域住民等の信仰の対象とされている場合**

例えば，地域の住民等がいつでも参拝（進入）することが可能な場合である。

このような状況にある不動尊等の敷地の所有者は，単にその土地を所有しているだけにとどまり，更地に復帰させるための法的な規制はないとしても，地域住民等の信仰の対象とされることによって，土地所有者が事実上の使用収益制限を受けているものと認めることができるため，不動尊等の敷地の部分の評価額は，その不動尊等の敷地部分を一画地の宅地として評価通達の定めにより評価した価額から，その価額に70％を乗じて計算した金額を控除して評価するのが相当と考えられる。

(c) **不動尊等及びその敷地利用権を，その不動尊等を管理している宗教法人等が有している場合（いわゆる底地）**

土地の利用目的及び形態はともかく，宗教法人が法律上の土地利用権を有しているという点において，他の賃借権，借地権等が存する土地と何ら違いはないことから，不動尊等を管理している宗教法人と交わしている契約の内容に応じて，その敷地の評価額を計算する。

Q　不動尊等を祭る神社等の敷地の評価方法について

■質問
不動尊等を祭る神社等の敷地の評価はどのように評価すべきでしょうか。

■回答
不動尊等の敷地は，その不動尊等の敷地部分を一画地の宅地として評価通達の定めにより評価した価額から，その価額に70％を乗じて計算した金額を控除した金額により評価するのが相当です。

4 庭内神しの敷地の評価

(解説)
1 以前の取扱い

不動尊を祭る家屋の敷地の評価方法を示したものとしては，昭和56年6月作成の資産税関係質疑応答事例集「不動尊を祭る家屋の敷地の評価」がある。これによれば，不動尊等の敷地は，現在及びその近い将来においても，その土地の明渡し要求はもちろん地代の請求もできないものの，形式的には土地の所有権を持っていることから，私道の評価に準じて，その土地の自用地としての価額の60％相当額（当時の私道のしんしゃく割合は40％）で評価することとしていた。

2 不動尊等の敷地等の評価方法について
(1) 相続税法上で非課税財産となる庭内神し

「墓所，霊びょう及び祭具並びにこれらに準ずるもの」は，相続税法第12条第1項第2号により，非課税財産とされている。また，相続税法基本通達12-2（祭具等の範囲）により，「法第12条第1項第2号に規定する『これらに準ずるもの』とは，庭内神し，神たな，神体，神具，仏壇，位はい，仏像，仏具，古墳等で日常礼拝の用に供しているものをいうとしていることから，庭内神し（建物）は非課税財産となる。

なお，その敷地については「これらに準ずるもの」に含まれていないため，非課税財産とはならない。

(2) 不動尊等の敷地の区分

上記(1)の「庭内神し」とは，屋敷内にある神の社（やしろ）やほこらなどをいい，一般に御神体を祭り礼拝の用に供されている建物等をいう。御神体に類するもの（信仰の対象となる神仏等）として，不動尊，地蔵尊，道祖神，庚申塔，お稲荷さまなど様々なもの（以下，これらを総称して「不動尊等」という。）があるが，これらは特定の者又は地域住民等の信仰の対象とされている点において共通している。

不動尊等の敷地は，概ね次の①から③に区分することができる。
① 不動尊等をその敷地の所有者が所有，管理しており，一般の者が自由に参拝することが不可能であり，もっぱらその敷地の所有者の親族等の信仰の対象とされている場合
② 不動尊等が古くから個人の敷地内にあるものの，その管理は地域の住民等が行っており，誰でもその敷地に自由に出入りでき，地域住民等の信仰の対象とされている場合
③ 不動尊等及びその敷地利用権を，その不動尊等を管理している宗教法人等が有している場合（いわゆる底地）

(3) 評価方法の検討

以下，上記(2)の①から③の不動尊等の敷地ごとにその評価方法を検討する。
イ 上記①の場合

例えば，次の図のように，不動尊等が個人の住宅敷地内に存在しており，一般の者が参拝するには，その敷地の所有者等の了解を得なければならないなど，自由に参拝することができない場合である。

このような不動尊等は，たとえ敷地の所有者等が先祖代々から祭っているものであっても，敷地の所有者等の意向により，不動尊等を移設等することが可能であるほか，当該土地が第三者に譲渡された場合には，その第三者はその不動尊等を取り壊すことができる。

したがって，このような不動尊等の敷地については，評価上の減価要因があると解することは相当でないことから，通常の宅地として，評価通達の定めにより評価する。

なお、この場合の評価単位は、個人の敷地と同一の区画の宅地となる。
（注）　固定資産税の評価において、不動尊等の敷地部分を非課税等としている例もあるが、このような場合であっても、自用地として評価することに留意する。

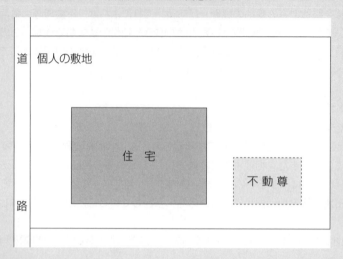

ロ　上記②の場合
　例えば、次の図のように、地域の住民等がいつでも参拝（進入）することが可能な場合である。
　このような不動尊等の管理は、敷地の所有者ではなく地域住民やその地域の自治会などによって行われている場合が多く、また、その不動尊等の所有者も明らかでない場合が多い。さらに、その不動尊等は、地域住民の信仰の対象とされていることから、その敷地（土地）について、現在及び近い将来においても、明渡し要求ができないほか、仮に不動尊等の所有者が明らかとなった場合でも、地代の要求すらできない状況であることが多い。
　したがって、このような状況にある不動尊等の敷地の所有者は、単にその土地を所有しているだけにとどまり、不動尊等の敷地を更地に復帰する可能性が非常に低いと認められる。すなわち、これを更地に復帰させるための法的な規制はないとしても、地域住民等の信仰の対象とされることによって、土地所有者が事実上の使用収益制限を受けているものと認めることができるものといえる。
　このような事実上の使用収益制限の存在する土地は、私有物としてその所有者の意思に基づく処分の可能性が残されている「行き止まり私道」における使用収益制限と類似するものと考えることができるので、不動尊等の敷地の部分の評価額は、その不動尊等の敷地部分を一画地の宅地として評価通達の定めにより評価した価額から、その価額に70％を乗じて計算した金額を控除して評価するのが相当と考えられる。
　なお、次の図のように、道路に面している土地上に不動尊等があり、誰でもその敷地に自由に出入り可能な場合もある（通常は柵等で明確に住宅部分と区分されている。）が、このような状況にある不動尊等の敷地については、実質的に道路の一部分的なものとして捉えて、ゼロ評価とすべきとの考えもあるが、道路指定されている道路の区域の変更又は廃止に比べて、不動尊等の位置の変更（移設）の方が比較的容易と考えられること（その場所（位置）に不動尊等が必ずなければならないというわけでもないし、近隣の地域内で多少の移動は可能と考えられる。）及び不動尊等の敷地が無償で取引されているという実態もみられないことなどから、ゼロ評価は、相当でない。
（注）「古くから地域の住民等の信仰の対象として開放している」かどうかの判定は、事実認定の問題であり、過去からの経緯、開放状況（時間的制約の有無）、参拝人数等を参考に判定することにな

る。
　また，外観は不動尊等で一般に開放されていても，一般に信仰の対象でなく，いわゆるモニュメントのようなものであると判断できる場合には，70％の評価減の対象にはならないのであるから留意する。

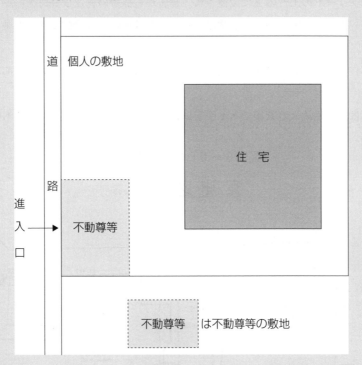

　ハ　上記③の場合
　土地の利用目的及び形態はともかく，宗教法人が法律上の土地利用権を有しているという点において，他の賃借権，借地権等が存する土地と何ら違いはないことから，不動尊等を管理している宗教法人と交わしている契約の内容に応じて，その敷地の評価額を計算する。
　したがって，他の借地権等の目的となっている土地と同様に，評価通達の定めにより評価することが相当と考えられる。

　　　　（参考）東京国税局「資産税審理研修資料（平成16年12月）」〔TAINS・評価事例708038〕

③　東京地裁平成24年判決

　前述のとおり，屋敷内の不動尊等の敷地については減価がなく，地域住民の信仰の対象とされているものであっても私道に準じて評価されるなど課税財産として取り扱われてきた。
　そこで，東京地裁平成24年6月21日判決〔税務訴訟資料262号順号11973〕において，庭内神しの敷地について，非課税財産とすべきか否かが争われた。
　本件で争われた土地（以下「本件敷地」という）の概要は以下のとおりである。
（イ）被相続人は，平成19年3月16日に死亡した。
（ロ）本件敷地は，**図表3-6**のとおり，南側に石造りの鳥居（**図表3-6**①），東側に稲荷の祠（神

棚及び9体の稲荷が収められており，賽銭箱や燭台等も配置されている。**図表3－6**⑤)，西側に弁財天の祠（弁財天が2体祀られ，燭台や鉢等も配置されている。**図表3－6**③④）がそれぞれコンクリートの土台の上に設置され，鳥居から稲荷の祠及び弁財天の祠（以下「本件各祠」という）までは石造りの参道が敷設され，本件敷地のほぼ全体に砂利が敷き詰められている。

(ハ) 上記の本件各祠は，原告の先祖の女性の霊や一族の守護霊を祀ったものであるか否かはさておき，少なくとも庭内神しに該当する。

(ニ) 本件各祠は，被相続人の家族である甲家以外の者が参拝の対象としているものではない。

[図表3－6] 本件敷地の状況

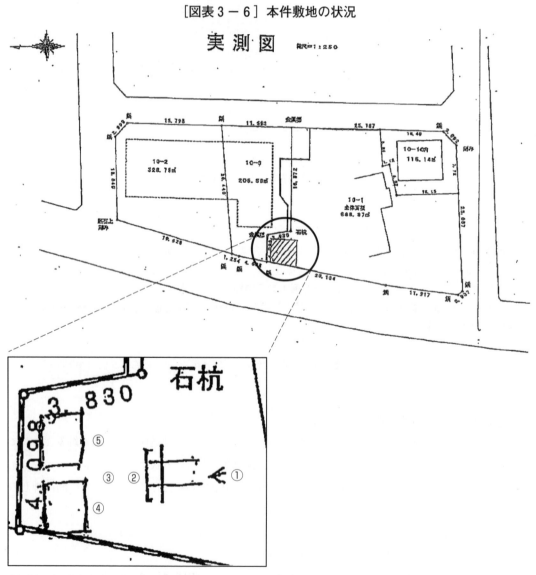

(出典) 判決文の別紙を一部抜粋・加工

本件敷地の評価について，原告は，非課税財産としての「墓所」や「霊びょう」に準ずる礼拝対象施設については，その礼拝対象施設だけを指すのではなく，これと機能的に一体となってその尊厳維持のために1つの場を形成している敷地部分も含むと主張した。

これに対し被告は，あくまで「墓所，霊びょう」について，それが設置されている敷地に限って「墓所，霊びょう」に準じて取り扱うとの解釈は，「これらに準ずべき」ものと機能的に一体となる財産にまで妥当するとは解されず，原告主張の解釈をする根拠とはならないと主張した。

判決は，以下（イ）から（ハ）の理由により，本件敷地は非課税規定にいう「これらに準ずるもの」に該当するということができると判示している。

（イ）甲家は仏教を信仰しているが，本件各祠は原告の父よりも相当以前の100年程度前に建立されたものであり，甲家で代々祀られており，甲家以外の者が参拝することはない。

　　また，鳥居については，原告の父が木製だったものを石造りのものに建て替えた。

　　甲家では，原告の妻が，初午の日に本件敷地にのぼりを立てて，本件各祠につき祭事を行い，本件各祠に果物等の供物をし，普段の参拝は二礼二拍手一礼で行うのが基本であるが，近所に目立たないよう手を合わせて一礼で行っており，稲荷については特に祟りがあるといけないので大切にするよう言われている。

（ロ）少なくとも甲家の家庭内において，本件各祠において弁財天や稲荷を日常的に礼拝することは，間接的にせよ甲家の祖先を崇拝するという意味合いも併せ持っているものと認められる。

（ハ）本件敷地及び本件各祠の位置関係及び現況等によれば，本件各祠は，庭内神しに該当するところ，本件敷地は，①本件各祠がコンクリート打ちの土台により固着されてその敷地となっており，しかも本件各祠のみが存在しているわけではなく，その附属設備として石造りの鳥居や参道が設置され，砂利が敷き詰められるなど，外形上，小さな神社の境内地の様相を呈しており，②本件各祠やその附属設備（鳥居は原告の父の代にはすでに存在していた。）は，建立以来，本件敷地から移設されたこともなく，その建立の経緯をみても，本件敷地を非課税財産とする目的でこれらの設備の建立がされたというよりは，真に日常礼拝の目的で本件各祠やその附属設備が建立されたというべきであるし，祭事にはのぼりが本件敷地に立てられ，現に日常礼拝・祭祀の利用に直接供されるなど，その機能上，本件各祠，附属設備及び本件敷地といった空間全体を使用して日常礼拝が行われているといえる（例えば，仏壇や神たな等だけが置かれていて，当該敷地全体や当該家屋部分全体が祖先祭祀や日常礼拝の利用に直接供されていない単なる仏間のようなものとは異なるといえよう。）。このような本件各祠及び本件敷地の外形及び機能に鑑みると，本件敷地は，本件各祠と社会通念上一体の物として日常礼拝の対象とされているといってよい程度に密接不可分の関係にある相当範囲の敷地ということができる。

④　平成24年7月以降

上記東京地裁において，庭内神しとその敷地が社会通念上一体の物として日常礼拝の対象とされているといえる程度に密接不可分の関係にある場合には非課税財産に該当すると判断されたのを受

3章　通達に定めのない評価項目

け，国税庁のホームページに「「庭内神し」の敷地等に係る相続税法第12条第1項第2号の相続税の非課税規定の取扱いの変更について」が掲載された。

【誤りやすい事例】墓地用地として貸し付けている土地

誤った取扱い	正しい取扱い
相続人甲が相続により取得したA土地は，被相続人が宗教法人K寺の墓地用地として提供し，同寺の檀家に墓地として使用させている。 　甲は，相続税の申告に当たって，A土地は，相続税法第12条第1項第2号に規定する墓所に当たることから，非課税財産とした。	A土地は，甲の祖先を祭祀するための墓地として使用されているものではなく，K寺の檀家の墓地として貸し付けられているものであるから，相続税法第12条第1項第2号に規定する非課税財産（墓所）には該当しない。 　また，甲は，宗教を目的とする事業を行う者ではないことから，相続税法第12条第1項第3号に規定する非課税財産にも該当しないため，A土地は非課税財産にはならない。

（参考）　大阪国税局「誤りやすい事例（相続税関係平成27年分用）」〔TAINS・相続事例大阪局270000〕

5　土壌汚染地の評価

(1)　土壌汚染対策法の制定

　企業の工場跡地などにおいては特定有害物質による土壌汚染が判明する場合がある。この土壌汚染を放置すれば，汚染された土壌を直接摂取したり，汚染された土壌から有害物質が地下水に溶け出し，その地下水を飲用することなどにより，人の健康に影響を及ぼすことが懸念される。

　そこで，土壌汚染による人の健康被害への対策の確立など，土壌汚染対策に関する法制度の制定についての社会的要請が強まり，平成15（2003）年2月15日に土壌汚染対策法が施行された。

(2)　土壌汚染地の評価

　土壌汚染地の評価については，土壌汚染対策法が平成15年2月15日から施行されたため，土壌汚染地であることが判明した場合には，相続税等の課税上問題となる事例が生ずることが考えられ，平成16（2004）年に以下のとおりの国税庁資産評価企画官情報が発遣されている。

　そこでは，土壌汚染対策法に定める土壌汚染地は，以下の算式による原価方式に基づいて評価することとされている。

(算式)

土壌汚染地の評価額 ＝ 汚染がないものとした場合の評価額 − 浄化・改善費用に相当する金額 − 使用収益制限による減価に相当する金額 − 心理的要因による減価に相当する金額

ただし，相続税等の財産評価において，土壌汚染地として評価する土地は，「課税時期において，評価対象地の土壌汚染の状況が判明している土地」であり，土壌汚染の可能性があるなどの潜在的な段階では土壌汚染地として評価することはできない。

平成16年7月5日
資産評価企画官情報

土壌汚染地の評価等の考え方について（情報）

1　土壌汚染地の評価

> 土壌汚染対策法が平成15年2月15日から施行され，今後，土壌汚染地であることが判明し，相続税等の課税上，問題となる事例が生ずることが考えられることから，土壌汚染地の評価方法の基本的な考え方を取りまとめることとした。

1　土壌汚染対策法の施行及びその概要

　企業の工場跡地の再開発等に伴い，重金属，揮発性有機化合物等（特定有害物質）による土壌汚染が判明する場合が生じている。この土壌汚染を放置すれば，汚染された土壌を直接摂取したり，汚染された土壌から有害物質が地下水に溶け出し，その地下水を飲用することなどにより，人の健康に影響を及ぼすことが懸念される。

　このため，土壌汚染による人の健康への対策の確立など，土壌汚染対策に関する法制度の制定についての社会的要請が強まり，土壌汚染対策法（平成14年法律第53号，平成15年2月15日施行）が制定された。

　土壌汚染対策法の下では，次に掲げることなどの措置がとられることになる。
① 都道府県知事は，土壌の汚染状態が基準に適合しない土地について，その区域を指定区域として指定・公示するとともに，指定区域の台帳を調製し，閲覧に供する（土壌汚染対策法5，6）。
② 都道府県知事は，指定区域内の土地のうち，土壌汚染により人の健康被害が生ずるおそれがあると認めるときは，土地の所有者等に対し，有害物質の除去，拡散の防止その他の汚染の除去等の措置を命ずる（土壌汚染対策法7，参考1を参照）。

2　土壌汚染地の評価方法
(1) 土壌汚染地の評価方法（基本的な考え方）

　平成14年7月3日付の「不動産鑑定評価基準」の改正（平成15年1月1日施行）により，不動産鑑定士が鑑定評価を行う場合は，土壌汚染の状況を考慮すべきこととされているが，現在のところ，標準となる鑑定評価の方法は公表されていない。

3章 通達に定めのない評価項目

　そこで，米国における土壌汚染地の鑑定評価を参考にすると，①原価方式，②比較方式及び③収益還元方式の3つの評価方式がある。
　これらのうち，②比較方式は，多数の売買実例が収集できるときには，評価上の基本的な方法であると考えられるが，土壌汚染地の売買実例の収集は困難であり，③収益還元方式についても，汚染等による影響を総合的に検討した上で純収益及び還元利回りを決定することは困難であるので，②及び③のいずれの方式についても現段階において標準的な評価方法とすることは難しいと考えられる。
　一方，①原価方式は「使用収益制限による減価」及び「心理的要因による減価」をどのようにみるかという問題はあるものの，「汚染がないものとした場合の評価額」及び「浄化・改善費用に相当する金額」が把握できることからすると，土壌汚染地の基本的な評価方法とすることが可能な方法であると考えられる。
　なお，相続税等の財産評価において，土壌汚染地として評価する土地は，「課税時期において，評価対象地の土壌汚染の状況が判明している土地」であり，土壌汚染の可能性があるなどの潜在的な段階では土壌汚染地として評価することはできない。
　① 原価方式

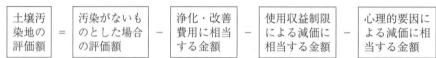

（注）　1　「浄化・改善費用」とは，土壌汚染対策として，参考1に掲げる土壌汚染の除去，遮水工封じ込め等の措置を実施するための費用をいう。汚染がないものとした場合の評価額が地価公示価格レベルの80％相当額（相続税評価額）となることから，控除すべき浄化・改善費用についても見積額の80％相当額を浄化・改善費用とするのが相当である。
　　　　2　「使用収益制限による減価」とは，上記1の措置のうち土壌汚染の除去以外の措置を実施した場合に，その措置の機能を維持するための利用制限に伴い生ずる減価をいう。
　　　　3　「心理的要因による減価（「スティグマ」ともいう。）」とは，土壌汚染の存在（あるいは過去に存在した）に起因する心理的な嫌悪感から生ずる減価要因をいう。
　　　　4　汚染の浄化の措置等については，評価時期において最も合理的と認められる措置によることとする。なお，各控除額の合計額が汚染がないものとした場合の評価額を超えるときには，その価額（汚染がないものとした場合の評価額）を限度とするのが相当である。
　② 比較方式
対象地の土壌汚染と類似の汚染影響がある土地の売買実例を収集し，これに比較準拠する方式
　③ 収益還元方式

土壌汚染地の評価額 ＝ 純収益 ÷ 還元利回り

（注）　土壌汚染地については，純収益の計算上，通常の賃料よりも低い賃料を想定せざるを得ず，また，汚染により一般の入居率が維持できないこと，環境モニタリング費用等の別途の経費が生ずる場合があることを考慮する。さらに，還元利回りの査定に当たり，土壌汚染による影響リスクをプレミアムとして利回りに反映させる必要があるとされている。

(2) 浄化・改善費用の取扱い
　イ　土壌汚染地を評価する場合，どのような措置（除去，遮断封じ込め，遮水工封じ込めなど）を採るかによって負担する浄化・改善費用が大きく異なり，また，選択した措置に伴い生ずる使用収益

制限の内容も変わることから，選択した措置により評価額に大きな影響を及ぼすことになる。
ロ　汚染の除去等の措置は，本来ならば，指定区域から解除される有害物質の除去措置を選択することが望ましいと考えられる。しかし，土壌汚染対策法に基づく汚染の除去等の措置については，
　①　基準を超える汚染が確認された場合に，直ちにその土地所有者等に除去命令が出されるものではなく，都道府県知事が汚染状況や措置の技術的な実施可能性等を踏まえ，有害物質が他へ流出することがないよう適切に管理することが可能な措置を命じることになっていること（参考1）
　②　除去措置を行わないと土壌汚染地が全く利用できないともいえないことから，合理的な経済人であれば，封じ込め等の措置費用とその措置後の使用収益制限等に伴う土地の減価の合計額が除去措置費用よりも安価である場合，封じ込め等の措置を選択するのが一般的であると考えられる。例えば，汚染の封じ込め措置を行う土地については，一定の使用収益制限があり，掘削工事を伴うマンション等の堅固な建物の建築はできないものの，駐車場や資材置き場等として使用することができる場合が多いと考えられる。
ハ　しかし，封じ込め等の措置費用とその措置後の使用収益制限等に伴う土地の減価の合計額が除去措置費用を上回るような場合には，その選択する措置は，除去措置となるものと考えられる。
　　以上のことからすると，土壌汚染地について行われる措置は，法令に基づく措置命令，浄化・改善費用とその措置により生ずる使用収益制限に伴う土地の減価とのバランスを考慮し，その上でその土地について最有効使用ができる最も合理的な措置を専門家の意見をも踏まえて決めることになると考えられる。
ニ　なお，浄化・改善方法については，現段階では，様々な手法，技術等が研究されている状態であり，標準的な手法，技術等が確立されていない。したがって，標準的な浄化・改善方法に基づき，これに要する費用相当額を定めることができないので，当面は，土壌汚染対策法第13条に規定している指定調査機関の見積もった費用により計算せざるを得ない（複数の調査機関の見積もりをとることが望ましい。）と考えられる。
（注）　1　環境大臣が指定する指定調査機関（平成16年5月17日現在，1,485機関を指定）の最新情報は，環境省のホームページ（http://www.env.go.jp/water/dojo/kikan/index.html）にて公表されている。
　　　　2　上記(1)の算式を適用する場合において，除去措置済みであれば，使用収益制限がなくなるため，使用収益制限による減額はなく，心理的要因による減価のみとなる。

(3)　使用収益制限による減価の取扱い
　　土壌汚染地に対する措置が，例えば，遮水工封じ込め措置（汚染土壌をその土地から掘削し，地下水の浸出を防止するための構造物を設置し，その構造物の内部に掘削した汚染土壌を埋め戻す措置）である場合には，その措置の効果を維持するために遮水機能等を損ねない範囲の土地利用しかできないことになる。
　　このため，封じ込め等の措置後の土地には，一般に使用収益制限が生ずることになると考えられるが，この使用収益制限については，取引の実例がほとんどない中で一定の減価割合（減価に相当する金額）を定めることができないことから，当面は，個別に検討せざるを得ないと考えられる。

(4)　心理的要因による減価の取扱い
　　心理的要因による減価（スティグマ）については，これまで，その減価の割合等が公表されたことはなく，一般に数値化することも困難であり，取引の実例もほとんどないことから，それを基に標準

3章　通達に定めのない評価項目

化することも困難である。
　また，措置の内容（除去措置済み，又は封じ込め等の措置済み）に加えて措置前か措置後かによっても減価の程度が異なり，さらに，措置後の期間の経過によっても減価の程度が逓減していくとも考えられていることから，一律に減価率を定めることも相当ではない。したがって，当面は，個別に検討せざるを得ないと考えられる。

3　その他
(1)　浄化・改善費用の額が確定している場合の取扱い
　課税時期において，①評価対象地について都道府県知事から汚染の除去等の命令が出され，それに要する費用の額が確定している場合や②浄化・改善の措置中の土地で既に浄化・改善費用の額が確定している場合には，その浄化・改善費用の額（課税時期において未払いになっている金額に限る。）は，その土地の評価額から控除するのではなく，相続税法第14条に規定する「確実な債務」として，課税価格から控除すべき債務に計上し，他方，評価対象地は浄化・改善措置を了したものとして評価するのが相当である。
　これは，課税時期において既に浄化・改善措置を実施することが確実であることから，その確実な債務に該当する金額を相続税における債務控除額とし，また，土地の価額は，課税時期において土壌汚染地ではあるものの，いずれ浄化・改善措置後の土地となることが確実と見込まれることから，その復帰価値により評価するのが相当であるとの考え方によるものである。
　なお，都道府県知事から汚染の除去等の命令が出された場合は，指定支援法人（平成16年2月末時点では，財団法人日本環境協会が指定支援法人に指定されている。）から，汚染の除去等の措置を講ずる者に対して助成金が交付される場合がある（土壌汚染対策法21一，助成金を受けようとする基準については，参考2を参照）。この場合には，課税価格から控除する確実な債務の金額は，債務控除の対象となる浄化・改善費用の金額から助成金の額を控除した金額となるのが相当と考えられる。

(2)　措置費用を汚染原因者に求償できる場合の取扱い
　土地所有者以外の者が汚染原因者である場合において，土地所有者がその汚染の除去等の措置を行ったときには，その汚染の除去等の措置に要した費用を汚染原因者に請求することができることとされている（土壌汚染対策法8①）。
　このため，被相続人が土壌汚染地の浄化・改善措置を行い，汚染原因者に除去費用等の立替金相当額を請求している場合には，その土地は浄化・改善措置後の土地として評価し，他方，その求償権は相続財産として計上することに留意することが必要である。
　なお，求償権の評価に当たっては，除去費用等の立替金相当額を回収できない場合も想定され，その回収可能性を適正に見積もる必要があることから，財産評価基本通達（以下「評価通達」という。）204（貸付金債権の評価），205（貸付金債権等の元本価額の範囲）に準じて評価するのが相当と考えられる。
　（注）　別途，土地所有者が汚染原因者に対して損害賠償請求を行っている場合には，その損害賠償請求権も相続財産に該当することに留意する（民709，評価通達210）。

(3)　土壌汚染地の評価方法の準用
　土壌汚染対策法のほかに，条例等により土壌汚染の調査・対策を義務付けている地方公共団体も存在する。

例えば，東京都においては，平成12年に都民の健康と安全を確保する環境に関する条例（平成12年東京都条例第215号，平成13年4月1日施行）を制定することにより，平成13年10月から有害物質取扱事業者や土地開発事業者に対して，次のような場合に土壌汚染の調査を行うこととし，基準値を超える土壌汚染が判明した土地には，汚染拡散防止措置（除去もしくは封じ込め）を行うことを義務付けている。
①　工場若しくは指定作業場を廃止し，又は当該工場若しくは指定作業場の全部若しくは主要な部分を除却しようとする場合（条例116）
②　3,000平方メートル以上の土地の改変（土地の切盛り，掘削，その他土地の造成又は建築物又はその他の工作物の建設その他の行為に伴う土地の形質の変更）を行う場合（条例117）
　また，ダイオキシン類対策特別措置法により，ダイオキシンが一定基準を超えて存在することが判明した場合にも，除去を義務付けている。
　このような条例等により土壌汚染の調査・対策が義務付けられている場合において，土壌汚染が判明した土地についても，これまで述べた土壌汚染地の評価方法に準じて評価して差し支えないと考えられる。
（注）　土壌汚染対策法の施行後，土壌汚染対策法と条例等がともに適用される場合のほか，条例等のみの適用となる場合も考えられる。

（参考1）　環境省で示している汚染の除去等の措置

【直接摂取の防止の観点からの設置】

	通常の土地	盛土では支障がある土地
立入禁止	●	●
舗装	●	●
盛土	◎	●
土壌入換え	○	◎
土壌汚染の除去	○	○

【凡例】
◎：原則として命じる措置
○：土地汚染者と土地所有者の双方が希望した場合に命ずる措置
●：土地所有者等が希望した場合に命ずる処置
×：技術的に適用不可能な措置

（注）1　「盛土では，支障がある土地」とは，住宅やマンション（1階部分が店舗等の住宅以外の用途であるものを除く。）で，盛土して，50cmかさ上げされると日常生活に著しい支障が生ずる土地
　　　2　特別な場合（乳幼児の砂遊びに日常的に利用されている砂場や，遊園地等で，土地の形質変更が頻繁に行われ，盛土等の効果の確保に支障がある土地）については，土壌汚染の除去（掘削除去，原位置浄化）を命ずることとなる。

【地下水経由の摂取の防止の観点からの措置】
1. 地下水が未だ汚染されていない場合，原則として地下水の調査を命ずる（土地所有者等と汚染原因者の双方が2の措置を希望した場合には，2の措置を命ずる。）
2. 地下水が汚染されている場合には，以下の措置を命ずる。

	揮発性有機化合物（第1種）		重金属等（第2種）		農薬等（第3種）	
	第二溶出量基準適合	第二溶出量基準不適合	第二溶出量基準適合	第二溶出量基準不適合	第二溶出量基準適合	第二溶出量基準不適合
原位置不溶化・不溶化埋め戻し	×	×	●	×	×	×
原位置封じ込め	◎	×	◎	◎(※)	◎	×
遮水工封じ込め	○	×	○	○(※)	○	×
遮断工封じ込め	×	×	○	○	○	◎
土壌汚染の除去	○	◎	○	○	○	◎

（注）1　第二溶出基準とは，土壌溶出量基準の10～30倍に相当するものである。
　　　2　（※）は，汚染土壌を不溶化し，第二溶出基準に適合させた上で行うことが必要。
　　　3　土壌汚染の除去とは，掘削除去，原位置浄化である。
　　　4　第1種，第2種，第3種の各特定有害物質の定義については，土壌汚染対策法施行規則第4条及び5条を，第二溶出基準については，同規則第24条を参照のこと。

（環境省・財団法人日本環境協会パンフレット「土壌汚染対策法のしくみ」より抜すい）

3章　通達に定めのない評価項目

（参考２）　指定支援法人より助成金が交付される基準
　平成16年１月31日付の環境省告示第４号による助成金を受けようとする基準は次のいずれかに該当するものとしている。
１　個人（事業を行う個人を除く。）
　次のいずれかに該当する者
　イ　土壌汚染対策法（平成14年法律第53号。以下「法」という。）第21条第１号の助成金（以下「助成金」という。）の交付を受けようとする年の前年の所得の額（退職所得の金額，一時所得の金額等継続的でない所得の金額がある場合等その額をその者の継続的所得金額とすることが著しく不適当である場合においては，直前３年の所得の額の平均額）が２千万円未満である者
　ロ　助成金の交付を受けようとする年の前年の所得の額が，その者が法第７条第１項の規定により命ぜられた汚染の除去等の措置に要する費用に３分の２を乗じた額に２千万円を加えた額未満である者
　ハ　助成金の交付を受けようとする年の前年の所得の額が，その者が法第７条第１項の規定により命ぜられた汚染の除去等の措置に要する費用に２を乗じた額未満である者

２　事業を行う個人及び法人
　助成金の交付を受けようとする事業年度の前事業年度の自己資本，正味財産又は元入金の額が３億円未満である者

（参考３）　土壌汚染地の価値の時系列イメージ
　財団法人日本不動産研究所のホームページ（http://www.reinet.or.jp/jreidata/osenpj/osenqa.htm）では，心理的要因による減価（スティグマ）について，「基本的に，浄化の前後でStigmaの大きさは，変化します。「浄化後」は，単純に言えば，過去に対象地が有害物質に汚染されていたという事実を嫌悪することに基づく減価であり，浄化直後のStigmaを最大とし，一般に時の経過とともにその減価は逓減していくものと考えるのが適当です。それに対して，「浄化前」は，現に有害物質が実在するので，健康に害が及ぶリスク等が少なくとも浄化後に比べて存在するため，一般にStigmaによる減価は，浄化後に比べて大であると考えるのが理論的です。」と説明している。

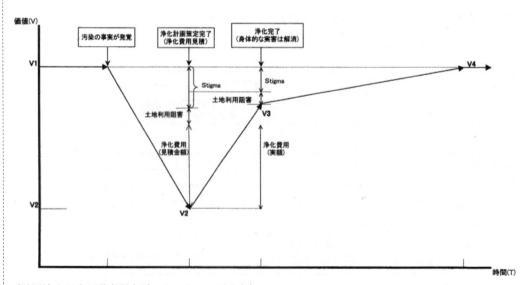

（財団法人日本不動産研究所のホームページより）

(参考4) 浄化・改善費と土地価額との関係（イメージ図）

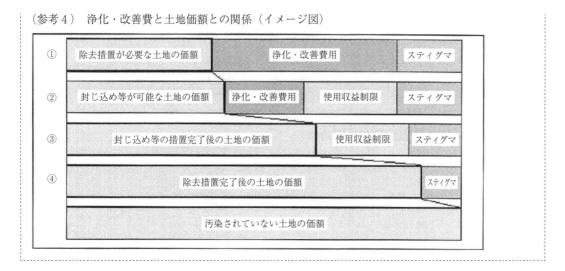

(3) 争訟事例

相続税の土地の評価において，土壌汚染地の評価が争われた事例として令和1年11月12日裁決〔国税不服審判所ホームページ〕がある。

本件相続及び評価の対象となった土地の概要は以下のとおりである。
（イ）被相続人は，平成27年1月○日に死亡した。
（ロ）相続人（審査請求人）は，平成28年3月12日，訴外S1社に本件土地を売り渡し，S1社は分譲マンションの建築を目的として買い受けた。
（ハ）S1社は，平成28年5月頃，本件土地に係る土壌汚染状況調査をT社に依頼したところ，特定有害物質（六価クロム及びふっ素）が把握された。
（ニ）T社は，S1社に対し，同年7月26日付で，土壌汚染の浄化費用を51,300,000円とする見積書を発行した（以下，当該書面を「本件見積書」という）。
（ホ）T社は，昭和○年に財団法人として設立され，平成○年に一般財団法人に移行した法人であり，土壌汚染対策法に基づいて環境大臣が指定する調査機関である。

本件土地の評価について，審査請求人は，土壌汚染の浄化費用相当額として，本件見積金額の80％相当額を控除すべきであると主張した。

裁決においても，本件土地を評価するに際し，土壌汚染の浄化費用の金額51,300,000円の80％相当額を控除すべきであると判断されている。

なお，土壌汚染の浄化費用については，1．T社が算定した本件見積書の金額51,300,000円は，マンションの建築工事と並行して行われることを前提とした場合における限定的な土壌汚染対策工事費用の金額ではなく，一般的な土壌汚染対策工事費用の総額であると認められること，2．T社は，一般財団法人であって，本件見積書の交付先であるS1社とは資本関係もマンション建築などの取

引関係もないこと，3．T社は，土壌汚染状況調査に関し技術的能力を有するものとして環境大臣に指定された者であり，平成24年度から5年間に限っても，年間400件前後の土壌汚染状況調査実績を有していることからすれば，本件見積書の金額51,300,000円は，T社が中立的立場から公正に算出した適正なものと認められるとされている。

6 埋蔵文化財包蔵地の評価

(1) 取扱い

埋蔵文化財とは，土地に埋蔵されている文化財（主に遺跡）をいう。

埋蔵文化財包蔵地の評価方法については，平成20年9月25日裁決〔裁決事例集76巻307頁〕において，埋蔵文化財包蔵地という固有の事情は，土壌汚染地の評価の考え方に類似する状況にあることから，前出の国税庁資産評価企画官情報「土壌汚染地の評価等の考え方について（情報）」に準じて，土地の評価額から発掘調査費用を控除することが相当とされている。

(2) 文化財保護法の定め

文化財保護法においては，土地を宅地開発するために土木工事を行う場合，その土地が周知の埋蔵文化財包蔵地に該当する場合には，工事施工者は，教育委員会に事前の届出等をしなければならない（文化財保護法93，94）。

工事等によりやむを得ず埋蔵文化財が保存できない場合には，まず立会調査を行い，遺跡が存する可能性があれば，次に，試掘調査が行われる。立会調査及び試掘調査の結果，遺跡が発見された場合，発掘調査を行って遺跡の記録を残さなければならない。

試掘調査など簡易な調査については，市区町村が経費負担することがあるが，記録保存のための発掘調査（出土品の整理や発掘調査報告書の刊行を含む。）が必要な場合は，原則として事業者の経費負担となる。

そこで，相続税及び贈与税の土地評価においても，埋蔵文化財包蔵地におけるその固有の事情は，土壌汚染地の評価の考え方に類似する状況にあることから，埋蔵文化財包蔵地でないものとした場合の評価額から発掘調査費用を控除する方法が認められている。

なお，埋蔵文化財包蔵地における発掘調査費用の控除は，市区町村における立会調査及び試掘調査の結果，遺跡が発見され，発掘調査が必要となる場合に控除できることとなる。したがって，その地域が周知の埋蔵文化財がある地域であっても，立会調査及び試掘調査の結果，評価対象地に埋蔵文化財が存在しなければ，発掘調査費用の控除はできないこととされている。

(3) 埋蔵文化財包蔵地の範囲の調査

埋蔵文化財の調査は，市区町村の教育委員会において，埋蔵文化財の可能性が色分けされた地図

があり，市区町村によってはインターネットで見ることができる。

これにより評価対象の土地が埋蔵文化財包蔵地の可能性があるのかを確認する。

[図表3－7]

(出典) 東京都教育委員会（https://tokyo-iseki.metro.tokyo.lg.jp/map.html）

(4) 争訟事例

① 発掘調査費用の控除がされた事例

相続税における土地の評価において，埋蔵文化財包蔵地の発掘調査費用の控除がされた事例として，平成20年9月25日裁決〔裁決事例集76巻307頁〕がある。

本件相続及び評価対象地（A土地，B土地，C土地であり，併せて「本件各土地」という）の概要は以下のとおりである。

（イ）被相続人は，平成17年3月○日に死亡した。

（ロ）本件各土地の所在地一帯は，J貝塚として知られており，過去数回にわたり埋蔵文化財の確認調査が行われ，○○時代の○○貝塚及び住居跡等の遺跡の存在が確認されている。

（ハ）J貝塚は，文化財保護法第93条に規定されている周知の埋蔵文化財包蔵地に該当し，本件各土地は，すべてJ貝塚の区域内に所在している。

（ニ）本件各土地において土木工事等を行う場合には文化財保護法第93条第1項に基づく届出を行い，工事に着手する前に発掘調査を実施する必要がある。

（ホ）埋蔵文化財は，発掘調査後も現状保存が原則であるが，現状保存が無理な場合には，発掘調

3章　通達に定めのない評価項目

　　査を行い，記録を残すことになる。
（ヘ）文化財保護法第93条規定の発掘調査に係る発掘調査費用は，原則，土地の所有者（事業者）負担となる。
（ト）P市教育委員会によれば，本件各土地の発掘調査を要する区域全域について発掘調査を実施した場合の費用は概算11億円，1人の調査職員で対応した場合は200か月かかるとされている。
（チ）本件各土地の地積合計は44,292.5m^{2}であり。位置関係は**図表3－8**のとおりである。

　審査請求人は，埋蔵文化財の発掘費用の取扱いについて，評価通達に定めはないが，土壌汚染地の評価に準じ，発掘調査費用の80％相当額を控除して評価すべきであると主張した。
　これに対し原処分庁は，埋蔵文化財の発掘調査費用は必ずしも負担しなければならないものではなく，土壌汚染地とはその費用負担の必要性において大きく相違するので，本件各土地を土壌汚染地の評価に準じて評価することは相当でないと主張した（文化財保護法による法的規制の程度または利用上の制約等を検討すると，著しく利用価値が低下しているものと認められることから，10％の減額をすべきであるとしている。）。
　裁決は，本件各土地は，周知の埋蔵文化財包蔵地に該当するため，文化財保護法の規定により，その宅地開発において発掘調査費用の負担が見込まれる土地であるところ，かかる負担は，土壌汚

[図表3－8] 本件各土地の位置図

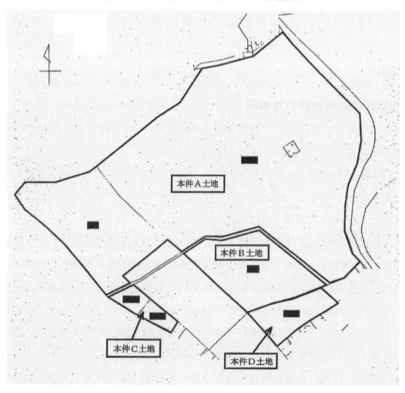

染地について，有害物質の除去，拡散の防止その他の汚染の除去等の措置に要する費用負担が法令によって義務付けられる状況に類似するものと認められることから，本件各土地に存する固有の事情の考慮は，類似する状況における土壌汚染地の評価に準じて行うことが相当と判断している。

なお，発掘調査費用については，市の教育委員会が，発掘調査基準に基づいて本件土地の状況に応じて積算した金額の80％が採用されている。

②　発掘調査費用の控除がされなかった事例

一方，発掘調査費用の控除がされなかった事例として，平成30年2月27日裁決〔TAINS・F0-3-600〕がある。

本件相続及び評価対象地の概要は以下のとおりである。

（イ）評価の対象となった本件5土地（地積467.13m²）は，事務所兼住宅及び作業場の敷地として利用されている。

（ロ）文化財保護法第93条に規定する周知の埋蔵文化財包蔵地内（以下「本件地域」という）に所在している。

（ハ）埋蔵文化財に関する調査が実施されたことはなく，相続の開始の時においても，埋蔵文化財の存在は明らかとなっていない。

（ニ）実際に審査請求人に発掘費用等の負担は，生じていない。

（ホ）本件5土地の周辺は，戸建住宅が連たんする住宅地であるが，遺跡が発掘されたことや遺跡の存在を示す標識，遺跡の展示物などは見当たらない。

（ヘ）平成9年度から平成28年度に実施された確認調査の件数は34件であり，このうち埋蔵文化財が確認されたのは4件である。その確認調査において埋蔵文化財が確認されなかった土地のうち，本件5土地に最も近い土地との距離は，直線にして約120mであるのに対し，埋蔵文化財が確認された土地のうち，本件5土地に最も近い土地との距離は，直線にして約350mである。

（ト）上記確認調査のほか，平成9年度から平成28年度に実施された発掘調査は，1件である。

審査請求人は，本件5土地は，周知の埋蔵文化財包蔵地にあり，利用価値が著しく低下している宅地であるところ，同一路線上で本件地域内と本件地域外とで同一の路線価が付けられており，周知の埋蔵文化財包蔵地であることの影響について路線価に反映されていないから，利用価値が低下していないものとして評価した場合の価額から，10％を控除すべきであると主張した。

これに対し原処分庁は，1．現実に，発掘費用等の負担が生じているといった事情が認められないこと，2．付近にある他の宅地の利用状況からみても，直ちに本件5土地の利用価値が著しく低下しているとは認められないこと，3．本件地域内に所在することが取引金額に影響を及ぼすと認めるに足りる事実もないことからすると，本件5土地の価額の評価にあたり周知の埋蔵文化財包蔵地であることを考慮すべきでなく，10％の評価減をすることはできないと主張した。

裁決は，1．本件5土地においては，埋蔵文化財に関する調査がされておらず，埋蔵文化財が存

在するか否かが明らかとはなっていないところ，審査請求人に，実際に発掘費用の負担も生じていないこと，2．本件5土地の周辺には，埋蔵文化財が包蔵されていることをうかがわせるような具体的な事実も認められず，平成9年度から平成28年度までに実施された本件確認調査においても，埋蔵文化財が確認された件数が少ないことからすれば，本件5土地に埋蔵文化財が包蔵されている蓋然性は低いものと推認されることから，本件5土地において土木工事を行う際に，土地所有者が埋蔵文化財に関する調査に伴う費用等を実際に負わなければならない可能性が高いとはいえず，本件5土地が本件地域内に存することのみをもって，土地の価額に影響を及ぼすべき客観的なその土地固有の事情があるとするのは相当ではないと判断している。

> 実務上のポイント
> 　埋蔵文化財包蔵地における発掘調査費用の控除は，その地域が周知の埋蔵文化財がある地域であっても，立会調査及び試掘調査の結果，遺跡が発見されて発掘調査が必要となる場合に控除できることとなる。

7　産業廃棄物が存する土地の評価

(1) 取扱い

　産業廃棄物が埋設されている土地は，地中に物が埋まっていることにより利用制限が生じることやこの利用制限をなくすには一定の除去措置が必要である点において，土壌汚染地と状況が類似していると考えられることから，土壌汚染地の評価方法に準じて評価する。
　したがって，課税時期において産業廃棄物が埋設されていることが判明している土地においては，産業廃棄物がないものとした場合の評価額から産業廃棄物の除去費用に相当する金額を控除して評価する。

> **Q　産業廃棄物が存する土地の評価**
>
> ■質　問
> 　相続により取得した土地（以下「本件土地」という。）について，相続税納付のため不動産業者に売却したところ，本件土地中に産業廃棄物が埋設していることが判明しました。
> 　そこで，不動産業者からの要求により，除去費用（3,000万円）を負担しましたが，当該除去費用を本件土地の評価額から減額できるのでしょうか。
>
> ■回　答
> 　本件土地については，課税時期において，産業廃棄物が地中に埋設されているのは明らかなため，本件土地の評価額は，産業廃棄物が埋設されていないものとした場合の評価額から産業廃棄物除去費用に相当する金額を控除して評価するのが相当です。

> （解説）
> 　産業廃棄物が埋設されている土地は，地中に物が埋まっていることにより利用制限が生じており，この利用制限をなくすには一定の除去措置が必要である。
> 　したがって，本件土地の評価額は，産業廃棄物がないものとした場合の評価額から産業廃棄物の除去費用に相当する金額を控除して求めることになるが，宅地等の相続税評価額は公示価格水準の80％としていることから，その除去費用に担当する金額は，実際の支出額の80％（3,000万円×80％＝2,400万円）とする。
> 　なお，「産業廃棄物が埋設されている土地」とは，課税時期において，産業廃棄物が埋設されていることが判明している土地であり，埋もれている可能性があるなどの潜在的な段階では，個別に移動することはできない。
> 　また，産業廃棄物の除去費用に相当する金額については，実際に除去を行い，その費用を負担している場合には，その除去費用に基づき算定して差し支えないが，見積書等によったものについては，その内容について吟味するとともに，近隣の産廃業者等からの聴取等を行うなど，適正に算定されているのか検討を行う必要がある。
>
> （参考）東京国税局「資産税審理研修資料（平成24年7月）」〔TAINS・資産税審理研修資料H240700〕

(2) 争訟事例

　なお，評価対象地に一般廃棄物が埋め立てられているとしても，一般廃棄物が埋められていないのと同様の通常の価額を維持している場合においては，これを斟酌しないで評価することに留意する。

① 平成19年5月23日裁決

　平成19年5月23日裁決（TAINS・F0-3-210）は，一般廃棄物が埋設されている土地の評価が争われた事例である。
　本件土地は，被相続人が昭和62年まで利用していた一般廃棄物の最終処分場跡地（本件処分場跡地）であり，○○から排出された不燃ごみや焼却残灰等の一般廃棄物が埋設されている。
　本件処分場跡地と本件土地及び周辺の土地との位置関係ならびに本件土地の形状は，概略，以下のとおりである。

3章　通達に定めのない評価項目

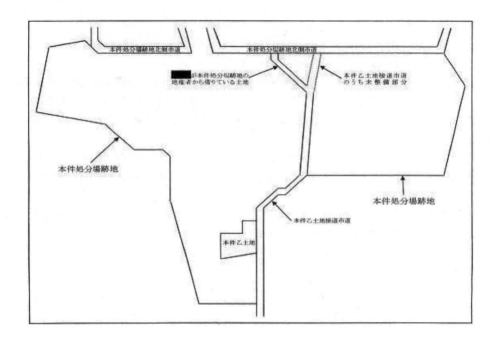

　審査請求人は，本件土地上に建物等を建築することが不可能であることから，本件土地の自用地の価額から区分地上権に準ずる地役権の価額（評価通達27-5の(1)に定める割合である借地権割合（60％）を乗じて計算した金額）を控除して評価するべきであると主張した。

　これに対し原処分庁は，本件土地は相続開始日において一般廃棄物の埋設及びメタンガスの排出が認められる状況にあるが，本件処分場跡地については○○が通常の土地として買い取ることを補償していることから，一般廃棄物の埋設及びメタンガスの排出を考慮しない通常の土地として評価することが合理的であると主張した。

　裁決は，本件土地は，相続人らが本件相続開始日以後本件土地の買取請求をしたとすると，○○はこれに対していつでも応じ，その買取価格は，一般廃棄物が埋められていることを考慮しない通常の土地としての取引価額となる状況にあったことが推認されることから，本件土地は，一般廃棄物が埋められていないのと同様の通常の価額を維持しているものと認められ，本件土地に一般廃棄物が埋められていることを斟酌しないで評価するのが相当であると判断している。

② 平成23年4月12日裁決

　平成23年4月12日裁決〔TAINS・F0-3-283〕は，流通業務地区内のごみ処理場跡地の評価が争われた事例である。

　本件土地は，流通業務市街地の整備に関する法律第4条《流通業務地区》に規定する流通業務地区に指定されており，さらに，当該流通業務地区内において，土地の一部が，流通業務市街地の整備に関する法律第7条第1項の流通業務団地である○○として使用されている。

　○○は，ごみ処分場跡地であり，土地Aについて，地質調査を行った結果，実際に地中にごみが

埋設されていることが確認されており，○○全域について，地質調査を行った土地を除いては種類及び量が不明であるとはいえ，地中にごみが埋設されているものと推認され，地中にごみが埋設されている地域であるということは，周知の事実となっている。

　本件土地について，審査請求人は，土地Aについては不動産鑑定評価額によるべきであり，土地Bについては評価通達に定められた評価方法に従い，宅地であるとした場合の価額から1㎡当たりの造成費10,800円を控除した後，さらに，課税実務上，利用価値が著しく低下しているものとして10％相当額を減額すべきと主張した。

　これに対し原処分庁は，本件各土地にごみが埋設されていることによる具体的な異常が定かではないこと，建物を建築するにあたり，地中のごみの有無を確認する旨及びごみが存する場合には処理を要する旨の法令上の規定がないことなどから地中のごみの有無が本件各土地の価額に影響を及ぼすべき事情とは認められないと主張した。

　裁決は，本件土地Aにおいては，ごみが埋設されている地域であるということは，周知の事実となっているところ，一般的に，このような事情があるということは，土地の売買価額の形成にあたって確実に反映されているものと認めるのが相当であり，売買実例価額及び精通者意見価格等を斟酌して評定される路線価についても，すでにその事情は反映されているものと認めるのが相当と判断している。

　また，土地Bにおいては，地積が僅少であり，標準的な倉庫及び作業場等を建築することができるとは認められないため，基礎工事を行うことはなく，当該工事に伴うごみ処分の必要性はないことから，ごみの埋設はその土地の価額に影響を及ぼすべき客観的な事情とはいえないとされている。

8　利用価値が著しく低下している宅地の評価

タックスアンサーNo.4617（利用価値が著しく低下している宅地の評価）

　次のようにその利用価値が付近にある他の宅地の利用状況からみて，著しく低下していると認められるものの価額は，その宅地について利用価値が低下していないものとして評価した場合の価額から，利用価値が低下していると認められる部分の面積に対応する価額に10パーセントを乗じて計算した金額を控除した価額によって評価することができます。
1　道路より高い位置にある宅地または低い位置にある宅地で，その付近にある宅地に比べて著しく高低差のあるもの
2　地盤に甚だしい凹凸のある宅地
3　震動の甚だしい宅地
4　1から3までの宅地以外の宅地で，騒音，日照阻害（建築基準法第56条の2に定める日影時間を超える時間の日照阻害のあるものとします。），臭気，忌み等により，その取引金額に影響を受けると認められるもの
　また，宅地比準方式によって評価する農地または山林について，その農地または山林を宅地に転用

する場合において，造成費用を投下してもなお宅地としての利用価値が付近にある他の宅地の利用状況からみて著しく低下していると認められる部分を有するものについても同様です。

ただし，路線価，固定資産税評価額または倍率が，利用価値の著しく低下している状況を考慮して付されている場合にはしんしゃくしません。

(1) 利用価値が著しく低下している宅地の評価

① 取扱い

次の(a)から(d)までのようにその利用価値が付近にある他の宅地の利用状況からみて，著しく低下していると認められるものの価額は，その宅地について利用価値が低下していないものとして評価した場合の価額から，利用価値が低下していると認められる部分の面積に対応する価額に10パーセントを乗じて計算した金額を控除した価額によって評価することができる。

(a) 道路より高い位置にある宅地または低い位置にある宅地で，その付近にある宅地に比べて著しく高低差のあるもの

(b) 地盤に甚だしい凹凸のある宅地

(c) 震動の甚だしい宅地

(d) (a)から(c)までの宅地以外の宅地で，騒音，日照阻害（建築基準法第56条の2に定める日影時間を超える時間の日照阻害のあるものとする。），臭気，忌み等により，その取引金額に影響を受けると認められるもの

この取扱いは，裁決例においても，利用価値が著しく低下している土地に一定の評価減を行うことは相当であると述べられている（平成18年5月8日裁決〔裁決事例集71巻533頁〕）。

また，宅地比準方式によって評価する農地または山林について，その農地または山林を宅地に転用する場合において，造成費用を投下してもなお宅地としての利用価値が付近にある他の宅地の利用状況からみて著しく低下していると認められる部分を有するものについても同様である。

ただし，路線価，固定資産税評価額または倍率が，利用価値の著しく低下している状況を考慮して付されている場合には斟酌しない。

② 旧東京国税局通達

現在は廃止通達となっているが，東京国税局において，昭和55（1980）年6月24日に「個別事情のある財産の評価等の具体的な取扱いについて」と題する通達が発遣されていた。

8　利用価値が著しく低下している宅地の評価

昭和55年6月24日
東京国税局長

個別事情のある財産の評価等の具体的取扱いについて（個別通達）

　標題のことについて，別紙のとおり定めたから，昭和55年1月1日以後に相続，遺贈又は贈与により取得した財産の評価については，昭和39年6月20日付直資第94号（基本通達昭和39年4月25日付直資56，直審（資）17）「相続税財産評価に関する基本通達」（以下「基本通達」という。）によるほか，これによることとされたい。

（趣旨）

　基本通達の適用に当り，個別事情のある財産の評価については，その財産の実態に即して一層適切に行う必要があるため，その具体的な取扱いを定めたものである。

別紙

個別事情のある財産の評価等の具体的な取扱い

目次
1　共通事項
　(1)　評価方法の定めのない財産の評価
　(2)　基本通達等又はこの通達の定めにより難い場合の評価
　(3)　固定資産税評価額の付されていない土地及び家屋の評価
　(4)　土地区画整理事業施行地区内にある土地の評価
2　宅地
　(1)　空閑地の評価単位
　(2)　路線価の付されていない私道に接する宅地の評価
　(3)　路線価が同一の場合の正面路線価の判定
　(4)　2以上の路線に接する宅地の地区区分の判定
　(5)　奥行価格逓減率適用の特例
　(6)　貸宅地等の評価の特例
　(7)　利用制限のある宅地の評価
　(8)　利用価値の著しく低下している宅地の評価
　(9)　日本国有鉄道等の高架橋下の使用権の評価
3　農地
　(1)　農地の判定
　(2)　宅地に転用した場合に利用制限等のある農地の評価
4　山林
　(1)　市街地山林の評価の特例
　(2)　市街地山林の賃借権の評価
　(3)　宅地に転用した場合に利用制限等のある市街地山林の評価
5　雑種地
　(1)　雑種地の評価
　(2)　ゴルフ場等の用に供する土地の評価

3章　通達に定めのない評価項目

　(3)　雑種地の賃借権の評価
　(4)　ゴルフ場等の用に供する土地の賃借権の評価
　(5)　貸付けられている雑種地等の評価

1　共通事項
(1)　評価方法の定めのない財産の評価
　基本通達又は各年分の相続税財産評価基準通達（以下「基本通達等」という。）及びこの通達のいずれにも評価方法の定めのない財産の価額は，基本通達等又はこの通達に定める評価方法に準じて評価する。
　ただし，基本通達等又はこの通達に定める評価方法に準じて評価することが著しく不適当と認められる財産の価額は，その財産の評価に当って最も適切と認められる評価方法について，署の意見並びに当該財産についての精通者意見価格，売買実例価額等の参考資料を添付して局に上申し，その指示を受けて評価する。

(2)　基本通達等又はこの通達の定めにより難い場合の評価
　基本通達等又はこの通達の定めによって評価することが著しく不適当と認められる財産の価額は，その不適当と認められる理由及びその財産の評価に当って最も適切と認められる評価方法について，署の意見並びに当該財産についての精通者意見価格，売買実例価額等の参考資料を添付して局に上申し，その指示を受けて評価する。

(3)　固定資産税評価額の付されていない土地及び家屋の評価
　倍率方式によって評価する土地及び家屋（以下，この項において「土地等」という。）で，課税時期において，まだその土地等の現況に応じた固定資産税評価額が付されていないものの価額は，次に掲げる区分に従い，それぞれ次に掲げる価額をその土地等の固定資産税評価額とみなし，その価額に評価倍率を乗じて計算した価額によって評価する。
　ただし，相続税又は贈与税の申告書を提出するときまでに，その土地等に新たな固定資産税評価額が付された場合には，その付された価額を基として評価する。
　イ　課税時期の属する年において払下げにより取得した土地又は地目変更のあった土地
　　　その土地の現況に応じ，状況が類似する付近の土地の固定資産税評価額を基とし，当該付近土地とその土地との位置，形状等の条件の差を考慮して，その土地の固定資産税評価額に相当する額として評定した価額
　ロ　課税時期の属する年において払下げ，新増築などにより取得した家屋
　（イ）その家屋の付近に，その家屋と状況が類似し，かつ，固定資産税評価額の付されている家屋があるときは，当該付近家屋に付されている固定資産税評価額を基とし，当該付近家屋とその家屋との構造，経過年数，用途等の差を考慮して，その家屋の固定資産税評価額に相当する額として評定した価額
　（ロ）その家屋の付近に，その家屋と状況の類似する家屋がないときは，その家屋の再建築価額（附属設備として別に評価することとされているものの価額を除く。）から経過年数（1年未満の端数は切上げる。）に応ずる減価の額（定率法によって計算した金額）を控除した価額の100分の70に相当する金額

8　利用価値が著しく低下している宅地の評価

(4) 土地区画整理事業施行地区内にある土地の評価

土地区画整理事業（土地区画整理法第2条第1項又は第2項に規定する土地区画整理事業をいう。）の施行地区内にある土地の価額は，その土地について同法第98条《仮換地の指定》の規定に基づく仮換地の指定がされているかどうかの別，及びその仮換地の造成工事の状況に応じ，それぞれ次に掲げる価額によって評価する。

ただし，土地区画整理事業施行による造成工事がおおむね完了したことにより，その現況に即して路線価又は固定資産税評価額に乗ずる倍率（以下「倍率」という。）が定められている場合には，その路線価又は倍率を基として計算した価額によって評価する。

イ　仮換地が指定されている土地

(イ) 仮換地の造成工事が完了している場合

その仮換地と状況が類似する宅地の相続税評価額を基とし，その宅地とその仮換地との位置，形状等の差を考慮して評定した1平方メートル当りの価額に，その仮換地の地積を乗じて計算した金額に相当する価額

(ロ) 仮換地の造成工事が進行中である場合

その仮換地の造成工事が完了したとした場合におけるその仮換地の価額を，上記(イ)の定めによって評価の上，その価額を基とし，その仮換地の造成工事の進行の度合いに応じ，その価額からその価額の100分の10の範囲内において相当と認める金額を控除した価額

(注)　その仮換地の造成工事の進行の度合いに応ずる減価割合は，原則として，その仮換地の造成工事の完了までの期間が，①2年以内の場合にあっては100分の5，②2年を超える場合にあっては100分の10とする。

(ハ) 仮換地の造成工事が未着手である場合

その仮換地の造成工事が完了したとした場合におけるその仮換地の価額を上記(イ)の定めによって評価の上，その価額を基とし，その仮換地の造成工事の完了までの期間を考慮して，その価額の100分の20の範囲内において相当と認める金額を控除した価額

ただし，その仮換地の造成工事の完了までの期間が明らかでないときは，従前の土地の価額によって評価して差支えない。

ロ　仮換地が指定されていない土地

従前の土地の価額

2　宅地

(1) 空閑地の評価単位

空閑地の評価単位は，原則として，その全体を1画地とするが，空閑地を分割して複数の者が取得した場合には，その取得した部分ごとに1画地とする。

ただし，遺産の分割，贈与等の場合において，その分割後の画地が宅地としての通常の用途に供することができないと認められるなど，著しく不合理であるものについては，その遺産の分割，贈与等による分割前の画地を1画地とする。

(2) 路線価の付されていない私道に接する宅地の評価

路線価方式により評価する地域において路線価の付されていない私道に接する宅地の価額は，その私道と状況が類似する付近の路線に付された路線価に比準して，その私道の仮路線価を評定し，その仮路線価に基づき計算した価額によって評価する。

3章　通達に定めのない評価項目

(注)　私道の価額は，正面路線価を基として次の算式によって評価することに留意する。
　　　正面路線価×奥行価格逓減率×間口狭小補正率×奥行長大補正率×0.6×地積＝評価額
　　ただし，その私道について仮路線価を基に評価（仮路線価×0.6）して申告があった場合には，これを認めて差支えない。

(3)　路線価が同一の場合の正面路線価の判定
　路線価が同一の2以上の路線に接する宅地の価額を評価する場合の正面路線価は，原則として，間口距離の長い方の面する路線に付された路線価とする。

(4)　2以上の路線に接する宅地の地区区分の判定
　地区区分の異なる2以上の路線に接する宅地の地区区分は，原則として，その正面路線に付された地区区分によるものとする。

(5)　奥行価格逓減率適用の特例
　基本通達15《奥行価格逓減》の定めにより路線価の調整を行う場合において，地区区分の異なるものが接続し，その双方の地区の路線価が同額の地域で，奥行価格逓減の減価割合の少ない方の地区にある宅地については，①「普通商業地区」又は「併用住宅地区」にあるものは「繁華街」又は「高度商業地区」にあるものとし，②「普通住宅地区」又は「家内工業地区」にあるものは，「普通商業地区」又は「併用住宅地区」にあるものとし，また，③「中小工場地区」にあるものは，「普通住宅地区」又は「家内工業地区」にあるものとして，それぞれ基本通達付表1「奥行価格逓減率表」に定める割合を適用する。

(6)　貸宅地等の評価の特例
　借地権割合を異にする地域が接続する地域にある貸宅地（借地権の目的となっている宅地に限る。）で，その貸宅地の正面路線価及び借地権割合を基として計算した1平方メートル当りの貸宅地の価額が，その正面路線の接続する他の貸宅地の正面路線価及び借地権割合（直近上位の借地権割合を適用したものに限る。）を基として計算した1平方メートル当りの貸宅地の価額を超えることとなる場合におけるその貸宅地の価額は，その接続する他の貸宅地の当該1平方メートル当りの貸宅地の価額を基として計算した価額によって評価する。
　なお，借地権割合を異にする地域が接続する地域にある貸家建付地及び転貸借地権の価額についても，上記貸宅地の場合に準じて評価する。

(7)　利用制限のある宅地の評価
　都市計画法，その他の法令の規定により利用制限を受ける宅地又は高圧線，モノレール等の架設により地役権が設定されている宅地で，その宅地を宅地としての通常の用途に供する場合に利用制限（以下「宅地としての利用制限」という。）があると認められる部分を有するものの価額は，次に掲げる区分に従い，それぞれ次に掲げる価額によって評価する。
　ただし，宅地としての利用制限のあることを考慮して，路線価又は倍率が付されている場合には，その路線価又は倍率を基として計算した価額によって評価する。
　　イ　建物等の建築の全くできない宅地
　　　その宅地を宅地としての利用制限がないものとして評価した場合の価額から，宅地としての利

用制限のある部分の面積に対応する価額に相当する金額に100分の40又はその宅地が貸宅地であるとした場合に適用される借地権割合のいずれか高い方の割合を乗じて計算した金額を控除した価額
　ロ　建物の構造，用途等に制限を受ける宅地
　　その宅地としての利用制限がないものとして評価した場合の価額から，宅地としての利用制限のある部分の面積に対応する価額に相当する金額に，100分の20を乗じて計算した金額を控除した価額
　　（注）　その宅地が付近にある宅地の利用状況等に比し，著しく宅地としての利用制限を受けると認められる場合に限るのであるから留意する。

(8)　利用価値の著しく低下している宅地の評価
　宅地のうち，次に掲げる宅地で，その宅地の一部の利用価値が，その宅地の付近にある他の宅地の利用状況等からみて，著しく低下していると認められるもの（形状に基因して減価する必要のあるものを除く。）の価額は，利用価値が低下していないものとして評価した場合のその宅地の価額から，利用価値が低下していると認められる部分の面積に対応する価額に相当する金額に，100分の10（次に掲げる２以上の事情により，利用価値が著しく低下していると認められる宅地にあっては，100分の20）を乗じて計算した金額を控除した価額によって評価する。
　ただし，路線価又は倍率が，利用価値の著しく低下している状況を考慮して付されている場合には，その路線価又は倍率を基として計算した価額によって評価する。
　イ　著しく傾斜している宅地（がけ地として評価することが適当であると認められるものを除く。）
　ロ　道路より高い位置にある宅地又は低い位置にある宅地で，その付近にある宅地に比して著しく高低差のあるもの。
　ハ　地盤にはなはだしいおうとつのある宅地
　ニ　湿潤な宅地
　ホ　その地域における標準的な宅地の面積に比して著しく広大又は狭あいな宅地で，当該地域における宅地としての通常の用途に供することができないと認められるもの
　　（注）　著しく広大な宅地とは，高層ビル街又は高層マンション等の建築が可能な地域にある宅地を除く宅地で，原則として，その面積がその地域における標準的な宅地の面積のおおむね５倍以上で，かつ，1,000平方メートル以上であるものをいい，また，著しく狭あいな宅地とは，原則として，その面積がその地域における標準的な宅地の面積のおおむね５分の１以下で，かつ，40平方メートル以下であるものをいう。
　ヘ　震動のはなはだしい宅地
　ト　イからヘまでに掲げる宅地以外の宅地で，騒音，日照阻害，臭気，忌み等により，売買する場合には，その宅地の取引金額に著しく影響があると認められるもの
　　（注）　上記の「日照阻害」の程度は，原則として，建築基準法第56条の２に定める日影時間を超える時間の日照阻害のあるものとする。
　　　　　ただし，中高層ビル等の連担する地域を除く。

(9)　日本国有鉄道等の高架橋下の使用権の評価
　日本国有鉄道，民営鉄道等から使用承認を受けた高架橋下の使用権（建物の所有を目的とするものに限る。）の価額は，その使用権がその使用権の目的となっている土地に沿接する土地の借地権である

3章　通達に定めのない評価項目

とした場合の価額の3分の1に相当する金額によって評価する。

3　農地
(1)　農地の判定
　　農地とは耕作の目的に供される土地をいう。
　　この場合において，耕作の目的に供される土地には，現に耕作の目的に供されている土地のほか，現に耕作の目的に供されていない土地のうち，その土地の現況が直ちに耕作の目的に供することができる状態にあり，かつ，通常であれば耕作の目的に供されると認められるものを含むものとする。
　　ただし，①現に耕作の目的に供されている土地であっても通常であれば耕作の目的に供されないと認められる土地（例えば，家庭菜園，一時的に耕作の目的に供しているもの等）及び②土地区画整理事業施行地区内にある地目が農地となっている土地で，課税時期において次に掲げるすべての事項に該当しているものについては，農地と判定しないのであるから留意する。
　　イ　その土地について土地区画整理事業施行による造成工事が完了していること。
　　ロ　宅地形状に区画され，肥沃土の除去，土砂の搬入などによって土地の区画，形質に変更があること。
　　ハ　使用し又は収益することができる状態にあること。
　　ニ　現に耕作の目的に供されていないこと。

(2)　宅地に転用した場合に利用制限等のある農地の評価
　　宅地比準方式によって評価する農地（小作に付されている農地及び耕作権を含む。）で，その農地を宅地に転用した場合において，①宅地としての利用制限があると認められる部分を有するものの価額は前記2の(7)《利用制限のある宅地の評価》の定めを準用し，また，②造成費用を投下してもなお宅地としての利用価値が著しく低下していると認められる部分を有するものの価額は前記2の(8)《利用価値の著しく低下している宅地の評価》の定めを準用して，それぞれ評価する。

4　山林
(1)　市街地山林の評価の特例
　　宅地比準方式によって評価する山林（以下「市街地山林」という。）で，その山林が急傾斜地又はのり地のために宅地造成が不可能であると認められるものの価額は，その山林が純山林であるとした場合の価額によって評価する。
(注)　「純山林であるとした場合の価額」は，精通者意見価格，売買実例価額及びその山林のなるべく近くにある純山林の評価額を参しゃくして適正に評定する。

(2)　市街地山林の賃借権の評価
　　市街地山林に係る賃借権の価額は，その山林を自用地として評価した場合の価額に，その価額が宅地の価額であるとした場合に適用される借地権割合に相当する割合又はその賃借権の残存期間に応ずる法第23条《地上権及び永小作権の評価》に規定する割合のいずれか低い方の割合を乗じて計算した価額によって評価する。

(3)　宅地に転用した場合に利用制限等のある市街地山林の評価
　　市街地山林を宅地に転用した場合において，その市街地山林が，①宅地としての利用制限があると

認められる部分を有するものである場合のその価額は，前記2の(7)《利用制限のある宅地の評価》の定めを準用し，また，②造成費用を投下してもなお宅地としての利用価値が著しく低下していると認められる部分を有するものである場合のその価額は，前記2の(8)《利用価値の著しく低下している宅地の評価》の定めを準用して，それぞれ評価する。

5 雑種地
(1) 雑種地の評価
　雑種地（ゴルフ場等の用に供する土地及び鉄軌道用地を除く。）の価額は，その雑種地の現況に応じ，状況が類似する付近の土地の相続税評価額を基とし，その土地とその雑種地との位置，形状等の条件の差を考慮して評価する。

(2) ゴルフ場等の用に供する土地の評価
　ゴルフ場等の用に供する土地の価額は，基本通達83《ゴルフ場等の用に供する土地の評価》の定めによって評価するのであるが，その定めの「その土地を課税時期において有償取得するとした場合に見込まれる取得価額」が明らかでないときの当該土地の価額は，状況が類似する付近の土地の相続税評価額を基とし，その付近土地と当該土地との位置，形状，利用状況等の差を考慮して評定した価額によって評価する。
　なお，この場合において，市街化区域及び市街化区域に近接する地域以外の地域に所在するゴルフ場の用に供する土地の価額は，次に掲げる算式によって計算した金額に相当する価額によって評価しても差支えない。

$$\left(\begin{array}{l} \text{近傍の状況類似地域内に} \\ \text{所在する標準山林の1m}^2 \\ \text{当たりの相続税評価額} \end{array} + \begin{array}{l} \text{ゴルフ場のコー} \\ \text{スの造成費用の} \\ \text{1m}^2\text{当たりの額} \end{array} \right) \times \text{地積}$$

(注)　1　「ゴルフ場のコースの造成費用の1m²当りの額」は各年分の相続税財産評価基本通達において定める。
　　　　　ただし，昭和55年分については，原則として次による。
　　　　　① 丘陵コースにあっては　350円
　　　　　② 林間コースにあっては　300円
　　　2　ゴルフ場の用に供する土地の一部にゴルフ場の施設としての建物がある場合において，その建物の敷地が道路，溝渠，その他により判然と区分されているときは，宅地として評価するのであるから留意する。

(3) 雑種地の賃借権の評価
　雑種地の賃借権の評価は，基本通達87《雑種地の賃借権の評価》の定めによるのであるが，その定めの「その賃貸借契約の内容，利用の状況等を勘案して評定した価額」は，次の区分に従い，それぞれ次に掲げる金額とし，その金額によってその賃借権の価額を評価する。
　イ　地上権に準ずる賃借権
　　　賃借権に係る賃貸借契約により賃借権の登記がされていること，賃借権の設定の対価として相当の権利金の授受がされていることなどの事情から，地上権に準ずる権利として評価することが適当と認められる賃借権については，原則として，その賃借権の目的となっている土地の自用地としての相続税評価額に，その残存期間に応ずる法第23条《地上権及び永小作権の評価》に規定

する割合又はその賃借権が借地権であるとした場合に適用される借地権割合のいずれか低い方の割合を乗じて計算した金額
　ロ　イに掲げる賃借権以外の賃借権
　　上記イに掲げる賃借権以外の賃借権については，その賃借権の目的となっている土地の自用地としての相続税評価額に，その残存期間に応ずる法第23条《地上権及び永小作権の評価》に規定する割合の2分の1に相当する割合を乗じて計算した金額
　（注）　1　雑種地の賃借権とは，材料置場，構築物などの敷地の用に供されている土地に係る権利をいう。
　　　　　　ただし，①借地権又は地上権に該当するもの，②工事飯場の敷地の用に供されているなど臨時的な使用に係るもの，及び③賃貸借契約期間が1年未満のものを除く。
　　　　2　その賃借権の残存期間に応じ，法第23条《地上権及び永小作権の評価》の規定を準用する場合において，その賃借権の利用状況に照らし，その契約期間の更新されることが明らかであると認められるときの残存期間は，この契約に係る残存期間に，更新によって延長されると認められる期間を加算した期間により，また，契約期間の定めのない賃借権の残存期間は，その賃借権上にある構築物等の大蔵省令による耐用年数を基として計算した未経過年数（賃借権上に構築物等がないときは1年とする。）による。

(4)　ゴルフ場等の用に供する土地の賃借権の評価
　ゴルフ場，遊園地，運動場，競馬場その他これらに類似する施設の用に供する土地に係る賃借権の価額は，原則として，その賃借権の目的となっている土地の自用地としての相続税評価額に，その残存期間に応ずる法第23条《地上権及び永小作権の評価》に規定する割合又はその賃借権が借地権であるとした場合に適用される借地権割合のいずれか低い方の割合を乗じて計算した金額によって評価する。
　なお，前記(3)の（注）2はこの場合において準用する。

(5)　貸付けられている雑種地等の評価
　貸付けられている雑種地の価額は，前記(1)《雑種地の評価》の定めにより評価した土地の価額から，前記(3)《雑種地の賃借権の評価》の定めにより評価した賃借権の価額を控除した価額により，また，貸付けられているゴルフ場等の用に供する土地の価額は前記(2)《ゴルフ場等の用に供する土地の評価》の定めにより評価した土地の価額から，前記(4)《ゴルフ場等の用に供する土地の賃借権の評価》の定めにより評価した賃借権の価額を控除した価額により，それぞれ評価する。

(2)　争訟事例

①　利用価値が著しく低下していると認められた事例

　利用価値が著しく低下していると認められる減価要因として，高低差のある土地，新幹線の高架線に隣接していて騒音が著しい土地や，元墓地や周囲が墓地に囲まれているような土地，目の前に横断歩道橋があるような土地が挙げられる。

(a) 平成13年6月15日裁決

平成13年6月15日裁決〔TAINS・F0-3-212〕は，新幹線の高架線に隣接し，かつ元墓地であった土地の評価について，震動・騒音による評価減10％と元墓地であることの評価減10％，さらに住宅地における日照及び眺望への影響の評価減10％を行うことが相当とされている。

(b) 平成18年5月8日裁決

平成18年5月8日裁決〔裁決事例集71巻533頁〕においては，評価対象地の北側を除く三方が墓地で囲まれている場合，宅地としての価額の10％相当額を控除して評価することが相当とされている。

(c) 平成17年8月23日裁決

平成17年8月23日裁決〔TAINS・F0-3-124〕においては，評価対象地が路線に面している部分に横断歩道橋及びガードレールが設置されていることについて，付近にある他の宅地の利用状況と比較して，利用価値が著しく低下していると認めて10％に相当する金額を控除することが相当とされている。

(d) 平成22年10月13日裁決

平成22年10月13日裁決〔TAINS・F0-3-252〕は，マンションの敷地（1万1,345.91m²）について，北側185.88m²に地盤に甚だしい凹凸があり利用価値が著しく低下していると認められる法面があることの減額をすることが相当とされている。

② 利用価値が著しく低下していると認められなかった事例

一方，この取扱いは，周辺の宅地において共通の環境要因である場合や，すでに路線価や固定資産税評価額がその状況を考慮して付されている場合には適用されない。

例えば，周囲に下水処理場があること，家畜施設があることなどその影響が広範囲の地域にわたり，その減額要因が，路線価にすでに織り込み済みである場合には，利用価値が著しく低下している10％評価減の対象とならない。

(a) 昭和63年5月27日裁決

昭和63年5月27日裁決〔裁決事例集35巻151頁〕においては，地積が70.44m²の狭あいな宅地について，周辺地価公示の標準地の地積が66m²であることから，評価対象地の近傍に所在する宅地に共通する事情であって，固有の事情と認められないとされている。

(b) 平成2年10月19日裁決

平成2年10月19日裁決〔裁決事例集40巻217頁〕においては，付近に競馬きゅう舎が存在する宅

地の評価について，付近の土地が居住の用に供され利用上の障害が特にあるとは認められないこと，臭気に関する苦情がないことなどから判断して臭気の影響を受け利用価値が著しく低下しているとは認められないとされている。

(c) 大阪地裁平成4年9月22日判決

大阪地裁平成4年9月22日判決〔税務訴訟資料192号490頁〕においては，下水処理場に隣接する宅地の評価について，その設置の影響により付近の不動産の価値が減殺されるような事情は，路線価の設定過程においてすでに斟酌されているとされている。

(d) 福島地裁平成10年9月28日判決

福島地裁平成10年9月28日判決〔税務訴訟資料238号269頁〕においては，近隣に伝染病舎が存在する宅地の評価について，周囲に20数件の住宅が建築されていることから，宅地としての需要はあるとして，直ちに路線価が不合理であるとはいえないとされている。

(e) 平成11年3月18日裁決

平成11年3月18日裁決〔TAINS・F0-3-294〕においては，付近に暴力団事務所及びパチンコ店等がある宅地の評価について，それらは路線価の評価時点ですでに存在しており，その事情は反映されているとされている。

(f) 仙台地裁平成13年6月28日判決

仙台地裁平成13年6月28日判決〔税務訴訟資料250号順号8932〕においては，亜炭廃坑の存在する地域内の土地について，同地域内にあるという自然的条件は，売買実例，公示価格，精通者意見価格等を基礎にして決定された路線価に織り込み済みであるとされている。

(g) 平成16年7月7日裁決

平成16年7月7日裁決〔TAINS・F0-3-100〕においては，温泉地内の貸付駐車場用地の評価について，宅地の背後にがけが迫り，隣地に廃墟と化した建造物があったとしても，利用価値は同一路線にある他の宅地に比較して著しく低下していると認められないとされている。

(3) 高低差による減価

① 高低差による減価

実務上，最も多くある要因が道路との高低差である。

土地に著しい高低差がある場合，その面については，擁壁を必要とし，人や自動車が出入りできないという利用不可能な部分が生じ，仮に出入口として利用する際には相当の造成費用が必要となる。

8 利用価値が著しく低下している宅地の評価

そこで，道路面に対して著しい高低差があることにより，利用価値が著しく低下しているものについては10％の減価を行う。

高低差の具体例として，例えば，**図表3－9**のいずれも②の宅地は，道路より低い位置または高い位置にあり，道路と同じ位置にある宅地と同じ路線価で評価すると評価額のバランスを欠くことになる。そこで，道路との高低差により利用価値が著しく低下していると認められる部分を有する宅地については，10％の評価上の斟酌を行う。

[図表3－9] 道路と高低差のある宅地

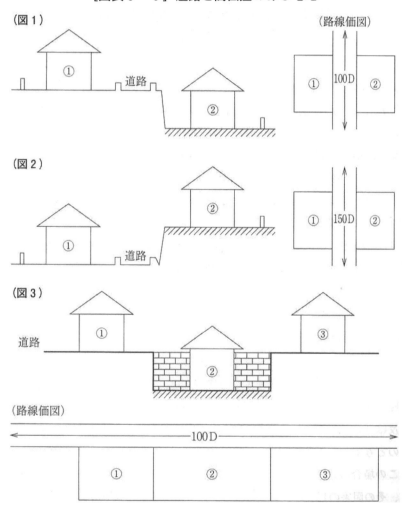

（出典）『土地評価の実務（令和4年版）』267頁

② 高低差による減価がない場合

ただし，高低差の減価は，道路との高低差があればすべて評価減の対象となるわけではない。周辺の地勢による標準的な道路との位置関係（方位，高低差の程度等）などの観点から判断して，付

3章　通達に定めのない評価項目

近の一般的な宅地の利用のされ方に比べ著しく利用価値が低下し，経済的価値も低いという状況にあることが前提となる。

　したがって，図表3-10のようにその道路に面する宅地において，共通する地勢となっており，周辺の宅地と比べて利用価値が著しく低下していると認められない場合や路線価にすでに織り込み済みと考えられる場合には斟酌されないことに留意が必要である。

　また，道路面に対して何メートルの高低差があれば利用価値が著しく低下しているのかといった基準を定めているものでもない。

[図表3-10] 道路の両側とも高低差のある土地

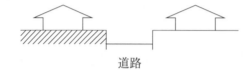

③　争訟事例

　(a)　10％減が適用された事例

　以下の(i)から(iii)は10％の減価が適用された事例である。

(i)　平成18年5月8日裁決

　平成18年5月8日裁決〔裁決事例集71巻533頁〕においては，評価対象地が接面する県道より2.9m低いことから，審査請求人及び原処分庁ともに利用価値が著しく低下している宅地として10％相当額を減額している。

(ii)　平成19年4月23日裁決

　平成19年4月23日裁決〔TAINS・F0-3-146〕においては，評価対象地（以下「本件各宅地」という）と接面する道路の間に約1.2mの高低差がある。

　原処分庁は，道路より平均で1.2m程度高い位置にあるものの，本件各宅地以外の宅地もその道路より高い位置にあることから，本件各宅地だけが著しく高低差があるとまではいえないと主張した。

　裁決は，本件各宅地は，道路に接する他の宅地に比して道路より約1.2m高い土地であり，また，本件各宅地のみがこの高低差のため車両の進入ができないことに加えて，道路の幅員及び路面状況にも差が認められることなどを総合勘案すると，利用価値が著しく低下した土地に当たると判断している。

(iii)　平成29年4月7日裁決

　平成29年4月7日裁決〔国税不服審判所ホームページ〕においては，評価対象地（以下「本件各

土地」という）が道路と比べて高い位置にあり，その道路に接する他の宅地と比べても著しく高い位置にある。

　裁決は，本件各土地と周辺の一連の土地の高低差を比較検討してもなお著しい高低差があり，本件各土地の全部について，その利用価値が著しく低下していると認められることから，10％を減額するのが相当であると判断している。

(b)　10％減が適用されなかった事例

　一方，高低差の程度が低い場合や，付近の宅地と比較して利用価値が著しく低下していると認められない場合には10％の減額は適用されないこととなる。

(i)　平成18年3月10日裁決

　平成18年3月10日裁決〔TAINS・F0-3-163〕においては，評価対象地と道路に1.5mから2.6mの高低差があるが，その敷地内の店舗への進入の便を図るため，店舗の床面が1.5mから2.6m高くなっている。

　審査請求人は，1.5mから2.6mの高低差があるため，評価にあたって避難安全上の階段・スロープの設置費用及びそのつぶれ地を加味する必要があり，10％減額が可能と主張した。

　これに対し，裁決は，本件土地は，店舗の床面の高さを道路面に合わせたことにより店舗の敷地としての利用価値が高められており，店舗の底地部分に高低差があることによって，付近の宅地の利用状況に比較して利用価値が低下していないから，評価額を減額する要因とは認められないと判断している。

(ii)　平成18年3月15日裁決

　平成18年3月15日裁決〔裁決事例集71巻505頁〕においては，評価対象地が道路から約70cm低く，審査請求人は，利用価値が著しく低下している宅地であると主張した。

　これに対し原処分庁は，道路より若干低い位置にあるものの，付近の宅地と比較しても何ら遜色がないことから，利用価値が著しく低下しているとは認められないと主張した。

　裁決は，現に審査請求人の居宅の敷地として利用していること及び周囲の宅地の状況と比べても利用価値が著しく低下しているとは認められないと判断している。

(iii)　平成21年4月6日裁決

　平成21年4月6日裁決〔TAINS・F0-3-244〕においては2つの土地の評価が争われている。本件H土地は，北西側道路に約1.5m高く接面する土地であり，本件K土地は，南側道路に等高から最大3m程度高く接面する土地である。

　審査請求人は，付近に多数ある接道面が平坦な土地と比べ，道路と高低差が約2m認められる本件H土地は7％を，道路との高低差が最大で3m認められる本件K土地は10％を減額すべきである

3章 通達に定めのない評価項目

と主張した。

裁決は，本件H土地の所在する一帯は，緩やかな傾斜地であり本件H土地と同程度に接面する道路と高低差のある地勢であること，本件K土地の所在する一帯も，その大部分の土地が，本件K土地と同程度に接面する道路と高低差のある地勢であることから，その付近にある宅地に比べて著しく高低差があるとはいえないと判断している。

(iv) 平成25年3月11日裁決

平成25年3月11日裁決〔TAINS・F0-3-355〕においては，評価対象地（以下「本件宅地」という）と道路面との高低差が，最小で東端部分の約2.7m，最大で西端部分の約3.9mであり，東端から西端に進むに従って徐々に拡大している。

審査請求人は，地域の標準的な宅地である公示地が道路面と等高であること，本件宅地が面する道路に沿接する宅地（以下「本件市道沿接宅地」という）の高低差は，おおむね1m程度に収れんしているのに対し，本件宅地は最大3.5m高い場所に位置することから，著しく高低差のある宅地であると主張した。

これに対し原処分庁は，本件宅地及び本件市道沿接宅地には，いずれも高低差が存在するため，本件市道沿接宅地に比べて著しく高低差のある宅地ではないと主張した。

裁決は，本件宅地が面する路線（以下「本件路線」という）は，東側から西側方向へ下る坂となっているため，本件路線に接する宅地の地盤面には高低差があり，このことは本件路線に接している宅地に共通したものであることが認められ，また，本件路線に接するその他の宅地の地盤面には，本件宅地と同程度の高低差が認められることからすると，本件路線に接する一連の宅地に共通している高低差と，本件宅地の高低差を比較検討しても，なお著しい高低差があるとはいえないと判断している。

> **実務上のポイント**
>
> 土地に高低差がある場合，その面については，擁壁を必要とし，人や自動車が出入りできないという利用不可能部分が生じ，仮に出入口として利用する際には相当の造成費用が必要となるために10％の評価減が認められている。
>
> ただし，高低差の程度については，基準が明示されていない。裁決事例においては，付近の土地と比べて1.2m～2.9mほどの高低差に10％減額が認められている一方，高低差が約70cmである場合には利用価値が著しく低下しているとは認められないとされたものがある。
>
> なお，「その付近にある宅地に比し著しく高低差のあるもの」について適用されるものであるから，1m以上の高低差があっても周辺の宅地と比べて利用価値が著しく低下していると認められない場合や路線価にすでに織り込み済みと考えられる場合には斟酌されないことに留意が必要である。

(4) 騒音による減価

① 騒音による減価

次に、騒音による減価である。

近くに鉄道が通っていたり、幹線道路があったりして騒音により生活環境を著しく損なっていると認められる場合には10％の減額が可能となる。

例えば、**図表3-11**の評価対象地における状況は、以下の（イ）及び（ロ）のとおりである。

（イ）評価対象地から道路を挟んだところに線路がある。

（ロ）電車通過時の騒音を計測すると、a地点及びb地点で83dB、c地点で69dBである[114]。

この場合、a地点とb地点は同じ路線であるが、騒音については両方とも83dBで同水準であり、減価はないといえる。

しかし、a地点とc地点は同じ路線であるが、c地点の騒音が69dBであるのに対し、a地点の騒音は83dBとなっている。つまり、同一の路線上で、電車通過時の騒音が1.20倍異なるにもかかわらず路線価が同じということである。そこで、a地点（評価対象地）については騒音により利用価値が著しく低下している宅地として評価減を行う。

[図表3-11] 騒音の状況

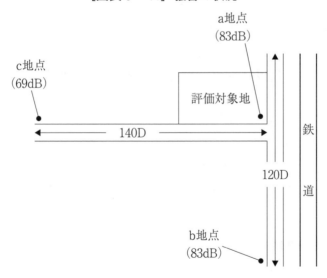

② 騒音の程度

ただし、ここでも高低差と同様に、どの程度の騒音であれば利用価値が著しく低下しているのかといった基準が示されていない。そこで、他の法律等における基準を参考とすることになる。

---

114 音の強さを表す単位をデシベル（dB）という。

3章 通達に定めのない評価項目

(a) 環境基本法

環境基本法においては，生活環境を保全し，人の健康の保護に資する上で維持されることが望ましい騒音の基準（環境基準）が定められている（環境基本法16）。

その環境基準は，地域の類型及び時間の区分ごとに**図表3－12**の基準値のとおりとなる[115]。どの類型に当てはまるかは，都道府県知事（市の区域内の地域については，市長）が指定する。

ただし，道路に面する地域については，**図表3－12**によらず**図表3－13**の基準値のとおりとする。

なお，この環境基準は，鉄道騒音，航空機騒音及び建設作業騒音には適用されない[116]。

[図表3－12] 騒音の基準値

地域の類型	基準値	
	昼間	夜間
AA	50dB以下	40dB以下
A及びB	55dB以下	45dB以下
C	60dB以下	50dB以下

（注）1　時間の区分は，昼間を午前6時から午後10時までの間とし，夜間を午後10時から翌日の午前6時までの間とする。
　　　2　AAを当てはめる地域は，療養施設，社会福祉施設等が集合して設置される地域など特に静穏を要する地域とする。
　　　3　Aを当てはめる地域は，専ら住居の用に供される地域とする。
　　　4　Bを当てはめる地域は，主として住居の用に供される地域とする。
　　　5　Cを当てはめる地域は，相当数の住居と併せて商業，工業等の用に供される地域とする。

[図表3－13] 道路に面する地域の基準値

地域の区分	基準値	
	昼間	夜間
A地域のうち二車線以上の車線を有する道路に面する地域	60dB以下	55dB以下
B地域のうち二車線以上の車線を有する道路に面する地域及びC地域のうち車線を有する道路に面する地域	65dB以下	60dB以下

(b) 自動車騒音（騒音規制法）

騒音規制法においては，自動車騒音により道路の周辺の生活環境が著しく損なわれると認めるときは，市町村長等は都道府県公安委員会に対し，改善措置を執るべきことを要請することができる（騒音規制法17）。

そこでは，**図表3－14**に掲げるとおり，その地域が住居区域か商業区域か，車線が一車線か二車

---
[115] 環境省「騒音に係る環境基準について」
[116] 環境省「騒音に係る環境基準について」第3　環境基準の適用除外

線かなどによって基準が異なる[117]。

また，幹線道路に近接する区域（二車線以下の車線を有する道路の場合は道路の敷地の境界線から15m，二車線を超える車線を有する道路の場合は道路の敷地の境界線から20mまでの範囲）については，昼間においては75dB，夜間においては70dBとされている。

[図表3－14] 自動車騒音の要請限度

区域の区分	時間の区分	昼間 午前6時〜午後10時	夜間 午後10時〜午前6時
一	a区域及びb区域のうち一車線を有する道路に面する区域	65dB	55dB
二	a区域のうち二車線以上の車線を有する道路に面する区域	70dB	65dB
三	b区域のうち二車線以上の車線を有する道路に面する区域及びc区域のうち車線を有する道路に面する区域	75dB	70dB

（注） a区域，b区域，c区域とは，それぞれ次の各号に掲げる区域として都道府県知事（市の区域内の区域については，市長）が定めた区域をいう。
　　a区域　専ら住居の用に供される区域
　　b区域　主として住居の用に供される区域
　　c区域　相当数の住居と併せて商業，工業等の用に供される区域

(c) 鉄道騒音

環境庁は，在来鉄道騒音について，在来鉄道を新設する際に，生活環境を保全し，騒音問題が生じることを未然に防止する上で目標となる騒音の指針値を公表している[118]。

そこでは，等価騒音レベル（変動する騒音に人間がどの程度の時間さらされたかを評価する量で，観測時間内の平均値として表したもの）が，昼間（7時から22時まで）は60dB以下，夜間（22時から翌7時）は55dB以下とするものとされている（**図表3－15**）。

また，新幹線騒音については，第二種住居地域を主として住居の用に供される地域とし，当該地域については，原則として連続して通過する20本の列車のピーク騒音レベル（調査対象となる1列車が通過する際に発生する騒音レベルの最大値）で，その上位半数のパワー平均値（騒音のもととなっている音のエネルギー量を平均した値）を70dB以下とするとされている（**図表3－16**）[119]。

117　騒音規制法第17条第1項の規定に基づく指定地域内における自動車騒音の限度を定める省令
118　環境庁「在来鉄道の新設又は大規模改良に際しての騒音対策の指針について」
119　環境庁「新幹線鉄道騒音に係る環境基準について」

[図表3－15] 鉄道騒音

適用地域	昼間 7時～22時	夜間 22時～7時
新線（鉄道事業法または軌道法の認可を受けて工事を施行する区間）	60dB以下	55dB以下

[図表3－16] 新幹線騒音

地域の類型	基準値
Ⅰ	70dB以下
Ⅱ	75dB以下

（注）　Ⅰを当てはめる地域　主として住居の用に供される地域
　　　　Ⅱを当てはめる地域　Ⅰ以外の地域で通常の生活を保全する必要がある地域

③　争訟事例

令和2年6月2日裁決〔国税不服審判所ホームページ〕においては，鉄道騒音に対する評価減の適否が争われている[120]。

本件の評価対象地（以下「本件土地」という）の概要は以下のとおりである。

（イ）本件土地は，北西側に敷設されたd鉄道e線の線路敷から約10mから30mまでの範囲内に位置している。

（ロ）本件土地の南東側には甲土地，次いで乙土地が隣接しており，乙土地は，さらにその南東側で市道f線に面している。

（ハ）上記乙土地が面する市道f線に設定された平成27年分の路線価は93,000円（以下「本件路線価」という）である。

（ニ）市道f線は，本件路線価が設定されている区間において，d鉄道e線からおよそ90m以上離れていることから，路線価の決定にあたって鉄道騒音の要因は斟酌されていない。

（ホ）平成30年9月21日（金曜日）午前10時から約50分間にわたって審査請求人が行った本件土地における鉄道騒音の測定の方法及びその結果は，以下のとおりであった（以下「本件測定」という）。

　A　騒音計は，JIS規格の適合性の認証を受けたものではないが，JIS C 1509-2に準拠したものである。

　B　測定地点は，本件土地内のd鉄道e線から水平距離で10.05m及び29.98mの各地点におい

---

[120] 本件のほか，平成13年6月15日裁決〔TAINS・F0-3-212〕において新幹線の高架線に隣接していることにより10%が減額されている一方，平成22年3月25日裁決〔TAINS・F0-3-260〕においては，鉄道高架に接している土地について，路線価が騒音といった環境要因を加味して付されており著しく利用価値が低下しているとはいえないとされている。

て、周囲3.5m以内に窓または外壁などの反射物がない状況で、マイクロホンを地上から1.2mの高さに設置して測定した。
　C　測定結果については、約50分間に25本の列車の通過があり、その測定値は、10.05mの地点では67.5から85.0dB、29.98mの地点では61.8から79.5dBであった。

　審査請求人は、本件測定によりd鉄道e線に最も近い地点で最大85dB、最も離れた地点で最大79.5dBの騒音が計測されており、これは、g県の一般地域（道路に面する地域以外の地域）のうち第二種住居地域における騒音に係る環境基準の昼間（6時から22時）の基準値である55dBをいずれも上回るものである上、d鉄道e線の列車の走行数からすると、騒音の発生頻度も高いものであると主張した。

　これに対し、原処分庁は、本件土地はその利用価値が著しく低下している宅地とは認められないから、10％の減額をして評価することはできないと主張した。

　裁決は、等価騒音レベルは不明であるものの、少なくとも、1．10.05m地点における測定値（67.5から85.0dB）及び29.98m地点における測定値（61.8から79.5dB）は、いずれも在来鉄道騒音指針の等価騒音レベルによる昼間（7時から22時）の指針値である60dBを上回っていること、2．本件測定における連続して通過する20本の列車の上位半数の測定値は、どの20本をとっても、いずれも新幹線騒音基準のピーク騒音レベルによる基準値である70dBを上回っていること、3．全通過本数25本のうち21本の測定値が同基準値を上回っていることが認められると認定している。

　そして、本件土地については、1．本件路線価に騒音の要因が斟酌されていないこと、2．d鉄道e線の列車走行により、相当程度の騒音が日常的に発生していたと認められること、3．当該騒音により、その地積全体について取引金額が影響を受けていると認められることから、本件土地の全体につき、騒音により利用価値が著しく低下している宅地として評価すべきものとしている。

(5)　日照阻害による減価

①　建築基準法による日影規制

　日照阻害とは、建築物や道路鉄道の高架橋などにより生じる日陰がもたらす環境悪化現象である。
　そこで、建築基準法においては、日影による中高層の建築物の高さの制限をすることで建築物による周囲への日陰を低減するように規制が設けられている（建基法56の2）いわゆる日影規制である。
　そこでは、周囲の敷地に対し、1年の中で日影の長さが一番長くなる冬至の日に一定の時間以上の日影ができないように、建築物の高さを制限している。住宅地における居住環境を保護するために、用途地域ごとに中高層の建物（高さが10mを超えるもの）によって周辺にできる日影の時間を一定限度以下に制限している（別表第4）。
　そこで、建築基準法に定める日影時間を超える時間の日照阻害のあるものについては、利用価値が低下していると認められる部分の面積に対応する価額に10パーセントを乗じて計算した金額を控

3章 通達に定めのない評価項目

除することができる。

なお，この場合の日照阻害については，中高層ビル等の連たんする地域は除かれ，その阻害の程度は，原則として，建築基準法第56条の2に定める日影時間を超える時間の日照阻害のあるものとする。

> **参考** 建築基準法第56条の2（日影による中高層の建築物の高さの制限）
> 　別表第4（い）欄の各項に掲げる地域又は区域の全部又は一部で地方公共団体の条例で指定する区域（以下この条において「対象区域」という。）内にある同表（ろ）欄の当該各項（四の項にあっては，同項イ又はロのうちから地方公共団体がその地方の気候及び風土，当該区域の土地利用の状況等を勘案して条例で指定するもの）に掲げる建築物は，冬至日の真太陽時による午前8時から午後4時まで（北海道の区域内にあっては，午前9時から午後3時まで）の間において，それぞれ，同表（は）欄の各項（四の項にあっては，同項イ又はロ）に掲げる平均地盤面からの高さ（二の項及び三の項にあっては，当該各項に掲げる平均地盤面からの高さのうちから地方公共団体が当該区域の土地利用の状況等を勘案して条例で指定するもの）の水平面（対象区域外の部分，高層住居誘導地区内の部分，都市再生特別地区内の部分及び当該建築物の敷地内の部分を除く。）に，敷地境界線からの水平距離が5mを超える範囲において，同表（に）欄の（一），（二）又は（三）の号（同表の三の項にあっては，（一）又は（二）の号）のうちから地方公共団体がその地方の気候及び風土，土地利用の状況等を勘案して条例で指定する号に掲げる時間以上日影となる部分を生じさせることのないものとしなければならない。
> 　ただし，特定行政庁が土地の状況等により周囲の居住環境を害するおそれがないと認めて建築審査会の同意を得て許可した場合又は当該許可を受けた建築物を周囲の居住環境を害するおそれがないものとして政令で定める位置及び規模の範囲内において増築し，改築し，若しくは移転する場合においては，この限りでない。

別表第4　日影による中高層の建築物の制限

	（い）	（ろ）	（は）		（に）	
	地域又は区域	制限を受ける建築物	平均地盤面からの高さ		敷地境界線からの水平距離が10m以内の範囲における日影時間	敷地境界線からの水平距離が10mを超える範囲における日影時間
一	第一種低層住居専用地域，第二種低層住居専用地域又は田園住居地域	軒の高さが7mを超える建築物又は地階を除く階数が三以上の建築物	1.5m	（一）	3時間（北海道2時間）	2時間（北海道1.5時間）
				（二）	4時間（北海道3時間）	2.5時間（北海道2時間）
				（三）	5時間（北海道4時間）	3時間（北海道2.5時間）
二	第一種中高層住居専用地域又は第二種中高層住居専用地域	高さが10mを超える建築物	4m又は6.5m	（一）	3時間（北海道2時間）	2時間（北海道1.5時間）
				（二）	4時間（北海道3時間）	2.5時間（北海道2時間）

				(三)	5時間 (北海道4時間)	3時間 (北海道2.5時間)
三	第一種住居地域,第二種住居地域,準住居地域,近隣商業地域又は準工業地域	高さが10mを超える建築物	4m又は6.5m	(一)	4時間 (北海道3時間)	2.5時間 (北海道2時間)
				(二)	5時間 (北海道4時間)	3時間 (北海道2.5時間)
四	用途地域の指定のない区域	イ	軒の高さが7mを超える建築物又は地階を除く階数が3以上の建築物	1.5m	(一)	3時間 (北海道2時間)	2時間 (北海道1.5時間)
				(二)	4時間 (北海道3時間)	2.5時間 (北海道2時間)
				(三)	5時間 (北海道4時間)	3時間 (北海道2.5時間)
		ロ	高さが10mを超える建築物	4m	(一)	3時間 (北海道2時間)	2時間 (北海道1.5時間)
				(二)	4時間 (北海道3時間)	2.5時間 (北海道2時間)
				(三)	5時間 (北海道4時間)	3時間 (北海道2.5時間)

この表において、平均地盤面からの高さとは、当該建築物が周囲の地面と接する位置の平均の高さにおける水平面からの高さをいうものとする。

② 日照阻害の例

例えば、**図表3-17**の評価対象地は、同一の路線価が付された路線に接する複数の宅地のうちの一部について、マンション等の高層建物の敷地に隣接するため他の宅地に比して著しく日照阻害を受けているケースである。太陽は東から昇り、南を通過して、西に沈む。評価対象地は、南側及び西側に高層のマンションがあることから、日照の阻害を受けることになる。

なお、評価対象地が所在する用途地域が第1種住居地域で指定容積率が200％の場合、冬至日の午前8時から午後4時までの間に、高さ4mの水平面で、敷地境界線から5mを超え10m以内の範囲には、5時間以上日影となる部分を生じさせてはならないこととされている（**図表3-18**）。

3章　通達に定めのない評価項目

[図表3-17]

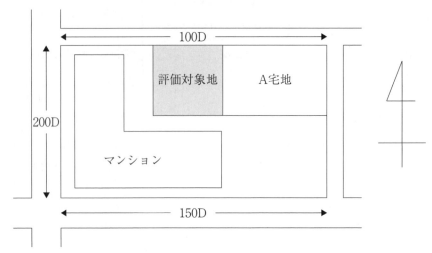

[図表3-18]

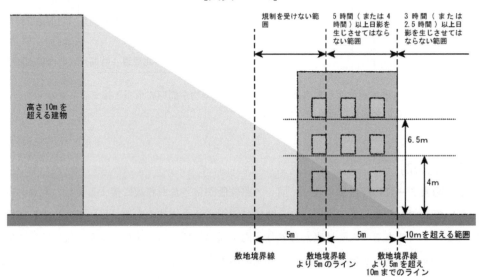

（出典）　大阪市ホームページ（https://www.city.osaka.lg.jp/index.html）

9　特殊な状況下にある宅地の評価

(1)　抵当権が設定されている土地の評価

　抵当権の設定されている不動産については，その債務の弁済が完了すれば消滅するものであるため，評価上抵当権が設定されていることによる評価減は行わない。

9 特殊な状況下にある宅地の評価

　なお，その抵当権設定の原因には，被相続人自らの債務の担保としてその所有する不動産に抵当権が設定されている場合と他人の債務の担保として被相続人の所有する不動産に抵当権が設定されている場合との2つの場合があるが，いずれの場合においても同様となる。

　ただし，債務者が被相続人以外の者のための抵当権の設定である場合において，その債務者が弁済不能の状態にあるため，その抵当権が実行される場合で，かつ，その債務者に求償して返還を受ける見込みがない場合には，その債務者の弁済不能の部分の金額は，その抵当権の設定されている土地の所有者である被相続人の課税価格の計算上，債務控除として財産の価額から控除できる[121]。

Q 抵当権の設定されている不動産の評価

■質　問

　相続財産の中に抵当権の設定されている土地や家屋がありますが，このような不動産については，その抵当権の価額だけ時価より低く評価してよいでしょうか。

■回　答

　抵当権は，債務の担保に供された不動産に対して設定されているもので，その債務の弁済が行われれば消滅するものですから，仮に相続財産の中に，抵当権の設定されている不動産がある場合でも，評価上その抵当権が設定されていることによる評価減は行われません。

　つまり，その抵当権の設定されている不動産であっても，その評価額は，その不動産に抵当権が設定されていない場合の価額と同じものになります。

　相続財産に抵当権の設定されている不動産がある場合，その抵当権設定の原因には，(1)被相続人のものである場合，すなわち，被相続人自らの債務の担保としてその所有する不動産に抵当権が設定されている場合と，(2)被相続人以外のものである場合，すなわち，他人の債務の担保として被相続人の所有する不動産に抵当権が設定されている場合との2つの場合があります。

　このうち，(1)の場合には，その債務の金額が被相続人の債務として相続税の課税価格を計算する場合に財産の価額から控除します。したがって，その上さらにその抵当権の設定されている不動産の評価にあたって特別評価減をする必要はないこととされています。

　次に，(2)の場合には，その債務は相続税の課税価格の計算上は考慮されませんが，その債務者が債務を弁済すれば抵当権は消滅するものですし，また仮に，その債務者が債務を弁済しないため，その不動産について抵当権が実行された場合でも，その不動産の所有者は債務者に対して，その抵当権が実行されたことによる損失額に相当する金額の求償権（債権）を持つことになりますので，原則的には，その不動産の評価上，抵当権の設定されていることによる特別の評価減をする必要はないものとされています。

　ただし，債務者が被相続人以外の者のための抵当権の設定である場合において，その債務者が弁済不能の状態にあるため，その抵当権が実行される場合で，かつ，その債務者に求償して返還を受ける

---

121 東京国税局「資産税審理事務研修教材（平成13年7月19日開催）」〔TAINS・評価事例708009〕においては，「課税時期において債務者が弁済不能の状態にあるため，抵当権が実行されることが確実であり，かつ，債務者に求償しても弁済を受ける見込みがない場合に限り，債務者の弁済不能と認められる部分の金額を抵当権が設定されている不動産の価額から控除して評価するのが相当である。」とされている。

見込みがない場合には，その債務者の弁済不能の部分の金額は，その抵当権の設定されている土地の所有者である被相続人の課税価格の計算上，債務控除として財産の価額から控除できます。

(参考) 実務相談録

(2) 被相続人が時効取得した土地

　他人の物を占有している者は，20年間，所有の意思をもって，平穏に，かつ，公然と他人の物を占有している場合，その所有権を取得する（民法162①）。

　また，その占有の開始の時に，善意であり，かつ，過失がなかったときは，10年間，所有の意思をもって，平穏に，かつ，公然と他人の物を占有している場合は，その所有権を取得する（民法162②）。

　そこで，課税時期において，被相続人の占有が20年または10年を経過している場合，当該土地を相続税の課税価格に算入すべきか否かである。

　そこでは，時効による権利の取得は，それによって利益を受ける者が援用しなければ，確定的な効力は生じない（民法145）ことから，当該土地は相続税の課税価格に算入しないこととされている。

参考　民法第162条《所有権の取得時効》

　20年間，所有の意思をもって，平穏に，かつ，公然と他人の物を占有した者は，その所有権を取得する。

2　10年間，所有の意思をもって，平穏に，かつ，公然と他人の物を占有した者は，その占有の開始の時に，善意であり，かつ，過失がなかったときは，その所有権を取得する。

参考　民法第145条《時効の援用》

　時効は，当事者（消滅時効にあっては，保証人，物上保証人，第三取得者その他権利の消滅について正当な利益を有する者を含む。）が援用しなければ，裁判所がこれによって裁判をすることができない。

Q　相続人が時効取得した土地

■質　問

　被相続人甲は，20年間所有の意思をもって平穏，かつ，公然と親族Aの所有する土地を占有してきました。

　甲の相続開始後，相続人乙は，本件土地について，時効取得を主張して訴訟を提起し，裁判所は，乙の主張どおり本件土地の時効取得を認める判決を下しています。

　時効の効力は，その起算日に遡及することとされていることから，本件土地は甲の相続財産として，

その価額を相続税の課税価格に含める必要はありますでしょうか。

■回　答

時効による権利の取得は，それによって利益を受ける者が援用しなければ，確定的な効力は生じない（民法145）ことから，本件土地の価額は相続税の課税価格に算入しません。
　なお，乙に対しては，時効を援用した日に一時所得が発生し，所得税が課されます。

（参考）国税庁「資産税関係質疑応答事例集」〔TAINS・H1303SHITSUGISOUZOKU7387〕

(3) 不法占拠されている土地の評価

　被相続人の所有地を他者が，不法占拠（占有権限がないが物件を占有していること）されている場合，裁判等で明け渡しを求める。そして，裁判等で不法占拠であることが明らかとなっている場合は，自用地として評価する。ただし，その土地上の建物に入居者が入る場合には，別途，立ち退きを求める訴訟などが必要となるため，宅地の評価にあたっては，これらの訴訟等に要する費用の見込額を控除した残額に，判決が確定していないことによる斟酌を行うことも考えられる。

Q　不法占拠されている土地の評価

■質　問

　被相続人が所有していたY市の宅地3,230m^2は，昭和30年から不法占拠されていました。
　このため，長年にわたって訴訟を行い，1，2審では勝訴していましたが，最高裁判決（勝訴）の直前に同人が死亡しました。
　相続税課税上，この宅地は，どのように評価したらよいでしょうか。

■回　答

　1，2審に勝訴しているところからみて，死亡時においては，自用地としての権利は，相当確実であると思われますが，その勝訴後も，①訴訟当事者を借地人だけとし，入居者を対象としていない場合，②仮処分を行っていない場合，③最高裁判決後も借地人の大半が居座っている場合などの事情があるときは，入居者に対する立退訴訟および借地人ならびに入居者に対する強制執行を行うことが必要になる場合もあります。
　そこで，宅地の評価に当たっては，その宅地の仲値の額から，これらの訴訟等に要する費用の見込額を控除した残額に，その年中の評価水準を乗じた額を基とし，判決が確定していないことによる斟酌（5～10％）を行うことも考えられます。

（参考）実務相談録

4章

土地の上に存する権利

1 土地の上に存する権利の評価上の区分

> **財産評価基本通達9《土地の上に存する権利の評価上の区分》**
> 　土地の上に存する権利の価額は，次に掲げる権利の別に評価する。
> (1)　地上権（民法（明治29年法律第89号）第269条の2《地下又は空間を目的とする地上権》第1項の地上権（以下「区分地上権」という。）及び借地借家法（平成3年法律第90号）第2条《定義》に規定する借地権に該当するものを除く。以下同じ。）
> (2)　区分地上権
> (3)　永小作権
> (4)　区分地上権に準ずる地役権（地価税法施行令第2条《借地権等の範囲》第1項に規定する地役権をいう。以下同じ。）
> (5)　借地権（借地借家法第22条《定期借地権》，第23条《事業用定期借地権等》，第24条《建物譲渡特約付借地権》及び第25条《一時使用目的の借地権》に規定する借地権（以下「定期借地権等」という。）に該当するものを除く。以下同じ。）
> (6)　定期借地権等
> (7)　耕作権（農地法（昭和27年法律第229号）第2条《定義》第1項に規定する農地又は採草放牧地の上に存する賃借権（同法第18条《農地又は採草放牧地の賃貸借の解約等の制限》第1項本文の規定の適用がある賃借権に限る。）をいう。以下同じ。）
> (8)　温泉権（引湯権を含む。）
> (9)　賃借権（(5)の借地権，(6)の定期借地権等，(7)の耕作権及び(8)の温泉権に該当するものを除く。以下同じ。）
> (10)　占用権（地価税法施行令第2条第2項に規定する権利をいう。以下同じ。）

(1) 土地の評価上の区分

① 土地の評価上の区分

　他者に貸し付けられている土地においては，その借主に土地を使用する権利が発生する。そこで

1 土地の上に存する権利の評価上の区分

本項では，土地の上に存する権利の評価上の区分について定めている。

財産評価基本通達において土地の上に存する権利の価額は，(1)地上権（区分地上権及び借地権を除く。），(2)区分地上権，(3)区分地上権に準ずる地役権，(4)借地権（定期借地権等を除く。），(5)定期借地権等，(6)永小作権，(7)耕作権，(8)温泉権（引湯権を含む。），(9)賃借権，(10)占用権の別に評価する。

② 地上権と賃借権，借地権の区分

土地の賃貸借においては，主に土地の借主（以下「借地人」という）に「地上権」または「賃借権」という権利が発生する[122]。

地上権とは，他人の土地において工作物を所有するため，その土地を使用する権利をいう（民法265）。物権としての地上権は，土地所有者の承諾を得ないでも建物の売却や担保の設定が自由にできる権利である。

賃借権とは，賃貸借契約に基づき，賃借人が目的物たる土地を使用収益することができる権利をいう（民法601）。債権としての賃借権は，土地所有者に賃料を支払って土地の使用収益を可能にする権利であるが，土地所有者の承諾を得ないと建物の建替えや売却はできない。

そして，この地上権または賃借権のうち，建物の所有を目的とするものを「借地権」という（借地借家法2①。**図表4－1**）。

建物の所有を目的とする地上権は，契約期間が満了しても建物が存在する限り，地上権者（借地人）が契約の更新を請求すれば，原則として契約は更新されたとみなされる（借地借家法5）など，他の地上権とは異なり，いわゆる借地権として取り扱われることとなっている。そのため，地上権のうち借地権に該当するものは，地上権とは別に評価する。

その「建物の所有を目的とする」とは，借地使用の主たる目的がその土地上に建物を建築し，こ

[図表4－1] 地上権と賃借権，借地権の関係

---

[122] そのいずれかは賃貸借契約書で確認できる。また，地上権の場合は登記がされているケースが多いため登記情報で確認することもできる。

れを所有することをいう。

したがって、例えば、借地人によって戸建住宅や店舗、ビルといった建物が建てられている場合には、土地の地目は宅地となり、発生する権利は借地権となる。

一方、借地使用の目的が、立体駐車場（構築物）や資材置場、中古車の展示場、ゴルフ練習場など建物所有を主たる目的としているものではない場合には、土地の地目は雑種地となり、発生する権利は地上権または賃借権となる。

③ 区分地上権と区分地上権に準ずる地役権

「区分地上権」とは、地下または空間を目的とする地上権をいう（民法269の2①）。例えばトンネルや道路、橋梁等の所有を目的とし、土地の上下の一定層だけを客体として設定されるものであって地上権（民法265）とは量的な差異がある。

また、「区分地上権に準ずる地役権」とは、特別高圧架空電線の架設、高圧のガスを通ずる導管の敷設、飛行場の設置、建築物の建設その他の目的のため地下または空間について上下の範囲を定めて設定された地役権で建造物の設置を制限するものをいう（地価税法施行令2①）。

④ 永小作権と耕作権

農地における永小作権とは、小作料を支払うことにより、他人の土地で耕作または牧畜をすることができるという権利である（民法270）。

また、耕作権とは、土地を耕作する権利（賃借権）であり、農地法の規定の適用があるものをいう。

⑤ 占用権

占用権とは、1．河川法の規定による寡占区域内の土地の占用許可に基づく権利で、ゴルフ場、自動車練習場、運動場その他の工作物の設置を目的とするもの、2．道路法の規定による道路の占用の許可または都市公園法の規定による都市公園の占用の許可に基づく経済的利益を生ずる権利で、駐車場、建物その他の工作物の設置を目的とするものをいう（地価税法施行令2②）。

⑥ 温泉権

温泉権とは、温泉源を利用する権利をいう。湯の湧出地から湯を引いて利用する権利（引湯権）も含まれる。温泉専用権、源泉権、湯口権などとも呼ばれる。

(2) 建物所有目的の地上権及び賃借権を同一に扱う理由

地上権は物権であるのに対し賃借権は債権であり、両者は、その法的性格を異にするものであるが、借地借家法は、建物を所有するための地上権及び賃借権を借地権として、両者を統一的に扱うとともに特に債権関係に止まる賃借権についての特別の保護を与えているところである。そのため、

1 土地の上に存する権利の評価上の区分

　建物の所有を目的とする賃借権は，物権とはされないまでも物権的な傾向を強めており，経済的価値及び法的機能の面では建物の所有を目的とする地上権とその実態を同じくすると考えられている。
　相続税の課税価格の算定のための財産評価においても，建物の所有を目的とする地上権と賃借権とを区別することなく，ともに借地権という種類の財産として評価することは，財産の実態に即した評価を行う趣旨から合理性があると解されている（平成4年4月20日裁決〔裁決事例集43巻356頁〕）。
　平成4年4月20日裁決〔裁決事例集43巻356頁〕は，建物所有を目的とする地上権が設定された土地について，土地の上に存する権利は地上権か借地権かが争われた事例である。
　被相続人は，その所有する土地（2,830.87m^2）を訴外法人へ賃貸し，存続期間120年の地上権を設定した。その地上権設定の対価として，本件土地上にその法人が建設した全体戸数163戸のマンションのうち，29戸の区分所有権及びこれに対応する地上権の持分を取得する交換契約を締結している。
　このマンションの敷地利用権は，次の内容で本件土地に設定の上登記された地上権であり，各区分所有者が共有している。
　（イ）目　　　的：堅固な建物の所有
　（ロ）存続期間：昭和46年2月6日より満120年
　（ハ）地　　　代：3.3m^2につき月80円
　（ニ）特　　　約：譲渡，転貸，抵当権等の設定ができる

　本件土地について，審査請求人は，登記されている地上権は他の借地権とは異なり権利の度合いが強いため，借地権割合は現行認められている最大の借地権割合である90％とすべきと主張した。
　これに対し原処分庁は，本件借地権の価額を評価通達に基づいた借地権割合70％として評価すべきと主張した。
　裁決は，たとえ存続期間が120年の地上権であっても，建物の所有を目的とする地上権と建物の所有を目的とする賃借権は，旧借地法の保護の下に経済的価値及び法的機能の面でその実態を同じくするものであるので，本件借地権を他の借地権と区別して考慮すべき特段の事情は認められないとして，評価通達25に定める借地権（借地権割合70％）として評価するものと判断している。

> 実務上のポイント

　土地の賃貸借契約が地上権の設定であり，さらにその登記がなされていても，建物所有を主たる目的としている場合には，自用地の価額から控除するのは，地上権価額（相法23）ではなく，借地権価額（評価通達25）となる。

4章　土地の上に存する権利

(3) 借地権の範囲

　借地権の範囲においては，相続税・贈与税と所得税・法人税とで違いがある。所得税及び法人税においては，構築物の所有を目的とする賃貸借も借地権に含まれているが，財産評価基本通達上の借地権は，借地借家法に規定する借地権，すなわち建物の所有を目的とする地上権及び賃借権に限られている。つまり，構築物の所有を目的とする賃借権は，財産評価基本通達上の借地権には該当しない。

　これは，建物の所有を目的とする借地権は，地域的な格差はあるとしても，その権利の内容がおおむね一様であることから，その価額の評価の方法については，自用地としての価額にその地域における一定の借地権割合を乗じて算出するといういわゆる一律評価制度が採用できるのに対し，構築物の所有を目的とする賃借権については，その構築物の種類が雑多であり，かつ，その構築物の所有を目的とする賃借権の権利の態様も一様でなく，建物の所有を目的とする借地権のように自用地としての宅地の価額に一定割合を乗じて一律評価をするという制度になじまないということがあるため，借地権の範囲には構築物の所有を目的とする賃借権または地上権は含まない取扱いとなっている[123]。

　なお，構築物の所有を目的とする権利の価額は，地上権の設定がなされているものであれば相続税法第23条《地上権及び永小作権の評価》の定めにより評価を行い，賃借権の設定がなされているのであれば評価通達87《賃借権の評価》の定めにより評価する。

Q　借地権の意義

■質　問
　構築物の所有を目的とする土地の賃借権は，所得税法や法人税法の借地権に含まれていますが，財産評価基本通達上の借地権には，構築物の所有を目的とする賃借権も含まれるのでしょうか。

■回　答
　財産評価基本通達上の借地権は，借地借家法第2条に規定する借地権すなわち建物の所有を目的とする地上権又は土地の賃借権に限られることから構築物の所有を目的とする賃借権は含まれません。

（解説）
　建物の所有を目的とする借地権は，地域的な格差はあるとしても，その権利の内容がおおむね一様であることから，その価額の評価の方法については，自用地としての価額にその地域における一定の借地権割合を乗じて算出するのに対し，構築物の所有を目的とする賃借権については，その構築物の種類が雑多であり，かつ，その構築物の所有を目的とする賃借権の権利の態様も一様ではないことから，建物の所有を目的とする借地権とは区別してその賃借権又は地上権の権利の内容に応じて個別に評価することを目的として，借地権の範囲には構築物の所有を目的とする賃借権又は地上権は含まない取

123　財産評価基本通達逐条解説（令和5年版）56～57頁

> 扱いとしています。
> したがって，所得税法や法人税法で規定する借地権とは異なり，構築物の所有を目的とする賃借権は，財産評価基本通達上の借地権には該当しません。
> なお，構築物の所有を目的とする賃借権の価額は，財産評価基本通達87（賃借権の評価）の定めにより評価することになります。
>
> （参考）国税庁質疑応答事例「借地権の意義」

(4) 権利の評価

　他者に貸し付けられている土地を相続した場合や贈与された場合，その貸地（底地）の評価にあたっては，借地人にどのような権利が発生しているのかが重要なポイントとなる。

　その賃貸借が地上権の設定がなされたものであれば地上権価額を控除し，賃借権の設定がなされたものであれば賃借権価額を控除する。その借地契約が建物所有を目的としたものであれば借地権価額を控除することになり，それぞれ財産評価の価額は大きく異なる。これらの判断ポイントをフローチャートにまとめたものが**図表4－2**である。

　まず，その貸借が使用貸借である場合には，借地人の使用借権の価額はゼロとなり，自用地として評価される。

　借地権の価額は，借地権の売買実例価額，精通者意見価格及び地代の額等を基とし，借地事情が似ている地域ごとに国税局長が定めている借地権割合による（評価通達25）。

　地上権及び賃借権の価額は，課税時期における賃貸借契約の残存期間に応じて，地上権は自用地価額の5％〜90％の範囲となり（相法23），賃借権は自用地価額の2.5％から20％の範囲となる（評価通達86，87）。

　賃借権は，さらに「地上権に準ずる賃借権」と「地上権に準ずる賃借権以外の賃借権」に分かれ，後者の価額は前者の価額の2分の1により評価する。

> 実務上のポイント
>
> 　貸宅地の評価にあたっては，土地上の権利が何なのかによって価額が異なってくる。
> 　その権利が借地権であれば借地権割合（自用地価額の30〜90％の範囲であり，一般に50〜60％，都市圏で70〜80％などとなる。）が控除されるのに対し，賃借権（自用地価額の2.5％から最大20％）は比較的控除率が小さいことから評価の差が大きいものとなる。
> 　したがって，貸地の評価にあたっては，どの権利が発生しているのかを適正に区分する必要がある。

4章 土地の上に存する権利

[図表4-2] 権利の区分

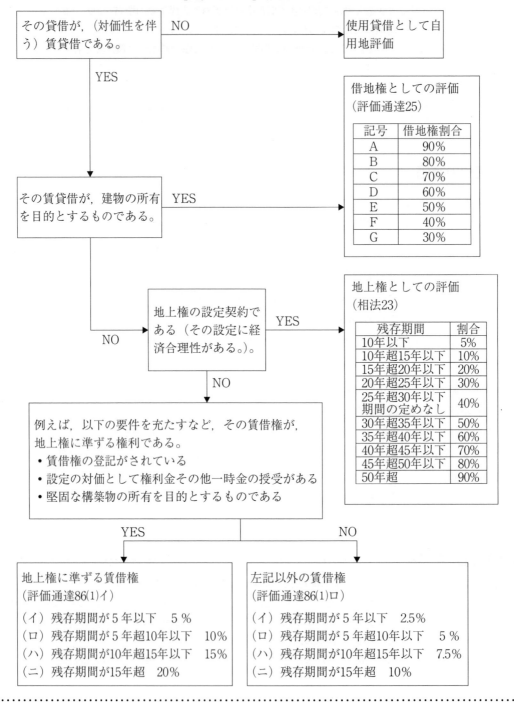

(5) 主たる目的の判定

① 借地使用の主たる目的は何か

　土地の賃貸借の主たる目的が，建物の敷地として使用することにある場合，借地借家法第2条第1号に規定する建物の所有を目的とする地上権または賃借権に該当し，借地権が存在するとされている（平成18年10月10日裁決〔TAINS・F0-3-153〕）[124]。

　一方，借地人がその土地上に建物を建築し所有している場合であっても，それが借地使用の主たる目的ではなく，その従たる目的にすぎないときは，「建物の所有を目的とする」ものに該当せず，借地権は存在しないと解されている。

　そこで，借地使用の主たる目的が，建物所有にあるのか否かがポイントとなる。

　なお，借地使用の目的を判断するにあたっては，賃貸借契約書があれば判断の有力な資料となるが，賃貸借契約書の文言のみにとらわれず，実際の使用状況，建物の種類などにより客観的に判断すべきものと解されている（平成15年3月25日裁決〔TAINS・F0-3-095〕，平成16年3月5日裁決〔裁決事例集67巻606頁〕）。

② 建物所有を主たる目的とする賃貸借とは

　「建物の所有を目的とする」とは，借地使用の主たる目的がその地上に建物を建築し，これを所有することをいう。

　例えば，借地人がその土地をスーパーやコンビニ，パチンコ店，飲食店といった店舗とその駐車場として利用していたとする（**図表4－3**）。店舗（宅地）と駐車場（雑種地）のどちらが主たる目的であるのかといえば，当然にその駐車場は，店舗を利用するために必要な土地であるため，店舗の所有が主たる目的となる。

　このような場合には，宅地と駐車場の評価単位も原則として1つの宅地として取り扱い，借地権も建物の敷地部分のみならず，駐車場部分に及ぶことになる[125]。

　一方，例えば，借地人がその土地をゴルフ練習場として利用（経営）していたとする（**図表4－4**）。ゴルフ練習場にはクラブハウス（建物）があるが，その主たる目的はゴルフの練習場（雑種地）にあるため，雑種地としての利用が主たる目的となる。

---

[124] 借地権が発生しているか否かは，（イ）賃貸借が建物所有を目的としたものであるか，（ロ）権利金その他一時金を授受する慣行がある地域において，権利金の授受がなされているかといった点を総合的に勘案する。ただし，実際に権利金の授受が不明な場合には授受されているものとして取り扱われるため，ここでは，借地契約の主たる目的が建物所有であるか否かがポイントとなる。

[125] なお，借地権がどこまで及ぶのかについては，借地契約の内容，例えば，権利金や地代の算定根拠，土地利用の制限等に基づいて判定することが合理的であると考えられている。
　例えば，（イ）賃貸借契約の内容が，店舗の敷地と駐車場として使用することを目的としているか，（ロ）地代の金額が宅地と駐車場を一体として算定されているか，（ハ）駐車場は単独で効用を果たすものではなく，店舗に接続し，専ら店舗の営業に便益を与え，かつ，その効用を果たすために必要とされるものであるかといった点がポイントとなる。

[図表4-3] 店舗と駐車場

[図表4-4] 雑種地としての利用

バッティングセンターの建物とグラウンド（雑種地），中古車展示場の事務所と自動車展示スペースも同様である。

このような場合には，宅地と雑種地の評価単位も原則として1つの雑種地として取り扱い，建物の敷地部分も含めて賃借権が発生しているものと考える。

③ 建物所有を主たる目的とするものとされた事例

建物所有を主たる目的とした賃貸借として，例えば，パチンコ店として一体利用されている駐車場においては，パチンコ店の建物を所有することが主たる目的である場合に該当するとして全体を一個の借地権と認定した事例（平成15年3月25日裁決〔TAINS・F0-3-095〕）や，自動車学校用地において，建物部分と教習コース部分全体を一個の借地権と認定した事例（福岡地裁平成3年10月15日判決〔税務訴訟資料186号887頁〕）がある。

(a) パチンコ店用地とその駐車場

平成15年3月25日裁決〔TAINS・F0-3-095〕は，パチンコ店用地の一部として賃貸している土地について，借地権が存在するか否かが争われた事例である。

本件土地（地積408m²）は，被相続人から訴外法人へ賃貸され，隣接地とあわせた土地（1,614.13m²）上にはパチンコ店が建っていた。本件土地は，その店舗敷地及び駐車場として一体利用がされていた。

本件土地について，原処分庁は，本件土地は駐車場として貸し付けられたものであり，建物所有を目的とする賃貸借契約が存するとは認められないことから，借地権の目的となっている土地としての評価をすることはできないと主張した。

これに対し審査請求人は，隣接地とあわせてパチンコ店敷地として一体利用されているのであるから建物所有を目的とする賃貸借契約が成立していたというべきであり，借地権は存在すると主張した。

裁決は，本件土地及び隣接地が三路線に面しておりこれらの路線のいずれからも出入りが可能であること，建物の敷地及び駐車場として利用されていることなどから，本件土地の賃貸借の主たる目的は，パチンコ店などの経営に必要な本件建物を所有する目的にあるといえると判断して，本件

1 土地の上に存する権利の評価上の区分

土地全体が借地権の目的となっている宅地であると認定している。

(b) **店舗とその駐車場**

平成17年5月31日裁決〔TAINS F0-3-298〕は，店舗の敷地部分と駐車場部分の評価単位が争われた事例である。

本件土地（地積5,235.00m^2）は，いわゆる郊外型の大規模小売店舗（床面積4,408.96m^2）の敷地及びその駐車場として，被相続人から訴外賃借人に賃貸されていた。

本件土地及び本件土地とともに賃借人が賃借しているその周囲の土地（以下，これらの土地をあわせて「全賃借土地」という）の形状及び利用状況，本件土地のうち本件店舗の敷地として利用されている部分（以下「本件敷地部分」という）及び駐車場として利用されている部分（以下「本件駐車場部分」という）の位置関係は**図表4－5**のとおりである。

[図表4－5] 土地の位置関係

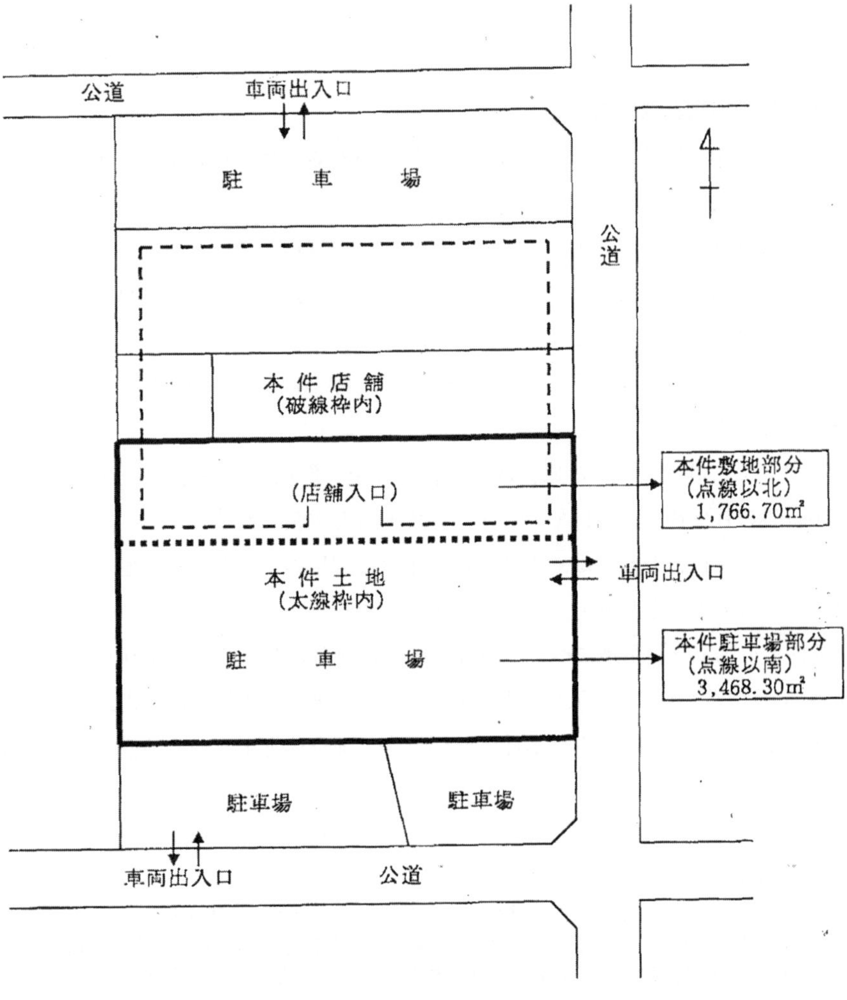

4章　土地の上に存する権利

　全賃借土地に存する駐車場は，その全部が店舗の来客用及び取引先用として利用されており，店舗敷地と駐車場の部分には，ブロック塀やフェンス等による境界はない。

　本件土地の評価単位について，審査請求人は，駐車場部分の地目は宅地ではなく雑種地であるから，店舗の敷地部分とは区分して評価すべきであると主張した。

　これに対し原処分庁は，全賃借土地は，三方の路線からの出入りが可能な，いわゆる郊外型店舗の敷地及びその専用駐車場として，賃借人が一括で賃借し，一体として利用しているから，駐車場部分の地目は宅地であり，同部分のみを区分して評価することはできないと主張した。

　裁決は，1．賃貸借契約の内容が，店舗の敷地と駐車場として使用することを賃貸借の目的としており，それらの賃貸条件に格差がないこと，2．全賃借土地を通じて賃貸条件が同一であること，3．全賃借土地がいわゆる郊外型の大規模小売店舗である本件店舗の敷地とその専用駐車場として一体として利用されていることから，全賃借土地に存する駐車場部分は，本件店舗から独立し単独で駐車場としての効用を果たすものではなく，本件店舗の敷地に接続し，専ら本件店舗の営業に便益を与え，かつ，その効用を果たすために必要とされているものであるから，全賃借土地の地目は駐車場部分も含め，すべて宅地であると判断している。

(c) 自動車学校の校舎と教習コース

　福岡地裁平成3年10月15日判決〔税務訴訟資料186号887頁〕は，自動車学校用地における借地権の有無が争われた事例である。

　被相続人は，訴外個人から本件土地を借り受け，自己の費用で造成・整地工事を施した上，その土地上の一部に自動車学校の校舎，事務所等を建築し，その余の土地を自動車運転の教習コースとして整備し，自動車学校用地として使用していた。

　本件自動車学校用地は，校舎及び事務所等の建物部分（約700m^2）と教習コース部分（14,145.67m^2）により構成されている。

　本件土地について，借地人である原告は，建物部分を「借地権」，教習コース部分を「地上権に準ずる賃借権以外の賃借権」と分けて評価すべきであると主張した[126]。

　これに対し，被告（税務署長）は，土地全体を1個の利用の単位とする1個の借地権として評価することが公正にして妥当な評価方法であると主張した。

　判決は，別件で自動車学校用地について借地権の有無が争われた昭和58年9月9日最高裁判決[127]が，建物敷地部分と教習コース部分の一体性を認定して，借地人の権利が旧借地法の適用のある借地権である旨判示していることから，本件においても土地全体を1個の借地権として評価した被告の評価を認容している。

---

[126] 本件の原告（納税者）は，借地人の立場である。
[127] 借地人（被相続人）と賃貸人における賃貸契約の終了を理由とした土地明渡請求訴訟において，建物部分と教習コース部分は，両者が一体となってはじめて自動車学校経営の目的を達しうるのであるから，自動車学校経営のための賃貸借は建物の所有を目的とするものにあたり，本件土地全体について借地法の適用があると判示されている。

④ 建物所有を主たる目的としたものではないとされた事例

　一方，借地上に建物が建っていたとしても，借地使用の主たる目的が雑種地である場合は，建物の所有を目的とする賃貸借に該当しない。

　例えば，バッティングセンターにおいて，待合フロアー等の建築物が借地上にあったとしても，土地の賃貸借の主たる目的は，バッティングセンター（雑種地）として使用することにあるといえるから，賃借人が建築物を建築所有していたとしても従たる目的にすぎないというべきであり，建物の所有を目的とする借地権は存在しないとされた事例（平成12年6月27日裁決〔裁決事例集59巻332頁〕）がある。

　また，中古車展示場用地において，借地上にある中古車センターの事務所等は，あくまでも評価対象地の一部を占めるにすぎず，大部分は自動車展示場及び進入路として利用されていることなどから，建物の所有を主たる目的とするものとは認められないとされた事例（平成17年5月17日裁決〔裁決事例集69巻264頁〕）がある。

(a)　バッティングセンター用地

　平成12年6月27日裁決〔裁決事例集59巻332頁〕は，バッティングセンター用地の一部として賃貸している土地について，借地権が存在するか否かが争われた事例である。

　被相続人は，本件土地を訴外賃借人に建物所有の目的で賃貸し，賃借人は本件土地上においてバッティングセンターを経営していた。

　本件土地（地積1,089.64m²）のうち172.50m²は，賃借人が建築所有するバッティングセンターの待合フロアー（66m²），スポーツ用品の販売店舗（71.50m²）及び倉庫（35m²）（以下，これらをあわせて「本件建築物」といい，合計床面積は172.50m²である。）の敷地部分として利用されている。

　審査請求人は，その敷地部分については借地権が認められるべきであるから，借地権価額を控除して評価すべきであると主張した。

　これに対し原処分庁は，建物以外の工作物の所有を目的とする賃借権は借地権に該当しないことから，地上権に準ずる賃借権（評価通達87）として評価すべきであると主張した。

　裁決は，バッティングセンターの待合フロアー等の建築物が借地上にあったとしても，土地の賃貸借の主たる目的は，バッティングセンター（雑種地）として使用することにあり，賃借人が建築物を建築所有していたとしても従たる目的にすぎないものであるから，本件土地の賃貸借は，借地借家法に規定する建物の所有を目的とする借地権に該当しないと判断している。

(b)　中古車展示場用地

　東京地裁平成8年1月26日判決〔税務訴訟資料215号93頁〕は，中古車展示場用地として賃貸している土地について，借地権が存在するか否かが争われた事例である。

　本件土地（地積476m²）は，中古車販売を営む訴外法人に貸し付けられており，土地上には事務所用建物（10.5畳）が建っていた。契約期間は1年であり，権利金の授受はない。

4章　土地の上に存する権利

　原告（納税者）は，本件の賃借権は，建物所有を目的とするもので借地法の適用される賃貸借であり，自用地の価額から，借地権価額としてその4割を減額すべきと主張した。

　これに対し被告（税務署長）は，本件の賃借権は，臨時的，一時的な土地の使用を目的としたもので，借地権や地上権的賃借権に当たらないと主張した。

　判決は，本件賃貸借契約は，1．自動車駐車場（中古車展示場）として使用することを目的とするものであり，建物の所有を主たる目的とするものとはいえないこと，2．契約期間も1年で，更新を重ねて継続していても，一時使用を目的とするものであることから財産評価基本通達にいう借地権に該当しないと判示している。

　同じく，中古車展示場用地として貸し付けられている雑種地（地積684.29m^2）について，借地上にある中古車センターの事務所等（敷地面積75.46m^2）は，あくまでも本件土地の一部を占めるにすぎず，大部分は自動車展示場及び進入路として利用されていること，建物の表示登記及び保存登記を禁じていることなどから，本件賃貸借は，建物の所有を主たる目的とするものとは認められないとされた事例として平成17年5月17日裁決〔裁決事例集69巻264頁〕がある。

【誤りやすい事例】中古車展示場の一部に簡易な建物がある場合

誤った取扱い	正しい取扱い
被相続人甲は，郊外に所有するかなり広大な土地（1,000m^2）について，自動車販売業を営むA社に中古車展示場用地として賃貸する旨の契約を締結していた。 　その契約書には，土地の一部につき，建物の所有を目的とする賃貸借部分が含まれることが記載されており，A社は，鉄骨プレハブ平屋建て建物（20m^2）を建築している。 　そこで，当該土地の全てについて貸宅地として評価した。	土地の価額は地目の別に評価することとされているが，一体として利用されている一団の土地が2以上の地目からなる場合には，その一団の土地は，そのうちの主たる地目からなるものとして評価することとされている（評基通7）。 　事例における土地の賃貸借の主たる目的は，中古車展示場として来客にそこで購入対象となる中古車を見せて販売することにあり，建物を所有する目的は，その従たる目的にすぎないといえることから，建物の敷地部分を含めてその全てを一団の土地とし，貸し付けられている雑種地として評価する（評基通86）。

（参考）　大阪国税局「誤りやすい事例（財産評価関係平成30年分）」〔TAINS・評価事例大阪局300000〕

Q　校庭として賃貸している土地の評価について

■質　問
　校庭として市に賃貸している下記のような土地を相続しました。
(1)　この土地は約20年前，学校を建設する際に校庭用地として市に貸付けたものですが，賃貸借契約は2年毎に更新してきています。
(2)　この土地の上には建物はありませんが，まわりには校舎があり，学校が存続する限り返還はのぞ

めないような状況にあります。
　相続税額算定上のこの土地の評価方法について，次の点を教えて下さい。
(1)　建物の所有を目的とする賃借権は借地権として，自用宅地とした場合の評価額から，その借地権の評価額を控除できることになっていますが，この土地の賃借権はその借地権に該当しますか。
(2)　前記の借地権に該当しないとした場合は，この賃借権を評価することはできませんか。

■回　答
　質問の趣旨は，学校の校庭として賃貸している土地は，更地価額から借地権価額を控除して評価するのか，単なる賃借権の設定されている土地として更地価額からその賃借権相当額を控除して評価するのかということと思います。
　財産評価基本通達では，地上権または借地権の目的となっている宅地の価額は，自用地としての価額から，その地上権の価額またはその借地権の価額を控除した金額によって評価するものとされておりますが，この場合の借地権とは，建物の所有を目的とする借地借家法の適用がある地上権または賃借権のことをいい，建物の所有を目的としない賃借権は，これに含まれません。
　したがって，ご質問の校庭として市に賃貸された土地が単に校庭の用に供することのみを目的として賃貸されたものであり，建物の所有を目的とするものでない場合には，その賃借権は借地権に該当しませんので，その土地の評価をその土地の自用地の価額から借地権価額を控除して評価することはできません。
　もっともその賃貸した土地は大部分が校庭の敷地であっても，その一部に校舎が建築されており，その校舎と校庭とは，一体的に利用されており，その校舎の敷地に係る借地権は，その校舎の敷地に相当する土地の部分だけに及んでいるのではなく校庭の敷地を含めてその賃貸した土地全部に及んでいると認められる場合には，その土地の相続税評価額は，その土地の自用地としての価額から，その土地の借地権価額を控除して評価して差し支えないことはいうまでもありません。
　しかし，賃貸している土地が，校庭の敷地だけである場合には，その土地が校舎と一体的に利用され，その校舎が存続する限りその賃貸借契約が継続すると認められる場合であっても，その賃貸借に係る権利は，建物の所有を目的とするものとはいえませんので，その土地の相続税評価額について，自用地としての価額から借地権価額を控除して評価するということはできないものと考えます。
　なお，その土地の賃借権が，借地権でない場合においても，その賃貸借が臨時的，一時的なものでない限り，その土地の相続税評価額は，その土地の自用地としての評価額から，その土地の賃借権として相当な価額を控除した金額により評価することになるものと考えます。この場合の賃借権の価額は，その賃借権の内容，存続期間等を考慮して評価することになりましょう。

(参考)　実務相談録

(6)　地上権か賃借権か

①　地上権か賃借権か

　土地の賃貸借が建物所有を目的とするものではない場合に発生する権利は，地上権または賃借権となる。

物権としての地上権は，土地所有者の承諾を得ることなく建築物の売買や担保設定が自由にできることに対し，債権としての賃借権は土地所有者の承諾なくして建築物の建替えや売却ができない。そのため，地上権の設定された底地の評価は，賃借権の設定された底地の評価に比べて低くなり，また，賃貸期間が長ければ長いほど権利の価額が大きくなる。

そこで，例えば，被相続人と同族会社との間で長期間にわたる地上権設定契約を結び，相続を迎えると，その底地の評価にあたっては，自用地価額から90％の減価をすることも可能となる。

そのような被相続人と同族会社との間で地上権を設定することに経済合理性がなく，この評価差を利用して不当に相続税を減少させる結果となると認められる場合には，同族会社の行為計算の否認（相法64）により，地上権としての評価を賃借権としての評価に引き直すことができるとされている。

② 地上権としての評価が認められなかった事例

大阪地裁平成15年7月30日判決〔税務訴訟資料253号順号9402〕は，被相続人所有の土地において，同族会社との間で存続期間60年の地上権設定契約を締結し，同族会社が営む立体駐車場の敷地として使用されていた事例である。

本件土地の底地評価にあたって，原告（相続人）は，被相続人と借地人との間で地上権設定契約が結ばれていることから地上権割合90％（残存期間50年超）を控除すべきであると主張し，被告（税務署長）は，相続税法第64条第1項《同族会社の行為計算の否認》に基づいて地上権を否認し，賃借権が設定されている状態を想定した上で，権利金の収受に代えて相当の地代が支払われていることから，相当地代通達6⑴に準じて20％控除して評価すべきであると主張した。

判決においては，本件地上権設定契約は，その締結当時において被相続人が95歳という老齢であったにもかかわらず，60年という長期の存続期間を定めて締結されたものであり，かつ，他人の土地に利用権を設定する場合は，賃借権の形態で行われるのが通常であるのに，あえて用益物権である地上権を設定するという異例の形態が採られていること，本件土地はその形状からして利用価値が高いものと認められ，かかる土地上に，建設費用及び撤去費用がかさむ堅固な2階建ての駐車場を設置していること，法人の累積損失が2,889万3,554円と多大なものになっていることなどの事実を総合勘案するならば，経済的・実質的にみて明らかに不自然・不合理なものであって，およそ通常利害を異にする経済人同士の当事者間であれば到底行われなかったものと判断されている。

そして，相続税法第64条第1項《同族会社の行為計算の否認》を適用して同族会社が被相続人との間で締結した地上権設定行為を否認することができるとし，評価についても税務署長の主張を認めている[128]。

---

128 同様の事例として大阪地裁平成12年5月12日判決〔税務訴訟資料247号607頁〕がある。

(7) 借地権のこれまで

① 借地権の強化

借地権が財産権として保護強化されてきた過程を確認しておきたい[129]。

民法が明治29（1896）年に制定されて以降，土地の賃貸借にあっては，土地所有者は物権である地上権の設定を好まず，賃借権が使われていた。賃借権は，債権であることから，当時，土地所有者がその土地を第三者に譲渡すると，土地の新しい買主は借地人に対して建物の収去や土地の明渡しを請求することができた。

借地人（借地権者）は，賃借権の登記をすれば第三者に対しても対抗力を備えることができたが，現実に賃借権の登記に協力する土地所有者は稀であり，民法上借地人の立場は弱いものであった。

当時は日清戦争や日露戦争の特需もあり，都心部の土地の価格は高騰し，土地を有効に活用したい土地所有者は，第三者に仮装譲渡などすることにより借地人に建物の取壊しと土地の明渡しを請求するといった事案が多発した。いわゆる地震売買（地震のように建物が取り壊されていく様をいう）である。

そこで，賃借人の立場を強化するため，明治42（1909）年に「建物保護に関する法律」が制定され，建物の登記を行えば新しい土地の買主への対抗力が認められることとなった。

さらに，大正10（1921）年には，借地権の存続期間を堅固建物で60年以上，非堅固建物で20年以上とするなどの「借地法」及び「借家法」が制定された（以下，借地法を「旧借地法」と呼ぶことがある。）。

そして，上記の借地権の存続期間満了の時期（非堅固建物で20年）を迎えることとなった昭和16（1941）年に，契約期間の満了により土地の明渡しを請求する際には「正当な事由」を必要とするなど，賃借人のさらなる保護が図られるようになった[130]。太平洋戦争下にあって出征兵士やその家族の暮らしを守るため，借地契約の更新を拒絶することを実質的に不可能とした改正である。

しかしその一方で，正当な事由がないと賃貸借契約を終了することができないとする制度は，期間が満了しても土地が返還されないという結果となった。終戦を迎え，その後の高度成長期（昭和30～40年代），バブル経済期（昭和50～60年代）といった地価の高騰に対して土地の有効活用を妨げ，土地を一度貸すと半永久的に返還されないとして地主層からの批判が強くなった。

② 借地借家法の定め

そこで，平成4（1992）年8月1日に，建物保護に関する法律と借地法，借家法を一本化した借

---

129 現代において新たに借地権（定期借地権等を除く。）を設定して賃貸借を開始するケースはほとんどない。今ある借地権のほとんどは昭和の戦前戦後から引き続いているものである。
130 何が正当事由となるかは，裁判での判断に委ねられており多数の判例がある。現在の借地借家法においては，貸主・借主が土地・建物の使用を必要とする事情，賃貸借に関する従前の経緯，土地・建物の利用状況，立退料の提供などを考慮して判断されている。

地借家法が施行され，賃貸借契約の終了期間を限定して土地を貸すという定期借地権が創設された。

　新しい借地借家法の下では，旧借地法の借地権を踏襲した一般の借地権（定期借地権と区別するために「普通借地権」ということがある。）と定期借地権等に分けられることとなった。

　普通借地権については，借地借家法の施行前に成立している既存の借地権は，引き続き旧借地法の従前の取扱いが適用され（借地借家法附則4ただし書き），新旧2種類の借地権は，存続期間や更新，終了事由等に差異はあるものの並存するものとなっている。

　旧借地法においても，新借地借家法においても，借地人は，その土地上に自己名義の登記済建物を所有していれば，第三者に対して借地権を対抗することができる（借地借家法10①）。当事者の意思にかかわらず法律の規定によって契約が更新され（法定更新。同法5），土地の明渡しを請求する際には正当事由が必要となることも同様である（同法6）。

　賃貸借契約の存続期間は，旧借地法では，堅固建物で60年以上，非堅固建物で20年以上とされていたが，借地借家法においてはいずれも30年以上とされている。

　地代についても，貸主から増額請求を行う場合，まずは当事者間で協議をすることになり，協議が調わない場合には裁判手続をとることが必要となる（同法32）。

　このように，新借地借家法における普通借地権は，引き続き借地人保護の意味合いが強く，期間が満了しても借地人は半永久的に土地を使用収益できる権利と考えることができる。

③　定期借地権の活用

　新たに創設された定期借地権は，法定更新の適用がない借地権であり，賃貸借契約の存続期間が満了すれば土地が返ってくる制度である。定期借地権等には，定期借地権（借地借家法22），事業用定期借地権等（同法23），建物譲渡特約付借地権（同法24）がある。

　一般の定期借地権とは，借地期間を50年以上とし，借地権を設定する際に（イ）契約更新の排除，（ロ）建物の再築による期間延長の排除，（ハ）建物買取請求権の排除という更新等排除の特約を公正証書等の書面で行うことによって，借地期間満了により借地権が消滅するものをいう。

　事業用定期借地権等とは，専ら事業の用に供する建物の所有を目的とする場合に限り，借地期間を10年以上50年未満に設定できる借地権で，10年以上30年未満と30年以上50年未満の期間に区分される。10年以上30年未満の期間の事業用定期借地権は，（イ）契約の更新の規定，（ロ）建物の再築による期間延長の規定，（ハ）建物買取請求権の規定等の適用はなく，30年以上50年未満の期間の事業用定期借地権は，（イ）から（ハ）の規定等の適用がない旨を定めることができるとされ，ともに借地期間の満了により借地権が消滅する。この事業用定期借地権等の設定契約は，公正証書によらなければならないとされている。

　建物譲渡特約付借地権とは，借地期間を30年以上とする借地契約とともに，同時に，借地権設定後30年以上を経過した日以後に借地権を消滅させるために建物を相当の対価で地主に譲渡するという特約を締結することによって，更新制度の特例として借地権が消滅するものをいう。

　これらの定期借地権等は，平成4（1992）年に創設され，平成20（2008）年までに70,492戸の定

期借地権付住宅が供給されている[131]。また，商業施設などの事業用の建物の賃貸借は，事業者にとっては土地保有リスクを回避でき，土地の所有者にとっては土地を一度貸すと半永久的に返還されないということが解消されたため，未利用地化していた土地を貸すことによって活用されるようになっている。

[図表4－6] 旧借地法と借地借家法の比較

類型 項目	旧借地法 借地権	借地借家法 普通借地権	定期借地権 一般定期借地権	定期借地権 事業用定期借地権等	建物譲渡特約付借地権
利用目的	制限なし	制限なし	制限なし	専ら事業用の建物（居住用を除く。）所有に限る。	制限なし
存続期間	堅固…60年以上 その他…30年以上	30年以上	50年以上	10年以上50年未満	30年以上
約定条項	終了に関する特約は無効	終了に関する特約は無効	借地契約において次の事項を特約 ①契約の更新 ②再築による期間延長 ③建物買取請求権	10年以上30年未満の期間の借地権については，次の事項に関する規定が自動的に排除される。30年以上50年未満の期間の借地権については，次の事項に関する規定の適用がない旨を定めることができる。 ①契約の更新 ②再築による期間延長 ③建物買取請求権	借地契約と同時に設定後30年経過後に建物を地主に譲渡するという特約を締結
更新後の存続期間	法定更新 堅固…30年 その他…20年	法定更新 最初…20年 2回目以降…10年	なし（終了）	なし（終了）	なし（終了）
終了事由	正当事由	正当事由 ・当事者の土地の使用を必要とする事情 ・借地に関する従前の経過	期間満了	期間満了	建物譲渡

---

131 国土交通省「全国定期借地権付住宅の供給実績調査」（平成20年）

4章　土地の上に存する権利

| | | ・地主が提供する財産上の給付 | | |

（出典）財産評価基本通達逐条解説（令和5年版）57頁参照

④ 借地権価格の形成

では、借地権の価格とはどのように形成されるのであろうか。

土地を賃貸する際、土地の所有者は、その時の地価相場を考慮しながら適正な地代を設定する。しかし、その後に地価が大きく上昇したとしても、それに比例して地代を値上げすることが難しい。地価が上昇していくにつれ、地代との乖離は大きくなる。

そのため、土地所有者は、土地を賃貸する際に、将来の地価の上昇や土地の使用制限等を十分考慮して、その設定の対価として権利金[132]を収受する取引慣行が大正の頃より生じてきた。

したがって、例えば、**図表4－7**の借主となる乙は、土地の賃貸借の契約時に、土地所有者である甲に対して権利金を支払う（**図表4－7の①**）。そこで権利金相当額の借地権が発生する。

昭和14（1939）年には、国民生活の安定を図り戦争を遂行するために地代家賃統制令が制定された。そこでは地代と家賃の値上げに対する統制が行われたが、権利金は統制の対象外であった時期もあり、土地所有者が地代と地価の乖離を補填するために権利金の取引慣行が全国的に拡大された

[図表4－7] 借地権の形成過程

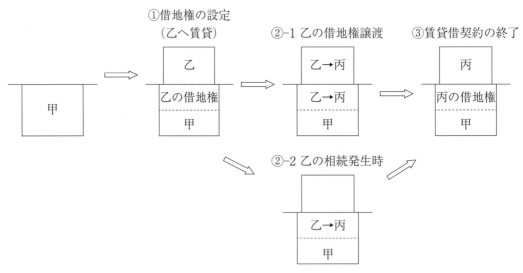

---

[132] 権利金とは、借地契約の際、借地権を設定する対価として借地人（借主）から地主（貸主）に支払われる金銭のことをいい、権利金、協力金、礼金などその名称のいかんを問わず借地契約が終了した時に返還されないものをいう。
　一方、借地権者から借地権設定者に対し、保証金、敷金などその名称のいかんを問わず借地契約の終了の時に返還を要するものもある。

ともいわれている。

　その後，乙が土地所有者の承諾を得て借地権を譲渡したとする。乙は過去に権利金を支払っていることから，新しい買主に対して，借地権をその権利金相当額の対価で売却することになる（同②）。そこに借地権の財産性が認められる。

　そして，賃貸借の期間が満了し，当事者の合意によって借地契約が終了した時には，土地の所有者は有償または無償で土地の返還を受ける（同③）。税務上は，それまで財産権としての借地権の存在を認識していることから，土地所有者が借地人に対して立退料等を支払って借地権の有償返還を受けることが前提とされている。

2　借地権及び借地権の目的となっている宅地の評価

> **財産評価基本通達25《貸宅地の評価》**
> 　借地権の目的となっている宅地の価額は，11《評価の方式》から22-3《大規模工場用地の路線価及び倍率》まで，24《私道の用に供されている宅地の評価》，24-2《土地区画整理事業施行中の宅地の評価》及び24-6《セットバックを必要とする宅地の評価》から24-8《文化財建造物である家屋の敷地の用に供されている宅地の評価》までの定めにより評価したその宅地の価額（以下この節において「自用地としての価額」という。）から27《借地権の評価》の定めにより評価したその借地権の価額（同項のただし書の定めに該当するときは，同項に定める借地権割合を100分の20として計算した価額とする。25-3《土地の上に存する権利が競合する場合の宅地の評価》において27-6《土地の上に存する権利が競合する場合の借地権等の評価》の定めにより借地権の価額を計算する場合において同じ。）を控除した金額によって評価する。
> 　ただし，借地権の目的となっている宅地の売買実例価額，精通者意見価格，地代の額等を基として評定した価額の宅地の自用地としての価額に対する割合（以下「貸宅地割合」という。）がおおむね同一と認められる地域ごとに国税局長が貸宅地割合を定めている地域においては，その宅地の自用地としての価額にその貸宅地割合を乗じて計算した金額によって評価する。
>
> **財産評価基本通達27《借地権の評価》**
> 　借地権の価額は，その借地権の目的となっている宅地の自用地としての価額に，当該価額に対する借地権の売買実例価額，精通者意見価格，地代の額等を基として評定した借地権の価額の割合（以下「借地権割合」という。）がおおむね同一と認められる地域ごとに国税局長の定める割合を乗じて計算した金額によって評価する。ただし，借地権の設定に際しその設定の対価として通常権利金その他の一時金を支払うなど借地権の取引慣行があると認められる地域以外の地域にある借地権の価額は評価しない。

4章　土地の上に存する権利

(1) 借地権の種類

ここでは，借地権及び借地権の目的となっている宅地の評価方法を定めている。

借地権とは，借地借家法に規定する建物の所有を目的とする地上権または賃借権をいう。

そして，借地権は，次のとおり5種類に分けられる。

① 普通借地権（旧借地法，借地借家法（②から⑤までを除く。））
② 定期借地権（借地借家法22）
③ 事業用定期借地権等（借地借家法23）
④ 建物譲渡特約付借地権（借地借家法24）
⑤ 一時使用目的の借地権（借地借家法25）

借地権を評価する場合には，①を「借地権」，②定期借地権から④建物譲渡特約付借地権を「定期借地権等」，⑤を「一時使用目的の借地権」に区分して評価する。

> **参考　借地借家法**
>
> （定期借地権）
> 第22条　存続期間を五十年以上として借地権を設定する場合においては，第九条及び第十六条の規定にかかわらず，契約の更新（更新の請求及び土地の使用の継続によるものを含む。次条第一項において同じ。）及び建物の築造による存続期間の延長がなく，並びに第十三条の規定による買取りの請求をしないこととする旨を定めることができる。この場合においては，その特約は，公正証書による等書面によってしなければならない。
>
> （事業用定期借地権等）
> 第23条　専ら事業の用に供する建物（居住の用に供するものを除く。次項において同じ。）の所有を目的とし，かつ，存続期間を三十年以上五十年未満として借地権を設定する場合においては，第九条及び第十六条の規定にかかわらず，契約の更新及び建物の築造による存続期間の延長がなく，並びに第十三条の規定による買取りの請求をしないこととする旨を定めることができる。
> 2　専ら事業の用に供する建物の所有を目的とし，かつ，存続期間を十年以上三十年未満として借地権を設定する場合には，第三条から第八条まで，第十三条及び第十八条の規定は，適用しない。
> 3　前二項に規定する借地権の設定を目的とする契約は，公正証書によってしなければならない。
>
> （建物譲渡特約付借地権）
> 第24条　借地権を設定する場合（前条第二項に規定する借地権を設定する場合を除く。）においては，第九条の規定にかかわらず，借地権を消滅させるため，その設定後三十年以上を経過した日に借地権の目的である土地の上の建物を借地権設定者に相当の対価で譲渡する旨を定めることができる。
> 2　前項の特約により借地権が消滅した場合において，その借地権者又は建物の賃借人でその消滅後建物の使用を継続しているものが請求をしたときは，請求の時にその建物につきその借地権者又は建物の賃借人と借地権設定者との間で期間の定めのない賃貸借（借地権者が請求をした場合において，借地権の残存期間があるときは，その残存期間を存続期間とする賃貸借）がされたものとみなす。

この場合において，建物の借賃は，当事者の請求により，裁判所が定める。
3 第一項の特約がある場合において，借地権者又は建物の賃借人と借地権設定者との間でその建物につき第三十八条第一項の規定による賃貸借契約をしたときは，前項の規定にかかわらず，その定めに従う。

（一時使用目的の借地権）
第25条 第三条から第八条まで，第十三条，第十七条，第十八条及び第二十二条から前条までの規定は，臨時設備の設置その他一時使用のために借地権を設定したことが明らかな場合には，適用しない。

(2) 借地権及びその目的となっている宅地の評価

① 借地権の目的となっている宅地の評価

借地権の目的となっている宅地（以下「貸宅地」という）の価額は，自用地としての価額（他人の権利の目的となっていない場合の価額でいわゆる更地価額）から借地権の価額を控除して求めた金額により評価する（評価通達25）。

（算式）
　貸宅地の価額＝自用地としての価額－借地権の価額

② 借地権の評価

借地権の価額は，その借地権の目的となっている宅地の自用地価額に借地権割合を乗じて評価する（評価通達27）。

（算式）
　借地権の価額＝自用地価額×借地権割合

なお，借地権割合は，普通借地権の売買実例価額，精通者意見価格及び地代の額等を基とし，借地事情が似ている地域ごとに定められており，各国税局の評価基準書（路線価図や評価倍率表）に表示されている。
また，路線価地域における借地権割合は，路線ごとに路線価図に**図表4－8**のように表示されている。

③ 借地権割合によることの合理性

建物の所有を目的とする普通借地権は，旧借地法または借地借家法の規定に基づくもので，その権利の内容がおおむね一様であるということができ，地域的な格差はあるとしても，一定の価額をもって取引されるものである。
したがって，自用地としての価額にその地域における一定の借地権割合を乗じて算出するという

4章　土地の上に存する権利

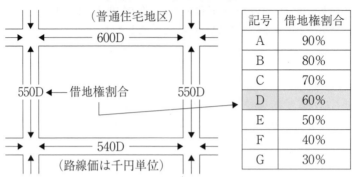

[図表4－8]　借地権割合

いわゆる一律評価制度は，相続税法に規定する時価が不特定多数の当事者間で自由な取引が行われる場合に通常成立すると認められる価額であることに照らし，合理的であると解されている。

また，この借地権割合についても，一般に，借地権の売買実例価額，精通者意見価格，地代の額等を基として評定されるものであることが認められるから，実勢価額を反映しているものであり合理的なものと解されている（大阪地裁平成4年9月22日判決〔税務訴訟資料192号490頁〕）。

> **Q　貸宅地の評価**
>
> ■質　問
> 　父が社長をしているA社に宅地を賃貸しています。私もA社の役員になっています。A社の株式の3分の2は，私達の親族で有しています。この場合の貸地の評価上，借地権があるものとされますか。
>
> ■回　答
> 　同族会社に貸し付けている場合の貸地も通常の場合と同じく，貸地として評価します。
> 　したがって，ご質問の場合も貸宅地として評価します。貸宅地の評価は，その宅地が貸されていないとした場合すなわち自用地として評価した価額か相続税法第23条《地上権及び永小作権の評価》の規定により評価したその地上権の価額または財産評価基本通達に定める借地権の評価方法により評価した借地権の価額を控除した金額によって評価します（評基通25）。
>
> （参考）実務相談録

④　借地権の取引慣行がない地域の評価

借地権の取引慣行がないと認められる地域にある借地権は，借地権割合を20％として計算する。

2 借地権及び借地権の目的となっている宅地の評価

[図表4-9] 借地権の取引慣行がない場合の例

市区町村名：○○○市　　　　　　　　　　　　　　　　　　　　　　○○○税務署

音順	町（丁目）又は大字名	適用地域名	借地権割合	固定資産税評価額に乗ずる倍率等						
				宅地	田	畑	山林	原野	牧場	池沼
			％	倍	倍	倍	倍	倍	倍	倍
あ	旭町	全域	－	路線	比準	比準	比準	比準		
	東町	全域	－	路線	比準	比準	比準	比準		
	暁町1丁目	全域	－	路線	比準	比準	比準	比準		
	暁町2丁目	全域	－	路線	比準	比準	比準	比準		
	暁町3丁目	全域	60	1.1	比準	比準	比準	比準		
い	石川町	一部	－	路線	比準	比準	比準	比準		
		上記以外の地域	60	1.1	比準	比準	比準	比準		

Q　課税上，課税価格に算入しない借地権価額とその底地の評価

■質　問

借地権の価額が少額の場合には，相続税または贈与税の課税価格の計算上，課税価格に算入されない場合があると聞いていますが，その価額はどのくらいからですか。

また，その場合には，その土地は更地として評価されるのですか。

■回　答

同じ借地権であっても，その権利の価値が微弱なものは評価の安全性の見地から，しいて課税の対象にはしないとする趣旨から，借地権の設定に際し，その設定の対価として通常権利金その他の一時金を支払うなど借地権の取引慣行があると認められる地域以外の地域にある借地権の価額は評価されません（評基通27）。

その場合の宅地に係る貸家建付借地権，転借権および借家人の有する権利についても同様です。

しかし，その場合でも，地主の所有する貸付地の評価にあたっては，貸付地の評価としてその借地権の価額に相当する金額を $\frac{20}{100}$ として控除されますので，更地としての評価は行いません（評基通25(1)）。

(参考) 実務相談録

(3) 借地権の及ぶ範囲

借地権の及ぶ範囲については，必ずしも建物敷地に限られるものではない。借地契約の内容，例えば，権利金や地代の算定根拠，土地利用の制限等に基づいて判定することが合理的である。

4章　土地の上に存する権利

> **Q** 借地権の及ぶ範囲
>
> ■質 問
> 　郊外にあるレストランやパチンコ店のように，賃借した広い土地を建物の敷地と駐車場用地とに一体として利用している場合には，その土地全体に借地権が及ぶものとして評価してよいのでしょうか。
>
> ■回 答
> 　借地権の及ぶ範囲については，必ずしも建物敷地に限られるものではなく，一律に借地権の及ぶ範囲を定めることは実情に沿いません。借地権の及ぶ範囲は，借地契約の内容，例えば，権利金や地代の算定根拠，土地利用の制限等に基づいて判定することが合理的であると考えられます。
> 　なお，建物の敷地と駐車場用地とが，不特定多数の者の通行の用に供されている道路等により物理的に分離されている場合には，それぞれの土地に存する権利を別個に判定することとなります。
>
> （参考）国税庁質疑応答事例「借地権の及ぶ範囲」

(4) 一団の土地の判定

① 複数の地目の土地を一体利用している貸宅地等の評価

　複数の地目（例えば，宅地とそれに隣接する雑種地）が同一の者に賃貸され，その借地人によって一体利用がなされているケースがある。

　この場合は，複数の地目を一団の土地として評価し，その価額を各々の地積の割合に応じてあん分して，宅地については借地権の価額を，雑種地については賃借権の価額をそれぞれ控除して評価する。

> **Q** 複数の地目の土地を一体利用している貸宅地等の評価
>
> ■質 問
> 　甲は，次の図のように，宅地と雑種地を乙に貸し付けています。
> 　この場合の甲の所有する宅地及び雑種地の価額はどのように評価するのですか。

2 借地権及び借地権の目的となっている宅地の評価

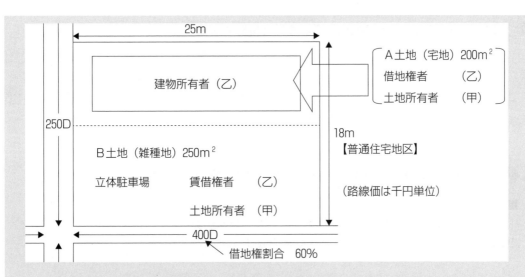

※ B土地には、乙が構築物を設置して駐車場として利用しています。
　賃貸借契約の残存期間は5年です。

■回答
　A、B土地を一団の土地として評価した価額を、各々の地積の割合に応じてあん分し、A土地については借地権の価額を、B土地については賃借権の価額をそれぞれ控除して評価します。
　図の場合において、B土地の賃借権の割合を5％とすると、具体的にはそれぞれ次のように評価します。

A土地とB土地とを一体として評価した価額

$$(\underset{\text{正面路線価}}{400,000円} \times \underset{\substack{\text{奥行価格}\\\text{補正率}}}{1.00} + \underset{\text{側方路線価}}{250,000円} \times \underset{\substack{\text{奥行価格}\\\text{補正率}}}{0.97} \times \underset{\substack{\text{側方路線}\\\text{影響加算率}}}{0.03}) \times 450\text{m}^2 = 183{,}273{,}750円$$

A土地の評価額（貸宅地の評価額）

$$\underset{\text{A、B一体の価額}}{183{,}273{,}750円} \times \frac{200\text{m}^2}{250\text{m}^2 + 200\text{m}^2} \times (1 - \underset{\text{借地権割合}}{0.6}) = 32{,}582{,}000円$$

B土地の評価額（貸し付けられている雑種地の評価額）

$$\underset{\text{A、B一体の価額}}{183{,}273{,}750円} \times \frac{250\text{m}^2}{250\text{m}^2 + 200\text{m}^2} \times (1 - \underset{\text{賃借権割合}}{0.05}) = 96{,}727{,}812円$$

（解説）
　A、B土地に設定された権利は異なる（借地権及び賃借権）が、権利者が同一であり一体として利用していることから、その貸宅地（底地）等についても「1画地の宅地」として一体で評価します。

　　　　（参考）国税庁質疑応答事例「複数の地目の土地を一体利用している貸宅地等の評価」

② 複数の地目の土地を一体利用している借地権等の評価

一方，借地人が複数の地目（例えば，宅地とそれに隣接する雑種地）を賃借して一体利用しているケースである。

この場合においても，複数の地目を一団の土地として評価し，その価額を各々の地積の割合に応じてあん分して，宅地については借地権の価額，雑種地については賃借権の価額を評価する。

Q 地目の異なる借地が一体として利用されている場合(1)

■質問

甲は，次の図のように建物の敷地部分は乙から，駐車場部分は丙からそれぞれ賃借しています。この場合の甲の有する借地権と賃借権はどのように評価するのでしょうか。

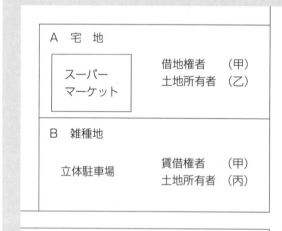

※ B土地は，甲が賃借権の登記を行い，2階建立体駐車場（構築物）を設け，スーパーマーケットの買物客の駐車場として利用している。

■回答

B土地は，スーパーマーケットの買物客の駐車場としてA土地と一体として利用されていることから，A，B土地を一団の土地（宅地）として評価し，その価額をそれぞれの土地の地積の割合に応じてあん分してA土地とB土地の価額を求めます。

次に，A土地の価額に借地権割合を，B土地の価額に賃借権割合をそれぞれ乗じて借地権の価額及び賃借権の価額を評価します。

なお，乙の貸宅地（底地）の価額を評価する場合には，A土地を1画地の宅地として評価し，丙の貸し付けられている雑種地の価額を評価する場合には，B土地を一団の雑種地として評価します。

（解説）

一体として利用されている一団の土地が2以上の地目からなる場合には，その一団の土地は，そのうちの主たる地目からなるものとして，その一団の土地ごとに評価します。

また，一団の土地の上に存する権利が借地権及び賃借権と異なっていても，それらの権利に基づき1の者が一団の土地を一体として利用しており，その者にとって一団の土地の価額に差異は生じない

ものと認められることから，一団の土地の価額をそれぞれの地積の割合に応じてあん分し，借地権及び賃借権の評価の基礎となる土地（自用地）価額を算出します。

(参考) 国税庁質疑応答事例「宅地の評価単位—地目の異なる土地が一体として利用されている場合(1)」

実務上のポイント

複数の地目が同一の者に賃貸され，借地人によって一体利用されている場合，借地使用の主たる目的が建物所有目的であるとして全体に借地権が及ぶのか，借地権価額（宅地）と賃借権価額（雑種地）を各々あん分して控除するのかは借地契約の内容，例えば権利金や地代の算定根拠，土地利用の制限等に基づいて判定する。

(5) 借地権割合を異にする路線が接続する貸宅地の評価の特例

借地権割合を異にする路線が接続する貸宅地の評価において，路線価が低い方の貸宅地の1 m^2 当たりの価額が，路線価の高い方の貸宅地の1 m^2 当たりの価額を超えることとなる場合がある。

そのように正面路線価の低い貸宅地の1平方メートル当たりの価額が，正面路線価の高い貸宅地の1平方メートル当たりの価額を超えることは実情にそぐわない面もあるため，後者の路線価の高い方の貸宅地の1 m^2 当たりの価額を基に評価して差し支えないこととされている。

なお，双方の土地について，地区区分が同一で，かつ，路線が直接接続している場合に限る。

Q 借地権割合を異にする路線が接続する場合の貸宅地の評価

■質　問

次の図のように，借地権割合を異にする路線が接続する場合において，路線価の低いA貸宅地の1平方メートル当たりの価額が，路線価の高いB宅地の1平方メートル当たりの価額を上回ることとなるが，この場合においても，通常の貸宅地と同様に評価するのか。

4章　土地の上に存する権利

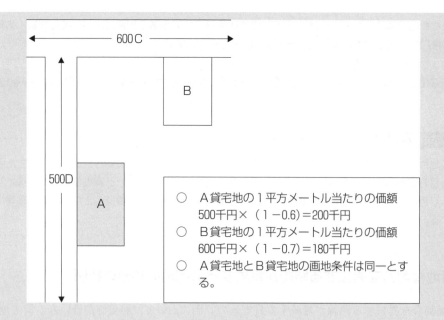

■回　答

　A貸宅地の価額は，正面路線の接続するB貸宅地の正面路線価及び借地権割合（直近上位の借地権割合を適用したものに限る。）を基として計算した1平方メートル当たりの価額（180千円）を基に評価して差し支えない。

（解説）

　貸宅地の価額は，適正に評定された路線価及び借地権割合に基づいて評価されているのであるから，借地権割合の高低によって正面路線価の低い貸宅地の1平方メートル当たりの価額が正面路線価の高い貸宅地の1平方メートル当たりの価額を超えることは不合理とはいえない。

　しかしながら，図のように①地区区分が同一で，かつ，②路線が接続する場合において，正面路線価の低い貸宅地の1平方メートル当たりの価額が正面路線価の高い貸宅地の1平方メートル当たりの価額を超えることは実情にそぐわない面もあり，この点は，借地権割合が10％単位であることに起因しているともいえることから，このような場合に限り，正面路線の接続する他の貸宅地の正面路線価及び借地権割合（直近上位の借地権割合を適用したものに限る。）を基として計算した1平方メートル当たりの価額を基に評価して差し支えないこととした。

（注）　この取扱いは，地区区分が同一で，路線が直接接続している場合にのみ適用する。

（参考）東京国税局「資産税審理事務研修教材（平成13年12月14日）」

(6)　一時使用のための借地権の評価

①　一時使用のための借地権の場合

　土地の賃貸借が，建設現場や博覧会場，一時的興行場等といったように臨時的な設備を所有することを目的とするいわゆる一時使用のためのものである場合がある。

2 借地権及び借地権の目的となっている宅地の評価

そのような場合においては，存続期間及びその更新，建物買取請求，借地条件の変更，増改築などについて，借地借家法の適用がなく，期間の満了とともに消滅することとされており，法定更新される他の借地権に比較しその権利は著しく弱いということがいえる。

したがって，通常の借地権の価額と同様にその借地権の所在する地域について定められた借地権割合を自用地価額に乗じて評価することは適当でないことから，雑種地の賃借権の評価方法に準じて評価する。

> **Q　一時使用のための借地権の評価**
>
> ■質　問
> 　甲は，建設現場に近接した土地について，工事事務所用の簡易建物の所有を目的とし，契約期間を2年とする土地の賃貸借契約を締結しています。この場合の借地権についても，その借地権の目的となっている土地の自用地としての価額に借地権割合を乗じて計算した金額により評価するのでしょうか。
>
> ■回　答
> 　建設現場，博覧会場，一時的興行場等，その性質上一時的な事業に必要とされる臨時的な設備を所有することを目的とするいわゆる一時使用のための借地権については，存続期間及びその更新，建物買取請求，借地条件の変更，増改築などについて，借地借家法の適用がなく，期間の満了とともに消滅することとされており，他の法定更新される借地権に比較しその権利は著しく弱いということがいえます。このような一時使用のための借地権の価額は，通常の借地権の価額と同様にその借地権の所在する地域について定められた借地権割合を自用地価額に乗じて評価することは適当でないので，雑種地の賃借権の評価方法に準じて評価します。
>
> （参考）国税庁質疑応答事例「一時使用のための借地権の評価」

【誤りやすい事例】一時使用の借地権の目的となっている土地

誤った取扱い	正しい取扱い
工事事務所用の簡易な建物の所有を目的に2年契約で貸し付けられた土地の評価について，通常の借地権の価額を控除して評価した。	一時使用のための賃貸借契約には借地借家法の適用はないことから，貸し付けられている雑種地の評価方法に準じて評価する。 　したがって，自用地としての価額から雑種地の賃借権の評価方法に準じて計算した価額を控除して計算する（評基通86，87，借地借家法25）。

（参考）　大阪国税局「誤りやすい事例（財産評価関係平成30年分）」〔TAINS・評価事例大阪局300000〕

② 争訟事例

(a) 平成22年11月24日裁決

平成22年11月24日裁決〔TAINS・F0-3-268〕は，建築資材を収蔵するプレハブ倉庫が存する土

地について，借地権が存在するか否かが争われた事例である。

被相続人は，訴外法人との間で，本件土地につき，賃料1か月27,000円で，建物所有を目的とする土地賃貸借契約を締結した。

本件土地上には賃借人所有のプレハブ倉庫（未登記）が存在する。

本件土地について，審査請求人は，建物所有目的で賃貸していることから，本件土地は貸宅地に該当すると主張した。

これに対し原処分庁は，借地借家法によって保護される借地権の目的となっている宅地であるとは認められないので，本件土地を貸宅地として評価することはできないと主張した。

裁決は，本件土地の賃貸借に関し，被相続人と賃借人（訴外法人）の間で，権利金等の約定もなく，授受もないこと，本件土地上の建物は未登記であること，土地上の建物は，プレハブ倉庫用建物であり，その構造体はボルトによって緊結されたものであり，容易に解体撤去が可能であること，訴外法人の法人税の確定申告書添付の貸借対照表には借地権は計上されていないこと等から，本件土地は一時使用目的の貸地として評価するのが相当であり，借地借家法で保護される普通借地権が存在しているとはいえないと判断している。

なお，本件賃借権の評価にあたっては，評価通達86の定めに基づき，賃借権割合を100分の5の2分の1に相当する割合を控除するのが相当とされている。

(b) 東京地裁平成8年1月26日判決

東京地裁平成8年1月26日判決〔税務訴訟資料215号93頁〕は，建設業を営む法人の事業用地として賃貸している土地について，借地権が存在するか否かが争われた事例である。

本件土地は，昭和50年に建設業を営む法人に貸し付けられており，建設工事詰所及び資材置場，駐車場として使用され，土地（130坪）上にはプレハブ式建物（18坪）が建っていた。契約期間は2年であり，権利金の授受はない。

本件土地について，原告は，建物所有を目的とするもので借地法の適用される賃貸借であることから，自用地価額から借地権価額（4割）を減額して評価すべきと主張した。

これに対し，被告税務署長は，本件の賃貸借は，臨時的，一時的な土地の使用を目的としたもので，借地権や地上権的賃借権に当たらないと主張した。

判決は，1．賃貸借契約書によると，その使用目的は臨時工事詰所及び駐車場に限定され，一時使用を目的とするものであること，2．プレハブ式仮設建物の建坪は合計18坪に制限されており，貸付地130坪のうちのごく僅かな部分にすぎないこと，3．被相続人の死亡後に立ち退きをしていることなどから，本件借地契約の内容，現実の使用の態様に照らせば，契約の更新を重ねて継続していても，一時使用を目的とするものであって，借地権には該当しないとしている。

なお，ここでは雑種地の賃借権が設定されている土地として，その残存期間10年以下のものに対応する相続税法第23条所定の法定地上権割合（0.05）の2分の1を減額するものとされている。

> **実務上のポイント**
>
> 　借地権が認識される建物所有目的の賃貸借において，賃貸借契約書の文言が「一時使用土地賃貸借契約書」となっていたり，借地権の認識されない一時使用のための土地賃貸借契約書において，建物所有目的の「土地賃貸借契約書」となっていたりする。借地権の有無は，賃貸借契約書の文言にとらわれるべきではなく，実際の使用状況，建物の種類等により客観的に判断すべきものであるため留意が必要である。

(7) 借地権に経済的価値が認められない場合

① 借地権に経済的価値が認められない場合

　借地権の認識は，借地権の設定に際し一時金の支払慣行がある場合や，一時金の支払慣行がない場合であっても，借地権の売買が行われたり，また，土地の売買が借地権価額に相当する価額を控除したいわゆる底地価額によって行われたり，あるいは，借地権の返還を受ける際にいわゆる立退料が支払われる慣行があるような場合において認められる。

　したがって，例えば，(イ) 権利金等の一時金の授受がなく，賃貸人が賃借人に対していつでも底地の買取請求ができるような旨が契約書に定められている場合や，(ロ) 土地上の建物が他人名義など底地が第三者に譲渡されれば，借地権者はその第三者に借地権を対抗することができず借地権が単独で売買されるとは認められない場合，(ハ) 借地権の返還にあたり立退料の支払を要しないような場合においては，借地権相当額を減額すべき事由に当たらないこととなる。

　なお，借地権の価額を認識するためには賃貸借契約の成立が前提となるが，権利金等の一時金の支払は賃貸借契約の成立要件とされるものではないことから，権利金の支払がないからといって賃貸借契約が認められないということはない（東京地裁平成3年7月16日〔税務訴訟資料186号247頁〕）。

② 賃貸人が賃借人に対していつでも底地の買取請求ができるような旨が契約書に定められている場合

　土地を地方公共団体に貸し付けているようなケースにおいて，賃貸借契約上，借地権の経済的価値を認識しない旨が定められている場合には借地権相当額を控除しないものとされている。

　例えば平成16年3月5日裁決〔裁決事例集67巻606頁〕は，地方公共団体に貸し付けられている土地について，自用地として評価することが相当とされた事例である。

　本件土地（借地権割合60％）は，訴外A市に賃貸され，A市記念館の敷地として利用されている。本件賃貸借契約の期間は30年間であり，権利金などの一時金の収受はなく，被相続人はA市に対し，賃貸借契約の期間中であっても，更地時価での買取請求をすることができるとされていた。

　本件土地について，審査請求人は，本件土地上には堅固な建物が建築され，借地権者は借地法上の保護を受けるものであるから自用地価額から借地権割合を控除して評価すべきと主張した。

　これに対し原処分庁は，地代率が通常地代以下であること，権利金等に類する一時金の授受がな

いこと，賃貸借契約の期間中であっても市に対して更地時価での買取請求をすることができることなどから，60％の借地権相当額を控除することは認められないとして，20％相当額を控除した価額によるべきと主張している。

　裁決は，A市及び被相続人は本件賃貸借契約において，借地権の経済的価値を認識しない旨を定めたものというべきであるから，借地権相当額（60％）を何ら減額すべき事由はないとして自用地として評価するのが相当であると判断している。

　また，平成23年11月17日裁決〔裁決事例集85巻367頁〕も地方公共団体に貸し付けられている土地について，自用地として評価することが相当とされた事例である。

　本件土地（借地権割合50％）は，相続開始日（平成20年2月○日）において，訴外A市に賃貸され，図書館及び駐車場の敷地として利用されていた。

　本件賃貸借契約は権利金などの一時金の収受はなく，被相続人はA市に対し，賃貸借契約の期間中であっても，更地時価での買取請求をすることができるとされていた。相続人は，平成20年12月，A市との間で本件土地を売り渡す旨の売買契約を締結している。

　審査請求人は，評価通達25の定めに従い，自用地としての価額から借地権の価額を控除した金額で評価すべきと主張した。

　これに対し原処分庁は，A市は借地権者としての経済的利益を享受しないものとしており，被相続人は本件土地の価額が何ら減損することなく自用地と同額の価額が保証されていたから，借地権相当額を減額すべき事由はなく，自用地としての価額により評価すべきと主張した。

　裁決は，本件土地をA市が買い取る場合には，当初から借地権の存在を考慮しない更地価格での買取りを予定していたと認めるのが相当であるから，本件相続の開始時において，本件土地に存した借地権については，その価額を認識する必要はなかったと判断している。

　したがって，本件土地の評価にあたっては，自用地としての価額から借地権の価額を控除しないこととするのが相当とされている。

③　借地上の建物の所有者が異なる場合

　平成20年6月27日裁決〔裁決事例集75巻582頁〕は，同族会社に賃貸している土地について，借地権が存在するか否かが争われた事例である。

　本件土地の概要は以下のとおりである。
（イ）相続人であるAが相続により取得した本件土地上には，平成3年12月15日新築を登記原因とし，Aを所有者とする建物が存する。
（ロ）Aが平成8年に設立した訴外同族会社は，それまでAが本件建物において個人で営んでいた理容業の業務をそのまま引き継ぐとともに，新たに美容業を開始した。
（ハ）平成8年3月，同族会社は，本件建物に対して改装工事を行い，2階部分の約2分の1程度を美容業店舗に改装し，1階部分に階段を追加した（改装工事の支出額は建物附属設備として法人の資産に計上されている。）。

（ニ）被相続人は，平成8年3月31日，同族会社と本件土地を普通建物所有の目的をもって賃貸借することを約する土地賃貸借契約（地代月45,000円）を締結している。
（ホ）Aは，平成11年12月20日，同族会社と本件建物を賃貸借することを約する建物賃貸借契約書（賃料月200,000円）を締結している。

　そこで，審査請求人は，本件土地上にある建物は実質的に同族会社が所有する建物であり，これに係る借地権が存在すると主張した。
　これに対し原処分庁は，建物の所有者はAであり，土地賃貸借契約が締結されていたとしても，本件土地の上に同族会社所有の建物は存在しないことから，本件土地賃貸借契約による賃借権は借地権に該当しないと主張した。
　裁決は，以下のとおり，本件借地権が市場における流通も想定できないと認められることから，相続財産評価において借地権と評価するには，その実質を欠くものと判断している。
（イ）同族会社自身は，本件土地の上に建物を所有していないことから，底地である本件土地が第三者に譲渡されれば，当該第三者に借地権を対抗することはできないこと
（ロ）同族法人は対抗力を有しないために借地権が単独で売買される，または土地の売買が借地権価額を控除した価額によって行われるとは認められないこと
（ハ）本件土地賃貸借契約によって設定された借地権は，本件土地の上に本件建物が存する状況の下においては，同族法人は建物所有目的で本件土地を利用できないこと
（ニ）借地権として評価すべきほどの資本投下もなされていないこと

(8) 相続開始後に無償で返還された場合の借地権の評価

　前述のとおり，借地権の認識は，借地権の設定に際し一時金の支払慣行があり，借地権の売買や借地権価額を控除した底地価額による売買が行われ，借地権の返還を受ける際にはいわゆる立退料が支払われる慣行があるような地域において認められる。
　したがって，賃貸借契約の終了に際し，土地の所有者が無償で借地権の返還を受けるような場合には，その貸宅地は自用地から控除する借地権の価額が認められる経済的実態が存在しないことと考えられる。
　ただし，相続開始後に無償で借地権を返還したような場合においても，課税時期において，借地権者と土地所有者との間の土地賃貸借契約に基づく賃借権が借地借家法に規定する借地権であると認められる場合においては，借地権を認識するケースもある。
　平成15年7月4日裁決〔TAINS・F0-3-299〕は，借地権が存するか否かが争われた事例である。
　被相続人は，昭和36年に本件土地の所有者と土地賃貸借契約を締結し，本件建物（総床面積420.47m^2）を建築し診療所兼居宅として利用していた。
　本件賃貸借契約の概要は以下のとおりである。
（イ）被相続人は，昭和36年に地積153.20m^2の土地賃貸借契約を締結した。

(ロ) 次いで，昭和45年に本件土地のうち，地積112.72m²を追加して土地賃貸借契約を締結した。この際に権利金として70万円を支払っている。
(ハ) 昭和47年1月5日に，既存の建物を取り壊し，本件建物を新築した。
(ニ) 平成3年に賃貸借の期間を更新する土地賃貸借契約を締結し，更新料150万円を支払っている。
(ホ) 本件建物で平成10年3月まで開業医として事業をしていた。

　本件借地権の有無について，審査請求人は，1．本件賃貸借契約に基づく被相続人の過去の借地賃借料，借地更新料及び権利金等の支払状況からみて借地権に相当する支払がないこと，2．本件賃貸借契約の期間満了に伴う本件土地の返還に際し，本件土地所有者に対して無償で返還しており借地権に相当する金銭を授受していないことから，本件借地権は存在しないと主張した。
　これに対し原処分庁は，本件賃貸借契約に基づく本件土地の賃借権は借地権に該当すると主張した。
　裁決は，1．本件賃貸借契約は，建物の所有を目的とするものであること，2．本件建物は，被相続人名義で登記されていること及び3．被相続人は，本件土地所有者に対して地代を支払っていることが認められ，これらのことからすれば，被相続人と本件土地所有者との間の土地賃貸借契約に基づく本件土地の賃借権は，旧借地法に規定する借地権であると認められると判断している。

(9) 借地権価額控除方式によらない場合

① 借地権価額控除方式

　評価通達25は，借地権の目的となっている宅地（いわゆる底地）の評価方法を定めており，その計算式を示せば，以下のとおりである。

　（算式）
　　自用地としての価額－借地権の価額＝底地の価額

　この評価方式を借地権価額控除方式という。つまり，底地価額と借地権価額を足すと1（自用地）となるという前提に基づいている。

② 底地価格の形成要因

　一般的な借地権の目的となっている宅地の価格は，2つの観点から形成されると考えられている。
　まず1つは，地代徴収権に相応する価格を中心に，将来期待される更新料，条件変更承諾料等の一時金を加味して形成されるものである。
　もう1つは，将来借地権と一体化することにより完全所有権に復帰する期待性を加味して形成されるものである。都心部などの借地権の取引慣行が成熟している地域では，底地価額は単なる地代徴収権の価額にとどまらず，むしろ将来借地権を併合して完全所有権とする潜在的価値に着目して価格形成されているのが一般的と認められていることによる。

③ 借地権価額方式によるべきではない場合

　そこで，例えば，底地と借地権とが将来併合されて完全所有権が復活する可能性が著しく低い場合や契約更新等に係る一時金の取得が期待できない場合においては，地代徴収権に加えて将来底地と借地権とが併合されて完全所有権となる潜在的価値に着目して価格形成されていると認め難い特別の事情が存することが考えられる。そのように借地権価額控除方式によって評価することが著しく不適当と認められる場合には他の合理的な方式によることも相当と解されている（平成9年12月11日裁決〔裁決事例集54巻420頁〕）。

(a) 借地権控除方式によらないことが相当とされた事例

(i) 平成9年12月11日裁決

　例えば，平成9年12月11日裁決〔裁決事例集54巻420頁〕においては，借地権付分譲マンションの底地において，借地権者が多く存在することから将来完全所有権が復活することが難しく，また，借地権の譲渡が自由であることから名義変更料等の授受も期待できないような場合において，借地権価額控除方式によることが相当でない「特別の事情」があると認定されている。

　本件土地の概要は以下のとおりである。
(イ) 本件土地の上には，地下1階付き10階建ての借地権付分譲マンションが建っている。
(ロ) 相続開始時には，84名に区分所有されている。
(ハ) 賃借権の存続期間は昭和52年の建築時から60年である。
(ニ) 賃借人は賃貸人の同意を得ないで賃借権を譲渡・転貸し，他人に使用させることができる旨が，賃貸借契約に定められている。

　本件土地の評価について，審査請求人は，不動産鑑定評価額（2億円）によるべきと主張した。
　これに対し原処分庁は，相続税評価額が課税時期におけるその土地の価額を上回っていると認められるような特別な事情は認められないので，評価通達に基づく相続税評価額（7億2,494万4,665円）とすべきであると主張した。
　裁決は，多数の借地権者が存在しており，かつ，借地権と底地は別個の市場を有していることから，借地権と底地とが併合される可能性は著しく低く，また，名義変更料の授受も期待できないことから，更地価額から借地権価額を控除した残余の部分が底地価額となるとは限らないこととなり借地権価額控除方式のみによって評価することは相当でない特別の事情があると判断している。ここでは，審判所が依頼した不動産鑑定評価額6,000万円が採用されている。

(ii) 東京地裁平成11年3月30日判決

　また，同じく借地権付分譲マンションの底地の評価が争われた事例として，東京地裁平成11年3月30日判決〔税務訴訟資料241号571頁〕がある。
　本件土地の概要は以下のとおりである。

4章　土地の上に存する権利

(イ) 本件土地の上には，地下1階付き8階建ての借地権付分譲マンションが建っている。
(ロ) 相続開始時には，16名に区分所有されている。
(ハ) 賃借権の存続期間は昭和44年から60年である。
(ニ) 賃借人は賃貸人の承諾を得ないで賃借権を譲渡することができる旨が，賃貸借契約に定められている。
(ホ) 本件土地の相続税評価額は121,352,272円である。

本件土地について，原告は，不動産鑑定評価額（2,000万円）によるべきであると主張した。

これに対し被告税務署長は，課税庁が依頼した不動産鑑定評価（3,000万円）によるべきであると主張した。

本件の裁決（平成9年12月10日〔TAINS・F0-3-074〕）は，60年の借地権が設定されていること，借地権者が16名いること，借地権の譲渡に賃貸人の承諾が不要といった一般の賃貸土地と異なる事情があることから，本件土地の評価額の算定を評価通達に基づいてしないこととし，課税庁側不動産鑑定評価額3,000万円を本件土地の時価と認定した。

東京地裁では，収益還元法による納税者側鑑定評価書と，収益還元法と借地権控除価格を併用した課税庁側鑑定評価書のいずれを採用するかが争われたのであるが，判決においても，借地権者の数が16名と分譲マンションとしては比較的少数であり，すべての借地権を取得する可能性もわずかながら残っていること，個別の借地権者に対する底地権買取りの交渉も可能であること，本件建物の建替え等にあたって本件建物の所有者である借地権者らが共同して本件土地の所有権を取得するという事態も想定可能であること等から，借地権価額控除方式による価格を考慮することが不合理であるとはいえないとし，収益還元価格を重視し借地権控除価格を比較考量した課税庁側不動産鑑定評価書が採用されている。

(iii) 平成17年7月7日裁決

評価対象地及び周囲の土地をデベロッパーが一括で借り上げ，それらを一体として宅地造成し，各地主が所有している土地の形状とは全く無関係に区画された状態で転貸しているなど将来における復帰価値の算定が極めて困難である場合において，借地権価額控除方式によるべきでない「特別の事情」が認定された事例として平成17年7月7日裁決〔裁決事例集70巻272頁〕がある。

本件の相続財産である土地は，7つの貸宅地及び1つの自用地である。

評価対象地である各貸宅地は，複数の地主が所有する土地をデベロッパーが一括で借り上げ，それらを一体として宅地造成し，各地主が所有している土地の形状とは全く無関係に区画された状態で転貸しているなど将来における復帰価値の算定が極めて困難であるという事情があった。

本件各貸宅地について，審査請求人は，不動産鑑定評価額によるべきであると主張した。

これに対し原処分庁は，課税庁が依頼した不動産鑑定評価額によるべきであると主張した。

裁決は，本件各貸宅地の相続税評価額は，納税者鑑定に基づく評価額及び課税庁鑑定に基づく評

価額のいずれをも上回っていること等から、納税者鑑定、課税庁鑑定及び評価通達により算定した評価額について検討した結果、課税庁鑑定による評価額を採用している。

(b) 借地権価額控除方式によることが相当とされた事例

一方、借地人が同族会社である場合（平成15年9月2日裁決〔裁決事例集66巻265頁〕）や相続開始後に借地権を買い取って完全所有権となっているような場合（平成18年3月15日〔裁決事例集71巻505頁〕）においては、将来借地権を併合して完全所有権となることを困難とする特別の事情はないとされている。

(i) 平成15年9月2日裁決

平成15年9月2日裁決〔裁決事例集66巻265頁〕は、借地人である同族法人が倉庫の敷地として利用する貸宅地の評価が争われた事例である。

被相続人は、昭和57年に本件土地を訴外同族法人A社に賃貸し、A社はその土地上に倉庫用の建物を建築して、B社に賃貸していた。

A社は、Cほか6名によって設立され、設立時から平成6年まではCが、平成6年から本件相続開始日までは被相続人が代表取締役であった。

本件土地の評価について、審査請求人は、評価通達に基づいた相続税評価額は時価を超えていることから不動産鑑定評価額を採用すべきと主張した。

これに対し原処分庁は、評価通達に定める貸宅地の評価方法以外の方法によって評価しなければならない特別な事情は認められないと主張した。

裁決は、本件土地の賃貸借の状況は、1. 賃貸借に係る契約書は存在しないこと、2. 被相続人と賃借人とは、同族関係者という関係にあること以外に本件借地契約における契約条件は明らかではなく、結局、本件土地にかかる借地権は、被相続人とA社という特別関係者の間で、倉庫の建設敷地として利用することを目的として自然発生的に生じたものということができ、一般的な第三者間の借地契約におけるものよりも、将来、底地と借地権とが併合し、完全な土地所有権となる可能性はより高いものと認められるから、借地権価額控除方式によることを困難とする特別の事情はないと判断している。

(ii) 平成18年3月15日裁決

また、平成18年3月15日裁決〔裁決事例集71巻505頁〕は、借地人が居宅として利用している貸宅地の評価が争われた事例である。

本件土地3は、被相続人が死亡した平成13年2月○日時点において、訴外A所有の建物（居宅）の敷地として利用されていた。

被相続人は、昭和37年にBへ土地を賃貸し、Aは、この契約に係る権利をBから購入して昭和39年に居宅を建築した。被相続人とAとの間では、改めて土地賃貸借契約書は作成していない。

審査請求人は，本件土地3には，底地と借地権とが併合されて完全所有権が復活する可能性がないため借地権価額控除方式により難い特別な事情があると主張した。

これに対し原処分庁は，評価通達は合理性を有しており，評価通達により難い特別な事情は認められないと主張した。

裁決は，平成15年3月に地主（相続人）が借地人から建物を購入することにより完全所有権となっていることなどから，借地権を併合して完全所有権となる潜在的価値を認めることが困難とする特別の事情は認められないと判断している。

実務上のポイント

評価通達に定める借地権価額控除方式は，底地と借地権が将来併合されて完全所有権となる可能性があること，更新料等の一時金が期待されることが前提となっている。

したがって，借地権者が多く存在して将来完全所有権となることが難しい場合や，借地権の譲渡が自由であることから更新料等の収受が期待できないような場合には通達による評価が不適当となることがある。その場合には不動産鑑定評価が有効である。

3 相当地代通達

昭和60年6月5日
国税庁長官

相当の地代を支払っている場合等の借地権等についての
相続税及び贈与税の取扱いについて

標題のことについては，下記のとおり定めたから，これによられたい。

（趣旨）
借地権の設定された土地について権利金の支払に代え相当の地代を支払うなどの特殊な場合の相続税及び贈与税の取扱いを定めたものである。

したがって，借地権の設定に際し通常権利金を支払う取引上の慣行のある地域において，通常の地代（その地域において通常の賃貸借契約に基づいて通常支払われる地代をいう。）を支払うことにより借地権の設定があった場合又は通常の地代が授受されている借地権若しくは貸宅地の相続，遺贈又は贈与があった場合には，この通達の取扱いによることなく，相続税法基本通達及び相続税財産評価に関する基本通達等の従来の取扱いによるのであるから留意する。

（相当の地代を支払って土地の借受けがあった場合）
1　借地権（建物の所有を目的とする地上権又は賃借権をいう。以下同じ。）の設定に際しその設定の対価として通常権利金その他の一時金（以下「権利金」という。）を支払う取引上の慣行のある地域

において，当該権利金の支払に代え，当該土地の自用地としての価額に対しておおむね年6％程度の地代（以下「相当の地代」という。）を支払っている場合は，借地権を有する者（以下「借地権者」という。）については当該借地権の設定による利益はないものとして取り扱う。

　この場合において，「自用地としての価額」とは，昭和39年4月25日付直資56ほか1課共同「財産評価基本通達」（以下「評価基本通達」という。）25《貸宅地の評価》の(1)に定める自用地としての価額をいう（以下同じ。）。

　ただし，通常支払われる権利金に満たない金額を権利金として支払っている場合又は借地権の設定に伴い通常の場合の金銭の貸付けの条件に比し特に有利な条件による金銭の貸付けその他特別の経済的な利益（以下「特別の経済的利益」という。）を与えている場合は，当該土地の自用地としての価額から実際に支払っている権利金の額及び供与した特別の経済的利益の額を控除した金額を相当の地代の計算の基礎となる当該土地の自用地としての価額とする。

（注）

1　相当の地代の額を計算する場合に限り，「自用地としての価額」は，評価基本通達25（《貸宅地の評価》）の(1)に定める自用地としての価額の過去3年間（借地権を設定し，又は借地権若しくは貸宅地について相続若しくは遺贈又は贈与があった年以前3年間をいう。）における平均額によるものとする。

2　本文のただし書により土地の自用地としての価額から控除すべき金額があるときは，当該金額は，次の算式により計算した金額によるのであるから留意する。

（算式）

$$\text{その権利金又は特別の経済的な利益の額} \times \frac{\text{当該土地の自用地としての価額}}{\text{借地権の設定時における当該土地の通常の取引価額}}$$

（相当の地代に満たない地代を支払って土地の借受けがあった場合）

2　借地権の設定に際しその設定の対価として通常権利金を支払う取引上の慣行のある地域において，当該借地権の設定により支払う地代の額が相当の地代の額に満たない場合，借地権者は，当該借地権の設定時において，次の算式により計算した金額から実際に支払っている権利金の額及び供与した特別の経済的利益の額を控除した金額に相当する利益を土地の所有者から贈与により取得したものとして取り扱う。

（算式）

$$\text{自用地としての価額} \times \left\{ \text{借地権割合} \times \left(1 - \frac{\text{実際に支払っている地代の年額} - \text{通常の地代の年額}}{\text{相当の地代の年額} - \text{通常の地代の年額}} \right) \right\}$$

　上記の算式中の「自用地としての価額」等は，次による。

(1)　「自用地としての価額」は，実際に支払っている権利金の額又は供与した特別の経済的利益の額がある場合に限り，1《相当の地代を支払って土地の借受けがあった場合》の本文の定めにかかわらず，借地権の設定時における当該土地の通常の取引価額によるのであるから留意する。

(2)　「借地権割合」は，評価基本通達27《借地権の評価》に定める割合をいう。

(3)　「相当の地代の年額」は，実際に支払っている権利金の額又は供与した特別の経済的利益の額がある場合であっても，これらの金額がないものとして計算した金額による。

　　（注）　通常権利金を支払う取引上の慣行のある地域において，通常の賃貸借契約に基づいて通常支払われる地代を支払うことにより借地権の設定があった場合の利益の額は，次に掲げる場

合に応じ，それぞれ次に掲げる金額によるのであるから留意する。
(1) 実際に支払っている権利金の額又は供与した特別の経済的利益の額がない場合　評価基本通達27《借地権の評価》により計算した金額
(2) 実際に支払っている権利金の額又は供与した特別の経済的利益の額がある場合　通常支払われる権利金の額から実際に支払っている権利金の額及び供与した特別の経済的利益の額を控除した金額

(相当の地代を支払っている場合の借地権の評価)
3　借地権が設定されている土地について，相当の地代を支払っている場合の当該土地に係る借地権の価額は，次によって評価する。
(1) 権利金を支払っていない場合又は特別の経済的利益を供与していない場合　零
(2) (1)以外の場合　原則として2《相当の地代に満たない地代を支払って土地の借受けがあった場合》に定める算式に準じて計算した金額

(相当の地代に満たない地代を支払っている場合の借地権の評価)
4　借地権が設定されている土地について，支払っている地代の額が相当の地代の額に満たない場合の当該土地に係る借地権の価額は，原則として2《相当の地代に満たない地代を支払って土地の借受けがあった場合》に定める算式に準じて計算した金額によって評価する。

(「土地の無償返還に関する届出書」が提出されている場合の借地権の価額)
5　借地権が設定されている土地について，平成13年7月5日付課法3-57ほか11課共同「法人課税関係の申請，届出等の様式の制定について」(法令解釈通達)に定める「土地の無償返還に関する届出書」(以下「無償返還届出書」という。)が提出されている場合の当該土地に係る借地権の価額は，零として取り扱う。(平成17課資2-4　改正)

(相当の地代を収受している場合の貸宅地の評価)
6　借地権が設定されている土地について，相当の地代を収受している場合の当該土地に係る貸宅地の価額は，次によって評価する。
(1) 権利金を収受していない場合又は特別の経済的利益を受けていない場合
　　当該土地の自用地としての価額の100分の80に相当する金額
(2) (1)以外の場合
　　当該土地の自用地としての価額から3《相当の地代を支払っている場合の借地権の評価》の(2)による借地権の価額を控除した金額(以下この項において「相当の地代調整貸宅地価額」という。)
　　ただし，その金額が当該土地の自用地としての価額の100分の80に相当する金額を超えるときは，当該土地の自用地としての価額の100分の80に相当する金額
(注)　上記(1)及び(2)のただし書に該当する場合において，被相続人が同族関係者となっている同族会社に対し土地を貸し付けている場合においては，昭和43年10月28日付直資3-22ほか2課共同「相当の地代を収受している貸宅地の評価について」通達(以下「43年直資3-22通達」という。)の適用があることに留意する。
　　　この場合において，上記(2)のただし書に該当するときは，43年直資3-22通達中「自用地としての価額」とあるのは「相当の地代調整貸宅地価額」と，「その価額の20％に相当する金額」と

あるのは「その相当の地代調整貸宅地価額と当該土地の自用地としての価額の100分の80に相当する金額との差額」と，それぞれ読み替えるものとする。

(相当の地代に満たない地代を収受している場合の貸宅地の評価)
7　借地権が設定されている土地について，収受している地代の額が相当の地代の額に満たない場合の当該土地に係る貸宅地の価額は，当該土地の自用地としての価額から4《相当の地代に満たない地代を支払っている場合の借地権の評価》に定める借地権の価額を控除した金額（以下この項において「地代調整貸宅地価額」という。）によって評価する。

　　ただし，その金額が当該土地の自用地としての価額の100分の80に相当する金額を超える場合は，当該土地の自用地としての価額の100分の80に相当する金額によって評価する。

　　なお，被相続人が同族関係者となっている同族会社に対し土地を貸し付けている場合には，43年直資3-22通達の適用があることに留意する。この場合において，同通達中「相当の地代」とあるのは「相当の地代に満たない地代」と，「自用地としての価額」とあるのは「地代調整貸宅地価額」と，「その価額の20％に相当する金額」とあるのは「その地代調整貸宅地価額と当該土地の自用地としての価額の100分の80に相当する金額との差額」と，それぞれ読み替えるものとする。

(「土地の無償返還に関する届出書」が提出されている場合の貸宅地の評価)
8　借地権が設定されている土地について，無償返還届出書が提出されている場合の当該土地に係る貸宅地の価額は，当該土地の自用地としての価額の100分の80に相当する金額によって評価する。

　　なお，被相続人が同族関係者となっている同族会社に対し土地を貸し付けている場合には，43年直資3-22通達の適用があることに留意する。この場合において，同通達中「相当の地代を収受している」とあるのは「「土地の無償返還に関する届出書」の提出されている」と読み替えるものとする。
　（注）　使用貸借に係る土地について無償返還届出書が提出されている場合の当該土地に係る貸宅地の価額は，当該土地の自用地としての価額によって評価するのであるから留意する。

(相当の地代を引き下げた場合)
9　借地権の設定に際し，相当の地代を支払った場合においても，その後その地代を引き下げたときは，その引き下げたことについて相当の理由があると認められる場合を除き，その引き下げた時における借地権者の利益については2《相当の地代に満たない地代を支払って土地の借受けがあった場合》の定めに準じて取り扱う。

　　また，2《相当の地代に満たない地代を支払って土地の借受けがあった場合》又は上記により利益を受けたものとして取り扱われたものについて，その後その地代を引き下げたときは，その引き下げたことについて相当の理由があると認められる場合を除き，その引き下げた時における利益（2《相当の地代に満たない地代を支払って土地の借受けがあった場合》又は上記により受けた利益の額を控除したところによる。）については上記と同様に取り扱う。

(相当の地代を支払っている場合の貸家建付借地権等の価額)
10　(1)　3《相当の地代を支払っている場合の借地権の評価》から5《「土地の無償返還に関する届出書」が提出されている場合の借地権の価額》までに定める借地権（以下「相当の地代を支払っている場合の借地権等」という。）が設定されている土地について，貸家の目的に供された場合又は相当の地代の支払，相当の地代に満たない地代の支払若しくは無償返還届出書の提出により借地権の転

4章　土地の上に存する権利

貸があった場合の評価基本通達28《貸家建付借地権の評価》から31《借家人の有する宅地等に対する権利の評価》までに定める貸家建付借地権，転貸借地権，転借権又は借家人の有する権利の価額は，相当の地代を支払っている場合の借地権等の価額を基として1《相当の地代を支払って土地の借受けがあった場合》から9《相当の地代を引き下げた場合》までの定めによるものとする。

(2) 借地権（(1)に該当する借地権を除く。）が設定されている土地について，相当の地代の支払，相当の地代に満たない地代の支払又は無償返還届出書の提出により借地権の転貸があった場合の評価基本通達29《転貸借地権の評価》から31《借家人の有する宅地等に対する権利の評価》までに定める転貸借地権，転借権又は借家人の有する権利の価額は，評価基本通達27《借地権の評価》の定めにより評価したその借地権の価額を基として1《相当の地代を支払って土地の借受けがあった場合》から9《相当の地代を引き下げた場合》までの定めによるものとする。

（地価税における借地権等の評価）
11　3《相当の地代を支払っている場合の借地権の評価》から8《「土地の無償返還に関する届出書」が提出されている場合の貸宅地の評価》まで及び10《相当の地代を支払っている場合の貸家建付借地権等の価額》の定めは，地価税の課税価格計算の基礎となる土地等の価額の評価について準用する。

昭和43年10月28日
国税庁長官

相当の地代を収受している貸宅地の評価について

　標題のことについて昭和42年7月10日別紙2のとおり東京国税局直税部長から上申があり，これに対して同年12月5日別紙1のとおり指示したところであるが，今後，同様の事案については，これにより処理されたい。

別紙1

昭和42年12月5日
国税庁長官

相当の地代を収受している貸宅地の評価について
（昭和42年7月10日付東局直資第72号による上申に対する指示）

　標題のことについて，課税時期における被相続人所有の貸宅地は，自用地としての価額から，その価額の20％に相当する金額（借地権の価額）を控除した金額により，評価することとされたい。
　なお，上記の借地権の価額は，昭和39年4月25日付直資56相続税財産評価に関する基本通達32の(1)の定めにかかわらず，被相続人所有のI株式会社の株式評価上，同社の純資産価額に算入することとされたい。

（理由）
　地代率との相関関係から借地権の有無につき規定している法人税法施行令第137条の趣旨からすれば，

> 本件の場合土地の評価に当たり借地権を無視する考え方もあるが，借地借家法の制約賃貸借契約にもとづく利用の制約等を勘案すれば，現在借地慣行のない地区についても20％の借地権を認容していることとの権衡上，本件における土地の評価についても借地権割合を20％とすることが適当である。
> 　なお，本件における借地権の価額を被相続人が所有するＩ株式会社の株式評価上，同社の純資産価額に算入するのは，被相続人が同社の同族関係者である本件の場合においては，土地の評価額が個人と法人を通じて100％顕現することが，課税の公平上適当と考えられるからである。

(1) 相当地代通達の趣旨

相当地代通達の趣旨については，同年７月に資産評価企画官情報で以下のとおり説明されている。

> 　　　　　　　　　　　　　　　　　　　　　　　　　　　　　　　　昭和60年７月９日
> 　　　　　　　　　　　　　　　　　　　　　　　　　　　　　　　　資産評価企画官情報
>
> 　　　　　　　「相当の地代を支払っている場合等の借地権等についての
> 　　　　　　　　相続税及び贈与税の取扱いについて」通達の趣旨説明
>
> はじめに
>
> (1)　今回の「相当の地代を支払っている場合等の借地権等についての相続税及び贈与税の取扱いについて」通達は，建物の所有を目的とする地上権又は賃借権（以下「借地権」という。）の設定に際しその設定の対価として権利金その他の一時金（以下「権利金」という。）を支払う取引上の慣行のある地域において，当該権利金の支払に代え，①相当の地代が支払われている場合，②相当の地代に満たない地代が支払われている場合（通常の地代が支払われている場合を除く。），③無償返還届出書の提出されている場合の特殊な賃貸借契約による借地権（以下「相当の地代を支払っている場合の借地権等」という。）の設定の際における借地権者の利益の取扱い及び当該土地について相続，遺贈又は贈与（以下「相続等」という。）があったときの借地権又は貸宅地の価額の評価について定めたものである。
> (2)　この相当の地代を支払っている場合の借地権等の取扱いについては，法人税においては，既に通達が定められており，相続税，贈与税においては部分的又は単発的にではあるが判例，裁決又は個別通達等で取扱いが示されてきた。
> 　　本通達は，これらを基にして取りまとめ，整理し，まだ必ずしも明確でなかった点も含めてその取扱いを定めたものである。
> (3)　なお，本通達の（趣旨）及び上記(1)で明らかなように，通常の権利金が授受されている場合又は通常の地代が授受されている場合には，本通達の適用はなく相続税法基本通達等の取扱いによる。逆に言えば，本通達の対象となるのは，親族間，同族会社とその役員間等に予想される特殊な賃貸借契約が考えられよう。
>
> １　相当の地代を支払って土地の借受けがあった場合
> （説明）
> (1)　本項は，借地権の設定に際しその設定の対価として通常権利金を支払う取引上の慣行のある地域

4章　土地の上に存する権利

において，権利金の支払がない場合又は通常支払われる権利金に満たない金額を権利金として支払っている場合で，当該権利金の支払に代え相当の地代が支払われているものについては，借地権の設定による利益はなかったものとして取り扱う旨を明らかにしたものである。

(2) 借地権の設定に際し通常権利金を支払う取引上の慣行のある地域において，権利金の授受に代え相当の地代を授受している場合には，土地の所有者からみれば，その土地の地代収受権としての経済的価値はいささかも侵食されておらず，借地権の設定がされてもなお維持されているものと考えられることから，このような取扱いとしたものである。

(参考)

1　参考判例

最高裁昭和48年（行ツ）第69号　昭和49年6月28日判決

（税務訴訟資料75号1123ページ）

最高裁昭和56年（行ツ）第24号　昭和56年10月30日判決

（税務訴訟資料121号179ページ）

2　昭和37年における法人税法施行規則第16条の2（現行同施行令第137条《土地の使用に伴う対価についての所得の計算》）の制定に当たっての税制調査会における審議の内容は，次のとおりである。

「借地権の設定に際し，必ず近傍の借地権割合からみて相当と認められる権利金の授受があるべきものと考えるのは，借地契約にも権利金にも種々の性格があることから取引の実情に合わない面があり，実際の取扱いにおいては，個別的な事例について例外的な取扱いを認めている例もある。しかしながら，権利金の授受のあったものに比し高額な地代を徴しているにもかかわらず，権利金収入の認定課税を受けた例等常識に合わない取扱いもみられ，いかなる場合に権利金の認定課税を行なうべきかの合理的基準を明らかにすることが要求されている。

また，所得税においては，借地権の設定に関しては，権利金収入の認定課税を行なっていないことから，これとのバランスからも法人の認定課税は酷にすぎるという批判がされている。」との問題が提起され，これについて借地権又は権利金の基本的な性格，借地権取引の実情等各面からの検討を行った結果，「借地権の設定があった場合に，近傍の借地権割合からみて相当と認められる権利金収入の認定課税を行なうべきかどうかの問題については，まず権利金の授受のない借地権の設定につき認定課税を行なわないこととした法人税に関する事案につき検討を行ない，これを制度的に明らかにすることによって問題の解決を図ろうとしたが，これらの事案からは必ずしも一貫した原則をみいだすことはできなかった。

次に，認定課税を行なった法人税に関する事例のうち，特に問題となった事例につき検討したが，これらのうち相当の権利金の授受を行なった場合に比べて高額の地代を徴している例については，常識的にこのような場合に認定課税を行なうべきでないとも考えられたが，理論的にも地代の資本還元額は，地代収受権としての土地の価額に等しいから，これと更地としての土地の価額とが等しい場合には，権利金を収受すべきいわれがなく，したがって，また課税を行なうべきでないと認めた。

このような考え方にたって，権利金の認定課税は，地代を資本還元してえられる土地の価額が更地としての価額に達しない場合に，その達しない差額について行なわれるべきであり，この場合，実際に収受した権利金があれば，これをその差額から控除すべきものと認めた。」とされている。

(3) 本通達における相当の地代の計算の基礎となる「自用地としての価額」は，昭和39年4月25日付直資56ほか1課共同「相続税財産評価に関する基本通達」（以下「評価基本通達」という。）25《貸宅地の評価》に定める「自用地としての価額」によることを明らかにしたものである。これは，相続税及び贈与税における財産の評価は，相続税法第22条において「この章で特別の定のあるものを

除く外，相続，遺贈又は贈与に因り取得した財産の価額は，当該財産の取得の時における時価による」と定められているところであり，この場合の時価の具体的な算定基準については，部内における取扱いの統一と課税の公平を図るため評価基本通達に定められていることから，これによることとしたものである。
(4) 本項において，「自用地としての価額」とは，次の二つのケースを想定している。すなわち，
  ① 権利金を支払っていない場合又は特別の経済的利益を供与していない場合
  ② 支払われた権利金の額又は供与した特別の経済的利益の額が通常の権利金の額に満たない場合
  ①，②のケースについて例示すれば，次のとおりである。

〔相当の地代の年額の計算例〕
①の場合
　　イ　土地の自用地としての価額　　　4,000万円
　　ロ　通常支払うべき権利金の額　　　2,800万円
　（相当の地代の年額）
　　4,000万円×8％＝320万円

②の場合
　　イ　土地の自用地としての価額　　　4,000万円
　　ロ　通常支払うべき権利金の額　　　2,800万円
　　ハ　支払った権利金の額　　　　　　1,000万円
　（相当の地代の年額）
　　（4,000万円－1,000万円）×8％＝240万円

2　相当の地代に満たない地代を支払って土地の借受けがあった場合
(説明)
(1) 本項は，借地権の設定に際し通常権利金を支払う取引上の慣行のある地域において，権利金の支払がない場合又は通常の権利金の額に満たない権利金が支払われている場合において，その支払われる地代の額が通常の地代の額を超え相当の地代の額に満たない場合における土地の所有者から借地権者が受けた利益についての課税の取扱いを定めたものである。
(2) 借地権の設定に際し通常権利金を支払う取引上の慣行のある地域においては権利金が授受されるのが一般的であるが，親族間，同族会社とその役員間等における賃貸借においては権利金が支払われず，地代のみが支払われるケースがある。
　　このようなケースにおいて，支払われている地代の額が通常の地代の額を超え相当の地代の額に満たない場合には，土地の所有者から借地権者に対して利益が供与されたことになる。
　　この場合の利益の額の計算方法が明らかにされた。
(3) 次に，本項によるものは，権利金を支払わずに通常の地代が支払われているケースと，相当の地代が支払われているケースの中間に位置するものであるところから，両者間の取扱いを何らかの基準で調整したところにより取り扱うべきものと考えられる。
　　権利金を支払わずに通常の地代が支払われていれば権利金相当額（自用地としての価額×借地権割合）が借地人に対して贈与されたものとして課税される。
　　他方，相当の地代が支払われていれば，先に述べたように，借地人に対しては何ら経済的な利益

は生じない。

　そこで，この相当の地代より低い地代が支払われている場合における借地人に課税されるべき利益は，地代の額によって調整されることが相当であることから，権利金が支払われずに通常の地代の支払われているケースを借地人に生ずべき利益の上限とし，相当の地代の支払われているケースを借地人に生ずべき利益の下限として，通常の地代を両者（分母・分子）から差し引いてあん分することとしたものである。

(4) 本項(3)は，評価基本通達32《課税価格に算入しない借地権等》の取扱いは通常の賃貸借契約における同通達27《借地権の評価》の定めにより評価した借地権の価額について適用されるものであり，本通達により算出された額が自用地としての価額の30％に満たない金額となる場合においても評価基本通達32《課税価格に算入しない借地権等》の取扱いの適用はないことを留意的に明らかにしたものである。

3　相当の地代を支払っている場合の借地権の評価
(説明)
(1) 本項は，相当の地代が支払われている場合の借地権について，相続等があったときの当該土地に係る借地権の価額の評価について定めたものである。
(2) 本項(1)の考え方は，本通達1《相当の地代を支払って土地の借受けがあった場合》と同様である。
(3) 本項(2)の考え方は，本通達2《相当の地代に満たない地代を支払って土地の借受けがあった場合》と同様である。
　この場合，本項において準ずることとしている本通達2《相当の地代に満たない地代を支払って土地の借受けがあった場合》の算式中の自用地としての価額，借地権割合及び各地代の年額は，相続等の時における金額又は割合によることとなる。
(参考)

$$自用地としての価額 \times \left\{借地権割合 \times \left(1 - \frac{実際に支払っている地代の年額 - 通常の地代の年額}{相当の地代の年額 - 通常の地代の年額}\right)\right\}$$

4　相当の地代に満たない地代を支払っている場合の借地権の評価
(説明)
(1) 本項は支払っている地代の額が通常の地代の額を超え相当の地代の額に満たない場合の借地権について，相続等があったときの当該土地に係る借地権の価額の評価について定めたものである。
(2) この場合，本項において準ずることとしている本通達2《相当の地代に満たない地代を支払って土地の借受けがあった場合》の算式中の自用地としての価額，借地権割合及び各地代の年額は，相続等の時における金額又は割合によることとなる。
(参考)

$$自用地としての価額 \times \left\{借地権割合 \times \left(1 - \frac{実際に支払っている地代の年額 - 通常の地代の年額}{相当の地代の年額 - 通常の地代の年額}\right)\right\}$$

5　「土地の無償返還に関する届出書」が提出されている場合の借地権の価額
(説明)
(1) 本項は，法人税の取扱いにより，無償返還届出書（昭和56年4月6日付直法2-2「借地権の設定等に係る届出書等の様式について」通達に係る「土地の無償返還に関する届出書」をいう。以下同じ。）が提出されている借地権について相続等があったときにおける当該土地に係る借地権の取扱いにつ

いて定めたものである。
(2) 法人税の取扱いにおいては、法人税基本通達13-1-1《借地権の認定見合せ》により、法人が借地権の設定等により他人に土地を使用させた場合（権利金を収受した場合又は特別の経済的な利益を受けた場合を除く。）に収受する地代の額が相当の地代の額に満たないときであっても、その借地権の設定等に係る契約書において将来借地人がその土地を無償で返還することを明らかにするとともにその旨を連名の書面により遅滞なく税務署長（国税局の調査課所管法人にあっては、国税局長。）に届け出たときは、その土地の使用期間を含む各事業年度において、相当の地代の額から実際に収受している地代の額を控除した金額に相当する金額を借地人等に対して贈与したものとして取り扱うものとし、権利金の認定課税は行わないことを明らかにしている。
(3) このように、無償返還届出書は、土地所有者と借地人間において将来無償で借地権を返還することを約した契約であることから、当該借地権について相続等があったときには、借地人に当該借地権の価値が生じないこととして取り扱うことが当事者の取引の実態にもかなうものと考えられることから、無償返還届出書の提出されている当該土地の借地権価額は零として取り扱うこととしたものである。
(注) 無償返還届出書を提出することができるのは、土地所有者が法人である場合に限らず、土地の所有者が個人で借地人が法人である場合においても提出することができることとされているが、個人間には無償返還届出書の取扱いは取り入れないこととした。
これは、個人間において、あえて無償返還届出書の取扱いを取り入れなくとも使用貸借契約によってその目的を達しうることによるものである。

6　相当の地代を収受している場合の貸宅地の評価
（説明）
(1) 本項は、借地権の設定されている土地について、相当の地代を収受している場合の当該土地について相続等があったときの当該土地に係る貸宅地の価額の評価について定めたものである。
(2) 当該土地に係る貸宅地の価額の評価については、自用地としての価額によるべきであるとの考え方もあるが、借地法等による制約等を勘案すれば、現在借地権の慣行のない地域についても20％の借地権を認容していることとの権衡上、当該土地に係る貸宅地の価額の評価についても20％を控除することが適当であるとの考えによるものである。
(3) 本項(2)のただし書は、借地権の設定の対価として権利金を収受していない場合又は特別の経済的利益を受けていない場合においても、当該土地の貸宅地の価額は、自用地としての価額の100分の80を限度として評価することとのバランスを考慮したものである。
(4) 本項（注）書において、自用地としての価額から控除された20％相当の金額及び自用地としての価額の100分の80を超える金額について控除された金額については、被相続人が同族関係者となっている同族会社に当該土地を貸し付けている場合には、当該金額を当該同族会社の株式又は出資（以下「株式等」という。）の評価上、純資産価額に算入して計算することとしたのは、当該土地の価額が個人と法人を通じて100％顕現することが課税の公平上適当と考えられることによるものである。
なお、本項(2)において貸宅地の価額が自用地としての価額の100分の80に相当する金額を超える場合には、自用地としての価額の100分の80を限度として貸宅地の価額を評価し、その差額を株式等の評価に当たり純資産価額に算入して計算するのであるが、本通達3《相当の地代を支払っている場合の借地権の評価》の(2)により評価した借地権の価額は、本項（注）書によるものでなく、いわば同族会社本来の借地権として株式等の評価上純資産価額に算入されるものである。

4章　土地の上に存する権利

7　相当の地代に満たない地代を収受している場合の貸宅地の評価
(説明)
(1)　本項は借地権の設定されている土地について，収受している地代の額が通常の地代の額を超え相当の地代の額に満たない貸宅地について相続等があったときのその当該土地に係る貸宅地の価額の評価について定めたものである。
(2)　本項なお書の考え方は，本通達6《相当の地代を収受している場合の貸宅地の評価》と同様である。

8　「土地の無償返還に関する届出書」が提出されている場合の貸宅地の評価
(説明)
(1)　本項は，借地権の設定に際し通常権利金を支払う取引上の慣行のある地域において，権利金の授受がない場合又は特別の経済的利益の供与がない場合において無償返還届出書が提出されている土地について相続等があったときの当該土地に係る貸宅地の価額の評価について定めたものである。
(2)　無償返還届出書が提出されている借地契約は，当事者間において将来無償で借地権を返還することを約したものであることから，相続等のときにおける当該土地に係る借地権の価額は，本通達3《相当の地代を支払っている場合の借地権の評価》の(1)により零として取り扱うこととされているが，当該土地に係る貸宅地の価額の評価に当たっては自用地としての価額の100分の80に相当する金額によって評価することとした。
　　これは，無償返還届出書が提出されている土地といえども，借地法等の制約等を受けること，また，当該土地が相続等のときに無償返還されるわけではないことなどを勘案すれば，現在借地権の慣行のない地域についても20％の借地権を認容していることとの権衡上，当該土地に係る貸宅地の価額の評価についても20％を控除することが適当であるとの考えによるものである。
(3)　本項なお書の考え方は，本通達6《相当の地代を収受している場合の貸宅地の評価》と同様である。

9　相当の地代を引き下げた場合
(説明)
(1)　本項は，借地権の設定に際し相当の地代が支払われているものについて，その後，その地代の額を引き下げた場合における借地人の利益についての取扱いを定めたものである。
(2)　借地権の設定に際し通常権利金を支払う取引上の慣行のある地域において，相当の地代を支払うことにより借地権の設定があったものについては，本通達1《相当の地代を支払って土地の借受けがあった場合》において借地権者に利益が生じないものとして取り扱うこととされているが，借地権の設定時のみ相当の地代を支払いその後地代の額を引き下げたものについては，課税の公平の見地からその引き下げた時において利益が生じたものとして取り扱うこととしたものである。
　　なお，地代を引き下げることについて「相当の理由があると認められる場合」とは，例えば，地代を引き下げる代わりに権利金を授受することにしたとか，あるいはごくまれな例であろうが，借地権の設定当時に比して土地の価額が下落したというような場合がこれに当たる。

10　相当の地代を支払っている場合の貸家建付借地権等の価額
(説明)
　本項は，相当の地代の支払又は相当の地代に満たない地代の支払若しくは無償返還届出書の提出により借地権の設定があった土地を貸家の敷地の用に供した場合又は相当の地代の支払，相当の地代に満たない地代の支払若しくは無償返還届出書の提出により借地権の転貸があった場合の貸家建付借地

権，転貸借地権，転借権及び借家人の有する宅地等に関する権利の評価及び通常の賃貸借により借地権の設定があった当該土地について相当の地代の支払又は相当の地代に満たない地代の支払若しくは無償返還届出書の提出により借地権の設定があった場合の転貸借地権，転借権又は借家人の有する宅地等に関する権利の評価について定めたものである。

(2) 評価通達による借地権の課税関係

① 借地権設定時の取扱い

土地の賃貸借契約を締結する際，権利金を授受する慣行がある地域においては，借地人から地主へ権利金その他の一時金（以下「権利金」という）が支払われることが前提とされている。そこで通常の権利金の授受がある場合には特に課税関係は生じない。

一方，権利金を授受する慣行がある地域にもかかわらず，賃貸借契約の締結時に権利金の授受が行われないことがある。例えば，土地の所有者と借地人が親族であったり，土地を自らが経営している同族法人へ賃貸する場合である。

そのような場合には，土地の所有者から借地人に対して権利金相当額の贈与があったものとして，借地人が個人であれば贈与税，法人であれば法人税などの課税が生じる。いわゆる権利金の認定課税である（これは，実際に権利金の授受がなく，また，権利金の認定課税が行われていなかったとしても，権利金の認定課税が行われていたものとして取り扱う。）。

② 借地権異動時の取扱い

次に，借地権に相続や贈与といった異動があった場合である。

借地人に相続があった場合は，借地権が相続財産となる。借地権の価額は，その地域の借地権の売買実例価額，精通者意見価格，地代の額等を基として国税局長が定める借地権割合によって評価する（評価通達27）。

一方，土地所有者に相続があった場合には，その土地の評価は自用地価額から借地権価額を控除して評価する（同25）。

借地権の贈与があった場合も同様である。

③ 賃貸借契約終了時の取扱い

最後に，賃貸借の期間が満了し，当事者の合意によって借地契約が終了した場合である。

土地の所有者は，土地の返還を受ける際，それまで借地権の経済的価値を認識していることから，土地所有者が借地人に対して立退料等を支払って借地権の有償返還を受けることが前提とされている[133]。

一方，借地人が対価を取得せずに土地所有者に無償返還した場合には，その借地権を土地所有者に贈与したものとして取り扱う。

4章　土地の上に存する権利

(3) 相当地代通達の適用

① 相当地代通達の適用

前述のとおり，借地権の設定の対価として権利金を支払う取引上の慣行のある地域においては，借地人が地主に権利金を支払うことが前提となる。

ただし，その権利金の支払に代えて相当の地代が支払われている場合や，当事者のいずれか一方または両方が法人で，所轄税務署に「土地の無償返還に関する届出書」の提出がある場合には，相当の地代通達の適用により借地権の価額は零（権利金の認定課税は行われない。）として取り扱う。

一方，借地権の設定に際し，通常権利金を支払う慣行のある地域において，通常の地代（その地域において通常の賃貸借契約に基づいて通常支払われる地代をいう）を支払うことにより借地権の設定があった場合，または，通常の地代が授受されている借地権もしくは貸宅地の評価については，この通達の取扱いによることなく，従来の評価通達等の取扱いによることになる。

【誤りやすい事例】相当の地代を収受している貸宅地

誤った取扱い	正しい取扱い
相当の地代が収受されている貸宅地について，通常の借地権の価額を控除して評価した。なお，借地権の設定に際し権利金の授受は行われていない。	相当の地代を収受している場合で，その借地権の設定に際し権利金を収受していない場合または特別の経済的利益を受けていない場合における貸宅地は，自用地としての価額の80％に相当する金額により評価する（相当地代通達6 (1)）。

（参考）　大阪国税局「誤りやすい事例（財産評価関係平成30年分）」〔TAINS・評価事例大阪局300000〕

> 実務上のポイント

土地の賃貸借において，借地借家法の適用（法定更新や正当事由，地代の制限等）がある場合，土地の賃貸借契約の締結時に借地権が発生し，途中で譲渡や相続，贈与があった際には借地権に経済的価値があるものとして取り扱い，賃貸借契約の終了時には借地の有償返還が行われることが前提とされている。

例外として，相当の地代の収受がある場合や土地の無償返還に関する届出書の提出があるなど，当事者間で借地権を認識しないものは，異動の時点でも借地権を認識せず，また，賃貸借契約の終了時においても無償返還が前提となる。

財産評価において最も借地権が論点となる場面は，土地所有者または借地権者の相続のときである。底地の評価にあたっては，借地権を認識することにより5～7割などの減価がなされる一方，相当地代通達

---

133 旧借地法及び借地借家法においては，借地契約の期間が定められているが，現実には，民法の法定更新が適用されている。そこで，土地所有者または借地権者が借地の解消を希望する場合，土地所有者が借地人に立退料を支払って借地権を買い取ったり，借地人が土地所有者より底地を買い取ったりする（借地人が借地権の解消を希望する場合，借地権を例えば地価の2割や3割といった低い価額で売却する。土地所有者が借地権の解消を希望する場合，借地権を例えば地価の7割や8割といった高い価額で買い取る。）。

では2割減となる。
　したがって，底地または借地権の評価にあたっては，従来の評価通達の適用となるのか，相当地代通達の適用となるのかといった判定を行う必要がある。

② 相当の地代とは

　相当の地代とは，その土地の自用地価額のおおむね年6％相当額をいう[134]。

　土地の自用地価額とは，その土地の時価をいうが，実務上はその土地の相続税評価額またはその評価額の過去3年間の平均額によることも認められている。

　一方，通常の地代とは，賃貸借契約締結後，通常支払われるその地域の相場の地代をいう。実務上，当該土地の底地価額の過去3年間の平均額の年6％により算定することができる。

　なお，実際の地代とは，賃貸借契約締結後，当事者間で実際に収受されている地代をいう。

Q 地代が6％である場合の貸地の評価

■質　問

　父は死亡直前に，自己の主宰する同族会社に，土地660m²（200坪）を事務所敷地として貸し付けました。この土地の近傍での土地の貸付けにあたっては，権利金が，通常その土地の自用地価額の8割程度授受されているとのことでしたが，自己の主宰する会社であったため一銭もとらず，自用地価額の6％相当額の地代を受けることになっていました。
　このような場合の土地の価額も，自用地の価額から一般の借地権価額を控除して評価してよいのでしょうか。

■回　答

　一般に借地権の目的となっている宅地の価額は，その宅地の自用地としての価額から，借地権の価額を控除して評価します。
　この場合の借地権価額は，その借地権の目的となっている宅地の自用地としての価額に，その価額に対する借地権の売買実例価額，精通者意見価格，地代の額等をもととして評定した借地権の価額の割合がおおむね同一と認められる地域ごとに，国税局長の定める割合を乗じて計算した金額によって評価することとなっています。
　この借地権割合は，各国税局における評価基準書に記載されています。
　しかし，この借地権割合は，通常権利金が授受されたものとした場合において授受されている地代の額の割合を前提としており，借地権設定の際に，権利金の支払に代えて著しく高額な地代の授受を定めたような場合，つまり，ご質問のようなケースの場合を想定して定められているものではありません。

---

[134] 法人税の個別通達「法人税の借地権課税における相当の地代の取扱いについて（平成元年3月30日）」において，平成元（1989）年に，当分の間年8％から年6％に引き下げられたのに関連して，相続税の相当地代通達においても同年に年8％から年6％に引き下げられている。

4章　土地の上に存する権利

> 　もともと，借地権の価額は，地代の額が高く定められれば，低くなり，地代の額が低く定められれば高くなる，いわゆる逆相関関係にあります。
> 　したがって，ご質問のようなケースの場合の借地権割合は，評価基準書に定める通常の借地権割合より低くなければなりません。
> 　このようなことから，権利金の支払に代えて，相当の地代の額の支払が約されている場合であって，課税時期が借地権設定のときにごく近い場合には，その借地権割合は20%と定められています。ご質問の場合の土地の価額はその土地の自用地としての価額から，借地権割合20%を基として計算した借地権価額を控除して計算することになりましょう（昭43直3-22参照）。
>
> （参考）実務相談録

(4) 借地権設定時の取扱い

① 借地人の取扱い

　権利金の認定課税においては，地主が個人か法人か，借地人が個人か法人かで課税関係が異なってくる。そこでは権利金を支払うべき借地人が利益を受けているため，原則として，(イ)個人間の場合は，借主個人に贈与税，(ロ)地主個人：借主法人の場合は，借主法人に法人税，(ハ)地主法人：借主個人の場合は，地主法人は権利金相当額を借地人に贈与したものとし，借主個人には所得税の課税が生じる[135]。

[図表4-10] 権利金認定の課税関係

		借地人	
		個人	法人
地主	個人	贈与税／なし	法人税／なし
	法人	所得税／法人税	法人税／法人税

(a) 個人借主の課税関係

(i) 貸主が個人である場合

【通常の権利金の授受がある場合】

　借地権の認定に際して，通常の権利金の支払がある場合には，特に課税関係は生じない。

　支払った対価が借地権の取得価額となる。

---

[135] 借地権の設定時の取扱い，異動時の取扱い，消滅時の取扱いについては，北本高男編『借地権等の課税上の取扱い（五訂版）』日本税務研究会〔2004年〕において詳しい。

【権利金の支払が全くない場合】

イ　相当の地代の支払がある場合

借地権の設定に際して、権利金の支払が全くない場合であっても、その支払われる地代の額が、相当の地代である場合には、課税関係は生じない。

ロ　相当の地代に満たない地代の支払がある場合

借地権の設定に際して、権利金の支払が全くなく、かつ、その支払われる地代の額が、相当の地代以下である場合には、次の算式で計算した金額を貸主（地主）から贈与により取得したものとみなして贈与税が課税される。

（算式）

$$自用地としての価額 \times \left\{ 借地権割合 \times \left(1 - \frac{実際に支払っている地代の年額 - 通常の地代の年額}{相当の地代の年額 - 通常の地代の年額} \right) \right\}$$

(注) 1　上記の算式中の「相当の地代の年額」は、実際に支払っている権利金の額または供与した特別の経済的利益の額がある場合であっても、これらの金額がないものとして計算した金額による。
2　上記の算式中の「借地権割合」は、評価通達27《借地権の評価》に定める割合をいう。
3　「自用地としての価額」は、実際に支払っている権利金の額または供与した特別の経済的利益の額がある場合に限り、借地権の設定時における当該土地の通常の取引価額による。
4　「通常の地代」は、通常の賃貸借契約に基づいて通常支払われる地代の年額をいうが、自用地価額から通常の借地権割合により計算した借地権価額を控除して求めた底地価額の過去3年間の平均額の6％で算定することができる。

ハ　使用貸借の場合

土地を使用する場合に、権利金を全く支払わず、また、地代も全く支払わない場合（その使用する土地の固定資産税相当額以下の金額を地代として支払う場合も含む。）には、この土地の使用関係は賃貸借ではなく、使用貸借に基づくものである。この場合には、課税関係は生じない。

【通常の権利金に満たない権利金の支払がある場合】

イ　相当の地代の支払がある場合

借地権の設定に際して、通常の権利金の額に満たない権利金の支払があった場合でも、その支払われる地代の額が、相当の地代である場合には、課税関係は生じない。

ロ　相当の地代に満たない地代の支払がある場合

借地権の設定に際して、通常の権利金の額に満たない権利金の支払があり、かつ、相当の地代に満たない地代の支払がある場合には、次の算式で計算した金額から、支払った権利金の額を控除した金額を貸主（地主）から贈与により取得したものとみなして贈与税が課税される。

4章　土地の上に存する権利

（算式）

$$\text{自用地としての価額} \times \left\{ \text{借地権割合} \times \left(1 - \frac{\text{実際に支払っている地代の年額} - \text{通常の地代の年額}}{\text{相当の地代の年額} - \text{通常の地代の年額}} \right) \right\}$$

(注)　1　上記の算式中の「相当の地代の年額」は，実際に支払っている権利金の額または供与した特別の経済的利益の額がある場合であっても，これらの金額がないものとして計算した金額による。
　　　2　上記の算式中の「借地権割合」は，評価通達27《借地権の評価》に定める割合をいう。
　　　3　「自用地としての価額」は，実際に支払っている権利金の額または供与した特別の経済的利益の額がある場合に限り，借地権の設定時における当該土地の通常の取引価額による。
　　　4　「通常の地代」は，通常の賃貸借契約に基づいて通常支払われる地代の年額をいうが，自用地価額から通常の借地権割合により計算した借地権価額を控除して求めた底地価額の過去3年間の平均額の6％で算定することができる。

Q　通常の地代を超え，相当の地代に満たない地代で土地を借りた場合

■質　問
　通常権利金を支払う取引上の慣行のある地域において，通常の地代を超え相当の地代に満たない地代を支払うこととして，建物所有を目的として土地を借りた場合には，贈与税が課税されるそうですが，その課税される価額はどのように評価されますか。

■回　答
　借地権の設定に際しその設定の対価として通常権利金を支払う取引上の慣行のある地域において，その借地権の設定により支払う地代の額が相当の地代の額に満たない場合，借地権者は，その借地権の設定時において，次の算式により計算した金額を土地の所有者から贈与により取得したものとして取り扱われます。
　ただし，その場合に権利金を支払っている場合または経済的利益を供与している場合には，次の算式により計算した金額から実際に支払っている権利金の額または供与した特別の経済的利益の額を控除した残額に相当する利益は土地の所有者から贈与により取得したものとして取り扱われます（昭60直資2-58「2」）。

$$\text{自用地としての価額} \times \left\{ \text{借地権割合} \times \left(1 - \frac{\text{実際に支払っている地代の年額} - \text{通常の地代の年額}}{\text{相当の地代の年額} - \text{通常の地代の年額}} \right) \right\}$$

（相続税評価額）
(注)　上記の算式中の「自用地としての価額」等は，次によります。
1　「自用地としての価額」は，実際に支払っている権利金の額または供与した特別の経済的利益の額がある場合に限り，1（相当の地代を支払って土地の借受けがあった場合）の本文の定めにかかわらず，借地権の設定時における当該土地の通常の取引価額によるから留意します。
2　「借地権割合」は，財産評価基本通達27《借地権の評価》に定める割合をいいます。
3　「相当の地代の年額」は，実際に支払った権利金の額または供与した特別の経済的利益の額がある場合であっても，これらの金額がないものとして計算した金額によります。
　(注)　通常権利金を支払う取引上の慣行のある地域において，通常の賃貸借契約に基づいて通常支払われる地代を支払うことにより借地権の設定があった場合の利益の額は，次に掲げる場合に応じ，

それぞれ次に掲げる金額によるから留意します。
(1) 実際に支払っている権利金の額または供与した特別の経済的利益の額がない場合　財産評価基本通達27《借地権の評価》により計算した金額
(2) 実際に支払っている権利金の額または供与した特別の経済的利益の額がある場合　通常支払われる権利金の額から実際に支払っている権利金の額および供与した特別の経済的利益の額を控除した金額

4　「実際に支払っている地代の年額」が「通常の地代の年額」に満たない場合には，この算式は適用される余地はないので，その場合の借地権の価額は，通常の借地権の割合により評価されます。

このように取り扱われるのは，借地権の設定に際し通常権利金を支払う取引上の慣行のある地域において，権利金の授受に代え相当の地代を授受している場合には，土地の所有者からみれば，その土地の地代収受権としての経済的価値はいささかも侵食されておらず，その土地に借地権の設定がなされてもなお経済的価値は維持されているものと考えられることによるものであると説明されています。

すなわち，権利金を支払わずに通常の地代のみを支払うこととすれば権利金相当額（自用地としての価額×借地権割合）が借地人に対して贈与されたものとして課税され，他方，相当の地代が支払われていれば，借地人は何らの経済的な利益は受けていないこととして取り扱われます。

したがって，この相当の地代より低い地代が支払われている場合における借地人に課税されるべき利益（借地権の価額）は，地代の額によって調整されることが相当と考えられ，権利金が支払われずに通常の地代の支払われる場合を借地人に生ずべき利益の上限とし，相当の地代の支払われているケースを借地人に生ずべき利益の下限として，通常の地代を両者（分母分子）から差し引いてあん分し調整することとしたものといわれています。

これにより計算した金額が，「自用地としての価額」の100分の30に相当する価額に満たない場合においても，財産評価基本通達32《課税価格に算入しない借地権等》の取扱いの適用がなく，その価額は贈与税の課税対象となります。

これは財産評価基本通達27《借地権の評価》の定めにより評価した借地権の価額が，その借地権の目的となっている宅地の自用地としての価額の100分の30に相当する価額に満たない場合には，借地権の価額として課税しないこととされていますが，今回の取扱いは，この借地権割合が30％以上である場合の借地権の価額の修正であるからです。

〔計　算〕
① 土地の自用地としての価額　　　　　2,000万円
② 借地権割合　　　　　　　　　　　　60％
③ 相当の地代の年額（①×6％）　　　 120万円
④ 実際に支払っている地代の年額　　　 80万円（4％）
⑤ 通常の地代の年額　　　　　　　　　 48万円
（贈与により取得した利益）

$$2{,}000万円 \times \left\{ 0.6 \times \left(1 - \frac{80万円 - 48万円}{120万円 - 48万円} \right) \right\} = \underline{660万円}$$

借地権割合が60％の地域で，課税時期における支払地代が4％の場合の具体的計算例の図解

4章　土地の上に存する権利

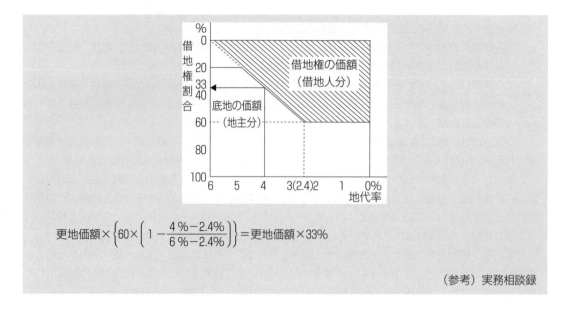

(参考) 実務相談録

　権利金を支払っている場合または経済的利益を供与している場合は，実際に支払っている権利金の額または供与した特別の経済的利益の額を控除した残額に相当する利益が土地の所有者から贈与により取得したものとして取り扱われるのであるが，この場合の「自用地価額」は，借地権の設定時におけるその土地の通常の取引価額によることに留意する。

（設　例）
次の場合に，贈与税の課税対象となる金額はいくらですか。
自用地価額〔通常取引価額（時価5,000万円）〕　4,000万円
その前年の自用地価額　3,000万円
その前々年の自用地価額　2,000万円
借地割合　70％
相当の地代の年額　180万円
通常の地代の年額　72万円
実際の支払地代の年額　99万円
支払った権利金の額　1,000万円

$$5,000万円 \times \left\{ 0.7 \times \left(1 - \frac{99万円 - 72万円}{180万円 - 72万円} \right) \right\} - 1,000万円 = 1,625万円$$

(ii)　**貸主が法人である場合**
【通常の権利金の授受がある場合】
借地権の設定に際して，通常の権利金の支払がある場合には，特に課税関係は生じない。
支払った対価が借地権の取得価額となる。

【権利金の支払が全くない場合】

イ　相当の地代の支払がある場合

　借地権の設定に際して、権利金の支払が全くない場合であっても、その支払われる地代の額が、法人税基本通達にいう相当の地代（その土地の更地価額に対しておおむね年6％程度の地代）の支払がある場合には、課税関係は生じない（法基通13-1-2）。

　　（注）「土地の更地価額」とは、その土地の更地としての通常価額をいうが、課税上弊害のない限り①公示価格から合理的に算定した価額、②相続税評価額または③相続税評価額の過去3年間の平均額によることもできる。

ロ　無償返還届出書が提出されている場合

　借地権の設定に際して、これにより支払う地代の額が上記イの相当の地代の額に満たない場合であっても、その借地権の設定等に係る契約書において将来借地人がその土地を無償で返還する旨の定めがあり、かつ、その旨を地主との連名の書面により遅滞なくその地主である法人の納税地の所轄税務署長に届け出たときは、課税関係は生じない（法基通13-1-7）。

　なお、毎年の地代については、相当の地代よりも実際の地代が低い場合、その差額は地主である法人から贈与を受けたものとして所得税が課税される[136]。この場合、借地人が地主である法人の役員または使用人であるときは給与所得、それ以外の者であるときは一時所得または雑所得となる。このことは、地代を全く支払わない使用貸借の場合も同じである。

ハ　無償返還届出も相当の地代の支払もない場合

　借地権の設定にあたって、相当の地代の支払も無償返還届出書も提出されていない場合には、地主である法人から借地権相当額の贈与があったものとして所得税が課税される。この場合、借地人が地主である法人の役員または使用人であるときは給与所得、それ以外の者であるときは一時所得となる。

【通常の権利金に満たない権利金の支払がある場合】

イ　相当の地代の支払がある場合

　借地権の設定に際して、通常の権利金の額に満たない権利金の支払があった場合でも、その支払われる地代の額が、法人税基本通達にいう相当の地代（その土地の更地価額から支払った権利金の額を控除した金額に対しておおむね年6％程度の地代）の支払がある場合には、課税関係は生じない（法基通13-1-2）。

　　（注）1　「土地の更地価額」とは、その土地の更地としての通常または③相続税評価額の過去3年間の平均額によることもできる。
　　　　　2　なお、「土地の更地価額」について、公示価格から算定した価額や相続税評価額などによった場合には、「支払った権利金」の額は、次の算式で計算した金額による（法基通13-1-2（注））。

136　北本高男編『借地権等の課税上の取扱い（五訂版）』日本税務研究会〔2004年〕51頁

4章 土地の上に存する権利

$$\text{実際に支払った権利金の額} \times \frac{\text{①公示価格等を基として算定した金額, ②相続税評価額または③相続税評価額の過去3年間の平均額}}{\text{その土地の更地としての通常の取引価額}}$$

ロ　相当の地代に満たない地代の支払がある場合

　借地権の設定に際して，通常の権利金の額に満たない権利金の支払があり，かつ，上記イの「相当の地代」に満たない地代の支払がある場合には，次の算式で計算した金額から，支払った権利金の額を控除した金額を貸主（地主）から贈与により取得したものとして所得税が課税される。この場合に借地人が地主である法人の役員または使用人である場合は給与所得，それ以外の者である場合は一時所得となる。

（算式）

$$\text{土地の更地価額} \times \left(1 - \frac{\text{実際に収受している地代の年額}}{\text{相当の地代の年額}}\right)$$

（注）　上記算式中の「相当の地代の年額」は，借地権の設定の目的となった土地の更地価額を基礎として計算し，権利金の支払があった場合でもこれを控除しないで計算する。

(b)　法人借主の課税関係

　法人が借地人である場合，土地所有者（地主）が個人であるか法人であるかを問わず，次のような法人税の課税関係が生じる。

【通常の権利金の授受がある場合】

　借地権の設定に際して，通常の権利金の支払がある場合には，特に課税関係は生じない。

　支払った権利金が借地権の帳簿価額となる。

【権利金の支払が全くない場合】

イ　相当の地代の支払がある場合

　借地権の設定に際して，権利金の支払が全くない場合であっても，その支払われる地代の額が，法人税基本通達にいう相当の地代（その土地の更地価額に対しておおむね6％程度の地代）の支払がある場合には，課税関係は生じない（法基通13-1-2）。

（注）　「土地の更地価額」とは，その土地の更地としての通常価額をいうが，課税上弊害のない限り①公示価格から合理的に算定した価額，②相続税評価額または③相続税評価額の過去3年間の平均額によることもできる。

ロ　無償返還届出書が提出されている場合

　借地権の設定に際して，これにより支払う地代の額が上記イの相当の地代の額に満たない場合であっても，その借地権の設定等に係る契約書において将来借地人がその土地を無償で返還する旨の

定めがあり，かつ，その旨を地主との連名の書面により遅滞なくその地主である法人の納税地の所轄税務署長に届け出たときは，課税関係は生じない（法基通13-1-7）。このことは，地代を全く支払わない使用貸借の場合も同じである。

ハ　無償返還届出も相当の地代の支払もない場合
　借地権の設定にあたって，相当の地代の支払も無償返還届出書も提出されていない場合には，地主から借地権相当額の贈与があったものとして，その受贈益について課税される。

【通常の権利金に満たない権利金の支払がある場合】
イ　相当の地代の支払がある場合
　借地権の設定に際して，通常の権利金の額に満たない権利金の支払があった場合でも，その支払われる地代の額が，法人税基本通達にいう相当の地代（その土地の更地価額から支払った権利金の額を控除した金額に対しておおむね年6％程度の地代）の支払がある場合には，課税関係は生じない（法基通13-1-2）。
　　（注）1　「土地の更地価額」とは，その土地の更地としての通常価額をいうが，課税上弊害のない限り①公示価格から合理的に算定した価額，②相続税評価額または③相続税評価額の過去3年間の平均額によることもできる。
　　　　　2　なお，「土地の更地価額」について，公示価格から算定した価額や相続税評価額などによった場合には，「支払った権利金」の額は，次の算式で計算した金額による（法基通13-1-2（注））。

$$実際に支払った権利金の額 \times \frac{①公示価格等を基として算定した金額，②相続税評価額または③相続税評価額の過去3年間の平均額}{その土地の更地としての通常の取引価額}$$

ロ　相当の地代に満たない地代の支払がある場合
　借地権の設定に際して，通常の権利金の額に満たない権利金の支払があり，かつ，上記イの相当の地代に満たない地代の支払がある場合には，次の算式で計算した金額から支払った権利金の額を控除した金額を貸主（地主）から贈与により取得したものとして受贈益について課税される。

（算式）
$$土地の更地価額 \times \left(1 - \frac{実際に収受している地代の年額}{相当の地代の年額}\right)$$

　　（注）上記算式中の「相当の地代の年額」は，借地権の設定の目的となった土地の更地価額を基礎として計算し，権利金等の支払があった場合でもこれを控除しないで計算する。

② 地主の取扱い

(a) 個人貸主の課税関係

　個人である土地の所有者が，その土地を貸し付けたときには，その借主が個人であるか法人であ

るかを問わず，次のような所得税の課税関係が生じる。

【権利金の授受がある場合】

　個人貸主が受け取った権利金が，その土地の価額（時価）の2分の1を超える場合は，借地権の譲渡があったものとみなされ，その受け取った金額は譲渡所得の計算上総収入金額に算入される（所令79①）。

　なお，借地権の設定に際して，権利金の授受がない，または権利金を低額にする代わりに，通常の場合よりも特に有利な条件で金銭の貸付けを受けるなど特別の経済的利益を受けることがあるが，このようなときには，その経済的な利益の額を権利金の額に加算した金額を権利金の額とみなして譲渡所得となるかどうかを判定することとし，譲渡所得となる場合にはその額を収入金額に算入して所得金額の計算をする（所令80①）。

　また，受け取った権利金が，その土地の時価の2分の1以下である場合には，不動産所得の収入金額に算入する。

　借地権の設定の目的となった土地の時価が明らかでない場合に，その権利金の額が，その土地の地代の年額の20倍相当額以下であるときには，その権利金は不動産所得の収入金額と推定される（所令79③）。

　なお，譲渡所得の収入金額となる場合，次の(1)～(3)の区分に応じてそれぞれ次に掲げる算式によって計算した額が取得費となる。

(i) その土地について初めて借地権等を設定した場合

$$\text{その借地権等を設定した土地の取得費（A）} \times \frac{\text{その借地権等の設定の対価として支払を受ける金額（B）}}{B+\text{その土地の底地としての価額（C）}}$$

(ii) 現に借地権等を設定している土地についてさらに借地権等を設定した場合

$$\left(A - \text{現に設定されている借地権等につき(i)により計算して取得費とされた金額} \right) \times \frac{B}{B+C}$$

(iii) 先に借地権等の設定があった土地で現に借地権等を設定していないものについて借地権等を設定した場合（所基通38-4の2の取扱いが適用される場合を除く。）

$$A \times \frac{B}{B+C} - \text{先に設定した借地権等につき(i)により計算して取得費とされた金額}$$

(注) この算式により計算した金額が赤字となる場合は，その赤字はゼロとする。

(b) 法人貸主の課税関係

【通常の権利金の授受がある場合】

　法人である貸主が自己の所有に係る土地を他人に賃貸するに際して権利金を受け取った場合には，

その受け取った権利金を収益に計上することになる。

　この場合に，法人が借地権等の設定により，その土地の価額（時価）の２分の１以上の権利金を受領したときには，その土地の価額（時価）のうち借地権等の価額の割合をその土地の帳簿価額に乗じて算出した金額を損金に算入する（法令138）。

　２分の１未満である場合は，損金に算入するものはなく，受け取った権利金を収益に計上する。

【権利金の授受が全くない場合】

イ　相当の地代の授受がある場合

　借地権の設定にあたって，権利金の授受が全くなくても，法人税基本通達にいう相当の地代（その土地の更地価額のおおむね６％相当の額の地代）の収受があれば，権利金の認定課税の問題は生じない（法基通13-1-2）。

(注)　「土地の更地価額」は，その借地権の設定の時の当該土地の更地としての通常の取引価額をいうが，課税上弊害のない限り①公示価格から合理的に算定した価額，②相続税評価額または③相続税評価額の過去３年間の平均額によることもできる。

ロ　無償返還の届出をした場合

　土地の賃貸借にあたって，権利金の授受や相当の地代の授受がない場合であっても，その借地権の設定契約書において将来借地人等がその土地を無償で返還することが定められており，かつ，その旨を借地人との連名の書面により遅滞なく当該法人の納税地の所轄税務署長に届け出たときは，権利金の認定課税は行われない。

　ただし，借地権を設定した以後の各事業年度においては，相当の地代よりも実際の地代が低い場合，その差額は借地人に贈与したものとして取り扱われる（法基通13-1-7）。

ハ　相当の地代の授受も借地権の無償返還届出書も提出されていない場合

　土地の賃貸借にあたって，相当の地代の授受も借地権の無償返還届出書も提出されない場合には，権利金の認定課税が行われ，その権利金相当額を借地人に贈与したものとされる。

　ただし，その土地の使用の目的が単に物品置場，駐車場等として使用するものであるなどその土地の使用が通常権利金の授受を伴わないものであると認められるときには，権利金の認定課税は行われない（法基通13-1-5）。

【通常の権利金に満たない権利金の授受がある場合】

イ　相当の地代の授受がある場合

　通常の権利金の額に満たない権利金の授受があった場合でも，次の算式によった地代の年額の授受がある場合には，課税関係は生じない（法基通13-1-2）。

4章　土地の上に存する権利

（算式）

　　（土地の更地価額 − 収受した権利金）× 6 ％

(注)　1　「土地の更地価額」とは，その土地の更地としての通常価額をいうが，課税上弊害のない限り①公示価格から合理的に算定した価額，②相続税評価額または③相続税評価額の過去3年間の平均額によることもできる。
　　　2　「土地の更地価額」について，公示価格から算定した価額や相続税評価額などによった場合には，「収受した権利金」の額は，次の算式で計算した金額による（法基通13-1-2（注））。

$$\text{実際に収受した権利金の額} \times \frac{\text{①公示価格等を基として算定した金額，②相続税評価額または相続税評価額の過去3年間の平均額}}{\text{その土地の更地としての通常の取引価額}}$$

　　　3　「課税上弊害のある場合」とは，例えば，法人がその代表者が使用するための土地を借入金によって取得し，その借入金の利子を支払う一方，その土地を相続税評価額の年6％程度の地代で代表者に賃貸するような場合をいう。
　　　4　相続税評価額とは，財産評価基本通達における「自用地としての価額」をいう。

（設　例）

（問）　次のような場合に，課税関係が生じないためには，地代の年額をどのくらい支払えばよいでしょうか。

　　土地の更地価額　　　　　　　　5,000万円（借地権割合70％）
　　相続税評価額　　　　　　　　　3,000万円
　　　　〃　　の過去3年間の平均額　2,500万円
　　収受した権利金　　　　　　　　2,000万円

（答）
①　課税上弊害のない場合
　　（2,500万円 − 1,000万円）× 6 ％ = 90万円
　　上記の1,000万円は上記の（注）2の算式により圧縮して計算した金額である。
②　課税上弊害のある場合
　　（5,000万円 − 2,000万円）× 6 ％ = 180万円

ロ　相当の地代の授受がない場合

　通常の権利金に満たない額の権利金の授受がある場合で，その収受する地代の年額が上記イに述べた相当の地代の収受がない場合には，次の算式で計算した金額から，収受した権利金の額を控除した金額を借地人に贈与したものとして認定課税が行われる。そして，この認定された金額は借地人への寄附金として処理されることになり（法基通13-1-3），寄附金の限度額計算の対象となる（法法37）。

（算式）

$$\text{土地の更地価額} \times \left(1 - \frac{\text{実際収受している地代の年額}}{\text{相当の地代の年額}}\right)$$

(注) 1 上記の算式の「相当の地代の年額」は，実際に収受している権利金があっても，ないものとして計算した金額である。
2 算式により計算した金額が通常収受すべき権利金の額を超えるときは，当該金額による。

（設 例）
（問） 次の場合に，借地人に贈与したものとして認定を受ける金額はいくらですか。

　　土地の更地価額　　　　　　　　　5,000万円（借地権割合70％）
　　収受した権利金　　　　　　　　　2,000万円
　　相当の地代の年額　　　　　　　　　300万円
　　実際に収受している地代の年額　　　120万円

（答）

$$5,000\text{万円} \times \left(1 - \frac{120\text{万円}}{300\text{万円}}\right) - 2,000\text{万円} = 1,000\text{万円}$$

(5) 借地権異動時の取扱い

次に，借地権に相続や贈与（以下「相続等」という）があった場合の取扱いである。

① 借地人の取扱い

(a) 相当の地代の支払がある場合

借地権について相続等があった場合に，権利金を支払う代わりに相当の地代が支払われている場合のその借地権の価額は零とする。

なぜなら，借地人が土地を賃借するにあたり権利金等の一時金を支払わず，その地代の額を相当の地代とするときは，借地借家法上，借地権の設定されたことは否定し得ないとしても，経済的にみた場合にその借地権に財産的価値の存在を認めることは困難だからである。

すなわち，税務上，相当の地代の授受をもって権利金の授受に代えることを認めているのは，土地の収益還元評価の思想が背景にあり，更地の時価に比して十分の利回りで採算がとれるほどの高い地代のとれる土地は借地権の設定によりその経済的価値が下落しないという考え方によるものであり，土地所有者においては土地を更地のまま評価し，逆に借地人においては，借地権価額が零または無視してもよい程度に低いものとして認めるという考え方によるものである（昭和57年3月18日裁決〔裁決事例集23巻180頁〕）。

4章 土地の上に存する権利

Q 相当の地代を支払っている借地権者が死亡した場合

■質 問

　父は生前商品等を保管している倉庫の敷地を，権利金を支払う代わりにその土地の自用地としての相続税評価額の6パーセント相当額の地代（以下「相当の地代」といいます。）を支払って借りていましたが，私はこの借地権を相続しました。この借地権の相続税評価はどのように行われますか。

■回 答

　借地権の設定に際しその設定の対価として通常権利金を支払う取引上の慣行のある地域において，権利金を支払う代わりに相当の地代を支払って借地している借地権を相続等により取得した場合には，その相続等があったときに相当の地代が支払われているものについては，借地権の価額は零として取り扱われます。

(参考) 実務相談録

(b) 相当の地代に満たない地代の支払がある場合

　借地権について相続等があった場合において，支払っている地代の額が相当の地代の額に満たない場合のその借地権の価額は，原則として，次の算式に準じて計算した金額（相当の地代調整借地権価額）によって評価する。

（算式）

$$自用地としての価額 \times \left\{ 借地権割合 \times \left(1 - \frac{実際に支払っている地代の年額 - 通常の地代の年額}{相当の地代の年額 - 通常の地代の年額} \right) \right\}$$

Q 通常の地代を超え，相当の地代に満たない地代を支払っている場合の借地権の評価

■質 問

　父が借りていた土地の地代は，その土地の相続税評価額の6％相当額に満たない地代でした。この借地を相続することになりましたが，この借地権の価額はどのように評価されますか。

■回 答

　借地権の設定されている土地について，通常の地代の額を超え相当の地代の額に満たない地代が支払われている土地に係る借地権について相続等があったときにおけるその借地権の価額は，次の算式に準じて計算したところにより評価されます（昭60直資2-58「4」）。

　なお，この場合の算式中の自用地としての価額，借地権割合および各地代の年額は，相続等の時における金額または割合によることになります。

〔算式〕

$$自用地としての価額 \times \left\{ 借地権割合 \times \left(1 - \frac{実際に支払っている地代の年額 - 通常の地代の年額}{相当の地代の年額 - 通常の地代の年額} \right) \right\}$$

〔計　算〕
① 土地の自用地としての価額　　　　2,400万円
② 借地権割合　　　　　　　　　　　70%
③ 設定時に支払った権利金の額　　　　800万円
④ 相当の地代の年額（①×6％）　　　144万円
⑤ 実際に支払っている地代の年額　　　64万円
⑥ 通常の地代の年額　　　　　　　　　29万円
（借地権の価額）

$$2,400万円 \times \left\{ 0.7 \times \left(1 - \frac{64万円 - 29万円}{144万円 - 29万円} \right) \right\} \fallingdotseq 1,168万円$$

（参考）実務相談録

実務上のポイント

上記の設例の場合，通常の借地権割合による場合の借地権価額は2,400万円×0.7＝1,680万円となる一方，借地権調整計算を行うことで借地権価額は1,168万円となり借地権の価額は小さくなる。つまり，実際地代と相当の地代の開差に従って借地権割合と自用地価額との間をとるということである。

(c) 通常の権利金に満たない権利金の支払がある場合

借地権の設定に際し，通常の権利金の額に満たない権利金を支払っている場合または特別の経済的利益を供与している場合で，かつ，相当の地代を支払っている借地権の価額は，次の算式に準じて計算した金額によって評価する。

（算式）

$$自用地としての価額 \times \left\{ 借地権割合 \times \left(1 - \frac{実際に支払っている地代の年額 - 通常の地代の年額}{相当の地代の年額 - 通常の地代の年額} \right) \right\}$$

Q　通常の権利金の一部を支払い，相当の地代を支払っている場合の借地権の価額

■質　問

借地権の設定に際し通常の権利金の額に満たない権利金を支払い，かつ，自用地の価額から支払った権利金の額を控除した残額の6％相当額の地代を支払っている場合の借地権の価額はどのように評価しますか。

■回　答

借地権の設定に際し通常の権利金の額に満たない権利金を支払い，かつ，相当の地代を支払っている場合で，その借地権について相続等があったときにおけるその借地権の価額は，次の算式に準じて計算したところにより評価することとされています（昭60直資2-583の(2)」）。

4章 土地の上に存する権利

したがって，支払った権利金の額そのものが借地権の価額として評価されません。

なお，この場合の算式中の自用地としての価額，借地権割合および各地代の年額は，相続等の時における相続税評価額または割合によることになります。

〔算式〕

$$自用地としての価額 \times \left\{ 借地権割合 \times \left(1 - \frac{実際に支払っている地代の年額 - 通常の地代の年額}{相当の地代の年額 - 通常の地代の年額} \right) \right\}$$

(参考) 実務相談録

(d) 「土地の無償返還に関する届出書」が提出されている場合

借地権について相続等があった場合において，法人税の取扱いによる「土地の無償返還に関する届出書」（以下「無償返還届出書」という）が提出されている場合のその借地権の価額は，零として評価される。

なぜなら，無償返還届出書は，土地所有者と借地人間において将来借地権を無償で返還することを約した契約であることから，その借地権について相続等があったときは，借地人にその借地権の価値が生じないものとして取り扱うこととされているからである。

Q 会社から土地を借り，無償返還届出書を提出している場合の借地権の評価

■質　問

甲は，甲が創立したＡ同族会社から土地を借りて，住宅を建て住んでいます。その住宅を建てるために土地の賃貸借契約に際し税務署に「土地の無償返還に関する届出書」を提出しています。甲が死亡した場合には借地権の価額はどのように評価されますか。

■回　答

無償返還届出書が提出されている場合の借地権についての法人税の取扱いは，法人税基本通達13-1-7（権利金の認定見合せ）により，法人が借地権の設定等により他人に土地を使用させた場合（権利金を収受した場合または特別の経済的な利益を受けた場合を除きます。）に収受する地代の額が相当の地代の額に満たないときであっても，その借地権の設定等に係る契約書において将来借地人がその土地を無償で返還することを明らかにするとともにその旨を地主と借地人との連名の書面により遅滞なく税務署長等に届け出たときは，その土地の使用期間を含む各事業年度において，相当の地代の額から実際に収受している地代の額を控除した金額に相当する金額を借地人に対して贈与したものとし，権利金の認定課税を行わないことが明らかにされています。

このように，無償返還届出書は土地所有者と借地人間において将来無償で借地権を返還することを約した契約であることから，その借地権について相続等があったときには，借地人にその借地権の価値が生じないこととして取り扱うことが当事者の取引の実態にもかなうものと考えられることから，無償返還届出書の提出されているその土地の借地権価額は零として取り扱われます（昭60直資2-585）。

(参考) 実務相談録

② 地主側の貸宅地の評価
(a) 相当の地代の授受がある場合

借地権が設定されている土地について相続等があった場合に，相当の地代を収受しており，権利金を収受していない場合または特別の経済的利益を受けていない場合の貸宅地の価額は，その土地の自用地としての価額の100分の80によって評価する。

なぜなら，借地権の設定時に権利金の授受がなく，その地代の額が相当の地代である場合には，地代の資本還元額が宅地の更地価額に等しい関係にあるので，その宅地の価額は，更地（自用地）価額に相応するものと考えられる一方で，宅地所有者は，その宅地を賃貸したことにより，その最有効利用が不可能となり，また，譲渡担保の設定等につき事実上制約を受けるといった経済的不利益を考慮すべきことから更地価額の20％相当額を減額して評価することとされている（昭和57年3月18日裁決〔裁決事例集23巻180頁〕）。

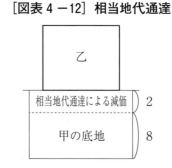

[図表4－11] 評価通達　　　[図表4－12] 相当地代通達

Q 相当の地代を収受している貸宅地の評価

■質問

父は，その有する土地の自用地としての相続税評価額の6パーセント相当額の地代（以下「相当の地代」といいます。）をもらう約束で土地を貸し付けていますが，この土地を相続した場合には，その土地の価額はどのように評価されますか。

なお，権利金等はもらっていません。

■回答

借地権の設定されている土地について，相当の地代を収受している場合のその土地について相続等があったときのその土地の価額は，自用地としての価額の100分の80に相当する金額で評価されます（昭60直資2-58「6」）。

この場合，その土地に係る貸宅地の価額の評価については，自用地としての価額によるべきであるとの考え方もありますが，借地法等による制約等を勘案すれば，現在借地権の慣行のない地域内にある貸宅地の評価についても自用地の価額から20％相当の借地権価額を控除していることとの権衡上，その土地に係る貸宅地の価額の評価についても20％を控除することが適当であるとの考えによるものであると説明されています。

4章 土地の上に存する権利

(計算) 相当の地代を収受している場合の貸宅地の評価
① 土地の自用地としての価額(相続税評価額)　　1,200万円
② 借地権割合　　　　　　　　　　　　　　　　　　70%
③ 相当の地代の年額(①×6%)　　　　　　　　　　72万円
④ 実際に収受している地代の年額　　　　　　　　　66万円
⑤ 通常の地代の年額　　　　　　　　　　　　　　　14万円
(貸宅地の価額)
　　1,200万円×80%＝960万円
(被相続人が同族関係者となっている同族会社にその土地を貸し付けている場合)
同族会社の株式の評価を純資産価額方式によって評価する場合に純資産価額に算入する金額
　　1,200万円×(1－0.8)＝240万円

(参考) 実務相談録

Q 同族会社に貸し付けている土地の評価

■質　問

Aは，Aの家族で経営している同族会社甲社の役員です。甲社は，鉄筋アパート貸付業を経営していますが，Aの父の土地を権利金なしで借り入れています。

なお，この地方では，権利金の授受は普通の場合ではありません。また，Aの父は出資もなく，役員でもありません。

① 6％の相当の地代を受け取っている場合の評価法
② 低額の地代を受け取っている場合の評価法
③ アパート住民に貸し付けている駐車場の評価法(会社に貸し付けているものを住民に貸し付けています。)

■回　答

(1) 質問①の評価法

6％(相続税評価額に対する地代年額の割合)相当の地代で，甲社にAの父が貸している土地を贈与した場合または相続により取得した場合，その土地の評価は，自用地(更地)としての価額の80％相当額で評価されます。

(2) 質問②の評価法

通常の地代で貸している土地の価額は，通常，自用地の価額から借地権または賃借権の価額を控除して評価します。

(3) 質問③の評価法

アパート住民の駐車場として利用されている土地は，その土地がアパート(建物)の敷地の一部であり，アパート(建物)の建築上必要なものであれば，そのアパート(建物)のために賃貸しているものと認められますので，自用地の価額から借地権価額を控除して評価します。

(参考) 実務相談録

(b) 相当の地代に満たない地代を収受している場合

借地権が設定されている土地について相続等があった場合，収受している地代の額が相当の地代の額に満たない場合の貸宅地の価額は，その土地の自用地としての価額から次の算式に定める借地権の価額を控除した金額（地代調整貸宅地価額）によって評価する。

（算式）

$$自用地としての価額 \times \left\{ 借地権割合 \times \left(1 - \frac{実際に支払っている地代の年額 - 通常の地代の年額}{相当の地代の年額 - 通常の地代の年額} \right) \right\}$$

ただし，その金額が自用地としての価額の100分の80に相当する金額を超えるときは，自用地としての価額の100分の80に相当する金額によって評価する。

Q　通常の地代を超え，相当の地代に満たない地代を収受している場合の貸宅地の評価

■質　問

前問の場合の相当の地代に満たない地代を収受している貸宅地の価額は，どのように評価しますか。

■回　答

借地権が設定されている土地について，収受している地代の額が相当の地代の額に満たない場合のその土地に係る貸宅地の価額は，その土地の自用地としての価額から次の算式で評価した借地権の価額を控除した金額によって評価されます（昭60直資2-58「7」）。

（算式）

$$自用地としての価額 \times \left\{ 借地権割合 \times \left(1 - \frac{実際に支払っている地代の年額 - 通常の地代の年額}{相当の地代の年額 - 通常の地代の年額} \right) \right\}$$

ただし，前記により評価した貸宅地の価額が，その土地の自用地としての価額の100分の80に相当する金額を超える場合には，その土地の自用地としての価額の100分の80に相当する金額によって評価します。

（参考）実務相談録

(c) 通常の権利金に満たない権利金の収受

通常支払われる権利金に満たない金額を収受している場合または特別の経済的な利益を受けている場合の貸宅地の価額は，その土地の自用地としての価額から次の算式による借地権の価額を控除した金額（相当の地代調整貸宅地価額）により評価する。

（算式）

$$自用地としての価額 \times \left\{ 借地権割合 \times \left(1 - \frac{実際に支払っている地代の年額 - 通常の地代の年額}{相当の地代の年額 - 通常の地代の年額} \right) \right\}$$

4章　土地の上に存する権利

ただし，その金額が自用地としての価額の100分の80に相当する金額を超えるときは，自用地としての価額の100分の80に相当する金額によって評価する。

> **Q　通常の権利金の一部を収受し，相当の地代を収受している貸宅地の評価**
>
> ■質　問
> 　借地権の設定に際し通常の権利金の額に満たない権利金を収受し，自用地の価額から収受した権利金の額を控除した残額の6％相当額の地代を収受している場合の貸宅地の価額は，どのように評価されますか。
>
> ■回　答
> 　借地権の設定に際し通常の権利金の額に満たない権利金を収受し，そして相当の地代を収受している貸宅地について相続等があった場合の貸宅地の価額は，その土地の自用地としての価額から次の算式により評価した借地権の価額を控除したところにより評価することになります。
>
> （算式）
> $$自用地としての価額 \times \left\{ 借地権割合 \times \left(1 - \frac{実際に支払っている地代の年額 - 通常の地代の年額}{相当の地代の年額 - 通常の地代の年額} \right) \right\}$$
>
> 　ただし，前記により評価した貸宅地の価額が，その土地の自用地としての価額の100分の80に相当する金額を超えるときは，その土地の自用地としての価額の100分の80に相当する金額により評価することになります（昭60直資2-58「6」）。
> 　このように取り扱うこととしたのは，権利金の収受に代えて相当の地代を収受している場合においても，その土地の貸宅地の価額は，自用地としての価額の100分の80を限度として評価する取扱いとなっていることとのバランスを考慮したものであるといわれています。
>
> （参考）実務相談録

(d)　「土地の無償返還に関する届出書」が提出されている場合

　借地権が設定されている土地について相続等があった場合，法人税の取扱いによる無償返還届出書が提出されている貸宅地の価額は，その土地の自用地としての価額の100分の80に相当する金額によって評価する。

　なぜなら，無償返還届出書が提出されている場合の借地権の価額は零として評価されるものの，借地借家法上の借地権であることに変わりはなく，地主側に相続等が生じたときに直ちに当該土地の無償返還を受けられる保証はないことから，かかる経済的不利益を考慮して更地価額の20％相当額を減額して評価すべきと考えられているからである。

[3] 相当地代通達

Q 無償返還届出書を提出している会社に貸し付けている宅地の評価

■質問

A社は，社長甲の土地を貸借し，その上に工場を建てていますが，昭和56年12月「無償返還届出書」を税務署に提出しています。甲に相続の開始があった場合，この貸宅地の価額はどのように評価されますか。

■回答

借地権の設定に際しその設定の対価として通常権利金を支払う取引上の慣行のある地域において，権利金の授受がなく無償返還届出書が提出されている貸宅地の価額の評価は，自用地としての価額の100分の80に相当する金額によって評価することとされています（昭60直資2-58「8」）。

この場合，無償返還届出書が提出されている借地契約は，当事者間において将来無償で借地権を返還することを約したものであることから，自用地としての価額によるべきであるとの考え方もありますが，無償返還届出書が提出されている土地といえども，借地法等の制約を受けること，また，その土地が相続等のときに無償返還されるわけではないことなどを勘案すれば，現在，借地権の慣行のない地域についてもその土地の価額の20％相当の借地権を認容していることとの権衡上，その土地に係る貸宅地の価額の評価についてもその土地の価額の20％相当額を控除することが適当であるとの考えによるものです。

なお，使用貸借により宅地を法人に貸している場合には，その宅地の価額はその土地の自用地の価額によって評価され，20％の評価減はされないことに留意する必要があります。

(参考) 実務相談録

【誤りやすい事例】無償返還届出書が提出されている貸宅地

誤った取扱い	正しい取扱い
同族法人に賃貸している貸宅地（無償返還届出書が提出されている。）について，通常の借地権の価額を控除して評価した。	無償返還届出書が提出されている場合の貸宅地の価額は，自用地としての価額の80％に相当する金額により評価する（相当地代通達8）。

(参考) 大阪国税局「誤りやすい事例（財産評価関係平成30年分）」〔TAINS・評価事例大阪局300000〕

【誤りやすい事例】

項　目	誤りの内容
同族会社等に対する土地の貸付けについて通常の貸宅地（通常の借地権割合を控除）として評価	同族会社等に土地が貸し付けられている場合には，その賃貸借契約の内容，地代の年額（地代率），「土地の無償返還に関する届出書」の提出の有無等により，それぞれの評価方法が定められている。 例えば，「土地等の無償返還に関する届出書」が提出されている場合や相当の地代を収受している場合には，当該土地は自用

4章　土地の上に存する権利

	地の80％で評価することとされている。 《チェックポイント》 ☑ 建物等の所有を目的とした土地の貸付けであるか（資材置場等，一時的な貸付けでないか）。 ☑ 賃貸借契約の内容，地代の年額，「土地の無償返還に関する届出書」の提出の有無を検討する。 ☑ 同族会社の純資産方式の株式評価上，借地権相当額は計上されているか。

（参考）　福岡国税局「誤りやすい事例（資産税関係令和3年分）」〔TAINS・贈与事例福岡局R030000〕

　なお，使用貸借に係る土地について無償返還届出書が提出されている場合の貸宅地の価額は，その土地の自用地としての価額により評価することに留意する。

【誤りやすい事例】無償返還届出書が提出されている貸宅地（使用貸借）

誤った取扱い	正しい取扱い
同族法人に使用貸借している貸宅地（無償返還届出書が提出されている。）について，自用地としての価額の80％に相当する金額により評価した。	自用地としての価額で評価する。 　使用貸借に係る土地について，無償返還届出書が提出されている場合の当該土地に係る貸宅地の価額は，当該土地の自用地の価額によって評価することとされている（相当地代通達8（注））。

（参考）　大阪国税局「誤りやすい事例（財産評価関係平成30年分）」〔TAINS・評価事例大阪局300000〕

実務上のポイント

　権利金の認定課税について，多くは相続時に初めて問題となり，借地権設定時にさかのぼって課税が行われることになるが，（イ）借地権設定時から長期間が経過していることから課税権の除斥期間を経過していたり，（ロ）無償返還届出書は「遅滞なく提出する」ものとされている（法基通13-1-7）ことから，その時点で提出することにより相当地代通達の適用となるケースがある。
　そして，相続または贈与の時点で，借地権設定時に権利金の授受がない，または不明であり，かつ，相当の地代の収受はなく，無償返還届出書も提出されていない場合には，（イ）借地権を認識する，または（ロ）借地権を認識しないこととなる。前者においては，賃貸借契約の締結時に権利金の認定課税が行われたものとして取り扱い，借地人においては借地権を認識し，土地所有者においては借地権価額を控除して評価する。後者においては，無償返還届出書を提出して，借地人においては借地権価額を零とし，底地の評価においては，借地権割合に代えて2割の減価を行うこととなる。
　なお，相当地代通達の対象は，親族や同族会社といった特殊関係者間に限られない。地代が相当地代を上回ると，相当地代通達が適用されるため，いずれの賃貸借においても，「相当地代」及び「通常地代」を算定し，比較検討する必要がある。
　判定表を示すと次頁の表のとおりである。

3　相当地代通達

貸宅地の評価明細書

(住居表示)		所有者	住所		使用者	住所	
所在地番			氏名			氏名	

課税時期	各年度の自用地価額		土地の無償返還に関する届出書の提出	実際の地代の年額
	前年度	前々年度		

借地権割合	権利金等の額	通常の地代の年額	固定資産税等の年額	相続開始時における通常の取引価額

相当の地代の計算・判定

相当の地代の計算

1　相当の地代の年額

$$\text{3年間の自用地価額の平均} \times 6\%$$

相当の地代の年額　A

2　権利金等の支払いありの場合

$$\left\{\text{相当の地代の年額 (A)} - \text{取受した権利金等の額} \times \frac{\text{3年間の自用地価額の平均}}{\text{通常の取引価額}}\right\} \times 6\%$$

相当の地代の年額（権利金等の支払あり）　B

地代の判定

4	判定基準		判定	評価方法
a	実際の地代 >= 相当の地代	権利金等なし	F	（自用地の価額）×0.8
b		権利金等あり	D・F	（自用地の価額）×（1－借地権割合×比率）と（自用地の価額）×0.8のいずれか低い方
c	相当の地代 > 実際の地代 > 通常の地代		E・F	（自用地の価額）×（1－借地権割合）と（自用地の価額）×0.8のいずれか低い方
	通常の地代 >= 実際の地代			
d	固定資産税等の年額 >= 実際の地代		G	（使用貸借）⇒ 評価額＝（自用地の価額）
e	土地の無償返還に関する届出書が提出されている場合		F	（自用地の価額）×0.8

4bの場合

5　比率

$$1 - \frac{\text{実際の地代の年額} - \text{通常の地代の年額}}{\text{相当の地代の年額} - \text{通常の地代の年額}}$$

比率　C

貸宅地の評価額

		貸宅地の評価額	
自用地の価額 × (1 － 借地権割合 × 比率D)			D
自用地の価額 × (1 － 借地権割合)			E
自用地の価額 × 0.8			F
自用地の価額 × 1.0			G

（出典）税理士法人チェスター

4章　土地の上に存する権利

借地権の評価明細書

(住居表示)	所有者	住所	使用者	住所
所在地番		氏名		氏名

課税時期	各年度の自用地価額		地積	実際の地代の年額
	前年度	前々度		
			㎡	

借地権割合	権利金等の額	通常の地代の年額	固定資産税等の年額	相続開始時における通常の取引価額

相当の地代の計算・判定

相当の地代の計算

1　相当の地代の年額

$$\text{3年間の自用地価額の平均} \times 6\%$$

相当の地代の年額　**A**

2　権利金等の支払いありの場合

$$\text{相当の地代の年額(A)} - \text{収受した権利金等の額} \times \frac{\text{3年間の自用地価額の平均}}{\text{通常の取引価額}} \times 6\%$$

相当の地代の年額（権利金等の支払あり）　**B**

地代の判定

	判定基準	判定	評価方法
4a	実際の地代　＞　相当の地代	D	評価額 = 0
b	相当の地代　>=　実際の地代　＞　通常の地代	E	(自用地の価額)×借地権割合×比率
c	通常の地代　>=　実際の地代　＞　固定資産税等の年額	F	(自用地の価額)×借地権割合
d	固定資産税等の年額　>=　実際の地代	D	(使用貸借) ⇒ 評価額 = 0

4bの場合

5　比率

$$1 - \frac{\text{実際の地代の年額} - \text{通常の地代の年額}}{\text{相当の地代の年額(B)} - \text{通常の地代の年額}}$$

比率　**C**

借地権の評価額

		計算式	借地権の評価額
4a・4d	6	自用地の価額 × 借地権割合	**D**
4b	7	自用地の価額 × 借地権割合 × 比率C	**E**
4c	8	自用地の価額 × 借地権割合	**F**

(出典)　税理士法人チェスター

3 相当地代通達

相続または贈与時の評価において、貸宅地または借地権の評価の取扱いをまとめると、以下のとおりとなる。

(i) 無償返還届出書が提出されているケース

無償返還届出書が提出されている貸宅地の価額は、地代の多寡にかかわらず、自用地価額の80％によって評価する。

(ii) 実際の地代 ≧ 相当の地代のケース

実際に収受している地代が相当の地代以上の場合、相当地代通達の適用がなされる。
地主の貸宅地は8割評価であり、借地人の借地権価額は法人であれば2割、個人であればゼロとなる。

(iii) 相当の地代 > 実際の地代 > 通常の地代のケース

実際に収受している地代が相当の地代未満、かつ、通常の地代を超える場合、相当地代通達の地代調整計算が行われる。

そこでは、次のいずれか低い方が底地の評価額となる。

(イ) 自用地価額 − $\left\{ 自用地価額 \times \left\{ 借地権割合 \times \left(1 - \dfrac{実際の地代 - 通常の地代}{相当の地代 - 通常の地代} \right) \right\} \right\}$

(ロ) 自用地価額 × 80％

(iv) 通常の地代 ≧ 実際の地代 のケース

実際に収受されている地代が通常の地代よりも低い場合、相当地代通達の適用はない。

そこでは、次のいずれか低い方が評価額となる。

(イ) 自用地価額 ×（1 − 借地権割合）

(ロ) 自用地価額 × 80％

(v) 使用貸借のケース

実際に収受されている地代が固定資産税の年額以下であるなど、使用貸借契約である場合には、地主においては自用地評価、借地人における借地権の価額はゼロとして取り扱われる。

(設 例)

以下の前提条件によるとき、実際地代が年10円から年700円までの推移をみてみたい。

　自用地価額：10,000円、借地権割合：70％

　相当の地代：年600円、通常の地代：年180千円、固定資産税：年30円

4章　土地の上に存する権利

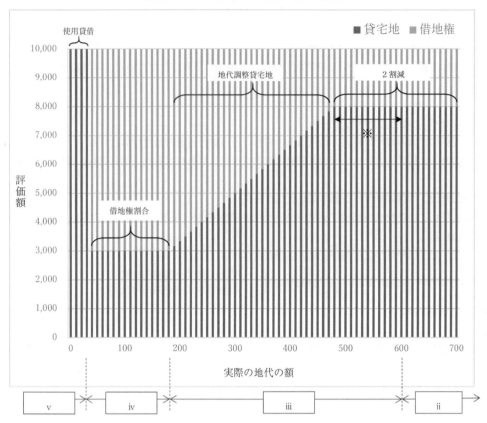

※　地代調整貸宅地価額＞自用地価額×80％の部分は自用地×80％により評価する。

③　実際の地代の額が通常の地代か相当の地代か

　前述のとおり，権利金の授受に代えて相当の地代を授受している場合に相当地代通達が適用されるのに対し，通常の地代により借地権の設定があった場合には自用地価額から借地権割合を控除して評価される。

　そこで，実際に支払われている地代が，通常の地代であるか，相当の地代であるかが争われる。

(a)　貸宅地において相当の地代と認定され80％評価が行われた事例

　貸宅地の評価において，権利金の授受に代えて，その土地の自用地としての価額のおおむね年6％（平成元年までは8％）程度の地代が授受されている場合は，相当地代通達の適用により，自用地価額の80％に相当する金額により評価される。

　例えば，地代率が12％である事例（東京地裁昭和54年6月25日判決〔税務訴訟資料105号827頁〕）や16.3％である事例（平成22年2月15日裁決〔裁決事例集79巻523頁〕）においては，高額な地代を収受することによって，底地価額は自用地価額とほぼ等しくなると考えられ，相当地代通達に基づ

―654―

いて評価することが相当と解されている。

(i) 東京地裁昭和54年6月25日判決

東京地裁昭和54年6月25日判決〔税務訴訟資料105号827頁〕[137]は，法人へ賃貸していた土地の評価について，相当地代通達の適用により20％を控除すべきか，借地権割合を控除すべきかが争われた事例である。

本件の賃貸借の状況は以下のとおりである。

（イ）被相続人は，昭和40年に本件土地を賃貸する賃貸借契約を締結し，地代の年額を672万円と定め，昭和43年から収受している。

（ロ）地代の額については，権利金等の授受に代えていわゆる更地価額のおおむね年8％（当時）に相当する地代（相当の地代）により決定したものである（その後，地代の額は改訂されていない。）。

（ハ）本件土地の自用地価額に対する地代の年額の割合（地代率）は，相続税評価額を基礎として計算すると，相続開始時における本件土地の自用地価額5,602万円に対する地代の年額672万円の割合は，12.0％となる。

（ニ）借地権の設定時における本件土地の自用地としての価額4,336万円（当時の相続税評価額）に対する前記地代の年額の割合は15.5％であり，本件土地の相続開始時の地代率は，借地権設定時に比して低下している事実が認められる。

（ホ）相続開始時における本件土地の更地価額は，原告が依頼した不動産鑑定士の鑑定によると1億4,400万円であり，当該鑑定価額に対する地代の年額の割合は4.66％となっており賃貸借契約により借地権を設定した当時よりは低下している。

本件土地の評価について，原告は，評価通達を適用し，借地権割合80％を控除して評価すべきであると主張した。

これに対し被告税務署長は，権利金の授受に代えて相当の地代を収受している貸宅地の相続税の評価にあたっては，その自用地価額から20％に相当する金額を控除して評価すべきと主張した。

判決は，以下のとおり述べている。

> 借地人の同族会社は，本件土地を利用するために近隣の借地権の地代率を10％以上，市中金利を4％も上回る著しく高額な地代の支払いを必要とするのであって，借地権価額を評価する基礎となる経済的利益を享受しているものとみることはできない一方，土地所有者としては，右高額な地代を収受することによって投下資本に相当する利益をあげることが可能なものということができる。
> したがって，このような異例の借地権の評価については，国税局長の定めた前記の標準的借地権割合80％をそのまま適用する余地はないものというべきであり，借地人に帰属する経済的利益のみを基

---

[137] 昭和51年2月12日裁決〔TAINS・F0-3-025〕

4章　土地の上に存する権利

> 準として右借地権を評価する限りは，これに価額を認めることは困難であって，底地価額が自用地としての価額とほぼ等しくなるとみるほかない。
> 　しかしながら，このような借地権であっても，その法的保護等のゆえに土地の価額の評価になんらかの影響を及ぼすものであるし，また，権利金授受の慣行のない地域についても従来から一般に借地権割合が20％とみられているということも勘案すれば，本件において，被告が借地権割合を20％とし底地価額を自用地としての価額の80％と評価したことは相当として首肯しうるものというべきである。

(ii)　平成22年2月15日裁決

　平成22年2月15日裁決〔裁決事例集79巻523頁〕は，法人へ賃貸していた土地の評価について，相当地代通達の適用により20％を控除すべきか，借地権割合を控除すべきかが争われた事例である。
　本件の賃貸借の状況は以下のとおりである。
(イ)　本件土地は，平成元年に訴外法人へ賃貸され，本件相続開始日においては立体駐車場及びその進入路の敷地として利用されていた。
(ロ)　賃貸借契約時に権利金の授受及び権利金相当額の認定課税は行われていないと認められ，相続開始日における地代は月額1,529,682円とされていた。
(ハ)　相当地代通達1の（注）の1の定めに従い，本件相続があった年以前3年間における本件土地の自用地価額の平均額を算定すると，112,572,558円となり，地代の割合は，16.3％となる。

　本件土地について，審査請求人は，評価通達25(1)の定めにより，借地権割合50％を控除した金額により評価すべきであると主張した。
　これに対し原処分庁は，権利金の収受に代えて相当の地代を収受していることから，自用地価額の80％により評価すべきであると主張した。
　裁決は，借地権が設定されている本件土地については，本件土地の借地権部分に相当する経済的価値が被相続人から賃借人である法人への移転があったとは認められず，また，相続開始日において相当の地代を収受していたことから，自用地価額の80％により評価すると判断している。

(b)　貸宅地において相当地代通達の適用が違法とされ借地権割合により評価された事例

　借地権の設定時，権利金に代えて，特別な経済的利益を享受しているような場合には，相当地代通達の適用はないこととされている。

(i)　平成9年5月30日裁決

　平成9年5月30日裁決〔TAINS・F0-3-032〕は，法人へ賃貸していた土地の評価について，相当地代通達の適用により20％を控除すべきか，借地権割合を控除すべきかが争われた事例である。
　被相続人は，本件土地を訴外法人へ賃貸しており，賃貸借の概要は以下のとおりである。
(イ)　賃貸人と賃借人は第三者間であり同族法人ではない。

(ロ) 賃貸借の期間は60年である
(ハ) 賃貸借契約において，敷金は賃貸借料の10か月分と定められ，賃貸借契約の終了と同時に無利息で賃借人に返還するものとされている。
(ニ) 土地の無償返還届出書は提出されていない。
(ホ) 借地権割合は50％である。

　本件貸宅地について，審査請求人は，借地権割合50％を控除すべきと主張している。
　これに対し原処分庁は，地代が相続税評価額の6.82％であり権利金の収受がないことから相当地代通達を適用して20％を控除すべきと主張している。
　裁決は，以下の理由により，本件土地の評価にあたっては評価通達に基づいて取り扱うのが相当と認められ，相当地代通達を適用することは違法であると判断した。
　本件賃貸借契約に係る賃貸人は，本件賃貸借契約の締結，すなわち借地権の設定に伴い，敷金（賃貸借料の10か月相当額）を無利息で60年間保管し賃貸借契約の終了と同時に賃借人に支払うことを約することにより，通常の場合の金銭の貸付けの条件に比して特に有利な条件による金銭の貸付けその他特別の経済的利益を受けたものと認められることから，借地権設定の対価としてその特別の経済的利益相当額，すなわち権利金等の授受があったとして，借地権は賃借人に移転したと認めるのが相当である。

(c) 借地権の評価において相当の地代と認定され零評価とされた事例

　借地権の評価において，権利金の授受に代えて，その土地の自用地としての価額のおおむね年6％（平成元年までは8％）程度の地代が授受されている場合は，相当地代通達の適用により，評価は零となる。
　地代率が10.3％である事例においては，相当地代通達に基づいて借地権価額は零円とされている（昭和57年3月18日裁決〔裁決事例集23巻180頁〕）。

(i) 昭和57年3月18日裁決

　昭和57年3月18日裁決〔裁決事例集23巻180頁〕は，子（相続人）から賃借していた土地にかかる借地権の評価について，相当の地代を支払っていたとして零円と評価すべきとされた事例である。
　被相続人は，昭和41年に病院を建設するため，相続人所有の土地を賃借した。
　審査請求人は，本件宅地の貸借にあたって，相当の地代を支払っておけば相続税法第9条《贈与により取得したものとみなす場合》の規定に抵触することはないことから，土地所有者に地代の支払を始めたが，当事者間では借地契約ないし借地権設定契約はしておらず，使用貸借契約を締結したものであり賃貸借契約の認識はないと主張した。
　これに対し原処分庁は，建物の所有を目的とする賃貸借であることから借地権が設定され，被相続人が借地権を取得したとし，本件相続における相続財産として認定している。

4章　土地の上に存する権利

　裁決は，本件土地につき賃貸借契約が締結されている以上，被相続人は旧借地法上の借地権を有していると判断した。
　そして，本件土地の賃料が相当の地代に当たるか否かについて，借地権設定時（昭和41年）の地代の額が不明であるため，相続開始日の属する年（53年）分及びその前年（52年）分の地代の額に基づきこれを検討し相続税評価額で地代の額を除して地代率を計算すると昭和52年分が11.0％，同53年分が10.3％となり，本件賃貸借に係る地代の額が相当の地代に当たることは明らかであるから，借地権の価額は零円となるとされている。

(d) 借地権の評価において相当の地代と認定されず，借地権割合により評価された事例

　授受されている地代が通常の地代で，権利金の収受がないような場合においては，評価通達に定める借地権割合に基づいて評価することとなる（平成11年6月28日裁決〔裁決事例集57巻443頁〕）。

(i) 平成11年6月28日裁決

　平成11年6月28日裁決〔裁決事例集57巻443頁〕は，法人より賃借していた土地の評価について，相当地代通達の適用により零円とすべきか，借地権割合により評価すべきかが争われた事例である。
　被相続人は，平成元年より訴外法人から地代年額90万円で本件土地を借り受けて，共同住宅を建築している。
　被相続人と法人との間において契約書等の作成はされておらず，権利金及び敷金の授受もされていない（無償返還届出書も提出されていない。）。
　相当の地代の額は，借地権設定時（平成元年）は1,633万3,392円，相続開始日現在（平成6年）は208万3,898円となる。
　本件借地権について，審査請求人は，相当の地代を支払っている場合の借地権であるため零円であると主張した。
　これに対し原処分庁は，相当の地代を支払っている借地権に該当しないため借地権割合50％に基づく価額（1,124万8,475円）であると主張した。
　裁決は，相当の地代の額は相続開始日現在（平成6年）は208万3,898円であるのに対し実際に授受されている地代の額は年額90万円と認められ，相当の地代と認められないことから，借地権価額を借地権割合50％に基づいて評価することとし，課税処分を認めている。

(ii) 平成16年9月10日裁決

　平成16年9月10日裁決〔TAINS・F0-3-303〕は，被相続人が賃借していた土地にかかる借地権の計上をすべきか否かが争われた事例である。
　被相続人の父Aは，昭和46年に，訴外法人が所有する土地824.08m²を借り受け，本件土地の上に建物を建築した。Aが死亡したことから，被相続人は，相続により当該建物を取得している。
　なお，建物には，相続開始日において，被相続人とその家族が居住している。

審査請求人は，本件土地は，借地権の取引慣行がない地域に所在するものであるから，借地権の評価を要しないと主張した。

　これに対し原処分庁は，貸地人が法人，借地人が個人である貸借関係の場合，法人税の取扱いに準拠して取り扱うことになり，権利金を収受していないこと，かつ，相当の地代の額に満たない額の地代しか収受していないこと，また，無償返還届出書の提出がないことから，本件借地権については相続財産として評価すべきことになると主張した。

　裁決は，原処分庁の主張を認め，借地権の計上をすべきであると判断している。

(6) 借地権消滅時の取扱い

　土地の賃貸借契約の期間が満了した場合，借地人が借地を返還することで賃貸借契約は終了する。そこで，借地の返還が行われる際には，無償返還と有償返還の両方が考えられる。

① 賃貸借期間の満了により有償返還をした場合

(a) 借地人の取扱い

(i) 個人借主について

　個人借主が借地期間の満了した土地を返還し，地主から金銭を受領した場合には，その金銭が借地権の消滅の対価と認められるときは，譲渡所得の計算上，収入金額とされる。

(ii) 法人借主について

　法人借主が借地期間の満了した土地を返還し，地主から金銭を受領した場合には，その金銭が借地権の消滅の対価と認められるときは，その譲渡価額は益金に算入される。

(b) 地主の取扱い

(i) 個人貸主について

　個人貸主が借地期間の満了した借地の返還を受け，借地人に金銭を支払った場合には，支払った金銭は，譲渡所得の計算上，取得費になる。

(ii) 法人貸主について

　法人貸主が借地期間の満了した借地の返還を受け，借地人に金銭を支払った場合には，その支払った立退料の額を土地の取得費に加算する。

　ただし，その支払った立退料の額よりも，借地権の設定にあたり損金に算入した金額の方が高額である場合には，当該損金に算入した金額を取得費に加算する。

② 賃貸借期間の満了により無償返還をした場合

　借地権の無償返還が行われた場合，立退料を支払うべき土地の所有者が利益を受けているため，

原則として，（イ）個人間の場合は，貸主個人に贈与税，（ロ）地主個人：借主法人の場合，借主法人は通常収受すべき立退料相当額を地主に贈与したものとし，借主個人においては所得税の課税が生じる。（ハ）地主法人：借主個人の場合，借主個人は，法人に対し資産を譲渡したことになるため借地権を時価で譲渡したものとみなして所得税の課税が生じる。借地権の設定時と同様，地主が個人か法人か，借地人が個人か法人かで課税関係が異なるため注意が必要である。

[図表4－14] 無償返還時の課税関係

		借地人	
		個人	法人
地主	個人	なし／贈与税	法人税／所得税
	法人	所得税／なし	法人税／なし

(a) **借地人の取扱い**

(i) **個人借主について**

借地権を有する個人が，その対価を取得せずに，借地権を地主に返還した場合には，通常収受すべき借地権価額に相当する金額を地主に贈与したことになる。

この場合，地主が個人のときには，借地権を地主に贈与したとしても借地権者に所得税は課税されない（地主に贈与税が課される。）。

地主が法人の場合には，法人に対し資産を贈与したことになる。その借地権者である個人に対しては，時価でその借地権を譲渡したものとみなし，所得税（譲渡所得）が課税される（所法59）。

ただし，次に掲げるような理由に基づき借地の返還が行われた場合には財産権としての借地権はないものと認められるので，時価により譲渡があったものとはみなされない（所基通59-5）。

(イ) 借地権の設定等に係る契約書において将来借地権を無償で返還することが定められていること，またはその土地の使用が使用貸借契約によるものであること（いずれも法人税基本通達13－1－7に定めるところにより，その旨が所轄税務署長に届け出られている場合に限る。）

(ロ) 土地の使用の目的が，単に物品置場，駐車場等として土地を更地のまま使用し，または仮営業所，仮店舗等の簡易な建物の敷地として使用するものであること

(ハ) 借地上の建物が著しく老朽化したことその他これに類する事由により，借地権が消滅し，またはこれを存続させることが困難であると認められる事情が生じたこと

(注) （ハ）の場合においての無償返還には，客観的にみて経済的合理性のある理由が必要である。借地契約の内容によっては，借地の目的の変更を認めない限りは，その権利を他に譲渡しようとしても買手がなく，従来どおりの事業を行うにはさらに多額の設備投資を行う必要があり，事業継続を断念して借地権を無償返還する場合のように経済的合理性の面からの妥当性があることが必要である。

また，借地権の設定等にあたり権利金等の支払をしないで相当の地代の支払を行い，その後もその土地の価額の上昇に応じて順次相当の地代を改訂する旨の届出をしている場合には，借地権の価額は零となる（法基通13-1-15(1)本文）ため，その借地を無償で返還しても個人借主に対して譲渡所得が課税されることはない。

> **実務上のポイント**
>
> 　貸主法人：借主個人の場合，借地権の無償返還をしても，無償返還の届出がなされていたり，相当の地代を支払い，その後の地価の上昇に応じて順次相当の地代を改訂する旨の届出をしている場合には，個人借主には所得税の課税関係は生じない。
> 　反対に無償返還の届出がなされていなかったり，相当の地代の改訂をする旨の届出のない場合，無償返還については，貸主法人に対する借地権の贈与となり，所得税（譲渡所得）が課されることになる。

(ii) 法人借主について

　借地権を有する法人が，その対価を取得せず，借地権を地主に返還した場合には，通常収受すべき借地権価額に相当する金額を地主に贈与したことになる。

　この場合，法人借主については，贈与価額を寄附金として処理することになり，寄附金の限度額計算の対象となる（法法37）。

　ただし，次に掲げるような理由に基づき借地の返還が行われた場合には，財産権としての借地権はないものと認められるため課税関係は生じない（法基通13-1-14）。

（イ）借地権の設定等に係る契約書において，将来借地を無償で返還することが定められている場合，またはその土地の使用が使用貸借契約によるものであること（いずれもその旨が所轄税務署長に届け出られている場合に限る。）

（ロ）土地の使用の目的が，単に物品置場，駐車場等として土地を更地のまま使用し，また，仮営業所，仮店舗等の簡易な建物の敷地として使用するものであること

（ハ）借地上の建物が著しく老朽化したこと等により借地権が消滅し，またはこれを存続させることが困難と認められる事情が生じたこと

（注）（ハ）の場合においての無償返還には，客観的にみて経済的合理性のある理由が必要である。借地契約の内容によっては，借地の目的の変更を認めない限りは，その権利を他に譲渡しようとしても買手がなく，従来どおりの事業を行うにはさらに多額の設備投資を行う必要があり，事業継続を断念して借地権を無償返還する場合のように経済的合理性の面からの妥当性があることが必要である。

　また，借地権の設定等にあたり権利金等の支払をしないで相当の地代の支払を行い，その後もその土地の価額の上昇に応じて順次相当の地代を改訂する旨の届出をしている場合には，借地権の価額は零となる（法基通13-1-15(1)本文）ため，その借地を無償で返還しても法人借主に対する課税関係は生じない。

　なお，その返還した借地権の帳簿価額がある場合には損金の額に算入される。

(c) 地主の課税関係

(i) 個人貸主について

　借地権の無償返還を受けた個人は，借地人が個人である場合には立退料相当額の贈与を受けたものとして贈与税が課税される。

　また，借地人が法人である場合には，法人から立退料相当額の贈与を受けたことになり，個人貸主が法人の役員または使用人である場合は給与所得，それ以外の者である場合は一時所得として所得税の課税対象となる。

　ただし，次に掲げるような理由に基づき借地の返還が行われた場合には財産権としての借地権はないものと認められるので，立退料相当額の贈与があったものとはみなされない（所基通59-5）。

　(イ) 借地権の設定等に係る契約書において将来借地権を無償で返還することが定められていること，またはその土地の使用が使用貸借契約によるものであること（いずれも法人税基本通達13-1-7に定めるところにより，その旨が所轄税務署長に届け出られている場合に限る。）。

　(ロ) 土地の使用の目的が，単に物品置場，駐車場等として土地を更地のまま使用し，または仮営業所，仮店舗等の簡易な建物の敷地として使用するものであること。

　(ハ) 借地上の建物が著しく老朽化したことその他これに類する事由により，借地権が消滅し，またはこれを存続させることが困難であると認められる事情が生じたこと。

　(注) （ハ）の場合においての無償返還には，客観的にみて経済的合理性のある理由が必要である。借地契約の内容によっては，借地の目的の変更を認めない限りは，その権利を他に譲渡しようとしても買手がなく，従来どおりの事業を行うにはさらに多額の設備投資を行う必要があり，事業継続を断念して借地権を無償返還する場合のように経済的合理性の面からの妥当性があることが必要である。

　また，借地権の設定等にあたり権利金等の支払をしないで相当の地代の支払を行い，その後もその土地の価額の上昇に応じて順次相当の地代を改訂する旨の届出をしている場合には，借地権の価額は零となる（法基通13-1-15(1)本文）ため，土地の無償返還を受けた個人貸主に贈与税は課されない。

(ii) 法人貸主について

　借地権の返還を受けた法人は，借地権価額の生じている借地である場合でも，借地権相当額の受贈益を認定されることはない。その返還を受けた土地について，先に借地権の設定にあたり土地の帳簿価額の損金算入（法令138）または土地の評価損の損金算入（法法332）の規定により損金の額に算入した金額がある場合にはその金額を土地の帳簿価額に加算することになる。

(7) 相当地代通達の論点—相当の地代を引き下げた場合

Q 相当の地代を引き下げた場合

■質 問

相当の地代を支払うこととして宅地を賃借していた者が，その地代を引き下げた場合にはどのように取り扱われますか。

■回 答

借地権の設定に際し通常権利金を支払う取引上の慣行のある地域において，権利金を支払わずに相当の地代を支払うことにより借地権の設定があったものについては，借地権者に利益が生じないものとして取り扱うこととされていますが，借地権の設定時のみ相当の地代を支払いその後その地代の額を引き下げたものについては，相当の理由があると認められる場合を除き，課税の公平の見地からその引き下げたときにおいて権利金相当額の利益が生じたものとして取り扱われることになります（昭60直資2-589）。

なお，地代を引き下げることについて「相当の理由があると認められる場合」とは，例えば，地代を引き下げる代わりに権利金を授受することとした場合，あるいは，借地権の設定当時に比して土地の価額が下落したというような場合が該当します。

（参考）実務相談録

Q 借地権の設定時に相当の地代により土地を借りた者の10年後の借地権及び貸地（底地）の評価

■質 問

10年前に宅地を賃貸し，相当の地代を支払ってもらうことにしていましたが，地代はその後値上げをしないでおりました。

付近の土地は大分値上がりし，10年前に比べておおむね倍近くになりました。

この場合，借地権の価額はどのように評価されますか。事例を挙げて説明してください。

■回 答

(1) 10年前の土地の時価1,000万円（相続税評価額）
 借地権割合   80%
 相当の地代（年額） 80万円
 通常の地代（仮定） 24万円
(2) 今年の土地の時価 2,000万円（相続税評価額）
 借地権割合   80%
 相当の地代   160万円
 通常の地代   48万円

上記のような場合，10年前は，借地権の価額は零円です。

4章　土地の上に存する権利

$$10{,}000{,}000円 \times 80\% \times \left(1 - \frac{800{,}000円 - 240{,}000円}{800{,}000円 - 240{,}000円}\right) = 0$$

　したがって，貸宅地の価額は本来1,000万円と評価されるところですが，20％のしんしゃくがありますので，800万円と評価されます。
　今年の評価額は，次の算式により借地権の価額は，11,428,570円となりますので，貸宅地の価額は，8,571,430円となります。
　地価の値上がりが1,000万円なのに，借地権の価額は，その地価の値上がり以上になります。
　今年の借地権の評価額は，

$$20{,}000{,}000円 \times 80\% \times \left(1 - \frac{800{,}000円 - 480{,}000円}{1{,}600{,}000円 - 480{,}000円}\right) = 11{,}428{,}570円$$

　底地の価額　20,000,000円－11,428,570円＝8,571,430円

(参考) 実務相談録

(8) 土地の無償返還に関する届出書

① 土地の無償返還に関する届出書

　「土地の無償返還に関する届出書」（以下「無償返還届出書」という）は，土地所有者（地主）が借地権の設定により借地人に土地を使用させる場合で，賃貸借契約書に将来借地人がその土地を無償で返還することが定められている場合に，これを届け出る手続である。地主と借地人が連名で，土地を無償で返還することが定められた後遅滞なくその法人の納税地を所轄する税務署長に提出する。

[3] 相当地代通達

土地の無償返還に関する届出書

※整理事項	1 土地所有者	整理簿	
	2 借地人等	番号	
		確認	

受付印

平成　年　月　日

国税局長
税務署長　殿

土地所有者　＿＿＿＿　は、（借地権の設定等／使用貸借契約）により下記の土地を平成　年　月　日から　＿＿＿＿　に使用させることとしましたが、その契約に基づき将来借地人等から無償で土地の返還を受けることになっていますので、その旨を届け出ます。

なお、下記の土地の所有又は使用に関する権利等に変動が生じた場合には、速やかにその旨を届け出ることとします。

記

土地の表示

所　在　地　＿＿＿＿＿＿＿＿＿＿＿＿＿＿＿＿＿

地目及び面積　＿＿＿＿＿＿＿＿＿＿＿　＿＿＿＿＿＿㎡

	（土地所有者）	（借地人等）
住所又は所在地	〒　　電話（　）－	〒　　電話（　）－
氏名又は名称	㊞	㊞
代表者氏名	㊞	㊞

	（土地所有者が連結申告法人の場合）	（借地人等が連結申告法人の場合）
連結親法人の納税地	〒　電話（　）－	〒　電話（　）－
連結親法人名等		
連結親法人等の代表者氏名		

借地人等と土地所有者との関係　　借地人等又はその連結親法人の所轄税務署又は所轄国税局

20.06改正

4章 土地の上に存する権利

(契約の概要等)

1　契約の種類　_____

2　土地の使用目的　_____

3　契約期間　平成　　年　　月　～　平成　　年　　月

4　建物等の状況

　(1)　種　　　類　_____

　(2)　構造及び用途　_____

　(3)　建築面積等　_____

5　土地の価額等

　(1)　土地の価額　　　　　　　　　円　(財産評価額　　　　　円)

　(2)　地代の年額　　　　　　　　　円

6　特約事項　_____

7　土地の形状及び使用状況等を示す略図

8　添付書類　(1)　契約書の写し　(2)　_____

(法1337-1)

② 無償返還届出書が提出されている場合は必ず相当地代通達の適用があるのか

無償返還届出が提出されている場合は必ず相当地代通達の適用があるのであろうか。

建物の所有を目的として設定された土地賃借権は，原則として借地借家法の適用があり，地上建物の朽廃など同法所定の借地権消滅事由が生じない限り借地権が存在する。

そして，その土地賃借権は，無償返還届出書が提出されている場合であっても，借地権であることに変わりはなく，無償返還届出書の提出に関する取扱いはこのことを前提とするものである。したがって，届出書の提出があったこと及びこれを前提とする本件土地の評価に異動を来すものではない。

(a) 神戸地裁平成10年4月8日判決

神戸地裁平成10年4月8日判決〔税務訴訟資料231号481頁〕[138]は，法人へ賃貸していた土地の評価について，相当地代通達の適用により20％を控除すべきか，借地権割合を控除すべきかが争われた事例である。

相続財産である本件土地については，相続開始時，被相続人と訴外法人との間で賃貸借契約が締結されており，無償返還届出書が管轄税務署に提出されている。

本件土地について，原告は，本件賃貸借契約には旧借地法の適用があり，地上建物の朽廃等同法所定の借地権消滅事由が生じない限り借地権は消滅しないから，自用地価額から借地権割合（70％）を控除すべきであると主張した。

これに対し被告税務署長は，借地権の設定に際し，将来借地人がその土地を無償で返還する旨の約定がある場合には，右経済的価値の移転は認められないことから，無償返還届出書が管轄税務署に提出されている場合には借地権割合による控除は行わないと主張した。

判決は，相当地代通達により，無償返還届出書が提出されている場合の貸宅地の評価は，借地権割合の控除は行わず，自用地の価格の100分の80として評価することとして取り扱われ，当該通達は合理性があると判示している。

(b) 大阪地裁平成11年1月29日判決

また，大阪地裁平成11年1月29日判決〔税務訴訟資料240号522頁〕においても，法人へ賃貸していた土地の評価について，相当地代通達の適用により20％を控除すべきか，借地権割合を控除すべきかが争われている。

被相続人は，昭和49年，訴外同族会社にその所有する土地を賃貸した。賃料月額は13万4,240円（相当の地代に該当）であり，権利金の授受はない。

被相続人と訴外同族会社は，昭和58年，連名で無償返還届出書を税務署長に提出している。

---

[138] 大阪高裁平成12年3月24日判決〔税務訴訟資料246号1405頁〕，最高裁平成12年10月19日判決〔税務訴訟資料249号210頁〕

4章　土地の上に存する権利

　原告は，当初申告においては，借地法上の借地権が存在しないことを前提に無償返還届出書が提出されていることから，自用地価額から20％を控除して申告したが，その後借地法の適用を受ける借地権が存在していることが別件訴訟により確認されたことから，自用地価額から借地権割合（60％）を控除すべきと主張した。
　これに対し被告税務署長は，無償返還届出書の提出に係る取扱い（借地権価額を零とする取扱い）が有効に選択されていたから，本件土地は，更地価額から20％を控除して計算すべきと主張した。
　判決は，建物の所有を目的として設定された土地賃借権は，無償返還届出書が提出されている場合であっても，借地法上の借地権であることに変わりはなく，無償返還届出書の提出に関する取扱いはこのことを前提とするものであり，届出書の提出があったこと及びこれを前提とする本件土地の評価に異動を来すものではないというべきであるとして相当地代通達による評価（20％控除）を採用している。

(c)　東京地裁平成20年7月23日判決

　東京地裁平成20年7月23日判決〔税務訴訟資料258号順号10996〕は，医療法人へ賃貸していた土地の評価について，相当地代通達の適用により20％を控除すべきか，借地権割合を控除すべきかが争われた事例である。
　被相続人は，昭和59年に訴外医療法人との間で使用貸借契約を締結し，昭和61年に医療法人により建物が建築された。
　その後，平成15年に以下の条件で被相続人と訴外医療法人との間で賃貸借契約が締結され，税務署長に対し無償返還届出書が提出されている。
（イ）被相続人は，訴外法人に対し，4筆宅地1558.20m²を，普通建物所有目的で賃貸する契約を締結している。
（ロ）契約期間は平成15年1月1日から平成34年12月末日までの20年間である。
（ハ）地代の年額は1,122万円である。
（ニ）本件契約書に係る賃貸借契約を締結する際，権利金授受はされなかった。

　本件土地の評価について，原告は，本件土地の地代の年額が自用地価額の約3.3％で，固定資産税及び都市計画税の年額の約2.9倍であり，通常の地代といえるから，借地権割合（70％）を控除した金額によるべきであると主張した。
　これに対し被告税務署長は，無償返還届出書が提出されている場合については，貸宅地を自用地価額の80％に相当する金額によって評価することとしていると主張した。
　判決は，相当地代通達が，無償返還届出書が提出されている場合の貸宅地の価額の評価を自用地としての価額の100分の80に相当する金額とすることに合理性があると判示している。

③ 個人間の貸借における無償返還届出書の適否

　土地所有者が法人である場合，または，土地の借地人が法人である場合において，無償返還届出書を提出することができるが，個人間の土地の貸借については無償返還届出書も税務署に届け出るような取扱いは定められていない。

Q　個人間の土地の貸借にも「無償返還届出書」が必要か

■質　問
　法人税の取扱いにおいては「無償返還届出書」を提出した場合に限り，借地権の認定課税が行われないとされているようですが，個人間ではこの届出をせずに権利金を支払わなければ借地権の贈与があったとして贈与税が課税されますか。

■回　答
　土地の貸借があった場合借地権の課税を受けないために，無償返還届出書を提出することができるのは，土地所有者が法人である場合に限らず，土地の所有者が個人で借地人が法人である場合においても提出することができるとされていますが，個人間の土地の貸借については無償返還届出書も税務署に届出るような取扱いは定められていません。
　親族等においては使用貸借により土地の借り受けがあった場合においても，使用債権者に対し権利金相当額の利益があったものとして課税されることはないことから，無償返還届出書を提出する実質的意味がないことになるからでしよう。

（参考）実務相談録

---

④ 無償返還届出書が提出されている貸宅地と自用地とが隣接している場合の評価単位

　無償返還届出書が提出されている貸宅地と自用地が隣接している場合，その貸宅地においては自用地から控除する借地権の価額が認められる経済的実態が存在しないこととされているが，評価区分の上で自用地になると定めたものではなく，貸宅地と自用地とは別の評価単位となる。
　例えば，静岡地裁平成19年7月12日判決〔税務訴訟資料257号順号10752〕は，同族法人との使用貸借において，無償返還届出書が提出されている場合に貸宅地と隣り合う自用地の評価単位について争われた事例である。
　原告は，夫から平成14年に本件土地の持分の贈与を受けた。
　本件土地の西側部分（「本件土地の状況図」中波線部よりも西側の部分）には原告の夫が所有する居宅が，東側部分（「本件土地の状況図」中波線部よりも東側の部分）には同族法人が所有する倉庫兼事務所が存在している。
　原告と同族法人は，昭和56年に本件土地東側部分を賃料月額20万円で賃貸するとの賃貸借契約を締結するとともに，昭和58年に無償返還届出書を提出している。
　そこで原告は，同族会社に対して賃貸した宅地において無償返還届出書が提出されている場合に

4章　土地の上に存する権利

は，形式的には賃貸借であってもその実態は使用貸借というべきであり，その土地は自用地とみなされるのであるから，本件土地の東側部分も貸宅地ではなく，西側部分とあわせて1つの自用地として評価すべきと主張した。

これに対し被告税務署長は，課税評価にあたっては，自用地である西側部分と貸宅地である東側部分は別々の評価単位となると主張した。

判決は，相当地代通達が課税評価の際における宅地の評価の方法を定めたものにすぎず，無償返還届出書が提出されたことによってその貸宅地それ自体が評価区分上の自用地となると定めたものではない上，これらの通達が自用地部分と貸宅地部分をあわせて1画地として取り扱うことを定めたものではないと判示している。

[図表4-15] 本件土地状況図

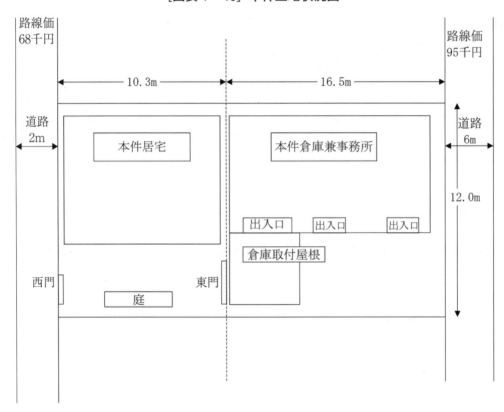

実務上のポイント

無償返還届出書を過去に提出しているか否かは，所轄の税務署において「申告書等の閲覧サービス」を利用することで確認することができる。これは相続人本人だけでなく，親族や税理士といった代理人が行うことができる。ただし，届出書のコピーは原則としてできない。

コピーを入手したい場合は，別途行政文書の開示請求である「個人情報開示請求」を行う。この場合は，コピーの写しの入手も可能となるが，税理士は，請求手続の代理人となることができない。

3　相当地代通達

> **参考**　法人税基本通達

（他人に借地権に係る土地を使用させる行為の範囲）

13－1－1　令第137条《土地の使用に伴う対価についての所得の計算》に規定する「他人に借地権に係る土地を使用させる行為」には，例えば，借地権に係る土地の地下に地下鉄等の構築物の建設をさせるためその土地の地下を使用させる行為又は特別高圧架空電線の架設等をさせるためその土地の上の空間を使用させる行為が該当する。

（使用の対価としての相当の地代）

13－1－2　法人が借地権の設定等（借地権又は地役権の設定により土地を使用させ，又は借地権の転貸その他他人に借地権に係る土地を使用させる行為をいう。以下この章において同じ。）により他人に土地を使用させた場合において，これにより収受する地代の額が当該土地の更地価額（権利金を収受しているとき又は特別の経済的な利益の額があるときは，これらの金額を控除した金額）に対しておおむね年8％程度のものであるときは，その地代は令第137条《土地の使用に伴う対価についての所得の計算》に規定する相当の地代に該当するものとする。

（注）

1　「土地の更地価額」は，その借地権の設定等の時における当該土地の更地としての通常の取引価額をいうのであるが，この取扱いの適用上は，課税上弊害がない限り，当該土地につきその近傍類地の公示価格等（地価公示法第8条《不動産鑑定士の土地についての鑑定評価の準則》に規定する公示価格又は国土利用計画法施行令第9条第1項《基準地の標準価格》に規定する標準価格をいう。）から合理的に算定した価額又は昭和39年4月25日付直資56直審（資）17「財産評価基本通達」第2章《土地及び土地の上に存する権利》の例により計算した価額によることができるものとする。この場合において，本文の括弧書により土地の更地価額から控除すべき金額があるときは，当該金額は，次の算式により計算した金額によるものとする。

（算式）

$$\text{その権利金又は特別の経済的な利益の額} \times \frac{\text{当該算定し，又は計算した価額}}{\text{当該土地の更地としての通常の取引価額}}$$

2　借地権の転貸の場合には，「土地の更地価額」とあるのは「借地権の価額」と，「当該土地の更地としての通常の取引価額」とあるのは「当該借地権の通常の取引価額」と，それぞれ読み替えるものとする。

（相当の地代に満たない地代を収受している場合の権利金の認定）

13－1－3　法人が借地権の設定等により他人に土地を使用させた場合において，これにより収受する地代の額が13－1－2に定める相当の地代の額に満たないときは，13－1－7の取扱いによる場合を除き，次の算式により計算した金額から実際に収受している権利金の額及び特別の経済的な利益の額を控除した金額を借地人等に対して贈与（当該借地人等が当該法人の役員又は使用人である場合には，給与の支給とする。以下13－1－14までにおいて同じ。）したものとする。

（算式）

$$\text{土地の更地価額} \times \left(1 - \frac{\text{実際に収受している地代の年額}}{13-1-2\text{に定める相当の地代の年額}}\right)$$

4章　土地の上に存する権利

(注)
1　算式の「13-1-2に定める相当の地代の年額」は、実際に収受している権利金の額又は特別の経済的な利益の額がある場合であっても、これらの金額がないものとして計算した金額による。
2　算式により計算した金額が通常収受すべき権利金の額を超えることとなる場合には、当該権利金の額にとどめる。

(相当の地代を引き下げた場合の権利金の認定)
13-1-4　法人が借地権の設定等により他人に土地を使用させ、これにより相当の地代を収受した場合においても、その後その地代を引き下げたときは、その引き下げたことについて相当の理由があると認められるときを除き、原則としてその引き下げた時においてその時における当該土地の価額を基礎として13-1-3《相当の地代に満たない地代を収受している場合の権利金の認定》の算式に準じて計算した金額（既に権利金の一部を収受している場合又は13-1-3により贈与があったものとして計算された金額がある場合には、これらの金額を控除した金額）に相当する金額を借地人等に対して贈与したものとする。

(通常権利金を授受しない土地の使用)
13-1-5　法人が権利金を収受することなしに他人に土地を使用させた場合において、これにより収受する地代の額が13-1-2に定める相当の地代の額に満たないときにおいても、その土地の使用の目的が単に物品置場、駐車場等として土地を更地のまま使用し、又は仮営業所、仮店舗等の簡易な建物の敷地として使用するものであるなどその土地の使用が通常権利金の授受を伴わないものであると認められるときは、13-1-3にかかわらず、権利金の認定は行わないことに留意する。
(注)　この場合、法人が実際に収受している地代の額がその土地の使用の目的に照らして通常収受すべき地代の額に満たないときは、その満たないことにつき相当の理由があると認められるときを除き、その満たない部分の金額を借地人等に対して贈与したものとする。

(権利金の認定見合せ)
13-1-7　法人が借地権の設定等により他人に土地を使用させた場合（権利金を収受した場合又は特別の経済的な利益を受けた場合を除く。）において、これにより収受する地代の額が13-1-2《使用の対価としての相当の地代》に定める相当の地代の額に満たないとき（13-1-5《通常権利金を授受しない土地の使用》の取扱いの適用があるときを除く。）であっても、その借地権の設定等に係る契約書において将来借地人等がその土地を無償で返還することが定められており、かつ、その旨を借地人等との連名の書面により遅滞なく当該法人の納税地の所轄税務署長（国税局の調査課所管法人にあっては、所轄国税局長。以下13-1-14までにおいて同じ。）に届け出たときは、13-1-3《相当の地代に満たない地代を収受している場合の権利金の認定》にかかわらず、当該借地権の設定等をした日の属する事業年度以後の各事業年度において、13-1-2に準じて計算した相当の地代の額から実際に収受している地代の額を控除した金額に相当する金額を借地人等に対して贈与したものとして取り扱うものとする。
使用貸借契約により他人に土地を使用させた場合（13-1-5の取扱いの適用がある場合を除く。）についても、同様とする。
(注)　本文の取扱いを適用する場合における相当の地代の額は、おおむね3年以下の期間ごとにその見直しを行うものとする。この場合において、13-1-2の（注）1中「その借地権の設定等

の時」とあるのは「当該事業年度開始の時」と読み替えるものとする。

(相当の地代の改訂)
13-1-8　法人が、借地権の設定等により他人に土地を使用させた場合（13-1-5又は13-1-7の取扱いの適用がある場合を除く。）において、これにより13-1-2に定める相当の地代を収受することとしたときは、その借地権の設定等に係る契約書においてその後当該土地を使用させている期間内に収受する地代の額の改訂方法につき次の(1)又は(2)のいずれかによることを定めるとともに、その旨を借地人等との連名の書面により遅滞なく当該法人の納税地の所轄税務署長に届け出るものとする。この場合において、その届出がないときは、(2)の方法を選択したものとする。
　(1)　その借地権の設定等に係る土地の価額の上昇に応じて順次その収受する地代の額を相当の地代の額（上昇した後の当該土地の価額を基礎として13-1-2に定めるところに準じて計算した金額をいう。）に改訂する方法
　(2)　(1)以外の方法
　(注)　13-1-7の（注）は、法人が(1)の方法を選択した場合について準用する。

(建物等の区分所有に係る借地権割合の計算)
13-1-9　令第138条第1項第2号《建物等の区分所有に係る借地権割合》に掲げる割合は、法人が建物又は構築物の区分所有を目的とする借地権の設定によりその所有する土地を使用させた場合のその区分所有部分の借地権割合をいうのであるから、同号ロに定める残額は、その区分所有部分に対応する土地について計算することに留意する。

(借地権の設定等に伴う保証金等)
13-1-10　法人が借地権の設定等に当たり保証金、敷金等の名義による金銭を受け入れた場合においても、その受け入れた金額がその土地の存する地域において通常収受される程度の保証金等の額（その額が明らかでないときは、借地権の設定契約による地代の3月分相当額とする。）以下であるときは、当該受け入れた金額は、令第138条第2項《特別の経済的な利益》に規定する「特に有利な条件による金銭の貸付け」には該当しないものとする。

(複利の方法による現在価値に相当する金額の計算)
13-1-11　令第138条第3項《特別の経済的な利益の額の計算》に規定する「通常の利率」は昭和39年4月25日付直資56・直審（資）17「財産評価基本通達」（法令解釈通達）の4-4に定める基準年利率（同条第2項に規定する金銭の貸付けを受けた日を含む月に適用される基準年利率とする。）、「貸付けを受ける期間」は1年を単位として計算した期間（1年未満の端数があるときは切り捨てて計算した期間）、複利の方法で現在価値を計算する場合の「複利現価率」は小数点以下第3位まで計算した率（第4位を切り上げる。）による。
　(注)　同条第2項に規定する金銭の貸付けを受けた日を含む月に適用される基準年利率が事業年度終了の日において公表されていない場合は、公表されている直近の月の利率によって差し支えないものとする。

(更新料等)
13-1-13　法人が、借地権の設定等に係る契約の更新又は更改をする場合において、当該借地権に係

4章　土地の上に存する権利

る土地の存する地域において通常いわゆる更新料又は更改料を授受する取引上の慣行があることが明らかでないためその授受をしなかったときは，これを認める。

(借地権の無償譲渡等)
13-1-14　法人が借地の上に存する自己の建物等を借地権の価額の全部又は一部に相当する金額を含めない価額で譲渡した場合又は借地の返還に当たり，通常当該借地権の価額に相当する立退料その他これに類する一時金（以下13-1-16までにおいて「立退料等」という。）を授受する取引上の慣行があるにもかかわらず，その額の全部又は一部に相当する金額を収受しなかった場合には，原則として通常収受すべき借地権の対価の額又は立退料等の額と実際に収受した借地権の対価の額又は立退料等の額との差額に相当する金額を相手方に贈与したものとして取り扱うのであるが，その譲渡又は借地の返還に当たり通常収受すべき借地権の対価の額又は立退料等の額に相当する金額を収受していないときであっても，その収受をしないことが次に掲げるような理由によるものであるときは，これを認める。
(1)　借地権の設定等に係る契約書において将来借地を無償で返還することが定められていること又はその土地の使用が使用貸借契約によるものであること（いずれも13-1-7に定めるところによりその旨が所轄税務署長に届け出られている場合に限る。）。
(2)　土地の使用の目的が，単に物品置場，駐車場等として土地を更地のまま使用し，又は仮営業所，仮店舗等の簡易な建物の敷地として使用するものであること。
(3)　借地上の建物が著しく老朽化したことその他これに類する事由により，借地権が消滅し，又はこれを存続させることが困難であると認められる事情が生じたこと。

(相当の地代で賃借した土地に係る借地権の価額)
13-1-15　13-1-14の場合において，借地人である法人が13-1-2に定める相当の地代により賃借した土地に係る借地権を譲渡し，又は当該土地を地主へ返還したときに通常収受すべき借地権の対価の額又は立退料等の額は，原則として次に掲げる場合の区分に応じ，それぞれ次に掲げる金額によるものとする。(昭55年直法2-15「三十一」により追加，平23年課法2-17「二十七」により改正)
(1)　その支払うべき地代の額の改訂方法につき13-1-8の(1)に掲げる方法によっている場合　零。ただし，当該借地権の設定等に当たり支払った権利金又は供与した特別の経済的な利益がある場合には，当該権利金の額又は特別の経済的な利益の額に相当する金額とする。
(2)　(1)以外の場合　次の区分に応じ，それぞれ次の金額
　　イ　その支払っている地代の額が一般地代の額（通常支払うべき権利金を支払った場合に当該土地の価額の上昇に応じて通常支払うべき地代の額をいう。）に相当する金額となる時前にその譲渡又は返還が行われたとき　その譲渡又は返還の時における当該土地の更地価額を基礎として13-1-3に定める算式に準じて計算した金額
　　ロ　イ以外のとき　その譲渡又は返還の時における当該土地の更地価額を基礎として通常取引される借地権の価額
(注)　この取扱いは，法人が借地人から貸地の返還を受けるに当たり，(1)又は(2)に掲げる金額の立退料等のほかにその返還に伴い借地人において生ずる費用又は損失の補填に充てるために合理的な金額を支払うことを妨げるものではないことに留意する。

（貸地の返還を受けた場合の処理）
13-1-16　法人が貸地の返還を受けた場合には，次のいずれの場合に該当するかに応じ，それぞれに掲げる金額をその返還を受けた土地の帳簿価額に加算する。
(1) 無償で返還を受けた場合　その土地について借地権の設定等に当たり令第138条第1項《借地権の設定等により地価が著しく低下する場合の土地等の帳簿価額の一部の損金算入》又は法第33条第2項《資産の評価損》の規定により損金の額に算入した金額があるときは，その損金の額に算入した金額
(2) 立退料等（その他立退きに要する費用を含む。以下13-1-16において同じ。）だけを支払った場合　その支払った立退料等と(1)に掲げる金額とのうちいずれか多い金額
(3) 立退料等を支払うとともに土地の上に存する建物等を買い取った場合　その支払った立退料等と当該建物等の買取価額のうち当該建物等の価額を超える部分の金額との合計額と(1)に掲げる金額とのいずれか多い金額
(注)　法人が貸地の返還を受けるに当たり通常支払うべき立退料等の額の全部又は一部に相当する金額を支払わなかった場合においても，原則としてこれによる経済的利益の額はないものとして取り扱う。

(9) 取引相場のない株式の評価と相当の地代

ここでは，土地の賃貸関係にある法人の取引相場のない株式について確認しておきたい。
相続や贈与などで取引相場のない株式を取得した場合の純資産価額の算定である。

① 同族会社に相当の地代で土地を貸している場合

個人地主が法人借主へ土地を賃貸している場合，個人地主について，相当の地代を収受している貸宅地の評価は，自用地としての価額からその価額の20％に相当する金額を控除して評価する。
一方，借地人が有する借地権の価額については，借地人が個人である場合はゼロとなるが，法人である場合は，純資産価額に自用地としての価額の20％相当額を算入する。

Q　同族会社に相当の地代で土地を貸している場合

■質　問
甲は，所有する土地を相当の地代を収受して甲の主宰する同族会社に貸し付けています（権利金は収受していません。）が，甲に相続の開始があった場合，借地権者である会社には借地権の価額は零と評価されるといわれているのに，同社の株式の評価にあたっては，借地権の価額を計算するといわれましたがどうしてですか。

■回　答
相当の地代を収受して貸し付けている土地の評価額は，自用地としての価額の80％で評価することとされています。

その場合のその借地権の価額は零として取り扱うこととされています。

しかし，被相続人が同族関係者となっている同族会社にその土地を貸し付けている場合には，自用地としての価額から控除された20％相当の金額をその同族会社の株式または出資を純資産方式で評価する場合には，その純資産価額に算入して計算することとされています（昭43直資3－22）。

このように，被相続人が同族関係者となっている同族会社の株式または出資の評価上についてのみこのように取り扱うこととしたのは，その土地の価額が個人と法人を通じて100％課税するとしたことが課税の公平上相当であると考えられることによるものであると説明されています。

(計算)
① 土地の自用地としての価額　　　2,400万円
② 借地権割合　　　　　　　　　　70％
③ 相当の地代の年額（①×6％）　　144万円
④ 実際に収受している地代の年額　 144万円
⑤ 通常の地代の年額　29万円
(貸宅地の価額)
　　2,400万円×80％＝<u>1,920万円</u>
(被相続人が同族関係者となっている同族会社にその土地を貸し付けている場合)
同族会社の株式の価額を純資産方式で評価する場合の純資産価額に算入する金額
　　2,400万円×(1－0.8)＝<u>480万円</u>

(参考) 実務相談録

② 無償返還届出書を提出している会社の株式の評価

無償返還届出書が提出されている貸宅地の価額は，自用地としての価額の80％に相当する金額で評価する一方，借地人が有する借地権の価額についてはゼロとして取り扱う。

ただし，土地の所有者である被相続人が同族関係者となっている同族会社に対してその土地を貸し付けているときは，自用地としての価額の20％に相当する金額をその株式の評価上，純資産価額に算入して計算する。

Q 無償返還届出書を提出している会社の株式の評価

■質　問

B社は，社長甲の土地を賃借するにあたり「無償返還届出書」を税務署に提出しています。甲が死亡し，B社の株式を相続財産として評価する場合，この借地権の価額はどのように評価されますか。

■回　答

無償返還届出書の提出されている賃貸中の宅地の価額は，自用地としての価額の80％に相当する金額で評価することとされています。他方，借地権の価額についてはゼロとして取り扱うこととされていますが，この場合においても相当の地代を支払って借地している場合と同様，土地の所有者である

被相続人が同族関係者となっている同族会社に対してその土地を貸し付けているときは，自用地としての価額の20％に相当する金額をその株式の評価上，純資産価額に算入して計算することになります（昭60直資2-58「8」，昭43直3-22）。

　このように取り扱うこととしたのは，その土地の価額が個人と法人を通じて100％課税することが課税の公平上相当と考えられることによるものです。

(参考) 実務相談録

③　構築物の所有を目的とする賃借権

　構築物の所有を目的とする賃借権は，法人税においては借地権として取り扱われているが，相続税の財産評価では，借地権に該当しない。

　そして，評価会社が構築物の所有を目的として土地を賃借している場合，その株式の評価上，純資産方式で評価する場合は，同社が計上している借地権を賃借権として，その貸付地は貸し付けられている雑種地として評価する。

Q　構築物の所有を目的とする賃借権

■質　問

　甲社は，駐車場用地として乙から1,000m^{2}の土地を借りていますが，その土地を借りるに際し支払った権利金400万円を借地権として計上しています。

　甲社の発行済株式数の大半は，乙とその同族関係者が有しています。

　乙は，その有する甲社の株式を丙に贈与するとともに，その貸付地をXに贈与しました。

　ついては，甲社の株式およびその土地の評価上，その土地には借地権が設定されているものと取り扱ってよいでしょうか。

■回　答

　法人税法では，構築物の所有を目的とする賃借権であっても，借地権として取り扱われていますが，相続税の財産評価では，借地権とは借地法に規定する借地権に限定されていますので，株式の評価上純資産方式で評価する場合の財産では，甲社計上の借地権を賃借権として，その貸付地は賃借中の貸付地として評価することになります。

(参考) 実務相談録

④　無償返還届出書が提出されている場合の会社の貸家建付借地権の価額

　法人が，被相続人甲の所有する土地を無償返還届出書を提出して賃借し，その借地上の建物を貸家の用に供している場合である。

　この場合，同社の純資産価額に算入する貸家建付借地権の価額は，自用の借地権価額から借家人

4章　土地の上に存する権利

の敷地利用権相当額を控除した金額として差し支えないこととされている。

Q 「土地の無償返還に関する届出書」が提出されている場合における同族会社の株式の純資産価額に算入する貸家建付借地権の価額

■質　問

　A社（同族会社）は，被相続人甲の所有する土地を借地し，その借地上に建物（貸家）を所有しているが，その借地権の設定にあたり，「土地の無償返還に関する届出書」を提出している。

　被相続人が，同族関係者となっている同族会社に土地を貸し付け，「土地の無償返還に関する届出書」を提出している場合には，貸宅地の評価を自用地価額の80％により評価することとのバランス上，自用地価額の20％に相当する金額を借地権の価額として，その同族会社の株式の評価上，純資産価額に計上することとされているが，当該借地権が貸家建付借地権の場合もその土地の自用地としての価額の20％に相当する金額を計上するのか

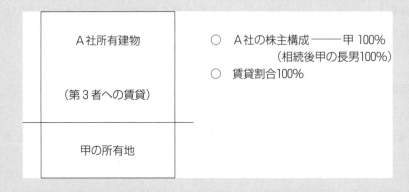

■回　答

　A社の株式の評価（純資産価額方式）を行う場合，同社の純資産価額に算入する貸家建付借地権の価額は，次のとおり，自用の借地権価額から借家人の敷地利用権相当額を控除した金額として差し支えない。

$$\text{自用地価額} \times \underset{\text{借地権割合}}{20\%} \times (1 - \underset{\text{借家権割合}}{30\%}) = \text{自用地価額} \times 14\%$$

（解説）

　「土地の無償返還に関する届出書」が提出されている場合の自用の借地権の価額は零として取り扱うこととされているが，被相続人が同族関係者となっている同族会社に対し，土地を貸し付けている場合には，貸宅地の評価を20％減することとの権衡上，その土地の価額が個人と法人とを通じて100％顕現することが課税の公平上適当と考えられることから，その同族会社の株式の評価上，純資産価額に算入する借地権の価額は，自用地としての価額の20％に相当する金額として取り扱うこととされている（相当地代通達5，8）。

　ところで，当該借地権が貸家建付借地権の場合は何ら定めがないことから問題となる。この点について，①無償返還届出書が提出されている場合には，貸家建付借地権及び自用借地権の価額は，いずれも零とされているから，両者を区別する必要はないこと及び②昭和43年通達では，借地権価額は，

自用地としての価額の20%相当額と定められていることから、貸家建付借地権の場合も自用の借地権と同様に20%とすることも考えられるが第三者に貸し付けられている貸家の敷地たる借地権には、借家人の敷地利用権（自用地の価額×借地権割合×借家権割合）が生じていることから、自用の借地権とは、当然に価値が異なると考えられ、あえてその土地の価値を個人と法人とを通じて100％顕現させる必要はないと考えられる。

（参考）東京国税局「資産税審理研修資料（平成16年12月作成）」〔TAINS・評価事例708046〕

⑤ 被相続人が同族関係者でない場合

土地の貸付けが、被相続人が同族関係者となっている同族会社に対するものである場合には、土地の評価額が個人と法人を通じて100％顕現することが課税の公平上適当と考えられることから、被相続人の所有する同社の株式の評価上、自用地価額の20％に相当する金額を借地権の価額として純資産価額に算入する。

この取扱いは、被相続人が同族関係者となっている同族会社に対し土地を貸し付けている場合に被相続人の所有する同社の株式を評価する際の借地権の価額についての定めである。

したがって、被相続人が評価会社の株主ではなく、同社の同族関係者に該当しない場合、株式の評価上、土地の自用地価額の20％に相当する金額は資産の部に計上しない。

Q 「土地の無償返還に関する届出書」が提出されている場合（被相続人が同族関係者でない場合）

■質　問

被相続人甲の所有するＢ社の株式を評価（純資産価額方式）するにあたり、Ｂ社が所有するＡ社の株式を評価（純資産価額方式）する必要がある。

Ａ社は甲の所有する土地上に建物を所有しているが、その使用にあたり、「土地の無償返還に関する届出書」を提出している。

この場合、Ａ社の株式を評価するに当たって、甲の所有する土地の自用地価額の20％に相当する金額を借地権の価額として資産の部に計上するのか。

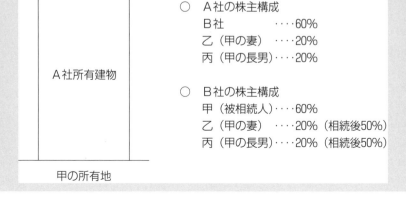

4章 土地の上に存する権利

■回 答

　被相続人甲はＡ社の株主ではなく，Ａ社の同族関係者（評基通188）に該当しないことから，Ａ社の株式の評価上，甲の所有する土地の自用地価額の20％に相当する金額は資産の部に計上しない。

（解説）

　借地権が設定されている土地について，「土地の無償返還に関する届出書」が提出されている場合は，土地所有者と借地人間において，将来，無償で借地権を返還することを約した契約であることから，当該土地に係る借地権の価額は０とし，また，貸宅地の価額は自用地価額の80％に相当する金額によって評価することとされている（「相当の地代を支払っている場合等の借地権等についての相続税と贈与税の取扱いについて（昭和60年６月５日付直評９ほか）」（以下「相当地代通達」という。）の５，８）。

　この取扱いは，借地権の価額を０とすることからすれば，貸宅地の価額は自用地としての価額によって評価するとの考え方もあるが，借地借家法の制約，賃貸借契約に基づく利用の制約等を勘案すれば，借地権の取引慣行のない地域においても20％の借地権相当額の控除を認容している（評基通25(1)）こととの権衡上，その土地に係る貸宅地の価額の評価においても20％相当額を控除することが相当であるとの考え方によるものである。

　この場合において，土地の貸付けが，被相続人が同族関係者となっている同族会社に対するものである場合には，土地の評価額が個人と法人を通じて100％顕現することが課税の公平上適当と考えられることから，被相続人の所有する同社の株式の評価上，自用地価額の20％に相当する金額を借地権の価額として純資産価額に算入することとされている（相当地代通達８なお書，「相当の地代を収受している貸宅地の評価について（昭和43年10月28日付直資３-22ほか）」）。この取扱いは，被相続人が同族関係者となっている同族会社に対し土地を貸し付けている場合に被相続人の所有する同社の株式を評価する際の借地権の価額についての定めであって，問の場合のように，被相続人が同族関係者ではないＡ社の株式を評価する際の借地権の価額についての定めではない。

　したがって，Ｂ社の株式を評価（純資産価額方式）する場合に，Ｂ社が保有するＡ社の株式を評価（純資産価額方式）する際は，甲の所有する土地の自用地価額の20％に相当する金額を借地権の価額として資産の部に計上する必要はない。

　（参考）東京国税局「資産税審理事務研修教材（平成13年12月14日）」〔TAINS・評価事例708005〕

○相当の地代を収受している場合等の土地の評価の取扱い

地代の授受状況 (地代を改訂)		貸宅地の 評価額	借地権の 評価額	株式評価上の資産計上額 (純資産価額方式の計算を行う場合)
相当の地代	権利金の授受がない場合	自用地価額×80%	(評価しない)	自用地価額×20%
	不十分な権利金の授受がある場合	次のいずれか低い金額 ①自用地価額-「算式価額」 ②自用地価額×80%	算式価額	次のいずれか高い金額 ①「算式価額」 ②自用地価額×20%
通常の地代超 ～相当の地代未満		次のいずれか低い金額 ①自用地価額-「算式価額」 ②自用地価額×80%	算式価額	次のいずれか高い金額 ①「算式価額」 ②自用地価額×20%
通常の地代		通常の貸宅地価額	通常の借地権価額	通常の借地権価額
土地の無償返還の届出	賃貸借	自用地価額×80%	(評価しない)	自用地価額×20%
	使用貸借	自用地価額	(評価しない)	(評価しない)

(注) 1 相当の地代(年額)とは,課税時期の属する年の以前3年間の自用地価額の平均額の6%相当額をいう。

 2 表中の「算式価額」とは,次の算式により求めた価額をいう。

$$自用地価額 \times \left\{ 借地権割合 \times \left(1 - \frac{実際に支払っている地代の年額 - 通常の地代の年額}{相当の地代の年額 - 通常の地代の年額} \right) \right\}$$

(参考) 福岡国税局「誤りやすい事例(資産税関係令和3年分)」〔TAINS・贈与事例福岡局R030000〕

4 使用貸借

昭和48年11月1日
国税庁長官

使用貸借に係る土地についての相続税及び贈与税の取扱いについて

　標題のことについては，次のとおり定め，今後処理するものからこれによることとしたので，通達する。
　なお，この取扱いは，個人間の貸借関係の実情を踏まえて定めたものであるから，当事者のいずれか一方が法人である場合のその一方の個人については，原則として，従来どおり法人税の取扱いに準拠して取り扱うこととなることに留意されたい。

（趣旨）
　建物又は構築物の所有を目的とする使用貸借に係る土地に関する相続税及び贈与税の取扱いについて所要の整備を図ることとしたものである。

記

（使用貸借による土地の借受けがあった場合）
1　建物又は構築物（以下「建物等」という。）の所有を目的として使用貸借による土地の借受けがあった場合においては，借地権（建物等の所有を目的とする地上権又は賃借権をいう。以下同じ。）の設定に際し，その設定の対価として通常権利金その他の一時金（以下「権利金」という。）を支払う取引上の慣行がある地域（以下「借地権の慣行のある地域」という。）においても，当該土地の使用貸借に係る使用権の価額は，零として取り扱う。
　　この場合において，使用貸借とは，民法（明治29年法律第89号）第593条に規定する契約をいう。したがって，例えば，土地の借受者と所有者との間に当該借受けに係る土地の公租公課に相当する金額以下の金額の授受があるにすぎないものはこれに該当し，当該土地の借受けについて地代の授受がないものであっても権利金その他地代に代わるべき経済的利益の授受のあるものはこれに該当しない。

（使用貸借による借地権の転借があった場合）
2　借地権を有する者（以下「借地権者」という。）からその借地権の目的となっている土地の全部又は一部を使用貸借により借り受けてその土地の上に建物等を建築した場合又は借地権の目的となっている土地の上に存する建物等を取得し，その借地権者からその建物等の敷地を使用貸借により借り受けることとなった場合においては，借地権の慣行のある地域においても，当該借地権の使用貸借に係る使用権の価額は，零として取り扱う。
　　この場合において，その貸借が使用貸借に該当するものであることについては，当該使用貸借に係る借受者，当該借地権者及び当該土地の所有者についてその事実を確認するものとする。

(注)
1　上記の確認に当たっては，別紙様式1「借地権の使用貸借に関する確認書」を用いる。
2　上記確認の結果，その貸借が上記の使用貸借に該当しないものであるときは，その実態に応じ，借地権又は転借権の贈与として贈与税の課税関係を生ずる場合があることに留意する。

(使用貸借に係る土地等を相続又は贈与により取得した場合)
3　使用貸借に係る土地又は借地権を相続（遺贈及び死因贈与を含む。以下同じ。）又は贈与（死因贈与を除く。以下同じ。）により取得した場合における相続税又は贈与税の課税価格に算入すべき価額は，当該土地の上に存する建物等又は当該借地権の目的となっている土地の上に存する建物等の自用又は貸付けの区分にかかわらず，すべて当該土地又は借地権が自用のものであるとした場合の価額とする。

(使用貸借に係る土地等の上に存する建物等を相続又は贈与により取得した場合)
4　使用貸借に係る土地の上に存する建物等又は使用貸借に係る借地権の目的となっている土地の上に存する建物等を相続又は贈与により取得した場合における相続税又は贈与税の課税価格に算入すべき価額は，当該建物等の自用又は貸付けの区分に応じ，それぞれ当該建物等が自用又は貸付けのものであるとした場合の価額とする。

(借地権の目的となっている土地を当該借地権者以外の者が取得し地代の授受が行われないこととなった場合)
5　借地権の目的となっている土地を当該借地権者以外の者が取得し，その土地の取得者と当該借地権者との間に当該土地の使用の対価としての地代の授受が行われないこととなった場合においては，その土地の取得者は，当該借地権者から当該土地に係る借地権の贈与を受けたものとして取り扱う。ただし，当該土地の使用の対価としての地代の授受が行われないこととなった理由が使用貸借に基づくものでないとしてその土地の取得者からその者の住所地の所轄税務署長に対し，当該借地権者との連署による「当該借地権者は従前の土地の所有者との間の土地の賃貸借契約に基づく借地権者としての地位を放棄していない」旨の申出書が提出されたときは，この限りではない。
(注)
1　上記の「土地の使用の対価としての地代の授受が行われないこととなった場合」には，例えば，土地の公租公課に相当する金額以下の金額の授受がある場合を含み，権利金その他地代に代わるべき経済的利益の授受のある場合は含まれないことに留意する（以下7において同じ。）。
2　上記の申出書は，別紙様式2「借地権者の地位に変更がない旨の申出書」を用いる。

(経過的取扱い—土地の無償借受け時に借地権相当額の課税が行われている場合)
6　従前の取扱いにより，建物等の所有を目的として無償で土地の借受けがあった時に当該土地の借受者が当該土地の所有者から当該土地に係る借地権の価額に相当する利益を受けたものとして当該借受者に贈与税が課税されているもの，又は無償で借り受けている土地の上に存する建物等を相続若しくは贈与により取得した時に当該建物等を相続若しくは贈与により取得した者が当該土地に係る借地権に相当する使用権を取得したものとして当該建物等の取得者に相続税若しくは贈与税が課税されているものについて，今後次に掲げる場合に該当することとなったときにおける当該建物等又は当該土地の相続税又は贈与税の課税価格に算入すべき価額は，次に掲げる場合に応じ，それぞ

(1) 当該建物等を相続又は贈与により取得した場合　当該建物等の自用又は貸付けの区分に応じ，それぞれ当該建物等が自用又は貸付けのものであるとした場合の価額とし，当該建物等の存する土地に係る借地権の価額に相当する金額を含まないものとする。
(2) 当該土地を相続又は贈与により取得した場合　当該土地を相続又は贈与により取得する前に，当該土地の上に存する当該建物等の所有者が異動している場合でその時に当該建物等の存する土地に係る借地権の価額に相当する金額について相続税又は贈与税の課税が行われていないときは，当該土地が自用のものであるとした場合の価額とし，当該建物等の所有者が異動していない場合及び当該建物等の所有者が異動している場合でその時に当該建物等の存する土地に係る借地権の価額に相当する金額について，相続税又は贈与税の課税が行われているときは，当該土地が借地権の目的となっているものとした場合の価額とする。

（経過的取扱い―借地権の目的となっている土地をこの通達の施行前に当該借地権者以外の者が取得している場合）
7　この通達の施行前に，借地権の目的となっている土地を当該借地権者以外の者が取得し，その者と当該借地権者との間に当該土地の使用の対価としての地代の授受が行われないこととなったもの（この通達の施行後に処理するものを除く。）について，今後次に掲げる場合に該当することとなったときにおける当該土地の上に存する建物等又は当該土地の相続税又は贈与税の課税価格に算入すべき価額は，次に掲げる場合に応じ，それぞれ次に掲げるところによる。
(1) 当該建物等を相続又は贈与により取得した場合　当該建物等の自用又は貸付けの区分に応じ，それぞれ当該建物等が自用又は貸付けのものであるとした場合の価額とし，当該建物等の存する土地に係る借地権の価額に相当する金額を含まないものとする。
(2) 当該土地を相続又は贈与により取得した場合　当該土地を相続又は贈与により取得する前に，当該土地の上に存する当該建物等の所有者が異動している場合でその時に当該建物等の存する土地に係る借地権の価額に相当する金額について相続税又は贈与税の課税が行われていないときは，当該土地が自用のものであるとした場合の価額とし，当該建物等の所有者が異動していない場合及び当該建物等の所有者が異動している場合でその時に当該建物等の存する土地に係る借地権の価額に相当する金額について相続税又は贈与税の課税が行われているときは，当該土地が借地権の目的となっているものとした場合の価額とする。

(1)　使用貸借地の評価

①　民法上の使用貸借

　賃貸借とは，一方の当事者が相手方にある物を使用及び収益させることを約し，相手方がこれに対して賃料を支払うことを約することによって成立するものをいう（民法601）。
　これに対し，使用貸借とは，貸主が借主に無償で目的物を使用及び収益させる債務を負い，借主がそれに対応する使用収益権を無償で取得し，使用及び収益後，目的物を返還するという内容の合意が成立し，かつ，目的物が貸主より借主に引き渡されることにより成立するものをいう（民法593）。

なお，土地の貸借関係が賃貸借あるいは使用貸借のいずれであるかは，目的物の使用及び収益に対価を伴うか否かによって区別される。

そして，この対価は，金銭であることを要しないと解されている。

② 相続税上の使用貸借

相続税における使用貸借は，個人間の貸借関係の実情を踏まえて，建物等の所有を目的として使用貸借による土地の借受けがあった場合については，土地の使用権の価額は零として取り扱われている（使用貸借通達1）。

なぜなら，使用貸借による土地の使用権は，賃貸借契約に基づく借地権のように法律上の手厚い保護を与えられておらず，また，当事者間の好意・信頼関係等にその基盤を持ち，通常，正常な経済取引になじまないものであるから，権利性が極めて弱く，借地権のように客観的な交換価値を有するものと見ることが困難だからである（静岡地裁平成1年6月9日判決〔税務訴訟資料170号698頁〕，大阪地裁平成4年9月22日判決〔税務訴訟資料192号490頁〕，東京地裁平成8年1月26日判決〔税務訴訟資料215号93頁〕）。

Q 無償で貸している宅地の評価

■質　問

父から相続した土地には，叔母の住宅が建っています。

父は，生前叔母に対しては，兄弟の間柄だからと賃料は一切とらず，使用貸借によりその敷地を貸していました。この土地の評価はどのようにして行いますか。

■回　答

使用貸借により他人が使用中の土地の価額は，使用貸借に係る権利が法的保護に薄く，まだ一般的に権利として認識されるまでに至っていない面もあることから，原則として，自用地としての価額により評価します。

(参考) 実務相談録

---

(2) 使用貸借通達の経緯

昭和48（1973）年に使用貸借通達が制定される前においては，個人間の使用貸借による土地の貸借において，借地権の存在を認識し，借地人に対して借地権の贈与が行われたものとして贈与税を課税する場合があった。

そこで，大阪地裁昭和43年11月25日判決〔税務訴訟資料53号892頁〕において，夫婦間の土地の使用貸借において，借地権が存在するか否かが争われた。

4章　土地の上に存する権利

　妻である原告は、昭和40年に夫が所有する土地上に共同住宅を建築し、これを他人に賃貸して賃料収入を得ていた。

　これ対し被告税務署長は、妻の土地に対する使用関係は無償の地上権の設定によるものとして、借地権に相当する金額を夫から妻へ贈与があったものとして課税処分を行っている。

　判決は、以下の理由により、使用借権を借地権割合を用いて評価することは困難であるとしてこれを取り消している。

> 　使用貸借は、無償の使用関係として交換経済の埒外にあるため借地権のような諸立法による社会的保護とは無関係であり農地を除いては、極めて劣弱な保護しか与えられていない。例えば契約の解消（民法597条、599条）、貸主の担保責任（同法596条）、借主の費用負担（同法595条）等の諸点において借地権に比し著しい差異があり、この差異はとりも直さず所有権に対する使用借権の制約が借地権の比し微弱であることを証明する。されば、使用貸借による土地使用の利益を使用料として把握するなら格別、その他に、所有権に対する使用借権の制約を借地権割合の如きものとして評価することは、その共通の地盤を欠く点において、また、右の制約に対する借地権割合のような一般的標準の存在しない現在において、甚だ困難であるのみならず、さらに加えて、本件の場合は、夫婦間の使用貸借であるため貸主たる夫は、民法754条によりいつでも契約の取消ができるから妻の有する使用借権は、普通の使用貸借の場合に比べて一層薄弱となっており、このことは、契約の取消に際し、第三者の権利を害することができないので土地の交換価値の或程度の下落を来すことがあるとしても、妻の有する使用借権の価値自体の評価とは関係がなく、これを左右する原因となるものではない。したがって、いずれにしても借地権割合をもって利益を評価する計算方法は、使用貸借については、そのまま適用に堪えないものといわざるを得ない。

　この判決を受けて、使用貸借通達により建物所有を目的として無償による土地の借受けがあった場合には、借地権相当額の贈与税の課税をしないこととされている。

(3)　経過的取扱い

①　使用貸借の開始時に借地権相当額の贈与税課税が行われている場合

　使用貸借通達の制定に伴い、それまでの取扱いにより使用貸借で借地権相当額の課税が行われているものについて相続または贈与があった場合と、使用貸借で借地権相当額の課税が行われていないものについて相続または贈与があった場合と異なる処理を要することとなった。

　借地人が土地を無償で借り受けた時に借地権相当額の贈与税課税が行われているものや、建物を相続や贈与により取得した時に借地権相当額の相続税もしくは贈与税の課税が行われているものについては、その後、その土地または建物を相続または贈与により取得した場合における経過措置を定めたのが使用貸借通達6の取扱いである。

(a)　土地の相続または贈与の時の評価
(i)　課税時期より前に建物の所有者が異動していない場合
　土地は貸宅地（底地価額）として評価する。

(ii) 課税時期より前に建物の所有者が異動している場合で，その異動のときに借地権相当額の課税が行われている場合

土地は貸宅地（底地価額）として評価する。

(iii) 課税時期より前に建物の所有者が異動している場合で，その異動のときに借地権相当額の課税が行われていない場合

土地は，自用地として評価する。

(b) 建物の相続または贈与の時の評価

建物の相続，遺贈または贈与があった場合には，過去に借地権相当額の贈与税の課税が行われていたか否かにかかわらず，財産の価額は，借地権の価額を含まない。

Q 使用貸借の開始時に贈与税が課税された土地を取得した場合

■質　問

　私は，友人Aの土地を無償で借りて家を建てて住んでいます。その土地を借りたときには，借地権相当額の利益を受けたものとして贈与税の課税を受けました。
　Aさんは，この土地を私に贈与したいと言っています。この場合でも，その土地の価額は，自用地としての価額により評価されますか。

■回　答

　借地人が，その土地を無償で借りており，その借りたときに借地権相当額の利益を受けたものとして贈与税が課税されているときは，評価上，その土地は自用地として取り扱わず，貸付地（いわゆる借地権の目的になっている土地）として取り扱われます。

（参考）実務相談録

Q 使用貸借に係る土地を自用地または貸付地として評価する区分

■質　問

　使用貸借により貸している土地を相続または贈与により取得した場合のその土地の相続税または贈与税のための評価にあたり，その土地の価額は，自用地または貸付地として評価されると聞きましたが，どのような基準によるものですか。

■回　答

　使用貸借による土地の使用権の価額は，零として評価することとされていますので，使用貸借により貸し付けられている土地の相続税または贈与税のための評価は，原則として，自用地として取り扱われることになっています。

4章　土地の上に存する権利

　しかし，従前の取扱いにより，土地の使用貸借の開始時において，借地権相当額について贈与税または相続税が課税されたものについては，借地権の目的となっている土地として取り扱うこととされていました。
　そこで，この従前の取扱いとの関連において，使用貸借に係る土地の評価については，次のように取り扱われることになっています。
　従前の取扱いにより，①建物等の所有を目的として無償で土地の借受けがあったときにその土地の借地人がその土地の所有者からその土地に係る借地権相当額の利益を受けたものとしてその借地人に贈与税が課税されているもの，②または無償で借りている土地の上に存する建物等を相続もしくは贈与により取得した者がその土地に係る借地権に相当する使用権を取得したものとしてその建物等の取得者に相続税もしくは贈与税が課税されているものについて，その土地を相続または贈与により取得した場合におけるその土地の評価は，次に掲げる場合に応じ，それぞれ次に掲げるところによることとされています。
① 　その土地を相続または贈与により取得する前に，その土地の借地人（その借地上の建物の所有者で借地権相当額について相続税または贈与税が課税された者）が異動していない場合およびその土地の借地人（その借地上の建物の所有で借地権相当額について相続税または贈与税が課税された者）が異動している場合で，その異動したときにその建物等の存する土地に係る借地権の価額に相当する金額について相続税または贈与税の課税が行われているときは，その土地は借地権の目的となっているものとして取り扱われます。
② 　その土地を相続または贈与により取得する前に，その土地の借地人（借地上の建物の所有者で借地権相当額について相続税または贈与税が課税された者）が異動している場合でそのときにその建物等の存する土地に係る借地権の価額に相当する金額について相続税または贈与税の課税が行われていないときは，その土地は自用地であるものとして取り扱われます。
（注）　建物等の所有を目的として無償で土地を借りた場合または無償で借りている土地の上に存する建物等を相続もしくは贈与により取得した場合に，その借地人またはその建物の取得者に対して，その土地に係る借地権に相当する使用権（利益）を受けたものとして相続税または贈与税の課税が行われていたかどうかについては，各国税局において既往の取扱いに照らし，その取得時においてそれぞれ相続税または贈与税の課税を行うこととしていたものについては，相続税または贈与税の課税が行われていたものとして取り扱うこととされています。
　したがって，この取扱いが適用できるかどうかについては，最寄りの税務署か国税局においてその既往の取扱いを確かめる必要があります。
　このように，相続税または贈与税が課税されたことのある使用貸借に係る土地またはその土地の上に存する建物等を相続または贈与により取得した場合の取扱いについては，すでに述べたとおり従前の取扱いが変更され，上記のように取り扱うこととされていますが，それを図によって示せば，次のとおりです。

4 使用貸借

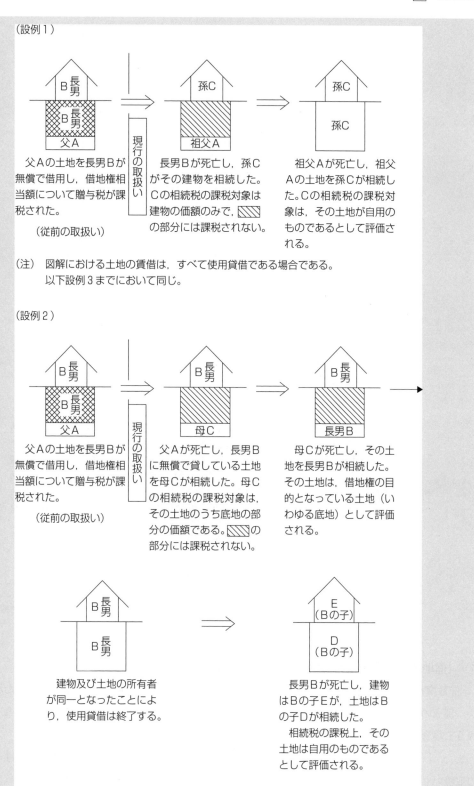

（設例１）

父Aの土地を長男Bが無償で借用し，借地権相当額について贈与税が課税された。
（従前の取扱い）

⇒ 現行の取扱い ⇒

長男Bが死亡し，孫Cがその建物を相続した。Cの相続税の課税対象は建物の価額のみで，▨の部分には課税されない。

祖父Aが死亡し，祖父Aの土地を孫Cが相続した。Cの相続税の課税対象は，その土地が自用のものであるとして評価される。

（注）　図解における土地の賃借は，すべて使用貸借である場合である。以下設例３までにおいて同じ。

（設例２）

父Aの土地を長男Bが無償で借用し，借地権相当額について贈与税が課税された。
（従前の取扱い）

⇒ 現行の取扱い ⇒

父Aが死亡し，長男Bに無償で貸している土地を母Cが相続した。母Cの相続税の課税対象は，その土地のうち底地の部分の価額である。▨の部分には課税されない。

母Cが死亡し，その土地を長男Bが相続した。その土地は，借地権の目的となっている土地（いわゆる底地）として評価される。

建物及び土地の所有者が同一となったことにより，使用貸借は終了する。

⇒

長男Bが死亡し，建物はBの子E，土地はBの子Dが相続した。
相続税の課税上，その土地は自用のものであるとして評価される。

—689—

4章　土地の上に存する権利

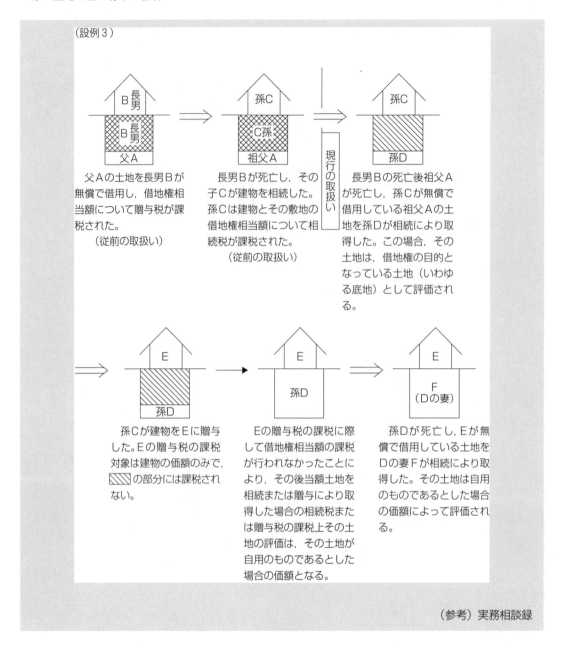

(参考) 実務相談録

②　「借地権相当額の贈与課税が行われている場合」とは

「借地権相当額の贈与税課税が行われている場合」とは，現実に贈与税課税が行われた場合のほか，別表の「既往における課税上の取扱い」により「贈与税の課税が行われていたものとして取り扱う」場合も含まれる。

また，「借地権相当額の贈与税課税が行われていない場合」とは，別表の「既往における課税上の取扱い」により「贈与税の課税が行われていなかったものとして取り扱う」場合をいう。

4 使用貸借

　ただし，借地権の設定に際し権利金等の授受の取引慣行のある地域は，全国一律ではないことから，土地の使用貸借に係る「既往における税務上の取扱い」も全国一律ではない。
　以下の既往における取扱いは，東京国税局管内におけるものである。

【別表　使用貸借に係る土地についての相続税及び贈与税の経過的取扱い（時期別一覧表）】

(1) 土地の無償使用の開始があった場合

時　期	既往における課税上の取扱い	今後相続・贈与があった場合の取扱い
昭和22.5.2以前	借地権相当額の贈与税の課税は行われていなかった。	(1)建物の所有者の異動 　……建物のみの価額 (2)土地の所有者の異動 　……自用地価額
昭和22.5.3 ｜ 昭和33.12.31	借地権相当額の贈与税の課税は行われていたものとして取り扱う。	(1)建物の所有者の異動 　……建物のみの価額 (2)土地の所有者の異動 　イ　建物の所有者が異動していない場合 　　……底地価額 　ロ　建物の所有者が異動している場合 　（イ）借地権相当額の課税が行われている場合 　　……底地価額 　（ロ）借地権相当額の課税が行われていない場合 　　……自用地価額
昭和34.1.1 ｜ 昭和39.12.31	イ　夫と妻，親と子，祖父母と孫等特殊関係のある者相互間における居住用の建物の所有を目的とした土地の無償借受けがあった場合には，借地権相当額の贈与税の課税は行われなかったものとして取り扱う。ただし，納税者の申出により贈与税を課税した事実が明らかなものについては，この限りでない。	(1)建物の所有者の異動 　……建物のみの価額 (2)土地の所有者の異動 　……自用地価額 　(注)　「既往における課税上の取扱い」欄のただし書に該当するものについては，次のロによるものであるから留意する。
	ロ　イ以外の土地の無償借受けがあった場合には借地権相当額の贈与税の課税は行われていたものとして取り扱う。 ハ　土地の使用貸借の開始時において贈与税を課税した事案に係る建物等を相続又は贈与により取得した場合における相続税又は贈与税	(1)建物の所有者の異動 　……建物のみの価額 (2)土地の所有者の異動 　イ　建物の所有者が異動していない場合 　　……底地価額 　ロ　建物の所有者が異動している場合 　（イ）借地権相当額の課税が行われている場合

4章 土地の上に存する権利

	の課税は行われていたものとして取り扱う。	……底地価額 (ロ) 借地権相当額の課税が行われていない場合 ……自用地価額
昭和40.1.1 ｜ 昭和42.12.31	イ 配偶者，直系血族及び推定相続人である直系血族の配偶者など特別近親関係者（以下「特別近親関係者」という。）で，かつ，自己の居住の用に供する家屋の所有を目的とした土地の無償借受け（借地権の一部について無償借受けがあった場合を含む。）があった場合には，借地権相当額の贈与税の課税は行われなかったものとして取り扱う。 ただし，納税者の申出により，贈与税を課税した事実が明らかなものについては，この限りでない。	(1)建物の所有者の異動 ……建物のみの価額 (2)土地の所有者の異動 ……自用地価額
	ロ イに掲げる特別近親関係者に該当する場合であっても，建物と当該建物に係る敷地を併せ所有する者から建物のみの贈与を受け，土地の使用貸借の開始があったものについては借地権相当額の贈与税の課税が行われていたものとして取り扱う。 ハ イ及びロ以外の土地の無償借受けがあった場合には，借地権相当額の贈与税の課税を行ったかどうかにかかわらず，すべての贈与税の課税は行われていたものとして取り扱う。	(1)建物の所有者の異動 ……建物のみの価額 (2)土地の所有者の異動 イ 建物の所有者が異動していない場合 ……底地価額 ロ 建物の所有者が異動している場合 （イ）借地権相当額の課税が行われている場合 ……底地価額 （ロ）借地権相当額の課税が行われていない場合 ……自用地価額
昭和43.1.1 ｜ 昭和46.12.31	イ すべて借地権相当額の贈与税の課税は行われていなかったものとして取り扱う。	(1)建物の所有者の異動 ……建物のみの価額 (2)土地の所有者の異動 ……自用地価額
	ロ 例外として，土地の無償使用開始時に，借地権相当額の贈与税を課税した事案に係る建物等を相続又は贈与により取得した場合における相続税又は贈与税の課税は行われていたものとして取り扱う。	(1)建物の所有者の異動 ……建物のみの価額 (2)土地の所有者の異動 イ 建物の所有者が異動していない場合 ……底地価額 ロ 建物の所有者が異動している場合

			（イ）借地権相当額の課税が行われている場合 　　……底地価額 （ロ）借地権相当額の課税が行われていない場合 　　……自用地価額
昭和47.1.1以降		現行（使用貸借通達）の取扱いと同じ扱い	現行の取扱いと同じ扱い

(2) 底地の取得があった場合等

時　期	現行通達前の事実関係	今後相続・贈与があった場合の取扱い
昭和46.12.31以前	イ　借地権の設定されている底地を借地権者以外の者が取得し以後地代の授受が行われなくなった場合	(1)建物の所有者の異動 　……建物のみの価額 (2)土地の所有者の異動 　イ　建物の所有者が異動していない場合 　　……底地価額 　ロ　建物の所有者が異動している場合 　　（イ）借地権相当額の課税が行われている場合 　　　……底地価額 　　（ロ）借地権相当額の課税が行われていない場合 　　　……自用地価額
	ロ　建物及び借地権を土地（底地）所有者以外の者が取得し以後地代の授受が行われなくなった場合 （注）　現行通達では，このような場合の取扱いを定めていないので地代の授受が行われなくなった原因が借地権の贈与によるのか地代の免除によるのかは事実認定の問題となる。 　例えば，建物所有者の相続について相続人等が借地権の存在を主張し，土地の所有者もこれを認めているような場合には使用貸借ではなく，地代の免除が行われていたものと認められる。 　しかし，地代の授受が行われなくなった原因が，いずれによるものであるかの事実認定が困難な場合には，イの場合と何等異ならないので，イの取扱いと同等に取り扱うのが相当と認められる。	
昭和47.1.1以降	現行（使用貸借通達）の取扱いと同じ扱い	現行（使用貸借通達）の取扱いと同じ扱い

4章　土地の上に存する権利

　例えば，昭和29年に子が親から使用貸借で土地を借り受け，今回親より土地の贈与を受ける場合である。

　その土地の評価は，自用地か，貸宅地かであるが，東京局においては，昭和29年当時使用貸借に関しては，借地人に対して贈与税課税を行っていたという前提があり，かつ，建物所有者に異動がないことから，貸宅地として評価する。

> **Q　使用貸借に係る土地の贈与**
>
> ■質　問
> 　甲は，昭和29年に父乙の土地を無償使用し，甲名義の建物を建て，貸家の用に供した。この時，甲は，この土地の使用について贈与税の課税は受けていない。
> 　その後，昭和42年に，甲は，当該貸家を取りこわし，自己の居住する家屋を建て，以後，引き続きその家屋に居住し，現在に至っている。今回，乙から当該土地の贈与を受けるが，当該土地の価額は貸地（底地）価額とすべきか，自用地（更地）価額とすべきか。（甲，乙ともに東京都内に居住を有し，土地も都内にある。昭和42年に家屋を建て替えたとき，無償使用に関する届出書は提出していない。）
>
> ■回　答
> 　東京局においては，昭和29年当時使用貸借に関しては，借地人に対して贈与税課税を行っていたという前提があり，かつ，本件事案の場合，建物所有者に異動がないので，照会に係る土地の価額は貸宅地として評価する。
>
> 　　　　（参考）国税庁「資産税関係質疑応答事例集」〔TAINS・H1303SHITSUGIHYOUKA8198〕

> **実務上のポイント**
> 　東京局において，使用貸借の開始が昭和22年5月3日〜昭和33年12月31日の間である場合，借地権の贈与があったものとして取り扱うことから，相続または贈与時の評価は底地評価となる。
> 　一方，使用貸借の開始が昭和43年1月1日〜昭和46年12月31日の間である場合，（実際に権利金の認定課税がなされていれば底地評価となるが）借地権の贈与はなかったものとして取り扱うことから，相続または贈与時の評価は自用地評価となる。

(4) 賃貸借契約か使用貸借契約か

① 使用貸借と認定される場合とは

　建物等の所有を目的とした土地の貸借契約には，賃貸借契約または使用貸借契約がある。その貸借が賃貸借契約であるか使用貸借契約であるかは，対価を伴うものであるか否かによる。交付された現金等がある場合にそれが対価性を有するか否かは，当事者の主観的意思を無視はできないものの，これにとらわれることなく客観的に判断すべきものと解されている（平成18年12月7日裁決

〔TAINS・F0-3-201〕)。

具体的には,その契約における権利金の有無,支払地代の水準,貸主と借主との関係及びその契約の経緯や趣旨を総合的に考慮して,判断する。

そこで,借地人が固定資産税相当額,またはそれを上回る地代を支払っているケースについて,賃貸借なのか使用貸借なのかが争点となる場合がある。

例えば,借主が借用物件たる土地の公租公課を負担する程度のものは使用貸借であると解されている(平成8年3月29日裁決〔裁決事例集51巻601頁〕)が,公租公課を上回る金額の授受があれば,直ちにその土地の貸借関係が賃貸借となると定めたものではないと解されている(平成13年9月27日裁決〔裁決事例集62巻366頁〕)。

② 親族間の貸借において使用貸借とされた事例

個人間の中でも,特に親子間における情誼や信頼関係に基づく土地の無償使用関係については,通常の借地権と同じように,土地の時価(交換価値)に影響を与えるような土地利用権として,これに経済的価値を認め,自用地としての価値からその経済的価額を控除するのは相当でないと解されている(大阪地裁平成4年9月22日判決〔税務訴訟資料192号490頁〕)。

(a) 大阪地裁平成4年9月22日判決

大阪地裁平成4年9月22日判決〔税務訴訟資料192号490頁〕[139]は,被相続人の土地に相続人(子)名義の家屋が建っている土地について,借地権が存在するか否かが争われた事例である。

本件土地上の家屋は,相続人が昭和30年代後半に建てたもので,相続人所有名義で登記がなされている。

原告は,被相続人が相続人のために借地権を設定しているから,自用地として評価すべきでないと主張した。

判決は,本件土地について,被相続人との間に,家屋敷地部分の利用権について何ら取決めはなされておらず,地代の授受も一切なされていないことから,相続人の家屋の敷地部分の占有は,使用賃借契約に基づくものというべきであって,借地権の設定があったものと認めることはできないとしている。

(b) 平成8年3月29日裁決

また,平成8年3月29日裁決〔裁決事例集51巻601頁〕においては,相続人が被相続人の土地を使用して建物2棟を建築し,貸家の用に供していた。

審査請求人は,地代として固定資産税等の1.7倍以上に当たる金員を支払っていることから,貸

---

[139] 第一審大阪地裁平成4年9月22日判決〔税務訴訟資料192号490頁〕,控訴審大阪高裁平成7年7月26日判決〔税務訴訟資料213号339頁〕,上告審最高裁平成9年2月25日判決〔税務訴訟資料222号538頁〕

4章　土地の上に存する権利

借関係は賃貸借であると主張し，原処分庁は，相続人が負担した固定資産税等は扶養義務の履行の範囲内であって，相続人が使用する権原は使用貸借に基づくものであるから，相続税及び贈与税の課税上，当該使用権の価値はないものとすべきと主張した。

　裁決は，相続人が支払っている地代は固定資産税を負担したにすぎないこと，相続人が当該金額を所得税の不動産所得の固定資産税として計上していること，賃貸借契約書などを作成していないことなどから賃貸借とはいえず，使用貸借であると認めることが相当と判断している。

(c)　平成13年9月27日裁決

　平成13年9月27日裁決〔裁決事例集62巻366頁〕においては，被相続人の土地上に相続人名義の家屋が建っているケースについて，借地権が存在するか否かが争われている。

　相続人は，昭和52年に被相続人の所有する土地に自宅を新築し，その際に借地契約を締結した。権利金の授受はなく，地代は，固定資産税等相当額を上回る金額であり，被相続人は昭和56年分から平成10年分までの所得税において不動産収入として確定申告している。

　なお，相続人は，権利金相当額の贈与を受けた旨の贈与税の申告はしていない。

　そこで審査請求人は，土地の評価にあたっては借地権を控除すべきと主張し，原処分庁は，本件地代の年額が，昭和63年で固定資産税及び都市計画税の1.54倍，平成3年で1.57倍にすぎないことなどから，被相続人と相続人の賃貸関係は，使用貸借であると主張した。

　裁決は，本件土地の利用関係は，権利金の授受がないこと，地代の額が近隣の相場の半分以下であること，被相続人からその相続人に対して地代の額を上回る相当額の生活費の支払や現金の贈与がなされていることなどから，親子という特殊関係に基づく使用貸借であって，賃貸借ではないと判断している。

(d)　仙台地裁平成17年3月24日判決

　仙台地裁平成17年3月24日判決〔税務訴訟資料255号順号9971〕[140]は，被相続人の土地を弟が賃借している土地について，借地権が存在するか否かが争われた事例である。

　本件土地は，平成7年に被相続人から弟に貸し付けられ，居宅及び駐車場として利用されていた。

　原告は，被相続人が賃借人と賃貸借契約を締結し，これに基づき地代を受け取っていたことなどから，本件土地は貸地（底地）である旨主張した。

　これに対し被告税務署長は，賃料が低額であること等から土地使用の対価とは認められず，本件土地は自用地であると主張した。

　判決は，1．本件賃料月2万5,000円は，積算法，利回り法，取引事例比較法によると相当低額であること，2．固定資産税及び都市計画税は14万3,597円であり賃料収入としては年間15万円ほどしかなかったこと，3．被相続人と借主が兄弟という親族関係にあったことなどから，土地の利

140　仙台高裁平成19年1月26日判決〔税務訴訟資料257号順号10617〕

用契約は賃貸借契約とは認められず，負担付使用貸借契約と認めるべきであると判示している。

(e) 平成18年12月7日裁決

平成18年12月7日裁決〔TAINS・F0-3-201〕は，被相続人の土地に相続人（子）名義の家屋が建っている土地について，借地権が存在するか否かが争われた事例である。

本件土地は，相続人が所有する地下1階，地上2階建て延べ床面積454.49m^{2}の建物の敷地の用に供されている。当該建物は，昭和50年3月，相続人により新築され，昭和57年に相続人が本件建物に転居するまで賃貸されていた。

相続人は，平成元年に本件契約を締結し，保証金（3,000万円）を預託し，契約地代を支払っている。本件土地の時価（公示価格と路線価の比準により算定されたもの）に対する地代の率は0.0006となる。

なお，日税不動産鑑定士会が3年に一度の実態調査に基づき発刊している「継続地代の実態調べ（平成3年版）」によれば，昭和63年の継続地代の平均的活用利子率（既存借地地代率。継続地代の収集事例のうち，近隣公示価格等を規準として求めた土地の正常価格に対する支払地代年額の割合を求め，それらの平均値を算定したもの）は0.0013であり，平成3年の既存借地地代率は0.0018である。

本件土地の貸借につき，審査請求人は，地代が各年の固定資産税と都市計画税の合計額を大幅に上回っていることから，明らかに賃貸借契約であると主張した。

これに対し原処分庁は，地代額を各年の固定資産税と都市計画税の合計額で除した割合を平均すると，地代額はその合計額の約2.2倍程度にすぎず，また，本件地代は本件土地の近隣地における地代と比較して著しく低額であることから，本件契約は使用貸借契約であると主張した。

裁決は，以下の理由により賃貸借契約に該当しないのは明らかと判断している。

1．本件保証金は権利金ではないこと
2．本件地代の算定根拠は不明である上，本件地代の本件土地の時価に占める率0.0006は，昭和63年の既存借地地代率0.0013の約2分の1程度，平成3年の既存借地地代率0.0018の3分の1で極めて低額であること
3．本件契約に係る地代等は，権利金の授受がないにもかかわらず上記程度のものであり，被相続人と相続人との親子関係に基づき，経済的合理性を欠くにもかかわらず形式が整えられた契約であること。

4章 土地の上に存する権利

【誤りやすい事例】

項　目	誤りの内容
使用貸借中の土地を貸地（又は貸家建付地）として評価	親族に使用貸借している土地が貸家の敷地（親族がアパートを建築して使用）となっていたことから，誤って「貸地」（又は貸家建付地）として評価していた。 →　使用貸借している土地は，現況が貸家の土地となっていても自用地として評価する。

（参考）　福岡国税局「誤りやすい事例（資産税関係令和3年分）」〔TAINS・贈与事例福岡局R030000〕

②　賃貸借とされた事例

　一方，親族間であっても，（イ）賃貸借契約書が交わされ，（ロ）適正な賃料が支払われ，（ハ）支払われた賃料が貸主の賃料収入，借主の必要経費として毎年確定申告されているような場合には，借地権の存在が認められる（昭和57年3月18日裁決〔裁決事例集23巻180頁〕，東京地裁平成3年7月16日判決〔税務訴訟資料186号247頁〕参照）[141]。

(a)　貸主の場合（底地の評価）

(i)　東京地裁平成3年7月16日判決

　東京地裁平成3年7月16日判決〔税務訴訟資料186号247頁〕は，被相続人の土地に相続人（子）名義の家屋が建っている土地について，借地権が存在するか否かが争われた事例である。

　本件土地は，昭和53年頃に相続人に貸し付けられ，相続人名義のビルが建てられていた。当時権利金の支払はない。

　本件土地の貸借について，原告は，相続開始時において，相続人が建物の所有を目的とする賃借権を有していたから，自用地評価額から借地権価額を控除して評価すべきと主張した。

　これに対し被告税務署長は，本件土地の評価を自用地評価額とすべきと主張した。

　判決は，相続人から毎月地代として支払われていること，支払われた金員が相続人の所得税の必要経費として計上されていることなどから，相続人が被相続人から本件土地を建物所有目的で賃借する旨の賃貸借契約が成立していた事実を，直ちには否定し難いとして借地権の控除を認めている。

(b)　借主の場合（借地権の評価）

(i)　昭和57年3月18日裁決

　昭和57年3月18日裁決〔裁決事例集23巻180頁〕は，相続人（子）所有の土地にかかる借地権が，被相続人（親）に帰属するか否かが争われた事例である。

　被相続人は，昭和41年に病院を建設するため，相続人所有の土地を賃借した。

141　そこでは，貸借の開始時に権利金，貸借の終了時に立退料の収受が行われることが前提となる（権利金の収受が行われていない場合には，権利金の認定課税が行われているものとして取り扱われる。）。

被相続人は，権利金の認定課税を避けるために，相続人に相当の地代の支払を始め，毎年事業所得の金額の計算上その地代の額を必要経費に算入してきた。

本件土地の賃借について，審査請求人は，当事者間では借地契約ないし借地権設定契約はしておらず，使用貸借契約を締結したものであり賃貸借契約の認識はないことから被相続人は借地権を有しないと主張した。

これに対し原処分庁は，建物の所有を目的とする賃貸借であるから，借地権が設定されており，本件相続における相続財産として認定している。

裁決は，本件宅地につき賃貸借契約が締結されている以上被相続人は本件宅地につき賃借権を有するものというべく，旧借地法上の借地権を有していたことは明らかであると判断している。

なお，ここでは地代の額が相当の地代に当たることから，被相続人の借地権の価額は零円であるとされている。

(ii) 神戸地裁平成12年9月29日判決

神戸地裁平成12年9月29日判決〔税務訴訟資料248号1062頁〕[142]は，被相続人が，子である相続人の土地上に建物を建築し，訴外同族会社に賃貸している場合に借地権（貸家建付地借地権）が存在するか否かが争われた事例である。

被相続人は，相続人から本件土地を地代月額20万円で借り受け，同土地上に3階建ての車庫・倉庫・居宅（本件建物）を建築し，新築を原因とする所有権保存登記を経由した（昭和63年）。その際，被相続人は，相続人に対して権利金を支払うことはなかった。

被相続人は，本件建物を，訴外同族会社に対し家賃月額40万円で賃貸し，同社の事務所として利用されるとともに，相続人及びその家族の居住の用に供されていた。

原告は，当事者に借地権設定の意図はなく，借地権は発生していないと主張している。

これに対し被告税務署長は，本件土地の賃貸借による権利は，建物の所有を目的とした賃借権であり，借地借家法に規定する借地権に当たることは明らかであって，使用借権とは認められないと主張した。

判決は，被相続人は建物を建築し所有権保存登記をしていること，相続人が地代を所得税の不動産所得の収入金額に計上していること，賃料額（年間240万円）が固定資産税額（21万8,050円）の10倍前後であることなどから親子間の賃借とはいえ使用貸借ではありえず，被相続人は借地権を有していると判断している[143]。

---

[142] 第一審神戸地裁平成12年9月29日判決〔税務訴訟資料248号1062頁〕，控訴審大阪高裁平成13年5月24日判決〔税務訴訟資料250号順号8905〕
[143] なお，本件においては，支払われる地代の額が相当の地代に当たるため，結果として借地人（被相続人）の借地権の価額は零円となる。

4章　土地の上に存する権利

(c) 賃貸借として借地権が認定された事例
(i) 平成14年9月5日裁決

平成14年9月5日裁決〔TAINS・F0-3-094〕は，被相続人が賃借していた土地が使用貸借であるか否かが争われた事例である。

被相続人は賃貸人〇〇から本件土地を賃借し，土地上に建物を所有し居住の用に供していた。本件土地に係る平成7年分の地代の額は，31万2,000円であり，固定資産税等の額を下回ったことから，平成8年分については42万8,800円，平成9年分については64万6,700円に改定された。

平成11年に作成された被相続人の遺産に係る分割協議書には，本件土地に係る借地権を相続人のうち〇〇が取得する旨の記載がある。

審査請求人は，本件土地に係る貸借関係は，本件土地の使用料は固定資産税等の額の2倍程度と極端に低廉であること，借用していた土地を平成8年に無償で返還していることなどから使用貸借であると主張した。

これに対し原処分庁は，本件土地は，被相続人が賃貸人から借用し，その地代の額も固定資産税等の合計額を上回っていることや本件相続開始日の後も相続人と賃貸人との間において，本件土地の貸借関係に何ら変更がないこと等から被相続人は借地権を有していたと主張した。

裁決は，本件土地の貸借は，建物の所有を目的とする契約であること，地代を支払っており，その額も固定資産税等の額の2倍程度と低廉とはいえないこと，相続人らの作成した遺産分割協議書には本件借地権の記載があり借地権の存在を認識していることなどから，本件土地に係る被相続人と賃貸人との貸借契約を使用貸借と解することはできず，賃貸借と解すべきであると判断している。

(ii) 平成8年6月24日裁決

平成8年6月24日裁決〔TAINS・F0-3-028〕は，土地の貸借につき，賃貸借契約の時点から賃貸借が開始されたのか，地代の増額があった時点で使用貸借から賃貸借に移行したのかが争われた事例である。

昭和53年，納税者の父の死亡により，その相続財産である土地を母が，当該土地上の建物を納税者が取得した。

これにより納税者は，昭和54年5月に母との間で口頭による借地契約を締結して地代（地代の額は固定資産税及び都市計画税の額を超えている。）を支払い，昭和57年4月には賃貸借契約書を作成している。

なお，納税者は，本件土地の貸借に係る権利金等の支払はしておらず，また，借地権の贈与があったとする申告もしていない。

これに対し，原処分庁は，本件土地の貸借関係につき，昭和54年5月から昭和63年9月までの間は使用貸借であり，昭和63年10月に地代の増額があった時点で賃貸借に移行したものであるから，同時に相続税法第9条の規定により母から納税者に対して借地権の贈与があったとみなされるとして課税処分を行ったものである。

審査請求人は，本件土地については，昭和54年5月に借地権を取得したものであるから，本件決定処分は国税通則法第70条《国税の更正，決定等の期間制限》第3項の規定に抵触する違法なものであると主張した。

　裁決は，本件土地の貸借は，昭和57年4月1日付の本件土地賃借証により，1．賃借の対象物，2．賃借の期間，3．地代の額等が明示されていること，また，昭和57年4月以降の地代は，本件土地に係る通常の必要費である公租公課の金額を相当上回る金額が支払われていることからすれば，昭和57年4月以降の本件地代の額が本件土地の使用及び収益に対する対価的意義をもたない程度であるとは認められないこと，そして，親子間における賃貸借が，他人間における賃貸借では通常あり得ない条件及び内容等によってなされていた事実があったとしても，そのことから直ちにその賃貸借契約の成立が否定されるものではなく，昭和57年4月には賃貸借に移行したものと認めるのが相当と判断している。

【誤りやすい事例】親族間で賃貸借している場合の貸家建付地

誤った取扱い	正しい取扱い
甲が居住しなくなった甲所有の住宅を子乙が有償で借り受けて居住の用に供していた。 　しかしながら，親子の間の建物賃貸契約であることから，乙が居住の用に供している家屋及びその敷地について，いずれも自用であるとして評価した。 　なお，通常の家賃に相当する金額を支払い，甲は，その家賃について不動産所得として申告していた。	甲から乙への家屋の貸付け及び乙から甲への家賃の支払が賃貸借と認められない特別の事情がない限り，貸家及び貸家建付地として評価する（評基通26）。

（参考）　大阪国税局「誤りやすい事例（財産評価関係平成30年分）」〔TAINS・評価事例大阪局300000〕

実務上のポイント

　被相続人が土地を貸借している際に地代の授受がある場合，借地権を認識すべきか否かは，その地代に対価性を有するか，具体的には，権利金の有無，支払地代の水準，貸主と借主との関係及びその契約の経緯や趣旨を総合的に考慮して判断される。使用貸借であれば自用地評価であるのに対し，賃貸借であれば借地権が控除されるため評価額への影響が大きい。

　例えば，（イ）建物所有目的の賃貸借契約が結ばれている，（ロ）適正賃料が収受されている，（ハ）収入及び経費が確定申告されている，（ニ）遺産分割協議書において借地権が認識されているような場合は，賃貸借として借地権の控除が認められるポイントである。これは第三者間に限らず，親族間においても同様である。

　ただし，賃貸借であるか使用貸借であるかは，支払地代の水準，当事者の関係，その契約の経緯や趣旨を総合的に考慮して判断されるものであることに留意が必要である。

　なお，公租公課の何倍以上の賃料を収受していれば賃貸借となるという基準があるわけではなく，前述

の事例では、固定資産税の1.5倍や1.7倍では公租公課を負担したに過ぎないとされる一方、固定資産税の2倍は低額な地代とはいえないとされている。

(5) 借地権者の地位に変更がない旨の申出書

① 借地権者の地位に変更がない旨の申出書とは

　借地権の目的となっている土地を当該借地権者以外の者が取得し、土地の取得者と借地権者との間に、その土地の使用の対価としての地代の授受が行われないこととなった場合には、その土地の取得者は、借地権者からその借地権の贈与を受けたものとして取り扱われる。

　ただし、土地の使用の対価としての地代の授受が行われないこととなった理由が使用貸借に基づくものでないとして、その土地の取得者からその者の住所地の所轄税務署長に対し、借地権者との連署による「借地権者は従前の土地の所有者との間の土地の賃貸借契約に基づく借地権者としての地位を放棄していない」旨の申出書（以下、この申出書を「借地権者の地位に変更がない旨の申出書」という）が提出されたときは、借地権の異動はなかったものとして取り扱われる（使用貸借通達5）。

[図表4－16] 使用貸借開始時の課税関係

		「借地権者の地位に変更がない旨の申出書」の提出	
		あり	なし
底地取得者への借地権認定課税		なし	あり
相続時の評価	借地権者の相続財産	借地権が相続財産	なし
	底地所有者の相続財産	底地評価	自用地評価

② 争訟事例

　例えば、父が借地権者となっている土地（底地）を子が買い取り、父と子との間で地代収受がなくなるというような場合である。

　このような場合には、理論上、将来の全賃料債権の放棄や免除がなされたとしてもそれによって賃貸借が使用貸借となるわけではないとされていることを前提として、貸借当事者間の法律関係はいまだ賃貸借であるということをその貸借当事者が積極的に税務署長に表明した場合には、その当事者の意思に従って課税関係を判断し、贈与税の課税要件を充足していないとして贈与税を課税しないものと解されている（平成18年12月22日裁決〔裁決事例集72巻517頁〕）。

借地権の使用貸借に関する確認書

① （借地権者）　　　　（借受者）
　_____は、_____に対し、令和____年____月____日にその借地している下記の土地 ｛ に建物を建築させることになりました。／の上に建築されている建物を贈与（譲渡）しました。｝ しかし、その土地の使用

　　　　　　　　　　　　　　（借地権者）
関係は使用貸借によるものであり、_____の借地権者としての従前の地位には、何ら変更はありません。

記

土地の所在_____

地　　積_____㎡

② 上記①の事実に相違ありません。したがって、今後相続税等の課税に当たりましては、建物の所有者はこの土地について何らの権利を有さず、借地権者が借地権を有するものとして取り扱われることを確認します。

　　令和　　年　　月　　日

　　借地権者（住所）_____（氏名）_____

　　建物の所有者（住所）_____（氏名）_____

③ 上記①の事実に相違ありません。

　　令和　　年　　月　　日

　　土地の所有者（住所）_____（氏名）_____

④ 上記①の事実を確認した。

　　令和　　年　　月　　日
　　　　　（確認者）_____税務署　_____部門　担当者_____

借地権者の地位に変更がない旨の申出書

令和　年　月　日

_____税務署長

(土地の所有者)
_____は、令和　年　月　日に借地権の目的となっている
下記の土地の所有権を取得し、以後その土地を_____(借地権者)_____に無償で貸し付けることになりましたが、借地権者は従前の土地の所有者との間の土地の賃貸借契約に基づく借地権者の地位を放棄しておらず、借地権者としての地位には何らの変更をきたすものでないことを申し出ます。

記

土地の所在_____

地　　積_____㎡

土地の所有者（住所）_____（氏名）_____

借地権者（住所）_____（氏名）_____

[4] 使用貸借

Q 使用貸借に係る土地の贈与(2)

■質 問

　父が昭和12年頃，他人から土地を借り受け（借地権を設定），その土地に建物を建築した。その後，長兄が昭和25年頃，その土地を底地の価額相当額で買い取った。今回，その土地を長兄が次男に贈与する予定である。

　この場合，贈与税の課税価格に算入すべき価額は，使用貸借通達7の(2)により貸宅地としての価額でよいか。

■回 答

　父と次男との間で地代の授受が行われない場合であっても，父が借地権者としての地位を放棄しない場合は，「借地権者の地位に変更がない旨の申立書」を提出し，貸宅地の価額を贈与税の課税価格に算入すべき価額とすることができる。

　ただし，父が借地権を放棄する場合には，その土地の価額は自用地としての価額による。

（参考）国税庁「資産税関係質疑応答事例集」〔TAINS・H1303SHITSUGIHYOUKA8199〕

実務上のポイント

　相続財産の評価で問題となるのが，建物所有者が亡くなったときに借地権を計上するかしないかである。届出書が出ている場合には，借地権を計上することになるため留意する必要がある。

　届出書が出ていない場合は，相続時に借地権の計上はないが，土地の所有者が底地を取得した時に借地権相当額の贈与税がかかる。

③ 相続により借地権が混同で消滅した場合

　借地権者たる子が，土地所有者たる親から底地を相続することによって，混同で借地権が消滅した場合においても，相続開始時点では貸宅地として評価することができる。

【誤りやすい事例】相続により借地権が混同で消滅した場合の貸宅地の評価

誤った取扱い	正しい取扱い
長男乙は，被相続人である父甲の所有するA土地上に事業用建物を建て，適正な権利金及び地代を支払うことにより，借地権を有していた。 　甲の死亡により，乙は，甲が所有するA土地を相続したが，借地関係が消滅することから，A土地は自用地として評価した。	借地権が混同で消滅したとしても，貸宅地として評価する。 　乙がA土地を相続することにより，賃貸人と賃借人が同一人となることから，借地権は消滅することとなるが，これは，あくまでもA土地を乙が相続した結果生じる法律的効果であり，乙が取得したのは借地権が設定されたA土地であるから，A土地の評価にあたっては貸宅地として評価することとなる（評基通25，民法179）。

（参考）　大阪国税局「誤りやすい事例（財産評価関係平成30年分）」〔TAINS・評価事例大阪局300000〕

(6) 法人との使用貸借

① 法人との使用貸借

　相続税法における使用貸借通達は，個人間の貸借関係の実情を踏まえた取扱いが定められている。これに対し，当事者のいずれか一方が法人である場合は，原則として，個人側も借地権の存在を前提とする法人税の取扱いに準拠して取り扱われる。

　例えば，個人・法人間の貸借において，土地の所有者である個人に相続があった場合，その土地について，個人の関係においては自用地としての価額と評価する一方，法人の関係においては借地権の存在を前提とする課税上の取扱いがなされると，同一の土地について個人と法人で重複課税となる可能性があることから，これらの整合性を図るためである（平成9年2月17日裁決〔TAINS F0-3-008〕）。

　したがって，個人・法人間の土地の使用貸借にあたって，借地権の設定に際し，通常権利金を支払う取引慣行がある地域において権利金の支払がない場合，相当地代通達の適用がない場合においては，土地の所有者から借地人に対して権利金相当額の贈与があったものとして取り扱われる（権利金の認定課税）。

② 法人へ貸地している場合

　平成9年2月17日裁決〔TAINS・F0-3-008〕は，法人に対して無償で貸し付けている土地において借地権価額を控除すべきか否かが争われた事例である。

　被相続人は，本件土地を昭和33年から訴外同族法人に使用貸借契約により使用させ，法人は土地上に建物を建築している。

　審査請求人は，権利金及び賃料の収受がないことから使用貸借であるとして本件土地を自用地として評価しているのに対し，原処分庁は，賃借人（法人）に借地権が帰属するとして借地権割合を控除している。

　裁決は，法人が昭和33年に被相続人から本件土地を借り受け，同土地上に本件建物を建築した時点で，法人に対して借地権相当額について受贈益として実際には課税されてはいないものの課税されるべきであったのであるから，相続開始日における本件土地の評価は，同一の土地について個人と法人での重複課税を排除する観点から底地，つまり自用地としての価額から借地権相当額を控除して算定するのが相当であると判断している。

　被相続人と法人との間における貸借関係について，1．権利金及び地代の授受がなかったこと，2．被相続人が本件土地の公租公課を全額負担していること，3．法人の貸借対照表に借地権に関する記載がないことなどを併せ考えると，本件土地の貸借関係の実態は，私法上の使用貸借であると認められなくもないが，税法上の取扱いにおいては，法人は，本来営利追求を目的として設立されるものであり，その活動はすべて合理的な経済人としての立場から行われるべきものとの考え方を前提としていることから，事実には関係なく，法人税法第22条では無償による資産の譲渡や役務

の提供等も含め，資本等取引以外の取引のすべてについて収益の額を計算して，その事業年度の益金の額に算入すべきものとされており，本件土地の貸借が使用貸借の名の下に，法人に建物を建築させた場合であっても，借地権相当額の認定課税が行われるべきであったと認めるのが相当であったとされている。

③　法人から借地している場合

平成16年9月10日裁決〔TAINS・F0-3-303〕は，同族会社の役員が，その会社の所有する土地の上に存する建物を相続により取得したことについて，その土地に相続財産として評価すべき借地権があるか否かが争われた事例である。

被相続人の義父は，昭和46年に，同族会社が所有する土地824.08m^{2}を借り受け，建物（木造瓦葺平屋建，床面積111.88m^{2}の居宅）を建築した。

同人が死亡したことから，被相続人が相続より当該建物を取得している。

本件建物には，相続開始日の以前において，被相続人とその家族が居住していたが，相続開始日の後も引き続きその家族が居住している。

そこで審査請求人は，本件土地の存する地域は，借地権の取引慣行がない地域に所在するものであるから，借地権の評価を要しないと主張した。

これに対し原処分庁は，本件土地の上に存する借地権が相続財産であると主張した。

裁決は，個人間の土地の使用貸借に係る使用権の価額は，零として取り扱う旨定めているところ，本件土地の貸借については，当事者の一方が法人であり，その一方が個人であることから，税務上の取扱いは，法人税の取扱いに準拠することとなるとした。

そして，本件土地の貸借は，権利金等の授受がされておらず，また，地代の額が固定資産税等相当額であることから使用貸借と認められるところ，貸地人が法人である本件においては，使用貸借であっても税法上借地権が存在すると認めるのが相当であり，当事者から原処分庁に対して無償返還届出書が提出されていないのであるから，相続財産としての借地権の評価を要することになると判断している。

5　定期借地権及び定期借地権の目的となっている宅地の評価

> **財産評価基本通達25《貸宅地の評価》**
>
> 　定期借地権等の目的となっている宅地の価額は，原則として，その宅地の自用地としての価額から，27-2《定期借地権等の評価》の定めにより評価したその定期借地権等の価額を控除した金額によって評価する。
> 　ただし，同項の定めにより評価した定期借地権等の価額が，その宅地の自用地としての価額に次に掲げる定期借地権等の残存期間に応じる割合を乗じて計算した金額を下回る場合には，その宅地の自用地としての価額からその価額に次に掲げる割合を乗じて計算した金額を控除した金額によって評価

4章　土地の上に存する権利

する。
- イ　残存期間が5年以下のもの　100分の5
- ロ　残存期間が5年を超え10年以下のもの　100分の10
- ハ　残存期間が10年を超え15年以下のもの　100分の15
- ニ　残存期間が15年を超えるもの　100分の20

財産評価基本通達27-2《定期借地権等の評価》

　定期借地権等の価額は，原則として，課税時期において借地権者に帰属する経済的利益及びその存続期間を基として評定した価額によって評価する。

　ただし，課税上弊害がない限り，その定期借地権等の目的となっている宅地の課税時期における自用地としての価額に，次の算式により計算した数値を乗じて計算した金額によって評価する。

$$\frac{\text{次項に定める定期借地権等の設定の時における借地権者に帰属する経済的利益の総額}}{\text{定期借地権等の設定の時におけるその宅地の通常の取引価額}} \times \frac{\text{課税時期におけるその定期借地権等の残存期間年数に応ずる基準年利率による複利年金現価率}}{\text{定期借地権等の設定期間年数に応ずる基準年利率による複利年金現価率}}$$

財産評価基本通達27-3《定期借地権等の設定の時における借地権者に帰属する経済的利益の総額の計算》

　前項の「定期借地権等の設定の時における借地権者に帰属する経済的利益の総額」は，次に掲げる金額の合計額とする。

(1) 定期借地権等の設定に際し，借地権者から借地権設定者に対し，権利金，協力金，礼金などその名称のいかんを問わず借地契約の終了の時に返還を要しないものとされる金銭の支払い又は財産の供与がある場合…課税時期において支払われるべき金額又は供与すべき財産の価額に相当する金額

(2) 定期借地権等の設定に際し，借地権者から借地権設定者に対し，保証金，敷金などその名称のいかんを問わず借地契約の終了の時に返還を要するものとされる金銭等（以下「保証金等」という。）の預託があった場合において，その保証金等につき基準年利率未満の約定利率による利息の支払いがあるとき又は無利息のとき…次の算式により計算した金額

$$\text{保証金等の額に相当する金額} - \left(\text{保証金等の額に相当する金額} \times \text{定期借地権等の設定期間年数に応じる基準年利率による複利現価率}\right)$$
$$- \left(\text{保証金等の額に相当する金額} \times \text{基準年利率未満の約定利率} \times \text{定期借地権等の設定期間年数に応じる基準年利率による複利年金現価率}\right)$$

(3) 定期借地権等の設定に際し，実質的に贈与を受けたと認められる差額地代の額がある場合…次の算式により計算した金額

$$\text{差額地代の額} \times \text{定期借地権等の設定期間年数に応じる基準年利率による複利年金現価率}$$

（注）
1　実質的に贈与を受けたと認められる差額地代の額がある場合に該当するかどうかは，個々の取引において取引の事情，取引当事者間の関係等を総合勘案して判定するのであるから留意する。
2　「差額地代の額」とは，同種同等の他の定期借地権等における地代の額とその定期借地権等の設定契約において定められた地代の額（上記(1)又は(2)に掲げる金額がある場合には，その金額に定期借地権等の設定期間年数に応ずる基準年利率による年賦償還率を乗じて得た額を地代の前払いに相当する金額として毎年の地代の額に加算した後の額）との差額をいう。

5 定期借地権及び定期借地権の目的となっている宅地の評価

(1) 定期借地権等とは

① 定期借地権等の区分

本項では，定期借地権等及びその目的となっている宅地の評価方法について定めている。

平成4（1992）年に，建物保護に関する法律と借地法，借家法を一本化した借地借家法が施行され，賃貸借契約の終了期間を限定して土地を貸すという定期借地権が創設された。

その定期借地権には，次のとおり，一般定期借地権，建物譲渡特約付借地権及び事業用借地権の3種類（以下，あわせて「定期借地権等」という）がある。

(a) 一般定期借地権（借地借家法22）

一般定期借地権は，借地期間を50年以上とし，借地権を設定する際に，1．契約の更新，2．建物の再築による期間延長，3．建物買取請求権がない旨の特約を公正証書等の書面で行うことによって，借地期間満了により借地権が消滅する。

(b) 事業用借地権（借地借家法23）

事業用借地権は，専ら事業の用に供する建物の所有を目的とする場合に限り，借地期間を10年以上50年未満に設定できる借地権である。この借地権については，借地期間が10年以上30年未満の借地契約においては，借地権を設定する際に，1．契約の更新，2．建物の再築による期間延長，3．建物買取請求権がない旨の特約を公正証書等の書面で定めることによって，借地期間満了により借地権が消滅する。

借地期間が30年以上50年未満の借地契約においては，借地権を設定する際に，1．契約の更新，2．建物の再築による期間延長，3．建物買取請求権がない旨の特約を公正証書等の書面で定めることができる。

(c) 建物譲渡特約付借地権（借地借家法24）

建物譲渡特約付借地権は，借地期間を30年以上とする借地契約とともに，同時に，借地権設定後30年を経過した日以後に建物を相当の対価で地主に譲渡する特約を締結することによって，借地権が消滅（譲渡時に混同によって消滅）する。

(2) 定期借地権等の目的となっている宅地の評価

① 財産評価基本通達の定め

財産評価基本通達において，一般定期借地権，事業用定期借地権等または建物譲渡特約付借地権の目的となっている宅地の評価は，その宅地の自用地としての価額から，定期借地権等の価額を控除して評価する。

ただし，定期借地権等の金額が次の算式で求めた金額を下回る場合には，次の算式で求めた金額

4章　土地の上に存する権利

を評価額とする。

(算式)

　　自用地としての価額−(自用地としての価額×定期借地権等の残存期間に応じた割合(注))

　(注)　定期借地権等の残存期間に応じた割合
　　　イ　残存期間が5年以下のもの　　　　　　　　5％
　　　ロ　残存期間が5年を超え10年以下のもの　　　10％
　　　ハ　残存期間が10年を超え15年以下のもの　　 15％
　　　ニ　残存期間が15年を超えるもの　　　　　　 20％

Q 定期借地権が設定されている土地の所有者が死亡した場合

■質　問

　定期借地権が設定されている土地の所有者が死亡した場合の相続財産は，その土地となりますが，底地としての評価はどのようにして行いますか。

　また，留意すべき事項がありましたらご教示ください。

■回　答

　定期借地権等が設定されている土地の所有者が死亡した場合は，通常の借地権の場合と同様，その底地（原則として，自用地としてのその土地の価額からその定期借地権の価額を控除した価額）は相続財産としての相続税が課税されます。

　また，その土地の地主が，保証金等を定期借地権者に返還する債務を負っている場合には，次の算式により計算した金額を相続税の課税価格の計算上，債務として控除します（この金額は定期借地権者が死亡した場合には債権として評価されます。）。

$$\left(\begin{array}{l}\text{保証金等の}\\\text{額に相当す}\\\text{る金額}\end{array}\times\begin{array}{l}\text{課税時期の残存期}\\\text{間に応ずる年3％}\\\text{の複利現価率}\end{array}\right)+\left(\begin{array}{l}\text{保証金等の}\\\text{額に相当す}\\\text{る金額}\end{array}\times\begin{array}{l}\text{約定}\\\text{利率}\end{array}\times\begin{array}{l}\text{課税時期の残存期}\\\text{間に応じる年3％}\\\text{の複利現価率}\end{array}\right)$$

　定期借地権等が設定されている宅地の価額（底地）は，原則として，その宅地の自用地としての価額から，その定期借地権等の価額を控除した金額によって評価します（評基通25）。

　ただし，定期借地権等の価額が，その宅地の自用地としての価額に次に掲げる定期借地権等の残存期間に応じる割合を乗じて計算した金額を下回る場合には，その宅地の自用地としての価額からその価額に次に掲げる割合を乗じて計算した金額を控除した金額によって評価します。

　　①　残存期間が5年以下のもの　　　　　　　　5％
　　②　残存期間が5年を超え10年以下のもの　　　10％
　　③　残存期間が10年を超え15年以下のもの　　 15％
　　④　残存期間が15年を超えるもの　　　　　　 20％

(参考) 実務相談録

② 一般定期借地権の目的となっている宅地の評価
(a) 個別通達による評価方法

一般定期借地権の目的となっている宅地のうち，借地権割合がC地域からG地域までの地域については，課税上弊害がない限り，財産評価基本通達の定めにかかわらず，当分の間，個別通達「一般定期借地権の目的となっている宅地の評価に関する取扱いについて（平成10年8月25日）」（以下「個別通達」という）に定める方法による。

平成10年8月25日
国税庁長官

一般定期借地権の目的となっている宅地の評価に関する取扱いについて（個別通達）

標題のことについては，下記に掲げるものの評価について，課税上弊害がない限り，昭和39年4月25日付直資56，直審（資）17「財産評価基本通達」（以下「評価基本通達」という。）25《貸宅地の評価》の(2)の定めにかかわらず，評価基本通達27《借地権の評価》に定める借地権割合（以下「借地権割合」という。）の地域区分に応じて，当分の間，下記により取り扱うこととしたから，平成10年1月1日以後に相続，遺贈又は贈与により取得したものの評価については，これによられたい。

（趣旨）
評価基本通達9《土地の上に存する権利の評価上の区分》の(6)に定める定期借地権等の目的となっている宅地の評価については，平成6年2月15日付課評2-2，課資1-2「財産評価基本通達の一部改正について」により，その評価方法を定めているところであるが，借地借家法（平成3年，法律第90号）第2条第1号に規定する借地権で同法第22条《定期借地権》の規定の適用を受けるもの（以下「一般定期借地権」という。）の目的となっている宅地の評価については，最近における一般定期借地権の設定の実態等を勘案するとともに，納税者の便宜に資するため，所要の措置を講じたものである。
＊ 下記は，最終改正後のものです（平成11年9月1日以後に相続，遺贈又は贈与により取得したものの評価に適用）。

記

1 一般定期借地権の目的となっている宅地の評価
借地権割合の地域区分のうち，次の2に定める地域区分に存する一般定期借地権の目的となっている宅地の価額は，課税時期における評価基本通達25《貸宅地の評価》の(1)に定める自用地としての価額（以下「自用地としての価額」という。）から「一般定期借地権の価額に相当する金額」を控除した金額によって評価する。
この場合の「一般定期借地権の価額に相当する金額」とは，課税時期における自用地としての価額に，次の算式により計算した数値を乗じて計算した金額とする。

4章 土地の上に存する権利

（算式）

$$(1-底地割合) \times \frac{課税時期におけるその一般定期借地権の残存期間年数に応ずる基準年利率による複利年金現価率}{一般定期借地権の設定期間年数に応ずる基準年利率による複利年金現価率}$$

(注) 基準年利率は，評価基本通達4-4に定める基準年利率をいう。

2 底地割合

1の算式中の「底地割合」は，一般定期借地権の目的となっている宅地のその設定の時における価額が，その宅地の自用地としての価額に占める割合をいうものとし，借地権割合の地域区分に応じ，次に定める割合によるものとする。

（底地割合）

地域区分	借地権割合		底地割合
	路線価図	評価倍率表	
	C	70%	55%
	D	60%	60%
	E	50%	65%
	F	40%	70%
	G	30%	75%

(注)
1 借地権割合及びその地域区分は，各国税局長が定める「財産評価基準書」において，各路線価図についてはAからGの表示により，評価倍率表については数値により表示されている。
2 借地権割合の地域区分がA地域，B地域及び評価基本通達27《借地権の評価》ただし書に定める「借地権の設定に際しその設定の対価として通常権利金その他の一時金を支払うなど借地権の取引慣行があると認められる地域以外の地域」に存する一般定期借地権の目的となっている宅地の価額は，評価基本通達25の(2)に定める評価方法により評価することに留意する。
3 「課税上弊害がない」場合とは，一般定期借地権の設定等の行為が専ら税負担回避を目的としたものでない場合をいうほか，この通達の定めによって評価することが著しく不適当と認められることのない場合をいい，個々の設定等についての事情，取引当事者間の関係等を総合勘案してその有無を判定することに留意する。
　なお，一般定期借地権の借地権者が次に掲げる者に該当する場合には，「課税上弊害がある」ものとする。
(1) 一般定期借地権の借地権設定者（以下「借地権設定者」という。）の親族
(2) 借地権設定者とまだ婚姻の届出をしないが事実上婚姻関係と同様の事情にある者及びその親族でその者と生計を一にしているもの
(3) 借地権設定者の使用人及び使用人以外の者で借地権設定者から受ける金銭その他の財産によって生計を維持しているもの並びにこれらの者の親族でこれらの者と生計を一にしているもの
(4) 借地権設定者が法人税法（昭和40年法律第34号）第2条第15号《定義》に規定する役員（以下「会社役員」という。）となっている会社

5　定期借地権及び定期借地権の目的となっている宅地の評価

(5) 借地権設定者，その親族，上記(2)及び(3)に掲げる者並びにこれらの者と法人税法第2条第10号《定義》に規定する政令で定める特殊の関係にある法人を判定の基礎とした場合に同号に規定する同族会社に該当する法人
(6) 上記(4)又は(5)に掲げる法人の会社役員又は使用人
(7) 借地権設定者が，借地借家法第15条《自己借地権》の規定により，自ら一般定期借地権を有することとなる場合の借地権設定者

つまり，個別通達における一般定期借地権等の目的となっている宅地は，次のとおり評価する。

(算式)

課税時期における自用地としての価額－定期借地権に相当する価額（※1）

(※1) 定期借地権に相当する価額 ＝ 課税時期における自用地としての価額 × (1－底地割合（※2）) × 課税時期におけるその一般定期借地権の残存期間年数に応ずる基準年利率による複利年金現価率 / 一般定期借地権の設定期間年数に応ずる基準年利率による複利年金現価率

(※2) 一般定期借地権が設定された時点の底地割合

一般定期借地権が設定された時点の底地割合の表						
借地権割合	路線価図	C地域	D地域	E地域	F地域	G地域
	評価倍率表（％）	70	60	50	40	30
底地割合（％）		55	60	65	70	75

ただし，借地権割合がA地域，B地域および借地権の取引慣行のない地域については，財産評価基本通達の評価方法による。

なお，個別通達の評価方法は，評価通達27-2の原則的評価に代えて適用することとしたものであるが，納税者の便宜を考慮して定めたものであり，評価の安全性にも配慮しているため，いずれか有利な方を選択することはできない。

Q　一般定期借地権の目的となっている宅地の評価─簡便法(1)

■質　問
　個別通達「一般定期借地権の目的となっている宅地の評価に関する取扱いについて」（平成10年8月25日付課評2-8外）に定める底地割合の適用は，財産評価基本通達27-2《定期借地権等の評価》の原則的評価方法と選択できるのでしょうか。

■回　答
　財産評価基本通達27-2の原則的評価方法との選択はできません。

4章　土地の上に存する権利

> **（解説）**
> 　個別通達における一般定期借地権の目的となっている宅地の評価方法は，財産評価基本通達27-2の原則的評価に代えて適用することとしたものですが，納税者の便宜を考慮して定めたものであり，評価の安全性にも配慮しているので，いずれか有利な方を選択することはできません。
> 　例えば，普通借地権割合のE（借地権割合50％）地域にある定期借地権の目的となっている宅地（底地）について，実際の保証金等の割合が2割であっても，その底地については80％をベースとして評価することはできず，65％をベース（底地割合）として評価することになります。
> 　なお，これは，物納申請を行う場合にも同様です。
>
> 　　　　（参考）国税庁質疑応答事例「一般定期借地権の目的となっている宅地の評価─簡便法(1)」

実務上のポイント

　一般定期借地権の目的となっている宅地の評価方法には，評価通達に定める方法と，個別通達に定める方法の2つがある。
　個別通達による評価方法は，設定期間と残存期間に対応する「複利年金現価率」により評価できる簡易的な方法となっている。

定期借地権の種類	底地の評価	定期借地権の評価
一般定期借地権	（借地権割合がCからGの地域については）個別通達に定める評価方法による。	評価通達27-2に定める評価方法による。
事業用定期借地権	評価通達25(2)に定める評価方法による。	
建物譲渡特約付借地権		

(b)　課税上弊害がある場合とは

個別通達に定める「課税上弊害がある場合」とは，例えば以下のような場合をいう。

(i)　一般定期借地権の借地権者と借地権設定者の関係が親族間や同族法人等の特殊関係者間の場合

(ii)　第三者間の設定等であっても税負担回避行為を目的としたものであると認められる場合

Q　一般定期借地権の目的となっている宅地の評価─簡便法(2)

■質　問

　個別通達「一般定期借地権の目的となっている宅地の評価に関する取扱いについて」（平成10年8月25日付課評2-8外）に定める，「課税上弊害がある」ものとされている親族等の範囲は具体的にはどのような範囲ですか。

■回答
「課税上弊害がある」ものとされている親族等の範囲は、具体的には次のとおりです。

通達該当番号	範囲
(1)	「親族」～民法第725条参照　1　6親等内の血族 2　配偶者 3　3親等内の姻族
(2)	1　借地権設定者と婚姻の届出をしていないが事実上婚姻関係と同様の事情にある者 2　1の親族でその者と生計を一にしているもの
(3)	1　借地権設定者の使用人 2　使用人以外の者で借地権設定者から受ける金銭その他の財産によって生計を維持しているもの 3　1又は2の親族でその者と生計を一にしているもの
(4)	借地権設定者が会社役員となっている場合の当該会社。この場合の会社役員とは、次の1又は2の者をいう。 1　法人の取締役、執行役、会計参与、監査役、理事、監事及び清算人 2　1以外の者で法人の経営に従事している者のうち、次に掲げる者（法令7） 　イ　法人の使用人以外の者でその法人の経営に従事しているもの（法基通9-2-1参照） 　　⇒　相談役、顧問その他これに類する者で、その法人内における地位、職務等からみて他の役員と同様に実質的に法人の経営に従事している者 　　⇒　使用人としての職制上の地位のみを有する営業所長、支配人、主任等は含まれない。 　ロ　同族会社の使用人のうち、特定株主に該当する場合 （注）上記法人は、2ロ以外、同族、非同族を問わない。
(5)	借地権設定者、その親族、上記(2)及び(3)に掲げる者並びにこれらの者と特殊の関係にある法人を判定の基礎とした場合に「同族会社」に該当する法人（法令4②）
(6)	上記(4)又は(5)に掲げる法人の役員又は使用人

（参考）国税庁質疑応答事例「一般定期借地権の目的となっている宅地の評価―簡便法(2)」

(3) 定期借地権等の評価

① 原則

　定期借地権制度においては、その種類と設定期間との組み合わせにより多種多様な借地契約の設定が想定され、借地契約の内容も、地代の設定から権利金や保証金の支払の有無もしくはその多寡に至るまで、極めて個別性が強く、また、法定更新制度等に関する規定の適用がなく契約終了により確定的に借地契約が消滅するため、残存期間の長短によって定期借地権等の価額は異なるものと考えられる。したがって、このような定期借地権等の評価は、借地権割合を基として従来の借地権

4章　土地の上に存する権利

の評価方法にはなじまないものとなる[144]。

　そこで，定期借地権等の価額は，原則として，課税時期において借地権者に帰属する経済的利益及びその存続期間を基として評定した価額によって評価する。

② 簡便法

　ただし，定期借地権等の設定時と課税時期とで，借地権者に帰属する経済的利益に変化がないような場合等，課税上弊害がない場合に限り，その定期借地権等の目的となっている宅地の自用地としての価額に，次の算式により計算した数値を乗じて計算することができる。

（算式）

$$\frac{定期借地権等の設定の時における借地権者に帰属する経済的利益の総額}{定期借地権等の設定の時におけるその宅地の通常の取引価額} \times \frac{課税時期におけるその定期借地権等の残存期間年数に応ずる基準年利率による複利年金現価率}{定期借地権等の設定期間年数に応ずる基準年利率による複利年金現価率}$$

　上記算式の「定期借地権等の設定の時における借地権者に帰属する経済的利益の総額」は，次に掲げる金額の合計額とする。

① 定期借地権等の設定に際し，借地権者から借地権設定者に対し，権利金，協力金，礼金などその名称のいかんを問わず借地契約の終了の時に返還を要しないものとされる金銭の支払または財産の供与がある場合…課税時期において支払われるべき金額または供与すべき財産の価額に相当する金額

② 定期借地権等の設定に際し，借地権者から借地権設定者に対し，保証金，敷金などその名称のいかんを問わず借地契約の終了の時に返還を要するものとされる金銭等（以下「保証金等」という）の預託があった場合において，その保証金等につき基準年利率未満の約定利率による利息の支払があるとき，または無利息のとき…次の算式により計算した金額

（算式）

$$\begin{aligned}&\text{保証金等の額に相当する金額} - \left(\text{保証金等の額に相当する金額} \times \text{定期借地権等の設定期間年数に応じる基準年利率による複利現価率}\right)\\&- \left(\text{保証金等の額に相当する金額} \times \text{基準年利率未満の約定利率} \times \text{定期借地権等の設定期間年数に応じる基準年利率による複利年金現価率}\right)\end{aligned}$$

③ 定期借地権等の設定に際し，実質的に贈与を受けたと認められる差額地代の額がある場合…次の算式により計算した金額

144　土地評価の実務（令和4年版）288〜289頁

5 定期借地権及び定期借地権の目的となっている宅地の評価

（算式）

差額地代の額 × 定期借地権等の設定期間年数に応じる基準年利率による複利年金現価率

　この簡便法は，定期借地権等の設定時における借地人に帰属する経済的利益に基づいて設定時の定期借地権割合を算定し，この割合を課税時期までの逓減率で調整して，課税時期における定期借地権等の価額を算定するものである。

　定期借地権等は個別性が強く，かつ，多種多様な設定が想定されるため，定期借地権制度が普及し成熟するまでの間は，主として設定契約内容等に基づいて借地人に帰属する経済的利益を判定し，定期借地権等の評価を行わざるを得ないと考えられる。そこで，課税上弊害がない場合には，定期借地権設定時において借地人に帰属する経済的利益の総額（通常の取引価額ベースでの定期借地権等の価額）を基に，課税時期における残存期間を考慮して評価することとされている[145]。

　なお，例えば，権利金の追加払がある場合や自然発生的な差額地代が明確に生じている場合のように，定期借地権等設定時と課税時期とで借地人に帰属する経済的利益に特段の変化がある場合には，原則的な評価方法に従って評価することになる。

Q　定期借地権の評価方法

■質　問

　定期借地権は3種類に分かれると聞きましたが，定期借地権者が死亡したときには，定期借地権はどのように評価されるのでしょうか。

■回　答

　定期借地権等の価額は，原則として，課税時期において借地権者に帰属する経済的利益およびその存続期間を基として評定した価額によって評価します。

　ただし，課税上弊害がない限り，次の算式により計算した金額によって評価します（評基通27-2）。

（算式）

課税時期における自用地としての価額 × 定期借地権等の設定時における定期借地権等の割合① × 定期借地権等の逓減率② ＝ 定期借地権等の価額

算式中の割合等は，次のとおりです。

① 設定時における定期借地権等の割合 ＝ 定期借地権等の設定のときにおける借地権者に帰属する経済的利益の総額③ / 定期借地権等の設定のときにおけるその宅地の通常の取引価額

② 定期借地権等の逓減率 ＝ 課税時期におけるその定期借地権等の残存期間年数に応ずる基準年利率（年3％）の複利年金現価率 / 定期借地権等の設定期間年数に応ずる基準年利率（3％）の複利年金現価率

145　土地評価の実務（令和4年版）289～290頁

なお，基準年利率は，平成11年９月１日以後に相続等により取得した財産の評価から適用され，同日前は「基準年利率」ではなく年６％の利率とされていました。

平成14年１月１日以後の基準年利率は，年3.0％（平成13年１月１日以後平成13年12月31日以前については年3.5％，平成11年９月１日以後平成12年12月31日以前については4.5％）とされています。

③ 「定期借地権等の設定のときにおける借地権者に帰属する経済的利益の総額」は次に掲げる金額の合計額

　イ　定期借地権等の設定に際し，借地権者から借地権設定者に対し，権利金，協力金，礼金などその名称のいかんを問わず借地契約の終了のときに返還を要しないものとされる金銭の支払または財産の供与がある場合…課税時期において支払われるべき金額または供与すべき財産の価額に相当する金額

　ロ　定期借地権等の設定に際し，借地権者から借地権設定者に対し，保証金，礼金などその名称のいかんを問わず借地契約の終了のときに返還を要するものとされる金銭等（以下「保証金等」といいます。）の預託があった場合において，その保証金等につき年３％未満の利率（以下「約定利率」といいます。）による利息の支払があるときまたは無利息のとき…次の算式により計算した金額

$$\text{保証金等の額に相当する金額} - \left(\underbrace{\text{保証金等の額に相当する金額} \times \text{定期借地権等の設定期間年数に応じる年３％の複利現価率}}_{\text{(保証金等返済の原資に相当する金額)}}\right) - \left(\underbrace{\text{保証金等の額に相当する金額} \times \text{約定利率} \times \text{定期借地権等の設定期間年数に応じる年３％の複利年金現価率}}_{\text{(毎年の支払利息の額の総額)}}\right)$$

　ハ　定期借地権等の設定に際し，実質的に贈与を受けたと認められる差額地代の額がある場合…次の算式により計算した金額

$$\text{差額地代の額} \times \text{定期借地権等の設定期間年数に応じる年３％の複利年金現価率}$$

（注）「差額地代の額」とは，同種同等の他の定期借地権等における地代の額とその定期借地権等の設定契約において定められた地代の額（上記イまたはロに掲げる金額がある場合には，その金額に定期借地権等の設定期間年数に応ずる年３％の年賦償還率を乗じて得た額を地代の前払いに相当する金額として毎年の地代の額に加算した後の額）との差額をいいます。

（参考）実務相談録

定期借地権等の価額は，下記「定期借地権等の評価明細書」を使用して評価する。

5　定期借地権及び定期借地権の目的となっている宅地の評価

(表)
定期借地権等の評価明細書

(平成二十年分以降用)

(住居表示)所在地番				(地積) ㎡	設定年月日	平成　年　月　日	設定期間年数	⑦	年
					課税時期	平成　年　月　日	残存期間年数	⑧	年
定期借地権等の種類	一般定期借地権 ・ 建物譲渡特約付借地権 ・ 事業用定期借地権等				設定期間年数に応ずる基準年利率による	複利現価率		④	
定期借地権等の設定時	自用地としての価額	①	(1㎡当たりの価額　　円) 円			複利年金現価率		⑤	
	通常取引価額	②	(通常の取引価額又は①／0.8) 円						
課税時期	自用地としての価額	③	(1㎡当たりの価額　　円) 円		残存期間年数に応ずる基準年利率による複利年金現価率			⑥	

(注) ④及び⑤に係る設定期間年数又は⑥に係る残存期間年数について、その年数に1年未満の端数があるときは6ヶ月以上を切り上げ、6ヶ月未満を切り捨てます。

○定期借地権等の評価

経済的利益の額の計算	権利金等の授受がある場合	(権利金等の金額)(A)　　　円 = ⑨	権利金・協力金・礼金等の名称のいかんを問わず、借地契約の終了のときに返還を要しないとされる金銭等の額の合計を記載します。	(権利金等の授受による経済的利益の金額) ⑨　　円
	保証金等の授受がある場合	(保証金等の額に相当する金額)(B)　　　円	保証金・敷金等の名称のいかんを問わず、借地契約の終了のときに返還を要するものとされる金銭等(保証金等)の預託があった場合において、その保証金等につき基準年利率未満の約定利率の支払いがあるとき又は無利息のときに、その保証金等の金額を記載します。	(保証金等の授受による経済的利益の金額) ⑩　　円
		(保証金等の授受による経済的利益の金額の計算)　(④の複利現価率)　　　(基準年利率未満の約定利率)　(⑤の複利年金現価率)　　(B) － [(B) ×　　　　] － [(B) ×　　　　×　　　　] = ⑩		
		(権利金等の授受による経済的利益の金額)　(保証金等の授受による経済的利益の金額)　(贈与を受けたと認められる差額地代の額がある場合の経済的利益の金額)　⑨　円 + ⑩　円 + ⑪　円 =		(経済的利益の総額) ⑫　円
	(注) ⑪欄は、個々の取引の事情・当事者間の関係等を総合勘案し、実質的に贈与を受けたと認められる差額地代の額がある場合に記載します(計算方法は、裏面2参照)。			
評価額の計算	(課税時期における自用地としての価額) ③　円 × (経済的利益の総額) ⑫　円 ／ (設定時の通常取引価額) ②　円 × (⑥の複利年金現価率) ／ (⑤の複利年金現価率) =			(定期借地権等の評価額) ⑬　円

(注) 保証金等の返還の時期が、借地契約の終了のとき以外の場合の⑩欄の計算方法は、税務署にお尋ねください。

○定期借地権等の目的となっている宅地の評価

一般定期借地権の目的となっている宅地 [裏面1のⒶに該当するもの]	(課税時期における自用地としての価額) ③　円 － (課税時期における自用地としての価額) ③　円 × (底地割合(裏面3参照)) [1 －　　　] × (⑥の複利年金現価率) ／ (⑤の複利年金現価率) =	⑭	(一般定期借地権の目的となっている宅地の評価額) 円
上記以外の定期借地権等の目的となっている宅地 [裏面1のⒷに該当するもの]	(課税時期における自用地としての価額) ③　円 － (定期借地権等の評価額) ⑬　円 = ⑮　円	⑰	(上記以外の定期借地権等の目的となっている宅地の評価額) (⑮と⑯のいずれか低い金額) 円
	(課税時期における自用地としての価額) ③　円 × [1 － (残存期間年数に応じた割合(裏面4参照))] = ⑯　円		

(資4-80-1-A4統一)

4章　土地の上に存する権利

(裏)

1　定期借地権等の種類と評価方法の一覧

定期借地権の種類	定期借地権等の評価方法	定期借地権等の目的となっている宅地の評価方法	
一般定期借地権 （借地借家法第22条）	財産評価基本通達27-2に定める評価方法による	平成10年8月25日付課評2-8・課資1-13「一般定期借地権の目的となっている宅地の評価に関する取扱いについて」に定める評価方法による	Ⓐ
		※	
事業用定期借地権等 （借地借家法第23条）		財産評価基本通達25(2)に定める評価方法による	Ⓑ
建物譲渡特約付借地権 （借地借家法第24条）			

(注)※印部分は、一般定期借地権の目的となっている宅地のうち、普通借地権の借地権割合の地域区分A・B地域及び普通借地権の取引慣行が認められない地域に存するものが該当します。

2　実質的に贈与を受けたと認められる差額地代の額がある場合の経済的利益の金額の計算

差額地代（設定時）

| 同種同等地代の年額(C) | 円 | 実際地代の年額(D) | 円 | 設定期間年数に応ずる基準年利率による年賦償還率 | ⑱ |

（前払地代に相当する金額）　　　　　（実際地代の年額(D)）　（実質地代の年額(E)）

（権利金等⑨）　（⑱の年賦償還率）　（保証金等⑩）　（⑱の年賦償還率）
　　　円　×　　　　　　　　＋　　　円　×　　　　　　　　＋　　　　　　　円　＝　　　　　　　円

（差額地代の額）　　　　　　　　　（⑤の複利年金現価率）
（同種同等地代の年額(C)）（実質地代の年額(E)）
（　　　円　－　　　円）×　　　　　　　＝

⑪ 贈与を受けたと認められる差額地代の額がある場合の経済的利益の金額
　　　　　　円

(注)「同種同等地代の年額」とは、同種同等の他の定期借地権等における地代の年額をいいます。

3　一般定期借地権の目的となっている宅地を評価する場合の底地割合

	借地権割合		底地割合
	路線価図	評価倍率表	
地域区分	C	70%	55%
	D	60%	60%
	E	50%	65%
	F	40%	70%
	G	30%	75%

4　定期借地権等の目的となっている宅地を評価する場合の残存期間年数に応じた割合

残存期間年数	割合
5年以下の場合	5%
5年を超え10年以下の場合	10%
10年を超え15年以下の場合	15%
15年を超える場合	20%

(注) 残存期間年数の端数処理は行いません。

[図表4-17] 基準年利率（令和5年分）

(単位：%)

区分	年数又は期間	令和5年1月	2月	3月	4月	5月	6月	7月	8月	9月	10月	11月	12月
短期	1年 2年	0.01	0.01	0.01	0.01	0.01	0.01	0.01	0.01	0.01	0.01	0.05	0.01
中期	3年 4年 5年 6年	0.25	0.10	0.10	0.10	0.05	0.05	0.05	0.10	0.10	0.25	0.50	0.25
長期	7年以上	1.00	1.00	0.75	0.75	0.50	0.75	0.50	0.75	0.75	1.00	1.00	1.00

(注)　課税時期の属する月の年数または期間に応ずる基準年利率を用いることに留意する。

5 定期借地権及び定期借地権の目的となっている宅地の評価

[図表 4 −18] 複利表（令和 5 年分）

複　利　表　（令和5年1・10・12月分）

区分	年数	年0.01%の複利年金現価率	年0.01%の複利現価率	年0.01%の年賦償還率	年1.5%の複利終価率	区分	年数	年1%の複利年金現価率	年1%の複利現価率	年1%の年賦償還率	年1.5%の複利終価率
短期	1	1.000	1.000	1.000	1.015		36	30.108	0.699	0.033	1.709
	2	2.000	1.000	0.500	1.030		37	30.800	0.692	0.032	1.734
区分	年数	年0.25%の複利年金現価率	年0.25%の複利現価率	年0.25%の年賦償還率	年1.5%の複利終価率		38	31.485	0.685	0.032	1.760
							39	32.163	0.678	0.031	1.787
							40	32.835	0.672	0.030	1.814
中期	3	2.985	0.993	0.335	1.045						
	4	3.975	0.990	0.252	1.061		41	33.500	0.665	0.030	1.841
	5	4.963	0.988	0.202	1.077		42	34.158	0.658	0.029	1.868
	6	5.948	0.985	0.168	1.093		43	34.810	0.652	0.029	1.896
							44	35.455	0.645	0.028	1.925
区分	年数	年1%の複利年金現価率	年1%の複利現価率	年1%の年賦償還率	年1.5%の複利終価率		45	36.095	0.639	0.028	1.954
	7	6.728	0.933	0.149	1.109		46	36.727	0.633	0.027	1.983
	8	7.652	0.923	0.131	1.126		47	37.354	0.626	0.027	2.013
	9	8.566	0.914	0.117	1.143		48	37.974	0.620	0.026	2.043
	10	9.471	0.905	0.106	1.160		49	38.588	0.614	0.026	2.074
							50	39.196	0.608	0.026	2.105
	11	10.368	0.896	0.096	1.177						
	12	11.255	0.887	0.089	1.195		51	39.798	0.602	0.025	2.136
	13	12.134	0.879	0.082	1.213	長	52	40.394	0.596	0.025	2.168
	14	13.004	0.870	0.077	1.231		53	40.984	0.590	0.024	2.201
	15	13.865	0.861	0.072	1.250		54	41.569	0.584	0.024	2.234
							55	42.147	0.579	0.024	2.267
	16	14.718	0.853	0.068	1.268						
	17	15.562	0.844	0.064	1.288		56	42.720	0.573	0.023	2.301
	18	16.398	0.836	0.061	1.307	期	57	43.287	0.567	0.023	2.336
長	19	17.226	0.828	0.058	1.326		58	43.849	0.562	0.023	2.371
	20	18.046	0.820	0.055	1.346		59	44.405	0.556	0.023	2.407
							60	44.955	0.550	0.022	2.443
	21	18.857	0.811	0.053	1.367						
	22	19.660	0.803	0.051	1.387		61	45.500	0.545	0.022	2.479
	23	20.456	0.795	0.049	1.408		62	46.040	0.540	0.022	2.517
期	24	21.243	0.788	0.047	1.429		63	46.574	0.534	0.021	2.554
	25	22.023	0.780	0.045	1.450		64	47.103	0.529	0.021	2.593
							65	47.627	0.524	0.021	2.632
	26	22.795	0.772	0.044	1.472						
	27	23.560	0.764	0.042	1.494		66	48.145	0.519	0.021	2.671
	28	24.316	0.757	0.041	1.517		67	48.659	0.513	0.021	2.711
	29	25.066	0.749	0.040	1.539		68	49.167	0.508	0.020	2.752
	30	25.808	0.742	0.039	1.563		69	49.670	0.503	0.020	2.793
							70	50.169	0.498	0.020	2.835
	31	26.542	0.735	0.038	1.586						
	32	27.270	0.727	0.037	1.610						
	33	27.990	0.720	0.036	1.634						
	34	28.703	0.713	0.035	1.658						
	35	29.409	0.706	0.034	1.683						

（注）　1　複利年金現価率、複利現価率及び年賦償還率は小数点以下第4位を四捨五入により、複利終価率は小数点以下第4位を切捨てにより作成している。
　　　2　複利年金現価率は、定期借地権等、著作権、営業権、鉱業権等の評価に使用する。
　　　3　複利現価率は、定期借地権等の評価における経済的利益（保証金等によるもの）の計算並びに特許権、信託受益権、清算中の会社の株式及び無利息債務等の評価に使用する。
　　　4　年賦償還率は、定期借地権等の評価における経済的利益（差額地代）の計算に使用する。
　　　5　複利終価率は、標準伐期齢を超える立木の評価に使用する。

4章 土地の上に存する権利

(4) 計算例

① 定期借地権等の目的となっている宅地の評価

定期借地権等の目的となっている宅地の価額は，原則として，その宅地の自用地価額から定期借地権等の価額を控除して評価する。

ただし，その定期借地権等の価額が，その宅地の自用地価額に残存期間に応ずる割合を乗じた価額を下回る場合には，その自用地価額からその割合に基づく金額を控除して評価する。

(算式)

　自用地価額－(イ)または(ロ)のいずれか大きい額＝貸宅地の価額

　　(イ)　定期借地権等の価額
　　(ロ)　自用地に残存期間に応ずる割合を乗じた価額
　　　(＊)　残存期間に応ずる割合
　　　　　　残存期間が5年以下のもの　　　　　　　　5％
　　　　　　残存期間が5年を超え10年以下のもの　　 10％
　　　　　　残存期間が10年を超え15年以下のもの　　15％
　　　　　　残存期間が15年を超えるもの　　　　　　20％

設例

1．設定契約内容等

　　設定期間……………………………………………50年
　　設定時の相続税評価額……………………………4,000万円
　　設定時の通常取引価額……………………………5,000万円
　　設定時に借地人に帰属する経済的利益の総額………800万円
　　毎年の支払地代……………………………………年間72万円

2．課税時期等

　　経過期間……………………………………………10年（残存期間40年）
　　課税時期の自用地価額（相続税評価額）……………6,400万円
　　設定時及び課税時期の基準年利率…………………0.25％

(算式)

1．定期借地権等の価額

　(イ)　簡便法による価額

　　　自用地価額　設定時の定期借地権等割合　　　通減率　　　定期借地権等の価額
　　　6,400万円 × $\dfrac{800万円（※1）}{5,000万円（※2）}$ × $\dfrac{38.020（※3）}{46.946（※4）}$ ＝ 8,293,034円

　　　(※1)　設定時に借地人に帰属する経済的利益の総額
　　　(※2)　設定時におけるその宅地の通常の取引価額
　　　(※3)　残存期間40年に応ずる年0.25％の複利年金現価率

（※4） 設定期間50年に応ずる年0.25％の複利年金現価率

2．貸宅地の価額
 （イ） 定期借地権等の価額　8,293,034円
 （ロ） 残存期間に応ずる価額
　　6,400万円×0.2（＊）＝12,800,000円

貸宅地の評価にあたって，定期借地権等の価額は，（イ）＜（ロ）により12,800,000円で評価する。

　　自用地価額　　定期借地権等の価額　　貸宅地の価額
　　6,400万円　－　12,800,000円　＝51,200,000円

「設定時に借地人に帰属する経済的利益の総額」は，次に掲げる金額の合計額となる。
 イ　権利金の授受がある場合…………権利金等の額
 ロ　保証金等の授受がある場合………保証金等の授受に伴う経済的利益の額

② 権利金の授受がある場合の経済的利益の額

定期借地権等の設定に際し，借地権者から借地権設定者（地主）に対し，権利金，協力金，礼金などその名称のいかんを問わず借地契約の終了時に返還を要しないものとされる金銭の支払がある場合の経済的利益の額は，課税時期において支払われるべき金額に相当する金額とする。

設例
　設定期間……………………………………50年
　経過期間……………………………………10年
　設定時の相続税評価額……………………4,000万円
　設定時の通常取引価額……………………5,000万円
　権利金の額（返還不要）…………………800万円
　毎年の支払地代……………………………年間30万円
　課税時期の自用地価額（相続税評価額）………4,000万円
　設定時及び課税時期の基準年利率………0.25％

（算式）
・定期借地権等の価額

　　自用地価額　　設定時の定期借地権等割合　　　　　　逓減率　　　定期借地権等の価額
　　4,000万円　×　800万円（※1）／5,000万円（※2）　×　38.020（※3）／46.946（※4）　＝　5,183,146円

（※1）　設定時に借地人に帰属する経済的利益の総額
（※2）　設定時におけるその宅地の通常の取引価額
（※3）　残存期間40年に応ずる年0.25％の複利年金現価率
（※4）　設定期間50年に応ずる年0.25％の複利年金現価率

4章　土地の上に存する権利

③　保証金等の授受がある場合の経済的利益の額

　定期借地権等の設定に際し，借地権者から借地権設定者（地主）に対し，保証金，敷金などその名称のいかんを問わず借地契約の終了時に返還を要するものとされる金銭等の預託があった場合において，その保証金等について基準年利率未満の約定利率による利息の支払があるときまたは無利息のときには，次の算式で計算した金額が，設定時において借地人に帰属する経済的利益の額に相当する金額となる。

（算式）

保証金等の額に相当する金額 − (保証金等の額に相当する金額 × 定期借地権等の設定期間年数に応じる基準年利率による複利現価率) 〔保証金等返済の原資に相当する金額〕

− (保証金等の額に相当する金額 × 基準年利率未満の約定利率 × 定期借地権等の設定期間年数に応じる基準年利率による複利年金現価率) 〔毎年の支払利息の額の総額〕

設例1　無利息のケース

　設定期間‥‥‥‥‥‥‥‥‥‥‥‥‥‥‥‥50年
　経過期間‥‥‥‥‥‥‥‥‥‥‥‥‥‥‥‥10年
　設定時の相続税評価額‥‥‥‥‥‥‥‥‥‥4,000万円
　設定時の通常取引価額‥‥‥‥‥‥‥‥‥‥5,000万円
　保証金の額‥‥‥‥‥‥‥‥‥‥‥‥‥‥‥800万円（無利息，要返還）
　毎年の支払地代‥‥‥‥‥‥‥‥‥‥‥‥‥年間72万円
　課税時期の自用地価額（相続税評価額）‥‥‥‥6,400万円
　設定時及び課税時期の基準年利率‥‥‥‥‥‥0.25％

（算式）
①　保証金等返済の原資に相当する金額
　　　　　　期間50年の0.25％の複利現価率
　800万円 ×　　　0.883　　　 ＝ 7,064,000円
②　設定契約時において借地人に帰属する経済的利益の額
　800万円 − 7,064,000円 ＝ 936,000円

設例2　利息の支払があるケース

　設定期間‥‥‥‥‥‥‥‥‥‥‥‥‥‥‥‥50年
　経過期間‥‥‥‥‥‥‥‥‥‥‥‥‥‥‥‥10年
　設定時の相続税評価額‥‥‥‥‥‥‥‥‥‥4,000万円
　設定時の通常取引価額‥‥‥‥‥‥‥‥‥‥5,000万円
　保証金の額‥‥‥‥‥‥‥‥‥‥‥‥‥‥‥800万円（約定利率0.2％，要返還）
　毎年の支払地代‥‥‥‥‥‥‥‥‥‥‥‥‥年間72万円

⑤ 定期借地権及び定期借地権の目的となっている宅地の評価

課税時期の自用地価額(相続税評価額)………6,400万円
設定時及び課税時期の基準年利率………0.25%

(算式)
① 保証金等返済の原資に相当する金額
$$800万円 \times \underset{\text{期間50年の0.25\%の複利現価率}}{0.883} = 7,064,000円$$

② 毎年の支払利息の額の総額
$$800万円 \times 0.2\% \times \underset{\text{期間50年の0.25\%の複利年金現価率}}{46.946} = 751,136円$$

③ 設定契約時において借地人に帰属する経済的利益の額
800万円 − 7,064,000円 − 751,136円 = 184,864円

④ 一般定期借地権の目的となっている宅地(個別通達)

一般定期借地権の目的となっている宅地について,借地権割合がC地域からG地域までの地域に存するものにおいては,課税上弊害がない限り,個別通達に定める方法による。

設例
設定期間………………………………………50年
経過期間………………………………………10年
設定時の相続税評価額………………………4,000万円
設定時の通常取引価額………………………5,000万円
権利金の額(返還不要)……………………800万円
課税時期の自用地価額(相続税評価額)…6,400万円
普通借地権の割合……………………………70%(C地域)
設定時及び課税時期の基準年利率…………0.25%

(算式)
$$\underset{\text{自用地価額}}{6,400万円} - 6,400万円 \times \underset{\text{底地割合}}{(1-0.55)} \times \underset{\text{逓減率}}{\frac{38.020\text{(※1)}}{46.946\text{(※2)}}} = \underset{\text{貸宅地の価額}}{40,675,840円}$$

(※1) 残存期間40年に応ずる年0.25%の複利年金現価率
(※2) 設定期間50年に応ずる年0.25%の複利年金現価率

(5) 前払賃料方式による定期借地権

① 借地権者に帰属する経済的利益の取扱い

前払賃料方式における論点は,定期借地権の設定時に,その設定の対価として借地契約の終了時に返還を要する「保証金」や返還を要しない「権利金」の授受が行われた場合のその金銭等の財産評価上の取扱いについてである。

(a) 返還を要するもの

定期借地権等の設定に際し、借地権者から地主に対し、保証金、敷金などその名称のいかんを問わず借地契約の終了の時に返還を要する金銭等を「保証金等」という。

保証金等は、地主にとって、借地権者に地代不払いや建物撤去不履行などがあった際には地代の担保として収受したり、建物撤去費用に充てることができる点などで利点がある。

その反面、地主にとっては、期間満了時に保証金等の返還をしなければならず長期間にわたって多額の負債を負うことになり、また、借地人にとっては、保証金等が貸し倒れるリスクを負うこととなり、しかもその資金は長期間にわたって使用できないことになるので資金繰りの観点から必ずしも望ましい形態とはいえないものである。

なお、保証金等については、期間終了時に借地人に返還されることになるため、地主側では預り金（負債）、借地人側では差入保証金（資産）として処理されるため、課税関係は生じない。

(b) 返還を要しないもの

定期借地権等の設定に際し、借地権者から地主に対し、権利金、協力金、礼金などその名称のいかんを問わず借地契約の終了の時に返還を要しない金銭を「権利金等」という。

権利金等については、個人地主にとっては、その対価が時価の2分の1を超える場合には譲渡所得となり、2分の1以下の場合は不動産所得となって課税が行われる。事業者である借地人にとっては、権利金は、期間の経過に応じて償却されるべきものであるが、期間満了時に権利の消滅と同時に特別損失を計上して全額を一括償却せざるを得ない扱いとなっていた。

② 平成17年文書回答事例

平成17（2005）年、国税庁は、国土交通省に対して「定期借地権の賃料の一部又は全部を前払いとして一括して授受した場合における税務上の取扱いについて」の文書回答を行った。

そこでは、定期借地権の設定時において、借地権者（借地人）が地主に対し、借地に係る契約期間の賃料の一部または全部を前払いの一時金として支払うことを契約書で定めた上で行う場合には、借地人は「前払費用」、土地所有者は「前受収益」として計上し、期間配分することができることが明らかとなった。

つまり、賃料の前払いとしての一時金について、借地人は、権利金のように期間満了に一括して費用化するのではなく、毎年の地代支払とあわせて、前払費用としてその期間の賃料に相当する額を必要経費に算入（期間に応じた費用計上）することとなる。

そして、相続時には、課税時期において借地権者が有する前払賃料の未経過分相当額は、借地人にとっては債権となるが、定期借地権の権利の評価に反映されることとなるため、別個の財産として計上する必要はない。

また、地主の側でも、権利金のような多額の一時金を収受した時点で一時に課税されることがなく、毎年の地代とあわせて、前受収益としてその期間の賃料に相当する額を収入金額に算入（期間

に応じた収益計上）することとなる。

　相続時には、課税時期において地主が有する前払賃料の未経過分相当額は、地主にとっては債務となるが、定期借地権の目的となっている宅地の評価において減額されることとなるため、債務として控除することはできない。

　平成17（2005）年に国土交通省土地・水資源局が国税庁課税部審理室長あてでした照会及び文書回答は以下のとおりである。

平成17年6月28日

国税庁課税部審理室長

国土交通省土地・水資源局
土地政策課土地市場企画室長

定期借地権の賃料の一部又は全部を前払いとして一括して授受した場合における相続税の財産評価及び所得税の経済的利益に係る課税等の取扱いについて（照会）

　定期借地権の設定時において、借地権者が借地権設定者に対して、借地に係る契約期間の賃料の一部又は全部を一括前払いの一時金（以下「前払賃料」といいます。）として支払う場合の借地権者及び借地権設定者の所得計算上の取扱いについては、平成17年1月7日付の文書回答「定期借地権の賃料の一部又は全部を前払いとして一括して授受した場合における税務上の取扱いについて」により、一定の書式例に準拠した定期借地権設定契約書により契約し、契約期間にわたって保管している場合で、その取引の実態も当該契約書に沿うものであるときは、当該前払賃料は、借地権者にとっては「前払費用」として、借地権設定者にとっては「前受収益」として取り扱われることが明らかにされました。
　ところで、上記の文書回答に示された定期借地権（以下「前払賃料方式による定期借地権」といいます。）が設定された場合に、その後、借地権者が死亡して相続人が当該権利を相続したときの相続税における財産評価の方法などについて若干の疑義が生じております。そこで、前払賃料方式による定期借地権が設定されている場合の相続税の財産評価及び所得税の経済的利益に係る課税等について、下記のとおり取り扱って差し支えないか、お伺い申し上げます。

記

1　前払賃料方式による定期借地権が設定されている場合の相続税の取扱い
(1)　定期借地権の財産評価及び前払賃料の未経過分相当額の取扱い
　相続、贈与又は遺贈（以下「相続等」という。）により取得した前払賃料方式による定期借地権の価額を財産評価基本通達27-2《定期借地権等の評価》のただし書きの定めにより評価する場合には、前払賃料の額を同項の算式に定める「定期借地権等の設定の時における借地権者に帰属する経済的利益」の額に含めて、課税時期（相続開始時）における定期借地権等の価額を評価する。
　なお、前払賃料のうち課税時期における未経過分に相当する金額（以下「前払賃料の未経過分相当額」という。）については、定期借地権の評価額に反映されるため、定期借地権と別の相続財産として計上する必要はない。

4章　土地の上に存する権利

(理由)
イ　前払賃料方式による定期借地権の評価

相続等により取得した定期借地権等の価額は，課税時期における自用地としての価額に，次の算式により計算した数値を乗じて計算した金額によって評価することとされている（財産評価基本通達27-2）。

(算式)

$$\frac{\text{定期借地権等の設定の時における借地権者に帰属する経済的利益の総額}}{\text{定期借地権等の設定の時におけるその宅地の通常の取引価額}} \times \frac{\text{課税時期におけるその定期借地権等の残存期間年数に応ずる基準年利率による複利年金現価率}}{\text{定期借地権等の設定期間年数に応ずる基準年利率による複利年金現価率}}$$

上記算式中の「定期借地権等の設定の時における借地権者に帰属する経済的利益の総額」の計算に当たっては，「定期借地権等の設定に際し，借地権者から借地権設定者に対し，権利金，協力金，礼金などその名称のいかんを問わず借地契約の終了の時に返還を要しないものとされる金銭の支払いがある場合」には，「課税時期において支払われるべき金額」を当該経済的利益の額とすると定められている（財産評価基本通達27-3(1)）。

ところで，前払賃料は，借地契約の終了の時にはその未経過分相当額は零となり返還を要しないものであるから，定期借地権の設定に際して当該一時金の支払があった場合には，当該一時金の額そのものを財産評価基本通達27-3《定期借地権等の設定の時における借地権者に帰属する経済的利益の総額の計算》の(1)に定める経済的利益の額に含めて評価することとなる。

ロ　前払賃料の未経過分相当額の取扱い

課税時期において借地権者が有する前払賃料の未経過分相当額に係る債権は，借地契約の存続を前提とすれば，返還を受けることができないものであり，被相続人等が前払賃料を支払っていたことによる権利は，存続期間に応じた定期借地権の権利の価額に反映されることとなる。

したがって，相続税の課税価格の計算上，当該債権を定期借地権と別個の財産として計上する必要はないものと考えられる。

(注1)　保証金については，契約終了時においても返還を要するものであるため，相続税の課税価格の計算上，借地権者にとっては債権額を，借地権設定者にとっては債務額を計上することとなるが，その場合でも，契約終了時に返還を要する金額について課税時期から契約終了時までの期間に応じた複利現価率で割り引いた価額によることとされており，これに対して前払賃料は契約終了時に返還を要する金額はないから，債権債務額は算定されない。

(2)　定期借地権の目的となっている宅地の評価及び前払賃料の未経過分相当額の取扱い

相続等により取得した前払賃料方式による定期借地権の目的となっている宅地の価額は，財産評価基本通達25《貸宅地の評価》の(2)により，原則として，自用地としての価額から上記(1)により評価した課税時期における定期借地権等の価額を控除した金額によって評価する。

なお，財産評価基本通達25(2)ただし書き及び平成10年8月25日付課評2-8「一般定期借地権の目的となっている宅地の評価に関する取扱いについて」は，前払賃料方式による定期借地権の目的となっている宅地の評価にも適用されることとなる。

また，前払賃料のうち，課税時期における契約期間の残余の期間に充当されるべき金額（前払賃料の未経過分相当額）については，定期借地権の付着した宅地として評価上減額されるため，別の債務として控除することはできない。

5 定期借地権及び定期借地権の目的となっている宅地の評価

(理由)
イ　定期借地権の目的となっている宅地の評価
　定期借地権の目的となっている宅地を相続等により取得した場合の当該宅地の価額は、財産評価基本通達25の(2)により、原則として、その宅地の自用地としての価額から、財産評価基本通達27-2《定期借地権等の評価》の定めにより評価したその定期借地権等の価額を控除した金額によって評価することとなる。
　ところで、前払賃料方式による定期借地権等の価額については、上記(1)のとおり評価することとなるため、前払賃料方式による定期借地権の目的となっている宅地の価額は、原則として、定期借地権の設定に際して授受された前払賃料の額を財産評価基本通達27-3の(1)に定める「定期借地権等の設定の時における借地権者に帰属する経済的利益」の額として評価した定期借地権等の価額を自用地としての価額から控除して評価することとなる。
　ただし、財産評価基本通達25(2)のただし書きに定めるとおり、自用地としての価額から控除すべき定期借地権等の価額が、定期借地権の残存期間に応じる一定の割合を自用地価額に乗じて計算した金額を下回る場合には、当該割合を乗じて計算した金額を控除した金額によって評価する。
　なお、借地借家法第22条の規定による一般定期借地権の目的となっている宅地の評価については、当分の間、上記の定めによらず、平成10年8月25日付課評2-8「一般定期借地権の目的となっている宅地の評価に関する取扱いについて」の取扱いにより評価することとなる。
ロ　前払賃料の未経過分相当額の取扱い
　課税時期において借地権設定者が「前受収益」として計上している前払賃料の未経過分相当額については、借地契約の存続を前提とする限り返還を要しないものであるから相続税法第14条に規定する「確実と認められる」債務とはいえず、被相続人等が前払賃料を受領していることにより、上記のとおり定期借地権の目的となっている宅地として評価上減額されるのであるから、相続税の課税価格の計算上は、債務として控除することはできない。
(注2)　(注1)参照

2　借地権設定者が受領する前払賃料に係る経済的利益に対する所得税の取扱い
　個人である借地権設定者が、前払賃料方式による定期借地権の設定に伴い受領する前払賃料については、その経済的利益を毎年の不動産所得に計上しなくて差し支えない。

(理由)
　定期借地権の設定に伴って借地権設定者が借地権者から預託を受ける保証金(借地人がその返還請求権を有するものをいい、その名称のいかんを問わない。)の経済的利益については、一定の場合を除き、各年分の不動産所得の計算上、収入金額に算入することとされている。
　前払賃料については、借地権設定者は、いまだ役務提供をしていない未経過分(前払賃料の未経過分相当額)を「前受収益」に計上することとなるが、当該一時金は、契約期間にわたる賃料に充てられることによりいずれその全額が不動産所得の収入金額に計上されるものであり、借地契約の継続を前提とする限り返還義務がなく期間満了時には返還を要しないものであるから、当該一時金は上記の取扱いの対象となる保証金には該当せず、その経済的利益に係る所得税の課税は要しないものと考えられる。
(注3)　定期借地権の設定に伴って借地権設定者が借地権者から預託を受ける保証金(借地人がその返還請求権を有するものをいい、その名称のいかんを問わない。)の経済的利益については、所

4章　土地の上に存する権利

得税の課税上，次に掲げる区分に応じ，それぞれ次に掲げるとおり取り扱われている。
① 当該保証金が業務用資金として運用され又は業務用資産の取得に充てられている場合
　当該保証金について各年に生じる経済的利益の額を不動産所得の金額の計算上収入金額に算入するとともに，同額を，当該業務に係る各種所得の金額の計算上必要経費に算入する。
② 当該保証金が，預貯金，公社債等の金融資産に運用されている場合
　当該保証金による経済的利益に係る所得の金額については，その計算を要しない。
③ ①及び②以外の場合
　当該保証金について各年に生じる経済的利益の額を，当該保証金を返還するまでの各年分の不動産所得の金額の計算上収入金額に算入する。

3　前払賃料を一括して支払うための資金に係る住宅借入金等特別控除の特例等の適用
　前払賃料の支払に充てるための借入金又は父等からの資金贈与については，租税特別措置法第41条に規定する住宅借入金等を有する場合の所得税額の特別控除の特例（以下「住宅借入金等特別控除の特例」という。）又は同法第70条の3に規定する特定の贈与者から住宅取得等資金の贈与を受けた場合の相続時精算課税の特例若しくは同法70条の3の2に規定する住宅取得等資金の贈与を受けた場合の相続時精算課税に係る贈与税の特別控除の特例（以下，これらの特例を併せて「住宅取得等資金贈与の特例」という。）の適用はない。

（理由）
　前払賃料方式により定期借地権を設定するに際して，前払賃料の支払に充てるための資金を借入金等により調達した場合の住宅借入金等特別控除の特例又は当該資金を父等から贈与により取得した場合の住宅取得等資金贈与の特例の適用の可否が問題となる。
　これらの特例は，「土地の上に存する権利の取得に要する資金」に充てるための借入金（住宅借入金等特別控除の特例）又は「土地の上に存する権利の取得のための対価」に充てるための住宅取得等資金の贈与（住宅取得等資金贈与の特例）について適用されることとされている。
　しかし，前払賃料として支払われる一時金は，相続税における財産評価に当たっては，借地人に帰属する経済的利益として定期借地権の評価額に反映されるという側面はあるものの，「土地の上に存する権利の取得の対価」には該当しないとして，賃料として支払うことを明確にしたものである。また，そのため，自己の住宅の取得に伴ってその敷地に係る前払賃料を支払う借地権者にとっては，当該一時金は時の経過とともに家事費として費消されるものであって，借地権の取得価額を構成するものではない（将来，借地権を譲渡した場合の取得価額を構成しない。）。
　したがって，土地の上に存する権利の取得の対価ということはできないため，これらの特例の適用はないこととなる。
　なお，租税特別措置法第41条の4に規定する不動産所得に係る損益通算の特例についても「土地の上に存する権利を取得するために要した負債」について適用されることとされており，当該一時金の支払に充てるための借入金は，上記と同様の考え方により，土地の上に存する権利を取得するために要した負債ということはできないことから，本特例の適用はないこととなる。

実務上のポイント

定期借地権の一時金を収受している場合の前払賃料のうち，相続時における未経過相当額は定期借地権の評価額に反映されるため，債務として計上しない。

それとは別に，マンション・アパートを賃貸している場合において，課税時期に翌月分の家賃を前受しているケースがある。この場合には前受家賃のうち未経過相当額については被相続人の債務となり，相続税の課税価格の計算上，債務控除の対象となる。
　定期借地権等の前払賃料と家賃の未収前受の計上は区別して考える必要がある。

6 地上権及び地上権の目的となっている宅地の評価

財産評価基本通達25《貸宅地の評価》
(3)　地上権の目的となっている宅地の価額は，その宅地の自用地としての価額から相続税法第23条《地上権及び永小作権の評価》又は地価税法第24条《地上権及び永小作権の評価》の規定により評価したその地上権の価額を控除した金額によって評価する。

相続税法第23条《地上権及び永小作権の評価》
　地上権（借地借家法（平成3年法律第90号）に規定する借地権又は民法第269条の2第1項（地下又は空中の地上権）の地上権に該当するものを除く。）及び永小作権の価額は，その残存期間に応じ，その目的となっている土地のこれらの権利を取得した時におけるこれらの権利が設定されていない場合の時価に，次に定める割合を乗じて算出した金額による。

残存期間が10年以下のもの	100分の5
残存期間が10年を超え15年以下のもの	100分の10
残存期間が15年を超え20年以下のもの	100分の20
残存期間が20年を超え25年以下のもの	100分の30
残存期間が25年を超え30年以下のもの及び地上権で存続期間の定めのないもの	100分の40
残存期間が30年を超え35年以下のもの	100分の50
残存期間が35年を超え40年以下のもの	100分の60
残存期間が40年を超え45年以下のもの	100分の70
残存期間が45年を超え50年以下のもの	100分の80
残存期間が50年を超えるもの	100分の90

(1)　地上権とは

　本項では，地上権及びその目的となっている宅地の評価方法について定めている。
　地上権とは，「他人の土地において工作物又は竹木を所有するため，その土地を使用する権利」である（民法265）。物権である地上権は，他人の土地について，地上権者の自由の意思により直接的に支配することができ，土地所有者の承諾を得ないでも自由に売買できる権利である。

4章　土地の上に存する権利

なお，建物の所有を目的とする地上権は借地権に含まれるため，ここでの地上権からは除かれる。

(2) 地上権の評価

相続税法は，第22条に評価の原則を規定し，第23条以下に評価の特則を規定している。

地上権の価額は，その地上権の残存期間に応じ，その目的となっている土地に地上権が設定されていないとした場合の価額に，相続税法第23条に定める地上権の割合を乗じて評価する。

（算式）

　　地上権が設定されていないとした場合の価額×地上権の割合

(3) 地上権の目的となっている宅地

地上権の目的となっている宅地の価額は，その宅地の自用地としての価額から地上権の価額を控除した金額によって評価する。

（算式）

　　自用地としての価額－（自用地としての価額×相続税法第23条に定める地上権の割合）

> **実務上のポイント**
>
> 相続税法第23条は，地上権及び永小作権の評価を規定しているところであるが，同条かっこ書きで借地借家法に規定する借地権に該当するものを除く旨が規定されていることから，地上権の登記がなされ，存続期間が長期間であっても，借地借家法に規定する建物所有目的の賃貸借は借地権（評価通達25）として評価が行われることに留意が必要である。

7　区分地上権及びその目的となっている宅地の評価

> **財産評価基本通達25《貸宅地の評価》**
> (4) 区分地上権の目的となっている宅地の価額は，その宅地の自用地としての価額から27-4《区分地上権の評価》の定めにより評価したその区分地上権の価額を控除した金額によって評価する。
>
> **財産評価基本通達27-4《区分地上権の評価》**
> 区分地上権の価額は，その区分地上権の目的となっている宅地の自用地としての価額に，その区分地上権の設定契約の内容に応じた土地利用制限率を基とした割合（以下「区分地上権の割合」という。）を乗じて計算した金額によって評価する。
> この場合において，地下鉄等のずい道の所有を目的として設定した区分地上権を評価するときにおける区分地上権の割合は，100分の30とすることができるものとする。
> （注）
> 1　「土地利用制限率」とは，公共用地の取得に伴う損失補償基準細則（昭和38年3月7日用地対策連

7 区分地上権及びその目的となっている宅地の評価

絡協議会理事会決定）別記２《土地利用制限率算定要領》に定める土地利用制限率をいう。以下同じ。
2　区分地上権が１画地の宅地の一部分に設定されているときは，「その区分地上権の目的となっている宅地の自用地としての価額」は，１画地の宅地の自用地としての価額のうち，その区分地上権が設定されている部分の地積に対応する価額となることに留意する。

財産評価基本通達25-2　《倍率方式により評価する宅地の自用地としての価額》
　倍率地域にある区分地上権の目的となっている宅地又は区分地上権に準ずる地役権の目的となっている承役地である宅地の自用地としての価額は，その宅地の固定資産税評価額が地下鉄のずい道の設置，特別高圧架空電線の架設がされていること等に基づく利用価値の低下を考慮したものである場合には，その宅地の利用価値の低下がないものとして評価した価額とする。
　なお，宅地以外の土地を倍率方式により評価する場合の各節に定める土地の自用地としての価額についても，同様とする。

(1) 区分地上権とは

　本項では，区分地上権及びその目的となっている宅地の評価方法について定めている。
　地上権は，土地の上下のすべてについて効力が及ぶものであるが，区分地上権は，地下にトンネルを所有するなど土地の上下の一定層のみを目的として設定された地上権をいう。

(2) 区分地上権の目的となっている宅地の評価

　区分地上権の目的となっている宅地の価額は，次の算式で求めた金額により評価する。

（算式）

　　自用地としての価額－（自用地としての価額×区分地上権の割合）

Q　区分地上権の目的となっている宅地の評価

■質　問
　本来地上８階地下２階のビルが建築できるのですが，地下鉄のトンネルの所有を目的とする区分地上権が設定されていることにより，地上５階地下１階の建物しか建築できない土地（自用地価額50億円）があります。このような土地の価額は，どのように評価するのでしょうか。

■回　答
　区分地上権の目的となっている宅地の価額は，その宅地の自用地としての価額から財産評価基本通達27-4《区分地上権の評価》の定めにより評価したその区分地上権の価額を控除した金額によって評価します。
　この場合，区分地上権の価額は，その区分地上権の目的となっている宅地の自用地としての価額に，その区分地上権の設定契約の内容に応じた土地利用制限率を基とした割合（区分地上権の割合）を乗じて計算した金額によって評価します。

4章　土地の上に存する権利

仮に，この土地の階層別利用率が次の図のようであるとした場合には，次のように評価します。

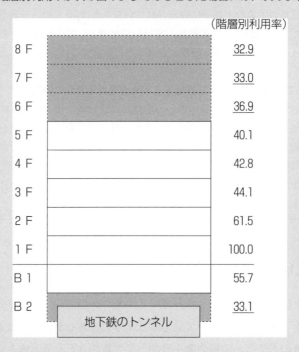

自用地価額　区分地上権の価額
50億円 − 50億円×0.283※＝35億8,500万円

※　区分地上権の割合（土地利用制限率）の計算

$$\frac{32.9+33.0+36.9+33.1}{32.9+33.0+36.9+40.1+42.8+44.1+61.5+100.0+55.7+33.1} ≒ 0.283$$

なお，地下鉄等のずい道の所有を目的として設定した区分地上権を評価するときにおける区分地上権の割合は，100分の30とすることができます。

自用地価額　区分地上権の価額
50億円 − 50億円 × $\frac{30}{100}$ ＝35億円

（注）「土地利用制限率」は，土地の利用が妨げられる程度に応じて適正に定めた割合であり，公共用地の取得に伴う損失補償基準細則別記2で定められています。

（参考）国税庁質疑応答事例「区分地上権の目的となっている宅地の評価」

公共用地の取得に伴う損失補償基準細則別記2「土地利用制限率算定要領」の内容は以下のとおりである。

別記2

土地利用制限率算定要領

(土地利用制限率)
第1条　基準第25条に掲げる「土地の利用が妨げられる程度に応じて適正に定めた割合」(以下「土地利用制限率」という。)を算定するため,本要領を定める。

(土地の利用価値)
第2条　土地の利用価値は,地上及び地下に立体的に分布しているものとし,次の各号に掲げる使用する土地の種別に応じ,当該各号に掲げる利用価値の合計とすることを基本とし,それぞれの利用価値の割合は,別表第1「土地の立体利用率配分表」に定める率を標準として適正に定めるものとする。
　一　高度市街地内の宅地
　　建物による利用価値及びその他の利用価値(上空における通信用施設,広告用施設,煙突等の施設による利用及び地下における特殊物の埋設,窨井による地下水の利用等をいう。以下同じ。)
　二　高度市街地以外の市街地及びこれに準ずる地域(概ね,市街化区域内又は用途地域が指定されている高度市街地以外の区域をいう。)内の宅地又は宅地見込地
　　建物による利用価値,地下の利用価値及びその他の利用価値
　三　農地又は林地
　　地上の利用価値,地下の利用価値及びその他の利用価値

(土地利用制限率の算定方法)
第3条　土地の利用制限率は,次式により算定するものとする。
　一　前条第1号の土地の場合
　　建物による利用価値の割合×B/A+その他の利用価値の割合×a
　　　A　建物利用における各階層の利用率の和
　　　B　空間又は地下の使用により建物利用が制限される各階層の利用率の和
　　　a　空間又は地下の使用によりその他利用が制限される部分の高さ又は深さによる補正率(0～1の間で定める。)
　二　前条第2号の土地の場合
　　建物による利用価値の割合×B/A+地下の利用価値の割合×p+その他の利用価値の割合×a
　　　A,B　それぞれ前号に定めるところによる。
　　　p　地下の利用がなされる深度における深度別地下制限率
　　　a　前号に定めるところによる。
　三　前条第3号の土地の場合
　　地上の利用価値の割合×q+地下の利用価値の割合×p+その他の利用価値の割合×a
　　　q　空間又は地下の使用により地上利用が制限される部分の利用率の割合
　　　p　第2号に定めるところによる。
　　　a　第1号に定めるところによる。

4章　土地の上に存する権利

(建物利用における各階層の利用率)
第4条　前条に規定する建物利用における各階層の利用率を求める際の建物の階数及び用途は，原則として，使用する土地を最も有効に使用する場合における階数及び用途とするものとし，当該階数及び用途は，次の各号に掲げる事項を総合的に勘案して判定するものとする。
　一　当該地域に現存する建物の階数及び用途
　二　当該地域において近年建築された建物の標準的な階数及び用途
　三　土地の容積率を当該土地の建ぺい率で除して得た値の階数
　四　当該地域における都市計画上の建ぺい率に対する標準的な実際使用建ぺい率の状況
　五　当該地域における用途的地域
　六　当該地域の将来の動向等
2　建物の各階層の利用率は，当該地域及び類似地域において近年建築された建物の階層別の賃借料又は分譲価格等を多数収集の上これを分析して求めるものとする。この場合において，高度市街地内の宅地にあっては，別表第2「建物階層別利用率表」を参考として用いることができるものとする。

(深度別地下制限率)
第5条　第3条に規定する深度別地下制限率は，地域の状況等を勘案して定めた一定の深度までの間に，1～10メートルの単位で設ける深度階層毎に求めるものとし，原則として当該深度階層毎に一定の割合をもって低下するとともに，最も浅い深度階層に係る深度別地下制限率を1として算定するものとする。

(農地等の地上利用)
第6条　第3条に規定する地上利用が制限される部分の利用率は，農地及び林地における農業施設の所要高，立木の樹高の最大値等を考慮の上，地域の状況に応じて，地上利用の高さ及び高度別の利用率を決定することにより適正に定めるものとする。

(空間又は地下の使用による残地補償)
第7条　同一の土地所有者に属する土地の一部の空間又は地下を使用することによって残地の利用が妨げられる場合の当該残地に関する損失の補償額の算定は，次式によるものとする。

　　土地価格×建物利用制限率×残地補償対象面積

　　残地補償対象面積＝残地面積－建築可能面積

　　　建築可能面積　　当該残地の建ぺい率，画地条件，周辺の環境及び直接利用制限部分との関係等を考慮して適正に定める。
　　　建物利用制限率　使用する土地の土地利用制限率（その他の利用価値に係る制限率が含まれる場合は，これを除く。）

(3)　区分地上権の評価

　上記算式における区分地上権の割合は，その区分地上権の設定契約の内容に応じた土地利用制限

7 区分地上権及びその目的となっている宅地の評価

率を基として求める。

　この場合，地下鉄等のトンネルの所有を目的として設定した区分地上権であるときは，区分地上権の割合を30パーセントとすることができる。

> **Q　区分地上権の評価**
>
> ■質　問
> 　区分地上権は，どのように評価するのですか。
>
> ■回　答
> 　区分地上権の価額は，その区分地上権の目的となっている宅地の自用地としての価額に，その区分地上権の設定契約の内容に応じた土地利用制限率を基とした割合を乗じて計算した金額によって評価します。
> 　この場合，地下鉄等の隧道の所有を目的として設定した区分地上権を評価するときにおける区分地上権の割合は，100分の30とすることができるものとされています。
> 　なお，土地利用制限率とは，公共用地の取得に伴う損失補償基準細則別記2に定める土地利用制限率をいいます。
>
> （参考）実務相談録

(4) 倍率地域にある区分地上権の目的となっている宅地の評価

　倍率地域にある区分地上権の目的となっている宅地の価額は，その宅地の固定資産税評価額に倍率を乗じて計算した自用地価額から区分地上権の価額を控除した金額によって評価する。

> **Q　倍率地域にある区分地上権の目的となっている宅地の評価**
>
> ■質　問
> 　倍率地域にある区分地上権の目的となっている宅地の価額は，どのように評価するのですか。
>
> ■回　答
> 　その宅地の固定資産税評価額に倍率を乗じて計算した自用地価額から区分地上権の価額を控除した価額によって評価します。
> 　この場合，区分地上権の目的となっている宅地の固定資産税評価額が，地下鉄のトンネルが設置されていること等による利用価値の低下を考慮して評定されているときには，その利用価値の低下がないものとした場合の固定資産税評価額を基にその宅地の自用地価額を求めることに留意する必要があります。
> 　なお，固定資産税評価では，地下鉄のトンネルの設置によって影響を受けている部分の地積の総地

4章 土地の上に存する権利

積に占める割合により補正率を定め、その補正率を全地積の価額に乗じて評価している場合があります。

（参考）実務相談録

(5) 区分地上権が宅地の一部に設定されている場合の評価単位

1区画の宅地の一部に地下鉄のトンネルの所有を目的とする区分地上権が設定されている場合は、評価単位を区分することなく、区分地上権の目的としている部分も含めて全体を一画地の宅地として評価した価額から、区分地上権の価額を控除した金額によって評価する。

Q 区分地上権が宅地の一部に設定されている場合の評価

■質 問

利用の単位となっている1区画の宅地の一部に地下鉄のトンネルの所有を目的とする区分地上権が設定されている次の図のような宅地があります。
このような宅地の価額は、どのように評価するのですか。

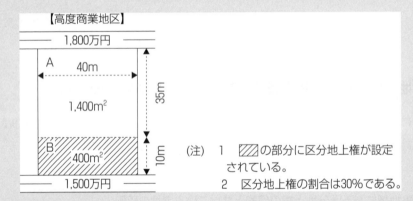

■回 答

区分地上権が設定されている宅地の価額は、区分地上権の目的としている部分も含め全体を一画地の宅地として評価した価額から、区分地上権の目的となっている部分を1画地の宅地として計算した自用地価額を基に計算した区分地上権の価額を控除した金額によって評価します。

図の場合には、次のように評価します。

(1) A，B土地全体を1画地として評価した価額

$$(\underset{\substack{\text{正面}\\\text{路線価}}}{1,800万円} \times \underset{\substack{\text{奥行価格}\\\text{補正率}}}{0.97} + \underset{\substack{\text{裏　面}\\\text{路線価}}}{1,500万円} \times \underset{\substack{\text{奥行価格}\\\text{補正率}}}{0.97} \times \underset{\substack{\text{二方路線影}\\\text{響加算率}}}{0.07}) \times \underset{\substack{\text{(地積)}}}{1,800m^2} = 332億6,130万円 \cdots\cdots①$$

(2) 区分地上権の価額（B土地）

$$\underset{\substack{\text{(路線価)}}}{1,500万円} \times \underset{\substack{\text{奥行(10m)}\\\text{価格補正率}}}{0.98} \times \underset{\substack{\text{区分地上}\\\text{権の割合}}}{30\%} \times \underset{\substack{\text{(地積)}}}{400m^2} = 17億6,400万円 \cdots\cdots②$$

(3) 区分地上権の目的となっている土地の価額

　　①　　　　　　　②
　332億6,130万円－17億6,400万円＝314億9,730万円

(参考) 実務相談録

8 区分地上権に準ずる地役権及びその目的となっている宅地の評価

財産評価基本通達25《貸宅地の評価》
(5) 区分地上権に準ずる地役権の目的となっている承役地である宅地の価額は，その宅地の自用地としての価額から27-5《区分地上権に準ずる地役権の評価》の定めにより評価したその区分地上権に準ずる地役権の価額を控除した金額によって評価する。

財産評価基本通達27-5《区分地上権に準ずる地役権の評価》
　区分地上権に準ずる地役権の価額は，その区分地上権に準ずる地役権の目的となっている承役地である宅地の自用地としての価額に，その区分地上権に準ずる地役権の設定契約の内容に応じた土地利用制限率を基とした割合（以下「区分地上権に準ずる地役権の割合」という。）を乗じて計算した金額によって評価する。
　この場合において，区分地上権に準ずる地役権の割合は，次に掲げるその承役地に係る制限の内容の区分に従い，それぞれ次に掲げる割合とすることができるものとする。
　(1) 家屋の建築が全くできない場合　100分の50又はその区分地上権に準ずる地役権が借地権であるとした場合にその承役地に適用される借地権割合のいずれか高い割合
　(2) 家屋の構造，用途等に制限を受ける場合　100分の30

財産評価基本通達25-2《倍率方式により評価する宅地の自用地としての価額》
　倍率地域にある区分地上権の目的となっている宅地又は区分地上権に準ずる地役権の目的となっている承役地である宅地の自用地としての価額は，その宅地の固定資産税評価額が地下鉄のずい道の設置，特別高圧架空電線の架設がされていること等に基づく利用価値の低下を考慮したものである場合には，その宅地の利用価値の低下がないものとして評価した価額とする。
　なお，宅地以外の土地を倍率方式により評価する場合の各節に定める土地の自用地としての価額についても，同様とする。

(1) 区分地上権に準ずる地役権とは

① 区分地上権に準ずる地役権とは

　本項では，区分地上権の準ずる地役権及びその目的となっている宅地の評価方法について定めている。
　区分地上権に準ずる地役権は，特別高圧架空電線の架設，高圧のガスを通ずる導管の敷設，飛行

4章　土地の上に存する権利

場の設置，建築物の建設その他の目的のため地下または空間について上下の範囲を定めて設定された地役権で建造物の設置を制限するもの等を目的として地下または空間について上下の範囲を定めて設定されたもので，建造物の設置を制限するものをいう。

> **Q　区分地上権に準ずる地役権の意義**
>
> ■質　問
> 　財産評価基本通達上の区分地上権に準ずる地役権とは，どのようなものをいうのでしょうか。
>
> ■回　答
> 　財産評価基本通達上の区分地上権に準ずる地役権とは，特別高圧架空電線の架設，高圧のガスを通ずる導管の敷設，飛行場の設置，建築物の建築その他の目的のため地下又は空間について上下の範囲を定めて設定された地役権で，建造物の設置を制限するものをいい，登記の有無は問いません。
>
> （参考）国税庁質疑応答事例「区分地上権に準ずる地役権の意義」

②　高圧線に関する地役権設定契約

　区分地上権に準ずる地役権の目的となっている土地の例として，電力会社との高圧線における地役権設定契約がある。

　送電線の近くに家屋を建築する場合には，電気事業法に基づき，経済産業省の定める「電気設備に関する技術基準を定める省令」及び線下補償契約に適合させる必要があることから，建築制限や高さ制限，屋根等の材料規制を受けることとなる。

　この電気設備技術基準によれば，送電線から一定の距離（離隔距離）以内には家屋の建築はできないこととなっており，これを図示すると**図表4−19**のとおりである。

8 区分地上権に準ずる地役権及びその目的となっている宅地の評価

[図表 4 −19] 離隔距離

物件の種類	使用電圧の区分	架空電線の種類	区　分	離隔距離
建造物	35,000V以下	ケーブル	上部造営材の上方	1.2m
			その他	0.5m
		特別高圧絶縁電線	上部造営材の上方	2.5m
			人が建造物の外へ手を伸ばす，または身を乗り出すことができない部分	1.0m
			その他	1.5m
		その他	すべて	3.0m
	35,000V超 170,000V以下	ケーブル	上部造営材の上方	(1.2+c) m
			その他	(0.5+c) m
		特別高圧絶縁電線	上部造営材の上方	(2.5+c) m
			人が建造物の外へ手を伸ばす，または身を乗り出すことができない部分	(1.0+c) m
			その他	(1.5+c) m
		その他	すべて	(3.0+c) m
	170,000V超	ケーブル	上部造営材の上方	(3.3+d) m
			その他	(2.6+d) m
		特別高圧絶縁電線	上部造営材の上方	(4.6+d) m
			人が建造物の外へ手を伸ばす，または身を乗り出すことができない部分	(3.1+d) m
			その他	(3.6+d) m
		その他	すべて	(5.1+d) m

※　cは，特別高圧架空電線の使用電圧と35,000Vの差を10,000Vで除した値（小数点以下切り上げる）に0.15を乗じたもの
※　dは，特別高圧架空電線の使用電圧と35,000Vの差を10,000Vで除した値（小数点以下切り上げる）に0.15を乗じたもの

4章　土地の上に存する権利

[図表4-20] 水平離隔距離

物件の種類	使用電圧の区分	架空電線の種類	水平離隔距離
建造物	100,000V未満	ケーブル	-
		特別高圧 絶縁電線	-
		その他	送電線が建造物の下方に施設されるときのみ3m
	100,000V以上	すべて	3m

[図表4-21] 架空電線の種類がケーブルの場合

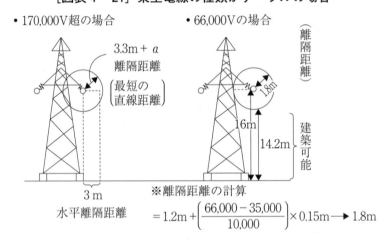

※離隔距離の計算
$= 1.2m + \left(\dfrac{66,000 - 35,000}{10,000}\right) \times 0.15m \rightarrow 1.8m$

（出典）　吉瀬唯史『土地評価の実務（令和4年版）』大蔵財務協会〔2022年〕331頁

(2)　区分地上権に準ずる地役権の目的となっている承役地である宅地

区分地上権に準ずる地役権の目的となっている承役地である宅地の価額は，次の算式で求めた金額により評価する。

（算式）

自用地としての価額－（自用地としての価額×区分地上権に準ずる地役権の割合）

> **Q**　区分地上権に準ずる地役権の宅地の評価
>
> ■質　問
>
> 被相続人甲は，下図のような土地の一部に区分地上権に準ずる地役権が設定されているA土地を所有していた。A土地はどのように評価するのか。

8 区分地上権に準ずる地役権及びその目的となっている宅地の評価

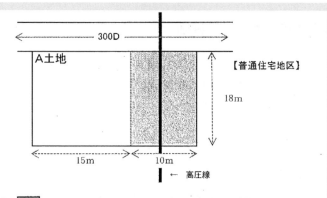

① 部分は、地役権の設定により家屋の構造、用途等に制限を受ける。
② 総地積は450㎡、部分の地積は180㎡
③ 区分地上権に準ずる地役権の割合は30%とする。

■回 答
（自用地価額）

$$\underset{(路線価)}{300,000円} \times \underset{\substack{(奥行価格\\補正率)}}{1.00} \times \underset{(地積)}{450㎡} = 135,000,000円$$

（地役権設定部分の価額）

$$\underset{(自用地価額)}{135,000,000円} \times \underset{(地積)}{\frac{180㎡}{450㎡}} \times \underset{\substack{(区分地上\\権の割合)}}{30\%} = \underset{\substack{(区分地上権に準ずる\\地役権の価額)}}{16,200,000円}$$

（区分地上権に準ずる地役権の目的となっている宅地の価額）

$$\underset{(自用地価額)}{135,000,000円} - \underset{\substack{(区分地上権に準ずる\\地役権の価額)}}{16,200,000円} = 118,800,000円$$

（解説）
　区分地上権に準ずる地役権及び区分地上権は，いずれも土地の地下又は空間について上下の範囲を定めて設定され建築物の設置を制限するもので，権利の設定に当たり支払われる補償金が，その設定に伴う土地利用の制限に応じて支払われる現状を考慮し，同様の評価方法とされている。
　したがって，本件土地の自用地価額から控除すべき区分地上権に準ずる地役権の価額の評価方法は，特段の理由（注）のない限り，1画地の宅地（本件土地全体）の自用地としての価額のうち，承役地部分の地積に対応する価額により評価する方法となる。

（注）　例えば，宅地全体を1画地とした場合の正面路線に2の路線価があり，かつ，区分地上権に準ずる地役権が設定されている承役地部分を1画地とした場合の正面路線は1の路線価である場合等がある。

（参考）東京国税局「資産税審理研修資料（平成26年7月）」〔TAINS・資産税審理研修資料H260700〕

(3) 区分地上権に準ずる地役権の評価

上記(2)の算式における区分地上権に準ずる地役権の割合は、その区分地上権に準ずる地役権の設定契約の内容に応じた土地利用制限率を基として求める。

この場合、区分地上権に準ずる地役権の割合は、その承役地に係る制限の内容に従い、それぞれ次に掲げる割合とすることができる。

【家屋の建築が全くできない場合】

50パーセントまたはその区分地上権に準ずる地役権が借地権であるとした場合に適用される借地権割合のいずれか高い割合

【家屋の構造、用途等に制限を受ける場合】

30パーセント

(4) 債権契約により高圧線が架設されている土地の評価

通常、電気事業者は、土地所有者と契約を結んでおり、地役権設定による地役権設定登記を行い、第三者対抗力を備えることとなるが、登記をせずに、送電線架設保持に関する債権契約のみを結ぶこともある。

このような特別高圧架空電線の架設が債権契約によって行われている土地についても、区分地上権に準ずる地役権が設定されている土地と同様に評価して差し支えない。

> **Q 債権契約により高圧線が架設されている土地の評価**
>
> ■質　問
>
> 特別高圧架空電線の架設が地役権の設定契約によらず、送電線架設保持に関する契約等のいわゆる債権契約によっている場合がありますが、この場合も区分地上権に準ずる地役権が設定されている土地と同様に評価してよいでしょうか。
>
> ■回　答
>
> 特別高圧架空電線を架設する場合には、電気事業者は、「電気設備に関する技術基準を定める省令」（以下「電気設備技術基準」といいます。）に定めるところにより、建造物または工作物等から一定の離隔距離を保つことを義務づけられています。
>
> このことから、電気事業者は、この電気設備技術基準に適合するように地役権の設定契約を行っているところであり、この事情は債権契約による場合も同様です。
>
> したがって、特別高圧架空電線の架設が債権契約によって行われている土地についても、区分地上権に準ずる地役権が設定されている土地と同様に評価して差し支えありません。

8 区分地上権に準ずる地役権及びその目的となっている宅地の評価

(参考)実務相談録

実務上のポイント

地役権の設定登記がなされると,土地登記簿の権利部(乙区)に以下のような記載がされる(これは建造物が禁止の例)。

ただし,必ずしも登記されているとは限らないため,電力会社との契約書があれば,地役権の設定がなされているものとして評価する。

なお,土地登記簿や契約書で建造物の築造が全く禁止(50%減)となっていても,個別に建築ができる場合(30%減)があるため注意が必要である。

権利部(乙区) (所有権以外の権利に関する事項)			
順位番号	登記の目的	受付年月日・受付番号	権利者その他の事項
1	地役権設定	昭和■■年■月■日 第■■号	原因 昭和■■年■月■日設定 目的 送電線路の架設 範囲 全部 特約 送電線路の架設及び保守等の為の土地立入、建造物の築造禁止並びに送電線路に支障となる工作物の設置、竹木の植栽等禁止、爆発性、引火性を有する危険物を製造、取扱い及び貯蔵禁止 要役地 ■■市■■町字■■番 順位1番の登記を移記

(5) 区分地上権に準ずる地役権が宅地の一部に設定されている場合の評価単位

1区画の宅地の一部に特別高圧架空電線の架設を目的とする地役権が設定されている場合は,評価単位を区分することなく,地役権の目的としている部分も含めて全体を1画地の宅地として評価した価額から,区分地上権に準ずる地役権の価額を控除した金額によって評価する。

Q 区分地上権に準ずる地役権の目的となっている宅地の評価

■質問

特別高圧架空電線の架設を目的とする地役権が設定されている次の図のような宅地の価額はどのように評価するのでしょうか。

4章 土地の上に存する権利

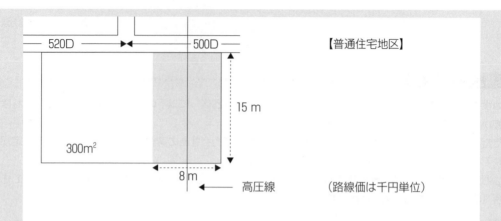

① □部分は，地役権の設定により家屋の構造，用途等に制限を受けます。
② 宅地は，500千円及び520千円の路線価が付された路線にそれぞれ10mずつ接しています。
③ 総地積は，300平方メートル，□部分の地積は120平方メートルです。

■回 答
　地役権が設定されている宅地の価額は，承役地である部分も含め全体を1画地の宅地として評価した価額から，その承役地である部分を1画地として計算した自用地価額を基に，土地利用制限率を基に評価した区分地上権に準ずる地役権の価額を控除して評価します。この場合，区分地上権に準ずる地役権の価額は，その承役地である宅地についての建築制限の内容により，自用地価額に次の割合を乗じた金額によって評価することができます。
(1) 家屋の建築が全くできない場合…………50％と承役地に適用される借地権割合とのいずれか高い割合
(2) 家屋の構造，用途等に制限を受ける場合…30％
　図の場合において，区分地上権に準ずる地役権の割合を30％とすると，次のように評価します。
宅地全体を1画地として評価した価額（自用地価額）

$$\frac{520{,}000円 \times 10m + 500{,}000円 \times 10m}{20m} \times 1.00 \times 300m^2 = 153{,}000{,}000円$$

加重平均による路線価　　奥行価格補正率　地積　自用地価額

区分地上権に準ずる地役権の価額

路線価　奥行価格補正率　地積　区分地上権に準ずる地役権の割合　区分地上権に準ずる地役権の価額
500,000円 × 1.00 × 120m² × 30％ ＝ 18,000,000円

区分地上権に準ずる地役権の目的となっている宅地の価額

自用地価額　区分地上権に準ずる地役権の価額
153,000,000円 － 18,000,000円 ＝ 135,000,000円

（参考）国税庁質疑応答事例「区分地上権に準ずる地役権の目的となっている宅地の評価」

(6) 市街化調整区域の高圧線下土地の評価

　区分地上権に準ずる地役権の割合は，家屋の建築の制限の強弱に着目した区分によるものであるため，家屋の建築が原則としてできない土地（純農地や純山林，中間農地，中間山林など）については，斟酌しないこととされている。

　例えば，平成10年9月30日裁決〔裁決事例集56巻369頁〕は，高圧線下にある市街化調整区域内の山林について，高圧線下にあることの影響を斟酌すべきか否かが争われた事例である。

　被相続人と電力会社との間では，本件高圧線下土地の一部に送電線路を架設することができる契約が締結されている。本件契約書には，被相続人は本件土地に建造物を築造することができない旨，電力会社は被相続人に対し上空使用料を支払う旨が定められており，地役権を設定する旨の定めはない。

　本件土地の評価について，審査請求人は，その一部が高圧線下にあることから50％減額すべきと主張した。

　これに対し原処分庁は，本件高圧線下土地において控除すべき区分地上権に準ずる地役権の価額は皆無に等しく，その山林の自用地としての価額によって評価すべきと主張した。

　裁決は，①被相続人と電力会社との本件契約は地役権を設定したものではないから評価通達51(4)を適用するのは相当でないこと，②他人がその土地を使用することにより所有者がその土地を使用できなくなるといった一般の賃貸借とは異なるから相続税法第23条の規定及び借地権の価額を斟酌することは適当でないこと，③本件契約の下では高圧線下土地を山林として使用する上で制約がないことなどから高圧線下にあることの影響を斟酌すべき理由がないと判断している。

(7) 倍率地域にある区分地上権に準ずる地役権の目的となっている宅地の評価

　倍率地域にある区分地上権に準ずる地役権の目的となっている承役地である宅地の自用地としての価額は，その宅地の固定資産税評価額が特別高圧架空電線の架設がされていること等に基づく利用価値の低下を考慮したものである場合には，その宅地の利用価値の低下がないものとして評価した価額とする。

9　土地の上に存する権利が競合する場合の評価

> **財産評価基本通達25-3《土地の上に存する権利が競合する場合の宅地の評価》**
> 　土地の上に存する権利が競合する場合の宅地の価額は，次に掲げる区分に従い，それぞれ次の算式により計算した金額によって評価する。
> (1)　借地権，定期借地権等又は地上権及び区分地上権の目的となっている宅地の価額

4章　土地の上に存する権利

その宅地の自用地としての価額 − $\begin{pmatrix} 27\text{-}4 \text{《区分地上権} \\ \text{の評価》の定めによ} \\ \text{り評価した区分地上} \\ \text{権の価額} \end{pmatrix} + \begin{pmatrix} 27\text{-}6 \text{《土地の上に存する権利が} \\ \text{競合する場合の借地権等の評価》} \\ \text{(1)の定めにより評価した借地権，} \\ \text{定期借地権等又は地上権の価額} \end{pmatrix}$

(2) 区分地上権及び区分地上権に準ずる地役権の目的となっている承役地である宅地の価額

その宅地の自用地としての価額 − $\begin{pmatrix} 27\text{-}4 \text{の定めにより} \\ \text{評価した区分地上権} \\ \text{の価額} \end{pmatrix} + \begin{pmatrix} 27\text{-}5 \text{《区分地上権に準ずる地役} \\ \text{権の評価》の定めにより評価した} \\ \text{区分地上権に準ずる地役権の価額} \end{pmatrix}$

(3) 借地権，定期借地権等又は地上権及び区分地上権に準ずる地役権の目的となっている承役地である宅地の価額

その宅地の自用地としての価額 − $\begin{pmatrix} 27\text{-}5 \text{の定めにより} \\ \text{評価した区分地上権} \\ \text{に準ずる地役権の価} \\ \text{額} \end{pmatrix} + \begin{pmatrix} 27\text{-}6(2)\text{の定めにより評価した借} \\ \text{地権，定期借地権等又は地上権の} \\ \text{価額} \end{pmatrix}$

(注) 国税局長が貸宅地割合を定めている地域に存する借地権の目的となっている宅地の価額を評価する場合には，25《貸宅地の評価》(1)のただし書の定めにより評価した価額から，当該価額に27-4《区分地上権の評価》の区分地上権の割合又は27-5《区分地上権に準ずる地役権の評価》の区分地上権に準ずる地役権の割合を乗じて計算した金額を控除した金額によって評価することに留意する。

財産評価基本通達27-6《土地の上に存する権利が競合する場合の借地権等の評価》

　土地の上に存する権利が競合する場合の借地権，定期借地権等又は地上権の価額は，次に掲げる区分に従い，それぞれ次の算式により計算した金額によって評価する。

(1) 借地権，定期借地権等又は地上権及び区分地上権が設定されている場合の借地権，定期借地権等又は地上権の価額

$\begin{pmatrix} 27 \text{《借地権の評価》の定めにより評価した借地権の価額，} \\ 27\text{-}2 \text{《定期借地権等の評価》の定めにより評価した定} \\ \text{期借地権等の価額又は相続税法第23条《地上権及び永小} \\ \text{作権の評価》若しくは地価税法第24条《地上権及び永小} \\ \text{作権の評価》の規定により評価した地上権の価額} \end{pmatrix} \times \begin{pmatrix} 1 - \begin{matrix} \text{区分地} \\ \text{上権の} \\ \text{割合} \end{matrix} \end{pmatrix}$

(2) 区分地上権に準ずる地役権が設定されている承役地に借地権，定期借地権等又は地上権が設定されている場合の借地権，定期借地権等又は地上権の価額

$\begin{pmatrix} 27\text{の定めにより評価した借地権の価額，}27\text{-}2\text{の定} \\ \text{めにより評価した定期借地権等の価額又は相続税法} \\ \text{第23条若しくは地価税法第24条の規定により評価し} \\ \text{た地上権の価額} \end{pmatrix} \times \begin{pmatrix} 1 - \begin{matrix} \text{区分地上権} \\ \text{に準ずる地} \\ \text{役権の割合} \end{matrix} \end{pmatrix}$

　本項では，土地の上に存する権利が競合する場合の評価方法について定めている。

(1) 借地権，定期借地権等または地上権及び区分地上権の目的となっている宅地の価額

① 借地人側の評価

借地権，定期借地権等または地上権及び区分地上権が設定されている場合の借地権，定期借地権等または地上権の価額は，次の算式により計算した金額によって評価する（評価通達27-6(1)）。

（算式）

27《借地権の評価》の定めにより評価した借地権の価額，27-2《定期借地権等の評価》の定めにより評価した定期借地権等の価額または相続税法第23条《地上権及び永小作権の評価》もしくは地価税法第24条《地上権及び永小作権の評価》の規定により評価した地上権の価額 × $\left(1 - \text{区分地上権の割合}\right)$

② 地主側の評価

借地権，定期借地権等または地上権及び区分地上権の目的となっている宅地が競合する場合の宅地の価額は，次の算式により計算した金額によって評価する。

（算式）

その宅地の自用地としての価額 − {27-4《区分地上権の評価》の定めにより評価した区分地上権の価額 + 27-6《土地の上に存する権利が競合する場合の借地権等の評価》(1)の定めにより評価した借地権，定期借地権等または地上権の価額}

Q　借地権と区分地上権が競合する場合の宅地の評価

■質　問

借地権と地下鉄のトンネルの所有を目的とする区分地上権が設定されている宅地の価額はどのように評価しますか。

（設例）
自用地価額　　　　　1億円 ……………………………………………………………①
借地権割合　　　　　60％
区分地上権の割合　　30％

4章 土地の上に存する権利

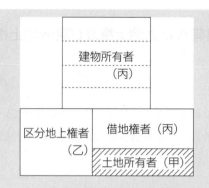

■回　答

　借地権と区分地上権とが競合して設定されている宅地の価額は，その宅地の自用地価額から，区分地上権の価額とその宅地に区分地上権が設定されていることに伴う調整をした後の借地権価額を控除した金額によって評価します（評基通25-3(1)，27-2，27-4(1)）。

（計算例）
○区分地上権の価額
　　自用地価額　区分地上権の割合
　　　1億円　×　　　0.3　　　＝3,000万円 ……………………………………………②
○借地権の価額
　　自用地価額　借地権割合　区分地上権の割合
　　　1億円　×　　0.6　×　（1－0.3）＝4,200万円 …………………………………③
○区分地上権と借地権とが競合する場合の宅地の価額
　　①　　　　②　　　　　③
　　1億円－3,000万円－4,200万円＝2,800万円

（参考）実務相談録

(2) 区分地上権及び区分地上権に準ずる地役権の目的となっている承役地である宅地の価額

① 借地人側の評価

　区分地上権及び区分地上権に準ずる地役権の目的となっている承役地である宅地が競合する場合の権利の価額は，次の算式により計算した金額によって評価する。

（算式）

　27-4の定めにより　　27-5《区分地上権に準ずる地役
　評価した区分地上権　＋　権の評価》の定めにより評価した
　の価額　　　　　　　　区分地上権に準ずる地役権の価額

9　土地の上に存する権利が競合する場合の評価

②　地主側の評価

区分地上権及び区分地上権に準ずる地役権の目的となっている承役地である宅地が競合する場合の宅地の価額は，次の算式により計算した金額によって評価する。

（算式）

その宅地の自用地としての価額 − ｛27-4の定めにより評価した区分地上権の価額 ＋ 27-5（区分地上権に準ずる地役権の評価）の定めにより評価した区分地上権に準ずる地役権の価額｝

Q　区分地上権と区分地上権に準ずる地役権とが競合する場合の宅地の評価

■質　問

地下鉄のトンネルの所有を目的とする区分地上権と高圧架設電線の架設を目的とする区分地上権に準ずる地役権とが設定されている承役地の価額はどのように評価するのですか。

■回　答

区分地上権と区分地上権に準ずる地役権とが競合して設定されている宅地の価額は，その宅地の自用地価額から，区分地上権の価額と区分地上権に準ずる地役権の価額を控除した価額によって評価します。

（設例）
自用地価額	5,000万円 …①
区分地上権の割合	30%
区分地上権に準ずる地役権の割合	50%

（計算例）
○区分地上権の価額

　　自用地価額　区分地上権の割合
　　5,000万円 ×　　0.3　　＝1,500万円 …②

○区分地上権に準ずる地役権の価額

　　　　　　　区分地上権に
　　自用地価額　準ずる地役権の割合
　　5,000万円 ×　　0.5　　＝2,500万円 …③

○区分地上権と区分地上権に準ずる地役権とが競合する場合の宅地の価額

①　　　　②　　　　③
　5,000万円－1,500万円－2,500万円＝1,000万円

(参考) 実務相談録

(3) 借地権，定期借地権等または地上権及び区分地上権に準ずる地役権の目的となっている承役地である宅地の価額

① 借地人側の評価

　区分地上権に準ずる地役権が設定されている承役地に借地権，定期借地権等または地上権が設定されている場合の借地権，定期借地権等または地上権の価額は，次の算式により計算した金額によって評価する（評価通達27-6(2)）。

（算式）

27の定めにより評価した借地権の価額，27-2の定めにより評価した定期借地権等の価額または相続税法第23条もしくは地価税法第24条の規定により評価した地上権の価額 × (1 － 区分地上権に準ずる地役権の割合)

② 地主側の評価

　借地権，定期借地権等または地上権及び区分地上権に準ずる地役権の目的となっている承役地である宅地の価額は，次の算式により計算した金額によって評価する。

（算式）

その宅地の自用地としての価額 － (27-5の定めにより評価した区分地上権に準ずる地役権の価額 ＋ 27-6(2)の定めにより評価した借地権，定期借地権等または地上権の価額)

Q　借地権と区分地上権に準ずる地役権とが競合する場合の宅地の評価

■質　問
　借地権と高圧架空電線の架設を目的とする区分地上権に準ずる地役権とが設定されている宅地の価額はどのように評価するのですか。

■回　答
　借地権と区分地上権に準ずる地役権とが競合して設定されている承役地である宅地の価額は，その宅地の自用地価額から区分地上権に準ずる地役権の価額とその宅地に区分地上権に準ずる地役権が設定されていることに伴う調整をした後の借地権の価額を控除した価額によって評価します。

10　貸家建付地の評価

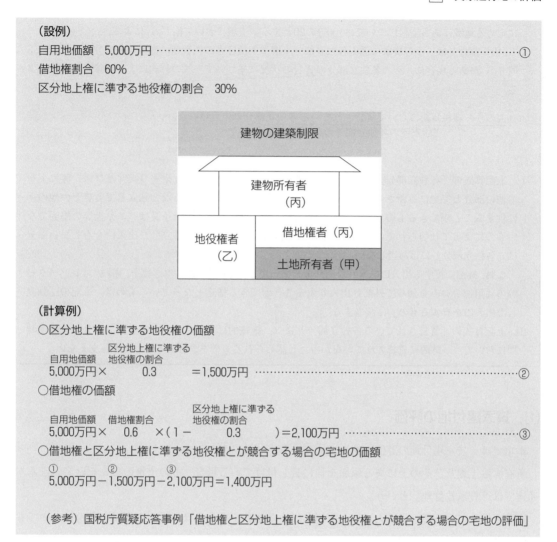

(設例)
自用地価額　5,000万円 ……………………………………………………………………①
借地権割合　60%
区分地上権に準ずる地役権の割合　30%

(計算例)
○区分地上権に準ずる地役権の価額

　自用地価額　区分地上権に準ずる地役権の割合
　5,000万円 ×　　0.3　　＝1,500万円 …………………………………………………②

○借地権の価額

　自用地価額　借地権割合　区分地上権に準ずる地役権の割合
　5,000万円 × 0.6 ×（1 －　0.3　）＝2,100万円 ………………………………………③

○借地権と区分地上権に準ずる地役権とが競合する場合の宅地の価額

　①　　　②　　　③
　5,000万円 － 1,500万円 － 2,100万円 ＝ 1,400万円

（参考）国税庁質疑応答事例「借地権と区分地上権に準ずる地役権とが競合する場合の宅地の評価」

10　貸家建付地の評価

財産評価基本通達26《貸家建付地の評価》

　貸家（94《借家権の評価》に定める借家権の目的となっている家屋をいう。以下同じ。）の敷地の用に供されている宅地（以下「貸家建付地」という。）の価額は、次の算式により計算した価額によって評価する。（平3課評2-4外・平11課評2-12外改正）

　その宅地の自用地としての価額 － その宅地の自用地としての価額 × 借地権割合 × 94《借家権の評価》に定める借家権割合 × 賃貸割合

　この算式における「借地権割合」及び「賃貸割合」は、それぞれ次による。
(1)「借地権割合」は、27《借地権の評価》の定めによるその宅地に係る借地権割合（同項のただし書

に定める地域にある宅地については100分の20とする。次項において同じ。）による。
(2) 「賃貸割合」は，その貸家に係る各独立部分（構造上区分された数個の部分の各部分をいう。以下同じ。）がある場合に，その各独立部分の賃貸の状況に基づいて，次の算式により計算した割合による。

$$\frac{Aのうち課税時期において賃貸されている各独立部分の床面積の合計}{当該家屋の各独立部分の床面積の合計（A）}$$

（注）
1　上記算式の「各独立部分」とは，建物の構成部分である隔壁，扉，階層（天井及び床）等によって他の部分と完全に遮断されている部分で，独立した出入口を有するなど独立して賃貸その他の用に供することができるものをいう。したがって，例えば，ふすま，障子又はベニヤ板等の堅固でないものによって仕切られている部分及び階層で区分されていても，独立した出入口を有しない部分は「各独立部分」には該当しない。
　　なお，外部に接する出入口を有しない部分であっても，共同で使用すべき廊下，階段，エレベーター等の共用部分のみを通って外部と出入りすることができる構造となっているものは，上記の「独立した出入口を有するもの」に該当する。
2　上記算式の「賃貸されている各独立部分」には，継続的に賃貸されていた各独立部分で，課税時期において，一時的に賃貸されていなかったと認められるものを含むこととして差し支えない。

(1)　貸家建付地の評価

　本項では，貸家建付地の評価方法を定めている。
　所有する土地及びその上にある家屋を他に貸し付けている場合，その土地のことを財産評価基本通達では「貸家建付地」という。
　家屋を借りている者（借家人）は，家屋に対する権利を有するほか，その家屋の敷地についても，家屋の利用の範囲内で支配権を有していると考えられている。
　また，貸主側においても，その範囲において土地の利用についての受忍義務を負うことになっている。そのため，実際に貸主が，借家人の有する支配権を消滅させるためには，いわゆる立退料などの支払を必要とする場合もあり，また，その支配権が付着したままの状態でその土地を譲渡するとした場合にはその支配権が付着していないとした場合における価額より低い価額でしか譲渡できないと考えられている。
　そこで，貸家の敷地としての貸家建付地は，次の算式のとおり，その宅地の自用地としての価額から，その宅地に係る借地権割合とその貸家に係る借家権割合との相乗積を乗じて計算した価額を控除して評価する。

（算式）

$$貸家建付地の価額 = 自用地としての価額 - 自用地としての価額 \times 借地権割合 \times 借家権割合 \times 賃貸割合$$

$$\text{貸家の価額} = \text{自用の家屋の価額} - \text{自用の家屋の価額} \times \text{借家権割合} \times \text{賃貸割合}$$

「賃貸割合」は，貸家の各独立部分がある場合に，その各独立部分の賃貸状況に基づいて，次の算式により計算した割合をいう。

（算式）

$$\text{賃貸割合} = \frac{\text{Aのうち課税時期において賃貸されている各独立部分の床面積の合計（B）}}{\text{その貸家の各独立部分の床面積の合計（A）}}$$

(2) 戸建ての貸家が空家となっている場合

① 「借家権の目的となっている家屋」とは

貸家建付地における貸家とは，「借家権の目的となっている家屋」をいう。

その「借家権の目的となっている家屋」とは，現実に貸し付けられている家屋をいい，たとえ，その戸建住宅がもっぱら賃貸用として建築されたものであっても，課税時期において現実に貸し付けられていない家屋の敷地については，土地に対する制約がなく，貸家建付地としての減価を考慮する必要がないものと解されている。

例えば相続開始日において空家となっているプレハブは，現実に貸し付けられていないのであるから，貸家建付地の評価は適用されず，自用地として評価するのが相当であるとされた事例（平成16年1月8日裁決〔TAINS・F0-3-132〕）がある。

したがって，課税時期において空き家となっている戸建住宅の敷地は，自用地として評価される。

なお，家屋が貸家に該当するか否かは，使用状況が空家であったか否か，賃料支払があったか否かにより判断するのではなく，借地借家法の賃貸借契約が継続しているか否か，賃借人による占有の状態が継続しているか否かにより判断されることになる。

② 争訟事例

例えば，賃借人が介護老人施設へ入所しているといったような理由で空家となっており，また，賃料の支払いが確認できていなくても，借地借家法に基づく賃貸借契約が継続していれば貸家であると認定される。

平成21年10月23日裁決〔裁決事例集78巻448頁〕は，被相続人が所有する借地権に係る家屋について，貸家か否かが争われた事例である。

被相続人が所有していた本件借地権上の家屋は，Aに賃貸されていた。賃借人Aは，平成9年7月に緊急入院した後，平成10年からある社会福祉法人に入所し，本件相続開始日においても同施設に入所しているが，家屋には，平成21年4月頃まで，Aの仏壇，家財道具などの荷物が放置されたままになっていた。

本件家屋について，納税者は，Aに賃貸していたのであり，被相続人は家屋を自由に使用できる

4章　土地の上に存する権利

状態になかったのであるから貸家として評価すべきであると主張した。

これに対し課税庁は，家屋には，過去にAが居住していた形跡はあるが，少なくとも平成17年1月以降公共料金の使用実績がないこと，賃料の入金等が確認できないことなどから相続開始日において賃貸されていたとは認められず，貸家として評価することはできないと主張した。

裁決は，仮に，Aが電気，ガス，水道を使用していなかったとしても，不在であることにより使用がなかったにすぎず，必ずしも家屋が賃貸借の目的となっていない理由とはならないこと，賃料の支払を確認できないことについては，確かに，賃料が平成10年以降支払われていないことが認められるが，被相続人がAに対し解約の申入れをした事実は認められず，借地借家法には，賃料が未払である事実があれば解約されたものとみなす規定もないから，家賃が未払になった後も賃貸借契約は継続していたというべきであり，本件家屋は相続開始日において賃貸借の目的となっている貸家であると判断している。

Q 貸家が空き家となっている場合の貸家建付地の評価

■質　問

借家人が立ち退いた後，空き家となっている家屋（独立家屋）の敷地についても，貸家建付地として評価することができますか。

■回　答

貸家建付地の評価をする宅地は，借家権の目的となっている家屋の敷地の用に供されているものに限られます。したがって，以前は貸家であっても空き家となっている家屋の敷地の用に供されている宅地は，自用地価額で評価します。また，その家屋がもっぱら賃貸用として新築されたものであっても，課税時期において現実に貸し付けられていない家屋の敷地については，自用地としての価額で評価します。

（解説）

家屋の借家人は家屋に対する権利を有するほか，その家屋の敷地についても，家屋の賃借権に基づいて，家屋の利用の範囲内で，ある程度支配権を有していると認められ，逆にその範囲において地主は，利用についての受忍義務を負うこととなっています。そこで，貸家の敷地である貸家建付地の価額は，その宅地の自用地としての価額から，その価額にその宅地に係る借地権割合とその貸家に係る借家権割合との相乗積を乗じて計算した価額を控除した価額によって評価することとしています。

しかし，たとえその家屋がもっぱら賃貸用として建築されたものであっても，課税時期において現実に貸し付けられていない家屋の敷地については，土地に対する制約がなく，したがって，貸家建付地としての減価を考慮する必要がないことから，自用地としての価額で評価します。

（参考）国税庁質疑応答事例「貸家が空き家となっている場合の貸家建付地の評価」

③ 借地借家法の適用がない場合

一方，被相続人が事業主であったり，同族会社の純資産価額の計算の際，所有する建物を従業員の社宅として使用しているような場合においては，貸家について一般的に借地借家法の適用がないことから，貸家建付地としての評価は行わない。

> **Q　従業員社宅の敷地の評価**
>
> ■質　問
> 　従業員社宅の敷地の用に供されている宅地の価額については，貸家建付地の価額で評価するのでしょうか。
>
> ■回　答
> 　貸家建付地評価をする宅地は，借家権の目的となっている家屋の敷地の用に供されている宅地をいいます。ところで，社宅は，通常社員の福利厚生施設として設けられているものであり，一般の家屋の賃貸借と異なり賃料が極めて低廉であるなどその使用関係は従業員の身分を保有する期間に限られる特殊の契約関係であるとされています。そしてこのことから，社宅については，一般的に借地借家法の適用はないとされています。
> 　したがって，社宅の敷地の用に供されている宅地については，貸家建付地の評価は行いません。
>
> （参考）国税庁質疑応答事例「従業員社宅の敷地の評価」

---

(3) 共同住宅等の空室の取扱い

① 空室に対応する敷地は自用地か，貸家建付地か

評価対象地に存する家屋がアパートやビル等であって，その一部について，課税時期において現実に貸し付けられていない部屋の部分がある場合においては，原則として，当該現実に貸し付けられていない部分に対応する敷地部分については，自用地として評価する。

なぜなら，相続税法第22条の相続開始時の時価とは，相続等により取得したとみなされた財産の取得日において，それぞれの財産の現況に応じて，不特定多数の当事者間において自由な取引がされた場合に通常成立すると認められる価額をいうものと解され，相続開始時点において，いまだ賃貸されていない部屋が存在する場合は，当該部屋の客観的交換価値はそれが借家権の目的となっていないものとして評価すべきものだからである（横浜地裁平成7年7月19日判決〔税務訴訟資料213号134頁〕）。

したがって，例えば，10室のうち貸し付けられている部分が8室であれば，賃貸割合は10分の8となるように，その建物のうち現実に貸し付けられている部分の割合を賃貸割合として貸家建付地の価額を求める[146]。

② 「一時的に賃貸されていなかった」の判断基準

ただし，アパート等においては，課税時期にたまたま一時的に空室が生じていることもある。アパート等が継続的に賃貸されていた場合に，原則どおり賃貸割合を算出し，空室を自用地として評価することは，不動産の取引実態等に照らし，必ずしも実情に即したものとはいえないこととなる。

また，アパート等に現に借家人が存在している場合には，その借家人の有する権利は敷地全体に及ぶと考えられ，このような一部に空室のあるアパート等については，入居者のいないアパートや一戸建ての貸家と異なり，借家人の存在がその敷地全体の価格形成において相当の減額要素となり得る。

そこで，継続的に賃貸されていたアパート等の各独立部分で，例えば，次のような事実関係から，アパート等の各独立部分の一部が課税時期において一時的に空室となっていたにすぎないと認められるものについては，課税時期において賃貸されていたものとして取り扱って差し支えないものとされている。

（イ）各独立部分が課税時期前に継続的に賃貸されてきたものであること。
（ロ）賃借人の退去後，速やかに賃借人の募集が行われたこと。
（ハ）空室の期間中，他の用途に供されていないこと。
（ニ）賃貸されていない期間が，課税時期前後の例えば１か月程度であるなど一時的な期間であること。
（ホ）課税時期後の賃貸が一時的なものではないこと。

この判断基準は，平成13年１月31日裁決〔TAINS・F0-3-075〕において支持されている。

Q 貸家建付地等の評価における一時的な空室の範囲

■質問
　学生専用の賃貸アパートの半分程度の部屋が空室でしたが，この空室部分は，３月上旬まで入居していた学生が卒業のため退去した部分で，新しく入居する学生を募集しており，３月末には全部の部屋が実際に賃貸されています。例年，このような状況の中，たまたま空室が多い時が課税時期となっていますが，この賃貸アパートとその敷地はどのように評価すればよいですか。

■回答
　課税時期において，アパートの一部に借家人がいることから，貸家及び貸家建付地として評価します。
　貸家及び貸家建付地の価額は，それぞれ次の算式により評価します。この場合において，賃貸割合は，原則として，課税時期において実際に賃貸されている部分の床面積に基づいて算定しますが，一時的に空室となっている部分の床面積を実際に賃貸されている部分の床面積に加えて算定して差し支えあ

146　例えば，路線価図の記号Ｃ地域の場合，満室であれば減価21％となるが，賃貸割合が10分の８のときは16.8％となる。同じく，Ｄ地域の場合，減価は18％となるが，10分の８のときは14.4％である。

りません。

$$\begin{array}{l}\text{貸家}\\\text{の価額}\end{array} = \begin{array}{l}\text{自用の家}\\\text{屋の価額}\end{array} - \begin{array}{l}\text{自用の家}\\\text{屋の価額}\end{array} \times \begin{array}{l}\text{借家権}\\\text{割 合}\end{array} \times \begin{array}{l}\text{賃貸}\\\text{割合}\end{array}$$

$$\begin{array}{l}\text{貸家建付}\\\text{地の価額}\end{array} = \begin{array}{l}\text{自用地とし}\\\text{ての価額}\end{array} - \begin{array}{l}\text{自用地とし}\\\text{ての価額}\end{array} \times \begin{array}{l}\text{借地権}\\\text{割 合}\end{array} \times \begin{array}{l}\text{借家権}\\\text{割 合}\end{array} \times \begin{array}{l}\text{賃貸}\\\text{割合}\end{array}$$

(説明)

1 取扱いの概要

　借家権の目的となっている家屋は貸家として，その貸家の敷地の用に供されている宅地は貸家建付地として評価することとなり，それらの価額は，上記の算式により評価します。

　これら算式における「賃貸割合」は，その貸家が構造上区分された数個の部分（各独立部分）からなっている場合において，次の算式により算定します。

$$\begin{array}{l}\text{賃貸}\\\text{割合}\end{array} = \frac{\text{Aのうち課税時期において賃貸されている各独立部分の床面積の合計（B）}}{\text{その貸家の各独立部分の床面積の合計（A）}}$$

　この割合の算定に当たって，継続的に賃貸されてきたもので，課税時期において，一時的に賃貸されていなかったと認められる各独立部分がある場合には，その各独立部分の床面積を，賃貸されている各独立部分の床面積（B）に加えて賃貸割合を計算して差し支えありません。

2 「継続的に賃貸されてきたもので，課税時期において，一時的に賃貸されていなかったと認められる」部分の範囲

　アパート等の一部に空室がある場合の一時的な空室部分が，「継続的に賃貸されてきたもので，課税時期において，一時的に賃貸されていなかったと認められる」部分に該当するかどうかは，その部分が，①各独立部分が課税時期前に継続的に賃貸されてきたものかどうか，②賃借人の退去後速やかに新たな賃借人の募集が行われたかどうか，③空室の期間，他の用途に供されていないかどうか，④空室の期間が課税時期の前後の例えば１ケ月程度であるなど一時的な期間であったかどうか，⑤課税時期後の賃貸が一時的なものではないかどうかなどの事実関係から総合的に判断します。

　　　　　　　　　（参考）国税庁質疑応答事例「貸家建付地等の評価における一時的な空室の範囲」

③　賃貸割合改正の経緯

　この「賃貸割合」は，平成11（1999）年の財産評価基本通達の改正により追記されている。

　改正前においては，入居者の入れ替わり等でたまたま一時的に賃貸されていなかった空室について，自用地として評価する方法と貸家建付地として評価する方法の見解が分かれていた。

　そこで，横浜地裁平成７年７月19日判決〔税務訴訟資料213号134頁〕において，マンションの空室部分が自用地か貸家建付地かが争われた。

　本件建物については，相続開始日（昭和61年８月25日）において21室のうち17室が空室となっていた。

　原告は，（イ）建築費用を借り受けた住宅金融公庫により管理されて賃貸目的以外の用に供することができないこと，（ロ）不動産業者との間で賃借人募集の委託契約を締結し，募集はすでに開

始されており、相続人は一方的に解約することはできないこと、（ハ）昭和63年3月には、一室を残してすべて賃借されていること、（ニ）本件建物全体を売買目的のものに変更するには、多額の費用と労力を要すること、（ホ）相続した賃貸用マンションは貸家用に建てられたものであること等から、その敷地の全部を貸家建付地として評価すべきであると主張した。

これに対し被告税務署長は、相続開始時において賃貸されていたのは、21室のうち4室であり、17室についてはいまだ賃貸には供されていなかったから、21室のうち4室のみが借家権の目的となっているものと主張した。

判決は、相続開始時点において、4室以外は借家権の目的となっていない以上、残りの17室の相続開始時点における客観的交換価値は借家権のないものと認めざるを得ないのであり、これが住宅金融公庫や不動産業者等との契約の内容及び相続開始時点の後に生じた事情等により左右されるとはいえないと判示している。

そして、本件は、最高裁まで行われたが、三審ともにマンションの空室に対応する部分については自用地としての評価が行われている[147]。

その後、平成11（1999）年改正により、新たに「賃貸割合」という概念が採用され、アパート等で課税時期において空室である部分については、原則として、自用地として評価することとされた。

④ 争訟事例

なお、前述5つの要件のうち、②（ニ）においては、空室の期間が「課税時期前後の例えば1か月程度」として期間が示されている。この期間はあくまでも例示であるため、争訟事例においては、4か月の空室は減価がなされないとするものもあれば、1年以上の空室でも減価がなされるケースがある。

(a) 空室部分が自用地とされた事例
(i) 平成21年3月25日裁決

平成21年3月25日裁決〔TAINS・F0-3-229〕は、空室のある共同住宅の敷地の評価が争われた事例である。

本件貸家の入居状況は、本件相続の開始日（平成16年7月〇日）において、3年半以上空室となっている部屋が5室存在し、空室期間が最も短いものでも1年半空室となっていた。

その後においても、本件貸家及び本件貸家建付地を譲渡した平成17年3月まで半年以上にわたって貸付けの用に供されることはなかった。

本件貸家建付地の評価にあたり、審査請求人は、課税時期前に継続的に賃貸されてきたものであり、また、賃借人退去後速やかに新たな賃借人の募集を行い、賃料を安くするなど継続して営業努

---

[147] 東京高裁平成8年4月18日判決〔税務訴訟資料216号144頁〕、最高裁平成10年2月26日判決〔税務訴訟資料230号851頁〕

力を行っている等の実態面を考慮して判断すると，「一時的に賃貸されていなかったと認められるもの」に該当するから賃貸割合は100％とすべきであると主張した。

これに対し，裁決は，本件貸家の入居状況は，相続開始日において，3年半以上空室となっている部屋が5室存在し，空室期間が最も短いものでも1年半空室となっていたものであり，その後においても，本件貸家及び本件貸家建付地を譲渡した平成17年3月まで半年以上にわたって貸付けの用に供されることはなかったのであり，このような賃貸状況に照らすと，審査請求人が主張する本件相続の開始前の賃貸状況や，空室期間中の営業努力等を考慮しても，本件貸家の一部が一時的に賃貸されていなかったとは認めることができないと判断している。

(ii) 平成26年4月18日裁決

また，平成26年4月18日裁決〔裁決事例集95巻339頁〕は，被相続人の所有する14棟の貸家建付地のうち一部が空室となっていた事例である。

審査請求人は，これらの空室について，一時的に賃貸されていなかったものに該当するから賃貸割合は100％として評価すべきと主張し，原処分庁は，本件空室の期間は最も短い期間でも約4か月であり，いずれも課税時の前後の一時的な期間には該当しないと主張した。

裁決は，（イ）相続開始日（平成21年8月○日）から数年間が経過した平成25年7月8日時点においてもいまだに賃貸されていない独立部分が複数存在すること，（ロ）相続開始日後に賃貸された独立部分についても，相続開始日前後の空室期間は，最も長いもので8年間，最短のものでも4か月を超える期間に及んでいること，（ハ）相続開始日の数日後である平成21年8月11日に賃貸借契約が締結されている空室についても，相続開始日時点で，すでに7か月以上空室であったのであり，結局，その空室期間は約8か月に及んでいることといったような空室期間等の賃貸の状況に照らしてみれば，本件各家屋の維持管理の状況や賃借人の募集の状況等の諸事情を考慮したとしても，賃貸割合の算出上，各独立部分が「一時的に賃貸されていなかったと認められるもの」に該当すると認めることはできないと判断している。

(iii) 空室部分が貸家建付地とされた事例

一方，平成20年6月12日裁決〔TAINS・F0-3-296〕においては，全20室のうち4室の空室について，（イ）不動産業者に入居者募集の依頼を行っていること，（ロ）定期的に補修等を施すなど，経常的に賃貸に供する意図が認められること，（ハ）近隣周辺にはマンション等の共同住宅が林立していること，（ニ）被相続人は，相続開始日まで継続してマンションを賃貸の用に供し，不動産収入を得ていたことなどから，一時的に空室となっていたにすぎないものであると判断されている。

本件土地は，4階建マンションの敷地であり，相続開始日時点において賃貸されていなかった4室の課税時期における空室期間は，**図表4－22**のとおりである。

[図表4－22] 課税時期における空室期間

号　室	課税時期における空室期間	再入居時期
202	2か月	平成17年3月
204	1年11か月	平成17年1月
305	5か月	平成18年1月
403	9か月	平成16年12月

　また，本件の賃貸状況は以下のとおりである。
- 被相続人は，マンションに空室が生じた場合には，速やかに修繕等を行った上で近隣の不動産業者3軒に対して連絡を取っていた。
- 不動産業者は，空室になったことの連絡を受け次第，募集広告を行っていた。
- 空室が生じている期間，マンションの外周フェンスには不動産業者の連絡先電話番号が常に掲示されていた。
- 2軒の不動産業者には空室の鍵を預けており，入居希望者がある場合には，不動産業者がその都度空室に案内していた。
- マンションは，定期的に外壁塗装や，ポンプ及び湯沸かし器の交換等が行われていた。
- 相続開始時には，近隣周辺にマンション等の共同住宅が林立していた。

　そこで，審査請求人は，課税時期前後の状況等を総合的に判断し，課税時期において実際に賃貸されていない部分も含めて，その全体が貸家建付地に該当するものであると主張した。
　これに対し原処分庁は，空室については，相続開始時点において現実に貸し付けられているものと同視することはできないことから，一時的な空室であったとは認められないと主張した。
　裁決は，本件空室が一時的に空室であったか否かについては，本件空室の課税時期における空室期間を捉えて一時的な空室か否かを判断することは相当でなく，いかなる状況下においてかかる空室期間が生じていたか等の諸事情をも総合勘案して判断すべきところ，（イ）相続人は，本件空室について速やかに所要の手当てを施した上で不動産業者に入居者募集の依頼を行っていること，（ロ）築25年の本件マンションについて定期的に補修等を施すなど，経常的に賃貸に供する意図が認められること，（ハ）本件マンションの近隣周辺にはマンション等の共同住宅が林立していることからすると，空室が発生したからといって速やかに新入居者が決定するような状況ではなかったこと，（ニ）被相続人は，相続開始日まで継続してマンションを賃貸の用に供し，不動産収入を得ていたことなどから，本件空室は一時的に空室となっていたにすぎないものであると判断している。

【誤りやすい事例】空き部屋のあるアパートの敷地

誤った取扱い	正しい取扱い
貸アパートに一部空室があったが，その敷地の	全てを貸家建付地として評価することはできない。現実に貸し付けられていない部分に対応する部分については，減額

全てにつき，貸家建付地としての評価をした。	することができない（評基通26(2)）。 　なお，貸家の評価も同様である（評基通93）。 　ただし，賃貸されている各独立部分には，賃貸されていない時期が課税時期の前後，例えば1か月程度である場合など，課税時期において一時的に賃貸されていなかったにすぎないと認められるものを含むこととして差し支えない（評基通26（注）2）。 ※　貸家に係る各独立部分（構造上区分された数個の部分の各部分をいう。以下同じ。）がある場合の賃貸割合は，部屋数等で算出するのではなく，床面積により算出することに留意する。

（参考）　大阪国税局「誤りやすい事例（財産評価関係平成30年分）」〔TAINS・評価事例大阪局300000〕

実務上のポイント

　貸家とその敷地の評価にあたって，共同住宅等でたまたま空室であった部分を自用地とするか，貸家建付地とするかは常に判断に迷うところである。
　裁決事例の中には，空室期間が1年11か月でも一時的な空室と判断されるケースや，4か月でも一時的な空室ではないと判断されるケースもあり，一概に期間だけで判断することはできない。
　築年数が古くて，周囲にマンションが乱立している場合は入居がなかなか見込めないし，課税時期がたまたま入居シーズンと離れているケースもある。募集状況やその後の入居の事実などから賃貸物件としての管理がされていたかどうかの実態をみて判断する必要がある。
　したがって，空室期間にどのような入居募集をしていたか，部屋を常に賃貸できる状況にしてあったか，課税時期がたまたま入居が見込めないシーズンではないか，建物の築年数が古く，周囲にマンションが乱立しているような入居がなかなか見込めない状況ではないか，課税時期前と課税時期後において継続して賃貸されているかといった点を総合的に勘案し，その空室期間が一時的なものであるか否かを判断する必要がある。

⑤　貸家併用住宅の敷地の評価について

　建物のうち居住用と賃貸用が併用となっている場合，賃貸に供されている部分の床面積を基準に，賃貸割合を算出し，賃貸部分は貸家建付地としての評価を行い，居住用部分は自用地としての評価を行う。

【誤りやすい項目】貸家併用住宅の敷地の評価について

誤った認識	正しい答え
建物の一部が居住用に利用されていれば，当該建物の敷地はすべて自用地評価となる。	建物のうち賃貸に供されている部分の床面積を基準に，賃貸割合を算出し，賃貸部分は貸家建付地としての評価となり，居住用部分は自用地としての評価となる。

※　小規模宅地の特例における特定居住用の取扱いと混同しないよう注意する。
（参考）　東京国税局「誤りやすい事例集（改訂版）」〔TAINS・相続事例001870〕

⑥ 「各独立部分」とは

算式における「各独立部分」とは，建物の構成部分である隔壁，扉，階層（天井及び床）等によって他の部分と完全に遮断されている部分で，独立した出入口を有するなど独立して賃貸その他の用に供することができるもの，すなわち，構造上の独立性を有しているものをいう。

したがって，例えば，ふすま，障子またはベニヤ板等堅固でないものによって仕切られている部分や，階層で区分されていても独立した出入口を有しない部分は「各独立部分」に該当しない。

また，共同住宅のような貸家が，登記簿上一棟の建物であっても，賃貸建物の各入居部分が構造上独立している場合には，個々の入居者の借家権はその居住部分に限って及ぶのであり，もっとも，貸家のうちの1戸でも入居者が退去に応じなければ，これを譲渡したとしても譲受人としてはその敷地をやはり自由に利用できないという点では，その経済的価値が低下することに変わりはないが，その低下する価値は，あくまで借家人の有する借家権の経済的価値に対応した立退料等を基に算出されるものであり，構造上独立している以上は，借家権が及ぶ範囲がその独立した居住部分に限定され，立退料等もこれを基に算出されるのであるから，この場合にも賃貸割合に従って評価するのが相当というべきであり，貸家全体が「各独立部分」に該当すると解することはできないとされている（平成21年3月25日裁決〔TAINS・F0-3-229〕）。

なお，外部に接する出入口を有しない部分であっても，共同で使用すべき廊下，階段，エレベーター等の共用部分のみを通って外部と出入りすることができる構造となっているものは，「独立した出入口を有するもの」に該当する。

(4) どの段階で貸家建付地と認定されるか

① 貸家建付地としての認定

貸家建付地が賃貸借契約に至るまでには，建物の建築から完成，入居申込みを経て賃貸借契約の締結に至るまでいくつかの段階がある。

どの段階に至れば「借家権の目的となっている家屋」と認められるのであろうか。

民法上，「賃貸借は，当事者の一方がある物の使用及び収益を相手方にさせることを約し，相手方がこれに対してその賃料を支払うことを約することによって，その効力を生ずる。」とされ，賃貸借契約は申込みと承諾により成立する諾成契約とされている（民法601）。

その申込みと承諾により，賃貸人は賃借人にその対象物（建物）を使用及び収益させる義務を生じ，賃借人は賃貸人に対して賃金（賃料等）を支払う義務を生ずることとなる。

しかし，税務上は，貸家建付地に該当するためには，原則として，（イ）賃貸人の所有する完成した建物が現実に存在していること，（ロ）賃借人がその建物の引渡しを受けて現実に入居していることあるいは契約上の賃貸借開始期日が到来していること，（ハ）通常の賃料に相当する金銭の授受があることあるいはその権利義務が発生していることなどの要件をすべて充たしている建物の敷地をいうものと解されている（平成7年11月14日裁決〔裁決事例集50巻235頁〕）。

② 建築途中における賃貸借予約

建物の建築中においては，課税時期現在において建物は完成しておらず，賃借人が現に入居していないこと，賃貸借契約の開始期日が到来していないこと，賃貸借に係る賃料に相当する金銭の授受がないことなどから，貸家建付地としての評価はできないものとされている。

なお，建物の建築途中であっても，契約により賃借人が専用使用することが確定しているなど，立退料の支払をしなければ借家権を消滅させられず，賃貸人の敷地利用が制限されていると認められる場合には貸家建付地として評価することも考えられる。

(a) 貸家建付地に当たらないとされた事例

貸家を建築している途中に課税時期が到来した場合に貸家建付地としての評価はできるであろうか。

平成7年11月14日裁決〔裁決事例集50巻235頁〕は，賃借人からの賃貸借予約契約の段階において，貸家建付地に該当するか否かが争われた事例である。

平成3年8月10日に死亡した被相続人は，平成2年5月1日から鉄骨鉄筋コンクリート造り，地下1階，地上9階建て，延床面積1,997.17m²の建物を建築中であった。

建物の工事請負契約から賃貸借契約までの経緯は**図表4−23**のとおりである。

[図表4−23] 賃貸借契約の経緯

平成2年1月9日	建物の工事請負契約の締結
平成3年6月12日	賃貸借予約契約の締結
平成3年7月12日	予約金3,000万円の受領
平成3年8月10日	相続開始
平成3年10月16日	建物完成引渡し及び賃貸借契約の締結

本件土地について，審査請求人は，相続開始日において，すでに賃借人の支配権が及んでいるため貸家建付地として評価すべきと主張し，原処分庁は，本件予約契約は賃借権等の権利を発生させるものではなく，単に当事者間に将来本契約を締結させる義務を生じさせる契約と認められるので，本件予約契約の締結は，本件宅地の価額を算出する上で斟酌すべき制約には当たらないと主張した。

裁決は，本件予約契約は，賃貸借の予約に関する事項を内容とし，その予約契約についての解除事項や譲渡禁止事項が定められているにすぎず，本件賃貸借契約に記載されている現実の賃貸借に伴う契約当事者の権利義務の詳細や賃貸借の実行，継続，解約等に関する細目内容については定められていないので，単に当事者間で将来本件賃貸借契約を締結させる義務を確認する契約と認められるから，本件予約契約の締結をもって事実上の本件賃貸借契約の締結と解することはできないと判断している。

また，仮に，本件予約契約の締結をもって賃貸借契約の締結がなされたと判断しても，本件相続

開始日現在においては、建物は完成しておらず、また、建物の賃貸借に係る賃料の支払もされていないので、これを貸家建付地として評価することはできないとされている。

(b) 貸家建付地に当たるとされた事例

なお、建築途中の物件であっても、すでに賃貸借契約が締結され、賃借人が専用使用することが確定しているような場合においては、貸家建付地として評価されるケースもある。

大阪地裁平成18年9月13日判決〔税務訴訟資料256号順号10499〕は、建築途中の貸家の敷地が貸家建付地に当たるか否かが争われた事例である。

本件土地においては、被相続人及びA生活協同組合ら三者共同で商業用建物を建築してこれを共有し、A生活協同組合が専用使用して店舗の営業をするという契約に基づき、建物建築がなされていた。

[図表4−24] 賃貸借契約の経緯

平成5年10月26日	被相続人及びA生活協同組合による建物共同建築の合意
平成7年9月7日	上記合意に基づく土地建物の賃貸借契約の締結
平成10年3月2日	建物建築工事の開始
平成10年4月7日	相続開始
平成10年9月14日	建物の完成
平成10年9月23日	A生活協同組合による営業開始及び賃貸料の受取開始

本件土地の評価について、原告（相続人）は、建物が近く新築され、将来において容易に更地とすることができる見込みがなく、しかも、地代の収入を伴わない状況にあったのであって、貸家建付地として減額して評価すべきであるか、仮にこれに該当しないとしても、本件土地の価額が貸家建付地の価額を上回ることはないと主張した。

これに対し被告（税務署長）は、相続開始時において、本件工事は未完成であって、建物は存在しておらず、本件建物がA生活協同組合に現実に貸し付けられていたということはできないと主張した。

判決は、所有者である被相続人による本件土地の利用は、相続開始当時、本件契約の存在及びこれに基づく諸手続の履践により、A生活協同組合が専用使用する本件建物の敷地の用に供されることが確定した土地として、経済的及び法律的に一定の制約を受ける状態にあったと認められるのであり、その限りにおいて、通常の場合における地上家屋が現実に貸し付けられた貸家建付地と同視すべき状態にあったというべきであるから、本件建物が現実に貸し付けられていないとして、本件土地を自用地として評価することは著しく不適当であると判示している（ここでは、貸家建付地として10％の評価減が行われている）。

③ 貸家の建替え途中における土地の評価
(a) 貸家建付地に当たらないとされた事例

さて，上記の事例は新たに建物を建築するケースであるが，もともと貸家の用に供されていた敷地において，その貸家を取り壊し，建替えを行っていた時点で課税時期が到来した場合，貸家建付地としての評価はできるであろうか。

賃貸物件を建て替えているような場合においても，引き続き旧賃借人との賃貸借契約の継続性が認められる場合には，貸家建付地の状態にあることが考えられる。

したがって，建築途中の家屋についても，現に建物が完成しておらず，賃貸借に係る賃料の支払もされていない状況においては，原則として，借家権の目的となっていないものとなるが，建替えであって旧賃借人との間で賃貸借契約の継続性が認められるような場合には貸家建付地となる。

平成2年7月6日裁決〔裁決事例集40巻302頁〕は，旧借家人と契約が解除されている建替途中の貸家の敷地は，貸家建付地に該当しないとされた事例である。

本件土地上には，かつて合計延床面積1,708.58m^{2}の旧建物があり，107.68m^{2}を被相続人が居住の用に供し，その余の部分は同族法人に賃貸されていた（賃貸借契約書は存在しない。）。

被相続人は昭和60年12月10日に同族法人A社に対し旧建物の引渡しを受けるため立退料を支払い，昭和61年1月28日に死亡した。

昭和61年4月20日に新建物の建築に関する工事請負契約を締結し，地上9階地下1階建て，総床面積2,225.21m^{2}の事務所・店舗・居宅用建物が昭和62年6月30日に完成した。

新建物は，9階部分が当該同族法人に賃貸され，1階から7階はその他の法人に賃貸されている。

審査請求人は，本件宅地は，貸家（新建物）を建替え中であったこと及び新建物が完成すると同時に新建物を賃貸する旨の賃貸借契約がすでに締結されていることから，貸家建付地として評価すべきと主張し，原処分庁は，本件相続開始の時において，まだ貸し付けられておらず，また，賃貸借の契約も締結されていないことから，貸家建付地ではなく自用地として評価すべきと主張した。

裁決は，被相続人は相続開始日現在において本件宅地の上に新建物を建築中であって，この時点では新建物の賃貸借契約は何ら締結されていないこと，A社は旧建物と新建物の両方の賃借人であるが，被相続人とA社との旧建物の賃貸借関係は，被相続人から同社に対する旧建物の明渡しに係る立退料の支払により終了したと認めるのが相当であり，旧建物と新建物の両建物に係るA社との賃貸借契約には継続性が認められないことなどから，貸家建付地として評価するのではなく自用地として評価すべきと判断している。

(b) 貸家建付地に当たるとされた事例

一方，相続開始の時において，建物が建替中であっても，旧建物の賃借人が引き続き新建物に入居することとなっており，契約解除の合意がなく，賃貸借契約が終了していないと認められる場合においては，当該賃借人分にのみ貸家建付地としての評価が認められている。

平成4年12月9日裁決〔裁決事例集44巻284頁〕における建替中家屋の敷地の概要は以下のとお

4章　土地の上に存する権利

- 本件土地は，被相続人が自己の居住の用及び貸家の用に供していた旧建物の敷地であった。
- 被相続人は，旧建物の建替えにあたり，賃借人のうちA社を除く7名と賃貸借契約の解除に係る合意書を作成しており，敷金の返還及び立退料の支払が行われている。
- 昭和63年6月に旧建物の取壊しが完了し，同月に新建物の建築工事が着手されている。
- 相続開始日（平成元年1月31日）現在においては，新建物が建築中であった。
- 平成元年5月に新建物が完成し，平成元年8月9日に新建物に係る所有権保存の登記がされている。
- 平成元年4月以降，相続人が順次別の賃借人との賃貸借契約を締結し，A社を除き，旧建物の賃借人は新建物に係る賃貸借契約を締結していない。

　本件土地の評価にあたって，審査請求人は，旧建物及び新建物は，その一部がいずれも貸家の用に供され，建物の全体の処分が制約されているのであるから，実質的に，建替中の建物のうち居住用の部分を除いた部分は貸家の用に供されると認められ貸家建付地として評価すべきと主張した。

　これに対し原処分庁は，本件宅地のうちA社賃貸部分は貸家建付地として，それ以外の部分は自用地として評価すべきと主張した。

　裁決は，本件相続の開始の時には，新建物を建築中であり，旧建物に係る賃貸借契約はA社分を除き解除され，新建物の賃貸借契約は平成元年4月以降順次締結され，かつ，新建物に係る賃借人は，A社以外に旧建物の賃借人であった者はいないことから，本件宅地のうちA社賃貸部分の価額を貸家建付地として，その他の部分の価額を自用地として評価することが相当と判断している。

実務上のポイント

　貸家建付地の評価をするか否かは，その貸家が現に「借家権の目的となっている家屋」であるか否かが問われる。

　相続や贈与により取得した財産の価額は，その取得の時における時価であることから（相法22），課税時期において現に貸付けの用に供されているかどうかであるが，たまたま空室となっていたり，建替途中であったりすることがある。

　共同住宅等の空室については，原則として借家権の目的となっていないものとして評価すべきものとされているが，課税時期前後に継続的に賃貸されているものであり，一時的な空室と認められる場合には貸家建付地となる。

　いずれにおいても，貸家及びその敷地の評価にあたっては，土地の現況だけでなく，賃貸借契約の内容や経緯，課税時期前後の賃貸状況を確認しながら判断することが必要である。

　相続税対策として借入金によりマンション・アパートを建築する方法が多く採用されているが，高齢の被相続人が，生前にマンション建築に着手し，建物が完成する前に亡くなってしまった場合，評価がどうなるのか，相続税対策の効果を受けることができるのかといった問題である。土地は自用地として評価され，相続人が引き継ぐ借入金は，相続税の計算上債務控除もできないことにもなりうる。

(6) 使用借権が設定されている貸家の敷地の評価

① 自用地か貸家建付地か

　使用貸借により貸し付けている土地上に，借地人が建物を所有し，第三者に賃貸していることがある。この土地は，自用地として評価するのであろうか，貸家建付地として評価するのであろうか。

(a) 自用地となる場合（原則）

　使用貸借通達においては，使用貸借により貸し付けられている土地または借地権を相続または贈与により取得した場合は，その土地の上にある建物の自用または貸付けの区分にかかわらず，自用のものとして評価する旨が定められている（使用貸借通達3）。

　これは，使用貸借により借り受けた土地の上に建物が建築され，その建物が賃貸借により貸し付けられている場合の，その建物賃借人の敷地利用権は，建物所有者の敷地利用権から独立したものではなく，建物所有者の敷地利用権の範囲内に従属したものと解されるため，その土地の使用借権者である建物所有者の敷地利用権について零とした以上，その建物賃借人の有する敷地利用権についても，零とすることが相当とされるものである。

（例1）土地を使用貸借した後にアパートの賃貸借が開始した場合

　使用貸借により貸し付けた土地上に，借地人が共同住宅を建築し，賃貸借により第三者へ貸し付けた場合，地主と建物所有者は使用貸借の関係にあるため土地は自用地となる。

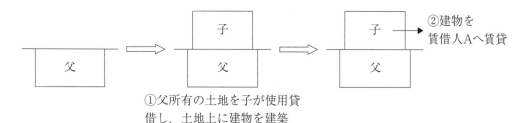

> **Q**　無償で借りているアパートの敷地の評価(1)
>
> ■質　問
>
> 　母は，父の土地を使用貸借により借り受けて，その土地の上にアパートを建てていました。このたび，父が死亡しましたので相続税の申告をしなければならないのですが，その土地は貸家建付地として評価するのでしょうか，それとも，自用地として評価することになるのでしょうか。
>
> ■回　答
>
> 　貸家建付地としては評価せず，自用地として評価します。
> 　一般に，使用貸借により借り受けた土地の上に建物が建築され，その建物が賃貸借により貸し付け

られている場合におけるその建物賃借人の敷地利用権は、建物所有者（土地使用権者）の敷地利用権から独立したものではなく、建物所有者の敷地利用権に従属し、その範囲内において行使されるにすぎないものであると解されています。

　したがって、土地の使用借権者である建物所有者の敷地利用権の価額がゼロとして取り扱われる以上、その建物貸借人の有する敷地利用権の価額についてもゼロとして取り扱われることは当然であり、また、その土地自体の価額も自用であるとした場合の価額によって評価することになります。

(参考) 実務相談録

(b) 貸家建付地となる場合（例外）

ただし、貸家とその敷地を所有する者が、建物のみを贈与し、その建物の敷地を無償で貸し付けており、その後に、その建物の敷地である土地を贈与したような場合は、それ以前に有していた建物賃借人の敷地利用権の機能には変動はないと解され、この建物賃借人の有する敷地利用権は「借家人の有する宅地等に対する権利」として評価される（評価通達31）。

したがって、建物贈与を受けた者の敷地を使用する権利は、使用貸借に基づくものは零とされるがこの場合の敷地の価額は、建物の贈与後においても、その贈与前と同様に、貸家建付地として評価した価額によることとして取り扱われる。

（例2）**賃貸借されている共同住宅の敷地が使用貸借となった場合(1)……貸家建付地**

賃貸借に供されている建物（共同住宅）が、贈与されたことにより、その敷地が使用貸借となる場合、土地の使用貸借が開始された当時の賃借人が、課税時期においてそのまま継続して賃借している場合は貸家建付地として評価することとなる。

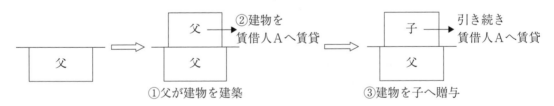

（例3）**賃貸借されている共同住宅の敷地が使用貸借となった場合(2)……自用地**

なお、土地の使用貸借が開始された当時の賃借人とは賃貸借契約が解除され、課税時期において新たな賃借人と賃貸借契約を結んでいる場合においては自用地となることから留意が必要である。

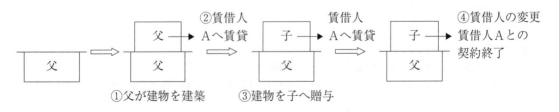

10 貸家建付地の評価

　上記の自用地として評価する取扱いは，自己所有の建物を賃貸している場合に貸家建付地として評価減が認められているのに対して，使用貸借地における借地人が建物を賃貸している場合は評価減が認められないこととなる。

　それは，貸家建付地の場合は，敷地と建物の所有者が同一人なので敷地所有者の借家人に対する明渡し請求には旧借家法第1条の2[148]に定める正当事由が必要となるのに対し，使用貸借の場合は，敷地所有者（被相続人）は，建物の借家人に対し旧借家法の制限を受けずに土地の返還請求ができるものであるから，旧借家法の適用がある場合と法律関係が同様であるとはいえないからである（静岡地裁昭和63年7月1日判決〔税務訴訟資料165号4頁〕，静岡地裁平成1年6月9日判決〔税務訴訟資料170号698頁〕）。

Q 使用借権が設定されている場合の貸家建付地の評価

■質　問

　被相続人甲は，3年前に下図のA土地上にA建物を建築し，丙へ賃貸していたが，翌年，甲は当該建物を長女乙に贈与した（乙の土地利用は，使用貸借による。）。
　本年，甲に相続が開始したが，A土地はどのように評価するか。A建物は引き続き丙へ賃貸している。

■回　答

　A土地は貸家建付地として評価する。

（解説）

　一般に，使用貸借により借り受けた土地の上に建物が建築され，その建物が賃貸借により貸し付けられている場合の賃借人の敷地利用権は，建物所有者（土地使用借権者）の敷地利用権から独立したものではなく，建物所有者の敷地利用権に従属し，その範囲内において行使されるにすぎないものと解されている。

　しかしながら，本件事例では建物の賃貸借契約が被相続人甲と建物賃借人丙との間で締結されており，建物賃借人は，土地所有権者の機能に属する土地の使用権を有していると解されているから，賃貸されている建物の所有者に異動があり，新たな建物所有者の敷地利用権が使用貸借に基づくものであったとしても，それ以前に有していた建物賃借人の敷地利用権の機能には変動がないと考えられるため，貸家建付地として評価することとなる。

---

148 旧借家法第1条の2
　　建物の賃貸人は自ら使用することを必要とする場合その他正当の事由ある場合に非ざれば賃貸借の更新を拒み又は解約の申入を為すことを得ず。

4章　土地の上に存する権利

なお，相続開始時点において，長女が賃借人丁と新たに賃貸借契約を締結して貸し付けている場合は，自用地の価額により評価することとなる。

（参考）東京国税局「資産税審理研修資料（平成26年7月）」〔TAINS・資産税審理研修資料H260700〕

Q 建物賃貸後にその敷地が使用貸借された場合のその敷地の評価

■質　問

　10年前に私所有の土地にアパート（木造二階建，4戸連棟）を建築し賃貸しました。そして数年前にそのアパートの建物だけを妻に贈与し，以後そのアパートからの収入は妻の所得として申告していますが，妻からは地代はもらっていません。また，建物の贈与については贈与税を支払いましたが，その敷地については，無償使用ということで，税務上借地権等の認定は受けていません。

　今回，その敷地を長男に贈与しようと考えていますが，その敷地の評価は，更地価額で評価されますか，それとも貸家建付地として評価されるのでしょうか。

■回　答

　土地と建物との所有者が異なる場合において，その建物の所有者が，敷地の所有者からその敷地を無償で借りている場合，つまり使用貸借によって土地を使用している場合には，その土地は，更地として評価されるのが原則です。しかし，その土地の使用貸借の開始が，その建物の賃貸借の開始以後である場合には，その建物の敷地が使用貸借によって使用されることになったとしても，その建物の賃借人に関していうならば，賃借人としての地位には影響がないものと考えられます。

　したがって，このような場合には，その土地については，貸家建付地として評価した金額が，相続税または贈与税の課税価格に算入されます。

（参考）実務相談録

②　貸家の所有者に異動があった場合の評価が争われた事例

　平成28年12月7日裁決〔国税不服審判所ホームページ〕は，貸家の所有者に異動があり，使用貸借となった宅地の評価が争われた事例である。

　評価対象地である本件5土地の概要は以下のとおりである。

（イ）被相続人及び審査請求人Hは，平成13年に本件5土地及び同土地上の家屋（共同住宅）を相続により取得した。持分割合は，被相続人が100分の45，Hが100分の55である。

（ロ）家屋の居室は10室であり，それぞれ賃貸の用に供されていた。

（ハ）平成22年1月1日，Hは，被相続人が有する家屋の持分（100分の45）を売買により取得した。

（ニ）Hは，被相続人に対して本件5土地の地代を支払っておらず，本件5土地のうち上記売買により取得した持分に対応する部分の土地を使用貸借により利用していた。

（ホ）家屋の売買が行われた日よりも前に被相続人が賃借人と賃貸借契約を締結していた1室につ

[図表4－25] 物件の所有状況（イメージ）

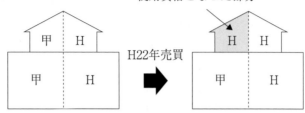

いては，相続開始日に至るまで賃貸借契約が継続していた。
（ヘ）残りの9室については，家屋の売買が行われた日以降に，Hとの間で，新たな賃貸借契約が締結されている。

そこで，本件5土地の評価において，審査請求人は，家屋は平成22年1月まで被相続人がその持分を有していたところ，当該家屋のうち同月以前に被相続人が賃貸し，相続開始日まで賃貸借契約が継続していた居室（1室）に対応する敷地部分は，貸家建付地として評価すべきであると主張した。

裁決は，本件5土地上の共同住宅の10室のうち9室に係る賃貸借契約は，平成22年1月1日以降に新たに賃借人となった者との間で締結された一方，残りの1室に係る賃貸借契約は，被相続人が平成22年1月1日より前に締結したものが相続開始日に至るまで継続しており，当該1室の敷地利用権に対応する土地については，貸家建付地として取り扱うのが相当と判断している。

> **実務上のポイント**
>
> 使用貸借地の上に貸家が建っていることから，その敷地を直ちに貸家建付地と評価するのは誤りとなる。そこでは，評価時点における借家人が，使用貸借となる前からの借家人である場合は貸家建付地，使用貸借以後に借家人となった場合は自用地となることに留意が必要である。
> まず，土地を使用貸借により貸し付けた後に，借地人がマンション等を建築し，賃貸借を開始した場合には，その土地は使用貸借（自用地）となる。
> 次に，土地の所有者がもともと貸家を所有しており，その貸家を親族等に贈与したことにより使用貸借となった場合，評価時点における入居者が，使用貸借となる以前からの入居者である場合には，貸家建付地となる。
> なお，土地の所有者がもともと貸家を所有しており，その貸家を親族等に贈与したことにより使用貸借となった場合であっても，評価時点における入居者が，使用貸借となった後の入居者である場合には，自用地となる。
> このように，実務上，使用貸借地の評価にあたっては，評価対象地が親族等に使用貸借として貸し付けられていることのみをもって自用地と判断することではなく，それはどのような経緯で使用貸借となったのか，また，各入居者とはいつから賃貸借契約を締結しているかを確認しなければならない。この論点は，評価単位（主に地積規模の大きな宅地や旧広大地の適用の有無）にも関わるものであるため影響の大きな論点である。

4章　土地の上に存する権利

【誤りやすい項目】自己の土地上に建てたアパートを親族に贈与し，その土地は使用貸借により貸し付けることとした場合の土地の評価

誤った認識	正しい答え
土地の貸付が使用貸借なので，自用地評価となる。	贈与後，借家人に異動がない場合には貸家建付地の評価となる（借家人の敷地に及ぼす権利は，土地の使用貸借関係の開始前に発生しており，当該権利は建物所有者が代わっても消滅しない。）。

※　借家権の発生時期と建物所有者の移転時期の確認が必要となる。
（参考）　東京国税局「誤りやすい事例集（改訂版）」〔TAINS・相続事例001869〕

【誤りやすい事例】夫が所有する土地上に夫婦共有の貸家がある場合

誤った取扱い	正しい取扱い
被相続人甲の所有する土地上に甲と配偶者乙の共有でアパートを建築し，その全室を賃貸していた。 　なお，乙は甲に地代を支払っていない。 　アパートの全室を賃貸していたことから，敷地の全体について貸家建付地として評価した。	使用貸借により借り受けている土地上の権利については，借主の使用借権の価額はゼロとし，使用貸借により貸し付けている地主の土地は原則，自用地として評価するため，敷地のうち，貸家の夫の持分3/4に相当する部分は貸家建付地として評価するが，貸家の妻の持分1/4に相当する部分は自用地として評価する（評基通26，使用貸借通達1，3）。

（参考）　大阪国税局「誤りやすい事例（財産評価関係平成30年分）」〔TAINS・評価事例大阪局300000〕

11　区分地上権等の目的となっている貸家建付地の評価

> **財産評価基本通達26-2《区分地上権等の目的となっている貸家建付地の評価》**
> 　区分地上権又は区分地上権に準ずる地役権の目的となっている貸家建付地の価額は，次の算式により計算した価額によって評価する。
>
> 25《貸宅地の評価》から25-3《土地の上に存する権利が競合する場合の宅地の評価》までの定めにより評価したその区分地上権又は区分地上権に準ずる地役権の目的となっている宅地の価額（A） − A × 次項の定めによるその宅地に係る借地権割合 × 94《借家権の評価》に定める借家権割合 × 26《貸家建付地の評価》の(2)の定めによるその家屋に係る賃貸割合

(1)　区分地上権の目的となっている貸家建付地

　本項では，区分地上権の目的となっている貸家建付地の評価方法について定めている。
　区分地上権の目的となっている貸家建付地とは，例えば，地下鉄のトンネルが通っている地上の

11 区分地上権等の目的となっている貸家建付地の評価

貸家建付地のことをいう。

区分地上権が設定されている貸家建付地の価額は、次の算式により評価する。

(算式)

区分地上権の目的と　　区分地上権の目的と
なっている宅地の　－　なっている宅地の　×借地権割合×借家権割合
自用地価額　　　　　　自用地価額

Q 区分地上権の目的となっている貸家建付地の評価

■質　問

地下鉄のトンネルの所有を目的とする区分地上権が設定されている貸家建付地の価額はどのように評価しますか。

■回　答

区分地上権が設定されている貸家建付地の価額は次の算式により評価します。

区分地上権の目的　　区分地上権の目的
となっている宅地　－　となっている宅地×借地権割合×借家権割合
の自用地価額　　　　　の自用地価額

(設例)

自用地価額	1億円
区分地上権の割合	30%
借地権割合	60%
借家権割合	30%

(計算例)
○区分地上権の目的となっている宅地の価額

　　自用地価額　　区分地上権の割合
　　1億円　×(1－　　0.3　　)＝7,000万円 ……………………①
○区分地上権の目的となっている貸家建付地の価額

4章 土地の上に存する権利

$$7,000万円 - 7,000万円 \times \underset{借地権割合}{0.6} \times \underset{借家権割合}{0.3} = 5,740万円$$
（①　　　　①）

(参考) 実務相談録

(2) 区分地上権に準ずる地役権の目的となっている貸家建付地

区分地上権に準ずる地役権の目的となっている貸家建付地とは、例えば、上空に高圧架空電線が架設されている土地の貸家建付地をいう。

区分地上権に準ずる地役権が設定されている貸家建付地の価額は、次の算式により評価する。

（算式）

$$\begin{pmatrix}区分地上権に準ずる地\\役権の目的となってい\\る宅地の自用地価額\end{pmatrix} - \begin{pmatrix}区分地上権に準ずる地\\役権の目的となってい\\る宅地の自用地価額\end{pmatrix} \times 借地権割合 \times 借家権割合$$

Q 区分地上権に準ずる地役権の目的となっている貸家建付地の評価

■質問

高圧架空電線の架設を目的とする区分地上権に準ずる地役権が設定されている承役地である貸家建付地の価額はどのように評価しますか。

■回答

区分地上権に準ずる地役権の目的となっている貸家建付地の価額は次の算式により評価します。

$$\begin{pmatrix}区分地上権に準ずる地役権\\の目的となっている宅地の\\自用地価額\end{pmatrix} - \begin{pmatrix}区分地上権に準ずる地役権\\の目的となっている宅地の\\自用地価額\end{pmatrix} \times 借地権割合 \times 借家権割合$$

（設例）

自用地価額	5,000万円
区分地上権に準ずる地役権の割合	30%
借地権割合	60%
借家権割合	30%

地役権の設定により承役地の家屋の構造等に制限を受けている。

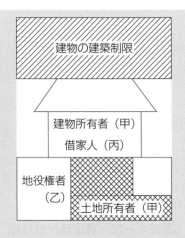

(計算例)
○区分地上権に準ずる地役権の目的となっている宅地の価額

自用地価額　区分地上権に準ずる地役権の割合
5,000万円×(1－0.3)＝3,500万円 ……………………………①

○区分地上権に準ずる地役権の目的となっている貸家建付地の価額

　　①　　　①　（借地権割合）（借家権割合）
3,500万円－3,500万円× 0.6 × 0.3 ＝2,870万円

(参考)実務相談録

12　貸家建付借地権等の評価

> **財産評価基本通達28《貸家建付借地権等の評価》**
> 　貸家の敷地の用に供されている借地権の価額又は定期借地権等の価額は，次の算式により計算した価額によって評価する。
>
> 27《借地権の評価》若しくは前項の定めにより評価したその借地権の価額又は27－2《定期借地権等の評価》若しくは前項の定めにより評価したその定期借地権等の価額（A） － A × 94《借家権の評価》に定める借家権割合 × 26《貸家建付地の評価》の(2)の定めによるその家屋に係る賃貸割合

(1)　貸家建付借地権の評価

　本項では，貸家建付借地権の評価方法について定めている。
　貸家建付借地権とは，借地上の家屋を貸家の用に供していることをいう。
　例えば，乙は甲から土地を賃借してその土地上に建物を建てており，乙はその建物を丙に賃貸し

4章　土地の上に存する権利

ている場合である（**図表4-26**）。

貸家の敷地の用に供されている借地権または定期借地権等は、次の算式により計算した価額によって評価する。

（算式）

27《借地権の評価》もしくは前項の定めにより評価したその借地権の価額または27-2《定期借地権等の評価》もしくは前項の定めにより評価したその定期借地権等の価額（A）　－　A×94《借家権の評価》に定める借家権割合　×　26《貸家建付地の評価》の(2)の定めによるその家屋に係る賃貸割合

[図表4-26]　貸家建付借地権

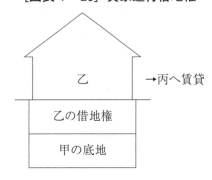

Q　貸家建付借地権の評価

■質　問

父の死亡により、甲から借りている土地の上にある貸家を相続しました。
この場合の借地についても課税価格に算入されますか。

■回　答

次に、甲から借りた土地（借地権）の上に建築した家屋を貸している場合の借地権のことを、評価上「貸家建付借地権」といい、この権利の価額も課税価格に算入されます。すなわち、その借地権が貸家建付でないとした場合の価額をもととして次の算式によって計算した金額で評価します。この場合も、その貸家建付借地権が貸家建付でないとした場合の借地権価額Bを求める場合の借地権割合が30％未満であるときは、その貸付借地権の価額は、相続税または贈与税の課税価格に算入しないこととされています。

（算式）
　　B－B×借家権割合
　　　B＝その借地権が貸家建付でないとした場合の価額
　　　借家権割合＝その家屋に適用される借家権割合

（参考）実務相談録

13 転貸借地権の評価

> **財産評価基本通達29《転貸借地権の評価》**
> 　転貸されている借地権の価額は，27《借地権の評価》又は27-6《土地の上に存する権利が競合する場合の借地権等の評価》の定めにより評価したその借地権の価額から次項の定めにより評価したその借地権に係る転借権の価額を控除した価額によって評価する。
>
> **財産評価基本通達30《転借権の評価》**
> 　借地権の目的となっている宅地の転借権（以下「転借権」という。）の価額は，次の算式1により計算した価額によって評価する。
>
> （算式1）
>
> 27《借地権の評価》又は27-6《土地の上に存する権利が競合する場合の借地権等の評価》の定めにより評価したその借地権の価額 × 左の借地権の評価の基とした借地権割合
>
> 　ただし，その転借権が貸家の敷地の用に供されている場合の転借権の価額は，次の算式2により計算した価額によって評価する。
>
> （算式2）
>
> 上記算式1により計算した転借権の価額（A） － A × 94《借家権の評価》に定める借家権割合 × 26《貸家建付地の評価》の(2)の定めによるその家屋に係る賃貸割合

　本項では，転貸借地権の評価方法について定めている。

　他人から借り受けている宅地をさらに第三者に転貸している場合の借地権を「転貸借地権」といい，転借を受けている借地権を「転借権」という。

　転貸借地権は，借地権の上にさらに借地権を設定したことになり，その借地権の価格は一部減価されると考えられるので，その転貸借地権が転貸でないとした場合の価額，すなわち，通常の借地権であるとした場合の価額から，その転借権の価額に相当する金額を差し引いた金額によって評価する。

　転貸借地権が通常の借地権であるとした場合の価額から控除する転借権の価額は，その借地権の価額に借地権割合を乗じて計算した金額によって評価する。

　つまり，通常の借地権の価額は，「その借地権の設定の対象となっている土地の価額×借地権割合」の金額であり，その金額にもう一度借地権割合を乗じた金額となる（評価通達29，30）。

4章　土地の上に存する権利

> **Q　転貸借地権の評価**
>
> ■質　問
>
> 　甲から借りている宅地を乙に転貸しているのですが，この借地権の評価はどのようにしますか。また，この場合の乙（転借人）の権利も評価することになりますか。
>
> （設例）
>
> 地主　　　　　　A　　　　その土地の自用地の価額　　100,000円
> 転貸借地権者　　B　　　　借地権割合　　80％
> 転借権者　　　　C
>
> ■回　答
>
> 　設例の場合における各人の所有する権利等の価額は，次のとおりとなります。
>
> 　　A…貸地＝100,000円－(100,000円×0.8)＝20,000円
> 　　B…転貸借地権＝100,000円×0.8－(100,000円×0.8×0.8)＝16,000円
> 　　C…転借権＝100,000円×0.8×0.8＝64,000円
>
> （参考）実務相談録

14　借家人の有する宅地等に対する権利の評価

> **財産評価基本通達31《借家人の有する宅地等に対する権利の評価》**
>
> 　借家人がその借家の敷地である宅地等に対して有する権利の価額は，原則として，次に掲げる場合の区分に応じ，それぞれ次に掲げる算式により計算した価額によって評価する。ただし，これらの権利が権利金等の名称をもって取引される慣行のない地域にあるものについては，評価しない。
>
> (1)　その権利が借家の敷地である宅地又はその宅地に係る借地権に対するものである場合
>
> 　　27《借地権の評価》又は27-6《土地の上に存する権利が競合する場合の借地権等の評価》の定めにより評価したその借家の敷地である宅地に係る借地権の価額　×　94《借家権の評価》の定めによるその借家に係る借家権割合　×　94《借家権の評価》の(2)の定めによるその家屋に係る賃借割合
>
> (2)　その権利がその借家の敷地である宅地に係る転借権に対するものである場合
>
> 　　前項の定めにより評価したその借家の敷地である宅地に係る転借権の価額　×　94《借家権の評価》の定めによるその借家に係る借家権割合　×　94《借家権の評価》の(2)の定めによるその家屋に係る賃借割合

　本項では，借家人の有する宅地に対する権利の評価方法について定めている。

14 借家人の有する宅地等に対する権利の評価

これによる評価額の計算方法を簡潔に示すと次のとおりである。

（算式）

その借家の敷地である宅地の借地権の価額または転借権の価額 ×借家権割合×賃借割合＝借家人の有する宅地等に対する権利の価額

ただし，その権利が権利金等の名称をもって取引される慣行のない地域にあるものについては，評価しない。

Q 借家人の有する宅地等に対する権利の評価

■質　問

父は私たちと生前一軒の家を借りて住んでいましたが，昨年死亡しました。このように借家に住んでいる借家人は，その土地を使用することとなりますが，その借家人はその土地の利用権について財産価額があるものとして課税されますか。

課税されるとすれば，その評価はどのようにして行いますか。

■回　答

借家人の有する宅地等に対する権利に財産価値があるかどうかは問題のあるところですが，財産評価基本通達では，次のように取り扱うこととしています。

すなわち，借家人がその借家の敷地である宅地，その宅地に係る借地権またはその借地権に係る転借権に対して有する権利（以下「借家人の有する権利」といいます）の価額は，原則として，次に掲げる場合の区分に応じ，それぞれ次に掲げる算式により計算した価額によって評価します。

ただし，借家人の有する権利が権利金等の名称をもって取引される慣行のない地域にあるものについては，評価しないこととされています（評基通31）。

(1) その権利が借家の敷地である宅地または宅地に係る借地権に対するものである場合

27《借地権の評価》または27-6《土地の上に存する権利が競合する場合の借地権等の評価》の定めにより評価したその借家の敷地である宅地に係る借地権の価額 × 94《借家権の評価》の定めによるその借家に係る借家権割合 × 94《借家権の評価》の(2)の定めによるその家屋に係る賃借割合

(2) その権利がその借家の敷地である宅地に係る転借権に対するものである場合

(1)の定めにより評価したその借家の敷地である宅地に係る転借権の価額 × 94《借家権の評価》の定めによるその借家に係る借家権割合 × 94《借家権の評価》の(2)の定めによるその家屋に係る賃借割合

（参考）実務相談録

5章

農地及び農地の上に存する権利

1 農地の分類

財産評価基本通達34《農地の分類》
　農地を評価する場合，その農地を36《純農地の範囲》から36-4《市街地農地の範囲》までに定めるところに従い，次に掲げる農地のいずれかに分類する。
(1) 純農地
(2) 中間農地
(3) 市街地周辺農地
(4) 市街地農地
(注)
1　上記の農地の種類と①農地法，②農業振興地域の整備に関する法律，③都市計画法との関係は，基本的には，次のとおりとなる。
　　イ　農地法との関係
　　　(イ)　農用地区域内にある農地
　　　(ロ)　甲種農地（農地法第4条《農地の転用の制限》第6項第1号ロに掲げる農地のうち市街化調整区域内にある農地法施行令（昭和27年政令第445号）第6条に規定する農地。以下同じ。）　……純農地
　　　(ハ)　第1種農地（農地法第4条第6項第1号ロに掲げる農地のうち甲種農地以外の農地）
　　　(ニ)　第2種農地（農地法第4条第6項第1号イ及びロに掲げる農地（同号ロ(1)に掲げる農地を含む。）以外の農地）……中間農地
　　　(ホ)　第3種農地（農地法第4条第6項第1号ロ(1)に掲げる農地（農用地区域内にある農地を除く。））……市街地周辺農地
　　　(ヘ)　農地法の規定による転用許可を受けた農地
　　　(ト)　農地法等の一部を改正する法律（平成21年法律第57号）附則第2条第5項の規定によりなお従前の例によるものとされる改正前の農地法第7条第1項第4号の規定により転用許可を要しない農地として，都道府県知事の指定を受けたもの　……市街地農地

ロ　農業振興地域の整備に関する法律との関係
　　（イ）農業振興地域内の農地のうち
　　　　A　農用地区域内のもの……純農地
　　　　B　農用地区域外のもの ⎫
　　（ロ）農業振興地域外の農地　⎬……イの分類による。
　ハ　都市計画法との関係
　　（イ）都市計画区域内の農地のうち
　　　　A　市街化調整区域内の農地のうち
　　　　　（A）甲種農地 ⎫
　　　　　（B）第1種農地 ⎬……純農地
　　　　　（C）第2種農地……中間農地
　　　　　（D）第3種農地……市街地周辺農地
　　　　B　市街化区域（都市計画法第7条第1項の市街化区域と定められた区域をいう。以下同じ。）
　　　　　内の農地……市街地農地
　　　　C　市街化区域と市街化調整区域とが区別されていない区域内 ⎫
　　　　　のもの　　　　　　　　　　　　　　　　　　　　　　　　⎬……イの分類による。
　　（ロ）都市計画区域外の農地　　　　　　　　　　　　　　　　　⎭
（注）
2　甲種農地，第1種農地，第2種農地及び第3種農地の用語の意義は，平成21年12月11日付21経営第4530号・21農振第1598号「『農地法の運用について』の制定について」農林水産省経営局長・農村振興局長連名通知において定められているものと同じである。

(1) 農地の区分

① 農地の評価上の区分

　土地の価額は，建物を建てることができるかどうかで大きく異なる。農地については，農地法などにより宅地への転用が制限されており，また，都市計画などにより地価事情も異なる。そこで，本項においては，農地の価額がその農地の転用許可等の可能性に応じて，相当の高低が生ずることに着目し，農地を分類して評価することを定めている（平成15年12月12日裁決〔TAINS・F0-3-052〕）。

　ここでは，農地の許可等の難易の程度に応じて，以下の4つに分類されている（評価通達34）。
（イ）純農地
（ロ）中間農地
（ハ）市街地周辺農地
（ニ）市街地農地

　評価する農地が上記のいずれに該当するかは，各国税局の評価基準書（倍率表）により確認することができる。

5章　農地及び農地の上に存する権利

[図表5－1] 農地の分類

平成27年分　　倍　率　表　　5頁

市区町村名：〇〇市　　〇〇税務署

音順	町（丁目）又は大字名	適用地域名	借地権割合	固定資産税評価額に乗ずる倍率等						
				宅地	田	畑	山林	原野	牧場	池沼
な	〇〇5丁目	農業振興地域内の農用地域	%		純 9.0	純 15				
		上記以外の地域	30	1.2	純 9.4	純 16	純 3.9	純 3.9		
	〇〇6～7丁目	農業振興地域内の農用地域			純 10	純 15				
		上記以外の地域	30	1.2	純 11	純 16	純 2.9	純 2.9		

略称	農地の分類
純	純農地
中	中間農地
周比準	市街地周辺農地
比準	市街地農地

　「純」，「中」と表示してある地域は，固定資産税評価額に評価倍率を乗じて評価する地域である。
　また，「比準」，「周比準」と表示してある地域は，付近の宅地に比準して評価する地域である。路線価地域であれば路線価方式，倍率地域であれば倍率方式により評価する。

② 農地区分の意義

　「純農地」は，市街化区域外にある農地のうち，農用地区域にある農地や良好な営農条件にある農地（第1種農地または甲種農地）をいい，「中間農地」は，同じく市街化区域外にある農地のうち，市街化が見込まれる区域にある農地（第2種農地）をいう。
　「市街地周辺農地」は，市街化区域外であっても市街化の傾向が著しい区域内にある農地（第3種農地）をいい，「市街地農地」は，市街化区域内にある農地または転用許可済みの農地をいう。
　なお，甲種農地，第1種農地，第2種農地及び第3種農地の定義は以下による。

[図表5－2] 農地区分

良好な営農条件 ↕ 市街化の傾向	農用地区域内農地	市町村が定めた農業振興計画において定められた区域内の農地
	甲種農地	市街化調整区域内にある特に良好な営農条件を備えている農地
	第1種農地	良好な営農条件を備えている農地
	第2種農地	市街化が見込まれる区域内にある農地
	第3種農地	市街地の区域内または市街化の傾向が著しい区域内にある農地

③ 農業振興地域と農用地区域

市街化区域以外の農地においては，農業振興法に基づき，都道府県知事により，おおむね10年以上の長期にわたって，一体として農業の振興を図るべき地域について「農業振興地域」が指定される。

また，市区町村により，優良農地を確保していくため，集団的農用地（10ha以上）や農業用施設用地等に利用される区域である「農用地区域」が指定される。

農用地区域内の農地を農地以外のものに転用することは，原則としてできないこととなる。

なお，俗に農用地区域内の農地を「青地」，農用地区域以外の農地を「白地」と呼ぶ。

農用地区域に指定した土地は，農業上の用途区分が定められており，原則としてその用途以外の目的に使用することはできないため，一般の農地に比べて評価倍率が小さくなっている。

Q 農地の評価上の分類

■質問
農地を評価する場合には，どのような基準によりどのように分類するのでしょうか。

■回答
農地は，農地法及び都市計画法等との関係によって，次の「評価上の分類」のいずれかに分類して評価します。

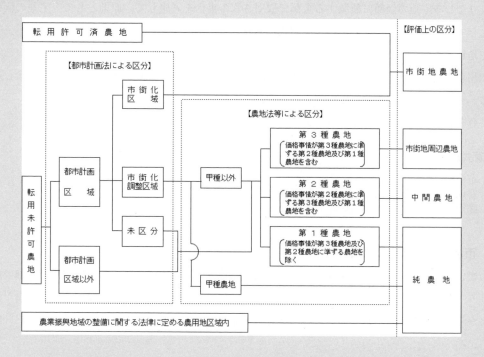

（参考）国税庁質疑応答事例「農地の評価上の分類」

(2) 農地の評価

農地の評価については，農地の転用許可等の難易の程度を考慮した農地の区分に応じて，以下のとおり，それぞれ適用する評価方法が定められている。

① 純農地及び中間農地の評価

純農地及び中間農地は，市街化区域外にあって宅地への転用が制限され，宅地化の期待益を含まない土地であるため，原則として，農地の価額を基として評価する。

具体的には，純農地及び中間農地の価額は，倍率方式によって評価する。

倍率方式においては，評価する農地の固定資産税評価額に，田または畑の別に，地勢，土性，水利等の状況の類似する地域ごとに，その地域にある農地の売買実例価額，精通者意見価格等を基として国税局長が定める倍率を乗じて評価する。

（算式）
　農地の評価額＝固定資産税評価額×倍率

② 市街地農地の評価

一方，その農地が市街化区域にあって農地法上の宅地転用制限のない場合には，農地としての価額よりむしろ宅地の価額に類似する金額で取引される実情を考慮して，原則として，宅地の価額を基として評価する。いわゆる宅地比準方式である。

宅地比準方式とは，その農地が宅地であるとした場合の1m²当たりの価額からその農地を宅地に転用する場合にかかる通常必要と認められる1m²当たりの造成費に相当する金額を控除した金額に，その農地の地積を乗じて計算した金額により評価する方法をいう。

これを算式で示すと次のとおりである。

（算式）
$$\text{市街地農地の評価額} = \left\{ \text{その農地が宅地であるとした場合の1m}^2\text{当たりの価額} - \text{1m}^2\text{当たりの造成費の金額} \right\} \times \text{地積}$$

③ 市街地周辺農地の評価

市街化区域との境界付近に所在する市街地周辺農地は，市街地に近接する宅地化傾向の強い農地であり，農地としての価額よりむしろ宅地の価額に類似する価額で取引されているのが実情であることから，その農地が宅地であるとした場合の価額から宅地造成費を控除した金額の80％で評価する。

Q 農地転用（5条）を受けた土地の評価について

■質 問

甲が所有する畑は倍率地域内にあり，当該倍率地域に係る倍率表には，中間農地として畑の倍率が表示されている。甲は，当該畑について農地法第5条による転用許可を受け，甲の長男に対して贈与をしたが，この畑はどのように評価するのか。

なお，上記畑は，地目を畑として課税されている。

■回 答

倍率表に表示された中間農地の倍率によらず，以下のとおり，市街地農地として宅地比準方式で評価する。

$$\left\{\begin{array}{l}\text{その農地が宅地であ}\\\text{るとした場合の}\\1\text{m}^2\text{当たりの価額}\end{array} - \begin{array}{l}1\text{m}^2\text{当たりの}\\\text{造成費の金額}\end{array}\right\} \times \text{地積}$$

（解説）

農地法第5条の転用許可に規定する許可を受けた農地については，市街地農地に該当することとなり（評基通34（注）1のイ（ヘ），36-4(1)），市街地農地の評価方法については，宅地比準方式により評価することが定められている（評基通40）。

したがって，設例の場合，所有権移転登記時における固定資産税の課税地目が畑であっても，農地としての評価（畑の固定資産税評価額×畑の評価倍率）を行わず，宅地比準方式により評価することとなる。

（参考）東京国税局「資産税審理研修資料（平成20年12月）」〔TAINS・評価事例708121〕

Q 土地区画整理事業施行後の農地

■質 問

土地区画整理事業の施行区域内にある畑を耕作しています。この畑のうち500m²を二男の住宅用地として贈与したいと考えていますが，この畑はどのように評価することになりますか。

現在，この畑は仮換地の指定を受けて耕作しています。この畑の近傍の宅地の固定資産税評価額は1m²当たり7,000円であり，相続税評価のための倍率は6.0倍となっています。

なお，相続税財産評価基準によれば，この土地は市街地周辺農地の区域に区分され，この土地の造成には，1m²当たり4,000円を要するものとされています。

■回 答

畑の価額は，その仮換地の価額によって評価します。その仮換地は市街地周辺農地の区分に該当しますので，次のようにして評価します。

{7,000円×6.0倍－4,000円}×0.8＝30,400円

> 30,400円×500m² = 15,200,000円
>
> なお，その畑の受贈後，申告期限までに換地処分が行われ，清算金の額が確定したときは，その畑の評価上，徴収・交付されるその清算金の額を考慮することになります。
>
> (参考) 実務相談録

(3) 農地法の定め

① 農地法の定め

農地法は，国内の農業生産の基盤である農地が現在及び将来における国民のための限られた資源であり，かつ，地域における貴重な資源であることに鑑み，耕作者自らによる農地の所有が果たしてきている重要な役割も踏まえつつ，農地を農地以外のものにすることを規制するとともに，農地を効率的に利用する耕作者による地域との調和に配慮した農地についての権利の取得を促進し，及び農地の利用関係を調整し，ならびに農地の農業上の利用を確保するための措置を講ずることにより，耕作者の地位の安定と国内の農業生産の増大を図り，もって国民に対する食料の安定供給の確保に資することを目的とした法律である。

そして，農地法は，主に耕作目的の農地等の権利移動の規制を定めており，農地の転用規制，賃貸借の解約等の制限をも定めている。

(a) 農地の権利移動の制限

農地について所有権を移転し，または地上権，永小作権，質権，使用貸借による権利，賃借権もしくはその他の使用及び収益を目的とする権利を設定し，もしくは移転する場合には，当事者が農地の所在地の農業委員会の許可を受けなければならない（農地法3①）。

当該許可を受けないでした行為は，その効力を生じない（農地法3⑥）。

なお，相続の場合は許可不要であるが，農業委員会への届出を要する。

(b) 農地の転用の制限

農地を農地以外のものにする者は，都道府県知事（農地または採草放牧地の農業上の効率的かつ総合的な利用の確保に関する施策の実施状況を考慮して農林水産大臣が指定する市町村（以下「指定市町村」という）の区域内にあっては，指定市町村の長。以下「都道府県知事等」という）の許可を受けなければならない（農地法4）。

また，農地を農地以外のものにするため，これらの土地について農地法第3条第1項の権利を設定し，または移転する場合には，当事者が都道府県知事等の許可を受けなければならない（農地法5）。

(c) 賃貸借の解約等の制限

期間の定めのある農地等の賃貸借の当事者が、その期間満了前一定期間に相手方に対して更新をしない旨の通知をしないときは、従前の賃貸借と同一条件でさらに賃貸借をしたものとみなされる（農地法17）。いわゆる法定更新である。法定更新後は、期間の定めのない賃貸借契約となる。

また、農地の賃貸借の当事者は、都道府県知事の許可を受けなければ、賃貸借の解除をし、解約の申入れをし、合意による解除をし、または賃貸借の更新をしない旨の通知をしてはならない（農地法18①）。当該許可を受けないでした行為は、その効力を生じない（同法18⑤）。

なお、返還引渡し期限前6か月以内の書面による合意解約、10年以上の期間の定めがある賃貸借について更新をしない旨の通知を行う等の場合は、知事の許可は不要である。

> **参考　農地法**
> （農地又は採草放牧地の権利移動の制限）
> 第3条　農地又は採草放牧地について所有権を移転し、又は地上権、永小作権、質権、使用貸借による権利、賃借権若しくはその他の使用及び収益を目的とする権利を設定し、若しくは移転する場合には、政令で定めるところにより、当事者が農業委員会の許可を受けなければならない。ただし、次の各号のいずれかに該当する場合及び第五条第一項本文に規定する場合は、この限りでない。
> 一　第四十六条第一項又は第四十七条の規定によって所有権が移転される場合
> 三　第三十七条から第四十条までの規定によって農地中間管理権（農地中間管理事業の推進に関する法律第二条第五項に規定する農地中間管理権をいう。以下同じ。）が設定される場合
> 四　第四十一条の規定によって同条第一項に規定する利用権が設定される場合
> 五　これらの権利を取得する者が国又は都道府県である場合
> 六　土地改良法、農業振興地域の整備に関する法律、集落地域整備法又は市民農園整備促進法による交換分合によってこれらの権利が設定され、又は移転される場合
> 七　農業経営基盤強化促進法第十九条の規定による公告があった農用地利用集積計画の定めるところによって同法第四条第三項第一号の権利が設定され、又は移転される場合
> 七の二　農地中間管理事業の推進に関する法律第十八条第七項の規定による公告があった農用地利用配分計画の定めるところによって賃借権又は使用貸借による権利が設定され、又は移転される場合
> 八　特定農山村地域における農林業等の活性化のための基盤整備の促進に関する法律第九条第一項の規定による公告があった所有権移転等促進計画の定めるところによって同法第二条第三項第三号の権利が設定され、又は移転される場合
> 九　農山漁村の活性化のための定住等及び地域間交流の促進に関する法律第九条第一項の規定による公告があった所有権移転等促進計画の定めるところによって同法第五条第十項の権利が設定され、又は移転される場合
> 九の二　農林漁業の健全な発展と調和のとれた再生可能エネルギー電気の発電の促進に関する法律第十七条の規定による公告があった所有権移転等促進計画の定めるところによって同法第五条第四項の権利が設定され、又は移転される場合
> 十　民事調停法による農事調停によってこれらの権利が設定され、又は移転される場合
> 十一　土地収用法その他の法律によって農地若しくは採草放牧地又はこれらに関する権利が収用さ

5章　農地及び農地の上に存する権利

　　れ，又は使用される場合
　十二　遺産の分割，民法第七百六十八条第二項（同法第七百四十九条及び第七百七十一条において準用する場合を含む。）の規定による財産の分与に関する裁判若しくは調停又は同法第九百五十八条の三の規定による相続財産の分与に関する裁判によってこれらの権利が設定され，又は移転される場合
　十三　農地中間管理機構が，農林水産省令で定めるところによりあらかじめ農業委員会に届け出て，農業経営基盤強化促進法第七条第一号に掲げる事業の実施によりこれらの権利を取得する場合
　十四　農業協同組合法第十条第三項の信託の引受けの事業又は農業経営基盤強化促進法第七条第二号に掲げる事業（以下これらを「信託事業」という。）を行う農業協同組合又は農地中間管理機構が信託事業による信託の引受けにより所有権を取得する場合及び当該信託の終了によりその委託者又はその一般承継人が所有権を取得する場合
　十四の二　農地中間管理機構が，農林水産省令で定めるところによりあらかじめ農業委員会に届け出て，農地中間管理事業（農地中間管理事業の推進に関する法律第二条第三項に規定する農地中間管理事業をいう。以下同じ。）の実施により農地中間管理権を取得する場合
　十四の三　農地中間管理機構が引き受けた農地貸付信託（農地中間管理事業の推進に関する法律第二条第五項第二号に規定する農地貸付信託をいう。）の終了によりその委託者又はその一般承継人が所有権を取得する場合
　十五　地方自治法第二百五十二条の十九第一項の指定都市（以下単に「指定都市」という。）が古都における歴史的風土の保存に関する特別措置法（昭和四十一年法律第一号）第十九条の規定に基づいてする同法第十一条第一項の規定による買入れによって所有権を取得する場合
　十六　その他農林水産省令で定める場合

（農地の転用の制限）
第4条　農地を農地以外のものにする者は，都道府県知事（農地又は採草放牧地の農業上の効率的かつ総合的な利用の確保に関する施策の実施状況を考慮して農林水産大臣が指定する市町村（以下「指定市町村」という。）の区域内にあっては，指定市町村の長。以下「都道府県知事等」という。）の許可を受けなければならない。ただし，次の各号のいずれかに該当する場合は，この限りでない。
　一　次条第一項の許可に係る農地をその許可に係る目的に供する場合
　二　国又は都道府県等（都道府県又は指定市町村をいう。以下同じ。）が，道路，農業用用排水施設その他の地域振興上又は農業振興上の必要性が高いと認められる施設であって農林水産省令で定めるものの用に供するため，農地を農地以外のものにする場合
　三　農業経営基盤強化促進法第十九条の規定による公告があった農用地利用集積計画の定めるところによって設定され，又は移転された同法第四条第三項第一号の権利に係る農地を当該農用地利用集積計画に定める利用目的に供する場合
　四　農地中間管理事業の推進に関する法律第十八条第七項の規定による公告があった農用地利用配分計画の定めるところによって設定され，又は移転された賃借権又は使用貸借による権利に係る農地を当該農用地利用配分計画に定める利用目的に供する場合
　五　特定農山村地域における農林業等の活性化のための基盤整備の促進に関する法律第九条第一項の規定による公告があった所有権移転等促進計画の定めるところによって設定され，又は移転された同法第二条第三項第三号の権利に係る農地を当該所有権移転等促進計画に定める利用目的に供する場合

六　農山漁村の活性化のための定住等及び地域間交流の促進に関する法律第五条第一項の規定により作成された活性化計画（同条第四項各号に掲げる事項が記載されたものに限る。）に従って農地を同条第二項第二号に規定する活性化事業の用に供する場合又は同法第九条第一項の規定による公告があった所有権移転等促進計画の定めるところによって設定され，若しくは移転された同法第五条第十項の権利に係る農地を当該所有権移転等促進計画に定める利用目的に供する場合

七　土地収用法その他の法律によって収用し，又は使用した農地をその収用又は使用に係る目的に供する場合

八　市街化区域（都市計画法第七条第一項の市街化区域と定められた区域（同法第二十三条第一項の規定による協議を要する場合にあっては，当該協議が調ったものに限る。）をいう。）内にある農地を，政令で定めるところによりあらかじめ農業委員会に届け出て，農地以外のものにする場合

九　その他農林水産省令で定める場合

（農地又は採草放牧地の転用のための権利移動の制限）
第5条　農地を農地以外のものにするため又は採草放牧地を採草放牧地以外のもの（農地を除く。次項及び第四項において同じ。）にするため，これらの土地について第三条第一項本文に掲げる権利を設定し，又は移転する場合には，当事者が都道府県知事等の許可を受けなければならない。ただし，次の各号のいずれかに該当する場合は，この限りでない。

一　国又は都道府県等が，前条第一項第二号の農林水産省令で定める施設の用に供するため，これらの権利を取得する場合

二　農地又は採草放牧地を農業経営基盤強化促進法第十九条の規定による公告があった農用地利用集積計画に定める利用目的に供するため当該農用地利用集積計画の定めるところによって同法第四条第三項第一号の権利が設定され，又は移転される場合

三　農地又は採草放牧地を農地中間管理事業の推進に関する法律第十八条第七項の規定による公告があった農用地利用配分計画に定める利用目的に供するため当該農用地利用配分計画の定めるところによって賃借権又は使用貸借による権利が設定され，又は移転される場合

四　農地又は採草放牧地を特定農山村地域における農林業等の活性化のための基盤整備の促進に関する法律第九条第一項の規定による公告があった所有権移転等促進計画に定める利用目的に供するため当該所有権移転等促進計画の定めるところによって同法第二条第三項第三号の権利が設定され，又は移転される場合

五　農地又は採草放牧地を農山漁村の活性化のための定住等及び地域間交流の促進に関する法律第九条第一項の規定による公告があった所有権移転等促進計画に定める利用目的に供するため当該所有権移転等促進計画の定めるところによって同法第五条第十項の権利が設定され，又は移転される場合

六　土地収用法その他の法律によって農地若しくは採草放牧地又はこれらに関する権利が収用され，又は使用される場合

七　前条第一項第八号に規定する市街化区域内にある農地又は採草放牧地につき，政令で定めるところによりあらかじめ農業委員会に届け出て，農地及び採草放牧地以外のものにするためこれらの権利を取得する場合

八　その他農林水産省令で定める場合

参考 農地制度の経緯

我が国における農地制度のこれまでの経緯を確認しておきたい。

◆都市計画法における農地の位置付け

昭和30〜40年代の高度成長期，我が国では，高度経済成長に伴い都市への急激な人口流入と産業集中が進んだ。そこで，無秩序な市街地の拡大を防止しつつ，宅地開発の需要に対応していくため，昭和43（1968）年に都市計画法が制定され，日本の国土を市街化区域や市街化調整区域に区分することにより計画的に街づくりを進めていくこととされた（**図表5－3**）。

そこでは，市街化区域を「おおむね10年以内に優先的かつ計画的に市街化を図るべき区域」とし，市街化区域内の農地は，農業委員会へ届出をすることで宅地へ転用することが可能となった。

一方，市街化調整区域においては，市街化を抑制し，環境を保全するため，原則として建物を建てることができないこととされ，農業はこの区域を主として計画的，集中的に行うこととなった。

さらに，農業地域を保全・形成し，農地の無秩序なかい廃等を抑制するため，翌年の昭和44（1969）年に農業振興地域の整備に関する法律（以下「農業振興法」という）が制定された。農業振興地域は，今後，相当期間（おおむね10年以上）にわたり，総合的に農業振興を図るべき地域をいい，国の定める「農業振興地域整備基本指針」に基づいて都道府県知事が指定することとされた。

また，農業振興地域内における集団的に存在する農用地や，土地改良事業の施行にかかる区域内の土地などの生産性の高い農地等，農業上の利用を確保すべき土地として市町村が農用地区域を指定する。農用地区域において農地の転用は，原則として許可されないこととなった。

[図表5－3] 都市計画法による区域区分

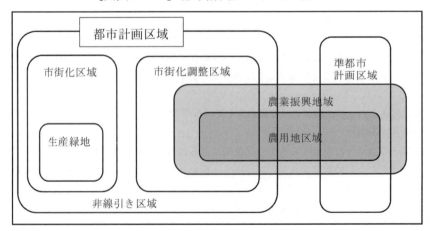

◆農地と固定資産税

　昭和47（1972）年からの市街化区域内農地の固定資産税については，宅地化の促進と周辺宅地との税負担の均衡を図る観点から，宅地並み課税が行われるようになった。

　そこで，昭和49（1974）年に生産緑地法が制定され，生産緑地地区内の農地については宅地並み課税が免除されることとされている。

　ただし，実際は農地所有者の反対や農業経営の継続と宅地化促進との調整等の理由により，宅地並み課税の実質免除措置が実施されるケースが多くみられていた。

　また，昭和57（1982）年には長期営農継続農地制度（固定資産税の納税猶予）が創設され，10年以上の長期営農継続の意思があり，現に耕作の用に供されている場合には，宅地並み課税と農地相当課税との差を徴収猶予し，5年経過後に税額を免除することとされていた。

◆農地と相続税の納税猶予

　昭和50年度の税制改正において，農家の相続に伴う農地の細分化を防止し，農業経営者の育成を図る目的で，農地について相続税の納税猶予制度が創設された。農地を農業目的で使用している限りにおいて，高い相続税が課税されると農業を継続したくても相続税を払うために売却せざるを得ないという問題に対応するためである。

　これは，被相続人から相続または遺贈により農地を取得し，引き続き農業の用に供する場合には一定の要件のもとに，その農地に対応する相続税額の納税を猶予する制度である。すべての農地を対象に農業相続人が20年以上農業経営を続けた場合には納税を免除することとされた[149]。

◆バブル期における宅地化の促進

　昭和50～60年代に入り，三大都市圏[150]を中心として地価が高騰する中，市街化区域内の農地に対しては，その宅地化が強く求められることとなる。

　そして，平成3（1991）年，宅地供給促進が特に必要な三大都市圏について特定市が導入され，「宅

---

[149] その後，相続税の納税猶予制度は，平成3（1991）年改正により三大都市圏特定市においては生産緑地でしか適用ができなくなり，三大都市圏特定市の生産緑地の免除要件は20年から終身営農となった。平成21（2009）年改正では，市街化区域外の農地について，従来自ら営農をしていなければならなかったが，特定貸付けを行っても納税猶予の適用ができることとなり，あわせて，市街化区域外農地の免除要件は20年から終身営農となった。平成30（2018）年改正では，従来生産緑地においても，自ら営農をしていなければならなかったが，認定都市農地貸付け等を行っても納税猶予の適用ができることとなり，あわせて，三大都市圏特定市以外の生産緑地の免除要件は20年から終身営農となった。

[150] 三大都市圏とは，首都圏整備法，中部圏開発整備法，近畿圏整備法に掲げる区域等をいう。

　なお，固定資産税における「三大都市圏特定市」は，現時点での三大都市圏特定市（国土交通省「特定市街化区域内農地対象市（三大都市圏特定市）一覧」。平成30年4月1日時点で東京都の特別区を含む214市）をいい，相続税・贈与税の納税猶予制度における「三大都市圏特定市」は平成3年1月1日における特定市（「租税特別措置法（相続税法の特例関係）の取扱いについて（法令解釈通達）」70の4-2。東京都の特別区を含む190市）をいうため，その範囲が異なることに留意が必要である。

地化する農地」と「保全する農地」に区分することとされた。

　三大都市圏特定市における「宅地化する農地」に対しては，それまで実質的に農地課税であったものについて，宅地並みの課税がされることとなり，また，固定資産税の長期営農継続農地制度の廃止と相続税の納税猶予の適用もできなくなった。「保全する農地」については，生産緑地として30年間農地としての維持・管理をしていくことを要件に農地課税がなされることとなった。

　その結果，平成5（1993）年から平成28（2016）年にかけて，我が国における市街化区域内農地の面積は約半分に減少している[151]。

　なお，農地の固定資産税は，市街化区域外の「一般農地」と市街化区域内の「市街化区域農地」に区分されて評価及び課税される。

　一般農地における固定資産税は，農地の売買実例価額を基に評価（農地評価）され，年間で例えば100m²当たり数百円程度と，低額な農地評価，農地課税となる。

　市街化区域農地は，さらに「生産緑地」と「一般市街化区域農地」，「三大都市圏特定市の市街化区域農地（特定市街化区域農地）」の3つに区分され，三大都市圏特定市の固定資産税は，例えば100m²当たり数万円となるなど，高額な宅地並み評価，宅地並み課税となる。

　ただし，生産緑地に指定されたものについては農地評価，農地課税である。

　また，一般市街化区域農地については，宅地を基準として評価額が求められる（宅地並み評価）が，課税にあたっては実質的には農地に準じた課税となる（ただし，中にはすでに高い負担水準に達している農地も多く，必ずしも農地に準じた低い課税となっているとはいえないものもある。）。

[図表5－4] 固定資産税の農地の分類

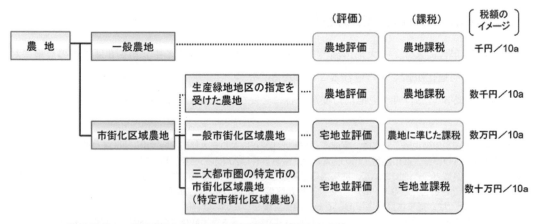

151　国土交通省ホームページ「三大都市圏特定市における生産緑地地区等の面積の推移」

◆都市農地の保全

　平成に入って以降，バブル経済の崩壊による地価下落や人口減少，高齢化により，市街地の宅地は，次第に供給が過剰となることが懸念されていくことになる。

　これに反して，平成27年度の税制改正では相続税の課税対象者が増加したため，市街地農地にアパート・マンションを建築して相続税の節税を図るなど，宅地の供給は一層加熱した状況となっていく。

　さらには，生産緑地の多くは平成4（1992）年に指定されており，30年後の令和4（2022）年に一斉に解除がなされて宅地の供給がさらに増えることが予想される状況となる。

　そのような状況を踏まえ，国は，市街地農地の必要性を見直し，従来の「宅地化すべきもの」から「あるべきもの」へと転換を図ることとなる。

　平成27（2015）年4月，都市農業の安定的な継続を図るとともに，多様な機能の適切かつ十分な発揮を通じて良好な都市環境の形成に資することを目的として，都市農業振興基本法が制定された。

　都市農業振興基本法では，都市農業の振興に関する基本理念として，以下を明らかにするとともに，政府に対し，必要な法制上，財政上，税制上，金融上の措置を講じるよう求めている。

① 都市農業の多様な機能の適切かつ十分な発揮と都市農地の有効な活用及び適正な保全が図られるべきこと
② 良好な市街地形成における農地との共存に資するよう都市農業の振興が図られるべきこと
③ 国民の理解の下に施策の推進が図られるべきこと

◆生産緑地法の改正

　平成29（2017）年，①生産緑地地区の面積要件（500m^2）を条例で300m^{2}まで引き下げることを可能にし，②同地区内の行為制限を緩和するとともに，③生産緑地指定から30年経過後には10年ごとの更新を可能とする特定生産緑地を創設する改正が行われた。

　また，都市計画法における用途地域において，住居系用途地域の一類型として，平成4（1992）年に12種類となって以来25年ぶりに新たに田園住居地域[152]が創設されている。

　また，都市農地の賃貸借については，（イ）農地法の法定更新が適用されるため一度貸すとなかなか戻ってこないこと，（ロ）農地所有者が相続税納税猶予の適用を受けている場合，都市農地を貸し付けると納税猶予が打ち切られることから，農地所有者が都市農地を貸したがらない傾向にあった。そこで，都市農地の有効活用を図るため，平成30（2018）年，都市農地を貸借しても，法定更新が適用されない新しい制度として「都市農地の貸借の円滑化に関する法律（都市農地貸借法）」を制定するとともに，都市農地の貸付けについて相続税納税猶予が適用できることとなった。

　このようにして宅地の供給過多への歯止めをかける政策がとられることとなった。

---

152 田園住居地域は，農業の利便の増進を図りつつ，これと調和した低層住宅に係る良好な住居の環境を保護するため定める地域である（都計法9⑧）。

2　純農地の範囲と評価

> **財産評価基本通達36《純農地の範囲》**
> 　純農地とは，次に掲げる農地のうち，そのいずれかに該当するものをいう。ただし，36-4《市街地農地の範囲》に該当する農地を除く。
> (1)　農用地区域内にある農地
> (2)　市街化調整区域内にある農地のうち，第1種農地又は甲種農地に該当するもの
> (3)　上記(1)及び(2)に該当する農地以外の農地のうち，第1種農地に該当するもの。ただし，近傍農地の売買実例価額，精通者意見価格等に照らし，第2種農地又は第3種農地に準ずる農地と認められるものを除く。
>
> **財産評価基本通達37《純農地の評価》**
> 　純農地の価額は，その農地の固定資産税評価額に，田又は畑の別に，地勢，土性，水利等の状況の類似する地域ごとに，その地域にある農地の売買実例価額，精通者意見価格等を基として国税局長の定める倍率を乗じて計算した金額によって評価する。

(1)　純農地とは

　本項では，純農地として取り扱うべき農地の範囲とその評価方法を定めている。
　純農地とは，次に掲げる農地のうち，いずれかに該当するものをいう。
　ただし，市街地農地に該当する農地を除く。
① 　農用地区域内にある農地
② 　市街化調整区域内にある農地のうち，調整区域許可基準に定める乙種農地のうちの第1種農地または甲種農地に該当するもの
③ 　上記①及び②に該当する農地以外の農地のうち，農地転用許可基準に定める第1種農地に該当するもの。ただし，近傍農地の売買実例価額，精通者意見価格等に照らし，農地転用許可基準に定める第2種農地または第3種農地に準ずる農地と認められるものを除く。

(2)　純農地の評価

　純農地の価額は，その農地の固定資産税評価額に，田または畑の別に，地勢，土性，水利等の状況の類似する地域ごとに，その地域にある農地の売買実例価額，精通者意見価格等を基として国税局長の定める倍率を乗じ計算した金額によって評価する。
　この倍率は，税務署に備え付けてある評価基準書に掲載されている（国税庁のホームページで確認するのが一般的である。）。

3 中間農地の範囲と評価

> **財産評価基本通達36-2《中間農地の範囲》**
> 中間農地とは,次に掲げる農地のうち,そのいずれかに該当するものをいう。ただし36-4《市街地農地の範囲》に該当する農地を除く。
> (1) 第2種農地に該当するもの
> (2) 上記(1)に該当する農地以外の農地のうち,近傍農地の売買実例価額,精通者意見価格等に照らし,第2種農地に準ずる農地と認められるもの
>
> **財産評価基本通達38《中間農地の評価》**
> 中間農地の価額は,その農地の固定資産税評価額に,田又は畑の別に,地価事情の類似する地域ごとに,その地域にある農地の売買実例価額,精通者意見価格等を基として国税局長の定める倍率を乗じて計算した金額によって評価する。

(1) 中間農地とは

本項では,中間農地として取り扱うべき農地の範囲とその評価方法を定めている。

中間農地とは,次に掲げる農地のうち,いずれかに該当するものをいう。

ただし,市街地農地に該当する農地を除く。

① 市街化調整区域内にある農地のうち,調整区域許可基準に定める乙種農地のうちの第2種農地に該当するもの

② 上記①に該当する農地以外の農地のうち,農地転用許可基準に定める第2種農地に該当するもの

③ 上記①及び②に該当する農地以外の農地のうち,近傍農地の売買実例価額,精通者意見価格等に照らし,第2種農地に準ずる農地と認められるもの

(2) 中間農地の評価

中間農地の価額は,その農地の固定資産税評価額に,田または畑の別に,地価事情の類似する地域ごとに,その地域にある農地の売買実例価額,精通者意見価格等を基として国税局長の定める倍率を乗じて計算した金額によって評価する。

この倍率は,税務署に備え付けられている評価基準書に掲載されている。

4　市街地周辺農地の範囲と評価

> **財産評価基本通達36-3《市街地周辺農地の範囲》**
> 　市街地周辺農地とは，次に掲げる農地のうち，そのいずれかに該当するものをいう。ただし，36-4《市街地農地の範囲》に該当する農地を除く。
> (1)　第3種農地に該当するもの
> (2)　上記(1)に該当する農地以外の農地のうち，近傍農地の売買実例価額，精通者意見価格等に照らし，第3種農地に準ずる農地と認められるもの
>
> **財産評価基本通達39《市街地周辺農地の評価》**
> 　市街地周辺農地の価額は，次項本文の定めにより評価したその農地が市街地農地であるとした場合の価額の100分の80に相当する金額によって評価する。

(1)　市街地周辺農地とは

　本項では，市街地周辺農地として取り扱うべき農地の範囲とその評価方法を定めている。

　市街地周辺農地とは，次に掲げる農地のうち，いずれかに該当するものをいう。

　ただし，市街地農地に該当する農地を除く。

① 　市街化調整区域内にある農地のうち，調整区域許可基準に定める乙種農地のうちの第3種農地に該当するもの

② 　上記①に該当する農地以外の農地のうち，農地転用許可基準に定める第3種農地に該当するもの

③ 　上記①及び②に該当する農地以外の農地のうち，近傍農地の売買実例価額，精通者意見価格等に照らし，第3種農地に準ずる農地と認められるもの

(2)　市街地周辺農地と市街地農地の評価

　市街地周辺農地の価額は，その農地が市街地農地であるとした場合の価額の100分の80に相当する金額によって評価する。

　ただし，市街地農地を倍率で評価することとしている地域内にある市街地周辺農地の価額は，その農地の固定資産税評価額にその倍率を乗じて計算した金額の100分の80に相当する金額によって評価する。

5 市街地農地の範囲と評価

> **財産評価基本通達36-4《市街地農地の範囲》**
> 市街地農地とは，次に掲げる農地のうち，そのいずれかに該当するものをいう。
> (1) 農地法第4条《農地の転用の制限》又は第5条《農地又は採草放牧地の転用のための権利移動の制限》に規定する許可（以下「転用許可」という。）を受けた農地
> (2) 市街化区域内にある農地
> (3) 農地法等の一部を改正する法律附則第2条第5項の規定によりなお従前の例によるものとされる改正前の農地法第7条第1項第4号の規定により，転用許可を要しない農地として，都道府県知事の指定を受けたもの
>
> **財産評価基本通達40《市街地農地の評価》**
> 　市街地農地の価額は，その農地が宅地であるとした場合の1平方メートル当たりの価額からその農地を宅地に転用する場合において通常必要と認められる1平方メートル当たりの造成費に相当する金額として，整地，土盛り又は土止めに要する費用の額がおおむね同一と認められる地域ごとに国税局長の定める金額を控除した金額に，その農地の地積を乗じて計算した金額によって評価する。
> 　ただし，市街化区域内に存する市街地農地については，その農地の固定資産税評価額に地価事情の類似する地域ごとに，その地域にある農地の売買実例価額，精通者意見価格等を基として国税局長の定める倍率を乗じて計算した金額によって評価することができるものとし，その倍率が定められている地域にある市街地農地の価額は，その農地の固定資産税評価額にその倍率を乗じて計算した金額によって評価する。
> (注)　その農地が宅地であるとした場合の1平方メートル当たりの価額は，その付近にある宅地について11《評価の方式》に定める方式によって評価した1平方メートル当たりの価額を基とし，その宅地とその農地との位置，形状等の条件の差を考慮して評価するものとする。
> 　　なお，その農地が宅地であるとした場合の1平方メートル当たりの価額については，その農地が宅地であるとした場合において20-2《地積規模の大きな宅地の評価》の定めの適用対象となるとき（21-2《倍率方式による評価》ただし書において20-2の定めを準用するときを含む。）には，同項の定めを適用して計算することに留意する。

(1) 市街地農地とは

本項では市街地農地として取り扱うべき農地の範囲とその評価方法を定めている。

市街地農地とは，次に掲げる農地のうち，いずれかに該当するものをいう。

① 市街化区域内にある農地
② 農地法第4条《農地の転用の制限》または第5条《農地又は採草放牧地の転用のための権利移動の制限》に規定する許可（以下「転用許可」という）を受けた農地
③ 農地法の規定により，転用許可を要しない農地として，都道府県知事の指定を受けたもの

(2) 市街地農地の評価

① 宅地比準方式

　市街地農地の価額は，その農地が宅地であるとした場合の1m²当たりの価額からその農地を宅地に転用する場合に通常必要と認められる1m²当たりの造成費に相当する金額を控除した金額に，その農地の地積を乗じて計算した金額によって評価する。いわゆる宅地比準方式である。

　これを算式で示すと次のとおりである。

（算式）

$$\text{市街地農地の評価額} = \left\{ \begin{array}{l} \text{その農地が宅地で} \\ \text{あるとした場合の} \\ 1\text{m}^2\text{当たりの価額} \end{array} - \begin{array}{l} 1\text{m}^2\text{当たりの} \\ \text{造成費の金額} \end{array} \right\} \times \text{地積}$$

　市街地農地の評価においては，都市計画法上の規制及び農地法上の制限は特別考慮されていないこととなる。

　なぜなら，市街化区域内で農地転用の届出をすれば宅地化が可能な土地の市場価格は，農業収益を目的とした価格よりも宅地転用可能地価格として成立すると認められること，その農地が宅地であるとした場合の価額からその農地を宅地に転用する場合において必要と認められる造成費相当の金額を控除した金額を基準として算定する価格算定法に格別不相当な点はないこと等を併せて考慮すると，市街地農地について都市計画法等の制限等による評価減を考慮しないことは不合理なものとは認められないからである（福島地裁平成10年9月28日判決〔税務訴訟資料238号310頁〕）。

【誤りやすい項目】宅地比準で評価する市街地農地の固定資産評価額に乗じる倍率の種類

誤った認識	正しい答え
農地なので，固定資産評価額に農地の倍率を乗じる。	近傍の宅地としての固定資産評価額に宅地の倍率を乗じて，さらに宅地造成費を控除して評価する（市街地農地は宅地比準評価なので宅地としての価格をまず算出する。）。

※　倍率の種類と固定資産評価額の課税地目の整合性をとることに注意する。
（参考）　東京国税局「誤りやすい事例集（改訂版）」〔TAINS・相続事例001881〕

② その農地が宅地であるとした場合の1m²当たりの価額

　上記算式の「その農地が宅地であるとした場合の1m²当たりの価額」は，その付近にある宅地にある価額を基とし，その宅地とその農地との位置，形状等の条件の差を考慮して評価するものとする。

　これは，市街地農地は，農地法上の宅地転用制限のない土地であり，農地としての価額よりむしろ宅地の価額に類似する金額で取引される実情を考慮したものである。

また，これらの農地が宅地の価額に引き寄せられた価額で取引される実態をとらえて，純農地の価額を基として所要の割増調整を行うよりも，宅地としての価額を基にして評価した方が容易であり，かつ，合理的であると解されている（平成15年12月12日裁決〔TAINS・F0-3-052〕）。

なお，市街地農地は，宅地等への転用許可を受けたものであるか，あるいは，農業委員会に単に届け出るだけで転用できるもの，または転用許可を要しないものであるため，その取引価額が近隣の宅地と価格水準に差がないことから，市街地周辺農地について適用される80％評価の規定は適用されないこととされている[153]。

市街化区域内に存する市街地農地については，その農地の固定資産税評価額に地価事情の類似する地域ごとに，その地域にある農地の売買実例価額，精通者意見価格等を基として国税局長の定める倍率を乗じて計算した金額によって評価することとしている地域内にある市街地農地の価額は，その農地の固定資産税評価額にその倍率を乗じて計算した金額によって評価する。

【誤りやすい事例】

項　　目	誤りの内容
市街化区域内等の農地等の評価（倍率）誤り	・市街化区域内等の田，畑又は山林で，贈与税（相続税）の評価上，宅地比準により評価すべきところ，倍率表に記載された純農地等の倍率をそのまま固定資産税評価額に乗じて評価していた。 ・農地法第5条に規定する許可（転用許可）を受けて宅地に転用した農地で，贈与税の評価上，宅地比準により評価すべきところ，当該地域の倍率表に記載された純農地の倍率をそのまま固定資産税評価額に乗じて評価していた。 →農地法の農地転用許可を受けた農地については，宅地比準により評価する。

（参考）　福岡国税局「誤りやすい事例（資産税関係令和3年分）」〔TAINS・贈与事例福岡局R030000〕

(3) その農地が宅地であるとした場合の価額

① 宅地比準方式

市街地農地等の価額を評価するにあたっては，その農地が宅地であるとした場合の価額から宅地に転用する場合に通常必要と認められる造成費に相当する金額を控除する。

その市街地農地等が路線価地域にある場合は，その農地に面する路線価に画地補正を行って価額を算定する。

また，倍率地域にあっては，評価しようとする農地に最も近接し，かつ，道路からの位置や形状

153　財産評価基本通達逐条解説（令和5年版）302頁

5章　農地及び農地の上に存する権利

等が最も類似する宅地の評価額（宅地としての固定資産税評価額×宅地としての評価倍率）を基として計算することになる。

ただし，その市街地農地が，倍率地域に所在する場合には，農地としての固定資産税評価額は評定されているが，その土地が宅地であるとした場合の固定資産税評価額は評定されていない。そこで，下記算式のとおり，宅地価額に画地補正を行って宅地であるとした場合の1㎡当たりの価額を算出する必要がある。

（算式）

宅地価額×評価倍率×画地補正率×地積

② 計算例

例えば，**図表5－5**における市街地農地Aは，付近の宅地の評価額を基として次のように計算する。

(a) 農地Aが宅地であるとした場合の1㎡当たりの価額

付近の宅地Bと比較した場合，農地Aは，間口が狭く，奥行も長いため，下記のとおり画地補正を行う。

Aの宅地価額	評価倍率	普通住宅地区の奥行26mに応ずる奥行価格補正率	普通住宅地区の間口5mに応ずる間口狭小補正率	普通住宅地区の奥行最大（＝5.2）補正率	
35,000円	× 1.1	× 0.97	× 0.94	× 0.92	＝32,295円

(b) 1㎡当たりの造成費　700円

(c) 評価しようとする農地Aの評価額の計算

[図表5－5] 市街地農地と近傍宅地

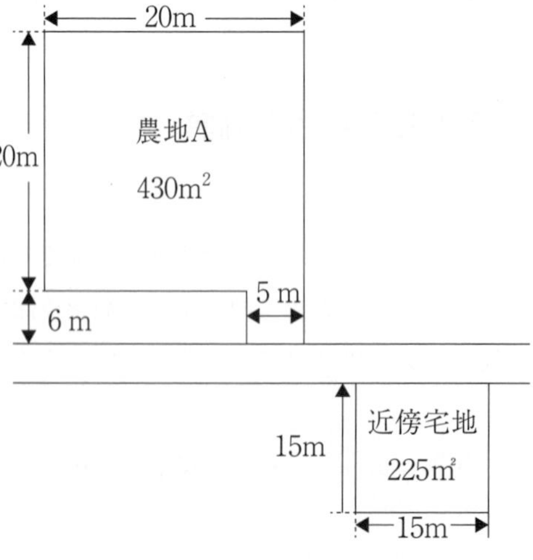

—802—

```
宅地であるとした
場合の1m²当たり   1m²当たりの
 の価額           造成費の金額              評価額
(   32,295円    －    700円    )×430m² ＝13,585,850円
```

Q 農地の宅地比準額の計算

■質 問

次の図の農地（A）は，市街地周辺農地に該当しますが，近くに宅地（B）があり，その宅地の固定資産税評価額は1m²当たり20,000円で，財産評価基準による宅地の倍率は，1.7倍となっています。この場合の評価額はいくらになりますか。

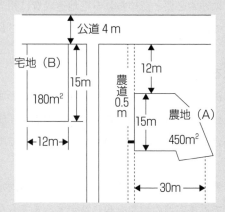

■回 答

評価する農地が宅地であるとした場合の価額を算出するため，具体的には，付近の宅地の評価額を基として，その宅地とその農地との位置，形状等の条件の差を考慮して評価しますが，(A)農地は，公道までの距離が12mという位置にあり，不整形地で，かつ，無道路地といえるような土地であることから，(B)宅地との格差を仮に25%として計算すると次のようになります。

$$\begin{pmatrix} B宅地の固定 \\ 資産税評価額 \end{pmatrix} \times \begin{pmatrix} 宅地の評 \\ 価倍率 \end{pmatrix} \times (Aの面積)$$
20,000円　×　1.7倍　×　450m²　＝15,300,000円
15,300,000円×(1－0.25)＝11,475,000円

次に，宅地造成費に相当する金額を控除することになりますが，この造成費は，その農地等を宅地に転用する場合において，通常必要と認められる1m²当たりの造成費（整地，盛土または土止めに要する費用の合計額）に相当する金額をいい，この金額は，各国税局ごとに毎年定められ評価基準書に掲載されています。

（参考）実務相談録

③ 宅地価額の算出

宅地価額を算出するためには，(a)その地域の標準宅地の価格（近傍宅地価格）による方法と，(b)市区町村における固定資産税路線価による方法の2つがある。

(a) 近傍宅地価格による方法

近傍宅地とは，評価対象地に接近した位置にあり，かつ，評価対象地とほぼ同種類の土地をいい，評価対象地が所在する市町村（東京23区は都税事務所）の固定資産税課で確認することができる。

市街地農地の価額は，近傍宅地の1m²当たりの価額を基として，その宅地とその農地の位置形状等の条件の差を考慮して，その農地が宅地であるとした場合の価額を求め，その価額からその農地を宅地として転用する場合に通常必要と認められる宅地造成費に相当する金額を控除した後の金額に，その農地の地積を乗じて計算した金額により評価することとされている。

(b) 固定資産税路線価による方法

固定資産税路線価による方法とは，評価対象地が市街地的形態を形成する地域にある場合は，固定資産税の課税団体（市区町村）によって，固定資産税の路線価が作成されていることから，宅地としての評価額が明らかな場合にその固定資産税の路線価に基づいて画地調整を行って価額を求める方法である。

このように評価対象地が農地であっても宅地であるとした場合の固定資産税評価額そのものが算定されている場合には，あえて近傍宅地の価額を基に算定するまでもなく，その固定資産税評価額を基に評価するのが相当であると解されている。

平成19年11月5日裁決〔裁決事例集74巻357頁〕は，倍率地域に所在する市街地農地の評価が争われた事例である。

本件土地（地積163m²）は，A市の市街化区域内にある農地であり，倍率方式により評価する地域内（相続税評価倍率は1.1倍）に所在する。

本件A市においては，市街地農地の固定資産税評価額は，その農地が宅地であるとした場合の価額から造成費相当額を控除することによって求められていることから，市街化区域内に所在する農地の固定資産税評価額の算出過程においては，評価対象地が宅地であるとした場合の固定資産税評価額そのものが算定されていることになる。

原処分庁は，宅地比準方式は，評価対象地と状況が類似する付近の宅地の価額（近傍宅地価格）を基として位置，形状等の条件の差を考慮して評価することになるから，A市が呈示した近傍宅地価格に倍率を乗じた後，各種画地補正を行って評価すべきと主張した。

これに対し審査請求人は，課税庁が採用した近傍宅地価格は，固定資産評価の正面路線価に時点修正率を乗じて算出した価格と推認され，評価しようとする土地の付近の宅地の価格そのものではないことから評価通達に基づく評価方法を逸脱していると主張した。

裁決は，A市のように評価対象地が宅地であるとした場合の固定資産税評価額そのものが算定可

能である場合には，あえて近傍宅地の価額を基に算定するまでもなく，その固定資産税評価額を基に評価するのが相当であると判断している。

[図表5－6] 各当事者の補正率

項　目	審査請求人	原処分庁	審判所認定額
路線価	（固定資産税の正面路線） 100,000円	（近傍宅地価格） 89,200円	（固定資産税の正面路線価） 100,000円
画地補正率	奥行価格補正率　　0.98 不整形地補正率　　0.86 時点修正率　　　　0.892 相続税評価倍率　　1.1 造成費　　－18,391円/m²	相続税評価倍率　　1.1 奥行価格補正率　　0.98 間口狭小補正率　　0.98 奥行長大補正率　　0.92 造成費　　－4,000円/m²	奥行価格補正率　　0.98 不整形地補正率　　0.86 時点修正率　　　　0.892 相続税評価倍率　　1.1 造成費　　－4,000円/m²
評価額	10,483,019円	12,902,428円	12,827,122円

④　画地補正の方法

　路線価地域にある市街地農地を宅地比準方式により評価する場合のその農地と付近の宅地との形状による条件の差については，評価する農地の所在する地区区分について定められている調整率を適用して計算して差し支えない。

　また，倍率地域にある農地については，画地補正を行う際の地区区分が定められていないことから，「普通住宅地区」の画地補正率を準用することができる。

> **Q　市街地農地等を宅地比準方式で評価する場合の形状による条件差**
>
> ■質　問
> 　市街地農地や市街地周辺農地の価額を付近の宅地の価額を基に，その宅地との位置，形状等の条件の差を考慮して評価する場合に，形状の条件差については，路線価方式における奥行価格補正率等の画地調整率によってよろしいですか。
>
> ■回　答
> 　路線価地域にある市街地農地や市街地周辺農地を宅地比準方式により評価する場合のその農地と付近の宅地との形状による条件の差については，評価する農地の所在する地区について定められている画地調整率を参考として計算して差し支えありません。
> 　また，倍率地域にあるものについては，普通住宅地区の画地調整率を参考とすることができます。市街地山林及び市街地原野の価額を宅地比準方式により評価する場合についても同様です。
>
> 　（参考）国税庁質疑応答事例「市街地農地等を宅地比準方式で評価する場合の形状による条件差」

5章　農地及び農地の上に存する権利

⑤　倍率方式で計算する農地の宅地造成費控除

倍率方式で計算する農地の宅地造成費控除について，市街地農地など，宅地比準方式（路線価，倍率とも）により評価を行う場合には，宅地造成費の控除が可能である。

【誤りやすい項目】倍率方式で計算する農地の宅地造成費控除について

誤った認識	正しい答え
倍率方式で計算する農地は，宅地造成費を控除することができる。	市街地農地など，宅地比準方式（路線価，倍率とも）による土地の評価についてのみ控除可能。

※　宅地造成費は宅地以外の土地を宅地に造成する費用である（宅地比準価格との調整）。
（参考）　東京国税局「誤りやすい事例集（改訂版）」〔TAINS・相続事例001875〕

(4)　宅地造成費の金額

①　宅地造成費とは

「1m^2当たりの造成費の金額」は，整地，土盛りまたは土止めに要する費用の額がおおむね同一と認められる地域ごとに，国税局長が定めている。宅地造成費の金額は，財産評価基準書（国税庁ホームページ）で閲覧することができる。

宅地造成費は，その農地を宅地に変更するにあたり，その所有者や占有者の属人的な事情にかかわらず，その農地それ自体にかかわる属物的な事情として必要となる費用である。

農地と宅地との違いは，地盤・地面の状況の差に由来するため，宅地造成費として考慮すべきその農地それ自体に関する属物的な事情に係る費用とは，地盤・地面の変更に関するもの，具体的には，整地費や盛土費など宅地造成工事に要する費用であると解されている（平成18年2月14日裁決〔TAINS・F0-3-123〕）。

②　造成費の工事費目

宅地造成費の金額は，平坦地と傾斜地の区分により，必要に応じてそれぞれの工事費目を控除する。

(a)　平坦地の宅地造成費

工事費目		造成区分	金額
整地費	整地費	凹凸がある土地の地面を地ならしするための工事費または土盛工事を要する土地について，土盛工事をした後の地面を地ならしするための工事費をいう。	整地を必要とする面積1m^2当たり××円
	伐採・抜根費	樹木が生育している土地について，樹木を伐採し，根等を除去するための工事費をいう。したがって，整地	伐採・抜根を必要とする面積1m^2当たり××円

		工事によって樹木を除去できる場合には，造成費に本工事費を含めない。	
	地盤改良費	湿田など軟弱な表土で覆われた土地の宅地造成にあたり，地盤を安定させるための工事費をいう。	地盤改良を必要とする面積1m²当たり××円
	土盛費	道路よりも低い位置にある土地について，宅地として利用できる高さ（原則として道路面）まで搬入した土砂で埋め立て，地上げする場合の工事費をいう。	他から土砂を搬入して土盛りを必要とする場合の土盛り体積1m²当たり××円
	土止費	道路よりも低い位置にある土地について，宅地として利用できる高さ（原則として道路面）まで地上げする場合に，土盛りした土砂の流出や崩壊を防止するために構築する擁壁工事費をいう。 なお，土止費は，すでに道路と接している面あるいは隣接地との境界に評価対象地の所有者がすでに擁壁を設置している場合など土止めの必要性が認められない面を除き，その他の面については擁壁の設置が必要であるとして算定することが相当と解されている（平成17年7月1日裁決）。	土止めを必要とする場合の擁壁の面積1m²当たり××円

各国税局の金額は，以下のとおりである（令和5年分）。

[図表5－7] 令和5年分の国税局別平坦地の造成費

（単位：円）

		札幌	仙台	関東信越	東京	金沢	名古屋	大阪	広島	高松	福岡	熊本	沖縄
整地費	整地費	700	800	800	800	700	700	700	700	700	700	700	700
	伐採・抜根費	1,000	1,100	1,000	1,000	1,000	1,000	1,000	1,000	1,000	1,000	1,000	1,000
	地盤改良費	2,100	1,900	1,800	1,800	1,900	1,800	1,700	1,800	1,900	1,800	1,800	2,400
土盛費		7,000	8,000	7,600	7,400	7,400	7,500	7,100	7,100	7,100	7,100	7,100	7,700
土止費		84,300	81,400	77,200	77,900	75,900	75,400	75,500	75,400	74,900	61,800	54,600	62,700

(b) **傾斜地の宅地造成費**

傾斜地の宅地造成費については，傾斜度によりそれぞれ**図表5－8**の金額を控除する。

この傾斜地の宅地造成費の金額は，整地費，土盛費，土止費の宅地造成に要するすべての費用を含めて算定したものとされている。

なお，伐採・抜根費は含まれていないことから，伐採・抜根を要する土地については，平坦地の宅地造成費の「伐採・抜根費」の金額を基に算出し加算する。

5章　農地及び農地の上に存する権利

傾斜度3度以下の土地については，平坦地の宅地造成費の額により計算する。

[図表5－8]　令和5年分の国税局別傾斜地の造成費

(単位：円/m²)

傾斜度	札幌	仙台	関東信越	東京	金沢	名古屋	大阪	広島	高松	福岡	熊本	沖縄
3度以下	−	−	−	−	−	−	−	−	−	−	−	−
3度超5度以下	21,600	21,100	20,200	20,300	20,700	19,600	19,800	19,900	19,500	18,500	18,400	19,500
5度超10度以下	26,900	25,400	24,600	24,700	25,100	23,800	23,800	24,100	23,700	22,100	21,300	23,100
10度超15度以下	41,000	39,500	37,500	37,600	38,100	35,700	38,200	37,200	36,200	35,900	34,300	37,300
15度超20度以下	58,300	55,700	52,600	52,700	54,000	49,400	54,400	52,100	50,500	50,200	47,200	51,800
20度超25度以下	64,400	61,700	58,300	58,400	59,900	54,900	60,200	57,700	56,000	55,700	52,800	57,700
25度超30度以下	65,000	64,900	63,700	64,300	64,600	61,900	64,000	62,300	61,200	61,500	61,800	64,700

③　造成費の一般的合理性

　この概算造成費の額は，造成費の実態調査によって得られた金額の平均値を「建設物価」及び「積算資料」という月刊誌に掲載された統計と比較検討して算出されたものであり，合理的に算出された相当な金額と解されている（東京高裁平成12年3月16日判決〔税務訴訟資料246号1307頁〕）。

令和5年分
（東京都）

宅地造成費の金額表

1　市街地農地等の評価に係る宅地造成費

　「市街地農地」、「市街地周辺農地」、「市街地山林」（注）及び「市街地原野」を評価する場合における宅地造成費の金額は、平坦地と傾斜地の区分によりそれぞれ次表に掲げる金額のとおりです。

　　（注）ゴルフ場用地と同様に評価することが相当と認められる遊園地等用地（市街化区域及びそれに近接する地域にある遊園地等に限ります。）を含みます。

　表1　平坦地の宅地造成費

工事費目		造成区分	金額
整地費	整地費	整地を必要とする面積1平方メートル当たり	800円
	伐採・抜根費	伐採・抜根を必要とする面積1平方メートル当たり	1,000円
	地盤改良費	地盤改良を必要とする面積1平方メートル当たり	1,800円
土盛費		他から土砂を搬入して土盛りを必要とする場合の土盛り体積1立方メートル当たり	7,400円
土止費		土止めを必要とする場合の擁壁の面積1平方メートル当たり	77,900円

（留意事項）

（1）「整地費」とは、①凹凸がある土地の地面を地ならしするための工事費又は②土盛工事を要する土地について、土盛工事をした後の地面を地ならしするための工事費をいいます。

（2）「伐採・抜根費」とは、樹木が生育している土地について、樹木を伐採し、根等を除去するための工事費をいいます。したがって、整地工事によって樹木を除去できる場合には、造成費に本工事費を含めません。

（3）「地盤改良費」とは、湿田など軟弱な表土で覆われた土地の宅地造成に当たり、地盤を安定させるための工事費をいいます。

（4）「土盛費」とは、道路よりも低い位置にある土地について、宅地として利用できる高さ（原則として道路面）まで搬入した土砂で埋め立て、地上げする場合の工事費をいいます。

（5）「土止費」とは、道路よりも低い位置にある土地について、宅地として利用できる高さ（原則として道路面）まで地上げする場合に、土盛りした土砂の流出や崩壊を防止するために構築する擁壁工事費をいいます。

5章　農地及び農地の上に存する権利

令和5年分
（東京都）

表2　傾斜地の宅地造成費

傾　斜　度	金　　額
3度超　5度以下	20,300 円/㎡
5度超　10度以下	24,700 円/㎡
10度超　15度以下	37,600 円/㎡
15度超　20度以下	52,700 円/㎡
20度超　25度以下	58,400 円/㎡
25度超　30度以下	64,300 円/㎡

（留意事項）
（1）「傾斜地の宅地造成費」の金額は、整地費、土盛費、土止費の宅地造成に要するすべての費用を含めて算定したものです。
　　なお、この金額には、伐採・抜根費は含まれていないことから、伐採・抜根を要する土地については、「平坦地の宅地造成費」の「伐採・抜根費」の金額を基に算出し加算します。
（2）傾斜度3度以下の土地については、「平坦地の宅地造成費」の額により計算します。
（3）傾斜度については、原則として、測定する起点は評価する土地に最も近い道路面の高さとし、傾斜の頂点（最下点）は、評価する土地の頂点（最下点）が奥行距離の最も長い地点にあるものとして判定します。
（4）宅地への転用が見込めないと認められる市街地山林については、近隣の純山林の価額に比準して評価する（財産評価基本通達49（市街地山林の評価））こととしています。したがって、宅地であるとした場合の価額から宅地造成費に相当する金額を控除して評価した価額が、近隣の純山林に比準して評価した価額を下回る場合には、経済合理性の観点から宅地への転用が見込めない市街地山林に該当するので、その市街地山林の価額は、近隣の純山林に比準して評価することになります。
　　（注）1　比準元となる具体的な純山林は、評価対象地の近隣の純山林、すなわち、評価対象地からみて距離的に最も近い場所に所在する純山林です。
　　　　　2　宅地造成費に相当する金額が、その山林が宅地であるとした場合の価額の100分の50に相当する金額を超える場合であっても、上記の宅地造成費により算定します。
　　　　　3　宅地比準方式により評価する市街地農地、市街地周辺農地及び市街地原野等についても、市街地山林と同様、経済合理性の観点から宅地への転用が見込めない場合には、宅地への転用が見込めない市街地山林の評価方法に準じて、その価額は、純農地又は純原野の価額により評価することになります。
　　　　　　なお、市街地周辺農地については、市街地農地であるとした場合の価額の100分の80に相当する金額によって評価する（財産評価基本通達39（市街地周辺農地の評価））ことになっていますが、これは、宅地転用が許可される地域の農地ではあるが、まだ現実に許可を受けていないことを考慮したものですので、純農地の価額に比準して評価する場合には、80％相当額に減額する必要はありません。

5　市街地農地の範囲と評価

令和5年分
（東京都）

(参考) 市街地山林の評価額を図示すれば、次のとおりです。

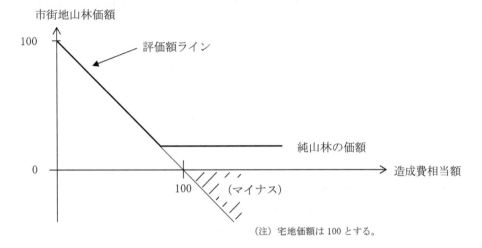

(注) 宅地価額は100とする。

(参考) 高さと傾斜度との関係

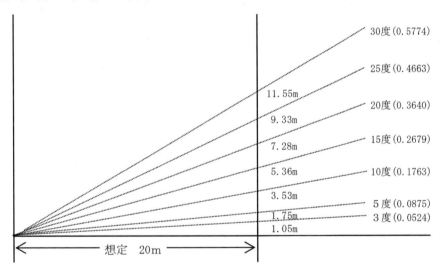

傾斜度区分の判定表

傾　斜　度	①高さ÷奥行	②奥行÷斜面の長さ
3度超5度以下	0.0524 超 0.0875 以下	0.9962 以上 0.9986 未満
5度超10度以下	0.0875 超 0.1763 以下	0.9848 以上 0.9962 未満
10度超15度以下	0.1763 超 0.2679 以下	0.9659 以上 0.9848 未満
15度超20度以下	0.2679 超 0.3640 以下	0.9397 以上 0.9659 未満
20度超25度以下	0.3640 超 0.4663 以下	0.9063 以上 0.9397 未満
25度超30度以下	0.4663 超 0.5774 以下	0.8660 以上 0.9063 未満

(注) ①及び②の数値は三角比によります。

令和5年分
（東京都）

2 農業用施設用地の評価に係る宅地造成費

　農業用施設用地の評価に係る宅地造成費の金額は、市街地農地等の評価に係る宅地造成費の金額を用いて算定します。

　　（留意事項）
　　　（1）宅地造成費については、評価する農業用施設用地の課税時期現在の現況から判定します。例えば、農業用施設用地の現況が、土盛り、土止めを行っておらず、畑を整地した程度のものであれば、加算する造成費は整地費のみとなります。
　　　（2）農業用施設用地の1平方メートル当たりの価額は、その付近にある標準的な宅地の1平方メートル当たりの金額を限度とします。

3 ゴルフ場用地の評価に係る宅地造成費

　財産評価基本通達83(ゴルフ場の用に供されている土地の評価)の(1)に定める市街化区域及びそれに近接する地域にあるゴルフ場用地を評価する場合における造成費（そのゴルフ場用地を宅地に造成する場合において通常必要と認められる造成費）の金額は、市街地農地等の評価に係る宅地造成費の金額を用いて算定します。

令和5年分
（東京都）

〔平坦地の宅地造成費の計算例〕
○ 規模、形状
　面積「400㎡」、一面が道路に面した間口20m、奥行20mの土盛り1mを必要とする画地で、道路面を除いた三面について土止めを必要とする正方形の土地である場合

（略図）

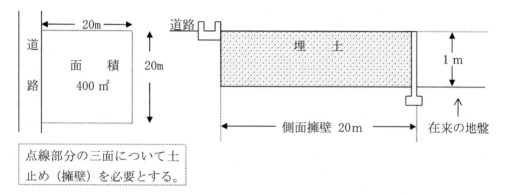

点線部分の三面について土止め（擁壁）を必要とする。

○ 宅地造成費の計算（市街地農地等の評価明細書（一部抜粋））

宅地造成費の計算	平坦地	整地費	整　地　費	（整地を要する面積） 400　㎡ × （1㎡当たりの整地費） 800　円	⑥ 320,000	円
			伐採・抜根費	（伐採・抜根を要する面積） 　㎡ × （1㎡当たりの伐採・抜根費） 　円	⑦	円
			地盤改良費	（地盤改良を要する面積） 　㎡ × （1㎡当たりの地盤改良費） 　円	⑧	円
		土　盛　費		（土盛りを要する面積）（平均の高さ）（1㎡当たりの土盛費） 400　㎡ × 1　m × 7,400　円	⑨ 2,960,000	円
		土　止　費		（擁壁面の長さ）（平均の高さ）（1㎡当たりの土止費） 60　m × 1　m × 77,900　円	⑩ 4,674,000	円
		合計額の計算		⑥＋⑦＋⑧＋⑨＋⑩	⑪ 7,954,000	円
		1㎡当たりの計算		⑪ ÷ ①	⑫ 19,885	円
	傾斜地	傾斜度に係る造成費		（傾斜度）　　度	⑬	
		伐採・抜根費		（伐採・抜根を要する面積）　（1㎡当たりの伐採・抜根費） 　㎡ × 　円	⑭	円
		1㎡当たりの計算		⑬ ＋ （⑭ ÷ ①）	⑮	円

※　上記評価明細書の①は、評価する農地等の面積を指します。

5章　農地及び農地の上に存する権利

令和5年分
（東京都）

〔傾斜地の宅地造成費の計算例〕
○　規模、形状
　　道路の地表に対し傾斜度9度の土地
　　面積「480㎡」、全面積について伐採・抜根を要する場合

（略図）

○　宅地造成費の計算（市街地農地等の評価明細書（一部抜粋））

宅地造成費の計算				
平坦地	整地費	整地費	（整地を要する面積）　　　　（1㎡当たりの整地費） 　　　　㎡　×　　　　円	⑥　　　　円
		伐採・抜根費	（伐採・抜根を要する面積）　（1㎡当たりの伐採・抜根費） 　　　　㎡　×　　　　円	⑦　　　　円
		地盤改良費	（地盤改良を要する面積）　　（1㎡当たりの地盤改良費） 　　　　㎡　×　　　　円	⑧　　　　円
	土盛費		（土盛りを要する面積）（平均の高さ）（1㎡当たりの土盛費） 　　　㎡　×　　　m　×　　　円	⑨　　　　円
	土止費		（擁壁面の長さ）（平均の高さ）（1㎡当たりの土止費） 　　　m　×　　　m　×　　　円	⑩　　　　円
	合計額の計算		⑥ ＋ ⑦ ＋ ⑧ ＋ ⑨ ＋ ⑩	⑪　　　　円
	1㎡当たりの計算		⑪ ÷ ①	⑫　　　　円
傾斜地	傾斜度に係る造成費		（傾斜度）　　9　度	⑬　　24,700 円
	伐採・抜根費		（伐採・抜根を要する面積）　（1㎡当たりの伐採・抜根費） 　480　㎡　×　　1,000　円	⑭　480,000 円
	1㎡当たりの計算		⑬ ＋ （⑭ ÷ ①）	⑮　25,700 円

※　上記評価明細書の①は、評価する農地等の面積を指します。

（出典）　東京国税局ホームページ（https://www.rosenka.nta.go.jp/main_r03/tokyo/tokyo/pref_frm.htm）

④　傾斜度の判定

　傾斜度については，財産評価基準書において，原則として，測定する起点は評価する土地に最も近い道路面の高さとし，傾斜の頂点（最下点）は，評価する土地の頂点（最下点）が奥行距離の最

5 市街地農地の範囲と評価

も長い地点にあるものとして判定すると定められている。
具体的には以下のように判定するものとして質疑応答事例に紹介されている。

〔傾斜地の宅地造成費の計算例〕
○ 規模、形状
道路の地表に対し傾斜度9度の土地
面積「480 ㎡」、全面積について伐採・抜根を要する場合

（略図）

測量士に個別に横断図の作成を依頼することもできる。

［図表5－9］ 横断図の例

5章　農地及び農地の上に存する権利

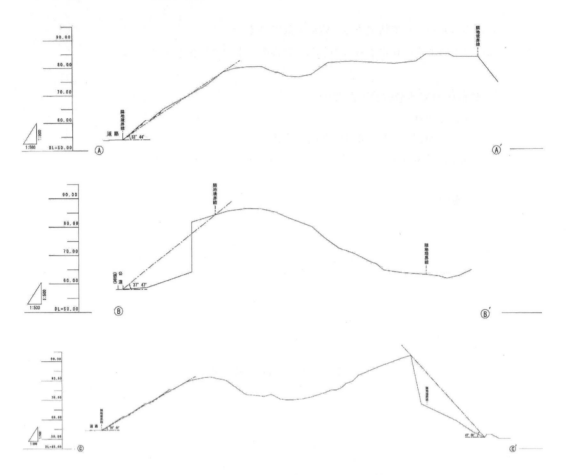

　また，国土地理院ホームページにある地理院地図では，地図上に引いた任意の線上の高低差をグラフに表すことができる「断面図」機能がある。

5 市街地農地の範囲と評価

[図表5－10] 地理院地図

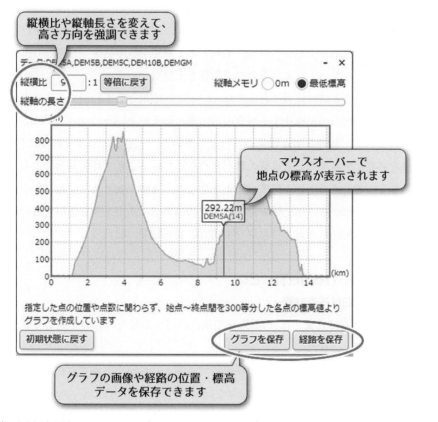

（出典） 国土地理院ホームページ（https://maps.gsi.go.jp）

5章 農地及び農地の上に存する権利

> **実務上のポイント**

　例えば，接面道路の起点から20mの地点で高さが1.05mあれば傾斜度は3度である。ただし，現地において計測が難しい場合もあり，レーザー距離計などを用いて傾斜度を測ることもできる。

　評価対象地が，傾斜度3度以下の場合は「平坦地の宅地造成費」として整地費（整地費，伐採伐根費，地盤改良費を含む。），土盛費，土止費を考慮する。傾斜度3度超の場合は「傾斜地の宅地造成費」として傾斜地の造成費を考慮する。

[図表5－11] 傾斜地の判定

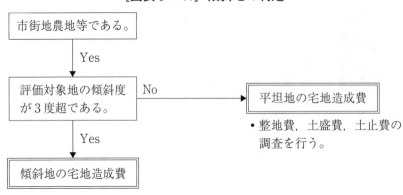

⑤ 切土は控除の対象か

　道路よりも低い位置にある土地について，宅地として利用できる高さ（原則として道路面）まで搬入した土砂で埋め立て，地上げする場合の工事費を土盛費という。

　これに対し，道路よりも高い位置にある土地について，宅地として利用できる高さ（原則として道路面）まで土砂を搬出し，平準化する場合の工事費を切土費という。

　この切土費の費目は，評価基準には定められていないが，土盛費として土盛りに伴う地ならし，伐採及び伐根を必要とする場合に造成費の額が定められていること，評価基準による宅地造成費の計算には土盛りをするための土砂の採取（切土を含む。），運搬，盛土及び整地に係る費用を土盛費に含めて扱っていることから，切土費を見積ることについては，土盛費を適用するのが相当と解されている（横浜地裁昭和56年9月17日判決〔税務訴訟資料120号483頁〕）。

⑥ 「通常必要と認められる造成費」とは

(a) 宅地比準方式における造成費

　宅地比準方式における造成費とは，「農地を宅地に転用する場合において通常必要と認められる造成費に相当する金額」とされている。

　ここでは，宅地化における宅地の現実の利用目的（例えば戸建住宅地であるのか，マンションであるのか）は考慮されない。

　農地を宅地に転用するとは，農地を建築物の建築の用に供するためにその地面や地盤の変更を行

うことをいうものと解されるが，実際にはその地域，土質，造成規模，造成目的などの条件によってその内容は種々異なることになる。

その具体的な内容としては，(i)宅地以外の土地を宅地化する際に土地の形質を変更するために行われる整地，土盛りまたは土止めに係る工事と，(ii)造成の目的が，戸建住宅，アパート，マンション，工場，倉庫，構築物の敷地などの各用途の別により必要とされる個別の工事とが考えられる。

このうち，(ii)の造成工事については，その土地上にどのような建物等を建築するかの個別事情に左右される部分が大きいことから各建築物に附属する費用とも捉えることができる。

しかし，市街地農地を評価するにあたって造成費相当額を控除するのは，市街地農地の価額の形成要因が，農地としての利用ではなく宅地としての利用を前提としたものであり，その要因は近隣の更地である宅地と変わりがなく，また，更地である宅地との比較においては，宅地造成費相当額分だけの格差があるものと認められることによる。そのために通常必要とされる宅地造成費とは，どのような建築物が建築されるかにかかわらず必要とされる整地，土盛りまたは土止めに要する金額を指すものと解されている（平成19年11月5日裁決〔裁決事例集74巻357頁〕）。

(b) 給水管等敷設費

宅地を戸建住宅の敷地として利用するための費用である給水管等敷設費が造成費に含まれるのか否かが争われた事例として，平成19年11月5日裁決〔裁決事例集74巻357頁〕がある。

この給水管等敷設費について，納税者は，宅地造成費は土地ごとにそれぞれ個別に算定すべきであり，その項目として整地，土盛りまたは土止めに要する費用に加えて，給水管等敷設費を見積って控除した。

これに対し裁決は，納税者の主張する給水管等敷設費は，宅地を戸建住宅の敷地として利用するための個別の費用であり，このような費用は上記(a)(ii)の造成工事費に該当すると認められるから，宅地比準方式により土地を評価する上で控除の対象となる「宅地に転用する場合において通常必要と認められる造成費」には当たらないものと判断している。

(c) 土地改良費決済金

土地改良区[154]の指定する地域内に存する農地を宅地に転用する際に，当該土地改良区に支払われた決済金が造成費に含まれるか否かが争われた事例として平成18年2月14日裁決〔TAINS・F0-3-123〕がある。

裁決においては，この土地改良費決済金について，以下の理由から，宅地造成費として控除されるべき金額に含まれないとしている。

争点となった土地改良費決済金の内訳は，○○土地改良区の運営に係る事務費，用水施設の維持

---

154 土地改良区とは，土地改良法により一定の地区内で土地改良事業を行うことを目的として設立される法人である。
　　土地改良区は，定款において農業用施設の維持管理を主な事業とする旨を定め，農地転用にあたっては規程に基づいて算定した土地改良費決済金を徴収している。

管理費，改良区事業の借入金の償還金相当額であることが認められ，本件土地改良費決済金は，(i)賦課金，分担金等が残存農地の耕作者に転嫁され増額されることの防止及び(ii)転用農地に対応する補助金または政府融資金の返還または償還措置を目的として，土地改良区の組合員が，組合員たる資格に係る権利の目的たる土地の全部または一部についてその資格を喪失した場合に，土地改良区に対して有していた権利義務を清算するために徴される費用（土地改良法42②《権利義務の承継及び決済》参照）とみるのが相当である。

したがって，当該土地改良費決済金は，本件土地の宅地造成工事に要する費用には当たらないとされている。

(5) 宅地への転用が見込めない農地の評価

市街地農地の価額は，仮に宅地化したとして評価がいくらになるかという考え方に基づいている。

そこで，経済合理性の観点から宅地への転用が見込めない場合，例えば，蓮田等で多額な造成費が見込まれ，宅地比準方式により評価額を算出するとマイナスとなるような場合には，宅地への転用が見込めない市街地山林の評価方法と同様に，純農地の価額に比準して評価する。

平成14年6月27日裁決〔TAINS・F0-3-057〕は，畑として利用されている傾斜地において，開発後に宅地として客観的な交換価値を見いだせない限り，通達を適用して評価すると不都合と認められる特段の事情があるとされた事例である。

本件では，市街地農地における宅地比準方式の適否が争われた。

本件丙土地は，○○株式会社が開発し分譲した団地の外れに位置し，畑として利用している北斜面の上り傾斜地部分である。

本件丙土地は，地積2,271.28m^2，間口約21mであり，高低差は15m，その傾斜度は28度である。

審査請求人は，宅地開発の許可が得られず，宅地としては利用ができない土地であることから，その価額は，固定資産税評価額の15倍が相当であると主張した。

これに対し原処分庁は，本件丙土地については，開発許可を受ける可能性が全くないとは認められないと主張した。

裁決は，この土地を宅地として開発するには，間口が狭く，道路付近の傾斜が急なため擁壁を設ける必要があるから，宅地化率が低く，擁壁設置費及び掘削費がかさむので，宅地に転用したとしても，当該費用に見合う宅地の確保は困難であることから，開発後の丙土地に宅地としての客観的な交換価値があると認めることはできないと判断している。

したがって，本件丙土地の価額は，当審判所において，丙土地と状況が類似する土地で本件相続開始日に近い時点において売買された土地の取引事例から，土地価格比準表の格差補正を適用して算出されたものが採用されている。

【誤りやすい事例】市街化農地等の評価方法の誤り

項　目	誤りの内容
市街化農地等の評価方法の誤り	・市街化区域内等の田，畑又は山林で，贈与税（相続税）の評価上，宅地比準により評価したところ，造成費を差し引くと０円（マイナス）となったため，０円（マイナス）で評価した。 →宅地比準の方法で評価した結果，経済合理性が認められない場合（宅地への転用が認められない場合）には，純農地（純山林）の評価方法に準じて評価する（近隣の純農地・純山林の単価を基に評価倍率を乗じて評価する。）。

（参考）　福岡国税局「誤りやすい事例（資産税関係令和３年分）」〔TAINS・贈与事例福岡局R030000〕

(6) 農地転用届出途中の市街地農地の評価

　市街地農地の評価においては，農地法第４条または第５条の転用許可を受けたものは，市街地農地に該当するとされている。

　そこで，農業委員会に転用届出をした後，受理決定前に相続が開始した場合，農業委員会が届出を受理したことにより，右届出がされた日に遡ってその効力を生ずることになるため，農業委員会が届出を受理した段階で市街地農地に該当することとされている。

　大阪地裁平成12年５月12日判決〔税務訴訟資料247号607頁〕は，農地転用届出途中の市街地農地の評価が争われた事例である。

　本件農地は市街化区域内にあり，相続の開始時点において，被相続人により農業委員会に農地転用の届出（農地法４）がなされていた。

平成３年６月５日	被相続人が農業委員会に対し農地転用の届出をした
平成３年６月20日	相続開始
	農業委員会は転用届出についての受理決定をした
平成３年７月12日	相続人は農業委員会に対し農地転用届出の取下げをした

　原告は，農業委員会の要請に基づき相続開始直後に取下げがされたことや，本件農地が相続開始後も現実に農地として利用されていたことなどの事情を考慮すると，現実の交換価値に相当する市街地周辺農地として評価すべきと主張した。

　これに対し被告税務署長は，評価通達36-4(2)においては農地法第４条または第５条の転用の届出のあったものが市街地農地と定義されていることから，本件農地は市街地農地に該当すると主張した。

　判決は，本件転用届出は，平成３年６月20日に農業委員会に受理されたことにより，右届出がされた同月５日に遡ってその効力を生ずることになるから，相続が開始した同月20日の時点においては市街地農地に該当していたことになると判示している。

5章　農地及び農地の上に存する権利

> **Q　売買契約が行われた農地の評価**
>
> ■質　問
> 　農地をA不動産会社に売ることに契約がまとまり，その所有権移転についての県知事の許可申請中に父が亡くなりました。この農地は，相続税の課税上どのように取り扱われるのでしょうか。
>
> ■回　答
> 　売買契約が行われた土地がその権利移転につき農地法の規定により許可または届出を要する農地または採草放牧地である場合には，その許可があった日またはその届出の効力が生じた日後に所有権が移転すると認められる場合を除き，その許可があった日またはその届出の効力が生じた日にその売買契約を行った農地または採草放牧地の所有権が移転したものとして取り扱われています。
> 　したがって，その農地の所有権は，A不動産会社に移転していないことになりますので，この場合の土地についての評価は，次のように取り扱うこととされています。
> 　相続開始時に売買契約が行われた土地の所有権が買主に移転していないときは，相続税の課税財産は，その売買契約に基づく土地の譲渡対価の額のうち相続開始時における未収入金額となります。
>
> （参考）実務相談録

(7)　市街地農地等の評価単位

①　市街地農地及び市街地周辺農地の評価単位

　市街地農地等の評価単位は，それぞれ利用の単位となっている「一団の農地」によって評価する。
　それは，市街地にある農地は，宅地化が進展している地域に介在し，将来的に宅地化の可能性が高いことから，その取引価額も宅地の価額の影響を強く受け，宅地としての利用単位を基に形成されるからである。
　例えば，市街地農地等について，1枚または1筆ごとに評価することとすると，宅地の効用を果たさない規模や形状で評価することとなり，隣接する宅地と同じような規模及び形状であるにもかかわらず，価額が異なることとなるため，利用の単位となっている一団の農地を評価単位とする。

②　「利用の単位」とは

　なお，その「利用の単位」とは，宅地と同様，その土地を取得した者が，使用収益，処分をすることができる利用単位ないし処分単位をいう。その土地を自用地として使用している限り，他から制約を受けることがないので，それを1利用単位とし，その土地を他人に賃貸している場合には，賃貸借契約に基づく制約を受けることとなるため，その借主の異なるごとに1利用単位とする。
　具体的には，次のように判定する。
（イ）所有している農地を自ら使用している場合には，耕作の単位にかかわらず，その全体をその利用の単位となっている一団の農地とする。

5 市街地農地の範囲と評価

(ロ) 所有している農地を自ら使用している場合において，その一部が生産緑地である場合には，生産緑地とそれ以外の部分をそれぞれ利用の単位となっている一団の農地とする。
(ハ) 所有する農地の一部について，永小作権または耕作権を設定させ，他の部分を自ら使用している場合には，永小作権または耕作権が設定されている部分と自ら使用している部分をそれぞれ利用の単位となっている一団の農地とする。
(ニ) 所有する農地を区分して複数の者に対して永小作権または耕作権を設定させている場合には，同一人に貸し付けられている部分ごとに利用の単位となっている一団の農地とする。

Q 市街地農地等の評価単位

■質問
　市街地農地及び市街地周辺農地（以下「市街地農地等」という。）の評価単位は，「利用の単位となっている一団の農地」とされていますが，この「利用の単位」とは，具体的にはどのように判定するのでしょうか。

■回答
　市街地農地等は，利用の単位となっている一団の農地を評価単位とするのですが，具体的には，次のように判定します。
(1) 所有している農地を自ら使用している場合には，耕作の単位にかかわらず，その全体をその利用の単位となっている一団の農地とします。
(2) 所有している農地を自ら使用している場合において，その一部が生産緑地である場合には，生産緑地とそれ以外の部分をそれぞれ利用の単位となっている一団の農地とします。
(3) 所有する農地の一部について，永小作権又は耕作権を設定させ，他の部分を自ら使用している場合には，永小作権又は耕作権が設定されている部分と自ら使用している部分をそれぞれ利用の単位となっている一団の農地とします。
(4) 所有する農地を区分して複数の者に対して永小作権又は耕作権を設定させている場合には，同一人に貸し付けられている部分ごとに利用の単位となっている一団の農地とします。
　なお，市街地山林及び市街地原野の評価単位についても同様の考え方により判定します。

（解説）
　市街地農地等の価額は，宅地の価額の影響を強く受けることから宅地比準方式により評価することとしており，これとの整合性を図るため，評価の単位についても宅地としての効用を果たす規模での評価を行う必要があります。
　したがって，市街地農地等については，1枚又は1筆ごとといった評価単位によらず，利用の単位となっている一団の農地を評価単位とすることが相当と考えられます。
　利用の単位とは，一体として利用される範囲を指し，自用の土地であれば，他人の権利による制約がないので，その全体が一体として利用されるものであり，他人の権利が存する土地とは区分されます。
　したがって，自用の土地は，その全体を利用の単位として評価することとなります。
　また，他人の権利の存する土地について，貸付先がそれぞれ異なっている場合には，利用についてもそれぞれ異なっているので，同一人に貸し付けられている部分ごとに利用の単位とします。

5章　農地及び農地の上に存する権利

> なお，生産緑地は農地等として管理しなければならないという制約があることから，市街地農地と隣接しているような場合であっても，それぞれを「利用の単位となっている一団の農地」としています。
>
> （参考）国税庁質疑応答事例「市街地農地等の評価単位」

【誤りやすい事例】市街地農地の評価単位

誤った取扱い	正しい取扱い
市街地農地を1枚の農地（耕作の単位となっている1区画の農地）ごとに評価した。	農地（田及び畑）は，1枚の農地ごとに評価するが，宅地比準して評価する市街地農地等については，「利用の単位となっている一団の農地」を評価単位とする（評基通7-2(2)）。

（参考）　大阪国税局「誤りやすい事例（財産評価関係平成30年分）」〔TAINS・評価事例大阪局300000〕

③　自用地と自用地

　所有する農地を自ら使用している場合には，耕作の単位にかかわらず，全体をその利用の単位となっている一団の農地とする。

　例えば，次の図表5－12のようなケースである。

（イ）被相続人・甲は，A土地及びB土地を所有している。
（ロ）いずれも市街化区域に所在する。
（ハ）甲は，A土地を自ら耕作の用に供している。
（ニ）甲は，B土地も自ら耕作の用に供しA土地とは異なる農作物の栽培を行っている。

　このような場合には，A土地及びB土地の全体を1画地の農地として評価する。

［図表5－12］市街地農地等

④　生産緑地

(a)　評価単位

　所有している農地を自ら使用している場合において，その一部が生産緑地であるときには，生産緑地は農地等として管理しなければならないという制約があることから，市街地農地と隣接してい

るような場合であっても，生産緑地とそれ以外の部分をそれぞれ利用の単位となっている一団の農地とする（平成24年1月27日裁決〔TAINS・F0-3-338〕）。

例えば，**図表5－13**のようなケースである。

(イ) 被相続人・甲は，A土地及びB土地を所有している。

(ロ) A土地は耕作の用に供されており，生産緑地に指定されている。

(ハ) B土地は耕作の用に供されているが，生産緑地には指定されていない。

このような場合には，A土地は生産緑地，B土地は非生産緑地として利用の単位が異なることから，それぞれを別個の評価単位とする。

これは，生産緑地または非生産緑地の一方が道路に接しないこととなった場合でも同様である（**図表5－13右図**）。

なお，生産緑地と生産緑地が隣接するケースにおいては，その全体を1画地の農地として評価する（**図表5－14**）。

[図表5－13] 生産緑地と非生産緑地

A土地	B土地
生産緑地	非生産緑地

A土地
生産緑地
B土地
非生産緑地

[図表5－14] 生産緑地と生産緑地

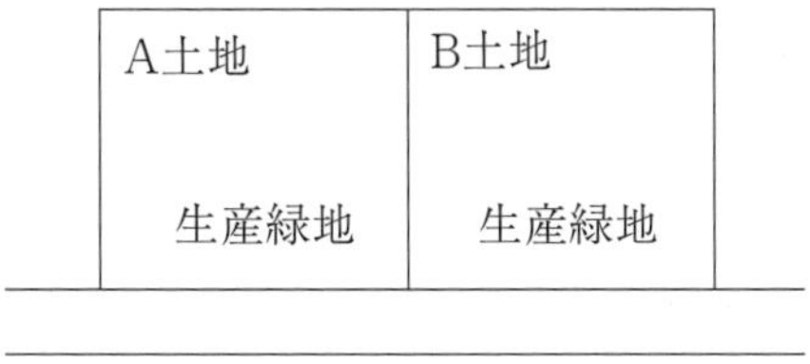

A土地	B土地
生産緑地	生産緑地

(b) **争訟事例**

平成24年1月27日裁決〔TAINS・F0-3-338〕は，生産緑地（A土地）と市街地農地（B土地）が隣接する場合においては，別々の評価単位とするのが相当とされた事例である。

本件各土地の概要は以下のとおりである。

(イ) 本件A土地は，畑として利用されており，生産緑地に指定されている。地積は1,071.64m^{2}であり，その北側において建築基準法に規定する道路（以下「2項道路」という）に面している。

(ロ) 本件B土地は，畑として利用されている。地積は714m^{2}であり，その北側において2項道路

5章　農地及び農地の上に存する権利

に面している。

　評価単位について，審査請求人は，本件Ａ土地は被相続人の死亡により買取りの申出が可能な生産緑地となり，本件Ｂ土地と同じ利用制限のない農地になったこと，現に，本件Ａ土地及び本件Ｂ土地はともに畑として一体利用していることから，本件Ａ土地及び本件Ｂ土地を別個に評価すべき理由はないと主張した。

　これに対し原処分庁は，本件Ａ土地の行為制限が解除されたのは，相続開始日後であり，相続税法に規定する時価は相続開始日の価額であることから請求人の主張はその前提において誤っていると主張した。

　裁決は，相続財産の時価は，当該相続により財産を取得した日の現況に応じてこれを判断することとなるから，本件Ａ土地についても，相続の開始時点での現況を基準としてこれを判断することが必要となるところ，本件Ａ土地は，相続開始日においては生産緑地であり，被相続人の死亡により買取りの申出ができることになったとしても，所要の手続や相当の期間を経なければ生産緑地としての行為制限が解除されない土地であって，相続開始日において行為制限があった本件Ａ土地と，行為制限のない本件Ｂ土地を一体で評価することはできないと判断している。

⑤　自用地と貸農地

　所有する農地の一部について，小作人（借地人）に永小作権または耕作権を設定して賃貸し，他の部分を自ら使用している場合には，永小作権または耕作権が設定されている部分と自ら使用している部分をそれぞれ別の利用の単位となっている一団の農地とする[155]。

　例えば，**図表5－15**のようなケースである。
（イ）被相続人・甲は，Ａ土地及びＢ土地を所有している。
（ロ）甲は，Ａ土地を自ら耕作の用に供している。
（ハ）甲は，Ｂ土地を小作人乙に賃貸し，乙は小作料を支払って耕作している。
（ニ）乙の賃貸借については農地法の手続を経ている。

---

[155] 農地は，農地法の定めにより，地目変更や売買，貸し借りを行うことが自由にできない。農地を貸し借りする際には，農業委員会の許可が必要となる。
　農地の賃貸借は，小作人（借地人）が農地所有者と小作契約を結び，小作料を支払って農地を耕作する。この際に小作人に帰属する権利を耕作権という。
　耕作権の設定がなされると，賃料の不払いや耕作放棄などの事由がない限り，契約更新を拒否することができないなど小作人に対する権利保護が発生する（いわゆる「農地法の法定更新」）。
　また，賃貸借契約の解約を行う際にも，原則として，都道府県知事の許可が必要となり，また，農地所有者から小作人に離作料が発生することとなる（離作料は耕作できなくなったことに対する損失の補償の意味合いが強いが，離作料についての法律の規定はなく，地域の慣習によって支払が行われている。）。
　したがって，実際には，耕作権が発生すると，小作人の権利保護が強くなり，離作料も発生するため，農地法上の保護を受けない，いわゆるやみ小作として農地を賃貸借する場合が多いのが現状である。
　耕作権，永小作権，やみ小作は，宅地でいう借地権，地上権，使用貸借のようなイメージである。

5 市街地農地の範囲と評価

このような場合，自ら使用している部分と耕作権が設定されている部分をそれぞれ利用の単位となっている一団の農地として別評価する。

なお，農地法の保護を受けない，いわゆるやみ小作といった貸借については自用地として評価するため，図表5－16のＡ土地及びＢ土地においては一体として評価を行うこととなる[156]。

[図表5－15] 自用地と貸農地

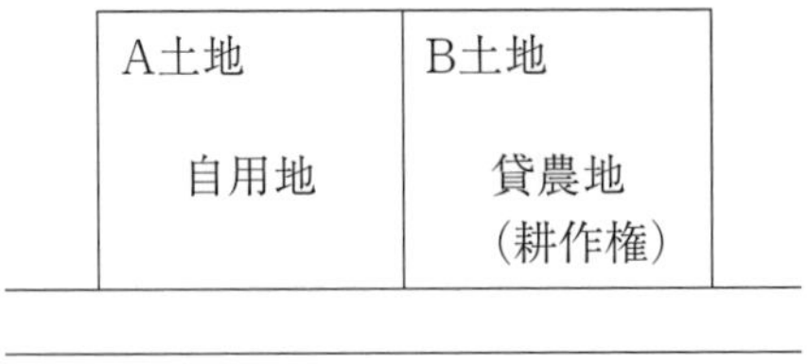

Ａ土地	Ｂ土地
自用地	貸農地（耕作権）

[図表5－16] 自用地とやみ小作

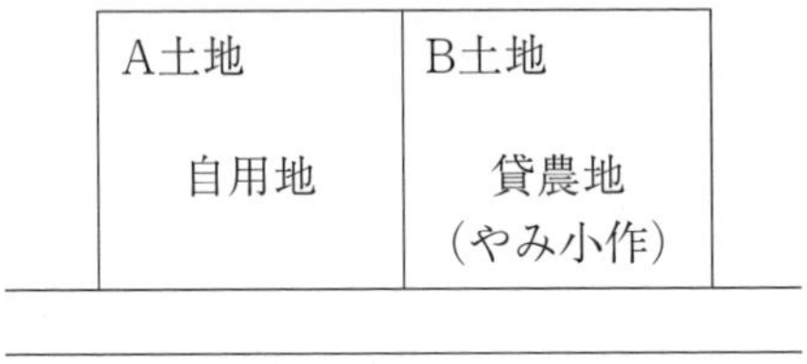

Ａ土地	Ｂ土地
自用地	貸農地（やみ小作）

Q 市街地農地とこれに隣接する耕作権の評価単位

■質問

　市街地農地であるＡ土地を所有していた被相続人甲は，Ａ土地に隣接した市街地農地であるＢ土地に係る耕作権（Ｂ耕作権）を有していた。

　甲の相続税の計算上，Ａ土地及びＢ耕作権の評価単位をどうするか。

　なお，Ａ土地及びＢ耕作権は，一体として甲の農業の用に供されていた。

■回答

　Ａ土地及びＢ耕作権を一の評価単位として評価する。

---

[156] 国税庁質疑応答事例「農地法の許可を受けないで他人に耕作させている農地の評価」参照。
　農地に賃借権等の権利を設定するためには，農地法第3条の定めるところにより，原則として農業委員会の許可を受けなければならないため，いわゆるやみ小作については耕作権を認めることはできないとされている。

5章　農地及び農地の上に存する権利

（解説）
　市街地農地の評価単位については，それぞれ利用の単位となっている一団の農地を一の評価単位とすることとされている（評基通7-2(2)ただし書き）。
　そうすると，市街地農地に係る耕作権は，市街地農地の上に存する権利であることから，自己所有の市街地農地とそれに隣接する農地に係る耕作権がある場合に，これらの農地が一体利用されるときには，これら一団の農地を一の評価単位とし，市街地農地及び耕作権を評価しなければならない。
　したがって，A土地及びB耕作権は，一団の農地となり，一の評価単位として評価することとなる。

（参考）大阪国税局「資産税関係質疑応答事例集（平成23年6月24日）」〔TAINS・課税第一情報大阪（資産税質疑応答）H230624〕

【誤りやすい事例】自己所有農地と耕作権が隣接している場合の評価単位

誤った取扱い	正しい取扱い
自己所有の市街地農地に隣接して耕作権を有するが，所有者が異なることから，別々に評価した。	自己所有の市街地農地と隣接する耕作権がある場合に，これら一団の農地は，一の評価単位として評価する（評基通7-2）。

（参考）　大阪国税局「誤りやすい事例（財産評価関係平成30年分）」〔TAINS・評価事例大阪局300000〕

⑥　貸農地と貸農地

　所有する農地を区分して複数の者に対して永小作権または耕作権を設定させている場合には，同一人に貸し付けられている部分ごとに利用の単位となっている一団の農地とする。
　例えば，図表5-17のようなケースである。
（イ）被相続人・甲は，A土地及びB土地を所有している。
（ロ）甲は，A土地を小作人乙に賃貸し，乙は小作料を支払って耕作している。
（ハ）甲は，B土地を小作人丙に賃貸し，丙は小作料を支払って耕作している。
（ニ）乙及び丙との賃貸借についてはいずれも農地法の許可を受けている。

　このような場合，A土地及びB土地には，ともに他人の権利（耕作権）が存し，いずれも貸農地として利用されているが，耕作権者が異なっていることから，それぞれを別個の評価単位とする。

[図表5-17] 貸農地と貸農地

A土地	B土地
貸農地 （乙小作人）	貸農地 （丙小作人）

[図表5−18] やみ小作とやみ小作

A土地	B土地
貸農地 (やみ小作)	貸農地 (やみ小作)

　なお，いずれも農地法の保護を受けない，いわゆるやみ小作といった貸借である場合は自用地として評価するため，図表5−18のA土地及びB土地は一体として評価を行うこととなる。

6 生産緑地の評価

財産評価基本通達40-3 《生産緑地の評価》

　生産緑地（生産緑地法（昭和49年法律第68号）第2条《定義》第3号に規定する生産緑地のうち，課税時期において同法第10条《生産緑地の買取りの申出》の規定（同法第10条の5に《特定生産緑地の買取りの申出》の規定により読み替えて適用される場合を含む。以下同じ。）により市町村長に対し生産緑地を時価で買い取るべき旨の申出（以下「買取りの申出」という。）を行った日から起算して3月を経過しているもの以外のものをいう。以下同じ。）の価額は，その生産緑地が生産緑地でないものとして本章の定めにより評価した価額から，その価額に次に掲げる生産緑地の別にそれぞれ次に掲げる割合を乗じて計算した金額を控除した金額によって評価する。

(1) 課税時期において市町村長に対し買取りの申出をすることができない生産緑地

課税時期から買取りの申出をすることができることとなる日までの期間	割合
5年以下のもの	100分の10
5年を超え10年以下のもの	100分の15
10年を超え15年以下のもの	100分の20
15年を超え20年以下のもの	100分の25
20年を超え25年以下のもの	100分の30
25年を超え30年以下のもの	100分の35

(2) 課税時期において市町村長に対し買取りの申出が行われていた生産緑地又は買取りの申出をすることができる生産緑地
　　100分の5
---

(1) 生産緑地とは

① 生産緑地制度

　本項では生産緑地の評価方法を定めている。
　生産緑地制度は，市街化区域において「宅地化する農地」と「保全する農地」との区分を明確化するための制度である。生産緑地に指定されると，農地所有者に原則として30年間の農地としての

管理義務を課すことにより，都市における農地等の保全を図っている。建築物の新築，宅地造成などを行いたい場合には，市町村長の許可を受けなければならないが，この許可は，（農産物の生産集荷施設や市民農園に係る施設等を設置する場合以外は）原則として下りないこととされている（生産緑地法8）。

また，市街化区域内の農地に係る固定資産税は原則として宅地並み課税となるが，生産緑地は低額な農地課税としており，これは農地への急激な固定資産税の負担増を回避することを目的としている。

なお，生産緑地の指定の告示の日から30年を経過したとき，または，それまでの間に農林漁業の主たる従事者が死亡した場合などには，市町村長に対してその生産緑地を時価で買い取るべき旨を申し出ることができる。

全国の農地の面積に占める生産緑地の面積は**図表5－19**のとおりであり，三大都市圏特定市においては，生産緑地以外の市街化区域農地（1.0万ha）よりも生産緑地（1.2万ha）の方が多くなっている。三大都市圏特定市以外の地域においては，市街化区域農地（4.1万ha）の方が生産緑地（0.01万ha）より圧倒的に多いのが現状である。

[図表5－19] 農地面積の現状

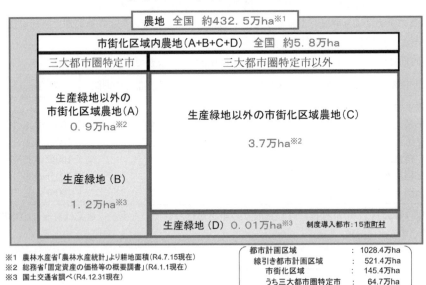

（出典）国土交通省ホームページ「農地面積の現状」

② **生産緑地の要件**

市町村は，市街化区域内の農地で，次に該当する区域について都市計画に生産緑地地区を定めることができる。

（イ）良好な生活環境の確保に相当の効果があり，公共施設等の敷地に供する用地として適しているもの

（ロ）500m^2（条例により300m^2）以上の面積のもの
（ハ）農林業の継続が可能な条件を備えているもの

　生産緑地の面積要件は，他者が所有する生産緑地とあわせて500m^{2}以上（条例により300m^{2}以上）であれば指定が受けられる。

③　生産緑地地区内における行為の制限
　市街化区域内にある農地が生産緑地に指定されると，原則として，農地としてしか利用ができないこととなる。その生産緑地において建築物その他の工作物の新築，増改築，宅地造成等の行為は，市町村長の許可を受けなければしてはならないが（生産緑地法8），生産緑地地区内に設置可能な建築物は，以下の（イ）から（ト）のような農林漁業を営むために必要で，生活環境の悪化をもたらすおそれがないものに厳しく限定されている（生産緑地法8②）。
（イ）生産または集荷の用に供する施設（ビニールハウス，温室，育種苗施設，農産物の集荷施設等）
（ロ）生産資材の貯蔵または保管の用に供する施設（農機具の収納施設，種苗貯蔵施設等）
（ハ）処理または貯蔵に必要な共同利用施設（共同で利用する選果場等）
（ニ）休憩施設その他（休憩所，農作業講習施設等）
（ホ）生産緑地内で生産された農産物等を主たる原材料とする製造・加工施設
（ヘ）生産緑地内で生産された農産物等または製造・加工されたものを販売する施設
（ト）生産緑地内で生産された農産物等を主たる材料とするレストラン

④　買取りの申出
　生産緑地についてはこのような制限がある一方，買取りの申出の制度が設けられている。生産緑地の指定の告示日から30年を経過した場合，または，それまでの間に農林漁業の主たる従事者が死亡等の理由により従事することができなくなった場合，生産緑地の所有者は，市町村長に対してその生産緑地を時価で買い取るべき旨を申し出ることができる（生産緑地法10）。
　この場合，市町村長は，特別の事情がない限り，当該生産緑地を時価で買い取らなければならず（同法11①），買取りしない場合は，当該生産緑地において農林漁業に従事することを希望する者がこれを取得できるように斡旋することに努めなければならない（同法13）。
　上記の買取りの申出がなされた生産緑地について，申出の日から起算して3か月以内にその所有権が移転しない場合には，生産緑地における利用制限は解除される（同法14）。

⑤　特定生産緑地制度
　平成29（2017）年改正により，生産緑地の指定の日から30年を経過する生産緑地については，事前に「特定生産緑地」として市町村長の指定を受けることにより，買取申出ができる時期が延長さ

[図表 5 −20] 生産緑地制度のしくみ

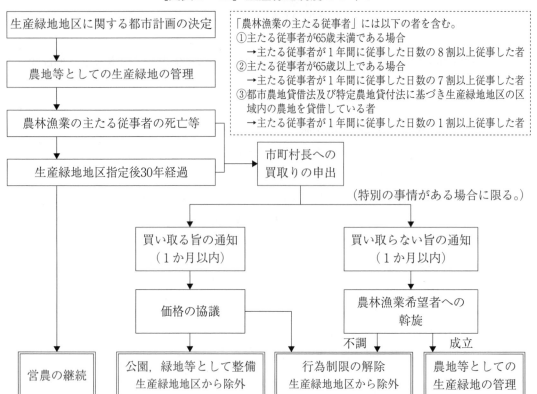

れる制度が創設された。つまり，30年が経過した生産緑地について，さらに10年ごとに更新できる制度である。

その特定生産緑地の指定は，生産緑地の指定の告示日から30年を経過する日（以下「申出基準日」という）までに行うものとされ，その指定の期限は，その申出基準日から10年となる。

また，10年を経過する日が近く到来することとなる特定生産緑地について，その日以後においても指定を継続する必要があると認めるときは，申出基準日から起算して10年を経過する日（以下「指定期限日」という。指定の期限の延長がされたときは，その延長後の期限が経過する日）までに指定期限の延長がされたものは，その指定の期限をさらに10年ごとに更新することができることとされている。

ただし，申出基準日または指定期限日までに特定生産緑地の指定を行わない場合は，以降，特定生産緑地の指定は受けられないこととなる。

なお，特定生産緑地の所有者は，申出基準日から起算して10年を経過する日（特定生産緑地の指定の期限の再延長をしたときは，その再延長後の期限が経過する日）以後，または農林漁業の主たる従事者が死亡した場合などにおいて，市町村長に対してその特定生産緑地を時価で買い取るべき旨を申し出ることができる。

6 生産緑地の評価

[図表5－21] 特定生産緑地制度

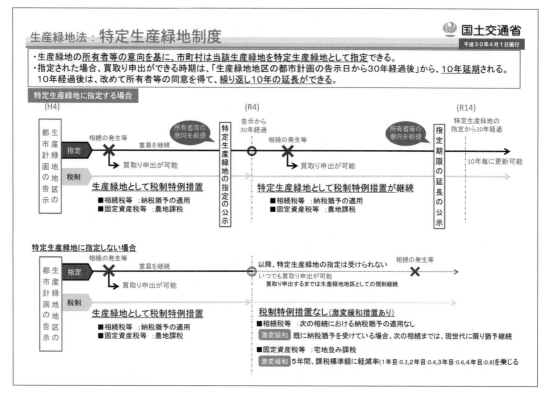

（出典） 国土交通省「生産緑地制度の概要」

実務上のポイント

生産緑地であるか否かは，市区町村（都市計画課）にある都市計画図や固定資産税課税明細書において確認することができる。また，現地に「生産緑地地区」として標識が設置されている。

参考　生産緑地法

（定義）
第2条　この法律において次の各号に掲げる用語の意義は，それぞれ当該各号に定めるところによる。
　三　生産緑地　第三条第一項の規定により定められた生産緑地地区の区域内の土地又は森林をいう。

（生産緑地地区内における行為の制限）
第8条　生産緑地地区内においては，次に掲げる行為は，市町村長の許可を受けなければ，してはならない。ただし，公共施設等の設置若しくは管理に係る行為，当該生産緑地地区に関する都市計画が定められた際既に着手していた行為又は非常災害のため必要な応急措置として行う行為については，この限りでない。
　一　建築物その他の工作物の新築，改築又は増築
　二　宅地の造成，土石の採取その他の土地の形質の変更

三　水面の埋立て又は干拓
2　市町村長は，前項各号に掲げる行為のうち，次に掲げる施設の設置又は管理に係る行為で良好な生活環境の確保を図る上で支障がないと認めるものに限り，同項の許可をすることができる。
　一　次に掲げる施設で，当該生産緑地において農林漁業を営むために必要となるもの
　　イ　農産物，林産物又は水産物（以下この項において「農産物等」という。）の生産又は集荷の用に供する施設
　　ロ　農林漁業の生産資材の貯蔵又は保管の用に供する施設
　　ハ　農産物等の処理又は貯蔵に必要な共同利用施設
　　ニ　農林漁業に従事する者の休憩施設
　二　次に掲げる施設で，当該生産緑地の保全に著しい支障を及ぼすおそれがなく，かつ，当該生産緑地における農林漁業の安定的な継続に資するものとして国土交通省令で定める基準に適合するもの
　　イ　当該生産緑地地区及びその周辺の地域内において生産された農産物等を主たる原材料として使用する製造又は加工の用に供する施設
　　ロ　イの農産物等又はこれを主たる原材料として製造され，若しくは加工された物品の販売の用に供する施設
　　ハ　イの農産物等を主たる材料とする料理の提供の用に供する施設
　三　前二号に掲げるもののほか，政令で定める施設
3　市町村長は，第一項の許可の申請があった場合において，当該生産緑地の保全のため必要があると認めるときは，許可に期限その他必要な条件を付けることができる。
4　生産緑地地区内において公共施設等の設置又は管理に係る行為で第一項各号に掲げるものをしようとする者は，あらかじめ，市町村長にその旨を通知しなければならない。
5　生産緑地地区に関する都市計画が定められた際当該生産緑地地区内において既に第一項各号に掲げる行為に着手している者は，その都市計画が定められた日から起算して30日以内に，市町村長にその旨を届け出なければならない。
6　生産緑地地区内において非常災害のため必要な応急措置として第一項各号に掲げる行為をした者は，その行為をした日から起算して14日以内に，市町村長にその旨を届け出なければならない。
7　市町村長は，第四項の規定による通知又は第五項若しくは前項の規定による届出があった場合において，当該生産緑地の保全のため必要があると認めるときは，通知又は届出をした者に対して，必要な助言又は勧告をすることができる。
8　国の機関又は地方公共団体が行う第二項各号に掲げる施設の設置又は管理に係る第一項各号に掲げる行為については，同項の許可を受けることを要しない。この場合において，当該国の機関又は地方公共団体は，その行為をしようとするときは，あらかじめ，市町村長に協議しなければならない。
9　通常の管理行為，軽易な行為その他の行為で政令で定めるものについては，第一項から第七項まで及び前項後段の規定は，適用しない。
10　都市計画法第八条第一項第一号の田園住居地域内の生産緑地地区の区域（現に農業の用に供されている農地の区域に限る。）内において行う第二項各号に掲げる施設の設置又は管理に係る行為について第一項の許可があったときは，当該行為のうち同法第五十二条第一項の許可を要する行為に該当するものについて，同項の許可があったものとみなす。

（生産緑地の買取りの申出）
第10条　生産緑地（生産緑地のうち土地区画整理法第九十八条第一項（大都市地域における住宅及び

住宅地の供給の促進に関する特別措置法第八十三条において準用する場合を含む。）の規定により仮換地として指定された土地にあっては，当該土地に対応する従前の土地。この項後段において同じ。）の所有者（以下「生産緑地所有者」という。）は，当該生産緑地に係る生産緑地地区に関する都市計画についての都市計画法第二十条第一項（同法第二十一条第二項において準用する場合を含む。）の規定による告示の日から起算して三十年を経過する日（以下「申出基準日」という。）以後において，市町村長に対し，国土交通省令で定める様式の書面をもって，当該生産緑地を時価で買い取るべき旨を申し出ることができる。この場合において，当該生産緑地が他人の権利の目的となっているときは，第十二条第一項又は第二項の規定による買い取る旨の通知書の発送を条件として当該権利を消滅させる旨の当該権利を有する者の書面を添付しなければならない。

2　生産緑地所有者は，前項前段の場合のほか，同項の告示の日以後において，当該生産緑地に係る農林漁業の主たる従事者（当該生産緑地に係る農林漁業の業務に，当該業務につき国土交通省令で定めるところにより算定した割合以上従事している者を含む。）が死亡し，又は農林漁業に従事することを不可能にさせる故障として国土交通省令で定めるものを有するに至ったときは，市町村長に対し，国土交通省令で定める様式の書面をもって，当該生産緑地を時価で買い取るべき旨を申し出ることができる。この場合においては，同項後段の規定を準用する。

（特定生産緑地の指定）
第10条の2　市町村長は，申出基準日が近く到来することとなる生産緑地のうち，その周辺の地域における公園，緑地その他の公共空地の整備の状況及び土地利用の状況を勘案して，当該申出基準日以後においてもその保全を確実に行うことが良好な都市環境の形成を図る上で特に有効であると認められるものを，特定生産緑地として指定することができる。

2　前項の規定による指定（以下単に「指定」という。）は，申出基準日までに行うものとし，その指定の期限は，当該申出基準日から起算して十年を経過する日とする。

3　市町村長は，指定をしようとするときは，あらかじめ，当該生産緑地に係る農地等利害関係人（第三条第四項に規定する農地等利害関係人をいう。以下同じ。）の同意を得るとともに，市町村都市計画審議会（当該市町村に市町村都市計画審議会が置かれていないときは，当該市町村の存する都道府県の都道府県都市計画審議会。第十条の四第三項において同じ。）の意見を聴かなければならない。

4　市町村長は，指定をしたときは，国土交通省令で定めるところにより，当該特定生産緑地を公示するとともに，その旨を当該特定生産緑地に係る農地等利害関係人に通知しなければならない。

（特定生産緑地の指定の期限の延長）
第10条の3　市町村長は，申出基準日から起算して十年を経過する日が近く到来することとなる特定生産緑地について当該日以後においても指定を継続する必要があると認めるときは，その指定の期限を延長することができる。当該特定生産緑地について当該延長に係る期限が経過する日以後においても更に指定を継続する必要があると認めるときも，同様とする。

2　前項の規定による期限の延長は，申出基準日から起算して十年を経過する日（同項の規定により指定の期限を延長したときは，その延長後の期限が経過する日。以下この項において「指定期限日」という。）までに行うものとし，その延長後の期限は，当該指定期限日から起算して十年を経過する日とする。

3　前条第三項及び第四項の規定は，第一項の規定による期限の延長について準用する。

5章　農地及び農地の上に存する権利

（生産緑地の買取り等）
第11条　市町村長は，第十条の規定による申出があったときは，次項の規定により買取りの相手方が定められた場合を除き，特別の事情がない限り，当該生産緑地を時価で買い取るものとする。
2　市町村長は，第十条の規定による申出があったときは，当該生産緑地の買取りを希望する地方公共団体等のうちから当該生産緑地の買取りの相手方を定めることができる。この場合において，当該生産緑地の周辺の地域における公園，緑地その他の公共空地の整備の状況及び土地利用の状況を勘案して必要があると認めるときは，公園，緑地その他の公共空地の敷地の用に供することを目的として買取りを希望する者を他の者に優先して定めなければならない。

（生産緑地の買取りの通知等）
第12条　市町村長は，前条第二項の規定により買取りの相手方が定められた場合を除き，第十条の規定による申出があつた日から起算して一月以内に，当該生産緑地を時価で買い取る旨又は買い取らない旨を書面で当該生産緑地の所有者に通知しなければならない。
2　前条第二項の規定により買取りの相手方として定められた者は，前項に規定する期間内に，当該生産緑地を時価で買い取る旨を書面で当該生産緑地の所有者及び市町村長に通知しなければならない。
3　前二項の規定により買い取る旨の通知がされた場合における当該生産緑地の時価については，買い取る旨の通知をした者と生産緑地の所有者とが協議して定める。
4　第六条第六項の規定は，前項の場合について準用する。

（生産緑地の取得のあっせん）
第13条　市町村長は，生産緑地について，前条第一項の規定により買い取らない旨の通知をしたときは，当該生産緑地において農林漁業に従事することを希望する者がこれを取得できるようにあっせんすることに努めなければならない。

（生産緑地地区内における行為の制限の解除）
第14条　第十条の規定による申出があった場合において，その申出の日から起算して3月以内に当該生産緑地の所有権の移転（相続その他の一般承継による移転を除く。）が行われなかったときは，当該生産緑地については，第七条から第九条までの規定は，適用しない。

（生産緑地の買取り希望の申出）
第15条　生産緑地の所有者は，第十条の規定による申出ができない場合であっても，疾病等により農林漁業に従事することが困難である等の特別の事情があるときは，市町村長に対し，国土交通省令で定めるところにより，当該生産緑地の買取りを申し出ることができる。
2　市町村長は，前項の規定による申出がやむを得ないものであると認めるときは，当該生産緑地を自ら買い取ること又は地方公共団体等若しくは当該生産緑地において農林漁業に従事することを希望する者がこれを取得できるようにあっせんすることに努めなければならない。

(2) 生産緑地の評価

① 取扱い

　生産緑地に指定された場合は，告示の日から30年間は行為制限が付されることになるため，このような生産緑地（特定生産緑地を含む。）の価額は，行為制限が解除となる日までの期間に応じて，その影響度に傾斜をつけて評価する。

　具体的には，その土地が生産緑地でないものとして評価した価額から，その価額に次に掲げる生産緑地の別に，それぞれの割合を乗じて計算した金額を控除する。

　これを算式で示すと次のとおりである。

（算式）

$$\text{生産緑地の評価額} = \text{その土地が生産緑地でないものとして評価した価額} \times \left(1 - \text{次の(a)または(b)に掲げる割合}\right)$$

(a) 課税時期において市町村長に対し買取りの申出をすることができない生産緑地

　　課税時期（相続または遺贈の場合は被相続人の死亡の日，贈与の場合は贈与により財産を取得した日）において市町村長に対し買取りの申出をすることができない生産緑地は，課税時期から買取りの申出をすることができる日までの期間に応じて，それぞれ評価通達40-3(1)のとおりの割合が定められている。

(b) 課税時期において市町村長に対し買取りの申出が行われていた生産緑地または買取りの申出をすることができる生産緑地　5％

> **実務上のポイント**
>
> 　被相続人がその生産緑地の主たる従事者である場合は，上記（算式）(b)の「買取りの申出をすることができる生産緑地」になる。
>
> 　別の者が主たる従事者の場合は，被相続人が死亡等しても買取りの申出ができることにはならないため，生産緑地の行為制限の解除の日までの年数に応じて10％から35％までの減価となる。

5章　農地及び農地の上に存する権利

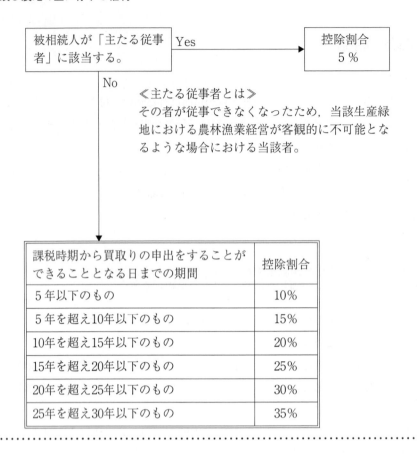

② 評価方法の一般的合理性

　生産緑地の評価方法の一般的合理性については，裁決事例において以下のとおり述べられている（平成9年2月17日裁決〔裁決事例集53巻442頁〕，平成13年8月2日裁決〔TAINS・F0-3-042〕）。

　一般的に上記のような行為制限が一定の面的広がりをもっている場合には，そのことを前提とした売買実例価額が成立すると考えられることから，その価額を基に評価額を算出すればよいことになる。

　しかし，生産緑地については，このような一定の面的広がりをもって指定されるケースはまれであり，仮にあったとしても個々の生産緑地によって行為制限の期間が異なることがあり，売買自体もほとんどないのが実情である。

　したがって，行為制限が付されている生産緑地の価額は，その制限が付されていないとした場合の価額から，行為制限が付されていることを斟酌して評価せざるを得ないと考えられ，この場合の斟酌は行為制限期間の長短によることが合理的であると考えられる。

　そのため，評価通達40-2の(1)において，その土地が生産緑地でないものとして評価した価額から，その価額に行為制限期間の区分別の割合を乗じて計算した金額を控除して評価することとしている。

6 生産緑地の評価

　また，行為制限期間が満了したもの，または主たる従事者が死亡したことなどにより買取りの申出を経由することにより行為制限が解除されるものについては，価格面での不利益は受けないこととなるが，一般の土地に比べればそれなりの手数を要するところから，評価通達40-2の(2)において，その土地が生産緑地でないものとして評価した価額から，その価額に5％を乗じて計算した金額を控除して評価することとしたものと認められる。
　このように行為制限の解除までの期間の長短等に応じて減額割合を設定していることに不相当とする理由は認められない。

Q 生産緑地の評価

■質　問
　生産緑地に係る主たる従事者が死亡した場合の生産緑地の価額は，どのように評価するのですか。

■回　答
　生産緑地に指定されると，原則として，告示の日から30年間は，建築物の建築，宅地の造成等はできないという，いわゆる行為制限が付されることになります（生産緑地法8）。このような生産緑地の価額は，行為制限の解除の前提となっている買取りの申出のできる日までの期間に応じて定めた一定の割合を減額して評価することとしています。
　ところで，この買取りの申出は30年間経過した場合等（注）のほか，その生産緑地に係る農林漁業の主たる従事者が死亡したときにもできる（生産緑地法10）こととされていることから，主たる従事者が死亡した時の生産緑地の価額は，生産緑地でないものとして評価した価額の95％相当額で評価します。

（生産緑地法の概要）

対象地区	① 市街化区域内の農地等であること ② 公害等の防止，農林漁業と調和した都市環境の保全の効用を有し，公共施設等の用地に適したものであること ③ 用排水等の営農継続可能条件を備えていること
地区面積	500m²以上（市町村が条例により300m²まで引下げ可能）
建築等の制限	宅地造成・建物等の建築等には市町村長の許可が必要（農林漁業を営むために必要である一定の施設及び市民農園に係る施設等以外の場合は原則不許可）
買取り申出	生産緑地の指定から30年経過する日（申出基準日）等（注）以後又は生産緑地に係る主たる農林漁業従事者又はそれに準ずる者の死亡等のとき，市町村長へ時価での買取り申出が可能（不成立の場合は，3ヶ月後制限解除）
特定生産緑地の指定	申出基準日までに生産緑地を特定生産緑地として指定が可能
特定生産緑地の指定期限の延長	申出基準日から10年経過する日までに指定期限の延長が可能（以後，繰り返し10年の延長が可能）

5章　農地及び農地の上に存する権利

> （注）　特定生産緑地の指定がされた場合には，買取りの申出ができる日が申出基準日から10年延期されます。さらに，特定生産緑地の指定期限の延長がされた場合には，買取りの申出ができる日が10年延長されます（生産緑地法10の5）。
>
> （参考）国税庁質疑応答事例「生産緑地の評価」

【誤りやすい項目】生産緑地の評価

誤った認識	正しい答え
買取りの申出のできる日までに応じた減額割合を適用し評価している。	主たる農業従事者が被相続人であった場合は，相続開始により買取りの申出ができるので減額割合は5％となる。

（参考）　東京国税局「誤りやすい事例集（改訂版）」〔TAINS・相続事例001877〕

平成4年12月1日
国税庁長官

三大都市圏の特定市の市街化区域内農地のうち平成4年中に都市計画法上の生産緑地地区の指定等を受けた農地等の評価について

　標題のことについては，平成4年1月1日から同年12月31日までに相続又は遺贈により取得したものの評価について下記により取り扱うこととしたから，これによられたい。

（趣旨）
　三大都市圏の特定市の市街化区域内農地については，都市計画において，宅地化するものと農地として保全するものとの区分の明確化を図ることとされ，保全すべき農地として生産緑地地区の指定を受けた農地及び市街化調整区域に編入された農地に限り，租税特別措置法第70条の4（農地等を贈与した場合の贈与税の納税猶予）及び同法第70条の6（農地等についての相続税の納税猶予等）の規定により，贈与税及び相続税の納税猶予の特例を適用することとされている。この場合，相続税の納税猶予の特例の適用上は，都市計画決定等の手続きに相当の期間を必要とすること等に鑑み，課税時期現在において生産緑地地区としての指定又は線引きの見直しによる市街化調整区域への編入がされていない農地であっても，租税特別措置法の一部を改正する法律（平成3年法律第16号）附則第19条第4項の規定により，平成4年12月31日までに都市計画決定等の告示があったことにより生産緑地地区として指定された農地又は市街化調整区域内の農地に該当することとなったときには，これを課税時期において生産緑地地区として指定された農地又は市街化調整区域内の農地に該当するものとみなして，相続税の納税猶予の特例を適用することとされており，これと同様の趣旨から所要の措置を講ずるものである。

記

> 　平成4年1月1日から同年12月31日までの間に租税特別措置法第70条の6第1項に規定する農業相続人が相続又は遺贈により取得した財産のうちに、その取得の時において同法第70条の4第2項第3号に規定する特定市街化区域農地等に該当する同項第1号又は第2号に規定する農地又は採草放牧地(以下「農地等」という。)がある場合において、これらの農地等が、平成4年12月31日までに都市計画法(昭和43年法律第100号)の規定に基づく都市計画の決定又は変更により、次に掲げる農地等に該当することとなったときには、当該農地等のうち租税特別措置法第70条の6の規定の適用を受けるものについては、当該取得の時において次に掲げる農地等に該当するものとみなして、昭和39年4月25日付直資56、直審(資)17「財産評価基本通達」(以下「評価基本通達」という。)に定めるところにより評価することとする。
> (1)　都市計画法第8条《地域地区》第1項第14号に掲げる生産緑地地区内にある農地等
> (2)　都市計画法第7条《市街化区域及び市街化調整区域》第1項に規定する市街化調整区域内に所在する農地等
> (注)　農地等を都市計画法第8条第1項第14号に掲げる生産緑地地区内にある農地等とみなして評価基本通達40-2《生産緑地の評価》の定めにより評価する場合には、当該農地等は同項の(2)に定める「課税時期において市町村長に対し買取りの申出をすることができる生産緑地」に該当するものではないことに留意する。

③　特定生産緑地の評価

　特定生産緑地は、その行為の制限について、一般の生産緑地と異なるところがなく、特定生産緑地の買取りの申出(生産緑地法10の5)を行ったものについては、買取りの申出の日から起算して3月以内にその生産緑地の所有権が移転しない場合には、行為の制限が解除されることとなっている(生産緑地法14)。

　したがって、特定生産緑地の評価方法については、一般の生産緑地と異なる考え方を採用すべき理由はないことから、現行の生産緑地と同様の評価方法により評価する。

> 　　　　　　　　　　　　　　　　　　　　　　　　　　　令和2年6月30日
> 　　　　　　　　　　　　　　　　　　　　　　　　　　　資産評価企画官情報
>
> 　　　　　「財産評価基本通達等の一部改正について」通達のあらましについて(情報)
>
> 　令和2年6月22日付課評2-21ほか2課共同「財産評価基本通達等の一部改正について」(法令解釈通達)により、生産緑地の評価について所要の改正を行ったところであるが、そのあらましは別添のとおりであるので、参考のため送付する。

別添
生産緑地の評価

> 特定生産緑地のうち，時価で買い取るべき旨の申出を行った日から起算して3月を経過しているものについては，行為制限が解除され，一般の農地等と同様の評価方法により評価する必要がある。
> このため，特定生産緑地を時価で買い取るべき旨の申出を行った日から起算して3月を経過しているものについては，評基通40-3《生産緑地の評価》の定めの適用対象ではないことを明らかにした。
> また，旧第二種生産緑地地区に係る旧生産緑地については，その都市計画が全て失効していることを踏まえ，関係する記述を削除した。

1　通達改正の趣旨

　都市緑地法等の一部を改正する法律（平成29年法律第26号）第4条の規定による生産緑地法（昭和49年法律第68号）の改正により，市町村長は，申出基準日が近く到来することとなる一定の生産緑地を特定生産緑地として指定することができることとされた。
　この特定生産緑地のうち，時価で買い取るべき旨の申出を行った日から起算して3月を経過しているものについては，生産緑地法第8条《生産緑地地区内における行為の制限》等の制限が解除されることから（生産緑地法10，10の5 14）一般の農地等と同様の評価方法により評価するため，評基通40-3の定めの適用対象から除く必要がある。
　このため，特定生産緑地を時価で買い取るべき旨の申出を行った日から起算して3月を経過しているものについては，評基通40-3の定めの適用対象ではないことを明らかにした。
　また，旧第二種生産緑地地区に係る旧生産緑地については，その都市計画が全て失効していることを踏まえ，関係する記述を削除した。
（注）　特定生産緑地については，生産緑地法第2条第3号の生産緑地に含まれるため，評基通40-3の改正を行わなくとも，同項の適用対象となる。

2　特定生産緑地の概要

　特定生産緑地とは，申出基準日が近く到来することとなる生産緑地のうち，その周辺の地域における公園，緑地その他の公共空地の整備の状況及び土地利用の状況を勘案して，当該申出基準日以後においてもその保全を確実に行うことが良好な都市環境の形成を図る上で特に有効であると認められるものとして，市町村長が生産緑地の所有者等の同意を得る等して指定するものをいう（生産緑地法10の2①③）。
　この特定生産緑地の指定がされた生産緑地の所有者は，指定期限日以後において，市町村長に対し，当該生産緑地を時価で買い取るべき旨を申し出ることができる（生産緑地法10，10の5）。
　また，一般生産緑地として指定期限を30年延長することはできないが（都市計画上の生産緑地地区から除かれた後に，再度，生産緑地法第3条《生産緑地地区に関する都市計画》第1項の要件を満たすこととなった場合には，改めて，一般生産緑地として指定を受けることが可能。），申出基準日までに特定生産緑地の指定を受けた場合には，指定期限日までに改めて当該生産緑地の所有者等の同意を得る等して，繰り返し指定期限を10年延長することができる（指定期限を延長しない場合，特定生産緑地として再度指定を受けることは不可能。）（生産緑地法10の3①②）。
　なお，特定生産緑地に係る行為の制限と一般生産緑地に係る行為の制限に差異はない（生産緑地法8）。

3 特定生産緑地の評価の概要等

(1) 現行の生産緑地の評価方法

生産緑地法第10条《生産緑地の買取りの申出》の規定による買取りの申出を行った生産緑地については，買取りの申出の日から起算して3月以内にその生産緑地の所有権が移転しない場合には，建築物の新築，宅地造成などの生産緑地に係る行為の制限（同法8）が解除されることとなっている（同法14）。

したがって，生産緑地には，行為の制限が付されているものとその付された制限が解除されているものとがあることになる。

行為の制限が解除されている生産緑地については，一般の農地等と同じく，その農地等は使用収益について何らの制限も受けないことになるので，一般の市街化区域内の農地等と同様の方法により評価すればよいことになる。

一方，行為の制限が付されている生産緑地については，

① 生産緑地は，その存する地域が狭く生産緑地そのものの売買実例もほとんどないのが実情であり，生産緑地の売買実例価額を基として評価することは難しい現状にあること

② 生産緑地に指定されると，農地等としてしか利用できないこととなるが，一定期間を経過すれば，利用制限がないものとした場合における時価で，市町村に対し買取りの申出ができることになっており，時価で買い取られる場合には価格面での不利益は受けないことになること

から，その評価する生産緑地を生産緑地としての利用制限がないものとして評価し，その価額から利用制限の程度に応じて一定の評価を行うこととしている。

(2) 特定生産緑地の評価の概要

特定生産緑地は，その行為の制限について，一般生産緑地と異なるところがなく，生産緑地法第10条の5《特定生産緑地の買取りの申出》の規定による買取りの申出を行ったものについては，買取りの申出の日から起算して3月以内にその生産緑地の所有権が移転しない場合には，同法第8条《生産緑地地区内における行為の制限》等の制限が解除されることとなっている（同法14）。

そのため，特定生産緑地の評価方法について，上記(1)と異なる考え方を採用すべき理由はないことから，現行の生産緑地と同様の評価方法により評価するのが合理的である。

したがって，特定生産緑地（時価で買い取るべき旨の申出を行った日から起算して3月を経過しているものを除く。）については，一般生産緑地と同様に，それぞれ次に掲げる割合を評基通第2章の定めにより評価した価額から，その価額に次に掲げる生産緑地の別にそれぞれ次に掲げる割合を乗じて計算した価額を控除した金額によって評価することとなる。

イ 課税時期において市町村長に対し買取りの申出をすることができない生産緑地

課税時期から買取りの申出をすることができることとなる日までの期間	割 合
5年以下のもの	100分の10
5年を超え10年以下のもの	100分の15
10年を超え15年以下のもの	100分の20
15年を超え20年以下のもの	100分の25
20年を超え25年以下のもの	100分の30
25年を超え30年以下のもの	100分の35

5章　農地及び農地の上に存する権利

　ロ　課税時期において市町村長に対し買取りの申出が行われていた生産緑地又は買取りの申出をすることができる生産緑地　100分の5
(注)1　特定生産緑地の指定を受けた生産緑地については，課税時期から指定期限日までの期間に応じ，上記イの割合を適用することに留意する。
　　2　評基通40-3《生産緑地の評価》に定める生産緑地の評価方法については，生産緑地（生産緑地法第3条第1項の規定により定められた生産緑地地区の区域内の土地又は森林（生産緑地法2三））に適用される。
　　　生産緑地地区は，市街化区域（都市計画法（昭和43年法律第100号）第7条第1項の規定による市街化区域をいう。）内にある農地等で，一定の条件に該当する一団のものの区域について都市計画で定められるところ（生産緑地法3①），当該農地等とは，現に農業の用に供されている農地若しくは採草放牧地，現に林業の用に供されている森林又は現に漁業の用に供されている池沼（これらに隣接し，かつ，これらと一体となって農林漁業の用に供されている農業用道路その他の土地を含む。）をいうこととされている（生産緑地法2）。このように，生産緑地には，農地以外の地目の土地も含まれ，これらについても，生産緑地法第8条《生産緑地地区内における行為の制限》の規定による行為の制限を受けることとなる。
　　　したがって，山林・池沼などの農地以外の地目の生産緑地についても，評基通40-3《生産緑地の評価》に定める生産緑地の評価方法に準じて評価するのが相当である。

　令和2年1月1日以降に相続，遺贈または贈与により取得した財産の評価については，下記のとおり新旧対照表の「改正前」に掲げる部分を「改正後」のように改める。

新旧対照表

改正前	改正後
（生産緑地の評価） 40-3　生産緑地（生産緑地法（昭和49年法律第68号）第2条《定義》第3号に規定する生産緑地のうち，課税時期において同法第10条《生産緑地の買取りの申出》の規定により市町村長に対し生産緑地を時価で買い取るべき旨の申出（以下「買取りの申出」という。）を行った日から起算して3月（生産緑地法の一部を改正する法律（平成3年法律第39号）附則第2条第3項の規定の適用を受ける同項に規定する旧第二種生産緑地地区に係る旧生産緑地にあっては1月）を経過しているもの以外のものをいう。以下同じ。）の価額は，その生産緑地が生産緑地でないものとして本章の定めにより評価した価額から，その価額に次に掲げる生産緑地の別にそれぞれ次に掲げる割合を乗じて計算した金額を控除した金額によって評価する。 (1)及び(2)　（省略）	（生産緑地の評価） 40-3　生産緑地（生産緑地法（昭和49年法律第68号）第2条《定義》第3号に規定する生産緑地のうち，課税時期において同法第10条《生産緑地の買取りの申出》の規定（同法第10条の5《特定生産緑地の買取りの申出》の規定により読み替えて適用される場合を含む。以下同じ。）により市町村長に対し生産緑地を時価で買い取るべき旨の申出（以下「買取りの申出」という。）を行った日から起算して3月を経過しているもの以外のものをいう。以下同じ。）の価額は，その生産緑地が生産緑地でないものとして本章の定めにより評価した価額から，その価額に次に掲げる生産緑地の別にそれぞれ次に掲げる割合を乗じて計算した金額を控除した金額によって評価する。 (1)及び(2)　（省略）

④ 生産緑地指定のための手続途中の農地の評価

評価対象地が生産緑地であるか否かについては，決定の告示があった日から効力が発生するのであり，それ以前の段階において生産緑地としての評価は行わないこととされている。

生産緑地指定のための都市計画の決定及び変更決定は，告示のあった日から効力が生ずることから，課税時期において未だ告示がなされていない場合においては，生産緑地として制限がある土地とは認められない。

例えば，平成16年6月22日裁決〔裁決事例集67巻619頁〕は，相続開始日（平成13年8月10日）において，告示前の都市計画案の時点で生産緑地地区内農地であったとしても，実際に生産緑地として制限がある土地とは認められないため，生産緑地として評価することはできないとされた事例である。

本件農地は，所有者である被相続人が生産緑地地区に決定しようとする都市計画案に同意し，相続開始日において都市計画生産緑地地区の変更の案が縦覧されている。

A市における都市計画生産緑地地区の変更手続は以下のとおりである。

平成13年5月18日	被相続人が都市計画生産緑地地区の同意書を提出
平成13年8月7日	都市計画生産緑地地区の案に係る縦覧
平成13年8月10日	相続開始日
平成13年11月16日	都市計画生産緑地地区の変更決定をする旨の告示及び縦覧

審査請求人は，本件農地は相続開始日において，生産緑地縦覧対象地域として市報，県報に一般公示されていることなどから生産緑地の評価を適用すべきと主張した。

これに対し原処分庁は，本件相続開始日において都市計画生産緑地地区の変更の案が縦覧されていることが認められるが，これは都市計画の決定ではなく案であり，相続開始日現在において未だ生産緑地としての効力が生じているとは認められないと主張した。

裁決は，被相続人は本件農地を都市計画生産緑地地区にすることに同意しているものの，この都市計画生産緑地地区の効力が生じた日は平成13年11月16日であるから課税時期である相続開始日において，生産緑地として制限がある土地とは認められないので，生産緑地の評価を適用することはできないと判断している。

⑤ 実際に買取申出をしているか否かは影響しない

農林漁業の主たる従事者の死亡により生産緑地の買取りの申出をするためには，主たる従事者の証明書や買取申出書の提出をする必要がある。

ここでは，農業の主たる従事者が死亡したときは，直ちに市町村に生産緑地の買取りの申出ができる生産緑地となり，買取りの申出の手続をしていないからといって「買取りの申出をすることができない生産緑地」とはならないと解されている（平成9年2月17日裁決〔裁決事例集53巻442頁〕，平成14年4月19日裁決〔TAINS・F0-3-056〕）。

⑥ 倍率地域にある生産緑地の評価

　宅地比準方式により評価すべき地域にある生産緑地については，通常の宅地比準の方法により評価する。

　一方，倍率地域にある生産緑地については，生産緑地として指定されたときに固定資産税の評価額は宅地並みの評価額から純農地並みの低い価額に改訂されている。そのため，評価しようとする生産緑地の固定資産税評価額に所定の倍率を乗じても，生産緑地でないものとした場合における通常の評価額は算出されない。

　したがって，倍率地域にある生産緑地についての価額は，評価しようとする生産緑地の近傍類似の生産緑地でない土地の評価額を算出し，その価額を基として宅地比準の方法に準じて，生産緑地でないものとした場合における通常の評価額を評価する。

（算式）
　　農地の価額＝１ m^2 当たりの近傍宅地価額×評価倍率×画地補正率×生産緑地の控除割合×地積

(3) 主たる従事者は誰か

① 主たる従事者とは

　生産緑地の所有者は，その生産緑地に係る「農林漁業の主たる従事者」が死亡したときは，市町村長に対し，当該生産緑地を時価で買い取るべき旨を申し出ることができる。

　したがって，課税時期において，被相続人が「主たる従事者」であれば，生産緑地は買取りの申出をすることができる生産緑地（評価通達40－3(2)）に該当することになる。

　一方，被相続人が主たる従事者でなければ，買取りの申出をすることができない生産緑地（評価通達40－3(1)）に該当する。

　この「主たる従事者」とは，中心となって農林漁業に従事している者で，その者が農林漁業に従事できなくなったために，生産緑地における農林漁業が客観的に不可能となる場合におけるその従事者をいう（平成９年２月17日裁決〔裁決事例集53巻442頁〕）。

　生産緑地法においては，従事者の死亡によって農業継続が困難となった場合，生産緑地に行為制限が付されているため，その譲渡性に欠けていることに鑑みて，市町村長に対し，時価での買取りの申出をすることができるものとして権利救済が図られている。その趣旨に照らして，主たる従事者とは，その者が従事できなくなったために生産緑地における農業経営が客観的に不可能となる場合における当該者と解されている（平成14年４月19日裁決〔TAINS・F0-3-056〕）。

　なお，「農林漁業の主たる従事者」には，生産緑地の買取りの申出があった日において以下（イ）～（ハ）に該当する者も含まれる（生産緑地法施行規則３）。

（イ）主たる従事者が65歳未満である場合において，当該者が生産緑地に係る農林漁業の業務に１年間に従事した日数の８割以上従事している者

（ロ）主たる従事者が65歳以上である場合において，当該者が生産緑地に係る農林漁業の業務に１

年間に従事した日数の7割以上従事している者
(ハ) 都市農地貸借法及び特定農地貸付法に基づいて生産緑地を賃貸している場合，主たる従事者
　　が1年間に従事した日数の1割以上従事した者

　なお，買取申出書には，生産緑地に係る農業の主たる従事者について，当該生産緑地の所在地を管轄する農業委員会によるその者が主たる従事者に該当することについての証明書（主たる従事者証明書）を添付する（生産緑地法施行規則5）。

[図表5-22] 主たる従事者証明書の例

別記様式(第2条関係)

　　　　　　　生産緑地に係る農業の主たる従事者等に関する証明願

　　　　　　　　　　　　　　　　　　　　　　　　■年■月■日

　　■市農業委員会会長　　様
　　　　　　　　　　　　　申出をする者　住所 ■市■丁目■番■号
　　　　　　　　　　　　　　　　　　　　氏名 ■

　生産緑地法第10条の規定に基づき買取り申出する下記生産緑地につき、買取り申出事由の死亡又は農業の継続を不可能とさせる故障を生じた下記の者が、同条に規定する農業の主たる従事者又は同法施行規則第2条の規定に基づく一定割合以上従事している者に該当することを証明願います。

　　　　　　　　　　　　　　記

1　買取り申出をする生産緑地

所在及び地番	地目	地積 m²
■市■番地■	畑	422.00m²

2　買取り申出事由の(死亡・故障)の生じた者

氏名	住所	申出をする者との続柄
■	■市■丁目■番■号	父

3　買取り申出事由が生じた日　　　　　■年■月■日

―――――――――――――――――――――――――――――――――

　　　　　　　生産緑地に係る農業の主たる従事者等に関する証明書

　　　　　　　■　　　　様

　上記の者が、生産緑地法第10条の規定に基づく買取り申出のあった当該生産緑地に係る
　　｛生産緑地法第10条の規定に基づく農業の主たる従事者
　　　生産緑地法施行規則第2条の規定に基づく一定割合以上従事している者｝

であることを証明します。
　　■年■月■日
　　　　　　　　　　　　　　　　　　　　■市農業委員会会長

② 被相続人が主たる従事者であると判断された事例

⒜ 平成9年2月17日裁決

平成9年2月17日裁決〔裁決事例集53巻442頁〕は，被相続人は高齢になり足が悪くなってからも種まき，施肥，草取りなどに従事していたことから，相続開始時における主たる従事者は被相続人であるとされた事例である。

本件土地は，地積907m²の畑であり，生産緑地に指定されている。

審査請求人は，本件土地は，「生産緑地買取申出書」を提出したものではなく，また，農業委員会から「生産緑地に係る農業の主たる従事者についての証明書」の交付を受けたものでもないから，行為制限は解除の方向にないので，買取りの申出ができない生産緑地（評価通達40-2⑴）により評価すべきと主張した。

これに対し原処分庁は，主たる従事者が死亡したときの生産緑地に当たるので，買取りの申出ができる生産緑地（評価通達40-2⑵）により評価すべきと主張した。

裁決は，本件土地は課税時期において生産緑地であり，被相続人は高齢になり足が悪くなってからも種まき，施肥，草取りなどに従事していたことから，相続の開始時における主たる従事者は被相続人であると推認されると判断している。

したがって，本件土地は，主たる従事者である被相続人の死亡により，生産緑地法第10条の規定に基づいて，買取りの申出をすることができる生産緑地に該当するとされている。

⒝ 名古屋高裁平成15年5月21日判決

また，名古屋高裁平成15年5月21日判決〔税務訴訟資料253号順号9350〕[157]は，労働力の提供という観点においては，中心的立場を子夫妻に譲り補助労働をしていたにすぎないものの，資金や納税等の資本面においては，被相続人の家計に依拠しており，利益や損失も被相続人に帰属していたことから，残された従事者が農林漁業の経営を継続することが不可能となるような中心的役割を果たしていたと認められ，主たる従事者は被相続人であるとされた事例である。

本件土地は，地積657m²の畑であり，生産緑地に指定されている。

本件で営まれていた農業の状況は以下のとおりである。

（イ）本件土地においては，被相続人の生前，大豆等の栽培が行われており，収穫物は相続人夫婦を含む家族で消費され，残りは出荷されていたが，被相続人はその出荷先を自ら選定し，かつ，出荷先からの代金は，同人名義の口座に振り込まれて決済されていた。

（ロ）種苗や肥料の注文も被相続人名義で行い，代金は同人名義の口座で決済されていた。

（ハ）農業所得の算出資料となる農業調査表や確定申告書も被相続人自身が作成，提出し，納税を行っていた。

---

[157] 名古屋地裁平成13年7月16日判決〔税務訴訟資料251号順号8949〕，名古屋高裁平成15年5月21日判決〔税務訴訟資料253号順号9350〕

(ニ) 被相続人夫婦と相続人夫婦の家計は截然と区別され，混同することはなかった。

　原告は，被相続人死亡時において，25年以上経過しないと買取りの申出をすることができなかったものであるから，生産緑地でないものとして評価した価額から35％を控除して評価すべきと主張した。

　これに対し被告税務署長は，被相続人が農業経営の主たる従事者に該当していたものであり，その死亡によって，買取りの申出をすることができたから，生産緑地でないものとして評価した価額から5％を控除して評価すべきと主張した。

　判決は，資金や納税等の資本面においては，基本的に被相続人の家計のみに依拠しており，利益や損失も被相続人に帰属していたというのであるから，農業経営を相続人が承継するについては，従前とは性質の異なる新たな負担を余儀なくされたというべきであり，農作物の一部を相続人の家族が消費するという形で収益に与っていた事実が認められ，また本件土地の面積が657m²程度であって，給与生活者である相続人の家計でも十分に事業体として継続できた可能性があるとしても，主たる従事者の判断にあたって，このような事情を考慮すべきでないことから，相続時において，被相続人が主たる従事者であったと判断することができ，本件土地を買取りの申出をすることができるものとして評価するのが相当と判示している。

③　被相続人が主たる従事者に当たらないと判断された事例

　平成14年4月19日裁決〔TAINS・F0-3-056〕は，1．平成元年以降，中心となって農業に従事してきた相続人が農業に従事できなくなった場合には，農業経営は客観的に不可能であると認められること，2．本件相続開始日（平成10年8月9日）における相続人の年齢は65歳未満であるところ，被相続人の農業の従事状況は，相続人の従事日数の8割未満であることは確実であること，3．被相続人の死亡により同人が農業に従事できなくなったとしても農業経営が客観的に不可能になった場合とは認められないことから，相続人が主たる従事者に該当し，被相続人は主たる従事者には該当しないとされた事例である。

　本件土地は，地積3,697.21m²の畑であり，生産緑地に指定されている。

　相続人は，遅くとも被相続人から経営が移譲された平成元年以降において，中心となって農業に従事しており，被相続人の農業の従事状況については，遅くとも平成8年までには，相続人の従事日数の8割未満になっていたことは確実であり，平成9年7月頃から死亡時まで病気のため農業に従事できなかった。

　そのため，原告は，被相続人は生産緑地法第10条に規定する農業の主たる従事者に該当せず，本件農地は，買取りの申出をすることができない生産緑地として評価すべきであると主張した。

　これに対し被告税務署長は，本件被相続人は，1．本件農地の所有者であり耕作に携わっていること，2．納税猶予（措置法70）の適格者であること，3．農業委員会の回答から主たる従事者に該当し，本件農地は，買取りの申出をすることができる生産緑地として評価すべきと主張した。

裁決は、1．平成元年以降，中心となって農業に従事してきたのは相続人であって，同人が農業に従事できなくなった場合には，本件農地における農業経営は客観的に不可能であると認められることから，相続人が主たる従事者に該当すること，2．相続開始日における相続人の年齢は65歳未満であるところ，被相続人の農業の従事状況は，主たる従事者である相続人の従事日数の8割未満であると認められること，3．本件農地の所有者である被相続人の死亡により同人が農業に従事できなくなったために，当該生産緑地における農業経営が客観的に不可能になった場合とは認められないことから，被相続人は主たる従事者には該当しないと判断している。

実務上のポイント

被相続人が主たる従事者に該当するか否かは，農業委員会に登録がされており，「生産緑地に係る農業の主たる従事者等に関する証明願」を提出すると「証明書」が発行される。

(4) 生産緑地制度を採用している自治体

令和4年3月31日時点において，生産緑地を採用している自治体は**図表5－23**のとおりである。なお，生産緑地は，三大都市圏や政令指定都市に限られないことに留意する。

[図表5－23] 生産緑地を採用している自治体

(令和4年3月31日現在)

県	市町村
茨城県	龍ケ崎市，牛久市，常総市，常陸太田市，取手市，守谷市，坂東市，五霞町，つくばみらい市
埼玉県	さいたま市，川越市，日高市，熊谷市，川口市，行田市，所沢市，飯能市，加須市，東松山市，春日部市，狭山市，羽生市，鴻巣市，上尾市，草加市，八潮市，三郷市，越谷市，吉川市，蕨市，戸田市，入間市，朝霞市，志木市，和光市，新座市，桶川市，久喜市，北本市，富士見市，ふじみ野市，蓮田市，白岡市，坂戸市，鶴ヶ島市，幸手市
千葉県	千葉市，市川市，船橋市，木更津市，松戸市，野田市，成田市，富里市，佐倉市，習志野市，柏市，市原市，流山市，八千代市，我孫子市，鎌ケ谷市，君津市，富津市，四街道市，袖ケ浦市，印西市，白井市
東京都	目黒区，大田区，世田谷区，中野区，杉並区，北区，板橋区，練馬区，足立区，葛飾区，江戸川区，八王子市，立川市，東大和市，武蔵村山市，武蔵野市，三鷹市，青梅市，府中市，昭島市，調布市，狛江市，町田市，小金井市，小平市，日野市，東村山市，清瀬市，東久留米市，国分寺市，国立市，福生市，羽村市，多摩市，稲城市，あきる野市，西東京市
神奈川県	横浜市，川崎市，相模原市，横須賀市，平塚市，鎌倉市，藤沢市，小田原市，茅ヶ崎市，逗子市，三浦市，秦野市，厚木市，大和市，伊勢原市，海老名市，座間市，南足柄市，綾瀬市

長野県	長野市
石川県	金沢市
静岡県	静岡市,浜松市
愛知県	名古屋市,瀬戸市,津島市,尾張旭市,豊明市,日進市,愛西市,清須市,北名古屋市,弥富市,あま市,長久手市,岡崎市,碧南市,刈谷市,安城市,西尾市,知立市,高浜市,一宮市,春日井市,犬山市,江南市,小牧市,稲沢市,岩倉市,大口町,半田市,常滑市,東海市,大府市,知多市,豊田市,みよし市
三重県	四日市市,桑名市
京都府	京都市,向日市,長岡京市,大山崎町,宇治市,城陽市,亀岡市,南丹市,八幡市,京田辺市,木津川市
大阪府	大阪市,堺市,岸和田市,泉大津市,貝塚市,泉佐野市,富田林市,河内長野市,松原市,和泉市,羽曳野市,高石市,藤井寺市,泉南市,大阪狭山市,阪南市,千早赤阪村,豊中市,池田市,吹田市,高槻市,茨木市,箕面市,摂津市,島本町,守口市,枚方市,八尾市,寝屋川市,大東市,柏原市,門真市,東大阪市,四條畷市,交野市
兵庫県	神戸市,尼崎市,西宮市,芦屋市,伊丹市,宝塚市,川西市,三田市
奈良県	奈良市,大和高田市,大和郡山市,天理市,橿原市,桜井市,五条市,御所市,生駒市,香芝市,葛城市,宇陀市
和歌山県	和歌山市
広島県	広島市
高知県	高知市
福岡県	福岡市
宮崎県	門川町

(参考) 国土交通省「都市計画現況調査No.2 都市計画区域,市街化区域,地域地区の決定状況(25)生産緑地地区」(令和4年3月31日現在)

7 耕作権及び貸し付けられている農地の評価

財産評価基本通達41《貸し付けられている農地の評価》
　耕作権,永小作権等の目的となっている農地の評価は,次に掲げる区分に従い,それぞれ次に掲げるところによる。
(1)　耕作権の目的となっている農地の価額は,37《純農地の評価》から40《市街地農地の評価》までの定めにより評価したその農地の価額(以下この節において「自用地としての価額」という。)から,42《耕作権の評価》の定めにより評価した耕作権の価額を控除した金額によって評価する。
(2)　永小作権の目的となっている農地の価額は,その農地の自用地としての価額から,相続税法第23条《地上権及び永小作権の評価》又は地価税法第24条《地上権及び永小作権の評価》の規定により

7 耕作権及び貸し付けられている農地の評価

評価した永小作権の価額を控除した金額によって評価する。

財産評価基本通達42《耕作権の評価》
　耕作権の評価は，次に掲げる区分に従い，それぞれ次に掲げるところによる。
(1)　純農地及び中間農地に係る耕作権の価額は，37《純農地の評価》及び38《中間農地の評価》に定める方式により評価したその農地の価額に，別表1に定める耕作権割合（耕作権が設定されていないとした場合の農地の価額に対するその農地に係る耕作権の価額の割合をいう。以下同じ。）を乗じて計算した金額によって評価する。
(2)　市街地周辺農地，市街地農地に係る耕作権の価額は，その農地が転用される場合に通常支払われるべき離作料の額，その農地の付近にある宅地に係る借地権の価額等を参酌して求めた金額によって評価する。

財産評価基本通達43《存続期間の定めのない永小作権の評価》
　存続期間の定めのない永小作権の価額は，存続期間を30年（別段の慣習があるときは，それによる。）とみなし，相続税法第23条《地上権及び永小作権の評価》又は地価税法第24条《地上権及び永小作権の評価》の規定によって評価する。

(1) 農地の貸借

　本項では貸し付けられている農地の評価方法を定めている。

　農地を貸し借りする際には，農地所有者と借地人（小作人）が小作契約を結び，小作人は小作料を支払って農地を耕作する。この際に小作人に永小作権または耕作権という権利が発生する。

　永小作権とは，永小作人が小作料を支払って他人の土地において耕作または牧畜をする権利をいう（民法270）。物権である永小作権は，物権として小作人の権利を強くするものであるため実際はあまり使われていないといえる。

　農地を売買したり宅地等に転用する場合には農地法による許可が必要となるが，農地を賃貸借する場合も同様に許可が必要となる（農地法3）。そこで発生する権利が耕作権である。耕作権を設定して賃貸借契約を設定する場合には，農業委員会の許可が必要となり，農地台帳に記載がなされる[158]。許可を受けないでした行為は無効となる。

　また，賃貸借の更新は，農地等の賃貸借の当事者が，その期間満了前の一定期間に相手方に対して更新をしない旨の通知をしないときは，従前の賃貸借と同一条件でさらに賃貸借をしたものとみなされ（農地法17。法定更新），賃貸借の解約を行う場合には都道府県知事の許可が必要となる（農

158　全国農地ナビ（https://www.alis-ac.jp/）において，以下のような項目を確認することができる。
　　（イ）農地の所在，地番，地目（現況）及び面積
　　（ロ）農振法，都市計画法及び生産緑地法の地域区分
　　（ハ）賃借権等の種類・存続期間
　　（ニ）農地中間管理機構の関与状況

5章　農地及び農地の上に存する権利

地法18①)。この賃貸借契約は，賃料の不払いや耕作放棄などの事由がない限り，契約更新を拒否することができない。

このように農地に耕作権が設定されると，法定更新や解約の制限など小作人に対して権利保護が発生し，解約の際には地主から小作人への多額な離作料の支払が発生するケースもある（離作料は耕作できなくなったことに対する損失の補償の意味合いが強いが，離作料についての法律の規定はなく，地域の慣習によって支払が行われている。）。

そのため，実際には農地法の許可を受けない，いわゆるやみ小作として農地を賃貸借する場合が多い。

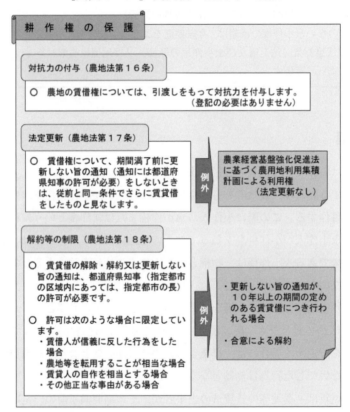

［図表5－24］賃貸借の解約等の制限

（出典）　農林水産省ホームページ「賃貸借の解約等の制限」

参考　農地法
（農地又は採草放牧地の賃貸借の更新）
第17条　農地又は採草放牧地の賃貸借について期間の定めがある場合において，その当事者が，その期間の満了の一年前から六月前まで（賃貸人又はその世帯員等の死亡又は第二条第二項に掲げる事由によりその土地について耕作，採草又は家畜の放牧をすることができないため，一時賃貸をした

ことが明らかな場合は，その期間の満了の六月前から一月前まで）の間に，相手方に対して更新をしない旨の通知をしないときは，従前の賃貸借と同一の条件で更に賃貸借をしたものとみなす。ただし，水田裏作を目的とする賃貸借でその期間が一年未満であるもの，第三十七条から第四十条までの規定によって設定された農地中間管理権に係る賃貸借及び農地中間管理事業の推進に関する法律第十八条第七項の規定による公告があった農用地利用集積等促進計画の定めるところによって設定され，又は移転された賃借権に係る賃貸借については，この限りでない。

（農地又は採草放牧地の賃貸借の解約等の制限）
第18条　農地又は採草放牧地の賃貸借の当事者は，政令で定めるところにより都道府県知事の許可を受けなければ，賃貸借の解除をし，解約の申入れをし，合意による解約をし，又は賃貸借の更新をしない旨の通知をしてはならない。ただし，次の各号のいずれかに該当する場合は，この限りでない。
　一　解約の申入れ，合意による解約又は賃貸借の更新をしない旨の通知が，信託事業に係る信託財産につき行われる場合（その賃貸借がその信託財産に係る信託の引受け前から既に存していたものである場合及び解約の申入れ又は合意による解約にあってはこれらの行為によって賃貸借の終了する日，賃貸借の更新をしない旨の通知にあってはその賃貸借の期間の満了する日がその信託に係る信託行為によりその信託が終了することとなる日前一年以内にない場合を除く。）
　二　合意による解約が，その解約によって農地若しくは採草放牧地を引き渡すこととなる期限前六月以内に成立した合意でその旨が書面において明らかであるものに基づいて行われる場合又は民事調停法による農事調停によって行われる場合
　三　賃貸借の更新をしない旨の通知が，十年以上の期間の定めがある賃貸借（解約をする権利を留保しているもの及び期間の満了前にその期間を変更したものでその変更をした時以後の期間が十年未満であるものを除く。）又は水田裏作を目的とする賃貸借につき行われる場合
　四　第三条第三項の規定の適用を受けて同条第一項の許可を受けて設定された賃借権に係る賃貸借の解除が，賃借人がその農地又は採草放牧地を適正に利用していないと認められる場合において，農林水産省令で定めるところによりあらかじめ農業委員会に届け出て行われる場合
　五　農地中間管理機構が農地中間管理事業の推進に関する法律第二条第三項第一号に掲げる業務の実施により借り受け，又は同項第二号に掲げる業務若しくは農業経営基盤強化促進法第七条第一号に掲げる事業の実施により貸し付けた農地又は採草放牧地に係る賃貸借の解除が，農地中間管理事業の推進に関する法律第二十条又は第二十一条第二項の規定により都道府県知事の承認を受けて行われる場合
2　前項の許可は，次に掲げる場合でなければ，してはならない。
　一　賃借人が信義に反した行為をした場合
　二　その農地又は採草放牧地を農地又は採草放牧地以外のものにすることを相当とする場合
　三　賃借人の生計（法人にあっては，経営），賃貸人の経営能力等を考慮し，賃貸人がその農地又は採草放牧地を耕作又は養畜の事業に供することを相当とする場合
　四　その農地について賃借人が第三十六条第一項の規定による勧告を受けた場合
　五　賃借人である農地所有適格法人が農地所有適格法人でなくなった場合並びに賃借人である農地所有適格法人の構成員となっている賃貸人がその法人の構成員でなくなり，その賃貸人又はその世帯員等がその許可を受けた後において耕作又は養畜の事業に供すべき農地及び採草放牧地の全てを効率的に利用して耕作又は養畜の事業を行うことができると認められ，かつ，その事業に必要な農作業に常時従事すると認められる場合
　六　その他正当の事由がある場合

5章　農地及び農地の上に存する権利

(2) 永小作権及びその目的となっている農地の評価

① 永小作権の評価

相続税法は，第22条に評価の原則を規定し，第23条以下に評価の特則を規定している。

永小作権の価額は，その永小作権の残存期間に応じ，その目的となっている農地に永小作権が設定されていないとした場合の価額に，永小作権の割合（**図表5－25**）を乗じて評価する（相法23）。

（算式）

　　永小作権の価額＝永小作権が設定されていないとした場合の価額×永小作権の割合

なお，存続期間の定めのない永小作権の価額は，存続期間を30年（別段の慣習があるときは，それによる。）とみなして評価する。

[図表5－25] 永小作権の割合

残存期間が10年以下のもの	100分の5
残存期間が10年を超え15年以下のもの	100分の10
残存期間が15年を超え20年以下のもの	100分の20
残存期間が20年を超え25年以下のもの及び永小作権で存続期間の定めのないもの	100分の30
残存期間が25年を超え30年以下のもの	100分の40
残存期間が30年を超え35年以下のもの	100分の50
残存期間が35年を超え40年以下のもの	100分の60
残存期間が40年を超え45年以下のもの	100分の70
残存期間が45年を超え50年以下のもの	100分の80
残存期間が50年を超えるもの	100分の90

② 永小作権の目的となっている農地の評価

永小作権の目的となっている農地の価額は，その農地の自用地としての価額から永小作権の価額を控除した金額によって評価する。

（算式）

　　　　　　　　　　　　　　　　　　永小作権の価額
　自用地としての価額－（自用地としての価額×相続税法第23条に定める永小作権の割合）

[7] 耕作権及び貸し付けられている農地の評価

> **Q** 永小作権の評価
>
> ■質　問
> 　永小作権の評価はどのようにして行いますか。
>
> ■回　答
> 　永小作権の価額は，その権利の目的となっている土地のこれらの権利が設定されていないとした場合の価額に，その権利の残存期間に応じて定められた一定の割合を乗じて算出した金額によって評価します。
> 　その権利の残存期間に応ずる割合は，相続税法第23条に規定されており，最高残存期間50年超のものの90パーセントから，最低残存期間10年以下のものの5パーセントまでの10階級に定められています。
> 　この場合，存続期間の定めのない永小作権については，30パーセントによることとされています。
> 　これは，存続期間の定めのないものは，裁判所は当事者の請求によって20年以上50年以下の範囲内において，その存続期間を定めることができるものとされていること（民法268）などが斟酌されたものといわれています。
> 　この永小作権の設定されている土地の価額は，その土地に永小作権が設定されていないとした場合の価額から，その永小作権の価額を差し引いた金額によって評価します。
>
> （参考）実務相談録

(3) 耕作権及びその目的となっている農地の評価

① 耕作権の評価

　耕作権の価額は，**図表5-26**に掲げる農地の区分に従い，その農地の自用地としての価額に，それぞれ掲げる耕作権割合を乗じて評価する（評価通達42）。

　なお，市街地農地及び市街地周辺農地の耕作権割合は，その農地が転用される場合に通常支払われるべき離作料の額，その農地の付近にある宅地に係る借地権の価額等を斟酌して評価することとされているが，国税局によっては，100分の35や100分の40などの割合を乗じて評価しても差し支えないとしている地域もある。

　耕作権割合については，各国税局の財産評価基準書（国税庁ホームページhttps://www.nta.go.jp/index.htm）に掲載されている。

[図表5-26] 耕作権割合

農地の区分	耕作権割合
純農地 中間農地	100分の50
市街地周辺農地 市街地農地	その農地が転用される場合に通常支払われるべき離作料の額，その農地の付近にある宅地に

5章　農地及び農地の上に存する権利

	係る借地権の価額等を参酌して評価する。 　ただし，大阪・名古屋・福岡国税局管内においては100分の40，東京国税局管内においては100分の35，関東信越国税局管内においては100分の30を乗じて評価しても差し支えないとされている。

②　耕作権の目的となっている農地の評価

　耕作権の目的となっている農地の価額は，その農地の自用地としての価額から，耕作権の価額を控除した金額によって評価する（評価通達41(1)）。

　これは，農地法の規定に基づく賃借権（いわゆる耕作権）が，賃貸借の法定更新や賃貸借の解約等の制限の規定によって強い保護を受け，また，一定の価額で取引され，賃貸借の解除の際には離作料が支払われ，あるいは公共用地の買収の際には補償の対象とされていることから，その自用地としての価額から耕作権の価額を控除することとしたものである〔平成18年6月19日裁決〔裁決事例集71巻593頁〕）。

Q　小作地および耕作権の評価

■質　問

　小作に付されている農地はどのように評価するのですか。また耕作権の評価方法についても説明してください。

■回　答

　小作に付されている農地の価額は，農地の区分に応ずる評価方式により評価したその農地の価額から耕作権の評価方法または相続税法第23条《地上権および永小作権の評価》の規定により評価したその農地に係る耕作権または永小作権の価額を控除した金額によって評価します（相基通41，42）。

　耕作権の評価は，次に掲げる区分に従い，それぞれ次のように評価します。
(1) 純農地および中間農地に係る耕作権の価額は，純農地の評価方式および中間農地の評価方式により評価したその農地の価額に，財産評価基本通達別表1に定める耕作権割合（耕作権が設定されていないとした場合の農地の価額に対するその農地に係る耕作権の価額の割合をいいます。以下同じです。現在は100分の50と定められています。）を乗じて計算した金額によって評価します。
(2) 市街地周辺農地および市街地農地に係る耕作権の価額は，その農地が転用される場合に通常支払われるべき離作料の額，その農地の付近にある宅地に係る借地権の価額等を参酌して求めた金額（評価基準書に記載されています。）によって評価します。

（参考）実務相談録

7 耕作権及び貸し付けられている農地の評価

③ 農地法の許可を受けていない農地の貸借

　農地法の許可を受けていないいわゆるやみ小作については耕作権が認められておらず，その賃貸借の効力は生じないものとされ（農地法3④），上記のような事情はないから，その農地は自用地としての価額によって評価する。

Q　農地法の許可を受けないで他人に耕作させている農地の評価

■質　問

　農地法の許可を受けないで，長期間にわたり他人に耕作させていた農地は小作地として評価してよろしいですか。

■回　答

　農地に賃借権等の権利を設定するためには農地法第3条の定めるところにより原則として農業委員会の許可を受けなければならないので，いわゆるやみ小作については耕作権を認めることはできません。したがって，その農地は自用地として評価します。

（参考）国税庁質疑応答事例「農地法の許可を受けないで他人に耕作させている農地の評価」

【誤りやすい事例】農地法の許可を受けずに貸している農地

誤った取扱い	正しい取扱い
農地法の許可を受けていないが，通常の小作料を受領して他人に耕作させていることから，貸し付けられている農地として評価した。	農地法の許可を受けていない，いわゆるやみ小作といわれるものは，耕作権には該当しないことから，貸し付けられている農地に該当しない（評基通41）。

（参考）　大阪国税局「誤りやすい事例（財産評価関係平成30年分）」〔TAINS・評価事例大阪局300000〕

④ 10年以上の期間の定めのある賃貸借

　農地の賃貸借の当事者が賃貸借の解約等を行う場合には都道府県知事の許可を受けなければならないが，賃貸借の更新をしない旨の通知が，10年以上の期間の定めがある賃貸借についてはこの限りではないとされている（農地法18①三）。

　そこで，10年以上の期間の定めのある賃貸借により貸し付けられている農地の価額は，その農地の自用地としての価額から，その価額に100分の5を乗じて計算した金額を控除した価額によって評価する。

5章　農地及び農地の上に存する権利

> **Q** 10年以上の期間の定めのある賃貸借により貸し付けられている農地の評価
>
> ■質　問
> 　10年以上の期間の定めのある賃貸借により貸し付けられている農地はどのように評価するのですか。
>
> ■回　答
> 　10年以上の期間の定めのある賃貸借により貸し付けられている農地の価額は，その農地の自用地としての価額から，その価額に100分の5を乗じて計算した金額を控除した価額によって評価します。
>
> （解説）
> 　農地について10年以上の期間の定めのある賃貸借については，農地法第18条《農地又は採草放牧地の賃貸借の解約等の制限》第1項本文の適用が除外されており，いわゆる耕作権としての価格が生じるような強い権利ではありません。
> 　そのため，10年以上の期間の定めのある賃貸借により貸し付けられている農地の価額は，その農地の自用地としての価額から，その価額の100分の5を乗じて計算した金額を控除した価額によって評価します。
> （注）　なお，その賃貸借に基づく賃借権の価額（その農地の自用地としての価額の100分の5相当額）については，相続税又は贈与税の課税価格に算入する必要はありません。
>
> （参考）国税庁質疑応答事例「10年以上の期間の定めのある賃貸借により貸し付けられている農地の評価」

⑤　農地法施行前から貸し付けられている農地の評価

(a)　農地の賃貸借についての法改正

　農地法は，昭和27（1952）年に制定されている。その農地法の前身である農地調整法が昭和20（1945）年に制定され，同法第5条は「農地の所有権，賃借権，地上権その他の権利の設定又は移転は命令の定める所により当事者において地方長官又は市町村長の認可を受けるに非ざれば其の効力を生ぜず」と規定され，同法第6条第3号において，「農地を耕作の目的に供する為前条に掲げる権利を取得する場合」は前条の規定は適用しないとされていた。つまり，農地の賃借権の設定等を行う場合には，市町村長の認可が必要であった。

　次いで，その農地調整法が，昭和21（1946）年に改正され，同法第5条の「認可」が「許可」（地方長官）または「承認」（市町村農業委員会）に改められ，同法第6条が削除された。これによって，以後，賃借権の設定等については許可または承認が必要とされることとなったが，その施行前に開始された賃貸借は，同法上，この許可または承認を要することなく有効に成立しているものと解されている（平成18年6月19日裁決〔裁決事例集71巻593頁〕）。

(b)　昭和21年改正前からの貸付農地の取扱い

　農地の賃借権の設定に関して，昭和21年改正により，許可または承認が必要とされることとなっ

たが，その施行前からの賃借人は，農地法施行後に改めて農地の賃借権の設定等に係る許可を要することはなく，また，その後賃借人に相続が開始した場合には，その相続人は，その賃借権を適法に承継したものと扱われている。

このことから，かかる賃借権は，その解約等を行う場合，農地法第18条第1項の規定により都道府県知事の許可が必要であり，同法の保護を受ける賃借権，つまり，評価通達9の(7)の耕作権に該当することとなる。

したがって，昭和21年改正前に賃貸借が開始された農地については，評価通達に定める耕作権の価額を控除して評価するのが相当と認められている。

平成18年6月19日裁決〔裁決事例集71巻593頁〕は，農地法施行前に賃貸された農地と農地法施行後に賃貸された農地に耕作権があるか否かが争われた事例である。

本件農地の本件相続開始時における賃貸借の状況は次のとおりである。

（イ）A土地の田252m^{2}については，Dが昭和59年から賃借し耕作している。

（ロ）B土地の田437m^{2}については，Eが平成11年から賃借し耕作している。

（ハ）C土地ほか2つの田合計6,676m^{2}については，Fが昭和15年から賃借し耕作している。

（ニ）D土地ほか1つの田合計1,026m^{2}については，Gが昭和16年から賃借し耕作している。

（ホ）賃貸借に係る契約書等の書面はいずれも作成されていない。

審査請求人は，本件農地が耕作権の目的となっている農地と実質的に何ら異なるところがないことなどから，本件農地の自用地価額から耕作権相当額を控除すべきと主張した。

これに対し原処分庁は，被相続人は，農地について賃借権を設定するための農地法第3条の許可申請を行っていないことから，評価通達に定める耕作権として評価上控除の対象とはならないと主張した。

裁決では，農地法施行前に設定（昭和15年ないし同16年から相続開始まで継続して賃貸借）されていた農地については，賃貸借の効力が生じており，農地法第20条（現・第18条）《農地又は採草牧草地の賃借権の解約等の制限》第1項の規定の適用があるから，評価通達9の(7)の耕作権に該当するとされている。

一方，農地法施行後に設定（昭和59年ないし平成11年から相続開始まで継続して賃貸借）されていた農地の賃借権については，農地法施行後に賃貸借を開始しており，その際，農地法第3条の許可を受けていないから，これらの農地の賃借人の賃借権は，農地法第20条（現・第18条）第1項の規定の適用がある賃借権には該当しないこととなり，同通達に基づき，自用地として評価するのが相当と認められるとされている。

⑥ 耕作権の目的となっている生産緑地の評価

耕作権の目的となっている農地が生産緑地に指定されている場合には，次の算式によって評価する[159]。

5章 農地及び農地の上に存する権利

（算式）

（自用地価額－耕作権の価額）×（1－生産緑地の減額割合）

(4) 農地法の例外による農地の賃貸

① 農地法の例外

市街化調整区域などの市街化区域外においては，まとまった農地も多いことから，意欲ある農業者は，複数の農地所有者から農地を借りて，大規模な農業を行うことができる。

しかし，前述のとおり，耕作権が発生すると，小作人の権利保護が強くなり，離作料も発生することがあるため，農地所有者にとっては農地を第三者に貸し難い状況にある。

そこで，農地法の例外として政策的に様々な特別法による賃貸借の形態がある。

例えば，農業経営の規模拡大や経営管理の合理化を進め農業振興を図るため，昭和55（1980）年に「農業経営基盤強化促進法（旧：農用地利用増進法）」が制定された。

農業経営基盤強化促進法に基づく賃貸借では，農地法の法定更新などを適用除外とし，農地を借りたい農業者（借手）と農地の所有者（貸手）の間に市町村や農地中間管理機構が入って農地の売買や貸借ができるようにしたものである。

農地法の許可を受けずに農地の貸借契約が可能であり，賃借期間が終了すれば自動的に契約が終了し農地の所有者に権利が戻るため，所有者は安心して農地を貸すことができる。

特殊な賃貸の形態で農地を貸している場合は，それぞれ**図表5－27**に掲げる評価方法による。

[図表5－27] 農地の賃貸とその評価方法

賃貸形態	評価方法
農業経営基盤強化促進法に基づき貸し付けられている農地	耕作権割合に代えて5％の控除
農地中間管理機構に貸し付けられている農地	耕作権割合に代えて5％の控除
認定事業計画に基づき貸し付けられている農地	耕作権割合に代えて5％の控除
市民農園として地方公共団体に貸し付けられている農地（特定農地貸付け）	耕作権割合に代えて賃借権の控除（一定要件の市民農園については20％控除）
特定市民農園として貸し付けられている農地	自用地価額から30％控除
一定の要件を満たす市民緑地契約が締結されている土地の評価	自用地価額から20％控除
一定の要件を満たす風景地保護協定が締結されている土地の評価	自用地価額から20％控除
10年以上の期間の定めのある農地の賃貸借	耕作権割合に代えて5％の控除

---

159 図解　財産評価（令和5年版）339頁

② 農業経営基盤強化促進法に基づく賃貸借

(a) 制度の概要

まず、農業経営基盤強化促進法に基づいて賃貸された農地の評価である。

農業経営基盤強化促進法は、効率的かつ安定的な農業経営を育成するため、農業経営者を支援していくための法律である。この法律に基づいて農地の利用権設定をすることにより、農地法の許可を受けずに農地の貸借契約が可能となる。農地版の定期借地権である。

市町村による利用権設定等促進事業（農用地利用集積計画）は、市街化調整区域内の農用地において、地域の担い手となる農業者の育成・確保及び経営改善を図る目的の達成のため、地域の集団的な土地利用や農作業の効率化等を促進するものである。市町村が主体となって農地の出し手と受け手の情報を収集し、担い手農家等へ、農地の売買・貸借により農地を集積するため農用地利用集積計画を作成し公告する。

農地法の許可を得て貸借権を設定した場合は、契約期限が到来しても両者による解約の合意がない限り契約は解除されないが、農業経営基盤強化促進法による利用権を設定した場合は契約期間が終了した時点で契約は解除される点がポイントである。

[図表5－28] 農地法と農業経営基盤強化促進法（基盤法）の違い

	農地法による賃貸借	基盤法による利用権設定
対象農地	指定なし	原則として市街化調整区域の農用地
契約期間の満了	期間満了前の一定の時期に貸主が解約の意向を伝えない場合は、自動更新	期間満了により終了する（再設定により更新も可能）
更新の手続	契約更新をしないことは、賃料の不払いや耕作放棄などの事由がなければ認められない	期間満了により終了する

(b) 評価の取扱い

農業経営基盤強化促進法に基づく農用地利用集積計画の公告により設定されている賃借権に係る農地の賃貸借については、農地法の法定更新（同法17）などの適用が除外されており、いわゆる耕作権としての価格が生じるような強い権利ではないと考えられている。

そのため、この農用地利用集積計画の公告により賃借権が設定されている農地の価額は、その農地の自用地としての価額から、その価額に100分の5を乗じて計算した金額を控除して評価する。

これは、農業経営基盤強化促進法の規定により生ずる賃借権が、賃貸期間終了により離作料の支払もなく当然に農地が返還されるものである一方、耕作権は、農地法の規定により強い保護を受け、離作料の対象となることから、その性質が異なり、前者により貸し付けられている農地については、評価通達41の定めによらず、個別通達により、農地の自用地価額から5％を控除した金額によって評価するのが相当であると解される（平成17年1月19日裁決〔裁決事例集69巻288頁〕）。

5章　農地及び農地の上に存する権利

> **Q** 農業経営基盤強化促進法に基づく農用地利用集積計画の公告により賃借権が設定されている農地の評価
>
> ■質　問
> 　農業経営基盤強化促進法に基づく農用地利用集積計画の公告により賃借権が設定されている農地はどのように評価するのでしょうか。
>
> ■回　答
> 　農業経営基盤強化促進法に基づく農用地利用集積計画の公告により賃借権が設定されている農地の価額は，その農地の自用地としての価額からその価額に100分の5を乗じて計算した金額を控除した価額によって評価します。
>
> （解説）
> 　農業経営基盤強化促進法に基づく農用地利用集積計画の公告により設定されている賃借権に係る農地の賃貸借については，農地法第17条《農地又は採草放牧地の賃貸借の更新》本文の賃貸借の法定更新などの適用が除外されており，いわゆる耕作権としての価格が生じるような強い権利ではありません。
> 　そのため，この農用地利用集積計画の公告により賃借権が設定されている農地の価額は，その農地の自用地としての価額から，その価額に100分の5を乗じて計算した金額を控除した価額によって評価します。
> (注)　なお，その賃貸借に基づく賃借権の価額（その農地の自用地としての価額の100分の5相当額）については，相続税又は贈与税の課税価格に算入する必要はありません。
>
> （参考）国税庁質疑応答事例「農業経営基盤強化促進法に基づく農用地利用集積計画の公告により賃借権が設定されている農地の評価」

> **Q** 農業経営基盤強化促進法等の規定に基づき貸し付けられた農用地等の評価
>
> ■質　問
> 　私は，父の所有していた農地5ヘクタールを相続により取得しましたが，この農地のなかに農業経営基盤強化促進法第19条の規定による公告があった農用地利用集積計画の定めるところによって設定された賃貸借に基づき貸し付けられている農地2ヘクタールおよび農地法第20条第1項本文の賃貸借の解約等の制限の規定の適用除外とされている10年以上の期間の定めがある賃貸借が設定されている農地1ヘクタールがあります。
> 　この農地の価額についても，耕作権の価額（自用地価額の50％相当額）を控除してもよろしいのですか。
>
> ■回　答
> 　農業経営基盤強化促進法第19条の規定による公告があった農用地利用集積計画の定めるところによって設定された賃貸借に基づき貸し付けられている農地および農地法第20条第1項本文の賃貸借の解約等の制限の規定の適用除外とされている10年以上の期間の定めがある賃貸借が設定されている農

[7] 耕作権及び貸し付けられている農地の評価

地については，その賃借権は耕作権としての価格が生ずるような強い権利ではないので，その農地が貸し付けられていないものとして財産評価基本通達の定めにより評価した価額から，その価額に100分の5を乗じて計算した金額を控除した金額によって評価することと取り扱われています。

したがって，財産評価基本通達42に定める耕作権割合による価額（50%）を控除して評価することはできません。

(参考) 実務相談録

(c) 昭和56年文書回答事例

昭和56（1981）年，国税庁は，農林水産省に対して「農用地利用増進法等の規定により設定された賃貸借により貸付けられた農用地等の評価について」の文書回答を行った。

そこでは，農業経営基盤強化促進法の前身である農用地利用増進法の規定に基づき貸し付けられた農地については，自用地としての価額から100分の5を控除して評価することとされている。

昭和56年6月9日

国税局長　殿
沖縄国税事務所長　殿

国税庁長官

農用地利用増進法等の規定により設定された賃貸借により貸付けられた農用地等の評価について

標題のことについては，農林水産省構造改善局長から別紙2のとおり照会があり，これに対して別紙1のとおり回答したから了知されたい。

別紙1

直評9
直資2-69
昭和56年6月9日

農林水産省構造改善局長　殿

国税庁長官

農用地利用増進法等の規定により設定された賃貸借により貸付けられた農用地等の評価について
　　　　（昭和56年4月21日付56構改B第630号照会に対する回答）

標題のことについては，貴見のとおり取扱うこととします。

別紙2

56構改B　第630号
昭和56年4月21日

—865—

5章　農地及び農地の上に存する権利

国税庁長官　殿

農林水産省構造改善局長

農用地利用増進法等の規定により設定された賃貸借により貸し付けられた農用地等の評価について(照会)

　農用地利用増進法(昭和55年法律第65号)が,第91回通常国会において成立し,昭和55年9月1日から施行されていますが,同法は,地域の実情に応じて,地域農業者の合意のもとに,農用地(農地法第2条第1項に規定する農地又は採草放牧地をいいます。以下同じです。)について耕作者のために利用権の設定等を促進する事業その他農用地の農業上の利用の増進を図るための事業を総合的に行うことにより,農業経営の改善と農業生産力の増進を図り,農業の健全な発展に寄与することを目的としているものであります。

　この法律に基づく農用地の権利移動については,市町村が作成する農用地利用増進計画の公告によって,同計画の定めるところに従い,権利の設定・移転がされることとして仕組まれており,この場合には,農地法第3条第1項本文の権利移動の許可制,第6条の小作地所有制限,第19条本文の賃貸借の法定更新の適用が除外されることとされています。

　そのため,この農用地利用増進計画の公告により設定された賃貸借は同計画に定める存続期間の満了により自動的に終了し,その返還について一般の場合のような離作料の支払という問題も生じません。したがって,この農用地利用増進計画の公告により設定された賃貸借は,農地法第19条本文の賃貸借の法定更新及び同法第20条第1項本文の賃貸借の解約等の制限によって保護されている従来の農用地の賃貸借のように,いわゆる耕作権としての価格が生ずるような強い権利ではありません。

　また,農用地について10年以上の期間の定めのある賃貸借についても,農地法第20条第1項本文の規定が除外されており,同様に耕作権としての価格が生ずるような強い権利ではありません。

　このようなことから,この農用地利用増進計画の公告により設定された賃貸借及び10年以上の期間の定めのある賃貸借により貸し付けられた農用地等の相続税及び贈与税の課税に当たっての評価については,下記のとおり取り扱っていただきたく,照会します。

記

(1)　農用地利用増進法第7条第1項の規定による公告があった農用地利用増進計画の定めるところによって設定された賃貸借に基づき貸し付けられている農用地の価額は,その賃貸借設定の期間がおおむね10年以内であること等から,相続税法第23条の地上権及び永小作権の評価等に照らし,その農用地が貸し付けられていないものとして相続税財産評価に関する基本通達の定めにより評価した価額(農用地の自用地としての価額)から,その価額に100分の5を乗じて計算した金額を控除した金額によって評価する。
(2)　当該賃貸借に係る賃借権の価額については,相続税又は贈与税の課税価格に算入することを要しない。
(3)　農地法第20条第1項本文の賃貸借の解約等の制限の規定の適用除外とされている10年以上の期間の定めがある賃貸借についても,上記(1)及び(2)に準じて取り扱われる。
(注)　農用地利用増進法は農業経営基盤強化のための関係法律の整備に関する法律(平成5年法律第70号)により「農業経営基盤強化促進法」と改題されている。

③ 農地中間管理機構に貸し付けられている農地

(a) 制度の概要

次に，農地中間管理機構に貸し付けられている農地の評価である。

農地中間管理事業は，農地中間管理事業の推進に関する法律に基づき，農地を貸したい者（出し手）から，農地の有効利用や農業経営の効率化を図る担い手（受け手）へ貸し付け，農地の集約を進める事業をいい，平成26（2014）年に農地中間管理機構（農地集積バンク）が全都道府県に設置されている。

農地中間管理機構は，複数の出し手から農地を借り受け（買い入れ），受け手がまとまりのある形で農地を利用できるように貸し付ける（売り渡す）といったように農地の中間的受け皿となる（図表5－29）。

農地を農地中間管理機構を通じて貸借することにより，公的機関が間に入るため安心であり，農地法の許可が不要などのメリットがある。遊休農地化を防止したり，担い手の規模拡大を実現することもできる。

また，農地の所有者にとっては，契約期間が終われば農地が返還されること，借手にとっては，貸手が複数いる場合でも契約は機構のみとなり賃料支払も簡易であるなどのメリットがある。

［図表5－29］農地集約のイメージ

（出典）　農林水産省ホームページ「農地中間管理機構の概要」

(b) 評価の取扱い

農地中間管理機構に貸し付けられている農地の賃貸借については，農地法の法定更新（同法17）や賃貸借解約等の制限（同法18）の適用が除外されるなど，いわゆる耕作権としての価格が生じるような強い権利ではないと考えられている。

そのため，農地中間管理機構に賃貸借により貸し付けられている農地の価額は，その農地の自用地としての価額から，その価額に100分の5を乗じて計算した金額を控除して評価する。

なお，農地中間管理機構に貸し付けられているものであっても農地法により貸し付けられている場合には，耕作権の目的となっている農地として評価する。

5章　農地及び農地の上に存する権利

> **Q** 農地中間管理機構に賃貸借により貸し付けられている農地の評価
>
> ■質　問
> 農地中間管理機構に賃貸借により貸し付けられている農地はどのように評価するのでしょうか。
>
> ■回　答
> 農地中間管理事業の推進に関する法律第2条第4項に規定する農地中間管理機構に賃貸借により貸し付けられている農地の価額は，その農地の自用地としての価額からその価額に100分の5を乗じて計算した金額を控除した価額によって評価します。
> （注）　農地法第3条第1項第14号の2の規定に基づき貸し付けられている農地のうち，賃貸借期間が10年未満のものを除きます。
>
> （解説）
> 　農地中間管理機構に貸し付けられている農地の賃貸借については，農地法第17条（農地又は採草放牧地の賃貸借の更新）本文の賃貸借の法定更新の規定の適用が除外され，また，同法第18条（農地又は採草放牧地の賃貸借の解約等の制限）第1項本文の規定の適用が除外されるなど，いわゆる耕作権としての価格が生じるような強い権利ではありません。
> 　このため，農地中間管理機構に賃貸借により貸し付けられている農地の価額は，その農地の自用地としての価額から，その価額に100分の5を乗じて計算した金額を控除した価額によって評価します。
> 　なお，農地法第3条第1項第14号の2の規定に基づき農地中間管理機構に貸し付けられている農地のうち，賃貸借期間が10年未満のものについては，農地法第17条本文及び同法18条第1項本文の規定が適用されますので，耕作権の目的となっている農地として評価します。
> （注）　農地中間管理事業の推進に関する法律に基づく農用地利用配分計画の認可の公告により設定された賃借権の価額については，相続税又は贈与税の課税価格に算入する必要はありません。
>
> （参考）国税庁質疑応答事例「農地中間管理機構に賃貸借により貸し付けられている農地の評価」

④　都市農地貸借法に基づく農地の貸借

(a)　制度の概要

次に，都市農地（市街地農地）についてである。

近年，市街地農地は，1．新鮮な農産物の供給，2．身近な農業体験・交流活動の場の提供，3．災害時の防災空間の確保，4．やすらぎや潤いをもたらす緑地空間の提供，5．国土・環境の保全，6．都市住民の農業への理解の醸成といった多様な役割を発揮することから多面的な機能が見直されている。

しかし，（イ）農地の所有者が会社員であったり，高齢であったりすると，農地の効用を最大限活かすことが難しいこと，（ロ）農地法の下では，耕作権が発生すると，小作人の権利保護が強くなり，離作料も発生するため，農地は第三者に貸し難い状況にあることは市街化調整区域と同様である。

7 耕作権及び貸し付けられている農地の評価

　そこで、平成30（2018）年9月1日に「都市農地の貸借の円滑化に関する法律」（以下「都市農地貸借法」という）が制定され、市街化区域内にある生産緑地については、意欲ある都市農業者等へ農地を貸す（認定都市農地貸付け）ことで有効活用を図ることとなった。
　市区町村に認定された都市農業者へ生産緑地を賃貸することを「認定都市農地貸付け」という。借手である都市農業者が、都市農地貸借法の適用を受ける場合には、事業計画を作成の上、農業委員会の決定を経て市区町村の認定を受けることが必要となる。

(b) **評価の取扱い**

　認定事業計画に基づく農地の賃貸借については、都市農地貸借法により、農地法の法定更新（同法17）などの適用が除外されており、この賃借権は、いわゆる耕作権としての価格が生じるような強い権利ではない。
　そのため、認定事業計画に従って賃借権が設定されている農地については、その農地の自用地としての価額から、その価額に100分の5を乗じて計算した金額を控除して評価する。

Q　認定事業計画に基づき貸し付けられている農地の評価

■質　問
　都市農地の貸借の円滑化に関する法律第4条の認定を受けた事業計画（以下「認定事業計画」といいます。）に従って賃借権が設定されている農地はどのように評価するのでしょうか。

■回　答
　認定事業計画に従って賃借権が設定されている農地の価額は、その農地の自用地としての価額から、その価額に100分の5を乗じて計算した金額を控除した価額によって評価します。

（解説）
　認定事業計画に従って賃借権が設定されている農地の賃貸借については、都市農地の貸借の円滑化に関する法律第8条により、農地法第17条（農地又は採草放牧地の賃貸借の更新）本文の賃貸借の法定更新などの適用が除外されており、この賃借権は、いわゆる耕作権としての価格が生じるような強い権利ではありません。
　そのため、認定事業計画に従って賃借権が設定されている農地については、その農地の自用地としての価額から、その価額に100分の5を乗じて計算した金額を控除した価額によって評価します。
（注）
1　その賃貸借に基づく賃借権の価額（その農地の自用地としての価額の100分の5相当額）については、相続税又は贈与税の課税価格に算入する必要はありません。
2　都市農地の貸借の円滑化に関する法律は、原則として、生産緑地法第3条第1項の規定により定められた生産緑地地区の区域内の農地を対象としていることから、その農地の自用地としての価額は、財産評価基本通達40-3（生産緑地の評価）により評価した価額になります。

（参考）国税庁質疑応答事例「認定事業計画に基づき貸し付けられている農地の評価」

5章 農地及び農地の上に存する権利

⑤ 市民農園として貸し付けられている農地

(a) 制度の概要

近年，市街化区域または市街化調整区域の区分にかかわらず，小面積の農地を利用したい者が増えていることから，所有する農地を市民農園[160]とすることが着目されている。

(i) 農園利用方式

市民農園も，農地所有者の指導の下で，利用者が農作業を体験するためだけに入園する農園利用方式であれば，あくまでも農地所有者が農業経営している状態であるため，農地法などの規制は受けないが，園主には農業指導や管理をすることが求められるため作業負担は大きくなる。

[図表5－30] 農園利用方式

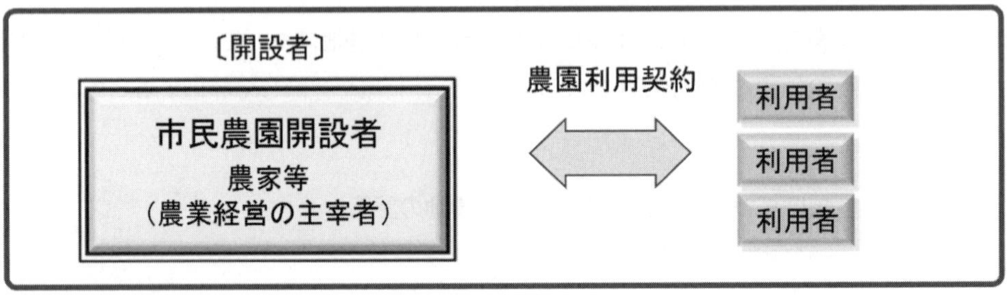

〔開設者〕
市民農園開設者
農家等
（農業経営の主宰者）　←農園利用契約→　利用者／利用者／利用者

(ii) 農地貸付方式

一方，市民農園として土地を貸し出す貸付方式については，利用者に農地を貸し出すことになるため，市民農園も例外なく農地法の制限が生じることとなる。

そこで，平成元（1989）年に市民農園を地方公共団体及び農業協同組合が開設する場合に農地法の法定更新などの適用除外を定めた，「特定農地貸付けに関する農地法等の特例に関する法律」（以下「特定農地貸付法」という）が制定された。

第一に，農地所有者が直接利用者へ農園を貸し付ける方法である。

農園の開設者は，適正な農地利用を確保する方法等を定めた貸付協定を市町村との間で締結し，加えて，利用者の募集や選考の方法，貸付期間，農地の適切な利用を確保するための方法等を記載した貸付規程を作成し，農業委員会の承認を受ける必要がある（**図表5－31**）。

---

[160] 市民農園とは，地域の住民がレクリエーションとしての自家用野菜・花の栽培，高齢者の生きがいづくり，生徒・児童の体験学習などの多様な目的で，農家でない者が小面積の農地を利用して自家用の野菜や花を育てるための農園のことをいう。市民農園と呼ばれるほか，レジャー農園，ふれあい農園などいろいろな愛称で呼ばれている。

[図表5-31] 特定農地貸付け①

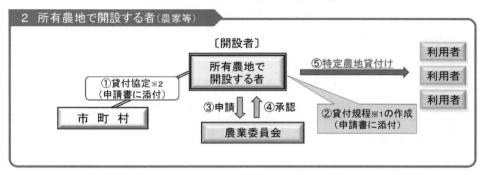

※1 貸付規程
　　特定貸付けに係る農地の所在のほか，利用者の募集や選考の方法，貸付けの期間，農地の適切な利用を確保するための方法について記載
※2 貸付協定
　　承認の取消し等による廃園後の農地の適切な利用を確保するための方法，農地の管理方法等を内容とする協定を締結
（出典）　農林水産省HP「市民農園をはじめよう！！（令和2年7月）」

　第二に，農地所有者が地方公共団体及び農業協同組合へ農地を貸し付け，その地方公共団体及び農業協同組合が利用者へ農園を貸し付ける方法である。

　農園の開設者（地方公共団体及び農業協同組合）は，利用者の募集や選考の方法，貸付期間，農地の適切な利用を確保するための方法等を記載した貸付規程を作成し，農業委員会の承認を受ける必要がある（**図表5-32**）。

[図表5-32] 特定農地貸付け②

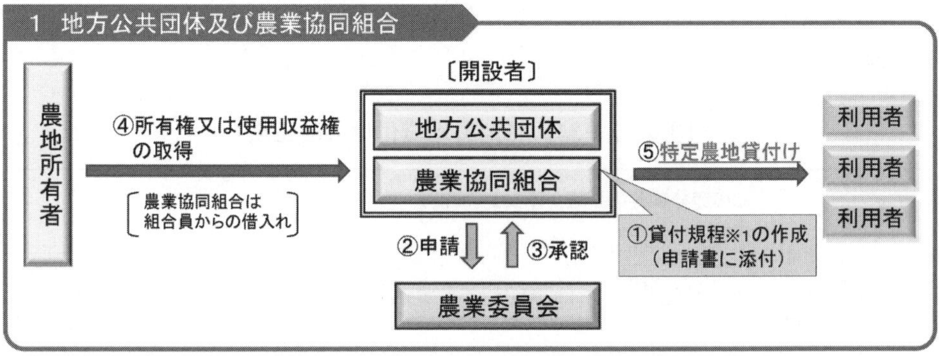

※1 貸付規程
　　特定貸付けに係る農地の所在のほか，利用者の募集や選考の方法，貸付けの期間，農地の適切な利用を確保するための方法について記載
（出典）　農林水産省HP「市民農園をはじめよう！！（令和2年7月）」

その後，平成17（2005）年には特定農地貸付法が改正され，地方公共団体または農地中間管理機構を介在させることにより，地方公共団体及び農業協同組合以外の者による市民農園の開設が可能となった（**図表5－33**）。

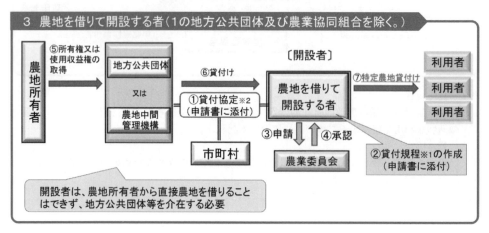

[図表5－33] 特定農地貸付け③

市民農園として，（イ）農地所有者が開設する場合，（ロ）地方公共団体及び農業協同組合が開設する場合，（ハ）地方公共団体または農地中間管理機構を介在して（イ）及び（ロ）以外の者（例えば企業やNPO法人）が開設する場合を「特定農地貸付け」という。

ただし，特定農地貸付けの下では，上記（ハ）にあるとおり，農地の所有者が直接地方公共団体及び農業協同組合以外の者（例えば企業やNPO法人）に賃貸することができなかった。それが，平成30（2018）年の都市農地貸借法においては，生産緑地に限り，地方公共団体及び農協以外の者へ直接農地を賃貸することができるようになった（**図表5－34**）。これを「特定都市農地貸付け」という（**図表5－35**）。

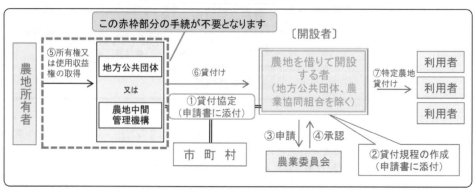

[図表5－34] 特定農地貸付けの改正点

（出典）農林水産省HP「市民農園をはじめよう！！（令和2年7月）」

7 耕作権及び貸し付けられている農地の評価

[図表5－35] 特定都市農地貸付け

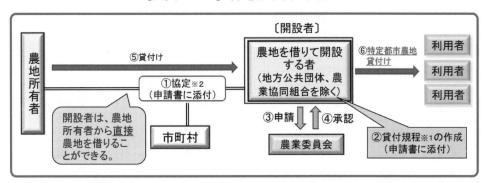

（出典）農林水産省HP「市民農園をはじめよう！！（令和2年7月）」

　この特定都市農地貸付けと，（イ）の農地所有者が自ら農園利用者へ貸し付けるもののうち生産緑地，（ロ）の地方公共団体及び農業協同組合へ貸し付けるもののうち生産緑地の3つをあわせて「農園用地貸付け」という（**図表5－36**）[161]。

実務上のポイント

　市街化区域内の都市農地を一般の農業者に賃貸するケースと，市民農園として賃貸するケースの取扱いについては，従来，都市農地を農地法以外の方法により農業者へ賃貸することが原則としてできなかった。そのため都市農地の多くは遊休農地となることがあり，市民農園として活用する方法はあったが，市民農園も農地法が適用されたり，農地等の納税猶予が適用外となるなど制度上の使い勝手がよくないことからあまり活用されてこなかった。農地所有者が自ら農園を開設することはできたが，農業指導や管理を行わなければならないため作業負担が大きい。地方公共団体や農業協同組合を介して市民農園とすることはできたが，農地等の納税猶予の適用ができなかった。

　そこで，平成30年に市街化区域内の都市農地のうち，生産緑地については農地所有者が（地方公共団体等を介せずして）企業やNPO法人へ直接賃貸し，市民農園として活用することができるようになり（特定都市農地貸付け），農地等の納税猶予の適用も可能となる。

　加えて，同生産緑地について，認定を受けた認定都市農業者へ賃貸することが可能となった（認定都市農地貸付け）。

　いずれにおいても，従来の特定農地貸付け及び平成30年に新設された農園用地貸付け，認定都市農地貸付けに基づいて賃貸されている農地は自用地価額から100分の5を控除して評価することとなる。

---

[161] 農地等の納税猶予制度においては，平成30（2018）年の都市農地貸付法にあわせた税制改正により，農園用地貸付けと認定都市農地貸付けについては引き続き納税猶予の適用が継続できることとなった。

5章　農地及び農地の上に存する権利

［図表5－36］農園用地貸付けと認定都市農地貸付け

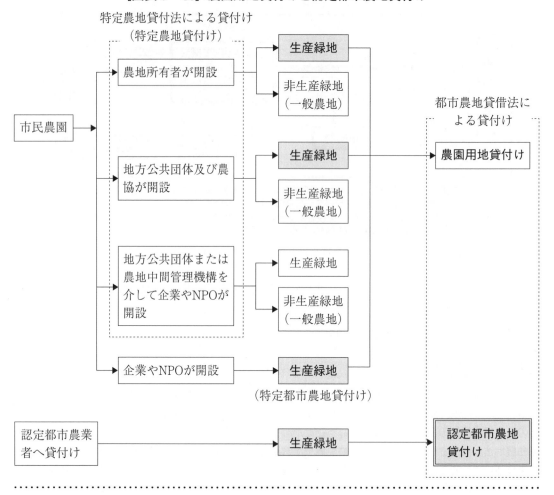

(b) 評価の取扱い

農地所有者と農地の借手である地方公共団体との間で行われる市民農園の賃貸借については，賃貸借解約等の制限（農地法18）の適用はないものとされている。

したがって，その市民農園の用に供されている農地は耕作権の目的となっている農地には該当しない。

この場合，賃貸借契約の期間制限に係る斟酌は，原則として，賃借権の評価（評価通達87(2)）の定めに準じて，賃借権の残存期間に応じ，その賃借権が地上権であるとした場合に適用される法定地上権割合の2分の1に相当する割合となる。

ただし，次の要件のすべてを満たす市民農園の用に供されている農地については，残存期間が20年以下の法定地上権割合に相当する20％の斟酌をすることとして差し支えないものとされている。

(イ) 地方自治法第244条の2の規定により条例で設置される市民農園であること

— 874 —

7　耕作権及び貸し付けられている農地の評価

(ロ) 土地の賃貸借契約に次の事項が定められ，かつ，相続税及び贈与税の課税時期後において引き続き市民農園として貸し付けられること
　イ　貸付期間が20年以上であること
　ロ　正当な理由がない限り貸付けを更新すること
　ハ　農地所有者は，貸付けの期間の中途において正当な事由がない限り土地の返還を求めることはできないこと

Q　市民農園として貸し付けている農地の評価

■質　問

　生産緑地地区内の農地を，いわゆる特定農地貸付けに関する農地法等の特例に関する法律の定めるところにより地方公共団体に市民農園として貸し付けていますが，このような農地はどのように評価するのでしょうか。

■回　答

　照会の借地方式による市民農園は，特定農地貸付けに関する農地法等の特例に関する法律（以下「特定農地貸付法」といいます。）に規定する特定農地貸付けの用に供するためのものであり，農地所有者と農地の借手である地方公共団体との間で行われる賃貸借及び当該地方公共団体と市民農園の借手である住民との間で行われる賃貸借については，農地法第18条に定める賃貸借の解約制限の規定の適用はないものとされています。したがって，当該市民農園の用に供されている農地は耕作権の目的となっている農地には該当しません。このため，当該市民農園は，生産緑地としての利用制限に係る斟酌と賃貸借契約の期間制限に係る斟酌とを行うことになります。
　この場合，賃貸借契約の期間制限に係る斟酌は，原則として，財産評価基本通達87（賃借権の評価）(2)の定めに準じて，賃借権の残存期間に応じ，その賃借権が地上権であるとした場合に適用される法定地上権割合の2分の1に相当する割合とされます。
　ただし，次の要件の全てを満たす市民農園の用に供されている農地については，残存期間が20年以下の法定地上権割合に相当する20％の斟酌をすることとして差し支えありません。
　(1)　地方自治法第244条の2の規定により条例で設置される市民農園であること
　(2)　土地の賃貸借契約に次の事項が定められ，かつ，相続税及び贈与税の課税時期後において引き続き市民農園として貸し付けられること
　　①　貸付期間が20年以上であること
　　②　正当な理由がない限り貸付けを更新すること
　　③　農地所有者は，貸付けの期間の中途において正当な事由がない限り土地の返還を求めることはできないこと
　(注)　この適用を受けるためには，相続税又は贈与税の申告書に一定の書類を添付する必要があります。

（参考）
　生産緑地地区内の農地で，特定農地貸付法の定めるところにより地方公共団体以外の者に市民農園として貸し付けられている農地及び都市農地の貸借の円滑化に関する法律の定めるところにより市民農園として貸し付けられている農地についても，上記と同様に生産緑地としての利用制限に係る斟酌

5章　農地及び農地の上に存する権利

と賃貸借契約の期間制限に係る斟酌とを行うことになります。

（参考）国税庁質疑応答事例「市民農園として貸し付けている農地の評価」

(c) 特定市民農園として貸し付けられている農地

平成6（1994）年，国税庁は，農林水産省に対して「特定市民農園の用地として貸し付けられている土地の評価について」の文書回答を行った。

「特定市民農園」とは，地方公共団体が長期間，用地を借りて開設運営する公共性の高い市民農園のことで，次の要件をすべて満たすものをいう。

（イ）地方公共団体が条例により開設する市民農園であること
（ロ）正当な事由なく廃園しないこと
（ハ）用地は借地とし20年以上の契約であること
（ニ）契約は正当な事由がない限り更新し，解約できないこととすること
（ホ）敷地面積は500m^{2}以上で，うち建築物の建築面積は12％以下とすること
（ヘ）政令指定都市または県が開設する場合は農林水産大臣及び国土交通大臣から，その他の市町が開設する場合は県知事から認定書の交付を受けること

このような特定市民農園として貸し付けられている農地については，自用地としての価額から100分の30を控除して評価する。

平成6年12月19日
国税庁長官

特定市民農園の用地として貸し付けられている土地の評価について

標題のことについては，農林水産省構造改善局長及び建設省都市局長から別紙2のとおり照会があり，これに対して別紙1のとおり回答したから了知されたい。

別紙1

平成6年12月19日

農林水産省構造改善局長　殿
建設省都市局長　殿

国税庁長官

特定市民農園の用地として貸し付けられている土地の評価について（平成6年11月22日付6構改B第1067号及び建設省都公緑発第90号照会に対する回答）
標題のことについては，貴見のとおり取り扱うこととします。

7 耕作権及び貸し付けられている農地の評価

別紙2

平成6年11月22日
6構改B　第1067号
建設省都公緑発第90号

国税庁長官　殿

農林水産省構造改善局長
建設省都市局長

　　　　特定市民農園の用地として貸し付けられている土地の評価について

　緑豊かなまちづくりを推進し，自然との触れ合いの場を確保するため，現在，各地方公共団体において市民農園の整備が進められているところですが，その用地については借地方式によるものが多いのが現状であります。
　農林水産省及び建設省では，健康でゆとりある国民生活の確保を図るとともに，良好な都市環境の形成等にも資するとの観点から，この借地方式による市民農園のうち，地方公共団体の条例で設置され，契約期間も長期にわたるなど一定の要件（下記1参照）を満たす市民農園を「特定市民農園」として認定する制度を創設し，特に積極的にその整備を推進していくことといたしました。
　この特定市民農園は，土地の貸借期間が20年以上であり，かつ，正当事由がなければ土地所有者が土地の返還を求めることはできないものであること，議会の過半数の同意がなければ廃止できないものであり，また，公益上特別の必要がある場合等を除き，廃止されないようその開設者である地方公共団体が的確に管理運営するとともに，認定権者においても認定後の管理運営状況を常時把握することによりその適正な運営が図られるものであることなどから，特定市民農園の用地として貸し付けられている土地については，相当長期にわたりその利用等が制限されることになります。
　このようなことから，相続税及び贈与税の課税上，特定市民農園の用地として貸し付けられている土地の評価については，下記のとおり取り扱っていただきたく，照会します。

記

1　特定市民農園の範囲
　特定市民農園とは，次の各基準のいずれにも該当する借地方式による市民農園であって，都道府県及び政令指定都市が設置するものは農林水産大臣及び建設大臣から，その他の市町村が設置するものは都道府県知事からその旨の認定書の交付を受けたものをいう。
(1)　地方公共団体が設置する市民農園整備促進法第2条第2項の市民農園であること
(2)　地方自治法第244条の2第1項に規定する条例で設置される市民農園であること
(3)　当該市民農園の区域内に設けられる施設が，市民農園整備促進法第2条第2項第2号に規定する市民農園施設のみであること
(4)　当該市民農園の区域内に設けられる建築物の建築面積の総計が，当該市民農園の敷地面積の100分の12を超えないこと
(5)　当該市民農園の開設面積が500m²以上であること
(6)　市民農園の開設者である地方公共団体が当該市民農園を公益上特別の必要がある場合その他正当な事由なく廃止（特定市民農園の要件に該当しなくなるような変更を含む。）しないこと
　　なお，この要件については「特定市民農園の基準に該当する旨の認定申請書」への記載事項と

する。
　(7) 土地所有者と地方公共団体との土地貸借契約に次の事項の定めがあること
　　イ　貸付期間が20年以上であること
　　ロ　正当な事由がない限り貸付けを更新すること
　　ハ　土地所有者は，貸付けの期間の中途において正当な事由がない限り土地の返還を求めることはできないこと

2　特定市民農園の用地として貸し付けられている土地の評価

　特定市民農園の用地として貸し付けられている土地の価額は，その土地が特定市民農園の用地として貸し付けられていないものとして，昭和39年4月25日付直資56，直審（資）17「財産評価基本通達」の定めにより評価した価額から，その価額に100分の30を乗じて計算した金額を控除した金額によって評価する。

　なお，この取扱いの適用を受けるに当たっては，当該土地が，課税時期において特定市民農園の用地として貸し付けられている土地に該当する旨の地方公共団体の長の証明書（相続税又は贈与税の申告期限までに，その土地について権原を有することとなった相続人，受遺者又は受贈者全員から当該土地を引き続き当該特定市民農園の用地として貸し付けることに同意する旨の申出書の添付があるものに限る。）を所轄税務署長に提出するものとする。

3　適用時期

　この取扱いは平成7年1月1日以後に相続若しくは遺贈又は贈与により取得した特定市民農園の用地として貸し付けられている土地の評価に適用する。

昭和52年5月12日
国税庁長官

農地等について使用貸借による権利の設定等をした場合における贈与税又は相続税の取扱いについて

　標題のことについて，岡山県農業会議会長から別紙2のとおり照会があり，これに対し別紙1のとおり資産税課長名で回答したから了知されたい。

別紙1

昭和52年5月12日

岡山県農業会議会長　殿

国税庁直税部資産税課長

農地等について使用貸借による権利の設定等をした場合における贈与税又は相続税の取扱いについて（昭和52年4月26日付岡農議第45号照会に対する回答）

　標題のことについて，個人間の使用貸借に関しては，貴見のとおり取扱って差支えありません。

別紙2

岡農議第45号
昭和52年4月26日

国税庁直税部資産税課長　殿

岡山県農業会議会長

7 耕作権及び貸し付けられている農地の評価

農地等について使用貸借による権利の設定等をした場合における贈与税又は相続税の取扱いについて（照会）

　個人が，農地又は採草放牧地（以下「農地等」という。）について農地法第３条の規定による許可を受けて，使用貸借による権利（以下「使用借権」という。）を設定した場合，その使用借権及び使用借権が設定された農地等に係る贈与税又は相続税の取扱いは，下記に掲げるところによるものと理解しておりますが，これについて貴庁の見解を承知したいので照会します。

記

1．使用借権の価額は，その使用借権の設定又は消滅に係る贈与税の課税上ゼロと評価されるので，その時点では贈与税は課税にならない。
2．使用借権が設定された農地等の価額は，その農地等の相続，遺贈又は贈与による移転に係る相続税又は贈与税の課税上自用のものであるとした場合の価額で評価する。

参考　地方自治法

（公の施設の設置，管理及び廃止）
第244条の2　普通地方公共団体は，法律又はこれに基づく政令に特別の定めがあるものを除くほか，公の施設の設置及びその管理に関する事項は，条例でこれを定めなければならない。
2　普通地方公共団体は，条例で定める重要な公の施設のうち条例で定める特に重要なものについて，これを廃止し，又は条例で定める長期かつ独占的な利用をさせようとするときは，議会において出席議員の三分の二以上の者の同意を得なければならない。
3　普通地方公共団体は，公の施設の設置の目的を効果的に達成するため必要があると認めるときは，条例の定めるところにより，法人その他の団体であって当該普通地方公共団体が指定するもの（以下本条及び第二百四十四条の四において「指定管理者」という。）に，当該公の施設の管理を行わせることができる。
4　前項の条例には，指定管理者の指定の手続，指定管理者が行う管理の基準及び業務の範囲その他必要な事項を定めるものとする。
5　指定管理者の指定は，期間を定めて行うものとする。
6　普通地方公共団体は，指定管理者の指定をしようとするときは，あらかじめ，当該普通地方公共団体の議会の議決を経なければならない。
7　指定管理者は，毎年度終了後，その管理する公の施設の管理の業務に関し事業報告書を作成し，当該公の施設を設置する普通地方公共団体に提出しなければならない。
8　普通地方公共団体は，適当と認めるときは，指定管理者にその管理する公の施設の利用に係る料金（次項において「利用料金」という。）を当該指定管理者の収入として収受させることができる。
9　前項の場合における利用料金は，公益上必要があると認める場合を除くほか，条例の定めるところにより，指定管理者が定めるものとする。この場合において，指定管理者は，あらかじめ当該利用料金について当該普通地方公共団体の承認を受けなければならない。
10　普通地方公共団体の長又は委員会は，指定管理者の管理する公の施設の管理の適正を期するため，指定管理者に対して，当該管理の業務又は経理の状況に関し報告を求め，実地について調査し，又は必要な指示をすることができる。

5章　農地及び農地の上に存する権利

11　普通地方公共団体は，指定管理者が前項の指示に従わないときその他当該指定管理者による管理を継続することが適当でないと認めるときは，その指定を取り消し，又は期間を定めて管理の業務の全部又は一部の停止を命ずることができる。

> **実務上のポイント**
>
> 農地を賃貸している場合には，農地法に基づく耕作権が発生しているのか，市街化調整区域であれば，農業経営基盤強化促進法に基づく賃貸であるのか，中間管理機構へ賃貸しているものであるのか，市街化区域であれば都市農地貸付法に基づくものであるのかなど，適用法令によってそれぞれ減価割合が異なる。

⑥　市民緑地契約が締結されている農地

(a)　制度の概要

市民緑地制度は，主として土地等の所有者からの申出に基づき，地方公共団体または緑地保全・緑化推進法人が当該土地等の所有者と契約（市民緑地契約）を締結し，当該土地等に住民の利用に供する緑地または緑化施設（市民緑地）を設置し，これを管理することにより，土地等の所有者が自らの土地を住民の利用に供する緑地または緑化施設として提供することを支援・促進し，緑の創出と保全を推進することを目的とした制度である。

(b)　評価の取扱い

次の要件のすべてを満たす市民緑地契約が締結されている土地については，市民緑地契約が締結されていないものとして評価通達の定めにより評価した価額から，その価額に100分の20を乗じて計算した金額を控除して評価する。

(イ)　都市緑地法第55条第1項に規定する市民緑地であること
(ロ)　土地所有者と地方公共団体または緑地保全・緑化推進法人との市民緑地契約に次の事項が定められていること
　　イ　貸付けの期間が20年以上であること
　　ロ　正当な事由がない限り貸付けを更新すること
　　ハ　土地所有者は，貸付けの期間の中途において正当な事由がない限り土地の返還を求めることはできないこと

> **Q　市民緑地契約が締結されている土地の評価**
>
> ■質問
> 　都市計画区域内又は準都市計画区域内にある市民緑地契約が締結されている土地は，どのように評価するのですか。

7 耕作権及び貸し付けられている農地の評価

■回 答
　市民緑地制度は，主として土地等の所有者からの申出に基づき，地方公共団体又は緑地保全・緑化推進法人が当該土地等の所有者と契約（市民緑地契約）を締結し，当該土地等に住民の利用に供する緑地又は緑化施設（市民緑地）を設置し，これを管理することにより，土地等の所有者が自らの土地を住民の利用に供する緑地又は緑化施設として提供することを支援・促進し，緑の創出と保全を推進することを目的とした制度です。
　次の要件の全てを満たす市民緑地契約が締結されている土地については，市民緑地契約が締結されていないものとして財産評価基本通達の定めにより評価した価額から，その価額に100分の20を乗じて計算した金額を控除して評価します。
(1)　都市緑地法第55条第1項に規定する市民緑地であること
(2)　土地所有者と地方公共団体又は緑地保全・緑化推進法人との市民緑地契約に次の事項が定められていること
　①　貸付けの期間が20年以上であること
　②　正当な事由がない限り貸付けを更新すること
　③　土地所有者は，貸付けの期間の中途において正当な事由がない限り土地の返還を求めることはできないこと
(注)　この適用を受けるためには，相続税又は贈与税の申告書に一定の書類を添付する必要があります。

（参考）国税庁質疑応答事例「市民緑地契約が締結されている土地の評価」

参考　都市緑地法
（市民緑地契約の締結等）
第55条　地方公共団体又は第六十九条第一項の規定により指定された緑地保全・緑化推進法人（第七十条第一号ロに掲げる業務を行うものに限る。）は，良好な都市環境の形成を図るため，都市計画区域又は準都市計画区域内における政令で定める規模以上の土地又は人工地盤，建築物その他の工作物（以下「土地等」という。）の所有者の申出に基づき，当該土地等の所有者と次に掲げる事項を定めた契約（以下「市民緑地契約」という。）を締結して，当該土地等に住民の利用に供する緑地又は緑化施設（植栽，花壇その他の緑化のための施設及びこれに附属して設けられる園路，土留その他の施設をいう。以下同じ。）を設置し，これらの緑地又は緑化施設（以下「市民緑地」という。）を管理することができる。
　一　市民緑地契約の目的となる土地等の区域
　二　次に掲げる事項のうち必要なもの
　　イ　園路，広場その他の市民緑地を利用する住民の利便のため必要な施設の整備に関する事項
　　ロ　市民緑地内の緑地の保全に関連して必要とされる施設の整備に関する事項
　　ハ　緑化施設の整備に関する事項
　三　市民緑地の管理の方法に関する事項
　四　市民緑地の管理期間
　五　市民緑地契約に違反した場合の措置

5章　農地及び農地の上に存する権利

⑦　風景地保護協定が締結されている土地の評価

(a)　制度の概要

　風景地保護協定制度は，環境大臣もしくは地方公共団体または自然公園法第49条の規定に基づく公園管理団体が，国立・国定公園内の自然の風景地について，土地所有者等による管理が不十分であると認められる場合等に，土地所有者等との間で風景地の保護のための管理に関する協定（風景地保護協定）を締結し，当該土地所有者等に代わり風景地の管理を行う制度である。

(b)　評価の取扱い

　次の要件のすべてを満たす風景地保護協定が締結されている土地については，風景地保護協定区域内の土地でないものとして評価通達の定めにより評価した価額から，その価額に100分の20を乗じて計算した金額を控除して評価する。

(イ)　自然公園法第43条第1項に規定する風景地保護協定区域内の土地であること

(ロ)　風景地保護協定に次の事項が定められていること

　　イ　貸付けの期間が20年であること

　　ロ　正当な事由がない限り貸付けを更新すること

　　ハ　土地所有者は，貸付けの期間の中途において正当な事由がない限り土地の返還を求めることはできないこと

Q　風景地保護協定が締結されている土地の評価

■質問

　風景地保護協定が締結されている土地は，どのように評価するのですか。

■回答

　風景地保護協定制度とは，環境大臣若しくは地方公共団体又は自然公園法第49条の規定に基づく公園管理団体が，国立・国定公園内の自然の風景地について，土地所有者等による管理が不十分であると認められる場合等に，土地所有者等との間で風景地の保護のための管理に関する協定（風景地保護協定）を締結し，当該土地所有者等に代わり風景地の管理を行う制度です。

　なお，都道府県立自然公園においても，同法第74条により風景地保護協定を締結することができる旨を条例に定めることができることとされています。

　次の要件の全てを満たす風景地保護協定が締結されている土地については，風景地保護協定区域内の土地でないものとして財産評価基本通達の定めにより評価した価額から，その価額に100分の20を乗じて計算した金額を控除して評価します。

(1)　自然公園法第43条第1項に規定する風景地保護協定区域内の土地であること

(2)　風景地保護協定に次の事項が定められていること

　①　貸付けの期間が20年であること

　②　正当な事由がない限り貸付けを更新すること

　③　土地所有者は，貸付けの期間の中途において正当な事由がない限り土地の返還を求めること

はできないこと
(注) この適用を受けるためには，相続税又は贈与税の申告書に一定の書類を添付する必要があります。

(参考) 国税庁質疑応答事例「風景地保護協定が締結されている土地の評価」

> **参考** 自然公園法
> (風景地保護協定の締結等)
> 第43条 環境大臣若しくは地方公共団体又は第四十九条第一項の規定により指定された公園管理団体で第五十条第一項第一号に掲げる業務のうち風景地保護協定に基づく自然の風景地の管理に関するものを行うものは，国立公園又は国定公園内の自然の風景地の保護のため必要があると認めるときは，当該公園の区域(海域を除く。)内の土地又は木竹の所有者又は使用及び収益を目的とする権利(臨時設備その他一時使用のため設定されたことが明らかなものを除く。)を有する者(以下「土地の所有者等」と総称する。)と次に掲げる事項を定めた協定(以下「風景地保護協定」という。)を締結して，当該土地の区域内の自然の風景地の管理を行うことができる。
> 一 風景地保護協定の目的となる土地の区域(以下「風景地保護協定区域」という。)
> 二 風景地保護協定区域内の自然の風景地の管理の方法に関する事項
> 三 風景地保護協定区域内の自然の風景地の保護に関連して必要とされる施設の整備が必要な場合にあっては，当該施設の整備に関する事項
> 四 風景地保護協定の有効期間
> 五 風景地保護協定に違反した場合の措置

8 区分地上権及びその目的となっている農地の評価

> **財産評価基本通達41《貸し付けられている農地の評価》**
> 区分地上権の目的となっている農地の評価は，次に掲げるところによる。
> (3) 区分地上権の目的となっている農地の価額は，その農地の自用地としての価額から，43-2《区分地上権の評価》の定めにより評価した区分地上権の価額を控除した金額によって評価する。
>
> **財産評価基本通達43-2《区分地上権の評価》**
> 農地に係る区分地上権の価額は，27-4《区分地上権の評価》の定めを準用して評価する。

(1) 区分地上権の目的となっている農地の評価

区分地上権は，地下にトンネルを所有するなど土地の上下の一定層のみを目的として設定された地上権をいう。

5章　農地及び農地の上に存する権利

区分地上権の目的となっている農地の価額は，次の算式で求めた金額により評価する。

（算式）
　　自用地としての価額－（自用地としての価額×区分地上権の割合）

(2) 区分地上権の評価

農地に係る区分地上権の価額は，評価通達27-4《区分地上権の評価》の定めを準用して評価する。

9　区分地上権に準ずる地役権及びその目的となっている農地の評価

> **財産評価基本通達41《貸し付けられている農地の評価》**
> 区分地上権に準ずる地役権の目的となっている農地の評価は，次に掲げるところによる。
> (4)　区分地上権に準ずる地役権の目的となっている農地の価額は，その農地の自用地としての価額から，43-3《区分地上権に準ずる地役権の評価》の定めにより評価した区分地上権に準ずる地役権の価額を控除した金額によって評価する。
>
> **財産評価基本通達43-3《区分地上権に準ずる地役権の評価》**
> 農地に係る区分地上権に準ずる地役権の価額は，その区分地上権に準ずる地役権の目的となっている承役地である農地の自用地としての価額を基とし，27-5《区分地上権に準ずる地役権の評価》の定めを準用して評価する。

(1) 区分地上権に準ずる地役権の目的となっている農地の評価

区分地上権に準ずる地役権は，特別高圧架空電線の架設，高圧のガスを通ずる導管の敷設，飛行場の設置，建築物の建設その他の目的のため地下または空間について上下の範囲を定めて設定された地役権で建造物の設置を制限するもの等を目的として地下または空間について上下の範囲を定めて設定されたもので，建造物の設置を制限するものをいう。

区分地上権に準ずる地役権の目的となっている承役地である農地の価額は，次の算式で求めた金額により評価する。

（算式）
　　自用地としての価額－（自用地としての価額×区分地上権に準ずる地役権の割合）

(2) 区分地上権に準ずる地役権の評価

農地に係る区分地上権に準ずる地役権の価額は，評価通達27-5《区分地上権に準ずる地役権の

9 区分地上権に準ずる地役権及びその目的となっている農地の評価

評価》の定めを準用して評価する。

Q 区分地上権に準ずる地役権の目的となっている市街地農地の評価

■質 問

高圧架空電線の架設を目的とする地役権の設定されている承役地である市街地農地の価額は、どのように評価するのですか。

■回 答

その農地の自用地価額から区分地上権に準ずる地役権の価額（自用地価額×区分地上権に準ずる地役権の割合）を控除した価額で評価します。

この場合の区分地上権に準ずる地役権の割合は、公共用地の取得に伴う損失補償基準細則別添参考第7の第三（第一および第二の地域以外の地域における宅地見込地又は農地、林地の場合）を参考に計算しますが、承役地に係る家屋の建築の制限の内容により、次の割合によることができます。
(1) 家屋の建築が全くできない場合　　50％または借地権割合のいずれか高い割合
(2) 家屋の構造等に制限を受ける場合　30％

ただし、この割合は、家屋の建築の制限の強弱に着目した区分によるものであることから、家屋の建築が原則としてできない純農地および中間農地の価額を評価する場合には適用しません（評基通41(4)）。

（参考）実務相談録

6章

山林及び山林の上に存する権利

1 評価の方式

> **財産評価基本通達45《評価の方式》**
> 　山林の評価は，次に掲げる区分に従い，それぞれ次に掲げる方式によって行う。
> (1) 　純山林及び中間山林（通常の山林と状況を異にするため純山林として評価することを不適当と認めるものに限る。以下同じ。）　倍率方式
> (2) 　市街地山林　比準方式又は倍率方式

本項では，山林をその存する地域の状況に応じて3つに区分し，その評価方法を定めている[162]。

① 　純山林…主として林業経営のための山林をいう。
② 　中間山林…純山林及び市街地山林以外の，例えば市街地付近に所在する山林をいう。
③ 　市街地山林…宅地のうちに介在する山林または市街化区域内にある山林をいう。

[図表6-1] 山林の区分

区　分	範　囲
純　山　林	主として，通常の林業経営のための山林
中　間　山　林	市街地付近または別荘地帯等にある山林で通常の純山林と状況を異にするため，純山林として評定することが不適当と認められる山林
市　街　地　山　林	宅地のうちに介在する山林，市街化区域にある山林

山林の評価は，次に掲げる区分に従い，それぞれ次に掲げる方式によって1筆ごとに行う。
(1) 　純山林及び中間山林…倍率方式
(2) 　市街地山林…比準方式または倍率方式

162　東京国税局「評価事務の概要（平成25年）」

② 純山林及び中間山林の評価

[図表6-2] 山林の分類

平成27年分　倍率表　　　5頁

市区町村名：○○市					○○税務署					
音順	町（丁目）又は大字名	適用地域名	借地権割合	固定資産税評価額に乗ずる倍率等						
				宅地	田	畑	山林	原野	牧場	池沼
			%	倍	倍	倍	倍	倍	倍	倍
な	○○5丁目	農業振興地域内の農用地域			純 9.0	純 15				
		上記以外の地域	30	1.2	純 9.4	純 16	純 3.9	純 3.9		
	○○6～7丁目	農業振興地域内の農用地域			純 10	純 15				
		上記以外の地域	30	1.2	純 11	純 16	純 2.9	純 2.9		

略称	分類
純	純山林
中	中間山林
比準	市街地山林

「純」、「中」と表示してある地域は、固定資産税評価額に評価倍率を乗じて評価する地域である。また、「比準」と表示してある地域は、付近の宅地に比準して評価する地域である。路線価地域であれば路線価方式、倍率地域であれば宅地比準方式により評価する。

② 純山林及び中間山林の評価

> **財産評価基本通達47《純山林の評価》**
> 純山林の価額は、その山林の固定資産税評価額に、地勢、土層、林産物の搬出の便等の状況の類似する地域ごとに、その地域にある山林の売買実例価額、精通者意見価格等を基として国税局長の定める倍率を乗じて計算した金額によって評価する。
>
> **財産評価基本通達48《中間山林の評価》**
> 中間山林の価額は、その山林の固定資産税評価額に、地価事情の類似する地域ごとに、その地域にある山林の売買実例価額、精通者意見価格等を基として国税局長の定める倍率を乗じて計算した金額によって評価する。

(1) 純山林及び中間山林の評価

本項では純山林及び中間山林の評価方法を定めている。

純山林及び中間山林は、倍率方式によって評価する。すなわち、その山林の固定資産税評価額に、

6章　山林及び山林の上に存する権利

状況の類似する地域ごとに，その地域にある山林の売買実例価額，精通者意見価格等を基として国税局長に定める倍率を乗じて計算した金額によって評価する。

なお，その倍率は，財産評価基準書（国税庁ホームページhttps://www.nta.go.jp/index.htm）に掲載されている。

Q　山林の評価方法

■質　問

地目が山林の土地（いわゆる林地）はどのようにして評価するのですか。

■回　答

すなわち，純山林の価額は，その山林の固定資産税評価額に，地勢，土層，林産物の搬出の便等の状況に類似する地域ごとに，その地域にある山林の売買実例価額，精通者意見価格等を基として国税局長の定める倍率を乗じて計算した金額によって評価します。

中間山林の価額は，その山林の固定資産税評価額に，地価事情の類似する地域ごとに，その地域にある山林の売買実例価額，精通者意見価格等を基として国税局長の定める倍率を乗じて計算した金額によって評価します。

この場合の固定資産税評価額は，宅地および農地の場合と同様に，現在暫定的に，固定資産税額を計算する場合に用いることとされている課税標準の特例額ではなく，本来の固定資産税評価額です。

また，固定資産税評価額は登記簿面積によって課税されていますので，いわゆる縄延のある山林については，その縄延をとりこんだ実際の地積に応じて計算した仮の固定資産税評価額によります。

なお，この固定資産税評価額に乗ずる一定の倍率は，評価基準書に掲載されています。

市街地山林の価額は，その山林が宅地であるとした場合の1平方メートルあたりの価額から，その山林を宅地に転用する場合において通常必要と認められる1平方メートルあたりの造成費に相当する金額として，整地，土盛りまたは土止めに要する費用の額がおおむね同一と認められる地域ごとに国税局長の定める金額（評価基準書に掲載されています。）を控除した金額に，その山林の地積を乗じて計算した金額によって評価します。

その山林が宅地であるとした場合の1平方メートルあたりの価額は，その付近にある宅地について宅地の評価の方式に定める方式によって評価した1平方メートルあたりの価額を基とし，その宅地とその山林との位置形状等の差を考慮して評価することになります。

ただし，その市街地山林の固定資産税評価額に地価事情の類似する地域ごとに，その地域にある山林の売買実例価額，精通者意見価格等を基として国税局長の定める倍率を乗じて計算した金額によって評価することとしている地域にある市街地山林の価額は，その山林の固定資産税評価額にその倍率を乗じて計算した金額によって評価します。

（参考）実務相談録

(2) 純山林と中間山林の相違点

　純山林は，宅地または農地等への転用が見込めず，専ら木竹の生育の用に供されることを前提とした価格形成が見込まれる地域にある山林をいう。

　一方，中間山林は，都市近郊や農村付近にある山林で，この地域は宅地化や農地化等の影響を多少なりとも受けている地域をいい，純山林より土地の価格水準が高い水準にある地域と考えられている。

　したがって，両者はその価格形成要因が異なることとなり，それぞれを同一状況類似地区として一定の範囲で区分すべきものと解されている（平成19年11月5日裁決〔裁決事例集74巻357頁〕）。

　平成15年12月2日裁決〔TAINS・F0-3-305〕は，山林の評価について，評価通達上，中間山林とされているのに対し，納税者が，地勢，土層，林産物の搬出の便等からみて純山林として評価すべきと主張した事例である。

　本件山林の状況は以下のとおりである。

(イ) 本件山林は，市街化区域及び市街化調整区域の両区域にまたがっており，一体の山として認識されている。

(ロ) 市街化区域山林の傾斜角度は約10度で，市街化調整区域山林の斜面の傾斜角度は約20度ないし30度である。

(ハ) 本件山林の北西側が面する幅員約2mないし3mの簡易舗装された道（本件通路）は，いわゆる里道（国有地）であり，道路法及び建築基準法に規定する道路ではない。

(ニ) 平成12年分評価倍率表によれば，本件山林の固定資産税評価額に乗ずる倍率は，「道路沿い」は中間山林として148倍であり，「道路沿い以外」は純山林として6倍である。

　審査請求人は，本件山林は，宅地造成等規制法による規制がされていることなどから宅地開発の可能性が低いこと，本件通路が道路法等に規定する道路ではないことから「純山林」に該当し，不動産鑑定評価額によって評価すべきと主張した。

　これに対し原処分庁は，本件山林は市街化区域に隣接しているため，地勢及び形状等は市街地山林とほぼ同一の状況にある山林と認められ，通常の純山林とは状況が異なることから，評価通達にいう「中間山林」として評価すべきと主張した。

　裁決は，以下の理由等から，本件山林は中間山林として評価することが相当と判断している。

① 本件山林は，種々の規制等があるとはいえ，市街地付近にあるなど周辺の状況からしても，少なからず宅地化の影響を受けており，通常の林業経営のための山林とは状況を異にする山林であると認められること

② 本件通路は，道路法及び建築基準法に規定する道路ではないものの，いわゆる里道（国有財産）と呼ばれるものであり，不特定多数の通行の用に供されている道路と認められることから，評価倍率表にいう「道路」に該当し，本件通路に隣接した本件調整区域山林を評価通達に定め

る純山林として評価することは適当ではないこと

また，平成19年11月5日裁決〔裁決事例集74巻357頁〕においても中間山林か純山林かが争われている。

本件山林は，市街化調整区域に所在する山林であり，平成16年分財産評価基準書において中間山林として区分されている。

審査請求人は，各山林の傾斜が14ないし23度であること，平坦地が全くないこと，造成困難で林産物の搬出の便が悪いこと等の理由から地勢，土層，林産物の搬出の便等からみて純山林として評価すべきと主張している。

これに対し原処分庁は，本件山林に特別な事情があるとは認められないことから評価通達に従って評価した価額は正当であると主張した。

裁決は，いずれも傾斜地であること及び市街化調整区域内に所在することなどから開発等にあたって各種の規制があることは認められるものの，市街地付近にあり，通常の林業経営のための山林とは状況を異にする山林であると認められることから，純山林として評価すべき主張には理由がないと判断している。

いずれにおいても，評価対象地が市街地付近にあり，通常の林業経営のための山林とは状況を異にする山林であると認められることから，純山林として評価することはできないとされている。

3 市街地山林の評価

> **財産評価基本通達49《市街地山林の評価》**
> 市街地山林の価額は，その山林が宅地であるとした場合の1平方メートル当たりの価額から，その山林を宅地に転用する場合において通常必要と認められる1平方メートル当たりの造成費に相当する金額として，整地，土盛り又は土止めに要する費用の額がおおむね同一と認められる地域ごとに国税局長の定める金額を控除した金額に，その山林の地積を乗じて計算した金額によって評価する。
> ただし，その市街地山林の固定資産税評価額に地価事情の類似する地域ごとに，その地域にある山林の売買実例価額，精通者意見価格等を基として国税局長の定める倍率を乗じて計算した金額によって評価することができるものとし，その倍率が定められている地域にある市街地山林の価額は，その山林の固定資産税評価額にその倍率を乗じて計算した金額によって評価する。
> なお，その市街地山林について宅地への転用が見込めないと認められる場合には，その山林の価額は，近隣の純山林の価額に比準して評価する。
> （注）
> 1　その山林が宅地であるとした場合の1平方メートル当たりの価額は，その付近にある宅地について11《評価の方式》に定める方式によって評価した1平方メートル当たりの価額を基とし，その宅地とその山林との位置，形状等の条件の差を考慮して評価する。
> 　なお，その山林が宅地であるとした場合の1平方メートル当たりの価額については，その山林が宅地であるとした場合において20-2《地積規模の大きな宅地の評価》の定めの適用対象となるとき（21-2《倍率方式による評価》ただし書において20-2の定めを準用するときを含む。）には，同項

> 2 「その市街地山林について宅地への転用が見込めないと認められる場合」とは，その山林を本項本文によって評価した場合の価額が近隣の純山林の価額に比準して評価した価額を下回る場合，又はその山林が急傾斜地等であるために宅地造成ができないと認められる場合をいう。

(1) 市街地山林の評価

① 市街地山林の評価

本項では，市街地山林の評価方法を定めている。

市街地山林とは，宅地のうちに介在する山林または市街化区域内にある山林などである。

市街地山林の価額は，原則として，その山林が宅地であるとした場合の価額から，その山林を宅地に転用する場合において通常必要と認められる造成費を控除した金額により評価することとされている。いわゆる宅地比準方式である。

これを算式で示すと次のとおりである。

（算式）

$$\text{市街地山林の評価額} = \left\{ \text{その山林が宅地であるとした場合の1 m}^2\text{当たりの価額} - \text{1 m}^2\text{当たりの造成費の金額} \right\} \times \text{地積}$$

なお，山林については，農地のような宅地等への転用の制限がないため，転用制限に伴う80％評価は適用されない。

(2) 宅地への転用が見込めない市街地山林の評価

① 宅地への転用が見込めない市街地山林の評価

市街地山林の価額は，原則として宅地比準方式により評価することとしているが，例えば宅地化するには多額の造成費を要するものや宅地化が見込めない急傾斜地等のように，宅地比準方式を適用すること自体に合理性が認められない場合がある。

そのような宅地への転用が見込めないと認められる市街地山林については，近隣の純山林の価額に比準して評価する。

宅地への転用が見込めない市街地山林であるか否かは，(a)宅地へ転用するには多額の造成費を要する場合のように経済合理性から判断する場合と，(b)宅地造成が不可能と認められるような急傾斜地等，その形状から判断する場合の2つが考えられる。

(a) 経済合理性から判断する場合

市街地山林について，宅地造成費に相当する金額を控除して評価する場合，多額の造成費がかか

る場合など宅地としての価額より宅地造成費に相当する金額の方が大きいため，その評価額がマイナスとなることも予想される。

その場合，経済合理性の観点から宅地への転用が見込めない場合であっても，土地の所有権を持っていれば，通常，その土地本来の現況地目としての利用が最低限可能であることから，その土地の価額は，本来の現況地目である山林の価額（宅地化期待益等を含まない林業経営のための純山林の価額）を下回ることはないと考えられる。

以上のことから，宅地比準方式により評価した市街地山林の価額が純山林としての価額を下回る場合には，経済合理性の観点から宅地への転用が見込めない市街地山林に該当すると考えられ，その市街地山林の価額は，純山林としての価額により評価する。

なお，その比準元となる純山林は，評価対象地の近隣の純山林，すなわち，評価対象地からみて距離的に最も近い場所に所在する純山林である。

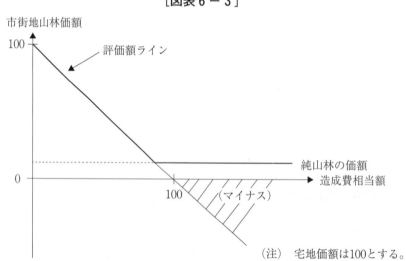

[図表6－3]

(b) 形状から判断する場合

市街地山林を宅地比準方式により評価する方法は，評価対象地の価格が宅地価額を基に形成されることを前提としている。

したがって，宅地造成が不可能（宅地化が見込まれない）と認められるような形状の市街地山林については，上記(a)の経済合理性について検討するまでもなく，宅地比準方式を適用する前提を欠いていると考えられる。

このような宅地造成が不可能と認められるような形状としては，急傾斜地（分譲残地等）等が考えられる。宅地造成が不可能な急傾斜地等に該当するか否かの判定にあたっては，急傾斜地の崩壊による災害の防止に関する法律が「急傾斜地」の定義を「傾斜度が30度以上である土地」としていることから，急傾斜地の目安として傾斜度30度以上とすることも一案であると考えられる。しかし，

同じ傾斜度の土地でも，土質（関東ローム層，砂利，硬質粘土，風化の著しい岩，軟岩等）等により宅地造成の可否に差が生じることから，むしろ一律の基準を定めずに，地域の実情に則して判断するのが相当と考えられる。

以上のことから，急傾斜地等の宅地への転用が見込めない市街地山林の価額についても純山林としての価額により評価する。

> **実務上のポイント**
>
> 純山林としての価額は以下の算式によって評価する。
>
> （算式）
> 　純山林価額＝1㎡当たりの近傍山林価額×純山林の評価倍率
>
> 評価対象地が存するエリアの近傍山林の単価は，市町村の固定資産税課で確認することができる。
>
> なお，評価対象地が存するエリアに近傍山林の単価が存在しない場合は，その山林と状況の類似する地域にあり，専ら木竹の生育の用に供されることを前提とした価格形成が見込まれる地域（実務上は最も近いエリアなど）にある山林の単価を採用する。このとき，評価倍率もその近傍純山林の存するエリアのものを採用するものと考えられる。

② 従来の取扱い

(a) 平成16年以前

宅地への転用が見込めないと認められる市街地山林の評価は，平成16年通達改正により追加されている。それ以前では，宅地比準方式を適用することの合理性が認められない場合に個別評価が行われてきた。

例えば，平成10年に相続が開始した事案である平成14年3月27日裁決〔裁決事例集63巻538頁〕は，傾斜度が30度を超える崖地につき，開発後に宅地として客観的な交換価値を見いだせない限り，通達を適用して評価することに不都合と認められる特段の事情があるとされた事例である。

本件において争いとなった甲土地の概要は以下のとおりである。
（イ）地積124㎡，間口約9ｍ，奥行約20ｍの不整形地である。
（ロ）立木，雑木及び雑草が繁茂し岩石が混在した固い土質の土地である。
（ハ）傾斜がほぼ30度を超える平坦な部分のない崖上の岩山である。
（ニ）平成10年度固定資産税評価額は5,400円（44円/㎡）である。

甲土地について，原告は，傾斜度が30度を超えているのであるから個別評価すべきであり，個別評価すると，造成費の見積額が本件土地の価額を超えることから，宅地としての評価額（客観的な交換価値）は零円であると主張した。

これに対し，被告税務署長は傾斜度は約29度であること，控除する宅地造成費の額が甲土地の宅地価額の100分の50に相当する金額を超えていないことなどから，通達に基づいた評価額（11,742,800円）

が適正であると主張した。

裁決は，本件土地を宅地として開発する場合には多額の造成費が見込まれ，仮に宅地に転用したとしても十分な地積を確保することはできないと認められ，開発後の甲土地に宅地としての客観的な交換価値があると認めることはできず，開発後に宅地として客観的な交換価値を見いだせない限り，宅地比準方式により評価をすることは客観的交換価値と乖離する結果となるから，通達を適用して評価することに不都合と認められる特段の事情があると解すべきであると判断している。

そして，本件土地と状況が類似する（固定資産税評価額が同額，譲渡日が評価時点と近い，譲渡価額が正常価格）近隣の土地の売買実例の単価（純山林比準。総額12万円）が採用されている。

> **実務上のポイント**
> 宅地比準による評価額が1,174万円となるのに比べて，純山林比準による評価額は12万円となるのであるから税額に与える影響も大きいものとなる。

(b) 平成16年資産評価企画官情報

平成16年資産評価企画官情報において，宅地比準方式を適用することの合理性が認められない場合の個別評価について，評価の明確化等の観点から，その評価方法を明らかにすることとされた。

ここでは，宅地への転用が見込めない市街地山林であるか否かは，(i)宅地化するには多額の造成費を要する場合のように経済合理性から判断する場合と，(ii)宅地造成が不可能と認められるような急傾斜地等，その形状から判断する場合の2つが考えられるとされた。

(i) 経済合理性から判断する場合

市街地山林を宅地比準方式により評価する場合，宅地造成費に相当する金額が，その山林が宅地であるとした場合の価額の50％を超えることがある。このような場合には，その宅地造成費に相当する金額は個別に評価する。

> イ　宅地造成費
> ロ　宅地比準方式による1 m^2 当たりの評価額の50％
> ハ　イ＞ロの場合……宅地造成費の個別評価

また，宅地造成費に相当する金額を控除して評価する場合，宅地としての価額より宅地造成費に相当する金額の方が大きいため，その評価額がマイナスとなることも予想される。

その場合，経済合理性からみて宅地化への転用が見込めない場合であっても，土地の所有権を持っていれば，通常，山林としての利用が最低限可能であることから，その土地の価額は，山林の価額（宅地化期待益等を含まない林業経営のための純山林の価額）を下回ることはないと考えられる。以上のことから，宅地比準方式により評価した市街地山林の価額が純山林としての価額を下回る場合には，経済合理性の観点から宅地への転用が見込めない市街地山林に該当すると考えられ，

その市街地山林の価額は，純山林としての価額により評価する。

(ii) 形状から判断する場合

　市街地山林を宅地比準方式により評価する方法は，評価対象地の価格形成が宅地価額を基に形成されることを前提としている。したがって，宅地造成が不可能（宅地化が見込まれない）と認められるような形状の市街地山林については，上記の経済合理性について検討するまでもなく，宅地比準方式を適用する前提を欠いていると考えられる。

　このような宅地造成が不可能と認められるような形状としては，急傾斜地（分譲残地等）等が考えられる。急傾斜地等の宅地への転用が見込めない市街地山林の価額についても純山林としての価額により評価する。

平成16年6月29日
資産評価企画官情報

「財産評価基本通達の一部改正について」通達のあらましについて（情報）

市街地山林の評価

> 市街地山林について宅地への転用が見込めないと認められる場合には，その山林の価額は，近隣の純山林の価額に比準して評価することとした。（評基通49＝改正）

1　従来の取扱い及び通達改正の趣旨

　市街地山林とは，市街化区域内にある山林をいい，原則として，近隣の宅地の価額を基に宅地造成費に相当する金額を控除して評価額を算出する「宅地比準方式」により評価していた。しかし，市街地山林には，例えば宅地化するには多額の造成費を要するものや宅地化が見込めない急傾斜地（分譲残地等）等があり，宅地比準方式を適用すること自体に合理性が認められない場合がある。このような場合，これまで個別に評価していたところであるが，評価の明確化等の観点から，その評価方法を明らかにすることとした。

2　通達改正の概要

　宅地への転用が見込めない市街地山林であるか否かは，①宅地化するには多額の造成費を要する場合のように経済合理性から判断する場合と，②宅地造成が不可能と認められるような急傾斜地等，その形状から判断する場合とが考えられる。

(1)　経済合理性から判断する場合

イ　市街地山林を宅地比準方式により評価する場合，宅地造成費に相当する金額が，その山林が宅地であるとした場合の価額の100分の50に相当する額を超えることがある。このような場合の実務上の対応としては，財産評価基準書の記載にあるとおり，「この基準によって算定した宅地造成費に相当する金額が，その土地が宅地であるとした場合の1平方メートル当たりの価額の100分の50に相当する額を超える場合は，その宅地造成費に相当する金額は個別に評価する」ものとして取り扱うこと

としている。
ロ　市街地山林について，宅地造成費に相当する金額を控除して評価する場合，宅地としての価額より宅地造成費に相当する金額の方が大きいため（多額の造成費がかかる場合），その評価額がマイナスとなることも予想される。

　評価額がマイナスであるということは，その市街地山林が負の資産であることを意味することになるが，合理的な経済人であれば，宅地として100の価値しかない土地へ，その価値を超える造成費（例えば120）を投下することはあり得ず（120を投下しても100でしか売却（回収）できない），通常，その市街地山林は現況のまま放置されることになる。

　また，経済合理性からみて宅地化への転用が見込めない場合であっても，土地の所有権を持っていれば，通常，その土地本来の現況地目（市街地山林であれば山林）としての利用が最低限可能であることから，その土地の価額は，その対象地本来の現況地目である山林の価額（宅地化期待益等を含まない林業経営のための純山林の価額）を下回ることはないと考えられる。

ハ　以上のことから，宅地比準方式により評価した市街地山林の価額が純山林としての価額を下回る場合には，経済合理性の観点から宅地への転用が見込めない市街地山林に該当すると考えられ，その市街地山林の価額は，純山林としての価額により評価することとした。

（注）　比準元となる具体的な純山林は，評価対象地の近隣の純山林，すなわち，評価対象地からみて距離的に最も近い場所に所在する純山林とする。

（参考）市街地山林の評価額を図示すれば，次のとおりである。

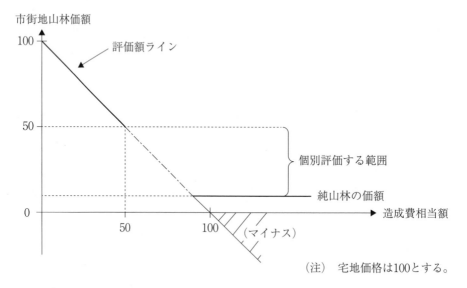

(2)　形状から判断する場合

イ　市街地山林を宅地比準方式により評価する方法は，評価対象地の価格形成が宅地価額を基に形成されることを前提としている。したがって，宅地造成が不可能（宅地化が見込まれない）と認められるような形状の市街地山林については，上記(1)の経済合理性について検討するまでもなく，宅地比準方式を適用する前提を欠いていると考えられる。

ロ　このような宅地造成が不可能と認められるような形状としては，急傾斜地（分譲残地等）等が考えられる。宅地造成が不可能な急傾斜地等に該当するか否かの判定に当たっては，急傾斜地の崩壊

による災害の防止に関する法律が「急傾斜地」の定義を「傾斜度が30度以上である土地」としていることから，急傾斜地の目安として傾斜度30度以上とすることも一案であると考えられる。しかし，同じ傾斜度の土地でも，土質（関東ローム層，砂利，硬質粘土，風化の著しい岩，軟岩等）等により宅地造成の可否に差が生じることから，むしろ一律の基準を定めずに，地域の実情に則して判断するのが相当と考えられる。

ハ 以上のことから，急傾斜地等の宅地への転用が見込めない市街地山林の価額についても純山林としての価額により評価することとした。

(注) この通達は，「宅地への転用が見込めないと認められる場合」に限定して適用があることに留意する。したがって，宅地の形状から宅地造成が不可能と判断できない場合には，宅地比準方式により評価することになる。ただし，この場合の宅地造成費に相当する金額が，その土地が宅地であるとした場合の1平方メートル当たりの価額の100分の50に相当する額を超えるとき（上図「個別評価する範囲」を参照）は，個別に評価することになる。

3 市街地（周辺）農地，市街地原野等への準用

現行の評価通達上，市街地農地及び市街地周辺農地については，原則として，宅地比準方式により評価することとしている。これらの農地等についても，市街地山林と同様，経済合理性の観点から宅地への転用が見込めない場合，例えば，蓮田等で多額な造成費が見込まれ宅地比準方式により評価額を算出するとマイナスとなるような場合が予想される。このような場合には，宅地への転用が見込めない市街地山林の評価方法に準じて，その価額は，純農地の価額により評価することになる。

また，市街地原野についても同様のケースが予想されるが，この場合の価額も純原野の価額により評価することになる。

さらに，池沼については，評価通達62《池沼及び池沼の上に存する権利の評価》により，原野に関する評価の定めに準じて評価することとしているが，例えば，市街化区域内にある大規模な池沼で多額の造成費が見込まれ，宅地比準方式により評価額を算出するとマイナスとなるような場合にも，宅地への転用が見込めない市街地山林の評価方法を準用して評価するのが相当と考えられる。したがって，宅地への転用が見込めない池沼についても，その価額は純原野の価額により評価することになる。

(注) 市街地周辺農地については，「市街地農地であるとした場合の価額の100分の80に相当する金額によって評価する」（評基通39）ことになっているが，80％相当額に減額することとしているのは，宅地転用が許可される地域の農地ではあるが，まだ現実に許可を受けていないことを考慮したものであることから，純農地の価額に比準して評価する場合には，80％相当額に減額する必要はないことに留意する。

③ 傾斜度が30度以上に限られるか

宅地造成が不可能な急傾斜地等に該当するか否かの判定にあたっては，急傾斜地の崩壊による災害の防止に関する法律が「急傾斜地」の定義を「傾斜度が30度以上である土地」としていることから，傾斜度30度以上が1つの目安となっている。

しかし，同じ傾斜度の土地でも，土質等により宅地造成の可否に差が生じることから，必ずしも一律の基準となっているものではなく，地域の実情に則して判断するのが相当と考えられる。

傾斜度30度未満の畑において宅地造成困難と判断している事例として，平成14年6月27日裁決

6章　山林及び山林の上に存する権利

〔TAINS・F0-3-057〕がある。

　本件は，畑として利用されている傾斜地において，開発後に宅地として客観的な交換価値を見いだせない限り，通達を適用して評価すると不都合と認められる特段の事情があるとされた事例である。

　評価対象地の概要は以下のとおりである。

（イ）本件丙土地は，訴外株式会社が開発し分譲した団地の外れに位置し，畑として利用している北斜面の上り傾斜地部分である。

（ロ）本件丙土地は，地積2,271.28m^2，間口約21m であり，高低差は15m，その傾斜度28度である。

　審査請求人は，宅地開発の許可が得られず，宅地としては利用ができない土地であることから，その価額は，固定資産税評価額の15倍が相当であると主張した。

　これに対し原処分庁は，本件丙土地については，開発許可を受ける可能性が全くないとは認められないと主張した。

　裁決は，この土地を宅地として開発するには，間口が狭く，道路付近の傾斜が急なため擁壁を設ける必要があるから，宅地化率が低く，擁壁設置費及び掘削費がかさむので，宅地に転用したとしても，当該費用に見合う宅地の確保は困難であることから，開発後の丙土地に宅地としての客観的な交換価値があると認めることはできないと判断している。

　したがって，本件丙土地の価額は，当審判所において，丙土地と状況が類似する土地で本件相続開始日に近い時点において売買された土地の取引事例から，土地価格比準表の格差補正を適用して算出されたものが採用されている。

4　保安林等の評価

財産評価基本通達50《保安林等の評価》
　森林法（昭和26年法律第249号）その他の法令の規定に基づき土地の利用又は立木の伐採について制限を受けている山林（次項の定めにより評価するものを除く。）の価額は，45《評価の方式》から49《市街地山林の評価》までの定めにより評価した価額（その山林が森林法第25条《指定》の規定により保安林として指定されており，かつ，倍率方式により評価すべきものに該当するときは，その山林の付近にある山林につき45から49までの定めにより評価した価額に比準して評価した価額とする。）から，その価額にその山林の上に存する立木について123《保安林等の立木の評価》に定める割合を乗じて計算した金額を控除した金額によって評価する。
（注）　保安林は，地方税法第348条《固定資産税の非課税の範囲》第2項第7号の規定により，固定資産税は非課税とされている。

財産評価基本通達123《保安林等の立木の評価》
　森林法その他の法令に基づき伐採の禁止又は制限を受ける立木（次項の定めにより評価するものを除く。）の価額は，113《森林の主要樹種の立木の評価》，117《森林の主要樹種以外の立木の評価》又

は前項の定めにより評価した価額から，その価額に，それらの法令に基づき定められた伐採関係の区分に従い，それぞれ次に掲げる割合を乗じて計算した金額を控除した価額によって評価する。

法令に基づき定められた伐採関係の区分	控除割合
一部皆伐	0.3
択伐	0.5
単木選伐	0.7
禁伐	0.8

(1) 保安林の評価

本項では保安林等の評価方法を定めている。

保安林とは，水源の涵養，土砂の崩壊その他の災害の防備，生活環境の保全・形成等特定の公益目的を達成するため，農林水産大臣または都道府県知事によって指定される森林である。保安林では，それぞれの目的に沿った森林の機能を確保するため，立木の伐採や土地の形質の変更等が規制されている。

森林法その他の法令により，土地の利用または立木の伐採について制限を受けている山林（林地）の価額は，その山林について土地の利用または立木の伐採にかかる制限がないものとして，評価通達45《評価の方式》から同49《市街地山林の評価》の定めによって評価した価額から，その価額にその山林の上に存する立木の伐採制限の程度に応じて，同通達123に定める控除割合を乗じて計算した金額を控除して評価する。

なお，保安林は，地方税法第348条《固定資産税の非課税の範囲》第2項第7号の規定により，固定資産税は非課税とされていることに留意する。

実務上のポイント

保安林についての情報は，都道府県の保安林を管轄する窓口（名称は森林整備課や林政課など）にある保安林台帳により把握する。

その保安林台帳には，保安林の種類や指定施業要件（皆伐・択伐・禁伐などの制限），森林法その他の適用法令（例えば，水源かん養保安林，土砂流出防備保安林，防風保安林などの区分）が記載されている。

なお，評価対象地である山林が保安林に該当するか否かという点は，森林簿や各市町村の固定資産税の名寄帳でも把握することもできる。

(2) 「森林法その他の法令の範囲等」とは

土地の利用または立木の伐採について制限を加える森林法以外の法令の具体的な範囲及びその法令により課されている伐採制限の程度に応じた控除割合は，**図表6－4**のとおりである。

6章　山林及び山林の上に存する権利

[図表6－4] 森林法その他の法令の範囲等（令和5年分東京都の場合）

令和5年分
（東京都）

別紙　森林法その他の法令の範囲等

法令	区分	伐採の方法等		控除割合
森林法	水源かん養保安林	① 原則（下記以外の森林）	伐採種を定めない	一部皆伐(0.3)
		② 林況が粗悪な森林	択伐	択伐(0.5)
		③ 伐採の方法を制限しなければ、急傾斜地、保安施設事業の施行地等の森林で土砂が崩壊し、又は流出すると認められるもの		
		④ その伐採跡地における成林が困難になるおそれがあると認められる森林		
		⑤ ③及び④のうち、その程度が特に著しいと認められるもの	禁伐	禁伐(0.8)
	土砂流出防備保安林	① 原則（下記以外の森林）	択伐	択伐(0.5)
		② 保安施設事業の施行地の森林で地盤が安定していないものその他伐採すれば著しく土砂が流出するおそれがあると認められる森林	禁伐	禁伐(0.8)
		③ 地盤が比較的安定している森林	伐採種を定めない	一部皆伐(0.3)
	土砂崩壊防備保安林	① 原則（下記以外の森林）	択伐	択伐(0.5)
		② 保安施設事業の施行地の森林で地盤が安定していないものその他伐採すれば著しく土砂が崩壊するおそれがあると認められる森林	禁伐	禁伐(0.8)
	飛砂防備保安林	① 原則（下記以外の森林）	択伐	択伐(0.5)
		② 林況が粗悪な森林	禁伐	禁伐(0.8)
		③ 伐採すればその伐採跡地における成林が著しく困難になるおそれがあると認められる森林		
		④ その地表が比較的安定している森林	伐採種を定めない	一部皆伐(0.3)
	防風保安林 防霧保安林	① 原則（下記以外の森林）	伐採種を定めない	一部皆伐(0.3)
		② 林帯の幅が狭小な森林(その幅がおおむね20メートル未満のものをいう。)その他林況が粗悪な森林	択伐	択伐(0.5)
		③ 伐採すればその伐採跡地における成林が困難になるおそれがあると認められる森林		
		④ ②及び③のうちその程度が特に著しいと認められるもの（林帯については、その幅がおおむね10メートル未満のものをいう。）	禁伐	禁伐(0.8)

4 保安林等の評価

令和５年分
（東京都）

法　令	区　分	伐採の方法等		控除割合
森林法	水害防備保安林 潮害防備保安林 防雪保安林	① 原則（下記以外の森林）	択伐	択伐 (0.5)
		② 林況が粗悪な森林	禁伐	禁伐 (0.8)
		③ 伐採すればその伐採跡地における成林が著しく困難になるおそれがあると認められる森林		
	干害防備保安林	① 原則（下記以外の森林）	伐採種を定めない	一部皆伐 (0.3)
		② 林況が粗悪な森林	択伐	択伐 (0.5)
		③ 伐採の方法を制限しなければ、急傾斜地等の森林で土砂が流出するおそれがあると認められるもの		
		④ 用水源の保全又はその伐採跡地における成林が困難になるおそれがあると認められる森林		
		⑤ ③及び④のうち、その程度が特に著しいと認められるもの	禁伐	禁伐 (0.8)
	なだれ防止保安林 落石防止保安林	① 原則（下記以外の森林）	禁伐	禁伐 (0.8)
		② 緩傾斜地の森林その他なだれ又は落石による被害を生ずるおそれが比較的少ないと認められる森林	択伐	択伐 (0.5)
	防火保安林		禁伐	禁伐 (0.8)
	魚つき保安林	① 原則（下記以外の森林）	択伐	択伐 (0.5)
		② 伐採すればその伐採跡地における成林が著しく困難になるおそれがあると認められる森林	禁伐	禁伐 (0.8)
		③ 魚つきの目的に係る海岸、湖沼等に面しない森林	伐採種を定めない	一部皆伐 (0.3)
	航行目標保安林	① 原則（下記以外の森林）	択伐	択伐 (0.5)
		② 伐採すればその伐採跡地における成林が著しく困難になるおそれがあると認められる森林	禁伐	禁伐 (0.8)
	保健保安林	① 原則（下記以外の森林）	択伐	択伐 (0.5)
		② 伐採すればその伐採跡地における成林が著しく困難になるおそれがあると認められる森林	禁伐	禁伐 (0.8)
		③ 地域の景観の維持を主たる目的とする森林のうち、主要な利用施設又は眺望点からの視界外にあるもの	伐採種を定めない	一部皆伐 (0.3)

6章　山林及び山林の上に存する権利

令和5年分
（東京都）

法　令	区　分			伐採の方法等		控除割合
森林法	風致保安林			① 原則（下記以外の森林）	択伐	択伐 (0.5)
				② 風致の保存のため特に必要があると認められる森林	禁伐	禁伐 (0.8)
	保安施設地区内の森林				禁伐	禁伐 (0.8)
砂防法	砂防指定地			条例に基づく。固定資産税評価では、2分の1を目安とした減価補正が行われている。	個別	個別
鳥獣の保護及び狩猟の適正化に関する法律	特別保護地区			伐採の方法を制限しなければ鳥獣の生息、繁殖または安全に支障があると認められるもの	択伐	択伐 (0.5)
				その程度がとくに著しいと認められるもの、保護施設を設けた森林、鳥獣の保獲繁殖上必要があると認められる特定の樹木	禁伐	禁伐 (0.8)
				その他の森林	伐採種を定めない	一部皆伐 (0.3)
文化財保護法	史跡名勝天然記念物				禁伐	禁伐 (0.8)
	史跡名勝天然記念物の保存のための地域				禁伐	禁伐 (0.8)
	伝統的建造物群保存地区			規制内容は条例で定める。	伐採種を定めない（林業を除く）	一部皆伐 (0.3)
自然公園法	国立公園・国定公園（都道府県立自然公園もこれに準じる）	特別保護地区			禁伐	禁伐 (0.8)
		第1種特別地域		① 原則（下記以外の森林）	禁伐	禁伐 (0.8)
				② 風致維持に支障のない場合	択伐	単木選伐 (0.7)
		第2種特別地域		① 原則（下記以外の森林）	択伐	択伐 (0.5)
				② 風致維持に支障のない場合	一部皆伐なみ	一部皆伐 (0.3)
				③ 国立公園計画に基づく車道、歩道、集団施設地区及び単独施設の周辺（造林地、要改良林分、薪炭林を除く。）	択伐	単木選伐 (0.7)
		第3種特別地域			一部皆伐なみ	一部皆伐 (0.3)
		地種区分未定地域			個別	個別

4 保安林等の評価

令和5年分
(東京都)

法令	区分	伐採の方法等		控除割合
漁業法	除去を制限された立木		禁伐	禁伐(0.8)
地すべり等防止法	ぼた山崩壊防止区域		択伐	択伐(0.5)
古都における歴史的風土の保存に関する特別措置法	歴史的風土特別保存地区	択伐、1ヘクタール以下の皆伐	一部皆伐なみ	一部皆伐(0.3)
明日香村における歴史的風土の保存及び生活環境の整備等に関する特別措置法	第一種歴史的風土保存地区	択伐、1ヘクタール以下の皆伐	一部皆伐なみ	一部皆伐(0.3)
都市計画法	風致地区	択伐、1ヘクタール以下の皆伐	一部皆伐なみ	一部皆伐(0.3)
急傾斜地の崩壊による災害の防止に関する法律	急傾斜地崩壊危険区域		個別	個別
林業種苗法	特別母樹又は特別母樹林		禁伐	禁伐(0.8)
自然環境保全法	自然環境保全地域・都道府県自然環境保全地域	特別地区	(保全計画に基づいてあらかじめ指定)	個別	個別
絶滅のおそれのある野生動植物の種の保存に関する法律	管理地区		個別	個別

(出典) 東京国税局ホームページ(https://www.rosenka.nta.go.jp/main_r03/tokyo/tokyo/others/d230200.htm)

なお,法令による地区の指定等が重複することにより,伐採制限が重複する場合があるが,この場合には,最も厳しい伐採制限に基づく控除割合によって評価する。

また,図表6-4の中には,伐採に係る許可基準が法令に明記されていないこと(自然公園法に規定する地種区分未定地域,自然環境保全法に規定する自然環境保全地域の特別地区,絶滅のおそれのある野生動植物の種の保存に関する法律に規定する管理地区),及び伐採に係る許可基準が都道府県条例により定められること(砂防法に規定する砂防指定地,急傾斜地の崩壊による災害の防止に関する法律に規定する急傾斜地崩壊危険区域)により,伐採制限に基づく控除割合を「個別」に検討することとしているものがある。

これらの地区等については,同一の地区ではあっても,都道府県の定める条例によりその伐採制限が異なることも考えられることから,控除割合を個別に検討する。

具体的には,その地区内の山林を評価すべき事案が発生した都度,条例等で規定する伐採制限を個別に検討し,その伐採制限の内容に基づいて控除割合を決定する。

6章　山林及び山林の上に存する権利

(3) 通達改正の経緯

　従来，評価通達50及び評価通達123では，土地の利用または立木の伐採について制限を加える森林法以外の法令の具体的な範囲が明らかにされていなかったが，平成16年に具体的範囲を明らかにするとともに，伐採制限の程度に応じた控除割合についても明らかにした。

平成16年7月5日
資産評価企画官情報

森林法等により伐採制限等を受けている山林の評価

> 評価通達50《保安林等の評価》及び評価通達123《保安林等の立木の評価》に定める「森林法その他の法令」について，具体的範囲を明らかにするとともに，伐採制限の程度及び控除割合についても明らかにした。

１　現行の取扱い

　森林法その他の法令により伐採の禁止又は制限を受ける立木の価額は，その制限がないものとして評価した価額から，その価額にその法令により加えられた制限の程度に応じた控除割合を乗じて計算した金額を控除した金額により評価することとしている（評基通123）。

　また，森林法その他の法令により土地の利用又は立木の伐採について制限を受けている山林（林地）の価額は，その山林について土地の利用又は立木の伐採に係る制限がないものとして，評価通達45（評価の方式）から評価通達49-2（広大な市街地山林の評価）の定めによって評価した価額から，その価額にその山林の上に存する立木の伐採制限の程度に応じて，評価通達123に定める控除割合を乗じて計算した金額を控除した金額によって評価することとしている（評基通50）。

（参考）評価通達123

法令に基づき定められた伐採関係の区分	控除割合
一部皆伐	0.3
択伐	0.5
単木選伐	0.7
禁伐	0.8

２　趣旨及び概要

　評価通達50及び評価通達123では，土地の利用又は立木の伐採について制限を加える森林法以外の法令の具体的な範囲を明らかにしていない。そこで，この範囲を明らかにするとともに，その法令により課されている伐採制限の程度に応じた控除割合を明らかにした。

　その具体的内容は，別紙「森林法その他の法令の範囲等」のとおりであるが，留意すべき事項は次のとおりである。

(1) 伐採制限が重複する場合の取扱い

　法令による地区の指定等が重複することにより，伐採制限が重複する場合があるが，この場合には，最も厳しい伐採制限に基づく控除割合によって評価する。

(2) 控除割合を個別に検討することとしている地区等について

　別紙「森林法その他の法令の範囲等」の中には，①伐採に係る許可基準が法令に明記されていないこと（自然公園法に規定する地種区分未定地域，自然環境保全法に規定する自然環境保全地域の特別地区，絶滅のおそれのある野生動植物の種の保存に関する法律に規定する管理地区），及び②伐採に係る許可基準が都道府県条例により定められること（砂防法に規定する砂防指定地，急傾斜地の崩壊による災害の防止に関する法律に規定する急傾斜地崩壊危険区域）により，伐採制限に基づく控除割合を「個別」に検討することとしているものがある。

　これらの地区等については，同一の地区ではあっても，都道府県の定める条例によりその伐採制限が異なることも考えられることから，控除割合を個別に検討することとした。

　具体的には，その地区内の山林を評価すべき事案が発生した都度，条例等で規定する伐採制限を個別に検討し，その伐採制限の内容に基づいて控除割合を決定することになる。

(3) 通達の適用範囲について

　評価対象となる山林の倍率の評定に当たり，伐採制限に基づく減価を考慮している場合において，その山林評価について評価通達50を適用して評価することとしたときには，伐採制限に基づく減価を二重に考慮することになり相当ではない。

　したがって，評価通達50を適用して評価する山林については，その山林の倍率が伐採制限に基づく減価を考慮しないで評定されていることが前提となる。

　山林の倍率の評定に当たっては，例えば，伐採制限が課されている地区の範囲が著しく広く，その範囲内での売買実例や精通者意見が適切に把握できるなど，伐採制限に基づく減価を考慮して倍率の評定をすることができる場合もあり，このような場合，その地区の倍率には，伐採制限に基づく減価が考慮されていることから，評価通達50の適用はないことになる。

　このようなことから，倍率表の「立木の伐採制限に応ずる控除割合表」の注書きに「評価通達50を適用しない（立木の伐採制限に応ずる控除割合を適用しない）」旨が記載されている場合があるので，留意する必要がある。

別紙　森林法その他の法令の範囲等
（省略）

(出典) 国税庁資産評価企画官情報「土壌汚染地の評価等の考え方について（情報）」（平成16年7月5日）

5 特別緑地保全地区内にある山林の評価

財産評価基本通達50-2 《特別緑地保全地区内にある山林の評価》
　都市緑地法（昭和48年法律第72号）第12条に規定する特別緑地保全地区（首都圏近郊緑地保全法（昭和41年法律第101号）第4条第2項第3号に規定する近郊緑地特別保全地区及び近畿圏の保全区域の整

備に関する法律（昭和42年法律第103号）第6条第2項に規定する近郊緑地特別保全地区を含む。以下本項，58-5《特別緑地保全地区内にある原野の評価》及び123-2《特別緑地保全地区内にある立木の評価》において「特別緑地保全地区」という。）内にある山林（林業を営むために立木の伐採が認められる山林で，かつ，純山林に該当するものを除く。）の価額は，45《評価の方式》から49《市街地山林の評価》までの定めにより評価した価額から，その価額に100分の80を乗じて計算した金額を控除した金額によって評価する。

(1) 緑地保全地域と特別緑地保全地区

① 緑地保全地域

本項では特別緑地保全地区内の山林の評価方法を定めている。

緑地保全地域は，里地・里山など都市近郊の比較的大規模な緑地において，比較的緩やかな行為の規制により，一定の土地利用との調和を図りながら保全する制度である（都市緑地法5）。

緑地保全地域は，都市計画法における地域地区として，都道府県（市の区域内にあっては，当該市）が計画決定を行う。緑地保全地域の都市計画が定められた場合，都道府県または市は当該緑地保全地域内の緑地の保全に関する計画（「緑地保全計画」）を定める（都市緑地法6）。

緑地保全地域に指定されると，次の行為を行う場合に，都道府県知事（市の区域内にあっては，当該市の長）への届出が必要となる（都市緑地法8）。

- 建築物その他工作物の新築，改築または増築
- 宅地の造成，土地の開墾，土石の採取，鉱物の採掘その他の土地の形質の変更
- 木竹の伐採
- 水面の埋立てまたは干拓　など

都道府県知事，または市の長は，緑地の保全のため必要があると認めるときは，緑地保全計画で定める基準に従い，行為の禁止もしくは制限，または必要な措置を講ずることを命令することができる（都市緑地法9）。

> **参考**　都市緑地法
> （緑地保全地域に関する都市計画）
> 第5条　都市計画区域又は準都市計画区域内の緑地で次の各号のいずれかに該当する相当規模の土地の区域については，都市計画に緑地保全地域を定めることができる。
> 　一　無秩序な市街地化の防止又は公害若しくは災害の防止のため適正に保全する必要があるもの
> 　二　地域住民の健全な生活環境を確保するため適正に保全する必要があるもの
>
> （緑地保全計画）
> 第6条　緑地保全地域に関する都市計画が定められた場合においては，都道府県（市の区域内にあっ

5 特別緑地保全地区内にある山林の評価

ては，当該市。以下「都道府県等」という。）は，当該緑地保全地域内の緑地の保全に関する計画（以下「緑地保全計画」という。）を定めなければならない。
2　緑地保全計画には，第八条の規定による行為の規制又は措置の基準を定めるものとする。
3　緑地保全計画には，前項に規定するもののほか，次に掲げる事項を定めることができる。
　一　緑地の保全に関連して必要とされる施設の整備に関する事項
　二　管理協定に基づく緑地の管理に関する事項
　三　市民緑地契約に基づく緑地の管理に関する事項その他緑地保全地域内の緑地の保全に関し必要な事項
4　緑地保全計画は，環境基本法第十五条第一項に規定する環境基本計画との調和が保たれ，かつ，都市計画法第六条の二第一項の都市計画区域の整備，開発及び保全の方針に適合したものでなければならない。
5　都道府県等は，緑地保全計画を定めようとするときは，あらかじめ，都道府県にあっては関係町村及び都道府県都市計画審議会の意見を，市にあっては市町村都市計画審議会（当該市に市町村都市計画審議会が置かれていないときは，当該市の存する都道府県の都道府県都市計画審議会）の意見を聴かなければならない。
6　都道府県等は，緑地保全計画を定めたときは，遅滞なく，これを公表するとともに，都道府県にあっては関係町村に通知しなければならない。

②　特別緑地保全地区

　特別緑地保全地区は，都市緑地法に基づき，制度都市における良好な自然的環境となる緑地において，建築行為など一定の行為の制限などにより現状凍結的に保全する制度である（都市緑地法12）。これにより豊かな緑を将来に継承することができる。

　特別緑地保全地区は，都市計画法における地域地区として，市町村（10ha以上かつ2以上の区域にわたるものは都道府県）が計画決定を行う。

　特別緑地保全地区に指定されると，次の行為を行う場合に，都道府県知事（市の区域内にあっては当該市長）の許可が必要となる（都市緑地法14）。

- 建築物その他工作物の新築，改築または増築
- 宅地の造成，土地の開墾，土石の採取，鉱物の採掘その他の土地の形質の変更
- 木竹の伐採
- 水面の埋立てまたは干拓　など

参考　都市緑地法
（特別緑地保全地区に関する都市計画）
第12条　都市計画区域内の緑地で次の各号のいずれかに該当する土地の区域については，都市計画に特別緑地保全地区を定めることができる。
　一　無秩序な市街地化の防止，公害又は災害の防止等のため必要な遮断地帯，緩衝地帯又は避難地帯若しくは雨水貯留浸透地帯（雨水を一時的に貯留し又は地下に浸透させることにより浸水によ

6章　山林及び山林の上に存する権利

　　　る被害を防止する機能を有する土地の区域をいう。）として適切な位置，規模及び形態を有するもの
　二　神社，寺院等の建造物，遺跡等と一体となって，又は伝承若しくは風俗慣習と結びついて当該地域において伝統的又は文化的意義を有するもの
　三　次のいずれかに該当し，かつ，当該地域の住民の健全な生活環境を確保するため必要なもの
　　イ　風致又は景観が優れていること。
　　ロ　動植物の生息地又は生育地として適正に保全する必要があること。
2　首都圏近郊緑地保全区域又は近畿圏近郊緑地保全区域内の特別緑地保全地区で，それらの近郊緑地保全区域内において近郊緑地の保全のため特に必要とされるものに関する都市計画の策定に関し必要な基準は，前項の規定にかかわらず，それぞれ首都圏保全法第五条第一項及び近畿圏保全法第六条第一項に定めるところによるものとする。

(2)　特別緑地保全地区内にある山林の評価

①　評価方式

　都市緑地法に規定する特別緑地保全地区内にある山林の価額は，評価通達45《評価の方式》から同49《市街地山林の評価》までの定めにより評価した価額から，その価額に100分の80を乗じて計算した金額を控除した金額によって評価する。

②　通達改正の経緯

(a)　平成16年改正前

　従来，緑地保全地区内にある山林等は，緑地としてしか利用することができないという厳しい制限があることから，0.6を乗じた価額により評定され，また，緑地保全地区内にある山林は，林業を営む場合を除いて伐採制限があることから，0.6を乗じた価額に，評価通達50《保安林等の評価》の定めに基づき，さらに0.5（択伐）を乗じて評価することとしていた。

(b)　平成16年改正後

　平成16年通達改正により，旧都市緑地保全法に基づく緑地保全地区内（現行では特別緑地保全地区）にある山林については，原則として減価割合0.8を適用して評価することとされた。改正の経緯については，以下のとおりである。

5 特別緑地保全地区内にある山林の評価

平成16年6月29日
資産評価企画官情報

「財産評価基本通達の一部改正について」通達のあらましについて（情報）

> 緑地保全地区内の山林，原野及び立木の価額は，その山林等について土地の利用制限又は立木の伐採制限がないものとした場合の価額から，その価額に80％を乗じて計算した金額を控除した金額により評価することとした。
>
> （評基通50-2，58-5，123-2＝新設）

1　通達制定の趣旨

　緑地保全地区は，都市緑地保全法により都市における緑地を保全するために設けられるもので，その数も年々増加している。緑地保全地区内にある山林等は，緑地としてしか利用することができないという厳しい制限があることから，路線価・倍率の評定上，その制限がないものとした場合の価額に0.6を乗じた価額により評定してきた。また，緑地保全地区内にある山林は，林業を営む場合を除いて伐採制限があることから，0.6を乗じた価額に，評価通達50《保安林等の評価》の定めに基づき，さらに0.5（択伐）を乗じて評価することとしていた。

　緑地保全地区内にある山林については，このように評定と評価方法のそれぞれで減価要因を考慮してきたことから，①減価要因が重複していないか，②減価割合が適正であるか，③評定又は評価方法のどちらか一方で減価要因を考慮することができないかなどについて検討を行った。その結果，評価の明確化の観点から，路線価・倍率の評定上で減価することはせず，評価方法の中に利用制限や伐採制限をすべて織り込むこととし，その評価方法を明らかにすることとした。

2　通達の内容

　緑地保全地区内の土地について，利用制限があることを前提として取引が行われるものであれば，その売買実例価額等を基として路線価等を決めればよいが，現状凍結的な利用制限のある緑地保全地区内の土地に係る一般の売買実例はほとんどないことから，利用制限が織り込まれた売買実例価額等を基に路線価等を決めることは極めて困難である。したがって，緑地保全地区内の土地は，緑地保全地区内でないものとして評価した場合の価額から，利用制限の程度に応じて一定の評価減を行うという方法により評価することとした。

　なお，地目別の減額割合の考え方を示すと以下のとおりであるが，緑地保全地区内の土地は，制度の趣旨から山林と原野がその大部分を占めているため，山林，原野及び立木の評価方法を評価通達に定めることとした。

(1)　山林の評価方法

　緑地保全地区内にある山林については，「都市緑地保全法運用指針」（平成13年8月24日付国土交通省都市・地域整備局長名通達）により伐採制限が択伐（減価割合0.5）とされている。この「択伐」の意味は，「一部の衰弱した樹木や不必要な樹木を選択的に伐採することによって樹木の生長に不可欠な光を森林全体に取り込み，伐採された樹木以外の樹木に栄養分が十分に行き渡るようにして，森林の樹木の健全な生長の促進と，枯損・倒木等のない良好な緑地の状態の維持のために行われる」ものである。この択伐は，森林法上の択伐（森林全体の成長量の範囲内で一定材積量の伐採を認める）とそ

6章　山林及び山林の上に存する権利

の内容において異なるものであり，森林法上の禁伐（減価割合0.8）に近似する制限ということができる。また，緑地保全地区内の山林は，現状凍結的な利用制限により他用途への転用可能性が制限されている。これらを踏まえ，緑地保全地区内にある山林については，原則として減価割合0.8を適用して評価することとした。

　なお，緑地保全地区内において林業を営む山林（純山林に限る。）がある場合には，その立木の伐採については，特に制限がないことから（都市緑地保全法5，同法施行令3），特に減価は生じないと考えられるため，一般の純山林と同様に評価することとした。ただし，緑地保全地区内にある市街地山林と中間山林については，仮に林業を営むことはできても，他用途への転用可能性が制限されていることから，減価割合0.8を適用して評価することとした。

（注）　緑地保全地区内にある立木の評価

　　　　緑地保全地区内にある立木については，林業を営むために伐採が認められるものを除き，減価割合0.8を適用して評価することとした。なお，林業を営むために伐採が認められる立木については，特に減価は生じないと考えられ，一般の立木と同様に評価することとした。

(2)　原野の評価方法

　緑地保全地区内にある原野（市街地原野，中間原野，純原野のいずれも含む。）については，山林と同じく土地の利用が現状凍結的に制限されていることから，山林と同じ減価割合0.8を適用することとした。

　3　緑地保全地区内の宅地及び農地の評価についての考え方

　緑地保全地区内には，稀ではあるものの宅地や農地は含まれる場合がある。

　この緑地保全地区内の宅地や農地の評価方法は，評価通達において定めることはしていないが，緑地保全地区内の山林等の評価方法を検討するのに併せて検討したところであるので，その考え方を示せば，次のとおりである。

(1)　宅地の評価方法

　緑地保全地区内における現状凍結的な利用制限は，緑地を良好な状態で保全するための制限であることから，緑地保全地区に指定される以前から宅地であったものについては，その制限の対象からは除かれている。また，このような宅地については，建築物の床面積や高さの制限はあるものの，従前の建築物と同規模であれば，建築物の建替えなども可能であることから，特に減価は生じないと考えられる。このため，緑地保全地区内の宅地の価額は，一般の宅地と同様に評価することになる。

(2)　農地の評価方法

イ　市街地農地

　一般の市街地農地については，その農地が市街化区域内にあることから，農地転用の届出が受理されれば，農地転用ができることになる。しかし，緑地保全地区内にある市街地農地については，土地の利用が現状凍結的に制限され，農地転用が認められないことから，宅地比準方式によって評価する場合において，山林と同じ減価割合0.8を適用することとして差し支えない。

ロ　市街地周辺農地

　市街化調整区域等内にある農地のうち，第3種農地（市街地周辺農地）については，農地転用の許可申請を行えば，原則として農地転用が認められることになる。

　しかし，緑地保全地区内にある市街地周辺農地については，土地の利用が現状凍結的に制限され，農地転用が認められないことから，宅地比準方式によって評価する場合において，山林と同じ減価割合0.8を適用することとして差し支えない。

5 特別緑地保全地区内にある山林の評価

したがって，緑地保全地区内にある市街地周辺農地の価額は，市街地農地であるものとした場合の価額の100分の20（減価割合0.8）に相当する金額によって評価することになり，評価通達39《市街地周辺農地の評価》の定めによらずに，市街地農地と同様に評価することに留意する。

ハ　中間農地，純農地

市街化調整区域等内にある農地のうち，第3種農地以外の農地（第2種農地，第1種農地，甲種農地）については，農地転用の許可申請をしても，原則として許可されない又は第3種農地に比べて許可を受けにくく，中間農地又は純農地として評価している。

したがって，中間農地又は純農地が緑地保全地区内にあり，土地の利用が現状凍結的に制限されるとしても，既に農地法によって同様に制限されていることから，緑地保全地区内にあることの制限をさらに評価上考慮する必要はないと考えられる。

（参考1）　緑地保全地区の概要

緑地保全地区とは，都市計画において決定される地域地区の一つ（都市計画法8）であり，都市計画区域（線引きされた市街化区域，市街化調整区域を含む。）内の緑地で無秩序な市街化の防止のため必要な遮断地帯として適切なものなどの区域について指定されるものである。同地区内においては，建築物の建築，土地の形質の変更，木竹の伐採等の行為を行うとする場合は原則として許可を要することとされており，緑地について現状凍結的に保全される仕組みとなっている。なお，これらの行為の許可を受けられないため損失を受けた者に対しては，損失補償及び土地の買取りが行われる。

○　緑地保全地区の指定状況（平成14年3月末現在）

地区の名称	地区数	面積（ha）
緑地保全地区	308	4,852.82
内首都圏近郊緑地特別保全地区	9	758.90
内近畿圏近郊緑地特別保全地区	17	2,682.60

○　緑地保全地区の面積の推移（平成14年3月末現在）

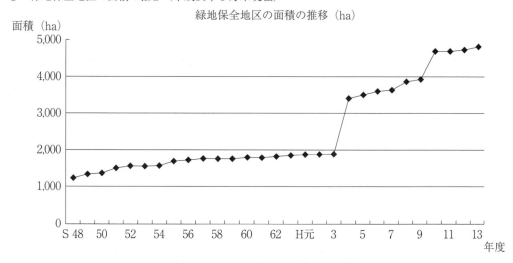

なお，緑地保全地区内において，次に掲げる行為は，都道府県知事の許可を受けなければしてはな

らないとされており（都市緑地保全法5），許可の具体的な基準は「都市緑地保全法運用指針」に定められている。この許可基準は，「緑地保全地区は，良好な都市環境を確保するために必要な緑地について指定されるものであり，強度の行為の規制がなされる反面，損失の補償，土地の買入れ等が行われ得る地域であるので，当該地域内における行為の規制は，緑地を良好な状態で保全する」という考え方で定められている。

　　イ　建築物その他の工作物の新築，改築又は増築
　　ロ　宅地の造成，土地の開墾，土石の採取，鉱物の掘採その他の土地の形質の変更
　　ハ　木竹の伐採
　　ニ　水面の埋立て又は干拓
　　ホ　緑地の保全に影響を及ぼす恐れのある行為

（参考2）　都市緑地保全法の改正の概要
　平成16年6月18日に都市緑地保全法の一部を改正する法律が公布された（施行の日は公布後6ヶ月以内とされている。）。本件に関連する改正点は以下のとおりである。
イ　法律名の変更
　都市緑地保全法の法律名を「都市緑地法」とする。
ロ　緑地保全地区の名称変更
　現行都市緑地保全法の緑地保全地区について，その名称を「特別緑地保全地区」とする。

(c)　平成17年改正

　現行の都市緑地法は，平成16（2004）年の都市緑地保全法等の一部を改正する法律の施行に伴い，都市緑地保全法から都市緑地法へと名称が改称されている。

　改称に伴い，平成17年には，通達においても緑地保全地区から特別緑地保全地区となっている。

新旧対照表

改正前	改正後
《緑地保全地区内にある山林の評価》 50-2　都市緑地保全法第3条に規定する緑地保全地区（以下本項，58-5《緑地保全地区内にある原野の評価》及び123-2《緑地保全地区内にある立木の評価》において「緑地保全地区」という。）内にある山林の価額は，45《評価の方式》から49-2《広大な市街地山林の評価》までの定めにより評価した価額から，その価額に100分の80を乗じて計算した金額を控除した金額によって評価する。	《特別緑地保全地区内にある山林の評価》 50-2　都市緑地法第12条に規定する特別緑地保全地区（以下本項，58-5《特別緑地保全地区内にある原野の評価》及び123-2《特別緑地保全地区内にある立木の評価》において「特別緑地保全地区」という。）内にある山林の価額は，45《評価の方式》から49-2《広大な市街地山林の評価》までの定めにより評価した価額から，その価額に100分の80を乗じて計算した金額を控除した金額によって評価する。

③　特別緑地保全地区内で管理協定が締結されている山林の評価

　特別緑地保全地区において，土地所有者は，管理協定制度を併用することにより，管理の負担を

軽減することができる。

　管理協定制度は，地方公共団体または緑地保全・緑化推進法人が，緑地保全地域内または特別緑地保全地区内の緑地について土地所有者等による管理が不十分と認められる場合に，土地所有者等との間で緑地の管理のための協定を締結し，その土地所有者等に代わり緑地の保全及び管理を行う制度である。特別緑地保全地区内にあり，一定の要件を満たす管理協定が締結されている山林については，評価通達50-2に定める特別緑地保全地区内にある土地として評価した価額から，さらにその価額に100分の20を乗じて計算した金額を控除して評価する。

> **Q　特別緑地保全地区内で管理協定が締結されている山林の評価**
>
> ■質　問
> 　特別緑地保全地区内にあり，管理協定が締結されている山林はどのように評価するのですか。
>
> ■回　答
> 　管理協定制度は，地方公共団体又は緑地保全・緑化推進法人が，緑地保全地域内又は特別緑地保全地区内の緑地について土地所有者等による管理が不十分と認められる場合に，土地所有者等との間で緑地の管理のための協定（管理協定）を締結し，その土地所有者等に代わり緑地の保全及び管理を行う制度です。
> 　特別緑地保全地区内にあり，次の要件の全てを満たす管理協定が締結されている山林については，財産評価基本通達50-2に定める特別緑地保全地区内にある土地として評価した価額から，その価額に100分の20を乗じて計算した金額を控除して評価します。
> (1)　都市緑地法第24条第1項に規定する管理協定区域内の土地であること
> (2)　管理協定に次の事項が定められていること
> 　①　貸付けの期間が20年であること
> 　②　正当な事由がない限り貸付けを更新すること
> 　③　土地所有者は，貸付けの期間の中途において正当な事由がない限り土地の返還を求めることはできないこと
> (注)　この適用を受けるためには，相続税又は贈与税の申告書に一定の書類を添付する必要があります。
>
> 　　　（参考）国税庁質疑応答事例「特別緑地保全地区内で管理協定が締結されている山林の評価」

(3)　公益的機能別施業森林区域内の山林及び立木の評価

　森林法の規定による市町村の長の認定を受けた森林経営計画が定められていた区域内に存する山林のうち，次に掲げるものの価額は，評価通達45《評価の方式》に定める方式によって評価した価額から，その価額に20％または40％の割合を乗じて計算した金額を控除して評価する。
　①　森林法の規定により効力を有するものとされる森林経営計画において，公益的機能別施業森林区域内にあるもの

② 次に掲げる森林経営計画において，公益的機能別施業森林区域内にあるもの
  (a) 被相続人を委託者とする森林の経営の委託に関する契約（以下「森林経営委託契約」という）が締結されていたことにより，受託者（次の(b)に掲げる受託者を除く。）が認定を受けていた森林経営計画で，相続人，受遺者または死因贈与による受贈者（以下「相続人等」という）の申出により，森林経営委託契約が継続され，かつ，受託者の森林経営計画として存続する場合における当該森林経営計画
  (b) 被相続人を委託者，相続人等を受託者とする森林経営委託契約が締結されていたことにより，当該受託者が認定を受けていた森林経営計画で，当該受託者の森林経営計画として存続する場合における当該森林経営計画

平成14年6月4日
国税庁長官

公益的機能別施業森林区域内の山林及び立木の評価について（法令解釈通達）

標題のことについては，下記のとおり定めたから，平成14年4月1日以後に取得したものの評価については，これによられたい。

(趣旨)
森林法の一部を改正する法律（平成13年法律第109号，平成14年4月1日施行）により，同法による改正後の森林法（昭和26年法律第249号）に公益的機能別施業森林区域内の森林施業の方法その他森林の整備に関する事項等が定められたことに伴い，当該区域内の山林及び立木の評価方法を定めたものである。

記

（公益的機能別施業森林区域内の山林の評価）
1　森林法（昭和26年法律第249号）第11条第5項の規定による市町村の長の認定を受けた同法第11条第1項に規定する森林経営計画（以下「森林経営計画」という。）が定められていた区域内に存する山林のうち，次に掲げるものの価額は，財産評価基本通達45《評価の方式》に定める方式によって評価した価額から，その価額に別表に掲げる森林の区分に応じて定める割合を乗じて計算した金額に相当する金額を控除した金額によって評価する。
(1) 相続又は遺贈により取得した場合
  イ　森林法第17条第1項の規定により効力を有するものとされる森林経営計画において，同法第11条第5項第2号ロに規定する公益的機能別施業森林区域内（以下「公益的機能別施業森林区域内」という。）にあるもの（特定遺贈及び死因贈与（特定の名義で行われるものに限る。）により取得する場合を除く。）
  ロ　次に掲げる森林経営計画において，公益的機能別施業森林区域内にあるもの
    ①　被相続人を委託者とする森林の経営の委託に関する契約（以下「森林経営委託契約」という。）が締結されていたことにより，受託者（次の②に掲げる受託者を除く。）が認定を受けていた森

林経営計画で，相続人，受遺者又は死因贈与による受贈者（以下「相続人等」という。）の申出により，森林経営委託契約が継続され，かつ，受託者の森林経営計画として存続する場合における当該森林経営計画
　　②　被相続人を委託者，相続人等を受託者とする森林経営委託契約が締結されていたことにより，当該受託者が認定を受けていた森林経営計画で，当該受託者の森林経営計画として存続する場合における当該森林経営計画
(2)　贈与により取得した場合
　次に掲げる森林経営計画において，公益的機能別施業森林区域内にあるもの
　イ　贈与者を委託者とする森林経営委託契約が締結されていたことにより，受託者（次のロに掲げる受託者を除く。）が認定を受けていた森林経営計画で，贈与前に贈与を停止条件とする森林経営委託契約が締結されることにより，受託者の森林経営計画として存続する場合における当該森林経営計画
　ロ　贈与者を委託者，受贈者を受託者とする森林経営委託契約が締結されていたことにより，当該受託者が認定を受けていた森林経営計画で，当該受託者の森林経営計画として存続する場合における当該森林経営計画
　ハ　贈与者が認定を受けていた森林経営計画で，贈与後に森林法第12条第1項に基づく当該森林経営計画の変更の認定を受けたことにより，受贈者の森林経営計画として存続する場合における当該森林経営計画

（公益的機能別施業森林区域内の立木の評価）
2　森林経営計画が定められていた区域内に存する立木のうち，次に掲げるものの価額は，財産評価基本通達113《森林の主要樹種の立木の評価》，117《森林の主要樹種以外の立木の評価》又は122《森林の立木以外の立木の評価》の定めにより評価した価額から，その価額に別表に掲げる森林の区分に応じて定める割合を乗じて計算した金額を控除した金額によって評価する。
(1)　相続又は遺贈により取得した場合
　イ　森林法第17条第1項の規定により効力を有するものとされる森林経営計画において，公益的機能別施業森林区域内にあるもの（特定遺贈及び死因贈与（特定の名義で行われるものに限る。）により取得する場合を除く。）
　ロ　次に掲げる森林経営計画において，公益的機能別施業森林区域内にあるもの
　　①　被相続人を委託者とする森林経営委託契約が締結されていたことにより，受託者（次の②に掲げる受託者を除く。）が認定を受けていた森林経営計画で，相続人等の申出により，森林経営委託契約が継続され，かつ，受託者の森林経営計画として存続する場合における当該森林経営計画
　　②　被相続人を委託者，相続人等を受託者とする森林経営委託契約が締結されていたことにより，当該受託者が認定を受けていた森林経営計画で，当該受託者の森林経営計画として存続する場合における当該森林経営計画
(2)　贈与により取得した場合
　次に掲げる森林経営計画において，公益的機能別施業森林区域内にあるもの
　イ　贈与者を委託者とする森林経営委託契約が締結されていたことにより，受託者（次のロに掲げる受託者を除く。）が認定を受けていた森林経営計画で，贈与前に贈与を停止条件とする森林経営委託契約が締結されることにより，受託者の森林経営計画として存続する場合における当該森林

経営計画
ロ　贈与者を委託者，受贈者を受託者とする森林経営委託契約が締結されていたことにより，当該受託者が認定を受けていた森林経営計画で，当該受託者の森林経営計画として存続する場合における当該森林経営計画
ハ　贈与者が認定を受けていた森林経営計画で，贈与後に森林法第12条第1項に基づく当該森林経営計画の変更の認定を受けたことにより，受贈者の森林経営計画として存続する場合における当該森林経営計画

(保安林等の評価)
3　上記1《公益的機能別施業森林区域内の山林の評価》又は2《公益的機能別施業森林区域内の立木の評価》に該当する山林又は立木が，森林法その他の法令の規定に基づき土地の利用又は立木の伐採について制限を受けている場合には，その山林又は立木の価額は，財産評価基本通達50《保安林等の評価》又は123《保安林等の立木の評価》によって評価した価額と上記1《公益的機能別施業森林区域内の山林の評価》又は2《公益的機能別施業森林区域内の立木の評価》によって評価した価額のいずれか低い金額により評価する。

(注)　この通達において使用する用語については，次の点に留意する。
1　「森林法第11条第5項」については，森林法第12条第3項において準用する場合又は木材の安定供給の確保に関する特別措置法(平成8年法律第47号)第9条第3項の規定により読み替えて適用される森林法第12条第3項において準用する場合を含む。
2　「市町村の長」については，森林法第19条の規定の適用がある場合には，同条第1項各号に掲げる場合の区分に応じ当該各号に定める者をいう。
3　「森林経営計画」については，森林法第16条又は木材の安定供給の確保に関する特別措置法第9条第4項の規定による認定の取消しがあった森林経営計画を含まない。
4　「森林経営計画が定められていた区域内」については，森林法第11条第1項に規定する森林経営計画の全部又は一部として定められる森林の保健機能の増進に関する特別措置法(平成元年法律第71号)第6条第1項に規定する森林保健機能増進計画に係る区域内を含まない。

(別表)

森林の区分	割合
・森林法施行規則第39条第1項に規定する水源涵(かん)養機能維持増進森林 ・森林法施行規則第39条第2項に規定する土地に関する災害の防止及び土壌の保全の機能，快適な環境の形成の機能又は保健文化機能の維持増進を図るための森林施業を推進すべき森林として市町村森林整備計画において定められている森林その他水源涵(かん)養機能維持増進森林以外の森林(以下「水源涵(かん)養機能維持増進森林以外の森林」という。)のうち，森林法施行規則第39条第2項第1号に規定する複層林施業森林(同項第3号に規定する択伐複層林施業森林を除く。)及び標準伐期齢のおおむね2倍以上に相当する林齢を超える林齢において主伐を行う森林施業を推進すべき森林として市町村森林整備計画において定められている森林	0.2
・水源涵(かん)養機能維持増進森林以外の森林のうち，森林法施行規則第39条第2項第2号に規定する特定広葉樹育成施業森林及び同項第3号に規定する択伐複層林施業森林	0.4

6 賃借権及び貸し付けられている山林の評価

（附則）
　森林法の一部を改正する法律（平成23年法律第20号）附則第８条の規定により，なお従前の例によることとされた，平成24年３月31日以前に市町村の長の認定を受けた森林施業計画が定められている区域内に存する山林又は立木の評価については，この法令解釈通達の改正前の取扱いを適用する。

6　賃借権及び貸し付けられている山林の評価

財産評価基本通達51《貸し付けられている山林の評価》
　賃借権，地上権等の目的となっている山林の評価は，次に掲げる区分に従い，それぞれ次に掲げるところによる。
(1)　賃借権の目的となっている山林の価額は，47《純山林の評価》から前項までの定めにより評価したその山林の価額（以下この節において「自用地としての価額」という。）から，54《賃借権の評価》の定めにより評価したその賃借権の価額を控除した金額によって評価する。
(2)　地上権の目的となっている山林の価額は，その山林の自用地としての価額から相続税法第23条《地上権及び永小作権の評価》又は地価税法第24条《地上権及び永小作権の評価》の規定により評価したその地上権の価額を控除した金額によって評価する。

財産評価基本通達54《賃借権の評価》
　賃借権の評価は，次に掲げる区分に従い，それぞれ次に掲げるところによる。
(1)　純山林に係る賃借権の価額は，その賃借権の残存期間に応じ，相続税法第23条《地上権及び永小作権の評価》又は地価税法第24条《地上権及び永小作権の評価》の規定を準用して評価する。この場合において，契約に係る賃借権の残存期間がその権利の目的となっている山林の上に存する立木の現況に照らし更新されることが明らかであると認める場合においては，その契約に係る賃借権の残存期間に更新によって延長されると認められる期間を加算した期間をもってその賃借権の残存期間とする。
(2)　中間山林に係る賃借権の価額は，賃貸借契約の内容，利用状況等に応じ，(1)又は(3)の定めにより求めた価額によって評価する。
(3)　市街地山林に係る賃借権の価額は，その山林の付近にある宅地に係る借地権の価額等を参酌して求めた価額によって評価する。

財産評価基本通達53《残存期間の不確定な地上権の評価》
　立木一代限りとして設定された地上権などのように残存期間の不確定な地上権の価額は，課税時期の現況により，立木の伐採に至るまでの期間をその残存期間として相続税法第23条《地上権及び永小作権の評価》又は地価税法第24条《地上権及び永小作権の評価》の規定によって評価する。

　本項では貸し付けられている山林の評価方法を定めている。山林においても，宅地や農地と同様，自用地価額から賃借権，地上権等の山林の上に存する権利の価額を控除して評価する。

6章　山林及び山林の上に存する権利

(1) 貸し付けられている山林の評価

賃借権，地上権等の目的となっている山林の評価は，次に掲げる区分に従い，それぞれ次に掲げるところによる。

① 賃借権の目的となっている山林の価額は，その山林の自用地としての価額から，その賃借権の価額を控除した金額によって評価する。

② 地上権の目的となっている山林の価額は，その山林の自用地としての価額から相続税法第23条《地上権及び永小作権の評価》の規定により評価したその地上権の価額を控除した金額によって評価する。

(2) 賃借権または地上権の評価

① 賃借権の評価

貸し付けられている山林に付された権利が賃借権の場合，次に掲げる区分に従い，それぞれ次に掲げるところによって評価する。

(a) 純山林に係る賃借権の価額は，その賃借権の残存期間に応じ，相続税法第23条《地上権及び永小作権の評価》の規定を準用して評価する。

この場合において，契約に係る賃借権の残存期間がその権利の目的となっている山林の上に存する立木の現況に照らし更新されることが明らかであると認める場合においては，その契約に係る賃借権の残存期間に更新によって延長されると認められる期間を加算した期間をもってその賃借権の残存期間とする。

(b) 中間山林に係る賃借権の価額は，賃貸借契約の内容，利用状況等に応じ，(a)または(c)の定めにより求めた価額によって評価する。

(c) 市街地山林に係る賃借権の価額は，その山林の付近にある宅地に係る借地権の価額等を参酌して求めた価額によって評価する。

Q　山林の賃借権の評価

■質　問

父が林地を賃借して，植林した立木を相続しました。この場合の相続財産は，立木の価額を評価するだけでよろしいでしょうか。それとも，林地の賃借権について，財産的価値があるものとして評価の対象となりますか。

■回　答

立木のほかに林地（山林）の賃借権の価額も課税価格に算入されます。その賃借権の評価は，次に掲げる区分に従い，それぞれ次により評価します（評基通54）。

(1) 純山林にかかる賃借権の価額は，その賃借権の残存期間に応じ，相続税法第23条《地上権及び永

> 小作権の評価》の規定を準用して評価します。
>   この場合において，契約にかかる賃借権の残存期間がその権利の目的となっている山林の上に存する立木の現況に照らし更新されることが明らかであると認める場合においては，その契約にかかる賃借権の残存期間の更新によって延長されると認められる期間を加算した期間をもってその賃借権の残存権の残存期間とすることになります。
> (2)　中間山林にかかる賃借権の価額は，賃貸借契約の内容，利用状況等に応じ(1)または次の(3)により求めた価額によって評価します。
> (3)　市街地山林にかかる賃借権の価額は，その山林の付近にある宅地にかかる借地権の価額等を参酌して求めた価額によって評価します。
>
> (参考) 実務相談録

なお，立木一代限りとして設定された地上権などのように残存期間の不確定な地上権の価額は，課税時期の現況により，立木の伐採に至るまでの期間をその残存期間として相続税法第23条《地上権及び永小作権の評価》の規定によって評価する。

②　地上権の評価

貸し付けられている山林に付された権利が地上権の場合，以下の算式のとおり相続税法第23条に定める地上権の割合を乗じて評価する。

（算式）

地上権が設定されていないとした場合の価額×地上権の割合

地上権の割合は，その残存期間に応じ，次に定める割合を乗じて算出した金額による。

残存期間が10年以下のもの	100分の5
残存期間が10年を超え15年以下のもの	100分の10
残存期間が15年を超え20年以下のもの	100分の20
残存期間が20年を超え25年以下のもの	100分の30
残存期間が25年を超え30年以下のもの及び地上権で存続期間の定めのないもの	100分の40
残存期間が30年を超え35年以下のもの	100分の50
残存期間が35年を超え40年以下のもの	100分の60
残存期間が40年を超え45年以下のもの	100分の70
残存期間が45年を超え50年以下のもの	100分の80
残存期間が50年を超えるもの	100分の90

6章　山林及び山林の上に存する権利

7　区分地上権及びその目的となっている山林の評価

> **財産評価基本通達51⑶《区分地上権及びその目的となっている山林の評価》**
> 　区分地上権の目的となっている山林の価額は，その山林の自用地としての価額から53-2《区分地上権の評価》の定めにより評価した区分地上権の価額を控除した金額によって評価する。
>
> **財産評価基本通達53-2《区分地上権の評価》**
> 　山林に係る区分地上権の価額は，27-4《区分地上権の評価》の定めを準用して評価する。

(1)　区分地上権の目的となっている山林の評価

　区分地上権は，地下にトンネルを所有するなど土地の上下の一定層のみを目的として設定された地上権をいう。
　区分地上権の目的となっている山林の価額は，次の算式で求めた金額により評価する。

（算式）
　自用地としての価額－（自用地としての価額×区分地上権の割合）

(2)　区分地上権の評価

　山林に係る区分地上権の価額は，評価通達27-4《区分地上権の評価》の定めを準用して評価する。

8　区分地上権に準ずる地役権及びその目的となっている山林の評価

> **財産評価基本通達51⑷《貸し付けられている山林の評価》**
> 　区分地上権に準ずる地役権の目的となっている承役地である山林の価額は，その山林の自用地としての価額から53-3《区分地上権に準ずる地役権の評価》の定めにより評価したその区分地上権に準ずる地役権の価額を控除した金額によって評価する。
>
> **財産評価基本通達53-3《区分地上権に準ずる地役権の評価》**
> 　山林に係る区分地上権に準ずる地役権の価額は，その区分地上権に準ずる地役権の目的となっている承役地である山林の自用地としての価額を基とし，27-5《区分地上権に準ずる地役権の評価》の定めを準用して評価する。

(1) 区分地上権に準ずる地役権の目的となっている山林の評価

　区分地上権に準ずる地役権は，特別高圧架空電線の架設，高圧のガスを通ずる導管の敷設，飛行場の設置，建築物の建設その他の目的のため地下または空間について上下の範囲を定めて設定された地役権で建造物の設置を制限するもの等を目的として地下または空間について上下の範囲を定めて設定されたもので，建造物の設置を制限するものをいう。

　区分地上権に準ずる地役権の目的となっている承役地である山林の価額は，次の算式で求めた金額により評価する。

　（算式）
　　自用地としての価額−（自用地としての価額×区分地上権に準ずる地役権の割合）

(2) 区分地上権に準ずる地役権の評価

　山林に係る区分地上権に準ずる地役権の価額は，評価通達27−5《区分地上権に準ずる地役権の評価》の定めを準用して評価する。

9 分収林契約に基づいて貸し付けられている山林の評価

> **財産評価基本通達52《分収林契約に基づいて貸し付けられている山林の評価》**
> 　立木の伐採又は譲渡による収益を一定の割合により分収することを目的として締結された分収林契約（所得税法施行令第78条《用語の意義》に規定する「分収造林契約」又は「分収育林契約」をいう。以下同じ。）に基づいて設定された地上権又は賃借権の目的となっている山林の価額は，その分収林契約により定められた山林の所有者に係る分収割合に相当する部分の山林の自用地としての価額と，その他の部分の山林について51《貸し付けられている山林の評価》又は前項の定めにより評価した価額との合計額によって評価する。
> （注）
> 　1　上記の「分収林契約」には，旧公有林野等官行造林法（大正9年法律第7号）第1条《趣旨》の規定に基づく契約も含まれるのであるから留意する。
> 　2　上記の定めを算式によって示せば，次のとおりである。
> 　（その山林の自用地としての価額（A）×山林所有者の分収割合（B））＋（（A）−地上権又は賃借権の価額）×（1−（B））＝分収林契約に係る山林の価額
>
> **財産評価基本通達55《分収林契約に基づき設定された地上権等の評価》**
> 　分収林契約に基づき設定された地上権又は賃借権の価額は，相続税法第23条《地上権及び永小作権の評価》若しくは地価税法第24条《地上権及び永小作権の評価》の規定又は53《残存期間の不確定な地上権の評価》，54《賃借権の評価》若しくは前項の定めにかかわらず，これらの定めにより評価したその地上権又は賃借権の価額にその分収林契約に基づき定められた造林又は育林を行う者に係る分収

6章　山林及び山林の上に存する権利

> 割合を乗じて計算した価額によって評価する。

　本項は，分収林契約に基づいて貸し付けられている山林の評価方法を定めている。
　分収造林契約とは，立木の伐採または譲渡による収益を一定の割合によって配分することを目的として，林地の所有者，造林を行う者及びその造林に要する費用を負担する者の三者またはそのうちの二者の間において締結される契約をいい，その態様としては，国有林野法による部分林契約，旧公有林野等官行造林法による契約，分収林特別措置法による契約などがある。
　その分収造林契約に基づいて，地上権の設定されている山林の価額は，以下の算式のとおり，その山林の自用地の価額のうち山林の所有者が有する分収割合に相当する部分の価額に，その底地の部分の価額のうち分収造林契約により定められた山林所有者以外の者の分収割合に相当する部分の金額を加算した金額によって評価する。

　（算式）
　　（その山林の自用地としての価額（A）×山林所有者の分収割合（B））＋（（A）－地上権または賃借権の価額）×（1－（B））＝分収造林契約に係る山林の価額

Q 分収造林契約にもとづく山林の評価

■質　問
　父が，分収造林契約にもとづいて提供している林地を相続しました。この林地には，契約により造林者名義による地上権を設定してあります。そのような林地の評価はどのように行うのですか。

■回　答
　分収造林契約とは，立木の伐採または譲渡による収益を一定の割合によって配分することを目的として，林地の所有者，造林を行う者およびその造林に要する費用を負担する者の三者またはそのうちの二者の間において締結される契約をいい，その態様としては，国有林野法（昭和26年法律246号）第9条の規定による部分林契約，旧公有林野等官行造林法（大正9年法律7号）第1条の規定による契約，分収林特別措置法（昭和33年法律第57号）第1条の規定による契約などがあります。
　その分収造林契約にもとづいて，地上権の設定されている山林の価額は，その山林の自用地の価額のうち山林の所有者が有する分収割合に相当する部分の価額に，その底地の部分の価額のうち分収造林契約により定められた山林所有者以外の者の分収割合に相当する部分の金額を加算した金額によって評価します。
　これを算式に示せば次のとおりです（評基通52）。

　（算式）
　　（その山林の自用地としての価額（A）×山林所有者の分収割合（B））＋（その山林の自用地としての価額（A）－地上権または賃借権の価額）×（1－山林所有者の分収割合（B））＝分収造林契約にかかる山林の価額

9 分収林契約に基づいて貸し付けられている山林の評価

　このように，分収造林契約にもとづいて地上権の設定された山林の貸付けや地上権の評価は，通常の貸付地や地上権の評価と異なる取扱いによることとされていますが，これは，分収造林契約にかかる山林経営の実態が，契約当時者の共同経営にほかならないと認められることによるものといわれています。

　この見地から，立木の所有名義が造林者1人の名義となっている場合，つまり，その者が地上権の全部を所有する形式をとっている場合であっても，その地上権のうち林地所有者の分収割合に相当する部分の価額は，林地所有者の貸付地の価額に含めて評価し，造林者の所有する地上権の価額としては，その地上権全体の価額のうち，造林者の分収割合に相当する部分の金額によることとされているのです。

　なお，この取扱いは，地上権でなく賃借権の場合であっても同じです。また分収造林契約にかかる立木の評価についても，同様の趣旨にもとづく特例がおかれています。

（参考）実務相談録

7章

原野及び原野の上に存する権利

1 評価の方式

> **財産評価基本通達57《評価の方式》**
>   原野の評価は，次に掲げる区分に従い，それぞれ次に掲げる方式によって行う。
> (1) 純原野及び中間原野（通常の原野と状況を異にするため純原野として評価することを不適当と認めるものに限る。以下同じ。） 倍率方式
> (2) 市街地原野 比準方式又は倍率方式

　本項は，原野をその存する地域の状況に応じて，純原野，中間原野，市街地原野の3つに区分し，その評価方法を定めている。

　なお，原野の評価方法は，次に掲げる区分に従い，それぞれ次のとおりである。

① 純原野及び中間原野（通常の原野と状況を異にするため純原野として評価することを不適当と認めるものに限る。）…倍率方式

② 市街地原野…比準方式または倍率方式

② 純原野及び中間原野の評価

[図表7－1] 原野の分類

平成27年分　　倍　率　表　　5頁

市区町村名：○○市　　　　　　　　　　　　　　　　　○○税務署

音順	町（丁目）又は大字名	適用地域名	借地権割合	固定資産税評価額に乗ずる倍率等						
				宅地	田	畑	山林	原野	牧場	池沼
な	○○5丁目	農業振興地域内の農用地域	%		純9.0	純15				
		上記以外の地域	30	1.2	純9.4	純16	純3.9	純3.9		
	○○6～7丁目	農業振興地域内の農用地域			純10	純15				
		上記以外の地域	30	1.2	純11	純16	純2.9	純2.9		

略　称	分　類
純	純原野
中	中間原野
比準	市街地原野

「純」，「中」と表示してある地域は，固定資産税評価額に評価倍率を乗じて評価する地域である。

また，「比準」と表示してある地域は，付近の宅地に比準して評価する地域である。路線価地域であれば路線価方式，倍率地域であれば倍率方式により評価する。

② 純原野及び中間原野の評価

> **財産評価基本通達58《純原野の評価》**
> 　純原野の価額は，その原野の固定資産税評価額に，状況の類似する地域ごとに，その地域にある原野の売買実例価額，精通者意見価格等を基として国税局長の定める倍率を乗じて計算した金額によって評価する。
>
> **財産評価基本通達58-2《中間原野の評価》**
> 　中間原野の価額は，その原野の固定資産税評価額に，地価事情の類似する地域ごとに，その地域にある原野の売買実例価額，精通者意見価格等を基として国税局長の定める倍率を乗じて計算した金額によって評価する。

　本項では，純原野及び中間原野の評価方法を定めている。

　純原野及び中間原野は，倍率方式によって評価する。すなわち，その原野の固定資産税評価額に，状況の類似する地域ごとに，その地域にある原野の売買実例価額，精通者意見価格等を基として国税局長が定める倍率を乗じて計算した金額によって評価する。

7章　原野及び原野の上に存する権利

なお，その倍率は，財産評価基準書（国税庁ホームページhttps://www.nta.go.jp/index.htm）に掲載されている。

3　市街地原野の評価

> **財産評価基本通達58-3《市街地原野の評価》**
> 　市街地原野の価額は，その原野が宅地であるとした場合の１平方メートル当たりの価額から，その原野を宅地に転用する場合において通常必要と認められる１平方メートル当たりの造成費に相当する金額として，整地，土盛り又は土止めに要する費用の額がおおむね同一と認められる地域ごとに国税局長の定める金額を控除した金額に，その原野の地積を乗じて計算した金額によって評価する。ただし，その市街地原野の固定資産税評価額に地価事情の類似する地域ごとに，その地域にある原野の売買実例価額，精通者意見価格等を基として国税局長の定める倍率を乗じて計算した金額によって評価することができるものとし，その倍率が定められている地域にある市街地原野の価額は，その原野の固定資産税評価額にその倍率を乗じて計算した金額によって評価する。
> 　（注）　その原野が宅地であるとした場合の１平方メートル当たりの価額は，その付近にある宅地について11《評価の方式》に定める方式によって評価した１平方メートル当たりの価額を基とし，その宅地とその原野との位置，形状等の条件の差を考慮して評価するものとする。
> 　　　なお，その原野が宅地であるとした場合の１平方メートル当たりの価額については，その原野が宅地であるとした場合において20-2《地積規模の大きな宅地の評価》の定めの適用対象となるとき（21-2《倍率方式による評価》ただし書において20-2の定めを準用するときを含む。）には，同項の定めを適用して計算することに留意する。

(1)　市街地原野の評価

本項では，市街地原野の評価方法を定めている。

市街地原野の価額は，その原野が宅地であるとした場合の１平方メートル当たりの価額から，その原野を宅地に転用する場合において通常必要と認められる１平方メートル当たりの造成費に相当する金額として，整地，土盛りまたは土止めに要する費用の額がおおむね同一と認められる地域ごとに国税局長の定める金額（宅地造成費）を控除した金額に，その原野の地積を乗じて計算した金額によって評価する。いわゆる宅地比準方式である。

これを算式で示すと次のとおりである。

（算式）

$$\text{市街地原野の評価額} = \left\{ \text{その原野が宅地であるとした場合の１m}^2\text{当たりの価額} - \text{１m}^2\text{当たりの造成費の金額} \right\} \times \text{地積}$$

(2) 「その原野が宅地であるとした場合の1平方メートル当たりの価額」とは

　その原野が宅地であるとした場合の1平方メートル当たりの価額は，その付近にある宅地について評価通達11《評価の方式》に定める方式によって評価した1平方メートル当たりの価額を基とし，その宅地とその原野との位置，形状等の差を考慮して評価する。

　ただし，その市街地原野の固定資産税評価額に地価事情の類似する地域ごとに，その地域にある原野の売買実例価額，精通者意見価格等を基として国税局長の定める倍率を乗じて計算した金額によって評価することとしている地域にある市街地原野の価額は，その原野の固定資産税評価額にその倍率を乗じて計算した金額によって評価する。

4 賃借権及び貸し付けられている原野の評価

財産評価基本通達59《貸し付けられている原野の評価》
　賃借権，地上権等の目的となっている原野の評価は，次に掲げる区分に従い，それぞれ次に掲げるところによる。
(1) 賃借権の目的となっている原野の価額は，58《純原野の評価》から前項までの定めによって評価した原野の価額（以下この節において「自用地としての価額」という。）から，60《原野の賃借権の評価》の定めにより評価したその賃借権の価額を控除した金額によって評価する。
(2) 地上権の目的となっている原野の価額は，その原野の自用地としての価額から相続税法第23条《地上権及び永小作権の評価》又は地価税法第24条《地上権及び永小作権の評価》の規定により評価したその地上権の価額を控除した金額によって評価する。

財産評価基本通達60《原野の賃借権の評価》
　原野に係る賃借権の価額は，42《耕作権の評価》の定めを準用して評価する。

---

(1) 貸し付けられている原野の評価

　賃借権，地上権等の目的となっている原野の評価は，次に掲げる区分に従い，それぞれ次に掲げるところによる。
(1) 賃借権の目的となっている原野の価額は，その原野の自用地としての価額から，その賃借権の価額を控除した金額によって評価する。
(2) 地上権の目的となっている原野の価額は，その原野の自用地としての価額から相続税法第23条《地上権及び永小作権の評価》の規定により評価したその地上権の価額を控除した金額によって評価する。

(2) 賃借権の評価

原野に係る賃借権の価額は，評価通達42《耕作権の評価》の定めを準用して評価する。

5 区分地上権及びその目的となっている原野の評価

財産評価基本通達59(3)《貸し付けられている原野の評価》

区分地上権の目的となっている原野の価額は，その原野の自用地としての価額から60-2《区分地上権の評価》の定めにより評価したその区分地上権の価額を控除した金額によって評価する。

財産評価基本通達60-2《区分地上権の評価》

原野に係る区分地上権の価額は，27-4《区分地上権の評価》の定めを準用して評価する。

---

(1) 区分地上権の目的となっている原野の評価

区分地上権は，地下にトンネルを所有するなど土地の上下の一定層のみを目的として設定された地上権をいう。

区分地上権の目的となっている原野の価額は，次の算式で求めた金額により評価する。

（算式）

　　自用地としての価額－（自用地としての価額×区分地上権の割合）

(2) 区分地上権の評価

原野に係る区分地上権の価額は，評価通達27-4《区分地上権の評価》の定めを準用して評価する。

6 区分地上権に準ずる地役権及びその目的となっている原野の評価

財産評価基本通達59(4)《貸し付けられている原野の評価》

区分地上権に準ずる地役権の目的となっている承役地である原野の価額は，その原野の自用地としての価額から60-3《区分地上権に準ずる地役権の評価》の定めにより評価したその区分地上権に準ずる地役権の価額を控除した金額によって評価する。

財産評価基本通達60-3《区分地上権に準ずる地役権の評価》

原野に係る区分地上権に準ずる地役権の価額は，その区分地上権に準ずる地役権の目的となってい

る承役地である原野の自用地としての価額を基とし、27-5《区分地上権に準ずる地役権の評価》の定めを準用して評価する。

(1) 区分地上権に準ずる地役権の目的となっている原野の評価

　区分地上権に準ずる地役権は、特別高圧架空電線の架設、高圧のガスを通ずる導管の敷設、飛行場の設置、建築物の建設その他の目的のため地下または空間について上下の範囲を定めて設定された地役権で建造物の設置を制限するもの等を目的として地下または空間について上下の範囲を定めて設定されたもので、建造物の設置を制限するものをいう。

　区分地上権に準ずる地役権の目的となっている承役地である原野の価額は、次の算式で求めた金額により評価する。

（算式）
　　自用地としての価額－（自用地としての価額×区分地上権に準ずる地役権の割合）

(2) 区分地上権に準ずる地役権の評価

　原野に係る区分地上権に準ずる地役権の価額は、評価通達27-5《区分地上権に準ずる地役権の評価》の定めを準用して評価する。

7 牧場及び牧場の上に存する権利の評価

> **財産評価基本通達61《牧場及び牧場の上に存する権利の評価》**
> 　牧場及び牧場の上に存する権利の価額は、7-2《評価単位》及び57《評価の方式》から前項までの定めを準用して評価する。

　牧場及び牧場の上に存する権利の価額は、原野及び原野の上に存する権利の評価を準用して評価する。
　また、その評価単位についても評価通達7-2《評価単位》を準用する。

8 池沼及び池沼の上に存する権利の評価

> **財産評価基本通達62《池沼及び池沼の上に存する権利の評価》**
> 　池沼及び池沼の上に存する権利の価額は、7-2《評価単位》及び57《評価の方式》から60-4《土地の上に存する権利が競合する場合の賃借権又は地上権の評価》までの定めを準用して評価する。

7章　原野及び原野の上に存する権利

　池沼及び池沼の上に存する権利の価額は，原野及び原野の上に存する権利の評価を準用して評価する。また，その評価単位についても評価通達7-2《評価単位》を準用する。

> **Q 遊水池等の評価**
>
> ■質問
> 　一団の宅地造成事業を施行する場合には，いわゆる宅地開発指導要綱等により遊水池（洪水調整池）の設置が義務付けられる場合があります。このような遊水池の用に供している土地は，どのように評価したらよいのでしょうか。
>
> ■回答
> 　遊水池については，流末河川の整備の状況等により廃止することが可能であることなどから，公共施設の用に供する土地と同様に取り扱われていませんが，一定の期間遊水池として維持しなければならない現状にかんがみ，次により評価して差し支えないものとされています。
>
> $$\left(\begin{array}{l}\text{その土地が宅地}\\\text{であるとした場}\\\text{合の評価額}\end{array} - \begin{array}{l}\text{宅地造成費}\\\text{相当額}\end{array}\right) \times \left(1 - \begin{array}{l}\text{協定等に基づく廃止期限までの期}\\\text{間を地上権の残存期間とした場合}\\\text{に適用される法定地上権割合}\end{array}\right)$$
>
> （注）　廃止期限が明らかでない場合の法定地上権割合は，残存期間の定めのない場合の法定地上権割合を準用し，100分の40とされています。
>
> （参考）実務相談録

9　鉱泉地の評価

> **財産評価基本通達69《鉱泉地の評価》**
> 　鉱泉地の評価は，次に掲げる区分に従い，それぞれ次に掲げるところによる。ただし，湯温，ゆう出量等に急激な変化が生じたこと等から，次に掲げるところにより評価することが適当でないと認められる鉱泉地については，その鉱泉地と状況の類似する鉱泉地の価額若しくは売買実例価額又は精通者意見価格等を参酌して求めた金額によって評価する。
> (1)　状況が類似する温泉地又は地域ごとに，その温泉地又はその地域に存する鉱泉地の売買実例価額，精通者意見価格，その鉱泉地の鉱泉を利用する温泉地の地価事情，その鉱泉地と状況が類似する鉱泉地の価額等を基として国税局長が鉱泉地の固定資産税評価額に乗ずべき一定の倍率を定めている場合　その鉱泉地の固定資産税評価額にその倍率を乗じて計算した金額によって評価する。
> (2)　(1)以外の場合　その鉱泉地の固定資産税評価額に，次の割合を乗じて計算した金額によって評価する。

$$\frac{その鉱泉地の鉱泉を利用する宅地の課税時期における価額}{その鉱泉地の鉱泉を利用する宅地のその鉱泉地の固定資産税評価額の評定の基準となった日における価額}$$

(注) 固定資産税評価額の評定の基準となった日とは，通常，各基準年度（地方税法第341条《固定資産税に関する用語の意義》第6号に規定する年度をいう。）の初日の属する年の前年1月1日となることに留意する。

財産評価基本通達75《住宅，別荘等の鉱泉地の評価》

鉱泉地からゆう出する温泉の利用者が，旅館，料理店等の営業者以外の者である場合におけるその鉱泉地の価額は，69《鉱泉地の評価》の定めによって求めた価額を基とし，その価額からその価額の100分の30の範囲内において相当と認める金額を控除した価額によって評価する。

財産評価基本通達77《温泉権が設定されている鉱泉地の評価》

温泉権が設定されている鉱泉地の価額は，その鉱泉地について69《鉱泉地の評価》又は75《住宅，別荘等の鉱泉地の評価》の定めにより評価した価額から次項の定めにより評価した温泉権の価額を控除した価額によって評価する。

財産評価基本通達78《温泉権の評価》

前項の「温泉権の価額」は，その温泉権の設定の条件に応じ，温泉権の売買実例価額，精通者意見価格等を参酌して評価する。

財産評価基本通達79《引湯権の設定されている鉱泉地及び温泉権の評価》

引湯権（鉱泉地又は温泉権を有する者から分湯をうける者のその引湯する権利をいう。以下同じ。）の設定されている鉱泉地又は温泉権の価額は，69《鉱泉地の評価》又は75《住宅，別荘等の鉱泉地の評価》の定めにより評価した鉱泉地の価額又は前項の定めにより評価した温泉権の価額から，次項本文の定めにより評価した引湯権の価額を控除した価額によって評価する。

財産評価基本通達80《引湯権の評価》

前項の「引湯権の価額」は，69《鉱泉地の評価》，75《住宅，別荘等の鉱泉地の評価》又は78《温泉権の評価》の定めにより評価した鉱泉地の価額又は温泉権の価額に，その鉱泉地のゆう出量に対するその引湯権に係る分湯量の割合を乗じて求めた価額を基とし，その価額から，引湯の条件に応じ，その価額の100分の30の範囲内において相当と認める金額を控除した価額によって評価する。ただし，別荘，リゾートマンション等に係る引湯権で通常取引される価額が明らかなものについては，納税義務者の選択により課税時期における当該価額に相当する金額によって評価することができる。

(1) 鉱泉地の評価方法

本項では，引湯権の設定されている鉱泉地及び温泉権の評価方法を定めている。

7章　原野及び原野の上に存する権利

　鉱泉地とは，鉱泉（温泉を含む。）のゆう出口とその維持に必要な土地をいう（登記事務準則68七）。
　鉱泉地及び鉱泉地の上に存する権利の価額は，原則として，一筆の鉱泉地ごとに評価する。
　鉱泉地の価額は，次に掲げる区分に従い，それぞれ次に掲げるところによって評価する。
　ただし，湯温，ゆう出量等に急激な変化が生じたこと等から，次に掲げるところにより評価することが適当でないと認められる鉱泉地については，その鉱泉地と状況の類似する鉱泉地の価額もしくは売買実例価額または精通者意見価格等を参酌して求めた金額によって評価する。

① 状況が類似する温泉地または地域ごとに，その温泉地またはその地域に存する鉱泉地の売買実例価額，精通者意見価格，その鉱泉地の鉱泉を利用する温泉地の地価事情，その鉱泉地と状況が類似する鉱泉地の価額等を基として国税局長が鉱泉地の固定資産税評価額に乗ずべき一定の倍率を定めている場合　その鉱泉地の固定資産税評価額にその倍率を乗じて計算した金額によって評価する。

② ①以外の場合　その鉱泉地の固定資産税評価額に，次の割合を乗じて計算した金額によって評価する。

$$\frac{\text{その鉱泉地の鉱泉を利用する宅地の課税時期における価額}}{\text{その鉱泉地の鉱泉を利用する宅地のその鉱泉地の固定資産税評価額の評定の基準となった日における価額}}$$

　なお，固定資産税評価額の評定の基準となった日とは，通常，各基準年度の初日の属する年の前年1月1日となることに留意する。

(2) 温泉権の設定されている鉱泉地の評価

① 温泉権が設定されている鉱泉地の評価

　温泉権が設定されている鉱泉地の価額は，評価通達69《鉱泉地の評価》または75《住宅，別荘等の鉱泉地の評価》の定めにより評価した価額から温泉権の価額を控除した価額によって評価する。

② 温泉権の評価

　温泉権の価額は，その温泉権の設定の条件に応じ，温泉権の売買実例価額，精通者意見価格等を参酌して評価する。

> **Q　温泉権の設定されている鉱泉地の評価**
>
> ■質　問
> 　私は温泉のゆう出している土地をもっていますが，その温泉は甲社（甲旅館経営）に専用利用させています（温泉権が設定された鉱泉地）。このような鉱泉地の評価はどのようにして行われますか。

■回　答

　温泉権が設定されている鉱泉地の価額は，その鉱泉地について鉱泉地の評価方式により評価した価額から温泉権の価額を控除した価額によって評価します。

　温泉権の価額は，その温泉権の設定の条件に応じ，温泉権の売買実例価額，精通者意見価格等を参酌して評価します（評基通77）。

（参考）実務相談録

(3) 引湯権の設定されている鉱泉地及び温泉権の評価

① 引湯権の設定されている鉱泉地及び温泉権の評価

　引湯権とは，鉱泉地または温泉権を有する者から分湯を受ける者のその引湯する権利をいう。

　その引湯権の設定されている鉱泉地または温泉権の価額は，評価通達69《鉱泉地の評価》または75《住宅，別荘等の鉱泉地の評価》の定めにより評価した鉱泉地の価額または温泉権の価額から，引湯権の価額を控除した価額によって評価する。

② 引湯権の評価

　引湯権の価額は，評価通達69《鉱泉地の評価》，75《住宅，別荘等の鉱泉地の評価》または78《温泉権の評価》の定めにより評価した鉱泉地の価額または温泉権の価額に，その鉱泉地のゆう出量に対するその引湯権に係る分湯量の割合を乗じて求めた価額を基とし，その価額から，引湯の条件に応じ，その価額の100分の30の範囲内において相当と認める金額を控除した価額によって評価する。

　ただし，別荘，リゾートマンション等に係る引湯権で通常取引される価額が明らかなものについては，納税義務者の選択により課税時期における当該価額に相当する金額によって評価することができる。

Q　引湯権の設定されている鉱泉地及び温泉権の評価

■質　問

　鉱泉権及び温泉権について引湯権が設定されている場合の鉱泉地の評価方法について説明してください。

■回　答

　引湯権（鉱泉地または温泉権を有する者から分湯を受ける者のその引湯する権利をいいます。以下同じです。）の設定されている鉱泉地または温泉権の価額は，鉱泉地の価額または温泉権の価額から，引湯権の価額を控除した価額によって評価します。

　引湯権の価額は鉱泉地の価額または温泉権の価額に，その鉱泉地のゆう出量に対するその引湯権にかかる分湯量の割合を乗じて求めた価額を基とし，その価額から，引湯の条件に応じその価額の100分の30の範囲内において相当と認める金額を控除した価額によって評価します（評基通79，80）。

(4) 観覧用の鉱泉地の評価

　平成20年通達改正前は，評価対象の鉱泉地が観覧用に供されている場合，観覧用に供している鉱泉地とその附属施設を一括して，その鉱泉地を観覧の用に供することから生ずる所得金額に複利年金現価率を乗じて計算した金額等により評価されていた。

　平成20年の改正において，観覧用の鉱泉地に関しては，一般の鉱泉地と同様にその鉱泉地の固定資産税評価額を時点修正する方法等で評価することとされている。

平成20年4月7日
資産評価企画官情報

「財産評価基本通達」（法令解釈通達）等の一部改正のあらまし（情報）

1　観覧用の鉱泉地の評価

> 観覧用の鉱泉地の価額については，原則として，その観覧の用に供している鉱泉地とその附属施設を一括して，その鉱泉地を観覧の用に供することから生ずる所得金額に複利年金現価率を乗じて計算した金額等により評価していたが，一般の鉱泉地と同様に，その鉱泉地の固定資産税評価額を時点修正する方法等により評価することとした。
>
> （評基通76＝廃止）

1　従来の取扱い

　観覧用の鉱泉地については，その附属施設(注)と一括して評価するものとし，その鉱泉地及び附属施設の価額は，原則として，その鉱泉地を観覧に供することから生ずる所得の金額及びそのみやげ物等の製造，販売等から生ずる所得の金額の合計額から自家労賃相当額を控除した金額の100分の80に相当する金額に年数10年に応ずる基準年利率による複利年金現価率を乗じて計算した金額によって評価することとしていた。

(注)　鉱泉地の所有者が，その鉱泉地を観覧の用に供するとともに，これに附帯して，みやげ物等の製造，販売等を行っている場合は，そのみやげ物等の製造，販売等の用に供しているその者の有する土地，建物，商品その他の財産を含む。

2　改正の概要

　観覧用の鉱泉地の価額については，一般の鉱泉地の価額の評価との整合性及び評価の簡便性を考慮し，一般の鉱泉地と同様に，評価通達69《鉱泉地の評価》の定めにより，その固定資産税評価額を時点修正する方法等により評価することとした。

8章

雑種地及び雑種地の上に存する権利

1 雑種地の評価

> **財産評価基本通達82《雑種地の評価》**
> 　雑種地の価額は，原則として，その雑種地と状況が類似する付近の土地についてこの通達の定めるところにより評価した1平方メートル当たりの価額を基とし，その土地とその雑種地との位置，形状等の条件の差を考慮して評定した価額に，その雑種地の地積を乗じて計算した金額によって評価する。
> 　ただし，その雑種地の固定資産税評価額に，状況の類似する地域ごとに，その地域にある雑種地の売買実例価額，精通者意見価格等を基として国税局長の定める倍率を乗じて計算した金額によって評価することができるものとし，その倍率が定められている地域にある雑種地の価額は，その雑種地の固定資産税評価額にその倍率を乗じて計算した金額によって評価する。

(1) 雑種地の評価

① 雑種地の意義

　本項では，雑種地の評価方法を定めている。

　雑種地とは，宅地，田，畑，山林，原野の地目のいずれにも該当しない土地である。例えば，遊園地，運動場，ゴルフ場，テニスコート，競馬場，野球場，駐車場，変電所敷地，鉄塔敷地，不毛地，砂地，土取場跡，鉄軌道用地等があり，その実態は様々である。

　そのように実態が様々であるため，雑種地が状況の類似する一定の地域を形成していることはほとんどなく，駐車場，資材置場，グラウンド等のように宅地に類似するものもあれば，荒れ地，土砂を採取した跡地等のように原野に類似するものもある。

② 雑種地の評価

　そこで，雑種地の価額は，状況の類似した同種の土地が一定の地域を形成している場合を前提とした評価の方式によるよりも，評価する雑種地の付近にあって，状況が類似する土地の価額から比

準して評価する方が合理的であるため（平成12年12月21日裁決〔裁決事例集60巻522頁〕），原則として，その雑種地と状況が類似する付近の土地の価額を基とし，その土地とその雑種地との位置，形状等の条件の差を考慮して求めた価額に，その雑種地の地積を乗じて評価する。いわゆる近傍地比準方式である。

土地の価額は，一般的にその土地の最有効使用を前提として形成されると考えられ，この最有効使用の態様は，周辺土地の標準的な使用状況によって影響を受けるから，評価対象地である雑種地と「状況が類似する付近の土地」の判定にあたっては，評価対象地の周囲の状況を十分考慮して判定するのが適切と考えられることによるもので，合理的な判断手法と解されている（横浜地裁平成22年11月17日判決〔税務訴訟資料260号順号11558〕）。

なお，その雑種地について，倍率が定められているものについては，その雑種地の固定資産税評価額に，状況の類似する地域ごとに，その地域にある雑種地の売買実例価額，精通者意見価格等を基として国税局長の定める倍率を乗じて計算した金額によって評価する。

(2) 市街化区域内にある雑種地の評価

① 宅地比準方式

市街化区域にある雑種地については，その取引価額が近隣の宅地と価格水準に差がないことから，評価対象地が宅地であるとした場合の価額に基づいて評価する。いわゆる宅地比準方式である。

そこでは，下記の算式のとおり，その雑種地が宅地であるとした場合の1m^{2}当たりの価額から宅地造成費に相当する金額を控除して評価する。

（算式）

宅地と状況が類似する雑種地 ＝ （その雑種地が宅地であるとした場合の1m^{2}当たりの価額 － 1m^{2}当たりの造成費の金額） × 地積

(a) 路線価地域

路線価地域においては，「その雑種地が宅地であるとした場合の1m^{2}当たりの価額」は，その土地の面する路線に付された路線価を基とし，その雑種地との位置，形状等の条件の差（すなわち奥行価格補正や不整形地補正，無道路地補正などの画地補正）を考慮して評価する。いわゆる路線価方式である。

雑種地を宅地に転用する場合において整地や土盛が必要な場合においては，市街地農地等と同様，通常必要と認められる1m^{2}当たりの宅地造成費に相当する金額を控除することができる（平成12年12月21日裁決〔裁決事例集60巻522号〕参照）。

> 1　雑種地の評価

> **Q**　青空駐車場の敷地の評価
>
> ■質　問
> 　路線価の付されている路線に面する土地を青空駐車場の用に供しています。この土地の評価はどのようになりますか。
>
> ■回　答
> 　青空駐車場として利用されている土地は，登記簿上の地目がたとえ宅地であっても，評価上その土地は雑種地に該当します。しかし，雑種地の評価はその現況に応じて評価されますから，その現況が宅地と何ら変わるところがないような通常の青空駐車場の評価は，宅地と全く同じように評価することになります。したがって，路線価方式により評価する宅地の価額と同様に，その路線価を基にして自用地として評価します。
>
> （参考）実務相談録

(b)　倍率地域

　次に，市街化区域，かつ，倍率地域に所在する雑種地である。

　市街化区域にある雑種地については，前述のとおり，その取引価額が近隣の宅地と価格水準に差がないことから，評価対象地が宅地であるとした場合の価額に基づいて評価する。

　そして，倍率地域においては，その土地の宅地としての固定資産税評価額に国税局長の定める評価倍率を乗じて評価する。

　ただし，雑種地の場合，雑種地としての固定資産税評価額は評定されているものの，その土地が宅地であるとした場合の固定資産税評価額が評定されていない。

　そこで，倍率地域における雑種地の価額は，市街地農地等と同様，近傍宅地価額を基として，その宅地と位置，形状等の条件の差を考慮して「宅地であるとした場合の1㎡当たりの価額」を算出する。

　なお，倍率地域に存する雑種地を宅地比準方式によって評価する場合の位置，形状による差は，市街地農地等の取扱いを準用し，「普通住宅地区」の画地調整率を参考として計算することができる。

(3)　市街化調整区域内にある雑種地の評価

①　市街化調整区域内の雑種地の評価

　市街化調整区域内の宅地や農地，山林，原野は，倍率方式によって評価を行う。ただし，雑種地については倍率が定められていない（**図表8－1**）。宅地や農地，山林などは状況の類似した同種の土地が一定の地域を形成している場合を前提としている一方で，雑種地は，宅地に類似するものもあれば，原野に類似するものもあって実態が様々であり，状況の類似する一定の地域を形成していることはほとんどないからである。

8章　雑種地及び雑種地の上に存する権利

[図表8－1] 倍率表

市区町村名：○○○市				○○○税務署						
音順	町（丁目）又は大字名	適用地域名	借地権割合	固定資産税評価額に乗ずる倍率等						
				宅地	田	畑	山林	原野	牧場	池沼
			％	倍	倍	倍	倍	倍	倍	倍

② 比準地目の判定

そこで，まず評価対象地の周囲の状況に応じて，状況が類似する土地（地目）を判定する。

土地の価額は，一般的にその土地の最有効使用を前提として形成されるものと考えられ，また，その土地の最有効使用は，周辺の標準的な使用状況の影響を受けることから，評価対象地である雑種地と状況が類似する付近の土地（地目）の判定にあたっては，評価対象地の周囲の状況を十分考慮して判定することが必要である[163]。

そして，市街化調整区域に所在する雑種地を評価する場合の「状況が類似する付近の土地」の判定にあたっては，(a)周囲が純農地，純山林，純原野である場合には，付近の農地，山林，原野の価額を基とするのが相当であり，他方，(b)その土地が店舗等の建築が可能な幹線道路沿いや市街化区域との境界付近にある場合には，宅地化の可能性があることから，付近の宅地の価額を基とするのが相当である。

(a) 農地等に比準する場合

評価対象地である雑種地の周囲が純農地，純山林，純原野である場合には，これらの土地は各々宅地化の期待益を含まない土地であるため，その雑種地を評価するにあたっては，付近の純農地，純山林または純原野の価額を基として評価する。

（算式）

（純農地比準）雑種地の価額＝1m^{2}当たりの近傍農地価額×純農地の評価倍率

（純山林比準）　〃　　　　＝1m^{2}当たりの近傍山林価額×純山林の評価倍率

（純原野比準）　〃　　　　＝1m^{2}当たりの近傍原野価額×純原野の評価倍率

ただし，農地等の価額を基として評価する場合で，評価対象地が資材置場，駐車場等として利用されているときは，その土地の価額は，原則として，評価通達24-5（農業用施設用地の評価）に準じて，農地等の価額に造成費相当額を加算した価額（ただし，宅地に比準した価額を上回らない。）により評価を行う。

---

163 財産評価基本通達逐条解説（令和5年版）420頁

> 1　雑種地の評価

> 実務上のポイント
>
> 近傍農地価額や近傍山林価額，近傍原野価額は，評価対象地の所在する地域の市町村（23区は都税事務所）の固定資産税課において確認することができる。

(b) 宅地に比準する場合

　評価対象地である雑種地が幹線道路沿いや市街化区域との境界付近に所在する場合には，その付近に宅地が存在していることも多く，用途制限等があるにしても宅地化の可能性があることから，その雑種地は，付近の宅地の価額を基として評価する。

　つまり，市街化区域との境に所在し，周囲に住宅が連たんしている地域で，道路や下水道が整備され，建物の建築も許可が下りれば可能というような状況は，市街化への影響が強いと解されている（平成12年12月21日裁決〔裁決事例集60巻522頁〕）。

　付近の宅地の価額を基として評価する場合の算式は以下のとおりである。

（算式）
　　雑種地の価額＝1m²当たりの近傍宅地価額×評価倍率×画地補正率×斟酌割合×地積

> 実務上のポイント
>
> 市街化調整区域の雑種地における宅地比準方式は，評価誤りが多いので注意が必要となる。
>
> ×　（雑種地としての）固定資産税評価額×1.1
> ×　近傍宅地単価×地積　　　　　　×1.1
> ×　近傍宅地単価×地積　　　　　　×1.1×画地補正率
> ○　近傍宅地単価×地積　　　　　　×1.1×画地補正率×斟酌割合

③ 画地補正率

　倍率地域に存する雑種地を宅地比準方式によって評価する場合の位置，形状による差は，市街地農地等の取扱いを準用し，「普通住宅地区」の画地調整率を参考として計算することができる。

④ 宅地比準方式における斟酌割合の判定

　市街化調整区域内の雑種地を付近の宅地の価額を基として評価する場合の「斟酌割合」については，宅地の開発行為の可否，建築制限，位置など市街化の影響度と雑種地の利用状況により50％，30％，0％の3段階の斟酌割合（減価）による[164]。

---

[164] 国税庁質疑応答事例「市街化調整区域内にある雑種地の評価」

8章　雑種地及び雑種地の上に存する権利

(a)　斟酌割合50％のケース

　一般的な市街化調整区域内の雑種地が存する地域においては，原則として，建物の建築が禁止されている区域であることなどを考慮すると，上記の家屋の建築が全くできない場合の減価率50％を「斟酌割合」とするのが相当と考えられている。

　なお，評価通達27-5のように高圧線下地のような区分地上権に準ずる地役権が設定されている土地においては，家屋の建築が全くできないことについて「斟酌割合を50％または借地権割合のいずれか高い割合」を減額することとされているが，雑種地の評価においては，一般に借地権割合が高い地域は，市街化の影響度が強く，有効利用度が高い（さらに宅地への転用可能性も高い）と考えられることから，斟酌割合を引き下げる方向にしなければならないにもかかわらず，斟酌割合を引き上げる方向になってしまうことから，一律に50％の減価率とするのが相当とされている。

　また，宅地比準方式においては，比準地と評価対象地との位置，形状等の条件の差を考慮して画地補正を行うが，無道路である雑種地については，建築制限に対する評価減（50％）と無道路地補正は重複適用できないとされている。無道路地の評価（評価通達20-3）は，そもそも建築制限による減価であるところ，無道路地として評価した価額から，さらに建築制限による50％の減価をすると，建築制限による減価を二重に行うこととなるからである（平成19年6月22日裁決〔TAINS・F0-3-319〕）。

(b)　斟酌割合30％のケース

　幹線道路沿いや市街化区域との境界付近のように，市街化の影響度が強く，土地の有効利用度が高い地域においては，市街化調整区域内ではあるが，法的規制が比較的緩やかであり，店舗等の建築であれば可能なケースもある。そのような雑種地については，家屋の構造，用途等に制限を受ける場合の斟酌割合は30％とされている。

(c)　斟酌割合0％のケース

　例えば，周囲に郊外型店舗等が建ち並び，雑種地であっても宅地価格と同等の取引が行われている実態があると認められる場合には，斟酌割合0％となる。

Q　市街化調整区域内にある雑種地の評価

■質　問
　市街化調整区域内にある雑種地はどのように評価するのですか。

■回　答
　雑種地（ゴルフ場用地，遊園地等用地，鉄軌道用地を除きます。）の価額は，原則として，その雑種地の現況に応じ，評価対象地と状況が類似する付近の土地について評価した1㎡当たりの価額を基とし，その土地と評価対象地である雑種地との位置，形状等の条件の差を考慮して評定した価額に，そ

の雑種地の地積を乗じて評価することとしています。

ところで，市街化調整区域内にある雑種地を評価する場合に，状況が類似する土地（地目）の判定をするときには，評価対象地の周囲の状況に応じて，下表により判定することになります。

また，付近の宅地の価額を基として評価する場合（宅地比準）における法的規制等（開発行為の可否，建築制限，位置等）に係るしんしゃく割合（減価率）は，市街化の影響度と雑種地の利用状況によって個別に判定することになりますが，下表のしんしゃく割合によっても差し支えありません。

市街化の影響度	周囲（地域）の状況	比準地目	しんしゃく割合
弱	① 純農地，純山林，純原野	農地比準，山林比準，原野比準（注１）	
↕	② ①と③の地域の中間（周囲の状況により判定）	宅地比準	しんしゃく割合50％
強	③ 店舗等の建築が可能な幹線道路沿いや市街化区域との境界付近（注２）		しんしゃく割合30％
		宅地価格と同等の取引実態が認められる地域（郊外型店舗が建ち並ぶ地域等）	しんしゃく割合０％

（注） 1　農地等の価額を基として評価する場合で，評価対象地が資材置場，駐車場等として利用されているときは，その土地の価額は，原則として，財産評価基本通達24-5（農業用施設用地の評価）に準じて農地等の価額に造成費相当額を加算した価額により評価します（ただし，その価額は宅地の価額を基として評価した価額を上回らないことに留意してください。）。
　　　 2　③の地域は，線引き後に沿道サービス施設が建設される可能性のある土地（都市計画法34九，43②）や，線引き後に日常生活に必要な物品の小売業等の店舗として開発又は建築される可能性のある土地（都市計画法34一，43②）の存する地域をいいます。
　　　 3　都市計画法第34条第11号に規定する区域内については，上記の表によらず，個別に判定します。

（参考）国税庁質疑応答事例「市街化調整区域内にある雑種地の評価」

なお，上記の国税庁質疑応答事例は，平成16（2004）年の資産評価企画官情報に基づいている。

8章　雑種地及び雑種地の上に存する権利

平成16年7月5日
資産評価企画官情報

土壌汚染地の評価等の考え方について（情報）

3　市街化調整区域内の雑種地の評価

> 市街化調整区域内の雑種地を評価する場合における①比準する地目の判定及び②宅地の価額を基として評価する際に考慮する法的規制等に係るしんしゃく割合について，基本的な考え方を取りまとめることとした。
>
> （評基通82関係）

　雑種地（ゴルフ場用地，遊園地等用地，鉄軌道用地を除く。）の価額は，評価通達82《雑種地の評価》の定めにより，評価対象地と状況が類似する付近の土地について評価通達の定めるところにより評価した1平方メートル当たりの価額を基とし，その土地とその雑種地との位置，形状等の条件の差を考慮して評定した価額に，その雑種地の地積を乗じて評価することとしているが，市街化調整区域内の雑種地については，①状況が類似する付近の土地（地目）の判定が難しい，②宅地の価額を基として評価する場合，法的規制等（開発行為の可否，建築制限の程度，位置等）に係る格差（しんしゃく割合）について個別に判定しているという状況にある。
　このため，その取扱いの明確化等の観点から，上記の地目判定としんしゃく割合を中心に基本的な考え方を取りまとめることとした。

1　比準土地（地目）の判定
　土地の価額は，一般的に，その土地の最有効使用を前提として形成されるものと考えられ，また，その土地の最有効使用は，周辺の標準的な使用（地目）の影響を受けることから，評価対象地である雑種地と状況が類似する付近の土地（地目）を判定するに当たっては，評価対象地の周囲の状況を考慮して判定するのが相当と考えられる。
　例えば，評価対象地である雑種地の周囲が純農地，純山林，純原野である場合には，これらの土地は各々宅地化の期待益を含まない土地であるため，その雑種地を評価するに当たっては，付近の宅地の価額を基とするのではなく，付近の純農地，純山林又は純原野の価額を基として評価するのが相当と考えられる（3の概要表①の地域）。
　なお，この場合における評価方法については3の概要表（注）1参照。
　他方，評価対象地である雑種地が幹線道路沿いや市街化区域との境界付近に所在する場合には，その付近に宅地が存在していることも多く，用途制限等があるにしても宅地化の可能性があることから，その雑種地を評価するに当たっては，付近の宅地の価額を基として評価するのが相当と考えられる（3の概要表③の地域）。
　なお，これら以外の地域については，雑種地の所在する場所により周囲の状況が様々であると考えられることから，一律に比準地目を定めることは難しく，また，実態に即した対応を阻害するという弊害が生ずることも考慮すれば，どの地目の価額を基として評価するかは定めず，周囲の状況により個別に判定するのが相当と考えられる（3の概要表②の地域）。

2　しんしゃく割合の判定

　市街化調整区域内の雑種地を付近の宅地の価額を基として評価する場合，そのしんしゃく割合（減価率）については，「市街化の影響度」と「雑種地の利用状況」が関係するとの専門家の意見がある。

　これによれば，①「市街化の影響度」からみた減価率は，市街化の影響を強く受けている地域の方がその影響を強く受けていない地域よりも低くなり，②「雑種地の利用状況」からみた減価率は，駐車場，資材置場又はテニスコートなど様々な利用が可能な有効利用度が高い雑種地ほど低くなるということである。なお，これら2つの要素は，互いに独立したものというわけではなく重なり合っている。

　ところで，評価通達27-5《区分地上権に準ずる地役権の評価》及び同25《貸宅地の評価》の(5)においては，建築等の制限による減価率を定めており，①家屋の建築が全くできない場合の減価率は50％又は借地権割合のいずれか高い割合とし，②家屋の構造，用途等に制限を受ける場合の減価率は30％としている。

　以上のことを踏まえると，市街化調整区域内の雑種地を付近の宅地の価額を基として評価する場合の「しんしゃく割合」については，次のとおりとするのが相当である。

(1)　3の概要表②の地域（しんしゃく割合50％）

　市街化調整区域内の雑種地について付近の宅地の価額を基として評価する場合の「しんしゃく割合」を判定する場合には，上記のとおり，個別に「市街化の影響度」と「雑種地の利用状況」によって判定すればよいことになるが，これらを的確に判定することは困難である。

　「3の概要表②の地域」は，いわば一般的な市街化調整区域内の雑種地が存する地域であり，原則として，建物の建築が禁止されている区域であることなどを考慮すると，上記の家屋の建築が全くできない場合の減価率を「しんしゃく割合」とするのが相当と考えられる。

　なお，「しんしゃく割合を50％又は借地権割合のいずれか高い割合」とした場合には，一般に借地権割合が高い地域は，市街化の影響度が強く，有効利用度が高い（さらに宅地への転用可能性も高い）と考えられることから，「しんしゃく割合」を引き下げる方向にしなければならないにもかかわらず，「しんしゃく割合」を引き上げる方向になってしまうことから，一律に50％の減価率を「しんしゃく割合」とするのが相当と判断した。

(2)　3の概要表③の地域（しんしゃく割合30％又は0％）

　「3の概要表③の地域」は，幹線道路沿いや市街化区域との境界付近であるが，市街化の影響度が強く，有効利用度が高い雑種地の占める割合が高いと考えられる。

　言い換えれば，市街化調整区域内ではあるが，法的規制が比較的緩やかであり，店舗等の建築であれば可能なケースも多い地域ということになる。

　したがって，「3の概要表③の地域」は，原則として，家屋の構造，用途等に制限を受ける場合の減価率30％を「しんしゃく割合」とするのが相当と考えられる。

　ただし，この地域のうち，例えば，周囲に郊外型店舗等が建ち並び，雑種地であっても宅地価格と同等の取引が行われている実態があると認められる場合には，しんしゃく割合0％とするのが相当と考えられる。

(注)　1　位置，形状等の条件差については，資産税関係質疑応答事例集（平成13年3月）問253を準用して，普通住宅地区の画地調整率を参考に計算して差し支えない。

　　　2　比準元となる宅地は，既存宅地又は線引き前からの宅地その他法的規制の程度がこれらと概ね同等程度の宅地（参考参照）とするのが相当と考えられる。

3　概要

　以上の基本的な考え方を取りまとめると，次のとおりである。

8章　雑種地及び雑種地の上に存する権利

〈概要表〉

周囲（地域）の状況		比準地目	しんしゃく割合
市街化の影響度 弱→強	① 純農地，純山林，純原野	農地比準，山林比準，原野比準（注1）	
	② ①と③の地域の中間（周囲の状況により判定）	宅地比準	しんしゃく割合50％
	③ 店舗等の建築が可能な幹線道路沿いや市街化区域との境界付近（注2）		しんしゃく割合30％
		宅地価格と同等の取引実態が認められる地域（郊外型店舗が建ち並ぶ地域等）	しんしゃく割合0％

(注)　1　農地等の価額を基として評価する場合で，評価対象地が資材置場，駐車場等として利用されているときは，その土地の価額は，原則として，評価通達24-5《農業施設用地の評価》に準じて農地等の価額に造成費相当額を加算した価額により評価するのが相当と考えられる（ただし，その価額は宅地の価額を基として評価した価額を上回らない。）。

　　　2　③の地域は，線引き後に沿道サービス施設が建設される可能性のある土地（都計法34十ロ，43②，令36①三ホ）や，線引き後に日常生活に必要な物品の小売業等の店舗として開発又は建築される可能性のある土地（都計法34一，43②，令36①三イ）の存する地域をいう。

　　　3　平成12年の都市計画法の改正により，新たに設けられた同法第34条第八の三号に規定する区域内については，すべての土地について都市計画法上の規制は一律となることから，雑種地であっても宅地と同一の法的規制を受けることになる。したがって，同じ区域内の宅地の価額を基とすれば，法的規制によるしんしゃくは考慮する必要がなくなると考えられるが，経過措置が設けられているなど，過渡期にあることから，上記概要表によらず，個別に判定するのが相当と考えられる。

(参考)　市街化調整区域内における主な宅地の分類及び法的規制の違い

宅地の分類	法的規制の違い
・既存宅地	用途変更可能
・線引き前からの宅地 ・市街化調整区域内団地の宅地 ・ドライブイン等の沿道サービス施設の敷地 ・集落サービス店舗の敷地	同一用途の建替えは認められる
・分家住宅の敷地 ・農林漁業に従事する者の居住用宅地	同一用途の建替えでも，特定承継人による場合は，やむを得ない事情がある場合に認められる

(注)　1　「線引き前からの宅地」とは，特に法令上の規定はないが，線引き前から存する建築物の敷地で既存宅地以外の宅地をいう。

　　　2　「市街化調整区域内団地の宅地」とは，線引き後に市街化調整区域等内に開発された中・大規模団地の宅地をいう（都計法34十イ）。

　　　3　「ドライブイン等の沿道サービス施設の敷地」とは，線引き後に市街化調整区域内の適切な

位置に建設される沿道サービス施設の敷地をいう（都計法34十ロ，43②，令36①三ホ）。
　4　「集落サービス店舗の敷地」とは，線引き後に開発又は建築された日常生活に必要な物品の小売業等の店舗の敷地をいう（都計法34一，43②，令36①三イ）。
　5　「分家住宅の敷地」とは，市街化調整区域内において，継続して生活の本拠を有する世帯の二男，三男等が分家する場合の線引き後の宅地をいう（都計法34十ロ，43②，令36①三ホ）。
　6　「農林漁業に従事する者の居住用宅地」とは，線引き後に建築した当該業務に従事する者の居住の用に供する建築物の敷地をいう（都計法29①二）。
　7　「特定承継人」とは，売買等により他人の権利を取得した者をいう。

参考　都市計画法

第34条　市街化調整区域に係る開発行為（主として第二種特定工作物の建設の用に供する目的で行う開発行為を除く。）については，当該申請に係る開発行為及びその申請の手続が同条に定める要件に該当するほか，当該申請に係る開発行為が次の各号のいずれかに該当すると認める場合でなければ，都道府県知事は，開発許可をしてはならない。

一　主として当該開発区域の周辺の地域において居住している者の利用に供する政令で定める公益上必要な建築物又はこれらの者の日常生活のため必要な物品の販売，加工若しくは修理その他の業務を営む店舗，事業場その他これらに類する建築物の建築の用に供する目的で行う開発行為

二　市街化調整区域内に存する鉱物資源，観光資源その他の資源の有効な利用上必要な建築物又は第一種特定工作物の建築又は建設の用に供する目的で行う開発行為

三　温度，湿度，空気等について特別の条件を必要とする政令で定める事業の用に供する建築物又は第一種特定工作物で，当該特別の条件を必要とするため市街化区域内において建築し，又は建設することが困難なものの建築又は建設の用に供する目的で行う開発行為

四　農業，林業若しくは漁業の用に供する建築物で第二十九条第一項第二号の政令で定める建築物以外のものの建築又は市街化調整区域内において生産される農産物，林産物若しくは水産物の処理，貯蔵若しくは加工に必要な建築物若しくは第一種特定工作物の建築若しくは建設の用に供する目的で行う開発行為

五　特定農山村地域における農林業等の活性化のための基盤整備の促進に関する法律第九条第一項の規定による公告があった所有権移転等促進計画の定めるところによって設定され，又は移転された同法第二条第三項第三号の権利に係る土地において当該所有権移転等促進計画に定める利用目的（同項第二号に規定する農林業等活性化基盤施設である建築物の建築の用に供するためのものに限る。）に従って行う開発行為

六　都道府県が国又は独立行政法人中小企業基盤整備機構と一体となって助成する中小企業者の行う他の事業者との連携若しくは事業の共同化又は中小企業の集積の活性化に寄与する事業の用に供する建築物又は第一種特定工作物の建築又は建設の用に供する目的で行う開発行為

七　市街化調整区域内において現に工業の用に供されている工場施設における事業と密接な関連を有する事業の用に供する建築物又は第一種特定工作物で，これらの事業活動の効率化を図るため市街化調整区域内において建築し，又は建設することが必要なものの建築又は建設の用に供する目的で行う開発行為

八　政令で定める危険物の貯蔵又は処理に供する建築物又は第一種特定工作物で，市街化区域内において建築し，又は建設することが不適当なものとして政令で定めるものの建築又は建設の用に供する目的で行う開発行為

八の二　市街化調整区域のうち災害危険区域等その他の政令で定める開発行為を行うのに適当でない区域内に存する建築物又は第一種特定工作物に代わるべき建築物又は第一種特定工作物（いずれも当該区域外において従前の建築物又は第一種特定工作物の用途と同一の用途に供されることとなるものに限る。）の建築又は建設の用に供する目的で行う開発行為

九　前各号に規定する建築物又は第一種特定工作物のほか、市街化区域内において建築し、又は建設することが困難又は不適当なものとして政令で定める建築物又は第一種特定工作物の建築又は建設の用に供する目的で行う開発行為

十　地区計画又は集落地区計画の区域（地区整備計画又は集落地区整備計画が定められている区域に限る。）内において、当該地区計画又は集落地区計画に定められた内容に適合する建築物又は第一種特定工作物の建築又は建設の用に供する目的で行う開発行為

十一　市街化区域に隣接し、又は近接し、かつ、自然的社会的諸条件から市街化区域と一体的な日常生活圏を構成していると認められる地域であっておおむね五十以上の建築物（市街化区域内に存するものを含む。）が連たんしている地域のうち、災害の防止その他の事情を考慮して政令で定める基準に従い、都道府県（指定都市等又は事務処理市町村の区域内にあっては、当該指定都市等又は事務処理市町村。以下この号及び次号において同じ。）の条例で指定する土地の区域内において行う開発行為で、予定建築物等の用途が、開発区域及びその周辺の地域における環境の保全上支障があると認められる用途として都道府県の条例で定めるものに該当しないもの

十二　開発区域の周辺における市街化を促進するおそれがないと認められ、かつ、市街化区域内において行うことが困難又は著しく不適当と認められる開発行為として、災害の防止その他の事情を考慮して政令で定める基準に従い、都道府県の条例で区域、目的又は予定建築物等の用途を限り定められたもの

十三　区域区分に関する都市計画が決定され、又は当該都市計画を変更して市街化調整区域が拡張された際、自己の居住若しくは業務の用に供する建築物を建築し、又は自己の業務の用に供する第一種特定工作物を建設する目的で土地又は土地の利用に関する所有権以外の権利を有していた者で、当該都市計画の決定又は変更の日から起算して六月以内に国土交通省令で定める事項を都道府県知事に届け出たものが、当該目的に従って、当該土地に関する権利の行使として行う開発行為（政令で定める期間内に行うものに限る。）

十四　前各号に掲げるもののほか、都道府県知事が開発審査会の議を経て、開発区域の周辺における市街化を促進するおそれがなく、かつ、市街化区域内において行うことが困難又は著しく不適当と認める開発行為

実務上のポイント

雑種地の評価方式をまとめると以下のとおりである。

[図表8－2]

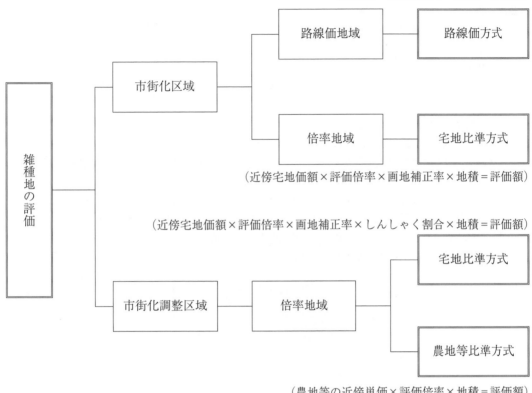

④ 宅地造成費控除の可否

　雑種地の価額は，原則として，その雑種地と状況が類似する付近の土地について評価通達の定めるところにより評価した1m²当たりの価額を基とし，その土地とその雑種地との位置，形状等の条件の差を考慮して評定した価額に，その雑種地の地積を乗じて評価する。

　そして，「その土地とその雑種地との位置，形状等の条件の差を考慮して評定」する際には，必要に応じて宅地造成費の控除を行う。

　なお，宅地造成費の控除の順序については，画地調整率の適用及び法令上の制限のしんしゃくを行った後に控除する。

　なぜなら，宅地造成費を控除した後に法令上の制限のしんしゃくを行うことは，宅地造成費に法令上の制限のしんしゃくを考慮した割合を乗じることとなり，その宅地造成費相当額をしんしゃく割合で圧縮してしまうことになるからである。

Q 市街化調整区域内にある雑種地の評価

■質　問

次の土地は，どのように評価すればよいか。

（評価対象地の状況）
1　市街化調整区域内にある雑種地（間口20m，奥行12m，面積165㎡の不整形地）である（下図のとおり）。
2　駐車場として利用されている。
3　市街化区域との境界付近に所在していることから，市街化の影響は強い。
4　店舗等の建築であれば可能であるが，郊外型店舗等の連たんはなく，また，宅地価格と同等の価格での取引は行われていない（しんしゃく割合は30％とするのが相当な地域に所在）。
5　評価対象地である雑種地の固定資産税評価額は，12,800,000円である。
6　市街化調整区域内所在の近傍標準宅地の固定資産税評価額は64,000円/㎡である。
7　平坦な土地であるため宅地造成費は整地費700円/㎡のみ必要である。
8　評価対象地付近の宅地は，倍率方式（評価倍率1.1倍）によって評価する。

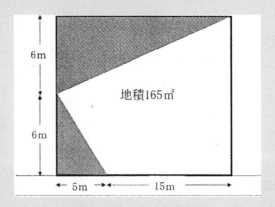

■回　答

雑種地の価額は，原則として，その雑種地と状況が類似する付近の土地について評基通の定めるところにより評価した1平方メートル当たりの価額を基とし，その土地とその雑種地との位置，形状等の条件の差を考慮して評定した価額に，その雑種地の地積を乗じて計算した金額によって評価することとされている（評基通82）。

したがって，本事例の土地は次のとおり評価する。

1　その雑種地と状況が類似する付近の土地について評基通の定めにより評価した1平方メートル当たりの価額を求める。

$$\begin{pmatrix}\text{近傍標準宅地の1㎡当たりの}\\\text{固定資産税評価額}\\64{,}000\text{円}\end{pmatrix} \times \begin{pmatrix}\text{宅地の評価}\\\text{倍率}\\1.1\text{倍}\end{pmatrix} = \begin{pmatrix}\text{評価対象地に係る近傍標準}\\\text{宅地の1㎡当たりの価額}\\70{,}400\text{円}\end{pmatrix}$$

1 雑種地の評価

2 その土地とその雑種地との位置，形状等の条件の差を考慮して評価する。
　イ　位置，形状の差
　　倍率地域に存する雑種地を宅地比準方式によって評価する場合の位置，形状による差は，市街地農地等の取扱いを準用し，普通住宅地区の画地調整率を参考として計算することができる（国税庁ホームページ質疑応答事例「市街地農地等を宅地比準方式で評価する場合の形状による条件差」参照）。
　ロ　法令上の制限
　　市街化調整区域内所在の近傍標準宅地の固定資産税評価額は，建物の敷地の用に供される土地として建物の建築が可能であることを前提に付されているものと考えられる。
　　一方，評価対象地は，店舗等の建築は可能であるものの，都市計画法により用途が限定されていることから，この土地利用上の制限を考慮して，△30％のしんしゃくをするのが相当と考えられる。
　ハ　宅地造成費
　　評価対象地は，整地費700円/m^{2}が必要な土地であるため，評価対象地の1平方メートル当たりの価額から同金額を控除する。
3 以上を考慮すると，評価対象地の評価額は，以下の算式により計算した金額となる。

$$\underset{\substack{\text{(評価対象地に係る近傍標準}\\\text{宅地の1 m}^2\text{当たりの価額)}}}{70{,}400\text{円}} \times \underset{\text{(奥行価格補正率)}}{1.00} \times \underset{\text{(不整形地補正率※)}}{0.90} = 63{,}360\text{円}$$

※不整形地補正率の計算

$$\underset{\text{(想定整形地の間口距離)}}{20\text{m}} \times \underset{\text{(想定整形地の奥行距離)}}{12\text{m}} = \underset{\text{(想定整形地の地積)}}{240\text{m}^2}$$

$$(\underset{\text{(想定整形地の地積)}}{240\text{m}^2} - \underset{\text{(不整形地の地積)}}{165\text{m}^2}) \div \underset{\text{(想定整形地の地積)}}{240\text{m}^2} \fallingdotseq 31\%$$

$$\left\{\underset{\substack{\text{(近傍標準宅地につい}\\\text{て評基通の定めによ}\\\text{り評価した1 m}^2\text{当}\\\text{たりの価額)}}}{ } \times \underset{\substack{\text{(法令上の}\\\text{制限等を}\\\text{考慮)}}}{ } - \underset{\substack{\text{(1 m}^2\text{当た}\\\text{りの宅地}\\\text{造成費)}}}{ }\right\} \times \text{(地積)}$$

$$= \{63{,}360\text{円} \times (1-30\%) - 700\text{円}\} \times 165\text{m}^2$$

$$= 7{,}202{,}580\text{円}$$

（計算順序の留意点）
宅地造成費の控除の順序については，画地調整率の適用及び法令上の制限のしんしゃくを行った後，控除することに留意する。
宅地造成費を控除した後，法令上の制限のしんしゃくを行うことは，宅地造成費に法令上の制限のしんしゃくを考慮した割合を乗じることとなり，当該宅地造成費相当額をしんしゃく割合で圧縮してしまうこととなるため相当ではない。

（参考）東京国税局「資産税審理研修資料（令和元年8月）」〔TAINS・資産税審理研修資料R010800〕

⑤　宅地に比準すべきか，農地等に比準すべきか

市街化調整区域の雑種地の評価について，宅地に比準すべきか，農地（山林）に比準すべきか，

8章　雑種地及び雑種地の上に存する権利

また，宅地に比準するとしたら斟酌割合がどうなるのかが争われた事例を確認しておきたい。

(a) 平成12年12月21日裁決

平成12年12月21日裁決〔裁決事例集60巻522頁〕における評価対象地は，本件b土地から本件d土地，本件f土地から本件h土地，本件j土地及び本件k土地（以下，これらをあわせて「本件雑種地」という）である。

本件雑種地の状況は以下のとおりとなっている。

(イ) いずれも最寄り駅から2kmから3km，徒歩で20分から30分程度，市街化区域との境界から1km程度の場所に位置し，本件雑種地が接している国道P号線，U街道等には，バス路線が設けられている。

(ロ) 国道P号線，U街道等の道路沿いは宅地化が進んでおり，殊に，本件j土地及び本件k土地の近隣では一団の住宅が建築されている。

(ハ) 本件雑種地が所在する区役所固定資産税課職員の答述によれば，市街化調整区域内であっても，建物の建築許可申請がされた場所が，昭和45年以前に既存建物の存在している地域であり，道路の状況及び上下水道の設置の状況等により宅地化できる場所であると確認され，許可が下りれば，建物の建築は可能とされていることが認められる。

本件雑種地の評価について，審査請求人は，本件雑種地に状況が類似する付近の土地は山林であり，山林を比準地として評価する方式が最も合理的であると主張した。

これに対し原処分庁は，本件雑種地は，宅地に最も類似していることから宅地比準方式により評価し，建物建築の制限があることから，評価通達27-5《家屋の建築が全くできない場合》の定めに準じて50％相当額を控除して評価すべきと主張した。

裁決は，本件雑種地は市街化区域の境界の近くに位置し，周辺においては公道に面した土地などで建物が建築され，一団の宅地開発が行われている場所もあり，また，区役所固定資産税課職員の答述によれば，市街化調整区域内であっても条件によっては建物の建築は可能で，全く建築が禁止されているとまではいえないと認められることからすると，一般的には建物の建築が制限されているとはいえ，建築が全くできないものではなく，その状況は宅地の状況に最も類似しているといえるから宅地比準方式により評価するのが相当であると判断している。

なお，本件雑種地の価額は，比準地との位置，形状等の条件の差として50％相当額を控除した価額から宅地造成費相当額を控除して評価するのが相当としている。

(b) 平成16年3月31日裁決

平成16年3月31日裁決〔裁決事例集67巻491頁〕における評価対象地は，本件13土地及び本件14土地（以下，あわせて「本件雑種地」という）である。

本件雑種地の状況は以下のとおりとなっている。

1 雑種地の評価

(イ) 本件13土地は，北西側でR市r町k番及び同g番の土地（以下「k番及びg番土地」という）に接している。k番及びg番土地は，北西側で市道○○号線に面し，北東側では，市道○○号線と接合する道路（以下「北東側道路」という）に面する角地である。本件雑種地は，いずれもその北東側道路に面している。

(ロ) 北東側道路には，固定資産評価基準の定めに基づく平成9基準年度の宅地価格として98,000円/m²が付されているが，同道路を含む地区の平成10年度の固定資産税の価格は，地価下落傾向があることによる特例措置として，平成9基準年度の価格に時点修正率（平成9年度95/100，平成10年度100/100）を乗ずると，同道路に付される価格は，93,100円/m²となる。

(ハ) 本件雑種地は，都市計画法第43条第1項による建築制限を受ける土地である。

審査請求人は，本件雑種地の価額は，その付近の宅地に準ずる雑種地として評価されている固定資産税評価額に，宅地の倍率1.1を乗じて求めるべきであると主張した。

これに対し，原処分庁は，本件雑種地は，付近の宅地に類似すると認められることから，R市r町k番又はg番所在の宅地（固定資産税評価額132,050円/m²）に比準し，建物の建築が制限されていることから50％相当額を控除して評価すべきと主張した。

裁決は，本件雑種地は，宅地に比準した価額によって算出するのが相当としているが，原処分庁が比準地としたk番及びg番土地（固定資産税評価額132,050円/m²）は，市道○○号線と北東側道路の両方に面する角地で，本件雑種地とは接道条件が異なるから，比準地として採用することは相当ではないと述べている。

そして，本件雑種地は，市道○○号線に面しておらず，北東側道路のみに面していることから，本件雑種地の相続税評価額を求めるために採用する比準すべき土地は，同じ接道条件であるR市r町g番に所在する土地のうち，南側を占める部分の宅地（固定資産税評価額93,100円/m²。以下「本件13・14比準地」という）とすることが相当と判断している。

[図表8-3] 本件雑種地の価額

項　目		原処分庁	裁決
比準地（R市r町）		k番またはg番所在の宅地	g番に所在する土地のうち，南側部分の宅地
本件13・14比準地の1m²当たりの固定資産税評価額	①	132,050円/m²	93,100円/m²
財産評価基準書に基づく倍率	②	1.1	1.1
建物建築制限の差異による斟酌	③	0.5	0.5
本件雑種地の自用地としての1m²当たり相続税評価額（①×②×③）	④	72,627円/m²	51,205円/m²

(c) 平成30年4月17日裁決

　平成30年4月17日裁決〔TAINS・F0-3-613〕における評価対象地は，本件1土地及び本件2土地（以下，本件1土地とあわせて「本件各土地」という）である。

　本件各土地の利用状況は次のとおりとなっている。

（イ）本件各土地の東端から東に約300mの位置，本件1土地の南端から南に約40mの位置に，それぞれ市街化区域との境界がある。

（ロ）本件1土地の南側は宅地，東側にある道路の反対側は宅地，西側にある道路の反対側は農地である。

（ハ）本件2土地の南東側は宅地，東側にある道路の反対側は農地，西側にある道路の反対側は宅地，北側にある道路の反対側は宅地や農地等であるなど，本件各土地を含むその周囲は，宅地，農地及び雑種地等が混在する地域である。

（ニ）本件各土地は，被相続人が農地法第5条による転用許可を受け，訴外法人が本件2土地について都市計画法第29条《開発行為の許可》に規定する開発許可を受けた後，平成7年頃に訴外法人が砂利採取業を廃業し砂利プラント施設等を撤去するまで，当該施設等の敷地として利用されていた。その後，相続の開始時までの間も，本件各土地が農地として利用されたことはない。

（ホ）本件1土地の一部については，使用目的を駐車場として訴外法人に貸し付けられており，上記以外の部分は，未利用であった。本件1土地は，賃借人によるアスファルト舗装等の敷設はされておらず，全体が平坦で砕石敷きの状態であった。

（ヘ）本件2土地は，全体が平坦で，雑草対策のために地面を黒いビニールシートで覆った状態であった。なお，本件相続の開始時において，訴外法人を注文者とする太陽光発電設備の設置工事の途中の状態であり，太陽光パネルの設置は完了し，引渡し前の検査の段階にあった。

　本件各土地の評価について，審査請求人は，比準土地はいずれも農地とすべきであると主張し，原処分庁は，本件各土地及びその周囲の状況からすれば，比準土地はいずれも宅地とすべきであると主張した。

　裁決は，本件相続の開始時において，1．本件各土地は市街化区域に近接しているといえること，2．本件各土地の周囲には宅地が点在していること，3．本件各土地は，いずれも建築基準法第42条第1項に規定する道路に囲まれていることに加え，4．本件各土地は，いずれも農地法第5条の転用許可を受けた後，30年以上農耕の用に供されておらず，また，本件1土地は少なくとも平成7年以降砕石敷きの状態が継続し，本件2土地は太陽光発電設備が設置されており，いずれも宅地と同様の外観を呈していること，及び5．本件各土地の固定資産税評価額も，付近の宅地に比準して求める方法により算出されていることを併せ考慮すれば，本件各土地の比準土地はいずれも宅地と判定すべきであると判断している。

1 雑種地の評価

> 実務上のポイント

　質疑応答事例の判定表によると,「店舗等の建築が可能な幹線道路沿いや市街化区域との境界付近」は,③の地域となる。この場合の店舗等とは,ドライブインやガソリンスタンドといった沿道サービス施設（都計法34九,43②）や,日常生活に必要な物品の小売業等の店舗（都計法34一,43②）をいう。

　つまり,家屋の建築がまったくできない場合は50％減であり,幹線道路沿いの沿道サービス施設や小売業の店舗が建築できる可能性がある場合は30％減である。

　ただし,評価対象地において,店舗等が実際に建築可能であるか否かは,個別性が強く,各自治体に委ねられている面もある。

　沿道サービス施設については,一般的に,条例で指定する道路幅員以上の国道または県道に接しなければ建築はできないなどの立地基準があるため比較的判断は可能となるが,小売業の店舗は,市街化調整区域における住民の日常生活のための販売等を行う店舗であるが,各自治体の条例によって建築の可否が定められており,建築可能性を市区町村等で確認する必要がある。

　一般の住宅の建築の可能性については,市街化調整区域であっても自治体の許可が下りれば建物の建築は可能となるが,市街化区域と市街化調整区域が線引きされた昭和45年都市計画法制定以前から建物が存する宅地（既存不適格,既存宅地）については建替・建築を認めても,そもそも建物が建っていない雑種地においては建築を認めないとする自治体が多い。

　いずれにおいても,斟酌割合の判定にあたっては,店舗等の建築可能性を市区町村等の窓口で確認しなければならない。

⑥　市街化調整区域内にある農家等の分家住宅の敷地の評価

　市街化調整区域内にある農家等の分家住宅の敷地については,通常の宅地の評価を行った後,既存宅地と農家等の分家住宅に係る法的規制等を考慮して,30％の減額を行って評価する。

　なお,農家等の分家住宅が都市計画法第34条第10号に規定する「都道府県の条例で指定する土地の区域内」に所在する場合には,一般住宅と農家等の分家住宅は同一の法的規制を受けることとなることから,上記30％の減額は行わないことに留意する。

　また,倍率方式を適用する場合において,市区町村によっては,固定資産税評価額の算出にあたり,農家等の分家住宅の敷地であることを考慮して30％の減額を行って評価額を算出しているところがあることから,二重引きとならないよう留意する。

> **Q　市街化調整区域内にある農家等の分家住宅の敷地の評価**
>
> ■質　問
> 　市街化調整区域内にある農家等の分家住宅の敷地は,どのように評価するのか。
>
> ■回　答
> 　市街化調整区域内にある農家等の分家住宅の敷地については,通常の宅地の評価を行った後,既存宅地と農家等の分家住宅に係る法的規制等を考慮して,30％の減額を行って評価する。

8章　雑種地及び雑種地の上に存する権利

（解説）
　農家等の分家住宅の敷地については，①農家等の分家住宅として使用しなければならない（用途変更不可），②本人及びその相続人のみ再建築が可能であるなどの法的規制がある。
　しかし，その規制を解除する途が閉ざされているわけではなく，真にやむを得ない理由がある場合には，用途変更を申請し開発審査会の承認を経ることにより，一般住宅への用途変更が可能である。また，承認後に分家住宅を譲渡した場合には，一般住宅として取り扱われ，市街化調整区域の一般的な規制に服することにはなるものの，第三者たる譲受人が居住したとしても違法とはならない。
　したがって，農家等の分家住宅の敷地については，用途変更等が可能な既存宅地（一般住宅）としての評価額に対して，財産評価基本通達27-5《区分地上権に準ずる地役権の評価》の(1)に定める建築物の建築が全くできない場合のしんしゃく割合50％を適用することは相当でなく，同通達の(2)に定める家屋の構造，用途等に制限を受ける場合のしんしゃく割合30％を適用するのが相当である。
　なお，農家等の分家住宅が都市計画法第34条第11号に規定する「都道府県の条例で指定する土地の区域内」に所在する場合には，一般住宅と農家等の分家住宅は同一の法的規制を受けることとなることから，上記30％の減額は行わないことに留意する。
　また，倍率方式を適用する場合において，市区町村によっては，固定資産税評価額の算出に当たり，農家等の分家住宅の敷地であることを考慮して30％の減額を行って評価額を算出しているところがあることから，二重引きとならないよう留意する（市区町村に市街化調整区域内の分家住宅の評価方針を確認する必要がある。）。

（参考）東京国税局「資産税審理研修資料（平成20年8月）」〔TAINS・評価事例708132〕

(4) 非線引き区域の雑種地の評価

① 非線引き区域の雑種地の評価

　「市街化区域内」の雑種地については宅地に比準して価額を算出する。路線価地域であれば，路線価方式により評価を行い，倍率地域であれば，その雑種地が宅地であるとした場合の価額に基づいて評価を行う[165]。
　一方，「市街化調整区域内」の雑種地については，周辺の状況に応じて農地等または宅地に比準して評価を行う。その評価方法については前述(3)のとおりである。
　さて，「非線引き区域内」の雑種地の評価方法については明文の定めがない[166]。
　非線引き区域かつ路線価地域であれば，路線価方式により価額を算出することになるため，それほど問題とはならない。

165　市街化区域かつ倍率地域における雑種地の評価方法は，倍率地域における市街地農地と同様である。
166　都市計画区域において，市街化区域及び市街化調整区域といった区域区分が定められていない地域を「非線引き区域」という。非線引き区域においては，原則として，建築基準法等の要件を満たせば一般住宅の建築は可能となる。そのため，市町村は計画的な市街地を形成するために用途地域を定めることができる。用途地域が定められている地域においては，建ぺい率や容積率，高さなど予定建築物の用途がこれに適合している必要がある。
　用途地域が定められていない地域においては，基本的には建築制限はないが，予定建築物の種類や構造，床面積によっては建築条件が定められていることがあるため，所在する市区町村での確認が必要となる。

問題は，非線引き区域かつ倍率地域である。そこでは，その地域で用途地域が定められているなど建物の建築が可能な地域である場合には，市街化区域の雑種地に準じて評価を行うものと考えられる。

②　争訟事例

　平成19年6月22日裁決〔TAINS・F0-3-319〕においては，非線引き区域の雑種地の評価が争われている。

　本件雑種地の状況は以下のとおりである。

(イ)　市街化区域及び市街化調整区域の定めがない，いわゆる非線引きの都市計画区域に所在する。

(ロ)　倍率方式により評価する地域に所在し，宅地の固定資産税評価額に乗ずる倍率は1.1と定められているが，雑種地の固定資産税評価額に乗ずる倍率は定められていない。

(ハ)　建築基準法に規定する道路に接していない。

(ニ)　乙土地の近隣に所在する標準的な画地である宅地の1m²当たりの固定資産税評価額（近傍宅地の評価額）は，16,300円である。

(ホ)　乙土地の周辺区域には一般住宅が散在しており，それらの住宅地と乙土地は区画された形状など状況が類似している。

(ヘ)　建築指導課の職員は，乙土地が所在する地域は，建築基準法に規定する接道義務を満たしていれば，建物の建築が可能である旨答述している。

　乙土地の評価について，審査請求人は，形状は宅地に類似しているが，建築物を建築することができない土地なのであるから宅地を比準地として評価するのは誤りであると主張し，原処分庁は，同土地付近一帯が分譲地として開発され，宅地と類似する状況であることから比準地は宅地であると主張した。

　裁決は，乙土地の周辺地域は，一団の宅地造成開発が行われていた地域であり，現に同地域内では住宅が散見されるように，建物の建築が可能な地域であると認められることから，道路の位置指定がされれば建築が可能で，宅地化された地域であり，同土地の状況も宅地の状況に最も類似していると認められるから，同土地の価額は，状況が類似する付近の宅地を比準地として評価するのが相当と判断している。

　そして，同土地が接道義務を満たさないことによって建物の建築ができない点は，無道路地補正によって斟酌するのが相当であり，建築制限による50％の減価については合理的な根拠もないと述べている。

8章　雑種地及び雑種地の上に存する権利

[図表8－4] 請求人及び原処分庁の主張額

区　分		審査請求人主張額	原処分庁主張額
近傍宅地の評価額（1m²当たり）	①	16,300円	16,300円
倍率	②	1.1	1.1
奥行価格補正率	③	0.8	0.8
不整形地補正率	④	0.6	0.6
1m²当たりの価額 （①×②×③×④）	⑤	8,606円	8,606円
無道路地の割合	⑥	0.4	0.4
1m²当たりの無道路地の割合を控除した価額（⑤×(1－⑥)）	⑦	5,163円	5,163円
建築制限の減価割合	⑧	0.5	－
1m²当たりの建築制限の減価割合を控除した価額（⑦×(1－⑧)）	⑨	2,581円	－
地積	⑩	661m²	661m²
評価額（⑨×⑩または⑦×⑩）	⑪	1,706,041円	3,412,743円

(5)　雑種地の評価単位

　雑種地は，利用の単位となっている一団の雑種地（同一の目的に供されている雑種地をいう）を評価単位とし，その土地の存する地域におけるその土地の効用，現実の利用状況，そこに存する私的権利関係の差異及び土地利用に関する行政上の制限等に基づいて評価の単位となる一団の土地を判定する（平成9年2月27日裁決〔TAINS・F0-3-129〕）。

　なお，いずれの用にも供されていない雑種地については，その全体を「利用の単位となっている一団の雑種地」として評価する。

　ただし，市街地的形態を形成する地域において，宅地と状況が類似する雑種地が2以上の評価単位により一団となっており，その形状，地積の大小，位置等からみてこれらを一団として評価することが合理的と認められる場合には，その一団の雑種地ごとに評価する。

Q　一団の雑種地の判定

■質　問
　雑種地を評価する場合の「一団の雑種地」はどのように判定するのでしょうか。

■回　答
　雑種地の価額は，利用の単位となっている一団の雑種地（同一の目的に供されている雑種地）ごと

に評価することとしていますが，この場合の「一団の雑種地」の判定は，物理的一体性を有しているか否かで行うことになります。

したがって，その雑種地が不特定多数の者の通行の用に供される道路，河川等により分離されている場合には，その分離されている部分ごとに一団の雑種地として評価します。

なお，雑種地でいずれの用にも供されていないものについては，その全体を一団の雑種地として評価します。

また，市街化調整区域以外の都市計画区域で市街地的形態を形成している地域において，宅地と状況が類似する雑種地が2以上の利用の単位により隣接しており，その形状，地積の大小，位置関係等からみてこれらを一団として評価することが合理的と認められる場合には，それらを一団の雑種地として評価します。

(参考) 国税庁質疑応答事例「一団の雑種地の判定」

2 賃借権及び貸し付けられている雑種地の評価

財産評価基本通達86《貸し付けられている雑種地の評価》

賃借権，地上権等の目的となっている雑種地の評価は，次に掲げる区分に従い，それぞれ次に掲げるところによる。

(1) 賃借権の目的となっている雑種地の価額は，原則として，82《雑種地の評価》から84《鉄軌道用地の評価》までの定めにより評価した雑種地の価額（以下この節において「自用地としての価額」という。）から，87《賃借権の評価》の定めにより評価したその賃借権の価額を控除した金額によって評価する。

ただし，その賃借権の価額が，次に掲げる賃借権の区分に従いそれぞれ次に掲げる金額を下回る場合には，その雑種地の自用地としての価額から次に掲げる金額を控除した金額によって評価する。

イ 地上権に準ずる権利として評価することが相当と認められる賃借権（例えば，賃借権の登記がされているもの，設定の対価として権利金その他の一時金の授受のあるもの，堅固な構築物の所有を目的とするものなどがこれに該当する。）

その雑種地の自用地としての価額に，その賃借権の残存期間に応じ次に掲げる割合を乗じて計算した金額

(イ) 残存期間が5年以下のもの　100分の5

(ロ) 残存期間が5年を超え10年以下のもの　100分の10

(ハ) 残存期間が10年を超え15年以下のもの　100分の15

(ニ) 残存期間が15年を超えるもの　100分の20

ロ イに該当する賃借権以外の賃借権

その雑種地の自用地としての価額に，その賃借権の残存期間に応じイに掲げる割合の2分の1に相当する割合を乗じて計算した金額

(2) 地上権の目的となっている雑種地の価額は，その雑種地の自用地としての価額から相続税法第23条《地上権及び永小作権の評価》又は地価税法第24条《地上権及び永小作権の評価》の規定により

8章 雑種地及び雑種地の上に存する権利

評価したその地上権の価額を控除した金額によって評価する。
(注) 上記(1)又は(2)において，賃借人又は地上権者がその雑種地の造成を行っている場合には，その造成が行われていないものとして82《雑種地の評価》の定めにより評価した価額から，その価額を基として87《賃借権の評価》の定めに準じて評価したその賃借権の価額又は相続税法第23条《地上権及び永小作権の評価》若しくは地価税法第24条《地上権及び永小作権の評価》の規定により評価した地上権の価額を控除した金額によって評価する。

財産評価基本通達87《賃借権の評価》

雑種地に係る賃借権の価額は，原則として，その賃貸借契約の内容，利用の状況等を勘案して評定した価額によって評価する。ただし，次に掲げる区分に従い，それぞれ次に掲げるところにより評価することができるものとする。
(1) 地上権に準ずる権利として評価することが相当と認められる賃借権（例えば，賃借権の登記がされているもの，設定の対価として権利金その他の一時金の授受のあるもの，堅固な構築物の所有を目的とするものなどがこれに該当する。）の価額は，その雑種地の自用地としての価額に，その賃借権の残存期間に応じその賃借権が地上権であるとした場合に適用される相続税法第23条《地上権及び永小作権の評価》若しくは地価税法第24条《地上権及び永小作権の評価》に規定する割合（以下「法定地上権割合」という。）又はその賃借権が借地権であるとした場合に適用される借地権割合のいずれか低い割合を乗じて計算した金額によって評価する。
(2) (1)に掲げる賃借権以外の賃借権の価額は，その雑種地の自用地としての価額に，その賃借権の残存期間に応じその賃借権が地上権であるとした場合に適用される法定地上権割合の2分の1に相当する割合を乗じて計算した金額によって評価する。

(1) 賃借権及び貸し付けられている雑種地の評価

① 賃借権の評価

評価通達87は，賃借権の評価方法を定めている。

雑種地の賃借権は，原則として，その賃貸借契約の内容，利用の状況等を勘案して求めた価額により評価を行う。

ただし，賃借権の評価は，登記の有無や権利金の多寡，現実の利用状況等によって，(a)地上権に準ずる賃借権と(b)地上権に準ずる賃借権以外の賃借権の2種類に分けられる（**図表8－5**）。

［図表8－5］賃借権の区分

```
          ┌── (a)地上権に準ずる賃借権…例えば
          │         ・賃借権の登記がされているもの
          │         ・権利金その他の一時金の収受がある
賃借権 ──┤         ・堅固な建物の所有目的
          │
          └── (b)地上権に準ずる賃借権…(a)に該当する賃借権以外のもの
                 以外の賃借権
```

(a) 地上権に準ずる権利として評価することが相当と認められる賃借権

地上権に準ずる権利として評価することが相当と認められる賃借権（以下「地上権的賃借権」という）とは，例えば，賃借権の登記がされているもの，設定の対価として権利金その他の一時金の授受のあるもの，堅固な構築物の所有を目的とするものなどをいう。

この「堅固な構築物」とは，一般に，その建築物の建設及び撤去に相当の期間を要し，また，賃借権の存続期間も地上権の存続期間に準ずる相当の期間が想定されるような構築物をいうものと解されている（平成18年10月10日裁決〔TAINS・F0-3-152〕）。

この地上権的賃借権については，賃借権の残存期間に応じ，その賃借権が地上権であるとした場合に適用される相続税法第23条《地上権及び永小作権の評価》に規定する割合（法定地上権割合）とその賃借権が借地権であるとした場合に適用される借地権割合とのいずれか低い割合を自用地価額に乗じて評価することとしている。

借地権割合を考慮するのは，これらの権利の法的保護の強さに鑑みると，賃借権の価額が借地権の価額を上回ることは相当でないと考えられるためである。

（算式）
　　地上権的賃借権＝自用地価額×法定地上権割合と借地権割合とのいずれか低い方

(i) 法定地上権割合

残存期間が10年以下のもの	100分の5
残存期間が10年を超え15年以下のもの	100分の10
残存期間が15年を超え20年以下のもの	100分の20
残存期間が20年を超え25年以下のもの	100分の30
残存期間が25年を超え30年以下のもの及び地上権で存続期間の定めのないもの	100分の40
残存期間が30年を超え35年以下のもの	100分の50
残存期間が35年を超え40年以下のもの	100分の60
残存期間が40年を超え45年以下のもの	100分の70
残存期間が45年を超え50年以下のもの	100分の80
残存期間が50年を超えるもの	100分の90

(ii) **賃借権が借地権であるとした場合の借地権割合**

借地権割合		路線価図	評価倍率表
地域区分	A		90%
	B		80%
	C		70%
	D		60%
	E		50%
	F		40%
	G		30%

なお，地上権的賃借権に該当するか否かについては，賃借権の登記がされているか，権利金等の収受があるか，堅固な建物であるか否かの例示が示されているが，これはすべてを充たしていなければ，地上権的賃借権に該当しないということではない。

(b) **(a)に掲げる賃借権以外の賃借権**

上記(a)に該当する賃借権以外の賃借権（地上権的賃借権以外の賃借権）については，その雑種地の自用地価額に，その賃借権の残存期間に応じその賃借権が地上権であるとした場合に適用される法定地上権割合の2分の1に相当する割合を乗じて計算した金額によって評価する。

（算式）

$$\text{地上権的賃借権以外の賃借権} = \text{自用地価額} \times \text{法定地上権割合} \times \frac{1}{2}$$

Q 雑種地の賃借権の評価

■質問
雑種地の賃借権の価額は，どのように評価するのでしょうか。

■回答
雑種地の賃借権の価額は，原則として，その賃貸借契約の内容，利用の状況等を勘案して評価しますが，次のように評価することができます。
(1) 地上権に準ずる権利として評価することが相当と認められる賃借権
　　雑種地の自用地価額×法定地上権割合と借地権割合とのいずれか低い割合
(2) (1)以外の賃借権
　　雑種地の自用地価額×法定地上権割合×$\frac{1}{2}$

2 賃借権及び貸し付けられている雑種地の評価

(注)
1 「地上権に準ずる権利として評価することが相当と認められる賃借権」には，例えば，賃借権の登記がされているもの，設定の対価として権利金その他の一時金の授受のあるもの，堅固な構築物の所有を目的とするものなどが該当します。
2 法定地上権割合とは，その賃借権が地上権であるとした場合に適用される相続税法第23条に定められた割合をいいます。この場合，その契約上の残存期間がその賃借権の目的となっている雑種地の上に存する構築物等の残存耐用年数，過去の契約更新の状況等からみて契約が更新されることが明らかであると認められる場合には，その契約上の残存期間に更新によって延長されると見込まれる期間を加算した期間をもってその賃借権の残存期間とします。

(参考) 国税庁質疑応答事例「雑種地の賃借権の評価」

Q 雑種地の賃借権の評価

■質 問

雑種地の賃借権の価額は，その賃貸借契約の内容，利用の状況等を勘案して評定した価額によって評価することとされています（評基通87）。

しかし，雑種地がその名のとおり種々雑多であり，例えば耕作権のように一律に評価することは実情に即さないと思います。その賃貸借契約の内容，利用状況も異なり，この取扱いに基づく具体的な評価額の計算が困難です。この取扱いに基づき具体的にはどのようにして評価するのでしょうか。

■回 答

雑種地に係る賃借権の価額は，原則として，その賃貸借契約の内容，利用の状況等を勘案して評定した価額によって評価します。ただし，次に掲げる区分に従い，それぞれ次に掲げるところにより評価することもできます（評基通87，平3課評2-4外改正）。

(1) 地上権に準ずる権利として評価することが相当と認められる賃借権（例えば，賃借権の登記がされているもの，設定の対価として権利金その他の一時金の授受のあるもの，堅固な構築物の所有を目的とするものなどがこれに該当します。）の価額は，その雑種地の自用地としての価額に，その賃借権の残存期間に応じその賃借権が地上権であるとした場合に適用される相続税法第23条《地上権及び永小作権の評価》若しくは地価税法第24条《地上権及び永小作権の評価》に規定する割合（以下「法定地上権割合」といいます。）またはその賃借権が借地権であるとした場合に適用される借地権割合のいずれか低い割合を乗じて計算した金額によって評価します。

(2) (1)に掲げる賃借権以外の賃借権の価額は，その雑種地の自用地としての価額に，その賃借権の残存期間に応じその賃借権が地上権であるとした場合に適用される法定地上権割合の2分の1に相当する割合を乗じて計算した金額によって評価します。

なお，賃借権の存続期間については，契約によって定められた期間（民法上は最長20年）を基本としますが，賃借権の設定により所有する構築物等の状況により，その期間が更新されることが明らかであると認められるときは，更新により延長されると認められる期間を加算した期間によることになります。

(参考) 実務相談録

② 貸し付けられている雑種地の評価

評価通達86は，貸し付けられている雑種地の評価方式を定めている。

貸し付けられている雑種地の価額は，自用地としての価額から，賃借権等の価額を控除した金額によって評価する。

（算式）
自用地としての価額－（自用地としての価額×賃借権割合）

ただし，賃借権のなかでも，単に資材置場として使用するようなもの（地上権的賃借権以外の賃借権）については，地上権に準ずる堅固な構築物の所有を目的とするもの（地上権的賃借権）と区別し，前者は後者の2分の1の割合としている。

(a) 地上権的賃借権の目的となっている雑種地の評価

地上権的賃借権の目的となっている雑種地の価額は，原則として，自用地価額から評価通達87《賃借権の評価》の定めにより評価した賃借権価額を控除した金額によって評価する。

ただし，当該賃借権の価額が，次に掲げる残存期間に応じた賃借権の区分に従いそれぞれ次に掲げる金額を下回る場合には，自用地価額から次に掲げる金額を控除して評価を行う。

残存期間が5年以下のもの	100分の5
残存期間が5年を超え10年以下のもの	100分の10
残存期間が10年を超え15年以下のもの	100分の15
残存期間が15年を超えるもの	100分の20

(i) 自用地価額×法定地上権割合と借地権割合とのいずれか低い方
(ii) 評価通達86のただし書きに定める割合
(iii) (i)の価額が(ii)の金額を下回る場合には(ii)による。

(b) (a)に該当する賃借権以外の賃借権

上記(a)に該当する賃借権以外の賃借権（地上権的賃借権以外の賃借権）については，当該割合の2分の1に相当する金額を控除して評価を行う。

② 賃借権及び貸し付けられている雑種地の評価

Q 貸し付けられている雑種地の評価

■質　問

賃借人等が造成を行っている場合の貸し付けられている雑種地の価額は、どのようにして評価するのか。

■回　答

その造成が行われていないものとして評基通82《雑種地の評価》の定めにより評価した価額から、その価額を基として評価した賃借権等の価額を控除した金額によって評価する。

（解説）

貸し付けられている雑種地の価額は、原則として、賃借権、地上権等の目的となっている雑種地について、評基通82から84《鉄軌道用地の評価》までの定めにより評価した自用地としての価額から、賃借権等の価額を控除した金額によって評価する。

しかしながら、例えばゴルフ場用地については、通常、賃借人又は地上権者がゴルフ場の造成を行っているため、この場合においても、評基通86(1)又は(2)の定めにより造成後の価額を基として貸し付けられている雑種地の価額を評価すると、造成費相当額だけ高くなっている価額から賃借権等の価額を控除するという不合理な結果となる。

そこで、評基通86（注）では賃借人等が造成を行っている場合の貸し付けられている雑種地の価額は、その造成が行われていないものとして、評基通82の定めにより状況が類似する付近の土地の価額を基に位置、形状等の条件の差を考慮して評価した価額から、その価額を基として評価した賃借権等の価額を控除して評価することとしている。

（参考）東京国税局「資産税審理研修資料（平成24年7月）」〔TAINS・評価事例708275〕

【誤りやすい事例】賃借人が造成した雑種地（ゴルフ場）

誤った取扱い	正しい取扱い
賃借人がゴルフ場としての造成工事を行っている土地について、造成後の価額を基に貸し付けられている雑種地として評価した。	賃借人または地上権者がその雑種地の造成を行っている場合、その造成が行われていないものとして評価した雑種地としての価額から、その価額を基として賃借権等の価額を計算し、これを控除した金額により評価する（評基通86（注））。

（参考）　大阪国税局「誤りやすい事例（財産評価関係平成30年分）」〔TAINS・評価事例大阪局300000〕

実務上のポイント

借地人側の賃借権の評価は、地上権的賃借権であれば、地上権価額（相法23）または借地権割合（評価通達27）のいずれか低い方となる。一方、地上権的賃借権以外の賃借権である場合は、地上権価額の2分の1となり、借地権割合を考慮しないことに留意が必要である。

8章　雑種地及び雑種地の上に存する権利

　また，地主側の貸し付けられている雑種地の評価は，地上権価額（相法23），借地権割合（評価通達27），評価通達86の割合を考慮するが，通常は評価通達86の割合を控除することが多い。

(2) 地上権的賃借権か，それ以外の賃借権か

　その賃借権が，地上権に準ずる権利として評価することが相当と認められる賃借権であるのか，またはそれ以外の賃借権であるのかの判断はどのように行うのであろうか。

① 地上権的賃借権に該当するとされた事例

　地上権に準ずる権利として評価することが相当と認められる賃借権（地上権的賃借権）とは，賃借権の登記がされているもの，設定の対価として権利金その他の一時金の授受のあるもの，堅固な構築物の所有を目的とするものなどをいう。

　この「堅固な構築物」とは，一般に，その建築物の建設及び撤去に相当の期間を要し，また，賃借権の存続期間も地上権の存続期間に準ずる相当の期間が想定されるような構築物をいうものと解されている[167]。

　例えば，立体駐車場やバッティングセンターの構築物が堅固な構築物に該当する。

(a) バッティングセンター用地
(ⅰ) 平成12年6月27日裁決

　平成12年6月27日裁決〔裁決事例集59巻332頁〕は，賃借権のうち地上権的賃借権であるか，それ以外の賃借権であるかが争われた事例である。

　本件土地の概要は以下のとおりである。

(イ) 被相続人は，訴外Fに1,089.64m²の土地（本件土地）を賃貸していた。

(ロ) 本件土地は，バッティングセンター，駐車場及び賃借人が建築所有する待合フロアー，スポーツ用品の販売店舗及び倉庫の敷地として利用され，バッティングセンターは，周囲に鉄製支柱が12本立てられ，上面及び側面をビニールネットで覆われており，待合フロアー側に打撃席，対面側に投球用機械が設置されている。

(ハ) 待合フロアーは，昭和53年頃に建築された鉄骨波形鋼板葺平家建て（地下1階付倉庫）で，本件敷地上の建物床面積は約66m²である。

(ニ) 本件の借地契約は，1．本件土地を建築物所有の目的で賃貸し，賃貸借期間は20年間であること，2．賃貸人は無償で返還を受けることができること，3．権利金の授受はなく，賃借権設定の登記はされていなかった。

---

[167] 平成18年10月10日裁決〔TAINS・F0-3-152〕参照。

そこで、審査請求人は、本件土地については借地権が認められるべきであるから借地権割合を控除して評価すべきと主張し、原処分庁は、本件土地に借地権はなく、バッティングセンターの支柱を含めたフェンス部分は堅固な構築物であり地上権に準ずる権利として評価（法定地上権割合0.1）することが相当と主張した。

裁決は、本件の賃借権は、賃借権の登記や一時金の授受がなく、地上権に準ずる権利として評価することが相当と認められる賃借権と認められ、本件土地に係る賃借権の残存期間（11年）に対する割合（0.15）を本件土地の自用地としての価額に乗じて計算した金額とされている。

なお、借地権の有無については、バッティングセンターの待合フロアー等の建築物が借地上にあったとしても、土地の賃貸借の主たる目的は、バッティングセンター（雑種地）として使用することにあるといえるから、賃借人が建築物を建築所有していたとしても従たる目的にすぎないというべきであり、本件土地の賃貸借は、借地借家法第2条第1号に規定する建物の所有を目的とする借地権に該当しないとされている。

② **地上権的賃借権以外の賃借権に該当するとされた事例**

地上権に準ずる賃借権以外の賃借権としては、例えば、賃借権の登記がないものや、一時金の授受がないもの、堅固な建物でないものをいう。

典型的な例は、アスファルト舗装がなされた資材置場である。アスファルト舗装は、容易に設定し取り壊すことができること、減価償却資産の耐用年数省令においても耐用年数は10年とされていることなどから、堅固な構築物とは認められないとされている（平成11年3月18日裁決〔TAINS・F0-3-294〕、平成18年5月8日裁決〔裁決事例集71巻533頁〕参照）。

また、平成18年10月10日裁決〔TAINS・F0-3-152〕においては、コイン洗車場について、契約上、土地上の設置物が土地の原状回復を前提とした物であって堅固な構築物の所有を目的としたものではないこと、実際に設置されている設備も比較的容易に設置及び撤去ができるものであること、減価償却資産の耐用年数等に関する省令に規定する洗車業用設備の耐用年数が10年であることからも堅固な構築物であるとは認められないとされている。

平成17年5月17日裁決〔裁決事例集69巻264頁〕においては、中古車展示場用地について、借地上（地積684.29m^2）にある中古車センターの事務所等（敷地面積75.46m^2）は、あくまでも評価対象地の一部を占めるにすぎず、大部分は自動車展示場及び進入路として利用されていることなどから、建物の所有を主たる目的とするものとは認められないとされている。

土地上の建物が、簡易型プレハブ倉庫でボルトによって緊結されたものであり、容易に解体撤去が可能であるものも同様である[168]。

したがって、貸し付けられている雑種地（賃借権）の評価は、借地人によって、堅固な構築物として容易に設置及び撤去ができないものの敷地として利用されているか否かによって減価割合が異

---

168 平成22年11月24日裁決〔TAINS・F0-3-268〕参照。

なることになる。

(a) 駐車場用地
(i) 平成2年10月19日裁決

平成2年10月19日裁決〔裁決事例集40巻217頁〕は、競馬場の駐車場として地方公共団体に貸し付けられている土地（雑種地）について、本件土地の賃借権は、地上権に準ずる賃借権として評価するべきか、それ以外の賃借権として評価すべきかが争われた事例である。

本件土地（地積7,058.8m²）は、競馬場の施設の用に供する目的で市に賃貸されており、賃貸借契約によれば競馬場の駐車場に使用する目的でされたもので建物・工作物を設置しないこととされ、賃貸借期間は競馬場が存続する間として原則2年ごとに更新の上継続されている。賃借権の登記及び権利金の授受はない。

審査請求人は、本件賃借権は地上権的賃借権に該当するので、自用地価額から控除する賃借権の価額は、相続税法第23条の準用による地上権で残存期間の定めのないものの割合100分の40を適用して評価すべきと主張した。

これに対し原処分庁は、地上権的賃借権以外の賃借権に該当するので、法定地上権割合の準用による100分の2.5の割合を適用して評価すべきと主張した。

裁決は、本件土地の賃借権は、賃借権の登記がなく、一時金の授受もなく、青空駐車場として利用されていることから、地上権的賃借権以外の賃借権と認められ、本件土地に係る賃借権の残存期間（2年）に対する割合（0.05）の2分の1の割合を本件土地の自用地価額に乗じて計算した金額と判断している。

(ii) 平成11年3月18日裁決

平成11年3月18日裁決〔TAINS・F0-3-294〕は、駐車場用地として貸し付けられている雑種地の評価が争われた事例である。

本件土地は、平成6年に被相続人により賃借人○○へ賃貸され、賃借人の来客用駐車場として使用されている。

本件土地にはアスファルト舗装がされており、舗装面上には白線が引かれ、周囲にはガードパイプが設置されているが、建物は存在していない。

審査請求人は、本件賃借権の価額は、アスファルト舗装をしていることから地上権に準ずる賃借権であること、相続開始日までの22年間にわたって継続して賃貸してきたものであることから、賃貸期間は15年を超えるものであり自用地価額の100分の20に相当する金額とすべきと主張した。

これに対し原処分庁は、本件土地上に建物及び構築物はないことから地上権に準ずる賃借権以外の賃借権であり、残存期間は本件相続開始日から平成9年4月1日の前日までの1年未満であると主張した。

裁決は、1．本件契約は、駐車場用地として使用することを目的とし、2．本件土地上には、建

物や堅固な構築物は存在していないこと，その賃借権設定の対価たる権利金等の授受がないこと，3．不動産登記簿上には賃借権等の登記がされていないことから，その他の賃借権に該当するものとするのが相当と判断している。

したがって，本件賃借権の価額は，残存期間も1年未満と認められ，評価通達86に定める残存期間が5年以下のもの（100分の5）の2分の1に相当する割合として算定するものとされている。

(b) 中古車展示場用地

(i) 東京地裁平成8年1月26日判決

東京地裁平成8年1月26日判決〔税務訴訟資料215号93頁〕は，中古車展示場用地として貸し付けられている雑種地の評価が争われた事例である。

本件土地は，中古車販売を営む法人に貸し付けられており，土地（416.69m^2）上には事務所用建物（10.5畳）が建っていた。契約期間は1年であり，権利金の授受はない。

原告は，本件土地は，建物所有を目的とするもので借地法の適用される賃貸借であり，昭和58年6月から継続していることからも一時使用ということはできないのであって，借地権価額としてその4割を減額すべきと主張した。

これに対し被告税務署長は，建物所有を目的とするものでないことから借地権があるということはできず，また，臨時的，一時的な土地の使用を目的としたもので，借地権や地上権的賃借権にも当たらないことから普通賃借権（相続税法第23条に規定する割合の2分の1に相当する割合）として評価を行うべきと主張した。

判決は，本件賃貸借契約は，自動車駐車場（中古車展示場）として使用することを目的とするものであり，建物の所有を主たる目的とするものとはいえないから，借地権に該当せず，権利金の授受もないことなどから地上権的賃借権として評価すべきものにも当たらないというべきであり，普通賃借権が設定されている土地として，その残存期間10年以下のものに対応する相続税法第23条所定の法定地上権割合（0.05）の2分の1を減額したことに不合理な点は存しないとしている。

(ii) 平成9年2月27日裁決

平成9年2月27日裁決〔TAINS・F0-3-129〕は，中古車展示場用地として貸し付けられている土地（雑種地）について，隣地との評価単位及び賃借権の有無が争われた事例である。

被相続人は，賃借人との間で，車販売業に使用することを目的として，期間を平成4年6月1日から平成10年5月末日まで，月額291,000円とする旨の土地賃貸借契約書を作成し，かつ，相続開始時に現実に賃貸していた。

本件土地（480m^2）は，賃借人の車販売業の用地として舗装し，構築物を設置した上で常時自動車を展示して利用され，それぞれ，その南側は同社の看板，東側は高さ約2m弱のフェンス，西側は簡易なブロック石積で隣接地と区分されている。

審査請求人は，本件土地は自用地として評価すべき土地であり，隣地（自用地）と一体で一区画

（広大地）として評価すべきと主張した。

　これに対し原処分庁は，本件土地部分については，賃借権が設定されていた土地であり，その賃貸借契約の内容及び利用の状況等から，地上権に準ずる権利として法定地上権割合である５％を賃借権割合として評価すべきと主張した。

　裁決は，土地上の事務所は，展示場としての使用目的に付随する施設として建設されたにすぎない簡易な建築物である上，その賃貸借期間（６年）は比較的短期で，かつ，契約の更新は原則としてできず，賃貸借契約が終了したときは構築物等を撤去しなければならないとされており，地上権に準ずる権利として評価することが相当と認められる賃借権以外の賃借権として評価するのが相当と判断している。

　したがって，賃借権の価額は，本件土地に係る賃借権の残存期間（５年余）に対する割合（0.05）の２分の１を本件土地の自用地価額に乗じて計算した金額とされている。

[図表８－６] 本件土地の評価額等

区分	原処分	審判所認定額
自用地の価額	340,863,360円	330,634,560円
控除する価額	0.05（賃借権割合）	0.025（賃借権割合）
評価額	323,820,192円	322,368,696円

(iii) 平成17年５月17日裁決

　平成17年５月17日裁決〔裁決事例集69巻264頁〕は，中古車展示場用地として貸し付けられている雑種地の評価が争われた事例である。

　被相続人は，昭和47年に訴外法人に本件土地を賃貸し，本件土地（地積684.29m^2）上には，所有権保存登記がされた事務所と未登記であるサービス工場が存している。

　また，中古車センター用地は，建物の敷地部分（75.46m^2）を除いて舗装がされており，約60台程度の車を保管することのできる屋根のない駐車スペースがあり，販売用中古車が展示されていた。

　審査請求人は，本件土地の賃貸借契約は，建物の所有を目的とする土地賃貸借契約であり，当初契約が昭和47年であるから借地法により借地権が認められるので借地権を控除して評価すべきと主張した。

　これに対し原処分庁は，本件土地の賃貸借契約は，建物の所有を目的とする借地権が存在するとは認められず，雑種地の上に存する権利（賃借権）であると主張した。

　裁決は，本件借地上にある中古車センターの事務所等は，あくまでも本件土地の一部を占めるにすぎず，大部分は自動車展示場及び進入路として利用されていること，建物の表示登記及び保存登記を禁じていることなどから，本件賃貸借は，本件建物等の所有を主たる目的とするものとは認められないと判断している。

また、本件土地の賃借権は、賃借権の登記がないこと、一時金の授受がないこと、堅固な建物にも当たらないことから地上権に準ずる権利として評価することが相当と認められる賃借権以外の賃借権と認められ、本件土地に係る賃借権の残存期間（5年2か月）に対する割合（0.10）の2分の1を本件土地の自用地としての価額に乗じて計算した金額とされている。

[図表8－7] 本件土地の評価額等

区分	納税者の主張	課税庁の主張	審判所認定額
自用地の価額	136,858,000円	136,858,000円	136,858,000円
控除する価額	0.7（借地権割合）	0.05（賃借権割合）	0.05（賃借権割合）
評価額	40,214,400円	127,345,600円	127,345,600円

(c) 自動車教習コース用地

(i) 平成4年3月31日裁決

平成4年3月31日裁決〔裁決事例集43巻369頁〕は、自動車教習コースとして訴外法人に貸し付けられている土地（雑種地）について、本件土地の賃借権は、地上権に準ずる賃借権として評価するべきか、それ以外の賃借権として評価すべきかが争われた事例である。

本件土地（地積：2,700m^2）の現況は、主としてコンクリート舗装された路面であり、訴外法人の自動車教習コースとして使用されている。

また、本件土地上に建物は存在しておらず、賃貸借契約においては賃借権の登記及び権利金の授受はない。

審査請求人は、地上権に準ずる賃借権に該当し、その賃貸借期間は残存期間の定めのないものに該当するので、本件土地の自用地価額から控除する賃借権の価額は、相続税法第23条に定める残存期間の定めのないものの割合100分の40を適用して評価すべきと主張した。

これに対し原処分庁は、地上権的賃借権以外の賃借権に該当し、その残存期間は10年以下であるので、100分の5の2分の1である100分の2.5を適用して評価すべきと主張した。

裁決は、本件土地の賃貸借契約は、建物の所有を目的とするものではないこと、本件土地上に恒久的建物を建築するときは賃貸人の承認を受けなければならないこと、その賃借権設定の対価たる権利金の授受がないことなどから、本件賃借権は、民法等により法的に保護されるべき権利としては地上権または借地権に比較して極めて薄弱なものと認められるので、地上権的賃借権以外の賃借権に該当するものとするのが相当であると判断している。

(d) 資材置場

(i) 東京地裁平成8年1月26日判決

東京地裁平成8年1月26日判決〔税務訴訟資料215号93頁〕は、建設工事詰所、資材置場として貸し付けられている雑種地の評価が争われた事例である。

8章　雑種地及び雑種地の上に存する権利

　本件土地は，建設業を営む法人に貸し付けられており，建設工事詰所及び資材置場，駐車場として使用され，土地（130坪）上にはプレハブ式建物（18坪）が建っていた。契約期間は2年であり，権利金の授受はない。

　原告は，本件土地は，建物所有を目的とするもので借地法の適用される賃貸借であり，昭和50年6月から継続していることからも一時使用ということはできないのであって，借地権価額としてその4割を減額すべきと主張した。

　これに対し被告税務署長は，建物所有を目的とするものでないことから借地権があるということはできず，また，臨時的，一時的な土地の使用を目的としたもので，借地権や地上権的賃借権にも当たらないことから普通賃借権（相続税法第23条に規定する割合の2分の1に相当する割合）として評価を行うべきと主張した。

　判決は，本件借地契約の内容，現実の使用の態様に照らせば，契約の更新を重ねて継続していても，一時使用を目的とするものであって，借地権に該当せず，権利金の授受もないことから地上権的賃借権として評価すべきものにも当たらないというべきであり，普通賃借権が設定されている土地として，その残存期間10年以下のものに対応する相続税法第23条所定の法定地上権割合（0.05）の2分の1を減額したことに不合理な点は存しないとしている。

(e)　アスファルト敷地
(i)　仙台地裁平成17年3月24日判決

　仙台地裁平成17年3月24日判決〔税務訴訟資料255号順号9971〕は，アスファルト舗装は撤去が容易であり，堅固な構築物と認められないことから，地上権的賃借権に該当しないとされた事例である。

　本件雑種地は，被相続人から訴外法人に貸し付けられており，貸駐車場として利用されている。

　原告は，アスファルト舗装は「堅固な構築物」に当たるから，地上権的賃借権として評価すべきと主張し，被告税務署長は，アスファルト舗装の構造は簡易で，比較的容易に設置及び撤去ができるものであり「堅固な構築物」と認めることはできず地上権的賃借権に該当しないと主張した。

　判決は，アスファルト舗装は，容易に設定し取り壊すことができること，減価償却資産の耐用年数省令においても耐用年数は10年とされていることなどから，堅固な構築物とは認められないとしている。

　したがって，賃借権の価額は，本件土地に係る賃借権の残存期間（10年超15年以下）に対する割合（0.15）の2分の1を本件土地の自用地価額に乗じて計算した金額とされている。

(ii)　平成18年5月8日裁決

　平成18年5月8日裁決〔裁決事例集71巻533頁〕は，アスファルト敷舗装路面は撤去が容易であり，堅固な構築物と認められないことから，地上権的賃借権に該当しないとされた事例である。

　本件土地は，被相続人から訴外法人に貸し付けられており，貸駐車場として利用されている本件

土地上のアスファルト敷舗装路面は，訴外法人が設置したもので，契約期間は1年（毎年自動更新されている。）である。

審査請求人は，貸駐車場に設置されたアスファルト敷舗装路面は堅固な構築物であるから，賃借権の評価額は，地上権的賃借権として自用地価額の5％相当額であると主張した。

これに対し原処分庁は，アスファルト敷舗装路面は撤去が容易であるから，堅固な構築物とは認められず，賃借権は地上権に準ずる権利とは認められないと主張した。

裁決は，アスファルト敷舗装路面は訴外法人が設置していることからすれば構築物の所有を目的とする賃借権は存すると認められるが，当該アスファルト敷舗装路面は撤去が容易であるから，堅固な構築物とは認められないと判断している。

したがって，賃借権の価額は，本件土地に係る賃借権の残存期間（1年未満）に対する割合（0.05）の2分の1を本件土地の自用地価額に乗じて計算した金額とされている。

(f) コイン洗車場用地
(i) 平成18年10月10日裁決

平成18年10月10日裁決〔TAINS・F0-3-152〕は，自動車のコイン洗車場用地として貸し付けられている雑種地の評価が争われた事例である。

本件土地（地積262.85m^2）は，被相続人から○○に貸し付けられており，コイン洗車場として利用されていた。

賃借人は，洗車場設備として，一部にコンクリートを敷き，残りの部分にアスファルトを敷いて，計器，設備，量水計，給水配管等を設置していた。

審査請求人は，本件土地上の計器・設備・量水計・給水配管等は，堅固な構築物であり，賃借権の評価にあたっては，地上権に準ずる賃借権として評価すべきと主張した。

これに対し原処分庁は，賃借権の評価にあたっては，地上権に準ずる賃借権以外の賃借権として評価すべきと主張した。

裁決は，本件土地上の設置物は，土地の原状回復を前提とした物であると認められることから，同契約は堅固な構築物の所有を目的としたものとは解されず，実際に設置されている設備も，比較的容易に設置及び撤去ができるものであると認められ，また，減価償却資産の耐用年数等に関する省令に規定する洗車業用設備の耐用年数が10年であることからも，本件土地上の設置物は，評価通達87(1)が例示する堅固な構築物であるとは認められないと判断している。

したがって，本件土地の賃借権は，賃借権の登記がないこと，一時金の授受がないこと，堅固な構築物の所有を目的とするものではないことから，地上権に準ずる権利として評価することが相当と認められる賃借権以外の賃借権と認められ，本件土地に係る賃借権の残存期間に対する割合（0.05）の2分の1を本件土地の自用地価額に乗じて計算した金額とされている。

(g) プレハブ敷地

(i) 平成22年11月24日裁決

平成22年11月24日裁決〔TAINS・F0-3-268〕は，プレハブ建物の敷地として貸し付けられていた雑種地の評価が争われた事例である。

被相続人は，〇〇との間で，普通建物所有を目的として平成12年2月1日から同14年1月31日までの2年間賃貸する旨の契約を締結した。

本件土地上には賃借人所有の建物が存在し，同建物は建築資材を収蔵するプレハブ倉庫であり，その構造体はボルトにより緊結されているのみである。

なお，本件賃貸借契約の賃貸借期間が終了した平成14年1月31日以後，現在まで，新たに土地の賃貸借契約書は作成されていない。

審査請求人は，本件土地を建物所有目的で賃貸しているものであるから借地権相当額を控除すべきと主張した。

これに対し原処分庁は，本件土地は，借地借家法によって保護される借地権の目的となっている宅地であるとは認められないので，本件土地を貸宅地として評価することはできないと主張した。

裁決は，1．本件土地の賃貸借に関し，被相続人と賃借人（訴外法人）の間で，権利金等の約定もなく，授受もないこと，2．本件土地上の建物は未登記であること，3．土地上の建物は，プレハブ倉庫用建物であり，その構造体はボルトによって緊結されたものであり，容易に解体撤去が可能であること，4．訴外法人の法人税の確定申告書添付の貸借対照表には借地権は計上されていないこと等から，本件土地は一時使用目的の貸地として評価するのが相当であり，借地借家法で保護される普通借地権が存在しているとはいえないと判断している。

したがって，本件賃借権の評価にあたっては，賃貸借の当事者が賃貸借の期間を定めなかったときは，各当事者はいつでも解約の申入れをすることができ，その申入れから1年の経過により契約は終了し得るものといえるから，土地賃貸借契約の残存期間が5年以下のものであるとして100分の5の2分の1に相当する割合として控除して算定するものとされている。

▶実務上のポイント◀

地上権に準ずる権利として評価することが相当と認められる賃借権とは，例えば，賃借権の登記がされているもの，設定の対価として権利金その他の一時金の授受のあるもの，堅固な構築物の所有を目的とするものをいうが，これらは例示であるため，すべてを充たしていなければ地上権に準ずる賃借権に該当しないということではない。一般的に賃借権の登記がされているものや権利金その他の一時金の収受があるものはほとんどないことから，判断ポイントとなるのは「堅固な構築物」か否かである。

(3) 貸し付けられている雑種地の諸論点

① 鉄道の高架下の賃借権の評価

鉄道の高架下の土地を賃借し建物を建築している場合，このような賃借権の価額は，宅地の自用

地価額に借地権割合を乗じて評価する。

なお，この場合の宅地の自用地価額は，路線価方式等により評価した価額に立体利用率に基づく割合を乗じた金額によって評価する。

Q 鉄道の高架下の賃借権の評価

■質問

鉄道の高架下の土地を賃借し建物を建築しています。このような賃借権の価額は，どのように評価するのですか。

■回答

建物の所有を目的とする鉄道の高架下の土地の賃借権の価額は，その賃借権の目的となっている宅地の自用地価額に借地権割合を乗じて評価します。

この場合の宅地の自用地価額は，その宅地の利用が鉄道の高架下のみに限定されることを考慮して，その賃借権の目的となっている宅地を路線価方式等により評価した価額に立体利用率に基づく割合を乗じた金額によって評価します。

(設例)

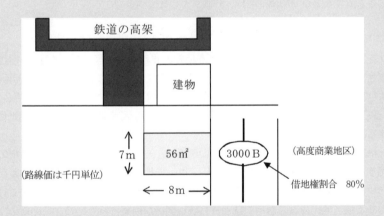

(計算例)

路線価	奥行価格補正率	間口狭小補正率	立体利用率に基づく割合※	借地権割合		
3,000千円 ×	0.96 ×	0.97 ×	$\frac{1}{3}$ ×	80%	×56m² ＝	41,717,760円

自用地価格（路線価×奥行価格補正率×間口狭小補正率×立体利用率に基づく割合）

※ 土地の立体利用率に基づく割合は計算上3分の1と仮定しています。
　なお，土地の立体利用率に基づく割合は「公共用地の取得に伴う損失補償基準細則」の別記2（土地利用制限率算定要領）に定める土地利用制限率に準じて計算します。

(参考) 東京国税局「資産税審理研修資料（平成23年12月）」〔TAINS・資産税審理研修資料H231200〕

8章　雑種地及び雑種地の上に存する権利

②　相当の地代の授受がある賃借権の評価

　構築物の所有を目的とする賃借権において，権利金の支払に代えて年6％相当の地代を支払っている場合には，その賃借権はどのように評価するのであろうか。

　この場合，一般的には評価通達87《賃借権の評価》の定めにより評価することになるが，法人税の取扱いでは，借地権のみならず構築物の設置を目的とする賃借権のうち権利金の支払に代えて相当の地代を支払っているものは，いわゆる相当地代通達の適用対象とされている。

　このため，法人税におけるこの取扱いとの整合性を図る観点から，権利金の支払に代えて相当の地代を支払っている賃借権については，相当地代通達に準じて「零」評価とする。

　なお，この場合において，当該賃借権の目的となっている雑種地の価額は，その雑種地の自用地価額から，評価通達87の定めにより評価したその賃借権の価額を控除した金額によって評価する。

Q　相当の地代の授受がある賃借権の評価

■質　問

　ガソリンスタンドの設置等構築物の所有を目的として，権利金の支払に代え年6％相当の地代を支払って土地を借りている場合には，その賃借権はどのように評価するのか。

　相当の地代を支払っている借地権と同様に評価することになるのか。

■回　答

　相当の地代を支払っている場合の建物の所有を目的とする借地権等については，「相当の地代を支払っている場合等の借地権等についての相続税及び贈与税の取扱いについて」（昭和60年直資2-58ほか）通達により，その取扱いを定めているところであり，相当の地代を支払っている場合の借地権は，「零」評価することになる。一方，その借地権の目的となっている土地の価額は，自用地価額の80％相当額で評価することになる。

　ところで，構築物の所有を目的とする賃借権の価額は，一般的には評基通87《賃借権の評価》の定めにより評価することになるが，法人税の取扱いでは，借地権のみならず構築物の設置を目的とする賃借権のうち権利金の支払に代えて相当の地代を支払っているものは，正常取引条件で行われたものとして，いわゆる相当地代通達の適用対象とされ課税関係が構築されている。このため，法人税におけるこの取扱いとの整合性を図る観点から，権利金の支払に代えて相当の地代を支払っている賃借権については，上記相当地代通達に準じて「零」評価とする。

　なお，この場合において，当該賃借権の目的となっている雑種地の価額は，その雑種地の自用地価額から，評基通87の定めにより評価したその賃借権の価額（自用地価額の20％相当額を限度とする。）を控除した金額によって評価する。

　また，「土地の無償返還に関する届出書」が提出されている場合の構築物の所有を目的とする賃借権の価額は「零」として取り扱い，その賃借権の目的となっている雑種地の価額は，その雑種地の自用地価額から，評基通87の定めにより評価したその賃借権の価額（自用地価額の20％相当額を限度とする。）を控除した金額（その貸借が使用貸借であるときは，自用地価額）によって評価する。

　　　（参考）国税庁「資産税関係質疑応答事例集（平成13年3月）」〔TAINS・評価事例708207〕

2 賃借権及び貸し付けられている雑種地の評価

相当の地代が収受されている雑種地について，相当地代通達の適用がされた事例として，大阪地裁平成12年5月12日判決〔税務訴訟資料247号607頁〕[169]がある。

本件では，訴外同族会社が営む自走式二階建駐車場として使用されている土地について，地上権ではなく賃借権としての評価が行われた事例である。

本件土地については，被相続人と同族会社の間で地上権設定契約が結ばれており，当該地上権設定契約の概要は以下のとおりである。

（イ）地代の年額　3,684万円

（ロ）存続期間　60年

（ハ）同族会社の収支の状態は以下のとおりである。

	平成4年8月期	平成5年8月期	平成6年8月期
駐車場収入	1,629万円	1,308万円	778万円
支払地代	3,684万円	3,684万円	3,682万円

本件土地について，原告は，被相続人と借地人との間で地上権設定契約が結ばれていることから地上権割合90％を控除して時価を算定すべきと主張した。

これに対し被告税務署長は，相続税法第64条第1項《同族会社の行為計算の否認》に基づいて地上権を否認し，賃借権が設定されている状態を想定した上で，権利金の収受に代えて相当の地代が支払われていることから，相当地代通達6(1)に準じて借地権割合20％を控除して評価すべきと主張した。

判決は，相続税法第64条第1項《同族会社の行為計算の否認》を適用して同族会社が被相続人との間で締結した地上権設定行為を否認することができるとし，評価についても課税庁の主張を認めている。

また，大阪地裁平成15年7月30日判決〔税務訴訟資料253号順号9402〕[170]においても，訴外同族会社が営む立体駐車場（構築物）として使用されている土地について，地上権ではなく賃借権としての評価が行われている。

本件土地については，被相続人と同族会社の間で地上権設定契約が結ばれており，当該地上権設定契約の概要は以下のとおりである。

（イ）地代の年額　1,680万円（過去3年間の平均路線価の6％相当）

（ロ）存続期間　60年

（ハ）法人の平成4年5月期，平成5年5月期，平成6年5月期における本件駐車場に係る収支の

---

[169] 第一審大阪地裁平成12年5月12日判決〔税務訴訟資料247号607頁〕，控訴審大阪高裁平成14年6月13日判決〔税務訴訟資料252号順号9132〕，最高裁平成15年4月8日判決〔税務訴訟資料253号順号9317〕

[170] 第一審大阪地裁平成15年7月30日判決〔税務訴訟資料253号順号9402〕，控訴審大阪高裁平成16年7月28日判決〔税務訴訟資料254号順号9708〕

状況は，いずれの期においても赤字となっている。

　本件土地について，原告は，被相続人と借地人との間で地上権設定契約が結ばれていることから地上権割合90％を控除して時価を算定すべきと主張した。

　これに対し被告税務署長は，相続税法第64条第1項《同族会社の行為計算の否認》に基づいて地上権を否認し，相当地代通達に準じて，本件土地の自用地としての価額から同通達で定める算式に基づいて算出された権利の価額を控除した図表8－8の金額により評価すべきと主張した。

[図表8－8] 本件土地の評価額の計算

自用地としての価額	（1㎡当たりの価額）　（奥行価格補正率）　（面積） 　　44万円　　×　　　0.98　　×938㎡ ＝4億446万5,600円
相当の地代の額	（平成2年分評価額）　（平成3年分評価額） （2億6,651万3,940円＋4億859万2,800円 　　（平成4年分評価額） ＋4億446万5,600円）×1/3 　　　　　（借地権割合） ×（1－　0.6　）×6％＝863万6,578円（円未満切捨て）
本件土地に対する権利の評価額	4億446万5,600円×[（借地権割合）0.6×(1－ $\frac{1,680万円 - 863万6,578円}{2,159万1,446円 - 863万6,578円}$)] 　　　　　　　　　　　　　　　　　（実際地代の額）　（通常地代の額） 　　　　　　　　　　　　　　　　　（相当地代の額）　（通常地代の額） ＝8,975万6,611円（円未満切捨て）
本件土地の評価額	（自用地としての評価額）　（権利の評価額） 　　4億446万5,600円－8,975万6,611円 ＝3億1,470万8,989円

　判決は，被告税務署長が，地上権設定契約について相続税法第64条第1項を適用したことは適法であり，また，本件土地に堅固な構築物が建築されていることに照らすと，相当地代通達の取扱いに準じ，本件土地の自用地としての価額から同通達で定める算式に基づいて算出された権利の価額を控除した金額により評価するとした課税庁の主張するとおりであると判示している。

③　国有地に係る賃借権の評価

> **Q　国有地に係る賃借権の評価**
>
> ■質　問
> 　被相続人甲（平成22年7月相続開始）は，国からA土地400㎡を賃借し（賃貸借期間：平成9年12月から20年），建物を建築して事業の用に供していた。
> 　国とのA土地に係る賃貸借契約書では，国の承認を受ければ賃借権の転貸や譲渡が可能であること及び賃貸借期間の満了後は原状回復して国に無償で返還することとされている。

甲の相続税の申告に当たり、A土地に係る賃借権をどのように評価すればよいか。

■回 答
借地権として、評基通27により評価する。

(解説)
1 国有財産は、行政財産と普通財産とに分類され（国有財産法3）、行政財産については、私権の設定はできず（同法18①）、その用途又は目的を妨げない限度において使用又は収益が許可された場合であっても、その使用又は収益について、借地借家法の適用はない（同法18⑧）。
　一方、普通財産の場合、私権の設定ができると規定されているほか（国有財産法20①）、借地借家法の適用を制限する規定はない。
2 本件の賃借権の場合、賃貸借期間の満了後は原状回復して国に無償で返還することとなっているが、A土地は普通財産に該当することから、貸付期間、契約の更新などについては、借地借家法と類似の規定又は取扱いがなされるなど、土地の使用又は収益において一般借地権と大きく異なることはないと考える。
　したがって、この賃借権は、借地権として評基通27により評価するのが相当である。

(参考)
1 行政財産
　① 公用財産　　国において国の事務、事業又はその職員の居住の用に供し、又は供するものと決定したもの（国有財産法3②一）
　② 公共用財産　国において直接公共の用に供し、又は供するものと決定したもの（同法3②二）
　③ 皇室用財産　国において皇室の用に供し、又は供するものと決定したもの（同法3②三）
　④ 企業用財産　国において国の企業又はその企業に従事する職員の居住の用に供し、又は供するものと決定したもの（同法3②四）
2 普通財産
　行政財産以外の一切の国有財産（同法3③）

(参考) 大阪国税局「資産税関係質疑応答事例集（平成23年6月24日）」〔TAINS・課税第一情報大阪（資産税質疑応答）H230624〕

④ 借地権の取引慣行がない地域の賃借権の評価

借地権の取引慣行が認められない地域にある借地権は、評価しないこととされている。
そこで、賃借権においても、借地権の取引慣行が認められない地域にある場合は、その登記がなされているもの、設定の対価として権利金その他の一時金の授受があるもの、堅固な構築物の所有を目的とするものなどでその経済的価値が認められるものを除き、評価しない。

8章 雑種地及び雑種地の上に存する権利

Q 借地権の取引慣行があると認められる地域以外の地域にある賃借権及びその目的となっている雑種地の評価

■質　問

借地権の取引慣行があると認められる地域以外の地域にある土地1,000m²を従業員及び来客者の駐車場用地として賃借し，アスファルト舗装を行った。賃借期間は10年で，貸借権の登記や権利金の支払はない。このような賃借権についても，借地権と同様に評価しないこととしてよいか。

また，この場合に貸借権の目的となっている雑種地の価額はどのように評価すればよいか。

■回　答

借地権の取引慣行があると認められる地域以外の地域にある借地権は，評価しないこととしている（その借地権の目的となっている宅地の価額は，自用地価額からその価額に100分の20を乗じた価額を控除した金額によって評価することとしている。）。

また，賃借権は借地借家法の適用がなく借地権に比較し法的保護の観点で劣ること等から，この地域にある賃借権は一般的にはその経済的価値は乏しいものと考えられる。このため，借地権の取引慣行があると認められる地域以外の地域にある賃借権は，その登記がなされているもの，設定の対価として権利金その他の一時金の授受があるもの，堅固な構築物の所有を目的とするものなどでその経済的価値が認められるものを除き評価しない。

また，このような評価しない賃借権の目的となっている雑種地の価額は，その雑種地の自用地価額から，財産評価基本通達の定めにより評価したその賃借権の価額（自用地価額の20％相当額を限度とする。）を控除した金額によって評価する。

問の賃借権は，借地権の取引慣行があると認められる地域以外の地域にあって，その登記がなく，権利金等の一時金の授受がないものであり，また，アスファルト舗装敷の駐車場用地として10年間賃借するものであり，その経済的価値は乏しいと認められることから評価しない。

なお，この雑種地の自用地価額を5,000万円とすると，その賃借権の目的となっている雑種地の価額は次のとおりとなる。

貸し付けられている雑種地の評価は，雑種地の自用地としての価額から，①評基通87（賃借権の評価）の定めにより評価した賃借権の価額又は②評基通86（貸し付けられている雑種地の評価）のただし書き以降の定めにより算出した金額のいずれか高い金額を控除して求める。

① 評基通87（賃借権の評価）に基づく賃借権の価額

　　　　　　　　　　残存期間10年に応ずる
　　自用地価額　　　法定地上権割合
　　5,000万円 ×　　100分の5　　× 1／2 ＝ 125万円

② 評基通86(1)ただし書きにより算出した金額

　　　　　　　　　　残存期間10年に応ずる
　　自用地価額　　　通達に掲げる割合
　　5,000万円 ×　　100分の10　　× 1／2 ＝ 250万円

③ ①＜②であるから賃借権の目的となっている雑種地の価額は以下のとおり。

　　自用地価額　　②の金額
　　5,000万円 － 250万円 ＝ 4,750万円

> （参考）東京国税局「資産税審理事務研修教材（平成13年7月19日）」〔TAINS・評価事例708014〕

⑤ 構築物の賃借人の土地に対する権利の評価

　居住用家屋の借家人がその借家の敷地である宅地に対して有する権利（借家人の有する権利）の価額は，借家人の有する権利が権利金等の名称をもって取引される慣行のない地域にあるものについては，評価しないこととされている。

　構築物の賃借人においても，法律上の特別の保護を与えられたものでないこと等から，原則として構築物の敷地に対する権利は評価しない。

Q　構築物の賃借人の土地に対する権利の評価

■質　問
　野球場，ゴルフ練習場，プール等の構築物を賃借している場合には，建物の賃借人がその建物の敷地に対して有する権利と同様に，構築物の敷地に対して有する権利を考慮する必要があるのでしょうか。

■回　答
　建物の賃貸借については，借地借家法の適用があり，財産評価基本通達では借家人がその借家の敷地である宅地等に有する権利の評価方法を定めています（ただし，その権利が権利金等の名称をもって取引される慣行のない地域にあるものについては，評価しないこととしています。）。
　しかし，構築物の賃貸借については法律上の特別の保護を与えられたものでないこと等から，原則として，構築物の賃借人の構築物の敷地に対する権利は評価しません。
　また，構築物の賃借人の構築物に対する権利についても同様とします。
　なお，貸し付けられている構築物の敷地の価額は，自用地価額で評価します。

（参考）国税庁質疑応答事例「構築物の賃借人の土地に対する権利の評価」

---

(4) 賃借権の控除が認められない場合とは

① 臨時的な使用に係る賃借権及び賃貸借期間が1年以下の賃借権

　臨時的な使用に係る賃借権及び賃貸借期間が1年以下の賃借権（賃貸借契約の更新が見込まれるものを除く。）については，その経済的価値が極めて小さいものと考えられることから，自用地として評価することとされている。

　東京地裁平成8年1月26日判決〔税務訴訟資料215号93頁〕においては，賃貸借契約書における使用目的が臨時の自動車古タイヤ置場（廃品）に限定され，賃貸借期間は6か月間で，自動更新の定めがない場合に賃借権の控除が認められるか否かが争われている。

　判決は，賃貸借契約書によると，その使用目的は臨時の自動車古タイヤ置場（廃品）に限定され，

8章　雑種地及び雑種地の上に存する権利

一時使用を目的とするもので借地法の規制を受けるものでないこと，期間は6か月間で，更新はその都度取り決めるものと約定されていること，借地上には建物は建設されておらず，駐車場として利用されていたことから，本件土地の賃貸借は建物の所有を目的とするものでないことは明らかであるから借地権に該当しないというべきであるし，また，契約期間もわずか6か月にすぎず，その自動更新の定めもないことからすれば，自用地としての価額を評価することは相当と判示している。

一方，所有する宅地と隣接する雑種地を賃借して，所有地と一体として利用している場合には，所有地と賃借権とは，原則として一団の土地（宅地）として評価する。

ただし，その雑種地における賃借権の存続期間が短いことにより，その賃借権の価額を評価しない場合には，所有する宅地のみを1画地の宅地として評価することとして差し支えない。

Q　臨時的な使用に係る賃借権の評価

■質　問

臨時的な使用に係る賃借権や賃貸借期間が1年以下の賃借権の価額については，どのように評価するのでしょうか。

■回　答

臨時的な使用に係る賃借権及び賃貸借期間が1年以下の賃借権（賃借権の利用状況に照らして賃貸借契約の更新が見込まれるものを除く。）については，その経済的価値が極めて小さいものと考えられることから，このような賃借権の価額は評価しません。また，この場合の賃借権の目的となっている雑種地の価額は，自用地価額で評価します。

（参考）国税庁質疑応答事例「臨時的な使用に係る賃借権の評価」

Q　貸し付けられている雑種地の評価（一時使用）

■質　問

次の土地は，どのように評価すればよいか。

（評価対象地の状況）
1　路線価地域内にある雑種地（間口：20m　奥行：15m。面積300m²の整形地）である（下図のとおり）。
2　資材置場として土地所有者甲が使用者乙に対して半年の契約で貸し付けている（注）
（注）　契約に更新の定めはない。

② 賃借権及び貸し付けられている雑種地の評価

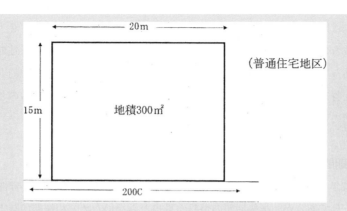

■回　答

　臨時的な使用に係る賃借権及び賃貸借期間が1年以下の賃借権（賃借権の利用状況に照らして賃貸借契約の更新が見込まれるものを除く。）については，その経済的価値が極めて小さいものと考えられることから，このような賃借権の価額は評価しない。

　また，この場合の賃借権の目的となっている雑種地は，自用地として評価する。

　したがって，本事例の土地は次のとおり評価する。

（正面路線価）　（奥行価格補正率）　（地積）　　（自用地価額）
200,000円 ×　　　1.00　　　×300㎡＝60,000,000円

（参考）東京国税局「資産税審理研修資料（令和元年8月）」〔TAINS・資産税審理研修資料R010800〕

> **実務上のポイント**
> 賃貸借契約が結ばれていればすべて賃借権の控除が認められるというわけではない。
> 臨時的な使用に係る賃借権及び賃貸借期間が1年以下の賃借権については評価しないこととされている。

(5) 賃貸借の残存期間の算定

　賃借権の残存期間は，原則として，相続開始日時点から，その賃貸借契約書に記載のある契約期間の満了日までの年月で残存契約期間を算定することとなるが，例外として以下のような算定の方法がある。

① 契約期間の定めのないものとされた事例

　平成4年3月31日裁決〔裁決事例集43巻369頁〕における賃貸借契約は，契約期間が平成元年4月1日から平成4年3月31日までの間とされており，相続開始時点（平成元年12月21日）での残存期間は2年4か月であった。

　ただし，裁決では，本件の賃貸借期間については，1．過去30年近くにわたって継続されてきた

こと，2．賃貸先は県公安委員会指定の法人であり公共性が極めて高いこと，3．本件土地は当初からその法人の教習コースとして事業の用に使用されていること，4．本件土地の位置が教習コースのほぼ中央にあって，その利用価値は極めて高いと認められることから，契約上，その賃貸借期間は3年とはいえ将来にわたり更新されることが予想され，長期間にわたるものと認められるので，事実上，残存期間の定めのないものと認めるのが相当とされている。

② 民法の最長期間とされた事例

仙台地裁平成17年3月24日判決〔税務訴訟資料255号順号9971〕における賃貸借契約は，契約日が平成3年7月1日であるが，契約期間の情報が見当たらないため，相続開始時点（平成9年9月17日）での残存期間も不明である。

ただし，判決では，契約期間の定めのないものについては，賃借権の存続期間が民法第604条により最長20年[171]と定められており，相続開始時点において，20年を超えて契約を継続すべき特段の事情は存在しないと認められない場合においては，賃借期間の定めのない土地についても20年とすべきとされている。

③ 同じ更新年分で更新されるものとされた事例

平成17年5月17日裁決〔裁決事例集69巻264頁〕における賃貸借契約は，契約期間が平成9年8月1日から平成12年7月31日までの間とされており，相続開始時点（平成12年5月28日）での残存期間は2か月であった。

ただし，裁決では，本件の賃貸借契約については，契約の更新をしない場合には，終了の6か月前にその旨を通知しなければならないとされているが，本件相続開始日現在では，契約を更新しない旨の通知がされた事実はないことから，本件賃貸借契約に記載のある満5年という原則的な期間で更新されるものと考えられ，残存期間は平成17年7月31日までの約5年2か月と認めるのが相当とされている。

④ 残り1年で契約終了といえるため残存期間1年とされた事例

平成22年11月24日裁決〔TAINS・F0-3-268〕における賃貸借契約は，契約期間が平成12年2月1日から平成14年1月31日までの間とされており，相続開始時点（平成○年○月○日）での残存期間は不明であった。

ただし，裁決では，賃貸借の当事者が賃貸借の期間を定めなかったときは，各当事者はいつでも解約の申入れをすることができ，その申入れから1年の経過により契約は終了し得るものといえるから（民法617），残存期間が5年以下のものであるとして算定するのが相当とされている。

171　令和2年改正により賃貸借の存続期間は20年から50年に改定されている（民法604）。

(6) 貸駐車場として利用されている雑種地の評価

　所有する土地が駐車場として利用されている場合には，様々な権利関係（自動車の保管を目的とする契約，賃貸借契約等）の形態があるが，財産評価基本通達では，その権利関係がどのようになっているかによって貸駐車場の評価方法が異なってくる。

　そこで，自ら貸駐車場としている場合，及び土地を賃貸して借地人が駐車場として利用している場合に生じる権利関係の有無を確認しておきたい。

① 貸駐車場の場合

(a) 自用地として評価する場合

　貸駐車場（青空駐車場）として利用されている土地は，原則として自用地として評価する。これは，自動車の保管場所の賃貸借契約が，土地の利用そのものを目的とした賃貸借契約とは本質的に異なる権利関係であり，駐車場の利用権は，その土地自体に及ぼす権利ではないことから，自用地として評価するものと解されている（平成8年6月13日裁決〔裁決事例集51巻575頁〕）。

> **Q　貸駐車場として利用している土地の評価**
>
> ■質　問
> 　月極めの駐車場の用に供している土地の価額は，どのように評価するのでしょうか。
>
> ■回　答
> 　土地の所有者が，自らその土地を月極め等の貸駐車場として利用している場合には，その土地の自用地としての価額により評価します。
>
> （解説）
> 　土地の所有者が貸駐車場を経営することは，その土地で一定の期間，自動車を保管することを引き受けることであり，このような自動車を保管することを目的とする契約は，土地の利用そのものを目的とした賃貸借契約とは本質的に異なる契約関係ですから，この場合の駐車場の利用権は，その契約期間に関係なく，その土地自体に及ぶものではないと考えられるためです。
>
> （参考）国税庁質疑応答事例「貸駐車場として利用している土地の評価」

　この取扱いは駐車場に限らず，材木置場などの場合も同様である。

8章　雑種地及び雑種地の上に存する権利

> **Q　材木置場に賃貸している宅地の評価**
>
> ■質　問
> 　材木会社に材木置場の用地を賃貸しています。この場合も，借地権価額があるものとして評価することになりますか。
>
> ■回　答
> 　青空駐車場，材木置場のような建物および構築物の所有を目的としない賃借権について，財産評価基本通達においては特別の評価規定を設けていませんが，これらの権利は借地法の保護を受ける借地権とは異なり，権利としての経済的価値がないのが通常ですから，その貸付けに際し権利金の授受のあるものなど，特別にその権利が発生していると認められるものを除いては，賃借権に経済的価値があるものとは考えられませんので，評価は通常零となるでしょう。
>
> 　　　　　　　　　　　　　　　　　　　　　　　　　　　　　　（参考）実務相談録

(b)　賃借権を控除する場合

　土地の賃貸借契約において，借地人に占有権を与える場合，例えば，一定の区画した部分に，ある程度恒久的な使用に耐えられる車庫やアスファルト（構築物）その他これに類似する施設を，駐車場の利用者の費用で造ることを認めるような契約の場合は，土地の賃貸借になるため，契約期間に応じた賃借権相当分を控除して評価する。

タックスアンサーNo.4627　貸駐車場として利用している土地の評価

　土地の所有者が，自らその土地を貸駐車場として利用している場合には，その土地の自用地としての価額により評価します。

　このように自用地としての価額により評価するのは，土地の所有者が，その土地をそのままの状態で（または土地に設備を施して）貸駐車場を経営することは，その土地で一定の期間，自動車を保管することを引き受けることであり，このような自動車を保管することを目的とする契約は，土地の利用そのものを目的とした賃貸借契約とは本質的に異なる権利関係ですので，この場合の駐車場の利用権は，その契約期間に関係なく，その土地自体に及ぶものではないと考えられるためです。

　ただし，車庫などの施設を駐車場の利用者の費用で造ることを認めるような契約の場合には，土地の賃貸借になると考えられますので，その土地の自用地としての価額から，賃借権の価額を控除した金額によって評価します。

　この場合の賃借権の価額は，次の区分に応じたそれぞれの価額によります。

(1)　地上権に準ずる権利として評価することが相当と認められる賃借権（例えば，賃借権の登記がされているもの，設定の対価として権利金や一時金の支払のあるもの，堅固な構築物の所有を目的とするものなどが該当します。）
　自用地としての価額×賃借権の残存期間に応じその賃借権が地上権であるとした場合の法定地上権

2 賃借権及び貸し付けられている雑種地の評価

割合または借地権であるとした場合の借地権割合のいずれか低い割合
(注１)　「法定地上権割合」は，相続税法第23条に規定する割合です。
(注２)　自用地としての価額に乗ずる割合が，次の割合を下回る場合には，自用地としての価額に次の割合を乗じて計算した金額が賃借権の価額となります。

(1)の場合の自用地としての価額に乗じる割合の表

賃借権の残存期間	5年以下	5年超10年以下	10年超15年以下	15年超
割合	5％	10％	15％	20％

(2)　(1)に掲げる賃借権以外の賃借権
　自用地としての価額×賃借権の残存期間に応じその賃借権が地上権であるとした場合の法定地上権割合の２分の１に相当する割合
(注１)　「法定地上権割合」は，相続税法第23条に規定する割合です。
(注２)　自用地としての価額に乗ずる割合が，次の割合を下回る場合には，自用地としての価額に次の割合を乗じて計算した金額が賃借権の価額となります。

(2)の場合の自用地としての価額に乗じる割合の表

賃借権の残存期間	5年以下	5年超10年以下	10年超15年以下	15年超
割合	2.5％	5％	7.5％	10％

(参考)　駐車場の自用地としての価額の評価の仕方
　駐車場として利用している土地は，現況により，ほとんどの場合，雑種地として評価することとなります。雑種地の価額は，その雑種地と状況が類似する付近の土地について評価した１平方メートル当たりの価額を基とし，その土地とその雑種地との位置，形状等の条件の差を考慮して評定した価額に，その雑種地の地積を乗じて計算した金額によって評価します。

(参考)　国税庁タックスアンサー「No.4627　貸駐車場として利用している土地の評価」

Q　貸駐車場として利用している土地の評価

■質　問
　父は，父の所有地に簡易な設備を設けて，貸駐車場を経営していました。
　駐車場利用の契約期間は半年から１年としておりますが，１年以上になっているものもあります。この土地はどのように評価しますか。

■回　答
　土地の所有者が，土地に設備を設けて，貸駐車場を経営することは，その土地で一定の時間自動車を保管することを引き受けることです。自動車を駐車させて保管する以上は，一定の範囲の土地を利用させることにはなりますが，これは，土地の占有，管理権を引き渡したということではなく，保管

を引き受けることに伴う必然的な結果であって，土地を利用させることに目的があるものではありません。

つまり，自動車の保管場所の賃貸借契約は，土地の利用そのものを目的とした賃貸借契約とは異なるものでしょう。

したがって，駐車場の利用権は，その土地自体に及ぼす権利ではありませんので，貸駐車場として利用されている土地は，自用地として評価することになります。

また，このような駐車場の利用権の性質に着目しますと，駐車場利用の契約期間の長短によって，その取扱いを異にする必要はないことになります。

ただし，一定の区画した部分に，ある程度恒久的な使用に耐えられる車庫とかこれに類似する施設を，駐車場の利用者の費用で造ることを認めるような契約の場合は，土地の占有権を与えることになり，土地の賃貸借になりますので，契約期間に応じた賃借権相当分を控除して評価することになります。

(参考) 実務相談録

② 時間貸し駐車場（コインパーキング）の場合

賃貸している土地が時間貸し駐車場（コインパーキング）の敷地として利用されていることがある。例えば，土地所有者は，土地のすべてを会社に賃貸し，その会社は，自己の費用負担で駐車場設備を設置する。このような事例では，評価通達86《貸し付けられている雑種地の評価》に定める賃借権の目的となっている雑種地に該当する。

Q 貸し付けられている雑種地の評価（時間貸し駐車場）

■質　問

次の土地は，どのように評価すればよいか。

(評価対象地の状況)
1　路線価地域（普通住宅地区）内にある雑種地（間口：20m，奥行：20m，面積400㎡の整形地）である（下図のとおり）。
2　時間貸し駐車場の敷地として利用されている。
3　土地所有者は，時間貸し駐車場業者である甲株式会社との賃貸借契約により，土地の全てを賃貸し，甲株式会社は，自己の費用負担で駐車場設備を設置している。
4　課税時期から賃貸借契約終了までの期間は10年である。
5　駐車場設備は，堅固な構築物に該当しない。

2 賃借権及び貸し付けられている雑種地の評価

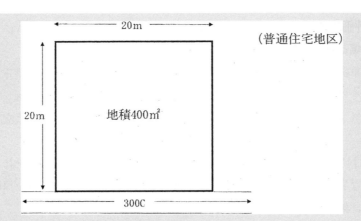

■回　答

　本事例の土地は，土地所有者から賃借している甲株式会社がその土地上に自己の費用負担により駐車場設備を設置していることから，評基通86（貸し付けられている雑種地の評価）(1)に定める賃借権の目的となっている雑種地に該当することになる。

　賃借権の目的となっている雑種地の価額は，雑種地の自用地価額から，1　評基通87（賃借権の評価）の定めにより評価した賃借権の価額又は2　評基通86(1)のただし書き以降の定めにより算出した金額のいずれか高い金額を控除して求めることとされている（評基通86(1)）。

　したがって，本事例の土地は次のとおり評価する。

1　評基通87に基づく賃借権の価額

　　（正面路線価）（奥行価格補正率）（地積）　（自用地価額）
　　　300,000円　×　　1.00　　×400㎡＝120,000,000円

　　　　　　　　　　（残存期間10年
　　　　　　　　　　に応ずる法定
　　（自用地価額）　　地上権割合）
　　120,000,000円×　　5/100　　×1/2＝3,000,000円

2　評基通86(1)ただし書きにより算出した金額

　　　　　　　　　　（残存期間10年
　　　　　　　　　　に応ずる通達
　　（自用地価額）　　に掲げる割合）
　　120,000,000円×　　10/100　　×1/2＝6,000,000円

3　上記1の金額よりも上記2の金額が高くなるから，賃借権の目的となっている雑種地の価額は，自用地価額から上記2の金額（評基通86(1)ただし書きにより算出した金額）を控除する。

　　（自用地価額）　（上記2の金額）
　　120,000,000円－　6,000,000円　＝114,000,000円

（参考）東京国税局「資産税審理研修資料（令和元年8月）」〔TAINS・資産税審理研修資料R010800〕

8章　雑種地及び雑種地の上に存する権利

③　駐車場の評価単位
(a)　月極駐車場と月極駐車場の評価単位

　雑種地の評価単位は，利用の単位となっている一団の雑種地（同一の目的に供されている雑種地をいう）とし，その土地の存する地域におけるその土地の効用，現実の利用状況，そこに存する私的権利関係の差異及び土地利用に関する行政上の制限等に基づいて評価の単位となる一団の土地を判定する。

　図表8－9のように，隣接する月極駐車場と月極駐車場がフェンスやブロックにより2区画に分かれているような場合であっても，いずれも自用地と自用地ということになり，原則として，全体を1画地として評価する。

[図表8－9]　月極駐車場と月極駐車場

　隣接する2以上の月極駐車場がフェンス等で区分されている場合の評価単位が争われた事例として平成21年12月14日裁決〔TAINS・F0-3-388〕がある。

　評価対象地である本件b1土地～本件b6土地の概要は以下のとおりである。
（イ）評価対象地の位置関係は**図表8－10**のとおりである。
（ロ）本件b1土地は，被相続人の自宅の敷地の用に供されていた。
（ハ）本件b2土地，本件b3土地，本件b5土地及び本件b6土地は月極駐車場の用に供されていた。
（ニ）本件b4土地及び本件C土地は，一体としてアスファルトで舗装された私道であり，専ら特定の者の通行の用に供されていた。
（ホ）本件b3土地と本件b5土地との境には簡易なフェンス，本件b5土地と本件b6土地との境には低層ブロック塀及び金網フェンスが設置されていた。
（ヘ）被相続人は，駐車場の管理を一括して，同一の不動産会社に委託していた。

　審査請求人は，全体が自用の宅地であることから，本件b4土地を除いた全体を一体評価し，広大地として評価すべきであると主張した。

　これに対し，原処分庁は，本件b1土地を1画地の宅地として，本件b2土地，本件b3土地，本件b5土地及び本件b6土地は，それぞれを一団の雑種地として評価するのが原則であるが，本件b2土地及び本件b5土地については，それぞれ1区画の雑種地として評価すると無道路地となる

② 賃借権及び貸し付けられている雑種地の評価

[図表8-10]

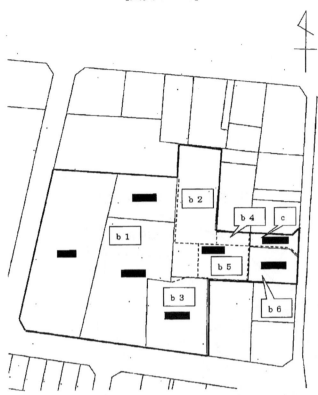

から，本件b2土地，本件b5土地及び本件b6土地を併せて一団の雑種地として評価単位とすることが合理的であると主張した。

裁決は，本件駐車場は，同一の不動産会社が一括して管理する月極駐車場という同一の目的に供されているから，本件b3土地も含めた全体を「利用の単位となっている一団の雑種地」として1つの評価単位とするのが相当と判断している。

(b) 月極駐車場とコインパーキング

一方，図表8-11のB土地を乙社が時間貸駐車場用のロック装置や精算機等（構築物）を設置してコインパーキングとして利用しているようなケースにおいては，外見上は同じ駐車場であっても，B土地は，他人の権利（賃借権）が存する土地となり，A，B両土地は利用の単位が異なっているといえるから，別個の評価単位となる。

隣接する月極駐車場とコインパーキングの評価単位が争われた事例として，東京地裁平成30年11月30日判決〔税務訴訟資料268号順号13216〕がある。

評価対象地である本件3土地の概要は以下のとおりである。
(イ) 本件3土地は，図表8-12の順号8及び順号9から構成されている。
(ロ) 順号8（1533.46m^2）の現況地目は雑種地であり，被相続人が駐車場利用者と駐車場使用契

8章　雑種地及び雑種地の上に存する権利

[図表8−11] 自用地と貸地

月極駐車場	コインパーキング
A土地	B土地

[図表8−12] 土地の位置関係

　　約を締結し，駐車場利用者に月極駐車場として利用させていた。
(ハ) 順号9（386m²）の現況地目も雑種地であり，被相続人が，D社に貸し付け，同社は，駐車場経営に必要な設備等を同土地に設置し，駐車場経営を行っていた。
(ニ) D社との賃貸借契約は以下のとおりである。
　イ　借主が，駐車場の経営ならびに駐車場の経営の目的を達するための無人時間貸駐車場用機器，精算機，飲料等の自動販売機，看板及び電灯の設置を賃貸借の目的とする。
　ロ　契約期間は2年間であるが，契約の当事者が予告期間を定めた上で書面をもって契約の解除を申し入れることができ，この場合，解約を申し入れた者は相手方に対し予告期間に応じた違約金を支払う。
(ホ) 順号8と順号9の間は，杭及びロープ状のもので仕切られている。

　原告は，順号8及び順号9は，いずれも駐車場敷地として同一の利用目的を有しており，また，フェンス等の堅固なものをもって境界を分けているものではないから一体で広大地として評価すべきであると主張した。
　これに対し被告税務署長は，順号8は，被相続人が，月極駐車場として駐車場の経営を直接行っ

② 賃借権及び貸し付けられている雑種地の評価

ていたのに対し，順号9は，D社に賃貸し，同社が駐車場経営に必要な設備等を設置した上で，駐車場経営をしていたものであるため，これらの土地を一体として評価することに合理性は認められないと主張した。

判決においては，順号8及び順号9ともに駐車場として利用されているものの，それぞれ経営者及び利用形態が異なり，それが仕切りによって外観上も明らかであることから，同一の目的に供されている雑種地とはいえず，個別に評価をするのが相当であると判示されている。

【誤りやすい事例】月極駐車場の敷地となっている雑種地の評価

誤った取扱い	正しい取扱い
下記の場合の雑種地をいずれも自用地として評価した。 ① 土地所有者が，自ら月極駐車場として利用している場合の雑種地 ② 土地所有者が土地を貸し付けて地代を収受し，その土地の賃借人が，月極駐車場として利用している場合の雑種地	次のとおり評価する。 ① 土地の所有者が，自らその土地を月極め等の貸駐車場として利用している場合には，自用地としての価額により評価する（①に誤りはない。評基通82）。 ② 賃借人が月極め等の貸駐車場として利用している場合には，自用地としての価額から賃借権等の価額を控除した価額により評価する（評基通86，87）。

（参考） 大阪国税局「誤りやすい事例（財産評価関係平成30年分）」〔TAINS・評価事例大阪局300000〕

④ マンション，貸ビル等の駐車場の評価

(a) マンション，貸ビル等の駐車場の評価

賃貸マンションや貸ビルなどの貸家の敷地に隣接する駐車場にあっては，その駐車場の利用者がその貸家の賃借人に限られるなど，貸家の目的に供されている宅地と駐車場とが一体である場合に限り，その駐車場も貸家の賃貸借と一体の状態にあるものとし，貸家の敷地と駐車場の敷地は利用の単位が同一である一画地の宅地として，全体を貸家建付地として評価する。

> **Q 貸ビル用の駐車場敷地**
>
> ■質 問
> 同一人が貸ビル（貸マンション）とその敷地およびそれに隣接する駐車場を所有しており，賃貸借契約は，ビルの各室について賃借人と締結するほかに，駐車場についても賃貸借契約を締結し，月ごとに使用料を取っています。
> この場合，貸ビルの敷地は，貸家建付地とし，駐車場については，自用地の評価額から賃借権を控除した価額で評価することになりますか。
> なお，駐車場の利用者は，すべてビルの賃借人です。

8章　雑種地及び雑種地の上に存する権利

■回　答
　駐車場については，貸ビルの契約とは別であるとしても，貸付けの状況は，ビルの賃貸借と一体をなしていると認められますので，利用の単位は同一とみるのが妥当であると考えられますので全部の土地を一画地の貸家建付地として評価することもできるでしよう。

（参考）実務相談録

Q　建物の敷地と駐車場の評価単位(3)

■質　問
　被相続人甲は，下図のA及びBの土地を所有していたところ，相続開始日における利用状況と相続の取得者は，下記のとおりであった。
　この場合の評価単位はどのように判定するか。

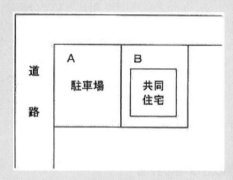

- A土地は，共同住宅に入居している者の専用駐車場（賃貸）であり，駐車スペースの全てが利用されていた。
- B土地上の共同住宅は，第三者へ賃貸されていた。
- 各土地及び共同住宅は，いずれも相続人乙が相続により取得した。

■回　答
　A及びB土地全体を1画地として評価する。

（解説）
　駐車場であるA土地の地目（雑種地）と共同住宅の敷地であるB土地の地目（宅地）は異なるため，評基通7の原則から見れば，これらの各土地の評価単位は異なると判定される。
　しかしながら，A土地の駐車場は，駐車スペースの全てが共同住宅入居者の駐車場として貸し付けられており，その貸付状況は共同住宅の賃貸借と一体であったと認められることから，評基通7のただし書きの適用により，A及びB土地は，全体を1団の土地として1画地で評価することが相当である。
　なお，この場合，A及びB土地の全体を貸家建付地として評価することとなる。

（参考）東京国税局「資産税審理研修資料（令和2年8月）」〔TAINS・評価事例708317〕

② 賃借権及び貸し付けられている雑種地の評価

Q 建物の敷地と駐車場の評価単位(4)

■質　問

被相続人甲は，下図のA，B及びCの土地を所有していたところ，相続開始日における利用状況と相続の取得者は，下記のとおりであった。

この場合の評価単位はどのように判定するか。

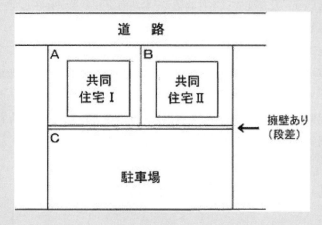

- 共同住宅Ⅰ及び共同住宅Ⅱはいずれも第三者へ賃貸されていた。
- C土地は，共同住宅Ⅰ又はⅡに入居している者の専用駐車場であり，入居している共同住宅の別による駐車スペースの区分はなかった。
- 各土地及び各共同住宅は，いずれも相続人乙が相続により取得した。

■回　答

A，B及びC土地それぞれを1画地として評価する。

（解説）

共同住宅の敷地として利用されていたA及びB土地の地目は宅地であり，駐車場として利用されていたC土地の地目は雑種地であるから，各地目で評価単位は区分される（評基通7）。

また，宅地であるA及びB土地は，それぞれ異なる貸家の敷地であり利用単位が異なることから，各土地で評価単位は区分される（評基通7－2(1)）。

なお，A及びB土地（宅地）とC土地（雑種地）は，擁壁で明確に区分されている上，各共同住宅に応じて駐車スペースが区分されておらず，駐車場の賃貸状況と各共同住宅の賃貸借が一体であったとは認められない（一体利用ではない）から，C土地はA及びB土地のいずれとも一団の土地として評価することはできない（評基通7ただし書きの適用はない。）。

したがって，A，B及びC土地は，それぞれを1画地として評価するのが相当である。

よって，C土地は，上記のとおり，A及びB土地と一体で利用されていたとは認められないから，貸家建付地として評価することはできない。

（参考）東京国税局「資産税審理研修資料（令和2年8月）」〔TAINS・評価事例708317〕

8章　雑種地及び雑種地の上に存する権利

(b)　**共同住宅と駐車場が一体として評価された事例**

　京都地裁平成24年2月29日判決〔税務訴訟資料262号順号11898〕は，隣接する駐車場と建物の敷地について，評価単位を一体とした事例である。

　評価対象地である本件土地の概要は，以下のとおりである。

(イ)　本件土地上には，建物（本件居宅）及びその附属建物（本件倉庫），Aマンション（以下「本件共同住宅」という）及び建物（本件物置），本件南側駐車場が存在した。これらの位置関係は**図表8-13**のとおりである。

(ロ)　共同住宅の北側には駐車場があった（以下「本件北側駐車場」という）。

(ハ)　本件北側駐車場の地積は782.80m^{2}であり，それに隣接する共同住宅の敷地の地積は717.54m^{2}である。

(ニ)　共同住宅の北側には，北側駐車場に直接出入りすることができる扉が存在する。

(ホ)　共同住宅の居室数は15室であり，13室には入居者がいる。

[図表8-13]

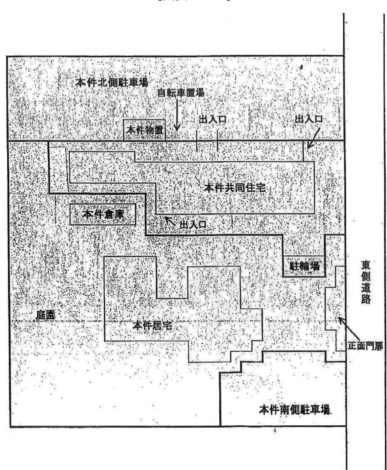

(ヘ) 北側駐車場には26台分の駐車スペースがある。
(ト) 共同住宅の入居者のすべての者が北側駐車場の利用契約を締結しており，13台分が貸し付けられている。
(チ) 共同住宅の入居者以外には，北側駐車場の利用契約者はいない。
(リ) 北側駐車場の入口には，「Aマンション専用駐車場」と記載された看板が掲げられている。

　共同住宅と北側駐車場の評価単位について，被告税務署長は，共同住宅敷地と北側駐車場は一体として利用されているとはいえないと主張した。
　これに対し，原告は，北側駐車場の契約者及び利用者はすべて共同住宅の賃借人であり，北側駐車場は共同住宅の敷地内にあるのであるから，一体として評価すべきであり，かつ，広大地に当たると主張した。
　判決は，北側駐車場は共同住宅の入居者の専用駐車場であると評価できること，共同住宅で生活するにあたって自動車は非常に有用な移動手段であること，共同住宅と北側敷地は隣接しており両土地を直接接続する出入口が存することが認められるのであるから，共同住宅敷地と北側駐車場は一体として利用されていたものということができると判示している。
　なお，広大地の適用については，共同住宅敷地はもとより北側駐車場も今後その区画変更などの開発行為がされることは見込まれないから，すでに開発を了しているマンション敷地であるといえ，広大地には該当しないと認定されている。

(c) 共同住宅と駐車場を別の評価単位とした事例
　平成8年6月13日裁決〔裁決事例集51巻575頁〕は，隣接する駐車場と建物の敷地について，別々の評価単位とした事例である。
　評価対象地である本件土地の概要は，以下のとおりである。
(イ) 本件土地は**図表8－14**のうちR町837-2，838-1，838-4，838-3部分であり，A路線及びB路線の2路線に面している。
(ロ) 本件土地の地目は雑種地であり，地積は607.00m^{2}である。
(ハ) 本件土地は，いわゆる青空駐車場として，33台分の駐車スペースが確保されている。
(ニ) 33台の駐車スペースのうち14台分はX社へ駐車場として賃貸されている。
(ホ) 入居者用の駐車スペースと入居者用以外の駐車スペースとの境にフェンス等による区分はされていない。
(ヘ) マンションの戸数は20戸であり，相続開始日現在には満室となっていた。
(ト) マンション敷地内には，入居者の駐車場として10台分の駐車スペースが確保され，8台分が利用されていた。
(チ) マンション入居者との賃貸借契約書においては，マンションの所在地，構造，専有面積，名称，間取り及び室番号が明記されているが，駐車位置または駐車場No.について明記されてお

8章 雑種地及び雑種地の上に存する権利

[図表8-14] 参考図

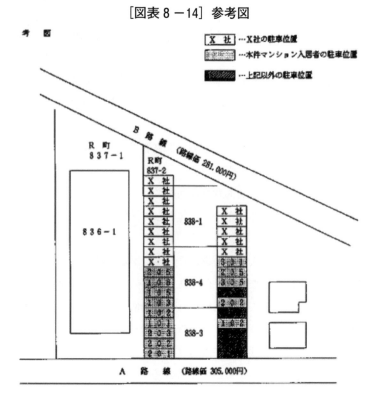

らず、住居賃貸料と駐車料は別に定められており、駐車料金は1台当たり月額5,000円とされている。

　マンションの敷地と本件土地の評価単位について、審査請求人は、本件土地のうち入居者用の部分については、マンションの敷地と一体として、貸家建付地としての評価をすべきであると主張した。
　これに対し、原処分庁は、本件土地は、貸駐車場としてマンションの入居者以外の者にも賃貸している状態であり、マンションと不可分の状態にあるとは認められないことから自用地として別の評価単位となると主張した。
　裁決は、以下の理由により、本件土地のうち入居者用の部分について、貸家建付地としてマンションの敷地と一体評価すべきである旨の請求人らの主張は採用することができないと判断している。
（イ）隣接するマンションの敷地との境をフェンスによって区分し、駐車場内は入居者用の部分と入居者用以外の部分との間に境を設置することなく33台分の駐車場として整備されていること
（ロ）本件土地のうち1台分は未利用、18台分はマンションの入居者以外の者が利用し、残り14台分はマンションの入居者が利用していることから、全体がマンションの入居者のみに係る駐車場とは認められないこと
（ハ）マンション入居者の20世帯の駐車場の利用状況については、1．入居者の2名は本件土地及

びマンションの敷地内の駐車場を利用していないこと，2．マンションの敷地内の駐車場は10台分利用できるところ，8台分を本件マンションの入居者が利用していること，3．マンションの入居者4名はそれぞれに2台分を利用し，計8台分について本件土地及びマンションの敷地内の駐車場を利用していることからすると，マンションの入居者が駐車場の使用を希望する時に，マンションの敷地内の駐車場で満たされない場合に，本件土地を補充的に希望する入居者の駐車場として利用する便宜を与えていたにすぎないものであること

(ニ) マンションの入居者の契約関係においても，居住賃貸料と駐車場の使用料が明確に区分されており，本件土地の利用が本件マンションの賃貸と一体の状態にあるとは認められないこと

> **実務上のポイント**
>
> マンション等の敷地とその駐車場の評価単位については，一体評価を行うことで地積規模の大きな宅地に該当することとなったり，貸家建付地とすることで一定の減価が行われたりするため重要なポイントである。
>
> この場合，駐車場の利用者がすべて貸家の賃借人であるなど，貸家の目的に供されている宅地と駐車場とが一体であることが要件とされている。最も重要な点は，駐車場の利用者がすべて貸家の入居者かどうかという点であり，1台でも外部利用者がいれば駐車場部分は自用地となる（ただし，そのような取扱いは，評価の単位を取引単位とする考え方からは現実的でなく，また評価を複雑化しているという指摘もある。）。
>
>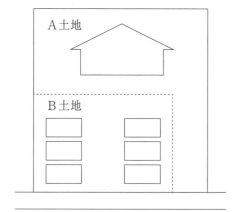
> ［図表8－15］一体となる場合
>
>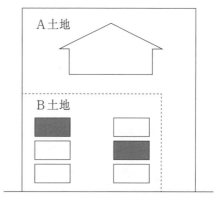
> ［図表8－16］別評価となる場合
>
> ※ ■部分は貸家の入居者以外へ貸している部分。

(7) 都市公園の用地として貸し付けられている土地の評価について

① 都市公園の用地として貸し付けられている土地の評価

都市公園の用地として貸し付けられている土地の価額は，その土地が都市公園の用地として貸し付けられていないものとして評価した価額から，その価額に100分の40を乗じて計算した金額を控除した金額によって評価する。

なお，都市公園の用地として貸し付けられている土地とは，都市公園法第2条《定義》第1項第1号に規定する公園または緑地（堅固な公園施設が設置されているもので，面積が500平方メートル以上あるものに限る。）の用に供されている土地として貸し付けられているもので，次の要件を備えるものとする。
 (a) 土地所有者と地方公共団体との土地貸借契約に次の事項の定めがあること
  (i) 貸付けの期間が20年以上であること
  (ii) 正当な事由がない限り貸付けを更新すること
  (iii) 土地所有者は，貸付けの期間の中途において正当な事由がない限り土地の返還を求めることはできないこと
 (b) 相続税または贈与税の申告期限までに，その土地についての権原を有することとなった相続人または受贈者全員から当該土地を引き続き公園用地として貸し付けることに同意する旨の申出書が提出されていること

Q 都市公園の用地として貸し付けられている土地の評価

■質　問

都市公園法に規定されている都市公園の用地として地方公共団体に貸し付けられている土地（雑種地）は，どのように評価するか。

■回　答

都市公園の用地として貸し付けられている土地の価額は，その土地が都市公園の用地として貸し付けられていないものとして評価した価額（評基通の第2章《土地及び土地の上に存する権利》の定めにより評価した価額）から，その価額に100分の40を乗じて計算した金額を控除した金額によって評価する。

なお，都市公園の用地として貸し付けられている土地とは，都市公園法第2条《定義》第1項第1号に規定する公園又は緑地（堅固な公園施設が設置されているもので，面積が500平方メートル以上あるものに限る。）の用に供されている土地として貸し付けられているもので，次の要件を備えるものとする。
 1 土地所有者と地方公共団体との土地貸借契約に次の事項の定めがあること
  (1) 貸付けの期間が20年以上であること
  (2) 正当な事由がない限り貸付けを更新すること
  (3) 土地所有者は，貸付けの期間の中途において正当な事由がない限り土地の返還を求めることはできないこと
 2 相続税又は贈与税の申告期限までに，その土地についての権原を有することとなった相続人又は受贈者全員から当該土地を引き続き公園用地として貸し付けることに同意する旨の申出書が提出されていること

この取扱いの適用を受けるに当たっては，当該土地が都市公園の用地として貸し付けられている土地に該当する旨の地方公共団体の証明書を税務署に提出する必要がある。

2　賃借権及び貸し付けられている雑種地の評価

（解説）
　評基通7《土地の評価上の区分》では，土地の価額は地目の別に評価することとされており，雑種地の範囲は同項（注）により不動産登記事務取扱手続準則第68条の「⑿墓地」から「㉓雑種地」まで（⒇保安林」を除く。）を含むとしていることから，㉒公園は，雑種地に該当する。よって，公園の用地として貸し付けられている土地は，原則として評基通86《貸し付けられている雑種地の評価》⑴の定めにより評価することとなる。
　しかしながら，都市公園の用地として貸し付けている土地所有者は，貸付期間において正当な事由がない限り土地の返還を求めることはできないなど，都市公園を構成する土地については，都市公園法の規定により私権が行使できず，また，公園管理者に対する都市公園の保存義務規定も定められているために，都市公園の用地として貸し付けられている土地については，相当長期間にわたりその利用が制限されることから，都市公園の用地として貸し付けられていないものとして評価した価額の40％相当額を控除することとされている。

（参考）東京国税局「資産税審理研修資料（平成29年7月）」〔TAINS・資産税審理研修資料H290700〕

②　平成4年文書回答事例

　この取扱いは，平成4（1992）年に国税庁が行った「都市公園の用地として貸し付けられている土地の評価について」の文書回答に基づいている。

　　　　　　　　　　　　　　　　　　　　　　　　　　　　　　　　課評2-3
　　　　　　　　　　　　　　　　　　　　　　　　　　　　　　　　課資2-121
　　　　　　　　　　　　　　　　　　　　　　　　　　　　　　　　平成4年4月22日

建設省都市局長　殿

　　　　　　　　　　　　　　　　　　　　　　　　　　　　　　　　国税庁長官

　　　　　　都市公園の用地として貸し付けられている土地の評価について
　　　　　　（平成4年3月30日付建設省都公緑発第37号照会に対する回答）

　標題のことについては，貴見のとおり取扱うこととします。

別紙2
平成4年3月30日
建設省都公緑発第37号
国税庁長官　殿
建設省都市局長

　　　　　　都市公園の用地として貸し付けられている土地の評価について

　緑豊かなうるおいのある居住環境の形成を図る等の観点から，都市公園の計画的整備が喫緊の課題

8章　雑種地及び雑種地の上に存する権利

となっているところですが，昨今の地価高騰により用地の取得が困難となっている状況にかんがみ，建設省では，今後，従来の用地取得方式に加え，いわゆる借地方式により都市公園の整備を推進していくこととしています。

ところで，都市公園を構成する土地物件については，都市公園法（昭和31年法律第79号）の規定により私権が行使できないこととされており，また，公園管理者に対する都市公園の保存義務規定も存することから，都市公園の用地として貸し付けられている土地については，相当長期間にわたりその利用が制限されることになります。

このようなことから，相続税及び贈与税の課税上，都市公園の用地として貸し付けられている土地の評価については，下記のとおり取り扱っていただきたく，照会します。

記

1　都市公園の用地として貸し付けられている土地の範囲

　都市公園の用地として貸し付けられている土地とは，都市公園法第2条第1項第1号《定義》に規定する公園又は緑地（堅固な公園施設が設置されているもので，面積が500平方メートル以上あるものに限る。）の用に供されている土地として貸し付けられているもので，次の要件を備えるものとする。

(1)　土地所有者と地方公共団体との土地賃借契約に次の事項の定めがあること
　　イ　貸付けの期間が20年以上であること
　　ロ　正当な事由がない限り貸付けを更新すること
　　ハ　土地所有者は，貸付けの期間の中途において正当な事由がない限り土地の返還を求めることはできないこと。
(2)　相続税又は贈与税の申告期限までに，その土地についての権原を有することとなった相続人又は受贈者全員から当該土地を引き続き公園用地として貸し付けることに同意する旨の申出書が提出されていること

2　都市公園の用地として貸し付けられている土地の評価

　都市公園の用地として貸し付けられている土地の価額は，その土地が都市公園の用地として貸し付けられていないものとして，昭和39年4月25日付直資56，直審（資）17「財産評価基本通達」の第2章《土地及び土地の上に存する権利》の定めにより評価した価額から，その価額に100分の40を乗じて計算した金額を控除した金額によって評価する。

3　適用時期等

　この取扱いは，平成4年1月1日以後に相続若しくは遺贈又は贈与により取得した都市公園の用地として貸し付けられている土地の評価に適用する。

　なお，この取扱いの適用を受けるに当たっては，当該土地が都市公園の用地として貸し付けられている土地に該当する旨の地方公共団体の証明書（上記1の(2)に掲げた申出書の写しの添付があるものに限る。）を所轄税務署長に提出するものとする。

3　区分地上権及びその目的となっている雑種地の評価

財産評価基本通達86(3)《貸し付けられている雑種地の評価》
　(3)　区分地上権の目的となっている雑種地の価額は，その雑種地の自用地としての価額から87-2《区分地上権の評価》の定めにより評価したその区分地上権の価額を控除した金額によって評価する。

4 区分地上権に準ずる地役権及びその目的となっている雑種地の評価

> **財産評価基本通達87-2《区分地上権の評価》**
> 雑種地に係る区分地上権の価額は，27-4《区分地上権の評価》の定めを準用して評価する。

(1) 区分地上権の評価

　区分地上権は，地下にトンネルを所有するなど土地の上下の一定層のみを目的として設定された地上権をいう。

　雑種地に係る区分地上権の価額は，評価通達27-4《区分地上権の評価》の定めを準用して評価する。

(2) 区分地上権の目的となっている雑種地の評価

　区分地上権の目的となっている雑種地の価額は，次の算式で求めた金額により評価する。

　（算式）
　　自用地としての価額 − （自用地としての価額 × 区分地上権の割合）

4 区分地上権に準ずる地役権及びその目的となっている雑種地の評価

> **財産評価基本通達86(4)《貸し付けられている雑種地の評価》**
> (4) 区分地上権に準ずる地役権の目的となっている承役地である雑種地の価額は，その雑種地の自用地としての価額から87-3《区分地上権に準ずる地役権の評価》の定めにより評価したその区分地上権に準ずる地役権の価額を控除した金額によって評価する。
>
> **財産評価基本通達87-3《区分地上権に準ずる地役権の評価》**
> 雑種地に係る区分地上権に準ずる地役権の価額は，その区分地上権に準ずる地役権の目的となっている承役地である雑種地の自用地としての価額を基とし，27-5《区分地上権に準ずる地役権の評価》の定めを準用して評価する。

(1) 区分地上権に準ずる地役権の評価

　飛行場の設置，建築物の建設その他の目的のため地下または空間について上下の範囲を定めて設定された地役権で建物の設置を制限するもの等を目的として地下または空間について上下の範囲を定めて設定されたもので，建造物の設置を制限するものをいう。

　雑種地に係る区分地上権に準ずる地役権の価額は，その区分地上権に準ずる地役権の目的となっている承役地である雑種地の自用地としての価額を基とし，評価通達27-5《区分地上権に準ずる

8章 雑種地及び雑種地の上に存する権利

地役権の評価》の定めを準用して評価する。

(2) 区分地上権に準ずる地役権の目的となっている雑種地の評価

区分地上権に準ずる地役権の目的となっている承役地である雑種地の価額は，次の算式で求めた金額により評価する。

(算式)

自用地としての価額－(自用地としての価額×区分地上権に準ずる地役権の割合)

5 ゴルフ場の用に供されている土地の評価

> **財産評価基本通達83《ゴルフ場の用に供されている土地の評価》**
> ゴルフ場の用に供されている土地（以下「ゴルフ場用地」という。）の評価は，次に掲げる区分に従い，それぞれ次に掲げるところによる。
> (1) 市街化区域及びそれに近接する地域にあるゴルフ場用地の価額は，そのゴルフ場用地が宅地であるとした場合の1平方メートル当たりの価額にそのゴルフ場用地の地積を乗じて計算した金額の100分の60に相当する金額から，そのゴルフ場用地を宅地に造成する場合において通常必要と認められる1平方メートル当たりの造成費に相当する金額として国税局長の定める金額にそのゴルフ場用地の地積を乗じて計算した金額を控除した価額によって評価する。
> (注) そのゴルフ場用地が宅地であるとした場合の1平方メートル当たりの価額は，そのゴルフ場用地が路線価地域にある場合には，そのゴルフ場用地の周囲に付されている路線価をそのゴルフ場用地に接する距離によって加重平均した金額によることができるものとし，倍率地域にある場合には，そのゴルフ場用地の1平方メートル当たりの固定資産税評価額（固定資産税評価額を土地課税台帳又は土地補充課税台帳に登録された地積で除して求めた額）にゴルフ場用地ごとに不動産鑑定士等による鑑定評価額，精通者意見価格等を基として国税局長の定める倍率を乗じて計算した金額によることができるものとする。
> (2) (1)以外の地域にあるゴルフ場用地の価額は，そのゴルフ場用地の固定資産税評価額に，一定の地域ごとに不動産鑑定士等による鑑定評価額，精通者意見価格等を基として国税局長の定める倍率を乗じて計算した金額によって評価する。

(1) ゴルフ場等の用に供する土地の評価

本項では，雑種地のうちゴルフ場の用に供されている土地の評価方式を定めている。

ゴルフ場用地については，ゴルフ場として正常に営業している状態での売買実例が皆無に等しいことから，売買実例価額を基として評価することは困難である。

ところで，不動産は，その不動産の価格形成に関して直接の影響を与えるような地域的特性を持つとされていることから，ゴルフ場用地の評価にあたっては，ゴルフ場の周辺にある土地の現実の

5 ゴルフ場の用に供されている土地の評価

利用状況に着目し，その土地の取引価額から適正に比準した価額で評価することが合理的であると考えられる。

本項は，このような考え方に立ち，ゴルフ場が所在する地域を2つに分け，市街化区域にあるか，それ以外の地域にあるかによってそれぞれの地域に即した評価方法を定めている[172]。

① 市街化区域及びそれに近接する地域にある場合

市街化区域及びそれに近接する地域にあるゴルフ場用地の価額は，そのゴルフ場用地が宅地であるとした場合の価額の100分の60に相当する金額から，そのゴルフ場用地を宅地に造成する場合において通常必要と認められる1平方メートル当たりの造成費に相当する金額（宅地造成費）を控除した価額によって評価する。

（算式）

$$\begin{pmatrix} そのゴルフ場用地 \\ が宅地であるとし \\ た場合の1m^2当 \\ たりの価額 \end{pmatrix} \times 地積 \times \frac{60}{100} - \begin{pmatrix} そのゴルフ場用地を宅 \\ 地に造成する場合に通 \\ 常必要な造成費の1 \\ m^2当たりの価額 \end{pmatrix} \times 地積$$

そのゴルフ場用地が宅地であるとした場合の1平方メートル当たりの価額は，そのゴルフ場用地が路線価地域にある場合には，そのゴルフ場用地の周囲に付されている路線価をそのゴルフ場用地に接する距離によって加重平均した金額によることができる。

また，倍率地域にある場合には，そのゴルフ場用地の1平方メートル当たりの固定資産税評価額（固定資産税評価額を土地課税台帳または土地補充課税台帳に登録された地積で除して求めた額）にゴルフ場用地ごとに精通者意見価格等を基として国税局長の定める倍率を乗じて計算した金額によることができる。

（算式）

$$\begin{pmatrix} そのゴルフ場用地等の \\ 1m^2当たりの固定資 \\ 産税評価額 \end{pmatrix} \times \begin{pmatrix} 次表に掲 \\ げる倍率 \end{pmatrix} \times 地積 \times \frac{60}{100} - \begin{pmatrix} ゴルフ場用地等を \\ 宅地に造成する場 \\ 合の造成費相当額 \end{pmatrix} \times 地積$$

固定資産税評価額に乗ずる倍率について，令和5年分東京都の例として**図表8−17**となる。

---

[172] 財産評価基本通達逐条解説（令和5年版）426頁

8章 雑種地及び雑種地の上に存する権利

[図表8－17]

音順	ゴルフ場用地等の名称	固定資産税評価額に乗ずる倍率
		倍
た	多摩カントリークラブ	2.6
ふ	府中カントリークラブ（八王子市）	2.9
よ	よみうりランド（遊園地用地）	4.9

(注)　路線価地域にあるゴルフ場用地等については，路線価により評価します。
(出典)　国税庁ホームページ

Q 路線価地域にあるゴルフ場用地の評価

■質　問
路線価地域にあるゴルフ場用地の価額は，どのように評価するのですか。

■回　答
路線価地域にあるゴルフ場用地の価額は，次の算式により評価します（評基通83）。

そのゴルフ場用地の周辺に付されている路線価を接する距離により加重平均した金額 × そのゴルフ場用地の地積 × 0.6 × 1m²当たりの宅地造成費に相当する金額 × そのゴルフ場用地の地籍

（設例）

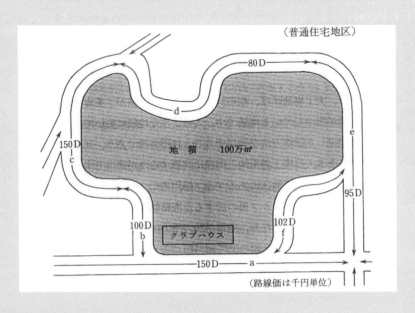

5 ゴルフ場の用に供されている土地の評価

(計算例)

$$(150千円 \times 600m + 100千円 \times 450m + 150千円 \times 900m + 80千円 \times 1,200m$$

路線価a 距離　路線価b 距離　路線価c 距離　路線価d 距離

$$+ 95千円 \times 600m + 102千円 \times 750m) \div 4,500m = 111千円 \quad \cdots\cdots ①$$

路線価e 距離　路線価f 距離　距離の合計　路線価の加重平均

路線価の加重平均①　　　地積　　　　　造成費　　地積
111千円 × 1,000,000m² × 0.6 − 14千円 × 1,000,000m² = 52,600,000千円

造成費は計算上1平方メートル当たり14千円と仮定しました。

(参考) 実務相談録

② ①以外の地域にある場合

①以外の地域にあるゴルフ場用地の価額は、そのゴルフ場用地の固定資産税評価額に、一定の地域ごとに精通者意見価格等を基として国税局長の定める倍率を乗じて計算した金額によって評価する。

(算式)

　そのゴルフ場用地等の固定資産税評価額×倍率

その国税局長の定める倍率については、各国税局の財産評価基準書において、それぞれのゴルフ場と固定資産税評価額に乗ずる倍率が定められている。

固定資産税評価額に乗ずる倍率について、令和5年分東京都の例として**図表8−18**となる。

[図表8−18]

音順	適用地域等			固定資産税評価額に乗ずる倍率
				倍
あ	あきる野市	ゴルフ場用地	立川国際カントリー倶楽部	2.3
			東京五日市カントリー倶楽部	2.1
		遊園地用地	東京サマーランド	0.6
い	稲城市	ゴルフ場用地		0.4
お	青梅市	ゴルフ場用地	青梅ゴルフ倶楽部	1.6
			東京バーディークラブ	1.5
	大島町	ゴルフ場用地	伊豆大島リゾートゴルフクラブ	1.6
は	八王子市	ゴルフ場用地	GMG八王子ゴルフ場	1.3
			八王子カントリークラブ	1.4

8章　雑種地及び雑種地の上に存する権利

			武蔵野ゴルフクラブ	1.2
			上記以外	1.2
ま	町田市	ゴルフ場用地	国道16号（東京環状線）以西	1.5
			上記以外	1.0

（出典）　国税庁ホームページ

　なお，この取扱いの適用があるゴルフ場用地は，原則として，ホール数が18ホール以上であり，コースの総延長をホール数で除して得た数値（以下「ホールの平均距離」という）が100メートル以上あるもの（総面積が10万平方メートル未満のものを除く。）及び18ホール未満のものであっても，ホールの数が9ホール以上あり，かつホールの平均距離がおおむね150メートル以上のものが対象とされている。したがって，ミニゴルフ場は含まれない。

　なお，次のⅰ及びⅱ以外のゴルフ場用地（いわゆるミニゴルフ場用地）を評価する場合には，上記の算式では計算せず，通常の雑種地と同様に評価する。

(ⅰ)　地積が10万m²以上でホール数が18以上あり，かつ，ホールの平均距離が100メートル以上のもの

(ⅱ)　ホール数が9～17でホールの平均距離が150メートル以上のもの

> **Q　ミニゴルフ場の評価**
>
> ■質　問
> 　いわゆるミニゴルフ場の用に供する土地の価額は，ゴルフ場用地と同様に評価してよいですか。
>
> ■回　答
> 　ミニゴルフ場と呼ばれるものは，その規模が千差万別であるため，個々のミニゴルフ場ごとにその規模等の状況から判定することとなりますが，次のような規模を有するものについては，大工場地区に所在するものを除き，ゴルフ場用地の評価を準用して評価し，これに該当しないものについては，評価通達82（雑種地の評価）の定めにより評価します。
> ①　地積が10万m²以上でホール数が18以上あり，かつ，ホールの平均距離が100m以上のもの
> ②　ホール数が9～17でホールの平均距離が150m以上のもの
>
> （参考）実務相談録

(2)　大工場地区にあるゴルフ場用地の評価

　大工場地区にあるゴルフ場用地については，そのゴルフ場の面する正面路線価で地積を乗じて計算した金額により評価する。

なお，地積が20万平方メートル以上のものについては，正面路線価に地積を乗じた金額の95％相当額により評価する。

Q 大工場地区にあるゴルフ場用地の評価

■質　問

　大工場地区にあるゴルフ場用地の価額は，評価通達83（ゴルフ場の用に供されている土地の評価）の定めにより評価してよいでしょうか。

■回　答

　評価通達83に定める評価方法は，そのゴルフ場用地を宅地に造成するとした場合を想定して，大規模宅地造成事業等にあたり通常必要とされる公共施設用地の割合等を参考に，これらに相当する部分を除いたところで評価し，さらに宅地造成費相当額を控除してゴルフ場用地の価額を評価するものです。

　ところで，大工場地区は，都市計画法上の用途地域が工業専用地域等で大規模な工場が集中している地域です。このような地域において大規模宅地造成事業を想定した評価方法を適用することは不合理であり，ゴルフ場用地と代替関係にある大規模工場用地と同様に評価するのが適当です。

　したがって，大工場地区にあるゴルフ場用地については，評価通達83の定めによらず，そのゴルフ場の面する正面路線価で地積を乗じて計算した金額により評価します。

　なお，地積が20万平方メートル以上のものについては，正面路線価に地積を乗じた金額の95％相当額により評価することになります。

（参考）実務相談録

6　遊園地等の用に供されている土地の評価

> 財産評価基本通達83-2　《遊園地等の用に供されている土地の評価》
> 　遊園地，運動場，競馬場その他これらに類似する施設（以下「遊園地等」という。）の用に供されている土地の価額は，原則として，82《雑種地の評価》の定めを準用して評価する。
> 　ただし，その規模等の状況から前項に定めるゴルフ場用地と同様に評価することが相当と認められる遊園地等の用に供されている土地の価額は，前項の定めを準用して評価するものとする。この場合において，同項の(1)に定める造成費に相当する金額については，49《市街地山林の評価》の定めにより国税局長が定める金額とする。

　本項では，雑種地のうち遊園地等の用に供する土地の評価方法を定めている。

　遊園地等といっても，その規模は様々であることから，その大小に着目し，ゴルフ場用地の規模に類似するものについてはゴルフ場用地の評価方法に準じて評価することとし，それに満たない規

模のものは，通常の雑種地の評価方法で評価する。

　市街地近郊にあるゴルフ場用地を評価する場合には，そのゴルフ場用地が宅地であるとした場合の価額から，宅地造成費相当額を控除することとし，遊園地等の用に供する土地を評価する場合には，この宅地造成費相当額によらず，市街地山林を評価する場合の造成費相当額を控除することとされている。

　これは，遊園地等の現況をみると，そのほとんどが平坦な地形にあることから，市街地山林を評価する場合の造成費相当額を控除することの方が実態に即したものになると判断されたからである[173]。

　ただし，その遊園地等の地積がおおむね10万m^2以上である場合には，大工場地区に所在するものを除き，ゴルフ場用地の評価の定めを準用して評価する。

　この場合，宅地造成費に相当する金額は，ゴルフ場用地を評価する場合に適用する宅地造成費相当額ではなく，市街地山林を評価する場合に適用する宅地造成費相当額とする。

7　占用権及び占用権の目的となっている土地の評価

> **財産評価基本通達87-5　《占用権の評価》**
> 　占用権の価額は，次項の定めにより評価したその占用権の目的となっている土地の価額に，次に掲げる区分に従い，それぞれ次に掲げる割合を乗じて計算した金額によって評価する。
> (1)　取引事例のある占用権
> 　売買実例価額，精通者意見価格等を基として占用権の目的となっている土地の価額に対する割合として国税局長が定める割合
> (2)　(1)以外の占用権で，地下街又は家屋の所有を目的とする占用権
> 　その占用権が借地権であるとした場合に適用される借地権割合の3分の1に相当する割合
> (3)　(1)及び(2)以外の占用権
> 　その占用権の残存期間に応じその占用権が地上権であるとした場合に適用される法定地上権割合の3分の1に相当する割合
> 　　(注)　上記(3)の「占用権の残存期間」は，占用の許可に係る占用の期間が，占用の許可に基づき所有する工作物，過去における占用の許可の状況，河川等の工事予定の有無等に照らし実質的に更新されることが明らかであると認められる場合には，その占用の許可に係る占用権の残存期間に実質的な更新によって延長されると認められる期間を加算した期間をもってその占用権の残存期間とする。
>
> **財産評価基本通達87-6　《占用権の目的となっている土地の評価》**
> 　占用権の目的となっている土地の価額は，その占用権の目的となっている土地の付近にある土地について，この通達の定めるところにより評価した1平方メートル当たりの価額を基とし，その土地とその占用権の目的となっている土地との位置，形状等の条件差及び占用の許可の内容を勘案した価額

173　実務相談録

に，その占用の許可に係る土地の面積を乗じて計算した金額によって評価する。

財産評価基本通達87-7 《占用の許可に基づき所有する家屋を貸家とした場合の占用権の評価》
　占用の許可に基づき所有する家屋が貸家に該当する場合の占用権の価額は，次の算式により計算した価額によって評価する。

　　87-5《占用権の評価》
　　の定めにより評価した　－　Ａ×　94《借家権の評価》　　　　　26《貸家建付地の評価》
　　その占用権の価額（Ａ）　　　　に定める借家権割合　×　の(2)の定めによるその
　　　　　　　　　　　　　　　　　　　　　　　　　　　　　　家屋に係る賃貸割合

(1) 占用権とは

　本項では，占用権の評価方法を定めている。
　財産評価基本通達における占用権とは，①河川法の規定による河川区域内の土地の占用の許可に基づく権利で，ゴルフ場，自動車練習場，運動場その他の工作物の設置を目的とするもの，②道路法の規定による道路の占用の許可または都市公園法の規定による都市公園の占用の許可に基づく経済的利益を生ずる権利で，駐車場，建物その他の工作物の設置を目的とするものをいう。
　占用権は，道路管理権等の作用として，一定の申請に基づき，敷地を継続して使用する権利を設定する特殊の行政行為であり，また，敷地に対して私権を行使できないとされていることから，所有権，地上権，賃借権等が設定されているとはみることができず，道路管理者等に対する一種の債権を持つものとされている。

Q 占用権の意義

■質問
　財産評価基本通達上の占用権とは，どのようなものをいうのでしょうか。

■回答
　財産評価基本通達上の占用権とは，①河川法第24条の規定による河川区域内の土地の占用の許可に基づく権利で，ゴルフ場，自動車練習所，運動場その他の工作物（対価を得て他人の利用に供するもの又は専ら特定の者の用に供するものに限ります。）の設置を目的とするもの，②道路法第32条第1項の規定による道路の占用の許可又は都市公園法第6条第1項の規定による都市公園の占用の許可に基づく経済的利益を生ずる権利で駐車場，建物その他の工作物（対価を得て他人の利用に供するもの又は専ら特定の者の用に供するものに限ります。）の設置を目的とするものをいいます。
　①の代表的な例として河川敷ゴルフ場，②の代表的な例として地下街が挙げられます。
　なお，占用権の価額は，上記のような施設の完成後評価することとしていますので，占用許可を得ていても施設の建築中である場合には評価しないこととして差し支えありません。

（参考）国税庁質疑応答事例「占用権の意義」

(2) 占用権の評価

　占用権は，土地の上に存する権利の一種であることから，その価額は借地権等と同様，占用権の目的となっている土地の価額に占用権の割合を乗じて評価することが合理的であると考えられる。

　そこで，占用権の価額は，次に掲げる区分に従い，それぞれ次に掲げる割合を乗じて計算した金額によって評価する。

① 取引事例のある占用権

　取引事例のあるものは，その取引事例を基に定めた割合によることが合理的であると考えられることから，売買実例価額や精通者意見価格等を基に国税局長が定める割合によることとしている。

　（算式）

　　占用権の目的となっている土地の価額×国税局長の定める割合

② 取引事例のない占用権で，地下街または家屋の所有を目的とするもの

　取引事例のない占用権で地下街または家屋の所有を目的とするものについては，現実の永続性を考慮して借地権割合を基本として評価することとし，借地権と占用権との法的保護の強弱の対比の観点，すなわち，占用権には法定更新の制度がなく，公益上の必要性の見地からいつでも占用許可を取り消すことができることなどから，借地権割合の3分の1の割合としている。

　（算式）

　　占用権の目的となっている土地の価額×借地権割合×$\frac{1}{3}$

③ ①および②以外のもの（例えば，河川敷ゴルフ場）

　上記以外のものについては，専らその占用権の存続期間の長短によりその占用権の価額を算定することが合理的であると考えられることから，法定地上権割合を基本として，上記②と同様，その3分の1の割合としている。

　この場合，占用許可の期間は通常1年ないし10年と比較的短期間であるが，継続して占用許可を受けている事例がほとんどであることから，占用権の残存期間の認定にあたっては，実質的な更新によって延長されると認められる期間を加算することとし，占用権の実態に即した評価を行うこととしている。

　（算式）

　　占用権の目的となっている土地の価額×法定地上権割合×$\frac{1}{3}$

(3) 占用権の目的となっている土地の評価

占用権の目的となっている土地は，河川敷，道路，都市公園等の公共用の土地であって，これらの土地には，倍率を乗じる基となる固定資産税評価額が付されていない。また，路線価は，その路線に面している宅地を評価するために付されているものであって，その道路そのものを評価するためのものではないことから，これらの土地は通常の倍率方式や路線価方式で評価することができないのが現状である。

そこで，占用権の目的となっている土地の価額は，その占用権の目的となっている土地の付近にある土地の価額から位置，形状等の条件差や占用許可の内容を勘案して求めることとしている。

(4) 地下街の設置を目的とする道路占用権

道路占用許可で地下街の設置を目的としているもののように，その占用許可にかかる部分が土地の特定層（地下）に限定されているものについては，その部分の立体利用率を考慮して評価することが相当と考えられている[174]。

なお，この地下街の設置を目的とする道路占用許可で路線価地域にあるものについては，地下街が存する道路に付された路線価を基として計算した価額に，立体利用率を乗じて評価して差し支えないものとされている。

Q 占用権の目的となっている土地の評価(1)

■質　問

地下街の設置を目的とする道路占用権を評価する場合の「占用権の目的となっている土地の価額」は，どのように算定するのですか。

■回　答

地下街の設置を目的とする道路占用権を評価する場合の「占用権の目的となっている土地の価額」は，その占用権の目的となっている土地が宅地であるとした場合の1m^{2}当たりの価額を基とし，その価額に占用許可に係る部分が土地の特定層であることについて，「公共用地の取得に伴う損失補償基準細則」（昭和38年3月7日用地対策連絡協議会理事会決定）の「土地利用制限率算定要領」（以下「算定要領」という。）に基づいて算定した立体利用率を乗じて計算した価額に，その占用の許可に係る土地の面積（水平投影面積）を乗じて計算した金額によって算定します。

算式で示すと次のとおりとなります。

占用権の目的となっている土地の価額 ＝ 宅地であるとした場合の1m^{2}当たりの価額 × 立体利用率 × 水平投影面積

---

[174] 財産評価基本通達逐条解説（令和5年版）440頁

8章 雑種地及び雑種地の上に存する権利

　上記の場合において，算定要領の適用にあたっては，「高度市街地の場合」によることとし，また，その階層別利用率は別表第2のA群によります。
　なお，別表第2のA群には地下3階以下の階層に係る階層別利用率が示されていませんが，地下街には，地下3階または地下4階のものがあり，この場合の立体利用率は，地下2階の数値（33.1）の地下1階の数値（55.7）に対する割合（59%）を勘案し，地下3階の階層別利用率を19.5（地下2階の利用率33.1×59%）とし，また，地下4階の階層別利用率を11.5（地下3階の利用率19.5×59%）として算定してよいものと取り扱われています。

（参考）実務相談録

Q　占用権の目的となっている土地の評価(2)

■質　問
　次のような地下街の設置を目的とする道路占用権の価額を評価する場合の「占用権の目的となっている土地の価額」は，具体的にどのように計算するのですか。

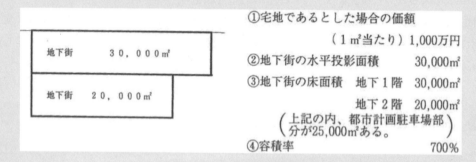

①宅地であるとした場合の価額
　　　　　　　　（1㎡当たり）1,000万円
②地下街の水平投影面積　　30,000㎡
③地下街の床面積　地下1階　30,000㎡
　　　　　　　　　地下2階　20,000㎡
　（上記の内、都市計画駐車場部分が25,000㎡ある。）
④容積率　　　　　　　　　　　700%

■回　答
　ご質問の場合は次のように算定することになります。
1　立体利用率の計算
(1)　地下街部分の利用率について，「公共用地の取得に伴う損失補償基準細則」（昭和38年3月7日用地対策連絡協議会理事会決定）に基づいて次のように求めます。

7 占用権及び占用権の目的となっている土地の評価

	水平投影面積	①階層別利用率	①×水平投影面積	①×地下街の床面積
5階	30,000㎡	40.1	1,203,000	
4階	30,000㎡	42.8	1,284,000	
3階	30,000㎡	44.1	1,323,000	
2階	30,000㎡	61.5	1,845,000	
1階	30,000㎡	100.0	3,000,000	
地下街	30,000㎡	55.7	1,671,000	1,671,000
地下街	20,000㎡	33.1	993,000	662,000
積数合計			11,319,000	2,333,000

したがって、地下階の部分に係る利用率は $\left(\dfrac{2,333,000}{11,319,000}\right)$ となります。

(注) 最有効階層は、占用の許可が占用面積のみについて行われるため、建ぺい率を考慮することなく、容積率に基づいて判定します。

(2) 「土地利用制限率算定要領」別表第1「土地の立体利用率配分表」により、建物等利用率は0.8となります。

2 占用権の目的となっている土地の価額の計算

$$\underset{\substack{\text{宅地であるとした}\\\text{場合の価額}}}{1,000万円} \times \underset{\text{(建物等利用率)}}{0.8} + \underset{\text{(立体利用率)}}{\dfrac{2,333,000}{11,319,000}} \times \underset{\text{(水平投影面積)}}{30,000㎡} = 49,467,267,426円$$

$$49,467,267,426円 \times \underset{\substack{\text{都市計画駐車}\\\text{場部分の割合}}}{\dfrac{25,000}{50,000}} \times \underset{\text{(斟酌割合)}}{0.3} = 7,420,090,113円$$

$$49,467,267,426円 - 7,420,090,113円 = \underset{\substack{\text{占用権の目的となって}\\\text{いる土地の価額}}}{42,047,177,313円}$$

(参考) 実務相談録

Q 地下街が道路及びJR所有地に係る場合の評価

■質問

道路管理者から道路占用許可を受け、また、これに接続するJRが所有する土地（駅前広場）を賃借して地下街を設置しています。占用権を評価する場合の占用権の目的となっている土地の価額は、占用許可に係る特定層の立体利用率を考慮することとされていますが、この場合の土地の立体利用率は、地下街が道路占用許可に係る土地とJRからの賃借に係る土地にわたって存する構造上一体となってい

8章 雑種地及び雑種地の上に存する権利

る一施設であることから、その全体の土地に対するものとして算定してよろしいでしょうか。
　また、JRから賃借している土地に係る権利の評価にあたり、その部分に都市計画により設置した駐車場がある場合には、占用権と同様に都市計画駐車場部分に対応する権利の価額は70％相当額により評価してよろしいでしょうか。

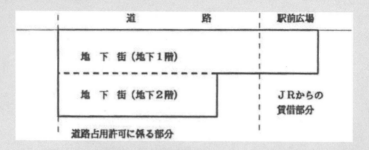

■回　答
　地下街が道路占用許可に係る土地（道路）とJRからの賃借に係る土地にわたる構造上一体の施設であるとしても、占用許可と土地の賃貸借は各々独自のものであり、また、占用許可の対象とされている土地の特定層とJRからの貸借に係る特定層は必ずしも一致するものではないことから、それぞれの土地について地下街の存する部分の立体利用率を算出します。
　また、JRから賃借している土地に都市計画駐車場がある場合のその権利の評価にあたっては、前問「占用権の目的となっている土地の評価(2)」と同様に、その権利の目的となっている土地の価額は、都市計画駐車場に対応する部分について、都市計画駐車場でないとして評価した価額の70％相当額によって評価します。

（参考）実務相談録

(5)　占用の許可に基づき所有する家屋を貸家とした場合の占用権の評価

　占用の許可に基づき所有する家屋が貸家に該当する場合の占用権の価額は、次の算式により計算した価額によって評価する。

（算式）

87-5《占用権の評価》の定めにより評価したその占用権の価額（A） － A × 94《借家権の評価》に定める借家権割合 × 26《貸家建付地の評価》の(2)の定めによるその家屋に係る賃貸割合

【著者紹介】

風岡　範哉（かざおか　のりちか）

1978年生まれ，税理士・宅地建物取引士。

主な著作に『相続税・贈与税　通達によらない評価の事例研究』（現代図書，2008年），『新版　グレーゾーンから考える　相続・贈与税の土地適正評価の実務』（清文社，2016年），『税務調査でそこが問われる！相続税・贈与税における名義預金・名義株の税務判断』（清文社，2015年），主な論文に「財産評価基本通達6項の現代的課題」第28回日税研究賞入選（2005年），「相続税・贈与税の課税処分における理由附記」『租税訴訟』（財経詳報社，2015年），主な講演に「相続税担当者養成講座　土地評価マスター講座」（ビズアップ総研，2016年）などがある。

土地評価大全

2024年12月1日　第1版第1刷発行

著　者　風　岡　範　哉
発行者　山　本　　継
発行所　㈱中央経済社
発売元　㈱中央経済グループ
　　　　パブリッシング

〒101-0051　東京都千代田区神田神保町1-35
電　話　03(3293)3371（編集代表）
　　　　03(3293)3381（営業代表）
https://www.chuokeizai.co.jp
印刷／昭和情報プロセス㈱
製本／誠　製　本㈱

©2024
Printed in Japan

頁の「欠落」や「順序違い」などがありましたらお取り替えいたしますので発売元までご送付ください。(送料小社負担)

ISBN978-4-502-50571-3　C3032

JCOPY〈出版者著作権管理機構委託出版物〉本書を無断で複写複製（コピー）することは，著作権法上の例外を除き，禁じられています。本書をコピーされる場合は事前に出版者著作権管理機構（JCOPY）の許諾を受けてください。
JCOPY〈https://www.jcopy.or.jp　eメール：info@jcopy.or.jp〉

プロの視点で最終チェック！

図解・表解 相続税申告書の記載チェックポイント（第4版）

渡邉 定義［監修］
天池 健治・衛藤 正道・中山 眞美・
藤井 孝昌・村上 晴彦［著］　定価3,520円（税込）・B5判・364頁

相続税申告実務の手引きの定番書！

相続手続に関係する税務申告を書式の記載例とともに詳しく解説する相続税務の手引書の最新版。5年ぶりの改訂で，2019年以降の相続手続に関係する制度改正をフォロー。

【本書の特徴】
◎誤りやすい事項を，チェックポイントで解説！
◎相続にともなう遺産分割協議書や遺言書についても解説！
◎所得税や消費税の準確定申告，相続税の修正申告・更正の記載方法も網羅！

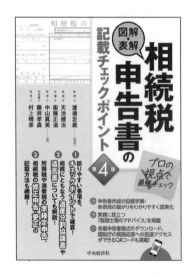

■本書の内容

- 第1章　相続の概要
- 第2章　相続税の納税義務者
- 第3章　相続税の概要
- 第4章　相続税がかからない財産
- 第5章　相続税が課税される財産
- 第6章　相続税の課税財産の特例
- 第7章　相続財産に加算される贈与財産
- 第8章　相続財産から差し引かれる債務・葬式費用
- 第9章　各相続人の相続税額の計算
- 第10章　税額控除
- 第11章　相続税の申告と納税
- 第12章　修正申告
- 第13章　更正の請求
- 第14章　相続に関連する税務手続き

中央経済社